无锡年鉴

WUXI YEARBOOK

2017

无锡市人民政府主办
无锡市史志办公室编

图书在版编目（CIP）数据

无锡年鉴.2017 / 无锡市史志办公室编. 北京：方志出版社，2017.5
ISBN 978-7-5144-2430-0

I.①无… II.①无… III.①无锡—2017—年鉴
IV.①Z525.33
中国版本图书馆CIP数据核字(2017)第115984号

无锡年鉴（2017）

编　　者：无锡市史志办公室
责任编辑：刘珊　　陈菁

出 版 人：冀祥德
出 版 者：方志出版社
地址 北京市朝阳区潘家园东里9号（国家方志馆4层）
邮编 100021
网址 http://www.fzph.org
发　　行：方志出版社发行中心
电话（010）67110500
经　　销：各地新华书店
印　　刷：无锡市长江商务印刷有限公司

开　　本：889×1194　　1/16
印　　张：37
字　　数：1249千
版　　次：2017年5月第1版　2017年5月第1次印刷
印　　数：0001～1500册

ISBN 978-7-5144-2430-0　　定价：280.00元

2016年度获得的主要荣誉

全国“最畅通惬意”之城

“搜索中国正能量，点赞2015魅力城市”奖

全国双拥模范城

国家物流标准化试点城市

中国地级市民生发展100强之一

“智慧城市建设”50强之一

国家公共文化服务体系示范区

地区生产总值　单位：亿元

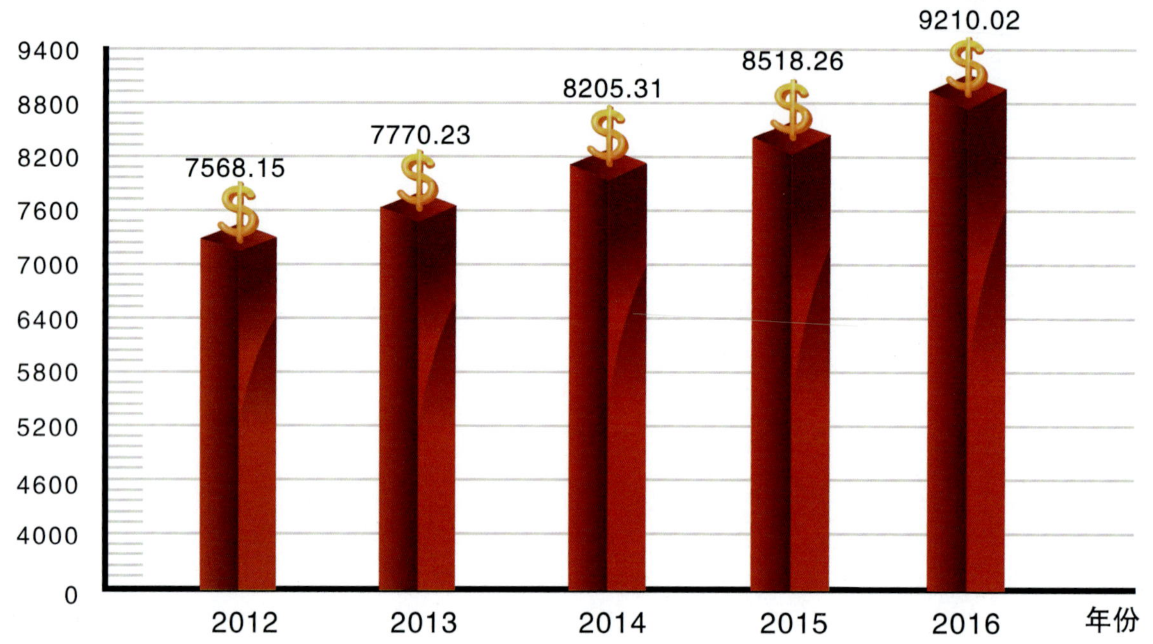

人均生产总值（常住人口）　单位：元

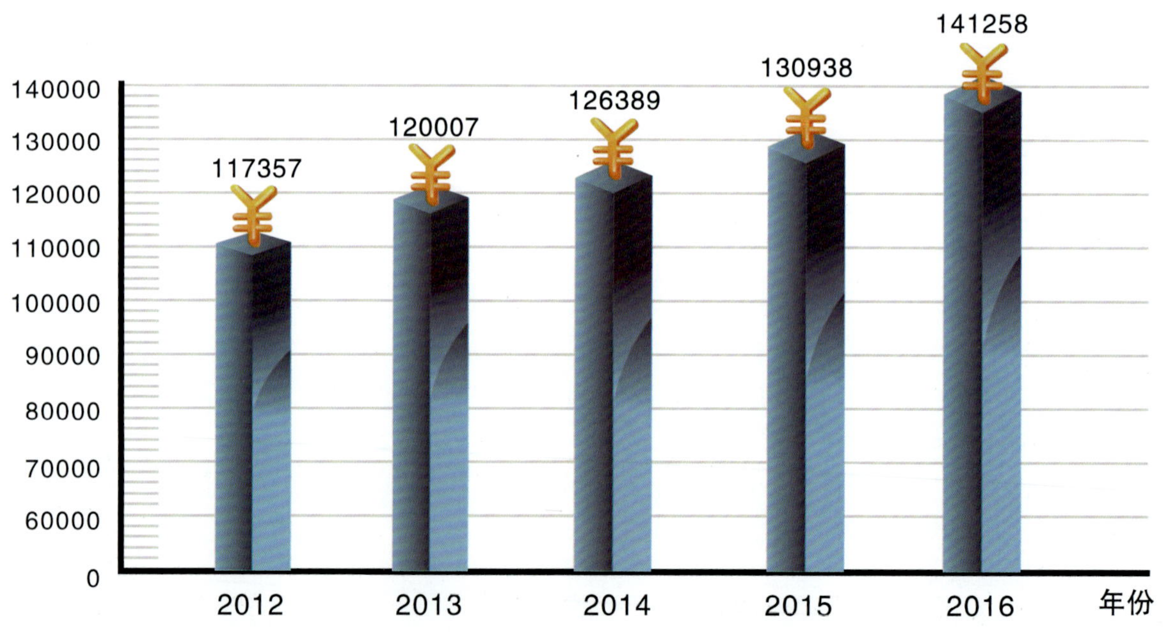

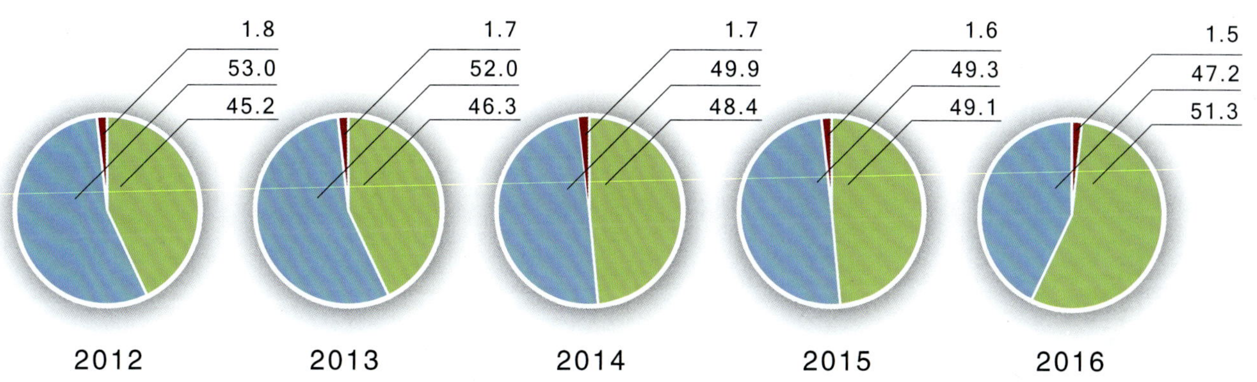

一般公共预算收入 单位：亿元

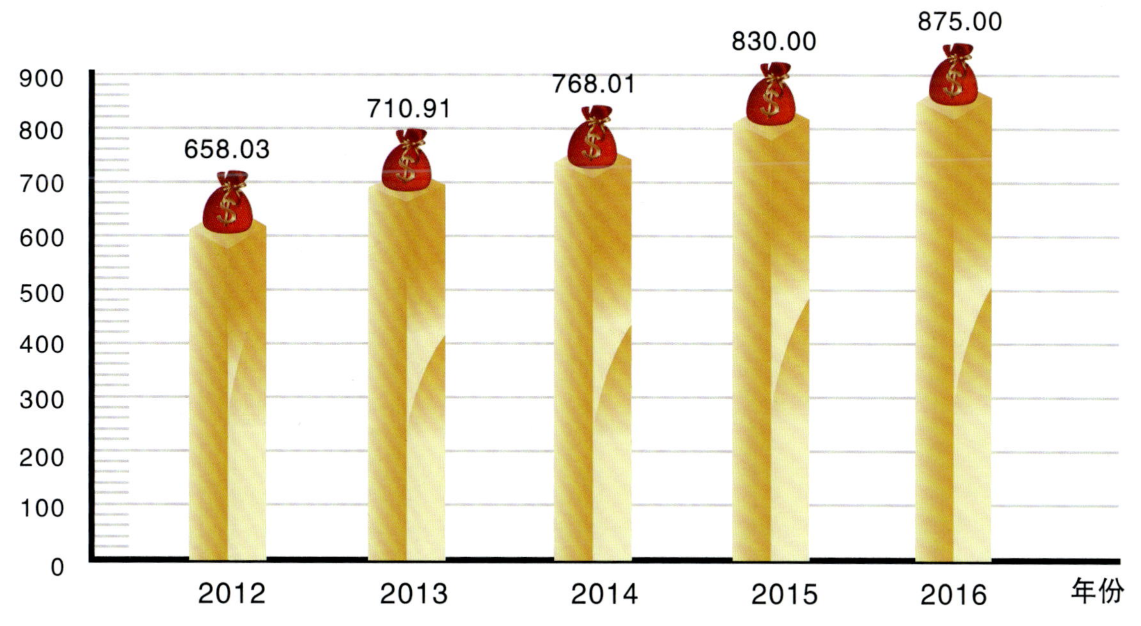

城镇居民人均可支配收入　　单位：元

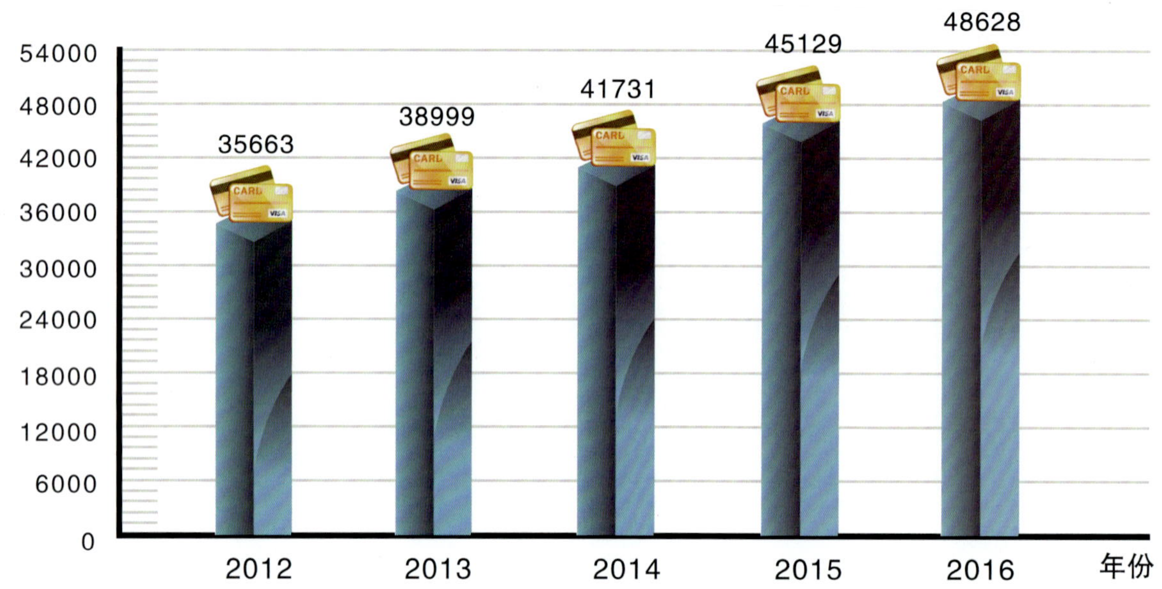

农村居民人均可支配收入　　单位：元

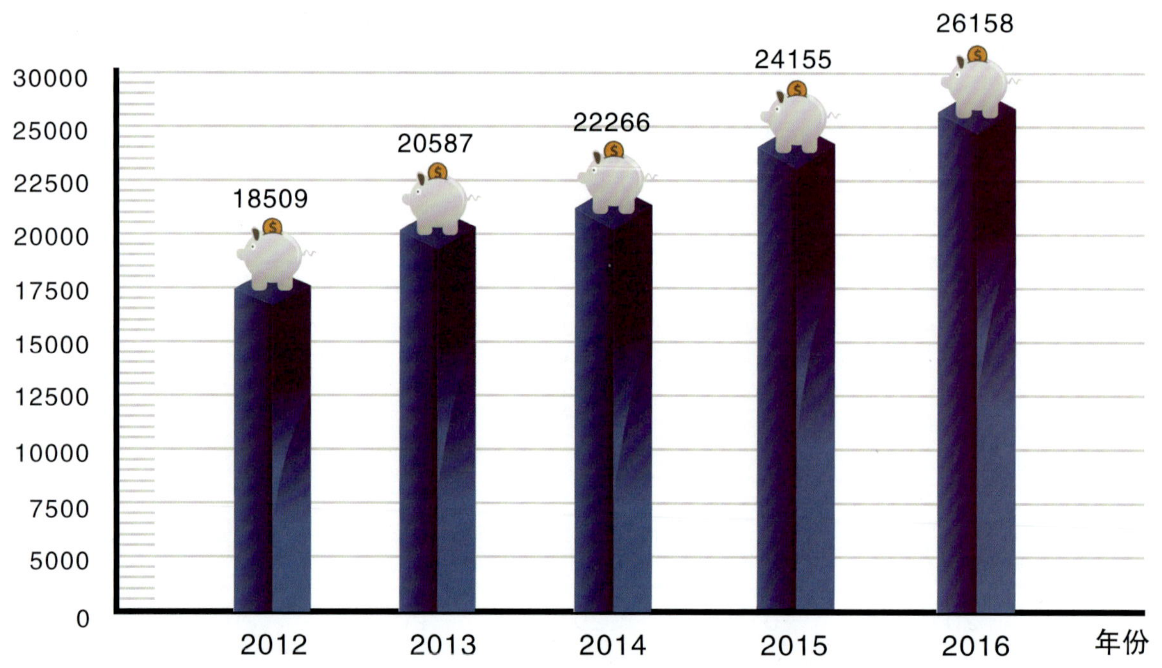

进出口总值 单位：亿美元

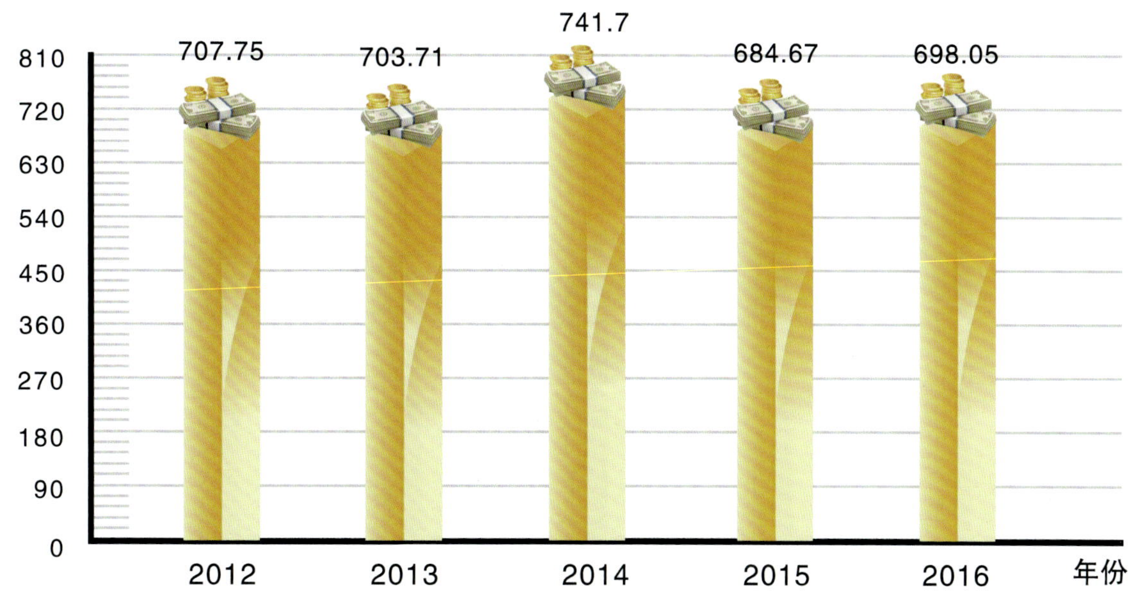

固定资产投资 单位：亿元

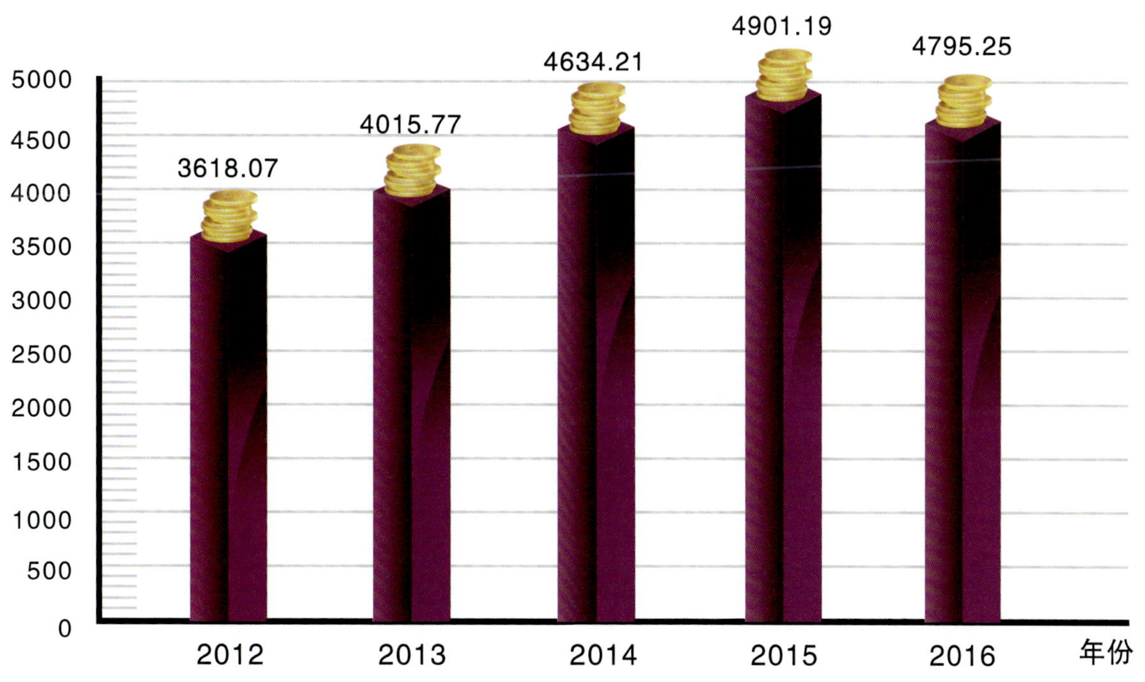

到位注册外资 单位：亿美元

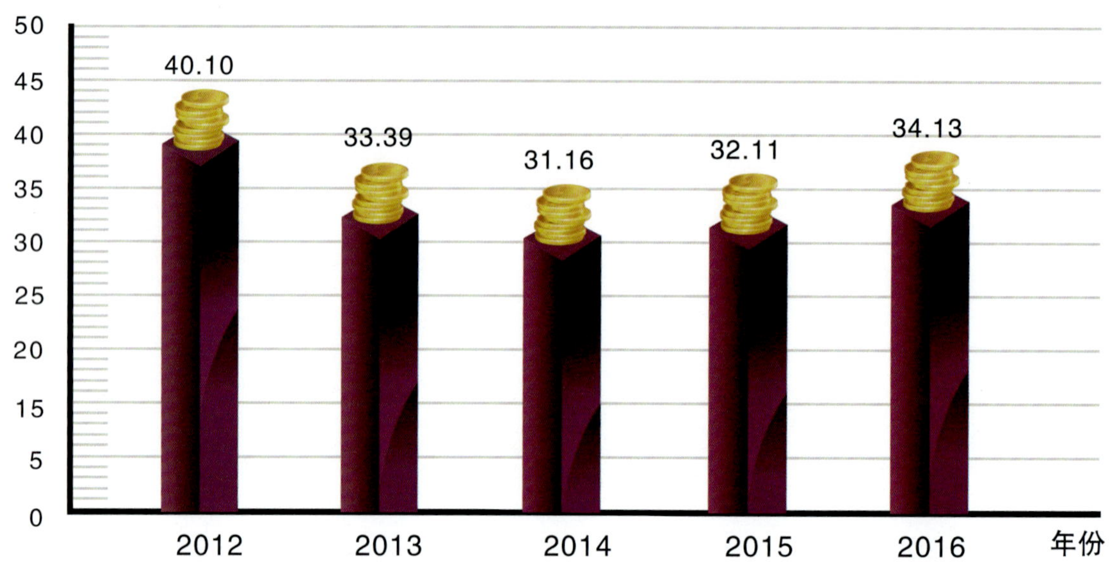

社会消费品零售总额 单位：亿元

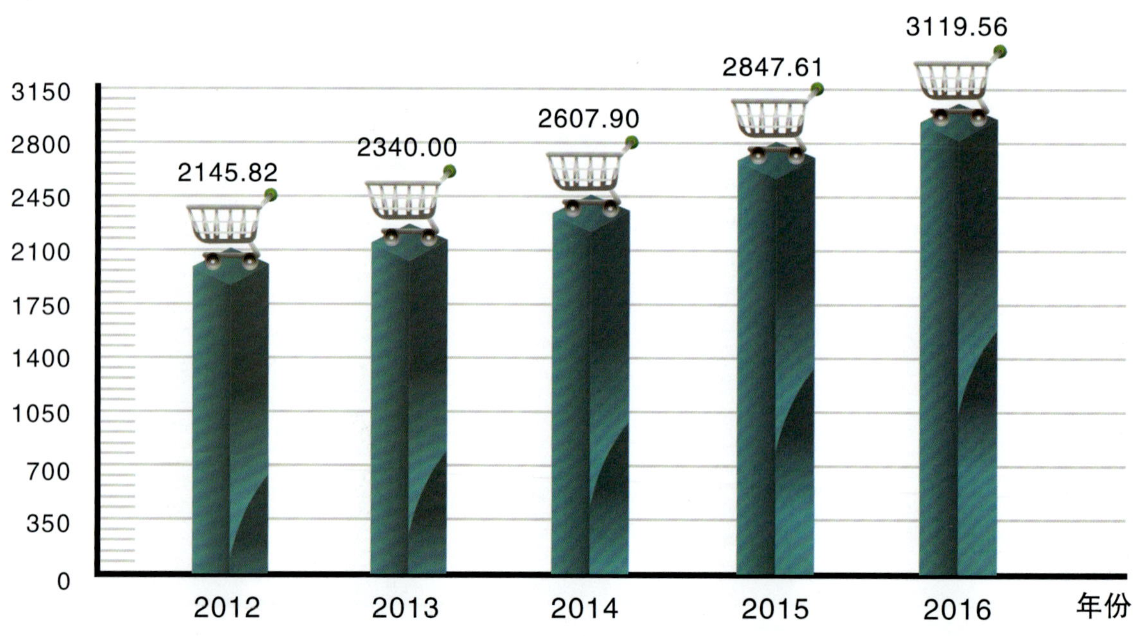

城市道路面积 单位：万平方米

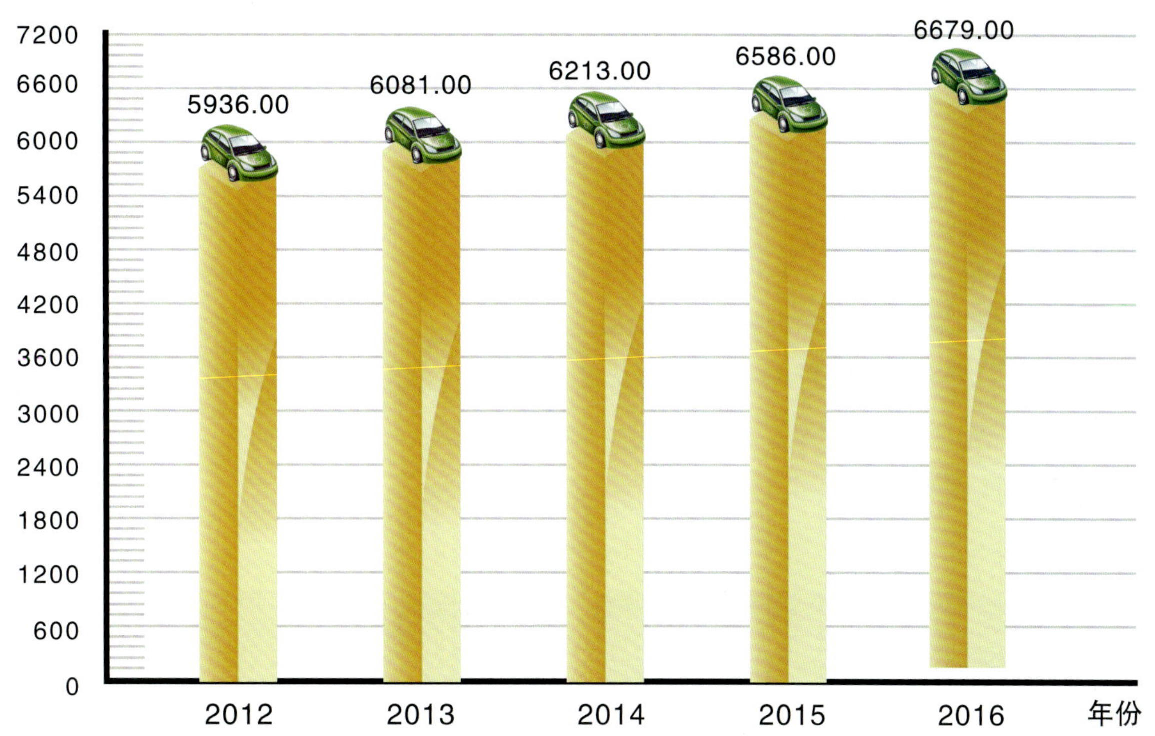

公园绿地 单位：公顷

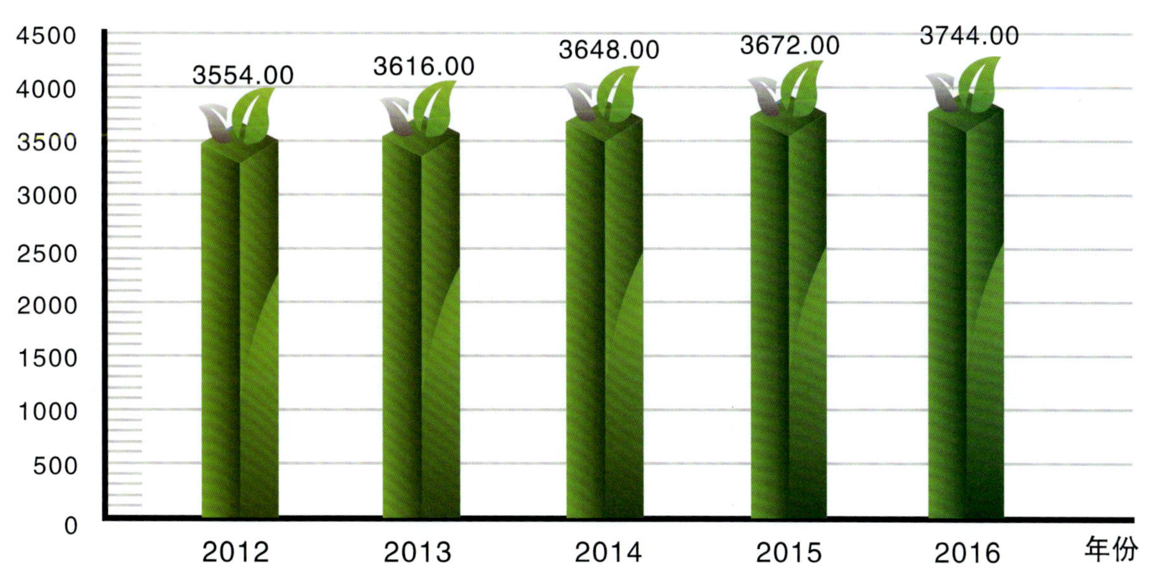

世界物联网博览会

10月30日～11月1日，2016世界物联网博览会在无锡举行。博览会由工信部、科技部和江苏省政府共同主办，美国、英国、德国、俄罗斯等23个国家和地区的7600余名嘉宾参会。国务院总理李克强致贺信，两院院士24人，国内知名专家、学者107人，国内外著名企业家及企业高管132人，国外智库学者和物联网领域领军人物30人参加会议。其间，举办世界物联网无锡峰会、物联网应用和产品展览会、无锡国家传感网创新示范区部际建设协调领导小组第四次会议以及相关主题活动，发布无锡鸿山物联网小镇建设规划方案。有参会企业2520家，参展单位489家，参观人数11.5万人次。签署重大物联网项目战略合作协议20项、投资额150余亿元，吸引5000余名物联网领域人才到会应聘。

10月31日，2016世界物联网无锡峰会在太湖博览中心举行 （张立伟 摄）

出席峰会的工业和信息化部及江苏省、无锡市等领导 （张立伟 摄）

10月31日，在物联网应用和产品展览会现场，省委常委、市委书记李小敏（前排左二）等陪同省委书记李强（前排左三）通过展台大屏幕观看无锡鸿山物联网小镇的规划展示 （张立伟 摄）

媒体聚焦峰会 （张立伟 摄）

参加世界物联网无锡峰会的专家们交谈甚欢 （张立伟 摄）

10月31日，参加2016世界物联网峰会的嘉宾鼓掌喝彩
（张立伟 摄）

无锡国家传感网创新示范区部际建设协调领导小组第四次会议 （张立伟 摄）

无锡国家传感网创新示范区合作签约仪式
（张立伟 摄）

与会嘉宾在聚精会神地聆听演讲
（张立伟 摄）

古运河历史文化街区

清名桥古运河景区是无锡现存最典型、最完整的历史文化保护区，被誉为“江南水弄堂，运河绝版地”，先后荣获“中国历史文化名街”、“中国著名商业街”、“国家AAAA级旅游景区”、“龙腾奖”中国创意产业最佳园区奖等，是无锡唯一一个在文化、商业、旅游三大领域全部拥有“国字号”的都市文化旅游休闲区。景区辖内的清名桥历史文化街区申遗成功后，更是成为闻名遐迩的世界文化遗产体验式示范区。

2016年，景区利用三区合并的资源优势，进一步挖掘、整合以古运河为轴线的文商旅资源，繁荣古运河风光带文商旅产业建设。完成了“清名桥古运河水陆游”与“古运河环城游”的旅游资源整合工作，相继开发了“品质梁溪”手绘丝巾、清名桥3D拼图、黄酒旅行套餐等旅游文创新品，成功举办了“品质梁溪·文旅节”“品质梁溪·江南古运河国际风情夜游节”“品质梁溪·乐活节（金秋购物节）”等重大品牌活动。

古运河上的清名桥

花漾运河 美丽船说

江南水弄堂

古运河丽影

太湖新城

巍巍太湖，悠悠水韵。无锡太湖新城，坐落于无锡城南三面环湖之毓秀板块，东起京杭运河，西接梅梁湖，南依太湖，北至梁塘河，总面积约150平方千米。融汇自然生态，实现超前规划，精铸品质生活，绘制着无锡最引人向往的魅力宜居之城，是无锡最富魅力、最有特色、最具品质的城市新名片，正朝着打造“无锡城市新中心，产业发展新高地、生态宜居新家园”的目标迈进，助推无锡从“运河时代”向“太湖时代”全面跃进。

历经10年的发展，作为全国绿色生态示范城区的太湖新城，在文化、旅游、商业、教育、医疗、服务等领域的功能配套设施逐步完善，金融商务、会展文化、教育医疗、商业娱乐、体育文化、健康养老、休闲旅游、大数据信息等产业发展新格局基本形成，一座更有品质品位、更加宜居宜业的太湖新城正以实实在在的成绩担负起时代责任，践行着对市民百姓的承诺。

新城风光

金融商务第一街区

2016中国·无锡太湖新城城市发展论坛

太湖新城一批公共配套项目集中开工

生态湖湾

新城视角

锡东新城商务区

2016年，锡东新城商务区在市、区两级的坚强领导下，加快推动“产城融合”发展，经济社会呈现持续健康的发展态势。全年实现公共财政预算收入11.6亿元，比上年增长16.5%。完成固定资产投资138.6亿元，比上年增长10.2%；其中服务业投资124亿元，比上年增长9.7%；工业投资14.5亿元，比上年增长16%。完成规模工业产值102.9亿元，比上年增长4.1%。完成限上单位零售额14.8亿元，比上年增长26.7%。完成商品房销售面积86.1万平方米，比上年增长77.1%；完成销售金额69.3亿元，比上年增长116.3%。江苏民营投资控股有限公司、中铁一局城轨公司入驻。总投资40亿元的新日新能源电动汽车项目落户。丰联置业、民富沃能、麦凯娜商贸、通航产业基金等13个超1亿元重大项目签约落户。引进Yandex中国首家客户体验中心、Google Adwords体验中心。红豆东方财富广场180米主楼封顶，天宇大厦、宁泰华辰大厦竣工；宇培电商产业园一期竣工、二期开工建设；网新无锡国际科创园一期建成。与上海交通大学媒体与设计学院、韩国光州信息文化产业振兴院等开展合作，南理工电动车产业技术研究院入驻，隆达集团成立高温合金技术研究院和院士工作站。雅迪集团香港上市，诚优金属、德诺车道在“新三板”挂牌。南京信息工程大学滨江学院签约落户，锡山人民医院新建工程加快建设，泰和诚肿瘤医院落户。依托翠屏山省级旅游度假区建设，巧克力乐园落户，映月天地商业广场、凤凰山立方谷汽摩基地建成。完成五星级酒店地块挂牌，新增中梁、美的2个品质地产项目。

中韩产业技术研究院签约仪式

南京信息工程大学、无锡市政府就合作共建南京信息工程大学滨江学院签订框架协议

锡东新城形态初现

锡山实验小学建成投用

江苏民营投资控股股份有限公司挂牌成立

锡东新城商务区核心区航拍全景

2016年长江三角洲城市群26个城市国民经济主要指标

城市名称	地区生产总值（亿元）	第三产业增加值（亿元）	固定资产投资（亿元）	出口总值（亿美元）	社会消费品零售总额（亿元）	到位注册外资（亿美元）	一般公共预算收入（亿元）
上海市	27466.15	19362.34	6755.88	1834.67	10946.57	185.14	6406.13
南京市	10503.02	6133.31	5533.56	295.92	5088.20	34.79	1142.60
无锡市	9210.02	4728.05	4795.25	429.10	3119.56	34.13	875.00
常州市	5773.86	2938.90	3605.08	208.51	2202.83	21.00	480.29
苏州市	15475.09	7975.82	5648.49	1639.41	4936.79	48.49	1730.04
南通市	6768.20	3231.82	4811.95	230.11	2632.87	23.87	590.18
盐城市	4576.08	1992.15	3882.83	47.38	1630.88	7.07	415.18
扬州市	4449.38	2000.26	3288.68	71.73	1358.80	12.04	345.30
镇江市	3833.84	1825.66	2873.43	69.52	1236.78	13.51	293.01
泰州市	4101.78	1927.89	3164.12	66.69	1118.34	13.44	321.18
杭州市	11050.49	6768.26	5842.42	501.66	5176.20	72.09	1402.38
宁波市	8541.11	3996.85	4961.39	660.87	3667.63	45.13	1114.50
嘉兴市	3760.12	1704.70	2790.16	235.07	1638.49	26.92	387.93
湖州市	2243.06	1057.17	1592.18	90.16	1068.86	10.01	211.18
绍兴市	4710.19	2181.16	2882.48	255.64	1783.34	8.00	390.30
金华市	3635.01	1901.34	2084.01	471.75	1977.87	3.43	338.14
舟山市	1228.51	609.17	1311.14	62.63	457.40	2.10	120.32
台州市	3842.81	1942.74	2272.63	177.33	2013.14	3.37	343.28
合肥市	6274.30	2814.80	6501.20	126.35	2445.70	28.10	614.85
芜湖市	2699.40	1060.80	3006.90	40.67	828.20	25.10	298.72
马鞍山市	1493.80	582.50	2064.60	15.13	470.60	21.00	140.32
铜陵市	957.25	338.70	1196.90	6.68	305.70	2.40	80.72
安庆市	1531.20	612.00	1521.90	14.50	681.70	1.80	128.00
滁州市	1422.80	490.10	1699.20	6.46	515.20	11.40	167.30
池州市	589.02	252.00	652.60	1.84	222.10	3.60	71.50
宣城市	1057.80	427.90	1414.30	13.81	475.80	8.60	139.30

编辑说明：

一、《无锡年鉴》是由无锡市人民政府主办的综合性地方年鉴。在中共无锡市委、无锡市人民政府的领导下，由无锡市史志办公室具体负责编辑。

二、《无锡年鉴》自1991年起，逐年编辑出版。《无锡年鉴(2017)》为第27部年鉴，旨在全面、系统、翔实地记载2016年度无锡市政治、经济、文化、社会各方面的基本面貌和发展情况，为各级领导决策和管理提供可靠的参考依据，为社会各界了解无锡、建设无锡提供最新的信息和情报，也为续修地方志积累资料。

三、《无锡年鉴》按照分类编辑法，设类目、分目、条目3个层次，部分分目下设子分目，条目为记述的基本形式。一般先有一简略介绍行业或事业情况的概况，然后按一事一条的原则设置条目。

四、《无锡年鉴(2017)》共设特载、中国共产党无锡市第十三次代表大会特辑、大事记、无锡概貌、中共无锡市委、无锡市人大常委会、无锡市人民政府、政协无锡市委员会、中共无锡市纪委、民主党派·工商联、人民团体、法治、军事、城乡建设和管理、环境·水利、旅游·园林、交通运输、信息业·邮政·电信、综合管理、农业与农村发展、工业、新兴产业、商贸流通、对外及对港澳台经济贸易·口岸管理、开发区、财政·税务、金融、精神文明建设、科学、教育、文化、新闻·出版、卫生、体育、人力资源和社会保障、社会·生活、市(县)区概况、人物、统计资料39个类目。书后设附录。

五、按2016年行政区划，年鉴中的“无锡市”“全市”，范围包括江阴、宜兴2个市(县)，梁溪、锡山、惠山、滨湖、新吴5个区。年鉴中的“市区”，范围仅指上述5个区。

六、本年鉴“统计资料”部分，由市统计局提供。由于统计口径的缘故，某些数据与有关业务部门使用的不尽一致，采用时请予注意。

七、《无锡年鉴(2017)》“人物”部分收录新任无锡市领导人、新任无锡市中级人民法院院长、新任无锡市人民检察院检察长、全国五一劳动奖章获得者和逝世人物等。

八、年鉴中的条目，由市属各部门和各市(县)、区专人撰写，并经各自单位领导审阅。撰稿人姓名加括号列在每个条目后面，审稿人名单列于卷首。

九、本年鉴的检索方法有目录和索引两种。目录在卷首，编排至条目；英文要目编排至分目。索引在卷末，采用主题分析法编制。

十、读者可以通过手机扫描封面二维码或登录“无锡史志网”(http://szw.wuxi.gov.cn/)，查阅《无锡年鉴(2017)》所有内容。

十一、《无锡年鉴》的编辑工作，得到各部门、各地区、各单位和各驻无锡单位的热情支持，在此，我们深表谢意。由于我们水平有限，疏漏错误在所难免，希望读者提出宝贵意见，以便改进。

无锡市地方志编纂委员会

主　任：汪　泉

副主任：黄　钦　曹锡荣　王进健　章一中　叶勤良
许建军

委　员：陆　洪　唐余开　周建军　尤文科　吕勤彬
徐盛希　肖新岳　张明康　高亚光　黄蓉华
高　佩　陈明辉　高圣华　周文栋　唐加俊
吴建亮　刘　玲　翁林敏　夏正兴　王鸿涌
汪　行　杨福良　谢寿坤　吴红星　钱中益
丁　坚　顾云翔　李祖坤　郭　明　蔡叶明
张立军　秦咏新　顾中明　李秋峰　陈锡伦
封晓春

《无锡年鉴（2017）》

主　　编：许建军

副 主 编：郭　明　盛　铁　接玉松　张卫星

执行主编：李汉洪　顾洪兴

编　　辑：李皆奇　李汉洪　顾洪兴　罗秋云　邵文凯
周胜忠　郭　鹏

编　　务：吴琳芳　许琴华　胡　慧　郭　莺　黄　杨

特约摄影：吕　枫　张立伟　卢　易　刘芳辉

英文翻译：辛志红　吴　刚

各撰稿单位主审人员

（按姓氏笔画为序）

丁旭初　于文霞　马　剑　马振武　马雪锋　王　怡
王　晋　王　萍　王　斌　王凤国　王冰宇　王君毅
王学君　王宗亮　王海宝　王萍芳　王锡惠　王蕴慧
尤玲娜　毛晓刚　方　涛　方枫云　邓小伟　甘亚逊
左建宏　卢迎安　史巧华　史成飞　冯　伟　皮何总
吕益华　朱　敏　朱永勤　朱明伟　朱祎敏　朱玲玲
朱晋达　任小龙　任克奇　刘葱葱　刘燕萍　刘霞萍
江　涛　汤忠元　许　可　许　宁　许　峰　许一鸣
许伟英　许建军　许朝春　孙志坚　孙海东　李　珉
李广飞　李正全　李祖坤　杨如年　杨建国　杨晋超
杨福良　吴　刚　吴　涛　吴永东　吴志清　吴伯荣
吴金元　吴建元　吴建华　吴荣明　吴晓羚　吴燕敏
邱晓东　何巧风　沈　源　沈仲良　宋晨光　张　勇
张　铭　张　媛　张　[illegible]　张广宏　张吉平　张华林
张克平　张京东　张海泉　张海涛　张淇铭　陆　东
陆　洪　陆　檬　陆政伟　陆惠玲　陈锡云　陈嘉栋
武云超　苗春阳　范富军　金　飚　金元兴　金卓青
金征宇　周　毅　周伟东　周建平　孟　晋　孟　菲
赵奕荣　怡相江　姚健华　耿海华　莫志坚　夏　威
夏正兴　顾　炜　钱喜中　钱嘉骏　徐　叶　徐　杰
徐　政　徐　剑　徐国伟　徐荣华　徐真柱　徐盛希
徐惠娟　徐耀峰　殷兰青　殷国勇　殷佳元　奚河翁
林　敏　高　元　高　佩　高　敏　高　慧　高志华
郭　王　唐英彪　陶　勇　陶正贤　黄　珺　黄达民
黄朝奎　曹国光　曹建兴　龚　聘　龚清荣　盛银桂
符菊成　葛恒显　蒋　飞　蒋　伶　蒋晓鸣　韩富才
惠　莲　储文光　童晓寒　谢光海　蓝天月　詹　熠
鲍献东　蔡卫群　管海燕　谭　军　缪根宝　薛建民
薛建良　薛海萍　戴玉明　戴国牛　魏　磊　魏燕英

目 录

特 载

中国共产党无锡市第十三次代表大会特辑

大事记

无锡概貌

中共无锡市委

统一战线工作

调查研究工作

对台工作

党校工作

史志工作

保密工作

机构编制工作

机关党的工作

无锡市人大常委会

综述

重要会议

重要工作

中共无锡市纪委

民主党派·工商联

公安

检察

法院

军　事

城乡建设和管理

城市规划

综合开发

太湖新城建设

市政建设

城市建设重点工程

公用事业

水路

港口

联运

交通运输管理

信息业·邮政·电信

信息业

邮政

电信

中国电信股份有限公司无锡分公司

中国移动通信集团江苏有限公司无锡分公司

中国联合网络通信有限公司无锡市分公司

综合管理

农业与农村发展

工 业

综述

无锡产业发展集团有限公司

纺织工业

冶金工业

机械工业

电子工业

开发区

江苏省无锡惠山经济开发区

无锡山水城

江苏无锡经济开发区

江苏无锡空港经济开发区

江苏江阴临港经济开发区

江苏江阴—靖江工业园区

江苏宜兴陶瓷产业园区

财政·税务

财政

国家税务

地方税务

金　融

综述

银行

保险

教 育

综述

高等教育

江南大学

基础教育

职业教育与社会教育

特殊教育与校外教育

幼儿教育

教师

文 化

综述

文学

影剧

音乐·舞蹈

美术·书法·摄影

群众文化

全民阅读

民间艺术

文物、博物馆

非物质文化遗产

市(县)区概况

附录

文件选目

无锡人士著作书目和全国报刊有关无锡文章题录

先进名录

索引

彩页

彩插一

彩插二

Contents

Special Records

Special Edition of the 13th CPC Congress of Wuxi

Record of Major Events

Survey of Wuxi

Wuxi Municipal CPC Committee

Standing Committee of Wuxi Municipal People's Congress

Wuxi Municipal People's Government

Wuxi Municipal Committee of CPPCC

Disciplinary Inspection Commission of Wuxi Municipal CPC Committee

Democratic Parties · Federation of Industry and Commerce

Mass Organizations

Government by Law

Military Affairs

Urban & Rural Construction & Administration

Environment · Irrigation Works

Tourism · Gardens

Transportation

IT Industry · Postal Service · Telecommunication

Comprehensive Management

Agricultural and Rural Development

Industry

Emerging Industry

Commercial Circulation

Economic Trade with Hong Kong, Macao, Taiwan and Foreign Countries · Port Administration

Development Zones

Finance · Tax

Finance

Human Resources & Social Security

Society · Life

Survey of Cities (Counties) / Districts

Figures

Statistics

Appendix

Index

(**Translated by: Xin Zhihong & Wu Gang**)

党和国家领导人视察无锡

【罗富和视察无锡】 4月8日，全国政协副主席、民进中央常务副主席罗富和率全国政协特邀常委视察团到无锡，视察大学生创业引领计划实施情况。在无锡期间，罗富和一行实地察看新吴区留学人员创业园、江南大学大学生创业园，并与创业大学生群体和高校创业指导老师围绕“创业过程中的主要挑战与应对”主题进行座谈交流。省委常委、市委书记李小敏，省政协副主席罗一民，市领导周敏炜、黄钦、张叶飞、黄士良陪同视察或参加活动。

（丁祥建）

【陈竺视察无锡】 6月2日，全国人大常委会副委员长、农工党中央主席陈竺视察无锡。陈竺出席中国农工民主党第15届中央常务委员会第14次会议并讲话。陈竺要求农工党各级组织和广大农工党党员学习领会中共中央总书记习近平在中央扶贫开发工作会议上的重要讲话精神，总结农工党开展扶贫工作的做法和经验，投身脱贫攻坚伟大实践。在无锡期间，陈竺参加无锡农工党同心生态苑植树活动，慰问在金城湾公园义诊的医生、专家，并出席金城湾健康主题公园竣工开园仪式。全国政协副主席、农工党中央常务副主席刘晓峰，省长石泰峰，省委常委、无锡市委书记李小敏，分别参加会议或看望与会人员，省人大常委会副主任刘永忠，省政协副主席、农工党江苏省委主委周健民，省政协副主席、省委统战部部长王雪非，省政府秘书长王奇，省人大常委会副秘书长唐健，市领导汪泉、周敏炜、陈德荣、张叶飞、曹锡荣、华博雅分别参加有关活动。

（丁晓峰）

【刘晓峰视察无锡】 （参见本页“陈竺视察无锡”条目）

（丁晓峰）

【汪洋视察无锡】 7月8日，中共中央政治局委员、国务院副总理、国家防汛抗旱总指挥部总指挥汪洋到无锡太湖环湖大堤贡湖段视察防汛工作。视察期间，汪洋主持召开国家防汛抗旱总指挥部太湖流域防汛紧急会议部署工作。汪洋强调，要认真贯彻习近平关于防汛救灾工作的重要指示和国务院总理李克强在岳阳防汛工作会议上的重要讲话精神，加强组织领导，强化责任落实，全力做好防汛抗洪和防台风各项工作，确保太湖大堤安全和群众生命安全，最大程度减轻灾害损失。省委书记李强、省长石泰峰陪同考察并参加会议。省委常委、市委书记李小敏，市长汪泉陪同考察并参加会议。

（丁晓峰）

【陈昌智视察无锡】 7月26日，全国人大常委会副委员长、民建中央主席、中国和平统一促进会副会长陈昌智到无锡，调研民建基层组织建设等工作。其间，陈昌智看望民建无锡市委机关工作人员并召开座谈会，听取民建无锡市委有关工作情况汇报，肯定民建无锡市委在基层组织建设、参政议政、社会服务等工作中取得的成绩。陈昌智实地察看惠山区凯龙高科技股份有限公司，要求企业加大对先进技术的研发力度，扩大自身产品的技术含量和品牌影响力；精准开拓市场，以先进理念提升企业服务能力，保持和扩大市场占有率；加强内部管理，提高企业管理水平、降低运营成本。在无锡期间，省委常委、市委书记李小敏看望调研组一行。省政协副主席、民建江苏省委主委洪慧民，市领导汪泉、姚建华、陈德荣、王唤春、吴峰枫、华博雅分别陪同或出席相关座谈会。

（丁晓峰）

【万钢视察无锡】 8月1日，全国政协副主席、致公党中央主席、科技部部长、中国科协主席万钢到无锡，调研苏南国家自主创新示范区建设和大众创业、万众创新工作。在无锡期间，万钢到国家超级计算无锡中心详细了解“神威·太湖之光”超级计算机的研制、开发、安装、调试等一系列过程，到中国船舶重工集团公司(以下简称“中船重工”)第七〇二研究所听取深海空间站建设相关情况介绍。万钢肯定无锡在建设苏南国家自主创新示范区和推动大众创业、万众创新工作中取得的进展。指出，建设苏南国家自主创新示范区是加快实施创新驱动发展战略的新起点，而自主创新需要潜心努力、超越领先的科学精神。希望无锡加速科技成果转化和产业化，促进科技与经济紧密结合，培养和造就创新创业领军人才队伍，依托现有产业基础和区位优势，提升创新要素集聚和辐射能力，探索创新驱动发展新路径。科技部副部长徐南平，中国工程院副院长陈左宁，中船重工董事长胡问鸣，省委常委、市委书记李小敏，副省长张敬华一同调研。省科技厅厅长王秦、副厅长蒋跃建，市领导汪泉、周敏炜、曹佳中，市政府秘书长叶勤良分别陪同调研。

(丁晓峰)

【韩启德视察无锡】 10月11日，全国政协副主席、九三学社中央主席、中国科学院院士韩启德视察无锡。在无锡期间，韩启德出席九三学社中央以“土壤退化与修复”为主题的第九次科学座谈会并讲话。韩启德强调，土壤退化及修复问题要放到整个人类文明发展的历史长河中研究，坚持“在利用中保护”战略，发挥科技支撑作用，重点做好土壤微生物改善、重金属控制、氮含量平衡等科研工作，加大农业科学技术推广，把科技创新成果“写”在祖国大地上；要提升土壤管理水平，综合立体评估全国土壤质量，因地制宜、分类分批建立土壤环境质量标准，正确处理政府与市场关系，完善立法划定保护“底线”，调动市场力量推动土壤保护工作。韩启德还出席九三学社中央参政议政工作年度例会，接见九三学社无锡市委会班子成员，听取九三学社无锡市委会近年工作汇报，询问了解无锡企业生存状态与医改情况、九三学社无锡市委会规模、结构和青年工作情况。全国政协常委、副秘书长、九三学社中央常务副主席邵鸿，市领导周敏炜、陈德荣、张叶飞分别参加有关活动。

(丁晓峰)

【王正伟视察无锡】 11月15日，全国政协副主席王正伟率全国政协人口资源环境委员会调研组到无锡，就“治理过度包装，促进绿色生产消费”专题调研。视察期间，王正伟率调研组先到江苏利特尔绿色包装股份有限公司，调研企业治理过度包装的成功做法，又到无锡市前程工业包装有限公司，考察工程中心和生产车间，详细了解企业采取循环技术促进绿色生产消费的做法。王正伟肯定无锡市“治理过度包装，促进绿色生产消费”取得的成绩，并指出，践行绿色发展理念是一项长期而艰巨的任务，要明确责任、强化管理，从源头抓起，监管包装企业生产、销售和回收环节，鼓励相关企业进行技术创新和升级改造。此外，要加强宣传教育，在全社会形成崇尚节俭、保护环境的良好风尚。省委常委、市委书记李小敏看望王正伟一行，省政协副主席杨新力，市政协主席周敏炜，市政协秘书长顾韬参加活动。

(丁晓峰)

政府工作报告(摘要)

——在无锡市第十六届人民代表大会第一次会议上

(2017年2月14日)

市长 汪 泉

汪泉在无锡市第十六届人民代表大会第一次会议上作报告

(市政府办公室 供稿)

过去五年工作回顾

市第十五届人民代表大会以来的五年，面对错综复杂的宏观环境和艰巨繁重的改革发展稳定任务，在中共无锡市委的正确领导下，在市人大常委会、市政协的监督和支持下，市政府全面落实党的十八大和十八届三中、四中、五中、六中全会精神，深入贯彻习近平总书记系列重要讲话特别是视察江苏重要讲话精神，主动适应经济发展新常态，自觉践行新发展理念，紧紧依靠全市广大人民，求真务实，开拓奋进，较好地完成了“十二五”规划各项任务，并实现了“十三五”发展良好开局。

本届政府履职五年来，全市经济社会平稳发展，地区生产总值由6679亿元增加到9210亿元，年均增长8.4%；一般公共预算收入由615亿元增加到875亿元，年均增长7.3%；固定资产投资由3169亿元增加到4795亿元，年均增长11.7%；社会消费品零售总额由1946亿元增加到3120亿元，年均增长9.9%；城镇和农村常住居民人均可支配收入年均增长9.3%和10.1%，分别达到48628元、26158元；居民消费价格涨幅控制在省定范围内，为高水平全面建成小康社会打下了坚实基础。

确立产业强市主导战略，保持实体经济稳定增长。在无锡处于负重爬坡的关键阶段，市委十二届九次全会作出了重振产业雄风、加快打造现代产业发展新高地的战略部署，出台促进现代产业发展的系列政策，设立200亿元现代产业发展扶持资金，推动产业强市理念逐渐深入人心，实体经济发展实现增量提质。规模以上工业总产值和增加值多年徘徊不前的情况得以改变，2016年分别突破1.5万亿元、3000亿元，达1.51万亿元和3075亿元。企业实力不断壮大，无锡市入围中国企业五百强、中国制造业企业五百强的企业数均居全省第一；入围中国民营企业五百强、中国服务业企业五百强的企业数均居全省第二。质量强市示范市建设深入推进，共承担制订或修订国内外标准363项，2家企业获全球卓越绩效奖，3家企业获中国工业大奖，荣获国家级质量奖6个、驰名商标超过80件。全市服务业增加值占地区生产总值比重由44%提高到51.3%。无锡国家数字电影产业园成为国家级文化和科技融合示范基地。五年获批国家AAAAA级旅游景区1家、AAAA级旅游景区11家，全市旅游总收入年均增长12.2%。国家现代农业示范区建设成效明显，农业园区化比重由13.8%提高到48.9%。金融业发展取得新的进展，金融机构本外币贷款余额由7280亿元增加到10518亿元，直接融资当年发行额由181亿元增加到919亿元，新增境内外上市公司37家，新三板挂牌企业达到209家。

推进创新驱动发展，实现新一轮转型升级。扎实推进苏南国家自主创新示范区建设，不断提高区域创新能力。全市拥有国家级以上工程技术研究中心6家，国家级国际合作基地10家，省级外资研发中心41家，省级国际技术转移中心8家，国家级质检中心和重点实验室21家。清华大学等高校院所在无锡设立研究院21家。企业研发经费占主营业务收入比重达1.62%，全社会研发投入占地区生产总值比重由2.58%提高到2.82%，万人发明专利拥有量由7件增加到31.4件，科技进步贡献率由57.8%提高到63%，均居全省领先水平。“神威·太湖之光”超级计算机荣获世界超算冠军，项目应用在全国首获戈登贝尔奖。扎实推进国家传感网创新示范区建设，成功举办2016世界物联网博览会，启动物联网小镇规划建设，有效推广一批物联网示范应用工程，物联网产业营业收入年均增长30%以上。高新技术产业产值占规模以上工业总产值比重由36.7%提高到43.4%。制定实施“太湖人才计划”，深入推进“人才强企”工程，成立“欧美同学会无锡报国基地”，国家“千人计划”人才、省“双创计划”人才由36人、165人分别增加到84人和407人。

超级计算机“神威·太湖之光”系统在江苏无锡运行　（刘芳辉　摄）

坚持扩大开放不停步，优化开放型经济发展格局。全面对接上海等自贸区试验政策，复制推广48项改革创新事项。实施外贸稳增长系列政策意见，在国际经济环境复杂严峻的形势下，保持进出口总额稳定在700亿美元左右。服务外包业务执行金额由36.5亿美元增加到102.9亿美元。加大利用外资力度，累计到位注册外资171亿美元，其中制造业外资占比达60%，引进超1亿美元项目131个，中芯长电半导体、三星SDI偏光板、药明康德生命科技园等一批重大外资产业项目成功落户。支持企业“走出去”，累计对外投资74.2亿美元。柬埔寨西哈努克港特区首期建设基本完成，进驻各类企业107家。加强口岸功能建设，无锡航空口岸扩大对外籍飞机开放，进境食用水生动物、进口肉类指定口岸获国家批准，苏南硕放国际机场二期工程建成投用，国内国际客货航线由29条增加到68条。推进开发区转型升级，宜兴经济技术开发区升级为国家级开发区，无锡高新区出口加工区、江阴保税物流中心升级为国家级综合保税区。加强国际交流合作，国际友好城市由38个增加到48个，荣获国际友城“特别贡献奖”和“交流合作奖”。成功举办第四届世界佛教论坛和两届全球锡商大会，组建全球锡商联盟。

落实全面深化改革各项任务，化解许多发展中的难题。扎实推进供给侧结构性改革，粗钢、水泥产量较近年同期最高点分别下降21.9%、10.8%，市区商品住宅去化周期大幅下降，规上工业资产负债率下降至53.4%，水电气等企业生产要素成本有效降低，“营改增”试点五年累计减税138亿元。五年来共处置化解银行业金融机构不良贷款990亿元，2016年年末银行业金融机构不良贷款率为1.56%，由一度全省最高基本下降到全省平均水平。协同推进“放管服”（简政放权、放管结合、优化服务）改革，不断深化商事制度改革，累计取消下放各类行政审批项目428项，新增内资企业数和注册资金额由17669家、770亿元分别增加到37786家、2379亿元。行政区划调整和政府机构改革取得突破，梁溪区、新吴区正式成立，工商管理、质量监督、食品药品监管体制调

2016年10月31日,世界物联网无锡峰会在太湖博览中心隆重举行
(张立伟 摄)

整到位,在省内率先建成"一办三中心"政务服务体系。理顺社会事业管办分离体制和运行机制,成立市文化旅游产业发展集团、文化发展集团、体育产业发展集团。深化医药卫生体制改革,实行药品零差价销售,医联体建设实现全覆盖。深入推进金融改革,中韩(无锡)科技金融服务合作区成立,江苏民营投资控股有限公司、开鑫贷融资服务江苏有限公司落户无锡,成立江苏资产管理公司、国联人寿保险有限公司、市金融投资公司、江苏互联网金融资产交易中心,新增银行业金融机构10家、保险公司机构11家、股权投资企业59家、融资租赁公司14家、基金管理企业40余家。深化农村改革,基本完成土地承包经营权确权颁证,深入开展集体资产股份制合作改革,43个镇级产权流转交易服务中心建成运行。天然气价格、水价及其阶梯价格改革稳妥推进。

强化城乡建设管理,促进城乡区域协调发展。制定实施城市现代化和城乡发展一体化规划,常住人口城镇化率由72.2%提高到75.8%,建成区面积由289平方公里增加到332平方公里。着力推进太湖新城、锡东新城、惠山新城、马山国际旅游岛、古运河风光带等重点区域建设,一批重点项目建成投运。推进中心城区更新改造,实施棚户区(危旧房、城中村)改造127万平方米,整治提升旧住宅区1104万平方米。市区拆除违法违章建筑130万平方米,完成115条主要道路包装出新和478个背街小巷综合治理。城市给排水设施不断完善,全市污水管网由7904.79公里增加到8724.25公里,主城区生活污水集中处理率达95%以上,供水设施覆盖率达100%,城市再生水利用率由32%提高到33%。积极推进市域重大交通基础设施建设,京沪高铁、宁杭高铁无锡段、新锡澄路惠山段、望虞河大桥建成,完成锡澄运河江阴及惠山段航道整治,无锡(江阴)港跻身亿吨大港,苏锡常南部高速公路建设启动。完善公共交通体系,地铁1号、2号线建成投运,1号线工程获国家优质工程"金奖",3号线一期、1号线南延线工程开工建设,市区公交分担率达28.2%,镇村公交覆盖率保持在100%,成为全国首批"绿色交通城市"。城市防洪排涝能力不断提高,走马塘工程建成通水。深入推进美丽乡村建设,"三星级康居乡村"和"江苏最美乡村"数量居全省前列。丁蜀镇入选第一批"中国特色小镇"。智慧城市建设持续推进,成为全国首个高标准全光网城市,在全国智慧城市发展水平评选中连续四年名列前茅。

践行绿色发展理念,改善生态文明和环境质量。制订实施主体功能区计划,全市28.7%国土面积划为生态红线保护区。构建"四位一体"耕地保护长效机制,深化节约用地"1236"战略布局,全市基本农田稳定在165.9万亩,单位建设用地GDP产出由每平方公里4.82亿元提高到6.12亿元。制订实施水、大气污染防治行动计划,出台"1+4"水环境治理实施意见,扎实开展以太湖水、大气污染和黑臭河道为重点的环境整治工程,太湖无锡水域连续九年实现安全度夏,14个国家考核断面水质达到或优于III类比例达50%,PM2.5年均浓度下降幅度完成国家考核任务。完成无锡钢铁厂、新苏机械厂原址等地块土壤污染修复工程。推进一批重点节能减排工程,实现万元GDP能耗、水耗分别下降26.1%、25.3%,化学需氧量、氨氮、二氧化硫、氮氧化物四项主要污染物排放量分别削减21.95%、20.93%、30.55%和43.59%。建立并积极落实生态补偿机制,继续实施排污权有偿使用和交易制度,推行环境污染责任保险。强化环境司法联动,查处违法案件4752起,否决劝退各类项目886个。推进106个生活垃圾分类收集、分类处置试点,推动锡东垃圾焚烧发电厂项目顺利复工。完成8820个自然村环境整治,建成25个省级村庄规划建设示范村和560个村庄环境长效管理示范村。扎实推进"绿色无锡"建设,全市林木覆盖率和自然湿地保护率分别由25%、16.6%提高到27%、50%。荣获"中国宜居城市""国家森林城市""国家生态市""全国节水型社会示范区""全国国土资源节约集约模范市"等称号,建成全国首个生态城市群。

增进民生福祉,增强人民群众获得感。坚持就业优先,五年实现城镇新增就业73.25万人,新引进大学生就业19.12万人,扶持自主创业5.74万人,城镇登记失业率控制在3%以内。建立城乡一体的居民基本养老保险制度,健全城乡低保标准定期调整机制,创新深度救助机制,市区城乡低保标准提高到每人每月760元,市区居民基础养老金、企业退休人员养老金、低保家庭中的重度残疾人救助标准分别提高到每月370元、2538元和912元,各项社保覆盖率达98%以上。新增保障性住房6.2万套,享受廉租房补贴家庭达9852户,市区住房保障体系健全率超过92%。制定农贸市场布局规划,全面启动新一轮农贸市场改造和综合整治。健全平价商店常态惠民机制。完善养老服务设施，新增养老床位1.5万张，每千名户籍老人拥有养老床位数达到41.2张。推进教育事业协调发展，成为全省首个所有市（县）区全部建成省学前教育改革发展示范区的地级市、全国首批通过“义务教育发展基本均衡”认定的大中城市，公办高中实现省三星级以上优质资源全覆盖。建立江南大学无锡医学院，与省教育厅合作支持太湖学院发展，引进南京信息工程大学滨江学院。优化职业教育布局，10所学校成为国家和省职业教育改革发展示范校。居民健康水平稳步提高，医疗卫生服务体系日趋完善，新建、改扩建二级以上公立医疗机构15家、社区卫生服务中心53家，全面实施家庭医生制度。积极落实全面两孩政策。成功创建第二批国家公共文化服务体系示范区，中国大运河（无锡段）成功列入世界文化遗产。成为全国全民健身示范城市和全省首批公共体育服务体系示范区。创新社会治理模式，全面推进“政社互动”，跻身全国首批社区治理和服务创新实验区，获评全国文明城市和全国未成年人思想道德建设先进城市。深化平安无锡建设，获评全国社会治安综合治理优秀市，公众安全感和群众对政法队伍满意率居全省首位。国防动员、人民防空和后备力量建设稳步推进，军转安置、拥军优抚和军民共建等工作成绩显著，荣膺全国双拥模范城“七连冠”。全面落实安全生产责任制，安全生产事故起数和死亡人数持续“双下降”。加强食品药品监管，食品检测合格率稳定在98%以上。

加强政府自身建设，推动行政职能和作风转变。扎实开展党的群众路线教育实践活动、“三严三实”专题教育、“两学一做”学习教育，宣传学习江苏“时代楷模”、江苏“最美人物”事迹和无锡“工匠精神”，政风建设取得积极成效。认真落实中央八项规定精神和省、市委十项规定要求，整改“四风”突出问题取得明显成效。全面推进法治政府建设，健全重大事项决策程序，完善听证制度，提请市人大常委会审议地方性法规21部，出台政府规章34部，各级政府及部门实现法律顾问全覆盖。自觉接受人大和政协监督，认真贯彻市人民代表大会及其常委会的各项决议，定期向市人大常委会报告工作，向市政协通报情况，认真做好代表建议和委员提案办理工作。推进财政预决算及“三公经费”决算向社会公开，“三公经费”年均减少18.6%。完成党政机关公务用车改革。加强审计监督，对公共资金、国有资产、国有资源和领导干部经济责任履行情况基本实现审计全覆盖。强化政府性债务管理，建立偿债准备金制度，政府性债务控规模、降成本、防风险的措施得到较好落实。完成“六五”普法工作，成为全省首批法治城市创建工作先进市。全面落实党风廉政建设“一岗双责”，加大反腐倡廉力度，严肃查处一批违法违纪案件。

2016年主要工作

2016年，积极应对各种困难和挑战，统筹做好稳增长、调结构、促改革、惠民生、优生态、防风险各项工作，基本完成了全年各项目标任务，经济社会发展呈现更多积极变化。

一是综合实力稳步提升。经济运行稳中有进、稳中向好，主要经济指标增速整体摆脱了连续多年全省排位靠后的局面，多数指标增速高于上年同期。地区生产总值增长7.5%，同比提高0.4个百分点；社会消费品零售总额增长9.6%，同比提高0.4个百分点；规模以上工业总产值、增加值和实现利润分别增长3.8%、5.8%和9.6%，同比分别提高2.0、1.4和7.6个百分点；金融机构本外币贷款余额增长10.4%，同比提高4.9个百分点。一般公共预算收入增长5.4%，居全省前列；新增境内外上市公司17家，列全省第一。

二是转型升级步伐加快。物联网、新能源、服务外包等新兴产业和高技术产业增速明显高于规上工业增速，旅游、文化、金融等服务业占比提高，单位土地GDP产出、科技进步贡献率全省领先。服务业增加值占地区生产总值比重突破50%，同比提高2.2个百分点。

三是人民生活不断改善。城乡居民人均可支配收入分别增长7.8%和8.3%，基本建成城乡一体的社会保障体系，社会保障水平进一步提高。脱困转化经济薄弱村30个。全面完成10件80项为民办实事项目。有效抗击夏季特大洪水灾害，社会安定有序，未发生较大以上安全生产事故。

四是环境质量持续优化。组织开展新一轮太湖治理和黑臭河道整治，太湖无锡水域水质和161条重点河道水质进一步改善。空气质量优良天数比例达66.9%，同比提高2.8个百分点，PM2.5平均浓度同比下降13.1%。万元GDP能耗下降3.4%，主要污染物排放削减量全面完成省下达的任务。

五是改革开放迈向深入。供给侧结构性改革、“放管服”改革、国有企业改革等取得新进展，“营改增”范围顺利扩大，通过结构性减税和降息减费等为企业降低成本200多亿元。医药卫生体制改革取得成效，医保参保群众政策范围内个人负担率下降近5个百分点。对外开放水平不断提升，外贸进出口总额698亿美元，出口总额429亿美元，分别增长2%和1.6%，居全省前列；到位注册外资34亿美元，增长6.3%。柬埔寨西哈努克港特区成为“一带一路”合作样板园区。苏锡常南部高速公路、锡东垃圾焚烧发电厂等一批事关长远的重大基础设施项目启动实施。

2017年工作任务

2017年是中共十九大召开之年、供给侧结构性改革的深化之年，也是全面落实省、市党代会部署的开局之年，做好2017年政府工作意义重大。按照市委十三届二次全会部署要求，2017年全市经济社会发展主要预期目标是：地区生产总值增长7%~7.5%；一般公共预算收入同口径增长5%左右；固定资产投资增长5%左右；社会消费品零售总额增长10%左右；外贸进出口实现正增长；城乡居民收入增长与经济增长同步，城镇登记失业率、居民消费价格指数控制在省定范围内；节能减排和大气、水环境质量确保完成省下达的目标任务。

2017年重点做好以下工作：

（一）毫不松懈抓好产业强市建设

加快构建现代产业体系。围绕打造国内一流、具有国际影响的现代产业新高地，以发展具有比较优势的战略性新兴产业为优先选项，实现新兴产业产值增长10%以上；以发展具有领先优势的智能制造为主攻方向，积极开展“中国制造2025”苏南城市群试点示范，制订实施智能制造三年行动计划，实现全市规模以上工业总产值增长3.5%、工业增加值增长6%左右；以发展具有特色优势的现代服务业为重要取向，推进省服务业综合改革试点，实现服务业增加值占比提高1个百分点。弘扬无锡“工匠精神”，推进标准、质量、品牌、信誉“四位一体”建设，新认定省级以上品牌80个，主导和参与制订或修订国内外标准50项以上。实施全域旅游和“旅游+”发展战略，加快万达文旅城、阳山田园文旅小镇、江阴海澜国际马术旅游区、宜兴阳羡生态度假区等重大旅游项目建设，加强文化旅游资源整合，扩大旅游产品有效供给，实现旅游总收入增长10%。因地制宜规划建设一批特色小镇和旅游风情小镇，加快特色主导产业发展，使之成为具有明确产业定位、文化内涵、旅游功能、社区特征的空间载体。

重视发展现代农业。加强永久基本农田保护，加快推进农业供给侧结构性改革，积极推进国家现代农业示范区和国家农业科技园区建设，稳定水稻、蔬菜种植面积，新增高标准农田1万亩、高效设施农业(渔业)1.5万亩。组织实施粮食收储供应安全保障工程。积极发展优质、高效、绿色农业，减少化肥、农药使用，加强农产品质量安全和品牌建设。加快发展“互联网+”农业，促进农业与二三产业融合发展。

保持有效投资稳定增长。强力推进重大产业项目招引，加强精准招商、大项目招商和全产业链招商，争取引进超10亿美元或50亿元重大产业项目5个以上。积极开展“稳心留根”和“亲商暖企”行动，加大产业政策兑现落实力度，提高政策扶持的针对性和精准度。放宽民间投资准入，鼓励企业扩大技改投入，实现工业投入增长10%左右。有效发挥政府投资项目和重大项目的引导带动作用，实施100个市级重点项目，当年完成投资超680亿元。

加大金融服务实体经济力度。着力疏通贷款流向实体经济渠道，实现社会融资规模1600亿元，其中新增本外币贷款900亿元以上，制造业贷款实现正增长。开展中小企业融资授信活动，发挥好各级政府应急转贷资金、风险补偿资金作用，努力缓解中小企业融资难、融资贵问题。积极发展股权投资基金和产业基金，发挥好太湖浦发母基金、国联产业母基金作用，引导和扶持新设产业基金规模200亿元以上。大力推进企业上市，支持上市公司开展并购重组，新增境内外上市公司10家、新三板挂牌公司50家以上。

(二)突出聚力创新的工作导向

以苏南国家自主创新示范区建设为引领，增强科技创新驱动力。围绕建设具有全球影响力的产业科技创新中心，优化“一区三核多特”空间布局，把无锡高新区、江阴高新区和宜兴环科园作为示范区建设的主阵地，全面落实推广中关村先行先试政策，增强核心区科技创新能力和辐射带动能力。提升各类科技产业园区发展水平，充分发挥国家级特色产业基地、科技企业孵化器、大学生(留学生)创业园等主体功能，加快推进无锡国家数字电影产业园发展。强化企业科技创新主体地位，支持企业建设高水平研发机构，加大高新技术企业培育扶持力度，实施科技企业“小升高”培育计划，全市高新技术企业达到1800家以上。深入实施“太湖人才计划”和“人才强企”工程，着力引进和培养高层次人才、高技能人才和创新创业团队，深化人才发展体制机制改革，提升招才引智工作水平，优化人才发展环境，高层次人才总量达到11.7万人，引进科技创业领军人才企业50家以上。完善政产学研协同创新机制，发挥科技成果转化服务平台作用，推动一批高校和科研院所创新成果加快在无锡转化，加快推进深海装备无锡研发基地建设。提升公共技术服务平台功能，着力打造国家级质检中心和检测重点实验室集群。构建军民融合科技创新体系，创建国家军民融合创新示范区，办好军民融合发展战略高端论坛。着力激发大众创业、万众创新活力，积极打造区域创客中心，新增一批省级以上创客空间。落实好科技创新优惠政策，加大知识产权保护力度，实现全社会研发投入占地区生产总值比重达2.86%，万人有效发明专利拥有量达到32件。

以国家传感网创新示范区建设为引领，加快发展新一代信息技术产业。制订实施新一轮推进物联网技术创新和产业发展行动计划，高水平办好第二届世界物联网博览会，高水平推进鸿山物联网特色小镇建设，积极实施十大领域应用示范推广计划，完善公共服务平台，加强物联网关键技术和行业标准攻关，启动实施设基金、建基地、兴基业的物联网“三基工程”，实现物联网产业营业收入增长15%以上。大力推进云计算、大数据、软件服务、移动互联网、“互联网+” 等数字经济、创新经济、分享经济和平台经济加快发展，启动建设国家超算中心产业园、太湖新城大数据产业园。加快推进工业化和信息化深度融合，积极引导传统产业运用先进信息技术改造升级。加快建设国家电子商务示范城市，促进商贸企业线上线下融合发展。

以全面创新为引领，充分释放全社会创新创造潜能和激情。着力推进发展理念、体制机制、企业管理、商业模式等全方位、多层次、宽领域的大创新，让创新贯穿一切工作。着力打造更具影响力的新载体新平台，全力办好物联网、新能源、影视文化、工业设计、大学生创业大赛等重点博览会、交易会、展会、论坛，创特色创品牌。全面创新的本质是进一步推动思想解放，打破陈旧思维束缚，摆脱习惯路径依赖，充分尊重企业家和基层首创精神，营造良好创新生态环境，培育宽容失败、包容个性的创新文化，让全社会创造活力竞相迸发、创新源泉充分涌流。

(三)突出聚焦富民的发展取向

实现居民收入增长与经济增长同步。完善工资收入分配制度，建立职工工资正常增长机制。落实更加积极的就业政策，优化就业结构，城镇新增就业11万人，帮助重点就业困难人员实现就业8000人。着力优化创业环境，推进工商注册便利化，新注册登记企业2.8万家以上；建立市场化创业担保贷款机制，鼓励大学生等重点群体自主创业，扶持自主创业1万人，其中大学生自主创业1600人，实现带动就业5万人。拓展居民增收渠道，推进安置房上市，增加居民财产性收入来源。积极培育家庭农场、专业合作社等新型农业经营主体，提高农业生产经营效益，促进农民增收。实施全民参保计划，实现企业职工养老、医疗和失业保险分别扩面5万、5万和3万人以上。全面落实低收入群体、特殊困难群体社会救助政策，健全社会救助保障标准与物价上涨挂钩联动机制，持续推进深度救助，不断提高困难群体基本生活水平。加大对经济薄弱村精准帮扶力度。

改善老百姓生活环境。加快实施棚户区改造和旧住宅区整治，积极推进农村住房翻建。加强城市环境综合整治，开展建成区违法建设治理，加大背街小巷综合改造力度。改善居民住宅小区物业管理，进一步推进老小区电梯改造。加强城市绿化美化，建设一批城市小游园，新增绿化面积5000亩。加快建设15分钟社区服务圈、体育健身圈、便民生活圈。创新发展商业服务网点，加大农贸市场建设和改造力度。

完善公共服务体系。统筹城乡义务教育资源均衡配置，鼓励普通高中优质多样特色化发展，新建、改扩建一批幼儿园和义务教育学校。完善现代职业教育体系，推进高水平中外合作办大学取得突破，深化与江南大学、太湖学院合作共建，加快建设南京信息工程大学滨江学院。加快健康城市建设，完善药品零差价销售医疗服务机制，加强产科、儿科、精神卫生等专科建设，完善分级诊疗新格局。深入开展国家养老服务业综合改革试点，发挥居家养老基础作用，推动医养融合、智慧养老，鼓励各类社会资本进入养老领域。加强公共文化设施建设，推广公共数字文化，继续办好读书月、艺术节、文博会等活动，完善现代公共文化服务体系。深入开展全民健身运动，积极创建智慧体育城市，精心办好亚洲乒乓球锦标赛、环太湖国际公路自行车赛等国际重大赛事。

创新和加强社会治理。深入推进平安无锡、法治无锡建设，创新升级立体化、信息化社会治安防控体系，深化公共安全视频监控联网应用，努力创建平安中国示范区。扎实开展“七五”普法教育，加强社会信用体系建设，提高全社会法治素养、诚信意识和信用水平。创新基层治理模式，完善社区减负长效机制，打造“社区+”平台，推进“三社联动”。落实重大决策社会稳定风险评估制度，健全社会矛盾纠纷有效预防和多元化解机制，全力化解信访积案。深入推进食品安全城市创建，依法严厉打击食品药品违法行为。严格落实安全生产责任制，强化灾害监测预警和风险防范，加强公共安全监管，提升应急处置能力，切实保障人民群众生命财产安全。

（四）持续用力推动全面深化改革

切实坚持以供给侧结构性改革为主线。深入推进“去产能”，严厉打击地条钢等落后产能、非法产能，全面完成去产能任务。突出重点“去库存”，积极推进江阴、宜兴房地产去库存工作，加大市区商业办公用房去库存力度，鼓励在建和库存非住宅商品房向众创空间、养老地产、旅游地产转型。多措并举“去杠杆”，加强中小企业互保圈风险化解处置，妥善处置大中型企业债务风险，继续实现银行业金融机构不良贷款余额和不良贷款率“双下降”；规范各级政府举债行为，加大存量债务置换力度，加强地方融资平台风险管控。实实在在“降成本”，继续全面落实好国家和省降成本各项政策措施、实施好市及地区性降成本政策措施，保持政策连续性，扩大政策宣传面和受惠面，确保为企业降低成本200亿元以上。加大力度“补短板”，加快推进基础设施、民生保障、环境治理、公共服务等领域补短板工作，完善补短板项目储备和推进机制，增强经济社会发展的整体性和协调性。

切实坚持在重点领域改革上狠下功夫。深化“放管服”改革，积极开展相对集中行政许可权改革试点，组建行政审批局，探索实行“一枚公章管审批”；简化商事审批，推进证照整合；完善事中事后监管体系，全面推行“双随机、一公开”工作机制，继续推进综合行政执法体制改革；加快“互联网+政务服务”平台建设，整合规范公共资源交易平台。深化财税体制改革，研究完善促进区域统筹发展的财政体制，合理构建重大基础设施共建共担共享机制，落实国税地税征管体制改革。深化投融资体制改革，不断完善PPP项目扶持机制。深化国有企业改革，优化调整国有资本布局结构，加快发展混合所有制经济，积极推进国有资产证券化，完善国资国企监管机制。深化金融改革，加快发展地方金融机构，推进设立民营“锡商银行”、无锡金融租赁公司、无锡消费金融公司，推进物联网金融创新发展。稳步推进农村集体产权制度改革，总体完成农村土地承包经营权确权登记颁证，完善农村产权交易市场体系，深入推进集体经营性资产股份合作制改革。深化医药卫生、养老、教育、

人鸟共欢 （卢 易 摄）

文化等领域改革,提高公共服务供给能力。抓好国家和省级改革试点任务落实,真正试出经验、试出成效。

(五)加快推进开放型经济发展

主动融入国家重大开放战略。积极参与"一带一路"建设,加强与"一带一路"沿线国家的投资合作、产能合作和服务外包合作,鼓励支持柬埔寨西哈努克港特区等无锡企业在境外投资的产业园区建设,促进对外投资健康发展。积极参与长江经济带、长三角城市群建设,加强与长江沿线和长三角城市的合作交流,更好地对接和服务上海,推动锡常泰联动发展。积极复制推广自贸区改革试点经验,扩大自贸区改革试点政策受益面。积极推进无锡国际邮件互换中心、药品进口口岸申报设立,提升口岸综合服务能力和开放水平。做好外事、侨务工作,促进国际经贸合作与人文交流。办好第三届全球锡商大会。

集中力量做好外贸外资工作。着力优化外贸结构,积极发展外贸新业态、拓展外贸新空间,创建国家服务贸易创新发展示范区,推动外贸向优质优价、优进优出转变。落实新形势下吸引外资的政策意见,提升利用外资质量和效益,全面实施外商投资准入前国民待遇和负面清单管理模式,提高外商投资便利化和规范化水平。建设强有力招商队伍,拓展外资招商渠道,着力引进一批带动力强的行业龙头型、整机型、终端型项目,积极引进跨国公司地区总部和功能性机构,争取到位注册外资35亿美元,引进超3000万美元重大项目45个。

增强开发区(园区)功能作用。推进开发区体制机制创新,优化开发区空间布局和资源配置,推动开发区结合自身资源禀赋和产业基础,做强做大特色主导产业。提升开发区创新功能和承载能力,发挥无锡高新区综合保税区、江阴综合保税区载体优势,支持惠山经济开发区、江阴临港经济开发区升级为国家级开发区。优化乡镇级工业园区布局和功能。支持各级园区探索建立中外合作产业园区,推进中韩(无锡)科技金融服务合作区建设。加强开发区对标找差和考核评价工作,推动开发区综合发展水平在全省排位稳步提升。

(六)着力提升城乡建设管理水平

积极推进锡澄锡宜一体化发展。加快市域重大基础设施互联互通、共建共享步伐,开工建设苏锡常南部高速公路、南沿江高速铁路,加快推进锡澄运河市区段和锡溧漕河二期整治工程建设,积极开展盐泰锡常宜城际铁路、市域快轨S1线和宜马快速通道等前期工作,统筹搞好各地通用机场规划建设。优化市域"一体两翼"空间布局,加强产业对接和园区合作,推进锡澄锡宜文化和旅游统一规划、资源共享。支持江阴打造沿江发展带的重要节点城市,鼓励宜兴建设苏浙皖交界区域的功能性中心城市,提升澄南、宜东地区与无锡市区的融合发展水平。

加快基础设施建设步伐。加快实施江阴市"1310"工程。加快推进常宜、宜长高速公路建设。加密苏南硕放国际机场航线,启动货站和停机坪扩建工程,实现客货吞吐量分别突破600万人次和10万吨。争取组建地方航空公司。完善城市路网体系,加快推进蠡湖大道、江海西路快速化改造和西环线北延、新锡路北延、钱皋路工程,打通运河西路、吴桥西路、兴昌路北延等"断头路",疏通广澄路、锡南路、鼎新路等城市道路"毛细血管"。续建地铁3号线一期和1号线南延线工程,开工建设地铁4号线一期工程,启动编制地铁第三轮建设规划。优化调整常规公交线网,推动市区公共自行车系统建设运营一体化,积极创建省公交优先示范城市。推进"海绵城市"建设,先行开展惠山工业转型集聚区等3个试点区域建设。搞好重点水利工程建设,加快建设新孟河工程和望虞河西控工程,基本完成新沟河工程,加强城市给排水和防洪排涝工程建设。发挥太湖新城、锡东新城地下综合管廊建设示范效应,加强地下空间开发利用。完善信息基础设施,推进城市大数据中心二期建设,提升智慧城市发展水平。

加强城市规划和历史文化保护。加快推进新一轮城市总体规划编制,促进经济社会发展规划、城乡规划、土地利用规划、生态建设规划"多规合一"。加大中心城区更新改造力度,放大行政区划调整效应,增强中心城区的商贸中心地位和历史文化保护核心区作用。加快推进太湖新城、锡东新城、惠山新城建设,做强特色产业,完善配套设施,促进产城融合。加快马山国际旅游岛、古运河风光带、鸿山省级旅游度假区建设,支持宜兴重点景区创建国家AAAAA级旅游景区和国家级旅游度假区。大力传承中华优秀传统文化,加强历史文化遗产保护利用,加快推进紫砂、精微绣、泥人、二胡、茶叶等历史经典产业发展,扎实推进惠山古镇祠堂群和荡口古镇申遗,提升文化传承和产业影响力。

提升城乡发展一体化水平。完善新型城镇化和城乡发展一体化推进机制,积极开展国家新型城镇化综合试点,加快城乡发展一体化示范特色镇建设,推动基础设施和公共服务设施向农村倾斜,促进城乡

红嘴鸥飞翔捕鱼 (陈大春 摄)

要素平等交换、合理配置和基本公共服务均等化。深入推进美丽乡村建设，开展美丽乡村休闲旅游示范村房屋改造建设试点，加强传统村落民居和历史文化名村保护，促进乡村旅游发展。全面实施居住证制度，加快土地、户籍、住房、就业、社会保障等方面制度创新，有序推进农业转移人口市民化。

巩固全国文明城市创建成果。健全文明城市创建长效管理机制，深入开展群众性精神文明创建活动，推动江阴、宜兴积极争创全国文明城市。大力弘扬社会主义核心价值观，发挥好道德模范、"身边好人"的示范引领作用，广泛开展争当"美德少年"等活动，加强和改进未成年人思想道德建设，打造志愿服务工作品牌，不断提高市民文明素质和城市文明程度。

（七）扎实开展"两减六治三提升"专项行动

落实"减煤减化"措施。减少煤炭消费总量，压减燃煤发电和热电机组数量，严格控制新建燃煤发电项目。分类整治燃煤锅炉，禁止新建燃煤供热锅炉，完成煤炭消费总量削减目标任务。大力发展清洁能源，扩大天然气利用，全面推进绿色建筑发展，推动太阳能多元化利用。减少落后化工产能，加大低端落后化工企业淘汰力度，"一企一策"实施淘汰关闭、搬迁入园、整治提升。清理并规范化工园区，推动化工企业入园进区，完成省下达的低端落后化工企业淘汰任务。

强化突出环境问题整治。治理太湖水环境，完善"河长制"管理，加强控源截污，狠抓农业、工业和生活污水的氮磷减排，加强清淤捞藻、应急处理和无害化处置，实现太湖无锡水域水质持续改善，确保国省考核断面水质达标。治理生活垃圾，积极推进分类收集处置体系建设，完善餐厨垃圾处理设施，推动锡东垃圾焚烧发电厂投产运营，确保生活垃圾无害化处理设施全覆盖。治理黑臭水体，完善城镇雨污分流管网设施，加强污水处理设施建设和提标改造，加大河道清淤疏浚力度，完成10条黑臭河道整治。治理畜禽养殖污染，全面整顿规范各类畜禽养殖场，实现规模化养殖场治理率达60%。治理挥发性有机物污染，突出重点园区和企业废气排放源整治，全面开展油气回收、高污染车辆淘汰和餐饮油烟污染控制工作，实现全市重点工业行业挥发性有机物排放总量较2015年削减10%以上。治理环境隐患，加强土壤污染治理与修复，加快危险废物焚烧和安全填埋设施建设，清理长江沿岸危化品码头和储罐，提升危废固废处置能力。

健全生态文明长效机制。提升生态保护水平，加强环太湖生态保护圈的生态修复与治理，逐步降低长江江阴段干线开发利用率，加强宜兴生态保护引领区建设，提高国家生态保护与建设示范区建设水平。提升环境经济政策调控水平，实施与污染物排放总量挂钩的财政政策，全面推行排污权有偿使用和交易，完善生态补偿机制，推进水环境区域补偿，加快实施差别化的环境价格政策；健全生态文明建设责任制，落实党政同责、一岗双责，实施领导干部自然资源资产离任审计，推行环境污染责任终身追究制度。提升环境执法监管水平，严格落实新修订的《中华人民共和国环境保护法》，完善环境执法与刑事司法衔接机制，加大环境违法行为曝光力度，从快从严打击环境犯罪行为。

更大力度推进节约集约用地。落实主体功能区实施计划，严守城市边界、耕地保护和生态保护红线，严控城乡建设用地总量。不断优化土地利用结构和布局，加强产业与用地的空间协同，强化产业发展规划与土地利用规划的衔接，引导产业集聚、用地集约。着力盘活存量建设用地，加大存量土地挖潜力度，加强工业用地分类管理，推进低效用地再开发，进一步提高土地利用效率。

（八）努力建设人民满意的服务型政府

深入推进依法行政。强化法治思维，切实做到依照法定权限和法定程序行权履职。健全政府决策机制，完善重大行政决策法定程序。认真听取人大代表、政协委员意见建议，提高人大代表议案建议和政协提案的办理质量。完善审计监督机制，加强对重大政策措施落实、公共资金管理使用、经济责任履行情况的审计，依法接受市人大及其常委会的监督，主动接受市政协的民主监督，重视司法、舆论、社会监督。推进政府信息公开，动态调整并及时公布行政权力清单和责任清单，促进行政权力在阳光下运行。

增强担当服务意识。巩固"两学一做"学习教育成果，增强党员干部政治意识、大局意识、核心意识、看齐意识。强化责任担当，主动攻坚克难，对工作中既定的目标和作出的承诺，加强任务分解落实，确保"定了干、马上办、办到底"。改善政务服务，主动当好服务群众和企业的"店小二"，完善政府服务机制。优化"一办三中心"办事流程，切实提升服务质量和效益。深化目标任务绩效考核，建立更加有力的部门协同机制和重点工作督查机制。严肃治理"庸懒散"现象，健全容错和激励机制，营造干事创业的良好氛围。

切实加强廉政建设。严格执行党内政治生活若干准则、党内监督条例和问责条例，认真落实党风廉政建设"一岗双责"，深入贯彻中央八项规定和省、市委十项规定精神，驰而不息纠正"四风"，厉行勤俭节约，从严管理"三公经费"支出。更加注重源头反腐，突出公共权力运行、公共资源配置、公共资金分配等重点领域，完善内控机制，建立健全廉政建设与业务工作融合机制，加大惩治腐败力度，严肃查处发生在群众身边的腐败问题，切实解决损害群众利益的各种不正之风。

（市政府办公室）

编辑　罗秋云

高水平全面建成小康社会 奋力谱写“强富美高”新无锡精彩篇章

——在中国共产党无锡市第十三次代表大会上的报告

(2016 年 9 月 26 日)

李小敏

各位代表,同志们:

现在,我代表中共无锡市第十二届委员会向大会作报告。

过去五年工作回顾

市第十二次党代会以来,面对错综复杂的宏观环境和繁重艰巨的改革发展任务,在中央和省委坚强领导下,市委团结带领全市人民,全面落实党的十八大和十八届三中、四中、五中全会精神,深入贯彻习近平总书记系列重要讲话特别是视察江苏时重要讲话精神,适应新常态、应对新挑战,落实新举措、推动新发展,协调推进社会主义经济、政治、文化、社会、生态文明建设和党的建设,顺利完成了市第十二次党代会确定的主要目标任务。

综合实力得到提升。着力稳定增长,经济保持平稳运行。2015 年全市地区生产总值达到 8518 亿元,年均增长 9.2%;一般公共预算收入达到 830 亿元,年均增长 10.1%;固定资产投资达到 4901 亿元,年均增长 15%;社会消费品零售总额达到 2848 亿元,年均增长 10.8%。外贸进出口总额年均增长 2.3%,出口总额年均增长 3.1%,五年累计到位注册外资 171.8 亿美元,累计对外投资 59 亿美元。境内外上市公司增加到 105 家,五年实现翻番,“新三板”挂牌公司增加到 185 家。入围中国企业 500 强、中国制造业企业 500 强的企业分别达到 13 家和 22 家,继续位居全省第一;入围中国民营企业 500 强、中国服务业企业 500 强的企业数均居全省第二。

转型升级成效显现。确立产业强市正确道路,以智能化、绿色化、服务化、高端化为引领,积极构建现代产业体系和产业科技创新体系。2015 年全市服务业增加值占 GDP 比重达到 49.1%,五年提高 6.3 个百分点,文化产业增加值占 GDP 比重提高到 4.25%,建成 5 个省级旅游度假区;高新技术产业产值占规模以上工业总产值比重达到 42.3%,五年提高 8.1 个百分点;农业园区化比重达到 46%,五年提高 33 个百分点,国家现代农业示范区建设成效明显。2015 年全社会研发投入占 GDP 比重达到 2.78%,万人发明专利拥有量达到 25.4 件,科技进步贡献率达到 62.2%,居全省第一。国家超级计算无锡中心建成投运全球最快超算系统。全市万元 GDP 能耗、水耗五年累计下降 26.6%和 23%,化学需氧量、氨氮、二氧化硫减排量提前两年超额完成“十二五”目标任务。单位土地面积 GDP 产出达到 1.84 亿元/平方公里,居全省第一。

改革开放不断深化。推进全面深化改革,重点领域和关键环节的改革取得新进展。围绕“三去一降一补”五大任务,制定实施“1+1+3+1”系列政策意见,供给侧结构性改革取得初步成效。完成部分行政区划调整工作,梁溪区、新吴区正式成立。深化社会事业“管办分离”改革基本完成,理顺了社会事业管理体制和运行机制,组建了文化、体育产业发展集团,荣获全国文化体制改革先进地区称号。完成新一轮政府机构改革任务,建立“一办三中心”政务服务体系,市级行政审批事项削减到 332 项。组建市文旅集团、市金融投资公司、江苏资产管理公司、江苏互联网金融资产交易中心,“苏民投”在无锡成立。省“两型社会”综合配套改革试点以及医药卫生、食品药品、科技、文化、财税、金融、司法、纪检、审计等领域改革取得新进展。制定出台对接国家“一带一路”、长江经济带发展战略的《三年行动计划》，新增国家级开发区3家，中韩(无锡)科技金融服务合作区、无锡海峡两岸金融与科技合作试验区获批成立。复制推广上海自贸区改革创新事项48项，柬埔寨西港特区首期建设基本完成。农村改革稳步推进，土地承包经营权确权颁证工作和集体资产股份制改革进展顺利。

城乡一体步伐加快。坚持以人为核心统筹谋划新型城镇化，有序推进农业转移人口市民化，在全省率先编制出台主体功能区实施计划，在全国率先实现大市范围内户籍管理制度城乡一体化，常住人口城镇化率达到75.4%。着力推进太湖新城、锡东新城、惠山新城建设，稳步实施老城区更新，完成古运河风光带提升改造。完成9079个自然村环境整治，“三星级康居乡村”和“江苏最美乡村”数量位居全省前列。苏南硕放国际机场二期工程竣工，实现一类口岸扩大开放，京沪高铁、宁杭高铁无锡段建成通车，无锡(江阴)港跻身亿吨大港，地铁1、2号线正式通车，地铁3号线一期、1号线南延线工程开工建设，苏锡常南部高速公路正式获批，将于年内启动建设。智慧城市建设顺利推进，成为全国首个高标准全光网城市。

民生福祉持续改善。坚持就业优先战略，五年新增城镇就业70.2万人。拓宽城乡居民增收渠道，2015年城乡居民人均可支配收入分别达到45129元和24155元，年均分别增长10.5%和11.9%，城乡收入差距进一步缩小。率先建立城乡一体的居民基本养老保险制度，基本建立城乡一体的医疗和大病保险制度，城乡各项社保覆盖率达到98%以上，市区城乡低保标准提高到760元/月，每千名老人拥有养老床位数达到40张。加大特殊困难群体帮扶力度，健全完善社会救助制度。教育、卫生、文化、体育事业取得新进步，成为全国首批所有市(县)区全部通过“义务教育发展基本均衡”认定的大中城市，江南大学无锡医学院建设取得预期成效；城乡医疗服务体系健全完善，公共卫生服务水平不断提升；无锡成为全国全民健身示范城市和全省首批公共体育服务体系示范区；中国大运河(无锡段)成功列入世界文化遗产，第二批国家公共文化服务体系示范区创建工作取得实效，文艺精品创作成果丰硕。成功获评全国文明城市和全国未成年人思想道德建设先进城市。档案、史志、慈善、残疾人等各项事业全面发展。深化平安无锡建设，荣获全国社会管理综合治理优秀市称号，跻身全国首批社区治理和服务创新实验区，群众安全感稳居全省前列。强化企业生产、交通、消防、防汛、食品药品等安全工作，没有发生重特大事故，安全生产事故起数和死亡人数持续“双下降”。金融风险化解取得明显成效。加强以太湖为重点的水环境综合治理，制定出台并落实“1+4”工作意见和方案，连续八年实现安全度夏。全面开展大气治理，PM2.5平均浓度较2013年(基准年)下降18.7%。建成区绿化覆盖率达到42.9%。

9月25日，中国共产党无锡市第十三次代表大会预备会议在市人民大会堂举行 (卢易 摄)

民主法治积极推进。坚持和完善人民代表大会制度，支持和保证人大及其常委会依法行使职权，加强党对立法工作的领导，五年分别制定、修改完善地方性法规23部和6部。坚持和完善中国共产党领导的多党合作和政治协商制度，支持人民政协积极履行职能、充分发挥作用，支持各民主党派、工商联和无党派知识分子联谊会参政议政、民主监督。扎实做好民族、宗教、侨务、台湾和港澳工作，建立全球锡商联盟，成功举办第四届世界佛教论坛。全面推进依法治市，法治政府建设取得新进展，各级政府及部门实现法律顾问全覆盖。深化司法体制改革，支持法院、检察院依法独立公正行使职权。完成“六五”普法工作，法治惠民实事工程深入实施，成为全省首批法治城市创建工作先进市。

党的建设全面加强。深入学习宣传习近平总书记系列重要讲话特别是视察江苏时重要讲话精神，深化中国特色社会主义、中国梦、“五位一体”总体布局和“四个全面”战略布局宣传教育。强化管党治党责任，细化完善各级党委(党组)抓党建工作责任清单，健全党建工作考评机制和书记抓党建述职等制度，推动“一岗双责”落到实处。精心组织开展党的群众路线教育实践活动、“三严三实”专题教育和“两学一做”学习教育，促进党风政风好转。认真落实意识形态工作责任制，坚持党管媒体原则，加强舆论宣传引导，新闻作品荣获第25届中国新闻奖一等奖、二等奖、三等奖。深化干部选拔任用制度改革，精心做好市(县)区、乡镇集中换届工作。积极开展村级“四有一责”建设，健全“两新”组织党建领导体制和工作机制，夯实基层党建基础。深化党风廉政建设，细化“五张清单”，认真贯彻中央八项规定和省委十项规定精神，制定实施市委十项规定，扎实做好中央巡视组和省委巡视组反馈意见整改落实工作，反腐倡廉建设扎实推进。加强和改进党对群团工作的领导，充分发挥群团组织的作用。切实抓好党管武装工作，实现全国双拥模范城“七连冠”。

五年砥砺奋进，成绩来之不易。我们能够经受严峻考验、取得发展进步，是中央和省委正确领导的结果，是全市干部群众团结拼搏、不懈奋斗的结果，也离不开历届市委和老领导、老同志打下的坚实基础。在此，我代表中共无锡市第十二届委员会，向全市广大党员和干部群众，向各民主党派、人民团体和各界人士，向人民解放军和武警驻无锡部队、各驻无锡单位，向所有关心支持无锡改革发展的海内外朋友们，致以崇高的敬意和衷心的感谢！

过去五年，我们在探索实践中，也积累了宝贵经验，这些经验对于在新的起点上推动各项工作迈上新台阶具有重要意义。

——必须坚定不移抓好发展第一要务。实践证明，发展是解决一切问题的关键，不发展没有出路，低水平发展没有未来。我们要坚持以五大发展理念为根本遵循，紧紧围绕经济建设这个中心，牢牢扭住发展不动摇，抓住一切机遇、克服各种困难推进发展，不断壮大无锡的经济实力和综合竞争力。

——必须坚定不移走产业强市道路。实践证明，产业是发展之要、强市之基。我们要坚定实施创新驱动核心战略和产业强市主导战略，坚持以智能化、绿色化、服务化、高端化为引领，加快推进供给侧结构性改革，加快提升科技自主创新能力，加快推动产业转型升级，加快培育优势产业和规模企业，全力打造现代产业发展新高地。

——必须坚定不移深化改革扩大开放。实践证明，改革开放是推动事业发展的重要法宝。我们要始终保持改革开放的锐气和勇气，加大改革攻坚力度，全面扩大对外开放，做到改革不停顿、开放不止步，积极构建更具活力的体制机制，着力构筑更加开放的发展格局，让无锡的发展生机勃勃、活力无限。

——必须坚定不移贯彻以人民为中心的思想。实践证明，只有坚持一切为了人民、一切依靠人民，才能赢得人民群众的信任和拥护。我们要始终把人民放在心中最高位置，持续加大民生事业投入，扎实办好各项民生实事，努力使发展更有“温度”，让人民群众的日子一年比一年好。

——必须坚定不移推进全面从严治党。实践证明，只有坚持全面从严治党，才能保持党的先进性和纯洁性，提高党的凝聚力和战斗力。我们要认真落实全面从严治党各项任务，着力加强党的思想、组织、作风、反腐倡廉和制度建设，切实做到真管真严、敢管敢严、长管长严，为经济社会发展提供坚强保证。

在看到成绩的同时，我们也清醒认识到发展中存在的困难和问题，主要是：产业转型升级任务艰巨，经济发展的质量效益不够高，城乡区域发展不够平衡；重点领域和关键环节改革需要深化，发展的体制机制还需完善；社会事业仍然存在不少短板，保障改善民生需要付出更多努力；环境资源约束加大，污染防治形势严峻；维护社会和谐稳定面临新情况新问题，社会治理创新有待加强；党的基层组织和干部队伍建设存在薄弱环节，全面从严治党任重道远。我们必须高度重视存在的问题，保持清醒头脑，采取有力措施，切实加以解决。

今后五年工作总体要求和目标任务

今后五年是我市高水平全面建成小康社会的决胜阶段，是打造现代产业发展新高地、加快建设“强富美高”新无锡的关键时期。综观大势，复杂多变，机遇与挑战并存，召唤我们乘势而为。当前我国经济发展进入新常态、世界经济发展进入转型期、全球科技发展酝酿新突破，前进道路上充满种种挑战，但又富含重重机遇，特别是我国仍处于重要战略机遇期，国家建设“一带一路”和长江经济带、打造长三角世界级城市群、建设苏南国家自主创新示范区等战略部署，形成历史性机遇叠加。机遇稍纵即逝，我们唯有积极抢抓、顺时而起，方能乘势而上。环顾周边，千帆竞发，合作与竞争并存，激励我们争先敢为。地区竞争不断加剧，兄弟城市你追我赶，不进则退、慢进亦退的现实已经摆在我们面前。同时，随着国家推进长三角一体化等发展战略，区域间合作发展的趋势更加明显，竞争与合作是未来区域发展的主题。发展百舸争流，我们唯有敢于竞争、善于合作，方能争先进位。正视现状，负重爬坡，有喜与有忧并存，倒逼我们奋发作为。近年来无锡以产业强市为突破口，经济社会发展取得了积极成效，稳的态势在持续，进的力度在加大，新的动能在成长，好的因素在累积。但也要看到，发展的隐忧仍然较多，无锡还处于困难阵痛期。现实喜忧参半，我们唯有迎难而上、克难前行，方能再上台阶。放眼未来，任重道远，希望与困难并存，昭示我们大有可为。当前无锡的发展面临创新突破、产业转型、资源环境等方面的困难和挑战，并且新的矛盾还将不断显现。但全市上下面对发展、面对未来，凝心聚力抓落实，千方百计创优势，内生动力不断增强，良好局面正在形成，希望大于困难。征途绝非坦途，我们唯有披坚执锐、奋发图强，方能实现愿景。

今后五年工作的指导思想是：高举中国特色社会主义伟大旗帜，以邓小平理论、“三个代表”重要思想和科学发展观为指导，深入贯彻习近平总书记系列重要讲话特别是视察江苏时重要讲话精神，按照“五位一体”总体布局和“四个全面”战略布局，自觉践行五大发展理念，坚定实施六大发展战略，牢牢把握认识、适应、引领经济新常态这一逻辑，牢牢把握提高发展质量和效益这一中心，牢牢把握深化供给侧结构性改革这一主线，牢牢把握打造现代产业发展新高地这一关键，牢牢把握保障改善民生这一宗旨，协调推进经济建设、政治建设、文化建设、社会建设、生态文明建设和党的建设，高水平全面建成小康社会，奋力谱写“强富美高”新无锡的精彩篇章。

今后五年工作的总体目标是：顺利实现“十三五”发展各项目标任务，高水平全面建成小康社会，兑现对全市人民作出的庄严承诺；“强富美高”新无锡展现出现实模样，在

"经济强"上有突破进展,在"百姓富"上有切实成效,在"环境美"上有显著改善,在"社会文明程度高"上有明显提升,为迈向基本实现现代化新征程奠定坚实基础。

——努力打造国内一流、具有国际影响的现代产业新高地。供给侧结构性改革成效显现,苏南国家自主创新示范区和国家传感网创新示范区建设取得重要成果,以新兴产业为先导、先进制造业为主体、现代服务业为支撑的现代产业发展体系和以市场为导向、企业为主体、高校院所为支撑的产业科技创新体系基本建立,科技进步贡献率保持全省领先,经济增长的质量和效益显著提升,提前实现地区生产总值比2010年翻一番目标。

——努力创造民生幸福、百姓充分认可的全面小康新生活。提前实现城乡居民人均收入比2010年翻一番目标,低收入者收入显著增加,经济薄弱村全部脱困转化,全覆盖、多层次、均等化的公共服务体系基本形成,城镇社区形成15分钟医疗服务圈、文化健身圈、便民生活圈,人民群众享有更好的教育、更稳定的工作、更满意的收入、更可靠的社会保障、更高水平的医疗卫生服务、更舒适的居住条件、更优美的环境。

——努力建造生态宜人、内涵品质跃升的美丽城乡新家园。太湖治理和河道综合整治成效显著,大气、土壤污染治理取得实质进展,新型城镇化发展质量明显提高,城乡"六个一体化"水平全面提升,锡澄锡宜一体化发展加快推进,主体功能区建设稳步实施,空间布局持续优化,基础设施配套完善,地下综合管廊和海绵城市建设有序推进、取得实效,无锡的天更蓝、水更绿、山更青、路更畅,城市功能更优、质态更好。

——努力营造体现传承、彰显时代精神的社会文明新气象。中国梦和社会主义核心价值观更加深入人心,优秀传统文化传承弘扬,全体社会成员思想道德、科学文化、健康素质明显提高,平安无锡、法治无锡建设扎实推进,人民民主更加健全,公平正义得到切实保障,社会安定有序、文明和谐、充满活力。

根据以上指导思想和目标任务,我们要在今后工作中把握好以下五条基本要求:

——坚持创新创先、敢闯敢试。解放思想、与时俱进,着眼全局、立足实际,扎实推进全面深化改革,敢于向积存多年的顽瘴痼疾开刀,敢于触及深层次利益关系和矛盾,积极探索推出适应经济新常态、利当前惠长远的改革举措,使改革更加符合发展所需、基层所盼、民心所向,为推动发展注入不竭动力。

——坚持定向定靶、聚焦聚力。突出抓全局的重点、抓重点的关键、抓关键的具体,紧紧抓住对经济社会发展具有基础性、支柱性、引领性的重大改革、重大建设、重大事项,聚焦推进实施过程中的主要矛盾和矛盾的主要方面,靶向发力、精准用力,以重点工作带动全局工作、以关键突破打开整体局面。

——坚持补短补缺、固优固强。以补短促扬长、以扬长促补短,对于发展中低的方面、弱的环节、劣的领域,要加大力度、攻坚克难,着力补齐短板、弥补不足;对于发展中高的方面、强的环节、优的领域,要百尺竿头、更进一步,着力巩固提升、完善提高,增强发展的平衡性、协调性、可持续性。

——坚持融会融通、协同协调。善于把上级精神与无锡实际相结合,善于协调推进各方面工作,把握结合点,找准切入点,创造性贯彻好上级的部署要求,系统性推进好经济社会发展各项事业,在融会贯通中创造发展特色,在统筹协调中提高发展成效。

——坚持提标提质、共建共享。切实把发展为了人民、发展依靠人民、发展成果由人民共享的思想贯彻到党委和政府的全部工作中去,不断提高民生工作的标准和质量,加大公共社会资源向薄弱地区和困难群体倾斜力度,让人民群众更多更公平地分享改革发展成果,让人民群众过上更加美好的生活。

开创经济社会发展新局面

今后五年,全市各级党组织和广大党员要围绕奋斗目标,抢抓战略机遇,突出发展重点,加大推进力度,狠抓工作落实,推动无锡经济社会发展迈上新的更高台阶。

一、大力推进创新驱动核心战略,全面增强经济社会发展内生动力。创新是引领发展的第一动力,必须摆在发展全局的核心位置。要积极推动以科技创新为核心的全面创新,坚决破除阻碍创新的体制机制障碍,充分激发全社会的创新活力和动力,加快形成以创新为主要引领和支撑的经济体系和发展模式,着力打造具有独特优势的创新型城市和区域产业科技创新中心,让创新成为无锡最鲜明的城市品格。

提升科技创新水平。聚焦苏南国家自主创新示范区建设,优化区域创新体系和创新平台布局,形成"一区三核多特"的创新发展格局,努力走在苏南国家自主创新示范区建设前列。实施"科技企业培育百千万工程",引导各类创新要素向企业集聚,支持骨干龙头企业和规模企业建设高水平研发机构,积极争取国家重大技术创新平台、重大创新基础设施、重大科技项目落户无锡,培育更多具有国际竞争力的创新型领军企业、军民融合式骨干企业和高成长性科技小巨人企业。鼓励开展协同创新,推进众创空间建设,依托互联网构建开放共享的协同创新机制和平台,推动企业、科研机构、高校、创客等创新主体的互利合作,提高科技创新的效率和效益。坚持把科技创新的重点放在核心技术研发和成果转化上,努力在重点产业领域攻克一批关键核心技术,掌握一批独创独有技术,转化一批处于世界领先水平的科技成果,抢占技术制高点,加快由"无锡制造"向"无锡创造"转变。改革科技体制机制,完善普惠性创新支持政策,建设覆盖科技创新全链条的服务体系,促进科技与金融深度融合,加大知识产权保护力度,努力营造优越的科技创新环境。

集聚创新创业人才。坚持以"高精尖缺"为导向,深入实施"太湖人才"计划,进一步提高政策的吸引力,积极吸引高校毕业生落户,在全球范围内集聚一批与现代产业发展相适应的创新创业领军人才、创新型技能领军人才和现代服务业领军人才,全面优化无锡的人才结构。大力实施"人才强企"工程,强化企业在聚才引智中的主体作用，支持企业与高校、科研院所共建人才合作培养平台，放大“一镇一院一产业”效应，加强本土创新创业人才和高技能人才的培养，努力以高层次人才支撑企业高水平创新、高质量发展。建立完善新型企业家培育机制，实施企业家铸造工程和青年企业家“基业长青”工程，打造能够引领未来发展的新锡商群体。强化党管人才工作，推进人才体制机制改革创新，健全完善以市场为导向的创新人才评价激励机制，建立与岗位职责、工作业绩、实际贡献相匹配的收入分配制度，充分释放创新人才的智慧资源和创造潜力，让天下英才近悦远来。

推进供给侧结构性改革。协调发挥市场无形之手和政府有形之手作用，分类有序处置过剩行业中没有竞争力的企业，引导和推动企业采取兼并重组、技术改造、调整布局等方式淘汰落后产能，为增加有效供给腾出宝贵的资源要素和市场空间。大力化解非住宅商品房库存，有效化解部分地区住宅库存，实行经营性用地供应计划刚性管控，促进房地产市场平稳健康发展。积极用好各类产业投资基金，借助各类资本市场，提高企业直接融资比重，优化企业债务结构，有效防范化解金融风险；强化政府债务限额管理和预算管理，加大存量债务置换力度，严控政府性债务规模。严格落实国家和省市降成本政策措施，合理降低企业税费负担，有效降低企业融资成本和生产要素成本，着力降低制度性交易成本。对照高水平全面建成小康社会各项目标，深入排查突出的短板和不足，逐项制定落实措施，确保全面达标。

深化经济体制改革。分类推进国企混合所有制改革，稳步推进国有资产证券化，健全公司法人治理结构，开展国有控股混合所有制企业员工持股试点，探索实行国有资本授权经营模式，着力整合资源、优化布局，做强做优做大国有企业。深化投融资体制改革，落实促进民营经济发展和民间投资的政策措施，推广政府与社会资本合作（PPP)模式，激发非公有制经济发展活力。加快建设要素市场体系，统筹推进和实施水、天然气、电力等领域价格改革，注重运用差别价费政策，形成主要由市场决定价格的机制。深化财税体制改革，落实国地税征管体制改革措施，创新实施重大基础设施项目市（县）区共建共享共担机制，建立事权和支出责任相适应的现代财政制度。深化金融体制改革，做大做强地方金融产业，加快发展普惠金融、绿色金融，规范发展互联网金融，促进金融更好服务实体经济。健全改革推进机制，加强改革督察工作，推动各项改革部署精准落地、开花结果。

推动政府管理创新。加快转变政府职能，持续推进简政放权、放管结合、优化服务，最大程度为企业和群众办事松绑解绊。深化行政审批制度改革，扎实开展相对集中行政许可权改革试点，组建行政审批局，加快构建事中事后监管体系。深化综合行政执法体制改革，整合执法资源，减少执法层级。加快公共资源交易平台整合，实现公共资源交易法制化、规范化、透明化。深化商事制度改革，着力放开放活市场，优化市场竞争环境。深化事业单位分类改革，创新社会组织管理制度，推进行业协会商会改革发展，规范社会中介组织发展。积极推进公共服务流程优化简化和服务方式创新，加快“互联网+政务服务”平台建设，不断提高政务服务效率和服务质量。

二、坚定推进产业强市主导战略，加快推动产业迈向中高端。产业是经济发展的命脉。要围绕提高经济发展的质量和效益，以智能化、绿色化、服务化、高端化为引领，传承工商基因，弘扬工匠精神，构建现代产业体系，加快实现经济增长新旧动能转换。

提高产业发展层次。优先发展战略性新兴产业，围绕物联网、云计算、大数据、集成电路、石墨烯、增材制造、海洋工程装备等重点领域，加快打造一批新兴产业集群和龙头企业，加大力度推进国家传感网创新示范区建设，强化资源集聚和融合发展，高水平办好世界物联网博览会，高标准建设物联网小镇，促进新兴产业加快发展壮大。大力发展先进制造业，以两化融合为切入点，以智能制造为突破口和主攻方向，突出机械、纺织、电子信息等传统优势制造业领域，聚焦新一代信息技术、高端装备制造、节能环保、生物医药、新能源和新能源机车、新材料、高端纺织及服装等先进制造业领域，着力推进制造业智能化升级、绿色化改造、服务化延伸，努力建设全国领先的“智造强市”，打造具有国际影响力的先进制造业基地。加快发展现代服务业，积极发展分享经济、数字经济、创意经济，一方面依托无锡制造业优势，推进国家物流标准化试点和省服务业综合改革试点工作，推动产业金融、现代物流、服务外包、信息服务、商务服务、科技服务、检验认证等生产性服务业发展，加快服务业集聚区优化整合、提档升级，提高生产性服务业比重；另一方面把握居民消费升级新趋势，发展旅游休闲、文化体育、健康养老等“幸福产业”，加快建设中国旅游休闲示范城市，培育网络教育、远程医疗、智慧社区等新型服务模式，促进服务业新业态、新模式加快孕育成长。扎实推进农业现代化，创新完善现代新型农业经营、农业产业、农业物质装备技术、农业可持续发展、农业支持保障五个体系，创建国家农业高新技术产业示范区，着力发展现代高效农业，促进农业与二三产业融合发展，提升农业绿色化、精品化、园区化、融合化和智慧化水平。

优化产业发展布局。按照主体功能区实施计划，加强对生产力布局和资源环境利用的空间引导与约束，合理确定产业用地规模、布局和形态。根据中心城、县级市、重点镇等不同区域的发展定位、资源禀赋和产业基础，推动各类开发区、工业园区、服务业集聚区、旅游度假区优化整合，加快形成产业发展集中集约、特色产业带差异发展的良好格局。加强对产业用地的绩效管理，盘活工业闲置土地资源。加快旧园区、旧厂房改造升级，转型建设一批都市型产业载体，打造一批存量工业用地再利用示范区，提高土地的产出效益。有力有序推进产城融合发展，鼓励建设用地复合利用和功能混合布局，实现产业布局与城镇空间的协调互动、形态建设与功能开发的协调发展。

促进实体经济发展。认真落实扶持企业发展政策措施，充分调动企业的积极性，加快培育新型市场主体，支持企业扩大有效投入、加强管理创新，促进各类要素向优势企业集中、向行业龙头集聚，推动企业兼并重组，鼓励企业强强联合，引导企业向产业链上下游延伸、向价值链高端环节攀升，利用多层次资本市场发展壮大上市公司的“无锡板块”。“十三五”期间，引育一批投资规模超100亿元的龙头型、基地型、旗舰型产业项目；培育一批主业突出、拥有核心技术，年销售额超500亿元的大企业大集团；打造一批经营业绩好、盈利能力强，年纳税额超10亿元的纳税大户；发展一批竞争优势明显、资本运作能力较强，市值超500亿元的上市公司，让更多的无锡企业跻身中国企业500强。引导中小企业加快装备技术改造和产品升级换代，向专精特新方向发展，成为细分行业的“隐形冠军”和“单打冠军”。深化全国质量强市示范城市建设，开展品牌创建提升行动，推动无锡企业由“执行标准”向“制定标准”转变，由“无锡产品”向“无锡品牌”转变。

三、积极推进全面开放战略，全力打造开放型经济升级版。开放型经济是经济社会发展的重要支撑。要坚持对内对外开放联动互动，全面融入国家和省开放发展总体战略，积极参与“一带一路”和长江经济带建设，不断提高开放型经济的质量和水平。

拓展对内对外开放空间。充分发挥无锡产业、区位、交通、环境等综合优势，主动融入长江经济带建设，加强与长江沿线城市的合作，努力把无锡建设成为国家长江经济带发展战略中的重要节点城市。主动做好对口支援工作，积极推进南北挂钩合作。加快“走出去”步伐，主动融入全球产业分工，切实加强国际产能合作，推动纺织、钢铁、化工等传统优势产业在境外设立生产加工基地。大力培育本土跨国公司，鼓励企业境外投资由加工制造环节向合作研发、联合设计、市场营销、品牌培育等环节延伸，不断提升无锡企业跨国经营能力和国际竞争力。积极开展境外园区建设，重点推进柬埔寨西港特区建设，努力打造“一带一路”样板园区。

转变外贸发展方式。积极开拓国际市场，重点加强对“一带一路”沿线国家和地区市场的开拓，稳住传统市场份额，扩大新兴市场出口。不断优化进出口结构，推动加工贸易转型升级，积极培育外贸自主品牌，扩大机电产品和高新技术产品出口，提高出口产品质量、档次和附加值，同时鼓励企业加强先进技术设备、关键零部件和紧缺资源、原材料进口，推动外贸向优质优价、优进优出转变。加快发展服务贸易，提高资本技术密集型和高附加值服务出口比重，争取国家服务贸易创新发展试点，打造中国服务外包高地。探索市场采购贸易等新型贸易方式，加快政府主导型外贸公共云服务平台建设，建设一批跨境电商产业园和出口产品公共海外仓，争创中国(无锡)跨境电子商务综合试验区。

提高利用外资水平。加强产业链招商，立足现有产业基础和配套条件，突出产业“建链、补链、强链”的要求，引进一批世界行业龙头企业和产业链关键企业。拓宽外资利用渠道，充分利用侨务、友城、海外商(协)会和港澳台资源，瞄准重点国家和地区开展招商活动，提高利用外资的成效。鼓励发展总部经济，积极引进外资区域性总部和功能性机构，促进跨国企业在无锡实现研发、生产、销售和运营管理一体化发展。突出重大项目招引，集中力量引进一批带动力、辐射力、影响力强的重大项目，实现利用外资总量和质量的“双提高”、领域和层次的“双突破”。

推进开发区转型升级。优化开发区空间布局和资源配置，对国家级开发区，着力提升创新功能和社会功能，集聚高端产业、高端技术、高端人才，引进多元创新主体，增强综合竞争力，提升在全国开发区中的位次；对省级开发区，重点在打造优势特色产业上下功夫，实现错位发展、差别竞争。推动开发区升级，支持惠山经济开发区、江阴临港经济开发区升级为国家级开发区，提升新吴、江阴等综合保税区功能，加快无锡工业转型集聚区、苏南快递产业园等园区建设，支持开发区建设创新园区、智慧园区、金融园区、生态园区和海关特殊监管区。推动开发区在引进重大产业项目上取得突破，提高投资强度和产出效益，提升对全市经济增长的贡献度。

优化对外开放环境。积极复制推广上海自贸区创新政策，推动中韩(无锡)科技金融服务合作区列入国家支持计划。推进外贸便利化改革创新和外汇便利化管理政策落地，加快国际贸易“单一窗口”建设，全面推行口岸管理部门一次通关新模式，实现快进快出。探索推行外商投资准入前国民待遇和负面清单管理模式，促进外资项目加快落地。实行“备案为主、核准为辅”的境外投资项目管理模式，搭建“走出去”的公共服务平台，着力优化境外投资管理流程。加快航空口岸建设，增加国际货运航线，提升口岸综合服务能力和开放水平。推进国际社区、国际学校、国际医院等配套设施建设，提升城市国际化水平。

四、统筹推进新型城镇化和城乡发展一体化战略，在更高层次促进城乡区域协调发展。无锡在区域发展格局中举足轻重。要进一步推动城乡一体化发展，优化市域城镇体系及空间发展形态，全面推进国家新型城镇化综合试点，加快新农村建设，把无锡打造成为长三角现代化国际化区域中心城市。

强化长三角区域合作。积极参与长三角世界级城市群合作共建，借力沪宁合杭甬、沿江两条发展带，加强与长三角城市的合作交流，全面融入长三角一体化发展大格局。主动接轨上海大都市圈建设，强化锡沪同城效应，在承接服务上海中实现自身更好发展。推动苏锡常都市圈建设，促进苏锡常综合交通互联互通、基础设施共建共享，促进城市边界地区的规划布局、建设发展更加合理，促进苏锡常基础设施、城市建设和产业发展加快实现一体化。推进锡常泰跨江融合发展，整合港口资源，促进港城联动，共同打造沿江特色产业集群，拓展无锡向北发展腹地，在推动苏南提升、苏中崛起中发挥更大作用。

优化市域城镇体系。突出规划引领和刚性控制作用，确立精明增长理念，依法科学编制《无锡市城市总体规划(2016~2030)》,加强国民经济和社会发展规划、土地利用规划、产业发展规划、生态建设规划和城镇规划的相互衔接,精心描绘城市未来的“成长坐标”。严格控制城市建设用地规模,明确不可逾越的底线,为未来发展留足空间。优化市域空间结构,围绕“一体两翼”总体布局,加快构建以无锡中心城市为核心,以江阴、宜兴为副中心,以重点镇、特色镇为支撑,以规划发展村庄为节点的城镇体系,促进大中小城市与小城镇合理分工、协调发展。

加快锡澄锡宜一体化进程。坚持空间共构、功能共生、产业共谋、设施共建、环境共治,增强全市域发展的整体性和协调性。统筹老城区更新与太湖新城、锡东新城、惠山新城等新城区建设,科学布局综合功能设施,优化产业发展分工,促进核心城区与周边地区错位发展、功能互补,提高无锡中心城市的集聚辐射能力。推进江阴、宜兴“两翼”发展,发挥江阴临江优势和产业优势,打造沿江发展带的重要节点城市,当好无锡融入长江经济带和辐射苏中、苏北地区的桥头堡;发挥宜兴地处宁杭走廊中心优势,支持宜兴向苏西南、浙西北、皖东南地区拓展腹地,将宜兴打造成为苏浙皖交界地区的区域性中心城市。强化“一体两翼”之间基础设施的互联互通,加快推进苏锡常南部高速公路、宜马快速通道、锡宜高速拓宽、盐泰锡常宜城际铁路、锡澄运河“五改三”工程、锡溧漕河整治、S1市域铁路等重大交通项目建设,积极规划建设通用机场,促进锡澄锡宜加快一体化发展。

提高城乡建设品质。尊重城市发展规律、自然格局、历史传承,强化依山、沿河、滨湖、临江等具有无锡空间特色的景观塑造,促进自然山水、风景名胜与城市布局形态有机融合,进一步彰显无锡山水城市的灵秀特色、江南水乡的精致特色和工商名城的人文特色。推动城市住宅、商业、办公、文化、娱乐等不同功能区的有机组合,增强城市内部布局的合理性,方便居民工作生活。加快城市轨道交通建设,完善城市路网结构,密切区域之间路网联通,改善薄弱地区基础设施,推进城市地下综合管廊、海绵城市建设,增强城乡防洪排涝能力,打造智慧城市建设先行示范区。深化“美丽乡村”建设,推动基础设施和公共服务设施建设向农村倾斜,加强传统村落民居和历史文化名村保护,促进乡村旅游发展,让无锡农村的环境面貌普遍改善、特色风貌充分展现。深化城市管理体制改革,加强数字城管应用,提升城市管理和服务水平。

构建新型城镇化和城乡发展一体化推进机制。全面统筹城乡建设发展,探索建立城乡统一的建设用地市场,有序推进农民安置房盘活流通,促进城乡要素平等交换、合理配置和基本公共服务均等化。坚持推进以人为核心的城镇化,全面实施居住证制度,实现基本公共服务常住人口全覆盖,不断提高无锡常住人口城镇化的“含金量”。加快土地、户籍、住房、就业、社会保障等方面制度创新,有序推进农村各项改革和农业转移人口市民化,促进城乡发展一体化示范特色小镇建设,推动城镇化由注重速度向注重品质提升转变。

五、深入推进可持续发展战略,保护好无锡的绿水青山。生态环境没有“替代品”。要严格贯彻节约优先、保护优先、自然恢复为主的方针,深入实施生态文明建设工程,扎实推进省“两型社会”综合配套改革试点,统筹生产、生态、生活空间布局,建设人文与山水交相辉映、人与自然和谐共生的美丽宜居城市。

加大环境保护治理力度。推进国家生态保护与建设示范区建设,实施主体功能区战略,合理划定城市开发边界,全面划定永久基本农田,加强生态保护红线管控。扎实开展新一轮太湖治理和城乡河道综合整治,加快推进新沟河、新孟河延伸拓浚及望虞河西岸除险加固和控制工程,加大工业污染、生活污染和农业面源污染防治力度,提升排水达标区建设管理水平,强化“河长制”“断面长制”监管责任,稳步提高Ⅲ类以上地表水比例,全面完成黑臭水体治理目标任务。健全大气污染联防联控体系,全面完成重点工业行业脱硫脱硝除尘提标改造和工业燃煤窑炉整治工程,强化城市建设工地扬尘综合治理,不断改善环境空气质量。加强土壤环境综合监管,抓好重点区域污染土壤综合治理与修复试点示范,削减存量污染,严控新增污染。着力完善社会公共环境基础设施,高标准建设生活垃圾处理设施,加强危废固废处置能力建设,确保城市生态环境安全。

推动形成绿色发展方式。扎实开展能源、建设用地、水资源消耗等总量和强度“双控”行动,实施最严格的节约集约用地制度和水资源管理制度,大幅降低单位产出的资源消耗强度。实施循环发展引领计划,推进企业循环式生产、产业循环式组合、园区循环式改造,提高全社会资源产出率和综合利用水平。积极调整能源消费结构,持续削减全市用煤总量,扎实推进近零碳排放区示范工程,推动产业、能源、建筑等领域实现低碳发展,加快中瑞低碳生态城建设步伐,落实国家低碳城(镇)试点示范任务,不断减少主要污染物排放总量。深入推进绿色生活行动,提高公众参与度,夯实绿色发展的社会基础。

健全生态文明制度体系。充分发挥市场机制促进生态保护作用,落实自然资源资产产权制度,构建完善用能权、水权、排污权、碳排放权初始分配制度和交易制度,强化环境污染责任保险制度,深入推进环境保护信用体系建设,全面开放环境污染治理市场,鼓励引导更多社会资本参与生态保护与建设。创新生态受益地区与保护地区之间的补偿方式,加快形成生态损害者赔偿、受益者付费、保护者得到合理补偿的运行机制。认真落实新《中华人民共和国环境保护法》,完善符合无锡实际的环保法规体系,实行最严格的环境监管和执法制度,推动环保督查从“督企”向“督政”与“督企”并重转变,决不允许把污染成本转嫁给社会,把环境危害转嫁给群众。全面落实生态环境保护“党政同责”和“一岗双责”,健全突发环境事件责任追究机制,开展党政领导自然资源资产审计试点,对造成资源环境生态严重破坏的实行终身追责。

六、扎实推进民生共建共享战略,努力让人民群众过上更好的日子。带领人民群众创造幸福生活,是我们党始终不渝的奋斗目标。要按照坚守底线、突出重点、完善制度、引导预期的要求，坚持人人参与、人人尽力、人人享有，深入推进民生幸福工程，多为群众办实事解难事，不断提高人民群众的获得感和满意度。

提高居民生活水平。实施更加积极的就业政策，支持创业带动就业，加强对重点群体的就业援助，推动职业培训市场化，加大新型职业农民培育力度，让无锡人民拥有更多更好的就业岗位。健全科学的工资水平决定机制、正常增长机制和支付保障机制，拓宽居民经营性、财产性收入渠道，实现居民收入增长与经济增长同步，让无锡人民的“钱包”更鼓。强力实施低收入人员和经济薄弱村脱困致富奔小康工程，创新完善精准帮扶助困机制，逐步提高最低工资标准，健全最低生活保障标准自然增长机制，稳步抬高无锡人民收入的“地平线”。坚持全覆盖、保基本、多层次、可持续方针，健全以养老、医疗、失业、工伤等社会保险为重点的基本保障制度，完善覆盖城乡居民的社会保障制度体系，打造社会保障可持续发展的样板区。

改善居民生活条件。改进和优化住房保障方式，健全以市场调节为主、政府保障托底的住房供应体系。加快棚户区(危旧房)和城中村改造，推进老旧小区更新提升，开展农村危旧房改造和农房适度集中工作，规范提升物业管理服务水平，加强睦邻中心规划建设，积极推进农贸市场改造提升，提高城乡居民居住环境质量。着力优化城乡公共交通网络，完善轨道交通接驳体系，构筑公交微循环系统，不断提高公共交通的通达性和便捷性。

加快社会事业发展。坚持立德树人、促进公平、提高质量方针，高水平发展15年基础教育，促进学前教育优质普惠发展，统筹优化城乡义务教育资源配置，优化发展特殊教育，实施普通高中办学品质提升计划和职业教育质量提升工程，扩大本科层次高等教育资源，推进南京信息工程大学滨江学院建设，支持江南大学、太湖学院等高校创新发展，健全终身教育体系，建成苏南教育现代化示范区。把人民的健康摆在优先发展的战略地位，坚持预防为主方针，推进健康无锡建设，深化医药卫生体制改革，健全分级诊疗制度和现代医院管理制度，构建现代医疗卫生服务体系，努力为人民群众提供全生命周期的卫生和健康服务。创建智慧体育城市和国家级科学健身示范区，提升基本公共体育服务水平。坚持计划生育基本国策，提高人口素质。积极应对人口老龄化，推进国家养老服务业综合改革试点，促进医养融合，提高老龄事业和养老服务业发展水平。积极推进残疾人和慈善事业发展，切实保障妇女和未成年人权益。

推动文化繁荣发展。广泛开展中国特色社会主义和中国梦主题宣传教育，积极培育和践行社会主义核心价值观，为高水平全面建成小康社会提供思想保证、价值共识和精神动力。加强公共文化设施建设，完善现代公共文化服务体系，繁荣文艺创作生产，推动哲学社会科学发展，培育新型文化业态，推动文化产业提质增效升级，实现文化事业和文化产业繁荣发展。加强历史文化遗产保护利用，推进惠山古镇祠堂群申遗工作。加强和改进舆论引导工作，促进传统媒体与新兴媒体深度融合发展，打造一批新型主流媒体，培育积极健康、向上向善的网络文化，提升新媒体格局下的价值引导力。推进国际传播能力建设，提升无锡文化的国际影响力。巩固提升全国文明城市创建成果，深化群众性精神文明创建活动，实现文明城市建设常态长效，努力建成全国文明城市群。推动志愿服务制度化，打造具有无锡特色的志愿服务品牌。

加强社会治理创新。深入推进平安无锡建设，健全立体化现代化社会治安防控体系，努力创建平安中国示范区。坚持以法治为引领，落实重大决策社会稳定风险评估制度，完善社会矛盾纠纷有效预防和多元化解机制，创新劳动关系协调机制，推行“阳光信访”，走好网上群众路线，全力化解信访积案。创新基层社区治理模式，完善减负增效长效机制，推进社区、社会组织、社会工作者“三社联动”，建立基层信息资源全面共享机制。加强社会信用体系建设，提高全社会诚信意识和信用水平。健全完善食品安全治理和技术支撑体系，创建国家食品安全城市。完善落实安全生产责任和管理制度，强化灾害监测预警和风险防范，加强公共安全监管，提升突发事件应急处置能力，确保人民群众生命财产安全。

全面推进依法治市。深化法治无锡建设，努力创建法治中国示范区。加强党委对立法工作的领导，强化重点领域和关键环节立法，提高立法质量。扎实推进依法行政，严格规范公正文明执法，建设法治政府。积极推进司法体制改革，确保审判权、检察权依法独立公正行使，提升司法公信力。广泛深入开展“七五”普法工作，健全公共法律服务体系，实施法治惠民实事工程，在全社会形成尊法学法守法用法的良好氛围。

推动全面从严治党迈上新台阶

适应新形势，推动新发展，开创新局面，核心在党的领导，关键在党员干部。要按照“党和人民的事业发展到什么阶段，党的建设就要推进到什么阶段”的要求，紧紧抓住提高党的执政能力、保持党的先进性和纯洁性这根主线，与时俱进加强党的自身建设，把全面从严治党责任履行到位、工作推进到位，促进全市各级党组织、广大共产党员以“不忘初心、继续前进”的思想自觉和行动自觉，更好肩负起高水平全面建成小康社会、建设“强富美高”新无锡的时代重任。

一、加强党的思想政治建设。思想政治建设是党的根本性建设，一刻也不能放松。要进一步加强和改进意识形态工作，全面落实党管意识形态工作责任制。加强理想信念教育，把理想信念教育作为思想政治建设的战略任务，以推进学习型党组织建设为抓手，引导党员干部深入学习马克思主义基本理论和中国特色社会主义理论体系，深入学习党史、国史和社会主义发展史，深入学习习近平总书记治国理政新理念新思想新战略，补足精神之钙、筑牢信仰之基，坚定中国特色社会主义道路自信、理论自信、制度自信、文化自信。加强党性教育，推动党员干部增强党的观念、强化党员意识、提升党性修养,自觉尊崇党章、遵守党章、维护党章,切实做到心中有党、心中有民、心中有责、心中有戒。加强道德教育,大力发扬党的优良传统和作风,引导党员干部带头践行社会主义核心价值观,做具有高尚道德品行的示范者、引领者。紧扣发展要求,创新既体现时代精神又切合党员需要的党内学习教育形式和载体,推动思想政治建设抓在日常、严在经常。

二、打造全面过硬干部队伍。从严治党,关键是从严治吏。要健全完善党员领导干部集体学习制度、讲党课制度、联系点制度等,加强换届后党委领导班子建设,推动各级领导班子、领导干部立身有魂、创业有道、建功有我、行为有规。坚持党管干部原则,坚持好干部标准,深化干部人事制度改革,认真执行《党政领导干部选拔任用工作条例》,统筹谋划干部工作,统筹配置干部资源,严格选拔条件资格,严格选拔任用程序,严格选拔纪律要求,防止干部"带病提拔",推进干部能上能下,切实把那些以发展为己任、为发展尽其责、抓发展有作为的干部及时发现和使用起来。选好用好各年龄段干部,培养选拔一批70后、80后、90后优秀年轻干部充实到各级领导班子,统筹做好女干部、党外干部选配工作。加强干部培训轮训,促进干部更新理念、开阔眼界,提升领导和推动改革发展的能力水平。重视发挥考核"指挥棒"作用,科学检验各级干部抓经济、促改革、惠民生的实际成效。落实从严管理干部"五个要"要求,完善干部管理体系,强化日常监督管理,既管选拔任用又管思想管作风管纪律,既管履职用权又管修身齐家,促进干部健康成长。建立实施激励机制、问责机制和容错纠错机制,旗帜鲜明支持和保护爱护那些作风正派又敢作敢为、锐意进取的干部,推动干部勇于负责、敢于担当。

三、严格规范党内政治生活。党要管党,首先要从党内政治生活管起;从严治党,首先要从党内政治生活严起。要认真落实中央关于严肃党内政治生活的部署要求,以更高标准加强和规范党内政治生活,让每一名党员在严格的党内政治生活中锤炼坚强党性、提高政治素质。把严明政治纪律和政治规矩摆在首要位置,引导党员干部切实增强"四个意识",自觉做到"四个服从",始终在思想上政治上行动上与以习近平同志为总书记的党中央保持高度一致,坚决维护党中央权威。各级党委(党组)要认真贯彻《中国共产党地方委员会工作条例》和《中国共产党党组工作条例(试行)》,带头改进工作方法,带头加强民主集中制建设,健全议事规则和决策程序,尊重党员主体地位,规范党务公开制度,提高领导能力和工作水平。建立经常性提醒和批评制度,用好批评和自我批评有力武器,开展严肃认真、积极健康的思想斗争,提高党内政治生活的政治性、时代性、原则性、战斗性。充分运用党的群众路线教育实践活动、"三严三实"专题教育、"两学一做"学习教育的成功经验,完善"三会一课"、民主生活会、组织生活会、民主评议党员、谈心谈话等制度,创新方式,提高质量,焕发党内生活的生机活力。

四、提升基层党建工作水平。重视抓基层、打基础是我们党历经磨难而不衰、千锤百炼更坚强的重要经验。各级各部门党委(党组)尤其是党委(党组)书记要强化抓党建的主体意识和主动精神,牢固树立大抓基层的鲜明导向,坚持政治功能与服务功能相统一、分类指导与整体推进相结合,巩固扩大各领域基层党的组织和工作有效覆盖,使全市基层党组织真正成为落实党的任务的基础支撑、推动改革发展的工作支撑、联系服务群众的桥梁支撑。整合各类资源,丰富平台载体,创新运行方式,深化区域化大党建工作,提升城乡党建工作整体水平。扎实推进新兴领域党建工作,切实加强园区党建工作,健全完善"两新"党建体制机制,打造一批非公企业和社会组织党建先进群体。优化基层干部队伍结构,选优配强基层党组织"带头人",拓展和深化各领域各条线基层党建工作"雁阵计划",培育选树一批基层党组织和党员干部先进典型,常态化开展软弱涣散基层党组织整顿。认真做好党员发展、教育、管理和服务工作,关爱帮扶生活困难党员,积极稳妥处置不合格党员,促进党员更好发挥先锋模范作用。

五、巩固拓展作风建设成果。作风问题具有顽固性、反复性,作风建设必须常抓不懈、久久为功。要进一步明要求、严纪律、强约束,毫不松懈抓好中央八项规定和省委十项规定精神的贯彻落实,严格执行市委十项规定,既用铁的纪律整治各种顶风违纪行为,又严打"四风"问题的隐形变异,防止反弹回潮。认真落实党员干部直接联系服务群众制度,健全完善改进工作作风的长效机制,铲除滋生不良风气的"土壤",推动作风建设常态化长效化。深化机关作风效能建设,促进广大机关干部更好地服务发展、服务企业、服务群众。把坚决查处和纠正发生在群众身边的不正之风和腐败问题作为推动全面从严治党向基层延伸的重中之重,进一步形成正风肃纪的"强气场"。各级领导干部要身体力行、率先垂范,带头抓作风、转作风、改作风,带头重家教、立家规、正家风,形成层层示范带动效应。

六、深入推进反腐倡廉工作。党风廉政建设和反腐败斗争是党的建设的重大任务。各级党组织要切实担负主体责任,强化主责就是首责、守土必须尽责的责任意识,加强纪律建设,用好"四种形态",把"全面从严"的要求落实到党风廉政建设和反腐败工作全过程。各级纪检机关要切实履行监督责任,坚持纪在法前、纪严于法,充分发挥廉洁自律准则、纪律处分条例、党内问责条例等制度利器的作用,紧握巡察"利剑",强化派驻监督,用好审计结果,切实把党的政治纪律、组织纪律、廉洁纪律、群众纪律、工作纪律和生活纪律立起来、紧起来、严起来。坚持零容忍的态度不变,做到有案必查、有腐必惩,让搞了腐败的付出代价,想搞腐败的断了念头。加大预防腐败工作力度,加强反腐倡廉教育,健全完善权力运行制约和监督体系,积极构建"亲""清"新型政商关系,进一步营造风清气正的政治生态和干事创业的良好环境。各级领导干部要牢固树立正确权力观,模范遵守廉洁从政各项规定,自觉接受各方监督,始终做到公正用权、依法用权、为民用权、廉洁用权,永葆共产党人的政治本色和廉洁操守。

各位代表,同志们!

高水平全面建成小康社会、建设"强富美高"新无锡,是全市人民的共同目标、共同追求、共同责任。各级党委要充分发挥总揽全局、协调各方的领导核心作用,进一步加强党对各个领域的政治、思想和组织领导,广泛凝聚全市人民的奋斗力量,充分激发全市人民的创业激情,上下同欲、各方齐心,不断开创无锡各项事业发展新局面。深入贯彻中央《关于加强社会主义协商民主建设的意见》,加强新形势下的政党协商、人大协商、政府协商、政协协商、人民团体协商、基层协商和社会组织协商,推动社会主义协商民主广泛多层制度化发展。充分发挥人民代表大会制度作为保证人民当家作主根本政治制度作用,支持和保证各级人大及其常委会依法行使职权。充分发挥人民政协作为协商民主重要渠道作用,支持人民政协积极履行政治协商、民主监督、参政议政职能。认真落实《中国共产党统一战线工作条例(试行)》,加强同各民主党派、工商联、无党派人士的团结合作,扎实做好民族、宗教、侨务、台湾工作和港澳工作,巩固和壮大最广泛的爱国统一战线,为改革发展提供广泛力量支撑。加强和改进对工会、共青团、妇联、科协、社科联、侨联、文联、残联等群团组织的领导,完善党建带群建工作机制,支持群团组织按照"三性"要求推进改革创新,加强自身建设,充分发挥群团组织的桥梁纽带作用。坚持政治上尊重、思想上关心、生活上照顾、精神上关怀,认真细致做好离退休干部工作。加强对人民武装工作的领导,深入开展双拥创建活动,做好军转安置工作,推动军民融合深度发展,巩固和发展军政军民团结的良好局面。

各位代表,同志们!

历史,总是在继往开来中谱写;事业,总是在接续奋斗中发展。让我们紧密团结在以习近平为总书记的党中央周围,高举中国特色社会主义伟大旗帜,在中共江苏省委坚强领导下,发扬"功成不必在我、建功必须有我"的担当精神,弘扬"定了干、马上办、办到底"的实干作风,开拓创新、砥砺前行,为高水平全面建成小康社会、加快建设"强富美高"新无锡而不懈奋斗!

坚持全面从严治党 强化监督执纪问责 为高水平全面建成小康社会提供纪律保证

——中共无锡市纪律检查委员会向市第十三次党代会的工作报告(摘要)

(2016年9月26日)

王唤春

五年来全市纪律检查工作取得新成效

一、落实"两个责任",管党治党良好局面进一步形成

市委先后制定《关于落实党风廉政建设党委主体责任纪委监督责任的实施意见》以及责任考核、责任追究等规定,不断改进一把手签订责任书制度,以上率下,传导压力,层层细化"五张清单",形成了富有无锡特色的清单明责、考核确责、追究问责"三位一体"履责体系。在全省率先成立主体责任办公室、监督责任办公室,加强对"两个责任"落实情况的组织协调、监督检查、考评考核。坚持"一案双查"、责任倒查,以强化问责倒逼责任落实,共实施责任追究18起31人,对典型问题公开通报曝光。强化巡察工作,先后开展了10轮巡察,对25个党组织进行了"政治体检",共发现问题317个,移交线索62条。随着"两个责任"的推进落实,各级党组织抓党风廉政建设的责任意识和行动自觉明显增强,形成了全面从严的鲜明导向,汇聚了管党治党的强大合力。

二、严明"六项纪律",有腐必惩高压态势进一步凸显

五年来,全市纪检机关共受理信访举报17296件(次),处置问题线索6709件,立案4104件,处分3814人,其中涉及县处级干部55人,乡科级干部283人,涉嫌犯罪移送司法机关142人。严肃查处了王云鹤、张明春、戴卉、汪春、刘明邦、蔡炯、王明君、张勇、徐忠、蒋醒吾、缪红、施忠等一批县处级领导干部严重违纪违法案件。认真查处发生在人民群众身边的腐败案件,立案1779件,处分1644人,对典型案件挂牌督办、直查快办、通报曝光。成立追逃追赃办公室,梳理外逃人员基础信息,积极主动开展工作。不断改进执纪审查方式方法,缩短办案周期,提高办案效率,集中力量查清主要违纪事实后作出党纪政纪处理,涉嫌犯罪的及时移送司法机关。第一时间发布执纪审查信息,推行"三审一评""一案五报告"等制度,完善工作流程,强化安全管理,提高审查质效。整合反腐败力量,注重信息化建设,加强与组织、公安、检察、法院、审计、工商、税务、金融、通信等单位的协调联动,切实增强了执纪审查的突破能力和工作合力。五年来,坚决减存量遏增量,始终保持反腐败高压态势,惩治的震慑作用不断增强,不敢腐的氛围逐步形成。

三、查纠"四风"问题,党风政风社会风气进一步好转

认真贯彻落实中央八项规定和省市委十项规定精神。盯住重要节

点，加强明察暗访，共开展督查1599次，暗访1215次，提出整改意见1073条，问责追究124人，通报曝光典型问题35起。组织开展清理会员卡和私人会所、治理"中梗阻"、反奢侈反浪费、治理商业预付卡等专项行动，共查纠问题117起，处理172人。严肃查处公款吃喝、公款送礼、公款旅游，全面清理超标准办公用房，严格规范领导干部因公出国(境)行为，顺利推行公车改革。党的十八大以来，全市"三公"经费年均下降22.25%。开展整治和查处侵害群众利益的不正之风和腐败问题专项行动，重点围绕城乡征地拆迁补偿、基层工程建设、基层"三资"管理等群众反映强烈的问题，督促职能部门履行监管职责，及时整改问题，推动源头治理。精心打造全媒体《作风面对面》栏目，建立公开问政、限时办理、问效追责的联动机制，共解决群众投诉3443件，问责44人。五年来，作风建设的常抓不懈、持续发力，解决了一些过去难以解决的沉疴顽疾，释放了越往后执纪越严处分越重的强烈信号，密切了党和人民群众血肉联系，带动了社会风气持续好转。

四、实践"四种形态"，党员干部纪律意识进一步强化

修订《关于对市管党员领导干部进行谈话函询的办法》，下发《关于进一步规范诫勉谈话的通知》，扩大谈话、函询、诫勉范围，让有反映的干部讲清问题，认识错误，及时改正。五年来，共谈话、函询1475件(次)，其中予以了结1107件(次)；对欺骗组织、故意隐瞒问题的3名领导干部立案审查、公开通报。给予党纪轻处分和组织调整1751人，占处分总人数的45.91%。为受到诬告、错告的352名党员干部澄清是非。制定有关规定，规范工作流程，认真把好"党风廉政意见回复"关。探索建立容错纠错机制，旗帜鲜明地鼓励干部积极作为、敢于担当。大力宣传党章和廉洁自律准则、纪律处分条例、问责条例等党规党纪，坚持每周向领导干部发送廉政短信、每月开展主题教育活动、每季通报一批典型案例、每年召开警示教育大会，强化教育引领和反面警示作用。开展市(县)区党委权力公开透明运行试点，对市级机关领导班子"三重一大"事项进行专项检查，加强对领导干部行使权力的监督。开展领导干部"三责联审"，共进行离任审计、任中审计636人(次)。实现科级以上领导干部廉政档案全覆盖，加强对干部勤廉情况的日常监督管理。召开井冈山红军后代"传承红色基因"特别报告会，举办和谐新型政商关系研修班，教育干部廉洁用权，促进企业廉洁经营。五年来，全市党员干部主动向廉政账户上交礼金礼券购物卡4002.91万元。"四种形态"的探索运用，挺纪在前、抓早抓小的生动实践，使全市党员干部的纪律意识进一步增强，教育了大多数，管住了大多数，保护了大多数。

各色LED灯光照射下的樱花缤纷夺目，美不胜收　（卢　易　摄）

五、推进"三转"工作，纪律检查体制改革进一步深化

按照中央纪委转职能、转方式、转作风要求，完成市县两级纪委内设机构和编制调整，减少机构重叠和职能交叉，力量进一步向监督执纪倾斜。全市纪检机关69.2%的内设机构、75.2%的干部专司监督执纪。清理纪检机关参加的议事协调机构，全市共退出849个。规范纪检机关领导干部兼职和分工，纪委书记、纪检组长不再分管纪检业务外的工作，不再兼任与本职工作无关的职务。落实"两个为主"要求，制定出台纪委书记(副书记)、纪检组长(副组长)提名考察的4个文件。大兴学思践悟之风，扎实开展党的群众路线教育实践活动、"三严三实"专题教育和"两学一做"学习教育。强化纪律约束，严格流程管控，报告个人事项，开展涉案款物清理和两轮问题线索"大起底"，所有纪检干部签订"零持有"承诺书。加强自我监督，市县两级纪委均设立干部监督室，核实反映纪检干部问题线索54件，处分7人。改革激发了内生动力，提升了履职能力，强化了责任担当，锤炼了意志品质，"打铁还需自身硬"的要求进一步落实。

高水平全面建成小康社会赋予纪律检查工作新使命

一、必须树立大局意识，在服务发展上有新作为

发展是党执政兴国的第一要务，是国家长治久安的可靠保证，也是我们必须紧紧围绕和服务的根本大局。纪律检查工作必须放到"五位一体"总体布局中去统筹，必须放到"四个全面"战略中去谋划，必须放到高水平全面建成小康社会的大局中去定位，必须放到建设"强富美高"新无锡的实践中去把握，为发展激浊扬清，为发展撑腰鼓劲，为发展清障护航。

二、必须紧握纪律戒尺，在监督执纪上有新举措

纪律是党的生命线，是不可触碰的高压线，是行为举止的警戒线，也是保护党员干部的斑马线。必须让"两个责任"的落实成为纪律检查工作的发动机，必须让抓早抓小、挺纪在前成为纪律检查工作的必修课，必须让“四种形态”的运用成为纪律检查工作的度量衡，必须让打虎拍蝇成为纪律检查工作的撒手锏。

三、必须坚持求是原则，在严管厚爱上有新理念

实事求是是永远不能丢弃的重要法宝，是时刻不能偏离的根本准绳，更是纪律检查工作务必坚守的不二法门。坚持实事求是的思想路线，必须按照“三个区分开来”的要求，最大限度调动党员干部干事创业的积极性；必须让实践成为检验工作的唯一标准，最大力度激发党员干部改革创新的主动性；必须坚持严管与厚爱的有机统一，最大程度保护党员干部担当作为的自觉性。

四、必须增强创新能力，在方式方法上有新路径

时代日新月异，事物千变万化。因循守旧难有作为，改革创新方能突破。面对新形势新挑战，针对新情况新问题，纪律检查工作必须把改革作为内生动力，汇聚监督执纪问责的洪荒之力；必须把机制作为创新载体，编织关住权力的天罗地网；必须把科技作为工作支撑，打造正风肃纪的千里眼、顺风耳。

五、必须保持为民情怀，在赢得民心上有新气象

民心是最大的政治，正义是最强的力量。群众认可是最高褒奖，人民信任是最大支持。纪律检查工作必须将人民满意不满意、高兴不高兴、答应不答应作为人心向背的风向标，充分相信群众、紧紧依靠群众、一切为了群众；必须坚持群众利益无小事、人民福祉大于天，增进满意度、提升获得感；必须永葆执纪为民的赤子之心、不忘初心的为民情怀，让群众看得到、体会到、享受到全面从严治党的实在成果。

奋力开创全市纪律检查工作新局面

当前和今后一个时期，全市纪律检查工作要高举中国特色社会主义伟大旗帜，以邓小平理论、“三个代表”重要思想和科学发展观为指导，深入贯彻习近平总书记系列重要讲话特别是视察江苏时重要讲话精神，协调推进“四个全面”战略布局，保持坚强政治定力，坚持全面从严治党，以党章为根本遵循，以党纪为基本准绳，全面加强纪律建设，聚焦监督执纪问责，强化党内监督，持之以恒改进作风，着力解决群众身边的不正之风和腐败问题，坚决遏制腐败蔓延势头，建设忠诚干净担当的纪检干部队伍，奋力开创全市纪律检查工作新局面，为高水平全面建成小康社会、谱写“强富美高”新无锡精彩篇章提供纪律保证。

通过今后五年的努力，腐败现象蔓延势头有更大遏制，监督体系建设有更大突破，党员干部纪律意识有更大提高，党风政风有更大好转，干事创业环境有更大改善，人民群众满意度获得感有更大提升，不敢腐不能腐不想腐的体制机制进一步构建，风清气正的政治生态进一步形成。

为此，建议重点抓好以下六个方面工作：

一、要在“两个责任”落实上下狠功夫

全面从严治党要靠全党、管全党、治全党。“两个责任”不能真正落实，全面从严治党必然落空。要紧紧扭住主体责任这个“牛鼻子”，高高扬起监督责任这个“牛鞭子”，真正把全面从严的要求落实到党风廉政建设和反腐败工作之中。

强化责任担当。要深化对主体责任内涵的认识，抓业务必须抓党风，用干部必须管干部，这就是各级党组织全面从严治党的职责所在、担当所在。要注重抓在日常经常，严在日常经常，定期分析党员干部的思想状况、廉洁状况、作风状况，长抓长管、严抓严管、真抓真管。要把“四种形态”运用作为责任制的重要内容，发现苗头就要及时提醒，触犯纪律就要及时处理，抓早抓小，防微杜渐，形成管党治党的鲜明导向和浓厚氛围。要充分发挥“两个责任”办公室的作用，完善组织领导、督促检查、考核通报、定期分析等配套制度。

抓住关键少数。落实主体责任，一把手是关键，领导班子成员人人有责。党委书记要做管党治党的书记，当好第一责任人，对党负责，对本地区本单位的政治生态负责，对干部健康成长负责；要旗帜鲜明地抓好党风廉政建设和反腐败工作，定期向上级纪委报告工作，重要情况要随时报告；要把责任传导到所有班子成员，压给下一级党组织的书记，确保管党治党不留空白、见到实效。要进一步完善一把手签订责任书制度，决不能让责任书束之高阁、落满灰尘，真正使责任书成为承诺书、责任状成为军令状。班子成员要切实履行“一岗双责”，不怕得罪人、不当老好人、不做局外人，坚决同不正之风和腐败现象作斗争。

用好问责利器。动员千遍不如问责一次。要严格落实问责条例，对于失职失责造成严重后果、人民群众反映强烈、损害党执政基础的都要严肃追究责任，既追究主体责任、监督责任，又追究领导责任。让失责必问、问责必严成为常态，决不搞网开一面、下不为例。要把有权必有责、有责必担当、失责必问责的压力逐级传导到基层，工作责任分解到党的部门，增强责任意识，激发担当精神。要健全主体责任全程纪实、典型问题公开曝光、问责效果综合研判等机制，充分发挥问责一个、警示一片的综合效应。

二、要在纪律意识强化上花大力气

守纪律、讲规矩是党员干部最基本的政治素养。离纪律越远，就离危险越近；守纪律越严，就离安全越近。严明党的纪律，必须强化纪律意识。

严明政治纪律。政治纪律是最重要、最根本、最关键的纪律，严守政治纪律是对党员干部第一位的要求。党内绝不允许搞团团伙伙、拉帮结派、利益输送；绝不允许自行其是、阳奉阴违、妄议中央；绝不允许封官许愿、任人唯亲、排斥异己。党员干部特别是领导干部一定要对党忠诚、襟怀坦白，始终相信组织、依靠组织。问题再严重，相信组织就能得到挽救；问题再轻微，欺骗组织就会留下后患。要加强对政治纪律执行情况的监督检查，坚决维护中央权威、纪律权威，切实保证令行禁止、政令畅通。

坚持廉洁自律。独处之时见真性，无人之处显底色。只有做到廉洁自律，才能对腐败产生强大的免疫力。要教育党员干部重细微慎小节，微小之处、独处之时、青萍之末，唯有自重自省自警自励，才能守住底线。要教育党员干部重道德知敬畏，有道德规范才能激发内在自律，有党纪约束才能明确行为边界，用道德建立防线更坚不可摧，对纪律保持敬畏方百毒不侵。要教育党员干部重坚持善始终，不为歪风邪气所动，不为利益诱惑所扰，不为私心杂念所累，一生清白才能一身轻松，清廉的人生才是成功的人生、幸福的人生、圆满的人生。

营造守纪氛围。要加强党纪党规教育，把党纪党规的学习作为经常性工作来抓，作为党员干部教育培训的必修课程。建立提拔使用前党纪党规考试制度，考试不合格者一票否决。深入开展廉洁自律准则、纪律处分条例、问责条例等宣传教育，形式多样、入心入脑。在全市再树立一批吴仁宝式的勤廉标兵，彰显示范效应，弘扬清风正气。要强化警示教育，多形式、多层次、多节点召开警示教育大会，坚持用身边事教育身边人。要把党风廉政宣传纳入全市宣传工作大格局之中，实现宣传效果最大化。要不断改进宣传教育的方式方法，既发挥传统媒体优势，也重视新兴媒体运用，增强党风廉政宣传的传播力、引导力、影响力、公信力。

三、要在作风建设推进上打持久战

作风建设永远在路上。必须在坚持中深化、在深化中坚持，聚点滴成江河，积小胜为大胜，让优良作风成为习惯、化为自觉。

坚持不懈除“四风”。“四风”问题危害甚烈，人民群众深恶痛绝。必须重拳出击、露头便打，凡查实的“四风”问题，一律从严从快处理，一律公开通报曝光，一律严肃倒追责任。必须斩草除根、决不姑息，对发现的问题线索深查细究、追根溯源，对隐形变异的要让其原形毕露、无处遁形。必须驰而不息、久久为功，加强明察暗访，紧盯年节假期，一锤接着一锤敲，一仗接着一仗打。要充分发挥人民群众监督作用，打一场反“四风”的人民战争，让“四风”问题成为过街老鼠、人人喊打。

旗帜鲜明正歪风。党风正则民风淳，党风纯则事业成。对影响无锡发展的一切歪风邪气，必须旗帜鲜明坚决斗争。不作为、不担当，严重影响决策部署落实，严重损害投资发展环境，严重妨碍无锡争先进位；必须用足用好问责追究、组织处理、绩效考核、社会评议等手段，对庸懒散怠者扯袖子、减票子、动位子、摘帽子。窝里斗、弄是非，严重影响班子团结，严重挫伤队伍士气，严重干扰工作秩序；必须对造谣中伤、诬告陷害、恶意举报等行为坚决打击、严肃处理，还事实以真相，还干部以清白，还社会以公道。争民利、谋私利，严重削弱党的执政根基，严重败坏党和政府形象，严重损害党群干群关系；必须畅通渠道、倾听诉求，为民作主、伸张正义，严查严打、除恶务尽，真正让党和人民群众血肉相连、心手相牵。

持之以恒抓作风。作风建设绝非一朝一夕，必须抓常、抓细、抓长，让优良作风成为无锡从严治党的亮丽名片。抓常就是要把作风建设时常抓在手上、融入日常工作，做到管事就管人、管人就管思想管作风。抓细就是要从细节入手，从点滴做起，从微处发力，步步为营，层层推进，环环相扣，使作风建设内化于心、外化于行。抓长就是要持久抓、抓持久，反复抓、抓反复，扭住不放、锲而不舍，从体制机制层面固本培元、深耕厚植。

四、要在监督机制构建上求新突破

监督是防治腐败的有效手段，是管党治党的有力武器，也是保护干部的重要措施。监督的成效就在于主体的权威性、制度的严密性、手段的科学性。

强化监督力量。纪委是党内监督的专门机关，必须把监督作为首要职责，扛在肩上、落到实处。派驻监督是党内监督的重要形式，要改革派驻机构管理体制，实现综合派驻、全面派驻，充分发挥“派”的权威和“驻”的优势。巡察是从严治党的利剑，要组建专门的巡察队伍，开展常规巡察、专项巡察、延伸巡察，完成本届任期巡察全覆盖。要汇集监督力量，使党内监督与法律监督、民主监督、审计监督、司法监督、舆论监督等形成合力。

健全监督体系。制度具有根本性、全局性、稳定性、长期性，是构成权力运行制约和监督体系的基石。要根据即将修订的党内监督条例，制定完善一批操作性强的配套制度；要针对制度执行中尺度模糊、界限不清等问题，及时厘清、明确边界，逐步形成系统完备、科学规范、运行有效、相互协调、具有无锡特色的制度体系。人性趋利避害，惟利害可驱之。制度设计要充分考虑人性的特点，让遵守制度者利益最大化，让违背制度者必然付出代价，从而形成自觉自愿、心甘情愿遵守制度的良性机制。制度的生命力在于执行。要坚持制度面前人人平等、制度执行没有例外，防止破窗效应、杜绝暗门天窗，让铁规发力、禁令生威。

改进监督手段。全面准确及时获取信息，是搞好监督的前提条件。要充分利用现代科学技术，把信息化手段、大数据分析、“互联网+”思维等融入监督工作中，建立完善党员干部基本信息共享平台、廉政勤政信息采集平台、监督执纪问责信息管理平台、权力运行信息监控平台、廉政风险信息预警平台等，让监督插上科技的翅膀。要充分释放群众监督的正能量，发挥好媒体监督的作用，形成无处不在的监督网。监督的出发点和落脚点都在于保护党员干部，要综合运用监督的一切手段，时时教育、事事关心、处处提醒，让党员干部始终有如履薄冰、如临深渊的警觉。

五、要在腐败问题查处上啃硬骨头

反腐败是一场输不起的战争。不惩处极少数就难以教育大多数，不得罪腐败分子就必然得罪人民群众。必须以“不破楼兰终不还”的坚决态度、“咬定青山不放松”的顽强韧劲、“恶竹应须斩万竿”的霹雳手段，无私无畏、再接再厉、决战决胜。

保持惩治腐败高压态势。必须突出重点，紧紧围绕遏制腐败蔓延势头的目标，毫不手软地查办发生在领导机关和重要岗位领导干部中以权谋私、索贿受贿、买官卖官、腐化堕落、徇私枉法等案件；毫不手软地查处发生在国有企事业单位损公肥私、侵吞侵占、利益输送、挥霍浪费、失职渎职等案件；毫不手软地查处发生在群众身边的吃拿卡要、雁过拔毛、虚报冒领、截留私分、贪污挪用等案件。反腐败没有禁区、不留死角，有案必查、有腐必惩，发现一起查处一起，发现多少查处多少。

提升执纪审查能力水平。要充分发挥反腐败协调小组作用，完善查办严重违纪违法案件组织协调机制，加强对下级纪委、派驻机构执纪审查工作的领导，健全重大案件督办督查机制。要狠抓追逃追赃，让已经潜逃的无处藏身，让企图外逃的丢掉幻想。要着力提高发现线索的能力、突破问题的能力、调查取证的能力、扩大战果的能力，打消腐败分子侥幸之心，不让腐败分子蒙混过关。要加强对新情况新问题的研究，从行为学、心理学、社会学等角度分析腐败行为发生、发展和变化的规律，准确把握战略与战术、政策与策略、知己与知彼等关系，综合运用纪、法、理、情等手段，练就火眼金睛，精准打击腐败分子。

发挥查办案件溢出效应。要坚持典型案件“一案五报告”制度，深入剖析案发原因，查找体制机制漏洞，提出整改意见建议，实现查处一案、教育一片、净化一方、管住一域的溢出效应。要正确处理好“树木”与“森林”的关系，既见“树木”，又见“森林”，着眼保护整个“森林”的健康。要系统查、查系统，对容易滋生腐败问题的重点行业、关键领域、重要部门、要害岗位，抓住类案、举一反三，综合施策、系统治理，防止同类案件反复发生。查办案件要区分轻重缓急、掌握时机节奏、讲究方式方法，最大限度减少对经济社会的震动，最大限度缩小对案发单位的影响，最大限度减轻对涉案家庭的冲击。查办案件要有政治定力，有静气、不刮风、不搞运动，防止因人而异、防止时紧时松、防止畸轻畸重。要严格安全文明办案，积极推行人性化办案、智慧办案，实现查办案件的政治效果、经济效果和社会效果的有机统一。

六、要在政治生态营造上有大作为

山清水秀的自然生态，令人心旷神怡；风清气正的政治生态，让人昂扬奋进。营造良好政治生态，既是全面从严治党的内在要求，也是广大人民群众的强烈呼唤，更是未来无锡攀高比强的核心竞争力。

焕发党内政治生活生机活力。党内政治生活健康，政治生态才会生机盎然。要实现党内组织生活经常化。用好“三会一课”、民主生活会、组织生活会、民主评议党员、谈心谈话等载体，拿起批评和自我批评的有力武器，开展积极健康的思想斗争，发挥咬耳扯袖、红脸出汗、刮骨疗伤的综合效应，真正把党员的心凝起来、聚起来，把党的纪律立起来、严起来，把党员的先锋模范作用举起来、竖起来，使每一个党支部都成为政治生态的风景点、生态岛。要实现党内同志关系正常化。党的干部都是为了党和人民的事业走在一起，要十分珍惜相互之间的同志之情，决不能把党内关系庸俗化，有问题要相互提醒，有困难要相互支持，有意见要相互沟通，有争论要相互包容，坦诚相见、清爽纯洁，同舟共济、绿树常青。

涵养社会风清气正良好环境。建设良好政治生态，人人是环境、个个是生态。要树立全社会的清风正气，充分发挥德治礼序、乡规民约的教化作用，扬善抑恶、扬美抑丑，移风易俗、向善向上；大力破除开后门、跑关系、搞攀比、讲排场等不良风气，立明规矩、破潜规则，让遵规守纪成为行为习惯，让勤俭节约成为生活方式；畅通群众诉求表达、利益协调和权益保障渠道，有效化解社会矛盾，追求社会公平正义。要发挥容错纠错机制的激励作用，为敢于担当者担当，为敢于负责者负责，进一步激发党员干部抓发展、干事业、勇担当、善作为的工作干劲，进一步形成全社会支持改革、鼓励创新、保护担当、宽容失误的良好环境。要大力培育廉洁文化，面向全社会开展廉洁文化建设，制作展播一批通俗易懂、脍炙人口的优秀廉洁文化作品，打造一批创意一流、特色鲜明的廉洁文化品牌，营造“以廉为荣、以贪为耻”的浓厚氛围；开展廉洁文化“进机关、进社区、进学校、进家庭、进企业、进农村”活动，再创建一批廉洁文化示范点，更好地以文化人、以文育人；深入挖掘吴文化“崇德倡廉”的廉洁基因，弘扬传承“以德为先”的德治精神，推动党员干部家规家风建设。

构建和谐新型政商交往关系。政商关系是政治生态的晴雨表。构建和谐新型政商关系要靠两头、管两头，做到政商之间既“亲”又“清”，有交集而不搞交换、有交往而不搞交易。要划定边界线，督促职能部门简政放权、积极服务，厘清政府职能边界，营造良好的政务环境。要拧紧安全阀，坚守党纪国法底线，对贪腐官员和不法商人都要严惩不贷，对受贿收礼和行贿送礼的行为都要坚决打击；推进企业诚信评价体系建设，探索建立守廉激励和失廉惩戒机制，完善不廉洁企业及其负责人“黑名单”制度，让其在政治上、经济上付出代价。要构筑防火墙，建立政商交往行为规范、过滤规则、监测系统、预警机制，让政商交往安安心心、堂堂正正、坦坦荡荡。要督促加强行业管理，深化非公企业纪检组织建设，积极培育廉洁经营典型。让发展环境山明水秀，让市场竞争生机勃勃，让诚信无锡名扬四海。

范蠡大桥晨曦 （王 春 摄）

中共无锡市第十三届委员会书记、副书记名单

书 记 李小敏 副书记 汪 泉 徐 劼

中共无锡市第十三届委员会常务委员会委员名单

(共11人)

李小敏	汪 泉	徐 劼	黄 钦	周 英(女)	陈德荣	张叶飞	王国中
陈金虎	王唤春	柳江南					

中共无锡市第十三届委员会委员名单

(共56人,按姓氏笔画排序)

丁 源	丁旭初	王 维	王进健	王国中	王唤春	王鸿涌	叶勤良
朱爱勋	刘 霞(女)	刘玉海	李小敏	李秋峰	杨智敏	杨福良	时永才
吴仲林	吴建亮	吴春林	何敏峰(女)	汪 泉	沈 建	张叶飞	张立军
张明康	陆 洪	陆卫东	陆志坚	陈 坚	陈卫平	陈金虎	陈锡伦
陈德荣	林茂松	周 英(女)	周文栋	周浩明	周敏炜	封晓春	柳江南
姚建华	秦咏薪	袁 飞	夏正兴	顾中明	徐 劼	翁林敏	高圣华
唐加俊	黄 钦	黄蓉华	蒋永良	谢寿坤	谢晓军	蔡叶明	魏 多

中共无锡市第十三届委员会候补委员名单

(共10人,按得票多少为序排列)

夏晓春(女)	汪 行	邵鹤鸣	戴玉明	周子川	蒋蕴洁(女)	陈明辉	徐盛希
刘葱葱(女)	徐惠娟(女)						

中共无锡市第十三届纪律检查委员会书记、副书记名单

书 记 王唤春 副书记 许 峰 孙 英(女) 方 力

中共无锡市第十三届纪律检查委员会常务委员会委员名单

(共9人)

王唤春	许 峰	孙 英(女)	方 力	许麟秋	钱 群(女)	陈 熹	程 波
李 晓							

中共无锡市第十三届纪律检查委员会委员名单

(共35人,按姓氏笔画排序)

马 剑	王唤春	王雪松	方 力	边静玉(女)	吕勤彬	刘永平	刘燕萍(女)
许 峰	许立新	许麟秋	孙 英(女)	孙林祥	李 平	李 晓	李文波
杨 铭	吴建元	吴建明	何洪辉	余银龙	邹立群	张 轩	陈 熹
陈烈蓉(女)	金 飚	胡君松	钱 群(女)	章树军	蒋勤芳(女)	程 波	焦夕莲(女)
谢 军	蔡文煜	戴美忠					

(市委办公室)

编辑 李汉洪

1月

1日　无锡市上调最低工资标准。市区、江阴市、宜兴市均执行省月最低工资一类标准，由原来1630元/月调整为1770元/月，月工资增加140元。市区、江阴市、宜兴市均执行省非全日制用工小时最低工资一类标准，由原来14.5元/小时调整为15.5元/小时，小时工资上涨1元。

△无锡市调整退休人员基本养老金，市区范围内涉及企业退休人员45万人和机关事业单位退休人员6.4万人。其中，企业退休人员平均调增水平为7.45%，略高于全省平均水平，机关事业单位退休人员平均调增水平为5.6%。

4日　《中共无锡市委关于制定无锡市国民经济和社会发展第十三个五年计划的建议》公布。该“建议”于2015年12月29日，经中共无锡市委十二届十次全会通过。

△市长汪泉主持召开市政府第57次常务会议。会议讨论2016年《政府工作报告》《关于无锡市2015年国民经济社会发展计划执行情况和2016年国民经济社会发展计划(草案)的报告》以及《关于无锡市2015年预算执行情况和2016年预算(草案)的报告》，审议通过《关于进一步推进城市公共交通优先发展的实施意见》《深入推进市区三轮机动车专项治理工作方案》《无锡市推进农业转移人口和其他常住人口落户城镇行动计划（2015~2017年)》，听取市区科技研发用房转让有关问题汇报。

5日　御捷集团投资的铠龙东方新能源汽车项目签约落户无锡市惠山区，项目总投资约30亿元，建设年产15万辆轻量化、智能化新能源电动汽车和年产5万台电池包及控制系统项目。8月28日，项目开工奠基。

6日　省委常委、副省长徐鸣率省有关部门到无锡考察现代高科技农业。

7日　省委常委、市委书记李小敏主持召开市委常委会第143次会议。会议讨论《政府工作报告》《无锡市国民经济和社会发展第十三个五年规划纲要(草案)》等提请市十五届人大五次会议审议的文件。

8日　市十五届人大常委会第29次会议在对任命的人员颁发任命书后，组织进行宪法宣誓。由副市长、市公安局局长谢晓军领誓，4位新任职的政府组成部门负责人宣读誓言。这是全国人大常委会作出关于实行宪法宣誓制度的决定后，市人大常委会首次组织对任命的人员进行宪法宣誓。

11~14日　政协无锡市十三届五次会议召开。省委常委、市委书记李小敏发表讲话，市政协主席周敏炜作市政协常委会工作报告。选举金志标等2人为市政协常委会委员。

12日　台湾东元集团绿能电机项目在无锡新区开工建设。

12~15日　无锡市十五届人大五次会议召开。市长汪泉作政府工作报告，市人大常委会主任姚建华作市人大常委会工作报告。会议选举丁大卫、赵志新为市人大常委会副主任，王安岭等6人为市人大常委会委员。

13日　北京全国中小企业股份转让系统举办无锡新区“新三板”挂牌专场活动，中感微电子、日联科技、杰西医药、安特源科技、曼荼罗软件、优拓信息技术、万力粘合材料7家无锡新区企业同时在“新三板”挂牌上市。

△无锡农村商业银行股份有限公司A股主板IPO发行申请获中国证监会IPO发审会过会，成为全国首家A股主板IPO过会的农村商业银行。

14日　美国北跨学校(无锡)分校项目和德国博尔豪夫亚太区总部项目落户无锡新区。市长汪泉分别会见美国北跨学校校长克力斯汀·普洛克特一行和德国博尔豪夫集团总裁麦克尔·博尔豪夫一行，并出席两个项目的签约仪式。

△国务院批复同意设立江阴综合保税区。江阴综合保税区位于临港开发区原申港境内，是临港开发区建成的第11个国家级平台，规划

面积3.6平方千米。

15日 第八届太湖(无锡)放鱼节在马山度假区灵山码头启动。活动持续至3月底,其间,放流鲢鱼、鳙鱼鱼苗1200万尾。

△19时23分,"中华航空"CI509航班顺利降落在苏南硕放国际机场。执飞该航班的是"华航"A330宽体双通道客机(俗称"大飞机")。继4年前引进全货运大飞机后,无锡苏南硕放国际机场迎来首架客运大飞机。

18日 中国智能骨干网无锡空港项目举行开工奠基仪式。这是阿里巴巴集团旗下菜鸟网络科技有限公司在江苏的首个核心节点项目。

19日 市委常委会召开专题会议,听取2015年度市(县)、区委书记抓基层党建和履行党风廉政建设主体责任述职,省委常委、市委书记李小敏主持会议并作现场点评,对做好下一步工作提出明确要求。

△高德地图发布《2015年度中国主要城市交通分析报告》。报告显示,在高德地区交通大数据监测的45个主要城市中,无锡成为全国"最畅通惬意"之城。

20日 无锡市机器人与智能制造协会成立,首批会员单位有130余家。9家机器人和智能装备企业与17家传统制造企业举行签约仪式,项目总投资额1.08亿元。

△由《人民日报》、新浪网、新浪微博在广州联合举行的2016政务V影响力峰会上,"无锡发布"政务微博入围全国十大党政新闻发布微博,位列第四,成为唯一入围的地级市政务微博。榜单前三名分别是"上海发布""南京发布""成都发布"。

21日 省委常委、市委书记李小敏主持召开市委常委会第145次会议。会议传达学习习近平在十八届中央纪委六次全会上的重要讲话精神,审议2016年市委、市政府重点工作,通过市(县)、区纪委书记、副书记等提名考察办法。

△中国工程院院士、解放军总医院生命科学院院长付小兵到无锡,在江苏(马山)生物医药产业园设立院士工作站。

22日 市慈善总会在市博物院举行"送温暖、献爱心"慈善款物发放仪式,向市区困难家庭发放慰问金和救助物资,总价值1800余万元。

△首届"无锡市青少年科技创新市长奖"揭晓。市长汪泉为获奖学生刘正希、唐杰、张雨涵、凌一洲颁奖。

25日 深国际·无锡综合物流港项目在无锡市惠山区西站物流园开工建设。项目计划总投资18亿元,占地面积约24.53公顷,包括现代仓储中心、集运分拨中心、城市配送中心等。

28日 无锡巧克力开心乐园项目启动建设。项目位于锡东新城,是一个以巧克力文化为核心的综合多主题空间的创意乐园,总投资5亿元,占地面积33165平方米。

29日 苏州银行无锡分行对外营业,其与江南大学国家大学科技园共同创立的"苏银创业学院"同时成立。苏州银行无锡分行设址太湖新城金融二街1号。

△省委常委、市委书记李小敏会见亚信集团执行董事长、中国宽带资本董事长田溯宁一行,双方就深化物联网、云计算、大数据产业等领域合作进行交流。

30日 省委常委、市委书记李小敏会见中船工业集团董事长董强一行,双方就加快推进"感知海洋"建设、发展海洋经济进行交流。

2月

1日 省委常委、市委书记李小敏主持召开市委常委会第147次会议。会议传达学习省两会精神,听取全市安全生产工作情况汇报和无锡市贯彻全省宣传部长会议精神意见的汇报。

△市长汪泉主持召开市政府第58次常务会议。会议传达省两会精神,审议通过《关于建立双随机抽查机制加强事中事后监管的实施意见》《关于进一步加强住宅小区物业管理工作的实施意见》《无锡市本级城市基础设施配套费征收管理办法》和《无锡市规范性文件和重大决策合法性审查程序规定(草案)》,听取无锡市招标投标有关规定清理情况、市工商登记前置改后置审批事项目录和市保留工商登记前置审批事项目录情况的汇报。

2日 市长汪泉会见印度新任驻沪总领事古光明,双方就加强印度与无锡在经贸、科技、文化等领域的交流合作进行洽谈。

△省旅游局公布2015年江苏十大新景区。无锡灵山小镇拈花湾和无锡荡口古镇景区入选。

14日 省委常委、市委书记李小敏主持召开市委常委会第148次会议。会议听取无锡市行政区划调整推进工作情况汇报,审议确定实施行政区划调整的总体要求、基本原则等重要事项,讨论有关人事安排。

15日 市委、市政府召开全市作风建设会议,学习贯彻全省机关作风建设大会精神,部署明确作风建设的任务要求。

16日 泰伯庙会在梅村街道开幕。农历丙申年正月初九,是泰伯3300周年诞辰纪念日。前一日,来自全国各地的吴氏宗亲在泰伯庙参加了泰伯家祭。

17日 省委常委、市委书记李小敏会见到无锡考察的中粮集团董事长赵双连,双方就深化合作进行交流。

18日 省委书记罗志军到无锡就推进供给侧结构性改革进行调研。

20日 市委召开无锡市梁溪区成立大会。省委常委、市委书记李小敏为"中国共产党无锡市梁溪区委员会"揭牌并讲话,市委副书记、市长汪泉主持大会并宣读省政府《关于调整无锡市部分行政区划的通知》,市人大常委会主任姚建华,市政协主席周敏炜,市委副书记徐劼,市委常委、常务副市长黄钦,市委常委、秘书长、政法委书记张叶飞出席大会,市委常委、组织部部长朱劲松宣读市委关于建立中共梁溪区委的决定以及相关人事任命决定。市委决定,徐劼任梁溪区委委员、常委、书记;秦咏薪任梁溪区委委员、常委、副书记,梁溪区政府筹备组组长;邹士辉任梁溪区委委员、常委、副书记,梁溪区人大常委会筹备组组长;陈锡明任梁溪区委委员、常委、副书记,梁溪区政协筹备组组长。市委副书记、梁溪区区委书记徐劼代表梁溪区委班子和区人大、区政府、区政协筹备组作表态发言。

△市委召开无锡市新吴区成立大会。省委常委、市委书记李小敏为“中国共产党无锡市新吴区委员会”揭牌并讲话，市委副书记、市长汪泉主持大会并宣读省政府《关于调整无锡市部分行政区划的通知》，市人大常委会主任姚建华，市政协主席周敏炜，市委常委、常务副市长黄钦，市委常委、秘书长、政法委书记张叶飞出席大会，市委常委、组织部部长朱劲松宣读市委关于建立中共新吴区委的决定以及相关人事任命决定。市委决定，魏多任新吴区委委员、常委、书记；封晓春任新吴区委委员、常委、副书记，新吴区政府筹备组组长；张明烈任新吴区人大常委会筹备组组长；刘蓓红任新吴区政协筹备组组长。新吴区与无锡高新技术产业开发区实行“区政合一”管理体制，采用行政区与开发区“一套班子、两块牌子”的运作模式。无锡高新技术产业开发区党工委书记、新吴区区委书记魏多代表新吴区委班子和区人大、区政府、区政协筹备组作表态发言。

22日　市长汪泉主持召开市政府第59次常务会议。会议听取2015年度审计发现问题及整改情况汇报，讨论《市政府2016年向市人大常委会提请审议和报告重大事项的工作计划》、《无锡市相对集中行政许可权和综合行政执法体制改革试点方案》、无锡市贯彻《中共中央国务院中央军委关于深入推进人民防空改革发展若干问题的决定》的相关意见，以及《关于实施“太湖人才计划”打造现代产业新高地的意见》，听取关于给相关单位和个人记功嘉奖的情况汇报。

△市长汪泉会见到访的韩国庆尚南道晋州市市长李昌熙一行，双方签署无锡市政府与韩国晋州市政府经济合作协议。韩国生命科技产业振兴院与无锡生命科技园的框架合作协议、韩国珂碧化妆品与无锡蜂槿公司的跨境电商合作协议同时签订。

23日　省委常委、市委书记李小敏主持召开市委常委会第149次会议。会议传达学习十二届省纪委六次全会、全省组织部长会议和全省政法工作会议精神，研究无锡市贯彻落实意见，听取全市信访工作情况汇报。

△市纪委、市监察局向媒体通报执纪审查工作情况。2015年全年共立案查处各类违纪案件1082件。其中，查处县处级干部25件，乡科级干部68件，给予党纪政纪处分937人，涉嫌犯罪被移送司法机关处理37人，通过查办案件共挽回经济损失7064.5万元。

△滨湖区非物质文化遗产展示馆开馆，将全区25个非遗项目、27个代表性传承人，通过实物、图片、音视频及现场表演等方式进行展示。这是全市首个区级非物质文化遗产展示馆，全年免费向市民开放。

26日　中国共产党无锡市第十二届纪律检查委员会举行第六次全体会议。会议总结2015年工作，部署2016年全市党风廉政建设和反腐败工作。省委常委、市委书记李小敏到会讲话，并与各地、各部门党委（党组）主要负责人签订2016年度党风廉政建设责任书。

△全国志愿服务“四个100”先进典型在京揭晓。无锡市志愿者爱心车队总队长李展、网络文明传播志愿服务项目、江阴香山书屋以及江溪街道太湖花园第二社区分别入选“最美志愿者”“最佳志愿服务项目”“最佳志愿服务组织”和“最美志愿服务社区”，入选总数在全省位居第一，获奖类别涵盖此次评选活动所设的四大奖项。其中，李展赴京参会领奖。

29日　云智汇科技服务有限公司落户无锡高新技术产业开发区。该公司是全球知名电子专业制造商富士康科技集团旗下企业，主要从事工业4.0、智能制造、“互联网+”等资讯科技服务，为企业提供制造业转型升级的解决方案。

3月

1日　市委、市政府召开全市太湖治理暨河道综合整治工作会议。会议总结无锡市太湖治理工作，部署下一阶段太湖治理和河道综合整治工作。市政府与各市（县）、区政府和市有关部门签订目标责任状。

2日　省委常委、市委书记李小敏主持召开市委常委会第150次会议。会议传达学习中央和全省农村工作会议、全省市县乡领导班子换届工作会议、全省统战部长会议精神，研究无锡市贯彻落实意见，讨论深入推进人民防空改革发展相关意见。

3日　“学习雷锋”榜样月暨第十四届志愿者活动月启动。这是无锡市崇德乐善“一月一主题”公益活动3月主题活动内容，其间，各志愿服务团队开展八大类、100项公益活动。

4日　全市质量工作暨第八届“市长质量奖”颁奖会议召开。市长汪泉为获奖的中国船舶重工集团公司第七〇二研究所、无锡商业大厦大东方股份有限公司颁奖。

8日　中国第一汽车股份有限

3月5日，梁溪区首届志愿者活动月在南禅寺广场拉开帷幕

（吕　枫　摄）

公司无锡油泵油嘴研究所被国家外国专家局命名为“国家引进国外智力示范单位”。2015年度,全国12家单位被评选为“国家引进国外智力示范单位”,其中江苏省2家。

9日 无锡市文旅集团以“惠山古镇”为主题,在第50届德国柏林国际旅游交易会亚洲展厅开设特装展台,吸引旅行商代表及观众2000余人次。

10日 “2016无锡太湖国际装备制造业博览会”开幕,来自美国、德国、日本、韩国等12个国家和地区的400家高端智能装备企业参展。

12日 无锡市与清华大学在京签署深化市校合作协议,双方共同建设无锡超算中心,设立总额160亿元的无锡清华新兴产业投资基金。

14日 无锡太湖(浦发)股权投资基金成立。该基金由无锡市金融投资有限公司和浦发银行合作设立,总额100亿元。

17日 水利部党组副书记、副部长矫勇率国家防总防汛抗旱防台风检查组到无锡检查工作。

△市长汪泉主持召开市政府第60次常务会议。会议审议通过《关于进一步创新和培育新型农业经营主体推进农村一二三产业融合发展的意见》,讨论《关于提升城乡发展一体化水平建设“强富美高”新农村的意见》《关于经济薄弱村脱贫奔小康工程的实施意见》《关于2016年支持外贸稳定增长的若干意见》《关于加快全市开发区转型升级创新发展的实施意见》《关于加强产业招商提高利用外资水平的意见》《关于加快推进生态文明建设的实施意见》《无锡市2016年生态文明建设实施方案》。

△柬埔寨人民党中央委员、中央宣教委员会副主席、中央青年工作组组长盖本兴率柬埔寨人民党青年政治家考察团到无锡,考察经济社会发展以及基层党建、团建工作情况,与无锡青年工作者座谈交流,在金匮公园共同种植中柬青年友谊树。

18日 省委常委、市委书记李小敏,市长汪泉,市人大常委会主任姚建华,市政协主席周敏炜,市人大常委会党组书记、副主任丁大卫等市领导带领500余名市级机关干部,到太湖新城蠡河湿地参加义务植树活动。

△省委常委、市委书记李小敏会见到访的柬埔寨西哈努克省省长润明一行,双方就深化交流合作特别是推进西哈努克港经济特区建设发展进行深入探讨。

△省委常委、市委书记李小敏主持召开第151次市委常委会(扩大)会议。会议传达学习全国两会精神,讨论通过《关于提升城乡发展一体化水平建设“强富美高”新农村的意见》和《关于经济薄弱村脱困致富工程的实施意见》。

35名资深跑友参加2016无锡国际马拉松赛并充当领跑员,气球上的时间表示跑完全马的用时 (卢 易 摄)

△省委常委、市委书记李小敏主持召开市委全面深化改革领导小组会议。会议听取2015年全面深化改革工作情况汇报,研究确定2016年全面深化改革工作要点。

20日 2016无锡国际马拉松赛开赛。包括多名国际精英选手在内的约3万马拉松爱好者参赛。来自埃塞俄比亚的Tadesse Yae Dabi和Yeshumie Ayalew Ejigu分别夺得全程马拉松男、女组冠军。

△无锡智慧体育产业园开园。江苏省体育局与无锡市政府共同签署产业园建设合作协议,一批体育产业高科技企业集中入驻。

23日 市长汪泉主持召开市政府第61次常务会议。会议学习贯彻全国两会精神,审议通过《无锡市推进海绵城市建设的实施意见》《无锡市2016年重点项目投资计划安排意见》,审议《无锡市审计发现问题整改销号的实施意见》《无锡市市级事业单位对外投资管理暂行办法》,听取市政府取消和承接一批行政审批等权力事项的汇报,以及在全市开展行政许可和行政处罚“双公示”工作情况汇报。

23~25日 第十五届中国医院发展战略高级论坛在无锡举行。全国28个省、市、自治区852家医院的1200余名院长和医院管理者参会。24日,市长汪泉会见参加论坛的美国梅奥诊所管理专家肯特·D·塞尔曼一行,双方就深化交流合作进行洽谈。

24~25日 全国人大财经委主任委员李盛霖,副主任委员李学勇、邵宁率调研组到无锡,就全面深化国有企业和国有资产管理体制改革进行调研,实地考察无锡市国有企业改革情况,与市有关部门、国有企业负责人座谈并听取意见建议。

25日 2016无锡国际赏樱周开幕。24日,市长汪泉会见到无锡参加活动的日本驻沪总领事片山和之等日本客人。

27日 印度驻沪总领事古光明率代表团到无锡,参加“印度—中国(无锡)商务与投资论坛”和“印度文化周”活动。市长汪泉会见代表团一行，双方就加强经济、商业、文化等方面合作进行洽谈。

28日　省委常委、市委书记李小敏主持召开第152次市委常委会暨市委全面深化改革领导小组会议。会议审议通过《无锡市相对集中行政许可权和综合行政执法体制改革试点方案》《中共无锡市委无锡市人民政府关于加快推进生态文明建设的实施意见》《无锡市2016年生态文明建设实施方案》，听取2015年度市级机关部门（单位）绩效管理和作风建设综合考评工作、无锡市2016年江苏省劳动模范和先进工作者推荐评选工作以及贯彻全省对台工作会议精神汇报。

29日　在北京召开的第二届中国质量奖颁奖大会上，江苏阳光集团有限公司、江阴兴澄特种钢铁有限公司作为制造业组织获第二届中国质量奖提名奖。

30日　无锡地铁3号线一期、1号线南延线工程开工。3号线一期工程西北起自苏庙站（站名均为暂用名，下同），东南终于硕放机场站，线路全长28.5千米，设置车站21座，全部为地下站。1号线南延线工程，北起1号线南端终点长广溪站，终点为南泉站，线路全长5.187千米，设车站3座。

△全省创新社区治理工作推进会在无锡召开。

△无锡市政府和中国恒天集团签署战略合作协议。恒天金石（深圳）投资有限公司计划投资设立无锡子公司，主要负责战略协议中产业基金的设立与管理。

△江苏预备役高炮二师党委全体（扩大）会议在无锡召开。

△第十三届中国土木工程詹天佑奖揭晓。无锡市综合交通枢纽项目获詹天佑奖。

31日　太湖新城一批公共配套项目集中开工，项目涉及教育、医疗、商业、社区服务等多个民生领域，计划总投资额超100亿元。

4月

1日　普洛斯集团与无锡高新技术产业开发区签署战略合作协议，在无锡投资8亿美元，设立普洛斯环普产业园。省委常委、市委书记李小敏会见普洛斯集团全球首席执行官梅志明一行，并出席签约仪式。

6日　无锡市召开全市市（县）区、乡镇领导班子换届工作会议。

7日　澳大利亚乐歌公司联合香港煌卓公司，与无锡高新技术产业开发区签约，计划投资5亿元，建设乐歌无锡产业园。市长汪泉会见乐歌公司董事、总经理马思尊一行，并出席签约仪式。

8日　全国政协副主席、民进中央常务副主席罗富和率全国政协特邀常委视察团到无锡，视察大学生创业引领计划实施情况。

9~11日　马其顿科查尼市市长拉特克·迪米特洛夫斯基率市长代表团访问无锡。11日，市长汪泉会见迪米特洛夫斯基一行，双方就加强两市在经贸、教育、旅游等方面的交流合作进行洽谈，共同签署建立友好交流关系备忘录。

11日　省委常委、市委书记李小敏主持召开第154次市委常委会（扩大）会议。会议传达全省推进供给侧结构性改革工作会议精神，听取一季度全市经济运行情况汇报，讨论通过《关于支持外贸稳增长调结构的若干意见》《关于加快全市开发区转型升级创新发展的实施意见》《关于加强产业招商提高利用外资水平的意见》，以及《2016年市级重点项目市领导挂钩服务分工表》。

11~12日　民政部党组书记、部长李立国在无锡调研，了解中民无锡养老服务中心项目建设推进情况和全市养老服务情况。

12日　2016年亚洲击剑锦标赛在无锡开幕。来自亚洲、大洋洲30余个国家和地区的300余名运动员参赛。比赛包括两项赛事。11~12日，进行里约奥运会亚洲、大洋洲地区资格赛。13~18日，进行2016年亚洲击剑锦标赛，比赛设男女花剑、男女佩剑、男女重剑个人和团体赛共12个小项，每日决出2枚金牌。中国击剑队派出25名运动员参赛。在个人项目比赛中，韩国队获4枚金牌，中国队和中国香港队各获1枚金牌。在团体项目比赛中，韩国队、中国队、日本队分别获3枚、2枚、1枚金牌。

△省委常委、市委书记李小敏，市长汪泉会见上汽集团董事长陈虹一行，参加上汽大通二期整车项目涂装车间首车下线仪式。

13日　首届无锡职教园师生旅游文化节在无锡城市职业技术学院开幕。无锡旅游业、酒店业代表，多家知名企业代表，职教园各高校师生代表2000余人参加活动。

△徐州市市委书记张国华、市长周铁根率徐州市党政代表团到江阴市，考察产业发展、重大项目建设等情况。

14日　市长汪泉会见到无锡考察的日本航空电子工业株式会社社长小野原勉一行，双方就无锡项目异地重建、扩大规模等进行洽谈。

3月30日，无锡地铁3号线一期、1号线南延线工程开工建设
（张立伟　摄）

11日,奥运会击剑比赛亚大地区资格赛在无锡市体育中心打响
(卢 易 摄)

△市长汪泉会见欧葆庭中国区总裁高天礼一行,双方就推进高端康疗养老项目进行洽谈。欧葆庭集团成立于1989年,总部位于法国巴黎,其规模及康复医疗水平在欧洲排名第一。

△淮安市市委书记姚晓东、市长惠建林率淮安市党政代表团到无锡,考察推动供给侧改革与经济社会转型升级等情况。

15日 市长汪泉主持召开市政府第62次常务会议。会议研究经济运行情况,落实供给侧结构性改革各项任务。

△省委常委、市委书记李小敏主持召开市委常委会第155次会议。会议讨论通过《关于在全体党员中开展"学党章党规、学系列讲话,做合格党员"学习教育的实施方案》《中共无锡市委关于加强和改进党的群团工作的实施意见》,听取关于2015年度市(县)区科学发展考核评价情况、全市开发区科学发展综合考核情况的汇报。

18日 市长汪泉会见到访的韩国大宇学院理事长秋浩锡一行,双方就大宇学院、韩国亚洲大学附属医院与无锡高新技术产业开发区在医疗、教育等领域开展合作进行交流。

20日 无锡高新技术产业开发区举行重大项目集中开工仪式,开工项目24个,总投资额162.8亿元。

22日 市委召开全市"两学一做"学习教育工作座谈会。

△市委、市政府召开全市开放型经济工作会议。

24日 江苏省第四届网络文化季开幕式暨无锡市网民公益体育大会"无锡工商银行杯"环太湖徒步活动在太湖之滨举行,来自上海、浙江、山东等华东五省一市的2.7万余名网民踊跃参与。

△无锡市公车改革取消车辆首场拍卖会举行。首批拍卖的50辆公车全部顺利拍出,溢价率96.13%。

25日 第三届江苏技能状元大赛总决赛在无锡开幕。至28日比赛结束,无锡选手共获金牌11枚、银牌22枚、铜牌13枚,无锡代表队获金牌数第一、奖牌数第一、团体总分第一。

△由东旭集团、日本住友化学、韩国东友和拓米国际共同投资的偏光片全工序项目签约落户无锡高新技术产业开发区,项目总投资额3.2亿美元。省委常委、市委书记李小敏会见东旭集团董事长李兆廷、日本住友化学株式会社社长出口敏久、韩国东友精细化学株式会社社长黄任雨、拓米国际董事长李福生一行。

26日 市长汪泉会见到无锡访问的韩国驻沪总领事韩硕熙一行,双方就加强在经济、教育、医疗、旅游等领域的合作进行交流。

27日 韩国三星SDI株式会社与无锡高新技术产业开发区签订增资合作协议。省委常委、市委书记李小敏会见三星SDI株式会社社长赵南成一行并出席签约仪式。

△中共中央宣传部、中央文明办、全国总工会发布10位"最美职工"先进事迹。中国船舶重工集团公司七〇二所水下工程研究开发部职工、蛟龙号载人潜水器首席装配钳工技师顾秋亮入选。

△市政府召开全市生态文明建设暨环境保护工作会议。

△市政府召开创建省优秀管理城市工作会议。

28日 省委常委、市委书记李小敏主持召开市委常委会第156次会议。会议研究部署全市安全生产工作,讨论通过《关于实施"太湖人才计划"打造现代产业发展新高地的意见》,听取全市信访稳定工作情况和关工委工作情况的汇报。

△阿斯利康与无锡高新技术产业开发区签署项目合作协议,投资5000万美元,新建小分子创新药物研发生产基地及中国商业创新中心。省委常委、市委书记李小敏会见阿斯利康国际市场执行副总裁马克·马龙一行并出席签约仪式。

△2016中国宜兴国际素食文化暨绿色生活名品博览会在宜兴大觉寺开幕。博览会为期5天。

△市委、市政府召开庆祝五一国际劳动节劳模先进座谈会。会上,通报无锡市获全国五一劳动奖状、奖章和全国工人先锋号,以及省劳动模范和先进工作者称号名单。

29日 省委在无锡召开纪念荣毅仁100周年诞辰座谈会。

5月

1日 零时1分,无锡市营改增试点纳税人无锡太湖皇冠假日酒店,开出全省第一张生活服务业增值税发票,标志着江苏省营改增税制转换成功。此次营改增试点,新增试点行业涉及纳税人65225户,是前期营改增试点纳税人总户数的1.4倍,预计减税规模在50亿元左右。

3日 市长汪泉主持召开市政府第63次常务会议。会议审议通过《无锡市行政审批中介服务项目目录清单》和《政府购买棚改服务管理办法》,听取《无锡市整合建立统一的公共资源交易平台实施方案》制定情况、城区污水处理运行机制调整情况的汇报。

4日　无锡市政府与中信集团签署战略合作框架协议。省委常委、市委书记李小敏会见中信集团董事长常振明、总经理王炯一行,并出席签约仪式。

5日　省委常委、市委书记李小敏会见到访的埃塞俄比亚总理特别顾问阿尔卡贝·奥克贝及夫人一行,双方就推进经贸合作进行探讨。

6日　省委常委、市委书记李小敏主持召开市委常委会第157次会议。会议审议通过《关于推进供给侧结构性改革的实施意见》和《关于降低实体经济企业成本促进经济平稳健康发展的实施意见》,研究做好市区征地拆迁安置住房上市交易相关工作,通报省委督查组关于中央巡视组反馈意见整改落实的督查情况。

6~10日　市长汪泉率无锡市经贸代表团赴韩国,推进"中韩科技金融服务合作区"建设。汪泉陪同省长石泰峰拜会韩国产业通商资源部长官周亨焕,与分管中韩合作事务的次官李官燮进行交流。9日,省政府在韩国首尔举办"江苏·韩国经贸合作交流会",汪泉作中韩(无锡)科技金融服务合作区相关主旨演讲。其间,代表团考察韩国新万金经济区,拜访SK海力士、三星SDI、LGHausys、斗山集团、斗山建设和东国制钢株式会社等一批重点企业总部,推动SK海力士6期扩大投资项目、联合铁钢二期项目等重点项目合作进程,与亚洲大学、斗山建设等韩国企业和机构签订战略合作协议等。

8日　江阴新夏港船闸通航。这是无锡首座千吨级现代化船闸,标志着锡澄运河与长江之间千吨级船舶航运瓶颈打通。同时,位于黄田港、通航63年的江阴船闸关闸停运。

9日　省委常委、市委书记李小敏会见到无锡考察的美国通用电气医疗集团总裁兼首席执行官约翰·弗兰纳里、通用电气中国总裁兼首席执行官段小缨等一行,双方就拓展合作等进行沟通交流。

△航空、高铁无缝对接,助力"救命肺"在6小时内从四川成都成功转运至无锡,行程1800千米。这是国家卫生计生委等6部委于5月6日联合印发《关于建立人体捐献器官专用绿色通道的通知》后,全国首例成功转运实施的肺移植。

△国土资源部副部长曹卫星一行到无锡,就江阴市、宜兴市用地整改、土地整治展开调研。

10日　2016年"江阴周庄杯"国际青年足球锦标赛在江阴市体育中心开赛。中国、伊朗、日本、乌兹别克斯坦共4支男足U-17国家队参赛。

△无锡市召开新闻发布会,发布《关于推进供给侧结构性改革的实施意见》《关于降低实体经济企业成本促进经济平稳健康发展的实施意见》。

10~12日　市长汪泉率无锡经贸代表团从韩国至日本访问,推动日本村田新型电子元器件项目等7个重点项目成功落地,总投资额11.9亿美元。代表团参加省政府组织的"江苏·日本经贸合作交流会",汪泉陪同省长石泰峰出席瑞穗银行交流会和三菱东京日联银行交流会,与日本航空电子工业株式会社、THK株式会社、养乐多、CMK株式会社、旭硝子、日立制作所、久保田、三菱化学、柯尼卡美能达、电装株式会社等企业高层进行交流。代表团实地考察理光株式会社、阿尔卑斯电气株式会社、信越化学工业株式会社等一批日本先进制造业企业,出席"明石—无锡结好35周年庆祝活动"。

11日　省政协在宜兴举行以"践行绿色发展理念,建设生态美好家园"为主题的委员活动日。省政协主席张连珍,省政协副主席范燕青、麻建国等参加活动。

△省检察院党组书记、检察长刘华到无锡调研指导检察工作。

12日　无锡火车站召开新闻发布会,宣布已使用28年的火车站南广场站房开工改造,工期预计3年。

13日　第三届全国"质检科技周"启动仪式在无锡举行。启动仪式上,国家质检总局为无锡出入境检验检疫局公共技术质量中心等4家获得认定的质检科普基地授牌,为3个全国优秀科普微视频获奖作品颁奖。

15日　无锡高铁商务区管委会与中铁一局集团公司举行签约仪式,确定中铁一局城市轨道交通工程有限公司年内迁至锡东新城网新国际科技创新园,成为入驻锡东新城的首家央企总部。

16日　省委常委、市委书记李小敏主持召开市委常委会第158次会议暨市委中心组专题学习会。会议贯彻落实习近平重要批示精神,集中学习毛泽东《党委会的工作方法》,传达学习中央和省委关于严肃换届纪律、加强换届风气监督工作的有关精神。

△国家安全监管总局原副局长、国家煤矿安监局原局长赵铁锤率国务院安全生产委员会第一巡查组到无锡,开展安全生产巡查。

△中国船舶工业集团公司与无锡市政府签署中船感知海洋产业基金合作框架协议。省委常委、市委书记李小敏会见中船集团董事长董强一行,并出席签约仪式。

18日　省委常委、市委书记李小敏,市长汪泉会见到无锡考察的台湾鸿海富士康科技集团总裁郭台铭、协鑫集团董事局主席朱共山等一行,双方就深化合作进行交流。

△海澜之家与华泰联合证券共同签订《战略合作框架协议》,双方将在并购重组、资本运作等方面开展合作。

18~19日　新疆维吾尔自治区伊犁哈萨克自治州党政代表团到无锡考察。省委常委、市委书记李小敏会见伊犁哈萨克自治州党委书记黄三平一行。其间,无锡—伊犁产业合作座谈会举行,签约一批合作项目,投资额近8亿元,其中包括中超新能源电缆增资扩建、葵花盘提取生物肽、薰衣草深加工等投资项目6个,以及霍城县与海澜集团纺织服装、马产业,无锡万人游伊犁,霍城葡萄销售等合作项目3个。

19日　2016中国旅游日江苏主会场活动在太湖鼋头渚景区启动。

△省长石泰峰到无锡考察调研太湖蓝藻应急防控和防汛工作。

23日　省委常委、市委书记李小敏主持召开市委常委会第159次会议。会议研究部署无锡市太湖安全度夏应急防控和防汛工作，听取关于贯彻落实最高人民法院“用两到三年时间基本解决执行难问题”工作要求的情况报告，听取合作共建南京信息工程大学滨江学院情况汇报，集中观看严肃换届纪律警示教育片。

△市长汪泉主持召开市政府第64次常务会议，听取《无锡市防汛防旱应急预案》修订情况汇报。

23~24日　水利部党组副书记、副部长矫勇率国务院促进民间投资第八督查组到无锡市开展督查。

△中纪委驻国家卫计委纪检组组长李五四率国家卫计委调研督查组到无锡，开展深化医药卫生体制改革督查。

25日　无锡籍著名作家、文学翻译家和外国文学研究家、钱锺书夫人杨绛在京逝世，享年105岁。

30日　无锡市与民航华东空管局签署无锡空管站建设暨通用航空产业发展战略合作协议。

△中国社会科学院财经战略研究院、中国社会科学出版社与中国社会科学院城市与竞争力研究中心联合在京发布2015年度城市综合经济竞争力和可持续竞争力前十强城市榜单。排名前十的城市是深圳、香港、上海、广州、台北、天津、北京、苏州、澳门、无锡。

31日　东亚电力(无锡)燃机发电项目在无锡市锡山区奠基开工。项目由新加坡金鹰集团与市市政公用产业集团共同投资兴建，总投资额100亿元。省委常委、市委书记李小敏会见新加坡金鹰集团主席陈江和一行，市长汪泉参加项目奠基仪式。

6月

1日　《无锡市公共交通条例》施行。

△无锡市召开全市基本解决执行难问题工作动员部署大会。

2日　中国农工民主党第十五届中央常务委员会第十四次会议在无锡开幕。会议学习贯彻习近平在中央扶贫开发工作会议上的重要讲话精神，落实统一战线聚力脱贫攻坚暨多党合作参与毕节试验区建设座谈会的部署，研究农工党参与脱贫攻坚工作的举措，审议《中国农工民主党中央关于“十三五”期间全党参与精准扶贫精准脱贫工作的指导意见(草案)》和《中国农工民主党中央关于做好2017年省级组织换届工作的意见(草案)》。全国人大常委会副委员长、农工党中央主席陈竺出席会议并讲话，全国政协副主席、农工党中央常务副主席刘晓峰主持会议，农工党中央副主席陈述涛、何维、朱静芝、蔡威、龚建明、谢庆生，秘书长曲凤宏出席会议，省长石泰峰看望与会人员，省委常委、无锡市委书记李小敏到会致辞。

2~3日　省人大常委会党组书记、常务副主任蒋定之率督查组到无锡，就中央和省委关于加强县乡人大工作和建设的文件贯彻落实情况开展督查，听取无锡、徐州、南通、镇江、泰州等市贯彻中央和省委有关文件精神的情况汇报，赴江阴市澄江街道北大街社区、周庄镇、新桥镇等实地考察基层人大工作和代表工作。

6月2日，中国农工民主党第十五届中央常务委员会第十四会议在无锡召开　(张立伟　摄)

3日　2016年无锡市“环境月”活动启动。

4日　金城湾健康主题公园竣工开园。全国人大常委会副委员长、农工党中央主席、中国红十字会会长陈竺出席公园竣工开园仪式。

△“中信证券杯”第37届世界业余围棋锦标赛在无锡开幕。

5日　《2015年度无锡市环境状况公报》发布。

6日　无锡市梁溪区举行2016重大项目暨金融合作签约仪式。签约项目50个，涵盖城市改造、产业发展、金融合作等领域，总投资额500余亿元。

7日　省人大常委会常务副主任、党组副书记蒋宏坤带队到无锡，调研农产品质量安全工作。8日，在无锡开展省人大常委会主任接待代表日活动，与无锡市、常熟市、高邮市的省人大代表座谈，听取代表们对加强和推进农产品质量安全管理工作的意见和建议。

△市长汪泉会见到无锡访问的新加坡驻沪总领事罗德伟，双方就加强经贸、城建、文化、旅游等领域的交流合作进行交谈。

8日　宜兴环保科技工业园与凯盛科技集团公司签署战略合作协议，计划在宜兴建设凯盛“三新”产业园、光伏玻璃销售分中心、创新创意研究院。

10日　在泰州姜堰举行的第六届黄龙士双登杯三国女子围棋擂台赛中，中国队主将、无锡籍棋手於之莹执白中盘击败韩国棋手崔精，中国队夺得团体冠军。

10~11日　2016蠡湖全民健身龙舟赛举行。30支代表队参赛，中小企业协会代表队、海事局代表队、泰然CECP国际代表队分获冠、亚、季军。

13日　省委书记罗志军到无锡就推进科技创新进行调研，主持召开苏南国家自主创新示范区建设工作座谈会。

△2016年江阴长江渔业资源增殖放流活动启始，共3个品种、近198万尾鱼苗、鱼种被放入长江。

13~15日 中共无锡市梁溪区第一次代表大会召开。大会听取并审议梁溪区委工作报告和梁溪区纪委工作报告，选举产生中共无锡市梁溪区第一届委员会、中共无锡市梁溪区纪律检查委员会。在中共无锡市梁溪区第一届委员会第一次全体会议和中共无锡市梁溪区纪律检查委员会第一次全体会议上，徐劼当选为梁溪区委书记，秦咏薪、邹士辉、陈锡明当选为梁溪区委副书记；章树军当选为梁溪区纪委书记。

15日 市长汪泉主持召开市政府第65次常务会议。会议听取全市大气污染防治工作情况汇报，启动大气污染防治工作专项督查，确定大气治理重点工程项目；审议通过《无锡市人民政府规章制定办法(草案)》《无锡市工程运输安全管理办法》；讨论《关于深化供销合作社综合改革的实施意见》，审议《无锡市2015年本级财政决算（草案）的报告》，听取无锡市2015年度本级预算执行和其他财政收支审计工作、报送市开发区目录修订审核相关材料，以及全市2016年"江苏友谊奖"候选人推荐情况的汇报。

15~17日 中共无锡市新吴区第一次代表大会召开。大会听取并审议新吴区委工作报告和新吴区纪委工作报告，选举产生中共无锡市新吴区第一届委员会、中共无锡市新吴区纪律检查委员会。在中共无锡市新吴区第一届委员会第一次全体会议和中共无锡市新吴区纪律检查委员会第一次全体会议上，魏多当选为新吴区委书记，封晓春、李建秋当选为新吴区委副书记；焦夕莲当选为新吴区纪委书记。

17日 无锡市政府与南京信息工程大学举行合作共建签约仪式，南京信息工程大学滨江学院落户无锡锡东新城商务区。

20日 江苏民营投资控股有限公司(以下简称"苏民投")在无锡揭牌。全国政协原副主席、全国工商联名誉主席黄孟复为"苏民投"揭牌。"苏民投"由沙钢集团、协鑫集团、红豆集团联合省内知名民营企业发起设立，是省内规模最大的民营资本投资公司，注册地为无锡，首期注册资本86亿元。

△"神威·太湖之光"超级计算机新闻发布活动暨国家超级计算无锡中心运行启动仪式在无锡举行。

21日 中国首家基于Makerbot云平台的3D打印先进制造中心落户无锡高新技术产业开发区中关村科技创新园。

△无锡吴都阖闾城遗址博物馆被批准为国家AAAA级旅游景区。

22日 市长汪泉会见到无锡访问的新西兰哈密尔顿市市长朱莉·哈戴克一行，双方就深化两市的友好交往和经贸合作进行洽谈，共同签署《中国无锡市与新西兰哈密尔顿市关于进一步深化友好交流合作的协议》。

△韩国科玛化妆品与无锡高新技术产业开发区签约，投资设立科玛化妆品(中国)有限公司，作为中国总部。项目计划总投资9000万美元，首期为4500万美元。

△柬埔寨反腐败委员会代表团到无锡访问考察，省委常委、市委书记李小敏会见柬埔寨国务大臣兼反腐败委员会主席翁仁典一行，双方就深化交流合作进行探讨。

23日 省委常委、市委书记李小敏主持召开市委常委会第162次会议。会议学习习近平在全国科技创新大会上的重要讲话精神，传达苏南国家自主创新示范区建设工作座谈会精神，听取全市安全生产、加强和改进离退休干部工作、推荐评选无锡市先进基层党组织的情况汇报，审议通过《开展整治和查处侵害群众利益的不正之风和腐败问题专项行动实施意见》。

△德国博世集团董事会成员、博世汽车与智能交通技术业务部门主席罗尔夫·布兰德到无锡访问，考察博世动力总成相关事业部在无锡的业务发展情况及未来规划。市长汪泉会见罗尔夫·布兰德，双方就加强合作进行交流。

△14时许，江苏省盐城市阜宁县、射阳县部分地区突发龙卷风冰雹严重灾害，造成房屋倒塌、人员伤亡、农业受损等灾害。由9名江阴蓝天救援队队员组成的义务救援队赶赴盐城参与救灾。24日，无锡市公安消防支队出动重型地震救援队7辆消防车、50名官兵赴盐城救援。无锡市委、市政府向盐城市委、市政府致以慰问，向盐城灾区捐款500万元。

24~25日 无锡市举办企业家(高级经营管理人才）集中培训班，全市220家重点、规模以上企业负责人参加培训。省委常委、市委书记李小敏以"传承工商基因，弘扬工匠精神，重振无锡产业雄风"为题作报告。

25日 无锡市梁溪区举行重大项目集中开工仪式。开工项目22个，涉及现代服务业、先进都市工业、社会民生、城市建设等领域，总投资额107亿元。

△药明康德制剂生产基地落户无锡高新技术产业开发区。该制剂生产基地注册资本5000万美元，计划投资超1.8亿美元。市长汪泉会见药明康德集团董事长李革一行，双方就深化项目合作、推动共赢发展进行交流。

29日 无锡市政府与中国邮政江苏省分公司签订战略合作协议，共建邮政公共服务平台。

△无锡市政府与阿里巴巴（中国）有限公司签订战略合作框架协议，共同推动"互联网+智慧城市"建设。

△副省长张敬华率省相关部门负责人到无锡，考察太湖安全度夏应急防控工作。

30日 无锡市举行庆祝中国共产党成立95周年大会。

△无锡市梁溪区第一届人民代表大会第一次会议闭幕，邹士辉当选梁溪区第一届人大常委会主任，秦咏薪当选梁溪区人民政府区长，袁挺当选梁溪区人民法院院长，李赢当选梁溪区人民检察院检察长。在6月29日闭幕的政协梁溪区第一届委员会第一次会议上，陈锡明当选梁溪区政协主席。

△无锡市新吴区第一届人民代表大会第一次会议闭幕，张明烈当选新吴区第一届人大常委会主任，封晓春当选为新吴区人民政府区长，叶志浩当选新吴区人民法院院长，苟小军当选新吴区人民检察院检察长。在6月29日闭幕的政协新吴区第一届委员会第一次会议上，刘蓓红当选新吴区政协主席。

7月

1日　无锡市市区城镇居民最低生活保障标准从原来的700元/人·月提高至760元/人·月。农村“五保”(保吃、保穿、保医、保住、保葬)等三类特困人员供养标准同时调整。

△无锡市市区居民养老保险待遇标准提高，居民基础养老金标准确定为370元/人·月，比上年提高15元；政府保养金标准调整后分别为“6050”(男满60周岁、女满50周岁)人员770元/人·月、“5040”(男满50周岁、女满40周岁)人员660元/人·月，均比上年提高60元。

△在京举行的庆祝中国共产党成立95周年大会上，无锡市红豆集团党委书记周海江，解放军第一〇一医院政委、党委书记沈建华被授予“全国优秀党务工作者”称号，无锡银监分局、中国船舶重工集团公司第七〇二研究所和市滨湖区河埒街道水秀社区被授予“全国先进基层党组织”称号。

2日　省委常委、市委书记李小敏主持召开市委常委会第163次会议。会议审议通过《关于进一步严明纪律，坚决抵制违规吃喝歪风的通知》。

3日　无锡市启动防汛Ⅰ级应急响应。市长汪泉部署防汛Ⅰ级应急响应工作并赴宜兴视察。

4日　智能制造(工业机器人)专家委员会在无锡高新技术产业开发区成立。这是工信部“长风计划”在全国设立的首个致力于新型工业化人才培养的专家委员会。

5日　省委书记李强在无锡调研。

7日　中国(无锡)国际数据中心三期工程在无锡高新技术产业开发区奠基。该项目由中国电信无锡分公司与先导集团旗下的江苏同云盛信息技术有限公司共同合作建设，总投资额9亿元。

8日　中共中央政治局委员、国务院副总理、国家防汛抗旱总指挥部总指挥汪洋在江苏无锡等地考察指导太湖流域防汛工作，并主持召开国家防总太湖流域防汛紧急会议进行工作部署。省委书记李强、省长石泰峰陪同考察并参加会议。

△省委常委、市委书记李小敏赴宜兴检查指导防汛抗台和救灾安民工作。

9日　水利部部长陈雷、省长石泰峰到无锡检查指导防汛防台工作。

11日　省委常委、市委书记李小敏主持召开市委常委会第164次会议。会议贯彻国务院副总理汪洋在无锡视察防汛工作时的重要讲话精神，传达省委书记李强在无锡调研时的指示要求，讨论通过《关于加强和改进“两代表一委员”产生工作的通知》。

△东部战区会同江苏省在无锡召开太湖流域防汛工作会议，分析研判形势，协调部署下一阶段军地联防工作。东部战区司令员刘粤军、省长石泰峰出席会议并讲话。

11~12日　省委常委、省纪委书记弘强在无锡调研经济社会发展和党风廉政建设工作。

12日　市长汪泉主持召开市政府第66次常务会议。会议审议通过《市政府关于进一步加强质量品牌建设促进产业强市的意见》。

13日　招商局物流集团有限公司与无锡高新技术产业开发区签署项目合作协议，计划投资6亿元，建设物流供应链集成服务项目。市长汪泉会见招商局物流集团有限公司董事总经理、中国外运长航集团有限公司董事张锐一行，并出席项目签约仪式。

14日　无锡市赴桑给巴尔新闻采访团启程赴非洲东海岸，采访在桑给巴尔开展援建医疗一年多的无锡援桑医疗队。

△南京海关、江苏出入境检验检疫局在无锡市联合启动关检服务江苏外贸“提速、减负、增效”百千万(百企帮促、千企挂钩、万企直通)活动，推出12项服务措施。

15日　市长汪泉会见到无锡考察的香港铜锣湾集团董事局主席陈智一行，双方就加强合作进行洽谈。

△世界纪录认证机构吉尼斯世界纪录在京宣布，位于国家超级计算无锡中心的“神威·太湖之光”在德国法兰克福国际超算大会(ISC)公布的新一期全球超级计算机500强榜单中，以3倍于第二名的运算速度名列第一，是“运算速度最快的计算机”。

17日　联合国中文教育部主任何勇率50位联合国代表到无锡，参加“璀璨江南·联合国代表团2016中国文化行”活动。

18日　省委常委、市委书记李小敏主持召开市委常委会第165次会议。会议研究部署经济工作，传达中央环境保护督察组督察江苏省工作动员会精神，讨论通过《关于深化供销合作社综合改革的实施意见》。

△第31届奥运会中国体育代表团在京成立。代表团成员中有4名无锡人，分别是副团长蔡振华、举重教练王国新、女篮队员陈晓佳、曲棍球队员孙晓。

△省经信委、省工商联发布2015年度全省百强民企榜单。无锡市海澜集团、红豆集团跻身前十，全市有17家民企入围，超越苏州(16家)和南通(16家)，位居全省第一。

19日　恒云太云计算数据中心项目签约。该项目由中国电信无锡分公司、无锡高新技术产业开发区与先导集团旗下恒云太信息科技有限公司三方合作，共建亚太区首个双T4标准的数据中心，总投资额45亿余元。

△省委常委、市委书记李小敏主持召开市委常委会第166次会议。会议听取市第十三次党代会筹备工作情况汇报，讨论通过党代会筹备工作相关方案和意见、建议。

19~20日　省人大常委会副主任赵鹏率省人大代表省直无锡组、盐城组到无锡，视察调研消费者权益保护工作。

21日　南通市市委书记、人大常委会主任陆志鹏，市长韩立明率南通市党政代表团到无锡，考察城市规划建设、产业转型升级等方面情况。

26日　中共无锡市委十二届十一次全会召开。会议审议并通过《关于召开中国共产党无锡市第十三次代表大会的决议》和《中国共产党无锡市第十三届委员会、纪律检查委员会组成原则》。全会决定，中国共产党无锡市第十三次代表大会于2016年9月召开。

26~27日　全国人大常委会副委员长、民建中央主席、中国和平统一促进会副会长陈昌智一行到无锡，调研民建基层组织建设等工作。省政协副主席、民建江苏省委主委洪慧民等陪同调研。

29日 市长汪泉主持召开市政府第67次常务会议。会议听取关于G20峰会环境空气质量保障工作的汇报，审议通过《无锡市全民科学素质行动计划纲要实施方案(2016~2020年)》《关于进一步促进社会办医加快发展的实施意见》《无锡市创建“中国制造2025”江苏省苏南城市群试点示范实施方案》，审议《无锡市残疾人保护条例(修订草案)》，听取关于做好全面清理规章规范性文件工作的汇报。

△全国双拥模范城(县)命名暨双拥模范单位和个人表彰大会在京召开。无锡市和江阴市获全国双拥模范城称号。

△省委常委、市委书记李小敏主持召开市委常委会第167次会议。会议传达省委十二届十二次全会精神，听取市委十二届十二次全会筹备情况汇报，讨论通过《2016年度无锡市市(县)区科学发展考核评价实施意见》《无锡市市级机关部门(单位)绩效管理和作风建设综合考评办法》《全市开发区科学发展考核的实施意见》。

△农业部发布《关于认定第六批全国一村一品示范村镇的通知》。江苏省有13个村镇入选，无锡市有两个，分别为宜兴市湖汶镇张阳村(张阳花卉)、江阴市顾山镇红豆村(金顾山水蜜桃)。至此，全市有8个村镇被认定为全国一村一品示范村镇。

29~31日 中共江阴市第十三次代表大会召开。大会审议通过中共江阴市第十二届委员会工作报告和中共江阴市纪律检查委员会工作报告，选举产生中共江阴市第十三届委员会、中共江阴市纪律检查委员会。在中共江阴市第十三届委员会第一次全体会议和中共江阴市纪律检查委员会第一次全体会议上，陈金虎当选为江阴市委书记，蔡叶明、袁秋中当选为江阴市委副书记；余银龙当选为江阴市纪委书记。

31日~8月2日 中共无锡市锡山区第四次代表大会召开。大会审议通过中共无锡市锡山区第三届委员会工作报告和中共无锡市锡山区纪律检查委员会工作报告，选举产生中共无锡市锡山区第四届委员会、中共无锡市锡山区纪律检查委员会。在中共无锡市锡山区第四届委员会第一次全体会议和中共无锡市锡山区纪律检查委员会第一次全体会议上，陆志坚当选为锡山区委书记，顾中明、言国强当选为锡山区委副书记；谢军当选为锡山区纪委书记。

△中共无锡市惠山区第四次代表大会召开。大会审议通过中共无锡市惠山区第三届委员会工作报告和中共无锡市惠山区纪律检查委员会工作报告，选举产生中共无锡市惠山区第四届委员会、中共无锡市惠山区纪律检查委员会。在中共无锡市惠山区第四届委员会第一次全体会议和中共无锡市惠山区纪律检查委员会第一次全体会议上，吴仲林当选为惠山区委书记，李秋峰、计佳萍当选为惠山区委副书记；吴建明当选为惠山区纪委书记。

△中共无锡市滨湖区第四次代表大会召开。大会审议通过中共无锡市滨湖区第三届委员会工作报告和中共无锡市滨湖区纪律检查委员会工作报告，选举产生中共无锡市滨湖区第四届委员会、中共无锡市滨湖区纪律检查委员会。在中共无锡市滨湖区第四届委员会第一次全体会议和中共无锡市滨湖区纪律检查委员会第一次全体会议上，袁飞当选为滨湖区委书记，陈锡伦、赵虹路当选为滨湖区委副书记；陈烈蓉当选为滨湖区纪委书记。

8月

1日 无锡市参保人员(不含个体工商户及其雇工、灵活就业人员)社会保险月缴费基数的上限为16800元，下限为2678元。上限按年度内累计月平均计算。

△全国政协副主席、致公党中央主席、科技部部长、中国科协主席万钢一行到无锡，调研苏南国家自主创新示范区建设和大众创业万众创新工作。

2日 水利部副部长陆桂华到无锡调研水资源管理与保护工作。

3日 省委常委、副省长杨岳到无锡察看防汛情况。

△省委常委、政法委书记、省公安厅厅长王立科带队到宜兴，检查G20峰会安保工作情况，探望在一线工作的公安民警及相关部门工作人员。

3~4日 中共无锡市委十二届

阿斯利康中国物流中心配置的全球最先进的全自动立体高架无人仓库 (卢易 摄)

十二次全会召开。会议总结上半年工作,安排下半年任务,就推动落实产业强市各项重点工作提出要求。

5日 副省长马秋林带领省有关部门负责人到无锡,考察物联网产业发展情况。

8~10日 中共宜兴市第十三次代表大会召开。大会审议通过中共宜兴市第十二届委员会工作报告和中共宜兴市纪律检查委员会工作报告,选举产生中共宜兴市第十三届委员会、中共宜兴市纪律检查委员会。在中共宜兴市第十三届委员会第一次全体会议和中共宜兴市纪律检查委员会第一次全体会议上,沈建当选为宜兴市委书记,张立军、周中平当选为宜兴市委副书记,李平当选为宜兴市纪委书记。

12日 省委常委、市委书记李小敏主持召开市委常委会第168次会议。会议传达学习省"两学一做"学习教育工作推进会精神,讨论通过《关于选举产生中国共产党江苏省第十三次代表大会代表的方案》《中共无锡市委关于加强和改进新形势下人民政协工作的意见》《中共无锡市委关于加强社会主义协商民主建设的实施意见》《中共无锡市委关于进一步加强和改进新形势下党校工作的实施意见》。

△市长汪泉主持召开市政府第68次常务会议。会议审议通过《关于深化村庄生活污水治理工作的实施意见》《无锡市区新建居民住宅二次供水设施管理意见》《无锡市区新建居民住宅供水管网和二次供水设施建设及运行维护收费标准》和《无锡市关于"先照后证"改革后加强事中事后监管的实施意见》,审议《无锡市税收征管保障及税收遵从引导实施办法》《无锡市社会医疗保险管理办法(草案)》,讨论《无锡市深化国税、地税征管体制改革落实方案》,学习《法治政府建设实施纲要(2015~2020年)》,听取做好全市村委会和社区居委会换届选举工作的汇报,以及对无锡市建筑业、房地产业纳税人实施综合治税工作方案的汇报。

17日 省人大常委会副主任赵鹏率省人大执法检查组到无锡,检查《江苏省太湖水污染防治条例》实施情况。

18日 SK海力士在无锡高新技术产业开发区举行幸福公益基金会启动仪式。这是无锡首个由外资企业捐资设立的公益基金会,市长汪泉会见韩国SK海力士株式会社社长朴星昱一行并出席仪式。

19日 省委常委、市委书记李小敏会见到无锡考察的新里程投资集团董事局主席周玉成一行,双方就推进"质子重离子"粒子治疗系统项目合作进行交流。

△省委常委、市委书记、军分区党委第一书记李小敏主持召开市委常委议军会议,向各市(县)、区人武部党委第一书记颁发任职通知书。会议听取、审阅人武部党委第一书记的书面述职,审议通过《加强人民武装基层建设三年规划(2016~2018年)》,研究支持部队建设的有关政策。

21~22日 水利部副部长周学文一行到无锡市调研太湖治理工作。

24日 无锡市政府与中国东方航空江苏有限公司签署合作框架协议。市长汪泉会见东航江苏有限公司总经理刘钢一行,并出席签约仪式。

△省委常委、市委书记李小敏会见中国国民党前主席吴伯雄一行。

△TDK爱普科斯集团与无锡高新技术产业开发区签署深化战略合作协议,计划增资1亿美元。市长汪泉会见TDK爱普科斯集团首席执行官、董事长科里斯丁·布洛克一行,并出席签约仪式。

△宿迁市市委书记、人大常委会主任魏国强,市委常委、秘书长、市洋河新区党工委书记沈海斌,副市长冯岩等到无锡,考察实施创新驱动发展战略的情况和做法。

25日 省委常委、市委书记李小敏主持召开市委常委会第170次会议。会议学习《中国共产党问责条例》,审议《关于在全市公民中开展法治宣传教育的第七个五年规划》,听取中国国际物联网博览会(世界物联网博览会)筹备情况汇报。

△全国工商联公布2016中国民营企业500强榜单。其中,无锡18家民营企业上榜,位居全省前列。海澜集团以671亿元的营业总额居500强第36位,位列全市第一,红豆集团和澄星集团分别居榜单第64位、第76位。

△无锡市政府与中国银行江苏省分行签署战略合作协议。省委常委、市委书记李小敏出席签约仪式,市长汪泉、中国银行江苏省分行行长王兵分别致辞并签约。中国银行无锡分行分别与市农委、市民族宗教事务局以及30家单位签署全面合作协议。

26日 日本理光株式会社和无锡高新技术产业开发区签约,计划增资9000万美元,启动热敏产品新工厂项目。市长汪泉会见理光株式会社IMS事业部总裁森泰智一行,并出席项目签约仪式。

27日 中国企业联合会、中国企业家协会在湖南省长沙市发布2016中国企业500强、中国制造业企业500强、中国服务业企业500强3份榜单。无锡市13家企业入围中国企业500强,占江苏省入围数(44家)的29.5%;22家企业入围中国制造业企业500强,占江苏省入围数(43家)的51.2%。以上两项入围数均连续10年居全省首位。9家企业入围中国服务业企业500强,占江苏省入围数(28家)的32.1%,仅次于苏州,首次超越南京,列全省第二位。

29日 无锡市—明石市缔结友好城市35周年纪念庆祝活动在无锡举行。市长汪泉会见日本明石市市长泉房穗、议长深山昌明一行。

30日 江苏广信感光新材料股份有限公司在深圳证券交易所挂牌上市,成为无锡第100家上市企业。

△无锡市将"慈福"民生系列保险中的自然灾害公众责任保险、城乡居民住房财产险受益对象扩大到常住居民。凡持有"江苏省居民居住证"、居住登记在本市且在有效期内、实际在无锡居住人员中的非户籍居民,亦可免费享受到户籍居民"民生两险"同等待遇。

31日~9月10日 在意大利威尼斯举办的第73届威尼斯国际电影节上,无锡籍青年导演朱成凭借其执导的国际版短片《南京东》,获威尼斯国际电影节圣马克铜狮奖"最具创意导演奖"。

9月

1日　省长石泰峰到无锡等沿江5市调研危化品企业安全生产经营情况。

6日　市长汪泉会见到无锡访问的美国哥伦布市市长吉姆·列恩霍普一行，双方就加强友好交流与经贸合作进行洽谈。

7日　“2015~2016中国报刊经营价值排行榜”在南京揭晓。《无锡日报》跻身“2015~2016中国报刊经营价值排行榜”“全国城市日报十强”，居第四位。

△在越南胡志明市召开的2016年度亚洲医院管理大会上，无锡市第二人民医院管理团队的《住院患者出院带药集约化管理——医院强化出院患者用药咨询的创新体验》《SBAR模式——促进医疗交接班环节有效沟通》2个研究课题，获亚洲医院管理大奖。

8日　“2016中国地级市民生发展100强”名单揭晓。江苏9市入围，其中苏州、无锡、常州分列第一名、第二名、第十一名。排第三至第十名的城市分别为东莞、佛山、金华、湖州、温州、泉州、绍兴和烟台。“中国地级市民生发展100强”指数由人民日报社《民生周刊》杂志组织发起，委托北京师范大学民生发展课题组研究，样本包含了全国27个省下辖的262个地级市，以市为单位进行区域民生发展指数的测算与比较。

△无锡深南电路半导体封装基板二期项目签约，计划总投资额15亿元，用于扩大封装基板研发及制造业务。市长汪泉会见中航国际执行副总裁、深南电路股份有限公司董事长由镭一行，并出席项目签约仪式。

12日　市长汪泉主持召开市政府第69次常务会议。会议审议通过《关于进一步加强商业房地产市场调控的意见》和《无锡市“十三五”土地利用专项规划》，听取2016年选拔无锡市有突出贡献中青年专家的工作情况汇报。

△无锡市首批51辆纯电动公交车投用。

13日　中共中央委员，全国供销合作总社党组书记、理事会主任王侠一行到无锡，调研无锡市供销合作社建设发展情况。省政协副主席、党组副书记徐鸣陪同调研。

△无锡市政府与北京银行签署战略合作协议。市长汪泉出席签约仪式并会见北京银行副行长赵瑞安一行，双方就深化银政企多方合作，推动金融与经济发展等进行交谈，并共同为北京银行无锡分行开业揭牌。

14日　省委常委、市委书记李小敏主持召开市委常委会第172次会议。会议传达贯彻《中共中央关于辽宁拉票贿选案查处情况及其教训警示的通报》精神，听取市委十二届十三次全会方案和市第十三次党代会筹备事项汇报，讨论十二届市委、市纪委工作报告，审议通过《中共无锡市人大常委会党组关于做好市和市(县)区、镇三级人民代表大会换届选举工作的意见》。

△在京举行的第五届全国少数民族文艺会演中，江苏代表团参赛作品《英雄·玛纳斯》获剧目银奖。该剧由无锡市演艺集团与新疆阿合奇县歌舞团共同创作演出。

18日　中共无锡市委十二届十三次全会召开。会议决定，中国共产党无锡市第十三次代表大会于2016年9月26日举行，会期4天。

19日　2016中国(无锡)国际工业装备博览会开幕。

20日　2016江阴经贸合作洽谈会举行。签约外资项目13个，总投资额9.89亿美元；内资项目52个，总投资额724.74亿元。

20~21日　中共中央对外联络部副部长郑晓松率调研组到无锡，专题调研无锡市参与“一带一路”建设的情况。

20~22日　致公党中央专门委员会第二届骨干成员培训班在无锡举办。致公党中央副主席兼秘书长曹鸿鸣出席开班仪式，省政协副主席、致公党江苏省委主委麻建国陪同。

21日　无锡市召开人大换届选举工作会议，部署市和市(县)区、镇三级人大换届选举工作。

△市长汪泉会见到无锡考察的药明康德集团董事长兼首席执行官李革一行。22日，无锡药明康德生物技术股份有限公司的生物制药研发生产新基地在无锡(马山)国家生命科学园投产运营，无锡市和药明生物签署“药明生物生命科技园”战略合作框架协议。

22~23日　第七届中国大学生服务外包创新创业大赛决赛阶段比赛在无锡举行。大赛吸引包括印度、柬埔寨、印度尼西亚等国家(地区)在内的400所高校的1295支代表队参加，中南大学、台湾清华大学、无锡城市职业技术学院等高校分别获企业命题组、自由命题组、创业实践组一等奖。

23日　无锡农村商业银行在上海证券交易所上市，股票简称“无锡银行”，股票代码600908，发行价格每股4.47元。

24日　第27期海外华侨华人回国创业研习班在无锡开班，来自美、英、加、德、日等多个国家和地区的60余名海外华侨华人专业人士应邀参加。

26~29日　中国共产党无锡市第十三次代表大会召开。李小敏代表中共无锡市第十二届委员会作题为《高水平全面建成小康社会，奋力谱写“强富美高”新无锡精彩篇章》的工作报告。王唤春代表中共无锡市纪律检查委员会作工作报告。大会选举产生中共无锡市第十三届委员会和中共无锡市纪律检查委员会，通过关于十二届无锡市委工作报告和关于无锡市纪委工作报告的决议。29日，中共无锡市第十三届委员会召开第一次全体会议，选举中共无锡市第十三届委员会常务委员会和市委书记、市委副书记。李小敏当选为新一届市委书记，汪泉、徐劼当选为市委副书记；新一届中共无锡市纪律检查委员会举行第一次全体会议，选举产生中共无锡市纪律检查委员会常务委员会和市纪委书记、副书记。

27日　市长汪泉会见到无锡考察的光大银行行长张金良一行，双方就开展合作进行洽谈。

27~28日　无锡市惠山区举行“金秋招商月”活动。总投资20亿元的香港快速食品生产项目、澳大利亚拖挂车项目、日本新能源项目等12个先进制造业项目和总投资40亿元的香港飞阳集团、华润置地、融创中国3个服务业项目签约落户惠山经济开发区，新增协议外资2.25亿美元。德国中小企业联盟与惠山经济开发区签署招商代理战略合作协议。

28日　省委常委、市委书记李小敏会见安普瑞斯(美国)公司董事长唐·迪克逊,安普瑞斯(美国)公司董事、美国前能源部部长、斯坦福大学教授朱棣文一行。市长汪泉出席安普瑞斯(无锡)公司试产运行仪式并致辞。

△市长汪泉会见到无锡访问的白俄罗斯莫吉廖夫州政府及经贸代表团一行，双方就加强两地合作进行交流。无锡市与莫吉廖夫州博布鲁伊斯克市签署建立友好交流关系意向书。

29日　三星SDI汽车动力电池项目签约落户无锡高新技术产业开发区。市长汪泉会见三星SDI株式会社副社长郑世雄一行，并出席签约仪式。

30日　省委常委、市委书记李小敏主持召开十三届市委常委会第一次会议。会议审议通过《中共无锡市委常委会议事决策规则》,讨论确定市委常委分工。

10月

8日　市长汪泉主持召开市政府第70次常务会议。会议学习贯彻市第十三次党代会精神。

10日　无锡地铁3号线一期工程首台盾构机在地铁2号线、3号线换乘站靖海站下井始发。

11日　无锡籍著名国画家、鉴赏家、收藏家周怀民藏画馆新馆开馆。

11~12日　九三学社中央第九次科学座谈会在无锡召开。会议以“土壤退化与修复”为主题,30余位专家学者进行交流研讨。全国政协副主席、九三学社中央主席、中国科学院院士韩启德出席会议并讲话。

12~13日　全国人大代表、徐州市市委书记张国华率全国人大代表徐州组到无锡，会同无锡组的全国人大代表对无锡市文化产业发展情况进行专题调研。

14日　省人大常委会督办组到无锡，就关于推动农业种业发展的省人大代表重点建议开展督办活动。

△住建部公布第一批中国特色小镇入选名单，宜兴丁蜀镇成功入选,成为无锡市唯一入选的小镇。

18日　省委书记李强到无锡调研物联网产业发展情况，听取2016年世界物联网博览会筹备情况汇报。

△2016无锡滨湖金秋经贸签约大会举行。涵盖物联网、新能源、生物医药、影视文化、软件与服务外包等领域的57个项目落户无锡市滨湖区,总投资额543亿元,其中超1亿元项目31个。

△2016中国陶都金秋经贸洽谈会举行。56个项目集中签约落户宜兴市，其中工业内资项目22个,总投资额204.8亿元;外资项目19个，累计投资13.78亿美元。宜兴经济技术开发区、万石镇、太华镇等地的一批项目集中开工。

△卡姆丹克中国总部项目落户无锡市惠山区。该项目由惠山国家高新技术创业服务中心与卡姆丹克太阳能系统集团有限公司在香港签约,总投资额4.5亿美元,一期注册资金1.5亿美元。

18~20日　第十二届“无锡·威孚房开杯”中国围棋棋王争霸赛举行。8位国内顶尖棋手经过角逐,19岁的黄云嵩执白中盘战胜芈昱廷，成为新“棋王”。

△“海澜之家”杯2016全国马术盛装舞步锦标赛在江阴举行。7支队伍、30余名骑手参赛。在其中的圣乔治科目团体比赛中，广东队获得冠军,浙江队、江苏队分列第二名、第三名。

19日　省委常委、市委书记李小敏主持召开市委常委会第四次会议。会议传达学习省委书记李强在无锡调研物联网产业发展时的讲话精神，听取世界物联网博览会筹备情况汇报,研究部署2016年军转安置工作,审议通过《关于政协无锡市第十四届委员会和市(县)区政协换届人事安排的意见》。

△第18届中国上海国际艺术节无锡分会场在无锡大剧院开幕。

△第六届中国(无锡)国际文化艺术产业博览交易会在无锡举行。

20日　首届无锡太湖基金产业投资合作峰会召开，一批合作基金和投资项目签约。其中,中国国通国企改革和产业转型基金、中国物联网产业基金、澄星新材料基金等合作基金签约总额270亿元，集成电路、生物医药、装备制造等18个战略性新兴产业项目签约总额12亿元。

21~23日　“海澜之家”杯2016全国马术三项冠军赛在江阴举行。5支队伍、30余名骑手经过角逐,江苏队选手赵太峰夺得冠军。

22日　省委常委、市委书记李小敏会见到访的台东县县长黄健庭一行,双方就增进友谊、加强合作进行交流。

23日　无锡市纪念红军长征胜利80周年大型群众演唱会举行。

24日　吴协恩被江苏省委宣传部授予江苏“时代楷模”荣誉称号。吴协恩是江阴市华西村党委书记、村民委员会主任、华西集团有限公司董事长。

25日　无锡国联产业投资中心揭牌，国联100亿元产业母基金签约仪式举行。

27日　2016中国环保技术与产业发展推进会在宜兴召开。会上，中国宜兴环保科技工业园与河北省承德市、云南省昆明市、四川省武胜县、中信环境分别签署区域环境治理合作协议,和Tigris(麦格理)水务基金、进出口银行南京分行分别签署金融资本合作协议。国内首个城市污水处理概念厂在宜兴启动建设。该项目总投资额5亿元，建成后,一期污水日处理能力约2万吨。

29日　无锡戴卡年产240万件轻量化车轮项目在惠山工业转型集聚区竣工投产。

△无锡市梁溪区政府与中科招商集团战略合作协议签约暨中科招商农业发展集团、中科梁溪农业发展基金揭牌仪式在无锡举行。中科招商农业发展集团由中科招商集团全资设立,注册资本10亿元。中科梁溪农业发展基金由无锡食品科技园、中科招商集团、农业银行共同发起设立,总规模50亿元。

30日　无锡国家传感网创新示范区部际建设协调领导小组第四次会议在无锡召开。部际建设协调领导小组组长、工信部部长苗圩，部际建设协调领导小组组长、江苏省省长石泰峰出席会议并讲话。

30日~11月1日　2016世界物联网博览会在无锡举行。美国、英国、德国、俄罗斯等23个国家和地区的4000余位嘉宾参会，近490家企业和行业协会在无锡太湖国际博览中心展示产品。其间，举办2016世界物联网无锡峰会，举办“物联网+中国制造2025”、环保物联网、“物联网+大数据”、医疗健康物联网、物联网信息安全、传感器技术与产业发展、智能交通与车联网产业发展、国际物联网金融8个高峰论坛，举行无锡国家传感网创新示范区部际建设协调领导小组第四次会议、新技术新产品成果发布暨产业合作洽谈会、物联网小镇规划发布会、第三届全国高校物联网应用创新大赛全国总决赛、2016年(第十五届)软件和信息技术服务业骨干企业工作座谈会、物联网人才招聘会等多项配套活动。累计参观博览会约8万人次。

31日　2016世界物联网无锡峰会举行。峰会由工业和信息化部、科技部、省政府共同主办，省经信委、省科技厅、无锡市政府承办。中共中央政治局常委、国务院总理李克强为2016世界物联网博览会发来贺信，省委书记李强出席峰会并讲话，省长石泰峰主持峰会。ISO(国际标准化组织)主席张晓刚、ITU(国际电联)副秘书长马尔科姆·约翰逊分别致辞，中国互联网协会理事长、中国工程院院士邬贺铨，欧盟委员会通信网络、内容和技术总司司长顾问佩尔·布利克斯特，阿里巴巴集团技术委员会主席王坚等多名专家分别就培育数字经济的新动能、物联网前进之路、万物互联网的虚拟和现实、物联网助力产业升级数字转型等发表主题演讲。

△省委书记李强、省长石泰峰在无锡考察2016世界物联网博览会的物联网应用和产品展览展示。石泰峰会见部分参会院士、企业家。

11月

2日　省委常委、市委书记李小敏主持召开市委常委会。会议听取经济运行情况汇报，研究部署经济工作。

△第八届无锡国际友城交流会开幕。会议主题为“新变化、新机遇——城市可持续发展”，来自英国、美国、比利时、加拿大等27个国家的45个城市代表团和嘉宾参会并进行交流。

3日　第八届中国(无锡)国际新能源大会暨展览会开幕。

△省委书记李强就学习贯彻中共十八届六中全会精神在无锡调研。

5日　2016第七届环太湖国际公路自行车赛在无锡开赛。

8日　阿斯利康与无锡高新技术产业开发区签署战略合作备忘录，阿斯利康中国商业创新中心在无锡揭牌。

△市长汪泉会见到无锡访问的美国菲尼萨公司董事长杰瑞·罗尔斯一行，双方就深化合作、加快启动菲尼萨无锡公司三期项目等进行交流。

11日　市长汪泉会见到无锡访问的香港江苏青年总会会长、香港华光海运控股有限公司主席、无锡籍人士赵式明一行，双方就江苏籍港人、在港江苏青年与家乡在文化、经贸、科技等方面的交流合作进行洽谈。

11~13日　第十三届中国(无锡)国际设计博览会举行。

12日　市长汪泉主持召开市政府第71次常务会议。会议听取无锡市“十三五”现代服务业发展规划编制情况汇报，审议通过《无锡市积极稳妥推进出租汽车行业改革的实施意见》《无锡市网络预约出租汽车经营服务管理实施细则(试行)》以及《无锡市建设占用耕地耕作层剥离和再利用工作实施意见》；听取《关于无锡市区经济适用住房、拆迁安置住房土地收益等费用标准的说明》《无锡市征地拆迁安置房上市交易有关涉税事项》以及《市二院托管帮扶新五院的建议方案》的汇报，审议通过《无锡市市区生活垃圾处理费征收实施办法》《无锡市市级机关、事业单位编外用工管理办法》等。

14~16日　中国国民党革命委员会无锡市第十一次代表大会召开。

15日　全国政协副主席王正伟率全国政协人口资源环境委员会调研组到无锡，开展“治理过度包装，促进绿色生产消费”专题调研。

16~18日　九三学社无锡市第十三次代表大会召开。

21~22日　中国致公党无锡市第七次代表大会召开。

24日　省委常委、市委书记李小敏主持召开市委常委会(扩大)会议，传达学习省第十三次党代会精神。

25日　市长汪泉主持召开市政府第72次常务会议。会议听取全市房地产调控情况汇报，以及关于市

3D打印进入寻常百姓家　(卢　易　摄)

政府取消和承接一批行政审批等权力事项的汇报等;审议通过《无锡市市政消火栓管理办法(草案)》,学习《中华人民共和国消防法》;听取推进市域重大交通基础设施建设加快锡澄宜一体化发展的情况汇报,讨论《深化市管企业负责人薪酬制度改革实施意见》,审议通过《无锡市烟草制品零售点合理布局管理规定》等。

△石墨烯应用技术产业论坛在江阴召开。论坛期间,国内首个石墨烯研发与应用联合工程中心揭牌,石墨烯基长效防腐材料、石墨烯基油水分离材料、石墨烯复合纤维材料、快充式长寿命石墨烯基电化学储能器件、石墨烯可见光催化环保技术5个应用项目签约。

27~29日　中国民主同盟无锡市第十三次代表大会召开。

29日　国家发改委副主任胡祖才带队到无锡,调研无锡市特色镇和特色产业发展情况。

30日　省委常委、市委书记李小敏会见到无锡访问的韩国SK集团会长崔泰源一行,双方就增进相互了解、拓展互利合作进行交流。

12月

1日　经国家质量监督检验检疫总局批准,国家增材制造产品质量监督检验中心(江苏)落户无锡,由无锡市产品质量监督检验中心筹建。

4~6日　中国民主促进会无锡市第十一次代表大会召开。

5日　省委常委、苏州市委书记周乃翔率苏州市党政代表团到无锡,考察科技创新、产业发展情况等。

△在北京举行的全国先进个体工商户表彰大会暨纪念中国个体劳动者协会成立30周年座谈会上,无锡市民顾亚芬被授予“全国先进个体工商户”称号。

6日　省委常委、市委书记李小敏主持召开市委常委会第八次会议。会议研究部署中央环境保护督察反馈意见问题整改落实工作,审议通过《关于运用监督执纪“四种形态”的意见》《关于建立容错纠错机制的办法(试行)》《关于治理“为官不为”行为的办法(试行)》《关于对党员和公职人员侮辱诽谤诬陷他人行为的查核处理办法(试行)》“1+3”文件。

△江苏民营投资控股有限公司与国内知名天使合投平台“天使汇”在无锡共同举办德国智能制造项目推介会。市长汪泉会见德国亚琛投资局负责人Frank Leisten一行。

△市委巡察工作动员部署会召开。这是市委落实巡察全覆盖任务实施的首轮巡察,计划5年内对112家市级单位进行全面巡察。此轮巡察的对象是市科技局、市商务局、市规划局、市城管局、市交通产业集团、市市政产业集团、市城发集团、市君来集团8家单位。

6~8日　中国农工民主党无锡市第十二次代表大会召开。

7日　生物制药企业阿斯利康无锡新针剂生产线启动运营,项目总投资额7500万美元。省委常委、市委书记李小敏会见英国卫生大臣杰里米·亨特、英国驻华大使吴百纳女爵士一行,并共同为生产线运营启动剪彩。

△市长汪泉会见到无锡访问的丹麦拜瑟克伦城市联合体腓特烈松市市长约翰·施密特·安德森一行,双方就增进友谊、加强合作进行交流。

7~8日　省政协副主席徐鸣率领部分省政协委员和省有关部门负责人到宜兴,就民革江苏省委、省台联和卢章平等委员提交的推进农村社会治理重点提案进行督办。

8日　在香港第九届“紫荆花杯”杰出企业家奖颁奖典礼上,全国工商联副主席、红豆集团总裁周海江等10位内地民营企业家获奖。该奖由香港理工大学于1997年设立,累计获奖者155人。

9日　中国电子检验检疫主干系统建设总结表彰大会在无锡召开,国家质量监督检验检疫总局局长支树平出席会议并现场调研相关单位。

△梦东方·徐霞客国际旅游度假区项目在无锡举行签约仪式。该项目由天洋控股集团投资,位于江阴市徐霞客镇,总占地面积666.67公顷,总投资额约300亿元。

11日　第四届中国工业大奖在京揭晓,无锡市的双良节能系统股份有限公司、江苏法尔胜泓昇集团2家企业获评“中国工业大奖”。

12日　市长汪泉主持召开市政府第73次常务会议。会议听取化解钢铁过剩产能和打击“地条钢”、查处违规建设钢铁项目工作情况,听取《无锡市重污染天气应急预案》修订情况的汇报;原则通过《关于完善困难残疾人生活补贴和重度残疾人护理补贴制度的实施意见》,并明确自2016年1月1日起实施;审议通过《无锡市食品小作坊登记证管理办法》《食品安全工作考核评价办法》《食品安全工作责任制与责任追究办法》;听取市腾飞奖、市科技进步奖、市第九届专利奖以及市优秀软件产品“飞凤奖”的评选情况。

△在北京举行的第一届全国文明家庭表彰大会上,无锡市曹婉芬家庭入选“全国文明家庭”。

12~14日　中国民主建国会无锡市第十二次代表大会召开。

13~14日　无锡市文学艺术界联合会第十次代表大会召开。

14日　由中国质量协会、中华全国总工会联合主办的2016年“中国杰出质量人(全国质量奖个人奖)”推选结果揭晓,一汽解放汽车有限公司无锡柴油机厂党委书记、厂长钱恒荣等10人获奖。

15日　2016中国·江苏太湖影视文化产业投资峰会在无锡国家数字电影产业园举行。峰会由国家新闻出版广电总局电影局、江苏省新闻出版广电局、无锡市人民政府共同主办,总投资额超过100亿元的6家影视基金签约发布,30家规模影视企业签约落户无锡数字电影产业园。

△无锡先导智能装备股份有限公司新一代锂电池及3C高端智能装备生产基地奠基暨新项目签约仪式在市新吴区举行,项目计划总投资10亿元。

16日　《2016县域经济与县域发展报告》在京发布,在第16届全国县域经济与县域基本竞争力榜单中,江阴市、昆山市并列榜单第一名,宜兴市排名第六。江阴实现“十四连冠”。

17日　由中华工商时报社主办的2016年度中国民营经济十大新

无锡先导智能锂电池及3C组装测试装备生产基地项目奠基仪式

（吕　枫　摄）

闻人物等活动评选结果在京揭晓，全国工商联副主席、红豆集团党委书记、总裁周海江以最高票数当选2016年度“中国民营经济十大新闻人物”，其他9位获奖的优秀民营企业家为任正非、马云、卢志强、潘刚、王健林、许家印、南存辉、李书福、贾跃亭。

18日　省委常委、市委书记李小敏会见到无锡考察的中国一汽集团党委书记、董事长徐平一行，双方就深化合作进行交流。

19日　省长石泰峰到无锡调研实体经济企业，听取企业家对即将召开的全省经济工作会议的意见建议。

△全国首家村民医疗互助会在江阴和平村成立。次年起，该村一次住院费用在3000元及以上的村民，可按病种领取最高11万元、最低200元的补助金额。

20日　无锡高新技术产业开发区与光大银行签署总规模200亿元的特色小镇建设战略合作协议，并成立逾20亿元的物联网小镇基金。市长汪泉出席签约仪式并会见中国光大银行总行副行长张华宇。

22日　解放军第一集团军与驻地三省十市（区、县）双拥工作联席会议第十三次会议在无锡市召开。

23日　在京召开的全国老干部工作先进集体和先进工作者表彰大会上，市委老干部局被评为“全国老干部工作先进集体”，实现“四连冠”。

25日　省委常委、市委书记李小敏主持召开市委常委会第十次会议。会议传达学习全省经济工作会议精神，研究2017年工作。

26日　市政府与浪潮集团签署战略合作协议。省委常委、市委书记李小敏会见浪潮集团董事长兼CEO孙丕恕，并出席签约仪式。

△江苏隆达集团召开创新发展暨高温合金技术研究院和院士工作站成立大会。中国工程院院士干勇、才鸿年、谢建新和中国科学院院士朱静等，以隆达集团特聘院士的身份到无锡参加会议。会前，市长汪泉会见干勇一行，双方就推进产学研合作进行洽谈。

△江苏省社会科学院无锡分院、苏南发展研究院在无锡市行政学院揭牌成立。

27日　中共无锡市第十三届委员会第二次全体会议举行。会议总结2016年工作，安排2017年任务，部署推进产业强市和全面从严治党工作。

28日　市长汪泉主持召开市政府第74次常务会议。会议审议并通过《无锡市市区黑臭水体整治实施方案》《市政府关于进一步做好居家养老服务工作的意见》；讨论《关于深入推进城乡发展一体化示范特色镇建设的指导意见》《关于深入推进美丽乡村建设的实施意见》；审议《关于深入推进美丽乡村休闲旅游示范村建设的意见》《关于加快推进无锡休闲观光农村建设的意见》和《市政府有关部门和单位安全生产工作职责规定》；听取2016年度市长质量奖评奖情况汇报、市第九届自然科学优秀学术论文评选工作汇报，以及对无锡市筹办2016世界物联网博览会和第三届江苏技能状元大赛工作中表现突出的集体和个人记功嘉奖的情况汇报。

30日　省委常委、市委书记李小敏主持召开市委全面深化改革领导小组会议。会议审议并通过《关于全面落实市纪委向市一级单位派驻纪检机构的改革方案》《无锡市深化国税、地税征管体制改革落实方案》《深化市管企业负责人薪酬制度改革实施意见》。

△蠡湖大道、江海西路快速化改造等八项重点道桥工程全线开工。

△苏锡常南部高速公路常州至无锡段初步设计获省发改委批复。市交通运输局与无锡太湖国家旅游度假区管委会签署苏锡常南部高速公路征地拆迁协议，标志着苏锡常南部高速公路建设启动。

△无锡地铁4号线一期工程可行性研究报告获省发改委批复。无锡地铁4号线一期工程北起自刘潭站，终于贡湖大道站，线路全长24.6千米，设车站18座，全部为地下站。

编辑　李汉洪

无锡概貌

地情概要

【位置面积】 无锡市，别名梁溪，简称锡，位于北纬31°07′~32°02′，东经119°33′~120°38′，长江三角洲江湖间走廊部分，江苏省的东南部。东邻苏州，距上海128公里；南濒太湖，与浙江省交界；西接常州，距南京183公里；北临长江，与泰州市所辖的靖江市隔江相望。无锡市为江苏省省辖市，全市总面积为4627.47平方公里(市区面积为1643.88平方公里，其中建成区面积为231.3平方公里)，其中山区和丘陵面积为782平方公里，占总面积的16.90%；水面面积为1342平方公里，占总面积的29.0%。

(易 文)

【地形地貌】 无锡市境内以平原为主，星散分布着低山、残丘。南部为水网平原；北部为高沙平原；中部为低地辟成的水网圩田；西南部地势较高，为宜兴的低山和丘陵地区。无锡市地貌雏形，形成于中生代印支期(距今约1.8亿年)的华夏系构造，它使无锡地区褶皱成陆。而燕山运动(距今约1.5亿~7000万年)因强烈的火山活动和新块褶皱构造的形成，使原来比较稳定的基底又生新复活升高。距今约2500万年的喜马拉雅运动，以差异性升降运动为主，在老构造的基础上，又加强了东西间褶皱和断裂，使江阴、宜兴一线以东形成了以现代太湖为中心的坳陷盆地，即太湖盆地。宜兴地区山体均作东西向延伸，绝对高度500米以上，最高峰为黄塔顶，海拔611.5米。江阴和无锡市区的山丘总体上呈北东、北东东走向，其高度由西南往东北逐级下降。最高峰为惠山三茅峰，海拔328.98米。

(易 文)

【气候】 2016年无锡市气候特点：

全年：全市气温偏高，降水异常偏多，日照正常。冬季出现罕见低温冰冻，春、夏、秋季降水异常偏多，夏季高温集中在7月中旬到8月上旬且强度强。主要气象灾害有寒潮、雨雪冰冻、暴雨、连阴雨、高温、台风、雾霾等。气象条件对全市主要农作物、水资源、旅游、人体健康和交通等为较差的气候年景。

年平均气温16.7℃(宜兴)~17.4℃(无锡，此处指无锡市区，以下同)，年极端最高气温39.7℃(无锡、江阴)~40.0℃(宜兴)，年极端最低气温分别为-8.6℃(无锡)~-8.9℃(江阴)。年高温日数(日最高气温≥35℃)21天(江阴)~35天(宜兴)，年低温日数(日最低气温<0℃)27天(无锡)~41天(宜兴)。

年降水量1890.4毫米(无锡)~2281.8毫米(宜兴)，无锡、江阴和宜兴的年降水量均创历史新多的纪录。年雨日140天(江阴)~152天(宜兴)，江阴雨日数为历史第三多；无锡、江阴和宜兴的一日最大降水量分别为96.2毫米(9月16日)、153.7毫米(6月22日)和178.3毫米(7月2日，历史第二)，年暴雨日数(日降水量≥50毫米)分别为9天、13天和9天。

年日照时数1586.8小时(宜兴)~1883.8小时(江阴)，其中，10月全市日照时数显著偏少，分别为53.0小时、61.4小时和29.1小时，均创历史新低。

冬季(2015年12月~2016年2月)：降水、气温和日照正常。平均气温5.0℃(宜兴)~5.8℃(无锡)，2015年11月25日进入气象意义上的冬季。受强冷空气影响，1月24~26日连续3天最低气温在-5℃以下，出现严重冰冻。降水量139.1毫米(无锡)~188.9毫米(宜兴)；雨日28天(江阴)~30天(宜兴)。日照时数362.6小时(宜兴)~424.0小时(江阴)。

春季(3~5月)：气温略偏高，降水明显偏多，日照正常。平均气温15.9℃(宜兴)~16.4℃(无锡)。3月16日进入气象意义上的春季，比常年早12天。降水量351.9毫米(江阴)~456.3毫米(宜兴)，较常年偏多4成(江阴)~7成(无锡)，特别是4月，无锡和宜兴的雨量分别为220.3毫米和201.4毫米，无锡创历史同期新多，宜兴为历史第二多。雨日33天(江阴)~40天(宜兴)。日照时数408.1小时(无锡)~486.0小时(江阴)。

夏季(6~8 月):气温略偏高,降水显著偏多, 日照正常。平均气温 27.6℃(宜兴)~28.1℃(无锡),高温日数 21 天(江阴)~33 天(宜兴),极端最高气温 39.7℃(无锡、江阴)~40.0℃(宜兴)。6 月 5 日进入气象意义上的夏季,比常年早 3 天。降水量 615.3 毫米 (无锡)~880.4 毫米 (江阴),比常年多 2 成(无锡)~7 成(江阴),其中 6 月雨量异常偏多,无锡、江阴和宜兴的月雨量分别为 353.6 毫米、412.2 毫米和 431.2 毫米,为历史同期第四、第二和第三多。雨日 37 天 (宜兴)~40 天 (无锡)。日照时数 486.6 小时(无锡)~594.1 小时(江阴)。

秋季(9~11 月):气温正常,降水异常偏多,日照时数偏少。平均气温 18.0℃(宜兴)~18.8℃(无锡),10 月 7 日进入气象意义上的秋季, 比常年晚 16 天。降水量 690.8 毫米(无锡)~826.3 毫米 (江阴), 为常年同期的 3.2 倍(宜兴)~4.2 倍(江阴),均创历史同期新多。雨日 41 天 (无锡、江阴)~47 天 (宜兴)。日照时数 243.1 小时(宜兴)~342.1 小时(江阴)。

(钱昊钟)

表 1　　2016 年无锡市气象要素初终日期

月/日

要素名称	上年度			本年度
	初日	终日	初终间日数	初日
霜	11/26	3/26	122	11/24
雪	1/21	2/14	25	11/23
结冰	11/26	3/12	108	11/24
当年无霜期天数	242			

(钱昊钟)

【水文】 2016 年, 无锡市有水位站 13 处(其中潮水位站 1 处),雨量站 21 处, 流量站 11 处, 测流断面 13 个,蒸发站 1 处,浅层地下水位站 13 处,地表水温站 1 处,地下水温站 1 处。

全年无锡市降水总量超历史纪录,全市年平均降雨量 2073.7 毫米,是常年的 1.7 倍。汛期(5~9 月)降雨量 1309.9 毫米, 占年降雨总量的 63.2%,是常年的 2.0 倍。全年日降雨量≥0.1 毫米的雨日 152 天,比常年多 27 天。水面年蒸发量 757.6 毫米,最大日水面蒸发量 7.2 毫米(7 月 31 日)。

2016 年, 无锡市梅雨期呈现入梅迟、出梅晚、梅雨期长、梅雨量多的特点。6 月 19 日入梅,较常年晚 4 天;7 月 20 日出梅, 较常年晚 9 天;梅雨期 32 天,较常年多 6 天。全市平均梅雨量 557.7 毫米, 是常年的 2.3 倍,是上年的 1.9 倍。降雨集中在梅雨期前段,后期晴雨相间。江阴、宜兴和无锡市区的梅雨量分别为 577.3 毫米、634.4 毫米和 499.8 毫米。

2016 年汛期, 无锡市经受了超历史纪录降雨、超历史水位的洪涝灾害,强降雨主要集中在 6 月 21~22 日、6 月 27~28 日和 7 月 1~3 日。

河道水情:1~4 月, 受降雨及调

图 1　　2016 年无锡市各月降水量和日照时数变化情况

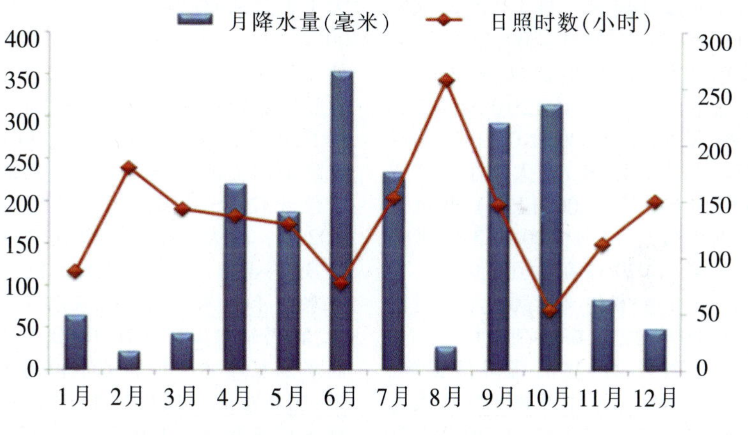

(钱昊钟)

图 2　　2016 年无锡市各月雨日和平均气温

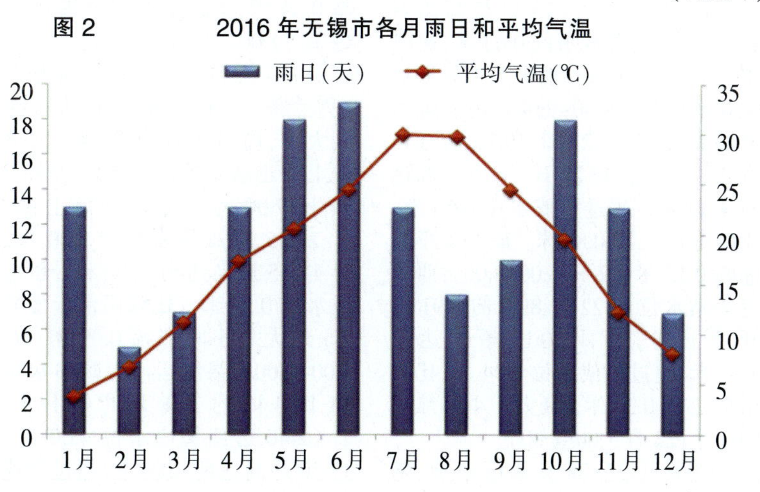

(钱昊钟)

水影响,河道水位先降后涨。4月,受持续降雨影响,内河水位有明显上涨过程,各内河在4月7日左右出现汛前最高水位。

入汛后,受强降雨影响,全市各地水位上涨迅猛,内河大多在7月3日左右出现最高水位。梅雨期内,无锡境内有多个站点水位超历史纪录。其中,大运河无锡站在7月3日出现过程最高水位5.28米,比历史最高水位5.18米(2015年6月17日)高0.10米;锡澄运河青旸站在7月3日出现过程最高水位5.34米,比历史最高水位5.32米(2015年6月17日)高0.02米;西氿宜兴站在7月5日出现过程最高水位5.54米,比历史最高水位5.30米(1991年7月13日)高0.24米。

受6月11~12日暴雨影响,锡澄地区河道水位涨幅较大,大运河无锡站水位从11日23:50的3.78米开始上涨,12日13:20最高达到4.22米,超过警戒水位0.32米,比降雨前上涨0.44米,最大1小时涨幅0.09米(12日3:00~4:00;锡澄运河青旸水位从11日23:00的3.78米开始上涨,到12日12:10最高达到4.20米,超过警戒水位0.20米,比降雨前上涨0.42米,最大1小时涨幅0.10米(12日11:00~12:00);西氿宜兴站水位从12日1:00的3.81米开始上涨,14:20最高达到3.94米,比降雨前上涨0.13米,最大1小时涨幅0.03米(12日6:00~7:00)。

受6月21~22日强降雨影响,锡澄地区河道水位涨幅迅猛,大运河无锡站水位从21日22:10的3.79米开始上涨,22日15:45最高达到4.53米,超过警戒水位0.63米,比降雨前上涨0.74米,最大1小时涨幅0.20米(22日8:00~9:00);锡澄运河青旸站水位从21日19:35的3.72米开始上涨,到22日13:30最高达到4.60米,超过警戒水位0.60米,比降雨前上涨0.88米,最大1小时涨幅0.13米(22日7:00~8:00);西氿宜兴站水位从22日8:10的3.91米开始上涨,23日10:10最高达到4.24米,超过警戒水位0.04米,比降雨前上涨0.33米,最大1小时涨幅0.05米(23日7:00~8:00)。

受6月27~28日暴雨影响,锡澄地区河道水位快速上涨,大运河无锡站水位从27日4:00的4.24米开始上涨,15:10最高达到4.93米,超过警戒水位1.03米,比降雨前上涨0.69米,最大1小时涨幅0.17米(28日6:00~7:00);锡澄运河青旸站水位从28日4:30的4.27米开始上涨,到14:30最高达到4.96米,超过警戒水位0.96米,比降雨前上涨0.69米,最大1小时涨幅0.15米(28日6:00~7:00);西氿宜兴站水位从28日3:40的4.36米开始上涨,17:25最高达到4.88米,超过警戒水位0.68米,比降雨前上涨0.52米,最大1小时涨幅0.07米(28日6:00~7:00)。

受7月1~3日暴雨影响,锡澄地区河道水位快速上涨,1日15:40,大运河无锡站水位4.26米,超过警戒水位0.36米,无锡站水位在3日10:00出现最高水位为5.28米,超过警戒水位1.38米,比降雨前上涨1.02米,比历史最高水位5.18米(2016年6月17日)高0.10米,最大1小时涨幅0.14米(2日3:00~4:00);1日13时,锡澄运河青旸站水位4.21米,超过警戒水位0.21米,青旸站水位在3日7:25出现最高水位5.34米,超过警戒水位1.34米,比降雨前上涨1.13米,比历史最高水位5.32米(2016年6月17日)高0.02米,最大1小时涨幅0.13米(2日3:00~4:00);1日20:00,西氿宜兴站水位4.66米,超过警戒水位0.46米,宜兴站水位在5日07:40出现最高水位5.54米,比警戒水位高1.34米,比降雨前上涨0.88米,比历史最高水位5.30米(1991年7月13日)高0.24米,最大1小时涨幅0.07米(2日11:00~12:00)。

9月13~16日,受第14号台风"莫兰蒂"外围影响,无锡市普降中到大雨,局部暴雨,锡澄地区河道水位上涨迅猛,大运河无锡站水位从14日7:00的3.46米开始上涨,15日23:35达到警戒水位3.90米,16日18:45最高达到4.44米,超过警戒水位0.54米,比降雨前上涨0.98米,最大1小时涨幅0.09米(16日5:00~6:00);锡澄运河青旸站水位从14日4:40的3.48米开始上涨,16日02:40达到警戒水位4.00米,到17:30最高达到4.58米,超过警戒水位0.58米,比降雨前上涨1.10米,最大1小时涨幅0.12米(16日2:00~3:00);西氿宜兴站水位从14日9:40的3.31米开始上涨,16日16:45达到最高3.99米,比降雨前上涨0.68米,最大1小时涨幅0.06米(15日23:00~16日0:00)。

9月28~30日,受第17号台风"鲇鱼"外围影响,无锡市普降大到暴雨,局部大暴雨,锡澄地区河道水位上涨迅猛,大运河无锡站水位从29日11:40的3.67米开始上涨,29日17:15达到警戒水位3.90米,30日10:40最高达到4.51米,超过警戒水位0.61米,比降雨前上涨0.84米,最大1小时涨幅0.08米(29日15:00~16:00);锡澄运河青旸站水位从29日12:40的3.64米开始上涨,29日18:10达到警戒水位4.00米,至30日17:05最高达到4.68米,超过警戒水位0.68米,比降雨前上涨1.04米,最大1小时涨幅0.09米(29日16:00~1:00);西氿宜兴站水位从29日00:15的3.67米开始上涨,29日23:15达到警戒水位4.20米,至30日20:20最高达到4.50米,超过警戒水位0.30米,比降雨前上涨0.83米,最大1小时涨幅0.05米(29日23:00时~30日0:00)。

全市内河各站在7月3日后出现年最高水位,在3月5日前后相继出现年最低水位。全年,大运河无锡站(警戒水位3.90米)最高水位5.28米,最低水位3.20米;锡澄运河青旸站(警戒水位4.00米)最高水位5.34米,最低水位3.25米;西氿宜兴站(警戒水位4.20米)最高水位5.54米,最低水位3.13米;望虞河甘露站(警戒水位3.80米)最高水位4.62米,最低水位3.17米。

太湖水情:全年,太湖水位变幅较大,年平均水位3.78米,最高水位4.87米,最低水位3.03米;大浦口站(警戒水位3.85米)最高水位5.01米,最低水位2.94米。

长江水情:全年,长江江阴站(警戒潮水位5.50米)7月6日(农历六月初三)出现年最高潮水位6.52米,1月24日(农历十二月十五日)出现最低潮水位1.28米。

横山水库水情:年最高水位35.59米(7月3日),比历史最高水位35.43米(2009年8月11日)高

0.16米，最大蓄水量6440万立方米，最低水位31.95米，最小蓄水量3970万立方米。汛期，受库区连续强降雨影响，横山水库水位居高不下，水库水位多次达到并超过汛限水位35.00米，最高达到35.59米，超出汛限水位0.59米。为确保水库安全，根据《横山水库防洪调度运行方案》，水库全年共开闸泄洪63天，最大泄洪流量143立方米/秒，共泄水量14740万立方米。

（朱　玲）

表2　　2016年无锡市主要水位站水位特征值统计

河名	站名	年最高水位（米）	出现日期（月.日）	年最低水位（米）	出现日期（月.日）	年平均水位（米）
大运河	洛社	5.37	7.3	3.24	3.5	3.75
大运河	无锡	5.28	7.3	3.20	3.5	3.72
太湖	犊山闸	4.91	7.11	2.62	3.8	3.57
太湖	大浦口	5.01	7.8	2.94	1.24	3.64
锡澄运河	青旸	5.34	7.3	3.25	3.1	3.76
望虞河	甘露	4.62	7.3	3.17	3.5	3.53
西氿	宜兴	5.54	7.5	3.13	3.6	3.71
横山水库	横山水库	35.59	7.3	31.95	9.14	34.20
长江	江阴	6.52	7.6	1.28	1.24	

说明：表内水位为吴淞基面以上米数

（朱　玲）

表3　　2016年无锡市主要雨量站降水量特征值统计

地区	站名	年降水量（毫米）	年降水日数	年最大日降水量（毫米）	出现日期（月.日）
梁溪区	无锡	1978.2	150	97.8	7.2
滨湖区	直湖港闸	1920.0	150	113.2	9.29
惠山区	洛社	1983.0	155	101.2	9.29
锡山区	甘露	1743.7	146	83.8	7.1
江阴市	江阴	1934.3	136	148.8	6.21
江阴市	青旸	1897.6	150	89.0	10.26
宜兴市	横山水库	2005.8	158	110.2	7.1
宜兴市	宜兴	2136.5	147	142.5	7.2
宜兴市	大浦口	2083.5	153	106.4	7.1

（朱　玲）

【资源】 气候资源：无锡市属北亚热带湿润季风气候区，四季分明，热量充足，降水丰沛，雨热同季，灾害频繁。夏季受来自海洋的夏季季风控制，盛行东南风，天气炎热多雨；冬季受大陆盛行的冬季季风控制，大多吹偏北风；春、秋季是冬、夏季风交替时期，春季天气多变，秋季秋高气爽。常年（1981~2010年30年统计资料）平均气温16.2℃，降水量1121.7毫米，雨日123天，日照时数1924.3小时，日照百分率43%。一年中最热是7月，最冷为1月。常见的气象灾害有台风、暴雨、连阴雨、干旱、寒潮、冰雹和大风等。由于受太湖水体和宜南丘陵山区复杂地形等的影响，局部地区小气候条件多种多样，具有南北农业皆宜的特点，作物种类繁多。

水资源：全市有大小河道3100多条，总长2480公里。市区河道总长150公里，平水期水体容积800万立方米。太湖为江南水网中心，面积2338.1平方公里，总蓄水量为44.28亿立方米，年平均吞吐量约52亿立方米。因此，无锡地表水较丰富，外来水源补给充足。地下水资源据不完全资料测算，市区储量为6349万立方米，年补给量为6453万立方米。

矿产资源：无锡市具有开采价值的矿产资源，以黏土矿、石灰石、大理石、玻璃用石英砂岩、建筑石等非金属矿为主，其次为煤、泥炭等可燃性矿产及矿泉水。黏土矿以陶土为主，已探明工业储量5000余万吨。石灰石估算储量17亿吨。大理石估算储量5000万立方米。煤探明工业储量4000余万吨。

生物资源:植物资源方面,无锡市除栽培植物外,拥有自然分布于地区内以及外来归化的野生维管束植物共141科、497属、950种、75变种,占全国的比例分别为植物科数39.94%、属数15.61%、种数3.5%。植物种类中,草本植物有744种,占总数的78.32%;木本植物(包括竹类)有206种,占总数的21.68%。主要用材林有竹、松、杉,优良用材的树种有杉木、檫树、樟树、紫楠、红楠、麻栎、锥栗、榆树等。药用植物400多种。动物资源方面,鸟类有170多种;鱼类为90多种,太湖中的银鱼,长江中的刀鱼、鲥鱼、河豚是名贵鱼类;兽类有30多种,主要有华南兔、穿山甲、豹猫、黄鼬等。

(易 文)

【建置沿革】 无锡是江南文明发源地之一,有文字记载的历史可追溯到3000多年前的商朝末年。公元前11世纪末,周太王的长子泰伯为让王位于三弟季历,偕二弟仲雍,从现属陕西的岐山东奔江南,定居梅里(今无锡梅村),筑城立国,自号"勾吴"。周灭商后,因泰伯无子,周武王追封仲雍的五世孙周章为吴君,建吴国。周元王三年(公元前473年),越灭吴,无锡属越国。周显王三十五年(公元前334年),楚灭越,无锡属楚国。秦王政二十四年(公元前223年),秦灭楚,置会稽郡,无锡属之。汉高祖五年(公元前202年)始置无锡县,属会稽郡。王莽时(公元9年)改名为有锡县,东汉光武间(公元25年)复置无锡县。三国时,分无锡县以西为屯田,置毗陵典农校尉。西晋太康元年(280年)复置无锡县,属毗陵郡。隋、唐、宋相沿。元元贞元年(1295年)升无锡为州,属浙江行中书省常州路。明洪武元年(1368年)又降州为县,属中书省常州府。清雍正二年(1724年),分无锡为无锡、金匮两县,同城而治,均属常州府。宣统三年(1911年),无锡光复,锡金军政分府成立于原金匮县属,辖原无锡、金匮两县;同年5月,撤销锡金军政分府。民国元年(1912年),锡、金两县合并复称无锡县,属苏常道。民国16年(1927年),无锡县直属江苏省。民国23~26年(1934~1937年),无锡县为无锡行政督察区专员公署驻地。抗日战争期间,无锡四乡先后建立中共领导的锡北、锡东、太湖、武南、澄西等抗日民主政权。

1949年4月23日无锡解放,分无锡为无锡市、无锡县,市、县同城,无锡市属苏南人民行政公署。1953年建江苏省,无锡市为省辖市;无锡县属先后多次变化,曾经属常州专区、无锡市、苏州专区管辖。无锡市区于1958年6月基本形成四区格局,即崇安、南长、北塘3个区和1个郊区。1983年3月,实行市管县体制,原属苏州地区的无锡县、江阴县与原属镇江地区的宜兴县划为无锡市管辖。1988年在马山镇包括马圩地区设立马山区。国务院恢复撤县设市工作后,于1987年4月、1988年3月、1995年6月,江阴县、宜兴县、无锡县分别撤县设市,设立江阴市、宜兴市、锡山市。1995年3月,无锡市市区和无锡县行政区域进行部分调整,组建无锡新区。无锡市郊区旺庄乡,无锡县硕放镇和坊前、新安、梅村3个镇的19个行政村,连同无锡国家高新技术产业开发区、无锡新加坡工业园,由无锡新区管理。2000年12月,撤销锡山市,设立锡山区和惠山区;撤销马山区,将马山区的行政区域和锡山市的部分镇(9个)并入无锡市郊区,并将郊区更名为滨湖区。2001年12月,滨湖区广益镇划归崇安区,扬名镇划归南长区,黄巷镇、山北镇划归北塘区。2015年10月,撤销崇安区、南长区、北塘区,合并设立梁溪区;将原无锡新区代管的鸿山、江溪、旺庄、硕放、梅村、新安6个街道合并设立新吴区。

(市民政局区划地名处)

【行政区划】 2016年,无锡市辖梁溪、锡山、惠山、滨湖、新吴5个区,及江阴、宜兴2个县级市。全市有30

表4　2016年无锡市行政区划一览

区域名称	所辖街道、乡镇名称	镇	街道
梁溪区	街道:崇安寺、广益、广瑞路、上马墩、江海、通江、迎龙桥、南禅寺、清名桥、金匮、金星、扬名、北大街、五河、惠山、黄巷、山北		17
锡山区	街道:东亭、东北塘、云林、安镇、厚桥 镇:羊尖、鹅湖、锡北、东港	4	5
惠山区	街道:堰桥、长安、钱桥、前洲、玉祁 镇:洛社、阳山	2	5
滨湖区	街道:河埒、荣巷、蠡湖、蠡园、华庄、太湖、雪浪、马山 镇:胡埭	1	8
新吴区	街道:旺庄、江溪、硕放、新安、梅村、鸿山		6
江阴市	街道:澄江、城东、临港、南闸、云亭 镇:璜土、月城、青阳、徐霞客、华士、周庄、新桥、长泾、顾山、祝塘	10	5
宜兴市	街道:宜城、屺亭、新庄、新街、芳桥 镇:丁蜀、张渚、和桥、官林、徐舍、周铁、高塍、湖㳇、杨巷、太华、新建、西渚、万石	13	5
合 计		30	51

(汪隆顺)

表 5　　2016 年无锡市行政区划统计

区域名称	市(县)(个)	市辖区(个)	镇(个)	街道(个)	村委会(个)	居委会(个)	村居合一(个)	面积(平方千米)	户籍人口(人)
梁溪区		1		17		156		71.5	772212
锡山区		1	4	5	75	45		399.11	443301
惠山区		1	2	5	29	55	26	325.12	468342
滨湖区		1	1	8		104	7	628.15	492601
新吴区		1		6	9	78	35	220.01	354091
小计		5	7	41	113	438	68	1643.88	2530547
江阴市	1		10	5	200	55	43	986.98	1248036
宜兴市	1		13	5	214	97	1	1996.61	1083368
小计	2		23	10	414	152	44	2983.59	2331404
合计	2	5	30	51	527	590	112	4627.47	4861951

（汪隆顺）

个镇、51 个街道，下设 527 个村委会、590 个社区居委会、112 个村(居)委会(合一)。

（汪隆顺）

【部分行政区划调整】 无锡市根据国务院《关于同意江苏省调整无锡市部分行政区划的批复》和省政府《关于调整无锡市部分行政区划的通知》，按照“公开发布、多方准备、新区揭牌、区内到位”4 个步骤，成立无锡市行政区划调整工作协调推进领导小组，具体协调推进区划调整实施。2015 年 12 月 30 日，通过各类媒体对外统一发布无锡市部分行政区划调整的信息。2016 年年初，各相关区和部门严密、细致、规范地做好区划调整的前期各项准备，研究制定实施方案和政策措施，尤其针对机构设置、干部调配、人员安置等重点难点工作，制定稳妥、可操作性强的方案。2 月 14 日，市委常委会召开第 148 次会议，听取行政区划调整推进工作汇报，审议确定实施行政区划调整的总体要求、基本原则等，讨论有关人事安排。2 月 19 日，市委、市政府下发《无锡市部分行政区划调整工作的实施意见》。2 月 20 日，省委常委、市委书记李小敏带队分赴梁溪区、新吴区，在两区分别举行揭牌仪式，并宣布区委班子及人大、政府、政协、法院、检察院筹备组成员任命决定。6 月底，两个区的“党代会”“两会”顺利闭幕，两区的人大、政府、政协和法院、检察院领导班子组建完成，部门中层班子选配到位。7 月 1 日开始，两区以新的区名对外开展工作。

经过此轮区划调整，无锡市由 7 个区、2 个县级市调整为 5 个区、2 个县级市。无锡市区 5 个区的行政区域面积最大倍差由调整前的近 47.9 倍降低至调整后的 8.78 倍，空间格局更加均衡，有效整合统筹中心城区各类资源，激发经济发展活力。赋予高新技术产业开发区的行政主体地位，加快发展高新技术产业和现代服务业，促进产业转型升级。

（汪隆顺）

年度荣誉

【全国“最畅通惬意”之城】 1 月 19 日，高德地图发布《2015 年度中国主要城市交通分析报告》。报告显示，在高德地区交通大数据监测的全国 45 个主要城市中，无锡成为“最畅通惬意”之城，全天 24 小时不堵车，通勤高峰最拥堵时段与广州和北京晚 8 时的程度相当。

（丁祥建）

【获“搜索中国正能量，点赞 2015 魅力城市”奖】 2 月 1 日晚，“搜索中国正能量，点赞 2015 魅力城市”大型网络宣传活动颁奖典礼在北京新华社大礼堂举行。无锡市获“搜索中国正能量，点赞 2015 魅力城市”奖。该活动由中央网信办指导，中国搜索创意主办，联合多家中央和地方重点新闻网站、北京大学新媒体研究院共同举办。

（丁祥建）

【全国双拥模范城】 7 月 29 日，全国双拥模范城(县)命名暨双拥模范单位和个人表彰大会在北京召开，无锡市和江阴市获得全国双拥模范城称号。至此，无锡市连续第七次获得全国双拥模范城称号。

（丁祥建）

【国家物流标准化试点城市】 8 月 1 日，经财政部、商务部、国家标准委审定，第三批全国物流标准化试点城市名单公布，全国 19 个城市上榜，无锡市位列其中。

（丁祥建）

【中国地级市民生发展 100 强】 9 月 18 日，“2016 中国地级市民生发展 100 强”评选揭晓，江苏省 9 个城市入围，苏州和无锡分列第一、二名。第三至第十名的城市分别为广东省东莞市、佛山市，浙江省金华市、湖州市、温州市，福建省泉州市，浙江省绍兴市和山东省烟台市。“中国地级市民生发展 100 强”指数由人民日报社《民生周刊》杂志组织发起，委托北京师范大学民生发展课题组研究，样本包含全国 27 个省的 262 个地级市，以市为单位进行区域民生发展指数的测算与比较。

（丁祥建）

【“智慧城市建设”50 强】 11 月 23 日，《2016 中国智慧城市发展水平评估报告》在北京发布，无锡市再度获得"智慧城市建设50强"称号，市政府网站获全国地市级政府网站绩效评估第一名，实现"六连冠"。同时，"中国无锡"公共服务平台获中国"互联网+政务"优秀实践案例50强。

(丁祥建)

【国家公共文化服务体系示范区】 12月1日，无锡市通过第二批国家公共文化服务体系示范区(项目)验收，成功创建国家公共文化服务体系示范区，这是该批次中江苏唯一入列的城市，标志着无锡公共文化设施网络更健全、公共文化产品供给更丰富、公共文化服务更优质，百姓得到更便捷与优质的文化服务。

(丁祥建)

【江阴再次名列百强县之首】 12月16日，《2016县域经济与县域发展报告》在北京发布，在第16届全国县域经济与县域基本竞争力榜单中，江阴市再获第一，实现"十四连冠"。此次昆山市和江阴市并列榜首，张家港市、常熟市、太仓市、福建省晋江市等9个县市分列榜单第二至第十名，宜兴市列第六名。此次榜单中的县域发展指数由"县域相对创新活力指数""县域相对民生建设指数"和"县域相对绿色发展指数"3个分指数组成，与以往历届评价体系相比，具有较强的科学性和导向性。

(丁祥建)

国民经济和社会发展概况

【综合】 2016年，无锡市经济运行总体平稳。全市实现地区生产总值9210.02亿元，按可比价格计算，比上年增长7.5%。按常住人口计算人均生产总值14.13万元。

产业结构加快调整。全市实现第一产业增加值135.19亿元，比上年下降2.4%；第二产业增加值4346.78亿元，比上年增长6.8%；第三产业增加值4728.05亿元，比上年增长8.6%；三次产业比例调整为1.5∶47.2∶51.3。

就业和再就业持续推进。全年城镇新增就业14.9万人，其中，各类城镇下岗失业人员实现就业再就业6.28万人，援助就业困难人员再就业1.94万人。全市城镇登记失业率为1.85%。

大众创业活力迸发。至年末，全市工商部门登记的各类企业24.15万家。其中，国有及集体控股公司1.93万家，外商投资企业0.63万家，私营企业21.59万家；当年新登记各类企业3.82万家。年末，个体户30.94万户，比上年增加5.28万户。

消费品价格稳中有涨。全年市区居民消费价格指数(CPI)为102.3，比上年扩大0.5个百分点。其中，服务项目价格指数为103.6，消费品价格指数为101.4，商品零售价格指数为100.9。

(市统计局)

【农业】 2016年，无锡市农业生产小幅下降。全年粮食总产量59.16万吨，比上年下降18.1%。油料总产量8073吨，比上年下降6.5%，其中油菜籽6484吨，比上年下降5.6%；茶叶总产量6507吨，比上年下降3.0%；水果总产量17.62万吨，比上年略降0.4%。全年水产品产量12.67万吨，比上年略增1.2%。

种植业结构调整。全年粮食种植面积为9.406万公顷，比上年减少0.794万公顷；油料种植面积为0.365万公顷，比上年减少150公顷；蔬菜种植面积4.590万公顷，比上年减少0.32万公顷；水果种植面积1.635万公顷，比上年增加410公顷。

(市统计局)

【工业和建筑业】 2016年，无锡市工业生产保持稳定。全市规模以上工业企业实现增加值3075.49亿元，比上年增长5.8%。按经济类型分，国有企业总产值增长19.2%，集体企业总产值增长3.3%，股份制企业总产值增长3.2%，外商及港澳台商投资企业总产值增长4.6%，其他经济类型企业总产值下降10.5%。全市统计的284个主要工业产品中，产品产量比上年增长的有164个，占全市统计产品数的57.7%。在全市跟踪统计的22种重点产品中，15种产品产量实现增长。

工业效益稳步改善。全市规模以上工业实现主营业务收入14643.13亿元，比上年增长4.6%；工业产销率98.1%，比上年提高0.8个百分点；实现利润977.92亿元，比上年增长9.6%。

建筑业稳步发展。全年建筑业完成增加值369.68亿元，比上年增长4.3%；实现建筑业总产值633.52亿元，比上年增长5.3%。施工房屋建筑面积3313.48万平方米。2个建设工程项目获得鲁班奖，8个建设工程项目获江苏省优质工程奖"扬子杯"(房屋建筑工程)，114个建设工程项目获无锡市"太湖杯"优质工程奖。

(市统计局)

【固定资产投资】 2016年，无锡市固定资产投资小幅增长。全年完成固定资产投资4795.25亿元，比上年增长2.0%。按产业投向分，第一产业投资9.05亿元，比上年下降11.4%；第二产业投资2048.65亿元，比上年增长7.0%；第三产业投资2737.55亿元，比上年下降1.4%。

商品房销售快速增长。全年房地产业实现增加值527.49亿元，比

表6 2016年无锡市居民消费价格指数情况

指　标	市　区
居民消费价格总指数	102.3
食品烟酒	103.4
衣着	99.5
居住	102.2
生活用品及服务	103.4
交通和通信	97.8
教育文化和娱乐	99.1
医疗保健	115.3
其他用品和服务	103.3

(市统计局)

上年增长8.4%。完成房地产开发投资1033.62亿元，比上年增长4.2%；商品房施工面积为5986.76万平方米，比上年下降9.1%；竣工面积1325.22万平方米，比上年增长12.3%。全年商品房销售面积1276.41万平方米，比上年增长29.3%；商品房销售额1108.03亿元，比上年增长42.7%。

（市统计局）

【国内贸易】 2016年，无锡市消费品市场平稳运行。全年实现社会消费品零售总额3119.56亿元，比上年增长9.6%。其中，批发和零售业零售额2880.94亿元，比上年增长9.4%；住宿和餐饮业零售额238.62亿元，比上年增长11.2%。按经营地统计，城镇社会消费品零售总额2671.95亿元，比上年增长10.0%；乡村社会消费品零售总额447.61亿元，比上年增长7.1%。在限额以上批发和零售业零售额中，汽车类比上年增长6.3%；粮油、食品类比上年增长3.6%；石油及制品类比上年增长1.1%；中西药品类比上年增长11.6%；家具类比上年增长6.6%；文化办公用品类比上年增长2.2%。

（市统计局）

【开放型经济】 2016年，无锡市对外贸易实现增长。按美元计，全年实现对外贸易进出口总额698.05亿美元，比上年增长2.0%。其中，进口总额268.95亿美元，比上年增长2.5%；出口总额429.10亿美元，比上年增长1.6%。一般贸易实现出口额232.67亿美元，总量占比54.2%。按人民币计，全年实现对外贸易进出口总额4610亿元，比上年增长8.5%。其中，进口总额1777.73亿元，比上年增长9.1%；出口总额2832.26亿元，比上年增长8.1%。

利用外资结构优化。全年批准

表7　2016年无锡市主要农产品产量及其增长速度

产品名称	产量(吨)	比上年增长(%)
粮食	591626	-18.1
油料	8073	-6.5
油菜籽	6484	-5.6
茶叶	6507	-3.0
水果	176222	-0.4
水产品	126715	1.2

（市统计局）

表8　2016年无锡市主要工业产品产量及其增长速度

产品名称	单位	产量	比上年增长(%)
家用洗衣机	万台	1023.55	46.8
发动机	万千瓦	5078.64	47.3
电动自行车	万辆	371.00	2.1
家用电热水器	万台	101.34	-6.6
电力电缆	万千米	381.50	0.5
塑料制品	万吨	135.03	8.3
纱	万吨	55.65	-0.9
布	万米	78329.54	59.7
呢绒	万米	11316.92	-2.2
服装	万件	55889.80	3.6
合成纤维	万吨	393.08	3.6
锂离子电池	万只	41426.35	-12.4
半导体分立器件	亿只	1121.37	13.6
集成电路	亿块	292.54	25.3
数码照相机	万台	248.91	-33.2
硬盘存储器	万台	6787.13	24.0
微型计算机设备	万台	101.84	0.0
电子元件	亿只	133.24	12.7
印制电路板	万平方米	1540.15	-0.8
粗钢	万吨	1261.51	12.3
钢材	万吨	2259.22	15.8
发电量	亿千瓦时	432.78	19.0

（市统计局）

表 9 2016 年无锡市对主要国家和地区进口、出口总额及其增长速度

出口国家和销往地区	2016 年（万美元）	增长(%)	进口国家和地区	2016 年（万美元）	增长(%)
美国	656535	-0.7	日本	498391	-2.8
中国香港	583308	-2.0	韩国	495361	13.2
日本	397408	1.5	中国台湾	221927	5.4
韩国	335814	11.8	澳大利亚	156124	12.3
印度	131406	3.3	美国	146617	-8.9

(市统计局)

外资项目 354 个，协议注册外资 44.83 亿美元，比上年下降 19.0%。到位注册外资 34.13 亿美元，比上年增长 6.3%。制造业利用外资占到位注册外资比重 66.3%，全年完成协议注册外资超 3000 万美元的重大外资项目 45 个。至年底，全球财富 500 强企业中有 96 家在无锡市投资兴办 182 家外资企业。

服务外包产业快速增长。全年全市服务外包产业接包合同总额 122.4 亿美元，比上年增长 23.4%；执行金额 102.9 亿美元，比上年增长 24.6%。离岸合同总额 80.9 亿美元，比上年增长 23.2%；离岸执行金额 65.1 亿美元，比上年增长 22.8%。

对外经济合作势头良好。全年备案投资项目 142 个，中方协议投资额 20.97 亿美元，比上年增长 20%，其中 1000 万美元以上项目 42 个。

(市统计局)

【交通运输、邮政电信和旅游业】 2016 年，无锡市交通运输能力提升。至年底，全社会拥有车辆 176.9 万辆，比上年增长 6.4%。其中汽车 158.5 万辆，比上年增长 11.5%；私人汽车 133.8 万辆，比上年增长13.8%。

客货运输基本稳定。全年完成客运量 9025.56 万人次，比上年增长 1.4%；完成货运量 15408.68 万吨，比上年增长 0.4%。全市港口吞吐量 18815.07 万吨，比上年下降 5.3%。全年空港旅客吞吐量 556.29 万人次，比上年增长 20.7%。

邮政通信较快发展。全年邮电业务总量 201.4 亿元，发送函件 3697 万件。规模以上快递服务企业业务量完成 3.48 亿件，比上年增长 30.3%。率先建成国内高标准全光网城市，覆盖用户 648.6 万余户，城域网出口带宽 4.34T。建设 4G 基站累计 22372 个。至年底，移动电话用户 864.62 万户，其中 4G 手机用户 547.76 万户。固定互联网宽带接入用户 275.47 万户，移动互联网宽带接入用户 699.74 万户。

旅游业较快增长。全年接待国内游客 8586.03 万人次，比上年增长 6.7%；接待旅游、参观、访问及从事各项活动的入境过夜旅游者 43.92 万人次，比上年增长 12.2%。旅游总收入 1555.62 亿元，比上年增长 12.0%。全市拥有年接待游客 10 万人以上的景区 50 个，国家 AAAAA 级旅游景区 3 个，国家 AAAA 级旅游景区 27 个，AAA 级旅游景区 14 个，AA 级旅游景区 16 个。省星级乡村旅游区(点)86 个。至年底，全市星级宾馆有 42 家，其中五星级宾馆 13 家，四星级宾馆11 家。全市有旅行社 189 家，其中出境游组团社 20 家。

(市统计局)

【财政和金融业】 2016 年，无锡市财税实力明显增强。全市一般公共预算收入 875 亿元，比上年增长 5.4%。财政支出结构继续调整，一般公共预算支出 867.4 亿元，比上年增长 5.5%。

金融信贷规模扩大。至年底，金融机构各项本外币存款余额14612 亿元，比上年增长 10.9%；各项本外币贷款余额 10517.75 亿元，比上年增长 10.4%。存款中，非金融企业存款余额 6429.48 亿元，比上年增长 7.8%；住户存款余额 4957.02 亿元，比上年增长 5.6%。贷款中，非金融企业及机关团体贷款 8470.3 亿元，比上年增长 6.5%；住户贷款 2043.62 亿元，比上年增长 30.9%。全年现金净投放 313.85 亿元。

保险业收入增长较快。全年实现保费收入 316.68 亿元，比上年增长 17.3%。其中财产险收入 86.01 亿元，比上年增长 6.0%；人寿险收入 230.67 亿元，比上年增长 67.9%。保险赔款支出 55.35 亿元，比上年下降 21.3%。保险给付支出 24.94 亿元，比

表 10 2016 年无锡市财政分项情况

指标	数额(亿元)	比上年增长(%)
一般公共预算收入	875.00	5.4
#税收收入	706.04	5.7
#增值税	262.52	72.7
营业税	121.33	-42.4
企业所得税(40%)	103.65	4.9
个人所得税(40%)	49.51	21.0
城市维护建设税	54.18	2.8
房产税	33.06	6.3
印花税	10.42	-1.2
契税	24.10	-2.1
上划中央四税收入	595.13	0.4

(市统计局)

表 11　　2016 年无锡市各类教育招生和在校生情况

指标	学校数(个)	招生数(万人)	在校生数(万人)	毕业生数(万人)
普通高等学校	12	3.45	11.37	3.40
普通中等专业学校	20	1.55	4.43	1.24
普通中学	183	7.62	21.54	6.90
职业高中	2	0.12	0.39	0.32
小学	197	6.50	36.13	5.36

(市统计局)

上年增长 19.7%。

证券交易市场稳定发展。全年证券市场完成交易额 5.46 万亿元，比上年增长 2.1%。年内,新增上市公司 17 家,累计 111 家;全市证券交易开户总数 141.02 万户，托管市值 2933.2 亿元,增长 16.9%。至年底,全市有证券公司 2 家,证券营业部 132 家。年内在“新三板”挂牌企业 105 家,累计挂牌 209 家。

(市统计局)

【科学技术和教育】 2016 年，无锡市科技人才建设不断加强。全市有国家级工程技术研究中心 6 家,国家级、省级高技术研究重点实验室 10 家，国家级国际合作基地 10 家,省级外资研发中心 41 家,省级国际技术转移中心 8 家。年内,入选国家“千人计划”5 人，累计培育国家“千人计划”专家 84 人。

科技产出水平上升。全市高新技术产业产值占规模以上工业总产值比重 43.4%,比上年提高 1.1 个百分点。至年底,全市有效期内高新技术企业 1638 家,省级高新技术产品 1072 个。

科技创新成效明显。全市发明专利申请量 32610 件，比上年增长 34.8%;发明专利授权量 5583 件,比上年增长 1.9%。全市获国家、省科技计划到位经费 6.45 亿元，比上年增长 32.1%,其中获国家科技经费 1.06 亿元。

质量检验能力增强。全市有国家级产品质量监督检查中心 12 个，国家级型式评价实验室 1 个，国家级检测重点实验室 7 个，国家级产业计算测试中心 1 个。年内,省级监督抽查无锡市产品 719 批次，强制性产品认证获证企业 6729 家,法定计量技术机构 3 家,强制检定计量器具 70 万台(件)。全年新增主导和参与制修订国际、国家、行业标准 98 项。

教育事业全面发展。全市有普通高校 12 所。普通高等教育本专科招生 3.23 万人，在校生 10.7 万人,毕业生 3.22 万人；研究生教育招生 0.22 万人,在校生 0.67 万人,毕业生 0.18 万人。全市中等职业教育在校生 6.61 万人。九年义务教育巩固率 100%，高中阶段教育毛入学率 100%,普及高中阶段教育。特殊教育招生 248 人,在校生 1118 人。全市共有幼儿园 383 所，比上年增加 13 所;在园幼儿 18.2 万人,比上年增加 1.2 万人。

(市统计局)

【文化、卫生、体育和民族宗教】 2016 年，无锡市文化事业和文化产业持续推进。至年底,有艺术表演团体 57 个、文化馆 8 个、公共图书馆 8 个、文化站 80 个、博物(纪念)馆 61 个。全市有人民广播电台节目 8 套,电视台节目 10 套,无锡有线电视总用户 152.49 万户。电视人口总覆盖率和广播人口覆盖率均达 100%。全市档案馆 10 个，向社会开放档案 15.77 万卷(件、册)。

卫生事业健康发展。全市拥有卫生医疗机构 2309 个,其中综合医院 82 家,社区卫生服务中心(卫生院)89 家,社区卫生服务站(村卫生室)710 家,护理院 15 家,疗养院 7 家。至年底，全市有卫生技术人员 4.75 万人，其中执业（助理）医师 1.81 万人;有医疗床位 3.98 万张,其中医院、社区卫生服务中心（卫生院)3.85 万张。全市实际参加“新农合”农民 54.16 万人，人口覆盖率 100%。全市各级医疗机构全年完成诊疗 5145.58 万人次，比上年增长 2.9%。

体育事业有序发展。全年全市新增公共体育设施面积 22.86 万平方米，新增各级社会体育指导员 1300 人。国民体质总体达标率 96.34%。举办无锡国际马拉松赛、环太湖国际公路自行车赛、亚洲击剑锦标赛等一批大型国际赛事。年内,无锡籍运动员在全国以上各级各类比赛中取得冠军 46 个,其中 2 人获 4 项世界冠军。全市体育彩票销售 26.09 亿元,比上年增长 14.6%。

民族宗教领域和谐稳定。至年底,全市有宗教活动场所 271 处,教职人员 785 人(不含散居道士)。

(市统计局)

【人口、人民生活和社会保障】 2016 年,无锡市人口规模逐步扩大。至年底,全市户籍人口 486.20 万人,比上年增长 1.1%。全年出生人口 44836 人，出生率 9.2‰；死亡人口 31253 人,死亡率 6.4‰,人口自然增长率为 2.79‰。户籍人口城镇化率 74.88%。至年底，全市常住人口 652.90 万人，比上年增长 0.28%,其中城镇常住人口 494.9 万人,比上年增长 0.8%，常住人口城镇化率 75.8%。

居民收入不断提高。全体居民人均可支配收入 42757 元，比上年增长 8.4%。城镇常住居民人均可支配收入 48628 元,比上年增长 7.8%。农村常住居民人均可支配收入 26158 元,比上年增长 8.3%。全体居民人均消费支出 27932 元，比上年增长 7.6%；城镇常住居民人均消费支出 31438 元,比上年增长 6.7%。农村常住居民人均生活消费支出 18463 元,比上年增长 12.1%。

社会保障逐步完善。全市参加企业职工基本养老保险 239.96 万人,扩面 5.95 万人。全市参加城镇职工基本医疗保险 314.53 万人，扩面 5.17 万人。全市参加失业保险职工 204.25 万人,扩面 3.29 万人。全市参加工伤保险198.54万人，扩面3.3万人。全市参加生育保险199万人，扩面3.3万人。市区月低保标准提高至760元。年末,在领失业保险金人数为3.98万人。

社会福利事业全面推进。城乡居民最低生活保障对象29027人，全年发放低保金1.65亿元。实施城乡医疗救助21.8万人次，支付救助金6045.04万元；实施临时救助44902人次,发放救助金4573.79万元。全市重点优抚对象6103人。保障性安居工程建设有序推进，全市新开工保障性住房12784套，基本建成9508套。

（市统计局）

【资源、环境和安全生产】 2016年，无锡市用地分配更趋务实。全年国有建设用地供应总量2085.95公顷，比上年增长11.6%。其中,工矿仓储用地599.36公顷，房地产用地372.08公顷，基础设施等其他用地1114.51公顷。

水资源得到充分利用。全市水资源总量62.9亿立方米，比上年增长43.9%;全年总用水量26.59亿立方米,比上年下降0.2%。其中,生活用水比上年增长0.1%,工业用水(不含火电用水)比上年下降0.5%,农业用水比上年下降6.8%，生态补水比上年下降0.4%。

环境保护力度加大。全市PM2.5年均浓度比上年下降13.1%。环境空气质量优良天数比例为66.9%,集中式饮用水源地水质达标率100%,全市功能区昼间和夜间噪声达标率分别为87%和80%。

城市绿化不断提升。年内市区新增绿地面积200公顷，人均公园绿地面积14.91平方米,建成区绿化覆盖率42.98%。

安全生产“双下降”。全年发生各类事故833起,死亡394人。亿元GDP生产安全事故死亡率0.043人/亿元。

说明:1.以上内容中地区生产总值和各产业增加值绝对值按现行价格计算,增长速度按可比价格计算。2.所有数据为初步统计数。部分数据因四舍五入的原因，存在着与分项合计不等的情况。3.资料来源。本内容中就业、社会保障数据来自市人社局,工商登记数据来自市工商局,茶叶、水果、水产品数据来自市农委,开放型经济数据来自市商务局,车辆数据来自市公安局,公路、水路交通数据来自市交通局，铁路运输数据来自无锡火车站，民航运输数据来自苏南机场,邮政、电信业务数据来自邮政管理局、各通信公司,城市信息化数据来自市信电局，旅游数据来自市旅游局，财政数据来自市财政局，金融数据来自中国人民银行无锡市中心支行，证券数据来自市金融办，科技数据来自市科技局,人才数据来自市委组织部,质检数据来自市质监局，教育数据来自市教育局，文化数据来自市文广新局,档案数据来自市档案局,卫生数据来自市卫计委，体育数据来自市体育局,宗教数据来自市民宗局,户籍人口数据来自市公安局，社会福利数据来自市民政局，保障性住房数据来自市住建局，用地数据来自市国土局，水资源数据来自市水利局,环保数据来自市环保局,绿化数据来自市园林局，安全生产数据来自市安监局

（市统计局）

组织机构和领导人员名单

中共无锡市委

书　记　李小敏
副书记　汪　泉
　　　　徐　劼(1月任)
常　委　李小敏
　　　　汪　泉
　　　　徐　劼(1月任)
　　　　黄　钦
　　　　周　英(女,9月任)
　　　　陈德荣
　　　　张叶飞
　　　　朱劲松(女,至9月)
　　　　王国中
　　　　陈金虎
　　　　王唤春
　　　　柳江南
秘书长　张叶飞
副秘书长　肖新岳(至12月)
　　　　　刘葱葱(女)
　　　　　马　良
　　　　　陆　洪
　　　　　曹国光
　　　　　许立新(兼)
　　　　　吴建元(兼)
　　　　　陈寿彬(2月任)

市委办公室
主　任　陆　洪
副主任　陈寿彬(至2月)
　　　　张耀斌

督查室
主　任　曹国光(至12月)
　　　　江　杰(12月任)

市委组织部
部　长　朱劲松(女,至9月)
　　　　周　英(女,9月任)
副部长　周建军
　　　　王锡惠
　　　　林茂松
　　　　戴美忠

市人才工作办公室
副主任　林茂松

市委新经济社会组织工作委员会(与市委组织部合署办公)
书　记　周建军(兼)
副书记　叶　照

市委宣传部
部　长　王国中
副部长　尤文科(至12月)
　　　　陆惠玲(女)
　　　　蔡文煜
　　　　金　政
　　　　商波涛
部务委员　商　明

市文明办(与市委宣传部合署办公)
主　任　尤文科(兼,至12月)
副主任　商　明

市委统一战线工作部
部　长　陈德荣
副部长　吕勤彬
　　　　单康圻(兼,至12月)
　　　　吴　涛(兼)
　　　　唐英彪
　　　　钱文琴(女,兼)

市委政法委员会
书　记　张叶飞(1月任)
副书记　孙国祥(至12月)
　　　　徐盛希(7月任)
　　　　谢晓军(兼,1月任)
　　　　张　轩(至7月)
　　　　赵志新(兼,至1月)
　　　　时永才(兼)
　　　　蒋永良(兼)
政治部主任　张文新

市社会治安综合治理委员会办公室(与市委政法委员会合署办公)
主　任　张　轩(至7月)
　　　　徐盛希(12月任)
副主任　邹立群
　　　　李继军
市委研究室
主　任　曹国光
副主任　韩　宁(女)
　　　　江玉杰
市委农村工作办公室
主　任　周士良
副主任　蒋军民
　　　　荣　怡(女,12月任)
市委台湾工作办公室(市政府台湾事务办公室)
主　任　相　江
副主任　张曙峰
　　　　许　宁
　　　　蔡卫红(12月任)
市机构编制委员会办公室
主　任　陆卫东
副主任　吴志伟(女)
　　　　张海涛(12月任)
市委市级机关工作委员会
书　记　周艳阳(至12月)
副书记　刘冯生
　　　　陆　东
　　　　施　勤(女)
纪工委书记　刘永平
市委老干部局
局　长　王锡惠(兼)
副局长　吴金元
　　　　章　雷(女)
　　　　袁伟强
市信访局
局　长、党组书记　吴建元
副局长　余小鹰(女)
　　　　叶俊杰
　　　　张晓波
　　　　殷兰青(女,至12月)
　　　　周勇军(12月任)
市委保密委员会办公室(市国家保密工作局、市委机要局)
主　任(局长)　孙志坚
副主任(副局长)　毛亚荣
　　　　　　　　成志强
市委党校、市行政学院
校　长(院长)　黄莉新
　　　　　　　(女,兼,至5月)
　　　　　　　徐　劼(兼,5月任)
党委书记　肖新岳(至12月)
副校长(副院长)　肖新岳
　　　　　　　　(至12月)
　　　　　　　　吴惠明
　　　　　　　　谭　军
　　　　　　　　邓弋青(女)
　　　　　　　　成大江(12月任)
无锡日报报业集团(无锡日报社)
党委书记、总裁(社长)
　　　　施　展(至12月)
总编辑　杨　建
党委副书记　杨　建
　　　　　　马正红
副总裁　杨　建
　　　　马正红
　　　　祁国华
　　　　许　扬
副总编辑　马正红
　　　　　许　扬
无锡日报社总编辑　杨　建
无锡日报社副社长　杨　建
无锡日报社副总编辑　江菊敏(女)
　　　　　　　　　　范　式

无锡市人大常委会

主　任　姚建华
党组书记　姚建华(至1月)
　　　　　丁大卫(1月任)
副主任　王立人(党组副书记,至2月)
　　　　丁大卫(1月任)
　　　　赵志新(1月任)
　　　　林国忠(至2月)
　　　　曹锡荣
　　　　滕兰英(女)
　　　　吴峰枫
党组副书记　姚建华(1月任)
　　　　　　赵志新
党组成员　马志相
　　　　　蒋伟亮(至7月)
　　　　　林国忠(至2月)
　　　　　王中苏(7月任)
秘书长　平明德
　　　　黄蓉华(12月提名)
副秘书长　薛玉民(至7月)
　　　　　叶惠南(至12月)
　　　　　杨清华(至11月)
　　　　　赵立平(女)
　　　　　王安岭(至12月)
　　　　　张淇铭(12月任)
市人大法制委员会
主任委员　王立人(至2月)
副主任委员　钱　群
　　　　　　陈良钢(至2月)
市人大财政经济委员会
主任委员　林国忠(至2月)
副主任委员　毛建新
　　　　　　顾建华(5月至11月)
市人大常委会办公室
主　任　张淇铭
副主任　严巍巍　张广鑫
市人大常委会研究室
主　任　叶惠南(兼,至12月)
　　　　顾正刚(12月任)
副主任　沈　霞(女,至11月)
市人大常委会法制工作委员会
主　任　钱　群
副主任　俞宏雷　李红卫
市人大常委会内务司法工作委员会
主　任　吴早春
副主任　何云彪
市人大常委会财政经济工作委员会(2016.02更名为无锡市人大常委会经济工作委员会)
主　任　毛建新(至12月)
　　　　龚　聘(12月任)
副主任　顾建华(至11月)
　　　　黄宇回(至5月)
　　　　江　涛(5月任)
市人大常委会农村经济工作委员会
主　任　张新志(女,至12月)
　　　　朱　伟(12月任)
副主任　朱　伟(至12月)
市人大常委会教科文卫工作委员会
主　任　杨清华(兼,至11月)
　　　　施　展(12月任)
副主任　朱惠霖
市人大常委会民族宗教侨务外事工作委员会
主　任　薛玉民(兼,至7月)
　　　　蔡大钢(12月任)
副主任　陈荣文(12月任)
市人大常委会环境资源城乡建设工作委员会
主　任　王安岭(兼,至12月)
　　　　翁林敏(12月任)
副主任　唐尧夫
市人大常委会人事代表联络工作委员会
主　任　戴锡生(至12月)
　　　　孙国祥(12月任)
副主任　冯伟东
　　　　陆汀兰(女)
市人大常委会预算工作委员会
主　任　吴迎春
副主任　黄宇回(5月任)

市人大常委会机关行政管理处
处　长　（暂缺）
市人大常委会办公室信访处
处　长　江　涛（至5月）
　　　　季亚东（12月任）

无锡市人民政府

市　长　汪　泉（党组书记）
副市长　黄　钦（党组副书记）
　　　　赵志新（至1月）
　　　　华博雅（女）
　　　　谢晓军（1月任）
　　　　曹佳中（至9月）
　　　　朱爱勋
　　　　刘　霞（女）
　　　　王进健
秘书长　叶勤良
副秘书长　唐余开（至12月）
　　　　　钮素芬（女）
　　　　　周浩明
　　　　　吴建昌
　　　　　糜君初
　　　　　王　维
　　　　　席永清
市人民政府办公室
主　任　童晓寒（党组副书记）
党组书记　叶勤良
副主任　王建军
　　　　周学东
　　　　张千山
纪检组长　郁锡坤
督查室主任　王建一
总值班室（市应急管理办公室）
主　任　张宁冶
市政府研究室
副主任　李伟刚
　　　　王　兵
市发展和改革委员会
主任、党组书记　张明康
副主任　毕滨江
　　　　顾　岗（兼）
　　　　张建春
　　　　陈卫东
　　　　邢益新
　　　　许　可
总经济师　吴虹娟（女）
纪检组长　龚詠程
市经济和信息化委员会（市中小企业局）
主任（局长）　高亚光（女）
党组书记　周浩明
副主任（副局长）　张克平
　　　　　　　　（党组副书记）
　　　　　　　　陈晓华
　　　　　　　　崔健敏（至7月）
　　　　　　　　吴建平
　　　　　　　　黄丽侠（女）
　　　　　　　　戴可为
纪检组长　惠增一
市信息化和无线电管理局（与市经济和信息化委员会合署办公）
局　长　张克平
副局长　吴建平
　　　　范春虎（至12月）
　　　　华解语（女）
　　　　卢　益
　　　　张国斌
市教育局（市委教育工作委员会）
局　长　唐加俊
副局长　许兴城
　　　　符菊成
　　　　许　敏
　　　　陈　曦
　　　　吴洵如（女）
市委教育工委书记　唐加俊
市委教育工委副书记　王珍珍（女，至12月）
市委教育纪工委书记　边静玉（女）
市政府教育督导室
主任督学　施正洲
副主任督学　冯益民
市科学技术局（市知识产权局）
局长、党组书记　吴建亮
副局长　王　浩
　　　　赵建平
　　　　黄晓珊（女）
　　　　徐重远（女）
纪检组长　侍　锋（至12月）
市公安局
党委书记、局长　赵志新（至1月）
　　　　　　　　谢晓军（1月任）
党委副书记　龚清荣（7月任）
　　　　　　张　轩（7月任）
副局长　龚清荣
　　　　张　轩（7月任）
　　　　缪小展
　　　　盛卫中
　　　　陶苏根
　　　　周爱明
　　　　薛俊仁
纪委书记　田世杰
政治部主任　周爱明
市维护稳定工作领导小组办公室（设在市公安局）
主　任　龚清荣（兼）
副主任　华逸锋
　　　　胡　晓
市监察局（与市纪委合署办公）
局　长　许　峰（6月任）
副局长　许麟秋
　　　　吴建明（至7月）
　　　　唐家粱（兼，至12月）
市民政局
党委书记、局长　刘　玲（女）
副局长　高建强（党委副书记，至12月）
　　　　马益宝
　　　　钱晓东
　　　　严健媛（女）
　　　　韩富才（12月任）
纪委书记　尹小燕（女）
市司法局
局长、党组书记　杨智敏
副局长　沈仲良
　　　　张丽霞（女）
　　　　刘益良
纪检组长　张维新
市财政局
局长、党组书记　高圣华
副局长　赵　鞠（女）
　　　　陈安新
　　　　孙文华
　　　　蒋晓鸣
纪检组长　俞　云
市人力资源和社会保障局（市外国专家局）
党委书记　周文栋
党委副书记　杨乔良
局　长　周文栋
副局长　杨乔良
　　　　徐炯明
　　　　褚一波（至12月）
　　　　林小异
　　　　洪　雅（女，至11月）
　　　　顾学年
　　　　常亚敏
　　　　包晓东（12月任）
纪委书记　邓金和（至12月）
市环境保护局
局长、党组书记　葛恒显
副局长　王晓栋
　　　　李秋宇
　　　　陈建平（女）
　　　　任　栋
　　　　周　山
纪检组长　杨　铭
市住房和城乡建设局（市建筑工程管理局）
党委书记、局长　翁林敏（至12月）

副局长　朱秋荣
　　　　贾绪领(至 12 月)
　　　　任金富
　　　　王　达
　　　　荣福民
　　　　范　伟
　　　　周锡良
　　　　邵崇浴
　　　　何跃平
纪委书记　葛坚松

市交通运输局

党委书记、局长　夏正兴
副局长　宋良栋
　　　　张国祥(至 12 月)
　　　　尹南方
　　　　许青凯
　　　　丁满琪
　　　　刘永强
　　　　林道俊(兼，至 5 月)
　　　　徐锡良(12 月任)
纪委书记　许树生

市水利局

局长、党组书记　王鸿涌(至 12 月)
副局长　季永东
　　　　缪学军
　　　　邹永明
总工程师　金雪林

市农业委员会(市林业局)

主任(局长)　高　佩
副主任(副局长)　吴伯荣(兼)
　　　　(党组副书记,兼)
　　　　巫亚东
　　　　何丽梅(女)
　　　　陆晓鹤(至 12 月)
　　　　赵中兴
　　　　李　岩
纪检组长　韩朝晨

市商务局(市口岸办公室)

局长(主任)、党组书记　汪　行
副局长(副主任)　邓泉明
　　　　宗继芳(女)
　　　　袁开坤
　　　　石松哲
　　　　蒋　波
　　　　陈秀峰
纪检组长　王新伟

市文化广电新闻出版局(市版权局、市文化遗产局)

局长、党组书记　杨福良
副局长　贺　军
　　　　高　燕(女)
　　　　宗　翡(女)
　　　　过　丹
　　　　过旭明
纪检组长　王海平

市卫生和计划生育委员会

党委书记　陈卫平(至 7 月)
　　　　谢寿坤(7 月任)
党委副书记　谢寿坤(至 7 月)
　　　　张文伟
主　任　谢寿坤
副主任　陈卫平(至 7 月)
　　　　韩晓枫
　　　　杭兰生
　　　　张卫阳
　　　　杨如年
　　　　胡建伟
　　　　笪学荣
纪委书记　陈烈蓉(女,至 7 月)

市工商行政管理局

局长、党组书记　邵鹤鸣
副局长　顾正刚(至 12 月)
　　　　盛小伟
　　　　苏益玲(女)
　　　　张　贤(女)
纪检组长　张一明

市质量技术监督局

局长、党组书记　裴志良(至 11 月)
副局长　朱小元(党组副书记)
　　　　胡　宏
　　　　周建辉
　　　　夏一明
　　　　于文霞(女)
纪检组长　丁　军

市食品药品监督管理局

局　长　许伟英(女,党组书记)
副局长　丁玉萍(女)
　　　　凌晓霖
　　　　庄　志

市审计局

局长、党组书记　刘燕萍(女)
副局长　唐家梁(至 12 月)
　　　　李　晔(女,至 12 月)
　　　　徐　波(至 10 月)
　　　　谢浩峻
　　　　潘海刚 (12 月任)
纪检组长　金　进(至 12 月)

市规划局

局长、党组书记　陆　檬(至 12 月)
副局长　尤志斌
　　　　任　颐
　　　　徐丽华(女)
　　　　杨尔怡
总工程师　郑　强
纪检组长　蒋国新

市市政和园林局

局　长　吴燕敏(党组副书记)
党组书记　李镇国
党组副书记　李　智
　　　　(纪检组长,至 12 月)
副局长　朱震峻
　　　　(党组副书记,至12月)
　　　　张　剑
　　　　徐炳香(12 月任)

市城市管理局 (市城市管理行政执法局)

局长、党组书记　周立军
副局长　方毅军(至 12 月)
　　　　程海华
　　　　周　炜
　　　　周　峰(12 月任)
纪检组长　贾传华

市统计局

局　长　吴红星
党组书记　钮素芬(女)
副局长　周建平
　　　　邹海峰
　　　　杨晋超(12 月任)

市安全生产监督管理局

局长、党组书记　魏持红(至 12 月)
副局长　朱明伟
　　　　钱志伟
　　　　陈跃华
　　　　吴伟君
　　　　徐孝力(12 月任)
纪检组长　赵　阜(至 12 月)

市粮食局

党委书记、局长　张海泉
副局长　黄燕萍(女)
　　　　马　骏
　　　　薛　钦
纪委书记　周　鸣

市体育局

局长、党组书记　黄浩然
副局长　汪克强
　　　　张振华
　　　　张　宏(至 7 月)
　　　　杨宇华(12 月任)
纪检组长　钱文豪

市物价局

局长、党组书记　蔡大钢(至 12 月)
副局长　钱　夏(女)
　　　　王生强
　　　　徐　叶(女)
纪检组长　蔡吉生

市旅游局

党委书记、局长　蒋蕴洁(女)
副局长　汤建华

柳永红(2月任)
杨建国
纪委书记 张兆平
市民防局(市人民防空办公室)
局长(主任)、党组书记
王建军(至12月)
副局长(副主任) 钱有照(至12月)
蒋仁宝
纪检组长 卞中群
市政府外事办公室(市政府港澳事务办公室)
主任、党组书记 陈明辉
副主任 许睿煜
赵 明
詹 熠
纪检组长 张良兴(至12月)
市政府侨务办公室
主任、党组书记 何巧凤(女)
党组副书记 冯 雷(兼,至12月)
副主任 包金明
吴象忠
市政府法制办公室
主任、党组书记 焦 克(至12月)
副主任 华 迅(至12月)
栾海港
市机关事务管理局
局长、党组书记 许立新
副局长 冯晓明 武云超
市民族宗教事务局
局长、党组书记 吴 涛
副局长 何 鸣
张慧东
市政府国有资产监督管理委员会
党委书记、主任 黄蓉华(至12月)
副主任 沈宁宁(党委副书记)
周 燕(女)
纪委书记 方中伟
市政务服务管理办公室(市政务服务中心)
党组书记 龚 聘(常务副主任,至12月)
副主任 孙 伟
陈 波
包松林
纪检组长 李文波
市太湖水污染防治办公室
主任、党组书记 顾 岗
副主任 权 辉
丁建清
市供销合作总社
主 任 吴满良
副主任 王 镇(12月任)
纪委书记 车文君

市接待办公室
主任、党组书记 刘葱葱(女)
副主任 王 洁(女,至7月)
祁志平
朱 敏
王 续(12月任)
市史志办公室
主任、党组书记 许建军
副主任 郭 明
盛 铁
接玉松
市档案局(市档案馆)
局(馆)长 钱中益
副局(馆)长 徐 杰
徐俊文
市政府驻北京联络处
主 任 吴 彧
副主任 丁 丽(女)
市政府驻南京办事处
主 任 刘葱葱(女,兼)
副主任 徐建邦
市政府金融工作办公室
主 任 王 维
副主任 鲁振平
侯海峰(至2月)
徐耀峰(12月任)
市地震局
局长、党组书记 薛建良
副局长 李晓红
张 敏
市农业机械局
局长、党组书记 吴伯荣
副局长 叶红谏
顾建忠(至12月)
陈 松(12月任)
无锡市公共工程建设中心(市城市重点工程建设办公室)
党委书记、主任 范春雨(至5月)
俞 臻
(女,12月任)
党委副书记 陆 骏(女,12月任)
副主任 俞 臻(女,至12月)
陆国平
纪委书记 陆 骏(女,至12月)
市轨道交通规划建设领导小组(指挥部)办公室
主 任 席永清(兼)
常务副主任 徐 政
副主任 陆春晓
张 军
无锡广播电视集团(无锡广播电视台)
党委书记、总裁(台长) 严克勤
(至12月)

党委副书记 郭 王
副总裁(副台长) 郭 王(总编辑)
张 军
(女,副总编辑)
赵 波(副总编辑)
陈 宏
王 凡(女)
总会计师 周俊清
纪委书记 陈锡初

政协无锡市委员会

主 席 周敏炜(党组书记)
副主席 黄士良
(党组副书记,至6月)
蔡捷敏
孙志亮
王锡南(至6月)
章一中
蒋伟坚
蒋 达
张丽霞(女)
秘书长 顾 韬
王鸿涌(12月提名)
副秘书长 崔从家(至12月)
王亚力(至12月)
常荣初(至12月)
陈建明(至12月)
金志标(至12月)
刘 翔(女,12月任)
许建樟(兼,12月任专职副秘书长)
王 晋(女,兼)
皮何总(兼)
汤忠元(兼)
任克奇(兼)
王海宝(兼)
市政协办公室
主 任 王亚力(兼,至12月)
吕益华(12月任)
副主任 吕益华(至12月)
周 彦(女)
邱亚君
市政协研究室
主 任 雷群虎(至12月)
范春虎(12月任)
副主任 汤亚宾
市政协提案委员会
主 任 孙 洪(至12月)
褚一波(12月任)
副主任 蒋家举
吴红星(兼)
洪 雅(女,兼)

宋良栋(兼)
邵　峰(兼)

市政协经济科技委员会

主　任　周卫国(至5月)
唐家梁(12月任)

副主任　胡　蕙(女)
苏益民(兼)
徐重远(女,兼)
刘燕萍(女,兼)
汪　行(兼)
张　健(兼)
刘玉海(兼)

市政协人口资源环境城乡建设委员会

主　任　常荣初(兼,至12月)
陆　檬(兼,12月任)

副主任　夏维平
张　琦(兼)
方毅军(兼)
邵崇浴(兼)
周乙新(兼)

市政协文教卫体委员会

主　任　唐喜泉(至12月)
王珍珍(女,12月任)

副主任　任英齐(12月任)
张振华(兼)
黄浩然(兼)
过　丹(兼)
施正洲(兼)
胡建伟(兼)
李晓红(兼)

市政协社会法制委员会

主　任　刘晓苏(至11月)
魏持红(12月任)

副主任　张艺明
刘　翔(女,兼)
张　轩(兼)
高建强(兼)
陈　奕(女,兼)

市政协学习文史委员会

主　任　丁　坚(至12月)
周艳阳(12月任)

副主任　袁彬彬(女)
郭　王(兼)
毛　晨(兼)
刘基平(兼)
李　波(女,兼)

市政协港澳台侨外事民族宗教委员会

主　任　金志标(兼,至12月)
冯　雷(12月任)

副主任　王观华
何巧凤(女,兼)
相　江(兼)
韩晓枫(兼)
赵　静(女,兼)

市政协委员工作委员会

主　任　王友根(12月任)

副主任　王忆平

市政协机关行政管理处

处　长　葛晓霞(女)

无锡市中级人民法院

院　长、党组书记　时永才

副院长　金　飚(党组副书记)
赵建聪(8月任)
顾铮铮(女)
弓建明

纪检组长　李　晓(至10月)

政治部主任　邹霞虹(女,5月任)

审判委员会专职委员
邹霞虹(女,至5月)
陈靖宇(2月任)
徐振华(12月任)

无锡市人民检察院

检察长、党组书记　蒋永良

副检察长　李乐平(党组副书记)
蒋伟平(女)
何洪辉
张　媛(女)

纪检组长　谢石飞 (至12月)

政治部主任　王　卫

检察委员会专职委员
顾　甦(2月任)
李勇忠(2月任)

中共无锡市纪律检查委员会(与市监察局合署办公)

书　记　王唤春

副书记　赵建聪(至9月)
许　峰
孙　英(女,5月任)
方　力(9月任)

常　委　许麟秋
吴建明(至7月)
钱　群(女)
陈　熹
程　波(9月任)
李　晓(9月任)

市委巡视巡察工作办公室(2016.12更名为市委巡察工作办公室)

主　任　许麟秋

副主任　徐俊友

人民团体·民主党派

无锡市总工会

主　席　陈德荣

副主席　管海燕(女,党组书记)
王觉民(女)
周国祥

纪检组长　胡君松

共青团无锡市委员会

书　记　周子川(党组书记)

副书记　马　剑
吴莉萍(女)
俞政业

纪检组长　马　剑

无锡市妇女联合会

主席、党组书记　夏晓春(女)

副主席　王　健(女)
陈锡云(女)
杭向丽(女)

无锡市科学技术协会

主　席　金征宇(兼)

副主席　王友根(党组书记,至12月)
陆伟中
钱俊方
周　方(女)
翁震平(兼,至12月)
陈　曦(兼)
何丽梅(女,兼)
金秋萍(女,兼)
赵　阳(兼)

无锡市归国华侨联合会

主　席　冯　雷(至12月)

副主席　张　筠(女)
韩晓枫(兼)
钱丽忠(女,兼)
许晓椿(兼)

无锡市文学艺术界联合会

主　席　金元兴

党组书记　陆惠玲(女)

副主席　董　晓
张振华(兼,至10月)
过旭明(兼,10月任)
刘仲宝(兼)
许益民(兼,10月任)
建　伟(兼,至10月)
王建源(兼,至10月)
梁　元(兼,10月任)
曹建平(兼,10月任)

无锡市哲学社会科学界联合会

主席、党组书记　李祖坤

副主席　王铭涛
王海宝(兼)
韩　宁(女,兼)
李伟刚(兼)
谭　军(兼)
符惠明(兼)

无锡市残疾人联合会

理事长、党组书记　刘　翔(女,至12月)
副理事长　王　元
朱永彬
徐　斌(12月任)
韩庆东(兼)

无锡市工商业联合会

主　席　周海江(兼)
副主席　单康圻(党组书记,至12月)
钱文琴(女)
王海宝
窦　林
俞　波(12月任)
张　健(兼)
周　江(兼)
温秀芳(女,兼)
蒋东良(兼)
龚育才(兼)
高岳峰(兼)
赵正红(女,兼)
严　奇(兼)
黄丽泰(女,兼,至12月)
谢菊宝(兼,至12月)
华若中(兼,至12月)
陈卫宏(兼,至12月)
潘宵燕(女, 兼,至12月)
张　雷(兼,至12月)
蒋益军(兼,至12月)

中国国际贸促会无锡市支会

会长、党组书记　徐惠娟(女)
副会长　金孟安
纪检组长　杨晓锋

无锡市红十字会

会　长　华博雅(女,兼)
党组书记、常务副会长　殷兰青(女,12月任)
专职副会长　冯淑静(女,12月任)

中国国民党革命委员会无锡市委员会

主　委　张丽霞(女,兼)
副主委　张　筠(女,兼)
王　晋(女)
姜　科(兼)
徐　雯(女,兼,11月任)

中国民主同盟无锡市委员会

主　委　高亚光(女,兼)
副主委　皮何总
毛　晨(兼,至11月)
何丽梅(女,兼)
洪　雅(女,兼,11月任)
崔荣荣(兼,11月任)

中国民主建国会无锡市委员会

主　委　华博雅(女,兼)
副主委　许建樟
丁　峰(兼,至12月)
徐重远(女,兼,至12月)
苏伟生(兼,至12月)
毛加弘(女,兼,12月任)
王　萍(女,12月任)
冼　薇(女,兼,12月任)
陈卫宏(兼,12月任)

中国民主促进会无锡市委员会

主　委　章一中(兼,至12月)
金元兴(兼,12月任)
副主委　金元兴(兼,至12月)
李　宁(女,兼,至12月)
杨瑞金(兼)
吴国平(兼)
惠　莲(女,12月任)
康立为(兼,12月任)

中国农工民主党无锡市委员会

主　委　曹锡荣(兼,至12月)
韩晓枫(兼,12月任)
副主委　韩晓枫(兼,至12月)
汤忠元
蔡建平(兼,至12月)
唐家梁(兼)
张　琦(兼,12月任)
夏加增(兼,12月任)

中国致公党无锡市委员会

主　委　高　慧(女)
副主委　吴红星(兼)
王晓刚(兼)
江　波(兼)
周丁丁(女,兼,至11月)
龚备英(女,兼,11月任)

九三学社无锡市委员会

主　委　程　红(女,兼)
副主委　陈正行(兼,至11月)
任克奇
唐　红(女,兼)
陈凤军(兼)
何云彪(兼,11月任)
李　崎(女,兼,11月任)

无锡军分区

司令员　叶少军
政　委　柳江南

中央、省直属部门和外地主要驻无锡机构

中国人民银行无锡市中心支行

党委书记、行长　何敏峰(女)
副行长　惠　娟(女)
张先忧
黄　华
任　红(3月至12月)
纪委书记　郭林宽

中国银行股份有限公司无锡分行

党委书记、行长　马　晓(至6月)
程　祥(6月任)
副行长　杜承宇(女,至8月)
李　扬(7月任)
张晓明
王海军(至7月)
何顺炜(至9月)
崔时松(10月任)
何晓明(女)
纪委书记　杜承宇(女,8月任)

中国建设银行股份有限公司无锡分行

党委书记、行长　肖作华(至5月)
吴荣明(5月任书记,7月任行长)
党委副书记　张　晶(12月任)
副行长　赵建荣(至10月)
沈卫兴(至3月)
张　晶
徐海峰
纪委书记　刘逸晨(女,至3月)
沈卫兴(3月任)
风险主管　胡　克(至6月)
合规官　胡　克(6月任)
工会主任　吕　娟(女,至3月)
肖银峰(12月任)

中国农业银行无锡分行

党委书记、行长　陈杏梅(女)
党委副书记、副行长　陆　铁(1月至8月兼任纪委书记)
副行长　吴永东(兼纪委书记,8月任)
綦　蔚(女,至12月)
狄晓东
姚社锋(至10月)
周学军
黄黎琴(女,12月任)

中国工商银行无锡分行

党委书记、行长　周　刚
党委副书记　谢晓东
副行长　谢晓东(至6月)

陈晓春
戴　峰(女)
徐骏成(至2月)
戴　政
朱伊民
蒋晓青(女)
蒋　俊(12月任)
纪委书记　戴　政(至6月)
谢晓东(6月任)

交通银行无锡分行

党委书记、行长　鲁　敏(至3月)
杨文胜(3月任)
副行长　朱光燕(兼纪委书记,至12月)
廉伟红(女,兼纪委书记,12月任)
朱寿海
盛金才
沈稚先(至2月)
高　干(2月任)

中国农业发展银行无锡市分行

党委书记、行长　陶　勇
副行长　王建春
吴明明(兼任纪委书记,至12月)
许　晔(女,12月任)

江苏银行股份有限公司无锡分行

党委书记、行长　杨　凯
副行长　金建明
徐　吉(1月起兼任纪委书记)
钱若枫(女)
蒋仲芬(女,兼任纪委书记,至1月)
丁宗红(11月任)
行长助理　丁宗红(至11月)

中国人民财产保险公司无锡分公司

总经理　尤力人
副总经理　彭　军(兼任纪委书记)
罗蔚文(女)
吴晓羚(女)
朱　勇

中国人寿保险股份有限公司无锡市分公司

党委书记、总经理　张建平
副总经理　毕玉祥(至9月)
季芯宇
郁　弟(兼任纪委书记,至9月)
张　嵘(兼纪委书记,9月任)
周　明
总经理助理　陈　波(9月任)
顾立新(9月任)

无锡市国土资源局

党委书记、局长　吴春林
副局长　杨武亮
马卫明
包　军(至7月)
陈　艳(女)
纪委书记　李安国

无锡海关

关长、党组书记　谢国柱(至5月)
李亚萍(女,5月任)
副关长　宋　平
吴方玲(女,至5月)
汪莹晖(女)
蔡校生(至5月)
罗相海
郭　健

无锡出入境检验检疫局

局长、党组书记　张　汀
副局长、党组成员　张　勇(9月任)
李百胜
陶伟东
党组成员　田林辉
纪检组长　张　勇(至9月)

无锡市国家税务局

局长、党组书记　江心宁(至3月)
江武峰(3月任)
副局长　曹建伟
成尔方
朱晋达
陈　熙(3月任)
吕　超(3月任)
总经济师　曹国平
纪检组长　蔡　剑(至3月)
徐　军(3月任)

无锡市国家安全局

党委书记、局长　冯进良

无锡市烟草专卖局(江苏省烟草公司无锡市分公司)

局长、经理、党组书记　杨思藻
副局长　范光耀
副经理　王旭明
纪检组长　刘仲凡

无锡市气象局

局长、党组书记　史巧华(女)
副局长　朱　玮(女,至2月)
马志强
纪检组长　欧阳育红(至2月)
朱　玮(女,2月任)

江苏省水文水资源勘测局无锡分局

局　长　洪国喜
副局长　沈顺中
吴朝明
赵家福

江苏省无锡地方税务局

局长、党组书记　丁　源
副局长　胡建光
李　檬(女,至5月)
王晓东
总经济师　严　郓
总会计师　李　青
纪检组长　邵　云

国网江苏省电力公司无锡供电公司

党委书记　吴浩然(兼副总经理,至5月)
朱　斌(兼副总经理,5月任)
总经理　吴　骏(兼党委副书记,至4月)
吴浩然(兼党委副书记,5月任)
副总经理　范正满(至2月)
顾水福
丁建忠
刘　纲(2月至5月)
纪委书记　夏伟文
工会主席　张东旭
总会计师　盖志海(至2月)

中国电信股份有限公司无锡分公司

党委书记、总经理　张华林
副总经理　江　冲(兼任纪委书记,至10月)
邹易风(兼任工会主席)
金　红(女)
孙晓健
蒋　芃

中国邮政集团公司无锡市分公司

党委书记、总经理　莫志坚
副总经理　柳高远(兼纪委书记、工会主席)
张志慧

无锡市盐务管理局

局　长　李汉东(至5月)
万泽湘(5月任)
副局长　张惠民

说明:该名单反映的是2016年1~12月无锡市县(处)级以上领导人员任职情况。姓名后括号内为该同志兼职、年内职务变动等情况。

(市委组织部)

编辑　邵文凯

综 述

【概况】 2016年，中共无锡市委团结和带领全市人民，贯彻中共十八大和十八届三中、四中、五中、六中全会精神，以中共中央总书记习近平系列重要讲话特别是视察江苏时重要讲话精神为指引，落实中央和省委、省政府决策、部署，围绕高水平全面建成小康社会、建设“强富美高”新无锡总目标，积极贯彻新发展理念，把握引领发展新常态，推进供给侧结构性改革，坚定实施创新驱动发展战略、产业强市主导战略、全面开放战略、新型城镇化和城乡一体化战略、可持续发展战略和民生共建共享战略，做好经济社会发展和党的建设各项工作，全市综合实力稳步提升，转型升级步伐加快，人民生活改善，环境质量优化，改革开放深入，党的建设加强，实现“十三五”发展良好开局。

（丁祥建）

【推进产业强市】 2016年，无锡市实施产业强市主导战略，落实各类产业发展扶持政策，完善推动产业发展的工作体系、责任体系、政策体系、考核体系，产业强市各项工作呈现发展氛围趋浓、企业信心提振、政府服务改进、社会评价积极的新气象，推动全市经济运行稳中有进、稳中向好。全年实现地区生产总值9210.02亿元，按可比价计算比上年增长7.5%，按常住人口计算人均生产总值14.13万元；规模以上工业总产值15084.26亿元，比上年增长3.8%；规模以上工业增加值3075.49亿元，比上年增长5.8%；实现利润977.92亿元，比上年增长9.6%；工业投入2045.54亿元，比上年增长7.1%；实现对外贸易进出口总额4610亿元，比上年增长2.0%。社会消费品零售总额3119.56亿元，比上年增长9.6%；一般公共预算收入875亿元，比上年增长5.4%；物联网等新兴产业和高技术产业增速明显高于规上工业增速，高新技术产业产值占规模以上工业总产值比重43.4%，比上年提高1.1个百分点；旅游、文化等服务业占比提高，三次产业比例调整为1.5∶47.2∶51.3；科技进步贡献率63%，全社会研发费用占地区总值比重2.82%，万人有效发明专利拥有量达到31.43件，“神威·太湖之光”超级计算机项目获戈登贝尔奖。13家企业入围中国企业500强，22家企业入围中国制造业企业500强，18家企业入围中国民营企业500强，9家企业入围中国服务业企业500强。全市新增境内外上市公司17家，新增新三板挂牌企业105家；兴澄特钢、阳光集团获“全球卓越绩效奖”称号，中国船舶重工集团公司第702所、法尔胜集团和双良集团获“中国工业大奖”称号。

（丁祥建）

【重点改革】 2016年，围绕推进供给侧结构性改革，无锡市出台“1+1+3+1”系列落实意见(《关于推进供给侧结构性改革的实施意见》、《关于降低实体经济企业成本促进经济平稳健康发展的实施意见》、三个“发展开放型经济的实施意见”和《关于实施“太湖人才计划”打造现代产业发展新高地的意见》)，供给侧结构性改革取得初步成效。在去产能上，完成钢铁、煤炭等主要行业年度去产能任务，在国内率先探索实践“产能置换指标交易”，被工信部肯定并向全国推广。在去库存上，至年底，市区商品房剩余可售面积1242万平方米，去化周期降至15个月。去杠杆上，年末，银行业金融机构不良贷款率1.56%，企业资产负债率下降2个百分点；降成本上，通过结构性减税和降息减费等为企业降低成本超过250亿元。补短板上，补足补好基础设施、公共服务、脱困扶贫、生态环境等发展短板，提高整体发展水平。推进其他重点领域和关键环节改革，梁溪区、新吴区成立，在省内率先建成“一办三中心”政务服务体系，组建文化、体育产业发展集团，土地承包经营权确权颁证工作基本完成，柬埔寨西哈努克港特区成为“一带一路”合作样板园区。

（丁祥建）

【基础设施建设】 2016年，无锡市加强基础设施特别是交通基础设施建设，对外交通建设方面，苏锡常南部高速公路建设启动，新锡澄路建成通车，常宜、宜长高速公路获省发改委批复，南沿江铁路、盐泰锡常宜铁路纳入国家《中长期铁路网规划》。市域交通建设方面，地铁3号线、1号线南延线开工建设，4号线一期工程可行性研究报告获省发改委批复；蠡湖大道快速化改造、江海西路快速化改造和广益路、钱皋路、广澄路、桐桥港路、新锡路北延、环山东路重点道桥工程于年底集中开工建设，道路建设总里程36千米。航空运输快速增长，苏南硕放国际机场完成客货吞吐量555万人次和9.6万吨，比上年分别增长20.29%和10.2%，通航城市52个，其中国际地区航点18个，运营客货航线68条，其中国际地区航线20条。

（丁祥建）

【人民生活改善】 年初，市委、市政府确立的10件80项为民办实事项目完成。城乡居民人均可支配收入分别为48628元和26158元，分别比上年增长7.8%和8.3%，高于GDP增幅。全年新增就业14.9万人，城镇登记失业率1.85%，主要社会保险参保率98%以上，医保参保群众政策范围内个人负担率下降近5个百分点，市区城乡低保标准提高到每人每月760元，市区居民基础养老金、企业退休人员养老金、低保家庭中的重度残疾人救助标准分别提高到每月370元、2538元和912元，全年脱困转化年集体收入200万元以下经济薄弱村30个。南京信息工程大学滨江学院签约落户，推进江南大学无锡医学院建设，城乡社区居家养老机构基本实现全覆盖。整治改造棚户区、旧住宅区分别为32.5万平方米和220万平方米，完成对60个城中村的环境整治，安全生产事故起数和死亡人数连续15年实现“双下降”，亿元GDP生产安全事故死亡率0.043人/亿元，未发生较大以上安全生产事故。

（丁祥建）

【生态治理】 2016年，市委、市政府出台《无锡市进一步深化太湖水污染防治工作意见》及工业污染防治、深化排水达标区建设、畜禽养殖污染防治、河道环境综合整治工作方案。强化源头治理、精准治理、综合治理、依法治理、长效治理，太湖无锡水域水质、太湖流域河网水（环境）功能区水质和161条重点河道水质持续改善，太湖连续第九年安全度夏，集中式饮用水源地水质达标率100%，“河长制”经验被中央深化改革领导小组在全国推广。完成G20峰会召开期间空气质量保障任务，PM2.5年均浓度较上年下降13.1%，环境空气质量优良天数比例66.9%，比上年提高2.8个百分点。加大节能减排力度，主要污染物排放削减量完成省下达任务，万元GDP能耗下降3.4%。推进生态修复，全年恢复湿地面积200公顷，市区新增绿地面积200万平方米，人均公园绿地面积14.91平方米，建成区绿化覆盖率42.98%，林木覆盖率27%。

（丁祥建）

【党的建设】 2016年，市委十三届二次全会制定《关于学习贯彻党的十八届六中全会精神推动全面从严治党迈上新台阶的决定》，落实全面从严治党新要求，对全面加强思想建设、组织建设、作风建设、反腐倡廉建设和制度建设作出新部署。“两学一做”（学党章党规、学系列讲话，做合格党员）学习教育成效显著；完成市县乡党委和1145个村（社区）“两委”换届；制定、实施《关于运用监督执纪“四种形态”的意见》、《关于建立容错纠错机制的办法（试行）》、《关于治理“为官不为”行为的办法（试行）》、《关于对党员和公职人员侮辱诽谤诬陷他人行为的查核处理办法（试行）》文件，构建具有无锡特色的监督制度体系；在全省率先制定《市纪委向市一级单位派驻纪检机构改革方案》，营造风清气正、务实创新的良好政治生态。加强党管武装工作，实现全国双拥模范城“七连冠”。

（丁祥建）

【2016年3件大事】 一、召开市第十三次党代会。9月26~29日，无锡市召开第十三次党代会。大会总结市第十二次党代会以来工作，确定未来五年奋斗目标和主要任务，选举产生新一届市委、市纪委领导集体，明确高水平全面建成小康社会、建设“强富美高”新无锡总目标，描绘“打造国内一流、具有国际影响的现代产业新高地，创造民生幸福、百姓充分认可的全面小康新生活，建造生态宜人、内涵品质跃升的美丽城乡新家园，营造体现传承、彰显时代精神的社会文明新气象”美好蓝图，坚定实施创新驱动核心战略、产业强市主导战略、全面开放战略、新型城镇化和城乡发展一体化战略、可持续发展战略、民生共建共享战略，全面部署未来五年经济社会发展和党的建设各项工作，为无锡发展奠定坚实思想基础、工作基础和组织基础。

二、举办世界物联网博览会。10月30~11月1日，由工信部、科技部和江苏省政府共同主办的2016世界物联网博览会在无锡隆重举行。本届世界物联网博览会是一次特色鲜明、内涵丰富、规模空前的物联网盛会，受到各级领导高度重视，国务院总理李克强致贺信，两院院士24人，国内知名专家、学者107人，国内外著名企业家及企业高管132人，国外智库学者和物联网领域领军人物30人参加会议。物博会期间，举办世界物联网无锡峰会、物联网应用和产品展览会、无锡国家传感网创新示范区部际建设协调领导小组第四次会议以及相关主题活动，发布无锡鸿山物联网小镇建设规划方案，参会企业2520家，参会嘉宾7600多人，参展单位489家，参观人数11.5万人次，签署重大物联网项目战略合作协议20项、投资额超150亿元，吸引5000多名物联网领域人才到会应聘。被国内外物联网业界普遍赞誉，为无锡市打造物联网技术创新核心区、产业发展集聚区和应用示范先导区创造良好条件。

三、锡东垃圾焚烧发电厂复工。锡东电厂垃圾焚烧发电项目停工5年后，经过1年多的反复论证和精心筹备，经10月7日召开的十三届市委常委会第2次会议研究讨论，作出围绕复工开展工作决定，提出“坚守不损害群众利益底线，实现建成安民工程、亲民工程和富民工程”要求，并决定成立由市委主要领导亲自挂帅的锡东电厂复工工作领导小组和相关工作组，对电厂复工筹备工作进行全面部署推进。11月24日，召开项目复工动员大会，经过深入细致的群众工作，在当地干部不懈努力和群众理解、支持下,群众同意复工签约率超99%。12月9日,光大集团作为新的经营主体进场复工建设。

(丁祥建)

中共无锡市委常委分工

李小敏:主持市委全面工作。分管人大常委会、政协工作,纪委工作,干部工作。

汪 泉:主持市政府全面工作。分管经济发展工作,机构、编制、外事工作,人民武装委员会工作。

徐 劼:主持梁溪区委全面工作。协助书记负责有关党的建设工作,具体负责市委党的建设工作领导小组工作。分管农业和农村工作,党校工作。(2016年1月7日始)

黄 钦:负责市政府常务工作。

周 英:协助书记分管干部工作。负责市委组织部工作。分管组织、人才、老干部工作,科技与科协、对台工作,共青团、妇联、残联工作,对口支援工作。(2016年9月14日始)

陈德荣:负责市委统战部工作。分管民族宗教、工会、侨联、台联、工商联工作。

张叶飞:负责市委政法委工作。分管市委办公室、市委研究室(改革办)、市级机关工委、机要、保密、档案、史志、机关管理、接待工作,政法工作。

王国中:负责市委宣传部工作。分管意识形态和宣传工作,教育、文化、卫生、体育方面党的工作,文联、社科联工作。

陈金虎:主持江阴市委全面工作。

王唤春:主持市纪律检查委员会工作。

柳江南:负责无锡军分区工作。分管人民武装建设、国防动员以及驻无锡部队联系工作。

(丁祥建)

重要会议

【智慧无锡建设工作推进会】 2月3日下午,无锡市召开智慧无锡建设工作推进会,总结2015年全市智慧城市建设情况,部署2016年智慧城市建设推进工作。市委副书记、市长汪泉到会讲话,副市长曹佳中主持会议。

汪泉指出,推动智慧无锡建设取得新突破,要重点抓好“推动信息资源整合共享、加强政务服务管理创新、推进智慧民生服务、提升城市管理智慧化水平、培育壮大智慧产业”工作。智慧城市在全国、全省范围内处于起步发展阶段,没有固定成熟模式借鉴,各地各有关部门要创新发展思路,加强组织保障,推动智慧无锡建设各项工作取得实效。

(丁祥建)

【全市安全生产工作会议】 2月4日,无锡市召开安全生产工作会议。会议指出,全市上下要贯彻中央和省关于安全生产工作部署,落实省委常委、市委书记李小敏在市委第147次常委会上对做好下阶段安全生产工作提出的各项要求,牢固树立安全“红线”意识,落实安全生产责任制,对安全生产隐患“零容忍”,对问题整改不到位“零容忍”,对责任不落实“零容忍”,确保全市安全生产形势持续稳定向好。市委副书记、市长汪泉作具体部署。

会议通报安全生产工作先进单位和个人,下发2016年安全生产目标责任书。

(丁祥建)

【作风建设会议】 2月15日上午,省委、省政府召开全省机关作风建设大会,贯彻中央关于深化作风建设新部署,明确全省加强机关作风建设新要求。在集中收听收看全省机关作风建设大会后,市委、市政府召开全市作风建设会议,学习全省机关作风建设大会精神,明确全市作风建设要求,推动广大党员干部以优良作风投身2016年工作中,以过硬作风打胜“十三五”发展第一仗。省委常委、市委书记李小敏号召广大党员干部,要以严和实的精神砥砺奋进,以严和实的作风干事创业,把“三严三实”要求落实到各项工作中。一要谋实事。推进高水平全面小康社会建设,要从实际出发编制好发展规划,结合实际研究重大改革举措、出台重大政策意见、安排重大建设项目,针对短板短腿问题逐一制定方案、明确目标、落实措施。二要做实功。打造现代产业发展新高地,要在加快改造提升传统产业、加快培育壮大新兴产业、加快引进重大产业项目、加快提高开发区建设水平等方面出实招、出硬招,做好优化存量、引导增量、主动减量文章。三要务实效。弘扬“定了干、马上办、办到底”作风,加强督促检查、跟踪问效,对不落实的地区和部门紧盯不放,对不落实的事紧盯不放,对不落实的人紧盯不放,增强各级行动力和执行力。对于所做的事,只要方向正确,就要坚定不移干下去、坚持不懈抓到底,定一件、干一件,干一件、成一件,一步一步把工作向前推进。市领导汪泉、姚建华、周敏炜、丁大卫、徐劼出席会议。

会议以电视电话会议形式召开,各市(县)区设分会场收听收看。

(丁祥建)

【梁溪区成立大会】 2月20日上午,市委召开无锡市梁溪区成立大会。省委常委、市委书记李小敏为“中国共产党无锡市梁溪区委员会”揭牌,并代表市委对梁溪区区划调整实施工作和下一步发展提出要求。市委副书记、市长汪泉主持大会并宣读省政府《关于调整无锡市部分行政区划的通知》,市人大常委会主任姚建华,市政协主席周敏炜,市委副书记徐劼,市委常委、常务副市长黄钦,市委常委、秘书长、政法委书记张叶飞出席大会,市委常委、组织部部长朱劲松宣读市委关于建立中共梁溪区委的决定以及相关人事任命决定。

会上,市委副书记、梁溪区委书记徐劼代表梁溪区委班子和区人大常委会、区政府、区政协筹备组作表态发言。

(丁祥建)

【新吴区成立大会】 2月20日下午,市委召开无锡市新吴区成立大会。省委常委、市委书记李小敏为

“中国共产党无锡市新吴区委员会”揭牌，并对新吴区区划调整实施工作和下一步发展提出要求。市委副书记、市长汪泉主持大会并宣读省政府《关于调整无锡市部分行政区划的通知》。新吴区与无锡高新技术产业开发区实行“区政合一”管理体制，采用行政区与开发区“一套班子、两块牌子”运作模式。市人大常委会主任姚建华，市政协主席周敏炜，市委常委、常务副市长黄钦，市委常委、秘书长、政法委书记张叶飞出席大会，市委常委、组织部部长朱劲松宣读市委关于建立中共新吴区委的决定以及相关人事任命决定。

会上，无锡高新区党工委书记、新吴区委书记魏多代表新吴区委班子和区人大常委会、区政府、区政协筹备组作表态发言。

（丁祥建）

2016年2月20日，省委常委、市委书记李小敏为“中国共产党无锡市新吴区委员会”揭牌　（张立伟　摄）

【全市组织部部长会议】 5月24日，全市组织部部长会议召开，会议贯彻中共十八大和十八届三中、四中、五中全会精神，贯彻习近平系列重要讲话特别是视察江苏时重要讲话精神，按照全国、全省组织部部长会议精神和市委要求，总结2015年工作，分析当前形势，安排2016年任务。省委常委、市委书记李小敏作出专门批示：2016年是“十三五”发展开局之年，是高水平全面建成小康社会重要之年，也是市县乡领导班子集中换届之年。希望全市组织系统聚焦中心工作，服务发展大局，领会习近平关于全面从严治党的新思想、新论断、新要求，组织、开展总书记系列重要讲话精神学习培训，抓好“两学一做”学习教育，周密细致做好县乡领导班子集中换届工作，严格干部管理监督，强化基层党建各项工作，提升干部工作和人才队伍建设水平，以严、实精神加强组织部门自身建设，为建设“强富美高”新无锡提供坚强组织保证和人才支撑，把党的政治优势、组织优势转化为发展优势。各级党委(党组)要切实履行全面从严治党主体责任，加强对组织工作的领导，为组织部门开展工作创造良好环境，推动全市组织工作再上新台阶。市委常委、组织部部长朱劲松作2016年组织工作部署。

（丁祥建）

【全市政法工作会议】 2月25日，市委召开全市政法工作会议，会议贯彻中共十八大和十八届三中、四中、五中全会精神，总结工作，分析形势，部署2016年全市政法工作主要任务。会议传达省委常委、市委书记李小敏对全市政法工作的批示。

会议要求，全市政法机关要围绕全市工作大局，找准结合点和着力点，维护市场经济秩序，防控经济运行风险，主动回应群众期盼，在服务发展中有新作为。深化平安无锡建设，维护政治安全，构建社会矛盾纠纷多元化解机制，完善立体化、现代化社会治安防控体系，防控重点行业安全风险，破解重点人群服务管理难题，加强综治基层基础建设，提升社会治理整体水平，增强公众安全感。推进法治无锡建设，严格执法公正司法，深化法治宣传教育活动，落实法治惠民举措，提升法治系列创建质效，营造公平正义的法治环境。深化司法体制改革，按照中央和省要求，推进四项改革试点，推进诉讼制度改革，稳妥推进法院、检察院机构改革，统筹推进公安、国安和司法行政改革，确保全市司法体制改革走在全省前列。加强过硬队伍建设，深化思想政治、纪律作风、能力素质建设，落实从优待警措施，营造良好舆论环境，建设一支忠诚可靠、执法为民、务实进取、公正廉洁的政法队伍。市委常委、秘书长、政法委书记张叶飞作工作报告，副市长、市公安局局长谢晓军主持会议。

（丁祥建）

【全市信访工作会议】 2月25日，全市信访工作会议召开。省委常委、市委书记李小敏，市委副书记、市长汪泉分别作批示。李小敏在批示中指出，各级各部门要重视信访工作，完善“主要领导负总责、分管领导具体抓、其他领导一岗双责”的领导体制，落实信访工作责任制，及时分析情况，解决重大信访问题，确保问题不激化、矛盾不上行，提高信访工作的针对性和实效性。支持、关心、爱护信访干部，配齐配强领导班子，充实工作力量，为开展信访工作创造条件。

会议指出，2016年，全市信访工作以推进信访工作制度改革为主线，打造“阳光信访”“责任信访”和“法治信访”。推行依法逐级走访权益保障卡制度，推动法定途径分类处理信访诉求措施落地见效，依法规范信访秩序；完善信访工作责任制，强化督查督办和跟踪问效；运用信访大数据，及时反映社情民意，提高信访工作水平。

市委常委、秘书长、政法委书记张叶飞出席会议并讲话。

（丁祥建）

【全市宣传部部长会议】 2月29日，全市宣传部部长会议召开，会议学习习近平在党的新闻舆论工作座谈会上的重要讲话，落实市委十二届十次全会精神，总结2015年以及“十二五”期间工作，部署2016年任务。省委常委、市委书记李小敏作批示，市委常委、宣传部部长王国中在会上部署工作。

大会授予锡山区委宣传部“锡山理论随身充电宝APP”等5项成果为2015年度全市宣传思想文化工作创新奖，授予宜兴市委宣传部“创新开展网络文化节”等7项成果为2015年度全市宣传思想文化工作创新奖提名奖。

(丁祥建)

【全市太湖治理暨河道综合整治工作会议】 3月1日，市委、市政府召开全市太湖治理暨河道综合整治工作会议，总结全市治理太湖工作，分析当前治理太湖形势，部署太湖治理和河道综合整治工作。会议肯定太湖治理工作取得的成效，并提出下一步工作要求。省委常委、市委书记李小敏指出，太湖治理必须坚持问题导向，抓住重点和关键，精准施策发力，将有限治理资源用在最关键地方。一要抓好重点指标整治，在积极压降其他指标的同时，抓住总氮、总磷指标，找准控制突破口，把总氮、总磷指标降下来。二要抓好重点环节整治，扭住河道整治关键，围绕解决重点断面“水质改善”和“黑臭河道”问题，推进流域内161条河道的综合整治工作。三要抓好重点地区整治，把沿湖地区和太湖上游作为主阵地，落实产业结构调整、污染治理、环境保护、生态修复等责任，加强引江济太，推进重大引排工程建设，提高蓝藻打捞能力和处置利用水平，改善无锡地区水环境质量。

省太湖办主任朱铁军在讲话中肯定无锡为全省治理太湖工作作出的贡献，希望无锡发挥好主力军、排头兵作用，按照“下落一个层次”要求，抓好规划方案、项目建设和管理措施的落实，实现环境拐点早日到来。

市委副书记、市长汪泉作具体部署，市人大常委会主任姚建华、市政协主席周敏炜、市委副书记徐劼出席会议，副市长朱爱勋主持会议。市委常委、副市长，市人大常委会、市政协分管领导，市中级人民法院院长、市人民检察院检察长，市各部门各单位主要负责人，各市(县)区党政主要负责人、分管负责人和有关部门主要负责人，省级以上开发区主要负责人，各镇(街道)及工业园区主要负责人参加会议。

会前，李小敏和有关市领导、各地各有关部门主要负责人实地考察全市河道整治、安全供水、控源截污、工业污染防治等情况。

会上，市政府与各市(县)区政府和市有关部门签订目标责任状。宜兴市、惠山区、市太湖办、市环保局分别作交流发言。

(丁祥建)

【全市旅游工作会议】 3月2日，全市旅游工作会议召开。会议部署下一阶段重点工作，并向获国家AAAA级旅游景区、全国百强旅行社、第三届“中国饭店金星奖”、省级旅游度假区称号的有关单位授牌。市委副书记、市长汪泉强调，太湖是无锡山水特色核心，有深刻的历史记忆和深厚的文化内涵；灵山是世界佛教论坛永久会址，具有强大的品牌影响力和号召力。无锡要把太湖、灵山作为旅游推广的主打产品，使其成为无锡打造旅游休闲度假目的地的重要抓手。同时，要加快建设智慧旅游和数字旅游，推进旅游资源“组团化”“主题化”，发展休闲民宿、“慢游居”等旅游新模式，重视具有本地特色的旅游产品开发，创新旅游项目投融资方式，加大旅游推广力度，塑造和彰显无锡的旅游城市形象。副市长刘霞参加会议。

(丁祥建)

【全市农村工作会议】 3月4日，全市农村工作会议召开。会议贯彻中央和全省农村工作会议精神，部署2016年“三农”工作任务。省委常委、市委书记李小敏作出重要批示，重农固本是安民之基。“十二五”时期，无锡市推进农业现代化、城乡发展一体化、新农村建设等各项工作，“三农”工作取得显著成效，走在全省前列。“十三五”时期，是无锡市高水平全面建成小康社会的决胜阶段，做好“三农”工作意义重大。全市各级党委、政府要把“三农”工作作为全局工作的重中之重，以建设“强富美高”新农村为目标，以五大发展新理念为引领，实施新型城镇化和城乡发展一体化战略，深化农村综合改革，加大财政金融、资源配置、干部配备向“三农”倾斜力度，转变农业发展方式，优化农业产业结构；形成农民收入增长多元化动力机制，促进一二三产融合创业增收；改变农村发展不平衡状况，实现薄弱村脱贫转化，巩固、提升农业农村发展的良好势头，为全市经济社会持续健康发展作出贡献。

市委副书记、市长汪泉作工作部署，副市长刘霞参加会议。

(丁祥建)

【全市质量工作会议】 3月4日，全市质量工作暨第八届“市长质量奖”颁奖会议召开。市委副书记、市长汪泉为获奖的中国船舶重工集团公司第七〇二研究所、无锡商业大厦大东方股份有限公司颁奖。

汪泉指出，要立足无锡“百年工商城”产业基础，全面对接“中国制造2025”，增强“以质量和效益为中心”的发展理念，深化质量强市示范城市建设，使质量成为重振无锡产业雄风、打造现代产业发展新高地的重要支撑。副市长曹佳中、市政府秘书长叶勤良参加会议。

会议下达2016年质量工作目标任务书，公布2015年度无锡市名牌产品名单。14家曾经获国家、省、市质量奖的标杆企业发出倡议，号召企业发挥主体作用，夯实全市产业发展的质量基础。

(丁祥建)

【全市统战部部长会议】 3月9日，全市统战部部长会议召开，会议贯彻中共十八大和十八届三中、四中、五中全会精神，按照全国、全省统战部部长会议要求，总结上年工作，部署2016年任务，推动全市统战工作再上新台阶。省委常委、市委书记李小敏在批示中，肯定2015年全市统一战线工作为无锡经济健康发展、社会大局和谐稳定作出的贡献。指出，2016年是“十三五”发展开局之年，是无锡高水平全面建成小康社会重要之年。全市统战系统要落实中央和省委、市委统战工作会议精神，推进多党合作和政党协商制度化、规范化、程序化建设，帮助、支持市各民主党派、工商联、无党派知识分子联谊会做好换届工作，促进民族关系团结、宗教关系和顺，推动非公有制经济健康发展和非公有制经济人士健康成长，深化、拓展无锡与港澳台及海外人士交流合作，加强党外代表人士队伍建设，提高统战工作科学化水平。各级党委要落实中央和省委、市委关于做好新时期统战工作的要求，加强组织领导，健全工作格局，强化责任落实，推动全市统战工作再上新台阶，为高水平全面建成小康社会、建设“强富美高”新无锡汇聚力量支持。

市委常委、统战部部长陈德荣作工作部署。

（丁祥建）

【市委全面深化改革领导小组会议】 3月18日，省委常委、市委书记李小敏主持召开市委全面深化改革领导小组会议，会议落实中央和省委关于全面深化改革要求，总结上年改革工作，确定2016年深化改革重点任务。会议指出，改革是动力之源、活力之源。破解无锡当前发展面临的突出问题和制约长远可持续发展的深层次矛盾，需要通过全面深化改革来释放制度红利、增添发展动力。各地各部门各单位要增强改革意识，强化责任担当，正确处理改革与发展关系，以大力度、实举措推进各项改革，确保各项改革措施落到实处、取得实效，为“强富美高”新无锡建设提供强大动力。

会议强调，落实2016年全面深化改革各项任务，一要切实加强组织领导。抓紧调整市委全面深化改革领导小组和各专项小组，加强对改革工作的统筹协调、组织推进。各级各部门党委（党组）要提高谋划、推动、落实改革能力，引导干部树立与全面深化改革相适应的思想作风和担当精神，形成想改革、敢改革、善改革的鲜明导向。二要抓好重点改革。以供给侧结构性改革为主线，排出一批引领性、带动性、标志性强的重点改革事项，推进有利于提高资源配置效率、提高发展质量和效益的改革，推进有利于转变政府职能、提高行政效能的改革，推进有利于降低企业负担、改善企业发展环境的改革，推进有利于大众创业、万众创新的改革，使改革精准对接发展所需、基层所想、民生所盼。三要鼓励开展先行先试。用好国家级、省级赋予的改革试点机遇，争取新的改革试点试验机会，抢抓改革发展先机，尊重群众首创精神，鼓励基层创新实践，营造支持改革、鼓励探索、勇于创新、宽容失误的良好环境，走出符合自身实际的改革路子，创出具有无锡特色的改革品牌。四要推动改革落地见效。强化改革主体责任，知责明责、守责尽责，完善各个层面的协同配合、督察落实、考评激励、责任追究等工作机制，以重点突破带动改革全面深化，增强改革的系统性、整体性、协同性和实效性。

会议原则同意《中共无锡市委全面深化改革领导小组2016年工作要点》。市领导汪泉、姚建华、周敏炜、丁大卫、徐劼等出席会议。

3月28日，省委常委、市委书记李小敏主持召开第152次市委常委会暨市委全面深化改革领导小组会议，审议并原则通过《无锡市相对集中行政许可权和综合行政执法体制改革试点方案》《中共无锡市委无锡市人民政府关于加快推进生态文明建设的实施意见》《无锡市2016年生态文明建设实施方案》，听取2015年度市级机关部门（单位）绩效管理和作风建设综合考评工作、无锡市2016年江苏省劳动模范和先进工作者推荐评选工作以及贯彻全省对台工作会议精神汇报。

12月30日，省委常委、市委书记李小敏主持召开市委全面深化改革领导小组会议，研究市纪委派驻纪检机构改革、国税地税征管体制改革、市管国有企业负责人薪酬制度改革等事项。

会议审议并原则通过《关于全面落实市纪委向市一级单位派驻纪检机构的改革方案》。会议指出，派驻监督是党内监督的重要形式，实现派驻机构全覆盖是党中央为提升党内监督实效，依据党章有关规定作出的重大决策。推进派驻机构改革，采取综合派驻的方式对市级党和国家机关基本实现全覆盖，有利于增强派驻监督的独立性、权威性，发挥“派”的权威和“驻”的优势，提高监督工作的实际成效，对于全市落实全面从严治党要求、强化党内监督，具有十分重要的意义。会议强调，要把推进派驻纪检监察机构改革作为一项重要政治任务抓紧抓好，提高思想认识，增强大局意识、责任意识、配合意识，重视改革、支持改革、配合改革，共同做好相关工作。市纪委要加强统筹协调，精心组织、有序推进，派驻机构要边组建边工作，坚守责任担当，提高履职能力，在新体制机制下发挥监督职能作用。市各有关部门要在干部调配和人员分流、编制调整、经费后勤保障等方面支持，确保改革完成。

会议审议并原则通过《无锡市深化国税、地税征管体制改革落实方案》。会议认为，方案落实中央和省委部署，结合无锡实际，在机构职能优化、国税地税深度合作、征管方式转变、纳税服务优化、信息化支撑等方面作出具体探索安排。一是明确国税、地税在机构设置、职能配置、征管方式等方面进行适应性调整，适应“营改增”时代征收管理工作需要。二是明确推进办税渠道多元化、缴税方式多样化等纳税服务便利措施建设，形成一个依纳税人发起、集中式管理、跨区域全域通办、便利化办税、涉税事项一站式办结的征收服务格局。三是明确深化商事制度改革，通过简政放权、放管结合、优化服务推动改革落地生根。四是明确按照“互联网+税务”理念，加快税收信息系统建设。

会议审议并通过《深化市管企业负责人薪酬制度改革实施意见》。会议指出，深化市管国有企业负责人薪酬制度改革是国有企业改革的重要内容，在指导思想上，要落实中央和省委关于深化国有企业改革要求，与推进国有企业兼并重组、国有资本布局调整、国有资产证券化、职业经理人制度等改革紧密结合、整体推进。在方向目标上，要对国有企业负责人薪酬分配制度规范和完善，合理确定国有企业负责人报酬，合理调节不同类别国有企业负责人之间的薪酬差距，合理确定国有企业负责人与职工之间的分配关系。在工作推进上，要根据实施意见，抓紧起草企业负责人综合考核评价和经营业绩考核办法，明确具体操作细节，科学划分企业类别，合理确定考核系数，健全各项管理制度，提高考核组织化程度，确保改革取得实效。

（丁祥建）

【全市公安工作会议】 3月25~27日，全市公安工作会议召开。会议制定无锡公安“十三五”目标，部署2016年公安工作。省委常委、市委书记李小敏，市委副书记、市长汪泉分别作出批示。李小敏在批示中要求全市公安机关，要按照市委、市政府和上级公安机关要求，围绕高水平全面建成小康社会和建设“强富美高”新无锡总目标，把握维护国家安全和社会稳定总任务，以建设高水平平安无锡为统领，牢记职责使命，强化责任担当，把防范风险、服务发展和破解难题、补齐短板放在突出位置，创新、升级立体化现代化社会治安防控体系，推进公安改革和“四项建设”，加强公安队伍思想政治、纪律作风建设，提高维护稳定和服务发展的能力水平，为全市经济社会发展作出新贡献。

市领导张叶飞、赵志新、谢晓军、黄士良出席会议。

（丁祥建）

【市委“两学一做”学习教育工作座谈会】 4月22日，市委召开全市“两学一做”学习教育工作座谈会，传达学习习近平重要指示和中央、省委座谈会精神，对全市开展“两学一做”学习教育进行动员部署。会议指出，要以习近平重要指示精神为引领，把学习教育各项任务抓好抓实抓到位，为高水平全面建成小康社会、加快建设“强富美高”新无锡提供坚强保证。

省委常委、市委书记李小敏在座谈会上强调，开展“两学一做”学习教育是重大政治任务，是2016年党建工作的龙头。全市各级党组织要加强组织领导，精心研究谋划，周密部署安排，确保学习教育有力有序推进，取得预期成效。要强化主体责任，各地各部门各单位党委（党组）作为抓学习教育的责任主体，要结合实际作出部署安排，制定实施方案，加强具体指导，各级党组织书记要承担第一责任人责任。要强化组织保障，充实基层党建工作力量，配齐配强班子特别是带头人，健全工作制度，确保学习教育有人抓、有人管。要强化督促检查，总结和推广基层创造的典型经验，发现和纠正出现的苗头性倾向性问题。

市委副书记、市长汪泉主持会议，市领导姚建华、丁大卫、徐劼等出席，市委常委、组织部部长朱劲松作传达。

会议以电视电话形式举行，市设主会场，各市（县）、区设分会场。市委、市人大常委会、市政府、市政协全体党员领导干部，市各部委办局、人民团体、直属单位党委（党组）主要负责人和有关处室负责人在主会场参加会议。会上，江阴市委、市委市级机关工委、无锡地铁集团党委、宜兴市湖㳇镇党委、梁溪区金星街道党工委主要负责人作交流发言。

（丁祥建）

【全市开放型经济工作会议】 4月22日，市委、市政府召开全市开放型经济工作会议。会议贯彻中央和省委、省政府关于推进供给侧结构性改革、推进全面开放的部署，总结工作，分析形势，研究下一阶段开放型经济发展的目标任务和工作举措。大会指出，对外开放是基本国策，是发展大计、发展大势。坚定不移推进对外开放，牢牢把握发展主动权。无锡开放型经济面临总量不大、质量不优、增长乏力、持续下滑的严峻形势，还面临资源约束、经济下行、转型升级、发展短板的倒逼压力，大家要增强推动开放型经济发展的责任感和紧迫感，把握新阶段对外开放的新特征新要求，全面融入、主动服务国家和省对外开放战略布局，抢抓“一带一路”和长江经济带建设重大机遇，树立开放发展理念，实施全面开放战略，以宽广的国际视野、强烈的创新意识、务实的工作举措推进新一轮对外开放，扩大开放领域，拓展开放路径，丰富开放内涵，完善开放体制，优化开放载体，提升开放型经济发展质量和水平。省委常委、市委书记李小敏肯定无锡开放型经济工作取得的成效，在评价无锡各级干部为发展开放型经济作出的探索和努力后指出，无锡推进开放型经济发展，必须走转型发展之路，注重质量和效益，实现高水平对外开放。一要聚力发展自主品牌。引导企业推进自主创新，完善出口品牌培育机制，实施标准化战略，抢占技术标准制高点。二要加快发展服务贸易。争创国家服务贸易创新发展试点，加快文化、金融、旅游、研发等服务贸易发展，培育一批龙头型、骨干型、成长型服务外包企业，把服务贸易短板补齐拉长。三要促进加工贸易升级。推动加工贸易企业向研发、设计、关键部件制造、物流等环节拓展，向上游产业链推进，在中游产业链精选，往下游产业链延伸，推动加工贸易向高附加值环节攀升。四要加大产业招商力度。围绕“四化”要求和全市重点发展的七大先进制造业，加大产业项目引进力度，在招大、引强、选优、择好上下功夫，引进一批补链、强链、扩链型项目，引进一批投资强度高、产业效益高、科技含量高项目，引进一批外资企业总部和结算中心等功能性机构，为建

2016年3月29日，渔港党员志愿者在向社区老党员宣讲“两学一做”相关内容

（刘芳辉　摄）

设国内一流、具有国际影响力的制造业强市夯实基础。五要既好又快“走出去”。抓住国家实施“一带一路”战略机遇,用好柬埔寨西哈努克港特区等载体,支持优势企业走出去发展,推动本土企业实现全球化采购、全球化制造、全球化营销,在广领域、高层次上融入全球产业链、价值链、物流链。

李小敏说,在强调扩大内需的情况下,稳定外贸、外资增长仍然是稳定经济增长的重要基础。要奋发有为、抓好外贸外资稳增长工作,打好外贸攻坚战和外资翻身仗,确保2016年外贸出口实现正增长,确保利用外资超额完成年度目标。一要稳住出口重点。加强对重点行业、重点企业、重点产品的监测分析,通过“一业一策”“一企一策”“一品一策”,给予有力支持和保障。各地区要为全市外贸出口挑担子,比重大的板块要确保稳定、力求增长,比重小的板块要确保增长、力求多增。二要加强市场开拓。实施市场多元化战略,发展跨境电子商务,探索市场采购贸易等新型贸易方式,支持企业建设出口产品“海外仓”,确保传统市场份额不减少、新兴市场比重有提高。三要注重招商引贸。引进跨国公司销售中心、分拨中心及物流中心,以及市外规模型外贸企业、央企外贸总部和重点外贸公司,培育外贸综合服务企业,推进世贸通等外贸综合服务平台和本地外贸代理机构建设,为企业在无锡出口创造良好条件。四要突出项目带动。充实和加强招商人员队伍,制定招商激励政策,推动一批重点项目落户,实现“十三五”利用外资良好开局。

市委副书记、市长汪泉作工作部署,市领导姚建华、丁大卫、徐劼、陈德荣、朱劲松、王国中、陈金虎、王唤春、柳江南、曹佳中、谢晓军、朱爱勋、蔡捷敏,市中级人民法院院长时永才,市人民检察院检察长蒋永良,市政府秘书长叶勤良出席会议。副市长王进健主持会议。

市各部门各单位、各市(县)区及有关部门、省级以上开发区主要负责人以及相关企业负责人参加会议。会议通报2015年全市开放型经济先进单位和获“外贸贡献奖”企业。江阴市、无锡高新区、市商务局作表态发言。

(丁祥建)

【环境保护工作会议】 4月27日,市政府召开全市生态文明建设暨环境保护工作会议,部署“十三五”期间及2016年生态文明建设的重点任务,下发2016年生态文明建设年度目标任务书。会议要求,各地各部门要践行绿色发展理念,推进生态文明建设,开展环境保护重点行动,实现生态环境总体性好转,率先把无锡建成省“两型社会”建设示范市和国家生态文明建设示范市。市委副书记、市长汪泉强调,加快生态文明建设,重点做好优化生态布局,落实主体功能区规划,严守生态红线、耕地保护红线、城市开发边界红线,维护全市生态系统平衡稳定。推动绿色发展,实施产业强市主导战略,强化产业结构“调绿”的鲜明导向,形成节约集约发展的产业结构和生产方式。推进综合治理,开展水、气、土壤等环境保护工作,解决群众反映强烈的突出环境问题,提升城乡宜居品质。完善生态制度,聚焦生态文明体制改革任务,坚持先行先试,把生态保护纳入制度化、规范化轨道。强化综合保障,建立健全生态文明建设责任制,形成政府、企业、群众共治的环境治理体系,开创绿色发展新局面。

会议通报2015年无锡市环境质量状况和生态文明建设工程完成情况。

(丁祥建)

【劳模先进座谈会】 4月28日,市委、市政府召开庆祝“五一”国际劳动节劳模先进座谈会,与全市各行各业劳动模范和先进职工代表同庆“五一”、共话发展,动员全市工人阶级和广大劳动群众以实干践行劳模精神,用实干追逐美好理想,在高水平全面建成小康社会、加快建设“强富美高”新无锡伟大实践中奋发有为、建功立业。

省委常委、市委书记李小敏指出,劳动模范是社会的中坚、人民的楷模,劳模精神是社会主义核心价值观的集中体现,是全社会的宝贵精神财富。要在全社会大力发扬工人阶级优良传统,大力弘扬“爱岗敬业、争创一流,艰苦奋斗、勇于创新,淡泊名利、甘于奉献”的伟大劳模精神,动员各行各业、各条战线的广大职工和劳动群众在高水平全面建成小康社会伟大实践中充分发挥主人翁作用,为建设“强富美高”新无锡贡献智慧和力量。

李小敏说,弘扬伟大的劳模精神,要营造崇尚劳动的氛围。要加大对劳模精神的宣传力度,营造崇尚劳动、辛勤劳动、诚实劳动、创造性劳动的浓厚氛围,让劳动最光荣、劳动最崇高、劳动最伟大、劳动最美丽的观念蔚然成风。弘扬伟大的劳模精神,要增强担责尽责的自觉。面对新一轮科技革命和产业变革的蓬勃兴起,面对高水平全面建成小康社会的奋斗目标,面对推进供给侧结构性改革、落实“三去一降一补”的重点任务,全市上下只有弘扬敢闯敢试、敢作敢为、敢打敢拼的担当精神,直面矛盾问题,主动担责尽责,才能把握新的发展机遇,开辟经济社会发展的新境界、新局面。弘扬伟大的劳模精神,要传承无锡工匠的执着。全市广大职工群众要学习无锡工匠严谨、细致、专注、执着的工作态度和敬业精神,增强对职业的认同感、责任感、荣誉感和使命感,干一行爱一行、干一行钻一行、干一行精一行,参与技术发明、创造、革新等群众性科技创新活动,以实际行动把“专心专注、至精至善、创新创造、行稳行远”的无锡工匠精神传承好、发扬好。弘扬伟大的劳模精神,要坚守甘于奉献的品格。全市工人阶级和广大劳动群众要以劳动模范和先进职工为榜样,践行社会主义核心价值观,处理好个人利益与集体利益、社会利益的关系,在投身改革、服务发展、奉献社会中书写精彩人生,实现自我价值。各级各部门在选树劳模先进时,要重视长期在生产一线、平凡岗位上默默奉献并作出突出贡献的劳动者,用“老黄牛”感人事迹激励社会,使奉献精神深入人心。

会议通报全市获全国五一劳动奖状、奖章、工人先锋号,以及获省劳动模范和先进工作者称号名单。劳动模范费玉银、王道坤、张健、丁晓邕、赵军和先进工作者代表结合各自工作经历,讲述他们恪尽职守、创优争先、服务发展、奉献社会的感人事迹。

市委副书记、市长汪泉主持会议。市领导姚建华、周敏炜、陈德荣、曹佳中参加座谈会。

（丁祥建）

【市委党的建设领导小组会议】 5月11日，市委党的建设领导小组召开会议，会议贯彻习近平系列重要讲话精神特别是关于全面从严治党的重要论述，按照市委十二届九次、十次全会部署，明确全市党建工作的目标任务和重点举措。会议听取市委党的建设领导小组办公室2015年工作情况汇报，审议通过《市委党的建设领导小组2016年工作要点》《关于健全完善全市“两新”组织党建领导体制和工作机制的报告》。会议指出，2016年是实施“十三五”规划的开局之年，是高水平全面建成小康社会的关键之年，是市县乡领导班子集中换届之年，党建工作任务重、责任大，总体要求和重点任务是：贯彻习近平系列重要讲话精神，围绕协调推进“四个全面”战略布局和落实新发展理念，按照市委十二届九次、十次全会部署，坚持改革创新，突出问题导向，推进全面从严治党，为“十三五”开好局起好步提供坚强保证。一是以“两学一做”学习教育为主线，在思想政治建设上用劲发力，引导广大党员自觉在思想上、政治上、行动上同以习近平为总书记的党中央保持高度一致。二是抓住市县乡领导班子集中换届时机，在从严管理干部上用劲发力，打造一支堪当改革发展重任、适应“强富美高”新无锡建设要求的高素质干部队伍。三是加强基层党组织整体功能建设，在推动基层党建工作进步上用劲发力，提升基层党建工作规范化、制度化、科学化水平。四是整改突出问题，在抓作风、改作风上用劲发力，推动党员干部强化纪律观念、勇于担当责任、提升服务效能。五是健全反腐败体制机制，在推进反腐倡廉建设上用劲发力，形成不敢腐、不能腐、不想腐机制。

省委常委、市委书记李小敏在讲话中指出，发现问题、解决问题，是提高党建工作水平的关键。全市各级党组织要坚持目标导向与问题导向相结合，坚持重点突破与整体推进相统一，聚焦问题想办法、找对策，细化工作措施，实化创新内涵，强化责任落实，在增强抓党建的思想自觉和行动自觉、推进党建工作与发展工作深度融合、强化基层党组织功能建设、营造风清气正政治生态等方面取得成效，以解决问题的成果推动全市党建工作整体水平实现提升。做好党的建设各项工作，根本在担当，关键在落实。全市各级党组织特别是党委（党组）书记要树立抓党建的主责意识，履行管党治党主体责任，围绕2016年党建工作各项重点任务，强化责任抓落实，统筹协调抓落实，严格制度抓落实，推动全面从严治党在无锡落地生根。

市领导徐劼、陈德荣、王国中、王唤春参加会议，市委常委、组织部部长朱劲松主持会议。

（丁祥建）

【全市基本解决执行难问题部署大会】 6月1日，无锡市召开全市基本解决执行难问题部署大会。省委常委、市委书记李小敏对全市基本解决执行难工作作出批示。会议明确，市委计划制定支持人民法院“用两到三年时间基本解决执行难问题”21条意见。由市委政法委牵头建立基本解决执行难问题联席会议制度，帮助人民法院解决执行工作中遇到的突出困难，协调处理重大突发事件或暴力抗法事件、重大执行信访案件，实现由人民法院单打独斗到全社会协同配合综合治理执行难的重大转变。每年落实一定数量的执行救助资金，对执行不能、生活又特别困难的申请执行人予以救助。对于构成拒执罪的案件，公检法单位要及时立案侦查、及时提起公诉、及时判决。

会议要求，举全市之力，向执行难宣战。市政府与人民法院联手打造“执行云”，住建、国土、市场监管等部门将逐步向人民法院开放和连接系统端口，30家银行与人民法院实现网络对接，届时被执行人的各类财产信息可以直接查询、冻结。街道（镇）、社区（村）要协助人民法院做好送达、找人、找财产等具体工作。

市委常委、秘书长、政法委书记张叶飞，副市长、市公安局局长谢晓军出席会议。

（丁祥建）

【庆祝中国共产党成立95周年大会】 6月30日，无锡市举行集会，庆祝党的生日，重温党的历史，讴歌党的光辉业绩，弘扬党的优良传统。省委常委、市委书记李小敏代表市委向辛勤工作在全市各条战线的广大党员致以节日的问候和崇高的敬意。李小敏指出，庆祝党的生日，就是在回顾党的历史中汲取经验智慧，在感受党的伟大中汇聚精神力量。全市广大共产党员要认清肩负的历史责任和重大使命，践行“讲政治、有信念，讲规矩、有纪律，讲道德、有品行，讲奉献、有作为”新时期合格党员标准，增强党员意识，提高党性觉悟，发挥先锋作用，以实际行动体现信仰力量，以出色业绩彰显党员作为，以良好形象赢得群众信任，将“四讲四有”鲜明地书写在无锡党员队伍的旗帜上。讲政治、有信

2016年6月30日，《永远的旗帜》无锡市庆祝中国共产党成立95周年专题音乐会现场（卢 易 摄）

念，就是要在政治合格上过得硬。要铸牢信仰支柱，坚持用党的理论创新成果特别是习近平系列重要讲话精神武装头脑，坚定对中国特色社会主义的道路自信、理论自信、制度自信、文化自信；要对党绝对忠诚，牢记自己第一身份是共产党员、第一职责是为党工作，站在党和人民事业发展角度想问题、做事情，做到在党爱党、在党言党、在党忧党、在党为党，做到对组织忠诚、对群众赤诚、对同志真诚；要强化看齐意识，主动向党中央看齐、向党的理论和路线方针政策看齐，在思想上、政治上、行动上同以习近平为总书记的党中央保持高度一致，坚决维护中央权威，确保政令畅通。讲规矩、有纪律，就是要在守纪合格上不含糊。要敬畏党纪党规，强化党章党纪党规意识，在任何时候、任何情况下都严格遵守党的纪律和规矩；要强化组织观念，牢记自己是党组织一员，相信组织、依靠组织、服从组织，接受组织安排和纪律约束，维护党的团结统一；要审慎使用权力，按党性原则办事，按法律规范办事，按制度程序办事，执行廉洁自律各项规定，守住边界、不碰红线、不触底线，保持清正廉洁良好形象。讲道德、有品行，就是要在品德合格上高标准。带头用社会主义核心价值观统领思想和行动，加强党性修养锻炼，坚守共产党人精神高地，用自己的模范行为和高尚人格感召群众、带动群众；带头传承和弘扬党的优良传统，善于从中汲取思想精华和道德精髓，树立共产党人的“精神坐标”，并将其融入自己的日常工作和生活中；带头加强道德自律，追求健康向上的生活情趣，抵制挥霍享乐、骄奢淫逸等不良生活风气，注重家庭、注重家教、注重家风，防止在道德品行上打开缺口、留下瑕疵。讲奉献、有作为，就是要在履职合格上做表率。要在立足岗位、推动发展上多做贡献，增强“以发展为己任、为发展尽其责、用发展察所为”的思想自觉，主动服从和服务于全市经济社会发展中心工作，立足本职岗位，争当业务尖兵，创造一流业绩；要在解放思想、深化改革上走在前列，既当拥护改革、支持改革的促进派，又当推进改革、落实改革的实干家，把改革创新精神贯穿无锡经济社会发展的各领域、各环节，促进各项改革落地见效；要在迎难而上、攻坚克难上当好先锋，增强“功成不必在我，建功必须有我”意识，发扬敢打敢拼、闯关夺隘精神，巩固发展优势，补齐工作短板，开辟高水平全面建成小康社会的新境界、新局面；要在服务群众、造福民生上倾情奉献，始终饱含为民情怀，树立“群众利益无小事”观念，多办致民富、增民利、纾民忧、解民困的实事、好事，在为群众服务中密切党群关系，在与群众同甘共苦中保持公仆本色，在增进民生福祉中赢得群众的信任和拥护。

李小敏强调，基层是党的执政之基、力量之源。全市各级党组织要抓住开展“两学一做”学习教育时机，强化基层党组织整体功能，狠抓基层党建薄弱环节，严格党员发展和教育管理，提升基层党建工作规范化、制度化、科学化水平，提高基层党组织的凝聚力、战斗力，使基层党组织成为推动改革发展的基础支撑、落实党的任务的工作支撑、联系服务群众的桥梁支撑。全市广大共产党员要紧密团结在以习近平为总书记的党中央周围，高举中国特色社会主义伟大旗帜，保持昂扬向上、奋发有为的精神状态，保持求真务实、狠抓落实的良好作风，立足本职岗位，充分发挥作用，以做合格党员、当时代先锋的思想自觉和行动自觉，为人民尽责，为党旗增辉，同心协力绘就高水平全面建成小康社会，建设经济强、百姓富、环境美、社会文明程度高新无锡的壮美画卷！

市委副书记、市长汪泉主持会议，市领导姚建华、周敏炜、徐劼、黄钦、陈德荣、张叶飞、朱劲松、王国中、陈金虎、王唤春、柳江南出席会议，市委、市人大常委会、市政府、市政协党员领导干部，党员老干部，市有关方面负责人以及部分基层党组织代表、机关党员代表参加会议。会议通报全市推荐评选无锡市先进基层党组织的情况，并向获荣誉称号的先进基层党组织代表授牌。

（丁祥建）

【全市医改领导小组会议】 7月1日，全市医改领导小组会议暨综合医改工作推进会召开，会议贯彻全国医改工作会议、省医改领导小组会议和全省综合医改试点工作推进会议精神，部署下阶段重点工作，推动综合医改向纵深发展。省委常委、市委书记李小敏在批示中指出，深化医药卫生体制改革是高水平全面建成小康社会、建设“强富美高”新无锡的重大任务，事关改革发展大局、民生大事、发展大计。全市各地各有关部门要从全局的高度出发，落实中央和省、市的部署要求，以打造“健康无锡”为目标，以推进医疗领域供给侧结构性改革为重点，把准改革方向，坚持问题导向，积极探索实践，强化跟踪问效，把医疗、医保、医药联动工作推进好，把政府和市场积极性发挥好，把群众健康权益和医务工作者合法权益维护好，构建具有无锡特色的现代医疗卫生体系，惠及全体人民群众。

市委副书记、市长汪泉作工作部署，市领导黄钦、华博雅，市政府秘书长叶勤良参加会议。会议向各市(县)、区和医改领导小组主要成员单位下达2016年深化医改工作目标责任书，市人社局、梁溪区政府和市人民医院作交流发言。

（丁祥建）

【市委防汛工作专题部署会】 7月2日，省委常委、市委书记李小敏主持专题会议，传达省委书记李强在淮安考察防汛工作时的讲话精神，听取市防汛抗旱指挥部的情况汇报，对做好下阶段防汛工作提出明确要求。会议强调，当前，防汛工作处在关键时刻，全市上下要树立全局观念、一盘棋思想，做到统一指挥、协同作战、科学调度。会议要求各地各部门要以对人民群众生命财产安全负责的态度，把防汛工作作为当前压倒一切的任务来抓，落实省委、省政府和市委、市政府部署，做好各项防御工作。各地、各部门要执行防汛工作纪律，履行工作职责，对因工作不到位、组织不得力造成严重后果的，严肃追究责任。

市领导汪泉、姚建华、周敏炜，市党政领导班子全体成员，各市(县)区委主要负责人，市有关部门主要负责人参加会议。

（丁祥建）

【“两学一做”专题学习会】 7月11日，市委常委会举行“两学一做”专题学习会，围绕“学习党章党规，提高政治素养和政策水平”主题，交流学习心得体会。省委常委、市委书记李小敏主持并讲话。

李小敏指出，党章党规是共产党长期积累形成的经验智慧的集中体现，是党的性质、宗旨、指导思想、奋斗纲领和重大方针政策的集中概括。学习党章党规，就是要理解党章党规对共产党举什么旗、走什么路作出的明确回答，坚定马克思主义信仰，坚定社会主义和共产主义信念，始终把好理想信念的“总开关”；就是要理解党章党规对共产党人“我是谁、为了谁、依靠谁”确立的坚定立场，牢记全心全意为人民服务宗旨，践行党的群众路线，巩固党的执政基础；就是要理解党章党规对党员责任和义务提出的具体要求，经常对照、认真履行，做到吃苦在前、奉献在前，发挥党员的先锋模范作用；就是要理解党章党规对党员知纪、明纪、守纪作出的严格规定，树立“纪在法前、纪严于法”的观念，以党章党规约束自己，坚决守住党章党规划定的纪律规矩。

李小敏要求，全市各级党组织、广大共产党员要落实总书记关于学习党章党规、践行党章党规的重要指示要求，把学习党章党规作为必修课、基本功，把党章党规内化于心、外化于行。一要全面掌握党章党规。原原本本、反反复复学习党章党规，了解党的性质、指导思想、纲领任务、组织原则、组织制度等内容，把握党的政治纪律、廉洁纪律、组织纪律、群众纪律、工作纪律以及生活纪律等规定；要深入思考、联系实际，把党章党规作为“总标尺”，弄清楚该做什么、不该做什么，做到刻印在心、融入血液。二要带头敬畏党章党规。严守党章党规，以党章党规为镜，查找思想上、行为上的不足和问题，修枝剪叶，校正偏差，防微杜渐；以党章党规为戒，划好红线、划出底线，时时、事事、处处以党章党规规范自己、约束自己、警示自己，保持共产党人政治本色。三要贯彻党章党规。按照党章党规，严明党的政治纪律和政治规矩，教育引导广大党员干部增强政治意识、大局意识、核心意识、看齐意识；按照党章党规，贯彻党的组织原则和组织纪律，为党的事业发展提供坚强的组织保障；按照党章党规，推进党风廉政建设和反腐败斗争，持之以恒抓好作风建设；以学习党章党规为动力，促进党员干部为高水平全面建成小康社会、建设“强富美高”新无锡贡献智慧和力量。四要坚决维护党章党规。全市广大党员干部要始终站稳立场，任何时候、任何情况下都要坚决维护党章党规，做党章党规的坚定执行者和忠实捍卫者。各级党组织特别是纪检监察机关，要履行好党章党规赋予的职责，坚决查处违反党章党规行为，使党的纪律和规矩成为不可触碰的“高压线”。

学习会上，李小敏、汪泉、黄钦、朱劲松、王国中等联系各自的思想实际和工作实际，分别作交流发言。

（丁祥建）

【中共无锡市委十二届十一次全体会议】 7月26日，中国共产党无锡市第十二届委员会举行第十一次全体会议。会议贯彻中央和省委关于换届工作的要求，对做好市委换届工作作出部署。

会议指出，根据中央精神和省委统一部署，2016年三季度全省省辖市党委换届。无锡市做好市委换届工作的总体要求是：高举中国特色社会主义伟大旗帜，落实中共十八大和十八届三中、四中、五中全会精神，贯彻习近平系列重要讲话特别是“七一”重要讲话和视察江苏时重要讲话精神，牢固树立政治意识、大局意识、核心意识、看齐意识，坚持全面从严治党，把加强党的领导贯穿换届工作全过程，以提高执政能力和领导水平为目标，以选准用好干部、增强领导班子整体功能为重点，落实好干部标准和“三严三实”要求，切实把政治强、懂专业、善治理、敢担当、作风正的干部选拔到领导岗位上，把市委领导班子建设成为贯彻党的理论和路线方针政策的坚强领导集体，统一思想、明确任务、凝聚力量，团结动员全市各级党组织和广大党员带领全市人民，推进“五位一体”总体布局和“四个全面”战略布局，落实新发展理念，为高水平全面建成小康社会、建设“强富美高”新无锡而奋斗。

省委常委、市委书记李小敏就无锡市第十三次党代表大会有关事项进行说明。他强调，选准用好干部，是做好换届工作的关键。要以《中国共产党党章》为准则，坚持党管干部原则，执行《中国共产党地方委员会工作条例》《党政领导干部选拔任用工作条例》，把忠诚、干净、担当的优秀干部选出来、用起来。一要坚持正确用人导向。贯彻习近平提出的“20字”好干部标准，坚持德才兼备、以德为先，坚持五湖四海、任人唯贤，坚持事业至上、公道正派，党代会代表人选要严把资格条件关，严把身份认定和产生程序关，听取党员群众、基层组织意见以及纪检机关和有关部门意见；选拔市“两委”委员，要把政治标准放在首位，特别要让政治坚定、锐意进取、担当负责、奋发有为的改革促进派和发展实干家脱颖而出，充实进“两委”班子。二要改进推荐考察工作。坚持全面、历史、辩证考察识别干部，注重政治品质、道德品行、工作业绩、党建履职、勤政廉政等情况的考察，多渠道、多层次、多侧面把干部德才素质考准考实；改进候选人介绍方式，综合运用纪检、巡视、审计、信访等方面信息，坚持考察对象的干部档案必审，个人有关事项报告必核，纪检监察机关意见必听，线索具体的信访举报必查，防止“带病上岗”。三要强化思想政治工作。各级领导干部要带头遵守中央和省委、市委关于换届工作的有关规定，正确对待进退留转，正确对待选举结果，自觉服从组织安排。要引导干部从大局出发，讲政治、顾大局、守规矩，做到“进”者奋发有为、“退”者心情愉快、“留”者再接再厉、“转”者珍惜机会，巩固和发展同心协力干事创业的良好局面。四要严肃换届工作纪律。坚决落实、带头执行中央提出的“九严禁”等各项纪律规定，知边界、明底线，严守政治纪律和政治规矩，用好的作风选人，选作风好的人。纪检机关和组织部门要强化对换届工作全过程的监督，对拉票贿选、说情打招呼、跑官要官、买官卖官、造假骗官、干扰换届、破坏选举等违纪违规行为，发现一起、查处一起，绝不姑息，以铁的纪律确保换届风清气正。

全会审议并通过《关于召开中国共产党无锡市第十三次代表大会的决议》和《中国共产党无锡市第十三届委员会、纪律检查委员会组成原则》。全会决定，中国共产党无锡市第十三次代表大会于2016年9月召开。

（丁祥建）

【市委召开专题民主协商会】 7月30日，市委召开专题民主协商会，围绕“提升城市工作水平”主题，听取市各民主党派、工商联和无党派知识分子联谊会负责人的意见和建议。会上，大家就“如何提升城市工作水平”各抒己见、建言献策。大家建议，要以供给侧结构性改革思路，优化新城规划、管理体制、公共服务、地产开发，强化产业发展，合理引导新城有序开发；要通过加快推进锡澄宜在“空间共构、功能共生、产业共谋、设施共建”的格局中，开启城市发展新动能；要创造人才红利，吸引各类优秀人才集聚无锡，激发城市活力；要加大改革力度，创新管理举措，提升无锡城市综合发展质量。与会人员还对城市共同配送体系建设、创意城市建设、推进电梯安全监管体制改革、背街小巷整治和旧住宅区改造、提升养老服务水平等提出意见、建议。

省委常委、市委书记李小敏听取大家的意见和建议后指出，城市规划作为城市发展的规矩和蓝图，起着战略引领和刚性控制作用。当前无锡城市发展处于从外延扩张向内涵提升时期，需要强化规划引领，提升城市工作科学化水平。要创新规划理念，树立以人为本、尊重自然、传承历史、绿色低碳等理念，强化依山、沿河、滨湖等具有无锡空间特色的景观塑造，彰显无锡山水城市灵秀特色、江南水乡精致特色、工商名城时尚特色，使无锡成为一座有“灵魂”的城市；树立“精明增长”“紧凑城市”理念，优化城市空间布局，控制城市开发强度，划定城市开发边界，从严划定水体保护线、绿地系统线、基础设施建设控制线、历史文化保护线、永久基本农田和生态保护红线，为未来发展留有余地、留出空间。要增强规划的严肃性、权威性和连续性，依法执行规划，实现一张蓝图干到底。

李小敏强调，国家对无锡城市的定位是长三角五大区域性中心城市之一、苏锡常都市圈的重要中心和锡常泰跨江融合发展的龙头城市。无锡要强化这一定位，提高城市的集聚力和辐射力，拓展南北向发展腹地，其中完善交通体系是重要突破口，是促进锡澄宜一体发展的基础。要把加强泰锡宜纵向交通联系摆在重要位置，加快推进重大交通项目建设，强化交通枢纽地位，做到向北跨江而动，向西南抢抓宁杭资源，加强对苏中城市、苏西南、浙西北、皖东南地区的辐射带动，提升城市的能级和区域中心地位。

李小敏希望全市各民主党派、工商联和无党派人士发挥人才荟萃、智力密集、联系广泛的独特优势，围绕城市工作中事关改革发展全局和群众切身利益的问题，调查研究、建言献策，团结各自成员和所联系群众，形成做好新时期城市工作的强大合力。

市政协主席周敏炜，市委常委、常务副市长黄钦，市委常委、秘书长、政法委书记张叶飞，副市长朱爱勋参加会议。市委常委、统战部部长陈德荣主持会议。

（丁祥建）

【中共无锡市委十二届十二次全体会议】 8月3~4日，中共无锡市委举行十二届十二次全体会议，贯彻中共十八大和十八届三中、四中、五中全会精神，落实习近平系列重要讲话特别是视察江苏时重要讲话精神，按照省委十二届十二次全会部署，总结上半年工作，安排下半年任务，推动落实产业强市各项重点工作，动员全市上下解放思想、振奋精神，攻坚克难、砥砺奋进，完成年度各项目标，实现“十三五”发展良好开局。

全会认为，年初至今，全市上下贯彻习近平系列重要讲话特别是视察江苏时重要讲话精神，落实省委、省政府工作部署，践行五大发展理念，实施六大发展战略，统筹改革发展稳定，协调推进各项事业，落实“十三五”发展规划确定的各项任务，全市经济实现稳中有进，供给侧结构性改革全面展开，重点改革和建设扎实推进，人民群众生活改善，党的建设加强，各项工作取得新进展、新成效。

省委常委、市委书记李小敏指出，推进供给侧结构性改革是贯穿“十三五”时期经济工作主线。下半年经济工作要把握主线，重点把握：一是今天的“去”是为了明天的“进”。去产能要遵循市场经济规律，鼓励支持过剩行业中有竞争力的企业兼并重组、“走出去”发展。去库存要通过发展总部经济、科技创业消化非住宅商品房，适当调整部分商业用地性质，有序推进安置房上市，促进房地产市场健康发展。去杠杆关键是优化杠杆结构，通过拓展资本市场、风险投资、发行企业债、引进战略投资者等渠道，提高直接融资比重。二是今天的“降”是为了明天的“增”。当务之急是宣传好、解读好、落实好降成本的措施，做到主动兑现、充分兑现、便捷兑现。三是今天的“补”是为了明天的“强”。要聚焦薄弱环节、制约因素、瓶颈问题、滞后领域等，精准施策，集中攻关，尽快见效。

李小敏强调，推动产业转型升级是实现新旧动能转换、促进经济持续健康发展的根本之策。要聚焦先进制造业和新兴产业，坚持规划引领和计划引导，实施一批智能制造、高端装备改造项目，实施一批新兴产业应用示范工程，建设一批生产性服务业集聚区，推进国家传感网创新示范区建设，提升先进制造业和新兴产业的规模和水平。要依靠创新驱动，推进苏南国家自主创新示范区建设，实施“太湖人才计划”，实施一批高新技术产业化和重大科技成果转化专项，培育一大批科技小巨人企业，推动新技术、新产业、新业态发展，在创新发展中打造现代产业发展新高地。改革开放是高水平全面建成小康社会的关键一招，是推动经济社会发展进步的动力之源。要实现重点领域改革新突破，开展相对集中行政许可权和综合行政执法体制改革试点，结合行政区划调整和“营改增”推进财税体制改革，稳妥推进市属国有企业整合重组，深化城乡一体化体制机制改革。要构筑开放型经济发展新优势，落实发展开放型经济政策措施，推动自贸区、服务贸易等创新试点政策落地；围绕完善现有产业链，培育新的产业链，引进一批对当前有支撑作用、对未来有引领作用的大项目好项目；推动开发区转型升级，走特色发展、高端发展、绿色发展之路；鼓励优势产业和企业“走出去”，提升全市企业利用全球资源能力和国际化经营水平。保障改善民生是党委政府工作的出发点和落脚点。要增进民生福祉，做好重点群体就业工作，健全城乡居民收入增长机制，稳步推进社保扩面，保障困难群众基本生活。要发展社会事业，提升基础教育内涵质量，推进高等教育发展，巩固、提升文明城市创建成果，开展文化惠民活动，推进城市医联体、医疗集团建设，深化县乡村医疗服务一体化改革。要改善城乡面貌，加强海绵城市、城市地下综合管廊和农村水利工程建设，加强综合交通和重点道路建设，推进城中村和旧住宅区改造，推进城乡发展一体化示范特色小镇和美丽乡村建设，抓好突出环境问题治理，推进太湖治理和河道综合整治工作。要加强社会治理，推进平安无锡建设，健全立体化、现代化社会治安防控体系，落实安全生产责任和措施，夯实食品药品安全基础。

李小敏指出，全面从严治党是加强党的建设的根本要求。一要从严加强思想政治建设。组织习近平“七一”重要讲话精神学习，开展“两学一做”学习教育，落实意识形态工作责任，在思想上、政治上、行动上与以习近平为总书记的党中央保持高度一致。二要从严加强干部队伍建设。把握市县乡领导班子换届重点，确保党管干部原则贯彻到位、好干部标准落实到位、各项制度规范执行到位。三要从严加强基层党组织建设。抓住村(社区)“两委”换届时机，选优配强基层党组织带头人，推进基层服务型党组织建设，建立整顿软弱后进党组织长效机制，强化基层党组织的政治功能和服务功能。四要从严加强党风廉政建设。加强对“两个责任”落实情况的监督检查，开展整治和查处侵害群众利益不正之风和腐败问题专项行动，坚持以零容忍态度惩治腐败。把握运用好“四种形态”，把纪律和规矩挺在前面。落实《中国共产党问责条例》，把监督执纪问责做深做细做实。建立健全容错机制，激励干部改革创新、干事创业。

在讲话中，李小敏就推进产业强市作出部署。指出，无锡市项目建设虽然取得一定成效，但投资不足问题仍较严重，大项目少、投资慢的状况没有改变，区域分化依然明显，短期难以形成比较强劲的拉动力。全市上下要把重振无锡产业雄风作为共同的志向和追求，传承工商基因，弘扬工匠精神，在打造现代产业发展新高地上迈出大步伐。要坚定信心抓产业，看到当前全市产业发展其势已起、其心已齐、其时已到，发挥党委、政府信心的导向作用、示范效应，增强企业家信心，推动全社会当好产业强市主人翁。要增强忧患抓产业，清醒看到成绩背后的隐忧、发展之中的差距，增强忧患意识和危机意识，以底线思维抓牢产业、抓实产业、抓强产业。要满怀激情抓产业，增强建功有我的使命感、时不待我的紧迫感，以担当、创新、攻坚的激情，鼓起无锡产业航船前进的征帆。要对标先进抓产业，内部比贡献，对外比进位，开创“第一方阵有我们，领头雁在我们中间”的新局面。要保持定力抓产业，扭住产业强市发展目标以及重点发展的产业和领域，做到方向不变、目标不变、重点不变，开创无锡产业发展新局面。

市委副书记、市长汪泉对下半年工作作具体安排。市委委员、候补委员出席会议，市纪委委员、有关方面负责人列席会议。

会议审议通过《中共无锡市委举行十二届十二次全体决议》。

（丁祥建）

【全市政协工作会议】 8月20日，市委召开全市政协工作会议，贯彻习近平系列重要讲话特别是视察江苏时重要讲话精神，按照中央和省委关于政协工作的部署，总结工作，分析形势，部署任务，在新起点上推动全市政协事业开创新局面。

李小敏强调，实现“十三五”期间高水平全面建成小康社会、建设“强富美高”新无锡目标，需要各级政协组织付出努力，需要广大政协委员贡献智慧。全市各级政协组织、广大政协委员要把围绕中心、服务大局作为基本职责，以尽职尽责、甘于奉献的精神状态和实际行动，在建设新无锡实践中实现大作为。一要围绕改革发展献计出力。广泛了解界别群众对“十三五”发展的关切和期望，围绕经济社会发展的重大课题，抓住深化改革的重点领域和关键环节，开展视察调研、民主监督、议政建言，为“十三五”期间无锡补短补差、固优固强提出建设性、可行性建议，发挥广大政协委员的履职主体作用、在本职工作中的带头作用、在界别群众中的代表作用。二要服务民生改善增添助力。把以人民为中心的发展思想落实到政协履职的各个方面，通过民主监督、提案、民主评议等形式，推动群众最关心、最直接、最现实的问题早解决，促进各项惠民利民政策快落实。密切与群众的思想沟通和情感交流，开展精准扶贫、爱心助学、慈善公益、社会服务等活动，使政协履职有力度、有温度。三要团结民主凝聚合力。深化同党外人士的合作共事，加强同党外知识分子、民族宗教代表人士、港澳台同胞和海外侨胞等的团结联谊，密切与非公有制经济人士、新社会阶层人士、出国和归国留学人员的联系沟通，协助和配合党委、政府做好政策宣传、舆论引导、形势分析、释疑解惑等工作，凝聚发展共识、改革共识、法治共识、反腐倡廉共识和价值观共识。

李小敏指出，社会主义协商民主，是中国社会主义民主政治的特有形式和独特优势，是党的群众路线在政治领域的重要体现。各级政协组织要发挥人民政协作为专门协商机构的重要作用，以改革创新精神加强政协协商民主建设，把协商民主贯穿政协履职全过程。一要搭好协商平台。完善政协全体会议、常委会议、主席会议制度，灵活和经常开展专题协商、对口协商、界别协商、提案办理协商，探索网络议政、远程协商等新的协商形式，尊重和保障政协各参加单位及政协委员的民主权利，有效纳群言、集民智，增共识、聚合力。二要完善协商机制。研究政协协商的运作规律，及时将成熟的经验上升为制度。处理政协协商与政党协商、人大常委会协商、政府协商、人民团体协商、基层协商、社会组织协商的关系，促进协商民主广泛多层制度化发展。各级党委、政府要坚持有事多商量、遇事多商量、做事多商量，坚持协商于决策之前和决策之中，使协商的过程成为发扬民主、集思广益的过程，成为统一思想、凝聚共识的过程，成为科学决策、民主决策的过程。三要增强协商实效。坚持问题导向，聚焦经济社会发展的重点难点、人民群众关注的热点焦点，精心选准协商议题，分析研究问题，提出有价值的意见、建议。坚持开门搞协商，注意协商议题和协商形式相匹配，把问题议深、议透。强化协商中的民主监督作用，开展监督性强的考察、调研、会议等履职活动，促进党政部门改进工作、解决问题。

李小敏强调，党的领导是人民政协事业发展进步的根本保证。各级党委要加强和改进对政协工作的领导，支持政协组织依照宪法法律和章程独立负责、协调一致开展工作，为政协事业发展创造良好环境。一要坚持把政协工作摆在重要位置。将政协工作纳入总体工作布局、重要议事日程、年度考核目标，统筹制定党委、政府工作与政协协商有机衔接的制度，完善领导干部联系政协制度，支持政协以多种形式履行民主监督职能，加强对政协工作重要方针政策落实情况的监督检查。二要发挥政协党组领导核心作用。各级政协党组要增强政治意识、大局意识、核心意识、看齐意识，服从同级党委领导，履行政治领导责任，履行全面从严治党主体责任，确保党的大政方针和各项决策在政协得到落实。各级党委要善于通过政协党组实施对人民政协的领导，政协委员和机关干部中的中共党员要带头执行党的路线、方针、政策，以良好的作风形象把各界人士团结在党的周围。三要支持政协加强履职能力建设。抓住政协换届时机，加强政协委员队伍建设，促进政协委员强化责任担当、提高能力素质，引导广大委员珍惜荣誉、严格自我要求。

会议以电视电话形式召开，各市(县)区设分会场。会上，江阴市委、宜兴市政协党组、锡山区政协党组和市人社局党委交流各自重视和加强政协工作的做法。

市委副书记、市长汪泉主持，市政协主席周敏炜、市委副书记徐劼出席会议。市委常委、市人大常委会、市政府有关领导，市政协全体领导，市中级人民法院、市人民检察院主要负责人，市各民主党派、工商联、部委办局、人民团体、直属单位、在无锡高校主要负责人，驻无锡的全国、省政协委员和担任过市政协正市级领导职务的老领导在主会场参加会议。

(丁祥建)

【供销合作社综合改革会议】 8月23日，无锡市召开深化供销合作社综合改革会议，明确供销合作社要在农业社会化服务、基层组织建设、农产品流通、农村金融服务和社有资产运作等方面加强改革创新。省委常委、市委书记李小敏，市长汪泉分别作批示。李小敏在批示中指出，深化供销合作社综合改革是全面深化农村改革的重大举措，各级党委、政府要将此纳入全面深化改革大局统筹谋划、扎实推进，确保供销合作社综合改革工作落到实处、取得实效、形成特色。全市供销合作社系统要扎实推进改革经营管理体制、拓展经营服务领域、创新联合治理机制等重点工作，激发内生动力和发展活力，开创无锡供销合作事业发展新局面，为高水平全面建成小康社会、建设“强富美高”新无锡作出新的贡献。副市长刘霞参加会议。

(丁祥建)

【经济、城建部门负责人座谈会】 9月6日上午，省委常委、市委书记李小敏主持召开座谈会，听取经济、城建部门对起草市第十三次党代会报告的意见、建议。市领导黄钦、张叶飞、曹佳中、朱爱勋、王进健参加会议。

座谈会上，市有关经济工作部门负责人重点就如何推进创新驱动核心战略、产业强市主导战略、全面开放战略提出具体意见。李小敏听取与会人员发言，不时就相关问题进行探讨。他说，发展是第一要务。推动无锡未来五年的发展特别是经济发展，一要以五大发展（创新发展、协调发展、绿色发展、开放发展、共享发展)理念为根本，将其贯穿到发展全过程；二要以“智能化、绿色化、服务化、高端化”为引领，推进科技自主创新和产业转型升级，构建现代产业体系；三要以供给侧结构性改革为主线，落实“三去一降一补”五大任务(积极稳妥化解产能过剩、帮助企业降低成本、化解房地产库存、扩大有效供给、防范化解金融风险)，提高经济发展质量和效益；四要以改革开放为动力源泉，加大改革攻坚力度，构筑开放格局，让无锡发展生机勃勃、活力无限。

(丁祥建)

【社会事业、民生工作部门负责人座谈会】 9月6日下午，省委常委、市委书记李小敏主持座谈会，围绕起草好市第十三次党代会报告，听取社会事业、民生工作部门的意见和建议。座谈会上，各部门负责人结合部门实际分别发言，对推进民生共建共享战略、加快社会事业发展、保障和改善民生提出具体意见、建议。李小敏肯定相关部门提出的意见、建议，要求在报告起草修改过程中吸收。他说，让人民群众过上好日子，是党委、政府始终不渝的奋斗目标。未来五年，无锡要高度重视民生改善，高度重视社会事业发展，加大工作力度，推动民生、社会事业又好又快发展。一要推进协调发展。即推进经济与社会协调发展，把保障改善民生作为发展经济的根本出发点和落脚点。二要推进均衡发展。一方面推进卫生、教育、食品、文化等领域均衡发展，有短板的补短补缺，做得好的固优固强；另一方面推进不同地区、不同群体之间均衡发展，采取有针对性措施，缩小地区差距、群体差距，让发展成果公平惠及全体人民。三要推进共建发展。实现政府有形之手、市场无形之手、群众勤劳之手同向发力，把各方面的积极性、主动性、创造性调动起来，创造全市人民幸福生活。

(丁祥建)

【党群部门负责人座谈会】 9月7日上午，省委常委、市委书记李小敏主持召开党群工作部门负责人座谈会，研究加强和改进无锡市党的建设工作，听取对起草市第十三次党代会报告的意见、建议。座谈会上，大家建议，推进全面从严治党，关键在于责任的落实，要强化各级党委(党组)的主体责任，把全面从严的要求落到实处；要加强党性教育，自觉尊崇党章、严格执行党章，做到心中有党、心中有民、心中有责、心中有戒；严肃党的纪律规矩，规范党内政治生活；坚持党管干部原则，从严加强对党员干部的日常监督管理，打造全面过硬干部队伍；统筹谋划干部工作，重视年轻干部的培养选拔；提升园区党建工作水平，打造一批非公企业和社会组织党建先进群体；深化区域化大党建工作，提升统筹城乡党建工作水平；坚持挺纪于前，用好“四种形态”，把“全面从严”的要求落实到党风廉政建设和反腐败工作中；强化派驻监督、审计监督等，抓实监督执纪问责；坚持以零容忍的态度惩治腐败，做到有案必查、有腐必惩；党员领导干部要树立正确的权力观、政绩观，遵守廉洁从政各项规定，做到公正用权、依法用权、为民用权、廉洁用权；加强和改进群团组织领导，推进群团组织改革，发挥群团组织的桥梁纽带作用。大家结合平时的学习思考，对产业建设、科技创新、社会事业发展、民生改善、社会治理、法治建设等方面，提出不少意见、建议。

李小敏听取发言后指出，推动全面从严治党迈上新台阶，是党代会报告一项十分重要的内容，必须放在市委工作的突出位置来抓。一要把“全面从严”的要求贯彻到党的建设的各个方面，从严加强领导班子建设，从严管理党员干部队伍，从严推进反腐倡廉，推动全面从严治党要求落地生根。二要坚持思想建党和制度治党相结合，一方面把思想政治建设放在首位，增强道路自信、理论自信、制度自信和文化自信；另一方面加强制度建设，健全、完善各项制度规定，切实抓好制度执行，坚决用制度管住人、管住权、管住事。三要强化重基础、重基层的工作导向，扩大党的组织和工作的有效覆盖，夯实基层基础。

（丁祥建）

【中共无锡市委十二届十三次全体会议】 9月18日，中共无锡市委举行十二届十三次全会。会议决定，中国共产党无锡市第十三次代表大会于9月26日举行，会期4天。

省委常委、市委书记李小敏向全会报告市第十三次党代会筹备工作情况，并就有关事项作说明。市委委员、候补委员出席会议，市纪委委员列席会议。

全会讨论并原则同意十二届市委工作报告（讨论稿）、市纪委工作报告（讨论稿），提请市第十三次党代会审查。讨论通过市第十三次党代会议程（草案），讨论酝酿中共无锡市第十三届委员会委员、候补委员和中共无锡市第十三届纪律检查委员会委员候选人预备人选建议名单，表决确定无锡市出席省第十三次党代会代表候选人预备人选名单，审议通过市委十二届十三次全会决议。

李小敏在讲话中指出，即将召开的市第十三次党代会，是无锡进入“十三五”发展新阶段召开的重要会议，是全市人民政治生活中的一件大事。在市委常委会领导下，市第十三次党代会筹备工作领导小组，按照中央和省委提出的“绘出思路清措施实的好蓝图、选出忠诚干净担当的好干部、配出结构优功能强的好班子、换出心齐气顺劲足的好面貌”的要求，加强组织领导，周密安排部署，强化责任落实，扎实有序推进，经过全市各方面努力，大会各项筹备工作基本就绪。全市各级党组织和广大党员要以强烈的政治责任感和历史使命感，恪尽职守、认真履职，确保市第十三次党代会胜利召开、圆满成功。要以市第十三次党代会召开为强大动力，围绕市委十二届十二次全会要求，盯住全年目标，落实有力及针对性措施，抓好当前各项工作，实现“十三五”发展良好开局。要高质量推进年度为民办实事项目，化解人民群众最关心、最直接、最现实的就业保障、教育医疗、住房交通等问题，重点加强对困难弱势群体的关爱和扶助，千方百计增进民生幸福。要绷紧稳定弦，处理好涉及群众利益的各类矛盾，完善和落实安全生产责任制，做到守一方稳定、保一方平安。

（丁祥建）

【全市人大常委会换届选举工作会议】 9月21日，无锡市召开全市人大常委会换届选举工作会议。会议贯彻习近平关于换届选举工作的重要指示精神，对市和市（县）区、镇人大常委会换届选举工作作动员部署。省委常委、市委书记李小敏在讲话中明确做好全市三级人大常委会换届选举工作的基本要求。一要毫不动摇坚持党的领导。把坚持党的领导作为根本原则贯穿换届选举全过程，把牢政治方向，主导提名推荐，认真组织选举，确保党的主张通过法定程序实现，确保换届选举在正确轨道上有序推进。二要从严把好代表人选关口。严把素质关、结构关、提名关，确保人大代表政治信念坚定，工作勤勉尽责，具备一定的履职能力，当好党委政府联系服务群众的桥梁。三要选优配强地方政权机关领导班子。贯彻习近平提出的“20字”好干部标准，处理党管干部与依法选举关系，坚持老中青梯次配备，把政治强、懂专业、善治理、敢担当、作风正的优秀干部选进人大常委会和“一府两院”领导班子。四要严肃换届选举纪律要求。坚持预防在先、强化纪律教育，坚持执纪必严、强化监督问责，以严肃的态度、坚决的措施严明换届纪律，净化换届风气。五要加强宣传引导，增强广大选民的政治参与意识和责任意识，展现中国特色社会主义民主政治制度的生命力和感召力。

市人大常委会主任姚建华对换届选举工作作具体部署。市委常委、组织部部长周英，市委常委、宣传部部长王国中分别对换届选举中的人事工作和宣传工作提要求。

（丁祥建）

【中共无锡市第十三次代表大会】 9月26~29日，中国共产党无锡市第十三次代表大会在市人民大会堂隆重召开。

26日8时30分，全市各条战线500多名代表，带着全市40多万名共产党员重托，带着全市人民期盼，步入庄严的人民大会堂参加会议。大会由汪泉主持。省委换届工作指导组、督导组组长，省委组织部副部长陆永辉出席开幕式。9时，汪泉宣布中国共产党无锡市第十三次代表大会开幕。全体起立，会场响起雄壮的《中华人民共和国国歌》。

在全体代表热烈的掌声中，李小敏代表中共无锡市第十二届委员会，向大会作《高水平全面建成小康社会，奋力谱写“强富美高”新无锡精彩篇章》的报告。报告分为四部分：一是过去五年的工作回顾；二是今后五年工作的总体要求和目标任务；三是开创经济社会发展新局面；四是推动全面从严治党迈上新台阶。王唤春代表中共无锡市纪律检查委员会作工作报告。

9月29日下午，中国共产党无锡市第十三次代表大会在选举产生新一届中共无锡市委员会和市纪律检查委员会，选举产生无锡市出席省第十三次党代会代表，通过关于中共无锡市第十二届委员会报告的决议、关于中共无锡市第十二届纪律检查委员会工作报告的决议后，在市人民大会堂闭幕。

大会以无记名投票方式进行差额选举，56 人当选为第十三届市委委员，10 人当选为市委候补委员，35 人当选为市纪律检查委员会委员，选举产生无锡市出席省第十三次党代会代表。通过关于中共无锡市第十二届委员会报告的决议、中共无锡市第十二届纪律检查委员会工作报告的决议，批准李小敏代表十二届市委所作的报告、王唤春代表十二届市纪律检查委员会所作的工作报告。

2016 年 9 月 26 日，中共无锡市第十三次代表大会开幕式现场

（刘芳辉　摄）

大会完成各项议程后，李小敏在全体代表的热烈掌声中讲话。他说，经过全体代表和各有关方面努力，中国共产党无锡市第十三次代表大会完成各项预定任务。大会期间，各位代表始终以饱满的政治热情和良好的精神风貌，牢记使命责任，忠诚履职尽责，投入到审查报告、酝酿人选、投票选举等各项议程活动中，实事求是，认真负责议大事、谋长远，确保大会各项任务顺利完成，为无锡经济社会发展提出许多真知灼见，体现各位代表高度的政治责任感和使命感。大会开得成功，是一次继往开来、与时俱进，团结民主、凝聚共识，务实创新、催人奋进的大会，对高水平全面建成小康社会、加快建设“强富美高”新无锡，必将产生重大而深远的影响。

李小敏强调，宏伟蓝图绘就，崭新征程开启。当前，摆在全市各级党组织、广大党员干部面前的一项重要任务，就是抓好大会精神的学习和落实。全市各级党组织要加强组织领导，精心组织安排，把会议精神传达给每一名党员，引导广大党员把思想和行动统一到本次党代会作出的各项决策部署上来，把智慧和力量凝聚到高水平全面建成小康社会、加快建设“强富美高”新无锡的具体实践上来，确保党代会提出的各项要求落到实处。各级宣传部门、各类新闻媒体要加大宣传力度，在全市掀起贯彻市党代会精神的热潮，激发广大党员干部和人民群众干事创业的积极性、主动性、创造性。各位代表要发挥模范带头作用，在宣传和落实市党代会精神方面作好示范、当好表率。

（丁祥建）

【中共无锡市第十三届委员会第一次全体会议】 9 月 29 日下午，中共无锡市第十三届委员会举行第一次全体会议，选举本届市委常务委员会委员和书记、副书记。

李小敏受市第十三次党代会大会主席团委托，主持全会。新当选的 56 名市委委员和 10 名候补委员出席会议，市纪委委员列席会议。全会以无记名投票方式，差额选举产生 11 名中共无锡市第十三届委员会常务委员会委员，分别是李小敏、汪泉、徐劼、黄钦、周英、陈德荣、张叶飞、王国中、陈金虎、王唤春、柳江南。全会选举李小敏为中共无锡市委书记，选举汪泉、徐劼为中共无锡市委副书记。

会议通过中共无锡市第十三届纪律检查委员会第一次全体会议关于市纪委常务委员会委员和书记、副书记选举结果的报告。

选举结束后，李小敏代表新当选的市委常委会讲话。李小敏说，新一届市委受命于高水平全面建成小康社会决胜之期，当选于建设“强富美高”新无锡重要之年，使命光荣、责任重大。站在新的历史起跑线上，承载着 650 万无锡人民的新期待，手握着薪火传承、继往开来的接力棒，肩负着重振雄风、再创辉煌的千斤担，必须始终牢记习近平“不忘初心、继续前进”的重要指示，保持昂扬向上的精神状态、攻坚克难的顽强意志、锐意进取的干事激情，恪尽职守、团结奋斗，书写无锡发展史上新篇章。

（丁祥建）

【2016 世界物联网无锡峰会】 10 月 31 日，2016 世界物联网博览会在无锡隆重举行。峰会上宣读中共中央政治局常委、国务院总理李克强为 2016 世界物联网博览会发来的贺信。贺信指出：物联网是新一代信息网络技术的高度集成和综合运用，对于培育经济发展新动能、推动产业结构调整、提升社会治理服务水平可以发挥重要的支撑作用。近年来，中国政府大力实施创新驱动发展战略，推动大众创业、万众创新，物联网作为战略性新兴产业呈现出强劲发展势头，在产业培育、技术创新、品牌建设、应用示范等方面取得积极进展，为经济转型升级注入了新动力。本次博览会以“创新物联时代、共享全球智慧”为主题，具有鲜明的时代意义。希望各位嘉宾利用此次博览会平台，交流创新思想，深化相互合作，共同拓展物联网产业发展应用的更广阔空间，带动更大范围的创业创新，造福人类社会。

省委书记李强出席峰会并讲话，省长石泰峰主持峰会。工信部副部长怀进鹏，科技部党组成员、科技日报社社长李平分别致辞。省委常委、无锡市委书记李小敏致欢迎词。国土资源部副部长王广华，国家税务总局总经济师任荣发，省委常委、秘书长樊金龙，副省长马秋林，省政府秘书长王奇等出席会议。

省委常委、无锡市委书记李小敏代表全市人民向莅临会议的各国朋友、嘉宾表示热烈欢迎。市领导汪泉、姚建华、周敏炜、徐劼、黄钦、周英、张叶飞、王国中、叶万彬，市政府秘书长叶勤良等出席峰会。

(丁祥建)

【省党代会代表专题培训会】 11月15日，就严肃换届纪律、加强换届风气监督，无锡市召开出席省第十三次党代会代表专题培训会议。省委常委、市委书记李小敏强调，全体代表要认识这次省党代会的重要意义，统一思想、提高认识，团结一致、认真履职，展示无锡代表良好风貌，营造风清气正换届环境。市委副书记、市长汪泉主持会议。

李小敏强调，省党代会期间，全市出席省党代会的全体代表要以严谨细致的态度、高度负责的精神参加大会各项活动，不辜负全市共产党员、全体无锡人民的信任和重托。一要议大事、尽职责。全面掌握换届政策、纪律规定和履职要求，集中精力谋大事、议大事，认真行使权利，积极建言献策。二要树形象、作表率。做好讨论“两委”报告、酝酿人事安排、大会选举等工作，以饱满的政治热情、良好的精神风貌、出色的履职成效，展示无锡党员干部的作风和形象。三要守纪律、扬正气。绷紧纪律和规矩弦，按照大会日程安排，集中精力参加会议和活动，确保中央和省委各项换届纪律要求在无锡代表团落到实处。

会上，省第十三次党代会代表张明康、吴协恩分别代表全市出席省党代会的54名代表发言。与会代表还集中学习中央关于辽宁拉票贿选案查处情况的《通报》精神，收看中央组织部摄制的警示教育片《镜鉴》。

(丁祥建)

【美丽乡村建设推进会】 11月16日，全市城乡发展一体化示范特色镇和美丽乡村建设推进会召开。市委副书记、市长汪泉强调，全市上下要以建制镇和行政村为单位，在大范围内统筹推进“产、城、人、文”建设，在高层面上实施土地、户籍、住房、就业、社会保障等方面制度创新，在高水平上打造独具无锡魅力的特色内涵，推动全市城乡发展一体化由注重速度向注重品质提升转变，为无锡经济健康发展打造新引擎、构建新支撑。副市长刘霞主持会议。

会议明确示范特色镇和美丽乡村建设总体目标：到2020年，围绕产业集聚型、生态旅游型、古镇保护型，培育10个左右产业特色鲜明、生态环境优美、文化特质彰显、功能配套完善、创新优势强劲、具有较高城镇综合承载能力和可持续发展能力的示范特色镇；围绕布局形态美、绿色产业美、富民生活美、宜居生态美、乡风和谐美内容，建设100个美丽乡村示范村；围绕乡村旅游“一环两带二片”发展布局，提升产业素质，培育地域品牌，打造30个美丽乡村休闲旅游示范村。

会上，市住建局、市旅游局、惠山区、江阴市新桥镇、宜兴市白塔村等部门和地区作交流发言。

(丁祥建)

【全国双拥模范城“七连冠”总结大会】 11月30日，无锡市举行获全国双拥模范城“七连冠”总结大会。会议贯彻中央和省委精神，部署下阶段双拥工作，动员全市上下以实际举措，推动双拥工作取得新成效。省委常委、市委书记李小敏为无锡市获全国双拥模范城“七连冠”揭牌并讲话。驻无锡部队领导吴锦高、徐兴林、叶少军、顾桃林、赵修民、屠余明、高剑刚等，市领导周敏炜、丁大卫、柳江南、谢晓军、刘霞出席会议，市委常委、秘书长张叶飞主持会议。

李小敏指出，获全国双拥模范城“七连冠”，是对过去工作的肯定，标志着无锡市双拥工作站在新起点上。全市上下要贯彻习近平关于做好新时期双拥工作的一系列新思想、新观点、新要求，认识在新起点上做好双拥工作的重要性、紧迫性，增强“四个意识”，以“一切归零、重新出发”的心态和勇气，把握形势任务要求，增强使命责任担当，拓展内容形式载体，提升工作质量效益，把中央和省委关于双拥工作的要求落实、落细、落稳，军地合力、军民同心，再接再厉、创新实干，实现全国双拥模范城创建“八连冠”。

李小敏强调，做好全市双拥工作，一要强化大局观念，全力支持国防和军队改革建设。各级党委、政府要以服务部队能打仗、打胜仗为牵引，健全完善军地协调机制，制定实施有针对性和可操作性措施，以实际行动支持改革强军战略全面实施。二要充分发挥优势，加快推进军民融合深度发展。坚持发展和安全兼顾、富国和强军统一，推进军地基础设施合建共用、军地人才互动交流、高新产业项目“军转民、民参军”等方面的融合发展，形成全要素、多领域、高效益的军民深度融合发展格局，实现地方生产力与部队战斗力同步提升。三要落实优抚政策，做好拥军优属安置工作。贯彻中央和省委相关政策，带着政治责任和深厚感情，做好转业退伍军人安置工作，千方百计解决优抚对象在就业、教育、医疗、住房、生活等方面的实际问题，营造关心国防、尊崇军人氛围，帮助部队官兵拓宽“后路”、巩固“后院”、扶持“后代”。四要牢记使命宗旨，支援地方经济社会发展。希望驻无锡部队广大官兵按照习近平“军队要努力为促进经济社会发展贡献力量”的指示，发挥组织严密、作风扎实、突击力强等优势，关心、支持地方经济社会建设，为推动无锡经济社会健康发展立新功。五要加强组织领导，凝聚双拥工作强大合力。各级党委、政府和部队领导机关要把双拥工作摆在应有位置，纳入目标体系，加强组织领导，推进责任落实，形成党委统一领导、党政军齐抓共管、双拥组织机构统筹协调、社会各界密切协同、广大军民积极参与的良好工作格局。

市委常委、无锡军分区政委柳江南作工作部署，会议通报全市争创全国双拥模范城“七连冠”先进单位和先进个人。

(丁祥建)

【钢铁去产能会议】 11月30日，无锡市召开钢铁去产能和“地条钢”整治工作会议，会议落实省专题会议相关精神，部署下阶段任务，各市(县)、区政府签订目标责任书。会议确定的“地条钢”企业，在12月10日前，落实“彻底断电断水、彻底捣毁生产设备、彻底清理厂房、彻底没收生产原材料，彻底没收产品”要求，坚决整治到位。市委副书记、市长汪泉强调，推进清理、清除“地条钢”和违法、违规的钢铁产能工作，各地区不得有任何侥幸心理，要即刻行动，摸清底数，坚决取缔。

（丁祥建）

【市委第一轮巡察工作动员会】 12月6日，十三届市委第一轮巡察工作动员会召开。这是本届市委落实巡察全覆盖任务实施的首轮巡察，五年内对112家市级单位全面巡察。本轮巡察对象是市科技局、商务局、规划局、城管局，市交通产业集团、市政产业集团、城发集团、君来集团市属国企。

会上，市委常委、组织部部长周英宣布巡察组组长授权任职及巡察任务分工，市委常委、市纪委书记王唤春作工作部署。

（丁祥建）

【中共无锡市委十三届二次全会】 12月27日，中共无锡市委举行十三届二次全会。会议贯彻中共十八大和十八届三中、四中、五中、六中全会精神，落实习近平系列重要讲话特别是视察江苏时重要讲话精神，按照中央、全省经济工作会议和省、市第十三次党代会要求，总结2016年工作，安排2017年任务，部署推进产业强市和全面从严治党工作，动员全市上下务实创新、克难奋进，开创各项事业和党的建设新局面。

市委常委会主持会议。省委常委、市委书记李小敏总结2016年工作，明确2017年任务，对推进产业强市和全面从严治党作部署。市委副书记、市长汪泉对2017年经济工作作具体安排。会议审议通过《中共无锡市委关于学习贯彻党的十八届六中全会精神推动全面从严治党迈上新台阶的决定》和全会决议。

全会认为，2016年，全市上下落实中央和省委、省政府决策、部署，贯彻新发展理念，把握引领发展新常态，推进供给侧结构性改革，坚定实施六大发展战略，做好经济社会发展和党的建设各项工作，综合实力稳步提升，转型升级步伐加快，人民生活改善，环境质量优化，改革开放深入，党的建设全面加强，基本完成全年各项目标，实现“十三五”发展良好开局。同时，发展中仍面临不少困难和挑战：重大项目落地见效不快，供给结构不适应需求的矛盾突出，新动能支撑不够有力，制约发展的体制机制障碍依然存在，民生改善任务艰巨，社会事业、生态环境、基础设施等方面存在不少短板，金融和社会风险不容忽视。对此，必须高度重视，加以解决。

全会强调，2017年是中共十九大召开之年。全市上下要全面落实中共十八大和十八届三中、四中、五中、六中全会精神，贯彻习近平系列重要讲话特别是视察江苏时重要讲话精神，围绕“五位一体”总体布局和“四个全面”战略布局，树立和贯彻新发展理念，适应把握引领经济发展新常态，坚持稳中求进工作总基调，坚持以提高经济发展质量和效益为中心，以推进供给侧结构性改革为主线，按照省、市第十三次党代会部署，紧扣高水平全面建成小康社会总目标，聚力创新、聚焦富民，实施六大发展战略，打好转型攻坚战、改革攻坚战、补短攻坚战，做好稳增长、促改革、调结构、惠民生、优生态、防风险工作，促进经济平稳健康发展和社会和谐稳定，在高水平全面建成小康社会上迈出坚实步伐，以优异成绩迎接中共十九大胜利召开。

全会强调，2017年重点工作：一是促进经济平稳增长。深化供给侧结构性改革，做好“三去一降一补”工作，完成淘汰落后产能任务，化解房地产地区性、结构性矛盾，防范化解金融风险，落实国家和省、市降成本措施，把补短板落实到每一个工作、项目、制度上，确保取得实效。要突出优而大、优而强、优而特，狠抓有效投资，在引进投入规模大、产出效益好的项目上求突破，在引进技术水平高、市场带动能力强的项目上花功夫，在引进弥补无锡产业链关键环节、细分领域特色优势明显的项目上下气力。大力促进民间投资，降低民间资本准入门槛。要扩大消费，支持各类新业态、新模式、新平台发展。要扩大对外贸易，实现外贸正增长。二是推进全面深化改革。坚持以经济体制改革为重点，突出市场准入和投资建设领域，深化行政审批制度改革，推进综合行政执法体制改革。分类推进国有企业改革，稳妥实施国企兼并重组、国有资本布局调整、国有资产证券化，发展混合所有制经济，做强、做优、做大国有企业。推进财税金融、投融资、科技、社会事业、农村产权等改革，推进农业供给侧结构性改革。三是加强生态文明建设。抓好中央环境保护督察反馈问题整改工作，开展“两减六治三提升”专项行动。落实主体功能区规划，构建以生态绿廊为纽带、重要生态园区为节点的生态安全格局。抓好新一轮太湖治理和河道综合整治工作，确保太湖安全度夏，完成国、省考核断面水质达标和黑臭河道整治年度任务。清理整顿各类化工园区及化工生产企业，推动化工行业优化升级。整治燃煤锅炉和工业窑炉，推进大气污染防治，开展土壤污染防治工作。加快危险废物焚烧和安全填埋设施建设，确保锡东垃圾焚烧发电厂按期投运。综合治理环境风险隐患，实施环境监管执法，健全生态文明建设责任制，推动生态环境质量改善。四是提高对外开放水平。利用外资要突出提质增量，在重大外资项目引进上实现突破。对外投资要健康有序，支持企业以增强核心竞争力为目标“走出去”。开发区建设要突出转型升级，加快开发区优化整合、完善功能、创新发展步伐。五是统筹城乡区域发展。科学编制新一轮无锡市总体规划。推进重大基础设施建设，畅通锡澄宜一体化交通“动脉”，完善城市交通网络。推进新城建设和老城更新，加强棚户区改造和旧住宅整治，推进地下综合管廊和海绵城市建设，深化城市管理体制改革，推进城乡一体化示范特色镇和美丽乡村建设，改善、提升城乡居民的生产生活环境。六是增进百姓民生福祉。落实积极就业政策，实施全民参保计划，落实城乡低保标准增长机制，推进城乡低保标准大市一体化。加大经济薄弱村帮扶，确保2017年完成30个薄弱村脱困转化任务。健全公共服务体系，加快“15分钟社区服务圈”“10分钟体育健康圈”“5分钟便民生活圈”建设。解决养老机构结构性矛盾，提高医养融合发展水平。优化基础教育资源布局,扩大高等教育资源。优化全市医疗资源配置,打造健康无锡。提升人口计生服务内涵,深化无锡文化品牌建设,完善多层次住房保障体系。推进平安无锡、法治无锡建设,加强食品药品监管,健全安全生产责任体系,确保社会安定有序。加强党管武装工作,深化双拥模范城建设。

全会部署推进产业强市工作。全会强调,推进产业强市,在工作布局上要做到:一是以发展具有比较优势的战略性新兴产业为优先选项。立足自身比较优势,发展以物联网为龙头的新一代信息技术产业,构建新一代信息技术产业体系,建设“智慧名城”。要优先发展物联网产业,打造全国领先的物联网技术创新核心区、产业发展集聚区和应用示范先导区,建设成为全国物联网的技术高地、产业高地、应用高地。要优先发展高性能集成电路产业,发挥产业基础扎实、技术积累丰富和市场占有率高的优势,加强资源整合,加大扶持力度,引进一批重大项目,推动产业向高端发展,提升在全国行业中的地位。要优先发展大数据和云计算产业,建立一批大数据采集、处理、分析、应用平台,发展公共云计算服务,打造信息服务高地。二是以发展具有领先优势的智能制造为主攻方向。制订实施智能制造三年行动计划,促进新一代信息技术与制造业的深度融合,打造“智造强市”。要加快智能制造推广应用,引导企业围绕关键工序智能化、关键岗位机器人替代、生产过程智能化控制、供应链优化等重点,实施一批智能化改造项目。要发展智能装备和产品,依托现有产业基础,重点发展智能成套装备和智能装备关键零部件,推进智能制造相关服务业发展。要统筹推进智能化,板块找试点、园区找样本、企业找典型,积极探索、分类施策、有序推进。三是以发展具有特色优势的现代服务业为重要取向。制订现代服务业发展三年行动计划,找准发展方向,明确发展重点,实现错位竞争、特色发展。要依托厚实的制造业发展生产性服务业,围绕促进先进制造业发展,发展现代物流、科技服务、节能环保等生产性服务业,提升生产性服务业的产业结构层次、集聚发展效应、创新服务水平和支撑发展能力。要依托独特的生态环境发展服务业新业态,推进文化创意、旅游休闲、健康养老等产业发展。

全会要求,推进产业强市,在关键举措上要做到:一是强化科技创新。要发挥企业主体和企业家主角作用,将创新资源集聚到企业、科技服务覆盖到企业、研发机构建设到企业、创新政策落实到企业,激发广大企业家创新动能,引导企业推进技术、质量、管理、品牌创新,提高企业自主创新能力。要健全完善创新载体和合作平台,优化整合现有创新载体平台资源,加强产学研合作平台建设,争取国家重大技术创新平台、基础设施、科技项目落户无锡,推动军民融合发展,集聚多方创新资源。要加大引才聚才力度,聚焦引进“高精尖缺”人才,加大政策创新力度,深化人才发展体制机制改革,强化人才服务保障,提高“太湖人才计划”含金量。二是强化机制创新。要创新项目招商机制,研究招商人员新的绩效考评机制,建立健全重大项目横向统筹流转、市区联合推进机制,推动项目尽快落地。要创新园区发展机制,加强园区领导班子配备,理顺园区管理与开发、条线与属地、区内与区外等关系,整体性落实行政权限,制定退出和激励机制。要创新考核激励机制,加强对板块和园区项目引进、产业发展等指标完成情况考核,加强对部门服务板块、牵线搭桥成效的考核,制定落实全市重大项目建设通报制度。三是强化服务创新。要营造良好的政策环境,加强对现有政策执行情况评估,调整、完善产业发展政策,提高政策的精准性和可行性。要营造高效政务环境,各级政府部门要甘做“店小二”、甘当企业的“跑腿者”,为企业解决困难和问题。要营造和谐的社会环境,建设法治化的市场营商环境,构建社会信用体系,弘扬创新创业文化,让大众创业、万众创新在无锡蔚然成风。

全会对学习中共十八届六中全会精神、推进全面从严治党作出部署。全会强调,落实中共十八届六中全会精神,一要抓牢思想教育首要任务。推动党员、干部学习习近平系列重要讲话精神,领会蕴含其中的治国理政新理念、新思想、新战略。把学习党章党规作为党员、干部党性修养的必修课,开展社会主义核心价值观教育,加强党内政治文化建设,健全落实意识形态工作责任制的体制机制,引导党员、干部坚定理想信念、增强“四个自信”。二要把纪律和规矩挺在前面。把严守政治纪律和政治规矩作为第一要求,强化“四个意识”特别是核心意识和看齐意识。推动作风建设常态化、长效化,防止反弹回潮。转变执纪理念和执纪方式,处理好治标与治本的关系,用纪律思维分析问题,按纪律要求处置线索,用纪律标准规范行为;处理好严格管理干部和关心爱护干部的关系,严在平时、严在日常,抓早抓小、防微杜渐;处理好“树木”和“森林”的关系,保持惩治腐败高压态势,治“病树”、拔“烂树”,保护整片“森林”健康。三要严格规范党内政治生活。贯彻《关于新形势下党内政治生活的若干准则》要求,落实党的组织生活各项制度,坚持和完善民主集中制,大胆使用、经常使用批评和自我批评武器。把匡正选人用人导向作为重要着力点,落实“20字”好干部标准,执行干部选拔任用工作条例,完成市县乡人大常委会、政府及市和市(县)区政协换届工作。加大年轻干部培养选拔力度,重视加强基层党组织书记的教育管理。四要提高党内监督实效。抓住贯彻《中国共产党党内监督条例》时机,推动各级党委(党组)履行好党内监督主体责任,支持各级纪委履行好监督执纪问责职责,引导党的工作部门加强职能监督、党的基层组织做好日常监督、党员开展民主监督。推进市县巡察,推进派驻纪检机构管理体制改革,完善权力运行制约和监督机制。坚持党内监督同有关国家机关监督、民主党派监督、群众监督、舆论监督等相结合,织密监督之网,形成监督合力。五要全面落实管党治党责任。各级党组织特别是书记要对本地区、本部门、本单位党的建设工作负总责、负主责、负全责,强化主体责任意识,统筹谋划落实党建各项工作,层层传导管党治党主体责任。强化大抓基层导向,推动基层建设进步过硬。发挥落实全面从严治党"两个责任" 领导小组及主体责任办公室、监督责任办公室作用,加强组织协调、监督检查和考评考核,推动"两个责任"落到实处。

市委委员、候补委员出席会议。市纪委委员、有关方面负责人和部分基层党员代表列席会议。

(丁祥建)

重要活动

【汪泉率无锡市经贸代表团赴韩国推进合作】 5月6日,市委副书记、市长汪泉率无锡市经贸代表团赴韩国,推进"中韩科技金融服务合作区"建设,对接高端产业项目,深化交流合作,谋求无锡经济新发展。在韩国首尔举办的"江苏·韩国经贸合作交流会"上,汪泉作中韩(无锡)科技金融服务合作区相关主旨演讲,推介无锡良好的投资环境和对韩经贸合作的深厚基础,阐述中韩(无锡)科技金融服务合作区建设在产业、科技、金融和服务贸易领域的合作设想和务实详尽的推进措施。与会的韩国工商界、科技界著名企业高层对中韩(无锡)科技金融服务合作区表示浓厚兴趣,不少有意到无锡投资的企业向市领导和相关部门负责人详细了解具体政策,探讨合作发展前景。

出访韩国期间,汪泉陪同省长石泰峰拜会主管韩国国家实体经济的韩国产业通商资源部长官周亨焕,并与分管中韩合作事务的次官李官燮交流。韩国产业通商资源部对无锡在促进中韩经贸合作方面的工作充分认可,表示支持共建中韩(无锡)科技金融服务合作区。代表团考察被指定为中韩FTA产业合作园区的新万金经济区,并与新万金经济自由厅开展战略合作洽谈,达成深化产业合作意见。

访问期间,代表团围绕产业转型提升,结合全市产业优势,突出招引龙头型和基地型产业项目,先后拜访韩国SK海力士、韩国三星SDI、LGHausys、韩国斗山集团、斗山建设、韩国东国制钢株式会社等企业总部,推动SK海力士6期扩大投资项目、联合铁钢二期项目等重点项目明确落地,预计总投资22.86亿美元。此外,还与亚洲大学、斗山建设等韩国企业和机构签订战略合作协议或开展洽谈,明确在无锡投资发展的合作意向。

(丁晓峰)

【汪泉率无锡市经贸代表团赴日本访问】 5月10~12日,由市委副书记、市长汪泉率领的无锡经贸代表团由韩国赴日本访问,围绕以智能化、绿色化、服务化、高端化为引领,打造无锡现代产业发展新高地部署,谋求无锡与日本现代产业的对接融合,重点围绕在手在谈的重大外资项目展开。活动期间,代表团参加省政府组织的"江苏·日本经贸合作交流会",汪泉陪同省长石泰峰出席瑞穗银行交流会和三菱东京日联银行交流会,与日本航空电子工业株式会社、THK株式会社、养乐多、CMK株式会社、旭硝子、日立制作所、久保田、三菱化学、柯尼卡美能达、电装株式会社等在无锡投资的著名日企交流。这些企业高层表示将与无锡深化合作,实现互利共赢。

在日本期间,经贸代表团实地拜访理光株式会社、阿尔卑斯电气株式会社、信越化学工业株式会社等一批日本先进制造业企业,成功推动日本村田新型电子元器件项目等总投资11.9亿美元的7个重点项目落地,还出席"明石—无锡结好35周年庆祝活动"。市政府秘书长叶勤良参加活动。

(丁晓峰)

【李小敏陪同罗志军赴柬埔寨访问】 6月6日,省委常委、无锡市委书记李小敏参加由省委书记、省人大常委会主任罗志军率领的江苏省友好代表团,赴柬埔寨友好访问。访问期间,代表团考察西哈努克港经济特区,走访调研全星家居、欧诺雅集团、红豆国际制衣等企业,考察特区培训中心,听取企业负责人情况介绍,与生产流水线上的柬方员工交谈,详细了解入园企业的生产经营状况和促进当地就业发展情况。在随后召开的调研座谈会上,红豆集团总裁周海江和园区管委会、红豆国际、鑫达顺、全星家居等企业负责人作情况介绍。省委书记、省人大常委会主任罗志军作重要讲话。罗志军肯定西哈努克港特区建设取得的成绩,并对下一步工作提出明确要求。省发改委主任陈震宁、省商务厅厅长马明龙、省外办主任费少云,市领导王国中、王进健,锡山区委书记陆志坚等陪同调研。

(丁晓峰)

组织工作

【概况】 2016年,在市委领导下,全市组织系统落实全面从严治党要求,切实做好组织部门各项工作。按照中央和省、市委部署,认真履行牵

2016年7月,滨湖区蠡湖街道美湖社区党员志愿者为普通党员和社区居民宣讲习近平"七一"重要讲话精神　(刘芳辉　摄)

头抓总职能,组织开展全市“两学一做”(学党章、学系列讲话,做合格党员)学习教育。完成市、市(县)区、乡镇领导班子换届工作。开展中共十八届六中全会精神市管干部专题轮训,围绕实施“十三五”规划、推进产业强市等重点,举办各类专题培训班37期,培训领导干部3400多人次。加强干部日常管理监督,用好提醒、函询和诫勉的组织措施,对9名市管干部进行提醒谈话,对12名市管干部进行谈话诫勉,因个人有关事项查核函询187名市管干部。开展领导干部个人有关事项报告查核,完成149名市管干部随机抽查比对,以及281名换届继续提名人选和拟提拔人选的查核比对。推进超职数整改消化工作,全市超职数整改消化率97.6%,其中处级干部消化率100%。完成全市1145个村(社区)党组织换届。在华西村举办全市村(社区)党组织书记工作论坛暨新任村(社区)党组织书记示范培训班。加强无锡地铁城际党建联盟建设,推进区域化大党建。实施“雁阵计划”,带动、提升全市非公企业党建工作整体水平。培育选树先进典型,全市获评全国先进基层党组织3个、全国优秀党务工作者2人。按照中央组织部和省委组织部部署,抓好党员组织关系排查、党费收缴集中清理和专项检查等基层党建7项重点工作。执行各级党组织书记抓基层党建工作述职评议考核,推动党建责任落实。出台实施“太湖人才计划”,引进、培育六类产业人才,强化产业强市人才支撑。组织赴清华大学、北京大学专项引才,举办“百企千才高校行”“燕还巢”等系列主题活动,加快集聚各类人才。做好“千人计划”“万人计划”“双创计划”申报、管理、服务以及省第九批科技镇长团下派挂职等工作。

(虞敏华)

【“两学一做”学习教育】 2016年,市委组织部根据中央和省委、市委部署,履行牵头抓总职能,组织开展“两学一做”学习教育。制定《关于在全市党员中开展“学党章党规、学系列讲话,做合格党员”学习教育的实施方案》及不同领域、不同类型党组织“1+6”(“1”:市委《关于在全市党员中开展“学党章党规、学系列讲话,做合格党员”学习教育的实施方案》;“6”:区分全市农村、社区、机关、国有企业、非公有制企业和社会组织、学校及科研院所等不同领域、不同类型党组织的特点,分别制定6个“两学一做”学习教育具体方案)系列方案,分领域选择8个学习教育监测点,分类实施,增强学习教育针对性。印发“两学一做”学习教育《党支部工作指导手册》和《一把手职责任务清单》,推动各级党组织书记以身示范,带头讲党课,带头学习讨论,带头开展批评和自我品评,带头解决突出问题。运用报刊、电视、网络等新闻媒体,挖掘“两学一做”学习教育中的经验典型,编制汇集30名基层优秀党员先进事迹的《党员身边事》,组织“四讲四有”宣讲活动,召开市级机关“两学一做”学习教育现场会,发挥以点带面、推动全局的导向作用。制定下发《督导工作方案》,开展“百组千支”集中督查,组建113个督查组,通过随机抽查、自我检查、交叉复查的方式,对全市1200多个不同领域、不同类型的党支部开展“两学一做”学习教育情况督查,推动学习教育各项任务落地见效。全市各级党组织、党员和党员领导干部对照“五查五看五强化”(一查摆信仰信念是否动摇,有没有对“举什么旗、走什么路”认识不清、对共产主义缺乏信仰、对中国特色社会主义缺乏信心等问题,有没有精神空虚迷茫、组织或参加封建迷信活动、信仰宗教、推崇西方价值观念等问题,强化政治定力;二查摆纪律规矩是否松弛,有没有政治上的自由主义、发表和传播同中央决定相违背的言论、当“两面人”、顶风违纪搞“四风”、拉帮结派、搞团团伙伙等问题,有没有在党不言党、在党不爱党、在党不护党、在党不为党、组织纪律散漫、不按规定参加党的组织生活、不按规定缴纳党费、不完成党组织分配的任务、不按党的组织原则办事等问题,强化党的意识;三查摆宗旨意识是否淡薄,有没有漠视群众疾苦、为群众办事不上心不主动、在人民群众生命财产安全受到威胁时临危退缩等问题,有没有与民争利、执法不公、吃拿卡要、优亲厚友、假公济私、损害群众利益等问题,强化群众观念;四查摆精神状态是否懈怠,有没有安于现状、精神不振、不作为、不会为、不善为、只求过得去不求过得硬、逃避责任、工作和学习上得过且过、不起先锋模范作用等问题,有没有大是大非面前不敢亮剑、矛盾问题面前不敢迎难而上、危机面前不敢挺身而出、失误面前不敢承担责任、歪风邪气面前不敢坚决斗争等问题,强化担当精神。五查摆德行表现是否缺失,有没有不注意个人品德、讲奉献讲公德讲诚信不够等问题,有没有违反社会公德职业道德家庭美德、价值取向扭曲、情趣低俗、贪图享受、奢侈浪费等问题,强化道德修养)、“七查七看七强化”(在“五查五看五强化”基础上,一查摆新发展理念是否树立和落实,有没有不适应、不适合甚至违背新发展理念的认识、行为、做法,有没有做到崇尚创新、注重协调、倡导绿色、厚植开放、推进共享,有没有把新常态当作避风港、把工作没做好没干好的原因都归结于新常态、为不干事不发展找借口,有没有积极推进供给侧结构性改革、落实好中央和省市委确定的各项工作任务,强化践行新发展理念的思想行动自觉,成为合格的经济工作组织者、推动者、引领者。二查摆落实管党治党责任是否不力不严,有没有认真践行好干部标准和“三严三实”要求、党建意识淡漠、党建工作缺失、主体责任和“一岗双责”落实不到位,有没有按“亲、清”原则正确处理政商关系、营造风清气正的政治生态和从政环境,强化全面从严治党责任,成为真抓真管真严的党建工作领导者、促进者、实干者),进行党性分析,针对突出问题和薄弱环节,边学、边做、边改。抓好中央组织部基层党建7项重点任务落实,全市补缴党费2312.6万元,经排查取得联系党员3862人。

(虞敏华)

【领导班子换届】 在市委领导下,全市组织系统严格组织把关,注重统筹协调,精心做好市、市(县)区、乡镇领导班子换届工作。坚持把党的领导贯穿换届全过程,落实从严要求,注重统筹协调,完成市县乡领导班子换届工作。换届后,县级常委班子平均年龄下降1.9岁,县级政府班子平均年龄下降1.6岁,县级党委和政府班子成员中具有基层一线党政正职经历的占比分别为52.7%和59.5%。根据换届工作要求，市委、市委组织部开展谈心谈话，全面摸查班子情况，切实了解班子运行，掌握干部思想动态，有针对性做好思想政治工作。严把人选政治关、廉洁关，少数换届人选因个人事项报告等原因被取消提拔或使用资格。选出549名市党代表，基层一线代表比例提高7.33个百分点。落实中央"九严禁"(严禁拉帮结派、严禁拉票贿选、严禁买官卖官、严禁跑官要官、严禁造假骗官、严禁说情打招呼、严禁违规用人、严禁跑风漏气、严禁干扰换届)换届纪律要求，组织签订严守换届纪律承诺书1.1万余份，观看警示教育片《镜鉴》《警钟》3.1万余人次，发送换届纪律短信18批次2.7万多条次，发放换届纪律宣传卡、宣传画5600余份，全市组建督查组26个，开展换届风气现场督导和巡回督查105次，营造风清气正换届环境。

(虞敏华)

【村、社区"两委"换届】 (参见第457页"完成村(居)委会换届选举"条目)

(虞敏华)

【企业家培训】 2016年，无锡市举办全市企业家(高级经营管理人才)集中培训班，培训对象为市级以上"两代表一委员"(党代表、人大代表，政协委员)中的企业家、上市公司法人代表、市属国有企业主要负责人、规模以上企业负责人、年销售额超1000万元的创新创业领军人才。邀请北京大学国家发展研究院教授张维迎，高盛集团投资管理部中国副主席暨首席投资策略师、博士哈继铭和工信部原党组成员、总工程师朱宏任等专家学者，围绕企业家精神与中国经济未来、中国经济与市场展望、"中国制造2025"与供给侧改革等主题为企业家授课。省委常委、市委书记李小敏就传承无锡工商基因、发扬工匠精神以及无锡经济形势展望作专题报告。全市222位重点及规模以上企业主要负责人参加培训。

(虞敏华)

【太湖人才计划】 2016年，无锡市围绕创新驱动核心战略和产业强市主导战略，出台、实施《关于实施"太湖人才计划"打造现代产业发展新高地的意见》，配套制定8个实施细则及6个引才公告，重点引进、培育产业升级创新领军人才、企业经营管理领军人才、先进制造技能领军人才、新兴产业创业领军人才、生产性服务业领军人才、优秀大学毕业生，推动人才供给侧改革。举办"太湖人才计划"媒体见面会，邀请21家驻无锡媒体和本地媒体代表参加活动，新华社、《中国日报》等103家海内外媒体刊发无锡出台"太湖人才计划"、打造产业发展新高地的内容。年内，389人申报"太湖人才计划"。

(虞敏华)

无锡市委老干部局开展井冈山红色之旅党性教育活动

(夏　刚　摄)

【全市党员和党组织概况】 至2016年年底，全市党员420373名，比上年净增6329名。全年发展新党员5279名，其中35岁及以下的3991名。全市党员中，女党员126101名，占30.00%。35岁及以下的104953名，占24.97%；36~45岁的73959名，占17.59%；46~55岁的69646名，占16.57%；56~60岁的31492名，占7.49%；61岁及以上的140323名，占33.38%。研究生学历的18630名，占4.43%；大学学历的114619名，占27.27%；大专学历的79534名，占18.92%。

全市基层党组织21744个，其中党委689个，总支部1722个，支部19333个。全市城市社区建立党委87个，总支部360个，支部73个，建制镇党委30个，总支部49个，支部30个，村建立党委37个，总支部496个，支部39个。全市公有经济控制的企业法人单位建立党委87个，总支部57个，支部462个；非公有经济控制的企业法人单位建立党委148个，总支部181个，支部7078个。事业法人单位建立党委88个，总支部103个，支部1210个。国家机关、政党机关、人民团体和群众团体机关法人单位建立党委85个，总支部134个，支部350个。

(虞敏华)

【全市离休干部概况】 至2016年年底，全市离休干部1671人(含江阴市174人、宜兴市226人)，平均年龄87.3岁。按参加革命工作时期分，抗日战争前期70人，抗日战争后期239人，解放战争时期1362人；按享受待遇分，享受副省级医疗待遇2人，享受地市级以上政治、生活待遇106人，享受地市级医疗待遇159人，享受地市级医疗乘车待遇93人，享受县处级政治、生活待遇630人，享受科级及其他待遇681人；按机构性质分，机关单位425人，事业单位466人，企业单位780人；按年龄分，70~79岁3人，80~89岁1277人，90岁以上391人。

另有在无锡的部、省属单位离休干部331人，外省市安置在无锡的离休干部117人，年内无市属离休干部迁往外省市。

(夏　刚)

【落实中办文件精神】 2016年，市委老干部局落实中共中央办公厅、

无锡市“激情周末”广场文艺展演——市委老干部局专场演出

（夏 刚 摄）

国务院办公厅印发的《关于进一步加强和改进离退休干部工作意见》〔2016〕3号文件精神。专门下发通知，专题召开学习会议，组织全市老干部工作系统和老干部学习文件精神，在局门户网站、无锡老干部刊物等开辟学习专栏，采取讲座辅导、学习讨论、体会交流等形式，学深悟透文件精神。2月26日，省委常委、市委书记李小敏对落实中办发文件专门批示。市委常委、组织部部长朱劲松对落实文件精神提出具体要求。主动与市委组织部、市财政、市编办、市人社等相关部门协调沟通，就建立离退休干部党工委、党工委工作经费、离退休干部党支部书记补贴、支部书记培训等事项形成共识，落到实处。6月23日，市委召开常委会专题听取老干部工作情况汇报，同意成立全市离退休干部党工委。全市全面落实老干部局局长兼任同级党委组织部副部长。全市实施将离退休干部工作纳入市县(区)委党建工作考评体系，纳入市级机关部门(单位)绩效管理考评体系。年内，市委老干部局获“全国老干部工作先进集体”称号。

（夏 刚）

【开展“双千”活动】 2016年，全市老干部系统响应市委提出“全力打造现代产业发展新高地”号召，发挥银发人才在助推“人才强企、产业强市”中的独特优势，开展“千名银发人才服务千家企业”活动。成立由市委老干部局、市民政局、市人社局等部门领导及处室负责人组成的领导小组，对活动全面指导。依托市老科协等涉老协会团体具体抓落实。依托市老科协，整合现有离退休专业技术人才资源，建立“银发人才智库”。年内汇集各类专家637人，其中，正高级职称158人，副高级职称435人，其他专家44人。至年底，银发人才与企业对接服务项目700多项，涵盖社会发展众多领域。其中，申报专利及高新产品25项、科技创新咨询服务170多项、研发新产品30多项、科普宣传活动340项、建言献策和专题研讨30多项、结对帮扶大学生村干部80余人。

（夏 刚）

【探索社区离退休干部党建工作】 2016年，无锡市委老干部局在省委老干部局指导下，承担全省社区离退休干部党建试点工作。按照“一方隶属、多方管理”原则，按照有利于教育管理、有利于发挥作用、有利于参加活动要求，在新吴区江溪街道太湖花园第二社区居委会、梁溪区河埒街道水秀社区居委会等8个社区居委会进行试点，建立健全社区离退休干部党组织，组织、引导离退休干部党员在现有组织隶属关系不变，保持原单位服务管理的同时，到社区报到，参加社区一个或多个党组织活动，接受教育、管理、服务，发挥党员作用。11月26~27日，省委组织部、省委老干部局召开全省离退休干部党建工作会议。无锡市作为全省离退休干部党建工作会议现场观摩城市，向与会代表现场介绍社区离退休干部党建工作情况，受到省委组织部、省委老干部局领导和与会代表肯定。市委常委、组织部部长周英在会议上介绍无锡《以制度建设为抓手，着力提升离退休干部党建工作水平》的经验。

（夏 刚）

宣传工作

【概况】 2016年，全市宣传思想文化战线重点做好“强化思想引领树立理论自信、强化舆论引领汇聚发展人心、强化价值引领指导社会实践、强化文化引领惠及广大群众、强化产业引领助力发展转型”方面工作，为建设“强富美高”新无锡提供强大思想文化保证。具体工作：将中共中央总书记习近平系列重要讲话纳入党委(组)中心组学习内容，编印《参考文选》《学习手册》等辅导材料4万册。“思想云”理论学习新平台上线。下发《关于建立健全信息发布和政策解读机制的实施意见细则》。环太湖徒步被作为省第四届网络文化季开幕式活动。以“智能化、绿色化、服务化、高端化”引领打造产业强市的做法被中央宣传部列为典型。组织赴柬埔寨、非洲桑给巴尔等国开展文化、新闻交流活动。宣传“江苏时代楷模”吴协恩先进事迹。开展“和美家风，德润锡城”等核心价值观主题教育实践活动。打造崇德乐善“一月一主题”公益活动品牌，开展文明礼仪、志愿服务等活动1900多项。组织、开展上海国际艺术节无锡分会场等各项文艺活动。无锡市歌舞剧院与新疆维吾尔族自治区阿合奇县歌舞团联合创作演出的柯尔克孜族首部舞剧《英雄·玛纳斯》获第五届全国少数民族会演银奖。群众文化团队全年小额资助资金增加至200万元，政府购买公共文化服务做法在全国会议上作经验交流。组建无锡市文化发展集团，举办太湖影视文化产业投资峰会，成立无锡微影数字及文化产业投资基金、合一文化产业基金、星皓东方文化投资基金、无锡华莱坞文化产业投资基金、无锡恒天文化影视基金和无锡华一影视文化投资基金（以下简称6家影视基金），投资额超100亿元。举办无锡文化博览会，开通无锡市智慧文化信息暨消费平台。

（伍诚达）

【拓展理论宣传教育平台】 2016年，市委宣传部开展党的最新理论成果宣讲，围绕“创新、协调、绿色、开放、共享发展理念”、中共十八届六中全会精神、省市党代会精神等开展各种形式宣讲活动1100多场次，听众30万人次。围绕意识形态安全、供给侧改革等举办“梁溪大讲堂”13场，编发手机短信“微学堂”50多期。与华东旅游报社联手，打造融手机APP、微信传播方式于一体的“思想云”理论学习新平台。推动基层党校“道德讲堂”提档升级，建立“微型党课”模式，无锡市被评为全省冬训工作优秀组织奖。

（伍诚达）

【主题宣传精彩纷呈】 2016年全国“两会”期间，无锡市首次在北京设立融媒体演播室，专访代表委员，传播无锡声音。市党代会开幕式首次实现广播、电视、网站、客户端、微博、移动电视、户外大屏全方位多介质视频、图文直播，在全省各市中第一个直播新当选市委常委集体与记者见面会。省党代会期间，无锡观察系列H5“连环画”单篇阅读量超10万人次，无锡博报与荔枝新闻（江苏广电倾力打造的免费新闻资讯类应用节目）合作开设“省党代会无锡专区”，多个新媒体产品被推送到各代表团微信群，受到省委宣传部主要领导肯定。邀请境内外180家媒体300多名记者聚焦物联网博览会，创新运用多媒介平台探索“泛传播”模式，在短时间内掀起强大声势，形成浓厚舆论氛围。

（伍诚达）

【提升城市形象】 2016年，无锡市组团赴柬埔寨开展文化交流，开展2016“爱在无锡”系列外宣活动。组织新闻采访团对无锡援助桑给巴尔医疗队服务“一带一路”、践行“两学一做”的先进事迹进行融媒体报道。编印《十个姓氏认识无锡》，在苏南硕放国际机场候机厅举行“无锡窗口”外宣示范点启用仪式。在第三届“一带一路”媒体合作论坛上，无锡市获“一带一路建设案例奖”称号。在《中国日报》欧洲版和美国版分别推出报道12期，宣传无锡产业强市成绩亮点。印发《无锡市媒体融合发展规划（2016~2020）》。

（伍诚达）

卡塔尔爱乐乐团在第18届中国上海国际艺术节无锡分会场的首场演出

（还月亮　摄）

【开展红色文化宣传】 2016年，市委宣传部组织开展“伟大的征程”纪念红军长征胜利80周年大型群众歌会、“追寻·铭记·传承——中国共产党在无锡”网上党史展览，举办“信念的力量”新老党员座谈会，举办纪念长征胜利80周年图片展、“知党爱党兴党——‘两学一做’学习教育暨党史知识竞赛”和“重走长征路，共筑中国梦”徒步活动。开展“社会主义核心价值观建设示范点”创建活动，命名并打造24个主题阵地，展示社会主义核心价值观建设成果。

（伍诚达）

【启动文明城市群创建】 2016年，市委宣传部组织召开文明城市创建工作推进会、“创建省级文明单位工作现场交流会”。抓住评选2013~2015年度省级、市级文明村镇、文明单位（社区、校园）时机，以评促创，做深、做细各项创建评选工作。江阴市、宜兴市把创建工作作为“提升城市品质能级”首要任务，大造创建声势，强推创建工作，高点定位明责，取得良好成效。加大窗口优质服务宣传督查力度，表彰28个市优质服务品牌及提名奖，开展各类旅游安全和旅游市场秩序专项检查行动。

（伍诚达）

【文化事业】 2016年，无锡市创成全国公共文化服务体系示范区，完成周怀民藏画馆复馆，分别在北京、南京举办周怀民捐赠书画展。围绕“吴文化、工商文化、和谐文化、山水文化和影视文化”品牌，邀请文化、旅游、摄影等方面专家，开展“无锡画家画无锡”活动。深化“管办分离”改革，无锡市为民办实事项目“网上博物院”试运行。舞剧《英雄·玛纳斯》获第五届全国少数民族会演最受观众欢迎剧目银奖，锡剧《珍珠塔》入选国家艺术基金年度剧目，新编现代锡剧《锡商》开排，评弹《徐悲鸿》获第九届中国曲艺牡丹奖。音乐专辑《歌声飞越天山——柯尔克孜族歌曲专辑》出版发行，长篇传记文学《布衣壶宗》获年度最美图书，广播剧《命若琴弦》获中国广播影视大奖，音乐电视《梦江南》获中国广播影视大奖“中国原创歌曲奖”提名奖。

（伍诚达）

【文化产业提速增效】 无锡市在2015年实现文化产业增加值360亿元，占比4.23%，全省排名提升一位。组建无锡市文化发展集团，启动文化企业入库工作，上半年新增文化企业（项目）148个，投资额150亿元。举办太湖影视文化产业投资峰会，成立投资额超100亿元的影视基金6家。无锡广电集团广通移动、无锡日报报业集团外贸印刷厂在“新三板”挂牌。组织举办无锡文化博览会，现场成交额5.3亿元，参展人数11.7万人次。举办第二届文化创意设计大赛，推选5项作品获省级大奖，无锡市获全省文化创意设计大赛“组织促进奖”称号。启动文化消费群体培育体系建设，开通无锡市智慧文化信息暨消费平台，集演出购票、查找展览信息、获取文化资讯、统计文化消费等一体，为广大用户带来便捷体验。“智慧无锡”移动客户端3.0版上线，建成31个功能模块，用户下载量突破250万人，绑定注册用户超30万人。

（伍诚达）

【市委讲师团宣讲和科研成果】 2016年，在全省理论宣讲先进集体（个人）和“江苏优秀讲坛”工作表彰中，无锡市委讲师团获“全省理论宣讲先进集体”称号，市委讲师团副团长孟菲、梁溪区第一支部党建基地主任吴臻翔获“全省理论宣讲先进个人”称号，无锡“梁溪大讲堂”获“江苏优秀讲坛”称号。

在由省委宣传部、共青团省委主办的“微言传大义，影像说价值”微视频大赛中，梁溪区山北街道选送的作品《不忘初心，永恒前进》被评为一等奖，梁溪区扬名街道选送的作品《钟声》被评为二等奖。在由省委宣传部主办的“我与新发展理念”百姓名嘴风采展示活动大赛中，选手张喻燕和蒋若樵均获二等奖。

在全省理论微故事征集活动中，无锡共征集作品143篇，报送省委宣传部参评20篇，其中，入围优秀理论微故事8篇。

针对“两学一做”学习教育、庆祝中国共产党成立95周年暨长征胜利80周年、学习中共中央总书记习近平“七一”重要讲话精神、学习贯彻中共十八届六中全会暨省市第十三次党代会精神等专题，宣讲90多场。年内，开展“公益宣讲基层行”活动，分别在惠山区的钱桥街道、玉祁街道、前洲街道、洛社镇和惠山经济开发区等地举办公益宣讲。利用无锡宣讲网、无锡宣讲微博和微信公众号，拓展宣讲工作平台。配合市委宣传部做好手机微学堂工作，编发手机微学堂48期。

在科研工作中，《无锡市实施创新发展战略的目标与实现路径研究》申报省市协作课题，《政府向社会组织购买公共文化服务机制研究》和《新时期无锡工匠精神内涵研究》获市哲学社会科学精品课题立项并圆满结项，《“互联网+文化”发展路径探索》中标宣传部文化发展基础性课题研究并顺利结项，完成市文明办委托课题《“十三五”时期志愿服务的创新发展路径》和《崇德乐善“一月一主题”公益活动策划和经验总结》。撰写全市宣传思想文化工作调研报告《无锡创新发展的现状分析及对策建议》、全市宣传思想文化工作创新案例《深入开展“公益宣讲基层行”活动》。参与无锡市党的建设研究基地课题《建设“强富美高”新锡北》调查报告的写作，参与市委宣传部《宣传工作条例》可行性研究课题写作，编写《“两学一做”学习手册》和《十八届六中全会学习手册》。

（肖复新）

2016年10月23日，“伟大的征程”无锡市纪念红军长征胜利80周年大型群众演唱会在体育中心举行 （张立伟 摄）

统一战线工作

【概况】 2016年，全市统战系统在省委统战部指导和市委领导下，贯彻中央、省委、市委统战工作会议精神及《中国共产党统一战线工作条例（试行）》（以下简称“条例”）和省委、市委实施办法，加强组织领导，完善体制机制，创新载体平台，凝聚共识汇聚力量，开创全市统战工作新局面。

（姚静芳）

【贯彻“条例”精神】 2016年，无锡市委组织、召开全市统战部部长会议，市委统战部学习中央和省委、市委有关会议精神，落实“条例”。加强党委对统战工作的领导，协助市委成立以省委常委、市委书记李小敏为组长的市委统一战线工作领导小组，7个市（县）区成立由市（县）区委书记担任组长的统一战线工作领导小组。推动市（县）区统战部部长全部由同级党委常委担任或者兼任，在年内的市（县）区党委换届中，江阴市、梁溪区、锡山区、新吴区安排常委担任统战部部长，宜兴市、惠山区、滨湖区安排副书记兼任统战部部长，并配强常务副部长，为构建大统战工作格局创造条件。会同市委办公室、市委组织部、市台办、市侨办、市民族宗教局、市工商联组成联合督查组，对7个市（县）区落实“条例”和市委实施办法情况专项督查。梳理汇总有关情况后，由市委办印发《关于贯彻落实中央和省市委统一战线一系列重大决策部署情况的督查通报》，推动各项规定要求落实到位，形成党政齐抓统战工作氛围。协助市委做好中央统一战线工作领导小组第五调研检查组、省委统战工作督查组对全市落实中央和省委统一战线一系列重大决策部署情况的督促检查，无锡市统战工作受得中央和省委督查组肯定。

（姚静芳）

【加强协商民主制度建设】 2016年，市委统战部学习中央《关于加强社会主义协商民主建设的意见》和省委实施办法，协助市委制定无锡市《关于加强社会主义协商民主建设的实施意见》，明确政党协商、人大常委会协商、政府协商、政协协商、人民团体协商、基层协商、社会组织协商等协商主体、协商内容、协商形式、协商程序等,初步构建程序合理、环节完整的协商民主体系,促进无锡市社会主义协商民主广泛多层制度化发展。贯彻中央《关于加强政党协商的实施意见》和省委实施细则,制定无锡市《关于加强政党协商的实施办法》,明确和规范政党协商的步骤和程序。组织和推动市各民主党派、工商联和无党派知识分子联谊会围绕"提升城市工作水平""文化繁荣与发展"民主协商专题,开展调查研究,形成高质量的调研报告,并协助市委召开专题民主协商会。召开专题民主协商和民主监督工作推进会,加强市各民主党派、工商联和无党派人士意见、建议督办落实力度,汇总有关情况后,市委办印发《关于"提升城市工作水平"专题民主协商会意见建议督查办理情况的通报》,提升民主协商、民主监督工作实效。精心准备政协换届人事安排工作。与市委组织部联合出台《关于政协无锡市第十四届委员会和市(县)区政协换届人事安排的意见》,对政协规模和结构、界别设置,政协委员人选条件、推荐提名和考察审查、换届时间安排等方面提出明确要求。做好党外人选的酝酿、推荐、提名、协商等工作,严格人选条件,严格审查考察程序,坚持把广泛协商贯穿人事安排全过程,确保换届人事安排工作依法依章有序进行。

(姚静芳)

市委统战部副部长吕勤彬代表无锡海外联谊会,向新当选的香港江苏青年总会第二届会长赵式明赠送纪念品 (姚静芳 供稿)

【帮助完成换届工作】 2016 年,无锡市在换届工作中严格执行组织人事工作相关规定。市委统战部加强与各民主党派、工商联、台联和无党派知识分子联谊会的协商与沟通,做好领导班子成员的民主推荐和进退留转人员工作。制定《市委统战部关于协助民主党派做好换届工作的意见》《市委统战部关于工商联(总商会)换届工作的实施意见》,对换届工作提出具体要求。会同市委组织部、市纪委等部门考察拟进入党派领导班子成员及新进常委 60 多人,先后谈话 200 多人次。协助市各民主党派和台联、无党派知识分子联谊会等召开换届大会,完成换届任务。市各民主党派新一届领导班子 37 人高票当选,其中新任主委 2 人,新任副主委 14 人,充实一批年富力强的党派领导,改善领导班子的年龄、知识结构。至年底,无锡市新一届民主党派领导班子 37 名成员中,博士 6 名,硕士 9 名,具有硕士学历以上的领导班子成员占班子成员总数的 40.5%。

(姚静芳)

【"同心"实践基地建设】 2016 年,市委统战部下发《关于民主党派开展坚持和发展中国特色社会主义学习实践重点工作具体安排的通知》,召开坚持和发展中国特色社会主义学习实践活动暨"同心"实践基地建设交流推进会,评选、表彰全市 26 个"同心"实践示范基地,引导和鼓励各民主党派成员强化理想信念、增进政治共识,借助"同心"实践平台,开展参政议政、社会服务活动。召开全市民主党派基层组织建设观摩交流会,制定《无锡市各民主党派关于加强基层组织建设的纪要(试行)》,提高民主党派基层组织建设制度化、规范化水平。举办第 25 期民主党派骨干多党合作理论研修班、民主党派领导班子成员学习会、第 27 期党外中青年干部培训班等,夯实多党合作思想政治基础。

(姚静芳)

【开展"三走三倾心"活动】 2016 年,市委统战部在全市统战系统开展"走近项目、走进企业、走向制造业强市第一线,倾心于企业转型发展环境优化、倾心于非公经济转型发展水平提高、倾心于'十三五'无锡现代产业新高地建设"活动,了解企业发展难题,推动、落实各项降成本、促发展政策。推动、成立全省最大民营投资企业——江苏民营投资控股股份有限公司,激发民间资本活力,引导民营经济健康发展。建立军民融合发展平台,成立全省首个军民融合企业协会,帮助符合条件的民营企业进入国防科技工业建设领域。组织学习中共中央总书记习近平在全国政协民建、工商联界委员联组会上重要讲话,要求各级统战部、工商联把落实重要讲话精神作为一项政治任务,统一思想、增进共识。举办"梁溪大讲堂"第八讲,围绕构建"亲""清"新型政商关系,为全市党政领导干部进行专题辅导,优化企业发展环境。与市纪委联合举办"构建和谐新型政商关系"研修班,增强民营企业家廉洁从业、守法经营意识,全市 100 多名企业家代表联名发起《致全市非公经济人士倡议书》,倡议做和谐新型政商关系践行者。

(姚静芳)

【促进民族宗教领域和谐稳定】 2016 年,无锡市开展"民族团结进步宣传年"活动。市委统战部在全市宣传党的民族政策、民族理论、民族法律法规。开展"守望相助、扶贫济困"

少数民族困难家庭新春送温暖活动,加大少数民族群众帮扶力度。举办“民族情、共筑梦”全市各族群众国庆联谊联欢活动,营造民族团结、社会和谐的节日氛围。民族舞剧《英雄·玛纳斯》获第五届全国少数民族文艺会演最受观众欢迎剧目银奖。依法加强宗教事务管理。开展和谐寺观教堂“规范年”创建活动,推动宗教活动场所完善人员、组织、财务、档案、卫生防疫等内部管理制度。开展星级宗教活动场所认定工作,38处宗教场所通过三星级、四星级认定。开展“宗教慈善质量提升年”活动,推动宗教慈善载体建设,引导宗教界开展扶贫济困、敬老救灾、助学助残等公益活动,向盐城阜宁灾区捐款190多万元。组织、举办民族宗教界人士学习培训班,加强政策教育和法律法规宣传,提高民族宗教界人士的政治意识、大局意识和法制意识。指导宗教界开展“道风建设年”活动,加大教职人员教育培训力度,提高宗教界代表人士的思想政治素质和宗教业务能力。

(姚静芳)

【加强海外联络联谊】 2016年,无锡市开展“欧美同学会·中国留学人员联谊会美国硅谷创业人员无锡行”活动。市委统战部围绕“新一代信息技术”“生命科技与新能源”等主题,组织20多名硅谷创业人员与无锡企业在项目、技术、市场、融资等方面交流对接,为本地企业吸纳人才、转型升级提供合作平台。密切与香港江苏社团总会、香港江苏青年总会、香港无锡商会、香港江阴商会和无锡旅港同乡会的联系联络,推动锡港开展经贸、科技、旅游合作。举办首届港澳青少年“同愿同行”无锡夏令营,港澳10余所中学近30名学生参加为期6天的夏令营活动,通过体悟乡亲文化、体验乡土制作、体习乡音技艺,增强文化认同、国家认同。接待2批香港大学生交流考察团,为探索做好香港青年一代工作开辟新路径。帮助、支持无锡旅港同乡会换届工作,一批年富力强的爱国爱乡人士进入同乡会领导班子,为增强同乡会的凝聚力、影响力奠定基础。

(姚静芳)

调查研究工作

【概况】 2016年,市委研究室(市委改革办)在市委领导下,围绕省、市党代会提出的目标,履行调查研究、文稿起草、改革督察推进和新型智库建设职能,发挥参谋和助手作用,各项工作取得成绩。年内,市委改革办完成《改革督察通报》23篇。

(郑立平)

【调查研究】 2016年,市委研究室把问题导向贯穿调查研究工作全过程,增强发现问题、分析问题、解决问题能力,提高调查研究工作的针对性和实效性,提升调研成果。围绕无锡市经济社会发展中的重点、难点问题,围绕高水平全面建成小康社会的短板问题,确立自主调研课题,内容涉及保障和改善民生、推进供给侧结构性改革、深化村级经济股份合作制改革、改善生态环境等方面,通过调查研究,形成《关于我市补齐民生短板的专题调研报告》《坚持绿色发展理念加强生态文明建设》《以开放理念引领无锡经济社会发展》《加快我市民宿业发展的对策建议》等调研报告19篇。其中,《昂扬精神、克难前行——新常态下无锡加强作风建设激发担当作为》被省委研究室《调查与研究》杂志刊用,《“一带一路”战略背景下无锡开放型经济发展研究》被评为无锡市第十三届哲学社会科学优秀成果二等奖。在调研过程中,坚持直面矛盾,不回避问题。比如,在《我市开发区招商引资中亟待破解的问题和有关对策建议》调研报告中,重点聚焦矛盾和问题,从绩效挂钩、招商力量、招商政策、组织协同、管理体制、供地保障等角度分析招商引资乏力的深层次原因,在此基础上提出创新招商人员激励机制、加强招商队伍建设管理、优化招商引资政策环境、实施“一把手”招商工程、完善招商引资管理体制、挖掘可用土地资源等对策建议,针对性和可操作性比较强,被吸收到市委十三届二次全会报告中,发挥决策参考作用。发挥调研工作牵头部门作用,在全市党委研究室(改革办)系统开展“总结改革新成果、共献发展新良策”专题调研活动,收到调研报告52篇。会同市政府研究室就科学构建梁溪区管理体制和发展机制联合调研,形成专题调研报告,呈报市委、市政府领导。联合省委研究室,就无锡国家数字电影产业园专题调研,调研报告《无锡国家数字电影产业园发展的调查与建议》受到市委主要领导肯定。根据省委研究室要求,就无锡市落实《苏南现代化建设示范区规划》情况、推进特色产业发展情况等专题进行调研。同时,配合中央财办、中国社会科学院当代中国研究所调研组在全市的调研活动。

(郑立平)

【文稿起草工作】 2016年,市委研究室牵头起草《无锡市委、市政府2016年重点工作》,起草《无锡市委、市政府2016年重点工作细化实施方案》。牵头起草《中共无锡市委全面深化改革领导小组2016年工作要点》。起草《中共无锡市委常委会议事决策规则》。参与起草市委主要领导在市委十三届一次全会上和江南大学调研时的讲话稿。参与起草《市委办公室、市政府办公室关于加强无锡新型智库建设的实施意见》。起草市委副书记徐劼在市管班春季开学典礼上的讲话稿。完成市第十三次党代会期间的《简报》编发工作。起草《关于市委和市纪委工作报告审议情况的汇报》。起草《无锡市人民政府、江南大学关于“十三五”人才引进干部交流智库共建合作协议》。起草市委常委、秘书长、政法委书记张叶飞在《江苏通讯》上的署名文章《贴紧中心提升服务、凝聚合力狠抓落实》。同时,做好农口有关重要文稿的审核工作,先后研究、修改《市委、市政府关于提升城乡发展一体化水平建设“强富美高”新农村的意见》《市委、市政府关于深化供销合作社综合改革的实施意见》《市委办公室、市政府办公室关于经济薄弱村脱困致富工程的实施意见》《关于深入推进美丽乡村建设的实施意见》和《关于深入推进城乡发展一体化示范镇建设的实施意见》。

(郑立平)

【督察推进改革】 按照市委全面深化改革领导小组工作部署,在落实中央和省委全面深化改革领导小组2016年工作要点基础上,市委改革办结合无锡实际，坚持以供给侧结构性改革为主线，聚焦解决制约当前发展的突出问题和影响长远可持续发展的深层次矛盾，围绕经济体制、新型城镇化和城乡发展一体化等9个方面的改革任务，起草市委全面深化改革领导小组2016年工作要点，细化形成42条242项具体改革任务，并明确责任分工，同时梳理无锡市承担的国家级和省级改革试点项目，明确重点推进的10项国家级改革试点和9项省级改革试点，明确无锡市自主实施的5项改革任务，并分解落实责任单位、年度目标任务与进度安排，推动各地、各部门切实把改革责任扛起来、把改革重任担起来。协助市委优化调整市各改革专项小组职责分工，设立市各改革专项小组办公室。健全、完善改革督察机制，建立重点改革目标任务推进总台账。通过座谈访谈、实地查看、走访暗访和"回头看"等多种形式，开展各类督察活动。按季度对全面深化改革年度工作要点进展情况进行全面督察，分别形成《改革督察通报》和《市委全面深化改革领导小组2016年工作要点季度推进情况表》，对任务未细化、责任未落实、工作未启动、进度未达标的，逐一进行督促和提醒。召开市(县)区改革工作督察推进会，集中梳理、分析、点评，促进改革工作向纵深推进。重点对无锡市深化科技体制改革实施方案、发展众创空间推进大众创新创业实施方案、加强城乡社区协商实施意见落实情况、供给侧结构性改革推进情况，以及市(县)、区改革办机构建设情况开展专项督察，有关情况及时上报。发挥改革试点示范效应，按季度对无锡市承担的国家级和省级改革试点推进情况跟踪督察，促进先行先试，形成可复制、可推广的成功经验。编印并向市各改革专项小组和各地区、各部门发放《中央和省市委全面深化改革领导小组历次会议汇编（2014~2015)》及《中央和省市委全面深化改革领导小组历次会议汇编(2016)》，推动全市各地、各部门贯彻中共中央总书记习近平关于全面深化改革的新思想、新论述、新要求，贯彻中央和省委、市委全面深化改革各项决策部署，增强深化改革的思想自觉和行动自觉。总结、推广基层改革经验，编发《改革动态》14期，编印《2016年无锡市深化改革典型案例汇编》《击楫勇进——2016年无锡改革创新新闻集锦》，营造浓厚改革氛围。探索创新全面深化改革工作绩效评价机制。制定《无锡市全面深化改革工作绩效考评实施细则(试行)》，7月、12月，分别组织半年度督查考评和全年绩效考评。引入第三方评估，委托市社情民意调查中心组织对有关惠民改革政策落实情况的群众满意度调查，听取基层群众的意见建议，形成专题调查报告。会同市工商联对有关惠企改革政策落实情况进行企业满意度调查。将考评结果纳入市(县)区科学发展考评体系，及市级机关部门(单位）绩效管理和作风建设综合考评体系，形成鲜明导向，促进各地、各部门重视改革、主动谋划改革、合力做实改革，确保中央和省委、市委全面深化改革的重要决策部署落实，化为无锡的创新实践。

(郑立平)

【新型智库建设】 2016年，市委研究室会同市政府研究室办理市政协提案"完善智库建设，推进科学决策"，起草《关于加强无锡新型智库建设的实施意见》《无锡市人民政府、江南大学关于"十三五"人才引进干部交流智库共建合作协议》。年内，根据市委、市政府部署，履行无锡市新型智库建设领导小组办公室职能。

(郑立平)

对台工作

【概况】 2016年，无锡新批台资项目22个，新批项目注册台资1.74亿美元。全市台资企业增资项目18个，协议增加注册台资1.53亿美元。全年实际到位台资1.38亿美元。全市公务赴台团组247批、1069人次。其中，经贸团组43批、284人次，交流团组42批、478人次，培训或商贸团组162批、307人次。无锡居民赴台湾旅游30385人次。年内，无锡机场开通至台中的航线。

(崔世平)

【李小敏会见中国国民党原主席吴伯雄】 8月24日，省委常委、市委书记李小敏在宜兴会见中国国民党原主席吴伯雄。李小敏介绍无锡市经济和社会发展状况，并表示无锡支持台商台企的政策不会变，协调服务的力度不会变，深化和扩大互利合作的信心不会变。本着"两岸一家亲"理念，推动两地社会各界、民间团体、基层群众开展多领域交流，加深彼此了解和同胞情谊，共同珍惜和维护两岸和平发展大局。吴伯雄回忆先前到访无锡的经历，这次前来参加中华传统文化交流暨星云

省委常委、市委书记李小敏会见中国国民党原主席吴伯雄(左)

(张曙峰 摄)

大师新书首发活动，看到无锡经济社会发展的新景象，对无锡乡亲取得的成绩由衷钦佩。衷心希望两地加强联系，累积善意诚意，促进双方交流合作取得丰硕成果。省委台办主任杨峰，市委秘书长张叶飞参加会见。

(崔世平)

【加强与台湾学校师生的交流】 2016年，无锡市接待台湾学校师生到访团组12批426人次。4月7日，台湾新竹市三民小学40余名师生参访锡山区港下实验小学，并与锡山区小红豆艺术团开展艺术交流，新竹三民小学与港下实验小学签订交流合作备忘录，缔结为友好学校。7月4~10日，邀请台湾实践大学、逢甲大学、嘉义大学、中原大学、金门大学和东海中学52名师生到无锡参加"台湾学子看无锡——太湖青春行活动"，参观无锡历史文化景点、现代科技园区，并与无锡师生及台湾在无锡就读学生座谈交流。8月25日，组织台商子弟70多人在无锡开展"两岸青少年非遗艺趣营"参观访问活动。11月11~15日，台东县东海中学28名师生与无锡江南中学、江阴天华艺术学校等多所学校开展交流活动。11月23日，新北市树人职校15名师生与惠山区职业学校进行职业教育交流。12月4~7日，新北市大丰小学87名师生与无锡连元街小学、江阴天华艺术学校等进行特色教育交流，并举行两岸学生联欢活动。

(崔世平)

【第四届两岸茶文化论坛】 4月15日，第四届两岸茶文化论坛在宜兴举行，论坛由《两岸关系》杂志社、中国茶叶流通协会、无锡海峡两岸交流促进会主办。海峡两岸和香港等地的150多名行业组织负责人、茶业专家、教授和企业代表出席论坛。此次论坛是两岸茶业界交流后，首次以阳羡茶为核心举办的业界交流活动，中共宜兴市委书记王中苏出席论坛并讲话。

(崔世平)

【纪念徐霞客公祭典礼】 5月19日，2016海峡两岸纪念徐霞客公祭典礼在江阴市徐霞客故乡举行。中国徐霞客研究会会长王宝才、台湾徐霞客研究会副会长陶翼煌等出席，台湾10多所高校的20多名学生专程到江阴参加活动。公祭典礼后，在江阴职业技术学院举办两岸学生徐霞客文化交流会，两岸学者、师生围绕"践行霞客精神，传承中华文化"开展主题交流。

(崔世平)

【无锡机场开通至台中航线】 4月29日，无锡机场新增直飞台中航线，由台湾华信航空公司执飞，班期为每周五、日两次航班。5月2日起，台湾立荣航空也加入该航线运营，班期为每周一、五两次航班。台中航线是无锡直飞台湾的第三条正班航线，至此，无锡至台湾每周共有24个航班往返台北、高雄、台中三地。

(崔世平)

【民宿业界交流会】 6月28日，2016海峡两岸民宿业界交流会在无锡灵山举行，两岸民宿业主、民宿研究专家、民宿开发机构代表及高校学者200人参加会议。此次交流会设"高人支招、推动民宿可持续发展""两岸交流、应对游客个性化需求""政企互动、破解民宿大发展难题""学院开讲、探索乡村老板娘文化"等专题，开展讨论、演讲、座谈、教学等活动。与会人员考察灵山·拈花湾小镇民宿业发展状况。

(崔世平)

【赴台湾开展少棒交流活动】 7月26~8月2日，无锡市广益中心小学、华庄中心小学、蠡园中心小学、柏庄实验小学、厚桥实验小学60多人组成3支少年棒球队，赴台湾新北市和台东县开展少年棒球交流活动。在新北市参加"2016新和杯海峡两岸少年棒球邀请赛"，在台东县参加"阳光、空气、台东情"两岸少年棒球友谊赛。这是无锡市第三次组织少年棒球队赴台交流，交流地区从台东县扩大到新北市。

(崔世平)

【创建台湾青年就业创业基地】 10月22日，无锡市在太湖新城科教产业园举行"江苏省台湾青年就业创业基地"授牌式，这是无锡市首个台湾青年就业创业基地。基地整合科教产业园、江南大学国家科技园、太湖山水游艇俱乐部等资源，与台湾高校、科研机构和企业加强合作交流，为台湾青年学生实习和就业、创业创造良好环境。

(崔世平)

【5家台资企业获"紫峰奖"】 10月29日，江苏省人民政府在南京举行台资企业"紫峰奖"颁奖典礼，健鼎(无锡)电子有限公司等5家台资企业获奖。其中，健鼎(无锡)电子有限公司获贸易领军类奖，华新丽华集团获纳税贡献类奖，宜兴台玉环境工程设备有限公司获青年创业类奖，无锡东元电机有限公司和无锡盟创科技有限公司获成长型企业奖。

(崔世平)

【台资企业协会成立20周年庆典】 10月22~23日，无锡市台资企业协会举办协会成立20周年庆典，两岸企业界800多人参加活动。庆典期间，举办"全省台资企业上市辅导讲座""无锡台湾企业界人士经营心得分享会""乐活无锡—台商健康行"以及羽毛球比赛等系列活动。

(崔世平)

党校工作

【概况】 2016年，中共无锡市委党校(市行政学院)挂有无锡市社会主义学院、无锡市国防教育学院、中央党校无锡科研基地、江苏省高层次创新创业人才培训基地。列编内设机构17个。核定编制100人。至年底，在职教师职工89人，其中专职教师17人(副教授以上职称13人)。实际占地6.14公顷，建筑面积2.39万平方米，基本办学设施齐全，能同时容纳1000人学习、培训。

12月26日，江苏省社会科学院无锡分院在市行政学院挂牌成立，与市行政学院合署办公，同时成立苏南发展研究院。同日，省社科院无锡分院、苏南发展研究院以"'两聚一高'与推进无锡产业强市主导战略"为主题举办首次理论研讨会，《无锡日报》专版摘载研讨发言，人民网全文转载。

年底，市委决定撤销中共无锡市委党校委员会，改设为中共无锡市委党校校务委员会。

(刘周一叶)

【全市党校工作会议】 8月31日，市委召开全市党校工作会议。省委常委、市委书记李小敏参加会议并强调，要贯彻中共中央总书记习近平在全国党校工作会议上的重要讲话精神，坚持党校姓党原则，提升党校办学水平，开创全市党校事业发展新局面。要坚守政治方向，坚定政治立场，保持政治定力，确保党校事业沿着正确政治方向向前发展。要抓紧、抓牢党的理论教育和党性教育主业主课，将党校打造成为党员干部接受思想政治教育的“红色殿堂”。要围绕党的中心工作开展科研，提升思想引领力、咨政服务力、改革创新力，发挥在科研咨政方面的独特优势和作用。要把严以治校、严以治教、严以治学作为贯彻党校姓党原则的关键之举，营造风清气正办学环境。要加强和改善党委对党校工作的领导，把办好党校、管好党校、建好党校作为履行党建工作责任制的重要内容。市委副书记、市委党校校长、市行政学院院长徐劼主持会议，市领导朱劲松、王国中、陈金虎、王唤春出席会议。市委组织部、江阴市委、宜兴市委党校作交流发言。此前8月19日，市委印发《关于进一步加强和改进新形势下党校工作的实施意见》。

（刘周一叶）

2016年8月31日，全市党校工作会议在市民中心13号楼306室召开

（张立伟 摄）

【干部培训】 年内，中共无锡市委党校举办主体培训班26期，培训学员2234人次。突出理论教育和党性教育课主课地位，两类课程课时占比75%，其中党性教育课时占比23%，主课教学课时占比要求得到落实。李小敏、汪泉、徐劼、黄钦、周英、陈德荣、王国中、王唤春等省、市领导到党校讲课，全年主体班次领导干部授课课时占比超30%。推进教学创新，改进教风学风，拓展培训资源，优化教学管理，教学质量得到提高。3月、5月和9月，分别举办为期1个月的第六期、第七期和第八期市管领导干部“认真落实‘四个全面’要求，提升‘强富美高’新无锡建设水平”培训班，培训学员239人。12月，在全省设区市中率先组织市管领导干部学习贯彻中共十八届六中全会精神集中轮训，轮训1140人，获得良好反响。举办委培班212期，培训学员1.51万人。组建市委党校中共十八届六中全会精神和“两学一做”学习教育宣讲团，赴基层宣讲超100场次，听众超1万人次。

（刘周一叶）

【科研咨政】 2016年，中共无锡市委党校立项课题38项，其中全国党校系统重点调研课题1项、省社会科学基金青年项目1项、省软科学项目1项、省社会科学应用精品课题1项、全省党校系统调研课题3项。首次获江苏省社会科学基金青年项目。公开发表论文84篇，其中核心期刊8篇。创办《前沿动态》《信息快递》，上报《领导参阅》5期，编辑出版《无锡研究2016》《环太湖经济社会发展研究报告·2016》。蝉联全省党校系统优秀科研组织奖(2011~2015年)。获省哲学社会科学优秀成果三等奖3项，全省党校（行政学院）系统优秀科研成果奖一等奖1项、二等奖2项、三等奖2项，优秀决策咨询成果奖三等奖2项，获奖数量位居全省设区市党校（行政学院）前列。与《无锡日报》开展合作“产业强市·企业观潮”新闻行动，完成6篇深度报道和1篇综合报道。11月18~19日，组织召开中共十八届六中全会理论研讨会暨环太湖发展研究中心2016年年会。

（刘周一叶）

【设立市委党校梁溪区等分校】 为落实中央、省委和市委推进县级党校办学体制改革有关精神，统筹办学资源力量，提升全市党校整体发展水平，经市编办同意，中共无锡市委党校(市行政学院)在中共无锡市梁溪区委党校和中共无锡市新吴区委党校设立“中共无锡市委党校梁溪区分校（无锡市行政学院梁溪区分院）”“中共无锡市委党校新吴区分校（无锡市行政学院新吴区分院）”。12月13日，在市委党校举行揭牌仪式，市委副书记、市委党校校长(市行政学院院长)徐劼出席并讲话。挂牌后，所属区委办党校、管党校、建党校的主体责任不变，区各有关部门齐抓共管的责任不变，区委党校独立办学功能不变，区委党校人财物管理体制、领导体制不变。建立和落实工作协调、干部培训、师资建设、科研合作、考核评估机制，推动分校(分院)工作有序开展。

（刘周一叶）

史志工作

【概况】 2016年，全市史志系统抓住在全市开展“两学一做”学习教育时机，围绕开展纪念建党95周年和红军长征胜利80周年系列活动，统筹推进党史编研、志书编修、年鉴编纂、史志宣传、史志资政、地情研究等工作。组织开展知党爱党兴党——“两学一做”学习教育暨党史知识竞赛、纪念长征胜利80周年明信片有奖知识问答、中国共产党在无锡（1919~1949）——纪念建党95周年历史图片展、《光辉的征程，伟

2016年10月23日,"长征路上无锡人"图片展在二泉映月广场举行,图为市民在观看展板 (卢 易 摄)

大的壮举》图片展、《长征路上无锡人》图片展等活动。联合梁溪区史志办在城中公园多寿楼广场举办"纪念国务院《地方志工作条例》颁布实施10周年"宣传活动。年内,在中国出版协会年鉴工作委员会编校质量检查评比中,《无锡年鉴(2016年)》获2015~2016年度一等奖。

(黄 扬)

【纪念建党95周年系列活动】 4~7月,市史志办联合市委办、市委组织部、市委宣传部、市级机关工委、无锡日报报业集团在全市举办"知党爱党兴党——'两学一做'学习教育暨党史知识竞赛"活动。活动收到有效答题卡73480份(其中无锡机关先锋网6317份,无锡史志网49806份,纸质答题17357份)。在锡城公证处公证员监督公证下,主办单位从高分答题中随机抽出一等奖5名、二等奖20名、三等奖30名。7月,联合市委宣传部、市级机关工委举办"中国共产党在无锡(1919~1949)——纪念建党95周年历史图片展"网上专题展览。7月4日,会同市委宣传部邀请中央党史研究室原副主任李忠杰在市民中心13号楼105室主讲"从党史中汲取营养和智慧"专题讲座,副市长王进健主持,200多名机关干部、部分史志工作者参加讲座。7月26日,《无锡日报》刊载市史志办撰写的纪念建党95周年文章《牢记历史贡献,坚定"四个自信"》。年内,《雨花英烈精神的科学内涵和文化传承》《高文华烈士的革命事迹及精神研究》等4篇文章入选全市纪念建党95周年理论征文,在《无锡日报》理论探索版及《江南论坛》上发表。

(黄 扬)

【纪念长征胜利80周年系列活动】 9月28日,市史志办会同无锡市新四军历史研究会、无锡博物院联合主办《长征精神永放光芒——纪念中国工农红军长征胜利80周年》图片展,通过150多张老照片展现中国共产党领导红军完成长征的光辉历史。10月22日,联合无锡市委宣传部举办《光辉的历程,伟大的壮举——纪念中国工农红军长征胜利80周年》图片展,展出当年瑞金苏维埃政权发行的邮票、长征途中红军寄出的书信以及新中国成立后以长征为主题发行的或与其相关的邮品图片等。举办《长征路上无锡人》图片展,通过珍贵的历史图片介绍无锡籍革命先辈秦邦宪、陆定一、潘汉年、严朴、刘群先、陈志方、宗益寿、宗益茂投身长征的事迹。同时,联合《江南晚报》刊载《是红色故事,也是智勇人生》;举办"重走长征路,共筑中国梦"活动;举办纪念长征胜利80周年明信片有奖知识问答。联合无锡市电视台"发现"栏目拍摄三集电视系列片《长征路上的无锡人》,并通过无锡史志微信公众号发布《长征路上无锡人》微信文章。

(黄 扬)

【《高文华传》等书籍出版】 6月,《高文华传》被列入《雨花台烈士传丛书》首批出版。该书分"引子,寒门立志求真理,投身大革命洪流,继续奋斗在故乡,《一个真的奋斗者》,雨花永生耀千秋"等章节,约10.4万字,真实记录高文华烈士的革命经历和精神风貌。9月,联合市委办、市接待办征编的《无锡政事(2015)》由中央文献出版社出版。无锡市委常委、秘书长、政法委书记张叶飞为该书作序。全书39.2万字,以编年纪事形式,记录2015年度无锡市委、市政府的重大决策和重点工作,图文并茂反映无锡市委、市政府落实"四个全面"战略布局,加快建设"强富美高"新无锡的探索实践和发展变化。年内,征编、出版党史资料长编《无锡国企改革之路》,征编《杰出的女工领袖——刘群先纪念文集》和《江苏改革开放实录》无锡部分内容。

(黄 扬)

【市、区、部门志编修】 12月,《无锡市志(1986~2005)》最终定稿,并编制完成索引,按省定时序完成各项工作。全志45卷、500万字,志首彩页照片114张,内页照片426张,地图4幅。《无锡市北塘区志(1986~2005)》完成终审、验收工作,报省志办备案审查,《无锡市惠山区志(2001~2010)》编修积极推进。《无锡读本》基本形成初稿。完成清光绪《无锡金匮县志》点校工作,送方志出版社和专家审稿。9月,《无锡市工会志(2004~2013)》由方志出版社出版发行。

(黄 扬)

【党史遗址的保护利用】 年内,会同市委组织部将荣毅仁纪念馆等7处党史纪念设施命名为第二批"全市党史教育基地"。联合市文广新局、市民政局对无锡革命遗址及纪念设施复核,全面摸清无锡革命遗址及纪念设施保护利用情况,并对濒危革命遗址和纪念设施提出抢修保护意见和建议。配合市委组织部结合"两学一做"学习教育,开展"记忆100"党史遗址专题片摄制,组织专人录制"新四军在无锡"专题讲座。指导宜兴革命陈列馆新馆筹建工作,审改锡山区许巷惨案纪念馆展览大纲;实地调研宜兴太华新四军纪念馆、江阴祝塘"江抗"纪念馆等纪念设施有效保护利用的成功做法；实地查看江阴曹鲍村“兵燹灾民”墓地等遗址现状，及时向有关方面反馈保护利用意见和建议。

（黄 扬）

【方志馆建设】 2016年，无锡方志馆征集党史革命史、志书、家谱、年鉴、地情读物及各类原始资料1220多册（份），资料数据光盘10多张，图片30多幅，实物4件，收藏珍稀区域性重大历史文化典籍《常州先哲遗书》以及《中国名镇志丛书》等资料丰富馆藏。与上海万方数据公司合作，建立无锡新方志数据资源库，对明朝、清朝至民国年间的多版本《无锡县志》《无锡金匮县志》《江阴县志》《宜兴县志》等21部无锡地区珍贵古籍，进行数字化处理，实现对年代久远旧方志全文检索。11月，实现2007~2016年出版的《无锡年鉴》上网。联合无锡电视台《发现》栏目组拍摄专题纪录片《消失的古船》，联合《江南晚报》刊发无锡地区传统船舶保护利用现状。接受无锡电视台都市资讯频道《光阴的故事》栏目组采访，与市档案局、《无锡日报》联合在《无锡日报》开办《无锡历史上的明天》栏目，传播历史人文知识。年内，“无锡史志”微信公众号发布史志素材48期，总阅读量2.9万多次，平均每期阅读量600次。其中，《无锡姓氏的来源和分布》《毛泽东在无锡二三事》阅读量分别为3215次和2392次，《长征路上无锡人》《无锡等地的冬至习俗》《追忆邓小平与无锡》等文章被省委党史工办“红色雨花石”、无锡广电“无锡博报”、百度贴吧等媒体和平台转发。

（黄 扬）

【地方志系统编纂业务培训班】 5月31~6月6日，无锡地方志系统编纂业务专题培训班在浙江宁波大学举行，全市30名地方志业务骨干参加培训。宁波大学是全国唯一一所培养地方志人才的高等学府。培训采用课堂授课和实地地情教学相结合的形式。宁波大学专职老师主讲《地方史料的搜集、整理和鉴别》《方志编纂学基础知识》课程，江西省、上海市、浙江省和宁波市、江苏省苏州市方志办的专家、学者，结合自己在编纂地方志书和年鉴工作中所遇到的困难及总结的经验，讲授“地方志书单元的撰写”“第二轮新方志编修中经济部类的编写”“地方志资料长编的编辑”“第二轮修志编纂若干问题的思考”“地方志书的总纂”“地方综合年鉴条目编写”课程，帮助大家拓宽视野。

（黄 扬）

保密工作

【概况】 2016年年初，调整市委保密委员会成员，召开市委保密委员会（扩大）会议。建立市、市（县）区保密行政管理部门行政权力清单，编制6大项12小项行政权力事项办事指南，统一各类保密行政执法文本，规范全市保密依法行政工作。组织全市涉密人员参加保密管理培训会，部署开展涉密人员分类确定和审查报备工作，完成全市488家单位涉密人员分类确定工作。开展保密宣传、管理和检查，确保国家秘密安全。

（陆 烨）

【宣传教育】 2016年，市保密局通过“无锡保密”公众微信号及时发布保密提醒。利用中国移动、中国联通、中国电信等通信平台向各级领导干部、涉密人员发送保密警示短信上万条。“国家宪法日”暨法治宣传日期间，在南禅寺广场举行集中宣传活动。举办“梁溪大讲堂”保密专题报告会。为市公安局、环保局、审计局等单位开展保密专题讲座，为市管领导干部轮训班、全市初任公务员培训班、军转干部培训班等进行专题保密课讲座。为12家单位提供保密警示片光盘、宣传资料等，开展宣传教育活动12场（次），受教育人数1000多人。

（陆 烨）

【监管服务】 2016年，市保密局规范涉密载体回收销毁工作，全年为全市300多家机关单位、企业、科研院所销毁各类保密废纸920多吨，电子产品1.1万多件，光盘、硒鼓、磁卡、优盘等1400公斤。在全市军工单位部署开展“提高保密意识、提增工作能力、提升管理水平，做一名合格的军工人”主题实践活动，组织保密剧场文艺汇演及“我与保密工作三十年”征文，全年辅导军工保密资格申请单位51家，现场辅导和接受电话咨询600人，26家单位通过省军工保密资格认证委员会现场审查。指导开展国家秘密载体印制资质申报工作，年内，2家企业取得乙级涉密文件资料印制资质。指导开展涉密信息系统集成资质申报工作，开展辅导20余次，配合省保密局对3家单位现场审查，均一次性通过。

（陆 烨）

【保密检查】 2016年，市保密局组织开展机关单位保密自查自评专项督查、重要军事设施周边环境安全保密督查、重点骨干网络保密管理等专项检查，中考、高考、司法、卫生专业技术、医师资格等国家统一考试前的保密检查。依托市电子政务内网和市涉密计算机违规外联监管平台对全市375家党政机关、涉密单位连接到市电子政务内网及其他内部非涉密计算机和319家党政机关、涉密单位的涉密计算机进行实时动态监控。对150多个重点党政机关和涉密单位网站发布的信息进行针对性保密检查。

（陆 烨）

机构编制工作

【概况】 2016年，全市机构编制部门以深化行政审批制度改革为突破口，以简政放权、放管结合、优化服务为主线，统筹推进改革管理各项工作，取得新成绩。至年底，全市机关工作人员25733人，其中机关行政工作人员24769人，工勤人员964人；全市事业单位2742家，在编97673人，其中市属事业单位370家，在编21854人。

（韩代贵）

【简政放权改革】 2016年，无锡市按照中央和省关于全面深化改革的工作部署，坚持把行政审批制度改革作为重要突破口，推进简政放权、放管结合、优化服务改革，初步构建以“5张清单、1个平台、7项相关改革”为核心的系统架构及路线图，在优化发展环境、激发市场活力等方面取得明显成效。市政府印发《2016年推进简政放权放管结合优化服务改革工作要点》，部署改革具体任务。市政府3次印发《关于取消和承接一批行政审批等权力事项的通知》，取消行政审批43项，承接14项，接受省委托行政审批46项，新增行政处罚4项。推进权力清单标准化建设，组织、开展全市行政权力办事指南编制工作。开展简政放权创业创新环境评价工作，以评促改，为大众创业、万众创新创造优良环境。市编办履行改革牵头部门职责，完善工作协调推进机制，组织召开2016年度全市推进职能转变协调小组会议。编印《简政放权优化服务工作简报》17期，在《无锡日报》刊发"简政放权优化服务"专题报道23篇。

（毕东升）

【相对集中行政许可权改革准备】根据市委、市政府关于无锡改革发展的战略部署，市编办组织力量，起草《无锡市相对集中行政许可权和综合行政执法体制改革试点方案》。经过广泛征求意见、专家论证、合法性审查等环节，反复修改完善，提请市政府常务会、市人大常委会、市委常委会研究通过后向省委、省政府提出试点申请。11月9日，省委、省政府复函同意无锡市开展相对集中行政许可权改革试点。根据市委常委会要求，市编办在组织相关部门赴改革先行地区学习调研基础上，起草《无锡市相对集中行政许可权改革工作方案》。

（许宇峰）

【完善事中事后监管体系】2016年，市编办落实无锡市政府《关于深化行政审批制度改革加强事中事后监管的意见》要求，确立"1主7辅"事中事后监管制度框架，协调相关部门出台维护市场公平交易秩序、信用管理、加强产品质量、食品安全、安全生产领域的事中事后监管办法，构建以信用监管为轴心，行政监管、行业自律、社会监督、公众参与的"五位一体"事中事后监管体系。市政府办公室印发《关于建立双随机抽查机制加强事中事后监管的实施意见》，推广随机抽查，规范监管行为，创新管理方式，强化市场主体自律和社会监督，解决群众、企业反映强烈的突出问题，提高监管效能，激发市场活力。至年底，市政府各部门均建立事中事后监管责任清单，明确随机抽查对象88662家，随机执法检查人员986人，随机抽查事项604项，实施随机抽查事项380项，开展随机抽查1503次。

（高道峰）

【综合行政执法体制改革】4月，市政府办公室印发《无锡市关于开展部分领域综合行政执法体制改革试点工作的实施意见》，深化市场监管领域综合执法，整合市粮食局内部执法机构和职责，组建无锡市粮油流通监察支队。拟定无锡市城乡建设和农业领域综合行政执法体制改革试点实施方案并提请市编委会议通过。结合部分行政区划调整，按照推进综合行政执法体制改革要求，梁溪区和新吴区设立综合行政执法局，为政府工作部门。

（孙　淼）

【规范行政审批中介服务】2016年，无锡市对行政审批中介服务事项开展必要性、合法性、合理性审查，无法律、法规、规章、规定的事项一律取消。经过部门梳理、深入调研、集中审核、征求意见、专题论证、反馈确认和市政府常务会议审议，市政府公布《无锡市行政审批中介服务事项目录清单》，清单对保留的69项行政审批中介服务事项，逐项提出处理决定，为行政审批中介服务确立"行为规范"，切断行政主体与"红顶中介"的利益关联，推动中介机构回归市场定位和服务本位。省审改办在全省转发《无锡市行政审批中介服务事项目录清单》。

（袁　晨）

【经济发达镇体制改革通过省评估】2016年，市编办指导江阴市徐霞客镇探索建立"分类扩权自主化、综合执法网格化、职能整合平台化"的基层网格化管理新模式，率先在全省乡镇中实现社会综合管理服务"一张网"网格化管理体系，做到网中有格、按格定岗、人在格上、事在网中，使管理服务全覆盖、精准化，提升治理效率，降低运行成本。推行"一门式"政务服务。综合窗口整合纳入基本建设、市场准入、社会民生等各类行政审批和公共服务事项228项，实行前台窗口"统一受理"、后台业务科室"分类处置"、管理"全程监控"的运作模式，实现"一窗通办、一章审批、一站服务"，企业和群众进一个门、到一个窗就能办成多件事。徐霞客镇、丁蜀镇行政管理体制改革试点通过省评估组验收，省评估组肯定徐霞客镇改革成效。

（茜　坤）

【新设区机构编制调整】2016年，市编办按照《省政府关于调整无锡市部分行政区划的通知》和市委、市政府关于行政区划调整要求，推进行政资源优化配置和机构编制规范管理。梁溪区设置党政机构45个，其中政府工作部门22个；无锡高新技术产业开发区党工委、管委会与无锡市新吴区党委、政府按照"区政合一"体制，综合设置党政工作机构21个。梁溪区区级机关核定行政编制580名，新吴区区级机关核定行政编制436名。梁溪区区属事业单位（不含学校、医院、社区卫生服务中心）66家，新吴区区属事业单位61家，两区共精简事业编制1126名。新设区人大常委会、政协、纪律检查、法院、检察院、群团机关，以及市国土、规划、公安部门相关派出机构同步作相应调整，撤销无锡（太湖）国际科技园党工委、管委会。

（叶长渭）

【事业单位分类改革】8月，市政府印发《关于加强和改进事业单位监管与服务的实施意见》，明确推进事业单位分类改革相关要求：结合简政放权改革，对涉及行政审批中介服务、行业协会商会与行政机关脱钩、职能严重萎缩、政策调整被取消行政事业性收费的事业单位加快改革。改革事业单位机构编制单一审批制管理，在公立医院、学前教育等领域探索推行向审批管理和备案管理相结合转变。优化、完善事业单位财政保障方式，对事业单位实施分类财政供给政策。推进事业单位法人治理结构建设、理事会章程建设和信用等级评定试点工作。按照中央编办、省编办要求，市编办系统梳理全市承担行政职能事业单位情况，研究制定并上报《无锡市承担行政职能事业单位改革试点方案》。

（吴　昊）

【公立医院人员备案制管理】年初，市编办联合市发改委、财政局、人社局、卫计委印发《关于创新公立医院人员编制管理的实施意见》，核定市属9家公立医院人员总额（公立医院人员总额包括原审批核定的事业编制和备案确定的人员控制数额）。12月，市编办、市委组织部、市发改委、财政局、人社局、卫计委联合印发《无锡市公立医院管理体制改革工作意见》，意见强化政府办医责任和公立医院的公益属性，理顺权责关系，对完善法人治理结构、加强内外部监督管理、优化发展环境、激发自身活力提出明确要求。

（蒋运钧）

【推行网上登记预受理审查】 2016年，无锡市依法推进事业单位法人登记管理行政许可工作，推行网上登记预受理审查，实现网上登记从申请到发证"一条龙"服务。市编办全年受理、办理事业单位设立、变更和注销登记计386件，审核事业单位年度报告材料945家，公示821家（不含涉密单位和停止开展活动单位）。实施事业单位统一社会信用代码制度改革，自1月1日始，在全市范围内启用载有统一社会信用代码的新版"事业单位法人证书"，实现"一证一码""唯一身份"，减轻事业单位负担，方便服务对象。

（管伟峰）

【出台科级机构设置暂行办法】 按照中央和省、市关于严格控制和规范管理机构编制的要求，市编委印发《无锡市科级机构设置编制管理领导职数核定暂行办法》。暂行办法注重把握法律法规和上级文件对机构编制管理的规范性要求，在机构设置上，明确规范管理、总量控制、审批程序等。在编制管理上，规定规范使用、控编减编、职数标准等。在监督检查上，建立科级机构领导职数备案制度、机构职责履行和编制职数管理检查评估制度、完善协调监督和动态调控机制。暂行办法自2017年1月1日实施。

（王可立）

【完善市级机关绩效管理】 2016年，无锡市完善年度绩效考评工作，出台《无锡市市级机关部门（单位）作风建设和绩效管理综合考评办法》，办法完善目标管理、社会评议、日常督察考核模式。年内，市编办严格执行标准和程序，组织、开展年度市级机关绩效考评工作，强化目标激励，促进市级机关效能建设。

（韩代贵）

机关党的工作

【概况】 2016年，无锡市各级机关党组织和全体党员贯彻中共十八届六中全会和中共中央总书记习近平系列重要讲话精神，落实省、市第十三次党代会精神，全面落实从严治党要求，在思想建设、政治建设、组织建设等方面取得新成效。至年底，市级机关直属党组织93个，下辖党的基层组织773个。其中，党委57个，党总支52个，党支部664个，党员11202人。年内，新发展党员82人。

（李　娟）

【思想政治建设】 2016年，无锡市级机关各级党组织以"三会一课"（支部党员大会、支部委员会、党小组会，上党课）等多种形式，学习、宣传、贯彻中共十八届五中、六中全会和习近平系列重要讲话精神以及市第十三次党代会精神等。深化"四个百"活动，举办"百场宣讲"224场，听讲22234人次；举办"百堂党课"264堂，听课20819人次；举办"百个论坛"248场，参加17874人次，举办"百题竞赛"，党员干部参与活动21420人次，有效检验学习效果。推进学习型党组织建设，开展主题征文、好书荐读、专题讲座、经典诵读、书香随手拍等读书活动。开展"一卷书香·读者妙语"微书评征集活动，征集到50家单位293篇优秀微书评。强化宣传思想教育，创办"无锡机关党建"微信公众号，改版《无锡机关党建》杂志，开展机关党员干部思想状况调查研究。深化精神文明建设，开展崇德乐善"一月一主题"7月"红色经典"传承月活动，开展春节社情"微调研"活动，打造机关地铁志愿服务品牌。

（李　娟）

【基层组织建设】 2016年，无锡各级机关贯彻《中国共产党党组工作条例（试行）》和《中国共产党党和国家机关基层组织工作条例》等党内法规，明确工委领导、党组指导、机关党组织负责的机关党建工作领导体制，发挥"党组书记兼任机关基层党组织书记"优势。党员领导干部带头上党课300多人次，支部书记讲党课1500多人次。机关党建片组工作互动交流机制健全，全年召开党建片组会议20多（组）次。稳妥推进失联党员排查、补缴党费等工作。通过换届选举、届中调整和任职培训，优化党务干部结构，配强基层班子，选好党组织书记，全年26家直属党组织按期换届选举。重视发挥党支部的堡垒作用，加强党员教育管理，强化党性观念。党支部开展各类组

市级机关工委组织滨湖区第48选区人大代表换届选举大会现场

（李　娟　摄）

2016 年 7 月 27 日,2014~2015 年度市级机关创先争优情况通报暨“两学一做”学习教育推进会在市民中心举行 （李 娟 摄）

织生活 2500 多场次,党员参与学习教育 5 万多人次。严格党员发展工作,把好党员入口关,举办两期入党积极分子培训班和两期发展对象培训班，培训入党积极分子 150 多名和发展对象 100 多名。围绕做“四讲四有”(讲政治、有信念,讲规矩、有纪律,讲道德、有品行,讲奉献、有作为)合格党员,开展创先争优活动,评出市级机关先进基层党组织 18 个、优秀共产党员 98 人、优秀党务工作者 20 人。推动机关窗口部门、执法单位党组织和共产党员开展创先争优活动,评选“为民服务示范窗口”12 个、“为民服务先进标兵”12 人、“执法为民先进单位”12 个、“执法为民先进个人”12 人。完成市级机关出席市第十三次党代会代表的推选工作,市级机关推选市党代表 82 人。

（李 娟）

【市级机关“两学一做”学习教育】 2016 年,无锡市开展“两学一做”学习教育,落实基层组织生活制度。市级机关工委下发市级机关“两学一做”学习教育暨“基层党组织统一活动日”通报 12 篇,展示“两学一做”学习教育案例 100 个，体现基层党组织落实组织生活制度成效，推动基层组织生活制度的落实和“两学一做”学习教育的有序开展。举办直属党组织书记“两学一做”学习教育培训班。组织市(县)区工委书记及直属党组织书记学习党章党规和习近平系列讲话精神，明确“两学一做”学习教育总体要求、主要任务和方法措施。组织开展“知党爱党兴党——‘两学一做’学习教育暨党史知识竞赛”。在无锡机关先锋网开设竞赛专栏,94 个直属党组织 5685 名党员干部参加活动，市中级人民法院机关党委、市侨办党支部等 21 个机关党组织获优秀组织奖。举办“两学一做”学习教育主题征文活动,召开市级机关“两学一做”学习教育现场推进会,开展“两学一做”学习教育微信答题活动，党员干部参与活动 21420 人次。

（李 娟）

【党风廉政建设】 2016 年，无锡市开展作风建设社会评议活动。市级机关工委将 2015 年年终社会评议中征集的 378 条意见、建议向主要涉及的 72 家市级机关单位逐一反馈，督促各单位在规定时限内完成整改,并将整改措施上网公示,接受群众监督。深化“三解三促”活动,各市(县)区、市级机关 126 家单位参与帮扶活动，县处级以上领导慰问帮扶贫困家庭 800 户，给付慰问金慰问品合计 300 多万元。履行监督检查职能,坚持把纪律挺在前面,持续推进反“四风”,解决作风建设方面存在的突出问题。加强廉政教育,抓住“5·10”思廉日时机,通过制作思廉日幕墙及海报、发放廉政手册、群发廉政短信和微信平台推送廉文荐读等宣传手段,开展灵活多样、丰富多彩的廉政教育活动。结合“两学一做”活动安排,开展以《关于新形势下党内政治生活的若干准则(2016)》和《中国共产党党内监督条例(2016)》等党内法规为主要内容的网络答题活动。聚焦主责主业,强化办案职能,提升办案质效。年内查办党内违纪案件 12 件,其中给予开除党籍处分 6 人，留党察看处分 1 人,党内严重警告处分 3 人,党内警告处分 2 人。

（李 娟）

编辑 罗秋云

综　述

【概况】 2016年，市人大常委会围绕高水平全面建成小康社会和建设“强富美高”新无锡的总目标，根据省、市委重大决策部署和市十五届人大五次会议各项决议，突出重点，依法履职，为推动“十三五”发展良好开局和全市民主法治建设作出新贡献。全年召开常委会会议7次，主任会议12次，听取审议“一府两院”(市人民政府，市中级人民法院、市人民检察院)专项工作报告、计划预决算和审计报告16项，听取相关工作汇报7项；制定、修改地方性法规6部；组织考察4次，开展专题询问1次、执法检查2次；对7个政府组成部门开展工作评议；按照讨论决定重大事项的规定，作出决议决定7项；全年形成调研报告24篇，理论研究成果18篇，其中4篇在全省获奖。坚持党管干部原则，依法任免干部81人次，组织宪法宣誓49人次。邀请代表和群众参与常委会立法、监督等履职活动，56人次代表列席常委会会议，66名普通市民受邀旁听市人代会或常委会会议，150多人次代表参与常委会各项工作和活动。年内，市人大常委会坚持依法立法、立改废释并举，强化立法组织协调，发挥立法主导作用，提高立法质量；坚持问题导向，围绕推动经济稳定增长、促进民生改善、提升生态环境质量、维护社会公平正义等，加大监督力度，提升监督实效，增强人民群众获得感；坚持贯彻市委决策和回应社会关切有机结合，完善与“一府两院”工作协调机制，对事关改革发展的重大事项，适时依法作出决议决定，及时把市委决策转化为全市人民的共同意志；重视发挥代表主体作用，积极搭建代表履职平台，完善服务保障机制，激发代表履职热情；加强自身建设，抓好换届选举，提升全市人大常委会工作水平。

(严巍巍　朱　煜)

重要会议

【无锡市第十五届人民代表大会第五次会议】 会议于1月12~15日举行，出席会议代表435名，在无锡的全国和省人大代表、参加市政协十三届五次会议的政协委员和其他有关人员列席会议，2名市荣誉市民、20名市民代表应邀列席或旁听第一次大会。会议听取和审议市人民政府市长汪泉所作的《政府工作报告》；审查《无锡市国民经济和社会发展第十三个五年规划纲要（草案)》《无锡市2015年国民经济和社会发展计划执行情况与2016年国民经济和社会发展计划草案的报告》《无锡市2015年预算执行情况和2016年预算草案的报告》；听取和审议《无锡市人大常委会工作报告》《无锡市中级人民法院工作报告》《无锡市人民检察院工作报告》；会议决定批准上述报告及《无锡市国民经济和社会发展第十三个五年规划纲要》，并通过相关决议。审议无锡市人大常委会关于提请审议《无锡市公共交通条例(草案)》的议案，审议并通过《无锡市公共交通条例(草案表决稿)》。会议审议《无锡市人民代表大会法制委员会工作报告》《无锡市人民代表大会财政经济委员会工作报告》，审议并通过“十三五”规划纲要审查报告、计划预算审查报告和议案审查报告。会议补选丁大卫、赵志新为无锡市第十五届人民代表大会常务委员会副主任，补选王安岭、叶少军、冯伟东、严巍巍、吴早春、吴迎春为无锡市第十五届人民代表大会常务委员会委员，并组织当选人员进行宪法宣誓。

(严巍巍　朱　煜)

【无锡市第十五届人大常委会第二十九次会议至第三十五次会议】 1月8日，市十五届人大常委会举行第二十九次会议，讨论市十五届人大五次会议各类建议名单及有关筹备事项，审议并通过关于无锡市第十五届人大代表的代表资格审查报告，决定有关人事任免，并首次组织任命人员进行宪法宣誓。

2月25日，市十五届人大常委会举行第三十次会议，听取和审议市政府关于全市众创空间建设情况报告,审议市政府关于提请审议《无锡市相对集中行政许可权和综合行政执法体制改革试点方案(草案)》的议案,通过《无锡市相对集中行政许可权和综合行政执法体制改革试点方案》;审议并通过《无锡市人民代表大会常务委员会关于无锡市部分行政区划调整有关事项的决定》、市人大常委会2016年工作要点、《无锡市人民代表大会常务委员会关于市人大常委会财政经济工作委员会更名的决定》、《无锡市人民代表大会常务委员会关于接受陈良钢辞去市人大法制委员会副主任委员等职务请求的决定》、无锡市人民代表大会常务委员会关于接受林国忠、王立人辞去市人大常委会副主任等职务请求的决定;决定有关人事任免,举行宪法宣誓。

4月27日,市十五届人大常委会举行第三十一次会议,听取和审议市政府关于环境质量和环境保护目标完成情况、关于预防和打击经济犯罪工作情况的报告;听取和审议市政府关于引进南京信息工程大学滨江学院情况的报告和有关议案的说明,审议并通过相关决定;审议市政府关于2015年度无锡市依法行政工作情况报告;听取部分省人大代表履职情况报告;决定有关人事任免。

6月28~29日,市十五届人大常委会举行第三十二次会议,听取和审议市政府关于无锡市2015年本级预算执行和其他财政收支的审计工作报告;审查和批准无锡市2015年本级决算;听取和审议市人民检察院关于全市检察机关公诉工作情况的报告;听取和审议《无锡市河道管理条例》、《江苏省学生体质健康促进条例》执法检查情况的报告;一审《无锡市实施〈江苏省大气污染防治条例〉办法》(草案);听取和审议市发改委等7个政府组成部门履职情况的报告,并开展工作评议;决定有关人事任免,举行宪法宣誓。

8月25~26日,市十五届人大常委会举行第三十三次会议,听取和审议市政府关于无锡市2016年上半年国民经济和社会发展计划执行情况的报告、关于无锡市2016年上半年本级预算执行情况的报告、无锡市人民代表大会常务委员会《关于进一步加强法制宣传教育的决议》执行情况的报告;审议市政府关于提请审议《关于开展第七个五年法治宣传教育的决议(草案)》的议案,审议并通过《无锡市人民代表大会常务委员会关于开展第七个五年法治宣传教育的决议》;审议并通过《无锡市残疾人保护条例》《无锡市人民代表大会常务委员会关于市和市(县)区镇人民代表大会换届选举问题的决定》、关于无锡市第十五届人民代表大会代表资格的报告;决定有关人事任免,举行宪法宣誓;审议并通过无锡市人民代表大会常务委员会关于接受蒋伟亮、薛玉民辞去市人大常委会委员职务请求的决定。

10月25~26日,市十五届人大常委会举行第三十四次会议,听取和审议市政府关于无锡市城市总体规划(2016~2030年)编制工作情况的报告、关于无锡市2016年市本级预算调整方案(草案)的报告;听取和审议市中级人民法院关于刑事审判工作情况的报告;审议并通过《无锡市实施〈江苏省大气污染防治条例〉办法》《无锡市人民代表大会常务委员会关于修改〈无锡市外送快餐卫生管理规定〉等地方性法规的决定》;听取部分省人大代表履职情况的报告;决定有关人事任免,举行宪法宣誓。

12月19~20日,市十五届人大常委会举行第三十五次会议,听取和审议市政府关于"市区农贸市场建设与管理情况专题询问"整改落实情况的报告、关于落实市人大常委会审议意见有关审计发现问题整改落实情况的报告、关于市十五届人大三次会议生态补偿机制相关议案决议贯彻落实及五次会议代表建议办理情况的报告;审议《无锡市制定地方性法规条例(修订草案)》及相关议案(草案);审议并通过《无锡市人民代表大会常务委员会关于召开无锡市第十六届人民代表大会第一次会议的决定》,决定于2017年2月14~17日召开市十六届人大一次会议;决定有关人事任免,举行宪法宣誓。

(严巍巍 朱 煜)

2016年1月8日,无锡市人大常委会首次组织任命人员进行宪法宣誓

(市人大常委会办公室 供稿)

重要工作

【做好年度立法工作】 2016年,市人大常委会坚持依法立法、立改废释并举,强化立法组织协调,发挥立法主导作用,提高立法质量。突出重点领域立法,积极回应全社会对空气质量的关切,制定《无锡市实施〈江苏省大气污染防治条例〉办法》,为优化空气环境质量提供法制保障;高度重视残疾人权益保护,修订《无锡市残疾人保护条例》,保障残疾人充分参与社会生活,共享发展成果;主动顺应形势发展变化和社会诉求,集中修改《无锡市体育经营

活动管理条例》《无锡市外送快餐卫生管理规定》《无锡市测绘管理条例》等地方性法规，推动政府简政放权、转变职能，释放经济社会发展活力。根据《中华人民共和国立法法》(2015年修订)，修订《无锡市制定地方性法规条例》，并提交市十六届人大一次会议审议，健全完善立法工作机制，为推进科学立法、民主立法、精细化立法提供重要遵循。坚持立足当前，着眼长远，广泛征集下年度立法项目，提出立法建议，并对安全生产、水土保持工作等开展前期立法调研，对《无锡市房屋登记条例》《无锡市土地登记条例》进行立法后评估，确保工作连续性。

(严巍巍　朱　煜)

2016年9月20日，无锡市人大常委会组织市区农贸市场建设与管理情况专题询问会　(市人大常委会办公室　供稿)

【推动经济稳定增长】 2016年，市人大常委会紧盯社会重点、难点问题加强监督，全力助推"十三五"发展。高度关注供给侧结构性改革背景下的经济社会发展，专题视察智能制造、文化产业发展情况；听取审议众创空间建设情况报告，调研农村金融改革，推进创新驱动、产业强市战略实施；听取审议计划预算执行情况和审计工作报告，督促审计发现问题整改"销号"，调研政府性资产管理，加强全口径预算审查监督，切实管好人民的"钱袋子"；听取审议新一轮城市总体规划编制工作情况报告，监督推动锡澄宜一体化重大基础设施建设，调研快速路网建设、公共资源布局等，促进提升城市规划建设和管理服务水平，加快城乡一体化进程。

(严巍巍　朱　煜)

【促进民生改善】 2016年，市人大常委会就"市区农贸市场建设与管理情况"开展专题询问，力推农贸市场在体系化建设、公益性提升、标准化改造、长效化管理等方面补短补缺、提档升级，政府主动抓好未问先改、边整边改，一批农贸市场经改造提升后面貌焕然一新，赢得市民纷纷好评；关注群众看病难、看病贵问题和食品安全问题，跟踪社区卫生服务工作，推动智慧医疗建设发展，调研食品餐饮监管和农产品质量，保证百姓食品安全。

(严巍巍　朱　煜)

【关注生态环境质量】 2016年，市人大常委会根据国家和省、市对大气污染防治的新要求，及时开展大气污染防治立法，制定《无锡市实施〈江苏省大气污染防治条例〉办法》；听取审议环境质量和环境保护目标完成情况报告，考察燃煤小锅炉和工业窑炉整治情况，督促完成目标任务；专题考察太湖治理和水环境整治工作，打好治水攻坚战。

(严巍巍　朱　煜)

【维护社会公平正义】 2016年，市人大常委会坚持把法治无锡建设摆上重要位置，加强监督政府依法行政、预防和打击经济犯罪，以及法院刑事审判、检察院公诉等工作，促进政府职能转变和司法体制改革；听取审议"六五"普法工作报告，促进深化法治宣传教育；听取村(居)委换届选举情况汇报，促进基层社会治理；对市发改委、财政局等7个部门开展工作评议，激发政府部门担当作为。

(严巍巍　朱　煜)

【执法检查和备案审查】 2016年，市人大常委会组织开展《无锡市河道管理条例》执法检查，全力促进水环境持续改善；高度重视学生体质健康，开展《江苏省学生体质健康促进条例》执法检查，为健康无锡作贡献。加强规范性文件备案审查工作，首次召开专家点评会，对车站地区管理、工伤保险、社会救助、重大行政决策程序规范性文件进行点评，提出改进完善的意见和建议，全力维护法制统一。

(严巍巍　朱　煜)

【适时议决重大事项】 2016年，市人大常委会完善与"一府两院"沟通协调机制，并按照年度计划安排，作出关于无锡市部分行政区划调整有关事项的决定，有效保障区划调整依法有序完成；作出关于开展"七五"普法的决议，推动新一轮普法工作；作出关于引进南京信息工程大学滨江学院的决定，为加快弥补无锡市高等教育短板发挥作用。大力支持政府深化行政审批制度改革，审议通过市相对集中行政许可权和综合行政执法体制改革试点方案，推动这项改革走在全省、全国前列。坚持加强对已作出决议决定的跟踪督促，尤其是高度重视市十五届人大三次会议上作出的有关生态补偿机制议案决议的贯彻实施，组织专题考察，并听取审议相关报告，力推生态补偿机制在全市域内落地见效，并促进逐步提标扩面；督促推进垃圾分类处理和惠山古镇申报世界文化遗产决议的贯彻执行，垃圾分类处理逐步实施，惠山古镇申遗工作取得积极进展。

(严巍巍　朱　煜)

【依法用好人事任免权】 2016年，市人大常委会坚持党管干部原则，认真行使人事任免权，坚持法律知识考试、任前承诺发言、颁发任命书和宪法宣誓制度，全年共任免国家

2016 年 6 月 23 日，市人大常委会领导考察无锡华光轿车有限公司
（市人大常委会办公室　供稿）

机关工作人员 81 人次，组织宪法宣誓 49 人次，切实增强被任命干部的法治意识和责任意识。

（严巍巍　朱　煜）

【发挥代表作用】 2016 年，市人大常委会始终注重发挥代表作用，积极搭建代表履职平台，完善服务保障机制，引导广大代表做到届满不减责任。坚持以加快推进“强富美高”新无锡建设为主题，深化代表主题实践活动，注重上下联动，统筹推进，并召开总结交流会议，充分展示代表履职风采，促进基层人大工作创新。

（严巍巍　朱　煜）

【办理代表议案建议】 2016 年，市人大常委会注重提升代表建议办理质量，以解决问题为根本、代表满意为标准，从建议“提得好、交得准、办得成”上下功夫，注重建议办理与代表“零距离”接触，继续开展代表建议督办月活动，并强化办理成效“回头看”。政府及各承办部门以高度负责的态度，畅通联系服务代表群众的“最后一公里”，主动回应社会诉求，依法依规抓好办理。经各方努力，市十五届人大五次会议 191 件代表建议办理工作取得明显成效，减轻企业负担、公共自行车管理等一大批涉及经济转型、生态建设、城市管理、教育卫生等热点、难点问题得到解决。

（严巍巍　朱　煜）

【密切联系代表和群众】 2016 年，市人大常委会认真落实常委会与代表、代表与群众联系制度，发挥代表履职信息服务平台作用，广泛邀请代表参与常委会各类履职活动，全年 56 人次代表列席常委会会议，150 多人次代表参与执法检查、考察调研，联系接待群众 1320 人。落实代表述职制度，并由原选举单位对代表履职情况进行评议，67 名代表报告履职情况并接受评议，增强代表履职的责任感和使命感。

（严巍巍　朱　煜）

【认真抓好换届选举】 2016 年，市人大常委会坚持把党的领导贯穿于全市三级人大换届选举全过程，把牢政治方向，协助市委召开专题部署会、出台指导意见，重大问题和重要情况及时请示报告；成立选举工作办公室，精心制定方案，密切沟通协调，深入研判分析，加强工作指导，确保市委要求落实到每一个基层选举单位。坚持把严格依法办事贯穿于换届选举各环节，以高度的政治敏锐性，切实将“九严禁”（严禁拉帮结派、严禁拉票贿选、严禁买官卖官、严禁跑官要官、严禁造假骗官、严禁说情打招呼、严禁违规用人、严禁跑风漏气、严禁干扰换届）纪律规矩挺在前面、落到实处，从严把好代表入口关，从严审查代表资格，从严组织投票选举，确保换届选举合法合规、圆满成功。坚持把充分发扬民主贯穿于换届选举各方面，加强宣传引导，运用互联网技术沟通服务广大选民，发动选民积极参与民主政治实践，全市共设选民登记站 7436 个，选民投票参选率96.5%，乡县两级选区依法选举产生新一届镇人大代表 2540 名，市（县）、区人大代表 1453 名，经市（县）、区人代会选举产生无锡市第十六届人大代表 449 名。通过换届选举，优化新一届代表结构和整体素质。推进县乡人大常委会工作和建设，抓住换届选举时机，落实中央、省、市委关于加强县乡人大常委会工作和建设文件要求，推动基层人大组织建设跃上新台阶。各市（县）、区人大常委会主任，镇人大主席和部分街道人大工委主任实行专职配备，较大镇和街道配备专职副主席、副主任。

（严巍巍　朱　煜）

编辑　罗秋云

综 述

【概况】 2016年，无锡市人民政府在市委领导下，团结和依靠全市人民的智慧和勤劳，落实中央和省委、省政府决策部署，适应经济发展新常态，践行新发展理念，推进供给侧结构性改革，做好“稳增长、调结构、促改革、惠民生、防风险”工作，实现“十三五”良好开局。年内，全市地区生产总值比上年增长7.5%，一般公共预算收入比上年增长5.4%，城乡居民人均可支配收入分别比上年增长7.8%和8.3%，居民消费价格涨幅控制在省定范围内，经济社会实现平稳健康发展。

（市政府办公室）

【综合实力稳步提升】 2016年，无锡实现经济运行稳中有进、稳中向好，主要经济指标增速整体摆脱连续多年全省排位靠后局面，多数指标增速高于上年同期。规模以上工业总产值、增加值和实现利润分别增长3.8%、5.8%和9.6%，比上年分别提高2.0、1.4和7.6个百分点；社会消费品零售总额增长9.6%，比上年提高0.4个百分点；金融机构本外币贷款余额增长10.4%，比上年提高4.9个百分点。全市服务业增加值占地区生产总值比重的51.3%。国家现代农业示范区建设成效明显，农业园区化比重48.9%。实现社会融资规模1600亿元，信贷规模扩大，金融业发展取得新进展，金融机构本外币贷款余额10518亿元，直接融资当年发行额919亿元。企业上市取得突破，新增境内外上市企业17家、新三板挂牌企业105家。

（市政府办公室）

【转型升级步伐加快】 2016年，无锡市推进苏南国家自主创新示范区建设，提高区域创新能力。全市拥有国家级以上工程技术研究中心6家，国家级国际合作基地10家，省级外资研发中心41家，省级国际技术转移中心8家，国家级质检中心和重点实验室21家。清华大学等高校院所在无锡设立研究院21家。企业研发经费占主营业务收入比重的1.62%，全社会研发投入占地区生产总值比重2.82%，万人发明专利拥有量31.4件，科技进步贡献率63%，均居全省领先水平。“神威·太湖之光”超级计算机获世界超算冠军，项目应用在全国首获戈登贝尔奖。推进国家传感网创新示范区建设，举办2016世界物联网博览会，启动物联网小镇规划建设，推广一批物联网示范应用工程，物联网产业营业收入年均增长30%以上。高新技术产业产值占规模以上工业总产值比重的43.4%。实施“太湖人才计划”，推进“人才强企”工程，成立“欧美同学会无锡报国基地”，国家“千人计划”人才84人，省“双创计划”人才407人。服务业增加值占地区生产总值比重突破50%，比上年提高2.2个百分点。

（市政府办公室）

【人民生活】 2016年，无锡市完成为民办实事项目10件80项。脱困转化经济薄弱村30个。城镇新增就业14.9万人，城镇登记失业率控制在1.9%以内，城乡居民人均可支配收入分别增长7.8%和8.3%，居民消费价格涨幅控制在2.3%。基本建成城乡一体的社会保障体系，主要社会保险参保率98%以上，市区城镇最低生活保障标准、城乡居民养老保险基础养老金标准提高。加快老城区更新步伐，整治改造棚户区32.5万平方米、旧住宅区244万平方米。启动市区拆迁安置房上市工作。地铁1号线工程获国家优质工程“金奖”，开工建设3号线一期和1号线南延线工程，新锡澄路通车，锡澄运河江阴段、惠山段航道整治完成，苏锡常南部高速等重点工程推进。各类社会事业协调发展，医药卫生体制改革稳步推进，健康无锡建设取得新成绩，推进江南大学无锡医学院建设，引进南京信息工程大学滨江学院，创建国家公共文化服务体系示范区和国家级科学健身示范区。落实安全生产责任制，安全生产事故起数和死亡人数双下降。加强食品药品监管，食品检测合格率稳定在98%以上。推进平安无锡建设，排查化解社会矛盾，社会大局和谐稳定。抗击夏季特大洪水灾害，社会安定，未发生较大以上安全生产事故。

（市政府办公室）

【环境质量优化】 2016年，无锡市制定、实施主体功能区计划，全市28.7%国土面积划为生态红线保护区。构建"四位一体"耕地保护长效机制，深化节约用地"1236"战略布局，全市基本农田稳定在11.06万公顷，单位建设用地GDP产出达6.12亿元。实施水、大气污染防治行动计划，出台"1+4"水环境治理意见，开展以太湖水、大气污染和黑臭河道为重点的环境整治工程，太湖无锡水域水质和161条重点河道水质改善，太湖无锡水域连续九年安全度夏，14个国家考核断面水质达到或优于III类比例50%，空气质量优良天数比例66.9%，比上年提高2.8个百分点，PM2.5平均浓度比上年下降13.1%。完成无锡钢铁厂、新苏机械厂原址等地块土壤污染修复工程。推进一批重点节能减排工程，万元GDP能耗下降3.4%，主要污染物排放削减量完成省下达任务。建立并落实生态补偿机制，实施排污权有偿使用和交易制度，推行环境污染责任保险。强化环境司法联动，推进生活垃圾分类收集、分类处置试点，推动锡东垃圾焚烧发电厂项目复工。完成8820个自然村环境整治，建成25个省级村庄规划建设示范村和560个村庄环境长效管理示范村。推进"绿色无锡"建设，全市林木覆盖率27%，自然湿地保护率50%。

（市政府办公室）

【改革开放】 2016年，无锡市推进供给侧结构性改革，粗钢、水泥产量较近年同期最高点分别下降21.9%、10.8%，市区商品住宅去化周期大幅下降，规上工业资产负债率下降至53.4%，水、电、气等企业生产要素成本降低，制定、实施供给侧结构性改革"1+1+3+1"政策体系，完成钢铁、煤炭等主要行业年度去产能任务，年末银行业金融机构不良贷款率1.56%，由一度全省最高基本下降到全省平均水平。推进"放管服"改革，取消行政审批等事项41项，规范行政审批中介服务，建立"双随机一公开"抽查机制，放宽市场主体住所登记条件，推行"多证合一"，新登记内资企业数和注册资本额分别增长17.7%和48.3%。梁溪区、新吴区成立。市级公共资源交易平台整合到位。完善社会事业相关领域管理和运行机制，组建文化、体育产业发展集团。复制、推广上海等自贸区改革创新事项，拓展对外开放新空间，到位注册外资34亿美元，比上年增长6.3%，其中制造业到位外资占比60%。对外开放水平提升，外贸进出口总额698亿美元，出口总额429亿美元，分别比上年增长2%和1.6%，居全省前列；柬埔寨西港特区成为"一带一路"合作样板园区，入驻企业107家。服务外包合同总额122.4亿美元，执行总额102.9亿美元。江阴保税物流中心升级为国家级综合保税区。医药卫生体制改革取得成效，医保参保群众政策范围内个人负担率下降5个百分点。

（市政府办公室）

【行政职能和作风转变】 2016年，无锡市开展"两学一做"学习教育活动，宣传江苏"时代楷模"、江苏"最美人物"事迹和无锡"工匠精神"，政风建设取得成效。落实中央八项规定精神和省委、市委十项规定要求，整改"四风"突出问题取得成效。推进法治政府建设，健全重大事项决策程序，完善听证制度，年内，提请市人大常委会审议地方性法规21部，出台政府规章34部，各级政府及部门实现法律顾问全覆盖。接受人大常委会和政协监督，贯彻市人民代表大会及其常委会的各项决议，定期向市人大常委会报告工作、向市政协通报情况，做好代表建议和委员提案办理工作。推进财政预决算及"三公经费"决算向社会公开，"三公经费"年内减少17.2%。完成党政机关公务用车改革。加强审计监督，对公共资金、国有资产、国有资源和领导干部经济责任履行情况基本实现审计全覆盖。强化政府性债务管理，建立偿债准备金制度，政府性债务控规模、降成本、防风险措施落实较好。完成"六五"普法工作，成为全省首批法治城市创建工作先进市。落实党风廉政建设"一岗双责"，加大反腐倡廉力度，查处一批违法违纪案件。

（市政府办公室）

市政府领导分工

中共无锡市委副书记、市长 汪泉

主持市政府全面工作，兼管体制改革、财政、机构编制、人事、审计、监察、规划方面工作。

市委常委、常务副市长 黄钦

负责市政府常务工作，分管发展计划、人力资源和社会保障、国土、行政审批制度改革、统计、能源、物价、税务、金融、证券、保险、企业上市、国有资产管理、重大节庆、政务公开、应急管理以及与市人大常委会、市政协联络方面工作。协助分管体制改革、财政、机构编制、审计、监察工作。分管市政府办公室(市政府研究室)、市发展和改革委员会、市监察局、市财政局、市人力资源和社会保障局、市国土资源局、市审计局、市统计局、市物价局、市政府国有资产监督管理委员会、市机关事务管理局、市政务服务管理办公室、市政府金融工作办公室、市社会保险基金管理中心、市政府驻外办事机构、市应急管理办公室。联系无锡市国家税务局、无锡地方税务局、国家统计局无锡调查队、人民银行无锡市中心支行、无锡银监分局、各在无锡金融证券保险机构、无锡苏南国际机场集团有限公司。(2016年9月始代管副市长曹佳中分工)

副市长 华博雅

负责教育、文化、食品安全、体育、计划生育、卫生、妇女儿童方面工作。分管市教育局、市文化广电新闻出版局、市卫生和计划生育委员会、市食品药品监督管理局、市体育局、市政府教育督导室。联系团市委、市妇联、红十字会、文联、社科联。

副市长 曹佳中

负责工业、科技、能源、信息化、电信、工商管理、市场监督方面工作。分管市经济和信息化委员会、市科学技术局、市信息化和无线电管理局、市工商行政管理局、市质量技术监督局。联系市总工会、市科协、市工商联、市盐务管理局、市烟草专卖局、无锡供电公司、中国电信无锡分公司、中国移动通信无锡分公司、中国联通无锡分公司、江苏邮政公

司无锡分公司。(至 2016 年 9 月)

副市长 谢晓军

负责公安、司法、信访稳定、双拥工作。主管市公安局,分管市司法局、市信访局、市综治办、市双拥办。联系无锡市国家安全局、驻无锡部队、无锡监狱。(2016 年 1 月 7 日始)

副市长 朱爱勋

负责城乡建设、城市管理、交通运输、市政、住房保障、环保、民防方面工作,协助分管规划工作。分管市住房和城乡建设局、市城市管理局、市规划局、市交通运输局、市市政和园林局、市民防局、市轨道办、市公建中心、市环境保护局、市太湖水污染防治办公室。联系市邮政管理局、无锡火车站、江苏省太湖风景区建设委员会办公室。

副市长 刘 霞

负责民政、农业和农村经济、水利、粮食、旅游、民族宗教、退管、供销、区政、对口支援与合作方面工作。分管市民政局、市农业委员会、市水利局、市粮食局、市旅游局、市民族宗教事务局、市退管委。联系无锡市气象局、无锡市供销合作总社、市残联、市慈善总会。

副市长 王进健

负责商贸、开发区、外事、口岸、市场建设与流通、安全生产、侨务、政府法制、史志、档案、贸促方面工作。分管市商务局、市安全生产监督管理局、市政府外事办公室、市政府侨务办公室、市政府法制办公室、市史志办公室、市档案局、市贸促会(会展办)。联系市台办、无锡海关、无锡出入境检验检疫局、市侨联,协助联系无锡苏南国际机场集团有限公司。

副市长 叶万彬(挂职)

负责物价、贸促方面工作,协助负责工业、科技、信息化、通信、工商管理、市场监督方面工作。分管市物价局。联系市贸促会(市会展办)。(2016 年 5 月 25 日始)

(市政府办公室)

重要会议

【市政府全体会议】 2016 年,市政府召开两次全体会议。

4 月 29 日,市政府召开第九次全体(扩大)会议暨勤政廉政工作会议,会议落实全省推进供给侧结构性改革工作会议、省政府全体会议、市委第 154 次常委会精神,总结一季度全市经济社会发展情况,部署二季度重点工作任务,安排无锡市政府系统廉政工作。会议要求,全市上下要坚持抓早抓紧抓主动,以目标倒逼责任,以时间倒逼进度,以督查倒逼落实,推动经济运行时间任务"双过半"。会议强调,全市上下要贯彻中央和省委、省政府决策部署,结合无锡实际,把推进供给侧结构性改革作为稳增长、调结构的重要抓手,推动"去产能、去库存、去杠杆、降成本、补短板"任务落地见效,促进全市经济稳定增长和转型升级。同时,专门对太湖治理及河道综合整治工作提出要求,各地各部门要对照市委、市政府专题会议明确的目标,守住"两个确保"治太底线,推进黑臭河道治理,加强源头综合治理,做好考核督查,推动治太工作。会议指出,加强政府系统廉政建设,要深化"放管服"改革,构建"亲"和"清"的新型政商关系,完善激励和宽容机制,营造竞相有为、主动作为的干事创业环境,开展"两学一做"学习教育,驰而不息纠正"四风",打造风清气正的政府形象。会议强调,各地各部门要吸取"4·22"靖江化工物流仓储爆炸事故的教训,强化红线意识,落实和执行安全生产责任制,开展安全生产大检查,对查出的问题和隐患,要立即上报、立即整改、立即管控,彻底消除安全漏洞和事故隐患,坚决维护安全生产大局稳定。

11 月 26 日,市政府召开第十次全体(扩大)会议,会议贯彻省委书记李强近期考察无锡时作出的指示要求,落实省政府全体会议和市第十三次党代会精神,安排部署下阶段重点工作。会议要求,各地各部门要咬紧目标任务不动摇,狠抓工作落实不松劲,集中力量攻克薄弱环节,打好全年经济社会发展收官战,实现"十三五"良好开局。会议指出,年初以来,全市经济运行总体平稳、稳中有进、稳中有好,但经济下行压力较大,完成全年目标要重点抓好十方面工作。一是办好 2016 世界物联网博览会,细化落实会议论坛、展览、宣传、接待等工作,利用大会带来的信息、人才技术、资本等集聚效应,促进全市物联网产业提档升级。二是抓好财税增收,助力企业减负增效,加大精准济困帮扶力度,推动财政收入、企业利润、居民收入稳定增长。三是强化"项目是金"的责任意识,激发民间资本潜能,化解项目建设的瓶颈制约,发挥项目建设对稳增长的关键作用。四是加强工业有效投资,大力促进产业项目落地投产,开展"稳心留根"和"暖企行动",推动工业经济运行稳中向好。五是稳固外贸出口正增长基础,大力做好利用外资工作,强化开发区招商引资主阵地作用,提升开放型经济发展水平。六是建设苏南国家自主创新示范区,承担国家和省重大科技专项,引进科技创业领军人才企业,提高科技进步对经济增长的贡献率。七是打好生态环保治理的"组合拳",加强环保基础设施建设,狠抓中央环保督察反馈问题整改,推动全市生态环境质量改善。八是逐项对照年度为民办实事任务,确保兑现承诺,增强人民群众获得感。九是组织银企对接活动,发挥各类基金引导作用,推进企业上市,加大金融对实体经济的支持力度。十是深化"放管服"改革,提升服务效能,强化担当意识,狠抓督促检查,尽早谋划 2017 年工作,当好推进经济发展的"店小二",建设服务型政府。

(市政府办公室)

【市政府常务会议】 2016 年,市政府召开 18 次常务会议,讨论和审议会议议题 127 项。

1 月 4 日,市政府召开第 57 次常务会议。讨论 2016 年《政府工作报告》《关于〈无锡市 2015 年国民经济社会发展计划执行情况和 2016 年国民经济社会发展计划(草案)〉的报告》以及《关于〈无锡市 2015 年预算执行情况和 2016 年预算(草案)〉的报告》,听取市区科技研发用房转让有关问题汇报,审议《深入推进市区三轮机动车专项治理工作方案》《关于进一步推进城市公共交通优先发展的实施意见》《无锡市现代产业发展资金管理办法》和《无锡市推进农业转移人口和其他常住人口落户城镇行动计划（2015~2017年）》，听取市区工伤保险费率调整情况汇报。

2月1日，市政府召开第58次常务会议。会议传达省“两会”精神，审议《关于进一步加强住宅小区物业管理工作的实施意见》，听取无锡市招标投标有关规定清理情况汇报，审议《关于建立双随机抽查机制加强事中事后监管的实施意见》《无锡市本级城市基础设施配套费征收管理办法》，听取市工商登记前置改后置审批事项目录和市保留工商登记前置审批事项目录的情况汇报，审议《无锡市规范性文件和重大决策合法性审查程序规定(草案)》。

2月22日，市政府召开第59次常务会议。听取2015年度审计发现问题及整改情况汇报，讨论《市政府2016年向市人大常委会提请审议和报告重大事项的工作计划》、《无锡市相对集中行政许可权和综合行政执法体制改革试点方案》、无锡市贯彻《中共中央国务院中央军委关于深入推进人民防空改革发展若干问题的决定》的相关意见、《关于实施“太湖人才计划”打造现代产业发展新高地的意见》，听取关于给相关单位和个人记功嘉奖的情况汇报。

3月17日，市政府召开第60次常务会议。讨论《关于提升城乡发展一体化水平建设“强富美高”新农村的意见》《关于经济薄弱村脱贫奔小康工程的实施意见》，审议《关于进一步创新和培育新型农业经营主体推进农村一二三产业融合发展的意见》，讨论《关于2016年支持外贸稳定增长的若干意见》《关于加快全市开发区转型升级创新发展的实施意见》《关于加强产业招商提高利用外资水平的意见》《关于加快推进生态文明建设的实施意见》《无锡市2016年生态文明建设实施方案》。

3月23日，市政府召开第61次常务会议。会议贯彻全国“两会”精神，审议《无锡市审计发现问题整改销号的实施意见》《无锡市推进海绵城市建设的实施意见》《无锡市2016年重点项目投资计划安排意见》，听取在全市开展行政许可和行政处罚“双公示”工作情况、市政府取消和承接一批行政审批等权力事项的汇报，审议《无锡市放宽市场主体住所(经营场所)登记条件实施细则》《无锡市市级事业单位对外投资管理暂行办法》。

4月15日，市政府召开第62次常务会议。听取全市一季度经济运行情况、2016年市“两会”建议提案办理工作的汇报，审议《无锡市水污染防治工作方案》《无锡市市区黑臭水体整治工作方案（2016~2020年）》，听取关于做好市区征地拆迁安置住房上市交易相关工作、南京信息工程大学与无锡市政府合作共建滨江学院协议的汇报。

5月3日，市政府召开第63次常务会议。审议《无锡市行政审批中介服务项目目录清单》，听取《无锡市整合建立统一的公共资源交易平台实施方案》、调整城区污水处理运行机制、无锡山水城筹建申报省高新技术产业开发区等情况的汇报，审议《无锡市政府购买棚改服务管理办法》。

5月23日，市政府召开第64次常务会议。听取2016年市区土地市场出让思路、公共自行车运营模式调整、全市高层地下建筑、城市大型综合体消防安全专项整治方案的汇报，审议《无锡市实施〈江苏省大气污染防治条例〉办法(草案)》《无锡市医疗机构设置审批管理办法》，听取2016年政府投资项目和资金安排计划编制情况、适当调整市级机关事业单位公用经费人员定额标准、推进机关事业单位工作人员养老保险制度改革、《无锡市防汛防旱应急预案(2016年)》修订情况的汇报，听取《无锡市放宽市场主体住所(经营场所)登记条件实施细则(草案)》修改情况、无锡山水城筹建省高新技术产业开发区申报范围修改情况的汇报。

6月15日，市政府召开第65次常务会议。听取无锡市土地例行督察整改工作实施方案、2016年以来全市大气污染防治工作情况、无锡市2015年度本级预算执行和其他财政收支审计工作的汇报，讨论《关于深化供销合作社综合改革的实施意见》，审议《无锡市2015年度本级财政决算的报告(草案)》《无锡市工程运输安全管理办法(草案)》《无锡市人民政府规章制定办法(草案)》，听取报送无锡市开发区目录修订审核相关材料情况、无锡市2016年“江苏友谊奖”候选人推荐情况、明确国家超级计算无锡中心主任情况的汇报。

7月12日，市政府召开第66次常务会议。会议听取中央环境保护督察组到无锡检查准备工作、调整市区城镇最低生活保障标准及特困人员供养标准、调整2016年度市区居民养老保险待遇标准等情况的汇报，审议《无锡市中小微企业信用保证基金管理暂行办法》《进一步加强质量品牌建设促进产业强市的意见》《无锡市太湖(浦发)股权投资基金政府出资管理办法》及《无锡市太湖(浦发)股权投资基金设立方案》。

7月29日，市政府召开第67次常务会议。会议听取关于G20峰会环境空气质量保障工作、做好全面清理规章规范性文件工作的汇报，审议《无锡市全民科学素质行动计划纲要实施方案（2016~2020年）》《无锡市创建“中国制造2025”江苏省苏南城市群试点示范实施方案》《关于进一步促进社会办医加快发展的实施意见》《关于加强和改进事业单位监管与服务的实施意见》《无锡市残疾人保护条例(草案)》。

8月12日，市政府召开第68次常务会议。会议听取做好全市村委会和社区居委会换届选举工作，对无锡市建筑业、房地产业纳税人实施综合治税工作方案的汇报，审议《深化村庄生活污水治理工作实施意见》《无锡市关于“先照后证”改革后加强事中事后监管的实施意见》《无锡市税收征管保障及税收遵从引导实施办法》《无锡市区新建居民住宅二次供水设施管理意见》《无锡市区新建居民住宅供水管网和二次供水设施建设及运行维护收费标准》《无锡市社会医疗保险管理办法(草案)》，讨论《无锡市深化国税、地税征管体制改革落实方案》，学习《中共中央国务院关于法治政府建设实施纲要(2015~2020年)》。

9月12日，市政府召开第69次常务会议。审议《关于进一步加强商业房地产市场调控的意见》《关于加快推进建筑产业现代化促进建筑产业转型升级实施意见》《无锡市市属公交企业政府补贴及管理办法》《无锡市市属公交企业成本规制暂行办法》《无锡市"十三五"土地利用专项规划》，听取2016年选拔无锡市有突出贡献中青年专家情况汇报，审议《关于加快无锡市集成电路产业发展的政策意见》。

10月8日，市政府召开第70次常务会议。会议传达市十三次党代会精神，听取无锡市房地产工作情况、2016年军转安置工作情况汇报，审议《无锡市医疗救助办法》《无锡市市区特困家庭深度救助实施意见》《无锡市外送快餐卫生管理规定修正案(草案)》《无锡市体育经营活动管理条例修正案(草案)》《无锡市测绘管理条例修正案(草案)》。

11月12日，市政府召开第71次常务会议。会议听取《无锡市"十三五"现代服务业发展规划》编制情况、《无锡市区经济适用住房、拆迁安置住房土地收益等费用标准及市区征地拆迁安置房上市交易涉税工作情况》、关于修订《无锡市市区生活垃圾处理费收缴实施办法（草案)》的说明、关于《市二院托管帮扶新五院建议方案》说明、关于《对市公安消防支队近期灭火救援中表现突出的集体和个人记功嘉奖》的情况报告、《2015年度市级专项奖励汇总审核情况》汇报，审议《无锡市积极稳妥推进出租汽车行业改革的实施意见》《无锡市网络预约出租汽车经营服务管理实施细则》《无锡市建设占用耕地耕作层剥离和再利用工作实施意见》《无锡市市级机关、事业单位编外用工管理办法》。

11月25日，市政府召开第72次常务会议。会议听取推进市域重大交通基础设施建设加快锡澄宜一体化发展汇报、全市房地产调控情况汇报、关于市政府取消和承接一批行政审批等权力事项的汇报，讨论《深化市管企业负责人薪酬制度改革实施意见》，审议《无锡市烟草制品零售点合理布局管理规定》《无锡市市政消火栓管理办法(草案)》，学习《中华人民共和国消防法》。

12月12日，市政府召开第73次常务会议。会议听取关于化解钢铁过剩产能和打击"条钢地"、查处违规建设钢铁项目工作情况汇报，听取《无锡市重污染天气应急预案》修订情况、2017年市本级全口径预算"一上"草案编制情况的汇报，审议《无锡市食品小作坊登记证管理办法》《无锡市食品安全考核评价办法》《无锡市食品安全责任制与责任追究办法》《关于完善困难残疾人生活补贴和重度残疾人护理补贴制度的实施意见》，听取2016年度无锡市腾飞奖、科技进步奖、第九届专利奖评选情况和第七届无锡市优秀软件产品"飞凤奖"评选情况汇报。

12月28日，市政府召开第74次常务会议。会议学习市委十三届二次全会精神，讨论《关于深入推进城乡发展一体化示范特色镇建设的指导意见》《关于深入推进美丽乡村建设的实施意见》，审议《无锡市市区黑臭水体整治实施方案》《关于深入推进美丽乡村休闲旅游示范村建设的意见》《关于加快推进无锡休闲观光农业建设的意见》《市政府有关部门和单位安全生产工作职责规定》《市政府关于进一步做好居家养老服务工作的意见》，听取2016年度市长质量奖评奖情况汇报、市第九届自然科学优秀学术论文评选工作汇报、对无锡市筹办2016世界物联网博览会和第三届江苏技能状元大赛工作中表现突出的集体和个人记功嘉奖的情况汇报。

（市政府办公室）

重要活动

【为民办10件实事】 2016年，市委、市政府确定为民办实事项目共10大类80项，主要涉及生态环境、就业创业、社会事业、经济薄弱村脱贫转化、提高低保家庭人均收入、实施黑臭河道综合整治、打通一批城区"断头路"等与群众日常生活密切相关领域。至年底，完成各实事项目年度任务。

1.生态环境方面。落实大气污染防治"国十条""省十条"，推动全市空气质量持续改善，环境空气质量达标天数比例好于上年，PM2.5平均浓度比基准年(2013年)下降13%。继续强化太湖治理，加强水源监控保护，集中式饮用水水源地水质达到国家和省考核标准。全面开展黑臭河道治理工作，重点实施前胡村浜、创业河、张巷浜、芦村河、北庄河、庙东浜等黑臭河道综合治理，确保达到一般景观水要求。对全市达不到一级A排放标准的城镇污水处理厂提标改造。以市(县)区为单位，加强长效管理，加强农村污水处理监管，确保污水有效处理。完成市主城区管网优化建设5公里。完成市主城区处理污水1.85亿吨。完成梅梁湖泵站电机改造工程和小尖桥泵站改造工程。完成东新河清淤工程。完成太湖生态清淤白旄湾堆场淤泥固化135万立方米。

2.就业创业方面。实施就业质量提升工程，对符合条件的企业发放稳岗补贴，稳定就业岗位。全年新增就业8万人以上，城镇登记失业率控制在3.5%以内。通过政府购买公益性服务，开发公益性岗位1000个，保障重点困难人员就业，帮扶就业困难人员实现就业1万人。做好大学生就业工作，引进高校毕业生就业4万人以上，本市户籍实名制登记高校毕业生就业率90%以上。实施技能人才振兴工程，新增高技能人才1.5万人。鼓励创新创业，扶持自主创业1万人，其中大学生创业1600人。

3.社会保障方面。实施全民参保登记计划，年内，全市企业职工养老保险扩面5万人以上，其中净增2万人以上。提高城乡居民养老保险基础养老金标准。提高低保家庭人均收入，确保收入增长高于城镇居民可支配收入。企业职工医疗保险扩面5万人以上，失业、工伤和生育保险扩面各3万人以上。加强社保经办服务能力建设，市本级企业参保人数网上申报率70%以上。方便参保群众异地就医，实现锡澄宜医疗保险"大市一卡通"。推进建筑业从业人员参加工伤保险。实施工伤预防和工伤康复制度，完成工伤预防培训1500人、工伤康复400人。全市建立工会企业工资集体协商制度覆盖率98%以上，促进劳动关系和谐稳定。

4.社会事业方面。培育建设25所"新优质学校"。新建、改扩建幼儿园30所，新增学额5000个。基本完成太湖新城和畅小学（暂定名)、信成小学(暂定名)主体建设。改造升级"网上博物馆"，完成网站升级及内容更新。实施群众特色文化团队小额资助工程，择优扶持资助优秀群众特色文化团队500支以上。实施部分计划生育特别扶助对象住院护工服务保险制度。推行严重精神障碍患者“医院—社区—家庭”协同管理试点。改善医疗服务,三级公立医院专家门诊预约就诊率85%以上,二、三级公立医院优质护理服务病房覆盖率分别为90%和100%。推进签约居民在基层医疗卫生机构全面享受“六位一体”健康服务,及时调阅居民健康档案,依托医联体便捷提供三级医院医疗服务。开展中医药文化科普巡讲不少于60场,发放中医药科普宣传材料4000册(本),中医药文化科普活动惠及群众5000人次以上。大型公共体育场馆免费、低收费开放,新增一批公共体育设施,金匮公园、尚贤河公园部分区域新建篮球场、健身步道、健身路径等体育设施。改造和铺设体育中心中央健身公园和体育公园塑胶地坪2500平方米。主城区新建和更新室外健身器材150套以上。举办无锡市网民公益体育大会等活动。实施医保个人账户结余拓展用于健身和商业补充保险。

5.公共交通方面。启动建设苏锡常南部高速公路无锡段。开工建设地铁1号线南延线工程、地铁3号线一期工程。完成广益路(锡澄路—惠勤路)道路主体工程、大桥路(金石路—章村浜段)改造道路主体工程并通车,开工建设钱皋路(高桥—广石路)、环山东路(千波桥—古竹路)、桐桥港路(北中路—学前东路)。优化公交线网布局,新辟和优化调整公交线路10条以上。新增、更新新能源公交车和低碳环保公交车100辆。建成电动汽车充电桩1500个以上。

6.改善居住方面。完成旧住宅区综合整治185万平方米,新增小区配套停车位1500个。启动100台旧住宅电梯整治与维护。改造棚户区(危旧房、城中村)30万平方米。完成城中村环境综合整治60个。完成东璟家园、毛湾家园等保障房2000套。帮助1500户以上各类住房保障对象解决住房困难。推进“平安无锡”视频监控建设联网应用,完成主城区530万平方米老小区技防设施建设。

7.放心消费方面。健全价格惠民利民服务体系,建成平价商店智能标价屏100块以上,全市120家平价商店年度惠民金额超1.5亿元。完善价格信息采集发送平台,发布各类民生价格信息10万条以上。完善价格诚信单位动态调整机制,创建省级价格诚信单位10家以上。加强民生价费热点整治,涉民价费举报投诉和咨询办结率稳定在95%以上。启用价格认定业务网上办理平台。加强食品安全监管,食品抽检率高于3批次/千人,流通环节食品快检突破45万批次。加强食品药品安全宣传,建成100家食品药品安全科普宣传站。严厉打击食品药品违法犯罪活动。营造放心消费环境,重点商圈内商户先行赔付率90%以上,消费纠纷处理率95%,自行和解率92%以上。规范商品准入流程,完善商品质量检测和管理制度,商品进货查验率90%以上。加强消费教育引导,年内,全市社区消费教育覆盖率50%以上,完成大型主题消费教育活动2次、各类消费维权主题讲座10场,全市各社区接受消费教育10万人次以上。严厉打击非法集资活动,加大防范非法集资常态化宣传力度,开展安全理财知识进乡村(社区)活动。

8.生活配套方面。完成老旧自来水管网改造60公里、自来水水表出户改造4000户。新增天然气用户5万户,其中老新村用户5000户。完成桃花山生活垃圾卫生填埋场渗沥液处理技改工程和桃花山填埋气体资源化利用项目。按照“四全”服务模式,加强不动产登记窗口建设,全市颁发新版不动产登记证书10万份以上。

9.智慧便民方面。实现光纤宽带在全市住宅小区、乡镇农村100%覆盖,总接入覆盖超270万户。推进智慧社区建设,完成500个社区智慧

高铁无锡东站远景 (市委农办 供稿)

递送柜、500个社区智慧售菜机、1000个智慧楼宇门禁系统建设。新增300个苏邮惠民便民服务站。建设智慧健身馆2个以上，完成国民体质测试1.8万人次以上，建立个人体质健康档案。开展互联网交通安全综合服务，开通驾驶证全程通无纸化服务。推广智慧地税移动服务APP，扩大纳税人使用覆盖面，重点税源户超95%，总用户数超3万户。

10.援助救助方面。年内，全市经济薄弱村脱贫转化30个以上。开展公益性应急救护培训进万家活动，完成救护员培训7000人、普及性救护培训5.7万人，受益家庭1万个以上。调整法律援助经济困难标准，从低保标准调整到最低工资标准，扩大法律援助覆盖面。为2.5万户特定困难老人家庭提供居家养老援助服务。新建10家区域性老年人助餐中心。推广“和居家”养老服务，新增养老用户10万户。建立市区特困家庭深度救助机制，推进分类分层和精准救助，适度提高医疗救助对象中的门诊特殊病种患者医疗救助比例，将自然灾害公众责任保险、城乡居民住房财产保险的受益对象扩大到常住居民，提升特殊困难对象救助水平。规范和培育一批残疾人辅助性就业服务平台，构建各级残疾人辅助性就业示范点，辐射服务800名残疾人。完善困难残疾人生活补贴和重度残疾人护理补贴制度，惠及1500名残疾人。

（市政府办公室）

对口支援与帮扶

【对口支援新疆工作】 2016年，无锡市对口支援新疆工作围绕促进新疆跨越式发展和长治久安，把保障和改善民生放在首位，统筹产业发展与教育、科技、人才等方面建设。全年投入支援新疆资金1.912亿元（阿合奇县4870万元、霍城县1.425亿元），共支援设建项目23个（阿合奇县12个、霍城县11个），主要有创业园区建设、公共基础设施建设、农业技术园区建设和惠民工程等。组织受援地干部、人才培训及交流40批次共2000余人，引入“柔性援疆人才”共120人次，涵盖教育、医疗、卫生等领域。引进中超电缆、农夫山泉、无锡振发太阳能等大型项目20多项，总投资超30亿元。其中中超电缆、农夫山泉等超3亿元大项目及利用当地沙棘资源开展的金之源沙棘深加工项目竣工投产。组织周庄镇、江阴市供销合作社、江阴市长江村等基层单位和民间组织赴新疆考察对接帮扶工作30多批次，为当地贫困居民捐款500多万元，并结成多对对口支援单位。支援新疆工作有效带动受援地区经济发展和社会稳定，促进民族团结。

（韦　锋）

【对口支援延安工作】 2016年，无锡市共无偿援助陕西省延安市资金660万元，援建项目29个，总投资2292万元。实施农村基础设施建设项目，援助资金335万元。其中投资155万元为贫困地区修建公路91.5公里；投资180万元，解决饮水、危房改造问题。实施产业开发及种植养殖项目，援助资金325万元。主要有富县莲花池村文化广场建设、洛川县第一棵树旅游景区建设、甘泉县大棚蔬菜产业园配套设施建设、子长县“秦蓖2003”良种繁殖基地建设项目等。项目促进当地文化、旅游及种植、养殖业发展，取得明显社会效益和经济效益。

（韦　锋）

【对口支援云阳工作】 2016年，无锡市无偿援助重庆市云阳县资金260万元，用于云阳中学北部新区分校建设，惠及师生4000余人。投入资金50万元，通过举办“人才管理和培养”专题培训班，帮助云阳县培训党政干部、移民致富带头人52人，为云阳县创新驱动、转型发展和树立经济发展新思路培养一支生力军。积极推动两地经济互动交流，帮助云阳县三峡云海药业、旭达药业、万力医药等移民搬迁企业销售产品，打开无锡市场，实现销售额约2000万元。组织无锡市部门负责人、企业家赴云阳县考察，洽谈对口支援工作，引导无锡企业到云阳县投资兴业，支持云阳县产业发展和经济、社会建设。

（韦　锋）

【南北挂钩工作】 2016年，无锡市政府与徐州市政府签订和落实南北挂钩合作协议。引导共建园区创新管理体制和运行机制，推动两市企业投资考察，组织开展经贸合作洽谈。推动南北挂钩共建园区建设。在省共建园区年度考核评价中，无锡市与徐州市7个共建园区全部考核合格，获奖励资金7000万元。无锡新沂工业园在全省45家南北共建园区中，成功获批首家省级高新区。为徐州市组织2批70人“两新”党建指导员培训，通过讲座和参观红豆集团、华西村特色社会主义新农村建设，学习先进企业的管理理念和发展模式，提升“两新”指导员基层党组织建设水平。8月，江阴—靖江合作共建园区获省批准成立，因此，无锡市与苏北、苏中共建园区数量升至12个。共建园区建设，带动无锡市与苏中、苏北地区经济、人才的互补与交流，促进共建双方经济快速发展。

（韦　锋）

【区域经济合作工作】 2016年，无锡市组织市发改委、经信委、工商联等相关部门以及各市（县）、区和企业家共60多名代表组团参加“2016年丝绸之路国际博览会暨第20届中国东西部合作与投资贸易洽谈会”。会展期间，无锡市重点展示信息与高新技术产业发展优势、投资环境和产业政策。无锡企业分别与新疆、四川、陕西等省、自治区企业进行洽谈并意向签约17个投资及贸易类项目，总投资额21.6亿元，项目涵盖信息电子、新能源和商品贸易等，会议洽谈成果丰硕，合作成效显著。

（韦　锋）

政务服务

【概况】 2016年，市政务办坚持政务服务供给侧改革主线，扎实做好省级“互联网+政务服务”工作试点。围绕市委、市政府关于“放、管、服”的各项决策部署，推动政府职能转变，提高资源配置效率，优化政务服务环境。全年，全市政务服务大厅共办理各类行政审批（服务）事项573.34万件，按时办结率100%；市政务服务大厅共办理各类行政审批（服务）事项54.02万件，按时办结率100%，承诺件提速率31.4%，群众满意率持续保持在99.8%以上。全市公共资源交易大厅累计完成交易事项10367宗，总交易额774.23亿元；市公共资源交易大厅(含政府采购、建设工程、产权交易、国土资源)累计完成交易事项7916宗，总交易额616.43亿元，比上年增长112.97%。全市政府公共服务热线共受理有效诉求46.84万件，期限内办结率保持在97%以上，群众满意率保持在99%以上；市政府公共服务热线共受理有效诉求21.05万余件，派发成员单位电子工单10.1万余件，期限内办结率98.17%，群众对地区(部门)办复满意率91%，对政府热线服务满意率99.01%。年内，市政务办先后被评为“无锡市先进基层党组织”“创建党建服务品牌十佳单位”，收到企业群众赠送的各类锦旗(表扬信)105面(封)，2人被评为市级机关优秀共产党员。省委书记李强，省委常委、市委书记李小敏，市委常委、常务副市长黄钦等省市领导先后对市政务办推进“互联网+政务服务”平台建设，解决群众办事难工作举措和坚持“六制服务”、实施“八个专窗”联审联办服务的做法给予肯定。

(程 骏)

【简政放权改革】 2016年，市政务办组织各进驻部门开展事项目录的清理自查，形成《2016版进驻市政务服务中心行政审批事项目录清单》，现有612个审批事项进驻市政务服务大厅集中办理；开展“一对一”流程优化再造，梳理出即办事项143项，占比23.37%，取消各类申请材料152份。积极推进“一照一码”向镇(街道)延伸，实现市、市(县)区、镇(街道)全覆盖；按照上级统一部署，自10月1日起，在市政务服务大厅准点实施“多证合一”登记制度改革；推进个体工商户“两证整合”，实现“申请人办理个体工商户注册登记时只需填写一张表，向一个窗口提交一套材料即可完成工商及税务登记”的目标。积极推进无锡市相对集中行政许可权改革，形成改革工作方案，进行首批划转事项的细致测算，并做好改革的相关准备工作。

(程 骏)

【提高公共资源交易运行水平】 5月13日，市政府办印发《无锡市整合建立统一的公共资源交易平台实施方案》，并按国务院规定于6月30日前完成政府采购、建设工程、产权交易、国土资源交易事项整合；提请市领导组建市公共资源交易平台整合工作推进小组，明确市(县)区公共资源交易平台整合的时间节点和责任要求，完成各(县)区公共资源交易分中心的发文批复。推动“无锡市公共资源交易”专栏上线运行，统一信息发布和招标项目公告，让招投标企业“一网览尽”，建成“市级公共资源交易信息平台标准版”；对全市公共资源交易数据统一归集，全面把关测试，分步分批实施与省信息平台对接，并于10月初率先实现与省信息平台联网。突出指导性和操作性，形成《公共资源交易政策法规汇编》，作为全市公共资源交易从业人员的职业规范，要求其按章操作，规范运行；组织开展“两承诺一提高”(服务规范和服务质量承诺，廉洁自律承诺，提高服务满意率)活动，形成市公共资源交易服务规范承诺10条、服务质量承诺12条。

(程 骏)

【提高政府热线应诉水平】 2016年，市政务办全面实行“7*24”小时不间断服务，建立群众诉求受理一体化、处置快速化、服务优质化的服务机制；梳理“12345”知识问答360条，在“中国无锡”门户网站、市政务办门户网站和市“12345”政府热线门户网站上公开，方便群众使用。定期与媒体开展电视新闻“热线12345”，广播“直通937”，“政风面对面”等节目的合作播报，强化新闻媒体监督力度；定期组织网络问政，快速回应和答复网民诉求93条，提升网络舆情的“正能量”；开展“畅通诉求渠道，服务民生关切”为主题的政府热线进社区、到广场现场咨询活动，现场解答群众诉求132件，征集社情民意11条，拉近党委、政府与群众之间的距离。跟踪督办群众身边的老大难问题，先后42次组织相关部门对政策空白、管理盲区、职能交叉而产生的复杂诉求进行协调沟通，明确责任，解决难题；提请市政府召开疑难工单协调会，对市政府明确责任的39个疑难工单做好跟踪督办，做到“情况一线掌握、问题一线解决、作风一线转变”。

(程 骏)

【筹建“五个网上服务大厅”】 2016年，市政务办采取“前台统一标准，中台数据共享，后台业务协同”的建设思路，推进“互联网+政务服务”(一期)平台于10月28日上线试运行，创新政务服务“在线办、协同办、简便办、一体办、舒心办”线上线下有机融合模式，部分试点成果被国务院吸收到《“互联网+政务服务”建设技术体系建设指南》，国务院办公厅电政办主任卢向东对无锡市“互联网+政务服务”试点成效表示肯定。在具体推进过程中，统建网上政务服务大厅，统一“平台、受理、清单、流程、告知、指南、审批、监管”标准，进驻市政务服务大厅的612项审批事项，528项实现“网上咨询、网上申办、网上预约、进度查询、办事评价、投诉纠错”功能；统建网上公共资源交易大厅，采取“服务在现场、交易在平台”的管理模式，实现“政府采购、建设工程、国土资源、产权交易”事项上网交易；统建网上政府热线受理大厅，新增“微信受理、移动勘查、APP办理”服务功能，畅通“电话、网络、短信、微信、传真”诉求渠道。统建网上中介服务大厅，实现行业主管部门、在线注册的56家中介机构同台管理服务。统建网上便民服务大厅，指导梁溪区梳理完成全省第一张公共服务项目清单，并逐步推进网上办理，便捷群众办事。

(程 骏)

【提升政务服务水平】 2016年，市政务办向重点企业和重点建设单位发放《行政服务征询书》37份，“进工厂、走工地”召开各类并联会议71个，赴东亚电力等重点企业现场服务16次，协调解决企业审批难题33个。推动邮政EMS进驻市、市(县)区政务服务大厅，为群众全面开通便民速递服务，在省内首家实现审批结果“快递送”。组织“八个联审联办服务专窗”开展联动服务，共办理“一照一码”登记13693个，建设工程联合验收363件，同时为199家企业的607名境外人员到无锡就业提供联办服务。在政务服务大厅内实行“延时、预约、上门、网上、助残、热线”服务举措，分别开展8454件、4091件、760件、10.71万件、6件、21.05万件，受到办事群众一致好评。落实“每月有通报，双月有考评，季度有考核”制度,持续改进服务作风;组织发送评议短信4660条,电话回访1900多人次,现场回收有效问卷860份,先后对2市5区、35个镇(街道)中心和1个分中心5个现场服务点开展明察暗访,印发《政务服务督察通报》和《督察提示》18份,实现政务服务督察全覆盖。

(程 骏)

外事工作

【概况】 2016年,市外办接待到访外宾161批次1719人次,其中部级外宾10批257人次。顺应国家“一带一路”发展战略,拓展新国际友城,推进交流合作。加强与柬埔寨西哈努克市交流交往,柬埔寨西哈努克省省长润明率省政府主要部门负责人到无锡访问,双方达成共识,在无锡共同打造“中柬热带病防治和研究合作中心”。省委常委、市委书记李小敏率市相关部门负责人赴柬埔寨参加西哈努克港园区“百家企业入园”仪式。俄罗斯下诺夫哥罗德市应邀首次派团访问无锡。与圣彼得堡市瓦西里岛区续上中断4年的联系。与罗马尼亚中部大省哈尔吉塔省、斯洛文尼亚第二大城市马里博尔市、阿尔巴尼亚第三大城市费里市开展交往。与马其顿“稻米之乡”科查尼市签署两市建立友好交流关系备忘录。与白俄罗斯莫吉廖夫州最大的工业中心博布鲁伊斯克市签署建立友好交流关系意向书。

完善因公出国(境)管理工作。严格执行中央、省、市关于领导干部和国家工作人员因公临时出国(境)各项规定,建立全过程监管体系,全年公务出访证照申办零差错。为各类企业申办APEC商务旅行卡313张。完善升级“无锡市因公出国(境)管理系统”平台。年内,无锡市获全国友协和中国国际友城联合会联合颁发的“国际友好城市特别贡献奖”称号。

(陈少黎)

【第八届无锡市国际友城交流会】 11月2日,第八届无锡市国际友城交流会在无锡举行,会议以“新变化·新机遇——城市可持续发展”为主题,英国、美国、比利时、加拿大等27个国家44个代表团234名外宾参加开幕式。市长汪泉在开幕式上致辞,中国人民对外友好协会副会长谢元到会祝贺,市领导曹锡荣、王进健、孙志亮,市政府秘书长叶勤良参加活动。会议期间,无锡市分别与丹麦拜瑟克伦城市联合体、瑞典南泰利耶市续签友城协议;与柬埔寨西哈努克市签署加强经贸合作协议;与芬兰拉赫蒂市签署城市规划试点项目合作意向书;惠山区与韩国蔚山广域市蔚州郡签署建立友城关系意向书;无锡市APEC商务协会与罗马尼亚哈尔吉塔郡工商联、罗中友协哈尔吉塔郡分会签署合作备忘录;宜兴与德国施瓦本豪市签署开展友好合作备忘录;无锡世贸中心与丹麦巴勒鲁普世贸中心签署合作备忘录;比利时摩蝎基金与无锡私人投资者签约成立无锡摩蝎基金等9项合作协议。组织中外对口项目洽谈,促成签约合作项目7个。

(陈少黎)

【推进城市国际化进程】 2016年,市外办组织筹划周年庆活动,增进友城间的友谊与合作。举办与日本明石市结好35周年庆祝活动,开展与新西兰友城哈密尔顿市结好30周年庆祝活动。推进港澳工作,加强民间对外友好活动。接待港澳和外国民间友人到访无锡17批279人次。举办“2016无锡国际赏樱周”,150多名日本友好人士参加活动。无锡市申请并正式加入世界历史城市联盟。举办庆祝中华人民共和国成立67周年国庆招待会,邀请27个国家在无锡工作、生活的137名外籍嘉宾参加,并为战琬瑜、李应樵、吕国宏等8名获2015年度“无锡市荣誉市民”称号的人士举行隆重的授荣仪式。

(陈少黎)

【重大涉外活动】 10月30~11月2日,丹麦拜瑟克伦城市联合体主席、巴勒鲁普市市长贾思博·乌特森率政府和企业家代表团一行17人参加第八届无锡市国际友城交流会。市长汪泉与联合体主席乌特森、腓特烈松市副市长蒂娜·丝陶宁续签友城协议,乌特森就丹麦城市可持续发展进行主题发言;无锡世贸中心与丹麦巴勒鲁普世贸中心签署合作备忘录。

10月31~11月3日,芬兰拉赫蒂市市长杰凯·米拉维塔率政府及企业家代表团一行9人参加第八届无锡市国际友城交流会。市长汪泉与拉赫蒂市市长米拉维塔签署《中国无锡市和芬兰拉赫蒂市城市规划试点项目合作意向书》;代表团参观第八届中国(无锡)国际新能源博览会展区,米拉维塔市长作为VIP代表出席新能源博览会开幕式。

11月1~3日,波兰绿山市市长贾努兹·库比斯基率政府代表团一行6人参加第八届无锡市国际友城交流会。议长亚当·厄巴尼亚克就绿山市可持续发展进行主题发言;代表团参观第八届中国(无锡)国际新能源博览会展区。

11月1~4日,罗中友协哈尔吉塔郡分会主席鲁斯·桑德一行5人参加第八届无锡市国际友城交流会,鲁斯·桑德、哈尔吉塔工商联主席巴拉西·乔鲍与无锡APEC商务协会会长张健共同签署《中华人民共和国无锡市APEC商务协会与罗马尼亚哈尔吉塔郡工商业联合会合作备忘录》。

11月1~4日,比利时鲁汶市副市长穆罕默德·里杜安尼率政府及企业家代表团一行7人参加第八届无锡市国际友城大会,副市长王进健与里杜安尼共同见证无锡摩蝎基金与浦发银行、无锡金投等机构签署投资合作意向书。

11月1~4日,匈牙利萨瓦市市长代表团,瑞典南泰利耶市市长代表团,德国施瓦本豪市副市长代表团,韩国蔚山市议长代表团、金海市市长代表团,日本明石市副市长代表团、相模原市副市长代表团,柬埔寨西哈努克市市长代表团,美国哥伦布市副市长代表团、圣安东尼奥市议会代表团、查特努加市友协代表团,加拿大杜兰郡市政委员代表团,新西兰新中友协代表团等27个国家44个友好城市和友好交流城市代表团234位代表访问无锡,参加无锡市举办的“第八届国际友城交流会”。

(陈少黎)

【重要来宾到访】 1月6日,白俄罗斯驻沪总领事马采利·瓦列里访问无锡,副市长王进健会见总领事。

2月2~3日,印度驻沪总领事古

光明一行2人访问无锡，市长汪泉会见总领事，副市长王进健、市政府秘书长叶勤良参加会见。

3月3~4日，澳大利亚墨尔本市市长罗伯特·道尔一行16人访问无锡，市长汪泉会见客人一行，并共同签署《中国无锡市与澳大利亚墨尔本市建立经济合作伙伴城市关系备忘录》。

3月16~18日，以中央委员、中央宣教委员会副主席、中央青年工作组组长盖本兴为团长的柬埔寨人民党青年政治家考察团一行57人访问无锡，市长汪泉会见考察团全体成员，副市长王进健、市政府秘书长叶勤良参加会见。

3月18~20日，柬埔寨西哈努克省省长润明一行13人访问无锡，省委常委、市委书纪李小敏，市长汪泉会见客人一行，市委常委、秘书长张叶飞，副市长王进健，市政府秘书长叶勤良参加会见。

3月24日，日本驻上海总领事片山和之一行3人访问无锡，市长汪泉会见总领事一行，副市长王进健、市政府秘书长叶勤良参加会见。

3月24~26日，日本明石市议长绢川和之一行4人访问无锡，市长汪泉会见代表团一行。

3月27日，印度驻沪总领事古光明率领馆官员、印度经贸代表团和文化演出团一行31人访问无锡，参加在无锡举办的"印度文化周暨经贸投资论坛"系列活动。市长汪泉会见总领事一行，副市长王进健、市政府秘书长叶勤良参加会见。

4月9~12日，马其顿科查尼市市长拉特克·迪米特洛夫斯基一行4人访问无锡，市长汪泉会见代表团并签署两市建立友好交流关系备忘录。

4月25~26日，韩国驻上海总领事韩硕熙一行4人访问无锡，市长汪泉会见总领事一行，副市长王进健、市政府秘书长叶勤良参加会见。

5月4~7日，埃塞俄比亚总理特别顾问、博士阿尔卡贝·奥克贝一行11人访问无锡，省委常委、市委书记李小敏会见客人，副市长王进健参加会见。

5月28日，塞内加尔总统外事顾问邓巴·巴一行2人访问无锡。

6月7~8日，新加坡驻上海总领事罗德伟一行3人访问无锡，市长汪泉会见总领事一行，市政府秘书长叶勤良参加会见。

6月21~22日，新西兰哈密尔顿市市长朱莉·哈戴克一行6人访问无锡，市长汪泉会见客人，副市长王进健、市政府秘书长叶勤良出席。

7月14日，爱尔兰驻上海总领事何莉一行2人访问无锡，副市长王进健会见总领事。

7月18日，日本驻华大使馆公使兼经济部长林贞二一行2人访问无锡，副市长王进健会见客人。

7月23日，印度驻上海总领事古光明一行3人访问无锡。

8月26日，柬埔寨驻上海领事沙必胜一行3人访问无锡。

8月28~31日，日本明石市市长泉房穗一行4人访问无锡，参加庆祝无锡与明石结好35周年纪念活动，市长汪泉会见客人一行，副市长王进健、市政府秘书长叶勤良参加会见。

8月28~31日，日本明石市议长深山昌明率议会代表团一行7人访问无锡，参加无锡与明石结好35周年纪念活动。

9月3日，摩洛哥真实性与现代党执行局委员、摩中友好委员会主席穆罕默德·宰突尼一行5人访问无锡，副市长王进健会见客人。

9月6日，美国哥伦布市市长吉姆·列恩霍普一行6人访问无锡，市长汪泉会见客人，副市长王进健、市政府秘书长叶勤良参加会见。

9月28~29日，白俄罗斯莫吉廖夫州执行委员会主席多玛耶夫斯基率政府及经贸代表团一行22人访问无锡，市长汪泉会见代表团一行，并与该州所属城市——博布鲁伊斯克市市长科瓦连科·安德烈共同签署建立友好交流关系意向书。

10月17日，法国普罗旺斯—阿尔卑斯—蓝色海岸大区议会主席克里斯蒂安·艾斯特罗西一行24人，在法国驻沪总领事柯瑞宇陪同下访问无锡，市委常委、常务副市长黄钦会见代表团全体成员。

11月12~13日，日本驻上海总领事片山和之一行2人访问无锡，副市长王进健、市友协会长王锡南分别会见总领事。

11月14~16日，以塞尔维亚前进党中央委员会成员、塞议会议员奥尔利奇为团长的前进党青年干部考察团一行10人访问无锡，副市长王进健会见考察团一行。

11月17日，卢森堡驻上海总领事吕可为一行2人访问无锡，副市长王进健会见客人。

11月21日，美国驻上海总领事史墨客一行5人访问无锡，副市长王进健会见总领事一行。

12月7日，英国卫生大臣杰里米·亨特一行7人访问无锡，省委常委、市委书记李小敏会见客人一行。

12月7~8日，丹麦腓特烈松市市长约翰·施密特·安德森一行4人访问无锡，市长汪泉会见客人一行。

12月16~17日，美国圣贝纳迪诺郡代表、美国华人联合总会理事长蔡成华一行9人访问无锡，省委常委、市委书记李小敏会见客人一行。

(陈少黎)

【友好往来】 1月7~8日，韩国蔚山广域市游泳协会会长柳圣载一行3人访问无锡，与无锡市游泳协会签订友好协会协议书。

2月18~22日，无锡市新吴区市民演出团一行9人赴新西兰哈密尔顿市进行公益演出。

2月23~3月1日，市友好访问团一行6人访问日本明石市、相模原市及韩国蔚山市、金海市。

3月6~10日，柬埔寨西哈努克省环保与规划研修团一行3人到无锡进行短期专题研修。

3月14~16日，斯洛文尼亚马里博尔市足球经理一行2人访问无锡。

3月14~17日，日本相模原工业机器人考察团一行3人访问无锡。

3月19~20日，以日本熊本市驻上海事务所所长黑木慎也为团长的熊本市马拉松代表团一行6人访问无锡。参加"2016怡宝无锡国际马拉松赛"。

3月24~26日，日本明石市议长绢川和之一行4人访问无锡，市长汪泉会见代表团一行。

3月30~4月1日，韩国金海市大清高中校长郑榕玉一行4人访问无锡，与无锡市市北高中签订姐妹学校协议。

4月13日，斯洛文尼亚马里博

尔市市长特别顾问马可·科伐齐齐率政府代表团一行3人访问无锡，推进青少年足球培训项目。

4月16~18日，韩国蔚山市乒乓球交流团一行19人访问无锡。

4月19~23日，市艺校演出团一行15人访问韩国金海市。

4月20~27日，市友好交流团一行6人访问韩国金海市和日本由利本庄市，参加金海市"第40届加耶文化节"。

4月23~30日，市政协副主席蔡捷敏率市友好交流团一行6人，访问荷兰斯海尔托亨博斯市和德国博霍尔特市。

5月6~13日，市长汪泉随江苏省省长石泰峰访问日本、韩国开展经贸招商活动，并出席日本明石市举办的"两市结好三十五周年纪念活动"。

5月13~14日，韩国金海市足球联合会一行31人访问无锡，与市足协签订"友好协会"协议，并与市足球队开展足球友谊赛活动。

5月17日，斯洛文尼亚马里博尔市派遣2名教练员（具欧洲足球联盟职业资质）到无锡举办中国无锡—斯洛文尼亚马里博尔"一带一路"青少年校园足球教练员培训班，为期七天，全市50名中小学体育或足球教师参加。

5月20~22日，芬兰拉赫蒂应用科技大学设计学院院长埃西·普林尼女士一行3人访问无锡。

5月24~31日，市政协副主席蒋达率市友好交流团一行6人访问美国查特努加市和韩国清州市。

6月1日，丹麦CLEAN组织项目主管莫腾·索瑞森一行2人访问无锡。

6月5~8日，省委常委、市委书记李小敏陪同江苏省委书记罗志军访问柬埔寨西哈努克港特区，参加西哈努克港特区百家企业入园仪式。柬埔寨首相洪森、5位副首相、柬埔寨政府主要部门负责人出席园区庆典仪式。

6月10日，新西兰哈密尔顿市男子高中校长一行6人访问无锡。

6月17~21日，市友好交流团一行5人，访问瑞典南泰利耶市和丹麦拜瑟克伦城市联合体。

7月3~7日，美国圣安东尼奥市中学生一行32人访问无锡。

7月18日至8月1日，应葡萄牙卡斯卡伊斯市邀请，无锡城市职业技术学院2名学生参加卡斯卡伊斯市举办的全欧青年志愿者"劳动夏令营"。

7月25~31日，无锡市"未来大使"青少年交流团一行12人访问新西兰哈密尔顿市。

7月26~28日，韩国蔚山广域市青少年足球交流团一行22人访问无锡。

8月3~16日，无锡市青少年足球运动员和教练员36人赴斯洛文尼亚马里博尔市参加为期两周的青少年足球夏令营。

8月11~14日，日本相模原市海外体育交流团一行27人在团长涉谷章率领下访问无锡。

8月12~17日，市歌舞团一行7人访问印尼泗水市，参加该市举办的"跨文化节"活动。

8月13~20日，市友好交流团一行6人访问印尼泗水市和马来西亚怡保市。

8月15~19日，以日本明石市吹奏乐联盟会长阪本均为团长的日本吹奏乐团一行71人到无锡访问并进行演出。

8月15~22日，市人大常委会主任姚建华率市友好交流团一行6人，访问马其顿科查尼市和斯洛文尼亚马里博尔市。

8月26~28日，韩国蔚山广域市游泳协会会长柳圣载率代表团一行25人到无锡访问，并与无锡市泳协举行友谊赛。

9月12~19日，无锡市校园足球交流团一行6人访问斯洛文尼亚马里博尔市和意大利瓦雷泽市。

9月15~22日，市人大常委会副主任曹锡荣率市友好交流团一行6人，访问芬兰拉赫蒂市和俄罗斯下诺夫哥罗德市。

9月23日，德国诺伊斯市德中友好协会主席、诺伊斯报社总编辑路德珈·巴滕和诺伊斯市经济促进局局长约翰娜·加茨克一行12人访问无锡。

9月26~28日，美国圣安东尼奥市前议员战琬瑜到无锡参加国庆招待会，市长汪泉向其颁发"无锡市荣誉市民"证书。

10月18~21日，市企业家代表团一行7人访问韩国蔚山市，参加该市举办的中小企业对口洽谈会。

10月28~30日，韩国金海市演出团一行12人访问无锡。

11月8~16日，市政协副主席蒋伟坚率市友好交流团一行6人访问阿根廷科尔多瓦市和智利比尼亚德尔马市。

11月22~30日，无锡友城开拓及企业家团一行8人访问捷克俄斯特拉发、波兰绿山和白俄罗斯博布鲁伊斯克市。

11月23~24日，以瑞士沃州副州长菲利普·乐巴为团长的政府和中小企业代表团一行25人访问无锡，副市长王进健会见代表团一行。

11月27~12月4日，副市长王进健率政府和媒体代表团一行13人访问澳大利亚友城弗兰克斯顿市和新西兰友城哈密尔顿市，出席哈密尔顿市举办的"两市结好三十周年纪念活动"。

12月6~9日，市外办业务交流团一行2人访问韩国蔚山并参加业务交流会。

12月19~23日，韩国蔚山广域市交通研修团一行6人到无锡研修。

（陈少黎）

【交流合作】 1月11日，中日文化经济交流协会会长广田隆一郎一行4人访问无锡。

2月2日，日本东京福祉大学代表团一行2人访问无锡。

3月9日，新西兰马里阿那学校校长一行3人访问无锡。

3月9日，日本《朝日新闻》总局编辑委员村上太辉夫访问无锡。

3月18~19日，以日本爱知县日中友好协会理事林智子为团长的第六次日本爱知县中文演讲大赛获奖者代表团一行5人访问无锡。

3月24日，由会长新发田丰率领的"日中共同樱友谊林保存协会"第29次访华团一行12人访问无锡。

3月24~25日，"日中未来创想会"代表团一行48人访问无锡。

3月24~26日，日本公益财团法人"日本樱花会"女王委员长、第一代日本樱花女王莲实久子率日本樱花代表团访问无锡。

3月24~27日，会长小林充率“日中友好樱友之会”访华团一行10人访问无锡，出席“2016无锡国际赏樱周”活动。

4月19日，荷兰国家武术协会主席、荷兰无锡商会会长费玉樑率荷兰武术团一行30人访问无锡，与市级机关武术爱好者、市武术协会等武术团体进行切磋交流。

4月26~28日，俄罗斯下诺夫哥罗德市外联委部门负责人亚历山大·普希金一行2人访问无锡，与无锡市外办商谈推动两市交流合作事宜。

4月28日，韩国庆尚南道议会代表团一行25人访问无锡，市人大常委会副主任曹锡荣会见代表团一行。

5月5日，美国驻上海总领馆副领事芮麦克一行2人到无锡作签证讲座。

5月16日，由日本冈山县备前市市长吉村武司为团长的市友好代表团一行8人访问无锡。

7月13~14日，丹麦外交部丹麦投资局中国区主任毕冉伟一行6人访问无锡。

7月15~18日，日本笠悬株式会社总经理大桥利一一行12人访问无锡，市友协会长王锡南会见客人。

8月7日，日本《朝日新闻》上海支局长金顺姬访问无锡。

9月9~11日，柬埔寨新生代官员培训团一行17人访问无锡。

9月19日，英国阿斯利康制药公司副总裁詹妮·扬格一行5人访问无锡，探讨阿斯利康与无锡的发展合作。

9月26~28日，日中共同建设友谊林保存协会会长新发田丰一行2人到无锡访问，市友协会长王锡南会见客人。

9月29日，德国海德堡市档案局局长、博士彼得·布鲁姆一行3人访问无锡。

10月12日，比利时摩羯基金创始人、总经理、博士乔斯·佩特斯(Jos Peeters)一行3人访问无锡，副市长王进健会见客人。

10月19日，美国驻上海总领馆环境科技卫生领事芮力一行2人访问无锡。

10月26日，澳大利亚维州无锡商会会长张钟达一行2人访问无锡。

10月30~31日，日本朝日新闻社、日本经济新闻社记者一行4人到无锡采访2016中国国际物联网博览会。

10月29~11月1日，日本《朝日新闻》上海支局长富名腰到无锡参加2016中国国际物联网博览会。

11月9~11日，柬埔寨国家电视台、新闻社、巴戎电视台、《柬埔寨之光报》、《高棉时报》、THMEY新闻网、女性媒体中心等主流媒体一行13人访问无锡，副市长王进健会见客人。

12月17日，乌兹别克斯坦纺织行业代表团一行21人访问无锡。

(陈少黎)

侨务·港澳事务

【概况】 2016年，市侨务部门举办各类招才引智、经贸洽谈、联络联谊等主题活动76场次，接待华侨、海外华人等2200人次。帮扶贫困归侨侨眷358名，发放各类困难补助金66.07万元。引导侨胞侨商捐赠无锡文化公益事业和医疗卫生及基础设施建设等项目折合人民币1.86亿元。年内，成功创建“全国社区侨务工作明星社区”和“全国社区侨务工作示范单位”各1家，“江苏省社区侨务工作示范单位”3家，“中华文化海外交流基地”2家，惠山留学归国人员创业园设立为“华侨华人创新创业服务中心”。

(王宝林)

【引才引智引资】 2016年，无锡市贯彻国务院侨办“万侨创新行动”，结合实施“太湖人才计划”和发展现代产业要求，研究制定《无锡市开展万侨创新行动实施意见》。举办招才引智活动12场次，邀请和接待华侨华人专业人士到无锡合作交流783人次，签订合作项目20项，引进海外高层次专业人才6人。国务院侨办“第27期海外华侨华人专业人士回国创业研习班”在无锡开班，美国、英国、日本等18个国家和地区的60多名海外华侨华人专业人士应邀参加，携带项目涵盖新一代信息技术、节能环保、新能源新材料等国家战略性新兴产业和江苏支柱产业领域。国侨办副主任王晓萍，省委常委、市委书记李小敏，市长汪泉等分别出席活动。举办、参与经贸洽谈活动23场次，江阴驻外商会“情系故乡、共赢发展”经贸交流会现场签订中科世界高科技机器人、全民科普销售基地和达牛APP项目，累计投资额19.2亿元。牵线宜兴江南电缆集团与中国建筑材料集团有限公司旗下合肥神马科技集团有限公司达成战略合作框架协议，协助江阴市友佳珠光云母有限公司在韩国交易所挂牌上市，募集资金1.8亿元。5月，新加坡金鹰国际集团投资的燃气发电项目开工建设。

(王宝林)

【侨界联络联谊】 2016年，无锡市组织海内外侨界联谊活动41场次，结交新华侨华人、华裔新生代和“四有人士”(政治上有影响、社会上有地位、经济上有实力、专业上有造诣)，拓展和培育侨务资源。印尼东方集团公司董事局主席许经凉、香港铜锣湾集团董事局主席陈智、菲律宾华人公会主席邱仁士、澳大利亚无锡商会会长张钟达、法国巴黎20区副区长施伟明等一批重要侨领、企业家应邀到无锡考察交流。出访6批次9个国家，先后拜会俄罗斯中国中原商会、旅法苏浙同乡会、意大利意中交流协会、柬埔寨中国港澳侨商总会等重点侨团30多个，新建中英科技文化交流协会联络处、俄罗斯中国中原商会联络处、日本关西在职中国人交流协会联络处，至此，无锡有海外联络处42个。协助澳大利亚墨尔本无锡同乡会举行“澳洲梦·无锡情——澳大利亚墨尔本无锡同乡会成立十周年”庆典。无锡旅港同乡会、澳大利亚无锡商会、加拿大无锡商会等无锡籍海外社团负责人应邀到无锡出席“2016世界物联网博览会”“第八届无锡市国际友城交流会”“第八届中国(无锡)国际新能源大会暨展览会”等重大节庆活动。

(王宝林)

【服务涉侨企业】 2016年，市侨务部门坚持定期走访、定点联系、定人服务制度，做好对高层次人才创新创业团队及重点侨港资企业的调研、服务工作。走访调研侨企130多次，排忧解难45件，办结涉侨经济纠纷5件，为推动侨企创新发展发挥作用。依托市侨商会、市海协会平台，引导全市侨资企业主动融入和服务“一带一路”战略。9月，联合致公党无锡市委、市总商会等主办“‘一带一路’下的经济转型讨论会”，邀请欧洲议会议员、前民主德国总理莫德罗、德国政治家弗里茨与无锡企业家共同探讨发展机遇。1月，举办“侨汇无锡·建功有我”2016年经济形势展望暨侨界迎新春联谊会，侨界代表近400人参加。先后组织侨资企业家参加北戴河侨商产业发展大会、中国徐州海外侨领侨商徐州行、“外企入滇”招商推介会、侨资企业家云南行等考察活动，拓展合作商机。市侨商会深化与江苏省产业研究院、无锡海峡两岸科技金融服务中心、江南大学产业研究院、太湖学院科技成果转化中心的沟通协作，并与无锡海峡两岸科技金融服务中心建立战略合作关系，主动服务侨企转型发展。推进“走出去”步伐，推动无锡市东亚电动车厂、科品达美公司、双欢电气公司等到菲律宾投资设厂，并取得良好效益。

（王宝林）

无锡市侨办举办“侨爱工程——情系侨胞·喜迎新年”联谊会

（王宝林 摄）

【维护侨界合法权益】 2016年，市侨务部门开展“侨法宣传月”活动，先后举办“12·4”国家宪法日暨全国法制宣传日系列侨法宣传活动、侨法知识讲座、侨法宣传现场会等32场次，实现侨法进社区、进园区、进校区、进企业、进网络。加强依法行政，办理华侨回国定居、“三侨生”（归侨青年、归侨子女、华侨在国内的子女）资格认定、华侨回国恢复户口登记14人次。畅通侨务信访渠道，接待来信来访124件（次），办结率100%，依法维护海外侨胞和归侨侨眷的合法权益。关注侨界群众精神文化生活，先后举办“亲情中华·梦回江南——无锡市老归侨迎新春集体慰问会”“情系端午节·爱驻归侨心”等暖侨活动。市华侨活动中心举办侨界群众文化活动150余场次，接待侨界人士8000多人次。江阴华侨中心设立“江大出国服务中心”，为市民出国、留学等提供便捷服务。

（王宝林）

【社区侨务建设】 2016年，市侨务部门以文化搭桥，围绕吴地历史文化、太湖文化、陶都文化、名人文化、华人华侨故居祠堂文化等多种形式开展侨务文化工作，加强对社区、园区侨务文化建设工作的指导，培育全市侨务文化特色品牌。结合地方文化、资源等特色，因地制宜创建全国、省级示范。年内，经国务院侨办审核批准，江阴市澄江街道城中社区、宜兴市和桥镇劳动社区分别获“全国社区侨务工作明星社区”和“全国社区侨务工作示范单位”称号，经省侨办审核批准，江阴市祝塘镇文林社区、滨湖区太湖街道万科社区和新吴区旺庄街道长江社区获“江苏省社区侨务工作示范单位”称号，省侨办在惠山留学归国人员创业园设立“华侨华人创新创业服务中心”。11月，全省侨务进社区、进园区、进校区工作促进会暨国内侨务工作培训会在江阴举办，无锡侨务进社区、进园区、进校区工作受到国务院侨办国内司、省侨办领导及与会代表高度评价。

（王宝林）

【文化交流合作】 2016年，市侨务部门挖掘和发挥无锡文化资源，加强与海外侨界文化交流，中国陶瓷博物馆、惠山古镇被省侨办、省文化厅确定为“中华文化海外交流基地”。10月，第二届国际华人（海归）歌唱家音乐会在无锡举行，欧洲著名男高音歌唱家Patrick Garayt、无锡籍旅法女高音歌唱家金湉等22位世界各地华人（海归）歌唱家激情献唱，500名侨界群众、音乐爱好者观看演出。菲律宾华人公会主席邱仁士经多次考察，选定锡山区青荡村筹建中菲民俗文化村。宜兴籍华人武术师、荷兰国家武术队总教练费玉樑长期致力传播中华武术文化，携30多人回到家乡参加由荷兰武术文化访问团举办的世界武术交流会。实施“海外中餐繁荣计划”，4月，江阴市永丰源大酒店作为中国餐饮代表团成员，赴美国参加联合国总部举办的“正宗中国味——2016中国非遗饮食美食节”，这是中国非遗饮食文化首次进入联合国总部。5月，由香港江苏社团总会、香港无锡商会、香港江阴商会等社团乡贤发起创立、富有浓郁江苏淮扬特色的餐厅“江苏荟”在香港上环正式开业，9月被授予江苏省海外中餐培训交流示范点。

（王宝林）

【侨务宣传工作】 2016年，无锡市围绕建设“强富美高”新无锡，推进与海外华文媒体合作交流，邀请新西兰华语电台、华人时刊社、中新社等海内外华文媒体负责人到无锡考察采风。依托华文媒体先后在法国《欧洲时报》、南非《非洲时报》、加拿大《加中时报》和日本《中文导报》制作无锡宣传专版5期，面向海外广泛推介无锡城市形象。加强信息报送力度，在各类媒体、网络发表涉侨信息520多篇，为无锡和海外互通有无、加强合作发挥作用。经市侨办推荐，市侨商会监事长、美新半导体（无锡）有限公司董事长赵阳被授予“无锡市荣誉市民”称号。宜兴市张渚镇侨台服务中心主任、“中国好人”贾林康获“2016海内外中华好儿

2016年9月24日，国务院侨办第27期海外华侨华人专业人士回国创业研习班在无锡开班 (王宝林 摄)

女”称号。

(王宝林)

【华文教育工作】 2016年，由中国华文教育基金会主办的“2016年中国文化行——江苏宜兴营”在宜兴丁山实验小学开营，该营以“相约中国陶都·探寻中华文化”为主题，马来西亚40名华裔青少年，通过开展汉语学习、艺术培训、外出游学等8大系列活动，体验中华传统文化的独特魅力。江阴市侨办与江阴旅港同乡会、天华艺术学校联手，举办“天华故乡行”江阴旅港同乡会青少年夏令营，增强江阴籍在香港新生代对父辈故乡的感知和感情。法国里尔鲁贝市文化局副局长埃维、法国国际艺术交流协会主席芬妮、常务副主席江可凌一行6人考察天华艺校，探讨合作。新吴区侨办组织归侨侨眷子女和在校中小学生参加“第十八届世界华人学生作文大赛”征文活动，取得较好成绩。澳大利亚新金山中文学校校长孙浩良经市侨办牵线，多次到无锡与无锡园林技工学校就中外合作办学事宜进行商洽。

(王宝林)

【侨爱工程】 2016年，市侨务部门落实全省侨务扶贫工作指导意见，加强侨务精准扶贫，提升重点保障与特惠扶贫水平。联合市侨联、市财政局提高全市困难归侨及企业退休归侨生活补助政策，由原来每人每月100元标准提高到200元，惠及全市上百名归侨。滨湖区侨办联合“爱帮”商企协会发起“暖侨心”老归侨关爱公益项目，梁溪区侨办通过自媒体为辖区患重病归侨筹集爱心款2.46万元，凝聚和温暖侨心。6月，“侨爱工程”系列活动之“情系端午节·爱驻归侨心”邀请100多位归侨齐聚华侨活动中心参加活动。12月，召开“侨爱工程——情系侨胞·喜迎新年”联谊会，全市部分归侨侨眷代表、留学生家属代表、归国创业人员代表、侨资企业和园区及高校侨界人士代表等150多人欢聚一堂。“侨爱工程”是国务院侨办为广大海外侨胞、港澳同胞、归侨侨眷关注民生、扶危济困、回馈社会、奉献爱心，以及参与、支持国内经济和社会发展提供服务而搭建的平台和桥梁。

(王宝林)

监察工作

(参见第122页中共无锡市纪委类目)

信访工作

【概况】 2016年，全市信访系统聚焦“阳光信访”“责任信访”“法治信访”和信访干部队伍建设，推进依法逐级走访和信访权益保障卡制度，推动依法分类处理信访诉求落地见效，扎实有效强化基层基础建设，圆满完成全国“两会”，杭州G20峰会，省、市党代会，世界物联网大会等重大活动期间任务，有效激发和释放信访工作制度改革正能量，全市信访形势继续保持“四下降一确保”(信访总量下降，进京非访量下降，越级进京访量下降，信访积案存量下降，确保全市信访稳定)态势。年内，全市两级信访部门受理信访总量2.56万件次，其中办理群众来信4165件；做好国家投诉办、省委书记信箱、省长信箱和人民网网友留言等网上信访办理工作，1159件事项“件件有落实、事事有回音”；各类重要会议和重大活动期间，全市未发生有影响的信访群体事件。同时，开展人民建议征集活动，征集各类建议264件。

(马　卓)

【推进网上信访模式】 2016年，无锡市信访局推进“互联网+信访”，全面实行网上信访工作模式，完善各级网上信访受理平台，实现信访部门与同级职能部门，与市(县)、区及镇(街道)的互联互通和深度应用，信访信息全录入、业务全流转、数据全生成、办理全公开。全程跟踪开展信访事项受理群众满意度评价，从群众评价中查找问题，加强提醒、回访、督办、倒逼改进工作，自觉接受社会和群众监督。推进政务网站建设，开通微信公众号、今日头条、手机客户端和政务微博，引导网民参与网络活动，方便群众投诉和评价，有效发挥新媒体的宣传引导、信息公开、互动交流作用。

(马　卓)

【权益保障监督卡】 2月24日，无锡市下发《关于印发〈开展群众依法逐级走访权益保障监督卡工作的实施方案(试行)的通知〉》，印制5000多份《群众依法逐级走访权益保障卡宣传问答》和《关于无锡市群众依法逐级走访权益保障卡你必须知道的六个问题》等宣传资料在全市进行发放，并通过门户网站、无锡信访微信公众号等网络媒体进行宣传，提高信访群众知晓率，正确引导信访群众依法逐级走访，让信访群众知晓凭卡依法逐级走访的权利义务和工作流程。同时，权益保障卡相关工作与阳光信访信息系统全面对接，实现“初次走访发卡、逐级走访凭卡、处理结果记卡、保障权益用卡”目标，压实工作责任，减少群众越级访和重复访，实现“双向规范”。

（马　卓）

【开展信访积案化解工作】 2016年，无锡市持之以恒推进信访积案化解工作，强化领导包案，制定《关于在全市开展领导包案化解信访突出问题的意见》，建立一个市领导、一个责任部门、若干协办部门包案体系，化解信访突出问题。结合“两学一做”学习教育，深化领导干部接访下访工作，年内，市、市（县）两级领导干部587人接待群众1385批4560人次，按照党政主要领导负总责，分管领导具体抓，其他领导“一岗双责”（一个领导干部的职务所对应的岗位，一个领导干部既要对所在岗位应当承担的具体业务工作负责，又要对所在岗位应当承担的信访工作负责）的原则，加大统筹协调力度，多措并举，一案一策，研究影响社会稳定的突出信访矛盾，坚持依法依规化解，运用法治思维和方式化解积案，完善多元化解机制，发挥社会力量参与作用，推动信访积案就地化解。

（马　卓）

【推进依法分类处理信访诉求】 2016年，市信访局推动职能部门履行主体责任，印发《关于通过法定途径分类处理信访投诉请求的方案》，市级各相关职能部门和市（县）、区相关职能部门结合本部门、本单位实际，根据方案要求，细化清单，完善配套，拟定本系统本领域清单，做到清单分类分得清，法律依据找得准，操作规程看得见。年内，完成《无锡市分类处理信访投诉请求法定途径清单汇编》编印，下发涉及部门和单位36个，各市（县）、区清单汇编相应印发到位。加强各级信访部门与职能部门之间、职能部门上下级之间的沟通对接，形成相互衔接、协调联动的分类处理工作机制。

（马　卓）

【加强基层基础建设】 2016年，市信访局落实省、市《关于进一步加强和改进基层信访工作的意见》，强化镇（街道）信访办、村（社区）信访站建设，推动工作力量重心下沉。会同组织部门选派年轻干部、后备干部和选调生到基层信访部门挂职锻炼。全面规范信访工作基础业务。细化业务工作规则，规范工作流程，强化与有权处理机关工作对接，以程序规范确保实体问题处理到位。加强信访工作业务培训。分层次分类别开展培训，突出信息化理论、信访信息系统操作运用等技能培训，提高各级信访干部履职能力。年内，在《无锡日报》宣传入围“江苏最美信访干部”——新吴区江溪街道信访办主任陆建君，梁溪区信访局副局长周云峰，市人社局权益服务中心主任、信访处负责人黄福民先进事迹，发挥典型示范引领作用。

（马　卓）

接待工作

【概况】 2016年，市接待办共安排和接待内宾客人692批12944人，32695人次。其中，警卫任务23批17人；部省级领导185批303人，地市级领导182批965人；其他来宾302批11659人。接待北京房山，天津宝坻，广东梅州，新疆伊犁州，江苏苏州市、淮安市、徐州市、南通市等各级党政代表团14批、考察团81批。服务保障2016世界物联网博览会、江苏省创新社区治理工作推进会、第三届江苏技能状元大赛、2016无锡国际马拉松赛、第八届中国（无锡）新能源大会暨展览会、2016中国·江苏太湖影视文化产业投资峰会等大型会议和活动10多次，陪同市领导赴上海考察保障1次。

纵观全年，主要特点：警卫任务短时间内密集程度较高。全年警卫任务量呈现短时间密集程度高的特点，6月，接待服务5批警卫任务，且个别警卫任务在无锡停留时间较长。党政代表团、考察团明显增多，考察活动节奏快。2016年是十三五规划实施第一年，面对国际国内复杂的经济发展环境，中央加快深化改革步伐，毫不动摇稳增长决心。各地抢抓承接中央宏观政策落地、寻求经济新增长级的动力强劲，因此，全年接待重点围绕科技创新、资源环境保护利用、规划建设为主题的党政代表团、考察团90批，总量比上年增加5%，考察团组节奏快，考察时间呈大幅减少趋势，据统计，考察活动1天内的占80%以上。省领导调研和陪同考察活动量呈上升趋势。在贯彻总书记习近平对江苏提出新要求、加快建设苏南现代化示范区的新形势下，新老省领导班子到无锡调研考察活动量增加，如李强、石泰峰、罗志军、李学勇、张连珍、杨岳、樊金龙、蒋定之、黄莉新、蒋宏坤等，以及省四套班子和各级部门其他领导共85批。这些任务大部分通知晚、准备时间短、应急变化大，接待工作面临的挑战性强。巡视、督导活动的接待服务常态化。2016年，开展各项专项巡视、督查工作力度不减，各级巡视、督查组的接待服务工作繁重，如民政部、水利部、文化部、国家发改委、国家卫计委督查组、省委立法调研组、省委组织部换届督查组等，共15批。其中，督导无锡市开展换届工作的省委组织部考察组前后5次到无锡工作，最长一次近50天。这些任务持续时间长、保密要求高、协调事务多，对接待服务能力提出高要求。商务接待服务量占比增加。面对经济下行压力，无锡市加大稳增长、调结构、促改革、惠民生建设，加大高新产业投入、重大项目签约、政产学研合作等力度。因此，市接待办把到无锡考察的大型上市企业、知名金融财团等商务接待列为服务工作重点。如接待中船集团、中粮集团、中建集团、中信集团、协鑫集团、清华同方、韩国三星、东航集团、清华大学、南京信息工程大学等。

（陈晓海）

档案工作

【概况】 2016年，无锡市档案系统抓住基础性业务工作主线，突出民生服务和档案数字化发展方向，推进档案安全、档案资源、档案利用体系建设，完成年度工作目标。年内，市档案馆接收档案24967卷又17000件，库房日常管理及档案调卷112075卷又85783件，接收征集档案2000余件，整改档案8578卷又1785件，接待查档人数2813人次，调阅案卷15314卷，复印有效材料12066页，查到率在80%以上，受理网上查档咨询606人，为市民解决工龄、房产等提供档案服务。

(魏菊仙 张知常)

【完善档案资源】 2016年，全市档案系统夯实档案安全、档案资源、档案利用体系建设。年初，市档案馆完成查档大厅升级改造，设置休闲阅读、电子阅览、专家阅档等新功能区域，重新编印《档案服务手册》，向公众提供完善的查档服务。制定市及各市(县)区国家重点档案保护与开发工作方案，形成民族工商业、同业公会档案保护与开发明细资料。推进本市国家重点档案目录库建设，汇总制作市档案馆及各市（县)、区档案馆馆藏国家重点档案的文件级电子目录，完成国家重点档案普查信息采集4.5万条。聘请专家整理民国档案，制作文件级目录13749条。对本市抗战档案数量及基础情况摸底，形成《抗日战争档案汇编》编纂计划表。完成本年度全国档案事业综合年报统计。完成市政府规范性文件清理工作的目录筛选工作，从近11万条目录中筛选出8600多条。

(魏菊仙 张知常)

【确保档案实体和数据安全】 2016年，全市档案系统推进档案实体、档案信息和档案保管环境的安全体系建设，建立档案安全工作领导小组，形成完备、有效的档案安全工作责任制。全市7家综合档案馆均为国家一、二级档案馆，在库房日常管理中，将“十防”要求细化到每个环节，最大限度延长档案实体保存年限。市档案馆完成实物档案、短期案卷两间库房改造，改造五楼、六楼库房及特藏室弱电系统，安装门禁系统加装智能红外视频监控功能系统、电子门禁系统，建成保密专网并配置专业保密机柜；民族工商业档案馆对库房区加装防盗窗。市档案馆和机关档案管理中心、民族工商业档案馆对存在楼顶或外墙渗漏、泵房设备爆裂、地下水溢出等部位，组织开展紧急抢修，在梅雨期和特大暴雨期间加强巡查，制定并启动应急预案。定期组织对消防设施检查，开展防火培训和演练。

“区域办公自动化系统中电子文件归档与数据安全存储研究”科研项目通过省级立项审批。常年对档案数字化扫描全流程安全保密监督，开展网络安全自查自纠，制定维护方案和应急预案，数字化加工现场全部处于监控范围内，严禁带手机或移动存储设备进入，产生的数据由专人上传和迁移。年内，投入大量资金为市数字档案馆中心机房配备国产(曙光)服务器和存储器、防火墙，专用UPS电源，确保档案信息数据安全。推进办公软件正版化和杀毒软件国产化，市档案局完成全局办公计算机普查，杜绝设备、技术方面隐患。7家综合档案馆均加强查档利用环节的安全防范措施，对调取档案和查阅利用过程实时监控，启用紫外光可见防伪印油，防止查档人员对档案涂改、损坏及私自拍摄等行为，维护档案凭证真实性、权威性。

(魏菊仙 张知常)

【落实档案工作规章制度】 2016年，无锡市出台《“十三五”时期档案事业发展规划》，明确在全市档案系统中推进档案资源提升、档案业务强基、档案信息数字化、档案行政法治、档案公益服务22项具体任务。上半年，市档案局下发《关于加强行政区划调整中档案管理工作的通知》，落实涉及调整的梁溪、新吴两区档案部门做好预案、先行介入，确保各单位档案在机构合并调整过程中安全、完整转移；和市财政局联合转发《关于贯彻实施会计档案管理办法的通知》。年底，市委办、市政府办联合下发《无锡市档案馆收集档案范围实施细则(2016)》及综合档案馆接收档案资料单位名册，明确全市各级各类档案馆收集各门类、各载体档案名录及进馆方案，科学划定各类业务性专题档案的收集范围，指导相关单位做好专业档案归集与整理。年内，市档案局编制《巡视整改档案归档要求》，并参与中央巡视组及省委巡视组反馈意见整改落实材料的归档、整理和验收工作。开展重大活动档案工作专题调研，并形成综合报告。

(魏菊仙 张知常)

【指导和服务基层】 2016年，市档案局面向各级各类企事业单位，通过年度评估、业务指导、培训讲座等形式，落实国家档案局要求，对照《江苏省机关团体企业事业单位档案工作规范》及其复查意见，对所有列入计划的市属单位进行指导。会同各涉农市(县)、区档案局及同级农业部门，在全市范围内开展农村土地确权档案专题调研和督查工作。开展全市宗教档案工作调研，形成综合材料，并在《中国档案》《档案与建设》发表相关文章。组织开展档案工作年度评估，向有关单位下发文件，按照评估细则、评估人员分组等具体方案，对全市44个进馆单位年度评估并反馈评估通报。机关档案中心与市民中心各部门、单位建立紧密对接业务关系，按照国家档案局要求，开展各部门、单位2015年度文件材料的接收和整理工作，定期召开例会，上门指导和整改。全

2016年无锡市档案局编辑出版的六本书籍 (魏菊仙 摄)

表 12　　2016 年无锡市档案事业基本情况

指标		全市	其中		
			市区	江阴市	宜兴市
档案馆机构数	个	7	5	1	1
档案员工数	人	136	83	28	25
馆藏档案数	卷	2496709	1613905	431268	451536
馆藏档案数	件	1916253	1091276	398609	426368
当年接受档案数	卷	61308	21308	21459	18541
当年接受档案数	件	297341	150311	36641	110389
利用档案人次	人次	40051	14486	14866	10699
档案馆库面积	平方米	19935	13915	4100	1920
档案网站点击数	次	18970	15000	502	3468
档案文件机读目录	条	15880600	9449400	6431200	4100000

（市档案局）

年完成 50 家市级机关 32754 件文书档案的整理工作，另完成其他门类专业档案整理 9672 卷。

（魏菊仙　张知常）

【数字馆二期工程建设】 2016 年，无锡市启动数字档案馆工程二期建设。年初，与工程中标单位上海中信公司签约。项目组赴广东先进地区学习经验后，制定并实施一套严格、规范的监督管理制度，坚持每天对档案数字化过程质量抽检，每月召开例会，协调解决各种问题。年中，召开全市档案信息化工作会议，部署数字档案馆（室）建设。10 月，召开全市数字档案馆（室）建设研讨会，明确开展档案信息化工作方向，出台《关于加快促进数字档案馆（室）建设的意见》，为全市开展数字档案馆和数字档案室建设提供规范性指导。6 月，完成数字档案馆系统需求调研及试用调试、验收，形成《数字档案馆系统建设方案》。同时，开展馆藏档案数字化扫描和数据录入、挂接工作，并同步进行数据质检与校对。11 月，数字档案馆和虚拟档案室系统平台通过验收，完善虚拟档案室系统的架构并测试，24 万多条老旧数据的校对、迁移和馆藏档案数字化工作均完成年度目标，至年底，全市档案数字化率均值 45.48%。做好机房和网络维护工作，对存储数据迁移和移动硬盘备份，与专业公司签订机房设备维保协议，对网络安全自查自纠，制定维护方案和应急预案。年内，牵头将全市档案信息数据送至湖南省档案馆异地异质备份，实现增量数据多地保存。

（魏菊仙　张知常）

【依法行政及档案宣传】 2016 年，全市档案系统清理档案行政权力事项，行政许可和行政责任事项清单相互配套，实现与省档案局行政权力项目一致，实施依法行政网上公开透明运行，开通网上行政许可申请办理功能，完成行政权力事项清单和办事指南。下发“双公示”和“双随机”工作实施方案，做到全市档案部门“双公示”和“双随机”的规范统一。同时，开展市政府规范性文件清理工作的目录筛选，从近 11 万条目录中筛选出 8600 多条目录，配合 63 家市级部门、单位，提供待清理文件扫描或复印件 2210 份。完成《无锡市档案资料征集办法》规章立法后评估工作。会同市人大常委会开展档案执法检查，对无锡市房地产开发集团有限公司、无锡市轨道交通发展有限公司进行调研与检查，开出行政指导意见书。根据无锡市“依法行政工作统计报送系统”要求，明确相关规章制定、工作职责、报送清单和内部分工。年内，完成执法人员业务培训任务，同时，与苏州大学合作，面向基层档案工作者开办培训班 2 期，完成上岗证测试及发证工作。在“6·9 国际档案日”前后，联合市城建、公安、教育、社保、卫计委等部门，开展主题为“档案与民生”的宣传活动，通过展板、现场咨询、发放宣传资料等形式，吸引市民参与。为贴近市民，到社区举行“档案与你相伴”图片展和以民生档案、家庭档案等为主题的巡回展览，同时，依托爱国主义教育基地和中小学生档案教育社会实践基地，通过集体参观、夏（冬）令营、体验档案制作、知识讲座等形式，面向广大群众特别是青少年学生提供档案文化宣传和专业服务阵地。

（魏菊仙　张知常）

【推出多项档案文化成果】 2016 年，全市档案系统以“传承工商基因，弘扬工匠精神”为主题，挖掘、整理一批民族工商企业老照片档案，从一万多张照片中删选出 900 多张，形成民族工商老照片目录清单，配套完成专题展览筹备工作，同时开展“无锡民族工商业老照片”专题征集。此外，全年还征集一批专门档案和名人档案，如华钰麟“老无锡音频资料”、佛教论坛专题档案、朱瘦菊个人资料等，计 1450 件。依托馆藏资源和征集成果，举办“荣毅仁 100 周年诞辰摄影展”、家庭档案展、朱瘦菊历史文献资料展以及“档案讲座进社区、进学校”等系列文化展示和宣传活动。年内，市档案馆编辑、出版《岁月如歌·无锡上山下乡运动知青照片集》、《百年徽章的历史见证（上、下册）》、《老影戏单的历史演绎》、《农家账本的历史透视》及《无锡籍中国两院院士信札》书籍。开展《百年辉煌·无锡工商老照片》编辑工作。

（魏菊仙　张知常）

【数字档案馆系统平台建设】 2016年2月，无锡数字档案馆系统平台建设立项。该系统平台的技术架构采用当前主流技术，包括J2EE架构、MVC开发模式、Coral框架、SOA架构等，实现3D虚拟库房、智能编研、启发式检索、统计分析、组盘备份、电子文件检测工具等功能。

根据无锡市《数字档案馆建设指南》《数字档案馆建设规程》及《电子档案基础元数据数据库结构和封装格式》要求，结合《江苏省数字档案馆(室)等级评估细则》，上海中信公司系统开发。经过系统设计、代码实现、系统测试等阶段，7月，系统平台部署完成。7~10月，全市档案系统相关人员对系统软件提出多条修改意见，开发技术人员相应修改。11月24日，市档案局组织相关人员和专家对系统平台验收。

数字档案馆系统平台包括馆藏档案综合管理系统、电子阅览室和电子档案移交接收系统。馆藏档案综合管理系统以局域网为平台，包括传统档案、专题档案、现行文件、专题资料等多方面的管理，该系统的应用，实现信息资源的采集、接收、整理、保管、鉴定、统计等全过程的规范管理。电子阅览室的应用，方便公众浏览和允许下拷贝，实现查档自主化。电子档案移交接收系统建立完善的管理系统、制度要求、技术标准，规范电子档案移交接收的工作流程、功能需求、系统接口及电子档案的接收范围、数据格式及其技术构成等，保障电子档案在移交接收阶段的可靠性、真实性、有效性和可用性。

虚拟档案室以政务网为平台，面向市直机关和企事业单位提供档案管理和利用服务。该系统与各单位办公系统连接，对于应归档的电子文件、原数据信息等统一采集管理；档案馆相关业务部门对各立档单位在线指导、业务督导、信息交流，实现馆室一体化。

(魏菊仙 张知常)

【无锡工商同业公会档案研究与开发】 工商同业公会是民国时期主要的行业组织形式，是政府进行经济管理的市场中介。随着近代民族工商业的发展兴旺，传统的公馆、公所等各种工商团体统一改组为“同业公会”。2016年，无锡市启动“无锡工商同业公会档案研究与开发”项目。无锡市档案馆对馆藏工商同业公会档案进行文件级整理和全文数字化扫描，建成文件级数据库。市档案馆保存无锡工商同业公会档案2600卷、1884件，保存条件较好，内容包括行业规章、财务账册、纳税回执、房租契税、历史沿革等资料，详实具体。保护、研究与开发这些档案资料，对厘清无锡民族工商业发展史、考察行业协会组织的运行模式有重要的研究价值和历史意义。

(魏菊仙 张知常)

机关事务管理工作

【概况】 2016年，无锡市机关事务管理局(以下简称“管理局”)坚持以“安全、满意、规范、高效”为目标，探索以“精细、绿色、智慧”为基本特征的现代机关后勤之路，提升机关事务管理保障服务水平。在推进公车改革、创新机关后勤服务模式、深化全国全省文明单位创建、加强内控机制建设、实施市民中心安全隐患整改等方面取得明显成效。《中国机关后勤》《中直机关事务管理》《江苏机关事务管理》等杂志刊用管理局稿件26篇，在国管局、省级以上门户网站刊用信息稿件320多篇。年内，管理局被省人民政府评为“十二五”公共机构节能工作先进集体，被省文明委评为2013~2015年度“江苏省文明单位”，被江苏省评为“书香机关建设示范点”。

办公用房管理:2016年，无锡市落实省委巡视组关于办公用房反馈意见整改工作。无锡市重点对办公用房使用管理情况开展检查，对有关单位存在问题提出整改意见。6月，市委办、市政府办下发《关于进一步加大办公用房清理整改力度和切实做好公车改革后续工作的通知》和《关于开展“三项”专项工作联合督查验收活动的通知》，组织8个工作小组开展“办公用房、公车改革及控烟活动”督查，对存在问题坚决清理整改。完善全市副处级(含)以上领导办公用房使用情况档案。对全市行政事业单位房地产情况调查摸底，完成统计汇总。

公务用车改革管理：无锡市多次召开会议，研究、审定全市党政机关公车改革方案，部署、落实阶段性工作。出台《无锡市异地交流任职干部探亲交通保障办法(暂行)》《无锡市离退休干部公务用车保障办法》等十多个配套制度。公平、公正妥善分流安置司勤人员。协调推进公车拍卖。成立公车改革取消车辆处置工作协调小组，先后组织10场次拍卖，拍卖车辆885辆，起拍价18082455元，成交价32953080元，溢价14870625元，溢价率82.2%。加强指导，同步推进市(县)区改革，确保公车改革工作完成。

公共机构节能管理:2016年，无锡开展节能创建活动。管理局组织公共机构参加江苏省节能示范单位创建，9家单位位列其中，高于全省平均比例。组织节能宣传培训。6月，组织全市公共机构开展“环境月”“节能宣传周”“低碳日”能源紧缺体验活动。组织60人参加由国管局和清华大学联合组织的公共机构节能网络知识培训，在全市开展“绿色发展机关先行”大讨论征文活动。节能成效明显。年内，市民中心用电比上年下降8.5%，用水比上年下降4.1%，节约财政支出200万元。《无锡日报》专题宣传管理局推进绿色市民中心建设的做法，产生良好反响。

财务管理:2016年，无锡市做好预决算和信息公开工作。管理局完成39家单位决算报表，资金4.69亿元；完成2016年度部门预算及各单位“三公经费”预算信息公开。做好公积金、提租补贴、新职工住房补贴调整。对管理局支付分中心35家单位800多名职工公积金、新职工住房补贴、租金补贴的缴存基数和计算口径逐一测算并调整，涉及3680人(次)。完善备品备件库精细化管理。加强管理，调整人员，盘点库存，改进出入库手续，全年入库268753件，出库269965件。做好资产清查。完善资产台账，上报资产清查数据。组织人员培训，举办专业技能竞赛。实行固定资产智能化管理，引进新的资产管理软件，使用RFID电子标签。

(金剑锋)

【绿色市民中心建设】 2016年，无锡市强化公共机构节能监管。管理局对节能监管平台升级改造，新增一批信息点,实现监测监控全覆盖。实施电梯余能回收。对2、3号楼使用频率较高的电梯,采用电梯能量回馈技术,将电梯运行过程中产生的能量转换为同步交流电能回送电网,取得明显节能成效。实施屋顶光伏工程。11月3日,在第八届中国(无锡)国际新能源大会暨展览会上,管理局与海润光伏就无锡市民中心屋顶光伏分布式发电项目,签定合作意见书,签约项目利用面积1万~1.5万平方米,年发电量120万千瓦时。推广使用绿色照明灯具。对地下车库和部分办公楼宇约10万平方米建筑实施LED照明,由原来28W更换成现在的4~12W,年节电率50%以上,年节约电费70多万元,实现当年投资当年见效。

2016年4月24日,无锡市公车改革取消车辆专场拍卖会在东方汽车城举行 (吕 枫 摄)

推进绿色出行。2016年,管理局与市经信委、供电局、国联集团和无锡市供电公司等合作,建成市民中心第一批22座电动车充电桩。推广新能源汽车。与市国联集团合作,第一批50辆电动车投放市民中心及各区行政中心,为干部职工绿色出行提供便捷服务。推进无驾驶员电动汽车服务。与市国联集团合作,利用APP智能手段,实现无驾驶员自助用车服务。

推广绿色餐饮。2016年,市民中心成立食品快检中心。管理局与市食品药品监督管理局合作,引进食品第三方检测机构,确保市民中心食品及餐具卫生合格率100%,保障干部职工就餐安全。推广按需取食、小份自选。将中餐由一大荤、一小荤、两蔬菜的套餐模式,改为五荤三素菜品任选的全自助模式。实行点心预订,通过微信支付预订点心,根据季节变化,改变服务种类,深受干部职工欢迎。建设绿色餐吧,在市民中心2号餐厅新增绿色餐吧服务,采取现订现做方式,为干部职工提供贴心服务。

绿色安保工作。6月,无锡市与苏州傲威电动车有限公司合作,在电动巡逻车上安装消防水箱和灭火装置,并采购两台微型消防车,解决消防隐患处置不及时等问题。成立义务消防小分队,配置必备消防器材,加强日常训练,保障市民中心安全。启用市民中心汽车牌号自动识别系统。改进市民中心汽车进出管理措施,同时,完成道闸系统改造。升级快递e站安保系统。采购1台X射线公共安全检查机,确保快递产品安全。市民中心岗亭内配备便民雨伞和助残车。

绿色采购工作。2016年,无锡市在购置办公设备、办公用品时,优先采购高效、节能、节水、有环保标志的产品,国家明令禁止使用的高耗能设备或产品不再采购。实行定点定价采购,定人定岗验收入库。按需采购,厉行节约,对常用物品采购降低成本,对零星用品实行一物一购,实现零库存。严把采购安全关。所有食品原辅材料,都从有资质、有食品许可、有追溯机制的大供应商采购,确保安全、环保、绿色。

推行绿色办公。推行无纸化办公。倡导文稿双面打印,购买办公自动化软件,开发OA办公系统,降低办公成本。开展地板更换。按照"环保、便捷"要求,利用节假日,完成市民中心地板改造任务,满意率100%。美化外部环境。坚持美化、亮化原则,对市民中心内外绿地景观改造,在边角地带种上红枫、榉木球,在主要出入口种植八仙花、百日红、天竺葵、月季等,实现"春有花、夏有荫、秋有果、冬有绿"。

绿色环保改造。采用物联网控制技术,加强对中央机房环境温度监测管理,提高设施设备的能效利用水平,升级中央空调小集控系统。对VRV空调外机移机。增强排风能力,解决高温期排风不畅、制冷效果不明显问题。对油烟系统、油水分离系统、制肥间、新风系统等改造,解决办公区域各楼层油烟味过重、地下负二层停车场的异味。强化楼宇智能控制,增加二氧化碳浓度传感器和调节新风装置,改善会议室和办公区域新风质量。实行垃圾分类处理。与无锡市慈济环保教育基地合作共建,增设垃圾分类收集和环保装置,设置垃圾分类回收箱,在13号楼负一层建立150平方米的环保资源回收站。

智慧后勤建设。管理局制定《信息化建设三年发展规划》,启动机关事务管理信息化系统平台建设。在"2016年世界物联网博览会"上,"智慧市民中心"需求发布。微信服务号上线,实现微信点心预订、会务预订和在线报修等功能创新。规范运作,服务工作优质高效。新增市委总机语音通信服务平台,实现市四套班子领导办公电话一键呼叫的语音通信服务功能。完成市民中心语音通信系统设备升级和弱电间排风改造。

(金剑锋)

编辑 罗秋云

政协无锡市委员会

综　述

【概况】 2016年，政协无锡市委员会在中共无锡市委的领导下，牢牢把握团结和民主两大主题，始终突出服务中心大局、推进协商民主、助力建设“强富美高”新无锡的工作主线，求真务实、开拓创新，履行“政治协商、民主监督、参政议政”职能，组织广大政协委员发挥自身优势、积极主动作为，为推动无锡市经济社会稳定健康发展作贡献。全年共召开常委会议3次、主席会议12次。聚焦产业强市广泛建言，形成1篇建议案和11篇有分量的调研报告供市委、市政府决策参考。深入开展“立足本职促发展、当好委员献良策”主题活动，增强主题活动的渗透性、号召力和影响力。有效开展“三联系”(联系委员和基层群众、联系委员小组、联系基层政协)活动，为增加民生福祉建言献策，组织广大政协委员通过捐资助学、扶贫帮困等形式积极投身慈善和光彩事业，帮扶困难群众800多名。展开多层次协商议政，主席会议听取政府有关部门负责人通报9次，组织开展7次重点考察和20多次专题考察。推进政协履职制度化，协助市委起草《关于新形势下加强和改进政协工作的意见》，修订《中国人民政治协商会议江苏省无锡市委员会专门委员会通则》。注重实效加强和改进提案工作，深入组织开展民主监督员工作，16个小组96名委员对23个政府部门，展开调研座谈、明察暗访、提案督办、提案办理民主评议、定期提交民主监督建议书等活动。强化委员教育培训，邀请经济、军事、科技、文化界大家泰斗举办高层次“政协大讲堂”，组织全体政协常委赴井冈山市革命教育基地进行学习培训，完成《亲历无锡城变迁》书籍征编工作，全书共计126.15万字，选用图片1590张，是无锡市政协有史以来文稿字数最多，图片张数最多，撰文作者最多的“三亲”(亲历、亲见、亲闻)史料丛书。利用各种媒体灵活推动社会协商、汇聚共识，共拍摄《政协话题》电视节目24期，编发《无锡日报》政协专版12期和《无锡政协》刊物12期，在省级以上媒体刊发报道文章25篇。

(郭宇鹏)

重要会议

【政协无锡市第十三届委员会第五次会议】 会议于2016年1月11~14日举行。出席本次大会的市政协委员应到439名，实到408名。市委、市人大常委会、市政府、市纪委、无锡军分区的领导出席开幕式，担任过市政协领导职务和市委统战部领导职务的老领导，列席开幕式和闭幕式。在无锡的全国、省政协委员，各市(县)、区政协秘书长(办公室主任)，有关单位统战部门负责人，市政协委员联系小组联络员，市政协学习文史委特邀委员，以及市政协机关和市委统战部处(科)长以上干部列席会议。市政府副秘书长和部分部委办局负责人列席闭幕式。15位市民代表列席大会。

会议认真学习贯彻中共无锡市委十二届十次全会精神和省委常委、市委书记李小敏的重要讲话，回顾总结市十三届政协四次会议以来的工作，围绕市委、市政府确定的无锡市“十三五”发展目标和2016年主要工作任务，讨论确定市政协2016年的主要工作；列席市十五届人大五次会议，对市政府工作报告、“十三五”规划纲要(草案)和其他报告进行协商讨论；听取提案初步审查情况报告，选举市政协常委，审议通过市十三届政协五次会议决议。会议表彰在“立足本职促发展，当好委员献良策”主题活动中表现突出的先进个人、先进集体和2015年度优秀提案、优秀社情民意、优秀调研成果。会议期间，全体参会委员分20个小组，围绕事关全市“十三五”发展和人民群众切身利益的重要问题，广泛协商议政；分4个大组聚焦重振产业雄风、建设宜居城市、提升人民生活质量、提高社会文明程度等方面，开展大组讨论，同时积极提交提案。市各民主党派、工商联、无党派知识分子联谊会和个人代表的15名委员还进行大会发言。其间,收到委员提案367件,其中集体提案84件,委员及委员联名提案283件,审查后移交各有关单位承办。会议通过选举增补金志标、徐冬青为市十三届政协常务委员。

(郭宇鹏)

【市十三届政协常委会第十六次会议至第十八次会议】 2月25日,市十三届政协召开第十六次常委会议,动员部署市政协2016年深入开展"立足本职促发展,当好委员献良策"主题活动,协商通过市政协2016年工作要点,听取省"十三五"发展规划专题讲座等。会议认为,市政协开展的主题活动得到广大市政协委员和各市(县)、区政协的积极响应和参与,也受到市委、市政府和社会各界肯定。年内,市政协主题活动贯彻全市作风建设大会提出的"敢担当、重实干"要求,引导广大政协委员在本职岗位和政协工作中履行职责,争当"社会主义核心价值观的模范践行者"及争做"高水平全面建成小康社会的积极建功者"。

6月20日,市十三届政协召开第十七次常委会议,听取市政府通报全市2016年上半年经济运行情况,民主评议市政府有关部门提案办理工作,协商讨论市政协建议案和重点调研报告。会议认为:年初至今,全市上下紧紧围绕市委、市政府确定的目标任务,强化问题导向,精准施策发力,推进供给侧结构性改革,全市经济运行总体平稳,主要指标呈现回升向好迹象。市政协常委认为:1月至今,全市推动产业强市建设,全力确保经济运行在合理区间,做了大量卓有成效的工作,同时,建议支持实体经济发展政策要落实落地,提振广大企业加大投资、转型发展的信心;加大太湖水精准治理力度,实现安全度夏,让广大市民放心;细化完善分级诊疗制度,注重人口增长与资源环境相协调,推动城市可持续发展。

10月20日,市十三届政协召开第十八次常委会议,听取市政府通报2016年提案办理情况,民主评议市政府有关部门提案办理工作,协商通过关于市十四届政协委员规模、界别设置和名额分配的决定,及有关人事事项。市政协十三届五次会议以来,市政府共收到立案提案358件,经承办部门认真办理落实,截至目前,办复356件,占立案数的99.4%。市政协常委对市政府提案办理工作表示满意,同时,建议要重视提案办理工作,探索推进提案办理"回头看",强化提案办理成果的转化落实,提高提案办理水平,推动有关问题切实解决。会议同意黄士良、王锡南辞去市十三届政协副主席职务,报市政协全体会议备案;免去周卫国市十三届政协经济科技委员会主任职务。

(郭宇鹏)

2016年6月7日,市政协组织企业家政协委员观摩交流转型发展

(市政协办公室 供稿)

重要工作

【围绕中心工作建言履职】 2016年,市政协坚持政协工作与市委中心工作同心同向、同频共振。聚焦产业强市广泛建言。围绕促进无锡市制造业"四化"发展,就提升工业发展水平开展重点考察调研,引导鼓励企业传承工商基因、弘扬工匠精神,助推产业发展由中低端向中高端迈进;把降成本作为建言供给侧结构性改革的重中之重,形成《关于切实减轻企业负担的建议案》,直接为市委、市政府出台有关文件提供决策参考;围绕开放型经济发展,到商务、海关等部门和相关企业调研,组织台资企业重点考察,就做大进出口总量,推进无锡市企业对接"一带一路"、长江经济带等国家战略"走出去",提出建议;围绕助力实体经济发展,到市金融办、无锡银监会、中国人民银行无锡市支行,以及相关企业调研,召开上市企业负责人座谈会,为增强金融部门对实体经济企业的支持力度建言献策。组织各专委会、委员联系小组围绕无锡市"全力打造现代产业发展新高地、重振无锡产业雄风"战略目标,分别就制造业转型升级、绿色发展、发挥港澳台侨资源作用、促进大学生创业就业等方面,深入调研,形成11篇有分量的调研报告供市委、市政府决策参考,其中《促企业"抱团取暖",为企业"走出去"撑腰,打赢无锡经济"扩围战"》《掀起上市公司并购重组浪潮,增添产业强市发展强劲动能》等7篇调研报告,市委主要领导专门批示加印100份传至有关部门,要求积极采纳落实。聚焦生态治理积极献策。在赴云南滇池等地考察、到水环境现场考察、到治理一线部门和基层单位调研的基础上,向市委、市政府提交新阶段推进新一轮太湖水污染治理的考察报告和《清浚城市"毛细血管",打造江南水乡名片》的调研报告。聚焦城乡和文化发展献计出力。就无锡历史文

2016年7月20日，市政协召开"充分发挥行业协会在促进政府职能转移中的积极作用"专题协商会 (市政协办公室 供稿)

化遗产保护中的人才培育问题等方面开展重点调研，为传承和弘扬无锡精神，打造吴文化、工商文化、运河文化、禅意文化高地出"金点子"。围绕树立全域旅游和"旅游+"思维，结合特色小镇建设，促进城市现代产业观光研学与旅游业互动发展，组织考察调研，积极建言献策。

(郭宇鹏)

【深入推进主题活动】 2016年，市政协继续开展"立足本职促发展、当好委员献良策"主题活动，制订2016年主题活动实施计划，围绕"经济强""百姓福""环境美""社会文明程度高"来谋划、组织、推进、落实，呈现活动形式多样、内容丰富多彩、人员参与众多等特点。贯彻产业强市主导战略，召开助推产业强市企业家委员座谈会，面对面向市政府领导及有关部门负责人提出意见和建议；考察在无锡的台资企业发展情况，为巩固无锡市开放型经济优势、推进产业强市建言献策；走进委员所在企业"听意见、出主意、解难题、办实事"，积极协调解决企业发展难题；组织开展观摩交流转型提升发展活动，号召广大企业家委员弘扬"工匠精神"，坚守实业发展，继续走在全市企业发展前列；组织委员走进大专院校开展创业、就业讲座，并设立创新创业基金、奖教金和奖学助学金，为促进创新创业和产业强市发挥积极作用。把维护好、发展好最广大人民群众的根本利益作为主题活动的出发点和落脚点，邀请市政府主要领导、分管领导出席"增强

表13 2016年无锡市政协重点督办提案

序号	提案号	提案者	案　由	主办单位	督办领导
1	1	市政协经济科技委员会	关于切实减轻企业负担的建议	市发改委	主席会议成员集体督办
2	8	市政协社会法制委员会	积极发挥律师作为政府法律顾问在政府依法行政中的作用	市政府法制办	黄士良
3	10	市政协港澳台侨外事、民族宗教委员会	关于在全市开展侨情普查的建议	市侨办	蔡捷敏
4	6	市政协文教卫体委员会	关于在环太湖国际公路自行车赛无锡赛区及无锡国际马拉松赛沿线建设相应固定体育文化旅游性设施的建议	市体育局	孙志亮
5	79	惠山组(第4组)	关于尽快建立工业用地土地使用税双向调节机制的提案	市地税局	王锡南
6	44	民进无锡市委	关于充分挖掘保护民俗文化促进民俗特色旅游发展的建议	市旅游局	章一中
7	4	市政协人口资源环境和城乡建设委员会	关于进一步明确我市小河道治理责任主体的建议	市太湖办	蒋伟坚
8	323	高建强等委员	关于尽快启动我市既有多层住宅增设电梯的建议	市住建局	蒋　达
9	13	民革无锡市委	关于发展智能制造，促进无锡产业转型升级的建议	市经信委	张丽霞

(市政协办公室)

宜兴芳桥镇阳山湖风光 （市委农办 供稿）

中小学生体质健康”专题民主协商会，组织委员直面教育“短板”提建议，促进全市中小学生提升身体素质。积极发挥政协民主监督员作用，针对社会普遍关注的外来人口管理、小区物业管理、养老服务、背街小巷环境整治、医联体建设等问题开展明察暗访、座谈建言，推动有关问题得到解决。继续开展结对帮扶经济薄弱村和“一帮一献爱心”活动，努力为基层和困难群众解决民生问题。继续深化助推“蓝天工程”系列履职活动，开展城市绿化、河道整治、垃圾处理等专题调研，组织开展委员活动日，300多名委员实地考察贡湖湾湿地公园、无锡国家数字电影产业园。加强对市政府2016年为民办实事项目“城中村环境综合整治”的民主监督，组织委员听取情况通报、现场察看效果。组织赴革命圣地井冈山开展革命传统教育，在建党95周年之际，举行《太湖风正——弘扬和践行社会主义核心价值观百联书法作品展》。组织发动委员积极参加“发现身边美，传播正能量”随手拍活动，并通过政协微信公众平台评选最美照片，向社会展示真善美、传播正能量。组织宗教界委员开展“社会主义核心价值观与宗教”讲经论道活动，引导宗教教职人员及信教群众爱国爱教。继续推动港澳委员设立的“紫金花”奖学金项目深入实施，倡导“助学兴教、造福桑梓”。

（郭宇鹏）

【提高提案工作质量】 2016年，市政协共收到提案385件，经审查立案358件，其中集体提案89件，个人提案269件。解决和采纳261件，占72.9%；列入计划解决73件，占20.4%；留作参考24件，占6.7%。多层次征集提案线索，全会前通过新闻媒体公开向社会各界征集提案线索，主动上门听取市党政有关部门2016年重点工作意见，汇编成《提案线索目录》供委员参考。提案办理机制逐步完善，各承办单位逐步建立“一把手”亲自抓、明确分管领导和专人具体承办的提案办理责任机制。办理中注重与提案者沟通交流，听取提案者对提案办理的意见和评价，积极解决问题，获得委员认可和满意。完善提案办理协调制度。积极会同市政府办公室对疑难提案及不满意提案召开见面会、协调会，督促相关单位进行不满意提案的二次办理，最大限度达成共识。完善重点提案与重要提案的督办。确立9件重点督办提案、92件重要提案，经过组织预评、委员发言、承办单位汇报、政协常委投票评议、被评单位领导表态等环节开展评议。年内，对市住建局、民政局、人社局等6个部门开展提案办理民主评议，提高承办单位办理提案的责任心和有效性。

（郭宇鹏）

编辑 罗秋云

综 述

【概况】 2016年，在省纪委和无锡市委领导下，全市各级纪检监察机关坚决贯彻执行中央和省、市各项决策部署，认真履行党章赋予的职责，监督执纪问责，为改革发展大局清障护航，推动“两个责任”(党委负主体责任、纪委负监督责任)落到实处，严肃查纠“四风”(形式主义、官僚主义、享乐主义、奢靡之风)突出问题，织密全面从严治党监督网络，始终保持惩治腐败高压态势，加强基层党风廉政建设，提升纪检监察队伍素质，全市党风廉政建设和反腐败工作取得明显成效。全年共接受信访举报4360件次，立案1472件，处分1206人，其中涉及县处级干部20人、乡科级干部74人，移送司法机关38人。全市党员干部纪律规矩意识增强，党风政风持续好转。

4月13日，全省苏南片区专题调研座谈会在无锡召开。无锡市委常委、市纪委书记王唤春汇报全市加强纪律建设，用好“四种形态”的做法和体会。

7月11~12日，省委常委、省纪委书记弘强在无锡调研经济社会发展和党风廉政建设情况。

(徐丹妍)

重要会议

【全市执纪审查工作情况通报会】 2月23日，市纪委、监察局召开2015年全市执纪审查工作情况通报会，回应社会关切，加大“开门办纪检”力度。市纪委副书记许峰通报全市2015年执纪审查工作情况，通过25组数据，总结执纪理念上坚持高压态势、执纪方式上坚持抓早抓小、执纪重点上坚持打“虎”拍“蝇”、执纪时效上坚持快查快结、执纪效果上坚持以案治本工作特点。通报会介绍2016年执纪审查重点工作，强调继续保持惩治腐败高压态势，一着不让纠正“四风”问题，坚决整治和查处侵害群众利益的不正之风和腐败问题。《新华日报》、江苏人民广播电台、《无锡日报》等12家省、市新闻媒体在听取情况通报后，就“形成无处不在的监督网”“快查快结成效”“四风随手拍”等7个问题，与市纪委党风室、信访室、案管室相关负责人进行互动交流。

(徐丹妍)

【市纪委十二届六次全会】 2月26日，中国共产党无锡市第十二届纪律检查委员会第六次全体会议召开。会议贯彻中共中央总书记习近平系列重要讲话和中央纪委、省纪委全会精神，分析当前形势，部署2016年全市党风廉政建设和反腐败工作。省委常委、市委书记李小敏强调，深刻理解和把握习近平重要讲话精神，推动党风廉政建设和反腐败工作取得新成效，全面落实从严管党治党新要求，提高党内监督水平和实效。全会审议通过市委常委、市纪委书记王唤春代表市纪委常委会作的《忠诚履行职责，狠抓工作落实，为高水平全面建成小康社会清障护航》工作报告。全会认为，2015年，各级纪委认真履行党章赋予的神圣职责，找准定位，突出重点，监督执纪问责，推动全市党风廉政建设和反腐败工作取得新进展和新成效。全会研究部署2016年无锡党风廉政建设和反腐败工作，强调全面贯彻中共十八大和十八届三中、四中、五中全会精神，深入落实习近平系列重要讲话特别是视察江苏时的重要讲话精神，按照中央纪委、省纪委六次全会和市委九次、十次全会部署要求，保持坚强政治定力，坚持全面从严治党，以党章为根本遵循，以党纪为基本准绳，加强党的纪律建设，忠诚履行监督执纪问责职责，深化纪律检查体制改革，健全法规制度，强化党内监督，锲而不舍改进作风，坚定不移惩治腐败，切实维护群众利益，积极构建不敢腐、不能腐、不想腐的体制机制，开创全市党风廉政建设和反腐败工作新局面。会上，市委与各地各部门签订2016年度党风廉政建设责任书。

(徐丹妍)

【市纪委十三届一次全会】 9月29日下午，中共无锡市第十三届纪律检查委员会举行第一次全体会议。全会应到纪委委员35人，实到35人。王唤春受中共无锡市第十三次代表大会主席团委托主持全会。会议选举产生中共无锡市纪律检查委员会常务委员会委员；选举王唤春为中共无锡市纪律检查委员会书记，许峰、孙英、方力为副书记，许麟秋、钱群、陈熹、程波、李晓为常委。王唤春强调，新一届市纪委肩负的使命光荣、责任重大，一定要在市委和省纪委的领导下，全面履行党章赋予的职责，讲政治、讲担当、讲学习、讲廉洁，做立场坚定的表率、做履职尽责的表率、做本领过硬的表率、做严于律己的表率，以实际行动向党和人民交上一份合格答卷。

（徐丹妍）

【举办“两学一做”专题报告会】 6月29日，市纪委举办市纪委机关暨市直机关纪检监察干部“两学一做”专题报告会，市委常委、市纪委书记王唤春以《从党史中看如何做一名合格的党员》为题作专题报告。报告会以宏阔的视野、丰富的事例、翔实的史料真实再现建党以来波澜壮阔的历史进程和毛泽东、周恩来等老一辈革命领导人崇高伟大的精神丰碑，讲述合格党员必须是一个有信仰的人、有情怀的人、有担当的人、有操守的人。市纪委、监察局机关全体党员干部，市各委办局纪检组（纪委）、监察室，市各人民团体纪检组，市各直属单位纪委、监察室全体党员干部参加报告会。

（徐丹妍）

【红军后代特别报告会】 6月12日上午，市纪委邀请江西干部学院红军后代授课团成员赵珈珈、彭程、赖沛龙作“红色故事会——追忆前辈人生坐标”特别报告会，报告会以对话形式讲述革命先辈的光辉事迹，教育引导领导干部继承和发扬党的优良传统。报告会采取电视电话会议的形式，全市四套班子领导和县处级领导干部在主会场参加报告会，各市（县）、区设分会场，1200多名领导干部聆听报告会。市委常委、市纪委书记王唤春主持报告会并强调要结合“两学一做”学习教育，把优良家风立起来，把优良传统贯彻始终，为无锡产业强市发展战略、为高水平全面建成小康社会和建设“强富美高”新无锡而奋斗。

（徐丹妍）

重要工作

【出台“1+3”系列文件】 12月6日，无锡市出台《关于运用监督执纪“四种形态”的意见》《关于建立容错纠错机制的办法（试行）》《关于治理“为官不为”行为的办法（试行）》和《关于对党员和公职人员侮辱诽谤诬陷他人行为的查核处理办法（试行）》（简称“1+3”文件），文件用高标准、严纪律约束各级党组织和党员干部，激励干部干净、干事，体现管党治党到边到底的全面要求，是运用监督执纪“四种形态”相关要求在无锡的具体化，是贯彻落实党的十八届六中全会精神、推进全面从严治党的重要举措。

（徐丹妍）

【成立“两个责任”办公室】 2016年，无锡市落实全面从严治党“两个责任”，成立市落实全面从严治党主体责任监督责任领导小组，省委常委、市委书记李小敏任组长。领导小组下设主体责任办公室和监督责任办公室，负责协调落实“两个责任”贯彻落实中的重大问题。主体责任办公室设在市委办公室，主要承担落实主体责任的综合协调、统筹推进、检查考核等6项职责；监督责任办公室设在市纪委，主要承担落实监督责任的统筹协调、监督执纪、问责追究等6项职责。

（徐丹妍）

【柬埔寨反腐败委员会代表团访问无锡】 6月22日，柬埔寨反腐败委员会代表团到无锡访问，重点考察构建政商“防火墙”等工作。省委常委、市委书记李小敏会见柬埔寨国务大臣兼反腐败委员会主席翁仁典一行，双方就深化交流合作进行深入探讨。省纪委副书记、省监察厅厅长江里程，市委常委、市纪委书记王唤春参加会见。李小敏表示，反对和消除腐败是世界各国共同面对的重大课题和重要责任，希望双方加强交流合作，携手推进反腐败工作取得新成效。翁仁典感谢无锡对代表团的热情接待和在西港特区建设上给予的支持帮助。他表示，柬埔寨反腐败委员会为无锡在柬埔寨投资的企业提供帮助，营造良好的经营发展环境。希望今后双方在反腐败领域加强合作交流，探索构建良好政商关系，推动两地经济社会健康发展。在无锡期间，代表团考察红豆集团等地，并召开座谈会，详细了解无锡市构建政商“防火墙”和非公企业廉洁建设等方面的情况。

（徐丹妍）

【启动市一级纪委派驻机构改革】 2016年，市纪委认真贯彻中央和省委关于纪律检查体制改革部署要

2016年6月12日，红军后代赵珈珈、彭程、赖沛龙为全市1200多名领导干部作“红色故事会——追忆前辈人生坐标”特别报告会 （徐锦华 摄）

求，在全省率先启动市级纪委派驻机构改革，把市级机关原本44家共计76个纪检监察组，改成16个派驻纪检监察组，由市纪委直接领导、统一管理，对82家市级单位实行综合派驻，实现派驻监督全覆盖。

(徐丹妍)

【强化执纪审查工作】 2016年，全市纪检监察机关坚持抓早抓小、动辄则咎，扩大谈话、函询、诫勉范围，让有反映的干部讲清问题，认识错误，及时改正。年内，共谈话、函询93件次，对2名函询时隐瞒掩盖违纪问题的干部立案审查、公开通报。给予党纪轻处分和组织调整688人，占处分总人数的57.05%。坚持有案必查、有腐必惩，全市共接受信访举报4360件次，处置问题线索1525件，立案1472件，处分1206人，其中涉及县处级干部20人、乡科级干部74人，移送司法机关38人。市纪委查处蒋醒吾、缪红、施忠、骆永辉、陈耀才等一批严重违纪案件。坚持以案治本、以案明纪，做好省纪委监督执纪案例综合分析试点工作，对32起典型案件实施“一案五报告”(对查办的典型案件，分别形成案件调查报告、查案总结报告、整改建议报告、典型案例报告和工作建议报告)。开展执纪审查期间即时警示教育活动，在3家案发单位举办警示教育现场会，62名党员干部主动上交违纪款物80余万元。

(徐丹妍)

【构建和谐新型政商关系】 2016年，市纪委以“梁溪大讲堂”为平台，举办廉政讲座，市纪委主要领导为党员领导干部授课，帮助建立政商交往的规矩和底线。组织全市民营企业家开办“构建和谐新型政商关系研修班”，100多名民营企业家参加，市纪委主要领导亲自授课，引导民营企业家坚守诚信价值理念，与政府携手共建良好政商关系，受到企业家热烈响应，联名倡议争当新型政商关系践行者。规范行业管理，完善诚信体系，促进企业廉洁经营。

(徐丹妍)

【签订个性化党风廉政建设责任书】 2月26日，市委与全市90个地区、部门党委（党组）主要负责人签订2016年党风廉政建设个性化责任书，覆盖全市所有地区和部门，压实党风廉政建设主体责任。2016年个性化责任书，既突出共性任务又有个性要求，在推行“五张清单”(党委主体责任清单、班子成员领导责任清单、纪委监督责任清单、问题清单、整改清单)基础上，结合各地各单位实际，有针对性地明确责任任务，细化“一把手”履行主体责任的职责，使主体责任更具体化、操作性。

(徐丹妍)

【以严肃问责倒逼责任落实】 2016年，无锡市各级党组织认真落实党风廉政建设责任制，加大问责追究力度。突出问责重点，对执行市委决策部署不力、管党治党主体责任缺失、监督责任缺位、“四风”和腐败问题多发频发等情形，对土地违法问题督查、安全事故调查处理、环保督查移送问题查处、钢铁去产能和“地条钢”整治督办、作风面对面效能投诉等工作中发现的问题，严肃追究责任。全年问责156人，其中移送司法机关1人，党内警告处分20人，行政警告13人，诫勉谈话103人，组织处理2人，提醒谈话处理19人。规范问责程序，严格落实《中国共产党问责条例》，既查清当事人违纪违规事实，也追究主体责任和监督责任履行情况。对“一案双查”(指纪检监察机关在查处案件时，既要查清当事人的违纪问题，又要查清主管领导或分管领导的责任范围及责任)执行不力、问责不到位的重点督导，对连续多年没有问责情况的上门督导，实现“零查处、零报告、零问责”地区基本消灭。

(徐丹妍)

【严肃查纠“四风”问题】 2016年，市纪委把落实中央八项规定精神和省市委十项规定要求作为严肃的政治问题，驰而不息纠正“四风”。对元旦、春节、五一、中秋、国庆等重要节点加强明察暗访，共派出检查组169个，组织明察637次、暗访352次，督查单位1894家，提出整改建议421条，发现和处置问题线索77件。对顶风违纪一律严查快办，查处违反中央八项规定精神问题24起27人，点名道姓通报曝光。对重点领域开展专项治理，督促有关部门规范商业预付卡管理，及时核查处理发现的问题线索；贯彻落实市委“八个严禁”(严禁超标准公务接待、严禁变相违规吃喝、严禁相互宴请、严禁在工作中接受宴请、严禁接受可能影响公正执行公务的宴请、严禁使用公车参加任何性质的私人宴请活动、严禁出入私人会所或到高档餐饮场所进行高消费活动、严禁在餐饮等公共场所发生有损公职人员形象的行为)要求，从严查处违规吃喝歪风；开展“小金库”治理“回头看”督查，问责追究21人。对“为官不为”强化检查监督，督促办结市“作风面对面”栏目受理投诉609件次，及时办理省政风行风热线下转的投诉512件次，挂牌督办不作为、慢作为问题28个。

(徐丹妍)

【巡察工作】 2016年，市纪委加大巡察工作力度，促进巡察提档升级，提升巡视联络和巡察工作水平。加强组织领导，市委主要领导多次召开巡察专题会议，确定新一届市委巡察全覆盖工作目标，推进巡察向基层延伸覆盖。12月9日，市委办印发《关于贯彻〈中共江苏省委关于加强市县党委巡察工作的意见（试行）〉的实施办法》，明确巡察机构及人员设置和全覆盖对象范围，规定巡察方式方法、工作流程、成果运用、上下联动以及工作体制机制。规范巡察工作程序，编制巡察工作手册及流程图，制定下发《巡察发现问题线索的分类处理意见》。建立巡察人才库，起草《市委巡察人才库管理办法》，加强巡察干部队伍建设。年内，市、市(县)两级共巡察单位34家，发现问题559个，移送问题线索132件。中央和省委巡视组交办的686件重点信访件全部办结，立案43件，处分43人，移送司法机关12人。

(徐丹妍)

【举办首届廉政公益广告优秀作品展播】 4月，无锡市纪委和市广电集团联合启动首届“廉政公益广告”征集展评活动，共征集到视频广告作品120余部、平面广告作品180余部。经过组织专家初评、复审，评出《方圆有度》等优秀视频广告22部、《点亮清廉光明一生》等优秀平面广告作品19幅。9月21日，无锡市举行首届廉政公益广告优秀作品展播会，市委常委、市纪委书记王唤春为获奖作者颁奖，并指出廉政公益广告的征集展评是弘扬廉洁文化一次有益的尝试、成功的探索。展播会后，获奖作品在报纸、电视、网站等媒体平台以及高铁、机场、公交、地铁等户外广告媒体集中播出。

（徐丹妍）

【开展专项行动】 2016年，全市纪检监察机关坚持重心下移，关注基层，坚决整治和查处侵害群众利益的不正之风及腐败问题。突出城乡征地拆迁补偿、基层工程建设、基层“三资”（资金、资产、资源）管理、民生救济救助、惠农政策落实、基层服务执法领域，组织开展整治和查处侵害群众利益不正之风及腐败问题专项行动。督促有关部门认真履职，积极开展整治，建立问题清单、线索排查、制度完善、整治情况等台账，组织检查850余次，发现问题2961个，推动建立完善相关制度机制572个。全年对4批43件有关问题线索实施挂牌督办，给予党纪政纪处分和组织处理59人，移送司法机关7人，通报曝光32起。查处江阴长山村原党支部书记钱建校、无锡（太湖）国际科技园管委会产业促进科原科长华竹平等一批基层典型腐败案件。抓好基层站所公共服务标准化建设，26个部门36项公共服务标准在3436个基层站所、服务窗口规范运行。

（徐丹妍）

【县处级干部廉政档案信息系统建设】 7月1日，市委出台《关于建立健全县处级领导干部廉政档案信息系统的暂行办法》，落实领导干部廉政档案的纸质档案填报和系统建设工作。按照信息无遗漏、单位全覆盖的标准，督促全市（含党组织关系在地方的垂直管理单位）134家单位2100名县（处）级干部完成填报，初步建立纸质廉洁档案内部调阅规范。同时，做好“领导干部廉政档案系统”软件开发相关工作，年内，实现纸质档案电子化、信访与案管信息关联、初步查询与统计功能。

（徐丹妍）

2016年9月21日，无锡市举行首届廉政公益广告优秀作品展播会，市委常委、市纪委书记王唤春为获奖作者颁奖 （徐锦华 摄）

【开展问题线索“大起底”】 2016年，市纪委、监察局在机关全体干部中开展问题线索全面清理工作，对所有反映领导干部问题线索“大起底”，确保全面清理、不留死角。下发通知明确清理对象、清理范围和清理程序，要求机关全体干部自觉清理在手各类问题线索，做到“零持有、零报告”，任何人不得以任何理由留存问题线索，确保无死角、零暂存。规定时间节点，要求在2月6日中午12时前完成清理，重点清理查信办案、执纪执法、巡视巡察等工作中发现的，下级纪检监察机关、执纪执法机关移送的，以及其他问题线索严格对照、一清到底。对清理出来的问题线索，纳入问题线索库，统一管理、规范处置。至规定时间点，共清理问题线索370件，市纪委、监察局全体干部填写《本人在手问题线索登记表》，主动作出“零持有”承诺。

（徐丹妍）

【开展涉案款物全面清理】 2016年，市纪委、监察局机关开展涉案款物全面清理工作，明确清理时限，要求任何人不得以任何理由擅自留存和处理涉案款物，对清理出来的涉案款物，规范登记、建立台账，按照规定办理相关手续；隐瞒不报，或侵占、毁损、隐匿款物的，一经查实，将依纪依法追究有关人员责任，对领导不力、监督不到位的相关领导干部予以严肃处理。涉案款物清理范围包括在查信办案、执纪执法、巡视巡察等工作中，暂予扣留、封存、收缴的现金、有价证券、支付凭证、房产、金银珠宝、文物古玩、字画、家具、电器、交通工具、通信工具等。本次涉案款物清理工作中，市纪委纪检监察干部均签订“零持有”承诺书。

（徐丹妍）

【开展“学思践悟”系列活动】 4月，市纪委下发《关于认真组织学习“学思践悟”系列文章的通知》，在全市纪检监察系统开展“学思践悟”系列活动。向1500名纪检监察干部编印、分发《学思践悟》书籍，开展形式多样的主题学习征文、体会交流、荐书读书活动，营造“学思践悟”良好氛围。坚持学以致用，要求全市纪检监察机关和纪检监察干部努力培养和形成“学思践悟”习惯，把学思践悟成果放到实践中检验，创一流业绩，干一流事业，不辜负党和人民重托。

（徐丹妍）

编辑　罗秋云

民主党派·工商联

综 述

【推进学习实践活动】 2016年，无锡市各民主党派、工商联、无党派知识分子联谊会弘扬社会主义核心价值观，推进坚持和发展中国特色社会主义学习实践活动，提升工作实效。在党外人士迎春座谈会上，全市党外代表人士围绕经济结构调整、人民生活幸福、社会和谐稳定等主题各抒己见，为无锡经济社会发展建言献策。5月，坚持和发展中国特色社会主义学习实践活动暨"同心"实践基地建设交流推进会在滨湖区召开，26个"同心"实践基地获得表彰。年内，无锡市举办第25期民主党派骨干多党合作理论研修班、民主党派领导班子成员学习会、第27期党外中青年干部培训班，坚实多党合作思想政治基础。市各民主党派、工商联、无党派知识分子联谊会结合自身情况，分别开展内涵丰富、形式多样的实践活动，凝聚共识，坚定与中共同心同德、同心同向、同心同行的信心和决心。

（姚静芳）

【参政议政】 年内，无锡市各民主党派、工商联、无党派知识分子联谊

表14　2016年无锡市各民主党派、工商联、无党派知识分子联谊会开展坚持和发展中国特色社会主义学习实践活动情况

名称	特色活动
民革	开展纪念孙中山150周年诞辰系列活动，开展庆祝《团结报》创刊60周年活动，开展创建民革基层组织"党员之家""社会服务基地""同心共建基地""法律服务工作站"和表彰"优秀参政议政成果""优秀宣传员""优秀博爱志愿者""优秀法律援助案例"的"四创建、四争优"活动
民盟	开展"馆、家、站"体系建设，建设"同心"教育基地，举办无锡民盟大讲堂，出版《践行江苏民盟核心价值观典型人物集》，在延安一中举办"无锡盟员秦梅芳支教座谈会"，编辑《履迹奋行——无锡民盟五年工作图录》、《媒体眼中的无锡民盟》画册
民建	组织会员学习陈昌智在纪念中国民主建国会成立70周年大会上的讲话精神和《关于加强社会主义协商民主建设的意见》，发动会员阅读《无锡民建会员手册》《岁月留香》及会史会章等书籍，民建江苏省委坚持和发展中国特色社会主义学习实践活动报告会暨会史辅导报告会在无锡举行
民进	在全市建成13个同心实践基地，开展送教送文化、关爱青少年和老人等活动，举办学习中共十八届六中全会精神辅导讲座，开展主题演讲活动
农工党	组织开展农工党中央"培育和践行社会主义核心价值观"百场主题宣讲进无锡活动，举办新成员党史教育培训，组织参加"学践活动"主题征文活动，举办学习中共十八届六中全会精神辅导讲座，在"同心"基地开展义诊等服务，开展"同心助医援藏"活动

续表 14

名称	特色活动
致公党	推进致公风巢建设,举行凝心聚力 6 人制足球比赛、"携手同行"李恩忠金秋独唱音乐会、"亲情中华"第二届国际华人(海归)歌唱家音乐会、泽一青年城市发展论坛
九三学社	邀请九三学社中央宣讲团成员、青海大学教授童丽到无锡作《到西部去:见证辉煌,践行理想》报告,举办建社 71 周年纪念大会暨科学报告会,承办九三学社中央参政议政例会和第九次科学座谈会,编印《同心笃行——九三学社无锡市第十二届委员会工作回眸》宣传册
工商联	组织开展以"守法诚信、坚定信心"为重点的非公有制经济人士理想信念教育实践活动
无党派	组织开展"同一片蓝天、同一个梦想"社会服务活动,举办无党派知识分子联谊会统战理论学习班

(姚静芳)

表 15　　2016 年无锡市各民主党派、工商联、无党派知识分子联谊会参政议政情况

单位:份(条)

名称	完成专题调研报告	被刊用专题调研文章	被采纳社情民意	两会提出议案、提案	被有关部门采纳意见、建议
民革	21	6	9	10	54
民盟	25	12	215	54	237
民建	34	2	129	169	85
民进	26	2	351	43	12
农工党	14	7	256	27	264
致公党	16	16	80	14	16
九三学社	20	5	75	6	20
工商联	9	8	3	7	35
无党派	5	4	6	55	15
合计	170	62	1124	385	738

(姚静芳)

会学习贯彻中共中央《关于加强政党协商的实施意见》、省委"实施细则"和市委《关于加强政党协商的实施办法》,明确协商主体、协商内容、协商形式和协商程序等,初步构建起程序合理、环节完善的协商民主体系,促进无锡市社会主义协商民主广泛多层制度化发展,优化议政建言的环境氛围。围绕社会热点难点问题,撰写上报各类社情民意和意见、建议 3000 余条,被录用 1100 余条,为党委、政府科学决策提供重要参考。围绕"提升城市工作水平"和"文化繁荣与发展"两个民主协商课题,开展调查研究,形成高质量的调研报告 18 篇,提出针对性、理论性、操作性较强的意见、建议,获市委、市政府主要领导肯定,被吸纳进市委、市政府重要决策部署。加强市各民主党派、工商联和无党派人士意见建议督办落实力度,汇总有关情况后,转请市委办印发《关于"提升城市工作水平"专题民主协商会意见建议督查办理情况的通报》,召开专题民主协商和民主监督工作推进会,提升民主协商、民主监督工作实效。

(姚静芳)

【加强组织建设】 年内,市各民主党派贯彻中央统战工作会议精神,按照《无锡市各民主党派基层组织建设纪要》要求,加强组织建设,圆满完成换届选举、政治交接工作,优化组织人才结构,提升组织建设水平,严格规范新成员发展程序,组织凝聚力和影响力全面提升。全年发展新成员 403 人,净增率 4.9%。至年底,全市民主党派成员总数 8479 人。市无党派知识分子联谊会吸纳新会员 20 人,着重吸收多名新媒体人士,至年底,有会员 170 人。结合梁溪区、新吴区两个新设区成立契机,加强、完善民主党派基层组织建设,保证区划调整中市各民主党派基层组织建设的连续性和一贯性。6 月底,全市民主党派基层组织建设观摩交流会在江阴市召开,推动基层组织建设规范化、制度化,增强广大民主党派成员接受中国共产党领导、走中国特色社会主义道路的自觉性和坚定性。市工商联着眼于加强和改进新形势下工商联工作,加强组织建设,会员队伍结构明显改善。年内,在新兴行业和重点行业新建 6 个行业协会商会。至年底,全市工商联会员总数 29508 个,其中企业会员 24800 个,占会员总数

表 16　　2016 年无锡市各民主党派组织及成员情况

单位：个、人

名称	组织情况						成员情况		
	市委会	（市）县委会	基层委员会	总支部	单一支部	综合支部	女成员	新成员	成员总数
民革	1	0	3	1	4	28	201	31	501
民盟	1	2	7	2	34	52	698	85	1723
民建	1	1	6	3	10	66	563	67	1655
民进	1	2	6	0	28	50	614	56	1372
农工党	1	1	7	2	35	45	704	65	1449
致公党	1	0	3	2	4	25	182	41	503
九三学社	1	1	11	0	14	0	498	58	1276
合计	7	7	43	10	129	266	3460	403	8479

（姚静芳）

表 17　　2016 年无锡市各民主党派委员会领导班子成员名单

名称	主任委员	副主任委员	秘书长
民革	张丽霞	张　筠　王　晋　姜　科　徐　雯	王　晋
民盟	高亚光	皮何总　何丽梅　洪　雅　崔荣荣	皮何总
民建	华博雅	许建樟　毛加弘　王　萍　冼　薇　陈卫宏	王　萍
民进	金元兴	杨瑞金　吴国平　惠　莲　康立为	惠　莲
农工党	韩晓枫	汤忠元　唐家梁　张　琦　夏加增	汤忠元
致公党	高　慧	吴红星　王晓刚　江　波　龚备英	殷亚红
九三学社	程　红	任克奇　唐　红　陈凤军　何云彪　李　崎	任克奇

（姚静芳）

表 18　　无锡市无党派知识分子联谊会第三届领导班子成员名单

会长	副会长	秘书长
赵立平	蒋伟平　朱晓红　张振华　杨健良　余　勇　武　戈　姚　凯　王新达　吴导佳	李天鹏

（姚静芳）

84.05%，占全市企业总数 11.49%，会员的代表性有所提高。有海内外无锡商会 21 个，在无锡市级异地商会 21 个，楼宇商会 6 个。市工商联归口管理的经济类行业协会商会 193 个。其中，省级行业商会 5 个、市级行业协会商会 188 个。按照“商会+支部”模式，成立市总商会党委下属党支部 28 个。

（姚静芳）

【民主党派、无党派换届】 11 月 14 日至 12 月 14 日，无锡市各民主党派、无党派知识分子联谊会在中共无锡市委及市人大、市政府、市政协、市纪委的指导帮助下，经过前期精心筹划、周密部署，在对后备人选进行反复摸查和严格考察的基础上，圆满完成换届选举工作。整个选举过程风清气正，会风祥和。市各民主党派分别选出新一届领导班子，共计 37 人，其中新任主任委员 2 人，新任副主任委员 14 人，市无党派知识分子联谊会选出会长 1 人，副会长 9 人。新一届民主党派领导班子成员中，有博士 6 人，硕士 9 人，具有硕士学历以上的领导班子成员占成员总数 40%。

（姚静芳）

【社会服务活动】 年内，无锡市各民主党派、工商联、无党派知识分子联谊会发挥各自资源特色和界别优势，坚持社会服务优良传统，拓展社会服务领域，探索精准服务形式，打造特色活动品牌，开展各类扶贫帮困、捐资助学、义务咨询、法律援助、义工义诊等形式多样、内容丰富的社会服务活动，形成一批各具特色的统一战线社会服务品牌。全年组织各类社会服务活动 400 余场次，累计捐款捐物 840 余万元，受益群众 3 万余人。

（姚静芳）

表 19　　2016 年无锡市各民主党派、工商联、无党派知识分子联谊会社会服务情况

名称	社会服务品牌项目	社会服务主要内容	参与公益慈善活动（场次）	结对助学（对）	捐款（万元）
民革	博爱志愿服务	关爱儿童、书画进校园、水上搜救培训、法律服务、医疗服务、关爱老兵	40	20	20
民盟	家园系列品牌	同心支教行、“爱在脚下”、盐城风灾爱心捐款、六一大型捐助活动	15	20	15
民建	思源工程——生育关怀行动、光彩感恩行动、蠡湖文明之友	扶贫帮困、捐资助学、参与社区建设、服务企业家会员、关爱青少年成长、关爱一线环卫工人、勤新同心苑	30	74	54.32
民进	阳光助学行动、书画进军营	送教送文化、关爱青少年和老人、扶贫济困、公益捐赠	66	80	30
农工党	同心生态园、源泉助学金、健康同行活动、农工励志奖学金	义诊、宣传医疗等科普知识、结对扶贫帮困	39	20	12.6
致公党	致德小学、七彩家园	帮困助学、服务海归、青年论坛	14	50	17
九三学社	国际科学与和平周、“九三专家工作站”、“九三讲坛”	科学咨询服务、技术指导、知识讲座	28	9	12
工商联	“四信”教育实践活动、“三走三倾心”活动	扶贫、助学、帮困	215	735	682.055
无党派	“同一片蓝天、同一个梦想”	捐资助学、关心孤寡老人、支边助教	5	20	5

（姚静芳）

中国国民党革命委员会无锡市委员会

【概况】2016 年，民革无锡市委开展坚持和发展中国特色社会主义学习实践活动，开展“创优争先”活动，结合自身工作特色，加强自身建设，全面推动履职尽责。4 月，会同民革中央、团结报社在《团结报》首任社长王昆仑的故居，举办纪念《团结报》创刊 60 周年暨“凝心聚力‘十三五’·团结行”系列采访活动启动仪式，《团结报》记者团对市委会社会服务工作，关爱抗战老兵活动和民革党员李风、龚婷婷的事迹等，分别进行采访并作系列报道。开展纪念孙中山 150 周年诞辰系列活动，组织征文、参观考察、谒陵、座谈、书画展和实物展等，会同市侨联举办纪念孙中山 150 周年诞辰座谈会，特邀孙中山的曾侄孙孙必达参会。创建无锡民革微信公众平台，报道市委会和各基层组织工作动态，宣传民革

市委召开“提升城市工作水平”专题民主协商会

（姚静芳　供稿）

优秀人物事迹、民革党史故事等,发文70余篇。年内,民革无锡市委被评为“民革全国祖统工作先进集体”,张筠被评为“民革全国祖统工作先进个人”,市委会机关被评为“民革全国机关工作先进集体”,王晋被评为“民革全国机关工作先进个人”。市委会表彰2012年度以来先进支部10个、优秀党员40人、优秀党务工作者10人,表彰2016年度创建达标的博爱公益活动基地和同心共建基地4个、优秀宣传员和信息员22人、优秀参政议政成果93项、优秀博爱志愿者50人、优秀法律援助案例4件。

(温　明)

【参政议政】 年内,民革无锡市委针对经济社会发展、文化事业繁荣、人民群众生活中的热点难点问题,开展调查研究。在中共无锡市委召开的两次专题民主协商会上,作《以供给侧结构性改革思路,合理引导新城有序开发》《加大本土文化宣传保护,凸显历史文化名城品牌》的发言,得到中共市委主要领导批示。对无锡市精准救助工作开展调研并提出建议,与民革江苏省委共同开展无锡食品农产品可追溯体系建设情况的调研等。在市政协十三届五次大会上,作题为《关于推动我市电动车产业持续健康发展的建议》的发言,提交集体提案11件,其中《关于发展智能制造,促进无锡产业转型升级的建议》被列为市政协主席重点督办提案。报送统战信息100余条和社情民意70条,被中共省委统战部录用8条、省民革录用55条、中共市委办录用19条、市政协录用23条。其中《关于加强宗教场所食品安全卫生管理的建议》得到市领导批示。获评市政协优秀集体提案1件、优秀个人提案2件、优秀社情民意3条和优秀调研成果二等奖1篇。1名党员被评为优秀市政协委员。《以供给侧结构性改革思路,引导新城开发有序发展》《彰显城市文化禀赋,建设人文魅力无锡》《锡山区旅游产业的发展与思考》3篇调研报告被录入市政协调研成果汇编。民革无锡市委被中共市委统战部评为调研成果三等奖、信息工作先进单位二等奖,1名党员被评为信息工作先进个人。

(温　明)

【组织建设】 年内,民革无锡市委发展党员31人,转入2人,新党员平均年龄39.16岁,研究生学历占比37.14%,具有中级以上职称或在单位担任中层以上职务者占87%。至年底,有党员501人。3~4月,根据梁溪区、新吴区区划调整情况,相应完成基层组织架构和人员的调整工作和区人大代表、政协委员的推荐提名。整合原崇安区、南长区、北塘区3个基层委员会,成立民革无锡市梁溪区基层委员会,升格原新区总支部为民革无锡市新吴区基层委员会。有梁溪区人大代表7人(其中常委1人),政协委员13人(其中常委3人);新吴区人大常委1人,政协委员9人(其中副主席1人、常委2人)。12月,成立民革无锡职业技术学院支部。至年底,有基层委员会3个,总支部1个,支部32个,小组2个。6名党员参加第27期党外中青年干部培训班,6名党员参加市民主党派第25期多党合作理论研修班。市委会祖国统一工作委员会、新吴区基层委员会、锡山区总支部被评为“民革全省祖统工作先进集体”,5名党员被评为“民革全省祖统工作先进个人”;博爱志愿者法律服务团被评为无锡市“六五”普法先进集体;民革无锡市委被中共市委统战部评为宣传工作先进单位三等奖,1名党员被评为宣传工作先进个人;民革儿童福利院博爱公益活动基地、梁溪区兰亭小学同心共建基地、锡山区严家桥小学同心共建基地和新吴区新安街道同心共建基地被中共市委统战部表彰为“同心实践示范基地”。党员任学宏被评为第六届中国侨界贡献奖创新人才,党员李兵、龚婷婷被评为无锡市十大杰出青年。

(温　明)

【民革无锡市第十一次代表大会】 11月15~16日,中国国民党革命委员会无锡市第十一次代表大会召开,124名代表出席。会议通过张丽霞代表民革无锡市第六届委员会作的题为《凝心聚力、同心博爱,坚持和发展中国特色社会主义》的工作报告。选举产生民革无锡市第七届委员会委员19人。民革无锡市第七届委员会第一次会议上,张丽霞被选为主任委员,张筠、王晋、姜科、徐雯为副主任委员。王晋任秘书长。会议还选举出民革无锡市第七届委员会监督委员会,窦林任监督委员会主任。

(温　明)

【社会服务】 年内,民革无锡市委坚持开展以“博爱”为品牌的社会服务工作,依托博爱志愿者服务团和一批公益活动基地,全面开展特色化、基地化、常态化的社会服务活动。关爱儿童服务分团在无锡市儿童福利中心,坚持每个月开展有相关主题的关爱孤残儿童服务活动。法律服务分团坚持为台商、台企、台胞和民革党员提供法律咨询、举办公益讲座,在学校、社区、医院建立

民革无锡市委赴甘肃省酒泉市,开展对口交流和捐资助学活动

(姚静芳　供稿)

法律服务工作站,开展法律服务。书画服务分团坚持在江苏省无锡兰亭小学开展义教,举办纪念孙中山150周年诞辰书画展,分别在泰国曼谷唐人街、无锡市博物院举办中泰友好交流书画展览。医疗服务分团多次走进社区、敬老院、残疾人托养中心、学校等开展义诊、咨询、讲座等活动。水上搜救服务分团定期开展训练,与无锡市航道处结对共建,义务为其工作人员进行水上搜救技能培训。关爱抗战老兵服务分团在"博爱·牵手抗战老兵、黄埔老人"活动的基础上,坚持开展走访慰问活动,承办民革无锡市委与无锡交广电台等单位共同举办的纪念"九一八"事变85周年公益活动。4月,民革中央副主席修福金看望中国远征军老兵钱鑑民,高度赞扬市委会开展的关爱抗战老兵志愿服务活动。7月,民革无锡市委组织人员赴甘肃省酒泉市瓜州县,与友好市委会民革酒泉市委开展对口交流和捐资助学活动,为双塔乡100名贫困学生捐赠助学金和学习、生活用品价值计10万元。

(温　明)

【促进祖国统一工作】 年内,民革无锡市委博爱志愿者法律服务团以手机报、无锡民革和无锡市台商网的法律服务栏目、讲座及沙龙等为平台,坚持"月月有资讯、季季有活动、年年有产品,全程跟踪参与"的常态服务,继续为在无锡台胞、台属、台商、台企提供法律服务。全年在无锡民革法律服务栏目、无锡市台商网涉台服务团栏目发表文章计500余篇,通过手机短信平台发送资讯、法规、政策、案例、提醒等短信总计约10万条次,寄送《企业法律资讯》等书刊3000余份,举办企业法律风险防范、企业劳动用工风险等讲座沙龙5次,接受法律咨询约70余件,为台湾居民在无锡购房特别推出《台湾居民在无锡购房流程及风险提醒》手册。结合台湾地区领导人大选选情,撰写调研文章《新形势下对台祖统工作的思考》。市委会锡山区总支部组织党员赴台湾考察并与台湾国民党立法委员沟通,为党员张大一找到其祖父张知本的墓园,促成张大一专程赴台祭祖;组织无锡老年骑行团赴台环岛骑行,与台湾老年骑行爱好者开展骑行文化交流。

(温　明)

中国民主同盟无锡市委员会

【概况】 2016年,民盟无锡市委推进坚持和发展中国特色社会主义学习实践活动,各项工作取得进展。年内,被民盟中央评为2016年度坚持和发展中国特色社会主义学习实践活动先进集体、社会服务工作先进集体,被评为"民盟江苏省委成立60周年先进地级市委会"和2016年度江苏民盟参政议政工作先进集体、信息工作先进集体一等奖、宣传工作先进集体三等奖、新媒体建设先进单位。围绕学习实践活动主题,加强教育体系建设,发挥"同心教育实践基地"的思想引导功能。盟江阴市委员会、滨湖区委员会、梁溪区委员会等基层组织根据自身特点,建立"同心"实践基地,推动盟员了解和热爱民盟历史。注重盟内典型人物引领,挖掘优秀基层组织及盟员先进事迹。在陕西省延安市第一中学举办"无锡盟员秦梅芳支教座谈会",丁霄霖等13名盟员事迹入编盟省委《大道同行——践行江苏民盟核心价值观典型人物集》。无锡民盟统战理论研究会成功中标并完成中共市委统战部2016年度理论研究课题《新形势下港澳台侨青年群体统战工作研究》。创新民盟宣传阵地建设,无锡民盟微信公众号全年推送各类信息860余条,新增关注310余人。鼓励盟员注册微站会员,参加微站互动,初步实现"宣传平台、管理平台、考核平台"三位一体。《无锡民盟发展微站建设,助推民主党派工作》在中央统战部网站全文刊登。全年编印《无锡民盟》4期,编辑《无锡民盟名人(第一辑)》《履迹奋行——无锡民盟五年工作图录》《媒体眼中的无锡民盟》。至年底,基层组织上报各类稿件460余篇。《团结报》等国家级刊物录用28篇,《挚友》《无锡统战》等省、市级媒体录用90余篇,人民网等各级网站录用310余篇。

(眭俊宝)

【参政议政】 年内,民盟无锡市委围绕政府中心工作和社会热点问题,开展调查研究,建言献策。《关于完善电动汽车充电设施建设几个问题的建议》等两份调研报告被民盟江苏省委转化为省政协十一届四次会议集体提案。盟员陈承红撰写的《江苏高等教育参与"一带一路"战略的机遇挑战、路径选择与对策建议》,获民盟江苏省委"第七届江苏教育发展论坛"征文一等奖。在中共无锡市委专题民主协商会上,民盟无锡市委作《深入推进电梯安全监管体制改革,着力构建市场主体安全治理体系》《无锡名人故居现状以及功能创新》的发言。《关于加快构建我市生活垃圾异地处理生态补偿机制的建议》被中共市委统战部评为优秀调研成果二等奖。《加快生活垃圾收费制度改革,切实推进生活垃圾源头减量》被评为市政协优秀调研成果。在市政协十三届五次会议上,民盟无锡市委主任委员高亚光、盟员庄若江分别作题为《加快生活垃圾收费制度改革,切实推进生活垃圾源头减量》《完善智库建设,推进科学决策》的大会发言。盟市委提交《医联体建设应坚持"强基层、建机制、惠民生"的原则》等集体提案11件,提交个人及联名提案41件。盟员洪雅、庄若江、俞孟萨、石莉娟被评为优秀市政协委员,皮何总、陆迎真被评为优秀民主监督员。《关于加快推进我市中小学"创客教育"的建议》被评为优秀集体提案。庄若江撰写的《完善智库建设,推进科学决策》、王新元撰写的《关于切实加快江南大学附属医院易地建设项目的建议》被评为优秀个人提案。民盟无锡市委获评民盟江苏省委年度参政议政工作先进集体。盟市委注重提高社情民意信息质量,召开社情民意信息培训班、座谈会以及基层组织培训等。继续发挥"一盟员一建议、一点子一线索"优良传统,全年上报社情民意信息455条。被中央、省、市各级采用215条,其中《基层反映当前换届存在四类亚健康心态》被中共中央办公厅采用,《建议在我市设立国家物联网(云计算)科教产业基地》等6篇信息被市委、市政府主要领导批示办理。

(严国庆　秦　健)

【组织建设】 年内,民盟无锡市委

民盟无锡市委赴贵州省黔东南苗族侗族自治州开展“爱在脚下”助学活动

（朱小红　摄）

按照盟章规定的发展标准，以重点界别为主，适当拓宽领域，推动组织建设。全年发展新盟员85人，其中大专以上学历84人，中级以上职称52人，平均年龄39.8岁。坚持可持续发展，稳步提高组织发展质量，保持民盟人数优势。至年底，全市有盟员1723人，大专以上文化程度1632人，占94.9%；中级以上职称1401人，占81.5%。辖市（县）级市委会2个、基层委员会7个、总支部2个，支部86个。根据《江苏民盟基层组织测评指标体系》，在全市基层组织中开展达标考核测评，激发基层活力，推动基层组织高效运转。至年底，全市基层组织达标率98%。通过开展基层骨干培训班、新盟员培训班等，加强后备干部队伍建设，提高基层组织盟员整体素质。组织推荐150余名盟员，参加省委统战部、民盟省委及市、区等各级培训班。

（王焜宏）

【民盟无锡市第十三次代表大会】 11月27~29日，中国民主同盟无锡市第十三次代表大会召开，165名代表出席。会议通过高亚光代表民盟无锡市第十二届委员会作的题为《同盟同心，携手共进，为建设“强富美高”新无锡贡献力量》的工作报告，选举产生民盟无锡市第十三届委员会委员41人、出席民盟江苏省第十二次代表大会的代表16人。在民盟无锡市十三届一次全会上，高亚光被选为主任委员，皮何总、何丽梅、洪雅、崔荣荣为副主任委员，王卉青等16人为常务委员。皮何总任秘书长。

（王焜宏）

【社会服务】 年内，民盟无锡市委根据实际情况及时调整工作思路，充实“家园”品牌内涵，提高全体盟员对社会服务工作的参与度。举行迎新敬老茶话会、新春走访慰问及重阳节敬老茶话会等，对民盟老领导、老盟员和困难盟员开展慰问，增强民盟凝聚力。赴四川省和重庆市继续开展“同心支教行”第五次活动，捐款近6万元，再次援建电子阅览室4间。发动全市盟员开展“爱在脚下”捐鞋活动，募集爱心鞋1200双，赠与贵州省黔东南山区儿童。盐城市阜宁县等地遭受风灾后，发布捐款倡议，募集善款2万余元，支援灾区恢复生产和生活。盟妇女工作委员会等开展庆祝三八妇女节“让蠡湖更美”环保健身活动，盟员近200人参加。盟员段哲在盟省委安排下，向贵州省毕节地区优秀教师发放“奖教金”10万元。3家盟员企业参加第四届江苏民盟“助你启航”高校招聘会，提供就业岗位50余个。盟江阴市委对甘肃省敦煌市、贵州省毕节市的校长和骨干教师进行培训，完成培训20人。盟新吴区基层委员会启动“盟动计划”，结对帮助新吴区贫困儿童20人。盟文联支部书画家连续第五年开展“书画进军营”活动。盟新阶层联谊会、妇女工作委员会开展六一大型助残爱心公益活动，捐款8000元。盟锡山区总支继续针对区内孤儿开展圆梦活动。盟宜兴市委、惠山区委员会组织盟内专家，为社区矫正对象举办多场专题讲座。盟文博支部举办各类书画、藏品展览以及各种亲子活动，活跃文化市场。

（董迪飞）

中国民主建国会无锡市委员会

【宣传教育】 2016年，民建无锡市委按照坚持和发展中国特色社会主义学习实践活动的要求，学习民建中央主席陈昌智在纪念中国民主建国会成立70周年大会上的讲话精神，通过举办宣传骨干培训班、开展宣传骨干座谈交流、编辑出版展现会员风采的专刊《岁月留香》、举办宣讲会等形式，加强思想建设，践行民建共同价值理念，提升无锡民建的社会影响力。全年各主流媒体及网络对民建无锡市委亮点工作及民建会员的先进事件进行宣传报道335篇次（不包括省委网站和《江苏民建》），民建市委网站年更新稿件200余篇，被民建省委评为2015~2016年度新闻宣传工作三等奖。《浅析民主党派加强政党协商能力建设的要素》等3篇理论成果被民建江苏省委评为2016年度理论研究优秀成果。

（金宏源）

【参政议政】 年内，民建中央主席陈昌智、民建中央副主席辜胜阻分别带队到无锡，就“市级组织建设”和“扩大民间投资”等进行专题调研。民建无锡市委全年完成调研课题34篇，内容涉及多个领域。在无锡市十五届人大五次会议上，民建会员代表围绕经济、城建、科技等领域提交议案5件。在市政协十三届五次会议上，民建无锡市委提交《推动我市传统产业转型升级的几点建议》等集体提案11篇，作题为《以智能化、绿色化、服务化、高端化为引领，积极推动我市传统产业转型升级》的大会发言，提交个人提案42件。1件集体提案和4件个人提案被评为优秀提案，1篇调研成果、4篇社情民意获优秀奖。各支部及骨干会员积极反映社情民意，全年收到基层上报信息873篇，向上级信息部门报送311篇，被采用129篇，采用率41.5%。其中《银行涉企收费"隐形化"应强化监管》获中共中央领导批示并责成国家银监局督办，《"创客空间"不能一哄而上》被《人民日报》刊用。民建无锡市委被民建省委评为2016年度报送参政议政成果先进单位二等奖。

（金宏源）

【组织建设】 年内，民建无锡市委坚持发展与巩固相结合，注重政治素质，稳步推进组织建设。完善机关各项工作制度，健全各工作委员会工作机制，通过刚性机制推动各项工作规范化开展。全年发展新会员67人。至年底，全市会员总数1655人，平均年龄54岁。会员中，具有大专及以上学历的1489人，占会员总数89.9%；中高级职称会员1042人，占会员总数62.9%；在职会员比例69.5%，经济界人士占85.0%。会员分布情况为市区1294人，江阴市202人，宜兴市159人。有县级市委会1个（江阴），基层委员会6个（宜兴、梁溪、锡山、惠山、滨湖、新吴），总支部3个（医药、商业、产业），基层支部76个（其中市区60个、江阴8个、宜兴8个）。

（金宏源）

【民建无锡市第十二次代表大会】 12月12~14日，中国民主建国会无锡市第十二次代表大会召开，154名代表出席。会议通过华博雅代表民建无锡市第十一届委员会作的题为《薪火相承同心同行，不忘初心继续前进》的工作报告，选举产生民建无锡市第十二届委员会委员45人、出席民建江苏省第九次代表大会的代表25人。在民建无锡市十二届一次全会上，华博雅被选为主任委员，许建樟、毛加弘、王萍、冼薇、陈卫宏为副主任委员，王萍等17人为常务委员。王萍任秘书长。会议还选举出民建无锡市第十二届委员会监督委员会，许建樟任监督委员会主任。

（金宏源）

【社会服务】 年内，民建无锡市委领导和市卫计委负责人走访慰问计划生育困难家庭两户，给每户送慰问金3000元，启动"思源工程——生育关怀行动"。赴贵州省黔西县考察调研精准扶贫工作，会同市教育局、市卫计委与贵州省黔西县相关职能部门签署合作协议。与到访的民建嘉峪关市委就教育、卫生、党派建设等方面工作展开交流，听取无锡对口援建项目进展情况介绍。响应民建省委号召，动员全体民建会员捐款捐物，支持江苏省盐城市阜宁县在遭遇强冰雹和龙卷风袭击后进行恢复和重建。与共青团无锡市委共同主办"2016无锡公益节"，号召广大青年和社会组织继承无锡民族工商实业家奉献社会的大爱精神。组织100余名企业家骨干会员，分别参加中国风险投资论坛、中国非公有制经济发展论坛和宝界工商论坛以及民建江苏省委举办的各类培训。年内，民建无锡市委被民建中央授予"民建全国社会服务先进集体"称号，会员陈卫宏、段涛被授予民建"全国社会服务先进个人"称号。

（金宏源）

中国民主促进会无锡市委员会

【思想建设】 2016年，民进无锡市委开展坚持和发展中国特色社会主义学习实践活动，引导全市广大会员开展参观会史教育基地、专题学习会、座谈会、研讨会等多种形式的活动，加强对会章会史和民进优良传统学习。加强民进无锡市委门户网站管理和手机报、QQ群、微信公众号维护，办好会刊《无锡民进》，加强与主流媒体的联系与沟通，提高网络宣传的时效和质量，全年无锡民进网站更新报道动态简讯200余篇，采写手机新闻72条。组织会员参加民进省委"2016江海论坛·展望·对策——助力江苏'十三五'"征文活动，共报送理论文章18篇，其中《新型智慧城市建设，要有"互联网精神"，更要有"工匠精神"》等6篇获优秀论文奖。

（华佳佳）

【参政议政】 年内，民进无锡市委围绕民进中央"参政议政主题年"相关要求，分别召开信息、调研、宣传专项工作会议，发挥特约信息员、调研员、通讯员队伍作用，指导各基层组织召开参政议政业务培训会议。完成中共无锡市委民主协商调研课题《以创意城市理念指导无锡城市升级换代》《打造"文化+"大格局，以创意文化发展创意经济》，在市委民主协商会上进行交流。完成市政协十四届一次全会上的发言课题《精准扶持、促进转化，有效提升我市大学生创业水平》。推进年度调研课题招标工作，各专委会、基层委员会、直属支部全面参与，申报课题25篇。推动申报中共无锡市委民主协商课题、政协全会大会发言课题等，其中综合一支部申报并完成《关于加强我市被征地农民社会保障工作的调研报告》。完成2011~2016民进无锡市委参政议政成果汇编《集智聚力，参政为民》。会同民进苏州市委，共建参政议政协作联盟，共同完成省招标课题《完善城市功能和布局，提升城市规划管理品质》《实施品牌建设战略，加快民营企业转型升级》。组织拍摄政协话题《发展职业教育，促进产业转型》，展示民进界别政协委员议政建言风采。全年报送信息303条，各层级采用351条次。其中《建议优化大学生"村官"成长机制》被全国政协和中共中央办公厅录用，并被民进中央评为2016年度参政议政成果三等奖。重视提案办理工作，对《关于促进无锡传统制造产业升级的建议》等7件集体提案落实情况进行跟踪督导。民进无锡市委和会员顾萍萍分别被评为民进全国参政议政工作先进集体和先进个人；民进江阴市委、民进宜兴市委、民进新吴区基层委员会等9个单位和窦芳霞、祝剑飞、殷洪等12名会员分别被评为民进全省先进集体和先进个人。

（华佳佳）

【组织建设】 年内，民进无锡市委坚持以重点界别为主，开展组织发展工作，注重发展政治素质高、业务能力强、社会形象好、具有参政议政能力的人成为新会员。全年发展新会员56人，其中本科及本科以上学历占92%，教育、文化界别占62.5%。至年底，全市会员总数1372人，其中教育、文化、出版传媒主界别会员占66%。有县级地方组织2个，基层组织84个，其中基层委员会6个、基层支部78个。提高组织工作信息化水平，充实中央数据库内容，加强基础数据维护，规范基层组织对会员信息的各类统计。加强学习培训，分批举办拟发展对象座谈会、新会员培训班、骨干会员培训班，组织参加省、市各类学习培训活动65人次。走访联系江阴市、梁溪区、滨湖区、新吴区等市、区的统战和教育部门，深入市教育科学研究院、青山高级中学、第一女子中学等基层支部所在单位并进行调研交流，对后备干部进行跟踪考察、动态管理。推动市委会监督委员会参加常委会、全委会、民主测评会等重大会议，促进领导集体民主政治建设和机关作风建设。机关干部全年参加基层组织生活200余人次，服务指导基层组织工作。

（华佳佳）

【民进无锡市第十一次代表大会】 12月4~6日，中国民主促进会无锡市第十一次代表大会召开，128名代表出席。会议通过章一中代表民进无锡市第十届委员会作的题为《凝心聚力促发展，同心实践谱新篇，为建设“强富美高”新无锡贡献力量》的工作报告，选举产生民进无锡市第十一届委员会委员31人、出席民进江苏省第十次代表大会的代表20人。在民进无锡市十一届一次全会上，金元兴被选为主任委员，杨瑞金、吴国平、惠莲、康立为为副主任委员，马周阳等13人为常务委员。惠莲任秘书长。

（华佳佳）

【社会服务】 年内，民进无锡市委发挥资源优势，树立文化服务品牌，开展支教助学活动，拓展基层微公益活动。组织10位书画家会员赴新吴区旺庄街道开展“江苏民进(无锡市)春联万家活动”，现场创作春联260幅。组织书画家会员赴驻无锡某集团军炮兵旅开展书画拥军活动。民进无锡市委被评为“2012~2015年无锡市双拥先进单位”。文化界会员赴无锡市甘露学校开展无锡民进“送戏剧进校园”活动。开展江苏民进“阳光助学行动”酒泉支教活动，教育界、经济界骨干会员赴甘肃省酒泉市开展一系列扶贫助学与项目帮扶活动。惠山区基层委员会承办民进江苏省第30期“彩虹行动”西部教师(无锡惠山)培训班。组织无锡市教育科学研究院5名教研员赴江阴市暨阳中学开展“智汇课堂，助力成长”中考学科现场评课活动，民进无锡市教育科学研究院支部与民进江阴市暨阳中学支部缔结为友好支部。民进无锡市各级地方组织、基层委员会继续打造社会服务工作品牌，创新思路开展社会服务工作。民进无锡市委会直属支部（除老龄支部外）全面开展各类社会服务活动。全年全市各级民进组织开展阳光助学、支教送教活动156次，培训教师549人次，资助贫困学生482人次，受益人数17712人次；开展送文化活动131次，受益人数59377人次；开展其他社会公益活动341次，受益人数34866人次。阳光助学、支教送教活动、送文化活动以及其他社会公益活动共计投入资金659.89万元。

（华佳佳）

中国农工民主党无锡市委员会

【思想建设】 2016年，农工党无锡市委推进坚持和发展中国特色社会主义学习实践活动，组织开展农工党中央“走进基层、贴近党员，培育和践行社会主义核心价值观”百场主题宣讲进无锡活动，举行中共中央统战工作精神、中共十八届六中全会精神辅导讲座等专题报告会6次，组织党员骨干赴广东党史教育基地参观学习。围绕农工党第十五届中央常务委员会第十四次会议在无锡举行、农工党部分地级市第一次联席会议在无锡召开等重点工作和大型会议，加强宣传报道。在农工党中央组织开展的“身边榜样，前进力量——培育和践行社会主义核心价值观”系列活动中，开展优秀党员事迹征文活动，加大宣传力度。年内，《无锡农工》出刊4期，网站累计发稿1000余篇，微信号发稿36期155篇。农工党无锡市委各类宣传报道在全国性报刊发表19篇次、省级媒体刊物110篇次、市级媒体刊物57篇次，被农工党江苏省委评为社会宣传工作二等奖。全年撰写完成理论文章11篇，其中1篇获农工党中央优秀理论成果二等奖，多篇被农工党中央《前进》杂志录用。理论研究工作受到农工党省委、市政协、中共市委统战部奖励。

（程　华）

【参政议政】 年内，农工党无锡市委围绕农工党江苏省委立项课题、中共无锡市委民主协商课题和市政协联合重点课题开展调研工作。完成《城乡全面实施“家庭医生”制度和签约服务模式”》《医保支付方式改革》《加快队伍建设，优化资源配置，切实缓解儿童“看病难”问题》等省委立项课题5个。继续开展“一支部一课题，一党员一建议”建言献策活动，全年报送社情民意信息526条，其中省政协采纳1件、中共江苏省委采纳25件、农工党中央采纳13件。《基层反映麻醉医生数量不足、地位不高背景下取消麻醉系或重蹈“儿科”老路》《推进ppp模式须尽快化解社会资本三隐忧》《医疗布草洗涤管理滞后影响医疗安全》3条信息在《前进论坛》刊发；《建议实施“一带一路”战略要积极推进人民币“融入”非洲》作为农工党中央集体提案，提交2016年全国两会；《基层反映〈预算法〉执行过程中四问题亟待解决》被中共中央办公厅采纳；《建议“精准扶贫”要将残疾人家庭作为重点》《期盼“十三五”规划要稳中求“质”》被中央统战部《零讯》采纳，《警惕“营改增”背景下涉税案件或多发》被中央统战部《零讯专报》采纳，中共中央政治局常委、国务院副总理张高丽作批示；《建筑业“营改增”试点须解决三难点》《基层反映“营改增”后税档过多不易管控》《行政审批改革后新问题浮现应引起重视》3件社情民意被全国政协采纳，并均获中共中央政治局常委、国务院副总理张高丽批示。《建议加快推进“互联网+健康”建设，提升医疗健康服务水平》获评市政协优秀社情民意。社情民意信息工作连续5年获农工党江苏省委信息工作特等奖，连续4年获中共市委统战部信息工作第一名。在中共无锡市委召开的两次专题民主协商会上，分别作《完善公共文化服务体系建设，进一步增强我市文化软实力》和《扎实推进整治工程，着力提升管理水平——关于我市背街小巷整治和旧住宅区改造的调查与建议》的发言，所提意见和建议得到重视和落实。在市政协十三届五次会议上，提交《关于进一步扶持民营养老机构发展的建议》等集体提案6件，其中《我市传染病防治卫生监督工作的困难与思考》为大会发言，3件集体提案被评为优秀提案，1篇报告获评优秀调研成果。在农工党江苏省委开展的医养"供给侧结构性改革"联合调研征文活动中，获一等奖、二等奖、三等奖和优秀奖各1篇。

（程　华）

【组织建设】 年内，农工党无锡市委规范发展程序，加强基层组织建设。全年发展新成员65人，平均年龄38岁，其中医药卫生界31人，新主界别环保计生领域1人，中高级以上职称35人，具有本科及本科以上学历57人，区政协委员1人，区人大代表2人。至年底，全市农工党党员总数1449人。有县级市委会1个，基层组织89个。其中基层委员会7个、总支部2个、支部80个。全年选派1名党员参加江苏省第六期多党合作理论进修班，3名党员参加农工党省委地方组织领导干部培训班，15名党员参加全省新任基层组织负责人培训班，10名党员参加无锡市第25期民主党派骨干培训班，4名党员参加无锡市第27期党外中青班，1名党员参加第五期农工党中西部骨干党员及先进基层组织负责人培训班，组织安排46名新党员参加民主党派新成员培训班。全市农工党党员中，有省、市、区各级人大代表33人次，省、市、区各级政协委员126人次，省法院特邀审判监督员1人，市政协民主监督员7人，市级各部门行风监督员18人，县（区）级各部门行风监督员31人。

（程　华）

【农工党无锡市第十二次代表大会】 12月6~8日，中国农工民主党无锡市第十二次代表大会召开，143名代表出席。会议通过曹锡荣代表农工党无锡市第十一届委员会作的题为《凝心聚力作贡献，同心共行谱新篇》的工作报告，选举产生农工党无锡市第十二届委员会委员31人、出席农工党江苏省第十二次代表大会的代表16人。在农工党无锡市十二届一次全会上，韩晓枫被选为主任委员，汤忠元、唐家梁、张琦、夏加增为副主任委员，石国洪等11人为常务委员。汤忠元任秘书长。会议还选举出农工党无锡市第十二届委员会监督委员会，唐家梁任监督委员会主任。

（程　华）

【社会服务】 年内，农工党无锡市委继续发挥党派特色和资源优势，动员全市农工党各级组织和党员参与社会服务，扩大社会影响。医卫工作委员会、环境资源工作委员会、教育文体工作委员会、妇女工作委员会等通过开展专题调研等形式多样的活动，为履行参政议政、社会服务职能发挥积极作用。组织30余名党员参加"光彩感恩"植树活动。继续和沁一社区开展合作共建活动，为该社区捐赠价值5000元的花木。重点推进与农工党酒泉市委结对共建工作，发放"源泉助学金"3万元，甘肃省酒泉市移民乡镇的4名医护人员在锡山区安镇医院完成为期3个月的进修。连续10年（2006~2015年）在江南大学发放"春雨助学金"，累计资助大学生255人，该活动报道在中共江苏省委统战部《统战动态》上刊出。农工党江阴市委、各基层组织开展各类社会服务活动，梁溪区基层委员会在四川省甘孜藏族自治州德格县开展"同心助医援藏"系列活动，捐助价值15万余元药品；锡山区基层委员会在广西壮族自治区河池市大化瑶族自治县雅龙乡连续3年开展"瑶寨助学活动"，定向结对，精准帮扶；新吴区基层委员会连续7年发放"阳光助学金"10余万元，帮助贫困学生完成学业；江阴市委连续21年为培智学校聋哑学生颁发"励志"奖学金。

（程　华）

中国致公党无锡市委员会

【概况】 2016年，致公党无锡市委组织引导党员开展思想建设"灵魂"工程，推进"同心"实践活动。带领党员立足自身优势，运用"致公凤巢"平台，整合党内、党外、海外资源，通过多种渠道组建各种形式"智库"。依托"致公凤巢"中铠创业园，举办由平民私人法律服务平台"法律王"与江南大学共建学生实习基地和交流平台的现场会，开展国际运动康复专家与第九人民医院院康复专业的致公党党员现场教学研讨等系列活动。依托"致公凤巢"泽一文化阁，举办"泽一青年城市发展论坛"。该论坛汇聚致公党党内外优秀青年近90人，年内，举办"互联网时代无锡的产业发展前景""未来的无锡，靠什么吸引青年人才"等8个主题论坛，形成有价值的调研报告或信息、提案。构建立体式宣传工作新模式，开发"无锡致公"微信公众号，每周推送宣传。至年底，"无锡致公"微信公众号订阅数363人次，全年推送报道48期191篇，最高阅读量864人次。全年收到基层组织稿件100余篇，殷亚红撰写的《勿让司法调解的强势作为导致"审判的消失"》、高颖撰写的《地方公共财政"漏洞"阻碍服务型政府建设》2条信息被致公党中央采用。年内，致公党无锡市委被致公党江苏省委评为2012~2016年机关工作先进集体、2014~2015年提案发言工作先进集体、2015~2016年信息工作先进集体一等奖，李俊波被致公党中央评为宣传工作先进个人等。

（吴　洁）

【参政议政】 在中共市委召开的两次专题民主协商会上，致公党无锡市委分别作《创造人才红利，激发城市活力——对我市产业转型升级过程中引进人才的建议》《推动公共文化精准化供给，激活文化消费市场》的发言。推进各基层组织开展调研工作，完成致公党省委重点调研课题招标项目等各类调研28篇。致公党无锡市委申报的《创造人才红利，激发苏南城市群活力》《健全完善消费统计体系和制度方法的建议》等8

个调研课题，被致公党江苏省委列为2016年立项调研课题。在全国政协、省政协大会上，有7篇调研成果转化成集体提案进行报送。其中，1篇调研成果转化为全国政协集体提案和省政协常委会议书面发言，6篇分别转化为省政协主席会议口头发言、省政协大会发言和省政协提案。7篇调研报告被致公党江苏省委评为优秀调研报告。在无锡市政协十三届五次会议上，致公党无锡市委提交集体提案7件，其中《关于进一步加强精神病防治工作的建议》《我市控煤减排应积极推进生物质成型燃料应用》2篇调研报告被评为市政协优秀集体提案。调研报告《整合中心城区文化资源，助推旅游产业发展》被中共市委统战部评为优秀调研一等奖。做好信息及社情民意工作，5月，举办2016年度宣传信息员培训班，近40人参加培训。全年向中共市委统战部、市政协、致公党江苏省委上报各类信息约80条，被录用15条，其中《传统制造业转型升级引进外籍人才面临"困境"》《基层反映贡湖湿地公园将毁于建、管脱节》《基层反映公共绿化带过度使用农药引起市民恐慌》获市主要领导批示。参与水利工作政协民主监督小组，对无锡河道水质、太湖蓝藻生长情况进行动态监测，对污染企业进行明察暗访和监督，对水利部门工作提出改进意见。

（吴 洁）

【组织建设】 年内，致公党无锡市委推进基层组织建设。在原崇安区、南长区、北塘区3个基层委员会基础上，组建梁溪区基层委员会，新区基层委员会更名为新吴区基层委员会。经过选举和协商，致公党党员担任梁溪区人大代表2人、政协委员12人(其中副主席2人，常委2人)，担任新吴区人大代表3人、政协委员10人(其中常委2人)，担任滨湖区政协委员13人。至年底，有基层委员会3个、总支部2个、支部29个、小组1个。全年发展党员41人，其中硕士以上学历12人，归国留学人员11人。至年底，全市有党员503人，党员的年龄、学历层次构成有所改善。全市致公党党员担任各级人大代表、政协委员62人，其中省人大代表1人、省政协委员1人，市级人大代表、政协委员19人。

（吴 洁）

【致公党无锡市第七次代表大会】 11月21~22日，中国致公党无锡市第七次代表大会召开，123名代表出席。会议通过高慧代表致公党无锡市第六届委员会作的题为《凝聚共识、"致力为公"，立足本职、"侨海报国"，为实现"中国梦"的致公篇章而努力奋进》的报告，选举产生致公党无锡市第七届委员会委员19人、出席中国致公党江苏省第六次代表大会的代表15人。在致公党无锡市七届一次全会上，高慧被选为主任委员，吴红星、王晓刚、江波、龚备英为副主任委员。殷亚红任秘书长。

（吴 洁）

【社会服务】 年内，致公党无锡市委继续落实与贵州省的对口帮扶工作，继2009年捐款18万元建设致德小学，2014年捐款10万元为致德小学、迓架中学添置教学设备后，与贵州省铜仁市签订精准扶贫协议。发动党员捐款捐物，号召党员中的教师赴铜仁市松桃县迓驾镇致德小学开展支教活动。购买价值3万余元的学习用品、体育器材，分发给当地学生。新吴区基层委员会关心地方文化建设，开展"吴韵学堂"共建；海归党员进校园宣讲与赠书；"钱汇一"基金会在江南大学开展助学帮困等社会服务活动。在盐城市阜宁县发生风灾后，市委会发动机关干部赈灾捐款，新吴区党员郭小兵捐款2万元。滨湖区基层委员组织党员到社区义诊。在"致公凤巢"中铠云创意产业园，开展"凝心聚力6人制足球比赛"、"冬之旅"李恩忠师生独唱音乐会。在第18届中国上海国际艺术节无锡分会场、致公党无锡市第七次代表大会期间，举办"携手同行"李恩忠金秋独唱音乐会和"亲情中华"第二届国际华人(海归)歌唱家音乐会等活动。邀请海外专家作主题讲座，邀请罗斯柴尔德法国银行副总裁许俐群作题为《资产管理与资本投向》的讲座；邀请前东德总理、德国议员汉斯·莫德罗作《"一带一路"下的经济转型》讲座；牵线搭桥，促成法国阿尔斯通公司的研发人员与国内科技人员开展交流学习等。引导广大党员走出国门，扩大资源共享，加强深度合作。党员王晓刚在担任湖滨中学校长期间，推进中外美术教育交流，加入中意文化教育合作项目"马可波罗"计划和"图兰朵"计划；党员杨朝晖在日本东京设立隆玛科技东京支店；党员贾晓作为凤凰传媒澳大利亚公司执行董事，推动中澳各个出版社在国际文化教育、出版、文创领域开展合作；党员缪丰东企业美安医药入股英国外骨骼机器人公司REX BIONICS。

（吴 洁）

九三学社无锡市委员会

【思想宣传】 2016年，九三学社无锡市委开展坚持和发展中国特色社会主义学习实践活动。开展纪念九三学社成立71周年活动；庆祝"三八"妇女节，组织女社员参观镇江茅以升纪念馆、镇江博物馆；组织退休社员赴常熟开展重阳节活动等。邀请社中央宣讲团成员、青海大学教授童丽到无锡作《到西部去：见证辉煌，践行理想》事迹报告会；邀请中船重工七〇二所研究员谢俊元作专题科学报告会；编印《同心笃行——九三学社无锡市第十二届委员会工作回眸》；发动社员参与社中央《中国面孔·中国梦》摄影大赛，社员刘长秀、马永伟的作品入围优秀摄影作品。鼓励社员撰写理论文章和宣传报道，各类稿件被《人民政协报》《团结报》《无锡日报》采用20篇，被《无锡政协》采用13篇，被《无锡统战》采用45篇，被《挚友》采用1篇，被社中央网站采用35篇，被社省委杂志、网站采用65篇。向上级社组织递交"参政党理论与社史研究征文"等理论研究征文6篇。全年更新网站平台稿件100余篇，《无锡九三》杂志新设"似水流年""万象百科"等栏目。

（曾志洪）

【参政议政】 年内，九三学社无锡市委开展医联体建设、城市管理、文化建设、物联网产业建设等专项课题调研，社经济科技工作委员会、城乡工作委员会部分成员赴福建省福州市，开展"城市建设"课题调研；社文化教育工作委员会、法律工作委员会、思想理论研究会赴江西省景德镇市，开展文化产业转型发展调研。在中共无锡市委专题民主协商会上，社市委作《加大改革力度，创新管理举措，全面提升无锡城市综合发展质量》和《转型时期提升我市文化竞争力的几点思考》的发言。在市政协十三届五次全会上，作题为《稳步推进医联体建设，逐步构建和谐共赢医疗生态体系》的大会发言，提交《关于市场化推进土地资源配置的几点建议》等集体提案6件，社员卢益、徐新宇、张敏等分别作大组发言，获市政协优秀集体提案2件、优秀个人提案2件、优秀社情民意1篇。完成社省委4篇中标课题，8篇论文入选"江苏九三论坛"。全年上报各类信息200余篇，其中中共中央政治局常委、国务院副总理张高丽批示1件，市长汪泉批示2件，社中央录用5件，省委统战部录用20余件，社省委录用40余件，市政协、中共市委统战部录用50余件，社市委获社省委信息工作第一名。

（曾志洪）

【组织建设】 九三学社无锡市委全年发展新社员58人，平均年龄37.3岁，博士学历4人，硕士研究生学历20人，高级职称14人，中级职称21人。至年底，全社有社员1276人。推进基层组织建设，完成社江阴市委员会、江南大学委员会、环保委员会、社会事业支社换届工作；宜兴支社升格成立宜兴市基层委员会；原崇安区、南长区、北塘区3个基层委员会合并，成立社梁溪区基层委员会；三院支社、石油地质研究所支社重新成为社市委直属支社并进行换届。5名社员参加社省委第九期中青年干部培训班，4名社员参加社省委2016年基层组织负责人培训班；11名社员参加中共市委统战部第25期民主党派骨干多党合作理论研修班；40名新社员参加中共市委统战部新成员培训班。社员贺晴、奂永星被社中央评为2016年度先进组工干部。

（曾志洪）

【九三学社无锡市第十三次代表大会】 11月17~18日，九三学社无锡市第十三次代表大会召开，135名代表出席。会议通过程红代表九三学社无锡市第十二届委员会作的题为《凝心聚力，坚实履职，为建设"强富美高"新无锡而努力奋斗》的工作报告，选举产生九三学社无锡市第十三届委员会委员39人、出席九三学社江苏省第八次代表大会的代表21人。在九三学社无锡市十三届一次全会上，程红被选为主任委员，任克奇、唐红、陈凤军、何云彪、李崎为副主任委员，于力革等15人为常务委员。任克奇任秘书长。

（曾志洪）

【社会服务】 年内，九三学社无锡市委继续发挥九三专家工作站作用，淡水渔业中心支社、江南大学委员会、锡山区委员会等基层组织开展送科技下乡活动近10次，为结对种植户、养殖户拓宽销售渠道。社市委和滨湖区委员会、梁溪区委员会等基层组织在社区开展"道德讲堂进社区""心理课堂社区行"等"无锡九三讲堂"活动20余场。"法律专家工作站"开展4次专场法律咨询活动，发放普法宣传资料500余份，为200余名群众提供法律服务。四院支社每月定期在灵山公益园区的医务工作站开展医疗服务，到河埒街道、荣巷街道等地开展义诊服务。惠山区委员会持续开展"九三爱心基金"活动，为结对"同心"实践基地阳山镇陆区社区（为市级"同心实践示范基地"）居民提供医疗服务，密切关注贫困农户的生产、生活情况。人民医院委员会持续在梁溪广益街道社区卫生服务中心"九三学社同心义诊站"（为市级"同心实践示范基地"）开展免费医疗服务，陆续开展"健康无锡，服务百姓""透亮人生，肾病康复"等系列义诊活动。社市委组织专家参与社中央倡导的"九广合作"（九三学社与四川省广元市开展的经济振兴合作），社员龚永生被社中央授予"九广合作"先进个人称号。"国际科学与和平周"期间，累计举办各类义诊、咨询、讲座、座谈会等活动15次，受益人数2000余人，发放物资价值近2万元。社市委根据社会服务工作特点和资源分布情况，对服务项目进行梳理，完善"菜单式"社会服务手册，创新社会服务新形式。梁溪区委员会与残疾人联合会合作，每周到阳光工疗站开展爱心志愿服务，在惠山古镇建立"同心联盟活动基地"。新吴区委员会与梅村街道泰伯二社区结对开展"同心"实践活动，每年定期为社区困难户送去慰问和关爱，发挥法律人才优势，为居民开展法律讲座和咨询服务，免费为社区和居民代理法律案件。社市委发动全社社员捐款近8万元，支持盐城市阜宁县"6·23"重大龙卷风自然灾害后的家乡重建工作；为困难社员高汉强申请"王选关怀基金"资助3万元；社员荣朝晖在四川省甘孜藏族自治州炉霍县连续3年无偿援建下罗乡初级中学。

（曾志洪）

【九三学社中央第九次科学座谈会】 10月11~12日，九三学社中央第九次科学座谈会在无锡举行。会议以"土壤退化与修复"为主题，全国政协副主席、九三学社中央主席韩启德出席会议并讲话。九三学社中央常务副主席邵鸿，副主席张桃林、赖明、丛斌、武维华、印红出席会议。中共江苏省委常委、无锡市委书记李小敏和九三学社中央常委、江苏省住房和城乡建设厅厅长、九三学社江苏省委主委周岚在开幕式上致辞。会议期间，30余位专家学者围绕主题，从健全法治、完善政策、生态保护、土壤健康、土壤污染防治对策与建议等不同角度，进行深入研讨。

（曾志洪）

无锡市工商业联合会

【概况】 2016年，无锡市工商联围绕"促进非公有制经济健康发展和非公有制经济人士健康成长"主题，开展以"走近项目、走进企业、走向制造业强市第一线，倾心于企业转型发展环境的优化、倾心于非公经济转型发展水平的提高、倾心于'十三五'无锡现代产业新高地的建设"为主要内容的"三走三倾心"活动，深化非公有制经济人士理想信念教育实践活动。推进全市工商联商会组织工作，开展光彩公益活动，参与推动江苏民营投资控股有限公司（以下简称"苏民投"）落户无锡，发起成立全省首个军民融合企业协会。年内，"'三走三倾心'保驾护航民企发展"获得"2016年度'创新中国'工商联（商会）特别奖"，凤凰画

无锡市构建新型政商关系研修班 (毛一岚 供稿)

材有限公司、无锡华夏家居港建材市场有限公司被评为第二批“江苏省民营企业文化建设示范单位”,市总商会台州商会、市南安商会、市潮汕商会、市青年企业家协会、市机械工业联合会、无锡“感知中国”物联网商会、市金银珠宝玉石行业协会、无锡医药流通商会、市建材行业协会被评为全省工商联商会组织先进集体。至年底,全市有市(县)、区工商联7个,乡镇商会31个、街道商会45个、园区商会7个、市场商会3个、楼宇商会6个、村商会34个、其他类型商会4个,在无锡市级异地商会21个、海内外无锡商会21个,省级行业商会5个、市级行业协会商会188个,拥有各类会员29508个。其中,企业会员24800个、团体会员452个、个人会员4256个。全市工商联会员中,有全国人大代表1人、省人大代表8人、省政协委员9人、市人大代表80人、市政协委员86人。

(毛一岚)

【非公有制经济人士理想信念教育实践活动】 年内,无锡市继续推进非公有制经济人士理想信念教育实践活动。5月,以“无锡三走三倾心促进理想信念深入民营企业家内心”为题,在《中华工商时报》上报道全市非公经济人士理想信念教育实践活动成效;6月,参与举办2016梁溪大讲堂第八讲“构建新型政商关系”专题讲座,邀请全国政协十一届副主席、全国工商联名誉主席黄孟复和全国政协委员、深圳研祥高科技控股集团董事局主席陈志列为市级党政机关领导和部分民营企业家作专题辅导;7月,会同中共市纪委、市委统战部联合举办“无锡构建和谐新型政商关系研讨班”,向全市非公经济人士发起《做构建和谐新型政商关系的践行者》倡议书。年内,与无锡经济广播电台联合制作《守法诚信、坚定信心》专题访谈节目19期,宣传报道恒业电热电器、新瑞贝科技、市建材协会等52家单位的诚信守法案例。

(毛一岚)

【组织建设】 年内,市工商联加强在无锡异地商会建设,成立市总商会四川商会、市总商会宿迁商会、市总商会泰州商会3家在无锡市级异地商会。加强商会干部队伍建设,完成1234名市、县两级非公经济人士综合评价工作;100%完成“五好”(领导班子好、会员发展好、商会建设好、作用发挥好、工作保障好)县级工商联建设申报;市湖南商会、市湖北商会、市溧阳商会被评为市先进基层商会。开展“两学一做”学习教育。6月,组织工商联机关全体党员参观市廉政文化馆;7月,与市河南商会党支部结对开展“记党恩、诉真情,共建和谐政商关系”主题实践活动,与溧阳商会共同开展“红色经典”传承月活动;全年举办“两学一做”专题党课8次。加强党风廉政建设,分解落实党风廉政建设的主体责任和监督责任,与各处室签订党风廉政建设责任书。在全市工商联(商会)组织中开展“三走三倾心”主题活动,宣传党委、政府相关政策,实地了解企业经营情况,服务非公有制经济健康发展和非公有制经济人士健康成长。

(毛一岚)

【参政议政】 年内,市工商联围绕市委、市政府中心工作和民营经济发展的热点难点问题开展调研,建言献策。在两次市委民主协商会上,分别作题为《提升养老服务水平、打造幸福宜居城市》和《提升无锡影视文化集群效应的研究与思考》主题发言,其中《提升无锡影视文化集群效应的研究与思考》被列入市社科联2016年度精品课题。在市政协十三届五次全会上,作题为《科学编制“十三五”规划,努力化解无锡五大困局》的大会发言、《齐心协力推进“产业强市”,努力振兴无锡实体经济》的委员大组发言,向大会提交《积极解决银行放贷配比承兑汇票挤压企业生存空间的建议》等集体提案7件。其中,《关于发挥我市民企在“一带一路”建设中生力军作用的建议》被评为2016年度市政协优秀提案。针对经济社会发展的热点难点问题,做好非公有制企业和非公有制经济人士的社情民意采集工作,《关于打造工业遗址文化创意的建议》等3篇社情民意被市政协采用,其中《关于进一步助推全市中小企业挂牌“新三板”的建议》被评为2016年度市政协优秀社情民意。主办2件、参与会办4件人大议案和政协提案的答复工作,被市政府评为2016年两会建议和提案办理优秀单位。组织开展调研工作,参与全国第十二次私营企业抽样调查,完成调查问卷22套;配合大成企业研究院完成《〈劳动合同法〉实施情况调查问卷》8份,访谈企业5家;会同市政协、无锡民营经济和民间组织研究所,开展“充分发挥行业性社会组织在深化政府职能转变中的积极作用”“围绕供给侧结构性改革发挥行业组织作用”课题调研;组织上报《无锡市工商联开展第三方评估调研报告》等文章3篇,参加市委统战部优秀调研成果评比;完成市委统战部2016年度统战理论研究与创新招标课题，撰写《构建"亲""清"新型政商关系的无锡探索与思考》调研文章；申报2016年度无锡市哲学社会科学精品课题《无锡影视文化集群效应研究》；编印《无锡市工商联参政议政成果汇编（2012~2016年）》；撰写《构建"亲""清"新型政商关系，促进无锡民营经济发展》调研文章，在市政协"2016年度优秀调研成果"评比中获三等奖。

（毛一岚）

【服务非公有制经济发展】 年内，市工商联提升品牌影响力，帮助23家会员企业（个人）参评科技成果奖、创新人才奖和腾飞奖，推选5家企业的部分专家参评省、市级中青年技术专家或申请特殊津贴，江苏长电科技股份有限公司李宗怿等10位制造业一线的技术骨干获"无锡市唐翔千卓越工程师"表彰，组织20家企业人才参加"我心目中的无锡工匠"评选。推动海内外工商界融合发展，发挥全球锡商联盟服务平台功能，促成无锡市与澳大利亚墨尔本市结为国际经济合作伙伴城市；组织澳大利亚无锡商会会员到无锡考察投资，推动特种挖掘设备合作项目落户；举办欧美同学会·中国留学人员联谊会美国硅谷创业人员无锡行，开展"新一代信息技术""生命科技与新能源"2个专场交流活动；举办无锡、台湾两地企业界人士经营心得分享会活动，组织会员企业与美国俄亥俄州哥伦布市、白俄罗斯莫吉廖夫州等地经贸代表团洽谈合作。助力创新驱动力，推进军民融合深度发展，在全省率先成立无锡市军民融合企业协会；邀请国防大学专家到无锡指导军民融合深度发展工作，组织中船重工七〇二所科研专家团队走进企业考察交流，推荐7家民营企业进入《军民两用高新技术民营企业及产品推荐目录》，组织11个"民参军"企业项目参加首届中国军民两用技术创新应用大赛，摘得1金、1银和5个优胜奖，在地级市中位居第一。巩固"政企沟通"平台，召开警企协作办公室第一次工作例会和市公安局与市工商联联席协作机制第八次联席会议，通过《为企业办事和接待咨询流程》，细化联席会议、联络员、驻线挂点监督等多项制度，帮助洗染、医药流通、蔬菜果品等行业会员企业办理特许通行证400余张，办理"搬家车专用通行证"274张，为1000余家民营企业安装"流动人口信息社会化采集系统"；会同市国税局、无锡地税局与市青年企业家协会，开展各类"无锡市纳税人之家"活动79场，建立民企微信群直通快车，解答纳税咨询服务，惠及企业11.8万家。做好金融服务工作，协助47家中小企业上板交易，至年底，全市有108家企业在江苏股权交易中心挂牌；会同光大银行、招商银行、民生银行等，开展中小微企业信用融资对接活动，走访企业39家，对接合作9家，促成企业信用贷款5000万元；帮助民营企业争取转贷资金，至年底，全市各级转贷资金完成4895笔，转贷金额454.67亿元；参与推动"苏民投"落户无锡。6月20日，由省内多家大型民营企业发起设立的"苏民投"在无锡揭牌，注册资金86亿元，成为全省唯一的省级民营综合性金融与产业投资实体。在"2016中国民营企业500强"评比中，全市18家企业入围，入围企业数居全省第二。

（毛一岚）

【行业协会商会归口管理】 年内，无锡市新成立市跨境网商、商务用品、保健养生、军民融合企业、电影放映、会议展览业等行业协会商会6家。至年底，市工商联归口管理的行业协会商会193家。市机电五金、投资管理咨询、食品流通、光伏、房地产评估咨询、水泥、电子工业、电子商务、担保、汽车工业、房地产中介、市场、物业管理、女企业家、丝绸、测绘16家行业协会商会完成换届，72家行业协会商会完成年检。加强行业协会商会能力建设，组织市机械工业、金银珠宝玉石、经济信息网络、无锡"感知中国"物联网、医药流通、热处理、表面工程、软件、投资管理咨询、物流与采购联合会10家行业协会商会参加社会组织等级评估；组织62家行业协会商会专职人员参加全市社会团体首席信息主管（CIO）培训；组织市机械工业、电子工业、投资管理咨询、蔬菜果品、环境保护产业、金银珠宝玉石、建筑、房地产评估咨询、医药流通、建材、中小企业服务机构、铸造、表面工程、建筑机械、商联会、物流与采购、跨境电商中小企业、烹饪餐饮等行业协会商会参与市政协、无锡民营经济和民间组织研究所的专题调研，完成《加强行业协会建设，促进政府职能转移》《行业协会商会在经济发展新常态和供给侧改革中的独特优势》2篇调研文章；做好规范退（离）休干部到社会团体兼职审批、备案工作。市软件行业协会、市环境保护产业协会、无锡市场协会、市物

市委常委、统战部部长陈德荣（前左）向无锡市军民融合企业协会首任会长严奇（前右）授牌

（毛一岚 供稿）

业管理协会、市中小企业服务机构协会、无锡商业联合会被评为2016年度全市工商联系统先进集体,无锡物流与采购联合会、无锡表面工程协会、无锡典当行业协会、市美容美发行业协会、市烹饪餐饮行业协会、无锡跨境电商中小企业商会、市汽车流通行业协会、市智能家居商会、市家具行业协会、市投资管理咨询协会入选市级行业协会商会十大特色工作创建单位。

(毛一岚)

【光彩公益事业】 年内,无锡市光彩事业促进会共向社会捐款352.055万元,其中企业定向捐款127.211万元。结合"百企帮百村"活动,组织全市20家民营企业对口帮扶徐州、连云港两市20个省级经济薄弱村,累计投入资金330万元;为藏区佛学院学生捐赠冬衣,向结对困难群众、消防官兵发放助困金;施子祠慈善文化馆成功申报政府购买文化服务项目;在全市社会公益平台联合7家商(协)会,成立8家"资助传承爱公益服务中心";开展爱心助老系列公益活动,援助惠山区阳山镇社会福利中心等无锡公益福利机构;组织全市非公企业政协委员捐款27万元,定向支援盐城市阜宁县风灾、宜兴市水灾后的恢复和重建工作;市青年企业家协会"向日葵助学项目"参与建设贵州省黎平县高场村小学;市湖北商会为湖北暴雨洪涝灾害捐款,并派员赴灾区抗洪救灾;市河南商会党支部光彩基金定向救助在无锡河南籍烧伤家庭受伤人员。

(毛一岚)

【商会党建】 年内,市总商会党委推进全市工商联(商会)组织和非公有制企业党建工作,新成立宿迁商会、泰州商会2家商会党支部。至年底,市总商会党委下辖的商(协)会党支部28个。组织商会协会党支部书记赴江西省委党校井冈山培训基地开展"两学一做"学习教育,通过党建氛围评比展示活动,开展商(协)会党建工作交流。推进党建带群建工作,组织"优秀女锡商"评比,表彰优秀基层妇女工作委员会5个和优秀女企业家7人。市总商会党建特色工作案例被省委组织部《特色工作集萃》收录。

(毛一岚)

表20 "2016中国民营企业500强"无锡入围企业名单

序	企业名称	所属行业	营业收入(万元)	全国排名
1	海澜集团有限公司	纺织服装、服饰业	6718361	36
2	红豆集团有限公司	纺织服装、服饰业	5034064	64
3	江阴澄星实业集团有限公司	化学原料和化学制品制造业	4729332	76
4	江苏阳光集团有限公司	纺织服装、服饰业	3574009	115
5	江苏新长江实业集团有限公司	黑色金属冶炼和压延加工业	3381335	124
6	江苏三房巷集团有限公司	化学纤维制造业	3179372	132
7	双良集团有限公司	专用设备制造业	2993807	147
8	远东控股集团有限公司	综合	2951208	152
9	法尔胜泓昇集团有限公司	金属制品业	2900390	157
10	江苏扬子江船业集团公司	铁路、船舶、航空航天和其他运输设备制造业	2768840	163
11	江苏三木集团有限公司	化学原料和化学制品制造业	2353855	195
12	江苏华宏实业集团有限公司	化学纤维制造业	2258830	205
13	江苏新华发集团有限公司	批发业	1728475	276
14	江苏江润铜业有限公司	有色金属冶炼和压延加工业	1276456	390
15	五洲国际集团	房地产业	1250158	400
16	江苏大明金属制品有限公司	金属制品业	1135002	441
17	江苏华地国际控股集团有限公司	零售业	1118351	446
18	江苏新潮科技集团有限公司	计算机、通信和其他电子设备制造业	1089388	461

(毛一岚)

编辑 李汉洪

无锡市总工会

【概况】 2016年，全市各级工会持续推进“大教育、大竞赛、大维权、大调解、大关爱、大组建”六大工程，开展工会工作项目化管理复制推广工作，依法履行教育引导职工、开展劳动竞赛、维护职工权益、协调劳动关系、职工帮扶服务、工会组织建设等职能，各项工作保持良好发展态势。至年底，全市基层工会有13757个，涵盖法人单位63754个，会员255.91万人。市总工会连续第三年被评为“市级机关部门(单位)绩效管理和作风建设二十佳单位”之一。

(锡　工)

【加强职工思想引领】 2016年，全市各级工会在职工中宣传和弘扬社会主义核心价值观，开展“中国梦·劳动美·幸福路”主题教育。发动15万名职工参加“十三五”规划知识竞赛。组织100多位专家、教授，围绕“工匠精神”“职业道德”等主题，准备200多个课题，开展“建功必须有我——巡讲进企业”活动130场，培训职工超过2万名。邀请劳模、工匠代表与广大职工和工会干部分享成长成才的故事，激励职工立足岗位成才，引导职工投身“十三五”发展实践。

(锡　工)

【推荐评选劳模先进】 2016年，全市各级工会做好年度江苏省劳动模范和先进工作者、全国五一劳动奖推荐评选工作。98人被评为省劳动模范和先进工作者，1家单位获全国五一劳动奖状，3家单位被评为全国工人先锋号，5家单位被授予全国五一劳动奖章。市总工会组织开展劳模精神进企业、进机关、进校园“三进”活动200余场次，在《无锡日报》开设专版宣传劳模精神，弘扬“爱岗敬业、争创一流，艰苦奋斗、勇于创新，淡泊名利、甘于奉献”的劳模精神。被誉为“大国工匠”的中船重工第七〇二研究所钳工技师顾秋亮当选全国“最美职工”。无锡职工邓伟雄被评为“江苏省十佳文明职工”之一。

(锡　工)

【评选“我心目中的无锡工匠”】 2016年，市总工会联合无锡日报社开展“我心目中的无锡工匠”群众性评选活动。4~11月，面向全市信息技术、高端装备制造、节能环保、生物医药、新能源、新能源机车、新材料、高端纺织及服装等先进制造业领域基层一线操作岗位的职工，经过基层推荐、资格审核、网络投票、评审组评议等程序，评选出既在本行业有工艺专长、高超技能，又有领军作用、突出贡献的“我心目中的无锡工匠”20人。

(锡　工)

【丰富职工文化活动】 2016年，市总工会推进“书香企业”建设，举办第七届无锡市职工读书月活动。年内，新建全国职工书屋示范点5家、江苏省职工书屋示范点8家、市级“职工书屋”示范点20家。市总工会荣获全国第四届“书香三八”读书活动优秀组织奖，“让心灵在书香中升华”职工中外经典品读比赛被评为第九届“太湖读书月”优秀活动项目。组织体育公益擂台赛、青年(职工)歌手大奖赛、“激情周末”广场文艺演出，开展“送关爱·送法律·送文化”活动15场。

(锡　工)

【加强职工教育培训】 2016年，市总工会顺应“互联网+”形势，启动无锡工会会员教育普惠项目，并在梁溪区试点推进，打造五大类别、30个细化项目、200门课程的在线课程培训平台，使通过实名制登记的会员能便捷高效享受在线教育培训。同步推进线下线上培训载体建设，全市工会有职工教育基地400多个。市总工会干部学校在全国工会系统首创开发的“江苏工会学院职工网络教育服务平台”获全省工会服务职工示范项目。市总工会举办第七届劳模先进学历提升班，推出“工会励志奖学金”，帮助1800人参加学历培训。

(锡　工)

【启动主题劳动竞赛】 2016年，市总工会会同有关部门下发《无锡市“践行新理念、建功‘十三五’”主题劳动竞赛指导意见》，在全市开展“践行新理念、建功‘十三五’”主题

无锡工会会员教育普惠项目启动式　　（市总工会　供稿）

劳动竞赛，按照全市“一区三核多特”[“一区”指国家传感网创新示范区，“三核”指无锡国家高新技术产业开发区、江阴国家高新技术产业开发区和宜兴环保科技工业园，“多特”指辐射到的各市（县）区的特色高科技产业园区基地] 创新发展布局，突出重点产业、重点民生行业、重大基础设施建设工程以及重点企业等领域，以产品（质量）创精、技术创新、效益创高、管理创先、服务创优“五创”为主要内容，动员全市近1万家企业、100余万名职工参与劳动竞赛。

（锡　工）

【组织职工技能竞赛】 2016年，市总工会会同有关部门承办第三届江苏省技能状元大赛，举办第九届无锡市职工职业技能大赛。全市各级工会按照“培训、练兵、竞赛、晋级”四位一体模式，举办技能培训班3000多期，培训职工5.1万人次。举办覆盖108个工种的400余场次技能比赛，50余万人次参与，近1万人次通过比赛晋升技术等级。市总工会会同有关部门承办第三届江苏省技能状元大赛，举办第九届无锡市职工职业技能大赛。

（锡　工）

【动员职工技术创新】 2016年，全市各级工会广泛开展职工科技创新和小革新、小发明、小改造、小设计、小建议、小经验“六小”活动。活动中，全市职工科技创新项目1万多项，提出合理化建议6.2万多条，实施1.5万余条。评选产生无锡市职工十大科技创新成果、十大先进操作法和十佳“金点子”（合理化建议）。建成省示范性劳模创新工作室3家、市示范性劳模创新工作室6家、市劳模创新工作室10家。

（锡　工）

【维护职工合法权益】 2016，全市各级工会推进工资集体协商工作提质增效。全市开展工资集体协商的企业37713家，建制率98.26%，覆盖企业24028家，惠及职工217万人；在无锡投资的98家世界500强企业中，已开展工资集体协商的96家。工资集体协商工作连续12年被市委、市政府列入为民办实事项目并顺利完成。全市国有集体企事业单位厂务公开民主管理制度建制面100%；已建会非公企业建制面95%。推动“安康杯”竞赛活动，全市1.2万家企业、92.8万名职工参加“安康杯”竞赛活动，市总工会被全国“安康杯”竞赛组委会表彰为全国“安康杯”竞赛安全文化宣传工作先进单位。发动工会干部和职工参加全市首届工会劳动保护技能大赛。市总工会举办第二届全市职工“安全隐患随手拍”活动并获评省总工会“优秀组织奖”。开展工会劳动保护工作成效第三方调查，增强工会干部和职工劳动保护意识，促进安全生产管理水平提升。

（锡　工）

【加强劳动法律监督】 2016年，全市各级工会关注供给侧结构性改革中职工利益调整带来的问题，全市联动开展工会劳动法律监督检查，采取“不用陪同、不扰生产、直奔主题、直入现场”的“两不两直”方式，抽查用人单位1692家，涉及职工26.5万人，发出意见书212份，提出规范劳动用工规章制度意见2500余条，用人单位整改率97.6%。市总工会发布《关于2016年全市劳动法律监督检查活动的通报》。

（锡　工）

【化解劳动争议纠纷】 2016年，全市各级工会排查11.6万家（次）企业，排查出存在矛盾隐患的企业6家，涉及职工1290名。市总工会推出工会法律援助站点电子地图手机版，各级工会畅通“12351”热线等法律援助渠道，运用工会系统月度排查化解、横向部门联动排查化解、纵向地区层层排查化解“三大机制”化解劳动关系纠纷，全年调解劳动争议案件2295件，成功率95.51%。

（锡　工）

【建设职工综合服务平台】 2016年，全市各级工会推进工会服务职工工作平台体系建设，依据市总工会制定的《市（县）区、省级以上开发区、乡镇（街道）三级职工综合服务平台建设实施方案》，全市7个市（县）区总工会职工综合服务中心基本建成；省级以上开发区和乡镇（街道）职工综合服务平台建成41个，超额完成40%的年度建设目标任务。建成的职工服务平台合格与基本合格率95.83%。推进“一站一室”为职工办实事项目，全市新建环卫职工“安康·爱心驿站”82个、“爱心母婴休息室”46个。

（锡　工）

【加强就业援助工作】 2016年，全市各级工会开展“春风行动2016”“工会就业援助月”等就业服务活动，组织“订单式”“定向式”就业前培训2516期，培训10.08万人次；举办专场招聘会16场次，提供岗位信息7485个。市总工会会同市人社局举办大型招聘会42场，提供就业岗位15万个；开展“阳光就业行动”，促进困难职工家庭高校毕业生就业。

（锡　工）

【开展职工关爱帮扶】 2016年，全

市各级工会开展节日送温暖、高温送清凉、金秋助学、爱心助困、爱心助学等帮扶服务活动。筹集助学资金1774万多元，帮助1.3万名困难职工家庭解决子女上学难问题。市总工会为5905名劳动模范发放“四金”(春节慰问金、荣誉津贴、生活困难补助金、特殊困难帮扶金)586.85万元，组织438名劳模疗休养、263名劳模健康体检。推出劳模“暖心关怀”行动，着力帮助劳模解决实际困难。做好职工互助保障工作，全市职工互助互济保障项目在保32.6万人次、女职工健康互助保障6.8万人次。

(锡　工)

施全市工会“结对共建、联手强家”活动，发挥全国、省模范职工之家示范作用，带动结对工会争创模范职工之家。

(锡　工)

【落实联系服务职工长效机制】 2016年，市总工会落实联系服务职工群众长效机制，开展“进车间劳动、交工人朋友”活动，机关党员干部全年分8批次90人次深入生产企业、服务行业及公共服务岗位，与一线职工同劳动、交朋友，了解职工的所思、所想、所盼，掌握供给侧结构性改革中企业生产经营情况，听取企业、基层工会和职工群众对工会工作的意见建议。组织开展“学雷锋”职工志愿服务活动，亮身份、树形象，当好职工群众“娘家人”。

(锡　工)

市总工会开展“建功必须有我”百场巡讲进企业活动

(市总工会　供稿)

【加强工会组织基础】 2016年，全市各级工会加强组织建设。梁溪区、新吴区总工会成立。开展“农民工入会集中行动”，农民工会员130.8万人，比上年增长11.75万人。市总工会推广宜兴市总工会建设产业工会经验，加强全市县级区域产业工会建设，江阴市纺织服装产业、锡山区电动车产业、惠山区针织服装产业、滨湖区生物医药产业、新吴区物联网产业5个市(县)区级产业工会联合会成立。开展“争创模范职工之家、争做职工信赖‘娘家人’”活动，提升基层工会组织活力。组织全市4448家单位开展“会员评家”，按照会员意愿改进和提升工会工作。实

【工会项目化管理复制推广】 2016年，全市工会工作项目化管理复制推广工作全面启动。市总工会组织编印《工会工作项目化管理复制推广实操手册》，各市(县)区总工会和有关局(公司)直属单位工会围绕46个复制推广重点项目，制订3年内76项各具特色的复制推广计划.年内，有序复制推广33项。《工人日报》在头版开设“加强基层工会建设调研行”专栏，分5期对无锡市总工会“项目化管理”工作进行连续报道。

(锡　工)

共青团无锡市委员会

【概况】 2016年，共青团无锡市委员会(以下简称团市委)在青年群众工作中，打造“互联网+共青团”线上线下工作体系，围绕党委、政府工作中心，实施青年“创在青春”工程，推进“成长护航工程——青春新坐标计划”。探索社工队伍、社会组织、社会公益项目“三社合一”工作新模式，提升共青团参与社会治理的水平。至年底，全市有共青团员330254人。

(陈亚军　顾城烨)

【纪念五四运动97周年活动】 5月4日，无锡市举办纪念五四运动97周年活动暨青年创新创业分享会，活动以“传承工商基因，弘扬工匠精神”为主题。市委常委、组织部部长朱劲松，副市长华博雅，市政协副主席蒋伟坚以及相关部门领导参加分享会。市青联、青商会会员代表，各市(县)、区团委书记，青创空间负责人以及各级“好青年”代表、创业青年代表、高校学生代表360余人参与活动。

(朱晓峰　顾城烨)

【“1+100”团干部直接联系青年工作】 2016年，团市委按照“一走二连三促”(迈开步伐，走进基层；连接青年，联通需求；力促改革、促动骨干、促动发展)推进思路，围绕“走听转办——走支部连百心”活动，推动团干部开展以“争当改革先锋、真到基层报到；争当合格团干、真与青年交心；争当青年伯乐、真抓骨干力量；争当党政桥梁，真为团青解忧”为内容的“四争当四争做”活动，针对团委机关、乡镇(街道)、直属单位召开3场专题培训会议，通过挂钩基层村(社区)、青少年之家、联系青年社会组织、走进青创空间开展座谈宣讲、联谊劳动、志愿服务等多种形式，建立联系渠道、倾听青年诉求；结合青年之声、微信等互动社交平台，广泛开展与团员青年的交流、交心、交友活动。至年底，1700名专兼职团干部参与活动，联系青年13.4万人，解决青年心愿128个，全年形成《青创空间建团浅思》《如何开展好团课教学》等各类课题和工

育红小学学生学习日晷知识 (刘芳辉 摄)

作法8项。

(朱晓峰 顾城烨)

【"青少年之家"建设】 2016年,团市委以市(县)区青年活动阵地为载体,推动青少年综合服务平台建设。"青少年之家"运用"平台网络+网络平台"建设思路,将平台从市(县)区向街道(乡镇)延伸、向社区(村)拓展,各级团组织依托党建带团建,把握本地青年的特点和需求,有针对性地开展服务工作。至年底,全市建成青少年综合服务平台66家,其中国家级示范平台2家,省级市(县)区示范性平台5家,省级乡镇(街道)示范性平台10家,市级示范性平台8家,全年累计服务53360余人次。

(朱晓峰 顾城烨)

【加强基层组织建设】 2016年,团市委扎实推进"三进三助力"(品牌进基层,助力团建创新;资源进基层,助力优化发展;骨干进基层,助力配强队伍)区域化团建工作,依托"走基层、听心声、转作风、办实事"主题实践活动,以休闲集聚地、网络虚拟空间、碎片化时间为纬线的团建网格划分模式,推动机关团组织向青年休闲地、工作地、居住地聚合,搭建青年社团联盟平台、直属条线对接平台、行业团建推介平台,把区域内机关、事业单位等各类组织的力量汇聚起来,围绕青年企业家深化"基业长青——创二代培养计划",在非公企业团组织中推进争当"创新尖兵、技能标兵、安全哨兵"活动,赴江阴市、宜兴市、锡山区和惠山区开展专题调研,提高开发区(园区)团组织的吸引力和凝聚力,有效服务开发区(园区)团员青年。至年底,开展进社区活动400余场,服务青年2万人次,全市机关团干部走访青年2万余名,有效服务和满足青年婚恋、住房、文化融入、子女教育等需求。

(朱晓峰 顾城烨)

【开展"青春引领"行动】 2016年,团市委围绕社会主义核心价值观、"我的中国梦"等主题,在全市青年中开展"传承工商基因,弘扬工匠精神"主题活动、"青年之声·悦读青春"无锡市青少年书香阅读季——主题真人图书活动,与江南大学教授唐忠宝合作,打造"青年之声·宝哥来了"青年思享汇主题活动平台,通过塑造一个新生代思想政治教育导师——宝哥的形象,引导网络青年树立正确的价值观导向。开展2016年"我们身边的好青年"大型网络推荐活动,无锡推荐好青年候选人735名,7人入围"江苏省百名好青年",并开展"好青年分享会"。全年在中央级主流媒体报刊上刊登无锡共青团工作4篇,其中《中国青年报》2篇,《中国共青团》2篇;在省级主流媒体上报道15篇;市级以上125篇,做好五四青年节期间《传承工商基因,弘扬工匠精神》无锡日报专版报道,围绕青年创新创业等工作进行专题报道。

(王彩霞 顾城烨)

【新媒体平台工作】 2016年,团市委建设"青年之声"互动社交平台,全市有68个团组织开通"青年之声",访问量1200余万人次,1万余名专家入驻,问题数6.1万余条,回答数4.8万余条。打造8个线上咨询联盟和8个线下服务联盟,聚焦青年集中诉求提供有效服务。与无锡广电FM93.7频率合作,每周六10:00~12:00在其金牌节目《直通937》中开设《青年之声》专栏,由一名《青年之声》平台专家担任栏目嘉宾,为听众解答难题。举办2016年无锡共青团新媒体骨干培训班,提升新媒体实战能力。先后组织青年网友参与"缅怀周总理""党和人民在一起""两会微表情""蔡英文就职"等10多个话题讨论活动。借助"团聚无锡"双微阵地,开展"传承工商基因,弘扬工匠精神"无锡市纪念五四运动97周年青年创新创业分享活动、"点赞无锡"新媒体主题报道活动等。利用高校开学季,带着《青年之声》走进火车站、汽车站和大学校园,开展"青年之声·高校新生报道热力榜比拼""青年之声·最美军训连队评选"等活动,带领大学生粉丝开展线上线下活动,让初入大学的青年感受共青团温暖。坚持共青团小微文化产品的创作、推广和运用,推出《春节特刊——无锡各界青年大拜年》、《原来你是无锡宁!——女医明妃的那些事儿》系列文章、《青年之声,"青"听你的声音》等原创图文信息,并结合共青团工作重点创制宣传片《3Q打造青年就业创业服务体系》、动漫短片《倾听心声,服务成长》等。

(王彩霞 顾城烨)

【开展青少年权益服务】 2016年,团市委研发并输送各类青少年项目。"红盾青春——大学生防艾自护增能项目"入选团中央小额资助项目,帮助在校大学生防御艾滋病发生和传播,覆盖在校生1万余人;"彩虹伞——青少年自护教育体验营"入选团省委项目,覆盖青少年400余人;"'12355'中高考热线服务"入选团省委项目,在驻点高中开展减压技能辅导讲座4场次，为考生及家长进行考前心理电话咨询325人次；“低龄外来困境儿童防性侵增能”项目入围全市公益创投。全年向各个服务站点输送青春期教育、心理辅导等公益课程24场，购买社会组织服务——“‘青春新坐标’无锡‘12355’青少年成长服务项目—情商体验营”，在五河小学等外来务工子女较多的学校为厌学、学习兴趣不高的青少年开展社会化帮扶。壮大权益队伍，打造基层青少年服务阵地。至年底，全市青少年事务拥有社工603人，专业社工督导5人。与乐助社工、梁嫣红工作室、豆豆性教育保护等社会社工机构建立线上社工群，邀请优秀社会组织和社工机构加入。各级团组织定期开展“青少年事务社工沙龙”“无锡市青少年事务社工”培训班22场次，培训社工980余人。加强线上线下阵地建设，全市建成“12355”青春加油站65家；用好“青年之声”“青少年维权在线”网络平台，全年推送微信30条，网站信息32条。在开展“共青团与人大代表、政协委员面对面”活动期间，利用“团聚无锡”微信开设两会专题，全年累计提供意见、建议307件，采纳提案和建议15条。新增省级“青少年维权岗”单位9家，开发区检察院被评为国家级“青少年维权岗”，联合各级维权岗单位开展“维权岗公益行”活动，集中开展广场宣传、情景体验、互动交流等青少年法治宣传和自护活动。联合市广电集团，举办《青春红绿灯》未成年人保护教育专题教育节目41期；联合市教育局、市消费者协会等单位，举办全市第四届中小学生自护情景剧大赛；联合市综治办、市检察院等部门评审一批“青春新坐标”无锡青少年权益工作创新示范项目；联合市关工委、市检察院、汉新社等组织，开展涉事未成年人感化和矫正工作。全年制作“青春自护，平安假期”青少年自护读本5000份，向全市中小学生发放；开展青少年成长课堂25场次，参与青少年及其家长1.6万余人，全年开展权益类活动54场，覆盖人群万余人；健康成长类49场，覆盖人群2.5万余人。无锡团市委获全国“青少年权益工作创新”试点工作的终期评估第三名。

（范滢皓　顾城烨）

【开展青年志愿者活动】 2016年，团市委推进“关爱行动”“阳光行动”，做好全市27家“希望来吧”的管理运行工作，开展“为梦想，益起来”2016年度无锡“希望来吧”暑期嘉年华活动，联合童舟亲子成长公益服务社等社会公益组织、爱心企业，面向全市各级“希望来吧”开展公益体验活动。推进“阳光行动”助残基地建设，无锡市北塘区培智学校入选第三批省级基地，省、市级助残基地增加到13家。依托全国志愿项目大赛、2016年江苏省青年公益项目大赛等赛事，领办暑期公益嘉年华、青少年公益大赛等项目，挖掘电蜜蜂、彩虹救援、公益摄影团等成熟社团，搭建青年参与志愿公益的更高平台。3月，在全市开展“青年之声·志愿青春”主题活动。7月，动员全市团员青年，成立70人的青年防汛突击队。在盐城市阜宁县遭遇风灾后，组织市精神卫生中心、传承爱公益服务中心、市供电公司、东北塘明佳公司等志愿团队近100人前往灾区救援。组织、选拔、培训青年志愿者参与2016世界物联网博览会、环蠡湖国际半程马拉松等重要赛会的服务工作，提升服务专业水准，展现无锡青年志愿风尚。

（王彩霞　顾城烨）

【青年社会组织建设】 2016年，团市委贯彻团干部直接联系青年制度，坚持每周走访青联、青商会、青科协委会员，以及青年社会组织、新兴领域青年等工作对象，全年市级层面走访委会员306人、街道社区24家、骨干青年社会组织87家，增加亲近共青团的核心组织22家。团市委充分整合青联、青商会、青年社会组织实践基地等社会资源，赴杭州专题考察成功案例和实践经验，并举办无锡市青年社会组织骨干培训班。联合民建无锡市委举办2016无锡青年公益节，主题为“实业慈善传承，青春公益接力”，倡导广大实业家和社会爱心人士投身公益事业。“青春心愿·微公益”全年开展各类活动213场，服务对象超过8000人次，主要是残疾人、单亲家庭、贫困家庭、民工子弟等弱势青少年。无锡市青年社团联盟更名为无锡市青年社会组织联盟，并召开第一次理事会，选举赵清、邢军、龚婷婷为执行理事。推荐优秀金融青年参与“江苏省十大卓越金融青年”评选，江苏银行江阴支行理财经理袁琳娜入选。与无锡日报报业集团、无锡广电集团联合开展第18届“无锡市十大杰出青年”评选活动，通过《无锡日报》、太湖青年网、摩时网、“团聚无锡”等媒体发布活动评选通知，宣传典型优秀事迹，以身边的榜样教育、激励和引导更多青年健康成长、建功立业。做好省青联委员提案征集工作，整理提交个人提案4个、集体提案1个，内容涵盖青年交友、青年人才公寓建设、基层卫生人才队伍建设、加大空气污染治理力度等多个方面。

（华晓蕾　顾城烨）

【培育青年人才】 2016年，团市委制定《关于加强青年人才工作的实施意见》，以“双创”青年、“二代”企业家、高技能青年、优秀大学生为重点，兼顾青年科技工作者、海归青年、青年社工等服务对象，通过实施基业长青——“创二代”培养计划、青年科技人才聚力行动、海归青年人才“走听办”暖心行动等，分类推进青年人才工作。建立市级青年人才服务基地，建设大学生就业见习与创业实训信息交换平台，完善青年人才交友联谊模式，加强青年人才选拔和数据库建设。举办2016无锡“互联网+”青年创客大赛暨青年创新创业论坛，参赛队伍73个，赛事环节添加线下初审、线上众筹、广场嘉年华、创业辅导会等，决赛队伍扩展为15个。论坛上，3W·创客无锡创始人顾建伟、一米工作CEO薛静丰、恩普勒斯集团总裁吴建民、路大在线科技CEO徐铭俊、云蝠众创空间负责人陆文婷5位嘉宾就无锡互联网创业环境、如何借助互联网助推无锡现代产业发展等专题进行交流探讨。

（华晓蕾　顾城烨）

【青年交流与援建】 2016年，团市委会同市委统战部，共同做好为期4天的香港大学学生赴无锡文化交流之旅接待工作。接待新疆伊犁代表团一行37名优秀青年代表到无锡参观考察，举办无锡—阿合奇青少年融情实践夏令营活动，加强人文交流，促进民族团结。完成团中央和团省委下达的年度对口（新疆阿合奇县、霍城县和青海省贵南县）援建任务，延伸希望工程“圆梦行动”，援建青少年鼓号队，开展阳光关爱计划，各项援建款物合计32万余元。成立无锡市青年交友服务中心，完善青年交友网，设立专属阵地，招募专职人员，开展“缘来是你——love课堂”主题交友活动，每周1次小型主题沙龙，每月1次百人专场活动。加强与广电集团等大型媒体和专业机构的合作，提升团市委青年交友工作的知名度与影响力。

（华晓蕾　顾城烨）

【帮助青年创业就业】 2016年，团市委开展“职场微体验·暑期莫宅家”大学生就业创业专项行动，依托前程无忧网、一米工作手机APP发布各类见习岗位近2000个。开展2016年春风行动、“阳光行动”、“勇往职前”、“青年之声·创业就业联盟课堂”进校园系列活动江南大学专场等各类人岗对接会、招聘暨政策咨询推介会等近20余场次，提供岗位3885个，近4000名求职者进场应聘，750余人与用人单位达成初步就业意向，接受政策咨询500余人次，发放“春风卡”3500份。与“3W咖啡”、“啡咖啡”、云蝠众创空间等合作开展各类创业培训、大赛、路演，实施大学生引育“百城千校万名计划”，连续6年开展“无锡籍优秀学子创新创业体验营”，第三年联合市高训中心举办青年创业特训营，海内外的近60所高校的63名大学生参训。联合中国邮政储蓄银行推出“青年电商贷”无抵押信用贷款，与利民小贷公司合作推出青年创业微金融服务（青创微金）项目，为创业青年提供多渠道资金帮扶。承办中国青年创新创业金融综合服务平台青年创新创业板座谈会，建立双创板市级项目库，逐级推报双创板挂牌融资（展示）企业8家。举办五四青年创新创业嘉年华活动，募集各类青年创新创业项目120余个，近2000名各界青年参观嘉年华活动。发起成立无锡青年创客联盟、无锡市机关青年“创客之友”志愿服务团，加入长三角青年创新创业联盟，推报青年创业项目入库，团市委书记周子川受聘为“长三角青年创新创业联盟”副秘书长。

（刘　尧　顾城烨）

【寻访“最美青年工匠”】 2016年，团市委开展“寻访无锡市最美（优秀）青年工匠”、“争当工匠精神青年传承人”、“寻访无锡市青年双创英才”、“我心目中的工匠精神”青春思辨会等各类交流、成果展示活动70余场，通过逐级推荐、网络投票、专家评审等环节，寻访活动共通报表扬30名无锡市“最美（优秀）青年工匠”、10名无锡市“青年双创英才”，江阴法尔胜赵霞获评省“青年双创英才”称号。邀请“最美（优秀）青年工匠”“青年双创英才”进企业、进学校，分享钻研技艺、努力创新的故事，共同讨论、思辨如何更好地传承、践行新时期工匠精神、创新精神。

（刘　尧　顾城烨）

【提升青工技能】 2016年，团市委围绕“促创新、提技能、保安全”的主线，召开全市重点企业团工作座谈会，开展青年职工“三争当”活动，号召全市青年职工“争当创新尖兵、争当技能标兵、争当安全哨兵”。推动企业“青工技能加油站”建设，开展“蓝领学堂进千企”“导师带徒”等工作项目，以团组织主导、社会培训机构承办的方式，在企业内打造学习阵地，为企业青年提供更多、更专业的技能培训。年内，开展“蓝领学堂进千企”活动80余场，打造“青工技能加油站”近100家。

（刘　尧　顾城烨）

【助推新型青年农民发展】 2016年，团市委举办无锡市“最美新型青年农民”发布会暨“众创青农”交流会，并在农博会现场设立“最美新型青年农民”真人图书馆专区。召开无锡市新型青年农民联谊会会长座谈会，开展“乡约你我行”系列活动，组织联谊会会员赴各市（县）区会员单位进行参观学习。联合市农委开展无锡市“最美新型青年农民”寻访活动，依托魔时网微信公众平台设立微信投票专区，活动期间累计收到投票30万次，通报表扬无锡市“最美新型青年农民”10人。

（刘　尧　顾城烨）

【规范“青字号”品牌管理】 2016年，团市委召开无锡市青年安全生产示范岗创建工作推进会、年度青年安全生产示范岗创建集体负责人培训班，举办第23期市级青年文明号创建集体负责人培训班。对全市省、市两级青年文明号集体进行梳理、统计，共撤销市号121家，建议撤销省号10家。会同市安监局制定《无锡市青年安全生产示范岗管理办法》，开展青年文明号“亮号”行动广场服务活动，开展政策宣讲、生活便民、法律咨询、医疗保健等多项和老百姓日常生活息息相关的现场服务。

（刘　尧　顾城烨）

【引导青年参与生态环保实践】 2016年，团市委围绕“共促环境美·青春新行动”主题，开展年度无锡市青年环保创意大赛。联合市绿化办，组织全市机关、企事业单位、高校、志愿者组织以及青年文明号集体的青年代表200余人，赴惠山区阳山镇开展“青山绿水‘森’呼吸，环保动力‘林’距离”春季植树活动，倡导生态文明、传播绿色理念，号召青少年提高生态环保意识和资源节约意识。定期宣传报送“母亲河奖”评选工作动态及优秀个人、团体事迹材料，江南影视艺术学院团委被评为江苏省第三届“母亲河奖”优秀组织奖称号。

（刘　尧　顾城烨）

【学校共青团、少先队工作】 2016年，团市委围绕中国梦和社会主义核心价值观两项重点，开展“党团队手拉手，唱响‘十三五’”主题教育活动，实施“心系祖国家乡‘十三五’小规划”和“个人成长进步‘十三五’小规划”两项行动。组织开展“红领巾寻访‘强富美高’新无锡”“与人生对话”“彩虹人生”“与信仰对话”“奋斗的青春最美丽”等活动。成立市少年军校总校、市青少年科学院，开展“红领巾梦工场”创新实践营、“队长学校”军营一日国防夏令营，举行“传统文化记心中，中华文明我传承”知识挑战赛。继续开展“万名追梦好少年”“江苏好少年”推荐展评和少先队“魅力中队（英雄中队）”创建评比。成立全市中职学校团学工作联盟，举行初一年级少先队建队暨学校共青团、少先队辅导员聘任仪式示范活动及“青春五月”主题团日观摩研讨活动，开展“星级团（队）室”“活力团（队）角”评比，举行中学中职共青团工作考核，12所学校被命名为全省中学中职共青团工作

“六个一”(一课一月一员,一室一角一档案)团建项目示范校。继续举行全市少先队骨干辅导员提高培训班、中学中职团委书记培训班(第四期)、“青马工程”大学生菁英培训班(第四期)。加强少先队活动课程建设,推进月观摩交流“同课异构”,设置市少先队活动教研员，加强市、区、校三级少先队活动课教研组建设，举办首届全市少先队辅导员风采展示(说课)活动。开展说课案例评选，组织参加全省少先队活动课现场展示，获团体金奖和三个单项特等奖，成功创建省名辅导员工作室 3 个。举办“青春梦工场”首届无锡市中学中职共青团员风采秀,开展“微团课”征集展示活动。继续开展 2016 年度大中专学生暑期“三下乡”社会实践活动。举办 2015~2016 年度“魅力社团,活力青春”十佳(优秀)大学生社团展评。组织参加“挑战杯——彩虹人生”全国、省职业学校创新创效创业大赛,12 个项目获省特、一等奖,10 个项目获全国奖。

(华莉莉　顾城烨)

【开展希望工程系列活动】 2016 年,团市委在全市开展“共青团在你身边——暖冬行动青少年服务月”活动。针对流动儿童、贫困家庭青少年学生、弱势孤残重点青少年群体、外来务工青年等,实施“青春关爱行动”“青春送暖行动”“青春呵护行动”“青春相伴行动” 等精准化帮扶行动。为 8 所经济条件相对落后的农村小学、新市民子女集中学校建设 35 个班级图书角，捐赠 35 个书架 2100 册新图书。在新学期开学前，无锡团市委希望工程办公室联合江阴市、宜兴市等 7 个区(县)团委募集爱心款 127.84 万元，资助贫困家庭青少年学生 1867 人;走访慰问外来务工人员贫困青少年家庭 1379 户,赠送文具用品、衣物等慰问品,价值 42.3642 万元。继续深入实施开展 “希望之星”“希望工程优秀受助生”“希望工程慈善助学” 助学项目的评选活动，为 370 名贫困家庭中小学生每人提供 1000~3000 元助学金。暑期，开展 2016 希望工程“圆梦行动”，在新生入学前，团市委、市希望工程办公室募集爱心助学金 48.443 万元，帮助 140 名贫困家庭学生圆梦大学。

(范滢皓　顾城烨)

无锡市妇女联合会

【概况】 2016 年，全市各级妇女联合会（以下简称妇联）以中央和省委、市委群团改革精神为指引,立足当好党委和政府联系广大妇女群众的桥梁和纽带,推进改革创新,各项工作取得良好实效。至年底,全市女性人口 306.81 万人，有各级妇女组织 5588 个,“妇女儿童之家” 阵地 1145 个。

(蒋凌燕)

【妇女创业就业发展】 2016 年,市妇联围绕市委、市政府重点目标任务,突出创新创业主题,推动妇女参与经济建设。开展巾帼建功活动,召开全市巾帼建功工作会议,命名 100 个市级巾帼文明岗,50 个市级巾帼建功标兵。召开无锡市纪念三八国际劳动妇女节 106 周年暨 “巾帼奉献，建功有我” 女性成长成才座谈会,树立各类典型进行广泛宣传。弘扬工匠精神,开展“指尖风采·魅力巧娘”创意手工制作大赛。举办妇女家政、母婴护理、电子商务、农村妇女网上行、农村劳动力转移、妇女创业贷款等各类培训班，全年培训妇女 6498 名。连续第四年开展“走访美丽乡村,共圆创业梦想 ”活动,带领市民走进巾帼示范基地，宣传推广农村妇女创业项目。在全省巾帼创业创新大赛中,8 个项目获得省级荣誉。新增市级以上巾帼现代农业科技示范基地、巾帼农家乐示范基地、巾帼电商服务示范基地、巾帼创业创新孵化基地等各类农村巾帼示范基地 55 个。举办女企业家创业导航行——对话“产业强市”论坛。召开市女企业家协会第五次会员代表大会，选举产生新一届协会领导班子。女企业家谈玉琴入选 2016 年度全国“杰出创业女性”。

(蒋凌燕)

【家庭文明建设】 2016 年，市妇联围绕“重视家庭建设,注重家庭、注重家教、注重家风”的要求,推进家庭文明建设，弘扬中华民族传统美德。开展“爱的全家福”手机随手拍网络征集活动，数千个家庭晒出全家福照片。通过智慧无锡手机客户端和都市生活广播微信推出 “幸福家庭是什么” 好家风话题讨论、“节能环保家庭行，说说你家的节能环保金点子”有奖互动讨论。到机关、社区、企业、部队和学校开展好家风宣讲活动,各级妇联举办“最美家庭讲好家风”巡讲活动近 1000 场。与市委宣传部联合举办“最美人物”走基层暨“和美家风德润锡城”展秀活动,以“最美人物”和“最美家庭”为原型,传播“最美”风尚。在 30 所小学开展“弘扬优秀家风,传递幸福梦想”主题演讲活动。制定《无锡市家庭教育工作 “十三五” 规划(2016~2020 年)》。举办无锡市家庭教育工作研讨座谈会，围绕家风家训与家

女企业家创业导航行——对话“产业强市”论坛　　(市妇联　供稿)

庭教育，探讨新媒体背景下优秀传统家学的传播方式和路径。开展无锡市优秀家庭教育专著和校本教材推荐评选、传统家学当代价值专题研讨活动。全年开展“科学家教进万家”公益巡讲15场。

(蒋凌燕)

【妇女儿童合法权益维护】 2016年，市妇联继续加强妇女儿童维权职能，推动男女平等国策落实。抓住《中华人民共和国反家庭暴力法》(以下简称《反家庭暴力法》)正式实施契机，多措并举推进妇女权益保障工作。制作《反家庭暴力法》动漫宣传片在各个社区播放。提高基层妇联干部维权实务能力，邀请法律专家、心理咨询师进社区开展《反家庭暴力法》讲座16场，参加培训人员800多人。编印维权案例4000册，下发到基层一线。年内，对市政府制定的涉及妇女儿童的18个规范性文件开展性别平等咨询评估工作。组织100名律师与100个社区妇女儿童之家结对，把法律咨询和维权服务送到妇女群众身边。启动第四届“万家学法”活动，全年举办普法讲座62场，参与人数4200余人。组织开展各类普法宣传咨询活动200多场，发放宣传资料10万余份，参加服务的专家及志愿者2800余人次，开展对特殊人群的帮教慰问635人次。

(蒋凌燕)

【关爱弱势妇女儿童】 2016年，市妇联以妇女儿童发展规划为引领，推动政府相关部门合力落实服务妇女儿童“八件实事”(农村妇女免费“两癌”检查、妇女创业就业援助、基层妇女参与民主管理、爱心母婴室创建、“96338好苏嫂”智慧家庭服务平台建设、儿童安全保护、家庭文明建设、妇女儿童活动阵地建设)。牵头开展关爱困境儿童“护蕾行动”，入村、社区开展走访调查，建立一人一档动态信息库，开展儿童保护专题调研。新增900名贫困儿童得到“社会妈妈助春蕾”公益活动资助。开展“守护童年”儿童安全教育，协调中国儿童基金会公益项目“儿童安全教育体验场馆”在无锡师范附属太湖新城小学、省锡中实验学校落户。开展“爱的守护——女童自护课堂”公益巡讲16场。联合无锡市海事局举办儿童水上交通安全教育活动。围绕支持贫困妇女创业就业和留守儿童关爱服务等方面设计的13个项目，入选2016年度省妇女儿童公益社工服务项目，累计获得项目扶持资金65万元。会同市卫计委、人寿保险无锡分公司等单位推动女性“安康保险”项目，为部分贫困妇女治疗“两癌”解决资金难题。

(蒋凌燕)

【组织建设】 2016年，市妇联结合“两学一做”学习教育活动开展基层调研，领导班子成员多次下基层，围绕妇女儿童之家建设、妇女权益维护、困境儿童和单亲贫困母亲救助等工作，听取意见、改进做法。举办“妇联遇见未来”主题沙龙，用新媒体方式邀约体制内外的各界人士为妇联改革出谋划策。面向全市征集妇女群众工作方法59项，优选其中19项上报省妇联，为全省基层妇女群众工作提供经验。借村(社区)委换届契机，主动对接相关部门，争取政策支持，推动村(社区)女性进“两委”(村委、社区居委)。举办基层妇联换届选举专题培训、妇女参政专题培训，制定《2016年妇联换届选举操作手册》，指导基层换届工作顺利推进。指导基层改革创新，统一将全市农村妇代会改为村妇联，增强妇联组织的识别度。推动妇联工作触角向互联网延伸，举办7场“互联网+”培训班，对全市村级以上妇联干部进行全员培训，助力各级妇联干部转变思维、适应发展。与锡缘科技股份有限公司合作，开发女性社团网络社交工具“好日子”APP，并成立“好日子社团群”，为100多个社会组织搭建平台、提供服务。组建1000余人的网宣网评员队伍，并邀请网络舆情专家开展培训，提高网宣网评员的舆情应对能力。

(蒋凌燕)

【开展巾帼志愿服务】 2016年，市妇联继续推进巾帼志愿服务。协调市慈善总会慈善资金30万元，对全市193户贫困单亲母亲家庭进行专项救助，市女书法家协会的会员书写200副春联和“福”字送给受助的贫困单亲母亲家庭。六一前夕，在华谊兄弟影院举办两场无锡妇联公益电影专场，为全市100余户困难家庭播映儿童电影。联合东林网妇联推进“智慧人生，心灵E站”——用“心”创建幸福家庭公益项目，线上线下同步并进。搞项目被评为全国优秀巾帼志愿服务项目。

(蒋凌燕)

【纪念国际劳动妇女节座谈会召开】 3月7日，无锡市纪念三八国际劳动妇女节106周年暨“巾帼奉献，建功有我”女性成长成才座谈会举行。会上，高科技领军型创新女性典型张宇蔚等6位各行各业的优秀女性和大家分享心路历程。会议表彰市三八红旗手标兵10名、市三八红旗手100名、市三八红旗集体47个；授予100户家庭市“五好文明家庭”标兵户荣誉称号。

(蒋凌燕)

【创意手工制作大赛落幕】 至4月底，“指尖风采·魅力巧娘”创意手工制作大赛征集到个人以及集体工作坊利用绣、编、织、剪、钩、刻等手法制作的实用型、装饰型、艺术型且富有创意、具有市场前景的手工艺品1000多件。经过大赛官网、手机客户端等多媒体的公众投票，最终由专家组综合评定，产生无锡市“魅力巧娘”特别荣誉奖1个，无锡市“十佳魅力巧娘”奖、无锡市“魅力巧娘”提名奖、无锡市“魅力巧娘”新秀奖各10个，无锡市“魅力巧娘”优秀奖20个，无锡市“十佳创意手工制作工作坊”10个，“指尖风采·魅力巧娘”创意手工制作大赛组织奖8个。

(蒋凌燕)

【“苔花芬芳”公益创投项目签约】 10月，无锡市妇联采用社会组织和基层妇联申报、市妇联初审、专家评审、社会公示、正式签约的流程模式，面向全市开展“苔花芬芳”公益创投项目和服务妇女儿童优秀案例推广项目征集活动。至年底，征集到申报项目94个，与15个公益创投立项项目、10个公益创投扶持项目、33个公益推广项目签订项目合同书。这些公益项目以城乡社区妇女儿童和家庭为主要关注和服务群体，涉及全市多个社区。此次签约标志着无锡市妇联2016年公益项目进入实施阶段。通过项目实施，“妇联主导、社工引领、义工参与、社会支持、妇女得益”的妇联社会工作项目服务体系逐步构建形成。

(蒋凌燕)

【女企业家协会换届】 12月16日，无锡市女企业家协会第五次会员代表大会在湖滨饭店召开。无锡市女企业家协会第四届会长杨剑华就过去5年的工作情况作工作报告。选举产生无锡市女企业家协会第五届理事。无锡金鑫集团股份有限公司董事长谈玉琴当选为新会长，江苏华西同诚投资控股集团有限公司董事长包丽君、无锡市明珠电缆有限公司总经理薛建英等9位女企业家当选为副会长。会上，还举办女企业家创业导航行——对话"产业强市"论坛，无锡金鑫集团股份有限公司董事长谈玉琴，无锡市一棉纺织集团董事长、总经理、党委书记周晔珺，江苏华宏实业集团有限公司总经理胡品贤，江苏乾元茶业有限公司董事长汤卓敏，北京金一文化董事、执行总裁黄翠娥5位代表围绕"产业强市"话题，畅谈经验、举措、思路等。

（蒋凌燕）

无锡市归国华侨联合会

【概况】 2016年，无锡市归国华侨联合会（以下简称市侨联）团结服务广大归侨侨眷和海外侨胞，各方面工作取得新进展。至年底，全市有归侨180人，侨眷10万人。

（许竹敏）

【经济科技合作】 2016年，围绕"创业中华"主题，市侨联动员海外侨资回国投资兴业，尤其是发展新兴产业，参与无锡产业转型升级；深入走访调研新侨创业企业，发挥"新侨创业辅导服务中心"作用，支持侨界"大众创业、万众创新"。3月，与市科技局、惠山区委统战部联合主办2016"创业中华"走进惠山区——服务新侨企业科技创新创业面对面活动；6月，与市科技局、国联证券有限公司等单位会同江阴市侨联、江阴高新区等单位联合主办2016"创业中华"——走进江阴科技创新创业面对面服务活动，被中央电视台《新闻联播》"转型升级高新区调研行"栏目录播；9月，联系杭州海邦基金、北京领势基金等投资公司，与新吴区新侨企业对接，举办2016"创业中华"——海邦基金助力无锡新侨企业创新创业活动，筹备建立无锡市新侨双创基金；12月，与市科技局、滨湖区侨联等单位举办"创业中华"走进滨湖区——服务新侨企业科技创新创业面对面活动，40多家滨湖企业代表参加活动。在各市（县）区广泛开展侨资企业基本经营情况调研，走访侨资企业30多家，发放并收回《侨资企业基本经营情况调查表》近200份，形成的调研报告在《中国侨联工作》和《江苏侨联》杂志上刊登。7月，陪同省侨联副主席镇翔赴滨湖区太湖科教产业园调研新侨企业，走访无锡领秀科技有限公司、无锡圆润居珍珠首饰有限公司，了解企业发展现状。8月，牵线北京安达泰克科技有限公司，促成该公司考察无锡市滨湖区胡埭工业园区、宜兴市周铁机械装备产业园和官林国家电线电缆产业基地，进行在无锡投资设立航空零部件制造中心可行性调研。牵线广东美涂士集团CEO、中国侨联常委周伟建等，到宜兴市官林镇三木集团涂料产业园进行投资考察。8月，市侨联副主席张筠出席华侨基金无锡分公司的成立仪式。年内，无锡市侨界获六项"中国侨界贡献奖"。江南大学教授任学宏、江苏杰尔科技股份有限公司董事长金华明获第六届"中国侨界贡献奖"创新人才奖，博士顾铭领衔的贝瑞森贻贝粘蛋白生物医学材料研发创新团队、博士夏帆领衔的艾伦黑格团队获创新团队奖，兰诺生物技术无锡有限公司的新生物制药技术——乳腺生物反应器生产人源重组凝血因子荣获创新成果奖，无锡佰翱得生物科学有限公司获创新企业奖。无锡北大博雅控股集团有限公司董事长许晓椿等6位杰出新侨人才入选"中国侨联新侨创新创业联盟"理事。远景能源、贝瑞森生化、佰翱得生物等优秀侨企加入中国侨联"新侨创新创业联盟"。获奖单位和个人应邀出席中国侨联第六届新侨创新创业成果交流暨中国侨联新侨创新创业联盟成立大会。10月，在南京举办的"中国侨联新侨创新创业成果展"上，无锡市包括获奖单位在内的近20家新侨企业参展。宜兴经济技术开发区被评为省侨联创新创业示范基地。

（许竹敏）

【文化交流】 2016年，市侨联协同各相关单位开展形式多样的文化交流活动。在对外文化交流方面，申报国家级和省级国际文化交流基地。6月，无锡市演艺集团被评为江苏省华侨华人文化交流基地。11月，中国侨联、无锡市侨联"亲情中华"艺术团芭蕾舞剧《丹顶鹤》在加拿大渥太华、多伦多和美国华盛顿、纽约成功巡演。12月，江阴市天华艺术学校被中国侨联命名为"中国华侨国际文化交流基地"。市侨联对各级交流基

"亲情中华"艺术团芭蕾舞剧《丹顶鹤》在加拿大渥太华、多伦多、美国华盛顿、纽约巡演

（许竹敏 供稿）

地加强指导，发挥其积极作用。天华艺术学校作为“亲情中华”主题活动基层典型，分别在中国侨联和省侨联文化宣传工作会议上作经验交流。市侨联会同无锡博物院编写中国华侨国际文化交流基地故事《构建中外文化交流互鉴，引领中华文明互容互通》。在国内各界文化交流方面，市侨联主动申办国家级侨界文化活动。6月，承办由中国侨联主办的“亲情中华·走进无锡第二届世界华侨华人摄影展”；7月，承办中国侨联“亲情中华”夏令营江苏营；9月，33个国家和地区的100多名中国华侨国际文化交流促进会海外副会长、秘书长及理事参观考察江阴市。年内，举办多场大型海内外侨界文化交流。1月，举办“寻径探幽——之宁中西文化交流协会五周年暨迎新春联艺画展”；3月，参与主办“蓉之风华”——华之宁、华斌先生书画艺术展；4月，举办“赏心微旅——劳拉.斯布朗画展”。组织海内外中小学生积极参加第17届世界华人学生作文大赛征文活动，市侨联第九次获得“优秀组织奖”。9月，举办“亲情中华”纪念中国侨联成立60周年暨无锡市侨界欢度中秋文艺演出。10月，无锡市侨联和致公党无锡市委联合举办“亲情中华”第二届国际华人(海归)歌唱家音乐会。10月，由市侨联选送，江阴天华艺术学校演出的《民族组曲》，获得全国侨商社会组织系统庆祝中华人民共和国成立67周年暨中国侨联成立60周年文艺会演优秀奖。

（许竹敏）

【维护华侨侨眷权益】 2016年，市侨联以《江苏省保护和促进华侨投资条例》颁布实施为契机，推进依法护侨“维权行动”，依法履行维护侨益职能。举办《江苏省保护和促进华侨投资条例》专题讲座培训，提高侨联干部业务水平。动员全市各市(县)、区侨联三级联动，利用五一节假日，联合各涉侨单位、侨联法顾委、侨界法律援助服务中心，举办广场侨法宣传和现场法律法规咨询服务。开展侨法咨询，发挥法律顾问委员会成员专家作用，坚持每月定期开展侨法咨询服务，通过“无锡市侨界法律援助服务中心”开展涉侨法律讲座、法治宣传和法律培训，为归侨、侨眷、新侨创业人员维护自身合法权益提供更完备的法律支持和必要援助。全年接待到访90人次，来信来电53件(次)。关注和协调解决经济纠纷案，知识产权纠纷案，延长签证、财产继承、侨房拆迁等问题。加强维权服务横向联动，与市中级人民法院、市公安局密切合作，完善诉调对接工作机制，在涉侨案件受理、华侨华人及华侨子女出入境等方面，协商制定咨询协调服务、简化申办手续、缩短办事流程等一系列惠侨便侨措施。

（许竹敏）

【海外联谊】 2016年，市侨联接待海外侨胞70批450人次。春节前，市侨联邀请在无锡的美国、加拿大、澳大利亚、南非无锡同乡会、商会的侨领欢聚一堂，共迎新年。2月，接待土耳其能源和自然资源部副部长塞拉哈亭·琪曼率领的企业家和土耳其华商会会长宋子彬一行。3月，台北市浦东同乡会顾敏一行到访无锡市侨联，双方就加强两会之间的交流，共同促进无锡、台北两地民间经济文化合作交换了意见。5月，接待加拿大无锡商会秘书长管建宏一行。邀请美国西北大学心理学博士李雯到市精神卫生中心进行学术交流；6月，接待加拿大无锡商会会长沈浩、副会长薛龙平一行；9月，中国海外交流协会第四届海外理事、全球华人华商联合总会副主席、上海大学自动化学院客座教授、科威特华侨华人协会主席董泰康一行3人到访无锡市侨联，双方就“一带一路”建设、无锡社会经济发展等问题进行交流；10月，在北京市朝阳区侨联党组书记、主席曾旭的陪同下，欧盟中国城市发展委员会董事主席蒋英一行到无锡参观考察；11月，加拿大江苏商会沈浩会长陪同加拿大安省杜兰郡友城访问团一行5人到无锡，就中国侨联“亲情中华”访加慰侨演出团及友城建设相关事宜进行会谈。西班牙巴塞罗那华侨华人社团联合总会名誉会长林传舜一行到无锡，考察阳山水蜜桃项目。在澳大利亚墨尔本无锡同乡会成立十周年之际，市侨联发贺信并赠送花篮祝贺。

（许竹敏）

【参政议政】 2016年，市侨联引导和支持侨界人大代表、政协委员、侨专委委员履行参政议政职能，推进“建言行动”。抓住市及市(县)、区两级两会换届契机，推荐侨界人大代表、政协委员人选。在市“两会”期间，市侨联报送《关于充分利用地铁设施过街功能，解决中山路、人民路三阳广场等路段道路拥堵，促进地铁商业发展的建议》集体提案。市级侨界人大代表和政协委员为市两会提交提案、议案30件。市侨联主席冯雷在江苏省政协十一届四次会议上，围绕“贯彻绿色发展理念，建设美丽宜居新江苏”的联组讨论主题，作《加快推进污染土壤修复，努力建设绿色宜居新家园》重点发言。市侨联副主席、市人大常委会委员张筠提交《关于做好我市无偿献血工作的建议》。7月，配合市政协开展“发挥港澳台侨资源作用”调研，围绕“发挥侨力资源作用，助推无锡城市发展”主题，向政协领导汇报海内外侨情以及近年侨联开展的工作。江南大学积极配合侨务部门开展“关于侨商侨企知识产权成果转化”的课题调研。发挥海外顾问、海外联络处作用，收集海内外侨情信息，为市委、市政府科学决策提供信息服务。市侨联常委卢九评撰写的《关于以物联网助推我省传统制造业转型发展的三点建议》被中国侨联采纳，《促进中小学校园足球发展，无锡市侨联提出5条建议》被省委录用。

（许竹敏）

【为侨服务】 2016年，市侨联走访慰问高龄、鳏寡、困难归侨186户，发放困难补助和慰问品计15.2万元，全年侨联系统发放帮扶资金35.8万元。组织归侨侨眷健康体检1次，举办健康知识讲座1次。看望慰问生活困难及生病住院归侨侨眷，为其解决实际困难，做到“归侨住院必去看望，归侨去世必去送行”。完成省侨联弘阳基金会救助金登记、造表、发放工作，做好省华侨基金会老归侨意外伤害保险和省华侨基金会老归侨意外伤害和大病住院保险归侨人员名单上报核查工作。通过市侨联领导结对特困归侨家庭进行帮扶，全年提供救助资金和物资计2万多元。通过侨界人大代表、政协委员呼吁，为全市100多名企业退休归侨争取到由财政支付困难补助金每月200元,计24.8万元。年初,为百岁老归侨举办祝寿会,重阳节为适逢80、90周岁的13位老归侨举办集体祝寿会,组织"百名归侨看无锡"活动。以梁溪区、新吴区成立为契机,解决两个区侨联的机构、编制和专职人员问题,成功召开两个区首届侨代会,正式成立梁溪区侨联和新吴区侨联。

(许竹敏)

无锡市台湾同胞联谊会

12月6日,无锡市台湾同胞第七次代表大会召开　(王志好　供稿)

【概况】 2016年,无锡市台湾同胞联谊会(以下简称市台联)宣传贯彻"和平统一、一国两制"的对台方针政策,发挥乡情、亲情优势,开展"两岸一家亲"联谊活动,团结和联络国内外台湾同胞,全年服务和接待定居台胞、常住台胞、岛内客人及台湾学生180多人。组织台联专职干部、台籍两会人员、台籍中共党员、中青年台胞参加各类培训学习、交流、调研活动。针对定居台胞、常住台胞和台商特点,组织开展多种联谊活动。加强宣传和信息上报工作,全年在省台联刊发信息36条、稿件19篇,4篇稿件被省台联收录在《台联,我的家》书中,1幅摄影作品获省台联摄影比赛优胜奖。至年底,无锡市有定居台胞124人。

(王志好)

【服务台胞】 2016年,市台联落实党和政府关心台胞的各项政策,坚持"接地气、走基层",走访慰问台胞和逝世老台胞家庭94户,发放慰问金9万余元。举办春节、中秋集体慰问会。整理完善定居台胞基本信息,对患重大疾病台胞、生活困难台胞进行帮扶工作。年内,组织台胞赴宜兴竹海参观、老台胞参加省台联踏青、六一节小台胞赠书卡、中小学生夏令营等活动,推荐稿件参与第16届世界华人学生作文大赛。开展台籍中共党员"两学一做"学习教育活动,推荐2名青年台胞参加省台联举办的青委会活动。推荐3名老台胞参加省台联举办的欢度重阳节暨高山族台胞欢庆"丰收节"活动。为3名台籍学生办理中、高考加分审核、申报工作。全年为台胞、台商提供政策咨询30多人次。

(王志好)

【台湾同胞第七次代表大会】 12月6日,无锡市台湾同胞第七次代表大会召开。定居台胞代表及嘉宾共120人参加,其中台胞代表68人。会上,全体代表听取并审议通过吴懿玲所作的市台联第六届理事会工作报告和《无锡市台湾同胞联谊会章程(修正案)》,选举产生市台联第七届理事会。在第七届理事会第一次会议上,薛海萍当选为无锡市台湾同胞联谊会会长。

(王志好)

【海峡两岸交流交往】 2016年,市台联贯彻中共中央总书记习近平"两岸一家亲"的理念,在密切关注两岸局势变化的同时,发挥两地民间交流交往的优势,与岛内各个领域的朋友保持良好的情谊和交流。3月,接待台湾汉学研究中心馆馆长顾敏一行4人。5月,接待台湾易学大师陈哲毅一行4人。7月,与市委统战部共同接待台北浦东同乡会总干事陈政佈为团长的青少年参访团一行38人,参访团成员大多是台湾在校大一、大二学生,基本是第一次到祖国大陆,对祖国大陆的发展不十分了解,通过此次参访,增加对祖国大陆经济发展以及人文历史的了解,彼此加深了友谊。9月,接待台湾商会联合总会咨询委员颜树洋一行4人。

(王志好)

【参政议政】 2016年,市台联搭建学习交流平台,组织台籍人大代表、政协委员开展交流座谈,参加市政协组织的专项调研和考察。加强参政议政工作机制,发挥台联界别和台籍代表人士参政议政的整体作用。两会前,召集台籍人大代表、政协委员听取意见,并协助他们做好建议、提案的撰写工作。在市政协召开的"无锡市台商投资环境及状况调研"等座谈会上,均有台联界委员进行重点发言。台联委员参加政协举办的各项活动,深入调研、反映民情,"当好委员献良策",台联界政协委员薛海萍被评为2016年度优秀政协委员。

(王志好)

编辑　邵文凯

法治

综述

【全力维护社会和谐稳定】 2016年，全市政法机关严密防范、坚决抵御境外敌对势力的渗透和颠覆活动，开展反渗透、反间谍、反恐怖、反邪教斗争，加强信访维稳工作，推进涉法涉诉信访改革，全面落实锡东电厂复工维稳保障措施，率先在全省实现地铁全线安检，圆满完成重大活动和重要敏感节点安保维稳任务。全年对1157项重大事项实施稳定风险评估，社会矛盾调处成功率99.5%，全市没有发生影响政治安全和社会稳定的事件。中央处理信访突出问题及群体性事件联席会议办公室通报无锡市进京非访数全省最少，一些重大活动如G20杭州峰会期间，实现信访零登记、零通报。

（范润男）

【平安无锡建设】 年内，全市政法机关加快构建立体化信息化社会治安防控体系，城乡一体的“技防网”、四级布防的“巡防网”、互通共享的“数据网”初步形成，两年完成城区老小区安置房小区技防改造875万平方米，无锡市被确定为“雪亮工程”全国试点城市，社会治安呈现出违法犯罪警情、刑事案件、侵财案件发案数下降，破案数、抓获数、破案率上升的“三降三升”良好态势。基层三级综治工作平台规范化运行，综治信息系统实战化应用，城乡社区全面实行网格化服务管理，重点人群服务管理、重点行业风险管控、公共安全监管工作得到加强，交通事故死亡人数连续13年下降，火灾事故数比上年下降29.7%。2016年，全市公众安全感提升至96.29%，居全省第一。

（范润男）

【法治无锡建设】 年内，无锡市制定《市委全面推进依法治市重要举措实施规划（2016~2020）》《无锡市贯彻落实〈法治江苏建设指标体系（试行）实施细则〉》，继续推进法治系列创建。经省委、省政府复查，无锡市被确认保留“全省法治城市创建先进单位”称号。突出抓好严格执法、公正司法，健全完善执法裁量基准制度，加强制约监督，构建阳光司法，提升执法司法公信力。组织实施“七五”普法，加强法治文化建设，健全完善公民法律服务体系，全民守法氛围日益浓厚。加强法治巡视督查，举办法治无锡建设新闻发布会4次，实施法治为民办实事项目199件。2016年，全市法治建设满意度提升至97.14%，较全省平均水平高出1.82个百分点，位居全省前列。

（范润男）

【司法体制改革】 年内，市委政法委根据中央和省、市的统一部署，发挥政法各部门主体作用，会同市委组织部、市编制办公室、市财政局、市人社局、市人大内务司法工作委员会等部门，研究推进完善司法责任制改革，全市法官入额519人、检察官入额335人，“大庭制”改革、立案登记制改革、以审判为中心的诉讼制度改革、轻微刑事案件快速办理机制试点、行政案件相对集中管辖试点、检察机关提起公益诉讼试点和公安工作、国家安全工作、司法行政管理工作改革等一批改革事项得到有效推进落实，探索形成环保审判“无锡模式”、知识产权保护“无锡样本”、审判权运行机制改革“无锡经验”等一批实践创新成果。

（范润男）

【政法队伍建设】 年内，全市政法系统开展“两学一做”学习教育实践活动，系统学习党章、党规和习近平系列重要讲话精神，自觉对照要求，深入查摆问题，落实整改措施，争做合格党员。加强思想政治、能力素质、纪律作风建设，开展实战轮训、练兵考核、评优评先活动，严肃查处违纪违法案件，全面落实从优待警措施，推进政法队伍的正规化、专业化和职业化。结合深化司法体制改革和行政区划调整，推进法院、检察院人员分类管理，协调做好原3城区（崇安区、南长区、北塘区）相关政法部门的合并工作，有效确保队伍稳定和机构的平稳过渡。2016年，无锡市政法队伍执法工作满意率提升至91.73%，位居全省第一。

（范润男）

【政法创新实践工作】 年内，全市

表 21　　2016 年无锡市政法系统获省级以上荣誉情况

单位、个人名称	荣誉名称	授奖部门
市中级人民法院	全国法院第 27 届学术讨论会组织工作先进奖	最高人民法院
市人民检察院	全国检察机关检察委员会规范化建设示范单位	最高人民检察院
申某某、吴某运输毒品案(由市人民检察院、锡山区人民检察院办理)	全国十大精品抗诉案例(之一)	
梁溪区人民检察院	第六届全国先进基层检察院	
新吴区人民检察院	青少年维权岗(2014～2015 年度)	共青团中央、最高人民检察院
江阴市公安局	全国公安机关执法示范单位	公安部
江阴市公安局信访室	全国公安信访窗口示范单位	
江阴市公安局车辆管理服务中心	全国优秀县级车辆管理所	
市公安局水上分局	全国水上治安工作先进单位	
市公安局技术侦察支队	全国公安技侦执法规范化建设先进单位	
市公安局巡特警支队	集体一等功	
宜兴市看守所	2014～2015 年度全国标兵看守所	
市法制宣传教育领导小组办公室	2011～2015 年全国法治宣传教育先进集体	中央宣传部、司法部、全国普法办公室
江阴市司法局		
宜兴市法律援助中心	第五届全国法律援助工作先进集体	司法部
江阴市澄江街道司法所	全国模范司法所	
市国家安全局一支队	集体二等功	国家安全部
市国家安全局某专案工作组		
市国家安全局二处	集体三等功	
市国家安全局三支队		
市国家安全局(因某 1 专项工作)	集体一等功成员单位	
市国家安全局(因某 4 专项工作)	集体二等功成员单位	
江阴市国安科	一级国安办	
惠山区国安办	一级国安办	
无锡市	全省法治城市创建工作先进单位	省委、省政府
江阴市	全省法治建设示范县(市、区)	
宜兴市		
滨湖区	2014～2015 年全省法治建设示范县(市、区)	
市公安局消防支队	集体一等功	省政府
江阴市周庄镇人民政府	“六五”普法先进集体	省委、省政府
陆晓燕(市中级人民法院金融庭副庭长)	全国模范法官	最高人民法院、人力资源和社会保障部
谢唯成(市中级人民法院行政庭庭长)	全国法院党建工作先进个人	最高人民法院
何聪(新吴区人民法院法警)	女警个人全能第二名	
	手枪实战射击女警个人第三名	
黄剑(江阴市人民法院行政庭庭长)	全国法院先进个人	
《检察院组织法修改若干问题研究》(由市人民检察院党组副书记、副检察长李乐平,法律政策研究室检察员韩彦霞撰写)	2015 年度全国检察机关检察应用理论研究优秀成果二等奖	最高人民检察院
王玲飞(市人民检察院侦查监督处检察员)	2015 年度查处侵权盗版案件有功个人三等奖	国家版权局

续表 21

单位、个人名称	荣誉名称	授奖部门
韩彦霞（市人民检察院法律政策研究室检察员）	首批全国检察机关调研骨干人才	最高人民检察院
于颖（新吴区人民检察院侦查监督科检察员）	第四届全国检察机关侦查监督业务标兵	
张亚娟（江苏天蝶律师事务所律师）	第五届全国法律援助工作先进个人	司法部
朱彬（滨湖区华宇法律服务所律师）		
魏劲松（市公安局崇安分局崇安寺派出所民警）	中国好人	中央文明委
李浩（市公安局交警支队高速一大队副大队长）	全国交警系统执法标兵	公安部
市国家安全局干警 2 人	优秀侦察员	国家安全部
市国家安全局干警 1 人	一级特殊人才	
市国家安全局干警 5 人	个人三等功	
刘康（市人民检察院办公室技师）	江苏省先进工作者	省委、省政府
陈雁栋（市国家安全局干警）		
朱叶峰（江阴市公安局城中派出所所长）		
刘志荣（宜兴市公安局刑警大队副大队长）		
沈大庆（市公安局北塘分局五河派出所民警）		
沈其生（市公安局南长分局治安大队教导员）		
《检察软实力研究》（市人民检察院党组副书记、副检察长李乐平著）	江苏省社科成果三等奖	省政府
周勤康（江阴市祝塘镇司法所所长）	江苏省“六五”普法先进个人	省委、省政府

（范润男）

政法机关围绕经济社会大局和政法中心工作，推动政法工作理念思路、方法举措、制度机制创新，涌现出一批特色鲜明、成效显著、社会评价良好的创新成果，促进了政法工作的发展进步。“汽车电子标识应用示范项目”等 2 个项目被评为“全市政法工作创新奖”一等奖，“触手可及无‘微’不至，倾力打造‘互联网+’警务服务新平台”等 5 个项目被评为“全市政法工作创新奖”二等奖，“加强信息资源共享，提升基层实战水平”等 6 个项目被评为“全市政法工作创新奖”三等奖。

（范润男）

【法治政府建设】 2016 年，无锡市贯彻落实《法治政府建设实施纲要(2015~2020 年)》，加强政府立法工作，强化行政执法监督，提高行政复议质量，依法履职，开拓创新，为高水平全面建成小康社会、建设“强富美高”新无锡提供有力法治保障。年内，审核市政府规章、规范性文件和其他文件 68 件，审查市政府有关合作协议及合同 30 件，为市领导提供法律意见和建议 30 余件，办理国家和省立法草案征求意见稿 30 件，审核强制执行函 18 件，受理行政复议案件 571 件，办理信访复核件 26 件。

（张卫红）

【依法行政】 年内，无锡市对全市各地区、各部门 2015 年度推进依法行政、建设法治政府工作情况开展考评，并将考评结果与地区部门的绩效考核挂钩；下发 2015 年度依法行政工作情况通报和整改意见书 60 余份，督促限期整改；在此基础上，接受省政府对无锡市 2015 年度依法行政、法治政府建设情况的专项督查，获省政府好评。制定《2016 年度依法行政工作要点》，将《无锡市法治政府建设规划(2015~2020 年)》确定的 30 项年度目标分解落实到各地区、各部门，推进“规划”落实。召开全市依法行政工作会议，明确全年依法行政目标任务，交流推广宜兴市政府加强合法性审查、锡山区政府推进行政机关负责人出庭应诉、市编制办公室建立权力责任清单制度、无锡出入境检验检疫局“一站式”审批改革、市环保局加强“两法衔接”、市市政园林局推进立法后评估等先进典型经验，示范引领工作创新。

（张卫红）

【政府立法】 年内，无锡市推动地方性法规、政府规章制定工作。制定《无锡市放宽市场主体住所(经营场所)登记条件实施细则》，提请市人大常委会制定《无锡市实施〈江苏省大气污染防治条例〉办法》《无锡市残疾人保护条例》，修订《无锡市外送快餐管理条例》《无锡市体育经营活动管理条例》《无锡市测绘管理条例》，制定《无锡市居民住宅二次供水管理办法》《无锡市市政消火栓管理办法》等，修订《无锡市人民政府规章制定办法》。实施规章立法后评估工作，组织对《无锡市燃气管理办法》等 21 部政府规章进行立法后评估，召开立法后评估专家论证会，形成立法后评估审核意见并提交市政府审查。加强规章规范性文件清理工作，制订清理工作计划并组织实施，对新中国成立后市政府制定的 5000 余件规章规范性文件进行全面清理。推进政府法律事务工作，对市政府制定的 68 件规范性文件进行审核，提出审核意见；对市政府签署的30件合作协议、合同进行法律审查，提出法律意见书；对18件强制执行函、26件信访复核件进行法律把关。市政府法制办履行市政府法律顾问职能，为市领导提供各类法律意见和建议30余件。

（张卫红）

【行政复议和行政应诉】 年内，无锡市受理行政复议案件571件，办结488件。其中，维持431件，驳回31件，终止14件，撤销8件，责令履行3件，确认违法1件。市政府应诉省政府行政复议案件26件，省政府审结26件。其中，维持16件，驳回8件，终止1件，撤销1件。市政府出庭应诉行政诉讼案件95件。加强行政复议队伍建设，通过内部人员调整、引进法律人才以及建立江南大学法学院研究生实习基地等方式，充实行政复议办案力量；加强法律知识学习培训，提高行政复议人员的正规化、专业化、职业化建设水平，31名行政复议人员通过省行政复议资格考试。评选出无锡市行政复议办案能手12人。建立行政复议听证室、档案室、阅卷室和接待室，增添行政复议办案设施设备；开展专项检查，推进市（县）、区行政复议规范化建设；加强行政复议听证主持人培训，通过观摩复议听证会、交流研讨、邀请省政府法制办相关专家授课等方式，提高行政复议听证质量水平；全年举行重大、疑难、复杂的行政复议案件听证会12次，落实行政机关负责人参加行政复议听证制度，根据听证结果作出行政复议决定，提高行政复议公信力。制定《关于做好市政府行政复议和行政应诉工作的通知》，严格落实行政机关负责人出庭应诉制度，强化出庭考核，全年有374名行政机关负责人出庭应诉，出庭应诉率74.29%。完善行政调解工作机制，全年全市各级行政机关受理行政调解案件33817件，调解成功27728件，调解成功率82%。市政府法制办被评为全省行政复议规范化建设示范单位。

（张卫红）

【行政执法监督】 年内，无锡市推进行政执法人员管理的规范化、标准化、信息化建设，开发行政执法证件信息管理系统，建立行政执法人员数据库和资格考试题库，有效提高行政执法人员的规范管理水平。市政府法制办对全市885名新申领行政执法资格证的人员集中进行法律知识教育培训，提高法律素养和依法办案能力；开展行政执法人员资格全面清理，对全市1.6万名行政执法人员执法资格严格审核，有1.2万余名行政执法人员通过考试和审核，取得行政执法资格，未取得执法资格的人员一律不得上岗执法；遴选市级行政执法特邀监督员30人，明确工作职责、工作内容和工作要求，提升执法监督公信力；与市委组织部、市委市级机关工委联合开展“执法为民”先进集体和个人表彰活动，评选出12个执法为民先进集体和12名执法为民先进个人，发挥执法为民先进典型的示范引领作用；加大执法为民监督检查力度，与市纪委联合组织开展专项检查，开展《医疗器械监督管理条例》《无锡市气象灾害预警信息发布与传播管理办法》执法检查；开展行政执法案卷评查，共检查行政执法案卷2000余卷，发现执法问题550个，提出法治监督建议、意见800余条，突出问题导向，加强整改落实，推动行政机关依法行政。加快推进省、市、县三级联网统一的“两法衔接”（行政执法与刑事司法衔接）信息共享平台建设，完善行政执法与刑事司法案件衔接机制，建立健全行政执法机关、公安机关、检察机关、审判机关信息共享、案情通报、案件移送制度，实现行政处罚与刑事处罚的无缝对接。向省政府上报备案规范性文件4件，接受各地各部门报备规范性文件28件。按照“有件必备、有备必审”的原则，对规范性文件进行依法审核，报备率、及时率、合格率100%；开展重大行政处罚网上备案监督，对全市行政执法部门的处罚事项在网上直接办理情况进行实时重点监督，实现行政执法监督全覆盖。参与相对集中行政许可权制度改革；参与粮食、城管综合行政执法改革，整合执法资源，提升执法效率；推进行政权力网上公开透明运行，完善网上法治监督平台建设，规范权力运行。

（张卫红）

【法治宣传】 年内，无锡市举行深化行政审批制度改革专题讲座，市政府常务会议组织学习中共中央、国务院《法治政府建设实施纲要（2015~2020年）》和《中华人民共和国消防法》，提升领导干部运用法治思维和法治方式解决实际问题的能力；加强依法行政宣传交流，向上级政府法制部门报送依法行政信息266篇，被录用140篇，信息报送和录用数量位居全省第三，市政府法制办被评为省“六五”普法先进集体；印发《无锡市人民政府公报》12期3万册，营造法治政府建设良好氛围。市政府法制办、市法学会行政法学研究会和崇宁律师事务所联合召开“深化行政审批制度改革与依法行政”论文研讨会，收到论文及调研报告63篇。经专家评审，评选出一等奖3篇、二等奖5篇、三等奖9篇，市惠山区政府法制办、市锡山区政府法制办、市工商局、市国税局、无锡地税局、市食品药品监管局、市中级法院等单位被评为市行政法学研究会论文征集活动优秀单位。

（张卫红）

公 安

【概况】 2016年，无锡市各级公安机关深化公安改革，推进“四项建设”（基础信息化、警务实战化、执法规范化和队伍正规化建设），创新升级以“三网三机制”建设为重点的立体化信息化社会治安防控体系，落实维护国家安全和社会稳定各项措施，确保全市政治安定、社会安全和人民安居。全市违法犯罪警情比上年下降2.8%，刑事案件发案比上年下降15.2%，公众安全感位居全省首位。圆满完成G20峰会、世界物联网博览会、省市党代会等系列重大安保任务和49批次等级警卫任务。通过组织赴外考察学习和邀请专家学者上门授课，在全警掀起“头脑风暴”，对照先进找短板差距、寻问题症结，确立“既要绩效、更要质效”的科学发展警务理念，并通过开展贯穿全年的“防风险补短板抓规范提能力”攻坚活动，立项解决影响社会安全稳定的风险隐患4453条，整改制约警务发展的问题423项，为推动公安工作转型升级夯实根基。提出打造平安建设示范区、智慧警务先导区、民生公安引领区和现代化职业警队的“三区一队”奋斗目标和“情报信息织网行动”“警务数据上云行动”等十大攻坚路径,制定推动公安改革创新等系列意见措施,基本形成“十三五”期间无锡公安工作发展新框架和路线图。推进安保维稳工作,调整充实反恐组织机构,制定《反恐怖工作责任追究办法》,建立敏感期反恐防恐责任交办机制,健全形势评估、督导检查、质效排名、问题约谈等制度规范,完善机场、车站、公交等公共反恐安保体系,落实地铁全线安检措施,构建反恐维稳情报、侦察、防范、处置一体化工作机制。完善多元化矛盾纠纷化解体系,在全市126个派出所建立“派驻式人民调解室”,853个警务室与社区(村)人民调解委员会一体化运作,推行“庭所对接”“检所对接”“律所对接”等新机制,将“110”接处警平台与政府“12345”热线、“社会应急求助联动”平台连通,协调联动派出所、社区警务室与基层政法综治中心,推动在前端治理问题隐患、在事前化解矛盾风险,有效解决长期困扰基层的非警务警情处置难题。创新升级立体化、信息化社会治安防控体系,打造技防、巡防、数据“三张防控网”,健全完善合成研判、联合指挥、合成打击“三大工作机制”,无锡市入选全国首批公共安全视频监控建设联网应用示范城市;初步建成四级巡防体系,逐步完善武装驻点、街面巡线、社区守面、卡口把关的新型巡防网络;推进以“1349工程”为主要内容的“智慧警务先导区”建设,加快集成“数据网”。建成启用联合指挥调度网络平台和“一键点调”指挥系统,统筹规划市公安局、区(县)公安分局两级大数据指挥服务中心、情报合成研判作战中心建设,推进多侦查手段同步上案、跨区域案件多地联动、跨部门问题联席整治、网上网下一体作战等合成作战模式。推进反诈骗中心建设,累计拦截诈骗电话8万余条,人工干预劝防案件281起;在全国率先推出“反信息网络诈骗平台”,对6个大类、59个细类的恶意链接开展告警拦截,运行以来,日均拦截诈骗网址60余万次,拦截成功率和准确率分别在98%、99%以上。坚持情报导侦、科技强侦、合成助侦,增强打击犯罪的精准性。推进社会治理创新,推出包括方便群众办证办事、快速处理交通事故及交通违法等在内的惠民利企10项措施;建成涵盖77个公安服务事项的“无锡公安微警务”公共服务集群平台,获全市政法工作创新项目二等奖。推进户籍制度改革,构建差别化、阶梯式户籍准入体系,完善无户口人员分类落户机制,会同市委改革办等部门研究推动户口与农村“三权”(土地所有权、承包权、经营权)脱钩、“人地钱”挂钩政策机制。推进新兴业态管控,建立“农家乐”“慢游居”治安管理新机制,开展寄递行业清理整治“清源”行动。研发“低慢小”航空器安全控制系统,引进无人机人工地面反制装备。探索多方参与、社会共治模式,会同综治部门在全市各地区、各行业组建平安志愿者协会,引导行业协会参与社会管理、强化行业自律,推动保安服务企业和保安员开展“跨出一步”“联勤联动”等活动,全市群防群治队伍27.6万人;组建银行夜间安全专业巡防队伍,对市区1340家自助银行和3348台自助设备亮灯巡查。推进公共安全监管,依托物联网技术,加强公共安全隐患排查治理,推进“畅通工程”“智慧交通”,在全国首家应用汽车电子标识;创新运用大数据技术加强和创新消防安全监管,完成消防设施联网监测系统监测中心平台和消防大数据综合业务平台建设。组织“两学一做”学习教育,开展“基层党建工作示范点”创建活动,推出党员民警“亮身份、树形象”线上承诺活动,完善重大节日、纪念日开展警营文化活动长效机制,组建铜管乐团和合唱团,举办民警荣誉退休仪式,市公安局被全国公安文联定为全国公安网络文学创作基地。开展“补短板提能力、解难题促改革”练兵考核暨实战轮训活动,探索建立警种岗位动态化实战训练标准,推进“微课程”建设应用;弘扬“工匠精神”,开展警种岗位标兵、青春榜样、优秀女警(辅警)等推选活动。落实党风廉政建设“两个责任”(党委负主体责任、纪委负监督责任),严抓队伍纪律作风,全市民警违法违纪案件和人数分别比上年下降36.4%、29.5%。全局264个集体、1415名个人受到市公安局以上表彰,其中2个集体、3名民警立一等功,1名民警当选“中国好人”,1名民警当选“江苏最美警察”,市公安局在全市市级机关绩效管理和作风建设社会评议中继续保持第一,被评为“江苏省文明单位”。

(耿永军)

【“110”接处警服务】 2016年,市公安局“110”报警服务台接报各类警情300余万起,报警电话一次呼通率保持在99%以上,未发生一起有责投诉。推进“110”接处警工作减负增效,优化改进接警服务质态。在市公安局“微警务”平台开通非紧急报警求助、自助移车、开锁服务、走失招领、有奖线索举报和投诉建议6个“110”接警互动服务事项,把报警求助从电话、窗口延伸到网上、掌上;通过微信自助移车服务及使用“移车宝”系统,日均为市民群众提供自助移车服务2500余次。通过加强业务培训、优化勤务模式,规范警情自处机制,由接警员直接告知、引导说服的非警务、非紧急警情由8类增加至20类。制定《疑难复杂警情接处警工作操作办法》,对恶意骚扰、谎报、疑似醉酒及精神病人报警等比较突出的不法报警,明确接警调度、先期处置、依法查处等工作流程;组织开展不法报警专项治理,集中梳理频繁拨打“110”的电话信息,上门开展法治宣传教育。健全在岗执勤(备勤)警力报备点名、重大警情处置跟踪督导、联指动态每日通报、接处警工作质态每月通报等制度规范,指导督促全市公安机关严格落实接警处警、机动处突、应急备勤等工作纪律责任。制定《无锡市公安局“110”接处警规范度申诉复核操作办法》,力争规范警情处置和维护民警权益的平衡统一。开发建设“无锡市社会应急(求助)联动平台”,与“110”接处警平台联通,关联“120”、供电、城管、环保、安监等11家与群众求助密切相关的成员单位,实现非警务求助“一键式”分流派发;配套制定平台操作规范,明确签收、处置、反馈、监督等工作流程,纳入市级机关部门绩效管理和作风建设综合考核范围,加强日常监督管理和情况通报，实现非紧急求助处置质态在网上实时反映。“110”接警台向联动成员单位分流非警务求助比上年上升255%，相关成员单位推诿、拖延、消极处警等情况基本杜绝，群众对社会联动工作满意率由70%提升至97%，有效改善和缓解基层民警对社会求助“不会处、无权处、处不好”的局面。构建大数据指挥服务工作体系，提升实战指挥能力。健全完善常态、应急、战时相结合的联合指挥模式，形成联合指挥与接警调度、情报研判、信息处理、现场指挥、勤务督导及公安分(县)局联合指挥部之间六项一体化实战运行机制。全年联合指挥处置重要紧急和敏感警情1.3万余起，启动实施“关城门”等多警种协同作战270余次，直接抓获各类违法犯罪嫌疑人160余人，其中“两抢”(抢劫、抢夺)等重大犯罪嫌疑人30人。建成“一键点调”高清视频指挥系统，初步实现从市公安局到县区公安(分)局、基层所队、治安卡口、警务工作站等一线作战单元的可视化、“一键式”调度指挥；研发启用联合指挥调度网络平台，实现对市公安局主要业务警种部门网上派单；组建启用指挥、新闻、网安、交警、消防等警种部门参与的应急舆情工作群组，提升重大警情事件快速联动、合成处置水平。组织开展全市公安机关严防严控严打违法犯罪专项行动、“夏季攻势”百日行动，组织指挥协调G20峰会、省党代会、世界物联网博览会等重大活动和全局性重大警务活动，承担各项重要会议、重大活动、重要节庆和敏感节点安保任务动员部署、组织指挥任务。基本完成市公安局大数据指挥服务中心环境建设改造，以及联合指挥、常态指挥等功能区域和警种联勤指挥岗位设置等工作，为大数据条件下指挥服务机制发展升级提供良好硬件环境基础。围绕重大警务活动组织指挥、重大突发警情指挥处置、重点区域部位动态防控等警务实战，创新实施指挥战法战术“3510”工程，编制视频预案20个、指挥流程及标准规范30件、各类典型案例评析80篇，组织开展应急处突力量拉动、“关城门”等检验性实战演练17次。牵头建立无锡、盐城公安机关结对合作

市“110”指挥中心密切关注全市警情 (卢 易 摄)

机制，形成以工作经验互学、打防管控互动、基础建设共建、数据资源共享、重大任务共担为主要内容的全方位警务合作模式。牵头与法院建立快速查询信息共享及执行查控协作工作机制，依法保障胜诉当事人实现合法权益，推动全市社会诚信体系建设。巩固优化情报交流共享协作、重大警情协查布控、警种地区请求服务等工作机制，全年依托公安部情报协作系统发起情报协作259件，完成外地情报协作795件，共抓获嫌疑人106人，其中网上逃犯62人；通过周边地区公安机关协作开展重大警情应急布控18起，协助开展应急布控54起，堵控截获多辆(名)嫌疑车辆和人员；通过相关警种部门开展紧急警情落地查人121次，为基层公安机关提供情报请求服务113次。深化情报合成研判机制建设，提高预警预防水平。组织指导全市各级公安机关加强情报信息搜集研判，常态开展社会治安稳定形势分析。组织全市公安机关开展人力情报攻坚行动；部署全市各级公安机关启动全省人力情报模块应用工作，指导督促各警种部门制定日常管理制度和工作考评办法；建立人力情报信息质态评估机制，加大人力情报工作奖励力度。基本建成“警种合成、人员合成、手段合成、数据合成”的市公安局大数据情报合成研判作战中心，健全完善平战结合的情报信息综合研判运行机制，围绕重大活动安保、敏感节点维稳、重大案事件和敏感舆情处置等不同任务需要，牵头组织相关警种部门情报力量按照“常态+应急+战时”模式入驻开展综合研判，全年编发《情报合成研判专刊》261期、各类专题研判材料115期。推进和规范县级情报合成研判作战中心组建运作，推动各地围绕反恐维稳、治安防控、打击破案等实战业务开展情报研判合成作战。

(耿永军)

【社会面巡逻防控】 年内，市公安局改革和加强全市社会面巡防工作，开展“巡防网”建设，明确全市社会面巡防工作实行市、区、派出所和社区“四级体系”。整合巡逻警力资源，巡特警支队配备巡逻民警120人、辅警45人；各市(县)局、城区分局巡特警大队共配备民警311人、辅警1443人；在各市(县)局、城区分局派出所组建巡逻处警中队130个，配备专兼职巡逻民警228人、专职巡逻辅警6283人；动员社会力量组建义务巡逻队伍，全市27.6万余名群防群治力量中有近6万人直接参与义务巡防工作。突出重点部位管控，投资425万余元，在市区政治中心、车站机场、繁华商圈等部位建成13个警务工作站，常态配备52名民警、104名辅警值守运作，同时，根据实战需要布设一批移动警务工作站，形成固定与移动相策应、常态与机动相结合的警务工作站建设布

局。整合巡特警、交警、消防、武警、巡防辅警等力量，组建有266名警力的处突机动队，下设13支处突机动分队，与13个警务工作站有机结合，在政治核心区、人员密集区和中心商贸区实行屯警街面、动中备勤、联勤联动、合成作战。严密城市外围查缉堵控，全市36个治安卡口、公安检查站加大路面查缉力度，抓获各类违法犯罪嫌疑人2041人。调整治安卡口布局，堵塞防控漏洞，完成堰桥治安卡口新址建设工作。建成18个(辆)移动智能卡口，在重点路口开展堵控查缉，有效弥补固定治安卡口在道路堵控中的不足。建立警情提示、巡防工作评估通报、治安防范通报、专项检查通报制度，运用考核杠杆破解"见警率低、管事率低、执行力低"等传统难题。建立长效培训机制，落实轮值轮训、定期集训制度，将全市巡特警纳入培训计划。全年累计投入巡逻民警57.1万余人次、武警战士5340人次、保安辅警115.8万余人次，盘查检查人员240.1万余人、车辆157.9万余辆、物品72.2万余件，通过巡防守卡抓获各类违法犯罪嫌疑人员4747人，全市接报"两抢"(抢劫、抢夺)、入室盗窃、涉车类盗窃、扒窃拎包等警情分别比上年下降41.74%、16.95%、11.55%、18.87%。

(耿永军)

【大型活动安全监管】 年内，市公安局巡特警支队牵头组织开展大型活动安全检查205次，整改各类安全隐患98处，组织协调各类安保力量8.1万余人次，圆满完成迎新撞钟祈福、无锡国际马拉松赛、世界物联网博览会、2016第七届环太湖国际公路自行车赛等193项、210.1万人次参与的大型活动安全保卫工作。拓展情报信息来源渠道，在固化公安机关内部情报互通、联勤联动机制的基础上，拓展政府部门一体化信息联通平台，相互分享情报资源，掌握活动前沿信息。注重"互联网+"的警务应用，相继引入热力图、电子围栏等科技安防装备，依托互联网平台实时、清晰掌握活动区域内人流汇聚情况，为安保指挥、活动监管和执勤工作提供数据参考。善用"设施+警力"安保措施，根据地理位置、活动情况等要素，科学划定安保封控区域，科学配备安保设施和警力进行封控。对重大活动，增设现场反恐处突单元、维稳专业力量、机动备勤警力等，确保活动现场安全。活动期间，加强社会面治安管控，净化举办环境，肃清风险隐患。针对不同活动的安保特点，对全市10余家会展企业单位、保安公司的200余名负责人和业务骨干开展安保指导教学，从理论知识、实践应用、实况预演等多个角度进行培训，提升活动方安保工作水平。制定安全举办大型活动对照细则，在活动组织、票证管理、入场安检、人车流线设计、现场人流控制、治安秩序管控、应急处置等10个方面细化出80项细则，为开展自查自纠和现场监管确定标杆和标准。建立"黑名单"机制，凡被通报的活动承办单位、营业性演出公司和保安公司，一律书面建议相关部门予以调整、纠正和撤换，确保活动举办的绝对安全。

(耿永军)

3月20日，2016无锡国际马拉松赛安保现场 (薛公宣 供稿)

【G20杭州峰会安全保卫】 9月4~5日，二十国集团(G20)峰会在浙江省杭州市举行。全市公安机关贯彻落实中央、省、市和上级公安机关的部署，于7月15日启动G20峰会安保工作，至9月7日圆满完成各项安保任务，确保全市社会治安大局持续平稳可控。其间，公安部党委副书记、常务副部长傅政华，省委常委、市委书记李小敏，省委常委、省委政法委书记、省公安厅厅长王立科，市长汪泉等相继到无锡市安保一线和市公安局检查指导G20峰会安保工作。市公安局召开13次会议，对峰会安保工作进行研究部署，围绕提升"掌控力"、清除"风险源"、筑牢"护城河"、织密"平安网"等方面，制定安保工作总方案和26个行动方案。抽调市公安局、县(区)公安分局两级机关警力310余人支援一线执勤，抽调103名警力赴杭州驻点安保、安检排爆，集合60名巡特警在无锡市本地备勤待命，为基层一线执勤警力调配和预备单车、单警装备20余种1175件(套)。市、县(区)两级公安机关成立联合指挥部，建立战时情报合成每日研判工作机制，落实在岗、备勤力量和每日点调机制，实时掌握安保情况，统筹负责峰会安保的组织指挥、联动协调。制定G20峰会安保工作纪律和请假纪律，加大督查督导力度，保证各项安保工作落地到位。加强思想政治工作，落实爱警暖警各项措施，慰问民警、辅警及家属1278人次，发放慰问金71万余元。加强入浙水陆通道防护过滤，累计安检船舶519艘、船员1111人，检查车辆6.7万余辆次，盘查过境人员9.2万余人次，发放进浙一日通行卡2747张，查获违法嫌疑人15人，缴获毒品58.32克，查获管制刀具等违禁品38件。持续开展重点地区整治、社会面清查，清理整顿出租屋、中小旅馆、留宿洗浴、网吧等重点场所，累计检查场所行业7.9万家次,发现整改安全隐患1600处,处罚515家。督促落实地铁公交、车站机场、客运单位、危化企业、大型活动的安全主体责任和具体岗位责任,率先在省内启动地铁全线安检,落实公交车配备专兼职安全员、机场二次安检等战时措施。加强公共安全监管,交警部门组织开展96次整治行动,累计查处各类交通违法行为为192.2万余起;消防部门累计检查单位6604家,督促整改消防隐患6787处,下发法律文书3639份。加强社会面治安管控,全市累计投入巡逻民警16.6万人次、保安辅警33.2万人次、武警2344人次、巡逻警车5.6万辆次,盘查检查人员69万人次、车辆45万辆次、物品21万件,巡防抓获违法犯罪嫌疑人3200余人,其中网上逃犯283人。加强严打侦破攻势,开展专项严打整治。加强社会组织发动,动员治保组织、平安志愿者、公交车驾驶员、出租车驾驶员、环卫工、快递员等群众力量参与峰会安保工作。峰会安保期间,全市公安民警累计加班加点152万余小时,63名民警因公负伤,81名民警因过度劳累住院,148名民警带病坚持工作,72个集体、647名民警受到市公安局以上表彰奖励,其中宜兴市公安局、交通治安分局治安大队被省公安厅记集体二等功,1名民警被省公安厅记一等功,4名民警被省公安厅记二等功。

(耿永军)

G20峰会安保,守护入浙通道 (薛公宣 供稿)

【无锡公安“微警务”服务平台】 年内,市公安局实施“互联网+警务”战略,推进公安行政管理改革创新,开展无锡公安机关微信公众号建设,搭建全面覆盖、上下一体、界面统一、资源共享、安全高效的无锡公安移动互联网“微警务”集群。4月25日,无锡公安“微警务”平台集群上线,市公安局和9个县区公安(分)局、4个警种单位、9个派出所建成“微警务”平台,推出100项便民“掌上服务”,依托微信公众号和手机,把报警求助、办事办证、政策咨询、防范宣传等多项服务从窗口延伸到网上、掌上,让群众随时随地就能办成事、办好事。在市公安局层面,建设无锡公安“微警务”服务号,形成警务公开、警方服务、警民互动3个菜单项,其中“警务公开”以“平安无锡”订阅号和“网上公安”网站为信息源,通过主动推送或实时查询,让群众第一时间了解政策法律信息及办事指南等与生活息息相关的警务信息;“警方服务”整合“网上公安”和“无锡交警”“无锡治安”“无锡出入境”等服务资源,建立涵盖人口、出入境、交警、治安、监管5个警种的77个办事事项,提供线上受理、审批、查询及办结的“一站式”服务;“警民互动”开通有奖线索举报、自助移车、开锁、走失招领、路况查询、投诉建议中心等服务事项。在县区公安机关层面,江阴市公安局推出二手房买卖户口查询,滨湖分局实现公安信访预约,新吴分局开设境外人员住宿登记等一批特色栏目。“微警务”的推出应用,真正让群众“多走了网路”“少走了马路”。至年底,“微警务”平台集群粉丝330余万人,提供服务578万人次。

(耿永军)

【开展练兵考核活动】 年内,市公安局根据省公安厅部署要求,在全市公安机关组织开展“补短板提能力、解难题促改革”练兵考核活动,各警种部门排查梳理能力素质方面的短板弱项,列出问题清单和整改清单147项,制定练兵考核方案及质态评估办法,落实各项练兵措施。全市公安机关举办各类培训班121期,培训民警7400人次,开展机关基层双向轮岗培训38批次。市公安局启动实施全警实战轮训,年内,举办实战轮训培训班21期,对1339名民警进行体能和实战技能综合训练。在全市公安机关组织2次练兵考核活动公共基础科目集中抽测,基础体能和武器使用考核测试优良率分别达87.8%、76.5%。落实“三个必训”制度要求,开展2015年军转干部和特殊岗位新民警岗前培训、2016年社会招录新民警初任培训及警衔晋升培训,举办培训班9期,培训民警578人。将练兵考核活动延伸到警务辅助人员,因地制宜组织辅助人员开展岗位练兵,提升辅助人员队伍整体素质和战斗力。

(耿永军)

【落实爱警惠警措施】 年内,市公安局调整实施新的警衔津贴标准,全市三级警长以下警员职务晋升实现常态化,一级、二级警长警员职务选拔晋升进入实质性开展阶段,416人晋升警员职务。各级公安机关科学使用警力,减少不必要的加班备勤,保障民警休息时间。做好在职病故、患病、困难民警的跟踪关爱和帮扶工作,落实离退休干部服务管理措施。畅通民警医疗“绿色通道”,无锡公安大病特困救助基金规模2亿元,全年救助557人次,发放救助金1078.6万元;各级公安机关走访慰问英烈、因公牺牲民警57人次,因公负伤民警198人次,患病民警673

人次和其他民警1308人次，累计发放慰问金515万元。G20峰会安保期间，市公安局开通24小时心理健康服务热线，组织"流动心理工作坊"到基层所队开展心理减压团体辅导，提高民警抗压能力。组织各级公安机关开展关爱民警子女暑期生活系列活动，解除民警后顾之忧。

（耿永军）

【公安文化建设】 2016年，全市公安机关推进"文化育警"战略，提升全警文化自觉和文化自信，为公安工作和队伍建设实现跨越发展提供强大精神动力、思想保障和文化支撑。全市公安机关全年组织开展各类文化活动260余场，参与民警4.2万余人次。市公安局将公安文化作为队伍思想教育的独特方法、活力警营建设的重要载体、警察公共关系建设的有效途径，组建无锡警官合唱团、铜管乐团。警官合唱团和铜管乐团先后参加无锡市纪念长征胜利80周年合唱音乐会、中央电视台"歌声与微笑"节目录制、"我心目中的无锡工匠"评选发布会、"共筑平安"主题报告会、"为平安放歌"迎新合唱音乐会等8场大型演出。全国公安网络文学学会在无锡市成立，在市公安局设立全国公安网络文学创作基地。发挥公安文联10个专项协会作用，组织开展"指动警彩""警营好声音"等警营文化活动20余场次。开展文化交流，与市朗诵协会联合举办"吟春诗会"，组织书画协会赴泰州市公安局创作交流，开展"新春走基层"文学、摄影创作采风。以公安文化示范点建设带动全市公安基层所队文化建设提档升级，改扩建惠警基础设施560余处，基层所队文化建设达标率94%。举办庆祝三八国际妇女节"警徽因你更美丽"、庆祝五四青年节"青春奉献、建功有我"、庆祝八一建军节"共筑平安"等主题报告会，彰显"忠诚、为民、公正、廉洁"价值追求；策划"为平安放歌"无锡公安迎新合唱音乐会，用音乐与歌声传递公安机关守护平安的坚强决心。为90名退休民警举行集体荣誉退休仪式，为先进典型举行立功授奖仪式，为初任军转干部和新民警举行入警宣誓仪式，提升队伍的凝聚力。组织原创《为了金色盾牌》《爱你一万年》《新警日记》等公安题材文艺作品21个，"当警服遇见婚纱"宣传主题、"萌娃警事"系列防范宣传片在全国首届公安网络正能量精品评选活动中获奖，"打造公安系列MV"项目获2016年无锡市第四届网络文化季一等奖。将服务公安现实斗争作为公安文化建设的主要任务，在防汛救灾、G20峰会安保工作中，专门制作并发布《风雨中我让你依靠》等微视频，让百姓直观感受到民警的拼搏与奉献。以先进典型为原型拍摄微电影《七日》，在全市各大网络媒体、门户网站播放。将满足民警的精神文化需求作为公安文化建设的出发点和落脚点，围绕"一队一特色，一警一爱好"要求，引导、培养民警健康向上、有益身心的业余爱好。将构建和谐警民关系作为公安文化建设的核心目标，开展"情暖五月"送文化下基层、"迎新春·送文化"文艺小分队赴基层慰问演出等活动。建设微信、微博等网络文化宣传平台，制作MV《守护你》等文化宣传主题作品。

（耿永军）

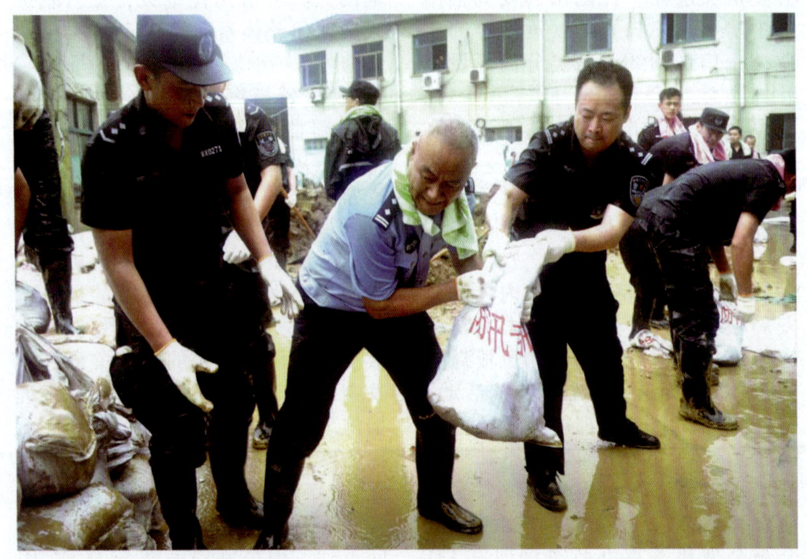

"暴力梅"下抗洪救灾的民警 （薛公宣 供稿）

【和谐警民关系建设】 年内，市公安局完善民意导向警务工作机制，及时整改群众反映的突出问题，以良好的作风形象取信于民。围绕市第十三次党代会提出的推进产业强市、保障改善民生主题，推出"深化改革惠民利企10项措施"，涵盖户籍、出入境证件办理、交通事故处理、消防许可备案、执法公开、水上救援服务等类别，提高公共服务质量和效率。创新服务管理手段，上线运行"无锡公安"微警务集群平台，推出77项掌上服务项目，实现线上受理、审批、查询及办结的"一站式"服务。至年底，为群众办实事29万余件，推送信息阅读量397万余人次。市公安局顺利通过省级文明单位考核，获评"江苏省文明单位"。立足维护稳定、打击犯罪、服务发展、保障民生工作大局，推出一批生动感人的新闻报道，展示公安机关良好形象。各级媒体刊发无锡公安新闻1.8万余篇，中央和省级媒体刊播无锡公安新闻数比上年增加14%。打造"平安无锡"和"无锡公安"微警务等新媒体平台，主动宣传公安工作，发布权威信息，推送防范提示。"平安无锡"微信粉丝量14万人次，总阅读量300万次，获评"江苏十大公安微信"。

（耿永军）

【公安科技信息化工作】 年内，市公安局按照《2016年度无锡市信息惠民和智慧城市建设工作》部署，围绕"智慧警务先导区"和立体化信息化社会治安防控体系建设，推进"数据强警"战略，加强公安科技项目研发、建设、推广和应用工作，全市公安信息化全面进入以大数据、云计算为标志的数据建设应用阶段。建设公安大数据中心，初步搭建大数据云计算环境，形成覆盖各警种业务的63项1300余个字段的基础数据采集汇聚目录清单、责任清单和工作规范,汇聚120余类242.8亿余条人工采集、技术获取、社会汇聚数据资源,并完成“无锡云搜索”平台建设,建设人、车、案3类24个维度的全息关联档案,开发关系人分析、综合分析、时间轴比对、轨迹比对、批量检索等工具。启动全国公共安全视频监控建设联网应用示范城市建设,落地建设项目13个,新建社会面监控1.2万余处,高清升级4300套,开展市公安局视频网共享应用平台软件升级、公安分局平台国标化改造和社会视频监控联网接入等工作。至年底,市公安局平台汇聚公安自建及社会图像资源3万余路,其中社会面复杂场所、特种行业、危险品单位及高速公路、隧道、地铁、医院、学校、景区等重点单位、部位视频监控6600余路;在公安内网、视频专网搭建基于海量人像数据资源的人像识别系统,建设1200万条数据的人脸缉控库,在市区重点部位安装66路动态人脸抓拍设备;运用大数据、云计算、物联网等先进技术,对接现有“3·20”城市卡口系统和无锡本地机动车、驾驶员、犯罪人员等业务数据,对抓拍车辆图片进行数据结构化描述和二次识别,进行深度数据挖掘和积分研判预警。与高德软件、北京图盟科技有限公司签署战略合作协议,利用高德地图、实时交通路况等数据推动警用地理信息平台建设;各级公安机关组织开展警用地理基础数据采集、核对工作,完成行政区划关联、街路巷及警务区域及警务点位数据等核准、采集工作。在新吴分局开展基于PGIS(警用地理信息系统)和二维码的实有人口、实有房屋、实有单位管理试点,应用二维码扫描开展快速入房查人、社会化信息申报、日常勤务管理等工作。开展移动警务3.0建设,改造移动警务接入网,完成运营商4G网络接入,建设移动警务3.0APP超市,开发移动应用。至年底,向民警配发移动警务云终端6600余台。加强科技信息化项目管理,建设科技信息化项目管理平台,立项论证属于市公安局财政的建设项目34个,涉及金额18251万余元,技术验收18个,涉及金额2955万余元;开展科技微创新竞赛活动。推行运行维护服务外包,引入社会专业力量参与运维工作,提升整体运行维护管理能力。完成市公安局指挥中心至11个公安分局指挥室的一键点调高清视频指挥系统、4G移动采集装备建设,推进350兆数字集群通信网、高清视频会议系统建设。无锡市被中央综治办、国家发改委、公安部确定为全国第一批48个公共安全视频建设联网应用示范城市之一;市公安局“开放空间下的动态人脸识别集成示范应用”被公安部列为2016年公安科技成果推广引导计划项目,“多模态高通量人员特征信息采集系统”通过公安部专家组验收,“点对点精细化防范通信诈骗”和“居民电动自行车物联网防盗工程”获全国公安机关改革创新大赛优秀奖;“法医移动检测系统”等7个科技项目获省公安厅科技强警奖;“海量视频综合利用技术集成与示范应用”“人行横道智能监测系统”被评为无锡市“十二五”智慧城市应用示范项目。

(耿永军)

【出入境管理】 年内,全市公安出入境管理部门加强和改进出入境管理工作,有效维护无锡涉外治安环境稳定和正常出入境秩序。全年办理出入境证件47万余份,其中中国公民出国境证件46万余份,外国人签证1万余份;苏南硕放国际机场口岸签注点签发一次性台胞证700余份。全市常住境外人员1万人,全年临时入境境外人员30万人次。4月1日起,实施外省市居民持“居住证”在居住地申请办理因私出入境证件政策,惠及全市260余万居住证持有人,便利非无锡户籍人员在无锡办理出入境证件。至年底,7000余人凭借该政策在无锡办理出入境证件,其中护照3000余份,港澳证2900余份,大陆证1100余份。5月,将外国人签证审批权限下放至宜兴市公安局,江阴、宜兴两个县级市全部实现中、外居民办理出入境证件县级市办结,推进出入境县(市、区)受理点和派出所分理点建设,江阴市公安局、宜兴市公安局将服务窗口延伸至乡镇,方便群众就近申领证件。升级优化“无锡出入境”微信公众号服务功能,涵盖进度查询、实时窗口、办理指南、受理点导航等功能,吸引粉丝2.4万余人。梳理涉外娱乐场所、朝鲜人工作地、外教留学生聚集地等一批涉外重点场所,通过日常管理、签证制约、案事件查处等综合手段挤压“三非”(非法就业、非法居留、非法入境)境外人员生存空间,规范涉外案事件的查处标准,全年查处涉外案事件139起,遣送出境20余人。完善境外人员临时住宿登记管理系统与常住境外人员管理系统,实现数据的相互关联与综合运用,实现办证数据的实时转换、出入境管理部门与基层派出所数据的关联运用,有效促进境外人员服务管理工作的开展。与加勒比地区国家、泰国、柬埔寨、斐济、老挝等国家警方开展交流7批150余人次。设立国际刑警组织江苏联络处无锡联络办公室,完善各类涉外突发事件的处置预案,完善海外中国公民意外事件出现后的应急响应机制。加强与无锡市“一带一路”重点驻外大型企业的联系,主动走访红豆集团等跨国企业,了解企业境外子公司安全管理现状、面临风险挑战、现实安保需求以及对国际执法合作建议等情况,并与红豆集团建立对“一带一路”重点企业服务沟通机制。围绕无锡苏南国家自主创新示范区建设要求,主动服务无锡市委、市政府的“太湖人才计划”,颁发外国人永久居留证4份。

(耿永军)

【打击刑事犯罪】 年内,全市公安机关破获刑事案件16899起,抓获各类刑事作案人员16840人。落实侦办大案工作机制和措施,及时高效打击严重暴力、涉黑涉恶等恶性犯罪,年内发生的江阴市华士镇华西四村蔡家基杀死3人案、锡山区厚桥梅里香舍抢劫杀害2人案、江阴市祝塘镇江南花苑杀死2人案等32起现行命案全部成功破获,其中杀人案件14起,连续第5年实现现行命案全破。利用DNA比对新技术,破获5起命案积案。全市发生的涉爆案件、劫持人质案件全部侦破,八类案件(杀人、纵火、投毒、抢劫、强奸、绑架、爆炸、故意伤害)破案率90.5%。围绕G20峰会安保开展严打整治,推进“网上灭枪”行动,查证查实公安部、省公安厅交办涉枪案件线索1226条,抓获涉枪犯罪嫌疑人

454人，缴获火药驱动枪支17把、仿真枪支66把、制式子弹7000余发。G20峰会期间，全市刑事发案数比上年同期下降48.5%，未发生个人极端事件和重特大刑事案件。推进打黑除恶斗争，坚持“打早打小、露头就打、除恶务尽”方针不动摇，紧盯“赌贷黑”(赌博、高利贷、黑社会)合流、“软暴力”等突出黑恶势力犯罪，落实线索排摸、挂牌督办等工作措施，全年通过法院判决涉黑涉恶类犯罪人员2642人，其中成功起诉黑社会性质组织案件3起，判决黑社会性质组织人员35人。组织开展“三严”(严防、严控、严打)行动、“夏季攻势”、“秋冬攻势”等一系列专项严打整治行动和打击“盗抢骗”犯罪专项行动，实现“盗抢骗”犯罪总量下降，侵财犯罪破案率、抓获作案成员数、追赃挽损数上升“一降三升”目标，侦破“盗抢骗”专项行动串案566串3124起。组织开展通信网络诈骗案件侦破会战，全市通信网络诈骗发案数比上年下降19.4%，破案数比上年增加60.3%。依托“防诈骗智能拦截平台”技术反制和配套人工干预措施，全年拦截诈骗电话61万余条，人工干预提醒5395人次，劝阻防止发生案件355起，避免群众损失2750万元。集中整治无锡招商城、人民医院等扒窃案件重点发案区域，全市扒窃案件发案数比上年下降18.3%，破案数比上年增加11.2%。组织开展集中追逃会战，抓获历年逃犯298人。组织开展集中比对会战，利用各类比对资源，滚动比对和查询比对案件现场指纹、犯罪分子遗留DNA，全年比中破获侵财案件3258起。

(耿永军)

【加强刑侦基础建设】 年内，全市公安机关刑事侦查部门加强刑侦基础建设，推进刑事侦查手段、方法和机制的转型创新，整合侦控手段资源，提升打击犯罪的整体效能。依托市公安局合成作战中心建设，做强由刑侦部门牵头的合成打击专区，落实市公安局、县区公安(分)局、派出所三级合成打击责任，推动实体化合成打击进程。整合各种专业手段，形成以刑侦为主导的打击突出犯罪业务工作流。推动反通信网络诈骗中心建设，中国银行、工商银行、交通银行、农业银行、建设银行、无锡农村商业银行以及电信、移动、联通三大运营商派员入驻该中心，刑侦和网侦等部门在该中心设立专席，实现合力打击防范诈骗犯罪的常态化运作。制定反通信网络诈骗中心运行机制，建立公安、银行和通信企业专职专责、分工明晰的责任体系，解决中心职能分工、工作对接和勤务运行问题。建设完成“无锡刑侦网上作战平台二期”，研发“智慧刑侦情报研判平台”。建立三级图侦队伍，明确各级视频侦查部门的工作职责、工作机制及考核方案，全市12个公安分局143个派出所全部建立图侦专业队伍，配备图侦专职民警。加强刑事技术手段建设，完善简易现场勘查工作流程，推行全部刑事案件分类现场勘查工作机制。利用各类技术比对资源服务侦查破案实战，利用足迹系统串并案件648串1836起，合成侦查重点案件59串382起，通过指纹自动识别和千万人指纹系统直接查破案件1430起。推进司法鉴定实验室规范化、标准化、专业化建设，市公安局刑科所法医、理化专业通过全国公安机关重点司法鉴定专业实验室评审，江阴市公安局、宜兴市公安局、惠山公安分局完成标准化DNA实验室建设。推动刑事技术手段创新，研发“指纹联查云平台”，初步实现苏州市、无锡市、常州市以及北京市、上海市指纹资源的共享互通。加强和改进阵地控制等传统刑事侦查手段和便衣侦查队伍建设。以刑侦实战需求为导向，加强情报信息工作。拓展情报线索渠道，建立网络诈骗案件监控机制，梳理汇聚诈骗案件5万余起，利用涉案要素串并案件42串500余起。健全完善市公安局、县区公安(分)局两级合成侦查工作机制，开展各类打击主题的情报研判工作，提供源头信息支撑作用。加强警犬技术工作，推进全市警犬技术实战化、信息化、正规化和规范化建设，全年警犬参与勘查故意杀人、搜爆、搜捕等重特大刑事案件现场50余起，完成G20峰会和世界物博会安保任务。

(耿永军)

【公安法治建设】 全市公安法制部门围绕全面建设法治公安、依法规范履职、彰显社会公平正义的要求，加强法治培训，完善执法制度，落实执法责任，创新执法监督，有效提升全市公安机关执法质量、执法形象和执法公信力，全年未发生重大执法过错和执法安全事故，行政复议诉讼继续保持“零败诉”，全局执法质量水平排名在全省公安机关领先。组织开展“防风险补短板抓规范提能力”集中攻坚行动，排查出27个执法方面的短板弱项和风险隐患全部整改到位；开展整治查处执法活动中侵害群众利益不正之风和腐败问题专项行动。制定《无锡市公安局2016~2017年强素质提能力学法培训规划纲要》，明确市公安局党委每季度、市(县)分局党委(党组)每月、法制条线民警每周进行一次集中学法活动；对全局229名法制民警、派出所法制员进行集中培训，多次举行岗位练兵能力测试和竞赛活动；定期组织法律知识抽考活动，抽考民警403人；组织2500余名民警参加2016年执法资格等级考试。发挥先进典型示范引领作用，组织开展十大执法管理标兵、执法为民先进单位及先进个人、无锡市“最美法治人物”评选等活动。修改完善《无锡市公安机关执法质量考核评议办法》，构建全方位、多层次执法监督体系；按季度组织开展全市公安机关执法质量考评工作，在全面评估各单位执法工作强弱项的基础上，重点考核检查弱项的整改落实情况，促进全局执法质量的均衡发展，全年实地查看执法办案单位90余个，集中调阅案卷400余份，回放执法办案场所监控录像400余段(次)。制定《无锡市公安机关法制员考核办法》，规范专职法制员队伍管理，提高履职能力。严格落实执法过错责任追究，倒逼民警严格规范文明执法，全年追究执法过错案件25起34人。推进案管中心(室)、受案中心(室)建设，制定《无锡市公安机关案管中心(室)建设管理规定》《无锡市公安机关受案立案工作实施细则》，逐步实现对案件的封闭式管理和全流程监督。在全市推广应用江苏公安执法公示平台，在警情、案件和涉案财物处理等方面接受群众监督。修正完善执法制度机制，为全局规范执法夯实基础；对新中国成立后制定的内部规范性文件进行全面清理，废止文件95件。制定《无锡市公安局关于简化行政案件办理程序的指导意见》、《无锡市公安局常见治安处罚裁量标准》(修正版)、《无锡市公安局关于简化行政案件办理程序的指导意见》、《关于在县级公安机关推行执法办案积分制的实施意见》等文件规定。在推动法制部门与基层执法工作挂钩联系的同时，在法制部门开展“对口交叉”轮岗活动，通过参与基层执法办案、执法培训、以案释法、疑难案件会商等形式，掌握基层执法动态，帮助解决执法问题。利用“法治在线”栏目、“无锡公安法治”微信群24小时内解答基层执法难题。

(耿永军)

【打击经济犯罪】 年内，全市各级公安经济犯罪侦查部门立案查处各类经济犯罪案件1546起，抓获犯罪嫌疑人1046人，打击处理790人，挽回经济损失10亿元，使企业和群众避免经济损失20亿元。重点打击关系国计民生、群众利益、市场秩序和社会影响恶劣的重大经济犯罪，成功破获涉案金额30亿余元的“5·29”特大虚开增值税专用发票案、全市首例以发行原始股为名的特大集资诈骗案、“5·18”特大传销案等一大批大要案件，办理5起中央、省、市纪委交办案件。严厉打击侵害国家和群众利益的多发性犯罪，组织开展打击非法集资、虚开增值税专用发票、侵犯知识产权等专项打击整治行动，破获非法集资类案件26起，抓获犯罪嫌疑人111人，挽回损失1.8亿元；破获骗取出口退税和虚开增值税专用发票案件140起，抓获犯罪嫌疑人70人，挽回国家税收损失5.29亿元；查处侵权假冒案件207起，抓获犯罪嫌疑人370人，捣毁假冒伪劣犯罪窝点43个。转变打击经济犯罪理念，坚持追赃追逃与侦查破案并重，最大限度地挽回群众经济损失，维护企业和群众合法权益，提高群众满意度。推进缉捕在逃境外经济犯罪嫌疑人行动，将潜逃至美国、泰国等国家和中国香港、澳门地区的8名逃犯抓获归案。

(耿永军)

【经侦执法服务】 年内，全市各级公安经侦部门把握执法案件受理、办理和监督三个重要环节，细化制定具体执法操作规程，加强执法监督，提升执法公信力。规范案件源头管理，严把案件受理关，实行受立案分流，对接报警情全部第一时间录入系统，警情受理后由案件审核委员会集体通案转递办案部门或办案搭档侦查，避免案件受理过程中人情和关系的影响。通过“一机三屏”受理系统、服务评价系统，按规定开具“三联单”回执，接受群众实时监督和评价。执行涉稳评估机制，疏导和化解在接待群众报案和办理信访件中发现的不稳定因素。规范案件办理全程，建立以审判为中心的侦查机制和法制部门统一审核、统一出口工作机制，依托案件管理中心(室)，深化“执法公示平台”和“经济犯罪案件侦查监督系统”应用，实现对执法基本要素集约化管理，清晰反映每起经济案件立案、破案、抓获和追赃等主要信息，避免执法过错，促进规范执法。健全完善执法监督制度，形成层级结合、内外结合、网上与网下相结合的执法监督体系。推进经济犯罪打击、防范、控制一体化建设，构筑经济犯罪“防火墙”，从源头上减少经济犯罪的发生。以防控重点领域、重点区域和重点群体风险为切入点，在全市范围内开展金融风险隐患大排查；健全动态排查机制，将新型经济领域、重点敏感行业、金融从业机构和现货期货交易处所纳入视线开展排查；配合行业主管部门，通过情报搜集、群众举报、梳理排查及部门线索移交等渠道，做好风险评估和分类管控，化解和消除风险。树立“前置管控”的理念，加强与金融、行政执法和行业协会等部门联动的监测、预警、监管和打击协作机制，建立定期会商、派驻联络员、线索移送、案件协查等多形式的协调会商机制，形成打击防范经济犯罪合力，提高对各类经济犯罪预防与处置效率。在107家骨干企业设立平安企业经侦服务工作站，在11个工业园区和大型交易市场建立经侦警务室，在社区布建经侦片警111人；在重大节日以及“3·15”“4·26”“5·15”等宣传节点，通过新闻媒体、网络、短信平台、社交软件、社区宣传窗口等向社会公众发布警情提示和防范指导信息。各级公安经侦部门全年发布各类预警信息800余条，成功避免经济案件56起，规避经济损失3000余万元。

(耿永军)

【打击涉毒违法犯罪】 年内，全市公安禁毒部门组织开展社会面扫毒“春夏攻势”、打击毒品新型犯罪等专项行动，破获毒品刑事案件949起，抓获毒品犯罪嫌疑人1049人，查获吸毒人员6349人，缴获各类毒品折合海洛因19.61千克。以“破大案、摧网络、挖毒窝、抓毒贩、多缴毒”为目标，规范部、省、市三级毒品目标案件分级侦办机制，破获100克以上毒品案件31起，其中1千克以上案件7起，攻克部省毒品目标案件33起。针对制毒物品流失和非法制贩新精神活性物质类违法犯罪等新的风险点，组织开展全市易制毒化学品突出问题专项整治行动，破获该类案件9起，缴获涉案制毒物品1600余千克。完善立体查缉网络，制定《无锡市公安局毒品检查站建设方案》，在全市省际、市际治安卡口和高速公路主要出入口建设16个专业毒品检查站，将涉毒核查纳入巡特警、车站、地铁及卡口民警的日常勤务范围，与交警部门建立“酒毒同检”联勤机制，毒品公开查缉效能显著提升。投资300万元建成全国第二个、省内首个禁毒情报分析系统(NIS)，以全国领先的可视化分析、大数据集合碰撞、时序分析保存共享、关联线索无限扩展等技术为侦破毒品案件提供情报支撑。

(耿永军)

【禁吸戒毒】 年内，市公安局禁毒支队建立“领导评判+社会评议+百姓评价”的禁毒工作成效评估体系，引入“第三方评估”理念，启动实施“无锡市毒品问题现状与吸毒人群规模研究”课题，委托第三方上海零点市场调查公司，在全国地级市中率先自主开展第三方毒情调查，客观反映禁毒工作成效和社会满意度，并提出针对性的工作措施，推动禁毒工作科学良性发展。落实《无锡市社区戒毒康复条例》，探索对戒毒人员家庭、社区、社会全方位暖心管控的途径。8月17日，“法治化保障刚性长效投入”经验在全国社区戒毒社区康复工作推进会上作重点推介。全市公安禁毒部门以“硬件规范、软件到位、运作高效”为目标，完善《无锡市社区戒毒康复条例》配套制度建设，制定《无锡市公安局关于依法处置拒绝接受社区戒毒和严重违反社区戒毒协议行为工作规范》，全市社区戒毒社区康复“三规范四统一”(规范设置标准、规范运作流程、规范管理模式，统一外观标识、统一人员配备、统一保障要求、统一考核奖惩)目标初步实现，社区戒毒社区康复执行率、吸毒人员管控率、就业安置率分别达90.2%、33.3%和88.94%。在市公安局强制隔离戒毒所建设病残吸毒人员收治中心，与有资质的第三方建立医疗协作机制，因地制宜解决病残吸毒人员收戒治疗问题。强制隔离戒毒所全年收治强制隔离和自愿戒毒人员1065人。

(耿永军)

【禁毒宣传教育】 年内，全市公安禁毒部门把青少年毒品预防教育作为全年工作重点，贯彻落实全国青少年毒品预防三年规划，努力减少新吸毒人员滋生。加强学生毒品预防教育，协调教育资源开展各种形式的毒品预防教育，完善全市“6·27”工程组织体系，对全市200名中小学毒品预防教育师资力量开展专业培训，注册登记482名教育系统禁毒志愿者，在江南大学组建大学生禁毒社团，开展“相约春天·与爱同行”禁毒公益徒步毅行、“不让毒品进校园”禁毒宣传优秀文艺作品评选、优秀禁毒教学课件评选等活动，创建50所“毒品预防教育示范学校”，发动全市12.5万人次参与“全国青少年禁毒知识竞赛”。无锡市青少年毒品预防教育经验做法在全国学校毒品预防教育经验交流暨“6·27”工程推进会、全省禁毒宣传教育业务培训班上作交流发言。加强重点时段禁毒宣传教育，在全民禁毒宣传月期间，围绕“无毒青春，健康生活”主题，策划“不让毒品进校园”禁毒宣传优秀文艺作品评选、职业学校禁毒主题班会和素质拓展训练，组织无害化集中销毁毒品行动，开展“无毒青春，健康生活”青少年自护教育体验营活动，举办“无毒青春”全市学校毒品预防教育文艺会演。加强与主流媒体的沟通协作，中央主要媒体、国家禁毒专业媒体全年报道无锡市禁毒工作30余篇次。依托互联网、微信、微博等新兴媒体开展禁毒宣传，“人人禁毒”微信订阅号、“无锡警方禁毒”“无锡公安禁毒”等微博号持续编发禁毒新闻信息，扩大禁毒活动在移动端的宣传力度。

(耿永军)

【社区警务】 年内，市公安局人口管理支队制定《关于改革和加强公安派出所工作的指导意见》，开展“110”接处警减负分流、派出所警力配置测算等工作，推动社区警务改革重点领域破局。深化“公调对接”建设，完善矛盾纠纷化解机制。依托全市多元化矛盾纠纷调解体系，增强社区民警矛盾纠纷调解能力。结合“补短板提能力、解难题促改革”练兵考核活动，完善常态化考核竞赛机制，开展社区民警与辖区群众双向熟悉度测评，落实社区民警“实有人口、实有房屋”信息采集责任，确保社区民警对辖区熟悉度及居民群众对社区民警知晓率双提升。加强群防群治工作，在原有治安积极分子、“红袖标”等治安志愿者队伍基础上，将出租车驾驶员、快递员等相关从业人员充实群防群治队伍；巩固和发展社区“十户联防”、邻里守望、楼长制等多样化防范形式，与社区专业巡防力量共同构建社区治安防控网络。

(耿永军)

【推动户籍制度改革】 年内，市公安局人口管理支队根据《市政府关于进一步推动户籍制度改革的意见》，分步落实相关改革事项。根据上级“根据城市规模，梯度放宽户口准入政策”的户改精神，建议市委、市政府将江阴市、宜兴市进一步放宽落户条件，构建无锡市差别化、阶梯式户籍准入体系纳入2016年度重点工作及重点改革项目，指导推动两市对照市区标准就合法稳定就业、合法稳定住所的范围、条件及城镇社会保险缴纳年限等规定做进一步优化放宽，年内，两市均出台相关政策文件并全面启动实施。健全完善无户口人员落户分类解决机制，根据国务院、省、市解决无户口人员登记户口问题的精神，开展无户口人员排摸工作，健全日常排查机制，加强宣传引导力度，加大政府部门间沟通协作，按照“分类方案+配套保障”的落户解决机制，为28名无户口人员解决户口问题。全面推行居住证管理制度，优化调整无锡市现行政策规定，完善居住证管理系统功能，全年制发“江苏省居住证”38.3万余张，签注138.9万余人次，实现全市范围内居住证全覆盖；完成《无锡市居住证管理暂行办法》立法后评估调研，研究修订无锡市流动人口居住管理办法，为全市依托居住证开展流动人口服务管理，提供基本公共服务支撑。

(耿永军)

【优化户籍窗口服务】 年内，市公安局人口管理支队深化“E+(益佳)”户籍窗口服务品牌建设。全市各级公安户籍窗口优化服务流程，提升服务效能，落实绿色通道、预约服务、特殊困难群众上门办证等各项便民服务举措，全年办理各类户籍业务38.6万人次，解决疑难户口137件，制发无锡本地身份证证件39.1万余张、临时身份证5.8万余张，户籍窗口群众满意度保持在99%以上，“E+(益佳)”户籍窗口服务被评为无锡市优质服务品牌称号。全面梳理行政服务流程，提升服务群众、服务社会水平。推出系列便民服务举措，全市全面推行投资、购房、务工人员三类户口准入一站式办理、一次性办结，年内4.5万名群众受惠；制定简化华侨恢复户口登记手续、放宽亲属投靠户口迁移范围、放宽在校大学生户口迁移条件3项便民举措，为华侨归乡安居，大学生人才流通、自主创业提供方便；推出“同名查询”“身份证办理进度查询”“户口办理预受理”“户口办理预约”“户口办理审批查询”五大类手机“微警务”服务事项。开展居民身份证异地办理、挂失申报和丢失招领“三项制度”建设，全市136个管理户籍的派出所和各行政服务中心公安窗口全部开通居民身份证挂失申报、丢失招领业务，全年受理居民身份证挂失申报信息3.3万余条、解除挂失信息439条，登记捡拾证件信息307条；各市(县)公安局、区公安分局完成居民身份证跨省异地受理点建设，受理对象范围扩大至安徽省、浙江省、重庆市、天津市、上海市等26个省市，年内，受办理省内外异地身份证证件5万余张。

（耿永军）

【创新矛盾纠纷调解方法】 年内，市公安局整合行政、司法、社会等各类资源，创新建立多元化矛盾纠纷化解体系。在全市日均有效接警15起以上的派出所建立“派驻式”人民调解室126个，按照“每个调解室不低于2名”的标准，由政府财政保障、司法招录培训、公安管理使用，配备专职调解员295人，将纠纷警情处置与人民调解工作深度结合；将全市853个警务室与社区（村）人民调解委员会一体化运作，挑选1056名社区保安作为街面调解员，同步落实社区民警“就地接处警、就地着装巡逻”工作机制，将矛盾纠纷化解在萌芽、消化在辖区。全市“派驻式人民调解室”全年调处各类矛盾纠纷9万余起，涌现出“费建兴调解工作室”等先进典型。在全市7个市（县）区、80个镇（街道）、1217个村（社区）推动三级综治中心实体化运作，实现重大复杂矛盾纠纷化解和民间纠纷的就地调处；在全市推行派出所与人民法庭“庭所对接”机制，对法律专业性强、处置难度大、易激化矛盾的复杂纠纷，由司法部门提前介入、联动调处；在全市交警大队设立人民巡回法庭和“保险理赔服务工作室”，保险公司提前介入、提前垫付，实现交通事故纠纷调解、保险理赔无缝对接；会同市卫生主管部门在全市三甲医院建立医患矛盾调处中心及标准化医院警务室，形成专职人员、专门机构、专业方法化解医患纠纷的格局。推动公益律师、心理专家、社会贤达等参与矛盾纠纷化解工作，宜兴市公安局创新实践公益律师驻所新机制，为所属26个派出所选聘32名公益律师担任驻所律师；江阴市公安局完善矛盾纠纷排查预警机制，充实网格式信息员队伍，把排查预警触角延伸到社会每个角落，推动矛盾纠纷源头处置；梁溪区、滨湖区、惠山区等地公安机关吸纳人大代表、离退休司法干部等社会威望人士参与纠纷调解工作，建立懂法律政策、知民情民意、覆盖各行各业的兼职调解员队伍，提升纠纷调处效率和执法公信力。

（耿永军）

《窗口是咱百姓家》 （赵正伟 摄）

【治安行政管理】 年内，全市公安治安管理部门创新管理理念，加强场所管理、涉危管控、保安监管等治安行政管理工作。按照“警务上云”“数据强警”的需要，全年新采集行业场所单位信息1822家，组织对全市7300余家场所行业单位基础信息进行核对、更新和完善，核对修改单位基础信息7000余条，确保行业场所单位的基础数据更新及时、真实可靠。推进旅馆业“四实”（实名、实数、实情、实时）登记制度落实，全年查处违法违规旅馆940家次，处罚从业人员251人次，抓获“三逃”（批捕在逃，负案在逃，服刑或羁押在逃）人员274人。深化“缉枪治爆”专项工作，全年检查危险物品单位1.24万余家次，整改隐患问题650余处，查处涉危案件426起，查破涉枪涉爆案件67起97人，收缴枪支212支、子弹2.8万余发、管制刀具1500余件、剧毒化学品34.95千克。开展全市社会面治安视频监控排摸工作，排查视频监控单位2.8万余家、视频监控探头73.2万余个，基本摸清全市社会面视频监控存量。推动全市场所行业单位视频监控联网汇聚，开展“智慧治安”试点建设，将全市老年舞厅、电子游艺、烟花爆竹等重点行业先行联网接入，提高治安管理科技信息化水平。加强打击整治，净化社会风气，全年完成涉娼涉赌犯罪公诉数955人、涉假犯罪公诉数42人。整治涉黄涉赌、涉枪涉爆、制假售假等治安突出问题，全年查处涉娼涉赌治安案件2131起7358人，全市挂牌整治的11个涉娼重点地区治安面貌有不同程度好转，对站街招嫖等问题的社会关注度明显降低，全市涉娼涉赌警情比上年下降37%。实行情报主导警务战略，建成治安人力情报信息系统。开展行业场所单位视频监控“平安在线”建设，对矿山宕口实现远程联网监控，对临时性爆破作业实现全程摄像。推广应用治安管理现场检查手机APP，全市2198名民警开通手机APP，全年通过手机APP检查单位25万余家次。研发养犬自助申报登记系统，开通应用后，群众申报登记犬只近3万只。推进场所行业分级管理，明确管控要求，对全市7300余家场所行业逐步实现分层次管理。加强保安行业监管，推动“跨出一步”“联勤联防”“亮证上岗”等专门举措，全年组织义务巡防活动1.61万余人次，抓获违法犯罪人员400余人。深化物流寄递行业监管，排查采录寄递企业（含分支机构）257家、寄递网点686家、从业人员2370人。探索建设无人机管控系统，并借助无人机生产企业飞控平台和无人机地面反制装备，在大型活动安保中加强对无人机的管控。强化执法规范建设，落实刑事行政案卷抽查通报制度，发现整改各类执法问题200余个。完成省公安厅交办的“完善现场执法标准规范现场执法行为”和“证据规范管理”等专项调研工作。制定《无锡市留宿洗浴场所治安管理办法（试行）》等规范性文件，规范统一执法管理手势。清理压缩行政审批申请材料11项，更新完善9个事项的许可办理指南，依托全国民用爆炸物品信息管理系统，开展群众申请网上预审预核，审核时间提速30%。

（耿永军）

【网络安全监管】 年内，全市公安网络安全保卫部门加强网络社会综合防控体系建设，提升网上打击、防范、管理、控制实战能力，有效维护全市网络环境的和谐稳定。实施情报指导警务战略，严格落实网上情报信息搜集、落地核查反馈、舆情导控等工作措施，加大网上巡查处置力度。开展网上公开巡查执法工作，依托“无锡网警”网上公开巡查执法系列账号在“新浪微博”“腾讯微博”“百度贴吧”“微信公众号”以及“东林书院”“二泉网”等本地各网站、论坛中开展警示教育、服务群众、宣传引导等工作，巡查发现各类有害信息450余条，警示教育网民52人，接受群众咨询求助1100余次，发布网络安全宣传教育、计算机网络安全知识、网络辟谣等各类信息210余篇。推进互联网站实名备案工作，依托“全国公安机关互联网站安全管理服务平台”，对全市2398家互联网站完成实名备案。严打涉网违法犯罪，净化网络运营发展环境，开展集中打击整治网络违法犯罪“净网清源”、打击整治网络侵犯公民个人信息犯罪等专项行动，全年侦破网络犯罪案件214串（起），抓获犯罪嫌疑人950人；参与侦破通信网络诈骗案件126串，抓获犯罪嫌疑人737人，摧毁犯罪团伙48个。配合其他警种部门侦破案件1079起，抓获犯罪嫌疑人791人。破获的公安部督办“佳佳拍”侵犯公民个人信息案件被公安部通报表扬，在腾讯公司举办的“守护者反电信网络诈骗暨黑产打击联合大会”上被评为2016年度腾讯与公安工作合作十大精品案例之一。落实网吧安全管控措施，全市网吧安全管理系统和视频监控系统安装率、在线运行率100%，网吧上网人员实名登记率99.68%。全年检查网吧24612家次，办理网吧互联网上网服务营业场所安全审核84家，通过网吧系统抓获在逃人员102人。加强公共场所无线上网安全管控，为“智慧城市”研发的网络安全审计系统投入使用，全市3万余个无线热点落实技术保护措施、3700余辆覆盖WiFi无线信号的公交车落实认证、审计措施，为无锡市连续3年获得全国智慧城市发展水平评估第一名作出贡献。制定WiFi“网络围栏”项目建设方案，安装600余套“网络围栏”设备，采集重点敏感区域和人流密集场所出入人员的无线上网终端特征信息，实现数据资源高度融合共享与深度分析应用。加强信息安全等级保护工作监督、检查、指导，对全市自来水、燃气和部分重点企业的工业控制系统开展专项检查工作，通过远程检测发现全市网站高危漏洞1.9万余个，发现并通报系统漏洞和安全隐患220余个。落实非经营性上网场所安全审计措施620家，备案重要信息系统350个。提高技术支撑水平，完成“公安网安综合应用平台”升级改造；联合相关运营商、互联网单位和技术公司研发建设基于恶意网址拦截的“无锡市公安局反信息网络诈骗平台”，对本地网民访问的恶意链接进行实时阻断，控制和减少信息网络诈骗案（事）件的发生，该项目获2016年全市政法工作创新二等奖。严格规范电子数据取证工作，全年鉴定各类电子证据载体152件，出具电子数据鉴定报告21份；举办全市公安网安民警电子数据取证培训班，指导县区公安机关鉴定各类电子证据载体1216件，出具电子数据鉴定报告476份。

（耿永军）

【公安监所管理】 2016年，全市公安监管部门打造升级版“平安型、实战型、法治型、科技型、人文型”公安监管，推进监管场所安全管理、教育感化深挖犯罪、基础设施改造、信息化建设应用等重点工作，确保全市公安监管场所安全文明、规范有序，收押关押各类违法犯罪人员31520人，没有发生在押人员脱逃、非正常死亡等责任事故，没有发生一起涉及监所的负面舆情。宜兴市看守所再次被公安部评为“全国标兵看守所”，全市10个监管场所全部达到三级以上等级，其中二级以上监所等级率70%。优化监所勤务运行模式，严密落实各项人防、物防、安防、技防措施，突出除患排查和风险防控，确保全市监所安全。发挥公安监管场所侦审“第二战场”阵地优势，加强“信息体检+人脸识别”、情报信息研判+警务大数据等新技术的实战应用，获取各类违法犯罪线索2359条，协助办案单位破获各类刑事案件172起，侦获网上在逃人员46人，抓获各类犯罪嫌疑人184人，缴获各类枪支13支。推进公安监所治理体系和治理能力现代化，创新推出“监法对接”“侦监对接”等“警务微改革”项目，“雨露学堂”被评为“青春新坐标”无锡青少年权益工作创新示范项目；“人像识别技术”应用经验在全省公安监管会议作专题介绍。发挥法律援助、青少年法治教育、预防职务犯罪教育、禁毒宣传、张文林工作室等7个“一所一品”基地作用，依托无锡公安“微警务”，推出监管“律师会见网上预约”和“被监管人员家属会见网上预约”等微信服务平台。加强监管基础保障工作，实行送押犯罪嫌疑人、被告人或罪犯进看守所先行健康检查制度，确定无锡市精神卫生中心为“五项体检”（血压、血常规、心电图、彩超、胸片）定点医院，全面完成监所医疗卫生专业化建设；投资200余万元在全省率先完成看守所AB门、武警应急小组前置用房和热水进监室等建设；对全市监所1880余个监控点位进行梳理命名，全部接入部、省、市监管视频联网平台。

（耿永军）

【打击食品药品和环境领域犯罪】 年内，市公安局食品药品和环境犯罪侦查支队组织开展打击危害食品药品安全和环境污染犯罪“利剑行动”和“清水蓝天”等专项战役，破获食品药品环境案件215起，抓获犯罪嫌疑人443人，其中公安部督办案件4起、省公安厅督办案件13起，查获各类假冒伪劣食药产品2万余件，捣毁生产加工窝点300余个。加强情报工作，通过警情研判、网络巡查、上级交办、深挖案件、其他行政部门移送等传统渠道拓展线索来源，加强互联网食药领域舆情信息的收集和分析，组织民警到城乡结合部、城中村、村庄及企业、集贸市场、商铺走访调查，扩展线索来源渠道，获取有价值情报80余条，从中破获案件57起，抓获犯罪嫌疑人116人。举办全市快检员培训班，推进全市食药品安全快检工作。市公安局食品药品安全检验实验室完成250份检材快检筛查，定性问题检材99份，为基层办案单位检验送检样品306份，发现国家公布的保健品非法添加药物名单以外的4种新型减肥类药物、3种新型降糖类药物和2种降压类药物的实验室检验方法。以公安机关鉴定机构质量认证体系为基础，开发鉴定管理信息系统，将受理、检验、鉴定、对外送检、质量管理、物证管理、结论查询等业务流程实现信息化和网络化，及时、准确、快速地完成数据采集、分析、鉴定、对外送检等环节的工作，提升食药安全检验鉴定工作效率和管理水平。加强执法规范化建设，建立健全大要案件跟踪督办、办案质量终身负责和执法过错责任追究等制度。举办全市公安机关食品药品和环境犯罪侦查业务培训班，提升全市公安机关侦办食品药品环境犯罪的能力水平。加强与市食品药品监督管理局、市工商局、市卫计委、市环保局等有关行政执法部门的衔接，定期召开联席会议，就打击食品药品环境犯罪工作中畅通信息传递渠道、线索移送、检验检测绿色通道等方面加强协作支持。加强与检察院、法院的沟通协调，对重大疑难案件形成打击合力。开展“2016食品安全周”公安主题日广场宣传活动，增强群众辨假识假的安全意识。

（耿永军）

【单位内部安全保卫】 2016年，全市各级公安单位内部安全保卫部门更新工作理念，优化运行机制，增强防控质效，打造现代单位内部安全治理体系。围绕重点领域、重点阵地、重点群体和重点人员，加强情报信息工作，落实信息化管理。开展新一轮全市重点单位要害目标安防攻坚提升会战。督促企事业单位新投入防范资金1675万元，新增周界防入侵系统83套，新建报警系统209套，报警系统新接入公安网250套，新增视频监控5474套，更换加固合格保险箱（柜）488个。开展全市企事业单位财会室保险箱治安隐患专项治理行动，严厉打击侵害医护人员合法权益违法犯罪行为。建立完善全面覆盖、重点突出的单位内部治安保卫常态监管机制，全年检查内保单位6.6万余家次，发现整改治安隐患4250条。依照《江苏省企业事业单位内部治安保卫条例》办理行政案件149起。对153起单位重大可防性刑事案件进行倒查，立案查处5起。立案查处重大责任事故等6类危害生产安全刑事案件27起，起诉犯罪嫌疑人28人。建立24小时实体化医院警务室人民医院警务室，指导医院组建特勤队伍，更换高清监控视频探头36个，增设高清监控视频探头57个、人像识别系统12套，确保医院医患纠纷和案件保持持续下降趋势。与电信部门合作研发“外勤助手”巡更版考核管理平台，建立PC端与手机APP动态实时对接机制，依托“互联网+”手段，实现对256名银行夜间巡防保安进行实时化、精确化管理。依托平安企业、平安校园、平安医院、平安金融等系列平安创建活动，密切与市综治办、市教育局、市卫计委、市安监局、无锡银监分局等政府有关部门的沟通联系，健全完善常态联动机制。突出治安保卫重点单位，分系统、常态化开展企事业单位保卫人员实战业务综合培训120余场次，提高隐患查改、巡防守护和应急处置水平。加强与行业系统的协调配合，探索建立单位保卫组织、保卫人员年度工作评鉴奖惩机制，年内，对2015~2016年度单位内部治安保卫工作成绩突出的76个单位(保卫组织)和134名单位保卫人员进行表彰。

（耿永军）

【鼓励见义勇为行为】 年内，市公安局和市见义勇为基金会表彰1177人，发放奖金144.69万元。推选见义勇为人员4人参加全国先进、10人参加省级先进评选活动，其中1人获评全国见义勇为先进荣誉称号，7人获评省以上见义勇为荣誉称号。加大见义勇为人员权益保护力度，全市各级见义勇为组织慰问见义勇为人员及家庭156人次，发放慰问金72.12万余元。落实见义勇为牺牲、伤残人员抚恤、补助长效机制，安排见义勇为先进代表参加疗休养活动。12月21日，市见义勇为基金会完成换届选举，市人大常委会原党组副书记、副主任王立人当选市见义勇为基金会第三届理事会理事长。

（耿永军）

【预防压降交通事故】 全市各级交警部门健全交通安全长效管理机制，落实管控措施，确保全市道路交通安全态势平稳，交通事故死亡人数连续13年下降。发挥交通管理综治作用，印发《2016年全市四个文明交通建设工作指导意见》，召开全市文明交通乡镇（街道）、文明交通社区、文明交通学校、文明交通企业“四个文明交通建设”专题会议，在文明交通创建全面达标的基础上，打造出12个“示范级”先进典型。完成江苏省政府下达无锡市淘汰2006年年底前注册营运黄标车31175辆的年度目标任务。根据市安全生产委员会部署要求，全年开展2批次交通安全隐患排查整改工作，排出市级道路交通安全隐患19处，其中由市安全生产委员会挂牌督办整改9处。组织开展“防风险、治隐患”、预防重特大道路交通事故、安全生产大检查等专项行动，检查重点车辆单位30073家次，下发隐患整改通知书10598份。对存在严重交通违法行为、交通违法行为多发等安全隐患以及发生同等以上责任交通死亡事故的125家单位，抄送安监、交通运管部门，联合下发隐患整改通知书并限制办理相关业务。对存在多起超员超载交通违法的9家道路运输企业追究安全管理人员责任。组织开展预防重特大道路交通事故、暑期交通安全隐患集中整治工作，以及电动自行车、三轮机动车等重点车辆违法整治等专项行动，加强对酒后驾车、毒驾、无证驾驶以及三轮机动车、非机动车、行人等显见性违法查处力度。年内，全市查处各类交通违法行为为774.1万余起，其中酒驾5801起（醉酒2014起）、涉嫌毒驾20起、机动三轮车交通违法7.9万余起、“三超一疲”（超速、超员、超载和疲劳驾驶）53.7万余起，查扣非法机动三轮车3244辆。

（耿永军）

【路面交通组织管理】 年内，全市机动车保有量176.9万辆，比上年增加6.37%；机动车驾驶员210.4万

维护交通秩序 （薛公宣 供稿）

人，比上年增加8.84%，加之地铁3号、4号线和151号铁路桥、江海西路快速化改造工程、凤翔路快速化改造工程等重点工程相继开工建设，保道路畅通工作压力巨大。全市交警部门制定完善施工交通组织保障方案，并从施工现场布局调整、施工路段道路调整、优化分流诱导路径等多途径入手，梳理改造交通节点48个，加强施工路段交通保障；部署开展全市排堵保畅竞赛活动，整改交通堵点26处。加强城市交通秩序整治，推进电动自行车、行人、非机动车等显见性交通违法整治，加大对22条违停严管道路抓拍处罚力度。全年查处电动自行车交通违法40.3万余起，市区处罚违法停车102.7万余起，违停严管道路查处抓拍违停14.5万余起。完善城市道路排堵保畅机制，针对春节、清明节、劳动节、国庆节等重大节假日交通流量特点，制定交通保障方案和应急处置预案。在城区最大限度组织警力上路，加强交通拥堵状况易发、多发时段和部位交通指挥疏导，最大限度缓解交通拥堵；在墓区、景区提前对周边重点道路实施临时封闭、单向通行等管制措施，增设临时停车泊位，利用公交、水上游船等进行短途驳载，抽调警力增援保障，确保管理措施和力量到位；做好重大节假日高速公路小型客车免费通行期间交通保障工作，施行“一路三方”（高速公路交警、路政、高速公路经营单位）联合指挥调度，加强疏导分流、事故快处和联勤联动，确保高速公路安全畅通，成功经受各重大节假日大流量考验。在交通运输部科学研究院、清华大学戴姆勒可持续交通研究中心和“高德地图”等权威机构发布的《2016年度中国主要城市交通分析报告》中，无锡市城市畅通水平指数在全国同类城市中始终位居前列，为开车最不绕路的城市。

（耿永军）

【交通安全宣传教育】 年内，全市交警部门实施文明交通行动计划，创新宣传理念，健全工作机制，完善基础建设，丰富宣传载体，推进交通安全文化建设，传播“自律、包容、礼让、文明”现代文明交通理念。提升交通安全新闻宣传影响力，加强警媒合作，在《无锡日报》、无锡电视台、交通电台设立《交警在线》《警方交管》等主题栏目，通过专题访谈、新闻发布会等形式开展专题宣传，做到“报纸有文、电台有声、电视有影、网络有平台”，形成全方位、立体化、覆盖全市的交通安全宣传网络。全年各级媒体播放交通安全宣传专题片2300余次、游走字幕19万条次、公益广告14万条次，媒体宣传报道1200篇（条），其中省级媒体144篇（条），中央级媒体59篇（条）。围绕重大节假日交通诱导，酒驾、三轮机动车等专项整治，重特大交通事故预防和黄标车报废淘汰等专题，开展主题宣传活动5000余场次，出动宣传车3800余辆次，组织文明交通志愿者协勤2.3万人次，发放交通安全宣传资料80万份，悬挂、张贴宣传横幅、标语1.9万余条。组织开展“童声童绘话安全”儿童文明交通主题作品评选活动，收到绘画作品1500余幅、童谣900余首，评选出《酒驾的危害》《交通法规要牢记》等优秀作品。市公安局交警支队以“社会协同治理、安全文明出行”为主题，与无锡广电集团联合举办“12·2全国交通安全日”特别节目，通过“血的警示”“忠诚为民”和“社会共治”3个篇章呈现交警日常执法和辛苦奉献，曝光交通违法行为和交通事故典型案例。节目通过智慧无锡手机客户端、腾讯大苏网、江苏有线云频道、新浪无锡以及全市各户外大屏等进行视频直播，吸引20.3万人次网友关注。

（耿永军）

【交通治安防范控制】 年内，全市交警部门围绕G20峰会安保，立足路面一线，发挥机动优势，加强交通治安巡逻防控、科技监控设施实战应用，加大涉车涉路违法犯罪打击力度。筑牢路面交通治安屏障，织密路面“巡防网”，配合专业巡防队伍，加强路面管控和重点部位巡防。交警检查站、交通治安卡口充分发挥“检查、堵截、防范、控制”职能作用，落实等级查控措施，全年查获各类违法犯罪嫌疑人198人。织密视频监控“技防网”，在全市设置3557处视频监控，实现主要道路路口和进出通道等重点路段全覆盖，通过视频巡检发现并指导快速处置各类警情7.2万余起。将各交通治安卡口缉查布控系统升级成集成指挥平台，每天过滤各类车辆250余万辆。织密社会治安防控“数据网”，推进“汽车电子标识”物联网示范应用项目建设，完成3.2万辆重点车辆（包括全部公交车、出租车）“汽车电子标识”及170套读写装置安装工作，实现实时过车监控、设备运维管理、重点车辆管理、车辆缉查布控和便民服务应用5大类30余项功能应用。结合反恐维稳工作，依托路面执勤岗、违法事故处理窗口、二手车交易市场等，以车及人、以证及人、以案及人，加强对涉恐涉稳重点人员群体的排摸。

（耿永军）

【拓展车驾管便民服务渠道】 年内，市公安局交警支队主动融入“互联网+交管”发展潮流，结合交通管理实际，转变工作理念，变被动为主动，变烦琐为简便，提供更加亲民、便民的服务措施，提升市民群众对交通管理工作的满意度。在全市28家医院、10家品牌汽车4S店、15家银行网点推广应用车驾管业务社会化服务平台，全年办理驾驶人体检、新车上牌、抵押登记等业务29.2万笔，占全市同类业务的46.7%。完善互联网交通安全综合服务管理平台，在线提供预选机动车号牌、驾驶人有效期满换证等21项车驾管便民服务，累计注册用户8.4万余人，办理各类车驾管业务22.6万余笔。推进驾驶人考试制度改革，在市区驾校试点推行驾驶人自主报考。推进机动车档案管理影像化，在市卫计委授权的市区17家体检医院开通“警方、医院、邮政”三方联动驾驶证补换证“零等候”服务，申请办理驾驶证补换证业务的群众只要在医院终端完成体检、拍照手续，通过医院业务受理系统提交申请手续，在提出邮递寄送需求后，车管所对审核符合条件的当事人制作新驾驶证，通过邮政速递在24小时内将新驾驶证邮寄送达至申请人手中，推出后累计办理业务1.3万余笔。开展新能源汽车上牌试点工作。推动交通事故快撤快处工作，全市范围（含江阴、宜兴）建成运行25家交通事故保险理赔服务中心，全年快撤快处交通事故11.9万余起。依托互联网交通安全综合服务管理平台，开展统一版道路交通事故在线快速处理平台及“交管12123”事故在线快速处理手机APP软件模块试点工作，打造网上、网下相衔接的快处快赔服务体系。建立医院交通事故伤者救援“绿色通道”，全年利用道路交通事故社会救助基金垫付医院抢救费用1453.6万元，366名事故受伤者受益。拓宽“无锡交警”微信平台服务功能，升级驾驶证审验、在线学习、交通违法随手拍等新功能，至年底，有用户数102万人次，每日访问量20万人次。“无锡交警”微信公众平台获“2016年用户最喜爱的城市服务大奖”“2016年度公安系统优秀运营奖”。推进公安微警务建设，升级建设2.0版“无锡交警”微信公众平台，提供和完善缴纳罚款、模拟驾考、路况查询等服务功能，开通“无锡交警之家”企业号，实行微办公，实现服务闭环。

（耿永军）

【加强消防基础建设】 年内，全市投入消防业务正常性经费5080.42万元。做好市政消火栓普查、补建和维修工作，《无锡市市政消火栓管理办法》于11月25日经市政府第72次常务会议审议通过。科学规划消防队站布局，稳步推进梅园地铁消防站等建设工程。加强装备建设，结合地方发展和消防队站建设实际，制定《2016~2018年消防车购置计划》，计划用3年时间配齐配强51辆高精尖消防车辆。全年累计投入资金1.39亿元，购置各类消防车22辆、器材装备2728件套，依托物联网技术研发消防装备智能管理系统。熟悉演练社会单位2028家次，组织开展大型商业综合体实战化考核、水域救援拉动演练、大型石化企业和化工装置灭火救援拉动演练100余次。至年底，全市有消防站（中队）49个，现役官兵706人，合同制消防员859人，各类消防执勤车辆198辆。全年全市接警13639起，出动14763队次，出动车辆28718车次，出动人员157853人次，救出遇险人员949人，疏散人员447人，抢救财产价值约6489万元。参与处置“4·22”靖江德桥公司火灾、“4·30”无锡通安助剂厂火灾、“6·23”盐城阜宁龙卷风灾害等一系列灾害事故。圆满完成G20峰会、省第十三次党代会、第三届世界互联网大会等重大活动消防安保工作。

（耿永军）

【加强消防安全监管】 年内，完成《无锡市“十三五”消防规划》初稿编制，提请市政府将消防工作纳入《无锡市“十三五”社会治理发展规划》，通过联合发文形式推动公共消防设施、基层消防组织和独立式火灾探测器建设工作。组织开展夏季消防检查、冬春火灾防控、危险化学品安全专项整治、“打非治违”、消防安全大检查等消防隐患专项整治，以及高层地下建筑、城市大型综合体消防安全专项整治等集中整治行动，重点加强养老院、福利院、幼儿园、医院、商场市场、大型综合体等人员密集场所以及易燃易爆危险品场所的消防监管，加强行业性、区域性隐患整治工作。围绕重大活动和重要节日，加强消防安全保卫工作。全年检查单位27682家，发现并督促整改火灾隐患或违法行为26043处，临时查封单位306家，责令“三停”（停产、停业、停止使用）单位283家。新挂牌督办28处新发现的重大

G20峰会安保，水上治安检查 （薛公宣 供稿）

火灾隐患,年内完成整改27处。着力解决居民火灾高发难题,研究制定《群租房整治方案》,在全市1152个农村、社区组织开展"消防安全社区"创建活动,规范电动车集中停放和充电场所2599处,推动各市(县)、区政府将电气线路改造纳入全市30%的老旧小区改造计划。开展农贸市场治理,对全市120家农贸市场逐一检查过堂,制定《农贸市场消防管理标准》。组织对全市4个化工集中区、754家易燃易爆危险品场所进行全面排查,外聘10名石化行业专家成立化工专家组,征召10名化工专业消防文员,充实一线石油化工企业检查队伍。开展餐饮场所燃气安全专项整治,研究制定燃气管理办法,推动解决燃气隐患问题。开展高层、地下建筑专项整治,对全市67个城市综合体、5688栋高层建筑(其中超高层52栋)以及46个地铁站台进行全面检查。建立大商业综合体、重点行业领域消防管理学习交流机制,建成微型消防站1170个、区域联防组织61个,打造商业区、旅游区样板组织18个。开展大数据建设应用试点工作,推广应用"社会单位安全管理系统",至年底,全市有820家单位纳入系统,登记建筑场所1737处,检查项目25807个,单位人员履职率从7.4%提高至29.4%,检查及时率由35%上升至64.4%。提升行政服务效能,严格落实窗口服务承诺制、首问负责制和限时办结制,承诺办理时限压缩40%。提前介入指导地铁3号线配套工程、万达茂、宜兴市文化中心等大型工程建设项目22个,开展施工工地检查67次。全年完成建设工程消防设计项目审核602个、验收379个,抽查建设工程消防设计备案440个、竣工验收备案66个。

(耿永军)

【开展消防宣传教育】 年内,市公安消防部门推进"七进"(进机关、进社区、进学校、进企业、进农村、进家庭、进网站)消防宣传,开展"走千家、进万户"社区、农村宣传教育,"《居民防火公约》在我身边"活动以及社会特殊群体消防宣传帮扶等工作。通过媒体消防专版专栏、消防专题网页、手机报、微博、微信公众订阅号等阵地,利用电视台公益广告、滚动字幕、户外大屏、楼宇电视、出租车LED显示屏滚动播放消防安全常识,在电影院、宾馆、娱乐场所等播放针对性的消防安全提示和消防公益广告,在人员密集场所设置固定消防安全宣传设施,规范开展"三提示"(提示场所火灾危险性、提示场所安全逃生路线、提示场所内灭火防火设备的位置以及使用方法)消防宣传。结合火灾隐患集中排查整治行动,上门入户开展消防宣传教育,重点普及消防安全常识和逃生自救技能,入户宣传78896家次,发放宣传资料66787份。更新社区宣传栏5228处,利用户外显示屏播放消防宣传警示教育片10万余条次。推选社区消防宣传大使,壮大消防志愿者队伍,在"119"消防宣传月期间,制作和发放消防主题地铁卡和纪念邮折,招募"消防小卫士联盟"成员,动员社会力量参与消防学习和隐患排查。加强学校消防基础教育,在惠山区堰桥实验小学试点建设首批"少年消防警校",会同教育部门将消防知识教育纳入全市大、中、小学校开学班会、队会内容,联合相关部门下发《无锡市学校幼儿园消防安全管理暂行规定》。开展夏季消防安全知识学习,向学校发放2万册消防安全教育课本,全市82家高校、中小学校、幼儿园的8.5万余名师生受到教育。

(耿永军)

【火灾情况】 2016年,无锡市发生火灾4092起,死亡14人,伤34人,直接财产损失4434.4万元。与上年相比,火灾起数、死亡数分别下降28.1%、46.1%,伤人数、直接财产损失数分别上升88.9%、87.6%。全市万人火灾发生率6.283,万人火灾死亡率0.022,未发生群死群伤等恶性火灾事故。

2016年全市火灾主要情况:

1.根据各行政区域划分:江阴市发生火灾983起,占全市火灾总数24.02%。宜兴市发生火灾799起,占总数19.53%。无锡市区中滨湖区、惠山区、新吴区火灾较多,各发生火灾501起、492起、468起,分别占总数12.24%、12.02%、11.44%,梁溪区火灾相对较少。

2.发生火灾区域分析:集镇镇区

表22 2016年无锡市火灾情况

项目 地区	成灾数(起)	死亡人数(人)	受伤人数(人)	经济损失(万元)
江阴市	983	2	5	1201.90
宜兴市	799	1	0	510.50
梁溪区	550	3	10	177.80
锡山区	299	0	0	94.90
惠山区	492	6	6	887.50
滨湖区	501	2	5	1247.80
新吴区	468	0	8	314.00
直属单位	0	0	0	0.00
合 计	4092	14	34	4434.40

(市公安消防支队)

火灾起数多、损失重。全市集镇镇区发生火灾2177起，占总数53.20%；城市市区发生火灾1173起，占总数28.67%；县城城区发生火灾115起，占总数2.81%；农村发生火灾487起，占总数11.90%；公路火灾、开发区旅游区火灾分别占总数0.02%、0.01%。

3.起火场所情况分析：住宅宿舍火灾起数多、伤亡重。全市住宅火灾共导致11人死亡、21人受伤，死亡人数、受伤人数分别占总数78.57%、61.76%。起数较多的有住宅宿舍火灾和交通工具火灾，各发生火灾1672起、609起，分别占总数40.86%、14.88%。垃圾及废弃物、厂房、农副业等场所的火灾也相对较多。

4.火灾原因分析：电气火灾共发生1030起，占总数25.17%；其次是生活用火不慎发生火灾521起，占总数12.73%。遗留火种引发火灾411起，占总数10.04%。此外，自燃发生火灾和生产作业火灾也占有一定比重。

5. 24小时火灾情况分析：火灾高发时段为12时至20时，平均每两小时达430起以上。最高点为18时至20时，发生火灾541起，占总数13.22%；亡人火灾高发时段为20时至22时，共造成4人死亡，占亡人总数28.57%。

（市公安消防支队）

【交通事故】 2016年，全市发生交通事故1685起，致448人死亡，1563人受伤，直接经济损失5887412元，与上年相比，事故数、致伤数、经济损失数分别上升7.05%、7.57%、3.28%，死亡数下降0.88%，未发生一次死亡3人以上的重特大交通事故。

交通事故发生的特点分析：

1.时段分析：上午的事故数高于下午、上半夜和下半夜，上午（6~12时）的事故数、死亡数、伤人数，分别占总数31.98%、32.95%、33.03%；下午（12~18时）的事故数、死亡数、伤人数，分别占总数30.21%、30.03%、31.24%；上半夜（18~24时）的事故数、死亡数、伤人数，分别占总数27.11%、24.43%、27.29%；下半夜（0~6时）的事故数、死亡数、伤人数，分别占总数10.70%、12.59%、8.44%。伤亡事故较为突出的时段为17时至20时，事故数、死亡数、伤人数分别占总数19.34%、18.19%、20.35%；其次为6时至9时，事故数、死亡数、伤人数分别占总数19.05%、18.58%、19.76%。

2.路段分析：在高速公路、普通国省道、市道和县乡公路村道发生的事故分别占事故总数2.27%、9.98%、40.50%和45.25%。与上年相比，高速公路、普通国省道、市道、县乡公路村道事故死亡人数分别下降4.88%、3.15%、1.08%、2.66%。全市县乡公路村道伤亡事故突出，死亡数、伤人数分别占总数46.82%、47.28%，其次为市道，死亡数、伤人数分别占总数32.57%、40.82%。S342、G104、芙蓉大道、G2、S230、S240、G312、锡

表23　**2016年无锡市交通事故统计**

项目 地区	事故数(起)	死亡人数(人)	受伤人数(人)	经济损失(元)
市　区	534	169	407	1931821
江阴市	366	169	265	1340880
宜兴市	785	110	891	2614711
合　计	1685	448	1563	5887412

（市交通巡逻警察支队）

表24　**2016年无锡市机动车、驾驶员统计**

项目 地区	机　动　车　（辆）				驾驶员(人)
	汽 车	摩托车	其他机动车	总 计	
市　区	931043	39100	0	970143	1153479
江阴市	403979	64657	249	468885	575300
宜兴市	249639	80318	153	330110	374952
合　计	1584661	184075	402	1769138	2103731

（市交通巡逻警察支队）

表25　**2016年无锡市非机动车统计**

单位：辆

自行车	三轮车	残疾车	电动自行车	合　计
3282874	6867	554	1821203	5111498

（市交通巡逻警察支队）

澄路、S228和XZ02线等10条道路（路段）为事故多发道路（路段），死亡数占总数22.26%。发生在路口的事故数、死亡数、伤人数分别占总数34.64%、35.62%、34.01%；发生在路段的事故数、死亡数、伤人数分别占总数65.36%、64.38%、65.99%。

3.年龄分析：肇事驾驶人相对集中在26~45岁年龄段，所致事故数、死亡数、伤人数分别占总数62.54%、61.99%、62.29%。其中26~30岁年龄段驾驶人肇事致人死亡数占总数20.82%，在所有年龄段中最为突出。在事故中死亡的60岁以上老年人占总数44.27%。

4.原因分析：机动车肇事是伤亡事故多发的主要原因，事故数、死亡数、伤人数分别占总数80.09%、87.66%、76.04%。引发死亡事故的交通违法行为主要有未按规定让行、酒后驾驶、无证驾驶、违反交通信号、违法占道行驶、超速行驶、违法上路行驶、逆向行驶、同车道行驶未保持安全距离和违法变更车道。机动车中私家车肇事引发事故突出，事故数、死亡数、伤人数分别占总数46.22%、41.73%、41.08%。涉及电动自行车的事故死亡人数自2010年起居高不下，2016年事故数占总数8.42%，死亡数占总数36.89%。

交通设施的设置情况对道路交通事故有较大影响。无任何硬隔离（物理隔离）的道路交通事故数、死亡数、伤人数分别占总数45.51%、36.13%、48.09%，有道路中心隔离设施的道路事故数、死亡数、伤人数分别占总数21.80%、25.45%、21.85%，有机动车与非机动车隔离的道路事故数、死亡数、伤人数分别占总数12.58%、18.19%、11.22%，有道路中心隔离设施及机动车与非机动车隔离设施的道路事故数、死亡数、伤人数分别占总数20.11%、20.23%、18.85%。无任何物理隔离的道路（主要集中在农村地区普通国省道、县乡公路村道），非机动车或行人随意横穿现象更为突出，事故远高于有隔离设施的道路。由于死亡事故多数为机动车与摩托车、非机动车和行人之间的事故，有机动车与非机动车隔离的道路伤亡事故明显较低。道路照明情况也是影响事故发生的重要因素，夜间无照明情况下事故死亡数与伤人数比例为37.27%。

（市交通警察支队）

检　察

【概况】 2016年，全市检察机关明确“争当全省检察机关科学发展排头兵、争做中国特色社会主义检察制度示范院”的“双争”目标，围绕全市经济社会发展大局，履行法律监督职能，推进司法改革和自身建设，各项检察工作取得进展，为高水平全面建成小康社会提供有力司法保障。全年批准逮捕各类刑事犯罪嫌疑人3945人，提起公诉11382人；立案查办贪污贿赂、渎职侵权犯罪案件106件143人。知识产权司法保护、职务犯罪“智慧侦查”模式、涉罪外来人员观护教育、精细化公诉建设、信息化智能化检察办公模式等工作均位居全省乃至全国检察工作前列。年内，完成员额检察官遴选工作，首批入额检察官335人；做好3城区（原崇安区、南长区、北塘区）检察院整合和新吴区检察院的设立工作。梁溪区检察院、滨湖区检察院分别被评为全国、全省先进基层检察院；市检察院和7个基层检察院全部被评为“全国检察宣传先进单位”；市检察院被评为“全国检察机关检察委员会规范化建设示范单位”“无锡市规范执法示范单位”，连续8年被评为市级机关绩效管理和作风建设先进单位。

（王　芳）

【履行刑事检察职能】 2016年，全市检察机关履行审查逮捕、审查起诉职责，批准逮捕各类刑事犯罪嫌疑人3945人，提起公诉11382人。依法严惩涉枪涉爆、黑恶势力、偷拐骗抢、黄赌毒等严重危害人民群众安全感的犯罪，对严重危害群众生命财产安全的严重暴力犯罪、多发性侵财犯罪提起公诉5013人。全力保障民生民利，依法严惩生产销售有毒有害食品、生产销售假药犯罪，提起公诉102件193人。滨湖区检察院依法起诉被害人达100余人的朱

图3　　无锡市检察机关开展侦查监督工作情况

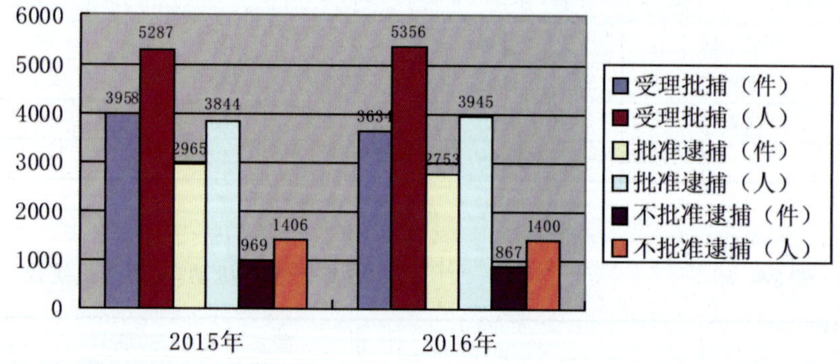

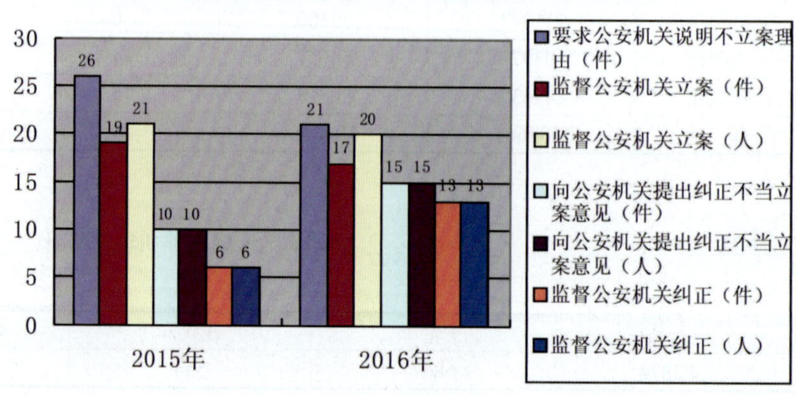

（王　芳）

某某等人销售假药案，新吴区检察院依法起诉公安部督办的张某某等人特大“假冒名牌巧克力案”。依法惩治侵害群众财产权益的犯罪，参与打击电信网络新型违法犯罪等专项行动，对电信网络诈骗犯罪提起公诉517人，江阴市检察院依法办理公安部督办的朱某某等200余人特大电信网络诈骗案。参与互联网金融领域专项整治，起诉非法吸收公众存款、集资诈骗等涉众型犯罪208人，梁溪区检察院依法办理涉案金额10亿元、涉及上千投资人的丰汇通财富管理江苏有限公司非法吸收公众存款案。落实宽严相济刑事政策，对涉嫌犯罪但无逮捕必要的736名犯罪嫌疑人，作出不批准逮捕决定；对犯罪情节轻微、依照刑法规定不需要判处刑罚的88名犯罪嫌疑人，作出不起诉决定。

(王 芳)

【保障经济平稳健康发展】年内，全市检察机关对严重破坏市场经济秩序的犯罪，提起公诉472件988人。制定《关于服务保障非公有制经济健康发展的意见》，平等保护国有企业和民营企业等各类市场主体合法权益。依法打击假冒注册商标、假冒专利、侵犯商业秘密等犯罪，提起公诉24件61人。依托知识产权保护检察室、检察法律服务中心、知识产权保护同盟等平台，服务企业创新创业。举办全国“知识产权保护之无锡样本”研讨会，在全国检察机关产生重要影响；新吴区检察院的相关做法被最高人民检察院转发，被评为全国2015年度查处侵权盗版案件有功单位一等奖。完善环境保护联动执法监督工作机制，对破坏环境资源、污染环境案件提起公诉42件93人。市检察院依法起诉在全国有重大影响的沈某等人走私濒危植物案，锡山区检察院对一起社会高度关注的跨境倾倒生活垃圾污染环境案依法提起公诉。

(王 芳)

【参与社会治理创新】 年内，全市检察机关开展社会风险排查研判，向党委、政府报送风险研判报告63份，结合办案撰写的无锡“e租宝”投资人集体上访、非法开办幼儿园等情况分析报告，得到市委主要领导的批示肯定。推进检察环节涉法涉

图4　无锡市检察机关开展审查起诉工作情况

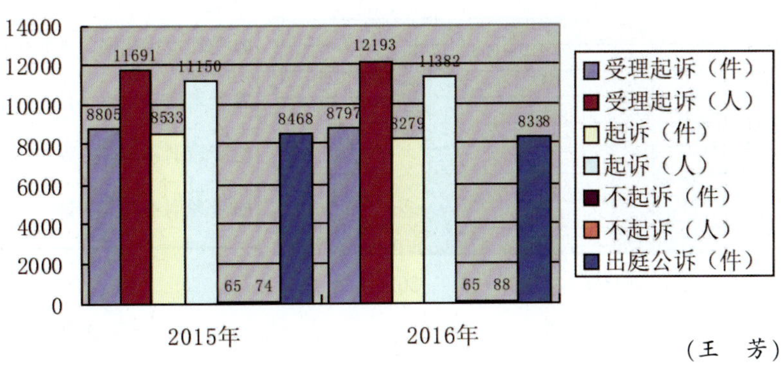

(王 芳)

图5　无锡市检察机关开展反贪污贿赂工作情况

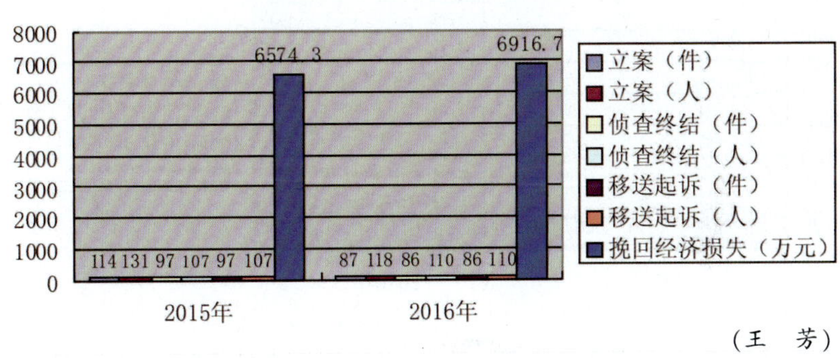

(王 芳)

图6　无锡市检察院开展反渎职侵权工作情况

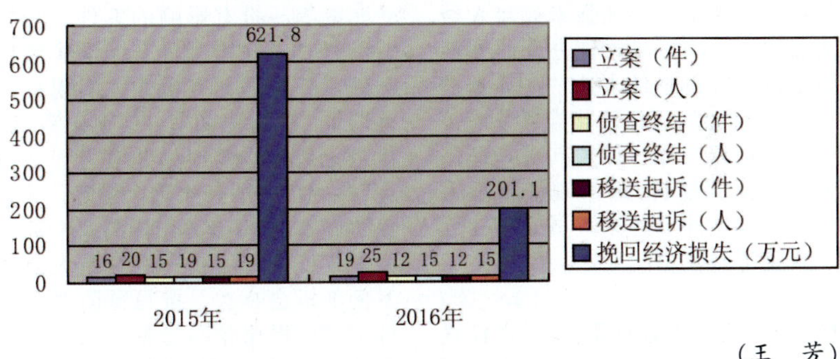

(王 芳)

图7　无锡市检察机关开展刑事执行检察工作情况

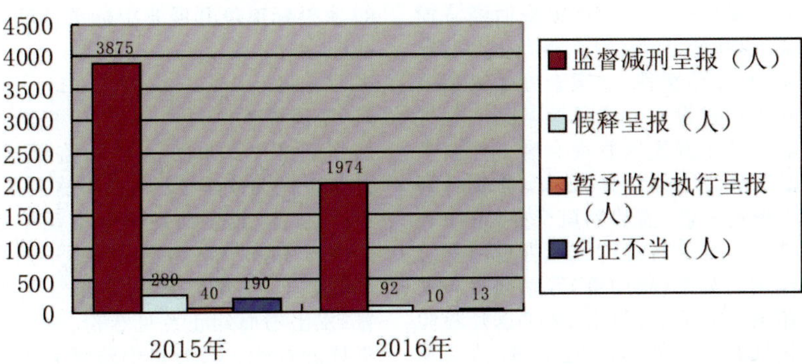

(王 芳)

图 8　无锡市检察机关开展控告申诉检察工作情况

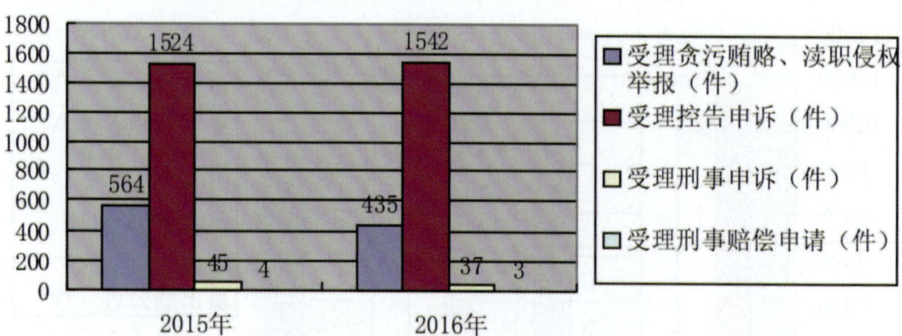

（王　芳）

图 9　无锡市检察机关开展民事行政检察工作情况

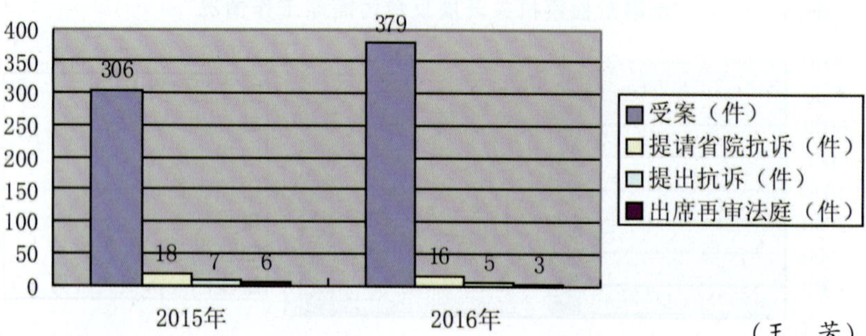

（王　芳）

诉信访改革，受理群众信访3015件次，办结中央和省委巡视组转交办的32件信访事项，依法妥善处置28件重点信访案件。加强未成年人司法保护，惠山区检察院办理的路某附条件不起诉案件入选“江苏未检30周年”典型案例。深化涉罪外来人员观护教育工作，保护其平等适用强制措施的权利，18个观护帮教工作站共接纳涉罪外来人员83人，无一人脱管漏管。

（王　芳）

【惩治和预防职务犯罪】 全市检察机关全年立案查办贪污贿赂犯罪案件87件118人，其中涉案金额300万元以上特大案件24人，1000万元以上案件9人，为国家挽回经济损失6900余万元。重点查办重大有影响、有震动案件，立案查办无锡市公共工程建设中心主任范某某、宜兴经济技术开发区管委会副主任骆某某等处级干部要案12人。根据最高人民检察院、省检察院交办，依法查处原工商银行总行资产管理部副总经理马某某(副厅级)等系列特大受贿案。抓好专项工作，查办医疗检验领域职务犯罪案件22件31人。加强惩治渎职侵权犯罪工作，立案查办渎职侵权犯罪案件19件25人，其中重特大案件13件，依法查办江阴市粮食局局长徐某某滥用职权、受贿案等一批有影响的案件。实施“智慧侦查”，构建具有无锡检察特色的职务犯罪侦查模式，实现规范化取证、精细化初查、专业化审讯、信息化依托、集约化办案，“智慧侦查”模式在全国产生重大影响。开展预防调查、典型案例剖析、非中标单位廉政征询等工作，召开重大典型案例剖析会9次，撰写预防调查报告17篇，提出预防检察建议15份，推动完善相关制度17项。对无锡地铁3号线等24个总投资279亿元的重点工程项目进行专项预防，对89家投标单位开展非中标单位廉政征询。

（王　芳）

【诉讼监督】 年内，全市检察机关加强刑事立案和侦查活动监督，督促侦查机关立案17件，追捕3人，追诉23人，监督纠正侦查活动中违法情形53件次。加强对刑事审判活动合法性和判决裁定公正性的监督，发出书面纠正意见3份，提出刑事抗诉6件。开展集中清理判处实刑罪犯未执行刑罚专项活动，监督审前未羁押、被判实刑的50名罪犯交付执行。监督纠正刑罚执行和监管活动中的违法情形134件次。加强羁押必要性审查工作，成功建议办案机关对不需要继续羁押的94名犯罪嫌疑人变更强制措施。对20件强制医疗案件以及2869名社区服刑人员的矫正活动进行监督，依法保障相关人员的合法权益。加强对民事、行政诉讼以及执行活动的监督，提出抗诉5件，提请省检察院抗诉16件，发出再审检察建议11份，发出纠正违法检察建议39份。针对执行中的违法情形提出检察建议20件，查办涉嫌虚假诉讼案件14件，督促行政机关及有关单位履行职责50件，对不服法院正确裁判的155件申诉案件，做好当事人服判息诉工作，共同维护司法权威。

（王　芳）

【推进司法改革】 年内，全市检察机关做好员额检察官遴选工作，首批入额检察官335人。完成检察人员分类管理，在全市设置检察官员额岗位393个、司法辅助人员岗位484个、司法行政人员岗位161个。健全办案组织形式，在全市检察机关设置检察官办案组68个、独任检察官199个，制定检察官“岗位职责清单”。探索公益诉讼试点工作。突出生态环境和资源保护重点领域，对28件案件启动诉前程序，向相关单位提出检察建议。构建以证据为核心的刑事指控体系。完善落实公安机关办理重大疑难案件听取检察机关意见机制，健全提前介入引导侦查机制，对88件重大疑难案件发表指导意见，对152件重大疑难案件提前介入，有效促进规范取证。推进精细化公诉建设，细化每个岗位、每个环节的工作职责、流程和标准，探索管理精细化、实体精细化、程序精细化。

（王　芳）

【加强自身监督制约】 年内，全市检察机关全面落实党风廉政建设“两个责任”，加大正风肃纪力度，抓好《无锡市检察人员行为约束规定》《加强机关纪律作风建设规定》等制度的执行落实，组织对贯彻落实廉洁自律规定情况进行专项检查，开展各类检务督察48次，组织领导干部述职述廉36人次。主动接受人大、政协和社会各界监督，向市人大常委会专题报告公诉工作情况，抓好审议意见的贯彻落实；向市政协通报全市检察工作情况，听取对检察工作的意见和建议。开展以“加强侦查监督、维护司法公正”为主题的检察开放日活动，邀请各级人大代表、政协委员调研视察检察工作36次，办理人大代表建议11件、政协委员提案1件，期限内办结率、反馈率均为100%，受到代表、委员肯定。邀请人民监督员对7件案件依法启动监督程序，发布案件程序性信息41392条，发布重要案件信息366条，公开生效判决案件起诉书7527份。

（王 芳）

【加强队伍和基层建设】 年内，全市检察机关开展“两学一做”学习教育，联合相关部门举办“法律人法治梦”法律职业共同体国家宪法日主题演讲大赛，市检察院机关党委被市委授予“先进基层党组织”称号，市检察院加强政治工作促进队伍建设的做法在第十七次全省检察工作会议上作交流发言。全市检察机关有3门课程被评为第三批全国检察教育培训精品课程；获第五届全省检察机关侦查监督业务竞赛团体二等奖、第七届全省十佳公诉人暨全省优秀公诉人业务竞赛团体三等奖等集体荣誉；26名干警在上级检察机关组织的业务竞赛中获“十佳”“标兵”等荣誉称号。

（王 芳）

法 院

【概况】 2016年，全市法院紧紧围绕“努力让人民群众在每一个司法案件中感受到公平正义”目标，坚持司法为民、公正司法工作主线，履行宪法法律赋予的职责。受理各类案件164657件，审执结129202件，分别比上年上升8.25%、7.81%。其中，市中院受理案件16079件，审执结14356件，分别比上年下降0.17%、上升3.3%，重点指标位居全省法院第二位。

（张圣斌）

【刑事审判】 年内，全市法院准确把握社会治安形势发展变化，受理刑事案件9561件，审结8794件，判处罪犯10488人，分别比上年下降3.4%、1.46%和2.56%。严惩故意杀人、抢劫、涉黑涉恶等暴力犯罪621件769人，惩治盗窃、抢劫、抢夺等多发性侵财犯罪2925件3999人，惩处涉毒犯罪771件849人，审结许某某等故意杀人案、涉案毒品7.8千克的谢某某等贩卖运输毒品案、王某某驾车致5死11伤的南泉特大车祸案等重大案件，维护社会秩序，增强人民群众安全感。打击破坏市场经济秩序犯罪，参与互联网金融犯罪专项整治活动，惩治非法集资、金融诈骗、传销等犯罪406件697人，生产销售有毒有害食品、假药劣药等犯罪104件185人。

（张圣斌）

【依法惩治职务犯罪】 年内，全市法院坚决落实中央关于反腐败斗争要求，从严惩处贪污、贿赂等刑事犯罪，审结职务犯罪案件64件74人，其中原县处级以上干部2人。加大对发生在群众身边腐败犯罪的惩处力度，严惩安全生产、社会保障、征地拆迁等领域发生的职务犯罪，有力震慑腐败分子。树立惩治受贿与行贿并重理念，审结行贿犯罪案件5件5人。做好重大、敏感职务犯罪案件审判工作，坚持案件审判、舆论引导和维护稳定同步安排，妥善审理连云港原市委书记李某受贿案，连云港原副市长、公安局局长陆某某受贿案等一批大要案。

（张圣斌）

【注重惩罚犯罪和保障人权相结合】 年内，全市法院认真贯彻宽严相济刑事政策，正确区分罪与非罪、此罪与彼罪的界限，努力实现惩罚与改造相结合，对2585名罪行较轻、社会危害性较小的罪犯依法适用管制、缓刑和免予刑事处罚，对4313名积极改造并符合法定条件的服刑人员予以减刑、假释。严格落实无罪推定和疑罪从无原则，确保无罪的人不受刑事追究。落实刑事被告人着正装或便装出庭受审的要求，彰显司法文明。落实辩护制度，累计为233名符合法律援助条件的被告人依法指定辩护人。

（张圣斌）

【未成年人刑事审判】 年内，全市法院贯彻教育、感化、挽救方针，配备具有心理咨询师资格的法官，聘请

图10 无锡市法院受理审结各类案件情况

单位：件

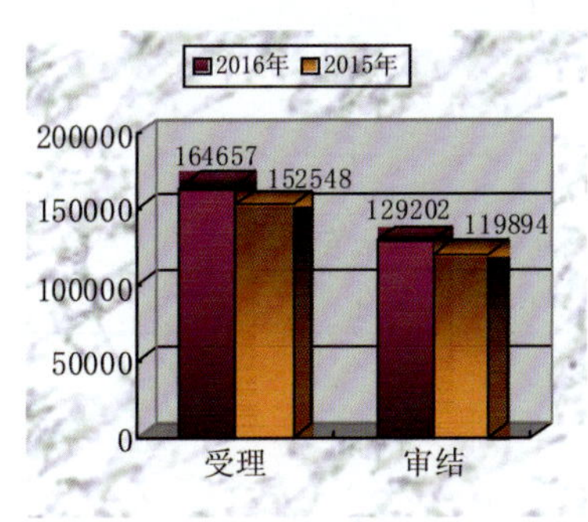

说明：1.受理案件数比上年上升8.25%；2. 审结案件数比上年上升7.81%

（张圣斌）

图11 2016年无锡市各类案件分布情况

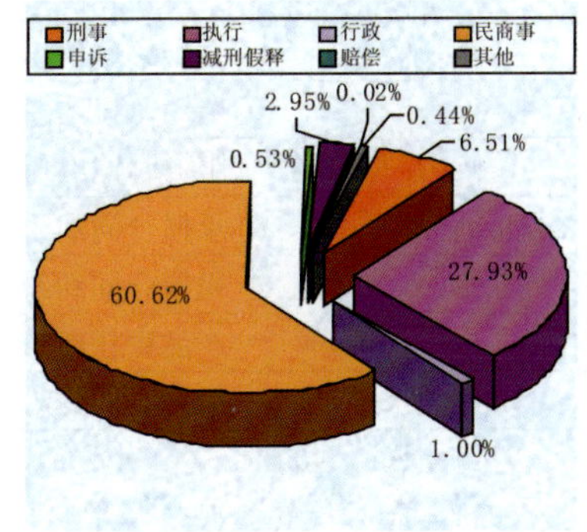

（张圣斌）

图12 2016年无锡市人民法庭结案情况

单位：件

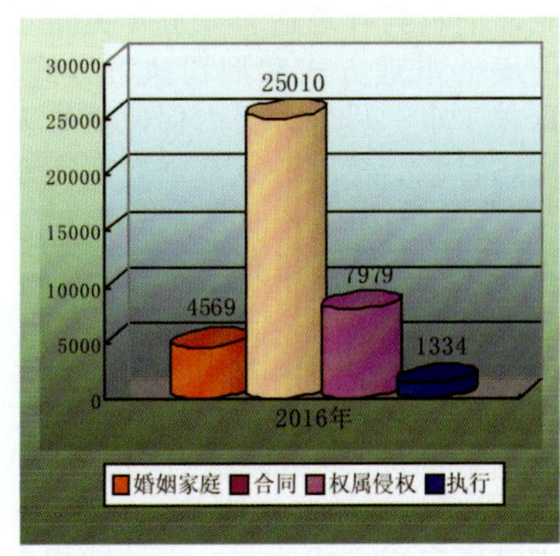

（张圣斌）

表 26　　2016 年无锡市法院诉讼案件结案情况

指标 单位		结案(件)	结案标的额 (亿元)
中级人民法院		8290	108.22
基层人民法院		80754	465.21
其中	人民法庭	37558	95.89
合计		89044	573.43

说明:本表不含减刑假释、申诉申请和执行案件

(张圣斌)

表 27　　2016 年无锡市位居前十位的民商事一审案件收案情况

单位:件

序号	案　由	收　案
1	借款合同纠纷	15787
2	买卖合同纠纷	11797
3	人身损害赔偿纠纷	10661
4	婚姻家庭纠纷	6401
5	劳动争议纠纷	5259
6	服务合同纠纷	4188
7	承揽合同纠纷	2463
8	租赁合同纠纷	1919
9	产品责任纠纷	1552
10	保险合同纠纷	1446

说明:民间借贷和其他借款合同纠纷收案 15631 件,占借款合同纠纷案件的 99.01%

(张圣斌)

教师、妇联干部为陪审员,建立青少年法治教育基地,选派法官担任中小学法治副校长,预防未成年人犯罪。实施圆桌审判、心理干预、轻微犯罪前科封存等适合未成年人特点的案件审理方式和刑罚执行方式,寓教于审,尽最大努力促使被告人悔过自新,审结的黄某强奸案入选“江苏法院 2016 年度依法打击侵害未成年人合法权益典型案例”。

(张圣斌)

【民事审判】 年内,全市法院高度重视人民群众最关心、最直接、最现实的利益问题,审结教育、医疗、消费以及权属、侵权等案件 30047 件。推进家事审判方式改革,审结婚姻家庭、继承案件 6510 件。坚持保障劳动者合法权益与企业发展并重,审结涉群体讨薪等劳动争议案件 5313 件。召开“制裁失信行为,促进房地产业健康发展”新闻发布会,审结因房价上涨、限购限贷引发的故意违约等案件 1241 件。依法惩治消费欺诈,审结网络约车、购物以及职业打假引发的新型消费纠纷 1589 件。

(张圣斌)

【商事审判】 年内,全市法院高度重视经济发展新常态司法应对,审结经济领域各类纠纷 42964 件。妥善处理涉企纠纷,审慎运用查封、扣押、冻结等强制措施,最大限度地维持企业“造血”功能。坚持依法保护产权、尊重契约自由和倡导诚信,审结买卖、租赁等合同案件 13409 件。注重保护金融债权与促进实体经济发展相统一,审结借款、保险等金融案件 6858 件,P2P 网络贷款等民间借贷案件 10403 件。助力培育国际化、法治化营商环境,审结涉外、涉港澳台民商事案件 139 件,审理的一起涉卡塔尔某公司独立保函欺诈纠纷案,为无锡企业挽回损失540 余万美元。

(张圣斌)

【保障供给侧结构性改革】 年内,全市法院认真贯彻保障供给侧结构性改革去产能的部署要求,坚持“尽可能多兼并重组、少破产清算”司法政策,受理破产案件 163 件,审结 48 件。注重把法院当作治疗“生病企业”的“医院”,运用破产重整、和解方式挽救嘉宝置业公司等 5 家具有经营价值的危困企业;有效运用破产清算手段使冠鹏钢业等 43 家产能落后的“僵尸企业”顺利清理淘汰,释放大量生产要素,共清理债权 142 亿元,盘活土地 113.33 余公顷,安置职工 3900 余人。建立破产管理人分级管理、竞争选任、激励淘汰和培训指导机制,管理人名册增至 34 家。制定执行不能案件移送破产程序的实施意见,细化移送标准和程序,妥善处理常攀机械公司等“执转破”案件 8 件。创新破产财产处置方式,成功引进意大利一家世界 500 强企业网上竞拍申环电缆公司整体资产,成交价超 3 亿元,并吸纳原有职工继续投资经营。

(张圣斌)

【严格知识产权司法保护】 年内,全市法院受理各类知识产权案件 1396 件,审结 1197 件,分别比上年上升 11.95%、15.76%。坚持“司法主导、严格保护、分类施策、比例协调”政策,依法提高侵权损害赔偿数额,突出保护关键核心技术、战略新兴产业,推动产业结构转型升级。联合市工商局、市知识产权局等开展打击侵权假冒专项行动和“世界知识产权宣传日”活动,发布知识产权审判年报和典型案例。

(张圣斌)

【环境资源案件审判】 年内,全市法院受理各类环保案件 616 件,审执结 511 件,分别比上年下降 1.59%、上升 18.01%。健全民事、刑

事、行政审判及执行工作“四合一”环保审判机制，创新劳务代偿、异地补植等责任承担方式，引入专家论证和环境污染第三方治理，尽可能对受损生态进行科学修复补偿。严惩环境资源犯罪，审结全国最大的走私濒危多肉植物龟甲牡丹案、华东地区跨界倾倒生活垃圾污染环境案等一批重大案件。

（张圣斌）

【行政审判和国家赔偿】 年内，全市法院受理行政案件1657件，审结1298件，分别比上年下降2.53%、5.12%。推行行政案件相对集中管辖试点改革，实行司法管辖区和行政管理区适度分离，解决“民告官难”问题。严格审查行政行为合法性，判决行政机关败诉案件55件，败诉率16.03%。参与涉焦化厂、地铁3号线等重大工程项目的纠纷协调化解工作，妥善处理司法强制搬迁案件35件。推进行政机关负责人出庭应诉工作，应诉率76.99%；深入分析出庭存在的问题并提出对策，受到省长石泰峰、副省长杨岳的重视和批示。审结国家赔偿案件37件，依法维护申请人的合法权益。

（张圣斌）

【立案信访】 年内，全市法院严格落实立案登记制改革，做到有案必立、有诉必理，当场登记立案率95.45%。建成融诉讼服务大厅、服务网站、“12368”服务热线为一体的综合诉讼服务体系，打造诉讼服务平台，实现诉讼服务中心的提档升级。继续完善诉访分离、信访终结等机制，依法把涉诉信访引入诉讼程序解决。会同市司法局、市律师协会制定律师参与涉诉信访化解和代理申诉的意见，114家律师事务所和1023名律师参与信访化解工作，接待群众2.4万人次，提供法律援助2274件，劝返1181人次。

（张圣斌）

【推进基本解决执行难工作】 年内，全市法院受理执行案件49293件，执结34497件，执结标的额205.4亿元，分别比上年上升16.05%、14.8%和23.81%。自最高法院部署基本解决执行难工作后，市中院立即向市领导和市委常委会汇报，并由市委组织召开动员部署大会，市委办公室、市政府办公室制定《关于支持人民法院落实“用两到三年时间基本解决执行难问题”的意见》。与公安、检察、税务等10余家单位沟通协作，实现“查人找物扣车”的专线联网、信息共享。突出科技支撑，把执行信息化融入“智慧法院”建设，升级改造成集七大平台功能于一体的指挥中心，打造“执行云”。突出创新力量，在全省率先实行执行团队办案模式，探索调查令制度、繁简分流等机制，制定防止消极执行、乱执行等规定，确保高效、规范执行。

（张圣斌）

【参与社会信用体系建设】 年内，全市法院把破解执行难与促进社会信用体系建设紧密结合，突出执行威慑和信用惩戒，打击反规避执行，实行“晒一批、抓一批、判一批”的铁腕措施。把32622人纳入全国法院失信被执行人名单信息库，在商业中心电子显示屏和公交、地铁移动电视等平台公开曝光1042人，促使2734人主动履行债务近15亿元；限制高消费9141人次，限制出境610人次，司法拘留1024人次，罚款170余万元；联合公安、检察机关开展集中打击“拒执罪”专项活动，移送54起，立案侦查25起，提起公诉7件，判决4件。开展“网易直击12小时集中执行活动”，邀请新闻媒体和人大代表、政协委员全程见证执行，网络直播点击率近250万人次，受到最高法院主要领导的批示肯定。

（张圣斌）

【推进人员分类管理改革】 年内，全市法院启动法官员额制改革，制定首批入额法官定岗定责暂行办法等系列配套文件13份，严格入额标准，经双向选择、考试考核等程序，遴选首批入额法官519人，占政法专项编制的40.96%。推进审判辅助人员制度改革，对聘用制书记员进行等级评定、定岗考核，建立一支符合职业特点的专业化书记员队伍。推进审执分离改革和执行警务化改造工作，在全省率先设立执行裁判庭，57人通过司法警察转任考试考核。

（张圣斌）

【落实司法责任制改革】 年内，全市法院推行“大庭制”改革，实行扁平化管理、专业化审判，明确院庭长、审判长、合议庭成员权力清单和责任清单，建立权责明晰、监督有序、制约有效的审判权力运行机制。总结推广江阴法院的全国改革试点经验，完善由主审法官、法官助理和书记员组成的审判团队运行机制，建立案件质量终身负责制，真正实现“让审理者裁判、由裁判者负责”。适应以审判为中心的刑事诉讼制度改革要求，推进庭审实质化，落实庭前会议和证人、鉴定人、侦查人员出庭作证等制度。推行院庭长办案常态化，共办理疑难、复杂和新类型案件50287件，占结案总数38.92%。

（张圣斌）

【创新司法工作机制】 年内，全市法院实行民事审判繁简分流，推行令状式、要素式、表格式简易裁判文书，2600余起案件通过附设诉讼服务中心的速裁组快速处理，审理小额诉讼程序案件2430余件，简易程序适用率68.2%。探索以要素式、流程化方式审理轻微刑事案件，平均审限13天。推进多元化纠纷解决机制建设，联合交通、医疗、保险、商会等部门和组织建立诉调对接平台，调解案件3400余件，调解率41.41%。完善阳光司法机制，向当事人推送案件流程节点信息、执行信息160余万条，网上公开裁判文书6.08万份，网络庭审直播案件1332件。深化“阳光拍卖”，建立“E拍贷”融资服务平台，网上拍卖4600余场，成交1807件，成交金额50.3亿元。稳步推进人民陪审员制度改革试点工作，采用5人以上合议庭审理案件40余件。

（张圣斌）

【思想政治建设】 年内，全市法院学习贯彻习近平系列重要讲话精神，落实意识形态工作责任制，开展“两学一做”学习教育，通过开展“做合格法官”学习讨论、专题党课辅导等形式，严格规范党内政治生活，引导干警坚定理想信念，严守政治纪律和政治规矩。开展向“全国模范法官”陆晓燕学习活动，突出身边典型的示范引领作用。市中院被评为“全省法院党建工作先进集体”，12名干警分别被最高法院、省法院和市委市级机关工委评为“全国法院党建工作先进个人”“全省法院优秀共产党员”和“优秀党务工作者”。

（张圣斌）

【党风廉政建设】 年内，全市法院

图 13 2016 年无锡市民商事案件类型分布情况

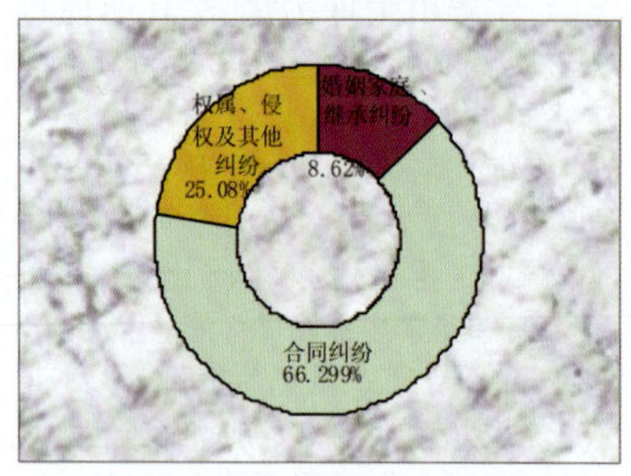

说明：1.新收婚姻家庭、继承纠纷案件 6401 件，比上年下降 1.16%；2.新收合同纠纷案件 49199 件，比上年上升 1.93%；3.新收权属、侵权及其他纠纷案件 18615 件，比上年上升 3.84%

（张圣斌）

图 14 2016 年无锡市知识产权案件受理结案情况

单位：件

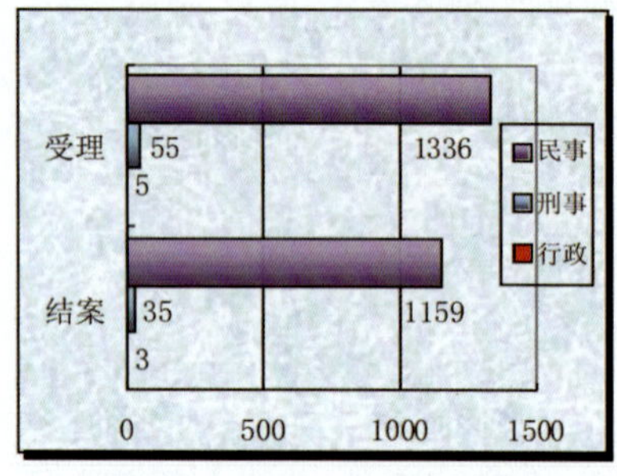

说明：受理数比上年上升 11.95%，结案数比上年上升 15.76%

（张圣斌）

图 15 无锡市人身损害赔偿、劳动争议案件一审结案情况

单位：件

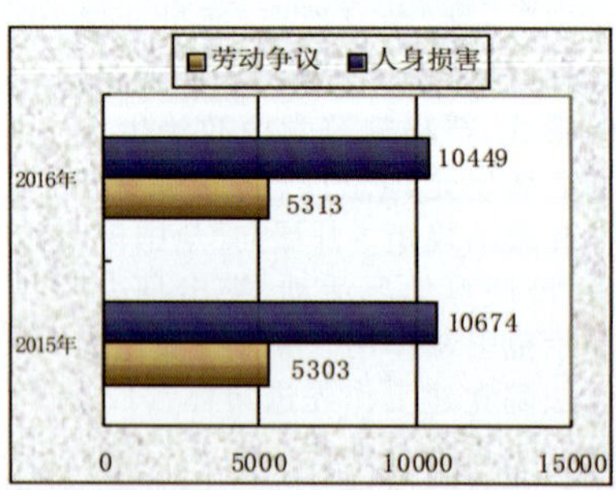

说明：1. 审结人身损害赔偿案件 10449 件，比上年下降 2.11%；2. 审结劳动争议案件 5313 件，比上年上升 0.19%

（张圣斌）

表 28 2016 年无锡市位居前十位的刑事一审案件收案情况

单位：件

序号	案由	收案
1	盗窃罪	2249
2	危险驾驶罪	1840
3	诈骗罪	708
4	容留他人吸毒罪	497
5	交通肇事罪	468
6	走私、贩卖、运输、制造毒品罪	441
7	故意伤害罪	402
8	寻衅滋事罪	235
9	开设赌场罪	209
10	引诱、容留、介绍卖淫罪	184

（张圣斌）

表 29 2016 年无锡市人民陪审员参加审理各类案件情况

单位：件

单位 类别	基层人民法院（含法庭）	中院
刑事	2400	0
婚姻家庭、继承	859	0
合同	11732	0
权属、侵权	3136	0
行政	548	0
合计	18675	0

说明：人民陪审员参加审理案件数比上年下降 7.69%

（张圣斌）

表 30 2016 年无锡市法院案件审理情况

单位：件

指标 单位	受理	上年同期	结案	上年同期
梁溪	24821	23971	17883	19560
滨湖	15200	13507	11613	9869
新吴	12853	10877	10515	8579
惠山	15919	15040	11876	10788
锡山	12304	12542	9857	10218
江阴	37234	32208	30215	25428
宜兴	30247	27853	22887	21497
中院	16079	16550	14356	13955
全市	164657	152548	129202	119894

（张圣斌）

图 16　无锡市刑事一审案件收结案情况

单位:件

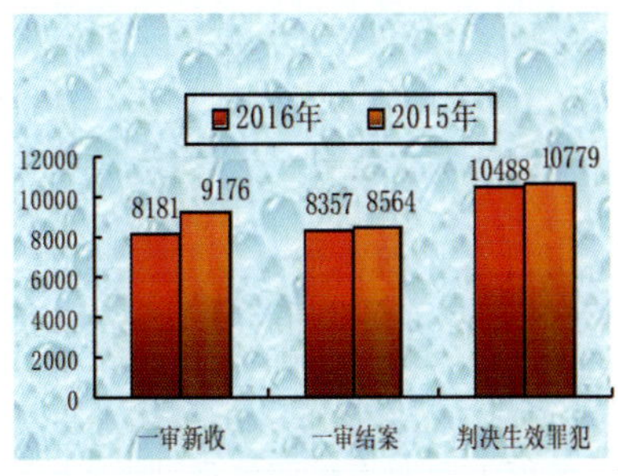

说明:1.一审新收数比上年下降7.54%;2. 一审结案数比上年下降2.42%;3. 判决生效罪犯人数比上年下降 0.27%　　(张圣斌)

图 17　无锡市犯罪年龄分布情况

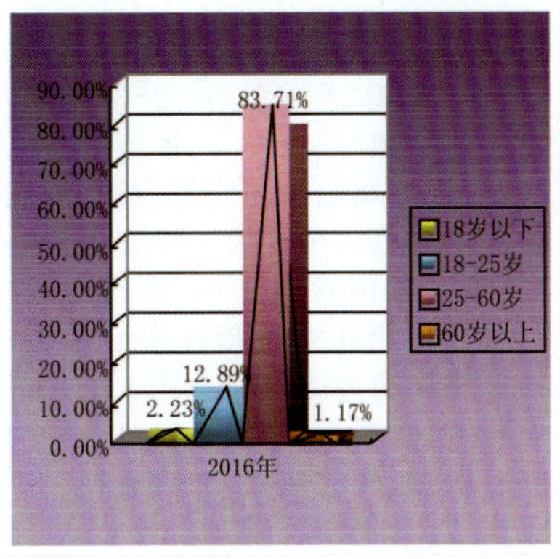

(张圣斌)

图 18　无锡市行政一审案件收案情况

单位:件

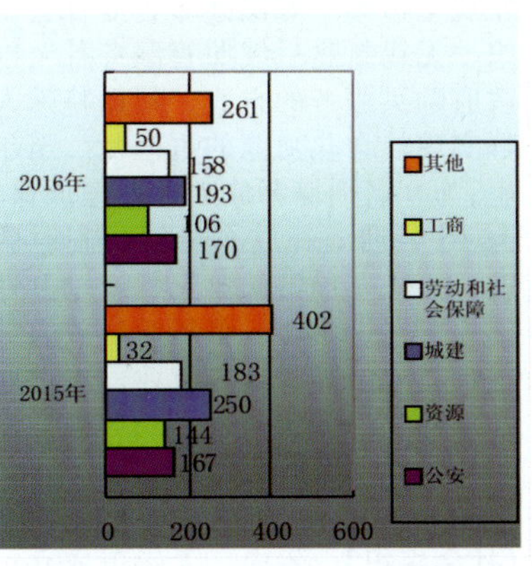

(张圣斌)

表 31　　2016 年无锡市法院案件结案情况

单位:件

指标 单位	刑事	民事	行政	执行	申诉复查	其他	合计
梁溪	1276	11666	190	4666	81	4	17883
滨湖	616	8303	195	2466	31	2	11613
新吴	829	7404	41	2232	6	3	11515
惠山	726	7720	53	3322	55	0	11876
锡山	804	6157	59	2792	42	3	9857
江阴	2620	17419	125	9971	79	1	30215
宜兴	1430	13015	93	8254	95	0	22887
中院	495	7230	543	795	338	4955	14356
全市	8796	78914	1299	34498	727	5734	119894

(张圣斌)

图 19　2016 年无锡市法院一审服判息诉率

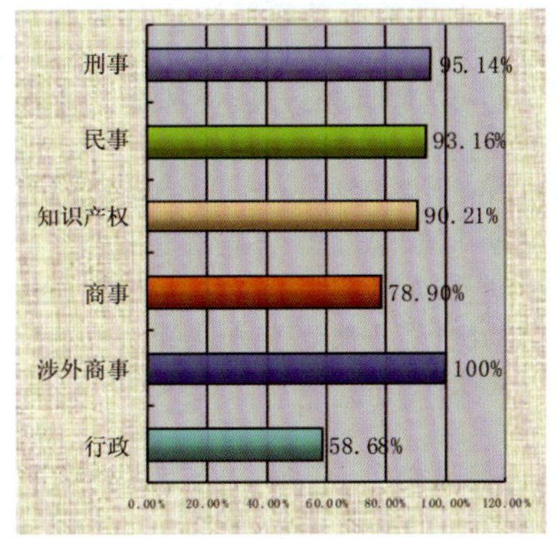

(张圣斌)

履行党风廉政建设主体责任和监督责任,把握运用监督执纪的“四种形态”(党内关系要正常化,批评和自我批评要经常开展,让咬耳扯袖、红脸出汗成为常态;党纪轻处分和组织处理要成为大多数;对严重违纪的重处分、作出重大职务调整应当是少数;严重违纪涉嫌违法立案审查的只能是极少数),落实“一岗双责”(领导干部对业务工作、党风廉政建设负双重责任)。严格落实防止干预过问案件的“两个规定”(《领导干部干预司法活动、插手具体案件处理的记录、通报和责任追究规定》《司法机关内部人员过问案件的记录和责任追究规定》),规范离任人员司法执业行为,专项清理执行案款、案件暂存款,及时防控廉政风险。聚焦薄弱环节,开展整治和查处侵害群众利益不正之风和腐败问题专项行动,推动作风建设常态化。坚持“有案必查、违纪必惩”,立案查处违纪违法案件 6 件 6 人。

(张圣斌)

【提升能力素质】 年内,全市法院坚持教育培训的需求导向,举办各类业务培训 82 期 9100 余人次。完善青年法官导师制,编撰各类案件庭审指南、审判业务指南,让法官快速掌握“审、判、写”的技能技巧。实行卓越法官培育计划,遴选首批审判专家、审判骨干和审判新秀 29 人。推动岗位大练兵、技能大比武和能力大提升,1 名干警在全国司法警察技能大比武中获“个人全能第二名”等两项殊荣,1 名干警被评为“全国法院办案标兵”。加强高层次审判理论研究,3 篇学术论文获全国法院系统第 28 届学术讨论会二等奖,市中级法院再度获学术讨论会组织工作先进奖。

(张圣斌)

司法行政

【法治宣传教育】 2016 年,无锡市制定“七五”普法规划,召开全市“六五”普法总结暨“七五”普法动员大会,全面启动“七五”普法工作。开展法治宣传教育 10 大主题活动,培育“省级法治文化建设示范点”10 个、“市级法治文化建设示范点”39 个,新增“省民主法治示范村(社区)”67

个，涌现出江阴香山法治书院等一大批法治文化特色品牌,《司小西游记》《打造惠山区“桃娃”普法品牌，构建普法长效机制》参加H5讲述“六五”普法新媒体创意大赛,分别获全国一等奖和全国优秀奖。制定《关于建立法官、检察官、行政执法人员、律师等以案释法制度的意见》，成立市普法志愿者支队、市(县)区普法志愿者大队。

(陆　喬)

【法律服务】 年内，全市律师代理各类案件6.7万件,基层法律服务工作者代理案件16801件，公证机构办理公证71205件,司法鉴定机构出具鉴定意见书13357件，各级法律援助机构受理法律援助案件5542件。市、市(县)区、镇(街道)三级政府以及村(社区)实现法律顾问全覆盖,1.3万余家企事业单位聘请法律顾问。组建中小企业法律服务团等10余个专业法律服务团，深入开发区、园区、企业,开展知识产权保护系列巡讲56场次,经营风险防范系列巡讲86场次,企业资本运作系列巡讲16场次,企业劳动用工系列巡讲153场次。提供“法律体检”3590次,出具风险提示3631条,办理涉企转型升级法律事务1566件,避免和挽回经济损失19亿余元。组织引导“一带一路”建设法律服务团,为党委、政府重大决策、重大项目、基础设施建设、经贸产业合作区建设以及企业参与“一带一路”建设等提供优质高效的法律服务，其中举办知识产权保护、企业资本运作等相关法律讲座152场次，参与跨境并购、项目输入与输出等各类法律事务110余件次,为无锡企业实施“走出去”战略提供法律保障。

(陆　喬)

【开展法律援助】 年内，无锡市建成运行全省领先的集“12348”热线、“12348”网站、法律服务实体大厅等多种服务方式于一体的市级公共法律服务中心,实现市、县、乡、村四级公共法律服务平台全面覆盖。制作公共法律服务产品目录，打造法律服务“E视通”，推出手机APP“律兜”。持续扩大法律援助受益面,由市政府发文,自1月18日起,将无锡市法律援助经济困难标准调整为月最低工资标准，法律援助案件比上年增长24%。在全市31个驻无锡团以上部队全部设立法律援助工作站,明确专项财政保障,实行定点、定期、定时服务;开展法律服务惠民便民活动,以“法润无锡”为主线,组织开展“春风行动”“‘12348’法润千万家”“德法同行”“送法进万家”等系列活动，累计提供法律服务1200余场次,受理解答群众法律咨询8.57万人次,化解矛盾纠纷1053件次。

(陆　喬)

【人民调解】 年内，全市各级人民调解组织排查社会矛盾纠纷22593次,受理矛盾纠纷46394件,调处成功矛盾纠纷46162件，调解率100%，调处成功率99.5%，有效保障G20峰会、党的十八届六中全会、各级两会,以及春节、国庆等节点期间社会和谐稳定。成立市医患纠纷调解工作领导小组，召开全市医患纠纷调解体制机制创新工作推进会。推进公调对接工作,制定《关于进一步强化全市“公调对接”工作的意见》,在全市126个派出所设立“派驻式”人民调解室。落实市(县)区、镇(街道)、村(社区)分别为5名、2名、1名,行业性、专业性人民调解委员会3名以上专职人民调解员。加强业务培训，组织各类调解员培训班22次,参训人员7200人次。全面落实个案补贴制度，落实人民调解员补贴经费约200余万元。参与化解信访突出问题，妥善化解矛盾。至年底，全市司法行政系统对接的192件信访突出问题成功化解44件。

(陆　喬)

【特殊人群管理】 年内，无锡市开展社区矫正“严格执法、严格管理”集中整治和“三检查、三规范”(检查廉洁自律、规范执法监督,检查职能履行、规范执法行为，检查责任落实、规范队伍管理)专项整改行动。市级社区矫正监管指挥中心运行,初步建立集动态监控功能、信息传输功能、数据共享功能、应急处置功能、指挥调度功能于一体的社区矫正立体工作模式,建立健全手机、电子手铐定位巡查工作制度，试行社区矫正工作标准化。加强刑释人员衔接管理和教育帮扶,会同14个市级部门制定《关于进一步加强刑满释放人员救助管理工作的实施意见》,全面使用远程会见系统,提升监狱服刑人员教育改造质量。培育发展全市第一家民办非企业社会组织“无锡新途后续照管服务社”,以政府购买服务的方式，帮助特殊人群实现社会化功能的再修复。至年底,为9名刑满释放人员办理低保,为16名刑满释放人员解决临时救助,为74人提供就业安置或过渡性基地安置，为146名刑满释放人员进行就业培训和推荐就业。累计照管解戒人员828人，后续照管率99.5%,操守保持率88.7%。

(陆　喬)

参与G20峰会安保工作的平安交通志愿者　(薛公宣　供稿)

【社会组织】 年内，无锡市成立司法行政领域社会组织培育工作推进领导小组，创新引进社会资源，建立社会组织孵化培育中心6家，司法行政领域社会组织218家。建立政府资助和购买服务机制，组织实施公益创投，通过构建有效的政策扶持体系，优化社会组织发展环境。引导社会组织参与社会治理，参与法治宣传500余场，开展法律服务近30万人次，调解纠纷300余起，参与特殊人群帮扶6618人次，发起"法润扶贫村，律师进万家"公益法律服务项目，承接江苏技能大赛、全民普法阅读活动、"七五"普法网络徒步、法律进军营、法治文化陶刻作品展览征集等活动，累计获得承接项目资金200余万元。

（陆 喬）

【依法行政】 年内，无锡市推行司法行政服务标准化工作，实施《公证机构公共服务规范》《法律援助中心公共服务规范》《基层司法所公共服务规范》，承办全省标准化建设现场会；加强诚信建设，及时公开、更新法律服务机构或人员执业许可、违法违规执业信息500余条；加强监督检查，全面检查考核全市147家律师事务所、32家基层法律服务所，组织开展法律援助案件质量检查、公证服务群众满意度问卷调查、公证卷宗质量自查等活动，组织全市司法鉴定机构参加司法部19个项次的能力验证，通过省级资质认定复评审。按市深化改革领导小组部署，承接人民检察院人民监督员管理办公室职能，选任第四届人民检察院人民监督员60人。

（陆 喬）

【基层基础和队伍建设】 年内，无锡市加强基层司法所建设，理顺司法所管理体制，加强司法所人员培训，建立健全研判预警机制和警务勤务监管新模式，提升基层实战能力。全面提升信息化建设水平，建成无锡司法行政二级数据中心，部署运行司法行政一体化平台；开展"两学一做"学习教育，推进队伍正规化、专业化、职业化"三化"建设，系统内涌现出各类先进典型260余人次。召开全市律师工作会议和代表大会，全面实施无锡市名优律师人才培养工程；健全律师执业保障，会同相关部门制定《关于建立健全律师执业权利救济机制的规定（试行）》；开展公证人员职业培训，规范公证人员晋升和任用，完善鉴定人培训方式。

（陆 喬）

监狱管理

【概况】 2016年，无锡监狱围绕"建设现代监狱、推动领先发展、服务全省大局"目标定位，加强监区规范化建设三年行动计划、劳务加工提档升级、民警队伍素质提升三年行动计划、监狱智能管理大平台建设"四大载体"工作，建设现代监狱，实现连续23年无罪犯脱逃，连续35年未发生狱内重特大案件，实现"十三五"规划良好开局。年内，被授予"现代监狱建设先进单位"，被评为"四大载体"建设综合表彰单位、"省级机关法治文化建设示范点"，连续第5次被评为"江苏省文明单位"。

（刘素林）

【坚持公正文明执法】 年内，无锡监狱适应国家刑事政策调整，加强与政法各部门之间的协作协同，深入研究减刑假释、暂予监外执行最新政策要求，细化操作条件、程序设置，规范行使民警考核建议权、监区集体合意权、监狱审查审核权；严格规范监狱科室、监区、分管民警等不同环节的执法操作要求，从6月始，每批次减刑假释工作均要求监区同步上报责任主体清单，签字背书存档；每季度编发减刑假释工作专项考核通报，严格责任落实。推进执法证据保全中心建设，全面规范使用民警执法记录仪，加强科技法庭建设，突出执法源头治理和执法留痕管理。持续深化狱务公开，成立监狱深化狱务公开委员会，严格落实监狱长、监区长接待日制度，改造会见室接待窗口，更新部分硬件设施，优化会见手续，实行全年无休轮值。加强刑罚执行信息平台运行维护，定期发布罪犯计分考核、行政奖励、法律奖励等情况，累计发布18845条信息；发放狱务公开手册120本，便民服务手册2000本，提供信息平台查询操作等现场服务120人次/月。注重罪犯权益保障，畅通罪犯异议复核渠道，受理罪犯减刑假释异议复核5件，接受并有效处置省监狱管理局"962326"狱务公开热线等社会各界互动信息3件，监狱减刑、假释和暂予监外执行依法办案率均达100%，无一例差错。

（刘素林）

【平安监狱建设】 年内，无锡监狱开展监区规范化建设"提升年"活动，制定实施意见和行事历，完成劳务加工厂房楼、二道门、监房1号楼改造等重大工程，所有押犯监区全部通过规范化达标验收，监区规范化建设三年行动计划圆满收官，现代监狱形态、质态初步具备。推进现代监狱监测，与时俱进对监狱各项制度规定实施"废、改、立"，制定《民警一日执勤规范》《罪犯一日改造行为规范》，修改《平安监区考评办法》，完成制度体系、标准体系、权责体系和考评体系汇编，构建较为完备科学的制度管理体系。开展安全隐患排查整治专项活动，对拉网式排查出的46条监狱级危险源、隐患点进行整治，对机械仓库附跨连接房进行拆除，对距离围墙过近的油库实施搬迁，全面推广移动工具柜，得到省监狱管理局业务处室的肯定，获得国家实用新型专利。推进监狱智能管理大平台系统部署应用试点工作，基本实现全模块运行；推进物联网示范工程建设，加大监狱智能管理大平台配套系统研发，在全省率先全面推广集车间电子点名、监房人脸识别、区域流动管理、狱务公开等系统的罪犯一卡通，得到省监狱管理局项目组的高度评价。加强指挥中心规范化、实战化、协同化建设，联合组建监狱反恐联合指挥部，列入无锡市公安机关重点巡防区域，纳入无锡市反暴恐重点目标单位，分类制定监区突发事件处置网络，定期开展专题应急处置实务演练，全力提升监狱应急处置水平，监狱改造秩序持续稳定。

（刘素林）

【加强教育改造工作】 年内，无锡监狱围绕稳步推进监狱中心任务向教育管理转型，突出教育资源优化整合，完成回归指导中心建设、文化中心改造，加强罪犯教育网建设，持续提升教育管理模式运行效能。制定《关于进一步加强个别教育工作的通知》，以民警基本功考核为抓手，强化重点对象、晚间时段个别教育谈话；推进教育稳定计划，开展“春晖”“清秋”教育攻坚行动，顽固犯转化率80%以上；与苏州新教育心理培训学校教授陶新华合作，开展内观治疗试点工作，推动传统改造手段与现代矫正技术的融合运用，全力提升改造质量和效果。推进监地合作共建联席会议建设，与无锡市司法局联合开展法律咨询50余人次；在无锡市凤翔实验学校的帮助支持下，完成罪犯扫盲教育12课时的授课视频录制；开展“黄丝带”关爱活动，为40余名特困犯家庭及其失学子女发放帮扶金2.1万余元；以母亲节感恩、端午节团圆、儿童节亲子、集体生日等为主题开展“亲属帮教日”活动，将优秀帮教志愿者与限制减刑罪犯结对帮教；启用监狱特困帮扶基金，为15名罪犯特困家庭发放帮扶金7500元，对省内3名罪犯特困家庭进行走访。推进机械加工、服饰加工、厨艺、计算机4个就业技能实训基地建设，定期举办专业技能培训，刑释人员职业技术证书持有率95.8%。

（刘素林）

【监区文化建设】 年内，无锡监狱坚持融入地方文化特色，深入推进“一区一品”(一主题、一训词、一标志、一队伍、一队歌、一兴趣)、“一区两师”(心理咨询师、讲师)、“一区三团”(亲情帮教团、志愿者帮教团、志愿者律师团)特色监区文化建设，汲取吴文化“温婉恬静、精细清秀”的特质，将吴文化“厚德载物”“兼容并蓄”“道济天下” 的内涵渗透于监狱文化建设，完成“三正”文化园(正心文化园、正德文化园、正行文化广场)的提档修缮工程，完成楼宇及道路命名美化，完成正心文化中心改造工程，对监狱“寄畅园”罪犯教育专网进行升级改版，实现自助式、交互式学习的功能，成功举办全省监狱系统监区文化建设现场会，“三正”(正德、正心、正行)文化品牌初步形成，文化育人作用有效提升。

（刘素林）

【加强民警队伍建设】 年内，无锡监狱严格落实党委“主体责任”、纪委“监督责任”和各级领导“一岗双责”，开展“两学一做”学习教育活动，营造求真务实、干事创业的浓厚氛围。严格执行省监狱管理局关于监狱领导干部落实安全工作责任的要求，常态开展监狱领导“走基层”“当一天基层民警”活动，坚持以身作则、以上率下。推进民警队伍素质提升三年行动计划，开展民警分层分类培训，组织110余名中层领导分两批赴南京大学进行素质能力提升培训，组织100余名民警分两批赴无锡市公安局警察训练学校开展思维拓展培训，与江南大学联合举办2016级法学本科班等，“中层领导轮训、青年民警业务强训、条线民警专题培训”成为常态，监狱本科学历民警占80%，研究生学历民警占10.7%，六大核心专业民警占83%，174名民警取得国家心理咨询师资格。开展“一支部一品牌”创建活动，与无锡市地方党工委建立党建工作联系配合机制，构建“支部包块、委员包点”的网格化教育管理体系，常态性开展党员进社区活动，定期举办阳光支部行，开展“走百家门、问百家情”等活动，努力提升基层党支部品牌形象。落实各项从优待警政策，常态性组织民警职工体检、先进典型外出疗养等活动，坚持监狱领导亲自走访慰问生病住院、家庭困难民警职工，举办警体运动会，常态性开展“一月一主题”“一月一竞赛”警营文化月活动，组织民警参加无锡市环太湖徒步大会、无锡市公安局足球联赛，邀请山东行政学院教授邱丽莉到监开展“塑造阳光心态，快乐工作生活”专题辅导讲座，让民警职工“快乐工作、幸福生活”。

（刘素林）

典型案件

【破获一起侵犯公民个人信息案】 2016年5月，江阴市公安局发现网民“佳佳拍”涉嫌盗取买卖个人信息，通过入侵网站拖库，非法获取“西藏社保”“上海驾校”“黄冈人事”等网站数据，并卖给下线“财源滚滚”“乱摆造型”等40余人，涉及北京、江苏、广东、广西、福建、台湾等15个省市。该案上报后，于5月19日被公安部督办。市公安局会同江阴市公安局迅速成立专案组开展侦查，查明网民“佳佳拍”的真实身份为邱某伟(男，28岁，江阴市人)，发现其不具备利用黑客技术非法获取信息数据的能力，只是数据中间贩卖商，由6名上线人员通过QQ点对点传递方式将公民个人信息贩卖给邱某伟，邱某伟再将获取的信息加工、整理后通过QQ传递贩卖给5名下线，通过无卡存款和支付宝、财付通转账方式获利，交易频繁，数量巨大。自6月13日起，专案组派出15个小组分赴海南、安徽、广东、河北、江西、北京和重庆等地开展抓捕行动，至10月20日，共抓获邱某伟、徐某力 (男，18岁，广东省台山市人)、郭某彪(男，26岁，安徽省合肥市人)、于某(男，36岁，广东省深圳市人)、张某男(男，26岁，河北省邯郸市人)等17名犯罪嫌疑人，成功破获这起公安部督办侵犯公民个人信息案，摧毁一个在全国范围内窃取、贩卖淘宝、京东、当当等购物网站实时买家信息数据的犯罪团伙，查获淘宝天猫、京东等网站公民个人信息数1.1亿余条。经勘验检查，犯罪嫌疑人攻击互联网网站4000余家。经审查，查明邱某伟从徐某力等9名“黑客”处购买由黑客攻击多家互联网网站拖库取得的公民个人信息数据，通过郭某彪等6名数据贩卖中间商购买由北京某科技有限公司前高管于某利用职务之便窃取的淘宝、京东等买家数据，出售给广告推广商张某男和实施诈骗犯罪的“财源滚滚”“落地寻求”等多名犯罪嫌疑人，交易公民个人信息数据380余万条，非法获利10余万元的犯罪事实。公安部向全国通报表扬该案的侦破；该案在腾讯公司举办的“守护者反电信网络诈骗暨黑产打击联合大会”上评为2016年度腾讯与公安工作合作十大精品案例之一。

（耿永军　张圣斌）

【破获全市首例“网上炒原油”诈骗案】 2016年6月15日，滨湖公安分局接到滨湖区周新苑居民方某(女，66岁)报案，称其3月底在家中接到自称“启明金融研究所”打来推荐炒原油的电话，遂与对方建立QQ联系，并通过远程操作让对方在网上开通“大连再生资源交易所现货挂牌交易系统”，投入10万元进行“原油交易”，每次交易均由对方远程操作确定具体买入的“手数”后，由方某点击“确认”成交，开户4天就发现亏损9万余元，存在诈骗嫌疑。滨湖分局将案情上报市公安局后，市公安局决定由刑事警察支队、网络安全保卫支队会同滨湖分局成立专案组开展侦查。经查，“启明金融研究所”由上海裕千投资咨询有限公司(以下简称“裕千公司”)登记注册，系大连再生资源交易所会员单位大连畅元商品经营有限公司的二级代理商。国内尚无原油期货交易平台，裕千公司所称的原油交易实为重油，其通过偷换概念欺骗客户开户交易的行为已涉嫌“伪期货”交易。该平台采用的是国务院明令禁止的“做市商机制”，即客户获利-公司亏钱，客户亏钱-公司盈利的“对赌关系”，裕千公司要盈利完全靠客户亏损，因此当客户进入该平台交易时，实际上已经进入裕千公司布下的诈骗陷阱。裕千公司采用网络电话群呼联系到受害人后，谎称公司有专业分析师指导交易，并发送虚假盈利截图夸大收益以骗取信任，引诱受害人进入平台投资交易，通过让其大幅亏损和收取高额手续费、仓息等从中牟取暴利，其中大多数受害者仅认为是投资失败亏损，一直被蒙在鼓里、不知被骗。经过2个多月的缜密侦查，专案组于8月22日在上海市闵行区成功打掉这个诈骗犯罪团伙，抓获公司法人代表邹某根(男，28岁，安徽省六安市人)等团伙成员50余人，缴获涉案电脑60余台，审查破获诈骗案件近100起，案值700余万元。

(耿永军)

【破获公安部目标毒品案】 2016年3月初，市公安局禁毒支队接到相关部门转递的线索，称活动于江阴市周庄一带绰号“小峰”的男子在秘密制造疑似新精神活性物质。禁毒支队迅速会同江阴市公安局成立专案组进行侦查，初步查明嫌疑人“小峰”真实身份为邬某峰(男，47岁，江阴市人)，其依托互联网平台非法购进化学品，在江阴市周庄2处窝点秘密生产疑似新精神活性物质，并通过物流快递方式向上海、广东、湖北、山东、河北等地销售。案情上报公安部禁毒局，于6月22日被定为公安部毒品目标案件，编号“2016-549”。经进一步侦查，专案组查明邬某峰通过网络结识活动于南京市的谢某忠(男，32岁，山东省日照市人)，谢某忠向邬某峰传授新精神活性物质的生产流程、工艺，且所需原料均由谢某忠从上海市采购后通过物流发给邬某峰，邬某峰生产的新精神活性物质则通过快递发往谢某忠指定的地点，判断谢某忠为邬某峰的幕后老板。专案组对邬某峰通过物流邮寄的包裹进行取样送公安部毒品化验室化验，发现所有疑似新精神活性物质均为卡西酮类物质粉末。专案组迅速派工作组到南京、上海开展侦查工作，在当地警方配合下，查明谢某忠采购的甲苯、丙酮等易制毒化学品均来自上海安涵实业有限公司，公司负责人为张某安(男，33岁，河南省洛阳市人)；向邬某峰提供生产卡西酮类新精神活性物质另一种原料盐酸的是常州市涑渎化工助剂厂，公司法人为万某茂(男，56岁，金坛市人)，全面掌握涉案团伙、单位和嫌疑人之间的关系和活动情况。9月12~26日，专案组实施收网抓捕行动，在江阴周庄镇周西村抓获正在生产新精神活性物质的邬某峰及其堂兄邬某生，在常州金坛、南京、上海相继抓获涉案嫌疑人万某茂、谢某忠、张某安，缴获卡西酮类新精神活性物质母液58.2千克，卡西酮类新精神活性物质粉末、晶体、固体50.2千克，合成大麻素新精神活性物质0.16千克，丙酮16.3千克，盐酸566千克以及其他生产原料700余千克，捣毁制造新精神活性物质窝点2处。

(耿永军)

【市首例民事公益诉讼案】 2016年3月，无锡市检察院经审查发现，江阴华美热电有限公司在承接当地污水处理厂的污泥进行处置的过程中，违法将部分污泥转手交给陆某生进行处置，陆某生又违法将部分污泥转手交给任某清、徐某顺、周某平进行处置，在违法处置污泥过程中，颜某中、王某国受指使驾驶船只将污泥运输至当地宛山荡河道内，陆某良、汤某明受指使驾驶挖机船将污泥倾倒入河道内。经查，自2014年始，上述当事人通过上述方式向宛山荡河道内倾倒污泥2000余吨，环境修复成本高达近100万元。市检察院履行诉前程序后，于2016年11月3日，对江阴华美热电有限公司及陆某生等8人污染环境案向市中级法院提起民事公益诉讼。该案是全市首例民事公益诉讼。

(王 芳)

【办理落网逃犯李某清抽逃出资、骗取贷款、信用卡诈骗案】 2010年9月，被告人李某清(男，41岁，福建省周宁县人)及其妻陈某(在逃)等人借款验资注册成立无锡一洲担保有限公司后抽逃出资。2011年9月，被

元宵灯会的平安守护者 (薛公宣 供稿)

告人李某清等人隐瞒无锡一洲担保有限公司已全部抽逃注册资本的事实，采取借用他人身份注册钢贸公司(实际由本人控制)、利用其他公司名义,通过提供虚假购销合同、虚假财务报表等手段,骗取银行贷款,造成银行巨额损失。此外,其使用信用卡恶意透支,数额巨大。2012年1月,李某清携家人逃往澳大利亚,该案被公安部列为江苏省钢贸企业骗取银行贷款重点案件，受到高度关注。2012年3月,惠山区检察院对该案以骗取贷款、票据承兑罪作出批捕决定，公安机关据此通过国际刑警组织对李某清等人发布红色通缉令。在中、澳两国司法机关多年的不懈努力下,李某清迫于压力,于2015年11月26日回国投案，同日被执行逮捕。2016年12月20日,由惠山区检察院提起公诉的李某清抽逃出资、骗取贷款和信用卡诈骗案获一审公开宣判，被告人李某清被法院以抽逃出资罪、骗取贷款罪和信用卡诈骗罪数罪并罚，判处有期徒刑5年9个月,并处罚金315万元。该案是江苏省首个通过司法协助途径从美、加、澳、新等国家成功劝返归案的案件。

（王　芳）

【办理省首例虚假诉讼罪案】 2012年前后，犯罪嫌疑人田某斌向犯罪嫌疑人王某伟借款150万元，后田某斌严重资不抵债，且被部分债权人起诉至法院。为使王某伟的部分债权能够优先受偿,2015年年初,田某斌、王某伟合谋指使犯罪嫌疑人郑某和、周某娣夫妇冒充田某斌工厂的门卫，再由田某斌为2人伪造总计20.76万元的工资欠条3张。2015年2月4日,郑某和、周某娣以田某斌及公司拖欠其上述工资为由向法院提起民事诉讼。法院受理该案的同日作出民事调解书，确认了双方的劳动关系和所欠工资数额，从而使该部分虚假债权享有了法定优先偿还权。后田某斌的其他债权人产生怀疑,为维护自己的权益,向宜兴市检察院控告。2015年11月，该院受理后迅速展开调查，通过走访取证、询问相关人员、固定证据，查明了事实真相，审查认定郑某和、周某娣夫妇与田某斌的劳务合同纠纷案，系双方当事人捏造事实向法院提起的虚假诉讼案，遂向法院发出再审检察建议书，同时将涉嫌犯罪的案件线索向公安机关移送。2016年1月19日，公安机关以涉嫌帮助伪造证据罪将田某斌、王某伟二人移送检察机关审查起诉。宜兴市检察院审查认为，田某斌、王某伟的犯罪事实清楚、证据充分，应当对二人提起公诉。但此案中涉案的郑某和、周某娣夫妇，明知是虚假的事由，却仍然提起民事诉讼，在法庭上做虚假陈述并签名捺印，其行为已涉嫌犯罪，遂向公安机关发出补充移送审查起诉通知书，依法对两人追诉。由于4名犯罪嫌疑人的行为发生在2015年11月1日前，根据当时的刑法规定，田某斌、郑某和、周某娣的行为构成帮助伪造证据罪，王某伟的行为构成妨害作证罪。根据刑法“从旧兼从轻”原则及《中华人民共和国刑法修正案（九）》新增虚假诉讼罪的相关解释，对于2015年11月1日以前以捏造的事实提起民事诉讼、妨害司法秩序或者严重侵害他人合法权益的行为，一般应适用修正前刑法，但是处刑较轻的，也可适用修正后刑法的有关规定。由此，2016年4月18日，宜兴市检察院以虚假诉讼罪，对田某斌、王某伟以及郑某和、周某娣夫妇等4人提起公诉。2016年6月15日,宜兴市法院一审以虚假诉讼罪分别判处4名犯罪嫌疑人管制6个月至有期徒刑8个月不等的主刑，并处1万至2万元不等的罚金。该案是自2015年11月1日《中华人民共和国刑法修正案（九）》施行后，江苏省首例以虚假诉讼罪追究当事人刑事责任的案件。

（王　芳）

【常攀公司破产清算案】 2015年4月，常州领翔轴承公司向江阴法院申请强制执行江阴常攀机械制造有限公司应付货款31万元。在执行过程中，发现常攀机械制造有限公司因经营不善结欠大量债务，仅债权人申请强制执行案件就达200余件，企业资产不足以清偿全部债务；领翔轴承公司在执行程序中也申请对常攀公司进行破产清算。江阴法院根据修订后民事诉讼法解释第513条规定，裁定受理破产申请。经破产清算，常攀机械制造有限公司破产财产变价总额908.96万元，有财产担保债权80.77万元、职工债权355.4万元、税款71.46万元，均100%受偿；普通债权4457.2万元受偿222.86万元，清偿率5%。此案是无锡市第一例执行转破产案件，江阴法院仅用了1年不到时间便审结了该例执行转破产案件，既清结了200余笔债权和执行案件，又盘活了公司名下大量闲置资产，充分发挥了破产程序集中偿债、彻底化解涉案纠纷以及去产能、调结构、促生产的双重职能，同时，实现了解决执行难和清理僵尸企业双重目标。

（张圣斌）

编辑　李汉洪

人民武装

【思想政治建设】 2016年，无锡军分区深入学习中央军委主席习近平系列重要讲话、中共十八届六中全会精神，开展改革强军主题教育以及军队规模结构和力量编成改革集中教育，组织“新体制新职能新使命”大讨论和“坚定改革强军意志，投身改革强军实践”主题实践活动。微动漫《追星》在军委政治工作部和国防动员部组织的“改革强军”微课展示中获二等奖。持续加强文化熏陶，推进训练基地文化设施建设。

（沈 斌）

【军事斗争准备】 2016年，无锡军分区完善战备库室建设，完成训练基地靶场建设。全面推开民兵实战化训练，先后组织专武干部和民兵骨干集训9期。5月下旬，锡山区民兵高炮连赴射阳县参加江苏省防空兵分队实弹战术演习，取得4个弹迹全优、2次命中拖靶的好成绩。7月和G20峰会期间，军分区组织人员完成支援市防汛抗洪任务及宁杭高速、104国道省界收费站军车查控任务。年内，完成民兵整组任务，参战支前力量专业对口率、退伍军人率分别为81%、67%，在省民兵整组工作检查验收中成绩优秀。认真组织非公企业民兵组织清理整治。完成新兵和士官招收任务，新兵大学以上文化程度占68.4%。

（沈 斌）

【推动军民融合】 2016年，无锡军分区会同市委、市政府制定《无锡市军民融合式发展实施意见》，研究制定《市军民融合产业发展规划》，开展军民融合调研，摸排融合潜力，构建军民信息交流平台和军品需求信息发布机制，加快推进军民融合深度发展。无锡的科研院所和高科技企业与各驻无锡部队在科技人才、科技成果、科研创新方面常年开展合作、交流和借鉴。年内，无锡市惠山区前洲街道的创新化工设备有限公司和无锡市创新开关电器有限公司成为神舟飞船配套供应商，分别为神舟飞船量身定做空间环境模拟器和舱门压点开关。

（沈 斌 朱 超）

武警部队

【武警8720部队思想政治建设】 2016年，武警8720部队学习贯彻中央军委主席习近平政治建军、改革强军、依法治军战略思想，着眼深化强军目标宣传贯彻，推进“坚定改革强军意志，投身改革强军实践”主题教育和“学党章党规、学系列讲话，做合格党员”学习教育。开展以弘扬长征精神为主旋律的群众性文化活动，持续总结推广8723部队58分队铸魂育人经验做法。加大隐蔽斗争工作力度，开展工作研究，组织政治工作要素训练演练，采取建立教育统筹机制、开展政治教员评比竞赛等方法提高教育质量，确保部队政治坚定、思想稳定。8723部队58分队党支部被表彰为“全军先进基层党组织”，8724部队被武警部队表彰为“基层建设标兵团”。

（徐英杰）

【武警8720部队军事训练】 2016年，武警8720部队突出抓中心、打基础、保稳定，提升信息化条件下遂行多样化任务能力。加强实战化军事训练和任务研究，开展战斗力标准大讨论，加强围绕中心抓建设、抓好建设保中心的意识和能力。开展经常性战备演练拉练，分级分类制定战备方案，组织野营拉练和长途机动演练。开展参谋集训、预任指挥士官培训、战训法集训和各类专业兵集训。进行“实兵实装实弹”训练、干部军事训练考核、建制连比武性考核等活动。8720部队、8722部队、8723部队、8724部队被武警部队表彰为安全工作先进单位。

（徐英杰）

【武警8720部队后勤服务保障】 2016年，武警8720部队推动后勤全面建设取得进步。加强专业兵新训、复训、集训和专勤专训，做好应急保障训练演练，组织后勤指挥组、综合物资保障分队、卫勤保障分队、给养保障分队、运输油料保障分队、维修技术保障分队检验评估。加强保中

武警部队官兵在敬老院慰问 (李 军 供稿)

心、保生活、保基层观念，做好重大任务中后勤保障以及日常饮食、医疗、维修、营房维护等服务保障工作。规范后勤管理秩序，采取财务大检查、专题分析讲评等办法加强财经管理，组织领导干部经济责任、经费预决算等审计，做好物资采购改革、医德医风提高、公寓房整改工作，提升综合保障交通能力。

(徐英杰)

【武警无锡市支队思想政治建设】 2016年，武警无锡市支队贯彻全面从严治党要求，支队党委坚持严字当头、实字落地、服务为本，推动党委班子能力建设和先进性、纯洁性建设，严密组织开展党员“两学一做”学习教育和全体官兵“敬畏信仰、敬畏组织、敬畏群众、敬畏法纪、敬畏责任”专题教育，开展自杀问题集中整治和“官兵大谈心、隐患大排查、矛盾大化解”活动。主动对接驻地司法局，在支队设立法律援助站，为官兵提供免费法律咨询，并定期到基层进行法律服务。年内，向各级报刊推送新闻通讯800余篇。开展干部家访、慰问困难官兵，共计投入10万余元。

(李 军)

【武警无锡市支队执勤战备训练】 2016年，武警无锡市支队贯彻落实中央军委主席习近平关于在新形势下强军目标的重要指示，破解部队训练中遇到的新情况、新问题，按照“八落实”[人员、内容、时间、质量、弹药、摩托(飞行)小时、教练员、场地八项内容]标准，对训练法规进行完善细化补充，修订《军事体育训练指导案》，形成完成各项任务需要的训练体系，推动试训和集训、普训。以“整体建设、全面规范、勤训结合、确保安全”新“十六字”思路为引领，运用勤务加强日、每日早交班、实地查考教等加强勤务管控，执勤隐患治理做法在《武警报》刊载。年内，投入近150万元配齐应急装备，完成抗洪抢险、物联网大会备勤等任务，与市公安局进行G20峰会安保任务联合演练。协助公安抓获网上逃犯6人，缴获仿真枪1把、管制刀具51把、毒品105克。

(李 军)

【武警无锡市支队确保安全稳定】 2016年，武警无锡市支队坚持依法从严治警方针，发挥安全文化的束心律行功能，以安全大检查、百日安全竞赛等活动和上级事故案件通报为契机，用好四级安全组织，借势造势、观人鉴己抓安全，并将安全规定输入基层电子屏，制成网页浮动窗，营造群策群力确保安全氛围。细化“八个规范”(安全教育、安全训练、安全组织、安全制度、安全环境、安全设施、安全活动、安全责任)检查考评细则，制定《手机使用管理实施细则》等安全管理措施5项，投入经费23万余元购买保密设备，配发手机存放柜，加装训练设施防护网和窗户安全卡扣。组织专项安全检查8次，排除治理安全隐患120余处，接受武警总部安全工作综合性检查验收。

(李 军)

【武警无锡市支队后勤建设】 2016年，武警无锡市支队推动后勤建设，促进后勤综合保障能力提升。建立军地联保机制，开展后勤岗位大练兵，组织司务长、军械员、卫生员业务培训和驾驶员复训3次。开展财务大清查“回头看”活动，推动经费规范运行。开展“伙食精细管理年”活动，组织集中采购20余次，节约经费7.9万余元。修订车辆管理制度2项，车辆年检和驾驶员年审连续3年获江苏省武警总队第一名。推进设施改造和工程建设，投入经费40余万元，对重要设施及支队大礼堂和勤务中队、卫生队营房等进行改造，无锡市中队训练大棚、车库建设全部竣工。

(李 军)

人民防空

【概况】 2016年，全市民防(人防)工作落实中央《中共中央国务院中央军委关于深化人民防空改革发展若干问题的决定》，以第七次全国人民防空会议精神为主线，主动作为，高标准完成年度工作任务。推进人防军事斗争准备，坚持按纲施训，加强实战化演练，提升应急应战能力；严格人防工程建设项目审批，组织人防工程普查，加强老旧工程维护管理，人防工程建设管理稳步推进；创新宣传教育形式，拓展宣传教育渠道，丰富宣传教育内容，扩大人防的社会影响；坚持行政权力公开透明运行，规范行政执法案卷，加强执法力度，及时处理各类投诉案件。年内，市民防局被评为“全国人民防空先进单位”、市“十二五”公共机构节能先进单位、“六五”普法先进单位、规范执法示范单位。

(彭海东)

【人防应急准备】 2016年，市民防局加强指挥机构建设，按实名制要求修订完善人防指挥部机构编成。开展实战化训练，市本级组织人防机关防空袭研究性演练，结合全省统一警报试鸣活动，市本级和各县(市、区)均组织防空袭演练或人口疏散演练。全市组织各类演习训练18次，参演人员约15860人。协调锡山区、新吴区启动人防机动指挥通信系统建设，督促惠山区进行前期论证。按时完成人防专业队整组工作，指导中医院和卫生监督所医疗专业队培训。加强重要经济目标建设，调研无锡机场等7个重要经济目标单位，组织重要经济目标单位人员集训。组织江阴、宜兴民防通信志愿者分队参加省民防局组织的第五届“民防杯”江苏省业余无线电应急通信比赛活动，分别获得团体二等奖和团体一等奖。

（彭海东）

【信息化建设】 2016年，市民防局加强指挥通信信息化建设，组织有关人员参加省民防局举办的导航专业知识培训，完成人防地理信息辅助决策系统建设。开展人防涉密信息系统升级改造，通过省国家保密局测评中心测评；完善非涉密网建设工作，为人防工程信息管理系统、内控机制平台等非涉密系统提供网络支持。加强通信业务训练，每周组织和省局、市（县）区联调联试，每月组织人防通信站人员进行业务训练，组织市本级、江阴市和宜兴市机动指挥通信系统建设赴镇江市、扬州市、连云港市、徐州市进行跨区域通信演练。推进人防通信警报建设，检查维护固定警报及多媒体警报终端105台次。完成9月18日全省统一组织的防空袭警报试鸣工作，警报覆盖率100%，鸣响率95%以上。

（彭海东）

【人防工程建设】 2016年，市民防系统坚持应建尽建，推进人防工程建设。坚持应收尽收，市区筹集人防工程易地建设费、平战结合净收入分别为16372万元、271万元，完成年度指标的264%、155%；江阴、宜兴市筹集人防工程易地建设费分别为2971万元、2400万元，完成年度指标的106%、120%。

（彭海东）

【人防工程维护管理】 2016年，无锡市组织开展人防工程普查，完善市级人防工程建设信息管理系统数据，完成与省民防局人防工程建设管理信息系统的连接。市民防局接受市审计局对2014、2015年度市本级人防工程易地建设费收取情况的专项审计，并完成整改落实工作。继续做好早期老旧人防工程的改造维修工作，完成无锡市人防基本指挥所电缆改造。

（彭海东）

欢送新兵入伍 （刘芳辉 摄）

【人防宣传教育】 2016年，无锡市继续推进学校民防知识教育，在全市小学、初中、高校继续开设民防知识教育课程，覆盖面100%。继续扩大市民防科普教育体验馆的社会影响，年内，接待参观群众8万余人次。开展民防宣传，结合“5·12”防灾减灾日和“9·18”警报试鸣日，在全市展开广场宣传、应急演练、专题讲座、图板展览、法律咨询等形式丰富的宣传活动。依托报刊、电台、电视台，宣传人防法律法规，宣传人防建设成果，在《江南晚报》和《江苏科技报》制作专版，各级各类新闻媒体录用人防稿件100余篇。

（彭海东）

【依法行政】 2016年，市民防局坚持行政权力网上公开透明运行，每季度做好平台自查工作，及时发现和整改存在的问题。对本部门行政权力清单进行梳理确认，逐项制定办事指南。对《无锡市人民防空工程建设和使用管理办法》进行评估，并对3部规章、22部市政府规范性文件开展清理。根据《省政府办公厅关于推动人防工程建设与城市地下空间开发融合发展的意见》和省民防局《江苏省防空地下室建设实施细则》，修改制定《无锡市结合民用建筑修建防空地下室行政许可管理办法》，明确人防工程的结建及审批标准。参加省民防局组织的案卷评查活动2次，组织全市行政执法人员培训1次，规范行政执法文书案卷。加强对违法违规行为的查处，市本级共查处违法案件9起，申请法院强制执行2起，作出行政处罚2起，发出各类文书18份，追缴易地建设费870.9万元。

（彭海东）

【推动改革发展】 5月18日，无锡市委、市政府、无锡军分区联合印发《关于贯彻〈中共中央国务院中央军委关于深入推进人民防空改革发展若干问题的决定〉的意见》（以下简称《意见》）。《意见》分为总体要求、防护能力建设、转变发展方式、健全体制机制、工程建设管理、加强法治建设、加强组织领导7个部分，明确人防改革发展的指导思想、基本原则和目标任务，保证无锡人防各项改革向打赢聚焦，着眼打赢展开，围绕打赢深化，着力破解制约无锡人防建设发展的突出矛盾和问题，推进现代化综合防护体系的巩固发展和基于信息系统防护能力的生成提高，加快形成人民防空的新质战斗力，促进无锡人防建设迈上更高发展水平，确保人防建设成果战时更好地保护民安，平时更多地惠及民生，实现人民防空为人民的要求。

（彭海东）

【组织防空袭研究性演练】 11月29~30日，市民防局在人防基本指挥所组织防空袭研究性演练，局机关和直属事业单位全体人员参加。演练采取理论辅导、观看演练录像和实际演练的步骤进行，演练了战备等级转换、指挥所开设和战备等级筹划等内容。通过实战化演练,使全体机关人员熟悉防空袭方案,检验人防机关谋划决策、作战指挥和组织协同能力,全面提升人民防空应急军事斗争准备能力。

(彭海东)

【人防工程普查】 3~12月,人防部门组织对全市人防工程的位置、口部、主体、防护设施、设备、维护管理制度、责任的落实状况、安全状况、开发利用情况、平战功能转换等方面进行全面普查,采集数据20余万条。普查工作采取各区人防办为主的组织形式,委托设计院具体实施的方法,坚持检查与指导、检查与宣传人防法规、检查与提出整改措施相结合,加强对人防工程的维护管理,完善各种规章制度。

(彭海东)

【涉密信息系统分级保护建设】 9月,市民防局涉密信息系统分级保护建设项目完成,并通过省国家保密局测评中心测评,项目耗资130余万元。无锡人防涉密信息系统密级定为机密级。无锡市民防局是省内民防系统首个地级市建设涉密信息网络并获得测评通过,在无锡市范围内,是第2个建设涉密网络并获测评通过的单位。该系统办公网络可直接上接省民防局网络,也可下联各县(市)区,提高公文、信息等流转的便利性、安全性。

(彭海东)

国防教育和双拥共建

【国防教育】 2016年,无锡市学习贯彻中共十八大中加快推进国防和军队现代化、增强全民国防观念,以及国家"十三五"规划中加强以爱国主义为核心的全民国防教育的新要求,创新国防教育形式,在公共媒体上开展"贡献一份力量,共筑强大国防"国防教育授课竞赛。组织"送法进军营"活动,在部队团以上单位开设法律援助工作站,集中进行涉军维权案件清理。加强省级国防教育示范学校、示范基地等建设,推动国防教育普及深入。邀请驻无锡部队领导、军事课专家到学校、基地等开展国防安全形势报告会和军事知识讲座,教育广大学生和青少年了解国家安全形势,提高国防安全意识。

(沈 斌 朱 超)

【获全国双拥模范城"七连冠"】 7月29日,全国双拥模范城(县)命名暨双拥模范单位和个人表彰大会在北京召开,大会以电视电话会议形式进行,在北京设主会场,各省、自治区、直辖市设分会场。7月30日,江苏省委、省政府、省军区在南京召开新一轮命名表彰大会。市委常委、无锡军分区政委、市双拥工作领导小组副组长柳江南,市政府副市长、市双拥工作领导小组副组长谢晓军参加会议并上台领奖,此次是无锡市连续第七年获得全国双拥模范城称号。年内,无锡市双拥工作在市委、市政府、无锡军分区的领导下,军地各级各部门认真贯彻中央决策部署,学习全国双拥模范命名表彰大会精神,在电台、电视台、《无锡日报》等主流媒体上报道全国双拥模范城"七连冠"的消息,刊登军爱民、民拥军的典型事迹,激发广大军民的自豪感。拟制《2016~2019无锡市双拥工作规划》,按照"打基础、建制度、办实事、显亮点、出典型、求突破"的步骤投入到新一轮的创建工作。11月30日,无锡市召开获全国双拥模范城"七连冠"总结大会,动员全市上下以更大力度、更实举措,推动双拥工作取得新进展、新成效,163个双拥先进单位及个人登台领奖。

(朱 超)

【探索军民融合式发展】 (参见第185页"推动军民融合"条目)

(朱 超)

【做好军队改革配套服务】 2016年,无锡市委、市政府注重做好军队改革中的配套服务,着力解决好部队官兵的后路、后院、后代"三后"问题。在解决军转安置的"后路"问题上,做到严格执行安置政策,积极拓宽安置渠道,高质量完成安置任务。市委书记李小敏和市长汪泉先后作出批示,要求全市各级各部门把军转安置工作作为一项特殊的政治任务放在更加重要位置,贯彻"妥善安置、合理使用、人尽其才、各得其所"的要求。年内,江苏省下达无锡市军转干部安置计划370人,接收总数仍居全省地级市首位。其中,计划安置285人,自主择业85人。计划安置比例占总数的77%。接到省下达的指标后,市军转部门、无锡军分区政治部以及市双拥办等单位,多次到驻无锡部队进行调研,征询意见、建议,召开拟确定转业干部座谈会,倾听心声,并到市有关部门、企事业单位,了解干部需求和缺编情况。在综合军地双方的意见、建议之后,市委常委进行认真讨论研究,决定师职转业干部全部落实在实职岗位,正团职转业干部按20%的比例安排在副处实职岗位,是历年正团职转业干部安置最好的一年。团以下转

部队官兵在"两学一做"活动中,重温入党誓词 (沈 斌 供稿)

业干部，按考核分数排序，营职按80%比例，连职按70%比例安排到公务员岗位。自主择业干部都选择了适合发挥自身特长的岗位，开始自主创业。在解决随军家属上岗就业的“后院”问题上，无锡军分区政治部会同市双拥办对驻无锡部队逐一摸底，市人社部门对全市的企事业单位的编制情况进行全面调查，按照“重点安置对象优先安排，随调家属（体制内）指令性安排，随军未就业家属（体制外）社会就业安置为主，内部安置为辅”的方式方法，推进部队随军家属就业安置工作。至年底，计划安置（事业）随军家属20人，体制外（企业、社区）安置随军家属60人。在解决部队子女的“后代”问题上，根据《无锡市军人子女教育优待实施办法》，组织协调地方院校与部队结对共建，对受到上级表彰和立功军人子女在中考中适当加分。其中，军队子女在中考加分人数累计142人。为使军人子女受到良好教育，全国双拥大会召开之后，市委、市政府按照中央和省委、省政府的指示精神，要求市教育局、无锡军分区政治部和市双拥办等有关责任部门，走进部队，摸清底数，分片包干，共建结对，需求对接，重点安排，全程覆盖，将军人子女最大限度安排到教育条件好、师资力量强的学校和幼儿园就读。对在边远艰苦地区服役的无锡籍军人子女全部安排到重点学校接受良好教育。

（朱 超）

【拥军活动】 2016年，无锡市提高对外出执行重大任务和野外驻训部队的走访慰问频次，由往年的年终一次性慰问改为八一、春节两次慰问，共送出慰问金730万元。继续组织“科技讲坛进军营”“医疗进军营”“书籍进军营”“激情周末进军营”“书画进军营”等活动。3月8日，市双拥办会同市电视台到驻无锡部队拍摄三八妇女节录像片，宣传驻无锡部队好军嫂。8月1日，市双拥办协调地方医院，为驻无锡部队官兵开展健康诊疗活动。8月1日晚，由市委宣传部、无锡军分区、市双拥办、市公安局在无锡大剧院联合举办“共筑平安”无锡军警庆祝“八一”建军节主题报告会。8月15日，组织市书协开展书画进军营活动。9月23日，市双拥办在无锡市图书馆举办纪念红军长征胜利80周年活动。9月30日，开展烈士公祭日活动。11月9日，无锡军分区、市双拥办组织，在无锡科技学院组织纪念长征胜利80周年暨国防教育授课知识竞赛。11月20日，市双拥办、市科协支持解放军73031部队图书馆建设，赠送价值约4万元科技书籍。

（朱 超）

部队官兵协助地方抗洪 （李 军 供稿）

【部队支援地方建设】 2016年，无锡各驻军利用自身兵种特色、科技素质等，自觉支持和参与第二故乡经济建设和社会发展。6月，无锡连降暴雨，江阴市、宜兴市等地遭遇洪涝，驻无锡63680部队、无锡军分区、武警8690部队、武警8720部队、解放军73055部队、武警无锡支队第一时间启动应急响应机制，共派出兵力1万人次，连续奋战，营救出被困群众567人，封堵缺口80处，圆满完成抗洪抢险任务。1月1日，武警8720部队派出4名升旗手、73031部队派出100名官兵参加新年元旦万人健身长跑活动。2月27日，73031部队148人参加义务献血活动，累计献血44800毫升。3月5日，部队官兵走进社区街道帮助孤寡老人打扫卫生、理发、修理家电；六一儿童节，走进贫困地区小学开展助学支教，资助建立图书屋、文化活动室等设施。部队组织力量担负起军训学生的任务，军（警）史馆接待地方参观。

（朱 超）

编辑 邵文凯

城乡建设和管理

综述

【概况】 2016年，无锡城乡建设系统深入贯彻落实中央和省城市工作会议精神，以“创新、协调、绿色、开放、共享”的发展理念为指导，按照市委、市政府的决策部署，加强城乡基础设施建设，扎实推进节约型城乡建设和人居环境改善，加快实施民生幸福工程，较好完成年度各项重点工作任务，为无锡经济社会发展做出积极贡献。

（市住建局办公室）

【城市基础设施建设优化提升】 2016年，无锡地铁3号线一期和1号线南延工程开工建设，所有标段质量监督、安全监督和施工许可手续在开工前全部到位。新锡澄路建成通车，锡澄运河江阴段、惠山段航道整治完成，苏锡常南部高速等重点工程有序推进。城市重点道桥续建项目、新建项目同步推进，刘闾路北延、钱胡路建成通车，钱胡路、刘闾路北延、广益路西延等续建项目快速推进，蠡湖大道、江海西路快速化改造开工建设。海绵城市建设启动实施，出台《关于无锡市推进海绵城市建设实施意见》，惠山工业转型集聚区等70余个海绵城市建设试点项目启动建设，旧住宅整治中落实海绵城市建设标准，三星SDI“海绵工厂”地块、梁塘河沿岸地区、广瑞一村、二村等旧住宅区完成“海绵化”改造，低影响开发的城市建设方式逐步推广。编制完成《无锡市地下综合管廊专项规划》，城市地下综合管廊建设稳步推进。《无锡市应急避难场所近期建设规划》获批，城市应急避难场所分级建设，进一步完善太湖广场、金匮公园和尚贤河湿地公园一期等中心应急避难场所配套设施建设。

（市住建局办公室）

【生态环境持续改善】 2016年，无锡市深入推进以太湖水污染治理为重点的水环境整治，制定实施“1+4”工作意见，太湖无锡水域水质持续改善，连续九年实现太湖安全度夏和“两个确保”目标。实施大气污染防治行动计划，PM2.5平均浓度较上年下降12%，空气质量优良天数比例同比提高1.7%。加强城市环境综合整治，规划建设小型厨余垃圾处置设施，稳妥推进锡东垃圾焚烧发电厂复工。完善生态文明建设责任制、土地集约节约利用机制。推进绿色无锡建设，全市林木覆盖率达27%。

（市住建局办公室）

【旧城改造整治统筹并进】 为加快推进棚户区（危旧房、城中村）改造，2016年，先后出台《无锡市政府购买棚改服务管理办法》《无锡市棚户区（危旧房）改造收购房源办法》，在省内率先采用政府购买服务模式推进棚户区改造项目融资，旧城改造工作机制优化，市区完成棚户区（危旧房、城中村）改造32.5万平方米。统筹推进旧住宅区整治与城中村整治，完成旧住宅整治244万平方米，60个城中村完成环境整治，104台旧住宅电梯通过更新、改造和维修等方式恢复正常使用功能，城市旧住宅区环境进一步改善提升。加强旧住宅区长效管理，出台实施《关于进一步加强住宅小区物业管理工作的实施意见》《无锡市旧住宅区长效管理工作考核及以奖代补办法》《市区旧住宅长效管理工作实施方案》，旧住宅小区长效管理机制日趋完善，在江苏十大行业满意度调查中，无锡市物业领域满意度排名全省第一。房屋征收拆迁工作攻坚克难，市区完成房屋征收拆迁面积171万平方米，完成征收拆迁项目105个，推进城市更新发展。

（市住建局办公室）

【住房保障提标扩面】 2016年，无锡市廉租住房、经济适用住房、公共租赁住房保障标准调整，住房保障对象的覆盖面进一步扩大，住房保障家庭住房面积认定办法、户籍人口登记管理规定等政策修改完善，住房保障审核机制进一步完善。保障房货币化安置全面推进，年内，通过经济适用住房货币补贴、廉租房实物配租等方式，帮助1609户各类住房保障对象解决住房困难。保障房筹集建设按计划推进，新开工完成8334套，基本建成5058套。安置房建设布局优化，新增竣工面积283万平方米，新办理初始登记45700余套，安置房初始登记累计完成近80%。制定出台市区征地拆迁安置房上市交易政策，安置满5年的安置房开始上市流通，盘活安置房存量资源。

（市住建局办公室）

【镇村环境改善提升点面并进】 2016年，无锡市以优化农村人居环境为目标，制定实施《农村环境改善提升行动计划》和《村庄生活污水治理工作实施意见》，加强村庄环境长效管理，推进村庄环境改造提升，打造美丽乡村建设示范亮点。全市145个自然村启动村庄生活污水处理工程建设，100个已建村庄生活污水处理设施落实长效管理，180个村庄建成环境长效管理示范村。重点镇和特色镇培育扎实推进，宜兴市丁蜀镇入选全国第一批特色小镇，惠山区阳山镇入选全国美丽宜居小镇，宜兴市张渚镇入选江苏省特色景观旅游创建示范镇。传统村落保护、美丽乡村建设、康居乡村建设协同并进，锡山区严家桥村、惠山区礼社村等5个村庄入选省级传统村落保护项目，江阴市璜土镇璜土村、宜兴市张渚镇祝陵村等5个乡村入选江苏省2016年度美丽乡村建设示范项目。

（市住建局办公室）

城市规划

【概况】 2016年是"十三五"规划开局之年，全市城乡规划工作围绕市委、市政府的决策部署，密切关注全市经济发展和城乡建设的工作热点，扎实有效地推进规划编制、管理和监督实施工作，高质高效完成各项重点工作目标任务。推进新一轮城市总体规划、城市综合交通和基础设施规划等编制工作，做好轨道交通3号线等重大项目的规划实施和服务保障工作。组织编制镇（涉农街道）总体规划、"十三五"城乡建设总体规划、城市综合管廊规划、农贸市场规划和控制性规划动态更新研究等项目。编制经营性出让地块68幅，用地面积约364.8万平方米。核发"一书两证"（选址意见书，建设用地规划许可证、建设工程规划许可证）和竣工验收1939件，批准各类建设用地规划面积1144.9万平方米，其中，安排各类公共设施用地143.5万平方米，安排各类居住用地425.7万平方米。核准建设工程规模总量1984.8万平方米，比上年下降9.2%，其中居住建设规模1138.3万平方米，比上年下降8.8%；建设工程竣工验收2638.45万平方米，比上年增长10.6%。全年批复道路规划方案10条，批前公示各类规划方案292件，有效发挥规划在经济社会发展和城乡建设中的引领作用。

（伍俊贵）

【开展城市总体规划编制工作】 2016年，《无锡市城市总体规划（2016~2030）》编制工作动员大会召开，市长汪泉作动员讲话，副市长朱爱勋作总体规划编制任务的部署安排。江阴市、宜兴市政府分管负责人，各区政府主要负责人和分管负责人，市发改委、市经信委等47个部门主要负责人以及市国联集团、无锡供电公司等14家企业主要负责人参加会议。动员大会的召开，标志着新一轮城市总体规划编制进入具体操作阶段。随后，在市规划局的组织协调下，编制单位中国城市规划设计研究院正式开展总体规划编制第一阶段资料收集、调研及座谈工作，规划部门陪同调研团队分别踏勘、走访各区以及太湖新城、锡东新城等板块的核心功能区、重点园区以及部分街镇，与部分区（管委会）领导、区相关部门和街道（乡镇）负责人座谈，了解各区、各板块的发展概况、定位以及现状发展存在的问题，听取各地区基层单位对本次总体规划编制的建议。调研团队还赴苏州市、江阴市、宜兴市展开调研。在对调研成果进行初步梳理总结后，编制单位会同市规划部门、市规划院及专题项目组，与全市各个相关部门召开32场座谈会，详细了解无锡市各个方面的发展概况以及现状发展存在的问题，听取对本次总体规划编制的建议，获得大量研究资料及数据。

（陆　洲）

【全面完成新一轮镇总体规划编制】 2016年，无锡市加快推进新型城镇化和城乡一体化，全面完成镇（涉农街道）总体规划编制工作，将上一轮镇、村布局规划的村庄布点、设施配套和村庄规模等内容纳入镇总体规划法定编制体系。整个编制过程充分尊重地方意愿，规划主管部门会同区政府组织相关镇（涉农街道）负责人进行前期沟通协调座谈，充分掌握当地实际情况，规划中涉及的镇（涉农街道）现状人口和建设用地规模等内容，规划主管部门均与区、镇两级政府进行沟通协商，统筹考虑地方资源禀赋和建设发展实际情况。各区已全部完成镇（涉农街道）总体规划成果，共有15个镇（涉农街道）总体规划通过专家组论证，并上报市政府审批。其中，惠山区5个，锡山区6个，新吴区3个，滨湖区1个。

（高　凌）

【编制完成"十三五"城乡建设总体规划】 "十三五"城乡建设总体规划是全市"十三五"规划的重要组成部分。2016年，市规划部门通过科学把握社会经济发展趋势，对"十二五"城乡建设规划的发展目标、发展规模和建设行动进行系统评估，编制完成《无锡市"十三五"城乡建设总体规划》。规划提出"以问题化解为导向、以资源盘整为主线、以机制创新为保障"三大原则，实施"区域融合、城乡一体化、城市品质提升和城市安全保障"四大战略，重点实施七大建设优化行动。聚焦"一轴两带"，优化市域空间格局，促进锡澄、锡宜一体化发展。突出重点，差异化引导，提升城市功能；梁溪区强化"市中心"地位，滨湖区同步推进太湖新城建设和加快旅游产业升级，新吴区建设现代产业制高点和产城融合先导区，锡山区加快建设锡东新城城市东部中心和先进制造业基地，惠山区加快建设"三优三宜新惠山"。建设特色化新市镇和美丽乡村，促进城乡统筹发展。优化先进制造业空间布局，促进工业园区提质升级。民生普惠提质，建设宜居城市，围绕住房、公共设施、公园绿地、生态环境和历史文化等民生关切问题，落实近期建设项目。优化配置资源，推进综合交通体系完善，重点打造区域性交通枢纽，加快城市轨道和快速体系建设。完善基础设施体系，保障城市健康持续发展，重点推进环卫、能源等重大基础设施建设，加快谋划地下综合管廊和建设海绵城市。规划提出的空间布局优化行动和规划实施保障机制为全市“十三五”期间城乡建设发展提供可靠的规划保障。

（高 凌）

【启动海绵城市专项规划编制】 为贯彻落实国家和地方关于海绵城市规划建设要求，按照市政府统一工作部署要求，2016年，无锡市采用单一来源采购形式，确定中国城市规划设计研究院为无锡市海绵城市专项规划编制单位。无锡市海绵城市专项规划范围为市区1644平方公里，规划年限至2030年。规划的主要任务是研究提出需要保护的自然生态空间格局，明确雨水年径流量控制率等目标并进行分解，确定海绵城市近期建设重点。无锡市海绵城市规划主要以解决城市内涝和水环境恶化为重点，针对存在局部内涝和水质污染的现状，通过对规划区域自然条件的评价，结合国家、地方政策要求，宏观尺度上采用本底分析、格局构建和分区指引等进行统筹，中观尺度上围绕“保障水安全、保护水生态、改善水环境、节约水资源”目标进行城市水系统构建，微观尺度上采用低影响管控分区细化与控制性规划的衔接落实。海绵城市专项规划的编制，对落实海绵城市建设要求，夯实无锡山水特色，有序引导建设“自然积存、自然渗透、自然净化”的海绵城市具有重要意义。

（何宝金）

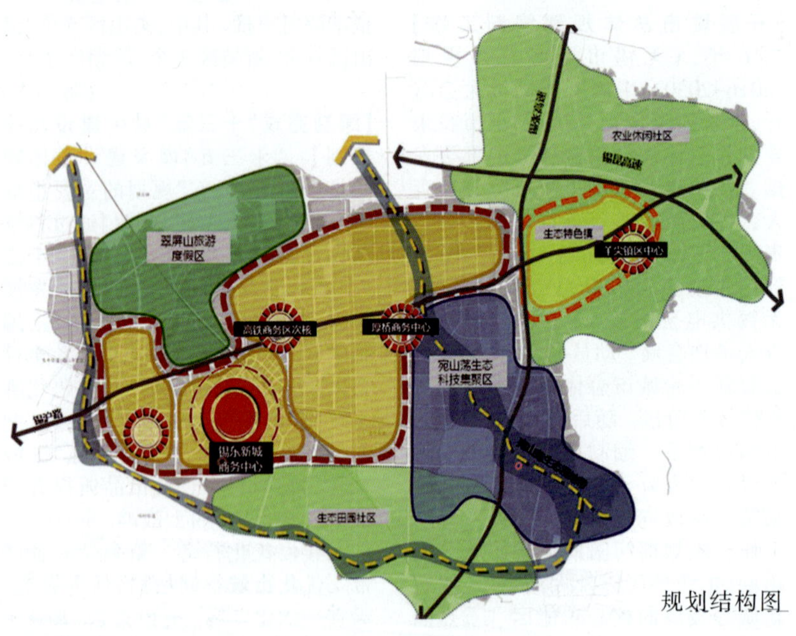

规划结构图

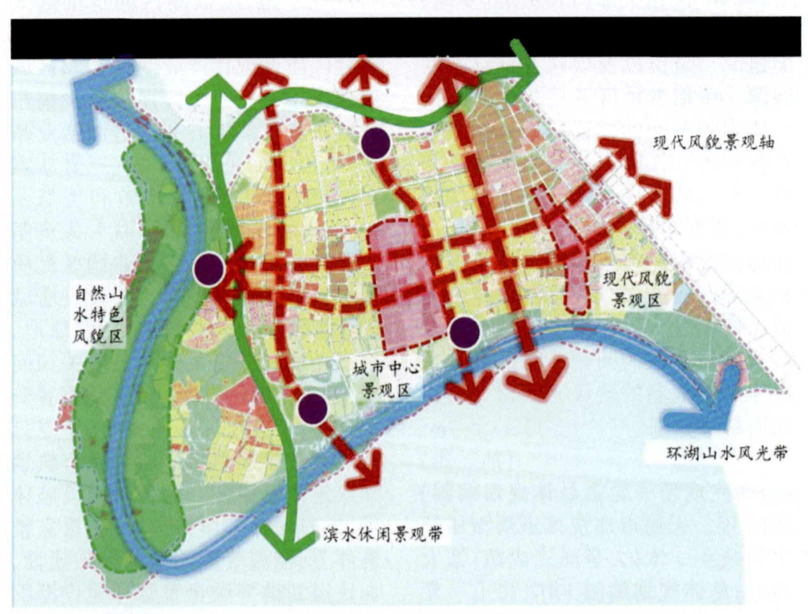

【地下综合管廊专项规划通过论证】 为贯彻落实《国务院办公厅关于推进城市地下综合管廊建设的指导意见》精神，根据《省政府办公厅关于推进城市地下综合管廊建设的实施意见》相关要求和市政府统一工作部署，市规划局于2015年启动地下综合管廊专项规划的编制工作，并于2016年4月作为第一批基本完成的5个地级市接受住建部专家的巡查指导。根据住建部巡查和省住建厅指导意见，市规划局联合上海市政设计院对规划成果进行深化和完善，编制成果于11月中旬通过省住建厅专家组论证。无锡市地下综合管廊专项规划根据市政基础设施现状和规划发展需求，结合轨道交通、地下空间和道路综合交通规划，规划地下综合管廊合计约382公里，其中近期建设约29公里。地下综合管廊专项规划的编制，为无锡市有序建设地下综合管廊，提高地下管廊工程的科学性，避免盲目、无序建设有着重要的指导意义。专项规划通过专家审查，为政府批复专项规划提供技术支持，为推进城市地下综合管廊建设工作提供支撑。

（何宝金）

【梁溪区创新总体发展规划编制】 根据市委、市政府总体部署，2016年，市规划局梁溪分局全面开展梁溪区总体发展规划的编制工作。规划紧紧抓住梁溪区的自身现状优势和特点，围绕“产业、文化、服务、生态”四大核心，从区域功能定位、产业创新发展、运河文化依托和公共服务建设等四大方面为梁溪区综合定位，提出“一核一轴一带、五园区、五街区”的空间发展战略，为梁溪区城市、经济、社会事业发展提供最基本、更科学的规划依据。规划在编制内容上有诸多创新，总体规划针对梁溪区这个老城区的自身特点，首次将“城市更新改造”内容作为规划实施行动中的重要措施之一，独立

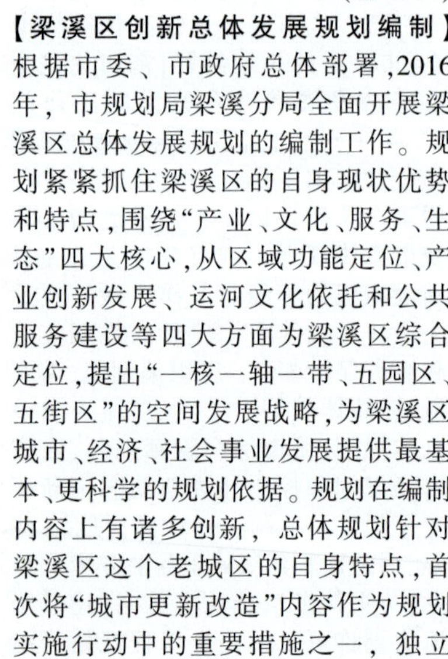

篇章，从更新发展原则、划定三类更新单元、引导更新单元功能配比、划定近期重点更新片区、分期实施方案以及优化更新制度等方面进行专题研究；首次提出“创新社区”概念，有针对性地对梁溪区这个老城区的更新提升起到引导作用，提高规划的可实施性。

（万 骞）

【新吴区加强民生规划编制】 2016年，新吴区结合经济社会发展实际，将服务民生的理念突出体现在规划编制的顶层设计中，提出建设“完整社区”的规划理念。规划立足现状特征，便于民政管理，以“完整社区”为理念，远近结合，构建融合、平等、开放、认可的社区边界，打造相对集中、使用便捷、服务均好的社区配套设施网络，形成多方参与、责权明晰、有序高效的管理运行机制，推进全区社区综合协调发展，逐步建立全覆盖、高质量、强归属、多主体的社区体系，提高社区居民生活水平和质量。规划以现状基层社区为研究对象，通过全面细致分析高新区开发建设所处的发展阶段，按照高标准规划、高起点建设、高效率运营的要求，从城市功能转型的实际出发，提出社区建设的规模总量需求，并就社区的划分依据、规模控制、资源配置优化、服务承载能力预测、管理整合等多项内容进行深入研究分析，创新性地绘制基层社区办公设施、卫生服务站、居家养老服务站、文体活动室、社区绿地、幼儿园、农贸市场等近期规划管理图则，具有可实施的优势。

（杨瑞华）

【锡东新城编制市区统筹规划研究】 2016年，《无锡市锡东新城区统筹规划研究》编制完成。规划研究范围覆盖包括安镇街道、厚桥街道、羊尖镇在内的整个锡东新城区，研究范围总面积134.4平方公里。规划通过“突出中心、优化结构，错位发展、彰显特色，强化产业、产城联动，优化功能，完善配套，保护湖荡、绿色生态”五大策略，整体上形成锡东新城区“一城、一镇、一山、一湖、两片”的空间结构。规划通过空间与管理的统筹协调，有效解决锡东新城区内在行政管理区划与建设管理区划不一的问题。在镇、村布局规划的基础上，通过与经济社会发展规划、人口发展规划、土地利用总体规划、生态文明规划、蔬菜基地规划等多个规划全面协调，有效落实多规协调与融合。规划全面整合各个不同功能区的各类资源，对产城融合与功能互补、资源共享与集约发展的矛盾率先提出引导解决的思路与对策。在此基础上，相继完成锡东新城区各个板块的街道、镇总体规划，进一步推进各类重大项目和重要建设区域的发展，保证锡东新城区在“十三五”期间乃至今后更长远过程中的建设与发展。

（高 凌）

【编制完成太湖新城规划实施评估与优化】 2016年，太湖新城建设指挥部办公室委托江苏省城市规划设计研究院编制完成《太湖新城规划实施评估与优化》项目。规划对太湖新城前期规划建设发展情况进行回顾，对新城规划和实施效果进行科学评估，为太湖新城的后续推进和发展建设提供引导，理顺各发展主体和各功能板块之间关系；进一步完善城市配套功能，合理确定各项设施建设时序；加速产城融合，优化新城产业布局，实现新城产业升级，为太湖新城下一步发展明确方向。

（方缤霞）

【加强规划宣传工作】 2016年，城乡规划宣传工作紧贴全市城乡建设发展实际，举办主题为“规划让生活更美好”大型广场规划宣传咨询活动，全系统开展规划下基层、规划进社区等活动10余次；走进演播室与市民开展规划咨询和互动，开通规划政务微信，及时发布规划信息。主动做好信息公开工作，全年公开政府信息约2300条，办理依申请公开670件，收发“12345”服务热线约1000多个，有效拓宽市民参与规划的渠道，确保市民对规划的知情权、参与权和监督权。

（伍俊贵）

综合开发

【房地产开发企业资质管理】 2016年，市住建行政主管部门全年共办理房地产开发企业资质293家，其中，市级审批的三级以下资质73家，经市级初审后上报省厅审批的暂二级以上资质220家，办理房地产开发企业资质有关事项变更36家。至年底，市区共有房地产开发资质的企业277家，其中，一级资质企业2家，二级（含暂二级）资质企业237家，三级（含暂三级）资质企业38家。

（市住建局综合开发管理处）

【商品房交付使用验收】 2016年，市住建局共完成商品房交付使用验收项目68批次，交付面积548.84万平方米，其中住宅432.38万平方米。全市5个区共完成商品房交付使用验收156批次，交付面积1268.97万平方米。

（市住建局综合开发管理处）

【推进住宅产业化】 2016年，市住建局继续推进成品住宅建设，全市5个区共交付使用成品住宅169.25万平方米。同时，市住建局和市财政局联合下发《关于发放全装修成品商品住房和存量商业办公用房购房补助的通知》，对个人新购买全装修成品商品住房、购房合同价中包含装修款项的，由本级政府对购房人给予购房所缴纳契税20%的补助。

（市住建局综合开发管理处）

【项目开发建设管理】 2016年，市住建局继续加强商品房开发建设管理，落实项目在公共服务设施、建筑节能、绿色建筑、绿色施工、可再生能源利用、成品住房等方面的建设要求，首次在《项目建设条件意见书》中增加住宅建筑装配率指标和海绵城市建设要求。年内，完成《项目建设条件意见书》13项，配置各类公共服务设施面积64.6万平方米，完成住宅公共服务设施核验52项，涉及住宅户数26608户，面积313.9万平方米。

（市住建局综合开发管理处）

【研究住房建设规划】 2016年，市住建局完成《无锡市“十三五”住房建设发展规划》起草编制工作，并通过专家认证。规划对“十二五”期间的住房建设进行回顾，按照住房现状和需求预测，提出“十三五”期间住房建设发展规划，并明确重点任务、落实措施和保障措施。

（市住建局综合开发管理处）

【推进适老住区建设】 按照省政府办公厅《关于开展养老住区建设试

点示范工作的通知》要求,2016年,无锡市启动省级新建适老住区示范项目(耘林生命公寓)的建设。该项目与荷兰生命公寓合作,引进“生命公寓”模式和理念,用地面积约5.4万平方米,总建筑面积约11万平方米,总投资约5.5亿元,内容包括毛坯养老住房、精装老年公寓、康复医院、护理中心及配套商业设施和适老化设施,养老住宅和老年公寓可容纳636户老年住户。

(市住建局综合开发管理处)

【房屋征收拆迁完成情况】 2016年,无锡市区累计完成房屋征收拆迁面积170.94万平方米,征收拆迁总户数5284户(家),其中住宅户数4622户。与上年同期相比,面积下降27%,总户数增长34.9%,住宅拆迁户数增长39.2%。

(市征收办)

【完善房屋征收拆迁管理制度】 按照国务院条例及省有关规定要求,结合无锡实际情况,2016年,市征收办经过充分调研、多轮研讨,在广泛听取各方面意见基础上,会同市有关部门制定实施《无锡市市区参与房屋征收评估机构的考核办法》《无锡市房屋征收补偿资金监管办法》《无锡市国有土地上房屋征收与补偿规范化操作手册》等,解决房屋征收工作中出现的新情况、新问题,为国有土地房屋征收工作的规范实施提供制度保障。

(市征收办)

太湖新城建设

【概况】 2016年,太湖新城建设指挥部办公室、太湖新城发展集团有限公司根据市委、市政府决策部署,围绕“无锡城市新中心、产业发展新高地、生态宜居新家园”发展目标,在“配套完善提升”上下功夫,在“产业发展提升”上用力气,创新发展思路,强化工作机制,狠抓任务落实,实现经济运行平稳有序、重点工程和重大项目推进有力的良好局面。信成小学、和畅小学、江南中学、金桥中学、国际学校、新四院、国际医院、少年宫、和畅睦邻中心等一批重点公共配套项目集中开工,加快推进,公共配套水平明显提升。大数据产业园、江苏省第十一届园艺博览园、运动健康城等一批量大质优的高端项目招引落地,分批落户,金融商务、会展文化、教育医疗、商业娱乐、体育文化、健康养老、休闲旅游、大数据信息等产业发展新格局基本形成。太湖新城发展集团以“做强做优做大国有企业,共筑无锡现代产业发展新高地”为目标,优化整合资源资产,培育壮大经营业务,各项工作有序推进,融资成本明显下降,土地房产项目发展趋强,酒店餐饮类项目增幅较大,休闲旅游物业管理类收益稳步提升,文化会展项目发展势头良好,主要经济指标和重点目标任务基本完成,实现企业稳步发展的良性循环。太湖新城已全面进入配套完善、产业发展的提速期,为“十三五”良好发展奠定基础。

(沈 雷)

【举行新春长跑活动】 2月27日,太湖新城建设指挥部办公室、太湖新城发展集团、金融街区入驻企业及太湖新城房地产企业等30个单位近700名员工汇聚在太湖国际博览中心广场,开启太湖新城“瑞景杯”新春长跑活动。本次活动起点、终点均为太湖国际博览中心,途经尚贤河湿地一期、二期、三期工程,全长约8公里,沿途尚贤河湿地优美的生态环境和日臻完善的休闲配套设施,让参与者感受到新城建设发展的新气象、新面貌。经过1个多小时的奋力角逐,共产生男子组前十名、女子组前十名等20个奖项,最终,招商银行的郁强、叶瑶分获男、女组比赛第一名。

(沈 雷)

【无锡太湖国际装备制造业博览会】 3月10~13日,2016无锡太湖国际装备制造业博览会在太湖国际博览中心举办。展会重点邀请美国、德国、日本、韩国等12个国家和地区400家高端智能装备企业,展品涵盖数控机床及模具设备、工厂自动化生产线、工业机器人、激光切割生产流水线等。整个展示面积近5万平方米,约100种柔性单元生产线为该展会历史之最。展会期间,还组织“澳克泰工具产品研讨会”高峰论坛,专题研讨解决产业自动化所面临的技术、技能问题的有效途径。无锡太湖国际装备制造业博览会自2002年举办以来,通过专业化、市场化、国际化、品牌化运作,已发展成为江苏省规模最大、影响力最为广泛的行业展会,更是众多品牌企业在太湖国际博览中心参展的首选展会。

(沈 雷)

【蠡河植树造林活动】 3月18日,市委书记李小敏、市长汪泉、市人大主任姚建华、市政协主席周敏炜等市领导率400多名市级机关干部,在太湖新城蠡河(周新路—大通路段)挥锹培土,新种植榉树、无患子、香樟、桂花、玉兰、红枫等树种约1000株。蠡河生态环境整治项目(梁塘河—和风路)位于太湖新城蠡河两侧,占地约90公顷,是连接梁塘河和太湖的重要生态景观带。通过河道两侧污染企业搬迁、水系梳理、河道清淤、植被恢复、绿化景观及配套园路设施等建设,逐渐恢复蠡河两侧生态环境。

(沈 雷)

【中国·无锡太湖新城城市发展论坛】 3月30日,由太湖新城建设指挥部办公室、太湖新城发展集团联合举办的2016中国·无锡太湖新城城市发展论坛在君来世尊酒店召开。市发改委、市国土局、市住建局、市规划局、滨湖区、太湖街道等部门(单位)的主要(分管)领导,与朗诗、富力、中海等地产商及华夏银行、富会国际等商界嘉宾齐聚太湖新城,通过对话,交流和分享太湖新城发展新体验、新机遇和新成果。论坛中,与会领导、嘉宾就太湖新城建设的基本定位、民生配套、新城产业发展宏观政策和导向、板块发展重点、未来规划重点亮点、产业发展与文化思考、提升人口承载能力、拆迁与土地供应等大愿景、大政策、大规划、大方向进行互动交流。

(沈 雷)

【一批公共配套项目集中开工】 3月31日,太湖新城一批公共配套项目集中开工仪式举行,项目涉及教育、医疗、商业、社区服务等多个民生领域,计划总投资超100亿元。本次开工建设的公共配套项目为两个公办小学(信成小学、和畅小学)、两个公办幼儿园(市实验幼儿园雅居乐分部、市机关幼儿园海岸城分部)、两个农贸市场(和畅农贸市场、方庙农贸市场)、国际学校、国际幼儿园、国际医疗综合体、新城妇产医院和餐饮综合体。项目建成后，对完善太湖新城教育、医疗功能布局和公共服务设施配套发挥强有力的推动作用，将极大提升太湖新城的宜居水平、区域价值和魅力指数。

（沈 雷）

【市图书馆太湖新城流动站成立】 为丰富广大职工的文化生活，营造"书香新城"的文化氛围，经与市图书馆沟通与对接，2016年，在第二十一个"世界读书日"来临之际，太湖新城发展集团工会与无锡市图书馆签订"市图书馆图书流动站项目合作协议"，市图书馆太湖新城流动站正式成立。太湖新城流动站的建立，是新城图书室建设的一个里程碑，实现与市图书馆在图书资源上的通借通还，极大地丰富新城职工的图书借阅选择，有助于提升职工的综合素质，营造新城上下"爱读书、读好书"的文化氛围。

（沈 雷）

【第三届江苏技能状元大赛总决赛】 （参见第439页"省第三届江苏技能状元大赛总决赛召开"条目）

（沈 雷）

【朗诗新郡开盘热销】 4月22日，位于太湖新城贡湖大道东侧、高浪路南侧、观山路北侧的朗诗新郡楼盘开盘。开盘当日销售火爆，现场180套房源在两小时内全部售罄，该项目由太湖新城发展集团旗下全资子公司新都公司与朗诗地产合作开发。据统计，现场认购的60%~70%客户为本地居民，选择该楼盘大多是看好该楼盘完美舒适的配套设施、品位优雅的居住环境，比较符合投资置业和改善居住条件的需求，该楼盘还具有不可复制的地段优势、学区优势、交通优势。

（沈 雷）

【中瑞低碳生态城获批国家低碳试点城（镇）】 5月，由太湖新城建设指挥部办公室主体实施、太湖新城发展集团生态城办公室编写的《国家低碳城（镇）试点实施方案》获得国家发改委的批复，无锡中瑞低碳生态城成为国家首批8个低碳城（镇）试点之一。低碳城（镇）试点工作旨在积极应对气候变化，推进绿色低碳发展理念，转变经济发展方式，实现可持续发展；并从城镇规划和建设新模式、打造低碳生产生活综合体、创建低碳发展政策试验田、形成低碳技术研发应用、城（镇）低碳运营管理机制、建设低碳发展国际合作平台等方面进行探索与实践。

（沈 雷）

【参展首届"江苏城市土地展"】 5月19日，江苏城市土地展在南京金陵国际会议中心召开，全省12家地级市国土收储部门携众多储备地块参展，200余家国内外品牌房地产开发企业近500名代表参会。太湖新城在现场布展，接待到展地产企业100余家，并就年度推出的两幅地块作深入沟通。参展现场，太湖新城发展集团总裁唐劲松与国家电网旗下开发企业鲁能地产、央企中航里程地产、百强企业中梁地产、北京当代置业等企业作重点交流推介，欢迎各地产企业及社会投资单位关注新城，到新城参观体验。

（沈 雷）

【第十四届家装节总裁签售会】 5月21~22日，"20强+1"第十四届家装节在太湖国际博览中心举办。"20强+1"是家居行业领导品牌集团军，是家居建材行业自发组织的大型品牌联盟活动平台，致力打造最持久、最具影响力的行业品牌联合体，定位高端，为消费者提供一体化家居解决方案。此次总裁签售会由工程专家现场带领观展者观看优质工艺与国际化优质辅材，讲解水、电、瓦、木、油工艺标准化与施工细节，全方位解析家装的隐蔽工程，感受品质家装，体验全面放心的家装服务。

（沈 雷）

【华庄天主教堂竣工投用】 5月21日，位于贡湖湾湿地内的华庄天主教堂建成投用，数千名教友参加开堂典礼。华庄天主教堂位于干城路以南、瑞景道以西、贡湖湾湿地内，总建筑面积3540平方米。教堂建筑风格简约，富有乡村气息，建筑主体材质为红褐色面砖，体现庄重、严肃的宗教意义，并充分利用太湖风光及贡湖湾湿地景观，将得天独厚的自然景观引入建筑之中。

（沈 雷）

【召开产业招商座谈会】 为进一步推动太湖新城宜居宜业、产城融合建设，6月1日，太湖新城建设指挥部办公室邀请滨湖区政府及太湖、华庄街道负责招商的相关部门召开产业招商座谈会，围绕"打造产业新高地、推进新城产城融合"献计献策，就招商进展情况及遇到的困难和问题，参会各方发表意见建议，达成共识。太湖新城建设指挥部办公室、滨湖区政府以及各相关街道利用各自优势，打好组合拳；在招商过程中资源共享，信息互通，政策普惠，机制联动；建立工作例会制，不定期召开重大项目专题会议，大力推进产业招商，协调解决项目落地过程中遇到的难题，进一步加快太湖新城产业化发展。

（沈 雷）

【文化旅游临时配套设施项目通过交工验收】 6月8日，太湖新城建设指挥部办公室组织召开太湖新城文化旅游临时配套设施项目交工验收会，市住建局、市规划局、市审计局、滨湖区国土局、滨湖区城管局等及各参建单位负责人参加验收会。太湖新城文化旅游临时配套设施项目位于清晏路与丰润道交叉路口东南角，占地面积31450平方米，项目于2015年5月开工，2016年1月完工，项目主要建设内容包括配套钢结构建筑、绿化景观及园路、停车场等。会议分别听取各参建单位对项目执行情况的汇报，并进行现场查验，与会人员一致认为该项目整体质量较好，同意通过交工验收。

（沈 雷）

【中国·无锡24H单车环太湖认证赛】 6月10日，由江苏省自行车运动协会、江苏单车网、太湖新城建设指挥部联合主办的2016·中国·无锡24H单车环太湖认证赛在太湖国际博览中心开赛。本次认证赛于4月5日开启报名通道，单车骑行爱好者们踊跃报名，最终参赛人数多达5000人，创历届24H单车环太湖的新高。选手分别来自中国、美国、德国、日本、比利时、匈牙利、新加坡、中国香港、中国澳门、中国台湾等国家和地区，年龄层次跨越老、中、青三代，其中年龄最大的67岁，最小的14岁，24小时之内所有参赛选手根据级别分别进行200公里、300公里、400公里、500公里4个组别的激情竞速。

（沈 雷）

【河道综合整治工程通过交工验收】 6月14日，太湖新城建设指挥部办公室组织召开太湖新城连秤桥河(吴都路—秀水河)、谢家弄浜(五湖大道—信成道)及南大港(贡湖大道—南湖大道)河道综合整治工程交工验收会,市水利局、市审计局、滨湖区水利局及各参建单位参加验收会,3条河道综合整治主要实施内容包括河道清淤、拓浚,驳岸砌筑,栏杆安装等。会议分别听取各参建单位对项目执行情况的汇报,并进行现场查验,认为3条河道整治效果较好,一致同意3条河道综合整治工程通过交工验收。

(沈 雷)

【太湖新城绿色建筑专项规划专家论证会】 11月14日,《无锡市太湖新城绿色建筑专项规划》专家论证会召开,市住建局、市规划局、太湖新城建设指挥部办公室等相关单位人员参加会议。太湖新城绿色建筑专项规划是太湖新城国家绿色生态示范城区建设中的重点实施项目,经过数轮修改形成终期方案。论证会上,专家组听取编制单位工作汇报,认为规划调查数据详实,理论依据充分,技术路线合理,采用空间因子分析的方法,通过案例研究、专家咨询等方式,因地制宜提出绿色建筑规划的总体目标定位、绿色建筑总体规模及星级比例,符合太湖新城发展要求。同时,专家组也给出建议:要完善潜力影响因子分析,加强绿色建筑全过程管理研究,满足国家绿色生态城区建设实施要求。

(沈 雷)

【海岸城八方汇商业街开业】 6月30日,海岸城八方汇亮相太湖新城核心区。该项目总投资超10亿元,占地面积14万平方米。街区的设计者是世界顶级建筑规划设计公司——RTKL公司,该公司曾担任过美国国会大厦增设工程、迪拜河湾总体规划等项目设计。项目以“河岸街区”为建筑设计理念,将自然环境和商业氛围完美融合,在商业布局及经营理念上,八方汇与海岸城购物中心互为补充与延伸。街区主打美食、童乐及教育培训,填补无锡市场上儿童商业业态许多空白点。除早教中心、亲子乐园、教育培训之外,还有很多体验式儿童业态,如主题变装体验店、国内唯一获德国联邦水上教育协会认证的亲子游泳馆等,以及生日主题餐厅、儿童口腔诊所、儿童理发馆等生活服务类业态。

(沈 雷)

【地产企业和商业服务座谈会】 为进一步提升太湖新城品质品位,夯实产城融合发展基础,8月11~12日,太湖新城建设指挥部办公室先后主持召开太湖新城地产企业和商业服务座谈会,与富力、万科、融创、宝能、海岸城、中海、朗诗、雅居乐、华润、吉宝等新城范围内10家地产企业负责人,海岸城综合体、万象城综合体、博大假日广场、红星美凯龙至尊mall、苏宁悦城、秀水坊项目等新城商业运营负责人畅谈,共同关注太湖新城的发展情况及投资环境,建言当前配套完善及产业发展,探讨新城产城融合、宜居宜业建设,让参与新城建设发展的投资商和开发企业更加坚定信心。

(沈 雷)

【无锡—深港土地投资交流会】 8月22日,太湖新城建设指挥部办公室在深圳举办2016无锡—深港土地投资交流会,太湖新城建设指挥部办公室、市国土局、市土地储备中心主要负责人参加交流会,太湖新城建设指挥部办公室常务副主任丁旭初致欢迎词,和众多房地产企业共同分享太湖新城的发展情况及投资环境。交流会上,重点推出太湖新城2016年挂拍的两幅土地,引起万科、华润、中海、富力、雅居乐等全国40多家意向品牌房企对该板块的关注。

(沈 雷)

【新建两所公办幼儿园】 9月1日,太湖新城新建的两所公办幼儿园——无锡市实验幼儿园朗诗·新郡分部、无锡市机关幼儿园海岸城分部正式开园,迎来第一批适龄入园幼儿。市实验幼儿园朗诗·新郡分部坐落在朗诗·新郡社区之内,除拥有实验幼儿园的师资力量外,园内贯彻朗诗品牌所特有的绿色环保理念,引入朗诗最先进的新风除霾系统,力争打造成为华东地区首座最环保、最洁净幼儿园。市机关幼儿园海岸城分部位于海岸城·郦园项目内,按照“省级优质幼儿园”标准建造,建筑面积约5500平方米,教室内外环境宽敞,硬件设施一流,规划有多个幼儿教育班,各班配备多套多媒体教育设施,并开通网络、广播、电视信息平台。

(沈 雷)

【交通产业集团入驻商会大厦】 8月27日,市交通产业集团、太湖新城指挥部办公室、商汇置业公司举行三方合作协议签约仪式。市交通产业集团及下属的市公交公司、智慧公交(公交指挥中心)、市民卡公司、航空公司等单位入驻商会大厦的工作正式启动。市长汪泉在签约仪式上指出,以市公交公司为代表的交通产业集团下属单位入驻太湖新城,不仅是交通产业集团的内生发展需求,也是对市总商会特别是对太湖新城发展的支持,更有利于极大地改善商会大厦及新城金融街区的出行条件,交通产业集团其他下属单位的入驻,也能加快太湖新城的产业导入。

(沈 雷)

【推进海绵城市建设工作】 2016年,太湖新城建设指挥部办公室贯彻落实中央及省、市关于推进海绵城市建设的指导意见,优化生态环境,积极推进海绵城市建设,提高新城宜居舒适度,进一步扩大新城生态、环境、经济和社会的综合效应,力争将新城生态绿地系统打造成城市重要的“海绵体”。新城范围内湿地纵横,水系发达,其中梁塘河生态湿地恢复工程是连接蠡湖和大运河的重要生态景观带,湿地内园路和滨水慢行道大部分采用透水基层和材料铺装。湿地内还建成下沉式绿地,有生态植草沟、生物滞留设施、生态调节塘、渗管渗渠、河口湿地景观、砾石石笼以及生态浮床,种植相关的挺水植物和净化水质类植物,提高水体自身净化能力;湿地内林地的中间区域低洼地,被改建成拦截、蓄滞、强化净化型的局部湿地系统。蠡河生态环境整治项目在后续建设中全面贯彻落实海绵城市建设要求,进行设计、施工和完善。新城范围内其他环境、市政项目也将依据海绵地块设计、施工,增加雨水控制与利用的工程设计内容及措施。

(沈 雷)

【无锡国际徒步旅行大会】 10月15日,“太湖美,新城景”——2016无锡太湖国际徒步旅行大会在太湖新城贡湖湾湿地水韵广场举行,来自长三角主要旅游城市1200多名徒步爱好者汇聚新城，感受太湖新城的休闲度假之旅，参与强身健体的徒步旅行大会。江、浙、沪范围内的共80家媒体在活动当天进行现场报道，健身爱好者在体验徒步运动快乐的同时，体验太湖新城生态慢行系统，沿途可观赏尚贤河湿地、贡湖湾湿地、太湖大堤等风光迤逦的生态湿地美景，近距离感受新城这座生态宜居新家园的独特魅力。

（沈　雷）

【太湖国际博览中心紧跟高科技步伐】 为配合世界物联网产业博览会暨第七届中国国际物联网（传感网）博览会的召开，2016年，太湖国际博览中心对展馆内的监控系统进行全面升级。基于互联网的新技术和新理念，采用前瞻性设想，将成熟先进的监控采集技术运用于场馆管理，根据不同的场景配置不同类型的高清网络全景摄像机，实现对展馆监控区域内24小时无盲区、全覆盖监控。通过后台监控终端，实时显示并保存展馆内前端摄像机的监控信息和监控图像，满足“物博会”期间展馆监控和管理需求。通过后台管理平台，实现全网视频资源统一管理、远程参数配置和远程控制等，满足场馆安全管理需求，为“物博会”的顺利举办提供有力保障，也为日后管理及安全防护提供高清化的监控图像、视频和网络化、智能化的监控系统。

（沈　雷）

【开展系列主题活动】 9月10日~11月10日，太湖新城指挥部办公室、太湖新城发展集团组织开展“办好大会展、展示新形象”系列活动。吸取杭州国际博览中心承办G20峰会的成功经验和做法，协助办好2016中国国际物联网(传感网)博览会、第十三届中国(无锡)国际设计博览会、无锡市秋季大型人才交流会以及广电车博会等展会，提升太湖国际博览中心办展水平和办展成效。落实文明城市创建工作要求，营造氛围，优化整体环境，对在建工地及地产、商业等企业围挡(围墙)进行美化，改善道旗及广告牌(公益广告)设置，提升新城中心区环境水平。全面发动并先后组织9批共计88人次参加志愿服务活动，用实干精神诠释新城党员干部的时代担当，提振新城发展“精气神”。

（沈　雷）

【蠡河生态环境整治项目交工验收】 11月17日，太湖新城建设指挥部办公室组织召开蠡河生态环境整治项目A区(周新路—大通路)一标段及(大通路—高运路)工程交工验收会，市住建局、市规划局、市市政和园林局、滨湖区城管局、华庄街道、瑞景公司及各参建单位相关负责人参加验收会。蠡河生态环境整治项目位于太湖新城周新路南侧、华清大道西侧、高运路北侧，工程主要建设内容为水系梳理、水质保护、土地整理、植被恢复、绿化景观及配套公共设施建设等。其中，周新路—大通路一标段工程总施工面积63216平方米，大通路—高运路段工程施工面积90597平方米。在听取各参建单位对项目执行情况汇报并现场查验后，与会人员一致认为：该项目建设符合规范要求，整体质量较好，一致同意该项目通过交工验收。

（沈　雷）

【新都文化广场开幕】 12月10日，太湖新城新都文化广场开幕，中国当代著名作家苏童出席仪式，并开启“不纸书店”艺术之旅活动。新都文化广场位于贡湖大道与塘铁桥路交叉口东北角，太湖新城朗诗新郡项目地块东南角，属于配套公建设施，西侧紧邻金匮公园，距离无锡师范学校附属小学新城小学约400米，与无锡大剧院、太湖新城文化广场(少年宫、兰桂坊、秀水坊)、太湖国际博览中心等文化会展场所遥相呼应。作为新城重要的文化集聚场所，新都文化广场承载着区域住宅人群的文化活动，对新城的人文环境有着一定的提升作用。

（沈　雷）

【瑞景九州汽车影院试营业】 12月24日，苏南首家汽车电影院——太湖新城瑞景九州汽车影院投用试营业，《血战钢锯岭》《长城》《萨利机长》《罗曼蒂克消亡史》等多部最新、最热的大片集中上映，为市民带来最时尚、最新鲜、最舒适、最体贴的观影体验。影院位于太湖新城清晏路与丰润道交叉口东南侧、尚贤河湿地公园旁，集餐饮、娱乐、郊游、度假、垂钓、野营等多功能于一体，距离太湖仅8分钟车程。影院拥有2个放映场地(含3D)，近150个车位，设有20米宽的露天巨幕。

（沈　雷）

【金秋摄影比赛暨“十佳”景点评选活动】 12月26日，由无锡日报报业集团和太湖新城发展集团联合主办的“瑞景杯”太湖新城金秋摄影比赛暨太湖新城“十佳”景点评选活动落下帷幕。本次摄影比赛自9月30日开启，共征集到213组1592幅摄影作品，摄影爱好者用一幅幅照片诠释出新城的宜居宜业、品质品位。秉持“公正、公平、公开”原则，经过中国摄影家协会、报业集团等多名专家的集中评审，最终评选出金奖1个、银奖3个、铜奖5个、优秀奖10个。同时，在广大市民的关注和投票下，最终产生太湖新城“十佳”景点，分别是：市民中心、无锡大剧院、巡塘老街、海岸城综合体及八方汇商业街、贡湖湾水上森林、贡湖水韵广场、太湖国际博览中心、金匮公园、华庄天主教堂、金融商务街区。

（沈　雷）

【规划实施评估和产业优化项目论证会】 12月下旬，太湖新城建设指挥部召开规划实施评估和产业优化项目专家论证会。来自上海浦东新区、苏州工业园区、南京和无锡的具有丰富城市建设经验的政府领导和规划、产业方面的专家学者参加论证会，对太湖新城未来的发展提出建议。通过对新城前期规划建设发展情况进行回顾，对新城规划和实施效果进行科学评估，为太湖新城的后续推进和发展建设提供引导，理顺各发展主体和各功能板块之间的关系；进一步完善城市配套功能，合理确定各项设施建设时序；加速产城融合，优化新城产业布局，实现新城产业升级，为太湖新城下一步发展明确方向。

（沈　雷）

【太湖国际博览中心展会量质齐升】 2016年，太湖国际博览中心外拓发展资源，内挖运营潜力，实现“展会量质齐升，经营多元开拓，管理增添效益”的良好局面。全年完成营业收入1293万元，完成展会(活动)共计68场，比上年增长15.3%，其中规模展会61场，比上年增长17.3%。博览中心全力以赴增强主业，丰富办展题材,先后引入省技能大赛、市秋季大型人才交流会,首次引进两家影视剧组入驻拍摄,特别是《那年花开月正圆》电视剧组,入驻时间长达8个月。中心下属无锡贡湖会展有限公司在自办展中融入社会元素、公益元素、群众元素,举办的中国老年健康产业博览会、孕婴童展等自办展会赢得百姓口碑。年内,博览中心获得2016世界物联网博览会无锡市工作先进集体、中国"年度会展业十佳场馆奖"、2016中国会展产业年度金手指奖、中国十佳品牌会展中心、市"五四"红旗团支部、国资系统先进基层团组织等荣誉,成为无锡市会议展览业协会首届会长单位。

(沈 雷)

【无锡大剧院全年演出175场】 2016年,无锡大剧院以"艺术水平高、管理标准高、服务品位高、经营水平高、社会形象高"的管理目标,发挥传播高雅艺术和文化惠民的功能,上演《人鬼情未了》《武则天》《夏洛特烦恼》《仙剑奇侠传》、卡塔尔爱乐乐团音乐会、英国皇家爱乐乐团音乐会等演出175场,较大提升剧院在华东乃至全国范围内的知名度和影响力,为锡城本土文化的大繁荣做出新贡献。同时,大剧院打造品牌文化活动,开创实验剧场作为发布会专属场地及文化教育普及基地,完成第十八届上海国际艺术节无锡分会场演出,举办网民万人徒步大赛、无锡国际马拉松比赛、无锡炫跑活动等大型体育活动及文化赛事,让市民切身感受文化、体育的独特魅力。4月,无锡大剧院入围"中国综合型演出场馆活力二十强名单"。

(沈 雷)

市政建设

【概况】 截至2016年年底,无锡市市管道路98条(计859.69万平方米)、桥梁325座(计281.63万平方米)、雨水管道826.58公里、立交泵站18座。下辖区区管道路(不含惠山区数据)689条,区管桥梁740座。12月7日,无锡市清宁大桥、青祁路、渔港立交、隐秀路排水设施、钱荣路排水设施、清扬路排水设施等获得2013~2014年度全国市政行业"城镇市政养护示范设施"称号,并获得"扁鹊杯"殊荣。

(市政处)

【实施城市桥梁结构定期检测】 无锡市市政设施管理处于2015年编制并开始实施第二轮6年桥梁结构定期检测计划,2015~2016年委托有资质的专业检测单位共检测市管桥梁193座(次)。2016年是6年结构定期检测计划实施的第二年,共对112座市管桥梁进行结构定期检测。

(市政处)

【设置立交积水警示牌和警戒标线】 为应对汛期立交通道积水可能对道路交通和百姓出行带来的不安全因素,2016年,无锡市市政设施管理处组织对管辖范围的15座立交下穿通道设置积水警示标识、警戒标线,为雨天车辆的出行提供警示和安全保障。该项目于6月全部完成。

(市政处)

【做好市政工程质量监督工作】 2016年,无锡市市政工程质量监督站共受理市政公用质量监督注册工程108项,监督注册工作量32亿元。其中,新注册市政道桥工程22项、公用工程8项、轨道工程6项、室外市政工程56项、大中修工程16项。完成道桥、公用工程竣工验收备案初审26项。组织市政工程质量大检查10次,巡查在建重点工程39个。监督抽查313次,监督抽测223次,监督抽检41次,共发出整改通知书184份,整改完成率100%,行政处罚14起,保证质量监督巡查工作的有效性和及时性。

(市政工程质量监督站)

【落实工程质量治理两年行动】 2016年,无锡市市政工程质量监督站全面落实五方责任主体项目负责人质量终身责任承诺制度,于2015年年初完成对所有在建工程"二书"补签工作,此后所有新开工工程项目"二书"不齐全的一律不予办理工程质量监督手续。严格建立项目负责人质量终身责任信息档案,督促和指导建设单位建立起以五方主体项目负责人的基本信息、责任承诺书、法人授权书为主要内容的信息档案,要求建设单位加强对自身及勘察、设计、施工、监理等单位的项目负责人的管理,及时记录项目负责人信息及项目负责人变更情况。推行市政工程永久性责任标牌制度,要求建设单位在建筑物明显位置设置责任标牌,载明五方主体单位名称和项目负责人姓名,接受社会监督。凡未设置或标牌设置不符合相关规定的工程,一律不出具《建设工程质量监督报告》。

(市政工程质量监督站)

【做好重点项目工程质量监督管理工作】 2016年,无锡市市政工程质量监督站针对重点项目工程,在质量行为检查方面,贯彻"两年行动"工作的指导精神,始终加强对五方

图20 2016年与2015年无锡市轨道工程质监工程数量比较

(单位:个)

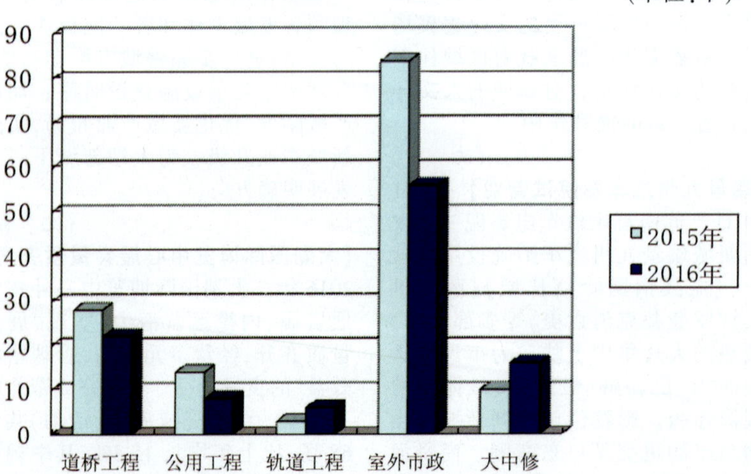

(市政工程质量监督站)

责任主体项目负责人到岗到位情况的检查力度。不定期抽查相关责任主体项目负责人的到位履职情况，严肃查处擅自离岗人员。实体质量检查方面，在落实施工图设计文件审查工作的基础上，施工前重点加强施工图会审和设计交底工作，落实各责任主体的相关责任和严控工序验收程序；在加强施工技术交底的基础上，对涉及影响结构主体安全的关键部位和关键工序，加强三级检验制度，监理单位也应加强验收，以保证成品质量。

（市政工程质量监督站）

【加强公用工程质量监管】 2016年，无锡市市政工程质量监督站着重加强对公用工程的监督管理。加大宣传力度，严格公用工程报监的审查工作，规范建设单位质量行为，落实工程质量责任制。其中，重点加强燃气管道工程质量监督管理，理顺燃气工程竣工验收情况备案程序，制定燃气工程竣工验收情况备案专用资料表式，明确备案工作的相关要求。将道路照明工程逐步纳入质量监管范围，配备专门监督力量，补充专业检测手段，保证对照明工程质量监督管理的有效性。坚持做好对自来水管道工程的质量监督，确保工程质量在核心环节上得到有效控制，不断提升自来水工程实体质量。

（市政工程质量监督站）

【加强井盖质量监督管理】 2016年，无锡市市政工程质量监督站针对市场上井盖质量良莠不齐现象，为防范不合格井盖流入市政工程领域，保障市政井盖完好和行人安全，下发《关于进一步加强井盖进场质量验收工作的通知》，加强对各类井盖的进场质量管理。严格落实五方责任主体质量责任。加强对检查井盖质量证明文件的核查，核查检查井盖的材质、规格和承载等级是否符合设计文件要求，严禁使用不符合国家、行业标准或“三无”产品的井盖。加强对检查井盖外观和尺寸的检查验收。加强对检查井盖的见证取样送检工作，监理单位严格履行对检查井盖取样送检的见证工作，严禁从产品厂家直接取样送检，严禁制作“特样”送检。加强对检查井盖质量的监督管理工作，加大对工程使用的检查井盖原材料和施工质量的监督管理工作，对于检查井盖质量达不到设计要求和相关技术标准的工程，在其整改到位之前，一律不予竣工验收。

（市政工程质量监督站）

【做好地铁工程质量监督工作】 无锡地铁3号线一期工程起于惠山区苏庙站，终于新吴区硕放机场站，全长28.5公里，于2016年3月30日开工。无锡市市政工程质量监督站承担3号线一期工程西段（靖海公园站以西）的土建、机电、装修及全线轨道、市政、管片生产等系统质量监督工作，受监标段5个，造价约23亿元。市政工程质量监督站强化服务意识，做好监督服务工作。在地铁开工建设之初，主动对接市住建局、地铁集团，参加建设管理要求交底会，编写地铁工程创优评分表及创优管理办法；结合“‘两学一做’”教育实践活动，开展“‘两学一做’进地铁”活动，听取参建各方意见、建议并有效落实，提高监督服务质量和监督能力。认真进行日常监督抽查、巡查、验收等监督工作，接受上级主管部门检查。年内，接受省住建厅检查2次，参与市住建局组织的质量大检查1次。总结工作经验，提升监督水平。参与省住建厅组织的《轨道交通验收标准》《轨道交通质量监督实务》编写，已完成专家评审。年内，市市政工程质量监督站监督的地铁1号线获全国工程建设质量最高奖——国家优质工程“金奖”，地铁2号线土建07、09标获江苏省优质工程奖——“扬子杯”。

（市政工程质量监督站）

【实行科学规范检测】 2016年，无锡市市政工程质量监督站做好日常检测工作，规范检测行为，杜绝虚假检测数据和检测报告，提升检测技术水平和服务能力。全年完成检测工作量1998万元，其中，常规检测工作量1207万元，桥梁结构、管道及照明检测等完成检测工作量791万元。检测31205批次，出具检测报告22140份，不合格或异常批次731个。检测结论准确率100%，持证上岗率100%，在用设备完好率100%，检测报告及时率97%，服务满意率100%，未接到申诉和投诉。

继续完善质量管理体系和管理制度，严格按体系和制度要求运行，年初制订内审、管理评审、人员培训、设备维护等计划。组织进行水泥、外加剂、钢筋原材比对试验，参加钢筋拉伸能力验证。组织好检测人员的上岗培训。配合做好监督抽查中的实体质量和样品抽样检测、见证取样工作。拓展检测业务范围，做好桥梁、排水管道视频及照明检测工作。参与完成泰州市军民河桥、李堡小桥二座桥的荷载试验工作，成为第一个外地桥梁检测项目。排水管道检测、照明检测业务工作量均有

图21 无锡市历年轨道工程质监工程数量比较

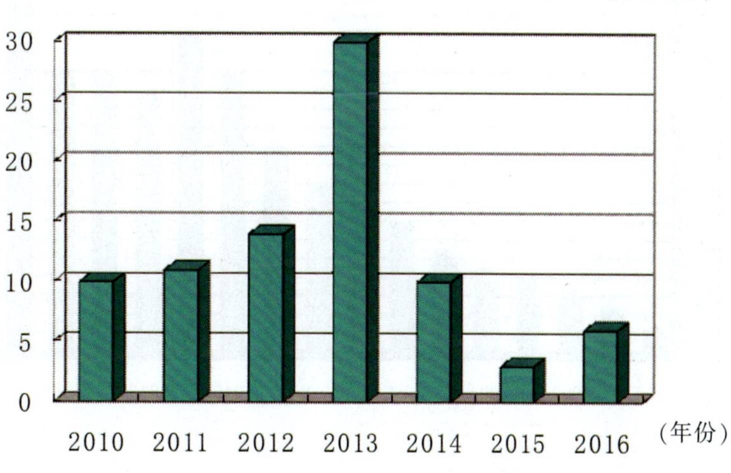

（市政工程质量监督站）

所增加，中标地铁3号线检测2标。

（市政工程质量监督站）

【市政设施养护】 无锡市市政设施建设工程有限公司负责市区范围内主次干道110条约785万平方米、桥梁299座、下水道783公里、隧道525米、城市高架桥梁24座和公铁立交桥18座的日常养护维修。2016年，完成道路养护113850平方米，人行道养护114848平方米；侧平石维修69524米，调整窨井高低371只；完成桥梁养护328座（1664座次）；疏通窨井228852座、雨水井380021座，累计疏通主管和支管1133.53公里；更换雨水井盖3826只、窨井盖276只。养护维修合格率保持100%，城镇道路综合完好率98%以上。“110”联动278次，投诉处理率为100%。

（马宏伟）

【重点大中修工程】 2016年重大交通事故隐患挂牌督办项目为南湖大道与金石路口中分带改造。该交叉口南、北方向进口道左转交通量较大，现有左转车道难以满足左转车辆的有效通行；交叉口北出口道南湖大道现状部分机动车道路面出现裂缝、拥包、波浪等病害；交叉口东、西进口道掉头开口距离交叉口过近。该工程由无锡市市政设施建设工程有限公司施工，将南湖大道、金石路两头左转车道拓宽成两车道，金石路东西方向调头车道后移，并改造南湖大道人行通道，7月18日开工，8月30日竣工。

局部路基整治为江尖大桥南引坡维修。江尖大桥南引坡维修属于春申路一部分，本次改造起点为县前西街，终点为江尖大桥南引坡，改造长度190米。针对春申路通车时间较长，且现状路基路面结构较弱、部分路段出现裂缝、松散、坑槽、补缀、沉陷、集料脱落等病害情况，实施该工程。工程由无锡市市政设施建设工程有限公司负责施工，7月18日开工，8月30日竣工。

（潘锡钢）

【积水点整治项目】 2016年积水点整治项目分为4个单位工程，总工期60天。1.收水支管改造：对常规疏通作业无法彻底解决的现状支管堵塞问题，经现场排查确认病害点，采取开挖重排对支管进行置换、改造。2.主管道改造：运河东路位于锡城北侧，是联系锡城南北的重要枢纽。运河东路（公路支队—航道处）雨水西侧一段DN500管和运河东路（金城大桥北匝道—后芮浜桥）段东侧一段DN800管均有严重的变形、损坏，因此实施改造工程。3.收水井改造：该工程由拆除原侧平石、拓建井室沥青、原雨水口一侧的砖壁、浇筑砼基础、砌筑新拓井室砖墙、设置预制井座及砂浆填补等分部分项组成。4.金石东路、芦中路处积水点改造：金石东路是位于南长区的市管道路，该路段新扬大桥下两侧常年雨季积水，此次积水点整治工程主要涉及检查井砌筑、管道铺设、管道清淤等项目。

（倪 伟）

图22 无锡市历年市政工程质量检测工作量年度对比

（单位：万元）

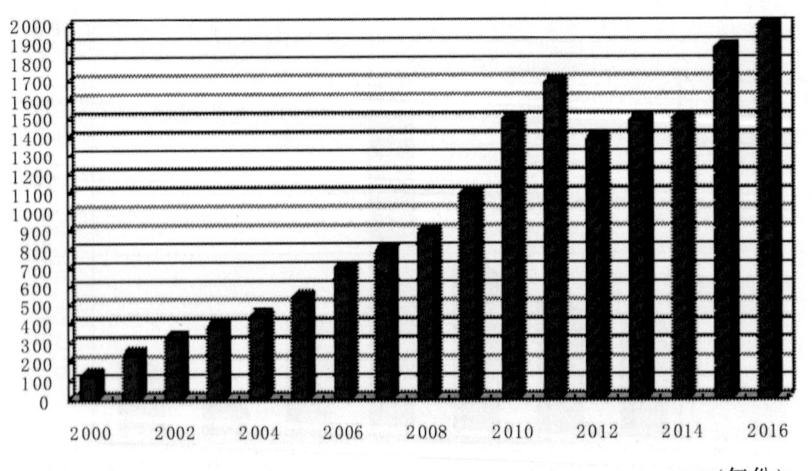

（年份）

（市政工程质量监督站）

【1项工程被评为市优质工程】 中关村软件园太湖分园一期西区室外市政施工工程位于无锡市国家传感网创新示范区内，占地面积8.35万平方米，主要工程包含道路、雨水、污水、电力排管、信息排管等。该工程建设单位为无锡中关村软件园发展有限公司，设计单位为无锡市政设计研究院有限公司，监理单位为江苏缔逸项目管理有限公司，施工单位为无锡市市政设施建设工程有限公司。工程于2013年5月开工建设，2014年3月竣工，2016年4月被评为无锡市优质工程。

（孙亚明）

【1项工程被评为市市政示范工程】 芦村污水处理厂污泥深度脱水单元工程位于无锡市芦村污水厂内，占地面积1920平方米，主要工程内容包括储泥池2座、污泥浓缩池2座、卸料间1座、调理池3座、综合车间1座、石灰储存仓1座、生物除臭装置1座，三渣路基结构层约1500平方米，水泥稳定碎石约1500平方米，沥青面层约1500平方米，侧平石400米，雨水管道约500米，污水管道约150米，污水井8座，雨水井9座。工程建设单位为无锡市排水公司，设计单位为无锡市政设计研究院有限公司，监理单位为无锡市市政建设咨询监理有限公司，施工单位为无锡市市政设施建设工程有限公司。工程于2012年3月15日开工，2015年4月20日竣工，被无锡市市政公用协会评为2016年度无锡市市政示范工程。

（孙亚明）

【1个项目获市科技进步三等奖】 无锡市市政设施建设工程有限公司2012年开始实施沥青固废再生项目，针对路基缺陷或道路改造铣刨产生的旧沥青混合料，通过有效成分的检测，根据旧料配合比、沥青老化程度及可利用沥青含量，确定添加的新沥青、新集料、旧料及再生剂（必要时）的比例，优化制备出满足规范要求的再生沥青混合料。该项

目 2015 年获得无锡市科技局现代产业发展引导资金 100 万元支持，相关成果《沥青固废再生技术在城市道路建设中的创新应用》获得 2016 年度无锡市科技进步三等奖。

（张国春）

【道桥科技 9 项实用新型专利获授权】 2016 年，无锡市市政设施建设工程有限公司在继续完善与深化沥青固废再生项目和“新技术、新材料、新工艺”推广运用上，以道桥科技为依托，加快沥青产品的升级换代，大力推进路面材料市场开拓，推出新产品温拌泡沫沥青、彩色沥青。围绕公司主营业务产品，2016 年，道桥科技公司共申请专利 17 项，其中发明专利 1 项。至年底，共有 9 项实用新型专利获授权。

（张国春）

城市建设重点工程

【钱胡路工程竣工】 钱胡路西起大河绛路，东至西环线，全长约 5900 米，宽 30 米，双向 4 车道，为城市次干道。该工程建设单位为无锡市公共工程建设中心，设计单位为无锡中设工程咨询集团有限公司，施工单位为上海建工集团股份有限公司，监理单位为无锡市市政建设咨询监理有限公司。工程于 2015 年 5 月开工，2016 年 12 月竣工。

（刘嘉珺）

【刘闾路工程竣工】 刘闾路北起 342 省道，南至钱胡路，全长 2402 米，宽 21 米，双向 4 车道，为城市次干道。该工程建设单位为无锡市公共工程建设中心，设计单位为无锡市政设计研究院有限公司，施工单位为无锡市第二市政工程有限公司，监理单位为无锡市新城建设监理有限公司。工程于 2015 年 10 月开工，2016 年 11 月竣工。

（刘嘉珺）

【惠钱路改造工程竣工】 惠钱路改造工程西起钱皋路，东至凤翔路，全长 1720 米，宽 30 米，由双向 4 车道拓宽至双向 6 车道，为城市次干道。工程建设单位为无锡市公共工程建设中心，设计单位为无锡市政设计研究院有限公司，施工单位为江苏久聚建设工程有限公司，监理单位为无锡市市政建设咨询监理有限公司。工程于 2016 年 3 月开工，2016 年 5 月竣工。

（刘嘉珺）

【广益路工程竣工】 广益路西起锡澄路，东至惠勤路，全长 526 米，宽 30 米，双向 4 车道，为城市次干道。该工程建设单位为无锡市公共工程建设中心，设计单位为无锡市政设计研究院有限公司，施工单位为无锡国家高新技术产业开发区市政公用事业有限公司，监理单位为无锡市市政建设咨询监理有限公司。工程于 2015 年 12 月开工，2016 年 12 月竣工。

（刘嘉珺）

【大桥路工程竣工】 大桥路北起金石路，南至章村浜，全长 395 米，宽 24 米，双向 4 车道，为城市支路。该工程建设单位为无锡市公共工程建设中心，设计单位为中国华西工程建设有限公司，施工单位为无锡市市政设施建设工程有限公司，监理单位为无锡市市政建设咨询监理有限公司。工程于 2016 年 7 月开工，2016 年 10 月竣工。

（刘嘉珺）

【立诚道工程竣工】 立诚道北起金融六街，南至和风路，全长 387 米，宽 20 米，双向 2 车道，为城市支路。该工程建设单位为无锡市公共工程建设中心，设计单位为中国华西工程建设有限公司，施工单位为无锡锡通路桥工程有限公司，监理单位为无锡市市政建设咨询监理有限公司。工程于 2015 年 5 月开工，2016 年 10 月竣工。

（刘嘉珺）

【蔡家桥路工程竣工】 蔡家桥路西起信成道，东至北麋道，全长 258 米，宽 7 米，双向 2 车道，为城市支路。该工程建设单位为无锡市公共工程建设中心，设计单位为无锡市政设计研究院有限公司，施工单位为江苏江南路桥工程有限公司，监理单位为无锡市市政建设咨询监理有限公司。工程于 2016 年 1 月开工，2016 年 9 月竣工。

（刘嘉珺）

【南场道工程竣工】 南场道北起郁花港，南至塘铁桥路，全长 60 米，宽 15 米，双向 2 车道，为城市支路。该工程建设单位为无锡市公共工程建设中心，设计单位为无锡市政设计研究院有限公司，施工单位为无锡市滨湖区市政设施养护管理处，监理单位为无锡市市政建设咨询监理有限公司。工程于 2016 年 1 月开工，2016 年 10 月竣工。

（刘嘉珺）

公用事业

【完成供水任务】 通过实施市区供水管网优化和乡镇管网改造工程，实现“同城同质、同城同价、同服务”，建立了安全可靠的供水体系，供水范围覆盖 1622 平方公里区域，形成“江湖并举、对置供水、双源互补、安全保障”的供水格局。2016 年，市区形成取水能力 260 万吨/日，供水能力 245 万吨/日的规模，最高日供水量达 134.77 万吨。江阴市形成取水能力 156 万吨/日，供水能力 106 万吨/日的规模，最高日供水量达 92.61 万吨。宜兴市采用横山水库、油车水库水源，西氿为应急水源，形成供水能力 38 万吨/日的规模，最高日供水量达 36.5 万吨。

（公用处）

【提高节水管理水平】 2016 年，无锡市市政和园林局所属城市节水办公室修订《无锡市雨水综合利用技术指导规范》，进一步规范建设项目节水项目方案备案审核和节水项目竣工验收标准。严格落实节水方案审核集体讨论制度，共对 60 家建设单位新建住宅项目进行节水项目验收的行政许可审批，全年新建商业用房及居民住宅小区雨水收集设施 49 个；共对 52 家建设单位的新建工程项目节水方案（包括雨水收集回用方案）进行技术性审核备案许可。

（公用处）

【污水治理有序推进】 提升排水管理水平，重视创新举措，优化排水行业监管方式，推动全市排水行业保持平稳有序的发展势头。2016 年，全市 52 家污水处理厂处理能力为 220.85 万吨/日。其中，市区 145.6 万吨/日，江阴市 51.25 万吨/日，宜兴市 24 万吨/日。全年污水处理厂总体运行情况良好，出水水质稳定，全市共处理污水 6.38 亿吨。其中，市区 4.36 亿吨，江阴市 1.35 亿吨，宜兴市 0.67

亿吨。全市共建设污水主管网124.26公里,其中,市区32.78公里,江阴市22.65公里,宜兴市68.83公里,全市污水管网总长度达8724.25公里。城市生活污水集中处理率趋于稳定,市区生活污水集中处理率达95%以上,江阴市、宜兴市生活污水集中处理率均达90%以上。

(公用处)

【安全供气有保障】 2016年,无锡市区天然气管网已覆设到所有乡镇,市区实现“西气”“川气”双气源供气。全市天然气年用气量17.5亿立方米,其中,市区全年天然气用量为78728万立方米,江阴市全年天然气用量为55534万立方米,宜兴市全年天然气用量为41267万立方米。全市天然气总用户数153.3万户,其中,市区天然气用户1138481户,江阴市天然气用户241066户,宜兴市天然气用户154000户。市区新增天然气用户100363户。市区新增CNG加气站16座,LNG加气站4座,L—CNG加气站1座。市区CNG加气站累计销售天然气5854万立方米,LNG加气站累计销售天然气1045万立方米。市区天然气气化率86.6%,比上年提高5.8个百分点。

(公用处)

【城市照明设施概况】 截至2016年12月底,无锡市(含江阴市、宜兴市)照明设施总量达886687盏。其中,中心城区市管总灯盏数为320544盏,新吴区168531盏,锡山区102683盏,惠山区49912盏,马山太湖度假区11806盏,江阴市为111152盏,宜兴市为122059盏。

(公用处)

【城市照明用电情况】 2016年,全市应发生电费约1.99亿元,实际发生电费约1.77亿元,节约电费2230万元。其中,中心城区电费6909.44万元,占全市电费的38.98%;锡山区电费3944.95万元,占22.25%;惠山区电费3040.72万元,占17.15%;新吴区电费3832.59万元,占21.62%。

(公用处)

【照明巡更系统建设初见成效】 2016年,无锡照明管理处延续一期电子巡更项目,在已建成的系统基础上进行功能扩充与完善,同时对照明设施巡更点及巡更设备进行扩充。完成人工移动巡检及手机APP功能开发,并同步实施1000个巡更点、2套车载巡更设备、2套手持巡更设备、2台移动巡检PDA的安装。设计实施巡更系统月度考核报表,每月对养护单位设施巡查情况进行智能化考核,有7辆养护车辆、166条巡更线路纳入系统考核。

(公用处)

【做好城市照明大中修工程】 2016年,无锡市区第一批功能照明大中修实施项目为通江大道隧道(兴源路—勤俭桥)、长广溪公园(B区)、沁园新村(一期),涉及565套各类路灯及管线,工程造价194.84万元,改造后每年节约用电12.1万度,节约电费10.7万元。第二批为老新村整治、广石路(312国道—黄石大桥)、吴桥及匝道3个项目照明设施的大修更新,涉及199套各类路灯及管线,工程造价145.74万元。景观照明设施方面对汇金广场灯管和金鼎教仪大厦点光源设施老化问题进行大中修改造,共计改造各类灯具4775套,工程造价91.84万元。

(公用处)

表32　　2016年无锡市城市照明灯盏数汇总

区　域	功能照明(盏)	景观照明(盏)	总灯盏数(盏)
中心城区	142388	178156	320544
新吴区	44935	123596	168531
锡山区	42760	59923	102683
惠山区	38451	11461	49912
马山度假区	6152	5654	11806
江阴市	54967	56185	111152
宜兴市	35628	86431	122059
全市共计	365281	521406	886687

(公用处)

表33　　2016年无锡市城市照明设施电费使用情况

区　域	电量(万度)	电费(万元)	比例(%)
中心城区	8254.10	6909.44	38.98%
锡山区	4721.80	3944.95	22.25%
惠山区	3634.74	3040.72	17.15%
新吴区	4576.34	3832.59	21.62%
合　计	21186.93	17727.69	100.00%

(公用处)

【照明设施亮灯率再提高】 2016年，无锡中心城区照明设施亮灯率为99.74%,设施完好率为99.54%。锡山区亮灯率为97.99%，设施完好率为98.30%；惠山区亮灯率为98.80%,完好率为98.56%;新吴区平均亮灯率为99.59%，设施完好率为99.10%。

（公用处）

【申请中央和省财政补助资金】 2016年,无锡市加快实施《太湖流域水环境综合治理总体方案》和《江苏省太湖流域水环境综合治理实施方案》下达的太湖水污染治理目标任务。市市政公用产业集团全面完成承担的饮用水安全保障项目、城镇污水处理厂及配套管网建设项目、城镇垃圾处置项目等水污染治理重点工程。集团积极申请太湖水环境治理中央、省财政专项资金补助,获得省级财政资金3316万元。对于财政资金专项补助的使用，集团严格按照省、市各级部门要求,加快实施项目建设,确保项目资金用到实处,起到实效。

（市政公用产业集团）

【发挥融资平台作用】 2016年,无锡市市政公用产业集团积极做好政府平台融资工作，与各金融机构广泛合作,取得显著成绩。年内,集团各级融资平台共完成融资17.48亿元。

（市政公用产业集团）

【聘任80名行风监督员】 为进一步提高公共服务水平，提升窗口服务单位社会满意度，扩大社会监督面,12月23日、12月26日,市市政公用产业集团先后在无锡华润燃气有限公司、市自来水有限公司中桥水厂召开市政公用行风监督员聘任大会,为80位行风监督员颁发“聘任书”,邀请其对市政公用服务行业全体人员的业务能力、工作效率、服务质量、行业作风等方面进行监督。此次聘任的行风监督员主要来自街道、社区居委、物业公司等层面,目的在于广泛吸收社会各方意见,接受监督,完善社会监督机制,整改服务工作短板，从而不断提高市民满意率,更加优化改进各项服务工作。

（市政公用产业集团）

【完成公用事业计量表具多表集采集抄试点工作】 12月25日，市市政公用产业集团完成业务范围内工商用户水、气、热三表集采集抄试点工作。从经济效益角度,多表集抄集采有助于整合资源，改进提高公用企业生产运营效率,降低成本;从社会效益角度，能够通过打破行业壁垒,整合水、电、气、热业务资源,实现多表统一计费、缴费,有效提高社会资源利用率,并能通过数据挖掘、模型推演,实现智能安检、漏水漏气智能报警、智能关阀、家庭能效管理等。此外,集团还初步完成工商业用户水、气、热三表数据展示分析系统的搭建,为各公用企业调节生产、安全保供、开拓市场等方面提供科学的数据支持。

（市政公用产业集团）

【完成自来水老旧管网改造65.3公里】 2016年,无锡市为民办实事项目计划改造60公里老旧管网。市自来水有限公司全年完成周新西路DNJ500给水管改造、芦庄路DNJ500给水管改造、老中桥水厂出厂DN400给水管废管及用户改接和曹张新村DNJ500给水管更换等管网改造项目共计,65.3公里,用户水质水压得到明显改善。

（孙　吉　吴红亚）

【完成水表出户改造4062户】 2016年，无锡市为民办实事项目计划改造水表出户4000户。市自来水有限公司全年完成水表出户改造4062户,涉及新村有生活大师、新江南、住友苑和东坊雅居小区等共计292个单元,有效解决用户总分表差异的矛盾,改善居民用水水质,进一步提高服务质量和供水水质。

（孙　吉　吴红亚）

【供水价格改革】 市自来水有限公司认真贯彻执行无锡市委、市政府《关于推进供给侧结构性改革的实施意见》,自5月1日起,市区工商业企业用水价格下调1.00元/吨;执行特种用水价格且以水为生产原料的企业,继续执行用水价格由12.00元/吨下调至8.5元/吨；纳入全市重点项目投资计划的新开工工业项目，在接水时予以接管费用减半优惠。调价的实施共惠及全市工商业用户5万余家,2016年度实际减收总额1.01亿元，切实降低了实体经济企业成本。

（孙　吉　吴红亚）

【污水处理完成年度任务】 2016年,市排水有限公司芦村、城北、太湖新城等污水处理厂共处理污水2.03亿吨，削减COD 5.65万吨,水质排放综合合格率100%,出水水质稳定达到一级A排放标准。

（赵静静）

【管网覆盖建设全力推进】 2016年，市排水有限公司配合轨道交通站点改造、裕巷浜改造,同步敷设污水管网6.5公里,进一步优化、完善管网布局,缓解片区输送负荷,均衡提高芦村、城北、太湖新城污水处理厂服务范围内的污水收集能力。

（赵静静）

【加大管网设施维护力度】 2016年，市排水有限公司积极推行管网网格化管理，引进管网管理物联网技术及手持式PDA终端等技术,保

新能源充电桩　　（吴若霁　供稿）

证清通质量，进一步提高工作效率，全年完成管网普查194公里。在巡视及服务过程中，完成更换污水管线窨井圈盖144套，应急清通57次，安装保护盖58个。

（赵静静）

【深化社会承诺服务工作】 市排水有限公司坚持以实际行动取信于民、服务于民，2016年，进一步完善社会承诺服务工作，接报并及时处理社会承诺服务投诉387起。其中，涉及公司处理内容115起，占所有处理量的29.7%，处理率100%，回复率100%。

（赵静静）

【首个能源项目签约】 11月15日，无锡太湖国家旅游度假区管委会与无锡华润燃气有限公司签订天然气综合利用合作协议，标志着无锡首个区域式分布式能源项目正式成立。结合无锡市热电联产规划，公司将在度假区建设以天然气为燃料的分布式能源站。分布式能源站建成后，既能满足度假区工业企业和城镇居民对电、热、冷等能源的需求，又符合建设科学发展、节能降耗度假区的宏观政策要求。

（吴广敏）

【供气政策改革】 无锡华润燃气有限公司贯彻落实《中共无锡市委无锡市人民政府关于降低实体经济企业成本促进经济平稳健康发展的实施意见》，切实降低企业成本，减轻企业负担，继续执行煤改气优惠政策，煤改气用户工程款让利40%并享受用气价格优惠；市区工业企业最高用气价格下调，最高上浮幅度由15%下调至10%（从5月1日起实行）；纳入全市重点项目投资计划的新开工工业项目天然气接管费全部免收；提高工业企业接管率，工业用户围墙外的配套外管工程费用由公司承担。2016年全年累计减轻工业企业负担11318万元，累计受益企业545户。

（吴广敏）

【燃煤锅炉改造全部完成】 根据《无锡市2014年大气污染防治年度实施计划》的文件精神，无锡华润燃气有限公司积极配合政府开展燃煤锅炉整治。截至2016年年底，燃煤锅炉改造全部完成，“煤改气”比例达到需改造用量的65.2%，年增销气量1.1亿立方米。

（吴广敏）

【燃气安全星级单位表彰大会召开】 12月29日，首届无锡综合体燃气安全管控星级单位评选表彰大会在无锡华润燃气有限公司举行，共有10家综合体被评为星级综合体。其中，三星级综合体5家，分别是：云蝠大厦、苏宁广场、惠山万达广场、宝龙城市广场、百乐广场；四星级综合体3家，分别是：荟聚购物广场、恒隆广场、滨湖万达广场；五星级综合体2家，分别是：海岸城、万象城。这次表彰大会的召开，标志着华润燃气公司探索的综合体“四位一体”（政府方、燃气公司、综合体管理方、用气商户）管控模式逐步得到认可和肯定，不仅推动政府部门加强对燃气安全的监督和执法力度，同时也提高综合体管理方和用气商户的安全用气意识。

（吴广敏）

【华润燃气云抢修二期系统上线】 4月，无锡华润燃气有限公司云抢修二期系统历时2年建设，正式上线。云抢修系统是华润燃气公司“云管理”理念的重要组成部分，体现公司信息化、系统化、科学化的管理服务理念。公司根据发展规划和日益增长的客户需求，在云抢修系统一期的基础上，积极启动二期系统的建设，并增设抢修工单流程安全节点的管控功能，增加管网、阀门井和客户地址导航功能，增添管网爆管分析功能，实现中心与现场抢修人员的实时视频、多方对话等重要功能，进一步提高在线管控支持能力，极大提升抢修速度和效率，有力提升用户满意度。

（吴广敏）

【燃气自助缴费机上线运行】 9月29日，第一台燃气自助缴费机在太湖国际第一、第二街区正式上线运行。随后，无锡华润燃气有限公司根据IC卡在全市小区的分布情况，又增设9个服务站点，基本覆盖IC卡用户集中区域。此举不仅方便无锡IC卡燃气用户的充值，同时也减轻客户服务大厅的柜面压力，提高了市民满意度。

（吴广敏）

【推进民用安检及隐患整改】 无锡华润燃气有限公司继续实施二年一次的免费安检工作，2016年，累计安检管道民用户458811户，安检成功率85.2%；安检液化气民用户10665户，安检成功率100%。同时，深入开展安检隐患整改工作，完善相关的配套管理模式，通过调整隐患分级、优化班组管理等措施，大幅提高整改效率。全年共整改一级隐患4万多户，整改率超过50%，实现从安检到整改的全链条安全服务。

（吴广敏）

【获得国家专利1项】 2016年，无锡华润燃气有限公司的“一种带有报警设施的安全阀”实用新型专利获得国家专利证书。该专利是一种安全放散阀，其内部设置有有色烟雾室，放散口颈部设置有汽笛，另外还设置有无线压力变送器。其功能在于安全放散阀起跳放散或一直在小流量的走气时，能够及时直观地被人察觉到，从而便于及时处理安全隐患。另外，通过设置在管道口的无线压力变送器配合控制室的压力监测设备，可以及时发现管道压力超过起跳压力而安全放散阀不工作的情况，避免事故的发生。

（吴广敏）

【无锡照明股份有限公司成立】 11月16日，经市国资委、市工商行政管理局审核批准，无锡市照明工程有限公司完成股份制改造，整体变更设立为无锡照明股份有限公司。12月底，公司完成在全国中小企业股份转让系统挂牌申请材料的报送，并于12月29日收到全国中小企业股份转让系统出具的受理通知书，公司开始融入资本市场。

（谭丽莉）

【推进照明工程建设】 2016年，无锡照明股份有限公司重点实施信成道、北惠路等49项道路照明工程，共计装灯1738套；实施绿城雅园、海岸城小区等22个小区照明工程，共计装灯425套；实施重庆江北区都市功能核心区景观照明提升工程、宁波胜山至陆埠公路照明工程等5项景观照明工程。承建的北中路、荡厚路、泉山大道、东安路等4项道路照明工程获2016年度“无锡市市政优质工程”称号。10月，北中路照明工程申报“金杯工程”顺利通过现场评审。

（谭丽莉）

【完善城市照明维护管理服务体系】 2016年，无锡照明股份有限公司市场化竞争能力再上新台阶，维护服务辐射范围首次扩展至外地养护市场，承接昆山市城投公司移交滨江及市民广场等亮化养护项目。开展全覆盖、高效率、快速反应、服务优质的城市照明保障工作，全年累计维修各类路灯33118盏，处理各类线路运行故障3621起，敷设、补盗各类电缆、架空线约3万米，年平均亮灯率99.26%，运行故障率0.43%，设施完好率95.14%。各项维护技经指标完成值均优于行业管理部门的考核指标，全市照明设施保持安全、稳定运行。

（谭丽莉）

【承接外地照明工程项目26项】 2016年，无锡照明股份有限公司巩固已有外地市场，"走出去"战略再出成效。公司承接上海、西安、呼和浩特、格尔木、沈阳、北京等12地26项省、市外道路、综合景观及设计项目，照明市场自南向北逐渐扩展至东北、西北、西南等区域。照明市场的不断扩张，标志着公司市场化竞争能力迈上新台阶，"无锡照明"的品牌形象得到业界的充分肯定，进一步奠定公司在国内照明行业的领先地位。

（谭丽莉）

【构筑锡城充电服务新高度】 无锡照明股份有限公司下属市政公用新能源公司专业从事新能源汽车充电桩的研发、设计、生产、销售、安装、运营维护，提供充电桩充电服务，获得无锡首批江苏省新能源汽车充电设施建设运营企业资格。借助公司的技术、人员、管理、光伏电站建设等优势，市政公用新能源公司在全市范围内由点及面布局充电桩设施，截至2016年年底，共计完成自建充电站（桩群）43处，布设充电桩764台。充电桩投入运营以来，累计服务充电车辆11000辆，完成充电90万千瓦。布点建桩的同时，公司自主开发具备手机导航寻桩、自助付费充电、平台监管、应急抢修保障等一体化服务的"市政公用新能源"管理平台，以科技创新和优质、便捷的服务，推动新能源业务的提速发展。

（谭丽莉）

【西区燃机热电联产项目建成投运】 5月11日，作为无锡市市区首家9F级燃气热电厂——无锡西区燃机热电联产项目顺利实现倒送电，燃机首次点火、冲管、燃机并网、联合循环机组带满负荷试验均一次性通过。11月10日，完成168小时试运，燃机热电联产项目正式投入商业运营。

（晏 旎）

【钱藕线热网工程完成建设】 钱藕线热力管网全长10.9公里，总投资1亿元。无锡西区燃气热电有限公司在工程实施过程中，克服拆迁补偿、管道迁移等各种困难，全年累计完成热力管道施工8.9公里，其中架空4.4公里、地埋4.5公里。2016年春节前，沿线部分用户已用上清洁、环保的天然气蒸汽。

（晏 旎）

村镇建设

【概况】 2016年，无锡市所辖江阴市、宜兴市、锡山区、惠山区的建制镇总数为29个。其中，江阴市10个，宜兴市13个，锡山区4个，惠山区2个。纳入村镇建设统计范围的有29个镇、396个行政村、6562个自然村。全市镇域面积共236389.6公顷，建成区面积22306.44公顷，户籍590972户，人口183.47万人。

（任余娟）

【推进美丽乡村建设】 2016年，无锡市加快推进美丽乡村建设，先后制定实施《深化村庄生活污水治理工作实施意见》《无锡市村庄环境改善提升行动意见》等文件，村庄环境长效管理点面共进，农村生活污水治理工作进一步深化，年内有16个村庄的环境得到较大提升，有203个村庄的生活污水得到有效处理，创建180个市级村庄环境长效管理示范村。宜兴市白塔村被评为2015年中国最美休闲乡村，宜兴市龙池村、惠山区阳山村获"江苏省特色景观旅游名村"称号，江阴市璜土镇璜土村等5个村被确定为江苏省2016年度"美丽乡村建设示范项目"，宜兴市西渚镇五圣村等2个村获江苏省康居乡村建设补助。

（任余娟）

【推进小城镇建设】 2016年，无锡市按照新型城镇化建设要求，以规划为引导，择优培育重点中心镇和特色镇，充分发挥市场主体作用，引导小城镇与特色产业发展相结合，与服务"三农"相结合，推动小城镇集约化发展，增强小城镇的综合发展实力。宜兴市丁蜀镇被命名为全国第一批"特色小镇"，惠山区阳山镇获"全国美丽宜居小镇示范"称号，宜兴市官林镇和西渚镇列入省重点镇及特色镇保护发展项目。

（任余娟）

【推进传统村落保护工作】 2016年，无锡市加快推进传统村落保护工作，锡山区严家桥村、惠山区礼社村2个村列入国家传统村落名录保护项目，获得中央财政资金补助。省级传统村落的申报有序展开，宜兴市西渚镇篁里村等5个村列入江苏省第一批传统村落名录，获得资金补助。

（任余娟）

【村镇基础设施建设】 2016年，无锡市建制镇建设投资市政公用设施10.73亿元。建成区范围内自来水用水普及率99.76%，燃气普及率97.10%，道路长度2500.69公里。建成区绿地面积5260.39公顷，其中公园绿地面积603.26公顷，绿化覆盖率33.11%。公共厕所1119座，各类环卫机械744辆，共有村镇污水处理厂123个，污水处理能力35.70万吨/日，年污水处理总量10110.57万吨。全市村庄道路长度3419.48公里，集中供水比例100%，生活垃圾无害化处理的行政村比例达100%。

（任余娟）

建筑施工

【概况】 2016年，无锡市施工项目数827个，在建工程总面积3691万平方米，比上年下降10%；竣工验收面积2789万平方米，比上年增长17%。至年底，无锡市取得建筑业企业资质的施工企业共计1633家，其中，特级资质企业1家，一级资质企业216家，二级资质企业1045家，三级资质企业1094家；专业承包（不分等级）企业167家；劳务企业14家。全市取得监理资质的企业49家，取得检测资质的企业31家。

（市住建局建筑业管理办公室）

【出台推进建筑产业现代化实施意见】 9月,《市政府关于加快推进建筑产业现代化促进建筑产业转型升级的实施意见》颁布实施。《意见》提出,按照"政府推动、分步实施、示范先行"的原则,2016至2020年为试点推广期,到2020年底,全市建成省级建筑产业现代化示范基地4~5个、省级建筑产业现代化示范项目2~3个,新建成品住房比率达到30%以上,全市建筑产业现代化方式施工的建筑面积占同期新开工建筑面积的比例、新建建筑装配化率均达到30%以上;2021~2025年为普及应用期,到2025年底,全市建筑产业现代化施工的建筑面积占同期新开工建筑面积的比例、新建建筑装配化率均达到50%以上,装饰装修装配化率达到60%以上,新建成品住房比例达到50%以上,建筑产业现代化建造方式成为主要建造方式。《意见》围绕发展目标,从规划、设计、施工、监管、验收等方面提出推进建筑产业现代化发展的"路线图",明确财政、土地、税收、信贷等方面的优惠政策。2016年,全市已有5个地块在出让前的建设条件中明确装配式建筑比例要求。

(市住建局建筑业管理办公室)

【绿色建筑暨建筑节能工作】 2016年,无锡市以创建省绿色建筑示范城市与既有建筑节能改造示范城市为契机,加快推进绿色建筑与建筑节能工作全面发展。出台《无锡市创建省绿色建筑示范城市与既有建筑节能改造示范城市实施方案》《加强绿色建筑管理的实施意见》《无锡市绿色建筑与既有建筑节能改造示范项目和专项资金管理办法》等文件,组织实施第一批绿色建筑示范项目8个、既有建筑节能改造示范项目11个、技术支撑体系建设项目13个。实施"专项设计、专项审查、专项施工、专项监理、专项质量监督、专项验收"的闭合监管,新建民用建筑(居住建筑和公共建筑)全面执行65%及以上的建筑节能标准,节能设计达标率100%,节能施工达标率99%以上。年内,全市完成新建民用建筑1607万平方米,其中可再生能源建筑应用建筑面积622.84万平方米,完成建筑节能18.15万吨标准煤;全市新增绿色建筑设计标识25个,建筑面积227.14万平方米;推进既有建筑节能改造,推行合同能源管理模式,在机关办公建筑中实行能耗限额制度,共开展建筑节能能效测评项目40栋,新增能耗统计项目1231项,新增能源审计项目40项。至年底,全市共有示范市项目3个(国家可再生能源建筑应用示范市、江苏省绿色建筑示范市、江苏省既有建筑改造示范市),示范区项目6个(1个国家级、5个省级),示范总量位居全省第一。

(市住建局建筑节能与科研设计处)

【建筑工程质量创优活动】 2016年,全市共评出无锡市"太湖杯"优质工程(土建安装工程)95项。22项工程入围江苏省优质工程"扬子杯"(含房屋建筑工程项目18项、住宅工程质量常见问题治理示范项目1项、"鲁班奖"和国优奖确认项目3项),13项参建工程入围上海市建设工程"白玉兰奖"。无锡苏宁广场工程项目获"第十一届全国建设工程优秀项目管理成果"一等奖,无锡榭丽花园保障性小区三、四、五项目D块房建设及市政BT工程项目、无锡绿城XDG-2009-21号地块A块Ⅰ标段工程项目等2项工程获"第十一届全国建设工程优秀项目管理成果"三等奖。由江苏无锡二建建设集团有限公司承建的无锡市工人文化宫重建工程、无锡锡山建筑实业有限公司承建的无锡锡东新城科创中心B地块工程以及无锡苏宁广场工程、锡沪壹号C地块工程等4项工程获"国家优质工程奖",4项参建工程(外地)同时获"国家优质工程奖"。宜兴市文化中心工程、无锡地铁1号线控制中心及配套工程等2项工程获中国建设工程"鲁班奖",3项参建工程(外地)同时获中国建设工程"鲁班奖"。

(无锡建筑行业协会 金平青)

【建筑行业评优荐优活动】 2016年,无锡建筑行业有3人入围江苏省建筑业先进协会工作者,7人入围江苏省建筑业优秀企业经理,3人入围江苏省建筑业优秀企业家,江苏沪宁钢机股份有限公司总经理助理马强荣膺"茅以升科学技术奖——建造师奖"。年内,1家社会组织被审定为"无锡市立法联系点",3家社会组织入围江苏省建筑业先进协会,6家企业入围江苏省建筑业优秀企业,5家企业入围江苏省建筑业最具成长性百强企业,3家企业入围江苏省建筑业竞争力百强企业,3家企业入围江苏省建筑业百强企业,1家企业入围第十二届上海市建筑施工企业综合实力进沪施工企业30强,2家企业入围上海市建筑业诚信企业。无锡锡山建筑实业有限公司、无锡市华方建筑工程有限公司被评为全国工程建设企业社会信用评价AAA级信用企业,江苏沪宁钢机股份有限公司被评为全国建筑业AAA级信用企业、中国建筑业竞争力200强企业和中国承包商80强。

(无锡建筑行业协会 金平青)

【建筑科技创新应用活动】 2016年,无锡地区16项施工工法入围江苏省工程建设省级工法,10个项目入围江苏省建筑业新技术应用示范工程,1个项目入围江苏省绿色建筑创新奖二等奖。无锡锡山建筑实业有限公司与上海有关单位合作开展技术研发联合攻关,通过火法分离从石英砂的锆铪混合物中分离出铪,中试取得成功,该技术具有高度自主专利,打破长期依赖国外,无法实现产能国产化、自主化的局面。无锡市工业设备安装有限公司完成的"机电管家——基于物联网的机电设备运营远程监控管理系统"获2016世界物联网博览会新技术新产品成果银奖。

(无锡建筑行业协会 金平青)

【两项乡村建筑获奖】 2016年,无锡推荐上报的江阴市周庄镇山泉村安置房和滨湖区南泉庭园两个乡村建筑项目入选住建部第一批田园建筑优秀作品。该奖项以农村住房为主,推荐项目必须符合"合法合规、手续齐全,建筑安全、经济合理,建筑美观、功能合理,生态建设、传承文化,农民满意、使用方便"等要求,在各地初审和推荐的基础上,经住建部组织专家评审认定。第一批田园建筑优秀作品共有80个项目入选,其中一等优秀作品12项、二等优秀作品27项、三等优秀作品41项,江苏省有4个项目入选,无锡入选的两个项目均为二等优秀作品,在数量和质量上均位居全省前列。

(市住建局办公室)

【1项工程列为全省质量创优标杆】 7月,江苏省建设工程质量监督总站

在无锡举办全省工程质量创优观摩活动，现场宣传推广无锡新区科技商务中心机电工程的创优经验。无锡新区科技商务中心工程于2009年开工,2012年10月投入使用,总建筑面积13.6万平方米，建筑高度118米，其机电工程在2015年获中国安装工程优质奖。工程采用管线综合布置BIM辅助施工技术、金属矩形风管薄钢板法兰连接技术、预分支电缆施工技术、工程项目管理信息化实施集成应用及基础信息规范分类编码技术等建筑业新技术，树立省、市机电安装工程的质量标杆,赢得良好的业界口碑。

(市住建局质量安全监督处)

【摘取职业技能大赛桂冠】 4月,在无锡举办的第三届江苏技能状元大赛“智能楼宇”项目决赛中,无锡组队参赛的3名选手全部获奖，分别取得第一、第三、第五名的好成绩，总分列全省第一。“智能楼宇”是综合计算机、信息通信等方面的最先进技术,使建筑物内的电力、空调、照明、防灾、防盗、运输设备等协调工作,实现建筑物自动化、通信自动化、办公自动化、安全保卫自动化、消防自动化等功能结合起来的建筑,是本届技能状元大赛的18个项目之一，由理论考试和智能化系统工程的安装与调试两部分组成。

(市住建局办公室)

【推动产业结构调整升级】 2016年,无锡市按照国务院、住建部、省政府的有关要求，积极实施建筑工业化,大力发展装配式建筑,推动产业结构调整升级。从10月起,无锡地区的政府投资项目，建设规模大于2万平方米的医院、学校、酒店、办公楼等公共建筑项目，以及建设规模大于10万平方米的商品房、安置房等居住建筑项目，都开始采用建筑信息模型(BIM)等信息化技术进行设计、建造与运营维护管理,并积极推进装配式楼板、装配式楼梯和装配式墙板等部品部件产业化，大力发展工厂化装配式建筑。一些大型商品混凝土生产企业、钢材及传统钢结构生产企业加快技术改造,调整产品和工艺装备结构,向构配件和部品部件生产企业转型。江苏赛特钢结构有限公司在宜兴采用装配式施工建造样板房的同时,还注意引进上海装配式建筑施工体系，已在上海松江区承接装配式建筑施工项目。江苏东尚新型建材有限公司与有关单位合作开发装配式建筑材料基地。

(无锡建筑行业协会　金平青)

【推动行业发展】 2016年,无锡地区建筑企业大力弘扬国家倡导的“工匠精神”,增品种、提品质、创品牌,打造行业卓越产品。年内,由无锡二建承建的无锡市工人文化宫重建工程、无锡锡建实业公司承建的科创中心B地块工程2项工程获国家优质工程奖。江苏东珠景观公司承建完成G20杭州峰会的标杆景观工程和2022年杭州亚运会配套工程——35万平方米的钱江世纪城沿江公园景观带项目,获得高度赞誉。江苏沪宁钢机公司在参与全国27个省市的地标性建筑及全国50%的机场、70%的高铁站项目建设中，追求完美和极致,创出“中国钢结构质量第一品牌”,年内参建被誉为“中国天眼”的500米口径世界上最大的球面射电望远镜环形支撑圈梁工程。无锡设备安装公司周国梁在中国技能大赛——全国住房城乡建设行业“陕建杯”职业技能决赛中,夺得管工项目职工组第一名，被授予大赛“突出贡献奖”,实现无锡地区安装企业历史性突破。

(无锡建筑行业协会　金平青)

【加快转型发展】 2016年，无锡地区建筑企业按照“做精建筑业,拉长产业链”原则,推进供给侧结构性改革,因企制宜,纷纷涉足市政、桥梁、地铁、矿山、环保等高附加值行业,进军房地产、科技制造、商贸服务、文教体育、生态农业等跨行业领域,走出一条跨行业、跨门类、多元化发展的路子,转型发展取得实效。无锡锦绣装饰公司与有关企业合作创办江苏能源装备有限公司，由装饰主业向电力储存业务转型。无锡现代钢构公司将业务拓展到商贸服务，开办温泉度假休闲场所。无锡丰裕装饰公司从以前单纯的公共建筑施工走向民用建筑施工。很多建筑企业注重战略合作,联合承包,抱团发展，主动寻求与国内外知名特大型企业进行松散型或紧密型合作,收到较好成效。无锡北大建筑公司、柏诚工程股份公司、无锡彦博安装公司、江苏盛立建设公司分别与国内外建设单位或建筑总承包单位紧密合作。江苏天亿建设公司与中国恒大集团结成战略合作伙伴。江苏东珠景观公司与央企、国企加强合作，在全国环保行业协会当选为副会长单位,承接大量的PPP项目,施工面覆盖全国16个省、市、自治区。

(无锡建筑行业协会　金平青)

【建筑企业境内外掘金】 2016年，无锡建筑企业借助“亚投行”“一带一路”的展开以及区域合作发展等重大机遇,纷纷“走出去”,拓展外地及外国区域市场，加快境内外掘金步伐。年内,无锡二建公司、锦汇建设集团、江苏华方建设集团、江苏天亿建设集团、江苏中卫九洲医用公司、无锡恒尚装饰公司、无锡金城幕墙公司、江苏东珠景观公司等企业分别走向北京、天津、上海、浙江、广东、福建、四川、安徽、湖南等地拓宽市场。华仁建设集团获得特级资质后，为确保年产值18亿元目标,先后赴四川、云南、安徽、河南、广东、山东等地揽接项目，实现总产值24.3亿元。江苏沪宁钢机公司参与全国27个省、市的地标性建筑及全国50%的机场、70%的高铁站项目建设。无锡锡建实业公司专程赴菲律宾考察洽谈项目。无锡出新钢构公司与江阴双良集团战略合作，与土耳其等国签单加工。江苏赛特钢构公司在阿尔及利亚投资8600万美元的住房保障建设项目获批，这是该企业首次走出国门的投资项目，也是宜兴建筑企业打响国际品牌的一次有益尝试。

(无锡建筑行业协会　金平青)

建设市场管理

【全面清理两级规章规范性文件】 2016年,市住建局根据《市政府关于做好全面清理规章规范性文件工作的通知》要求,对市政府的相关规章规范性文件和局规范性文件进行清理。为推进清理工作,市住建局专门下发《关于清理局规范性文件的通知》,突出清理重点,规范清理行为。通过清理，市级层面继续有效的规章11件,废止4件;继续有效的规范性文件118件，废止130件，失效21件。局级层面保留的规范性文件共计186件，废止的规范性文件共计42件。同时，对继续有效、废止和宣布失效的规范性文件目录，及时在外网进行公布。

（市住建局法规处）

【深化行政审批服务制度改革】 2016年，市住房和城乡建设管理部门全面推进“放管服”各项工作，认真清理行政审批事项，对确需保留的事项进一步优化流程，将规划方案阶段的绿建设计审查、结构设计阶段的抗震设计审查、建筑方案阶段的初步设计审查合并成为“三合一”联合审查，审批时限由原来3个设计审查法定50个工作日缩短至15个工作日，比原先提速70%。全面推行“互联网+”网上审批，提高行政服务水平和审批效率，行政许可事项统一从局内控系统流转审批，作出准予或不予行政许可的书面决定，不再从公文系统里形成同意许可的批复。组织做好江苏省投资项目在线监管平台的日常操作，按照数据接口的要求按时完成局内控系统的修改，确保与市行权网、省投资项目在线监管平台的完整无缝对接，确保平台顺利运行。2016年，共受理行政许可事项530件，办结518件；行政服务类事项共受理97177件，办结97113件。所有审批服务事项按期办结率100%，平均提速率高于50%，并确保无投诉无超期现象发生。

（市住建局行政许可服务处）

【勘察设计市场资质管理】 2016年，市住建部门运用无锡市建设工程勘察设计管理信息系统，采集勘察设计企业及人员信息，进一步加强对企业和人员的资质、资格及市场行为管理，实现勘察设计项目合同备案和资质核验工作网上办理。开展工程勘察设计单位资质增项、资质升级、资质转正（延续）、资质换证、资质变更及新申请资质核定的初审工作，全市有13家单位资质延续，12家单位换证，4家单位新申请，3家单位升级，59家单位变更得到批准。年内，还完成注册建筑师、勘察设计注册工程师初始注册、延续注册、变更注册691人次，办理省外勘察设计企业进市勘察设计资质核验179项，省外在无锡分支机构年度资质核验1项，本省勘察设计企业合同备案1867项。

（市住建局建筑节能与科研设计处）

【勘察设计业务培训和设计评优】 2016年，市住建局配合省住建厅完成无锡市注册建筑师、注册结构工程师继续教育集中学习，有220名注册建筑师、166名注册结构工程师和30名注册土木（岩土）工程师参加培训。根据省住建厅统一部署，组织开展无锡市城乡建设系统优秀勘察设计、第三届“紫金奖”·建筑及环境设计大赛活动，城乡建设系统优秀勘察设计项目共评出一等奖33个、二等奖72个、三等奖58个。推荐一等奖、二等奖获奖项目参加江苏省城乡建设系统优秀勘察设计项目评优，获一等奖4项、二等奖14项、三等奖10项、表扬奖25项。

（市住建局建筑节能与科研设计处）

【施工图设计审查和抗震设计审查】 2016年，市住建部门继续加大施工图审查工作力度，使房屋建筑工程的施工图审查在全市实现全面覆盖，保质保量完成全市范围房屋建筑和市政基础设施工程及专项工程的施工图审查任务。全市建设工程设计审查单位共接审建筑工程施工图设计审查579项、建筑面积1783万平方米，查处违反工程强制性条文847条、违反强制性标准10919条。市政工程施工图设计审查149项，总投资额18.1亿元。幕墙钢结构专项施工图设计审查75项，计6幢单体建筑，建筑面积1.24万平方米，将工程质量安全隐患解决在萌芽状态。优化审批流程，实施建设工程初步设计、抗震设计与绿色设计“三合一”联合审查，共完成“三合一”联合审查113项、建筑面积985.74万平方米，完成绿色设计审查102项、建筑面积270.24万平方米。

（市住建局建筑节能与科研设计处）

【建筑工程质量治理】 2016年，无锡市各级建设管理部门继续推进工程质量治理行动，加大工程质量行为监管力度。针对工程质量管理难点，坚持示范引路，推广工艺控制，实施样板开道，通过每个项目实施工艺样板，提高工程质量控制水平。加大质量通病治理力度，在保证建设工程主体结构质量安全的同时，重点排查交付项目中出现的质量常见问题，对屋面渗漏、墙面开裂、空间尺寸偏差等问题开展集中整治，对设计和施工企业不落实房屋住宅工程质量通病防治专篇的行为进行严肃查处。持续开展全市在建工程质量巡查、创优工程专项检查、工程质量检测机构专项检查等，通过创优治劣，提升各责任主体质量意识，确保全市工程质量总体水平稳中有升。年内，全市建筑工程各方参建主体质量行为日趋规范，建设强制性标准执行较好，工程实体质量呈总体上升态势。

（市住建局质量安全监督处）

【住宅工程质量监管】 2016年，市住建部门集中力量，加大监管力度，积极解决住宅工程质量中群众关心的热点问题。对群众多次反映的一些质量问题进行重点调查处理，召集建设单位、施工单位等质量责任主体负责人开展重点约谈，督促相关质量主体认真履职，切实解决工程质量隐患；强化工程设计和监管联动，进一步落实质量通病防治设计专篇在工程设计和施工中的应用；制定下发《住宅工程质量样板引路实施细则》，推进质量行为标准化和实体质量管控标准化，进一步加强施工过程工艺工序管理，确保施工质量；提升标杆，组织开展优质工程管理样板项目现场观摩活动，通过示范引领，提升各工程质量实施主体质量通病的防治能力。

（市住建局质量安全监督处）

【建设安全生产管理】 2016年，全市各级建设管理部门从严从紧落实工作措施，确保建设工程安全生产形势平稳可控。年初，召开年度建设安全生产专项工作会议，明确主要目标任务，提出主要工作措施，制定阶段工作计划，层层签订安全生产责任书，确保任务分工到位，责任落实到位。全面落实建设工程安全生产责任制，项目经理等现场管理人员的安全生产责任得到强化，促进安全生产行为规范，夯实安全生产基础。开展安全生产月活动、建筑施工防坍塌事故专项整治和建筑工地“地条钢”专项整治行动等，建筑机械设备及危险性较大的分部分项工程得到重点监管，一些危险源得以及时消除。以大型机械设备为重点，依托现场基地，对相关特种作业人员进行实训考核，提高安全操作能力。加大督查力度，集中力量，通过随机抽查和拍照收集信息资料等方式，对全市建设工程安全生产情况进行全面督查，督促整改安全隐患，依法严肃查处有关问题。年内，全市建设工地安全文明施工检查累计达5000余次，排查治理安全隐患15000余条。

（市住建局质量安全监督处）

【服务保障地铁工程建设】 为保障轨道交通工程建设的规范实施和顺利推进，2016年，市住建局组织力量，采取主动指导、靠前服务等举措，对合同备案、质监、安监、施工许可等手续办理工作进行专题部署，明确任务要求，逐项落实责任。召集全市地铁监管部门及参建各方项目负责人，对地铁3号线、1号线南延工程的质量、安全、文明施工等事项进行集中引导约谈。针对不同的参建单位主体，先后召集各标段业主代表、总监、项目经理及有关分包单位负责人，就安全生产、文明施工进行4次专项交流座谈，进一步明确管理责任，细化管理要求，对有关参建各方开展有针对性的质量安全交底共13次。通过各方共同努力，无锡市轨道交通工程的质量安全管理工作在全省半年度专项检查中得到高度评价。

（市住建局质量安全监督处）

【建设工地扬尘治理】 2016年，全市各级建设管理部门继续开展建设工地扬尘防控工作。督促施工现场严格落实封闭围挡、规范门卫制度，出入口配备有效的冲洗设备，落实道路硬化无破损、定时洒水、临时裸土覆盖等有效的扬尘防控措施；制定科学合理的方案措施，限制采用柴油发动机的非道路移动设备或车辆使用率；加大重大活动、重大节日期间的监控力度，按照规定对一些污染性较大的工程实施阶段性停工控制，对纳入重点管控名单以及市区交通主干道周边的项目进行重点监控，确保跟踪监管到位。年内，全市有134个建筑工地入选省级标准化文明示范工地。

（市住建局质量安全监督处）

【工程招投标管理】 为推动无锡建筑企业拓展市场、转型发展，2016年，出台《市政府办公室关于支持我市建筑业企业参与重大基础设施等项目建设的通知》，鼓励支持无锡建筑企业参与本市国有资金投资占控股或主导地位的轨道交通等重大基础设施项目招投标，并在无锡地铁3号线和1号线南延的部分设计、监理、主体施工、道路与管线迁改、人防、道路照明工程中取得实效。实行管办分离，实现公共资源交易服务、管理与监督职能的相互分离。实行同步备案，创新简政放权模式，通过淡化前置性审核，实行同步告知性备案。实行工程项目分类管理模式，调整非国有资金投资项目发包方式，重点加强国有资金投资项目招标投标监管。用信息化手段强化对招标人、招标代理机构和代理人员、评标专家的事中事后管理，以网上动态考核、定性与定量相结合考核促使其业务水平及专家评委公信力的提高。

（市住建局建筑市场监管处）

【工程造价管理】 无锡市建设工程造价管理部门根据建筑业实施“营改增”后江苏省建设工程计价依据调整的通知要求，4月份起每月同时公布450种材料的含税指导价与除税指导价，增发850种苗木的除税指导价，并发布无锡市建设工程人工工资指导价标准。加强国有投资工程造价管理，2016年，国有投资项目委托造价咨询比选备案项目共326个，比上年增长48%。认真受理工程造价投诉，协调解决有关工程计价、结算等造价纠纷10多起。加强工程造价咨询市场监管，造价咨询企业完成各类造价咨询项目上报9388个，咨询标的额734.69亿元，核减金额57.74亿元，核减率15.11%。

（市住建局建筑市场监管处）

【建筑市场信用管理】 2016年，无锡建设行政主管部门以建设工程施工合同备案为主线，加强建设工程合同履行动态监管，按照属地管理与专业分工的原则，对建筑工程施工总承包合同、专业承包合同、专业分包合同、监理合同等实行网上备案管理。进一步完善建筑市场监管与诚信一体化平台建设，依托信息监管平台，向社会全面公开建筑市场各类信息，完善诚信评价制度，建立守信激励和失信惩戒机制。完成“四库一平台”（企业库、人员库、项目库、信用库，无锡市建筑市场信用管理平台）的升级扩充及改造，实现在住建局OA系统（内部办公系统）里的综合展示。

（市住建局建筑市场监管处）

【工程建设监察】 2016年，无锡市工程建设监察支队以“两学一做”学习教育活动为动力，以规范执法、文明执法为主线，开展整治和查处侵害群众利益不正之风和腐败问题专项行动，推动工程建设监察水平的全面提升。支队全年共检（抽）查工程项目143个（次），立案16件，处罚7件，现场踏勘工地55个（次），开展行政指导6起，受理相关单位转移的建设工程（停工）核查事项12件，督促有关工程项目完善手续22起，纠正各类违法违规建设行为41起，受理举报投诉3件（其中转办一件），严厉查处各类违法建设行为，执法办案做到零投诉、零诉讼、零复议。2016年，支队获得“江苏省文明单位”称号。

（市工程建设监察支队）

房地产市场

【概况】 2016年，无锡房地产市场出现较为明显的波动。年初在实施供给侧结构性改革加大房地产去库存的背景下，周边城市房价快速上涨需求溢出，带动无锡改善型需求积极入市，3月无锡市区商品房成交量井喷。随着市场快速升温放量，市区商品住宅库存大幅减少，第三季度土地市场成交活跃，住房价格出现快速上涨。10月初，随着调控政策的出台，市场成交量逐步回落，房价上涨势头得到有效遏制。综观全年，无锡市区商品房新增供应量平稳，市场成交量创历史新高，商品房成交面积突破1000万平方米，住房价格快速上涨。

（市住建局房地产市场监管处
市房屋交易管理中心）

【开发投资】 2016年，无锡市区房地产开发投资663.82亿元，比上年增长11%，其中住宅开发投资419.29亿元，比上年增长4.41%。江阴市房地产开发投资281.1亿元，比上年增长7.95%,其中住宅开发投资202.75亿元,比上年增长11.71%。宜兴市房地产开发投资88.7亿元,比上年下降33.43%,其中住宅开发投资62.38亿元,比上年下降40.07%。

(市住建局房地产市场监管处)

【商品房竣工面积有所下降】 2016年,无锡市区房地产施工面积为3839.02万平方米,比上年下降5.36%,其中住宅2705.05万平方米,比上年下降1.45%;新开工面积586.16万平方米,比上年增长37.48%,其中住宅437.81万平方米,比上年增长37.27%;竣工面积为842.64万平方米,比上年增长31.05%,其中住宅597.77万平方米,比上年增长32.08%。江阴市房地产施工面积为1532.61万平方米,比上年下降11.27%,其中住宅1125.06万平方米,比上年下降13.08%;新开工面积为276.91万平方米,比上年下降10.85%,其中住宅209.88万平方米,比上年下降6.88%;房地产竣工面积为261.04万平方米,比上年下降24.55%,其中住宅220.28万平方米,比上年下降20.77%。宜兴市房地产施工面积为615.12万平方米,比上年下降23.6%,其中住宅451.36万平方米,比上年下降21.78%;新开工面积为115.11万平方米,比上年下降19.8%,其中住宅82.27万平方米,比上年下降24.93%;房地产竣工面积为221.55万平方米,比上年增长15.98%,其中住宅152.59万平方米,比上年下降1.9%。

(市住建局房地产市场监管处
市房屋交易管理中心)

【土地市场成交活跃】 2016年,无锡市区共成功出让30幅国有建设用地使用权,成交总面积198.27万平方米,比上年增长63.56%,成交金额369.01亿元,总体溢价率达112%。分土地用途估算,其中住宅用地面积约163.28万平方米,可建面积约410.48万平方米。从时间特征看,全年土地市场呈现先抑后扬态势,前两季度相对平淡,第三季度明显活跃,土地出让面积达97.34万平方米,金额248.32亿元,溢价率高达199.59%;第四季度随着土地拍卖方式的调整,限制溢价率,土地市场有所降温,成交面积67.13万平方米,成交金额101.75亿元,溢价率21.64%。江阴市出让国有建设用地38.87万平方米,比上年增长28.84%,出让金额12.59亿元,比上年增长186.14%。宜兴市出让国有建设用地53.95万平方米,比上年下降62.27%,出让金额13.64亿元,比上年下降57.27%。

(市住建局房地产市场监管处
市房屋交易管理中心)

【新增供应量保持稳定】 2016年,无锡市区商品房新增供应面积489.51万平方米,比上年微降0.29%,其中商品住宅新增供应面积425.37万平方米,比上年增长3.4%。按季度看,除第三季度商品房新增供应节奏有所加快,达到153.3万平方米,其余季度商品房新增供应面积基本在110万平方米左右,总体节奏较为平缓。江阴市商品房批准预售面积129.31万平方米,比上年下降44.72%。宜兴市商品房批准预售面积123.46万平方米,比上年下降7.75%。

(市住建局房地产市场监管处
市房屋交易管理中心)

【商品房成交量创历史新高】 2016年,在房地产去库存各项政策的促进下,受周边城市需求溢出效应影响,无锡市区外地需求购房比例大幅增加,全年比例达55%,远高于往年30%的平均水平。全年市区商品房成交面积创下历史新高,达1012.85万平方米,比上年增长47.36%,突破2009年826.7万平方米的历史顶峰;成交金额923.29亿元,比上年增长62.28%。其中,商品住宅成交面积899.23万平方米,比上年增长49.09%,成交金额804.57亿元,比上年增长68.79%。按季度看,商品房成交量总体呈现前高后低态势,特别是第四季度受调控影响,商品房成交量回落明显。江阴市商品房销售面积为285.7万平方米,比上年增长15.54%。宜兴市商品房销售面积为170.79万平方米,比上年增长15.75%。

(市住建局房地产市场监管处
市房屋交易管理中心)

【二手房市场成交活跃】 2016年,受年初购房税费、信贷等优惠政策的影响,二手房市场成交活跃。全年无锡市区二手房成交面积创下历史新高,达673.9万平方米,比上年增长107.83%,突破2015年324.25万平方米的历史顶峰;备案金额414.06亿元,比上年增长118.5%。其中,二手住宅成交面积为578.74万平方米,比上年增长101.47%,备案金额364.74亿元,比上年增长107.49%。按季度看,二手房成交量总体呈现前低后高态势,除第一季度受春节长假影响交易平淡,后三季度成交面积均在180万平方米左右。江阴市成交二手房107.19万平方米,比上年增长0.21%。宜兴市成交二手房99.66万平方米,比上年增长22.79%。另外,从12月份二手房市场情况看,年末出台的安置房上市政策影响暂未显现。

(市住建局房地产市场监管处
市房屋交易管理中心)

【住房价格明显上涨】 2016年,随着房地产市场成交的快速放量,住房价格明显上涨,前三季度环比涨幅分别为1.58%、2.23%和4.19%,随着第四季度调控政策的实施,住房价格涨幅回落。经测算,第四季度无锡市区商品住宅加权均价9408元/平方米,环比增长2.07%,比上季度涨幅回落2.12个百分点;二手住宅加权均价8473元/平方米,环比增长0.11%,比上季度涨幅回落6.77个百分点。

(市住建局房地产市场监管处
市房屋交易管理中心)

【房地产贷款】 2016年,全市个人住房商业贷款发放728.38亿元,比上年增长125%;市区公积金贷款发放68.75亿元,比上年下降15.68%。另外,第四季度末无锡市房地产开发贷款余额总计451.25亿元,比第三季度末下降13.41%,个人购房贷款(商业性)余额1683.93亿元,比第三季度末增长5.9%。

(市住建局房地产市场监管处
市房屋交易管理中心)

【举办房地产交易展示会】 5月,由无锡市住房和城乡建设局指导,无锡广播电视发展有限公司广告分公司和无锡市房屋交易管理中心联合承办2016无锡广电春季住文化节暨第47届无锡房地产交易展示会,搭建平台,促进房地产成交去化库存。本次展示会集聚万科、华润、富力、朗诗以及苏宁等近30家国内知名房地产开发企业参展,汇集品质楼盘约40个，提供可售房源约200万平方米。展会3天，共计观展5万人次，意向登记客户近5000组，现场认筹客户超100组。经会后统计，参展楼盘商品房网签备案200套，面积2.31万平方米，金额2亿元。其中，住宅196套，面积2.29万平方米，金额1.95亿元。展会期间，无锡市区商品房网签备案934套，面积9.65万平方米，金额8.73亿元。其中，商品住宅755套，面积8.62万平方米，金额7.13亿元。

（市住建局房地产市场监管处 市房屋交易管理中心）

【十大热销楼盘】 2016年，无锡市区十大热销商品住宅楼盘分别是：万达文化旅游城、阳光100国际新城、嘉利华府庄园、中海珑玺、雅居乐中央府、苏宁悦城、蠡湖香樟园、实地玫瑰庄园、绿地璀璨天城、太平洋城中城。十大热销楼盘成交面积及金额分别为：39.55万平方米、37.71亿元，24.09万平方米、17.93亿元，20.87万平方米、14.14亿元，17.63万平方米、18.4亿元，15.82万平方米、18.47亿元，14.66万平方米、14.08亿元，14.2万平方米、22.97亿元，13.29万平方米、7.95亿元，12.96万平方米、11.37亿元，12.66万平方米、8.44亿元。

（市住建局房地产市场监管处 市房屋交易管理中心）

住房保障与房地产市场管理

【完成住房保障任务】 2016年，无锡市新开工保障性安居工程12784套，为省目标任务的113%，基本建成9508套，为省目标任务的130%；新增低收入住房保障家庭租赁补贴家庭357户，为省目标任务的357%。按照市政府明确的年内为1500户住房困难家庭解决住房问题的为民办实事工作目标，统筹推进廉租房、公租房、经济适用房保障工作，通过实物分配、货币化补贴等方式，市区帮助1609户各类住房保障对象解决住房困难。其中，廉租房实物配租206户，公租房配租807户，经济适用房合同签订73户，货币补贴实际支付299户，新批准廉租房实物配租90户，廉租房租金补贴134户。

（市住建局住房保障管理处）

【完善经济适用房土地收益调整机制】 11月，市住房和城乡建设局、市财政局、市国土资源局、市物价局联合出台《关于公布无锡市区经济适用住房、拆迁安置住房上市交易缴纳土地收益等费用标准的通知》，自2016年12月1日起施行。自本市第一个经济适用房小区叙康里小区上市以来，在房地产市场发生重大变化的情况下，经济适用住房上市交易缴纳土地收益等费用标准一直未进行过动态调整。这次调整，是对历年来上市的经济适用房小区进行统一调整，进一步完善经济适用住房、征地拆迁安置房上市交易土地收益动态调整的机制，并规定相关费用今后原则上每年公布一次。

（市住建局住房保障管理处）

【推进经济适用住房货币补贴】 根据《无锡市经济适用住房货币补贴办法》和《无锡市区经济适用住房货币补贴实施细则》，2016年，市住房和城乡建设局进一步明确经济适用住房货币补贴标准（每平方米2920元）和相关操作办法。根据规定，住房保障对象在收到《申请购买经济适用住房资格核准通知书》3个月内可携带相关证件、资料至市或区住房保障管理部门（单位）办理申请手续，经住房保障部门审批认定后，于有效期内在市区范围内选购建筑面积不得低于家庭人均建筑面积18平方米、单套建筑面积不得超过144平方米的新建普通商品住房或者二手普通商品住房。房屋登记机构在办理享受政府购房补贴住房权属登记时，应在权证附记栏加注“保障性住房”标记，并注明经济适用住房货币补贴金额。自购买之日起满5年需转让房屋的，住房保障对象应先至受理部门退还其经济适用住房货币补贴后方可到房屋登记机构办理上市转让登记。至年底，市区共受理申请、核准425户，办理结算321户，已发放资金304户、4304万元。

（市住建局住房保障管理处）

【调整住房保障标准】 4月29日，市政府调整2016年度住房保障标准。申请廉租住房保障、享受廉租住房租金补贴的住房困难家庭标准调整为：家庭人均月可支配收入在1880元以下、人均住房建筑面积在18平方米以下的低收入住房困难家庭，其中符合低保（特困）、家庭人均建筑面积在12平方米以下的住房困难家庭可申请廉租房实物配租。申请经济适用住房保障的住房困难家庭的标准调整为：家庭人均月可支配收入在3008元以下、人均住房建筑面积在18平方米以下的低收入住房困难家庭。无锡市区城镇中等收入偏下住房困难家庭申请公共租赁住房保障标准调整为：申请人家庭人均月可支配收入3008元以下的无房家庭。同时，出台《关于进一步加强住房保障家庭住房审核的通知》《无锡市市区住房保障家庭户籍人口登记管理规定》《无锡市市区申请住房保障家庭住房面积认定办法》等配套文件，调整、完善相关操作办法。

（市住建局住房保障管理处）

【推进棚户区改造】 2016年，省政府下达给无锡市棚户区（危旧房、城中村）改造目标任务是新开工11300套、基本建成7300套，其中市区新开工6900套、基本建成3400套。市政府“为民办实事”任务为市区全年征收改造30万平方米棚户区（危旧房、城中村）。截至年底，全市新开工12794套，基本建成9018套，其中市区新开工8334套，基本建成4558套；市区完成棚户区（危旧房、城中村）改造32.5万平方米，涉及2339户家庭，均超额完成省、市年初明确的目标任务。2016年，全市争取国家（省）棚户区改造专项补助资金17975万元，专项补助资金全部用于棚户区（危旧房、城中村）改造。同时，还积极做好国家开发银行、农发行棚户区（危旧房、城中村）专项贷款申请工作。

（市住建局住宅产业发展处）

【实施政府购买棚户区改造服务政策】 为加快棚户区改造，加大棚户区改造贷款政策性融资力度，降低政府融资成本，5月，无锡在全省率先制定出台《无锡市政府购买棚改服务管理办法（暂行）》，明确今后的棚户区（危旧房）改造融资都将采取政府购买服务的模式进行。《办法》明确，市、区人民政府是棚户区改造的责任主体，负责辖区内棚户区改造和资金筹措，授权市、区住建部门作为政府购买棚户区改造服务的主体，把棚户区改造中的征地拆迁、安置房筹集、公益性基础设施建设和货币化安置等相关服务事项，按一定的方式和程序，交由具备条件的社会力量和事业单位承担，并由政府根据合同约定向其支付费用。年内，惠山区的一个棚户区改造项目通过政府购买服务模式，获得国家农业发展银行3亿元的政策性贷款；滨湖区山水城、梁溪区太湖广场北侧地块等棚户区改造项目也抓紧和金融机构对接，争取棚户区改造政策性贷款支持。

（市住建局住宅产业发展处）

【推进旧住宅区及城中村整治】 2016年，无锡市明确市区（梁溪区、滨湖区）完成旧住宅区整治改造185万平方米及2万平方米以下零星旧住宅，完成城中村整治60个。经提速增量后，年内实际完成旧住宅区整治改造244万平方米，涉及旧住宅区104个，其中2万平方米以下零星旧住宅80处、55万平方米，惠及居民3.5万户、10万余人；完成城中村整治60个，涉及房屋90万平方米，惠及居民6000余户。2016年，旧住宅区整治改造在往年改造项目基础上，还将改造、增设消火栓纳入旧住宅区整治改造工程同步实施，并在部分旧住宅区中试点实施海绵化改造，提升小区自身蓄水能力，降低城市防洪压力。组织实施旧住宅区电梯整治工作，完成104台旧住宅区电梯的更新、改造和维修。城中村除了重点对道路、车位、休闲活动场所、供水、燃气、路灯等事关百姓切身利益的项目实施改造外，还针对各个自然村自然禀赋，注重特色挖掘、保护和培育，绘制一些富有江南水乡韵味的文化墙，彰显浓郁的人文底蕴。

（市住建局物业管理处）

【老楼危楼排查】 2016年，无锡市继续开展老楼危楼安全排查工作，重点针对建筑年代较长、建设标准较低、失修失养严重以及违法违章建筑、汛期受雨水浸泡后的房屋。为防范汛期极端天气对人民群众生产生活可能造成的恶劣影响，5月底，市住建局专门印发《关于开展老楼危楼及汛期房屋安全检查工作的通知》，要求各地提前做好检查排查工作，进一步增强属地房屋安全管理责任意识，完善工作网络，抓紧隐患房屋排查和鉴定，加快危房改造整治，做好汛期房屋检查及排查整治工作，并在6月组织开展全市老楼危楼排查及检查。12月，省住建厅房屋安全检查考核组到无锡督查房屋安全管理工作，对无锡市的相关工作给予充分肯定。

（市住建局住宅产业发展处）

【出台征地拆迁安置房上市交易政策】 11月19日，市政府出台《关于做好市区征地拆迁安置住房上市交易相关工作的通知》，明确市区征地拆迁安置住房自2016年12月1日起可上市交易。征地拆迁安置住房是指用于安置集体土地（含撤组剩余土地）上被拆迁户的、享受土地划拨、规费减免等相关优惠政策的政策性住房，其上市交易必须符合的条件为：依法取得不动产权证（国有土地使用证和房屋所有权证）；以安置时间起算满5年；补交土地收益以及享受优惠的有关规费等相关费用；住房专项维修资金按《无锡市住宅专项维修资金管理办法》标准缴存到位；法律法规规定的其他条件。《通知》还规定征地拆迁安置住房上市交易的具体办理程序和相关手续。

（市住建局房产管理处）

【加强住宅小区物业管理】 2016年，市政府制定《关于进一步加强住宅小区物业管理工作的实施意见》，就贯彻落实《无锡市物业管理条例》的相关条款作出具体规定，明确提出建立住宅小区物业管理全覆盖的总要求和总目标，并对住宅小区按商品房、旧住宅区、保障房的分类，制定相应的政策或资金扶持措施。加快推进旧住宅区长效管理，制定实施《无锡市旧住宅区长效管理工作考核及以奖代补办法》《市区旧住宅长效管理工作实施方案》等，明确旧住宅区长效管理的目标任务和实施步骤，建立完善旧住宅区长效管理的考核奖补工作体系，强化落实旧住宅区长效管理的责任主体、奖惩机制及工作要求，旧住宅小区长效管理机制日趋完善。出台《关于无锡市旧住宅电梯整治工作的补充意见》，进一步优化整治工作操作流程，维护居民出行便利、安全。2016年，在无锡市物业服务行业第三方满意度调查中，社会公众平均满意度较上年提升3.01%；在江苏十大行业满意度调查中，无锡市物业领域满意度排名全省第一。

（市住建局物业管理处）

【开展商品房预售资金监管工作】 2016年，无锡市区累计纳入商品房预售资金监管范围的开发项目44个，签订监管协议102份。累计核实入账资金81.60亿元，其中重点监管资金29.43亿元，非重点资金52.17亿元。累计拨付资金1413次，累计拨付金额70.26亿元，其中重点资金申请885次，累计拨付17.41亿元；非重点资金申请531次，累计拨付52.85亿元。

（市住建局房地产市场监管处）

【房地产去库存】 按照市委、市政府《关于推进供给侧结构性改革的实施意见》精神，2016年，无锡市采取政策调控、市场推动、保障支持等扎实举措，统筹推进房地产去库存。严格执行国家制定的差别化住房信贷政策，通过降低房地产企业税收负担、降低个人住房贷款首付比例、实施贷款利率优惠政策、加大公积金贷款支持力度等举措，全面落实财税金融优惠政策，加大合理住房消费支持力度。针对商业房地产去化周期长、市场风险大等问题，出台实施《关于进一步加强商业房地产市场调控的意见（试行）》，按照“总量平衡、合理布点、有保有压、转型升级”的原则，从加强规划引导、调整供应节奏、鼓励自持经营、加大监管力度等方面着手，加快商业房地产库存去化，切实化解供需矛盾突出的问题。至年底，市区商品住宅存量去化周期为6.5个月，比2015年末缩短11.5个月；市区非住宅商品房（扣除已投入运营约200万平方米商业用房）去化周期77个月，比2015年末缩短37个月。

（市住建局房地产市场监管处）

【房地产市场调控】 10月初，针对市区房价过快上涨的突出问题，市政府制定实施《关于进一步促进房地产市场健康稳定发展的意见》，从增加供给、抑制投机和加强监管等方面综合发力，提出14条政策措施，进一步加大市场调控力度，遏制房价过快上涨势头，促进市场回归平稳态势。同时，无锡市住房和城乡建设局印发《关于进一步加强商品房买卖合同网上备案管理的通知》，规定解除合同注销备案的商品住房房源，要通过公示抽签摇号再行销售，为进一步规范房地产市场秩序，遏制投机炒房行为发挥重要作用。

（市住建局房地产市场监管处）

【开展房地产开发经营行为检查活动】 2016年，无锡市按照住建部《关于进一步规范房地产开发企业经营行为维护房地产市场秩序的通知》精神，由市房地产调控领导小组牵头组织住建、国土、规划、工商、物价、地税、银监等相关部门，组织开展全市房地产市场经营行为专项检查活动，坚决打击无资质超资质等级开发、擅自改变规划、擅自交付使用、擅自销售、捂盘惜售、囤积房源、炒买炒卖、虚假宣传、哄抬房价等不正当经营行为。针对检查中发现的问题，对擅自调整住宅房源系统公示价格的25家房地产开发企业暂停网签并责令限期整改，对诱导客户骗取购房资格的1家房地产开发企业责令限期整改，对在不符合销售条件下违规收取诚意金、预订款项的2家房地产开发企业和违规代理销售商品房的1家房产销售代理企业进行立案查处。

（市住建局房地产市场监管处）

环境卫生

【概况】 2016年，无锡市深入推进环境卫生管理的全覆盖，完善环卫工作的制度化和精细化管理，深化对重点工作、薄弱环节等方面的监管力度。城区环卫综合保洁道路长度916.32千米，清扫总面积728.11万平方米，机械化洗地作业里程为594.92千米，机扫作业里程为3069.41千米，公厕保洁管理383座。城区河道综合保洁、通航河道长度76.02千米，总面积348.92万平方米，非通航河道182.6千米，总面积278.25万平方米。

（汤丽娟　朱晋辉）

【健全垃圾分类体系建设】 2016年，市环卫管理部门采取有效措施，健全垃圾分类体系建设。在上年垃圾分类试点实施的基础上，根据实施方案的要求，推进2016年分类试点工作。巩固现有成果，对2013年和2014年实行垃圾分类试点小区进行定期巡查，监督各责任部门切实提高居民垃圾分类投放分类率。对2015年推行生活垃圾分类收集的试点小区进行验收，各区根据“2016年内建成区居民小区垃圾分类收集覆盖率超过10%”的目标任务，完成居民小区的定点，并实施分类收集设施的配置工作。试点小区生活垃圾经源头分类投放后，建立相应的分类转运体系，厨余垃圾已实施专业收运。同时，垃圾分类试点从居民小区逐步向机关、企事业单位、学校、医院、车站、广场等延伸。马山度假区厨余垃圾处理示范项目正式投入运行，该项目是无锡市首个餐厨垃圾处理点项目，占地70平方米，设计规模为日处理餐厨垃圾2吨，自试运行以来，每天的餐厨垃圾量逐渐上升，主要处理周围大型农贸市场的菜叶果皮、5个大型酒店的餐厨垃圾。针对有条件的居民小区引进民营企业参与生活垃圾分类与再生资源回收利用，其中与市供销合作社合股的绿山物资回收利用有限公司采用定时定点上门收购，每周固定日期定点定时到小区回收，在方便居民的同时也让居民养成习惯。绿山公司全年共回收废玻璃800吨、废弃电池1900公斤、旧衣服1580吨、大件垃圾2580件、电子垃圾5540台、灯管灯泡1105支、过期药品275公斤。

（汤丽娟　朱晋辉）

【加强环卫基础设施建设】 2016年，市环卫管理部门采取有效措施，加强环卫基础设施建设。有序推进市区公共厕所改建工作，滨湖区完成6座新改建公厕任务，梁溪区完成16座新改建公厕任务，通过验收并对外开放。实施红卫桥吊装站大修项目，方便管理单位作业，改善周边环境。完成大型转运站设备中期维护保养相关工作。梳理市区待拆环卫设施70余座，发放告知书，不定期巡查，与区征收办主动对接，同时跟踪已办理手续设施的复建工作，重点做好苗弄、淮阳里、吴桥公厕及城北粪便站的拆迁复建工作。完成“十三五”环卫规划、建筑垃圾处理规划、公厕建设管理规划的相关调研及需求制定工作。结合省卫生优秀城市调研等重点保障任务，针对道路废物箱破损现象，安装、补缺废物箱3次共785只，更换废物箱内胆700只。全年完成城镇垃圾处理费收缴3398.05万元，代建资金收缴3063.49万元。

（汤丽娟　朱晋辉）

【加强环卫保洁质量监管】 2016年，市环卫管理部门采取有效措施，加强环卫保洁质量监管。进一步加强市管、区管道路，背街小巷环卫保洁质量监管，精心组织市管道路每月一次、区级环卫作业每两月一次的明察，社区背街小巷环卫作业每月一次暗查，以及每季度一次的社区背街小巷环卫管理的考评。完成社区背街小巷环卫管理检查考核、市区级环卫作业质量检查考核简报各12期，以及社区背街小巷环卫管理季度考核通报4期，落实季度考评背街小巷环卫管理奖补经费。完成市管道路环卫作业任务招标相关工作，督促各作业单位按照新中标路段作业任务调整作业人员和机械设备，落实长效管理。配合新中标任务现状，组织对机扫、洗地、水冲机械作业车辆GPS实时监控捆绑车辆的清查，进一步规范机械车辆实时监控行为，提升机械作业质量。指导、督促各区完善规范区级环卫招标任务明细资料，为区级招标工作提供准确、详细的任务量数据。组织好各类环卫保障工作，全年共组织各级各类环卫保障工作42次。做好创建省优秀管理城市环卫迎检组织、协调工作，发现问题及时解决，确保环卫工作方面不失分。

（汤丽娟　朱晋辉）

【加强建筑装潢垃圾收运处置监管】 2016年，市环卫管理部门采取有效措施，加强建筑装潢垃圾收运处置监管。针对建设单位对于办理建筑垃圾运输处置许可知晓率较低的现状，联合执法部门，采取上门送达告知书的形式，向建设单位宣传办理行政许可的必要性，取得显著成效。根据市城市管理局《关于进一步规范城市建筑垃圾处置核准工作的通知》要求，对于消纳类、运输处置类的资料申报内容作出调整，同时停止水路换证行政许可事项。通知相关单位补充完善相关材料，做好新申报材料的咨询工作，加大对申报资料的审核工作，实现行政审批前期勘查工作的规范性。组织对历年已审批的消纳场所巡查回看，重点对低洼地、废弃鱼塘等回填性土方堆土的消纳场所进行现场复查，做好建档工作，对出现问题的堆场及时上报，并要求消纳场所限期整改。

（汤丽娟　朱晋辉）

【做好垃圾处置终端运行监管】2016年，市环卫管理部门采取有效措施，做好垃圾处置终端运行的监管工作，提升现有终端处置内在效能。针对生活垃圾处理量始终居高不下，桃花山垃圾填埋场道路整修、渗滤液处理设施增容改造、库容逐渐减少等问题，协调终端处置场所的生活垃圾量，确保生活垃圾日产日清；加大对各终端处置场所的规范化运行监管力度，第一时间发现并解决监管过程中发现的不规范、不稳定因素，将各终端处置场所的实际情况向上级部门汇报，请求行政协调，确保生活垃圾终端处置工作的安全有序。全年共处置生活垃圾142.4万吨，其中焚烧64.7万吨，填埋77.7万吨。处置粪便13.1万吨。市环卫管理部门配合做好锡东生活垃圾焚烧发电厂复工的各项工作，及时协助解决各类矛盾问题，12月9日，锡东生活垃圾焚烧发电厂正式复工建设。

（汤丽娟　朱晋辉）

【开展生活垃圾运输车辆专项整治工作】为保持城市市容整洁，提升环卫运输车辆的面貌，自3月份开始，市环境卫生管理处与市执法支队联手开展生活垃圾运输车辆抛洒滴漏的整治工作。每周不定期对进入终端处置场所的垃圾运输车辆进行检查，在桃花山垃圾填埋场山脚下设卡，对于问题车辆强制要求其放水后方能进入终端处置场所。对于进出四大转运站的运输车辆进行抽检跟拍，以减少抛洒滴漏现象的发生。召开专题会议，进一步了解运输车辆的实际情况，向各运输单位明确车容车貌的要求。组织各区作业单位交流先进经验，赴新吴区参观最新的防滴漏设施。全年共发放告知书27份，执法支队共开出整改通知单18份，查处车辆196车次。

（汤丽娟　朱晋辉）

【加强环卫服务保障工作】2016年，市环卫管理部门加强环卫服务保障工作。做好元旦和春节、“两会”“五一”“十一”等重大节庆活动期间的环卫保障工作，及时清扫烟花爆竹，清运居民生活垃圾，为全市人民营造良好的节日环境氛围。雨雪灾害性天气期间，及时制定应急方案，组织夜间值班、道路巡视等，发现情况及时通知作业单位开展撒盐、防冻工作，确保51座市管桥梁防冻防滑，车辆畅通。雾霾期间，白天增加冲水、机扫频次，降低空气扬尘，提高空气洁净度，提升环境质量。全年接听市长公开电话、环卫服务热线、市政“110”联动投诉398件，做到件件有答复、事事有落实。办理人大建议、政协提案主办件7件、会办件5件、分办件1件，代表、委员均比较满意。

（汤丽娟　朱晋辉）

【1项环保工程通过竣工验收】工业固体（危险）废物安全填埋（一期）工程二阶段5万立方米项目于2015年12月顺利完成交工验收，2016年5月通过环保竣工验收。施工单位针对交工验收中提出的意见和不足进行整改、完善，经过一年试运行，工业固体（危险）废物安全填埋场运行正常，满足设计要求，于2016年12月20日通过竣工验收，正式交付使用。

（董夏伟）

【桃花山垃圾填埋场改造工程】桃花山填埋气体资源化利用项目作为市政府2016年为民办实事项目，主要包括：新增2台卡特彼勒CG170发电机组、1套预处理设备、余热利用设备、低压电柜改造及线路改造。自5月25日招标采购至7月30日主体设备安装到位仅耗时2个多月，8月底新增1套填埋气体预处理系统。设备经调试后，发电机组于9月30日顺利开机运行，进入试运行阶段，4台机组日发电量总和在8万度以上。该项目在有效降低臭气对周边环境的影响、消除安全隐患的同时，实现垃圾处理的资源化、能源化。

桃花山渗沥液技改工程设计新增1套800立方米/日处理规模的纳滤系统。纳滤系统于11月28日安装结束，进入试运行阶段。纳滤系统的投运，可有效解决填埋场渗沥液产生量较大的问题，降低运行成本，缓解城市污水厂的处理压力。

桃花山垃圾填埋场扩建一期工程附属工程（污泥潭整治）项目于2015年10月开工建设，采用污泥活性酶调理+增压式真空预压地基处理技术。2016年5月18日，浅层污泥经过抽真空处理后已满足承载力要求，深层污泥于9月12日注酶结束，自11月4日起一直处于抽真空排水阶段。该项目的实施，可防止重大环境污染事故的发生。

无锡市桃花山生活垃圾卫生填埋场进场道路大修工程采用半幅封闭施工、半幅通行的施工方案，精心组织施工，于2016年12月全部完工，保障进场车辆的安全。

（董夏伟）

城市环境管理

【推进省优秀管理城市创建】2016年，在无锡市创建江苏省优秀管理城市领导小组的统一领导下，成立7个工作组，全市各相关部门围绕创建目标，协同作战，无锡顺利通过省组织的暗查和调研，获得92.3分，与苏州持平，高于其他城市。在满分为45分的环境卫生和市容改善成效方面，无锡市获得41.9分，高于苏州（38.6分）。为做好创建工作，无锡市全面实施城市环境综合整治接续活动，列入2016年目标责任书的规定动作（包括67个整治项目、126个规范项目）全面完成，完成率100%；拓展动作（主要是1860个完善项目）完成1856个，完成率99.78%。以人大农贸市场专题询问、G20峰会、世界物联网博览会为契机，深入开展各类市容环境专项整治，全年整治无证设摊、违法广告、道板违停、偷倒垃圾等显见性市容违法行为19.6万起，拆除违法建设1658处、18.3万平方米。梁溪区、新吴区分别开展“新梁溪、新面貌”和城市环境综合整治行动，建成区市容环境面貌显著改善。市公安交通治安分局充分发挥组织协调作用，推行“城警联动”模式，调处执法纠纷70余起，保障城管执法行动的顺利开展。

（于　健）

【完善网格化管理机制】 9月28日，市数字化城管系统以86.8分的成绩通过省级验收，呼叫受理子系统、视频监控子系统等九大子系统及其他业务拓展系统得到省级专家肯定。数字城管系统将全市5个区47个街道、345.3平方公里的区域划定为951个单元网格，采取市场化运作方式，组建100人的第三方信息采集队伍。2016年1月至12月上旬，共采集各类事（部）件信息19.42万条，下派案件82178件，处置81895件，按期处置率94.82%，按期核查率94.62%，按期结案率94.13%。滨湖区依托“数字城管”平台，将市容问题办结率、巩固率、网格人员在岗率和属地管理的市容问题增减率列入对街道（镇）城市管理单项考核，并在区级报刊《新滨湖》上公示考核成绩，增强基层单位发现问题、解决问题、保持长效的主动性。

（于 健）

【加强创优创新项目建设】 2016年，无锡市梁溪区人民中路、滨湖区万顺道和宜兴市解放东路通过省级验收，获得“江苏省城市管理示范路”称号，滨湖区景丽东苑社区、锡山区春江花园社区、新吴区新安花苑第一第二组团社区、宜兴市岳堤社区和江阴市城中社区通过省级验收，获得“江苏省城市管理示范社区”称号。在城管系统的共同努力下，无锡创建成的省示范路、示范社区数量在全省排名第一。同时，还完成18个新改建项目户外广告规划论证，市区30条背街小巷综合整治，120家农贸市场周边环境秩序综合治理，完成入库政府专项资金1.18亿元。其中，户外广告阵地使用权拍卖出让金入库完成预期目标的170.51%，生活垃圾转运设施代建资金入库完成预期目标的170.19%，政府性投资公共停车泊位收费入库完成预期目标的101.76%）。宜兴市确立“应划尽划、应管尽管、应收尽收、应罚必罚”的违停治理思路，综合运用挖掘资源、行政处罚、部门联动、宣传引导、价格调节等手段，缓解城区停车矛盾。惠山区坚持开展每周2次的渣土运输专项执法检查，得到住建部的关注和报道。

（于 健）

【推进生活垃圾收运处置】 围绕锡东电厂的复工建设，2016年，市城管局做了大量的前期工作，变更复工运营主体单位，签订锡东生活垃圾焚烧发电项目总体安排框架协议、复工建设框架协议和委托运营框架协议，组织复工总体方案的专家论证，制定第三方监管方案和公益基金方案，协调股权转让和各项开工手续。12月9日，锡东电厂复工建设正式启动。以锡东电厂复工建设为契机，市环卫处全面提升环卫管理工作，在马山建成投运全省首个日处理能力2吨的有机垃圾处置试点，打破有机易腐垃圾处理终端为零的局面。结合无锡市“十三五”规划要求，编制完成《无锡市环境卫生专业规划》和《无锡市餐厨废弃物处理规划》。面对建筑垃圾管理的严峻形势，启动《无锡市建筑垃圾处理规划》的编制。

（于 健）

【依法行政能力建设】 2016年，市城管局委托下放空飘气模、广场活动等部分户外广告设置的行政许可，取消因科研以及其他特殊需要饲养家畜家禽的许可事项，并加强对行政许可工作的检查。对《无锡市城市建筑物和构筑物外立面保持整洁管理规定》《无锡市市区户外广告管理办法》和《无锡市市区市容环卫责任区制度实施办法》等3部政府规章进行立法后评估，对涉及城管部门的5个规章和72个规范性文件进行清理。市行政执法支队建立市区专项整治协同机制，在重大市容问题处理、违法户外广告整治等方面，对区级执法工作形成有效支撑。组织拆除天安大厦大型违法广告等各类违法户外广告658起、高速公路沿线高炮广告11处，拆除面积31023平方米。江阴市引入治“警”理念，强化城管队伍建设，全面提升法律、文明、安全、功德“四大意识”，打造一支“让党委政府绝对放心、社会各界广泛认同、人民群众普遍赞誉”的城管队伍。锡山区制定《城管行政执法队伍规范化建设考评办法》及《考核细则》，提高队伍在服务标准、法制建设、作风建设等方面的规范化水平。

（于 健）

【践行为民服务宗旨】 2016年，全市城管系统坚持24小时值班值守制度，“122”平台城管部门的反馈率由不到10%提升到99.84%，群众满意率由82%提升到91%，取得明显成效。全年共计下达保障令、组织市容保障行动44次，尤其在G20峰会、世界物联网博览会期间发挥重要的保障作用。为提高宣传针对性，通过对媒体受众群的分析，重新调整一批合作媒体，全年完成《无锡日报》专版4期，制作《扯扯老空》电视专题节目8期，在各类媒体发稿量达3638篇次，特别在网易新闻“直击无锡：城市守护者的一天”网络直播活动中，网友点击率超过100万，聊天室互动量超过1.5万人次。大力推送“无锡城管”公众服务号，先后开放随手拍投诉、城管行政审批程序查询、公厕导航、停车泊位导航等特色查询服务，已拥有粉丝6万余人，后台粉丝互动留言达2000余次。

（于 健）

城乡绿化

【概况】 2016年，无锡市以创建国家生态园林城市、优化城乡生态环境为目标，全面推进绿色无锡建设，城乡绿化建设取得明显成效。市区新增城市绿地200万平方米，建成区绿化覆盖率42.98%，人均公园绿地面积14.91平方米。全市完成造林绿化面积972.49公顷，其中成片造林687.01公顷，林木覆盖率达到27%以上。完成省级村庄绿化示范村建设48个，完成森林抚育试点面积266.8公顷。建成锡山区宛山荡、新吴区大溪港2个省级湿地公园，完成湿地恢复面积266.8公顷，全市自然湿地保护率达50%。长广溪湿地公园通过国家专家组验收，成为无锡市第三个国家湿地公园。

（绿化处）

【城市游园建设】 2016年，无锡市结合地块开发、河道整治等项目实施，整合绿地资源，公园绿地持续增加。年内，建成城南路游园、保利中央公园周边游园、春江桥游园、严埭游园等12个城市游园，增加公园绿地41万平方米，提高城市中公园绿地500米服务半径的覆盖率。

（绿化处）

【绿化业务培训】 2016年，市市政

和园林局在南京农业大学举办全市绿化管理专业培训班，各市（县、区）绿化委员会办公室、各区城管局、江阴市园林旅游局、宜兴市建设局负责城市绿化管理以及各街道（镇）负责绿化管理人员共128人参加培训学习。培训班由园林绿化资深教授授课，详细讲解园林绿地的精细化管理、生态节约型园林植物的选择与配置、园林绿化在海绵城市建设中的运用、园林植物造景等内容。

（绿化处）

【植树节大型广场宣传活动】 3月12日，市市政和园林局在崇安寺二泉广场开展以“同种一片绿树、共建美好无锡”为主题的全民义务植树月大型广场宣传活动，无锡广播电视台FM104经济频率对活动进行现场直播。活动以宣传全民义务植树为宗旨，现场开展园林绿化政策法规咨询、占绿毁绿投诉受理、绿化成果展示、古树名木保护宣传、市民义务植树报名、发放花草种子、种绿护绿知识有奖竞答、“网络、微信、手机短信捐赠植树”等活动，并请园林绿化专家介绍家庭养花小常识。活动现场，还举行“插花达人DIY”趣味赛、“绿色无锡我的家”随手拍有奖征集活动。

（绿化处）

【市民林义务植树月系列活动】 2016年，市市政和园林局开展以“同种一片绿树、共建美好无锡”为主题的全民义务植树系列活动，制定并下发《全民义务植树月系列活动方案》，包括活动主题及宣传口号、系列活动安排、媒体宣传报道等。植树月期间，在惠山区阳山镇开展“市民林”“小记者林”“车友林”“亲子林”“光彩感恩”“互帮互助幸福林”等多项纪念林植树活动，共有5000多人参加，种植树苗1万余棵。据统计，全市共举办广场宣传活动26场次，组织现场义务植树活动142场次，参加人数近1.5万人次，共植树近10万株。

（绿化处）

防震减灾

【概况】 2016年，全市防震减灾工作坚持“以防为主，防抗救相结合”工作方针和“震情第一”观念，开拓创新，各项工作取得成绩。法治建设进一步完善，基础设施建设取得新突破，地震监测预报水平稳步提升，地震灾害防御能力有较大提高，地震应急能力有效增强，社会宣传广泛开展，队伍建设成效显著。成立规划编制领导小组和专门工作小组，根据防震减灾事业发展及现状，确定工作方案，明确发展目标，开展调查研究，认真编制规划文本，广泛征求意见，邀请专家论证，经市政府批准，《无锡市“十三五”防震减灾规划》正式出台。

2016年，市地震局连续第四年被评为全省防震减灾综合考核先进单位，获得“全国地市级防震减灾业务工作先进单位”称号，同时获得全省市（县）地震监测预报绩效考核先进单位，全省地震测震台网“系统运行与维护”第一名、“资料与产出”第三名等荣誉，《无锡市地震局2016年度地震趋势研究报告》获省级评比二等奖，《无锡市地震信息速报平台的开发与应用》获得省局优秀成果三等奖，“平安中国”防灾宣导活动获“优秀组织奖”，局党支部被授予“市级机关先进基层党组织”称号，全市机关作风建设和绩效管理考核被评为“优秀单位”，全市行政权力网上公开透明运行考核100分（并列第一），市地震局驻市行政服务中心窗口2次被评为“表扬窗口”。

（市地震局）

【强化组织保障】 2016年，市政府召开全市防震减灾工作会议，各市（县）区政府领导、市联席会议成员单位负责人参加会议，副市长朱爱勋出席会议并讲话。会议通过《关于2016年地震趋势和进一步做好2016年防震减灾工作的意见》，部署年度目标任务。各市（县）、区也召开联席会议，层层分解落实年度工作任务并列入政府考核内容。积极推进防震减灾工作机构不断完善，市政府调整市联席会议成员单位，市地震局新增2个编制，增加2名公务员，梁溪区和新吴区撤“办”建“局”，区地震局挂牌运行。至年底，全市各镇（街道）有防震减灾协理员87人，志愿者队伍27支、3.4万人，基层工作体系基本建立，队伍进一步充实。

（市地震局）

【加强法治建设】 2016年，市地震局主动与市法制办衔接，调研《无锡市防震减灾办法》执行情况。认真落实“行政权力网上公开透明运行”工作要求，做好标准化格式修订、行政许可和处罚“双公示”“双随机”抽查事项清单等工作。依法制定《无锡市地震监测设施和观测环境保护范围》，印发至各市（县）、区政府和市防震减灾联席会议成员单位。开展执法检查，依法拆除渤公岛强震台周边的违章建筑，有效保护地震观测环境。3月10日、6月7日，市政协副主席王锡南、蒋伟坚分别带队视察市地震局工作，对全市防震减灾各项工作给予肯定。5月上旬，省人大常委会专门视察《江苏省防震减灾条例》在无锡市的贯彻实施情况，充分肯定无锡市防震减灾法治工作。

（市地震局）

【强化地震监测预报】 2016年，市地震局每月编制《震情简报》报市四套班子领导，提供决策参考。组织震情趋势会商，会商意见及时上报江苏省地震局。新建江阴卧龙湖测震台，进一步增强市域东北片区地震监测能力，阳山强震台建成并网运行，新增流动测震仪2台，增强地震现场工作能力。㟙嶂山前兆台与省前兆台网成功联网运行，观测数据纳入省级观测体系。新建市动物园、四海渔庄等4个宏观观测点。完成省地震局地震烈度速报与预警工程无锡台站选址工作。制定《无锡市地震局2016年度震情监视和短临跟踪工作方案》《关于进一步落实宏微观异常工作措施的通知》和《无锡市地震宏观观测点管理办法》，规范监测设施管理，强化定期巡查制度，加强地震宏微观异常跟踪落实工作。每周汇总全市宏观异常，并上报省地震局。年内，市地震局台网运行率98%，处置地震事件73次、群众问讯电话14起，震情速报信息报送8696条，落实宏观异常1次、微观异常2次。

（市地震局）

【推进震害防御工作】 2016年，举办《中国地震动参数区划图》培训班，全市规划、住建、国土、地震和勘察设计等单位相关人员300多人参加，邀请中国地震局专家进行专题培训，大力推进新颁布的《中国地震动参数区划图》的贯彻执行。加强抗震设防要求管理,全市办理审批事项447件。市行政权力审批平台累计办件19项，其中报省地震局审批4项,办结率100%。参加修编《无锡市城市总体规划》,开展无锡市重大工程抗震设防要求普查,建立数据库,提供城市活断层探测成果，为开展震害防御提供基础资料。加大旧城改造力度，城区实施拆迁改造234.14万平方米。开展农村民居加固试点工作，收集2套农村民居建筑标准图纸,开展工匠培训。强化指导,协调推进防震减灾示范市(县)创建工作,宜兴市将其写进《政府工作报告》,纳入年度重点工作分解落实方案，并与相关部门签订重点工作责任状。地震安全示范社区、示范企业建设取得新进展,惠山区长安街道长宁社区被评为国家级地震安全示范社区，无锡华润燃气有限公司、无锡君来广场有限公司等企业完成示范企业创建工作。

(市地震局)

【强化地震应急工作】 2016年,市地震局协调、指导市、市(县)区和有关部门修编地震应急预案，认真做好预案备案工作。市地震局编制应急预案,每季度组织应急演练。参加省、市地震应急联合演练,主办苏南地震应急协作联动区应急联动,完成省地震局、市应急办组织开展的视频演练58次。台湾高雄6.7级强震后，市地震局及时向市政府应急办提交《关于应对台湾高雄强震对我市影响的情况报告》。盐城射阳4.4级地震后，市地震局及时提交《关于应对盐城射阳4.4级地震情况的报告》。参加《无锡市突发事件应急体系建设规划》《无锡市应急避难场所近期建设规划》等的编制工作。市政府多次召开专门会议，由分管副市长牵头统筹协调，落实4个中心级地震应急避难场所资金621.3万元，并于年内实施。指导各市(县)、区开展应急演练93场。回应市民关切,处置“12345”工单2件、市民上门咨询1起。

(市地震局)

峄嶂山地震监测台站 (市地震局 供稿)

【广泛开展社会宣传】 5月11日，由市政府主办、市地震局承办的无锡市2016年防灾减灾宣传周启动仪式在蠡园中学举行,拉开全市“5·12”防灾减灾日暨“无锡市防震减灾宣传周”活动的序幕。5月12日,《无锡日报》发表市防震减灾联席会议办公室《减少灾害风险、建设安全城市》的主题文章,与主流媒体沟通协作,加大防震减灾活动报道力度。活动期间,组织各类宣传活动612场、展览1651次，发布信息215条，牵挂横幅标语534条，制作宣传品28种14万份。市地震局会同市图书馆、无锡蓝天救援队在市图书馆开展唐山大地震40周年纪念活动,市各大媒体对其进行详细报道。组织开展“平安中国电影季”等活动,全市共设置9个放映点，传播防震减灾知识。联合《江南晚报》举办专题征文活动,《无锡防灾减灾》定期出刊,强化阵地宣传。规范市局网站建设,加强信息工作,年内共发布信息300多条，信息发布及时、准确、有效。推广“地震速报”APP和移动“V网通”,工作效率进一步提升。充分发挥教育基地和示范学校作用,市地震局防震减灾科普馆接待团体参观25场、1000余人次。无锡未成年人社会实践基地将防震减灾知识纳入实践课程,开展培训70多批、2万余人。宜兴市科技馆建设380平方米防灾减灾展厅，开设震动模拟、3D体验、逃生避险等项目。

(市地震局)

【加强队伍建设】 2016年，市地震局深入开展“两学一做”学习教育活动,坚定理想信念,强化宗旨意识,切实转变工作作风。落实从严治党要求,增强干部职工的政治意识、大局意识、核心意识、看齐意识,围绕工作职责，强化绩效管理和目标考核,提升工作效率,全市部门综合绩效考核获得优秀成绩，市地震监测预报中心获得江苏省应急志愿服务事业贡献奖。不断提升业务能力和服务水平，组成学习考察组到唐山市考察交流防震减灾工作，学习唐山市创建全国防震减灾示范城市工作经验；举办全市协理员及科普示范学校负责人防震减灾专题培训班；邀请法学专家开展法制专题培训；组织干部职工集体参加中国地震局“地震应急救援”系列视频讲座;组织开展应急演练活动,全体干部职工应急工作能力全面提高。

(市地震局)

编辑 顾洪兴

环境质量

【水环境质量】 太湖:2016年,太湖无锡水域水质处于Ⅳ类水平。定类指标总磷浓度为0.070毫克/升,比上年上升7.7%;化学需氧量浓度为16毫克/升,比上年下降30.4%,符合Ⅲ类标准;氨氮浓度为0.16毫克/升,比上年上升14.3%,符合Ⅱ类标准;高锰酸盐指数浓度为4.1毫克/升,比上年下降8.9%,符合Ⅲ类标准;总氮作为单独评价指标,浓度为1.82毫克/升,与上年持平,符合Ⅴ类标准;综合营养状态指数55.6,比上年下降1.7,水体处于轻度富营养状态。

集中式饮用水源地:2016年,无锡市有集中式饮用水水源地7个,分别为无锡市区的贡湖沙渚水源地、锡东水源地,江阴市的长江小湾水源地、长江肖山湾水源地、长江窑港水源地,宜兴市的横山水库水源地和油车水库水源地。年内,7个集中式饮用水源地水质全部达标。

河流:无锡市有13条主要出入湖河流。2016年,太湖西部的9条河流中,大港河水质符合Ⅱ类标准,大浦港、乌溪港、陈东港水质为Ⅲ类,其余5条河流水质均为Ⅳ类;与上年同期相比,太鬲南运河、大港河、洪巷港水质持平,其余6条河流水质好转1个级别。市区的4条河流中,大溪港和望虞河水质为Ⅲ类,直湖港、梁溪河水质为Ⅳ类;与上年同期相比,大溪港水质略有变差,其余3条河流水质均持平。

2016年,无锡市有23个河网水(环境)功能区考核断面,其中,21个属于国家重点流域考核断面,2个为年内新增的考核断面。国家重点流域考核断面达标率为76%,比上年上升21个百分点。79个市级河长制监测断面,达标断面数为53个,达标率68.8%。

(市环保局)

图23　　2006~2016年太湖总磷变化趋势

单位:毫克/升

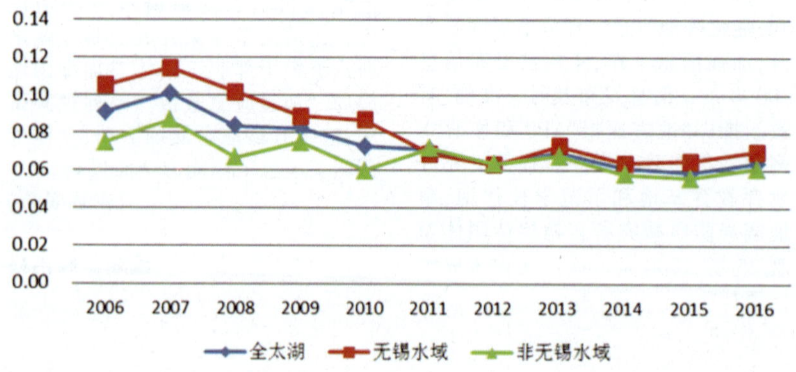

(市环保局)

【空气环境质量】 2016年,无锡市区环境空气质量达标天数比例(AQI)为66.9%,比上年上升2.8个百分点。江阴市和宜兴市达标天数比例(AQI)分别为66.7%和56.8%。无锡市区二氧化硫、二氧化氮、可吸入颗粒物、细颗粒物、一氧化碳和臭氧浓度分别为18微克/立方米、47微克/立方米、82微克/立方米、53微克/立方米、1.095毫克/立方米和102微克/立方米,与上年相比,二氧化硫、可吸入颗粒物、细颗粒物浓度分别下降30.8%、12.8%、13.1%,二氧化氮、一氧化碳和臭氧浓度分别上升14.6%、4.6%和5.2%。江阴市二氧化硫、二氧化氮、可吸入颗粒物、细颗粒物、一氧化碳和臭氧浓度分别为26微克/立方米、49微克/立方米、96

微克/立方米、61微克/立方米、0.965毫克/立方米和88微克/立方米，与上年相比，二氧化硫、可吸入颗粒物、细颗粒物、一氧化碳浓度下降21.2%、10.3%、10.3%、5.3%，二氧化氮和臭氧浓度分别上升14.0%、4.8%；宜兴市二氧化硫、二氧化氮、可吸入颗粒物、细颗粒物、一氧化碳和臭氧浓度分别为18微克/立方米、34微克/立方米、64微克/立方米、45微克/立方米、1.002毫克/立方米和126微克/立方米，二氧化硫、二氧化氮、可吸入颗粒物、细颗粒物、一氧化碳浓度分别下降14.3%、2.9%、8.6%、10.0%、9.2%，臭氧浓度上升12.5%。

2016年，无锡市酸雨频率为46.9%，比上年下降11.3个百分点，降水pH值为5.15，属于弱酸雨范畴。

（市环保局）

【声环境质量】2016年，无锡全市区域环境噪声为56.2分贝(A)，处于三级、一般水平；比上年下降0.1分贝(A)。55分贝(A)以下较安静区域覆盖面积比42.9%；65分贝(A)以上高声级覆盖面积比4.1%。从区域噪声声源统计来看，生活噪声>交通噪声>工业噪声>施工噪声，生活噪声和交通噪声声源比例总和占比超过八成。

（市环保局）

环境保护

【概况】 2016年，无锡市环境保护局以改善环境质量为核心，重点针对大气、水、土壤污染防治，加强生态文明建设和环境保护。年内，无锡市按质、按时办结中央环保督察组交办的全部环境信访问题，完成G20峰会空气质量保障工作，开创性完结并启用国家级“感知环境，智慧环保”无锡环境监控物联网示范应用项目。同时，太湖治理、大气污染防治、环境监管等各项工作扎实推进，无锡市生态文明工程水平指数考核位居全省第一，环境执法大练兵活动成果考核名列全省第二，生态文明制度创新工作水平考核排名全省第二，《“十二五”无锡市环境质量报告书》评比获省级二等奖。

（市环保局）

图24　2006~2016年太湖总氮变化趋势

单位：毫克/升

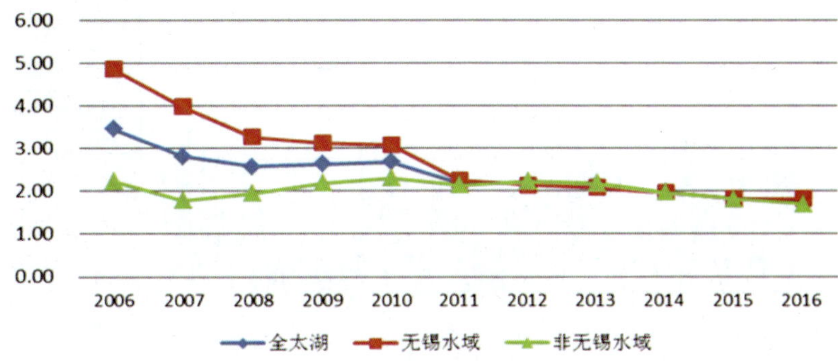

（市环保局）

图25　无锡市区骨干河道分布情况

（市环保局）

图26　2016年无锡市饮用水源地水质情况

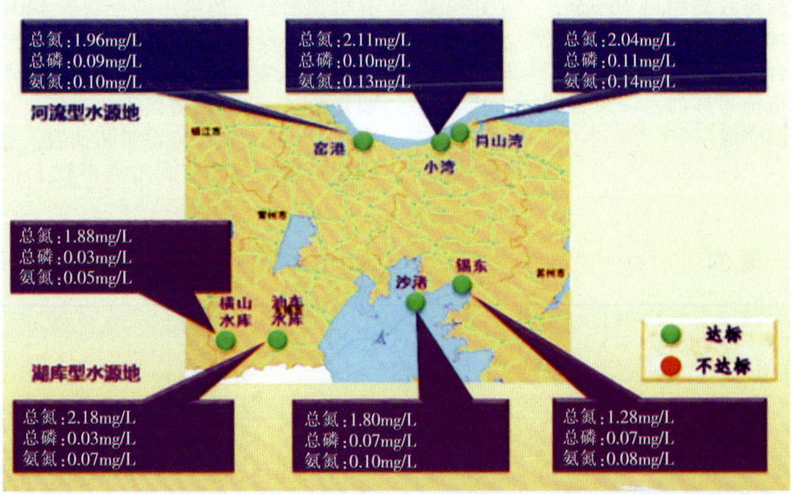

（市环保局）

图 27　　2016 年无锡市区空气质量指数日变化趋势

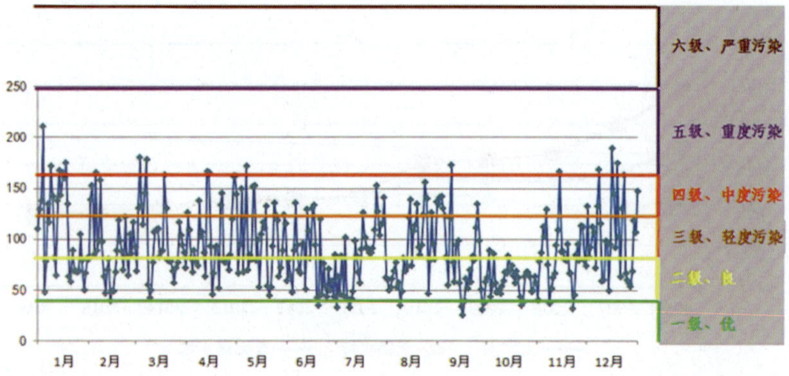

（市环保局）

图 28　2016 年无锡市区域噪声声源构成情况

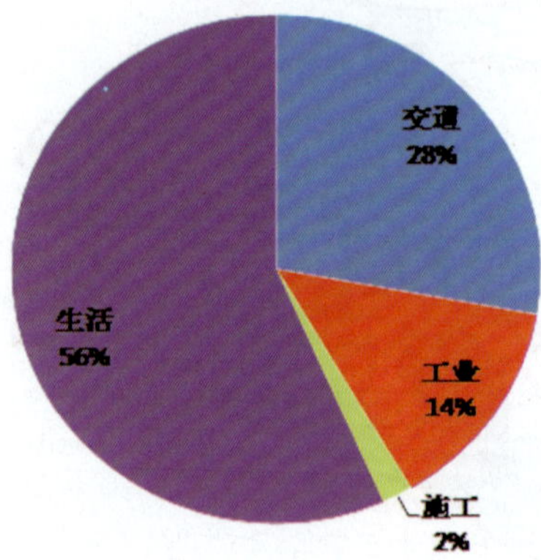

（市环保局）

【污染减排】 2016 年，无锡市以减煤、减化为重点，持续推动产业结构和能源结构的绿色调整。安排年度减排计划项目 169 个，下半年又新增河道整治、生态清淤等水环境综合治理项目 14 个，纳入环保约束性指标考核的六项总量减排指标均全面完成。

（市环保局）

【太湖治理】 2016 年，无锡市全面实施以太湖水治理为重点的水污染防治行动计划，太湖无锡水域水质总体保持稳定，实现连续第九年安全度夏和“两个确保”(确保饮用水水质达标、确保不发生大面积蓝藻湖泛)目标。组织开展全市 7 个集中式饮用水水源地环境状况调查评估，7 个水源地水质达标率 100%。通过推动工业污染防治、河道环境综合整治和水污染防治重点工程建设，促进水环境质量稳中向好。

（市环保局）

【大气治理】 2016 年，无锡市实施大气污染防治行动计划，起草《无锡市实施〈江苏省大气污染防治条例〉办法》，该办法已通过省人大常委会批准，定于 2017 年 5 月 1 日起实施。完成热电行业整合整治、燃煤小锅炉整治、机动车污染防治、挥发性有机物治理、扬尘污染控制等 1401 个重点工程。修订《无锡市重污染天气应急预案》，理顺组织体系、明确职责分工、调整预警级别、完善应急措施。开展大气污染源解析研究。完成 8 个国控空气监测站点事权上收至环保部的工作。年内，无锡市空气质量稳中趋好，PM2.5 年均浓度比上年下降 13.1%，优良天数比例比上年上升 2.8 个百分点，达 66.9%。

（市环保局）

【加强环境执法】 2016 年，无锡市按照环保部要求，开展“执法大练兵活动”。其间，作出行政处罚决定书 562 件，处罚金额 3648 万元，按日连续处罚 2 件，查封扣押 40 件，停产限产 39 件，行政拘留 4 件，司法移送 3 件。制定并落实《无锡市关于建立网格化环境监管体系的实施意见》《无锡市污染源日常环境监管随机抽查制度实施方案》要求，完成 1 个一级网格、7 个二级网格、77 个三级网格、21 个特殊网格的划分，并将 19529 家排污单位纳入污染源监管动态信息库。运用双随机制度，对 3921 家单位开展抽查，发现并查处违法问题 226 起。完成“十小”企业(不符合国家产业政策的小型造纸、制革、印染、染料、炼焦、炼硫、炼砷、炼油、电镀、农药等严重污染水环境的生产项目)取缔整治、污染源自动监控专项整治、G20 峰会期间空气质量保障执法检查、太湖安全度夏、饮用水水源地及重点行业专项执法等一系列专项行动，有效遏制环境违法现象。

（市环保局）

【创新体制】 2016 年，无锡市排污许可制度改革试点启动，开发并全面启用以排污许可证发放管理为核心的排污许可综合业务系统，无锡市被环保部确定为全国四个流域排污许可管理试点城市之一。开展排污权有偿使用和交易试点，年度累计完成排污权有偿使用和交易金额 1605 万元。环境污染责任保险试点继续推进。推进社会信用评级体系联动工作，全市 4520 家企业环保信用评价结果全部向社会公开，推动

表 34　　2016 年无锡市区环境空气质量统计

统计指标	二氧化硫 (ug/m^3)	二氧化氮 (ug/m^3)	可吸入颗粒物 (ug/m^3)	一氧化碳 (mg/m^3)	臭氧 8h (ug/m^3)	细颗粒物 (ug/m^3)	达标天数比例 AQI(%)
2015 年	26	41	94	1.047	97	61	64.1
2016 年	18	47	82	1.095	102	53	66.9
变化幅度	-30.8%	+14.6%	-12.8%	+4.6%	+5.2%	-13.1%	+2.8

（市环保局）

绿色信贷，银行系统累计拒绝不符合环保要求的企业授信申请7.67亿元，累计退出不符合环保要求的企业贷款2.5亿元。

（市环保局）

【环保宣传】 2016年，无锡市环保科普宣传力度继续加大，特别在新媒体宣传领域不断发力。根据《中国环境政务新媒体2016年上半年报告》，“无锡环保”位列全国最具影响力环保政务微信第四名。通过开展“环境月”和“生态文明六进”等系列活动，生态文明理念被送进社区、学校和企业。无锡市博物院成为苏南第一家获得“国家环保科普基地”称号的环保教育基地。

（市环保局）

【服务社会】 2016年，无锡市环保部门推进环境空气质量预测预报及重污染天气预警工作。开展以“知法学法守法，环保你我同行”为主题的环境守法援助行动。年内，受理环境信访案件14936件，处理率100%，结案率100%。办理“12345”政府公共热线答复252件。市、区两级环保局局长接待日共接访35件。市、区两级开展领导带案下访和领导包案365件。按质按时完结中央环保督察组交办群众反映的31批次261件环境信访问题。

（市环保局）

环境保护月活动现场 （市环保局 供稿）

水环境治理

【太湖安全度夏】 2016年，无锡水利部门统筹兼顾安全度汛与安全度夏工作任务，围绕太湖水环境综合整治目标，着力抓好工程建设、调水引流、蓝藻打捞、河道治理等职责，连续九年实现太湖安全度夏。年内，“引江济太” 调引长江水4.7亿立方米，其中入贡湖水量1.44亿立方米，梅梁湖、大渲河泵站累计调水6.5亿立方米，城区河道调水2.5亿立方米。全年全市打捞蓝藻141.7万吨、水草7.66万吨，产出藻泥6.67万吨，蓝藻处置水平有明显提升。

（曹莉莉）

【“河长制”上升为国家战略】 10月11日，在中共中央总书记习近平主持召开的中央全面深化改革领导小组第28次会议上，审议通过了《关于全面推行“河长制”的意见》。12月11日，中共中央办公厅、国务院办公厅印发《关于全面推行“河长制”的意见》，决定到2018年年底，在全国全面建立“河长制”。“河长制”这一旨在管理与保护河流生态环境的机制，是由无锡市于2007年在全国首创。无锡的“河长制”管理由水利部门牵头，由各级党政领导担任河长，对河道的水资源、水污染、水环境、水生态负保护和改善责任。9月，“河长制”信息平台（一期）上线试运行，总体反响良好。至年底，全市5635条河道纳入“河长制”管理，促进了全市河、湖水环境的不断改善。

（曹莉莉）

【国家级水利风景区数量全省第一】 8月，宜兴竹海景区通过国家级水利风景区考核验收，成为无锡市第6个国家级水利风景区，至此，无锡国家级水利风景区总数位居全省第一。水利风景区建设是生态文明建设的重要组成部分，在维护水资源安全、水工程安全、水生态安全方面，发挥着举足轻重的作用。在保护水生态环境的前提下，通过河道整治、水系沟通、植被恢复、基础设施等项目建设，科学合理地开发水利风景区，全面打造水利优势品牌，让大家进一步了解治水历史和文化，不断增强保护水、珍惜水的意识，具有非常明显的生态效益、经济效益和社会效益。

（曹莉莉）

水 利

【概况】 2016年，无锡水利系统紧贴水利改革发展实际，秉承项目优先、民生优先、发展优先的理念，加快构建“安全水利、资源水利、生态水利、民生水利”格局。按照中央和省、市关于加快水利改革发展的总体要求，继续深化水利工程管理及农田水利产权制度改革，转变水行政管理职能。江阴农田水利设施产权制度改革和运行管护机制改革试点成功，1822座各类农田水利设施界定了产权，落实了管护主体；宜兴17座水库“四权”（所有权、使用权、管理权、经营权）分开、“二线”（水库大坝管理范围线、水库管理范围线）管理的改革经验在全省推广；在全省首创乡镇水利站服务规范，建成41个标准化水利站、478座标准化泵站；推进简政放权，水利部门行政许可事项由24项精简合并至8项行政许可和1项行政服务，办结事项提速50%以上。

（曹莉莉）

【推进重点水利工程建设】 2016年，新沟河工程无锡市区段累计完成征迁及工程概算投资约13.072亿元。其中，完成工程概算投资5.372亿元，征迁概算投资7.70亿元，占整个新沟河工程概算总投资的84.7%。河道综合整治工程按计划顺利实

环保部门夜间执法检查 （市环保局 供稿）

施，伯渎港综合整治工程完成投资8000万元，占整个工程概算总投资的60%。九里河综合整治工程完成投资5000万元，占整个工程概算总投资的40%。年内，新沟河延伸拓浚工程建设处在省总工会、省水利厅组织的全省重点水利工程劳动竞赛评比中，获得“工人先锋号”荣誉称号，西直湖港南枢纽工程获得“江苏省文明工地”荣誉称号。

（曹莉莉）

【推进农村水利基础设施建设】 2016年，全市农村完成水利建设总土方1421.14万立方米，其中农村河道疏浚土方1107.25万立方米，加高加固圩堤146千米，更新改造圩口闸41座，新建、改造机电泵站261座，修建防渗渠道314.93千米。省以上重点农村水利项目推进顺利，农村水利现代化示范工程建设继续深入推进，完成创建农村河道综合整治示范镇4个、达标万亩圩区3个、农村水利信息化系统3套和标准化、现代化水利站1个，全市有23个村、4个镇获评江苏省“水美乡村”。

（曹莉莉）

【严格取用水监督管理】 2016年，无锡市水利部门加强取、用水事前、事中、事后全程监管，制定《无锡市工业企业用水审计实施办法（试行）》，从合规性、经济性、生态环境性三方面重点规范审计行为，对13家单位开展用水审计试点工作。加强重点监管，率先公布第一批205家取、用水大户名录，提出强化取、用水大户管理的意见。

（曹莉莉）

【开展水法宣传】 2016年，在第24届世界水日、第29届中国水周期间，无锡水利部门开展形式多样的水法宣传活动。开展水法进学校、进社区活动，制作并发放了印刷宣传画册15000本；邀请崇宁律师事务所律师开展普法讲座，并结合新一轮河道整治，开展《中华人民共和国防洪法》和《无锡市河道管理条例》普法宣传；在市区8家电影院、市中心2个电子大屏幕、全市156个小区的324个电子宣传屏以及无锡公交、地铁上投放水利公益宣传片，扩大水利宣传的受众面，提升全社会关注水、关心水、呵护水的自觉性和主动性。

（曹莉莉）

【开展水情教育】 2016年，无锡水利部门组织一系列以中小学生为主体的水情教育活动，扬名中心小学、积余街实验小学等多所学校与就近的水利枢纽工程结对挂钩，定于每年3月组织学生参观仙蠡桥、江尖水利枢纽，通过学生带动家长，形成全社会争做爱水护水节水达人的氛围。与无锡市教育电视台合办“节水”小记者活动，通过电视台42所小记者学校的5000名小记者，开展知识竞赛、“节水”小天使现场采访等活动，增强市民爱水、惜水的意识和理念。

（曹莉莉）

【落实水利工程质量监督分级管理】 2016年，无锡水利工程质量监督市（县）、区分级监管施行，市水利基建工程质量监督站围绕新沟河延伸拓浚工程，九里河、伯渎港综合整治项目以及中央财政小型农田水利重点县建设等工程，全年新增质量监督项目17个，参与质量监督活动120余次，展开飞行检测1次，发布质量监督通报4期。

（曹莉莉）

【落实依法行政监督】 2016年，无锡水利部门开展打击长江非法采砂的“清江行动”，与环保、海事部门联合执法打击水事违法行为。全市共组织执法巡查4457次，出动执法人员14360人次，发现并依法责令停止水事违法行为175件，现场处理155件，立案查处21件。

（曹莉莉）

防汛防旱

【概况】 2016年汛期，太湖流域发生流域性特大洪水，无锡6月中旬至7月初遭遇连续暴雨、大暴雨袭击，大运河、锡澄运河、西氿、横山水库等河、湖、库水位均超过历史最高水位，太湖平均水位达历史第二高，全市部分地区发生不同程度险情灾情。出梅后，又出现持续高温少雨天气。9月，无锡遭受第14号台风“莫兰蒂”、第17号台风“鲇鱼”的外围影响。面对超历史大洪水、长历时高水位以及强台风等严峻汛情的考验，全市各级防汛部门和防汛防旱指挥部成员单位按照省、市防汛防台工作要求，严密防范、科学决策、全力调度、合力抗灾，圆满完成防汛、防旱、防台任务。

（曹莉莉）

【汛期雨量明显偏多】 2016年，无锡汛期（5~9月）降雨量偏多，面平均降雨1177.3毫米，比上年同期（1089.8毫米）多8.0%，比多年同期（708.7毫米）多66.1%。宜兴市、无锡市区、江阴市面平均雨量分别为1224.6毫米、1135.8毫米、1213.1毫米。各站汛期降雨量差别较大，其中大浦口站最多，为1364.0毫米；其次是定波闸站，为1250.8毫米；甘露站最少，为1009.8毫米。无锡站汛期雨日69天，汛期降雨量比多年同期降雨量(676.6毫米)多79.1%。

(曹莉莉)

【梅雨期六站点水位超高】 2016年梅雨期内，无锡境内有6个站点水位超历史最高水平。其中，大运河无锡站在7月3日10:00出现过程最高水位5.28米，比历史最高水位5.18米(2015年6月17日)高0.10米；大运河洛社站在7月3日8:15出现过程最高水位5.37米，比历史最高水位5.36米(2015年6月17日)高0.01米；锡澄运河青阳站在7月3日7:25出现过程最高水位5.34米，比历史最高水位5.32米(2015年6月17日)高0.02米；锡澄运河定波闸站在7月3日15:50出现过程最高水位5.24米，比历史最高水位5.20米(2015年6月28日)高0.04米；西氿宜兴站在7月5日7:40出现过程最高水位5.54米，比历史最高水位5.30米(1991年7月13日)高0.24米；横山水库站在7月2日22:05出现过程最高水位35.59米，比历史最高水位35.43米(2009年8月11日)高0.16米。

(曹莉莉)

【多部门合力防灾救灾】 2016年汛期，面对汛情，各级防汛防旱指挥部成员单位按照工作预案，密切配合、形成合力，最大限度减少灾情对群众生产生活的影响。在防御强降雨及台风期间，市水利局做好工程调度，最大程度发挥水利工程防灾减灾效益；市气象局加密雨情、风情等天气情况发布频次，及时提供最新动态信息；市水文局及时搜集、汇总河湖水文数据；市市政园林局全面排查全市积水路段，明确责任单位，疏通下水管网，及时组织人员抢排涝水，15座公铁立交桥设积水警示；市交通运输局做好京杭运河船只安全管理工作；市农林局、市住保房管局、建设部门、城管部门做好农业防灾、危旧房、在建工地、对户外广告牌管理工作；供电、供水、电信、供销社、人保等部门做好各项保障工作；市民政局做好查灾、核灾、救灾工作；公安部门加强巡逻防控，做好警力、车辆、物资等应急准备；环保部门加强水源地水质监控，严防水体污染；市地铁集团对梳理出的431个可能进水点分类进行整治，现场储备防汛物资；新闻媒体及时滚动播报防汛防台信息；通信公司及时发布气象信息；驻无锡部队出动2776人参与抗洪抢险。

(曹莉莉)

无锡水利设施——油车水库 (曹莉莉 供稿)

气 象

【概况】 2016年，全市气象系统继续加强综合气象观测系统建设，陆续启动风廓线雷达、激光雷达和近地面通量等一批新型气象探测设备建设工作，完成设备安装选址、配套工程勘测设计及电磁环境测评等前期工作。建成高架桥道面4套观测站。与江苏省无线电研究所共同打造"智慧气象"世界物联网博览会展台，新型气象观测仪器参展亮相，获得好评。加强天气情况会商，做好寒潮、暴雨、台风、强对流、高温、雾霾等灾害性天气的预报、预警服务工作，在应对汛期特大洪涝灾害时，提前预测过程雨量和强降雨落区，精准的气象服务让百姓满意。全年发布各类气象服务材料820多期，发布寒潮、暴雨、雷电、台风、高温、大雾、霾等预警信号73次，各类预警短信290余条。开展精细化无缝隙格点预报和灾害性天气落区预报，在主流媒体刊登《无锡市气象局关于市级气象灾害预警信号公众发布渠道的公告》。通过"部门联动，信息共享"和多部门紧密合作开展延伸服务，开展了森林火险等级预报、地质灾害气象风险预警、重污染天气预警和医疗气象科研等工作。充分发挥微博、微信、网站、预报预警一键式发布平台作用，在第一时间通过多种途径向公众发布气象预报预警信息。《无锡市气象发展"十三五"规划》通过专家组的评审，由市政府办予以印发。

(夏 健)

【气象灾害预警中心建设】 2016年，在无锡市政府和中国气象局的共同支持下，无锡市气象局全面启动气象灾害预警中心建设。年内，完成施工监理、土建总包招标工作；开展项目室内装修设计、幕墙设计招标工作；完成地基基坑和基础设施，进入地上建筑施工。

(夏 健)

【开展气象科普宣传】 2016年，无锡市气象局在世界气象日、防灾减灾日、科普宣传周等重要时段，组织开展"气象小主播体验之旅""无锡气象e主播召集"等形式多样、内容丰富的气象科普宣传。通过气象科普进学校、进社区、进企业等活动，发放各类气象科普宣传画册2000余本，广泛宣传气象防灾减灾知识。

(夏 健)

【主要灾害性天气及其影响】

寒潮 2016年，受北方强冷空气的影响，全市出现6次寒潮天气过程，分别出现在1月22~24日，2

太湖帆船 （王鸿涌 摄）

月12~14日，11月21~23日，12月13~15日、21~23日及26~28日。特别是1月22~24日，受一次极地涡旋的异常活动影响，自西伯利亚来的强冷空气席卷全国，带来一次超强寒潮天气过程。无锡、江阴和宜兴22日最低气温分别为1.1℃、1.6℃和0.5℃，24日最低气温分别为-8.6℃、-8.9℃和-8.5℃，48小时内最低气温降幅分别为9.7℃、10.5℃和9.0℃。寒潮影响过程中，全市还出现大雪、低温、大风、冰冻等灾害性天气，给工农业生产、春运和百姓生活等带来多方面影响。

连阴雨　2016年，全市连续阴雨天气较多，7天以上的连阴雨天气过程有4次，分别出现在5月20日~6月12日、6月19日~7月7日、10月19日~11月1日和11月17~23日。特别是10月21日~11月20日，无锡、江阴和宜兴的雨量分别达291.6毫米、315.8毫米和276.3毫米，是常年同期的5.2倍、6.3倍和4.3倍，均创历史同期降水量新多，持续阴雨天气非常不利于水稻籽粒充实，也给秋收秋种工作造成严重影响。

强对流　2016年，强对流天气以局地发生为主，7月全市多次出现对流天气。7月5日2:00~5:00，受副热带高压边缘影响，无锡市自北向南先后出现短时强降水、雷雨大风等强对流天气，多个自动站瞬时极大风力7~8级；7月27日和29日下午，出现局地强对流天气，27日，鸿山自动站16:00~17:00一小时雨量30.3毫米，阵风7级(16.1米/秒)，29日东北塘自动站阵风7级(14.9米/秒)。

台风　2016年，从7月上旬到10月初，无锡先后受到3个台风的影响。

1601号台风“尼伯特”活动期间，由于其登陆地点偏南，移动缓慢，填塞速度快，对无锡直接影响不大。但受“尼伯特”残余低压与中层冷涡共同影响，7月11日，无锡出现了对流性、分散性的阵雨天气，无锡、江阴、宜兴三市均有自动站12小时雨量达到暴雨量级，宜兴部分站点还出现了大暴雨（红岭茶场103.1毫米、竹海公园100.9毫米）。

受1614号台风“莫兰蒂”外围环流与西风槽共同影响，全市出现大范围暴雨和大暴雨。9月14~16日过程雨量150~250毫米之间，最大在宜兴徐舍堰头，达252.8毫米。

受1617号台风“鲇鱼”的外围环流影响，全市9月28日8:00~10月1日8:00，过程雨量100~300毫米之间，其中29日全市范围出现大暴雨。

暴雨　2016年，无锡、江阴和宜兴分别有9天、13天和9天暴雨，其中大暴雨分别有0天、2天和3天。全市性的暴雨过程有5次，出现在6月28日、7月2~3日、9月16日、9月29日和10月26日。特别是6月底到7月初的持续性强降雨，致使境内主要河流、水库、塘、坝水位全面超警戒水位，并创多项历史纪录：7月3日10:00无锡大运河水位5.28米(警戒水位3.9米，2015年最高水位5.18米，1991年最高水位4.88米)，7月3日5:40宜兴横山水库水位35.58米（2009年最高水位35.43米）。7月4日以后主要河流、水库、塘、坝水位缓慢下降，但由于上游来水，太湖水位仍在缓慢上升，7月8日12:00太湖水位达到4.86米。

梅雨　2016年，全市6月19日入梅，7月20日出梅，入、出梅均偏晚，无锡、江阴和宜兴的梅雨量分别为452.1毫米、617.8毫米和636.3毫米，比常年梅雨量多82.3%、148.5%和131.1%，雨日分别为22天、20天和22天。强降水集中在梅雨前段，后段以分散性暴雨为主。梅雨前段，强降水过程频繁，6月22日、27~28日和7月2~3日分别出现了3次暴雨或大暴雨天气，特别是第三次过程，连续两天出现暴雨和大暴雨。7月5日后，降水强度明显减弱，主要以对流性、分散性短时强降水为主。

高温　2016年，无锡、江阴和宜兴的高温日数分别为29天、21天和35天，极端最高气温分别为39.7℃(7月24日)、39.7℃(7月24日)和40.0℃(8月19日)。高温日主要集中出现在7月20日~8月2日，持续14天，且高温强度强，最高气温第一天即升到37℃左右，23~29日连续7天在39℃左右，部分自动站最高气温超过42℃。

雾　2016年，无锡、江阴和宜兴分别有26天、21天和36天的大雾，绝大多数为能见度在500米以下的大雾。由于多数雾出现在凌晨、夜间，且持续时间较短，对交通影响较小。

（钱昊钟）

编辑　邵文凯

旅 游

【概况】 2016年，无锡旅游以“创新、协调、绿色、开放、共享”发展理念为指引，推动全域旅游发展，旅游业保持持续稳定增长的良好态势，全年全市共接待国内外游客8629.95万人次。其中，入境过夜游客43.92万人次，比上年增长12.2%；国内游客8586.03万人次，比上年增长6.7%。实现旅游总收入1555.62亿元，比上年增长12%。其中，旅游外汇收入38953.96万美元，比上年增长8.9%。国内旅游收入1518.91亿元，比上年增长12%。旅游业增加值占地区生产总值比重达7.35%。在清华大学媒介调查实验室发布的江苏省游客满意度调查报告中，无锡连续4个季度位居全省第一，并以84.53分的高分位居全年游客满意度综合指数全省第一。

至年底，全市共有旅游饭店(含星级饭店)124家，其中，旅游星级饭店42家，五星级饭店13家，四星级饭店11家，三星级17家，二星级1家；全市共有绿色旅游饭店73家，其中，金叶级3家，银叶级70家。全市共有旅行社189家，其中，出境游组团社20家。无锡市中旅信诚旅游股份公司、江苏康辉国际旅行社等2家旅行社被评为2014~2015年度全国百强旅行社。

无锡阖闾城遗址博物馆被评为国家AAAA级景区，宜兴华东百畅生态休闲度假园被评为国家AAA级景区。全市共有60家国家等级旅游景区，其中，AAAAA级3家，AAAA级27家，AAA级14家，AA级16家，等级景区数量和规模均位居全省前列。年接待游客10万人以上的景区50家。全国工业、农业旅游示范点13家；省级乡村旅游区(点)88家，其中四星级42家(太湖花卉园因规划调整取消)，三星级38家(江阴农业科技园、江阴神龙生态农林园、江阴长泾之星湿地生态园、宜兴寿山农业科技园、无锡唯琼农庄等5家摘牌)；省级自驾游基地7家。全市共有国家级旅游度假区1个(太湖国家旅游度假区)，国家级生态旅游示范区1个 (无锡市蠡湖风景区)，省级旅游度假区6个(太湖山水城旅游度假区、阳山生态休闲旅游度假区、阳羡生态旅游度假区、江南古运河旅游度假区、无锡翠屏山旅游度假区、江阴徐霞客休闲旅游度假区)，省级生态旅游示范区4个 (蠡湖风景区、鸿山生态旅游区、阳羡生态旅游区、太湖鼋头渚风景区)。

(韩金利)

【主要荣誉】 5月24~27日，国家旅游局、中国旅游协会在浙江省义乌市举办第八届中国国际旅游商品博览会暨2016中国旅游商品大赛。无锡灵山景区的《灵·气》(微型空气净化器)夺得2016中国旅游商品大赛金奖，也因此在中国旅游商品大赛史上首次出现同一个地级市、同一家旅游商品企业两次获金奖的盛况。

7月22日，省旅游局、省教育厅联合下发《关于认定首批省级研学旅游示范基地的通知》，江阴市华西新市村、宜兴市紫泥公社、滨湖区华莱坞影都、锡山区现代农业博览园被认定为首批省级研学旅游示范基地。

8月8日，省旅游局发布“江苏精品休闲度假饭店”评选结果，花间堂·稼圃集、湖滨饭店、灵山君来波罗蜜多酒店、日航饭店、尚书苑客栈、宜兴竹海国际会议中心、宜兴篱笆园农庄(深氧墅)、江阴黄嘉喜来登酒店等8家旅游饭店，以区位优势独特、休闲元素鲜明、功能服务完好，获评“江苏精品休闲度假饭店”称号。

9月16日，国家体育总局公布2016中国体育旅游精品项目入选名单，宜兴龙池山自行车公园入选2016中国体育旅游十佳精品景区，宜兴阳山荡水上体育运动表演项目入选2016中国体育旅游十佳创新项目。

9月20~21日，第一财经和景秀创新工场联合主办，旅游商业观察(TBO)、劲旅网和执惠协办的“预见·2016中国景区创新力高峰论坛”在上海举行，论坛授予无锡影视基地

2016创新力景区金奖。

10月6日，由新华社《半月谈》杂志社、中国国情调查研究中心主办的第二届全国生态文明建设高峰论坛暨城市与景区成果发布会在北京举行。无锡市凭借“绿色、生态、休闲、养生”的独特魅力，获“全国十佳生态休闲旅游城市”称号。

10月14日，杭州市政府和《小康》杂志社联合主办，《休闲》杂志社承办，浙江大学管理学院休闲管理研究所和杭州市休闲发展促进会共同协办的2016中国（国际）休闲发展论坛在杭州举办。本次论坛上，宜兴市获得“2016年度中国最佳休闲小城”称号。

12月12日，人力资源和社会保障部、国家旅游局在北京人民大会堂联合召开全国旅游系统先进集体、劳动模范和先进工作者表彰大会，市旅游监察支队被授予全国旅游系统“先进集体”称号。

12月21日，省旅游局、省信息化领导小组办公室公布2016年度江苏省“互联网+”智慧旅游示范项目名单，市多维度融合客情分析系统、智游宜兴旅游电商平台获2016年度省“互联网+”智慧旅游示范项目称号。

（韩金利）

【全域旅游建设】 年初，国家旅游局决定在全国开展“国家全域旅游示范区”创建工作，全国各省、市、县均开展全域旅游工作，争创“国家全域旅游示范区”。市旅游局将全域旅游建设作为旅游发展的重要手段，注重开发和展示本地地域文化，开展集旅游、文化、经贸于一体的活动，通过机制创新、全员参与、产业融合、品牌提升等形式，持续举办各类文娱活动，如无锡动物园的国际大马戏、蠡湖国际灯光节、沙雕文化艺术节、太湖音乐节、华莱坞游园会、梅园灯会、锡惠菊会等，为广大市民和游客提供一场场丰富多彩文娱活动，将无锡打造成一个“让观光游客慢下来、让休闲游客静下来、让度假游客住下来”的全功能、多业态、特色性的休闲度假旅游目的地。年内，滨湖区、梁溪区、宜兴市列入国家级全域旅游示范区创建名单。宜兴市湖㳇镇以“深氧界·3H生活”——健康（Health）、心灵（heart）、家园（Home）为品牌内涵，打造深氧度假小镇，形成10家规模酒店，150余家特色风情民宿，可向市场提供客房2400个，床位4500张，全年游客平均入住率超过50%，旅游接待人次与综合收入增幅均超30%，同时还带动当地农户增收致富，人均纯收入位于宜兴市前列。

10月18日，金诚集团与滨湖区签约建设人鱼小镇项目，项目位于马山街道梅梁西路，总投资200亿元。按照规划，人鱼小镇划分为主题乐园区、综合商业文化区和数字娱乐产业园区三大区块。总占地面积86.67公顷，建筑面积超过160万平方米，建成后年接待旅客容量可达800万人次。

12月9日，由天洋控股集团投资的梦东方·徐霞客国际旅游度假区项目举行签约仪式。项目以“梦东方”为核心，以中国文化为基础，引入世界最先进的科技与最优秀的文化创意企业，打造国际级文化、科技创意产业园。项目位于徐霞客镇马镇片区，总占地面积近666.67公顷，总投资约300亿元，主要建设内容包括徐霞客旅游文化小镇、休闲度假中心、精品酒店、国际会议中心、时尚发布中心、配套工程等。项目建成后预计年接待游客300万~500万人次，直接提供就业岗位1万余个。

（韩金利）

【旅游业供给侧结构性改革】 年内，市旅游局一方面注重传统旅游资源“去库存”，对一些受经营定位不准确、同质化不良竞争等因素影响的全市社会饭店、小景区（点）按市场法则淘汰或引导升级转型发展。一方面培育“旅游+”特色休闲业态，丰富产品供给。通过政策扶持，引导企业参与旅游电商、精品酒店、乡村民宿、特色文创、旅游创客、主题演艺、游戏休闲、运动健身等项目的开发、引进和创新。放大“旅游+体育”，依托无锡国际马拉松深化休闲度假旅游营销；做强“旅游+会展”，借助文博会等展会平台推出系列特色旅游体验线路和创意旅游商品；创新“旅游+创客”，举办创客路演大赛，鼓励新技术、新思路支撑下的新型旅游项目开发；拓展“旅游+新媒体”，深化与海内外知名旅游电商的合作，倡导“私人定制去无锡”新产品、新理念，主要吸引自由行的客群，让“口碑传播”代替“广告投放”。年内，对田园东方、“梦回江南”实景演艺节目、蠡湖水上运动、灵山小镇·拈花湾、新文化主题生活公园（摩登1930）、马山古竹民宿休闲园、惠山古镇老酒铺、帅元紫砂博物馆、阳山“弘展文化”基地、君来波罗蜜多酒店、太湖国际帐篷旅游活动、惠山泥人体验、鹅湖玫瑰文化园、巡塘书香酒店、滨湖旅游联盟平台、梅园灯会、玉祁酒业、馨悦花艺馆、陌么酒店、锡山区山联村“早茶文化”、云蝠公寓酒店、驴脸旅行（创客）、鼋头渚书码头、江苏康辉“游业宝”网络营销平台等3档24个项目进行通报表彰和物质奖励。黄太古道徒步、酿酒工艺深度体验、紫砂制壶之旅、顾山最美爱情乡村游、鸿山葡萄采摘、东岭水库露营数星星等个性化短期度假线路成为周边乃至本地市民度假休闲的热点。

（韩金利）

【重点项目建设】 年内，市旅游管理部门编制“十三五”无锡旅游目的地建设总体策划，实施重大精品项目支撑工程。在建重点休闲度假旅游项目47个，总投资146亿元。万达文旅城主题乐园完成省、市、区立项，部分国外特种游乐设备已报关进关，万达茂已建至中部商业街主体二层；马山度假区特色民宿建设进展顺利，和平村轻奢文旅小镇项目完成签约，其中，慧心树屋于7月启动建设，天和庄园完成装修，万丰村蜂巢农庄11月开门营业；国家数字电影产业园二期、太悦温泉酒店改造提升等项目有序推进，博大·摩登1930新文化主题生活公园竣工开业；太湖山水城旅游度假区雪浪山嬉谷漂流、阳山生态休闲旅游度假区稼圃集精品酒店、梦想田园马术俱乐部、宜兴阳羡生态旅游度假区玉龙潭盆景艺术园等项目建成开放。宜兴阳羡生态旅游度假区公共服务建设、江阴海澜国际马术旅游区二期2个项目被列为省2016年重点旅游项目。阳山生态休闲旅游度假区公共配套设施建设、环城古运河景区建设等全市32个重点项目争取对上专项引导资金1115万元。省级旅游发展基金补助项目6

个,共获基金贴息贷款3100万元。（韩金利）

【智慧旅游建设】 年内，市旅游局完成与社交媒体facebook、搜索引擎google等合作,通过完善无锡旅游目的地页面、广告、关键词搜索等多种形式，提升无锡旅游海外市场关注度。与新浪网深度合作,定期跟踪推送无锡旅游热点活动，吸引更多网友与无锡旅游互动。精心运营市旅游局官方微博和微信，微博粉丝量突破35万人次,位居全国城市旅游官博影响力前十位,居全省第二位。升级客情分析系统与省级系统无缝对接,对全市主要景区游客流量、来源、行为习惯、停留时间等进行多维度统计分析，为无锡旅游的产品开发方向、市场空间拓展、重大工作决策等提供大数据支撑。完成“无锡旅游”手机客户端升级,及时发布各大景区舒适度指数。自主研发旅行社电子合同系统并全面推广，成为全省旅行社规范管理创新的典范。梁溪区整合中心城区休闲旅游资源，通过与携程、途牛、同程、驴妈妈等四大电商平台合作,推出“梁溪乐游一卡通”。滨湖区联合市文旅集团、灵山集团、央视基地建立滨湖旅游联盟，联盟企业完成与同程网和驴妈妈的票务系统集成，环太湖旅游电商平台分销、直销系统上线运营。（韩金利）

【市场监管】 年内，市旅游局联合市公安局、市交通局、市工商局、市安监局等部门，开展旅游市场执法检查52次,检查旅行社38家,旅行社分公司12家,旅行社门店42家,发出责令改正通知书15份、行政提示书1份，检查旅游星级饭店11家,检查旅游团队225个,检查导游506名,违规扣分2名。1家旅行社因不按规定规范签订旅游合同,被处以2万元的行政处罚。检查旅游景区、农家乐餐饮服务单位18家，提出整改意见26条,排查风险隐患6起。联合市公安局、市交通局、市安监局对市区范围内16家省、市际旅游包车客运企业进行“导游专座”检查，查处无道路运输证和无线路牌从事旅游运营车辆5辆。受理各类旅游者投诉58件，旅游求助426件，咨询及其他1016件，办结率100%。建立旅游市场监管工作通报机制,在旅游政务网、旅游质监网等媒体每月公布旅游投诉处理情况，定期发布全市旅游市场监管工作情况。对全市重点旅游景区流量实施监测，委托国家统计局无锡调查队作为第三方专业机构对重点旅游企业开展游客满意度调查，定期发布游览舒适度指数。建立“无资质”经营旅游业务监管工作机制。通过报纸、电视等新闻媒体进行旅游安全警示宣传，赴有可能涉及组织开展旅游活动的各相关协会、企业,发放《中华人民共和国旅游法》和旅游经营、旅游安全警示宣传资料,在《消费指引》杂志栏目刊载相应的旅游安全警示及案例。会同市工商局在《江南晚报》刊登《无资质经营旅游业务法律责任告知书》《旅游消费警示》。联合走访保险、汽车、房产、保健品、健身俱乐部等行业协会,要求各行业协会协助旅游、工商管理部门向各相关企业发放《无资质经营旅游业务法律责任告知书》《旅游消费警示》。组织旅行社、旅游景区、旅游星级饭店人员开展《江苏省旅游条例》宣讲培训16场次,参加学习培训的旅游一线从业人员超2000人次。（韩金利）

【旅游惠民】 年内，全市新增旅游交通指示牌58块,共计624块指示牌构成的旅游交通指引体系涵盖全市上百个主要旅游景区、乡村旅游点和重点旅游项目。完成全市56座旅游厕所的改造或新建任务。完善无锡旅游系列宣传品设计制作,新增系列折页、卡片等15个品种,新增投放旅游酒店、国际青年旅舍等单位宣传资料架10个,全年在主要旅游饭店、景区、机场、火车站、咨询中心、居民社区、高速服务区、地铁胜利门站等66个资料点发放各类旅游宣传品300余万份。举办2016年无锡好口碑休闲度假饭店和“无锡好味道”名菜、名点、名店等评选活动，通过网络平台吸引众多市民和网友参与，不断营造休闲旅游消费热点。5月13日,“点赞无锡·我的消费生活——2016旅游维权宣传进社区”活动启动仪式在江溪街道广场举行,市旅游局、市工商局、市消费者委员会、市食品药品监督管理局、新吴区市场监管局、新吴区消费者委员会、10余家企业单位及新闻媒体参加启动仪式。市旅游局联合市相关部门，全年开展旅游消费维权进社区宣传系列活动10场次。

10月18日,市旅游志愿者总队组织文明旅游志愿者走进水秀社区,开展“走进社区服务居民,文明旅游你我同行”主题活动。通过与居民面对面服务，不断提升社区居民文明旅游意识和旅游文明程度,共同营造文明、和谐的旅游环境。“5·19中国旅游日”无锡城市旅游休闲周活动期间，全市58家旅游景区(点)向无锡市民特惠开放,平均优惠幅度54.5%,市民购买优惠票人次占总游园人次的50%以上。（韩金利）

【旅游营销】 年内，市旅游局围绕“一带一路”战略,分别与全球最大的社交媒体facebook、全球最大的搜索引擎google展开合作，通过完善无锡旅游目的地页面、广告、关键词搜索等多种形式，全面提升无锡旅游海外市场关注度。先后赴美国、加拿大、澳大利亚、新西兰、德国、泰国及中国港、澳、台地区开展旅游推介。举办“5·19中国旅游日”江苏主会场活动、休闲度假产品推广月活动及“休闲度假GO无锡”上海推介活动，无锡旅游度假休闲系列产品和10条无锡个性化旅行线路热销长三角客源市场。开展“江南古运河国际风情旅游节”“撒野阳山第二届露营节”、2016无锡太湖国际徒步旅行大会等系列活动，擦亮无锡城市名片,提升无锡旅游形象。年内,推出6条周末出游路线视频在8家影城宣传，投放期间，观影人数达23万人次,覆盖人群近250万人次。先后在泰国《世界日报》《香港经济日报》《香港商报》《星岛日报》等东南亚主流媒体及《旅游情报》、上海《地铁快线》、东航《银燕》等国内著名旅游媒体展开推广，定期推送无锡旅游精品线路和休闲旅游新动态。（韩金利）

【丰富夜游产品】 年内，市旅游局联合梁溪区举办江南古运河国际风情夜游节、彩船巡游、中外风情·律动之夜、沪剧风情夜等系列活动,为中外游客和市民提供更加精彩的夜无锡休闲体验。活动期间,古运河度假区接待游客突破500万人次,运河游线产品销售收入比上年增长

33.5%。围绕“风情夜游”主题,结合不同季节特点,先后举办撒野阳山露营节、鼋头渚烟花大会、动物园夏季狂欢夜、蠡湖国际灯光节、梅园“冰川时代”灯会等一系列夜游活动,丰富夜间休闲旅游产品供给,释放中外游客和市民的夜间消费能量。

(韩金利)

【“乐游无锡”旅游交通专线通车】 12月30日,无锡首个专为国内外旅游者提供服务的定制旅游交通专线——“乐游无锡”旅游专线通车仪式在博大·摩登1930举行。乐游无锡巴士实行专线票价15元/天一票制,乘客开卡后24小时内在专线运营时间可无限次乘坐专线车,公交卡或市民卡等暂时不适用。先期开通并试运营2条旅游专线:乐游1号线(滨湖休闲游环线)为景区间环线,以梅园为起始站点,双向环形,每个方向2辆车,全线运行时间约85分钟,发车间隔1小时。途经博大广场—蠡园—蠡湖中央公园—城开国际—梅园—鼋头渚—三国水浒城等站点,无锡影都、万达文旅城、雪浪山等站点年内择时延伸。乐游2号线(大灵山度假专线)为灵山景区直达线,以中央车站A岛为始发站,共6辆车,早8点始发,平日间隔1小时,周末及节假日为45分钟,途经梅园、灵山小镇拈花湾,抵达终点灵山景区。1号线和2号线的游客可以在梅园站实现换乘,自高铁东站经地铁到无锡的游客也可以在梅园站选择适当的专线前往景区。

(韩金利)

【举办中国旅游日江苏主会场系列活动】 5月19日,由省旅游局和市政府共同主办的“中国旅游日”江苏主会场活动启动仪式暨太湖鼋头渚建园100周年系列庆祝活动举行,“中国旅游日”的主题口号为:爱旅游、爱生活。为突出“中国旅游日”欢乐氛围,体现大众参与旅游、享受旅游和旅游惠民宗旨,无锡开展2016城市旅游休闲周活动,全市58个旅游景区(点)面向广大市民游客优惠开放,省内各市旅游局、团市委以及各大高校纷纷参与的“畅游江苏”大学生手绘地图大赛颁奖,让每一位游客能够“畅游江苏、感受美好”。作为太湖鼋头渚100周年庆祝系列活动之一,中国集邮总公司与中国邮政集团公司无锡市分公司联合开发设计的《百年鼋头渚》纪念邮册,也特别选定在“5·19中国旅游日”面向全国发行。市旅游局组织“无锡好口碑导游”和“好口碑休闲度假饭店”的推选,活动上线,就吸引数百万名网友关注,有20多万名热心网民参与投票,产生2016年度无锡十佳好口碑导游和二十二佳好口碑休闲度假饭店,成为启动仪式的一大亮点。“畅游江苏”百年景区联盟优惠年卡首发及赠送活动受人关注。南京瞻园景区、苏州市拙政园、无锡锡惠园林文物名胜区、无锡梅园横山风景区等百年景区联盟向全社会发行一万张“畅游江苏”百年景区联盟优惠年卡,游客凭此优惠年卡,可以畅游联盟内13家百年景区。在华莱坞影都举办2016无锡国际休闲度假旅游博览会,展出面积7000平方米,吸引来自日本、韩国、泰国、新加坡、马来西亚等国家及中国香港、台湾等地区的400多家旅行商参展。无锡旅游重点推出“二日游”休闲度假产品和线路,主打“周末游”“亲子游”等特色休闲产品,宜兴紫砂、惠山泥人、玉祁酒、十八湾茶艺等无锡著名的传统工艺及特色商品在博览会现场进行展示。

(韩金利)

【人才培养】 5月31日~6月2日,举办全市旅游度假区管理干部培训班,省级以上旅游度假区管委会负责人,各市(县)、区旅游局负责人,市旅游局机关和市旅游监察支队共计40人参加学习培训。8月26日,举办首届旅游志愿者培训班,各市(县)、区旅游局相关负责人,市相关单位负责人,行业和部分公开招募的志愿者代表105人参加培训。9月20~23日,举办乡村旅游管理人员培训班,各市(县)、区旅游局分管负责人,相关旅游度假区管委会负责人,重点旅游镇(村)负责人,新兴培育的乡村旅游点(民宿、客栈)负责人共65人参加培训。滨湖区旅游局、荡口古镇管理委员会、君来酒店管理集团有限公司、阳山生态休闲旅游度假区管理委员会、宜兴篱笆园农庄5个单位获“省旅游系统先进集体”称号;阳羡生态旅游区管委会主任刘赛洪、太湖鼋头渚风景区管理处主任史明东、灵山文化旅游集团有限公司副总经理华晓宁、日航饭店中方总经理兼执行董事黄鉴中获“省旅游系统先进工作者(劳动模范)”称号。联合市总工会举行旅游行业立功劳动竞赛系列活动,古罗马大酒店、无锡大饭店宴会班、锦江大酒店宴会班、桃园山庄餐饮部等4个单位分别获市五一劳动奖状、“市工人先锋号”称号;无锡大饭店杨嘉丞、无锡中国国际旅行社有限公司强晓华、二泉旅游集团外事二泉汽车客运有限公司过向东、二泉国际旅行社有限公司陈霞、日航饭店客房部楼层经理殷扣兰分获市五一劳动奖章、“五一创新能手”、“五一巾帼标兵”称号。

(韩金利)

【旅游区域合作】 年内,省旅游局实施“区域旅游合作工程”,南北共建、结对帮扶发展度假区是其中一项重点工作。无锡太湖国家旅游度假区与盐城阜宁金沙湖旅游度假区结队帮扶。按照实施方案,结对双方将在项目策划、招商引资、景区建设管理、旅游人才培养等方面加强交流合作,互相取长补短,增强发展合力,实现联动共赢发展。6月23日,一场龙卷风正面扫过金沙湖旅游度假区,景区的游乐设施、基础设施受到严重损坏,得到消息的无锡太湖国家旅游度假区第一时间派出由规划、游线设计、景观、市场营销等组成的人才团队,奔赴金沙湖旅游度假区,就灾情、灾后重建工作进行调研,共同拟订工作计划。同时,无锡太湖旅游度假区向金沙湖旅游度假区捐款200万元,用于景区重建。在无锡太湖国家旅游度假区的帮助下,金沙湖旅游度假区很快恢复重建,8月1日正式营业。12月4日,2016泛长三角地区旅游局长年会暨“冬韵太湖,福满湖湾”民俗祈福旅游季活动发布会在无锡举办,来自泛长三角12个地区的旅游局长围绕“全域旅游创新举措及示范区创建工作经验”主题交流讨论,共享共推地区旅游发展。

(韩金利)

【乡村游提档升级】 年内,市旅游局编制《无锡市“十三五”乡村旅游发展专项规划》,加快构建乡村旅游产业新体系和大格局。编制《关于深入推进美丽乡村休闲旅游示范村建设的意见》,明确“十三五”期间建设30个示范村的工作目标。阳山蜜桃小镇、灵山拈花湾禅意小镇、湖㳇深氧度假小镇、丁蜀紫砂文化旅游小镇、鸿山吴文化旅游小镇、尚田生态养生小镇、徐霞客文化旅游小镇、太华云湖足球小镇、张渚茶洲小镇、梅里吴文化旅游小镇列入省级旅游特色小镇创建目录。宜兴篱笆园、惠山田园东方列入省五星创建工作计划,石盘山庄园等10个单位和群乐山庄等5个单位分别被认定为省三星级、二星级乡村旅游区。举办“游客最喜爱的休闲农庄”推选活动,尚田生态岛、慕湾果园等10个单位入选前十佳。举办乡村旅游地域品牌推广暨红豆旅游年系列活动,4月23日,在江阴红豆村举行以“美丽乡村,五色拾光”为主题的活动;以大美阳山、深氧湖㳇、湖行马山、爱在红豆、吴韵鸿山为主题,编印《无锡乡村旅游画册》2500册并免费发放市民游客。承办2016江苏省乡村美食大赛,市旅游局获优秀组织奖,选送的“合蒸太湖荟萃”“马山十鲜之海参肉”、养生白玉狮子头、地锅千张肉、桃园牛、荷塘月色获金牌,手撕鞭笋拼咸肉、横山鱼头、篱笆园土鸡炖口蘑等菜品获银牌。发挥无锡旅游公共信息体系的服务作用,通过旅游咨询服务中心、政务网站、无锡旅游微博、合作媒体、手机网络客户端等五大系统,定期发布乡村旅游活动内容、产品信息。年内,阳羡度假区精品民宿突破100家,拥有床位4500张,全年入住率75%。隐居、花间堂等高端精品酒店落户阳山镇,通过众筹打造的“麒麟湾”民宿文化村落初具雏形,乡村度假集聚效应开始显现。

(韩金利)

园林

【概况】 2016年,无锡文旅集团实现总收入11.33亿元,其中,旅游总收入4.28亿元,均创历史新高。立足“发展大旅游、布局大产业、打造大平台”发展思路,编制完成集团“十三五”发展规划。举办太湖鼋头渚百年庆典系列活动、第13届中国杜鹃花展览等重大活动,落实推进重大项目,切实提升文化旅游核心品牌竞争优势,有效促进产业转型升级。景区管理进一步提升,精品景区建设工作扎实推进,精致园林示范区创建范围进一步扩大,服务质量标准化建设全面推开,智慧景区和文化建园建设工作有序推进,全面预算管理工作做出有益尝试,安全生产工作扎实有效,通过A级景区创建和复核迎检工作的开展,进一步塑造服务品牌形象,夯实文旅产业发展基础。在品牌输出和对外合作上积极尝试,充分发挥“走出去”潜力,探索传统旅游景区的转型升级和绿化产业的市场拓展之路,进一步做强做优做大文旅产业。9月9日,锡惠景区“人杰地灵坊”“春申涧坊”“映山湖坊”“惠山古泉群”4处景点被公布为市第五批文物保护单位。

(袁　方)

【推进惠山古镇建设与“申遗”】 年内,惠山古镇二期建设和世界文化遗产申报工作稳步推进。重点推进惠山浜祠堂修复、泥人博物馆周边地块开发、紫阳书院修复等工程,完成惠山古镇亮化一期工程,完成惠山祠堂群测绘工作,继续做好档案收编和遗产监测工作;加强惠山古镇文化挖掘和布展陈列宣传工作,对周敦颐先生祠、薛中丞祠和过郡马祠、至德祠等祠堂进行陈设优化提升,进一步提升文化内涵。完成《惠山昭忠祠》编撰工作,出版《千秋家国梦》丛书,大型人文纪录片《惠山祠堂群》在央视黄金时段播出。

(袁　方)

【建成金城湾健康公园】 6月4日,由文旅集团、市卫生和计划生育委员会、市爱国卫生运动委员会办公室合作共建的金城湾健康主题公园启用。金城湾健康主题公园项目依托金城湾公园原有的基础设施和环境空间,融入健康教育与健康促进元素,建有3500米环湖健康步道、健康驿站和健康知识长廊等,并设有亲子健康科普区、太极健身区、瑜伽健身区、时尚运动区、水上运动区五大功能分区,与公园景区功能有效叠加,为无锡广大市民游客提供一个集休闲、健身与健康教育于一体的主题公园。

(苏洋洋)

【品牌输出与对外合作发展】 年内,文旅集团不断加快创新发展步伐,整合各类资源优势,对外合作初显成效。通过将先进理念和优秀项目“引进来”,景区旅游服务体验不断提升。蠡湖“旅游+体育”建设皮划艇基地,梅园“旅游+农业”推出亲子采摘项目,在内外合作打造旅游产品上进行尝试。“园林一卡通”全面升级为以“智慧旅游”为核心、附加金融支付功能的芯片卡,实现“旅游+金融”跨界融合,由简单的入园凭证发展为集旅游、休闲、消费于一体的“智慧旅游一卡通”。同时,集团积极“走出去”尝试输出品牌和管理。集团控股的天语和声公司对外承接大连、旅顺樱花节“夜赏樱花”、荡口古镇“花田音乐节”、西递音乐节等项目,实现活动品牌策划技术输出。集团与安徽水东古镇签订旅游开发项目合作框架,与宁夏回族自治区固原市泾源县杨岭村达成合作协议,迈出“走出去”的重要步伐。

(袁　方)

【园艺展会和绿化建设获奖】 年内,鼋头渚景区江南兰苑代表无锡参加第26届中国兰花博览会和江苏省2016蕙兰展,获3枚金牌、3枚银牌和“优秀组织奖”。锡惠景区代表无锡参加第13届中国杜鹃花展

市民在金城湾健康主题公园内晨练　(刘　建　摄)

览获特别金奖2个、金奖2个、银奖和铜奖各1个；参加湖北荆门的第12届中国菊花展览会获展台大奖1个,另获金奖2个、银奖4个、铜奖5个；代表无锡参加第九届江苏省园艺博览会,花卉花艺作品《又见惠山杜鹃红》获二等奖,盆景作品《危崖幽谷听风》和《翠云人家》分获一等奖和三等奖,插花作品《春江花暖》获三等奖。梅园景区代表无锡参加在河南鄢陵举办的第13届中国梅花蜡梅展,获金奖11个、银奖8个、铜奖10个,充分展示无锡梅园在行业中的龙头地位；参加在苏州举办的第九届江苏省园艺博览会庭院展,作品《吴庭雅语》获专题类庭院绿化一等奖。江苏园景公司在无锡、南通、徐州、宿迁等地监理的10个工程获2015年度江苏省优质工程奖"扬子杯",园林设计院设计的惠山古街惠山园、留耕草堂、人杰地灵牌坊修复工程设计获省城乡建设系统优秀勘察设计一等奖。

(袁　方)

【编制"十三五"规划】 年内,文旅集团完成"十三五"规划编制工作。规划重点在产业经济结构布局上,形成观光旅游、休闲消费、文化创意和绿化建设四大板块；在产业特色布局上,形成水上休闲产业和文化休闲产业两大体系。大力发展混合所有制经济,推进集团文化旅游产业、关联产业、绿化建设产业协同发展。力争到"十三五"期末,集团营收总额达到15亿元；再培育一个上亿元收入的旅游景区,打造一个创收亿元的文化产业、一个创收亿元的休闲项目,集团发展成为无锡乃至江苏的文化旅游龙头企业。

(袁　方)

【旅游品牌宣传】 年内,文旅集团连续第4年参加柏林旅交会,摈弃外包服务依靠自身力量独立开展创意策划和展台搭建工作。组织参加2016重庆国际旅游交易会、桂林国际旅游博览会、西安"丝绸之路"国际旅游交易会、上海国际旅游交易会、第六届中国(无锡)国际文化艺术产业博览会等,展示无锡文旅形象,拓展景区客源市场。

(袁　方)

【锡惠景区第13届全国杜鹃花展览】 4月1日~5月29日,锡惠景区举办第13届中国杜鹃花展,共有13个省近50个城市(单位)参加,共搭建20处室外景点、12个室内展馆、22个展厅以及特色花卉展台26个,新品种厅1个,展出杜鹃花品种500多个。与此同时,景区打造"春申花涧"杜鹃花特色植物景观,拓建中国杜鹃园二期,增添新的观景亮点。花展期间,举办主题为"倚虹绣霞 绽放美丽"的系列摄影大赛,推出将赏花和运动相结合的"踏青徒步游"、赏花与出游有机结合的养生休闲旅游会展、五一鲜花送模范、五四青春寄语等系列活动。《无锡杜鹃花》的出版为展览锦上添花。

(强小可　庞莉婷)

【锡惠景区举办系列游园活动】 2月,锡惠景区举办"金猴降瑞 财神贺岁"2016锡惠景区·惠山古镇新春游园、惠山古镇元宵夜游会,新增水面激光秀,以寄畅园水面为载体进行激光秀表演,沿湖长廊的屋檐上安装水幕,并配以古装美女的古琴弹奏,营造如梦如幻的仙境。夏季,针对暑期学生市场,惠山古镇打造互动型童趣节,包含有弟子规、惠山泥人、黄公涧游大水、先锋书店读书、纸艺花制作、风雅陶笛、一日小中医、时光机等项目。秋季举办2016惠山菊会暨"二泉映月"灯幻艺术节,精心设置13个大型室外景点、19个展台,展出菊花10万余盆,打造出一场色彩斑斓、品种多样、精彩纷呈的金秋菊花盛宴,结合国际一流的灯光科技及造型设计,打造"二泉映月"灯幻艺术节,灯光全部采用先进照明技术,来自国外高端LED灯带和2D、3D造型灯,将科技与艺术完美融合,共展出3000万盏彩灯、60余组精美造型,打造一场高水平的视觉盛宴,呈现前所未有的城市光感体验。

(庞莉婷　黄薇唯)

【中国髹金漆博物馆开馆】 4月7日,中国髹金漆博物馆在惠山古镇开馆,中国髹金漆博物馆是国内唯一的髹金漆专题博物馆。博物馆收集整理长期散落在民间及流失在海内外的具有中国传统文化特色的历史遗存,包括有元、明、清等不同时期的大漆描金佛龛、各式屏风、罗汉榻、条案、橱柜等系列珍藏品。博物馆设有古代髹金漆佛龛、古代髹金漆屏风、古代髹金漆橱柜、古代髹金漆桌案、古代髹金漆床具、古代髹金漆家具、髹金漆艺术共7个主题,展出包括苏作、京作、晋作、闵作、广作等代表不同地域风格的髹金漆古典家具。

(董汉文)

【纪录片《惠山祠堂群》在央视播出】 11月14日~12月5日,由市惠山古镇文化旅游发展有限公司、中央新闻纪录电影制片厂(集团)联合出品的大型人文纪录片《惠山祠堂群》(4集,每集50分钟)在中央电视台科教频道周一黄金档播出。纪录片从寻根的普通人、时代当下的年轻人、外国留学生、祠丁、导游以及惠山古镇文化核心工作者的角度分别讲述惠山祠堂群的故事,不仅将惠山古镇的四季风貌表现出来,还将古镇的历史沉淀和祠堂在历史上的重要作用展现在观众面前,将无锡现代城市风光和工商文化、百姓风俗巧妙穿插在纪录片中。作品表现手法明快唯美,解释词简洁精妙,立意深刻,视角独特,较好地反映惠山古镇悠久深远的祠堂文化,全面地展示寄畅园、天下第二泉、惠山寺、惠山祠堂群等经典人文风景,反映传统和现代的冲突以及当代人对传统文化的坚守和觉醒,为惠山祠堂群文化内涵的挖掘整理和世界文化遗产的申报工作发挥促进作用。

(金石声)

【梅园景区举办系列花事活动】 2~3月,梅园景区举办"春天,从梅园开始"2016中国无锡梅花节、首届梅花插花艺术展。其间,举办"金猴闹新春"系列活动、中国传统经典插花艺术展、冰雪梅花书画作品展、华东旅游风情展、梅花小天使文艺会演、梅花自拍节、梅花源香道文化展、生态采摘游等各类文化旅游活动,并对温室进行改造升级,布置梅文化创意旅游特色产品出售区、鲜花观赏出售区及休闲区,完善景区休闲业态。3月25日~4月20日,举办无锡梅园郁金香节,新引进黄普锐斯玛等10个品种,并首次尝试五度球(种球经过处理花期提前)的种植,举办"百米画卷,寻找你心中的秘密花园"绘画活动。4月20日~5月30日,梅园景区举办第三届虞美人稻草人艺术节。5月18日~6月12日,举办首届绣球花展,3万盆、26个优良绣球品种营造美轮美奂的初夏绣球景观。7月30日~10月7日，举办梅园第八届灯会，首次引进国际演艺秀、桑巴热舞、花车巡游、DJ热舞、镜面人狂舞、狂欢嗨场等大量互动活动。十一国庆节期间，梅园景区举办“2016金秋赏桂行”活动，推出桂花仙子巡游、桂花琴韵——古琴专场音乐会等丰富多彩的活动。

（李　鎏）

【梅园景区纪念荣毅仁100周年诞辰】 5月1日，纪念荣毅仁100周年诞辰献花仪式在梅园豁然洞读书处广场举行。为纪念荣毅仁100周年诞辰，梅园景区推出定制地铁票卡——《荣氏梅园》，包含2张地铁单程票。整套纪念票的设计以无锡梅园独有的梅花品种“梅园墨”梅和“无锡单杏”梅为主，融入“岁寒三友”之松、竹、梅元素，以设计的语言，阐述梅园的历史和人文，体现梅花傲骨迎风、挺霜而立的品格。

（李　鎏）

【蠡园举办花事活动】 年内，蠡园举办桃花节、首届香草节、荷花展、向日葵展等花事活动。其中，蠡园桃花节以“江南桃花，醉美蠡园”为主题，打造水景桃花观赏的最佳效果，首次引进“照手桃”品种，同时融合“龙猫”等动漫主题元素，形成桃花美景水岸互映、漫画形象动静结合的氛围。首届香草节活动以大片香草花海为背景，全力打造“龙猫香草天空”，鼠尾草、鲁冰花、虞美人、绣球等数十种香草花卉争芳斗艳，将日本动漫中唯美的画面以实景方式呈现给广大游客。蠡园荷花展首次尝试三地联展的方式，以“百子戏荷”为主题，进一步扩大荷花的种植规模及品种数量，并引进扬州瘦西湖、上海古漪园两地的特色荷花、睡莲品种，让市民及游客领略一场荷花的盛宴。第三届金葵花展暨“虫虫彩虹家园”活动以金色的向日葵花海配以可爱呆萌的彩虹蚂蚁造型，带游客领略秋天的浪漫色彩，同时举办“范蠡酥饼DIY”“小小园艺家”等活动，增加宣传亮点和游客的体验性，赢得较好的口碑。

（严　峻）

【蠡园提升休闲服务配套】 年内，蠡园景区对原食堂用房进行改造提升，打造“桃源居”小吃店，以范蠡酥饼和西施豆腐花为主打产品，同时经营无锡地方特色小吃，并配合花事活动定期推出特色美食，进一步丰富蠡园的旅游产品。对红蓼榭茶室内部空间改造装饰，增设桌椅和阅读书架，打造文化茶吧，与桃源居联动经营，有效延长游客的逗留时间，促进二次消费的增长。建设听荷小筑景观花房，展示精品花卉，提升区域景观品质和生态景观。

（严　峻）

【蠡湖水上运动项目】 年内，蠡湖引进OP帆船、SUP(站立式桨板)、香蕉船、10人游艇等产品，进一步丰富水上运动项目，在蠡湖万象城水域(LOVE广场)和蠡园西部新增码头，拓展经营空间。推动“旅游+体育”产品发展，与万科合作举办暑期皮划艇、OP帆船夏令营活动；与学校签订战略合作协议，成立水上休闲运动俱乐部，让水上体育运动走进校园。端午节期间，举办蠡湖全民健身龙舟赛，共有30支队伍参赛，吸引3万人到现场观赛，整个赛事取得较好的经济效益和社会效益。10月，举办全民健身皮划艇公开赛，单人项目、团体接力、家庭亲子、城市邀请赛的组合，3天比赛精彩不断。蠡湖水上运动项目获市“旅游+”特色休闲业态项目二等奖。

（严　峻）

【无锡动物园创新动物主题活动】 年内，无锡动物园推出春节“金猴闹新春”、春季“动物狂欢节”、夏季狂欢夜和秋季动物大巡游等主题动物活动。在夏季狂欢夜活动期间推出首届国际大马戏项目，45天共演出135场，吸引游客10万人次。进一步丰富动物互动表演项目，新增“孔雀放飞”“渔翁喂食”“河马刷牙”“猩猩展演”等项目，形成多个动物展演小剧场，深受游客喜爱。

（王纪芬）

【渤公岛建成特色湿地公园】 年内，蠡湖景区实施渤公湿地滨岸生态修复工程及湿地环境教育项目，修复总面积15万平方米。通过对湖岸区域的微地形整理，蓄留和净化地表水，进一步丰富和完善湿生植物群落品种、数量，形成沿湖湿生植物群落的示范性湿地景观。同时，园区加大湿地保护宣传，建立湿地水质监测体系，完善湿地科普宣传牌。渤公湿地已成为集湿地保护与修复、科普宣传与教育、科研监测、游览观光于一体的综合性特色湿地公园。

（许成良）

【太湖风景名胜区完成整改】 年内，市市政和园林局为做好太湖风景名胜区(无锡片区)的整改工作，确保存在问题的及时整改到位，制定《太湖风景名胜区(无锡片区)整改方案》。按照住建部通报和省住建厅督查整改要求，完善风景名胜区管理机构，建立风景名胜区门票收支两条线管理制度，查处被通报的3起违法违规建设项目，依法拆除太工疗养院违法建设项目，指导太湖饭店、马山景区严格按照市政府的方案要求进行整改，并对相关责任人进行调查处理，按时、高标准完成整改工作。

（园林处）

【完成省第九届园艺博览会参展任务】 4~5月，省第九届园艺博览会在苏州市举办，市市政和园林局代表市政府参展。在本届园博会上，无锡精心准备，高标准地完成省政府下达的“村口乡忆”展园的建设，以及庭院绿化、花卉花艺等各项任务。在各奖项评比中，市政府获突出贡献奖，市市政和园林局获先进集体，无锡“村口乡忆”展园获造园艺术一等奖，庭院绿化获专题奖一等奖，花卉花艺、盆景等参展项目共获得各类奖项20项，取得显著成绩，受到省组委会通报表彰。

（园林处）

【举办第17届无锡市花——杜鹃花节】 4月，市市政和园林局会同市文明办、市文旅集团举办第17届无锡市花——杜鹃花节。本届市花节坚持以体现“市民的节日”为目标，围绕“幸福无锡”主题，开展市花小天使评选、市花进社区、市花进校园、市民唱市花等丰富多彩的活动，受到广大市民的响应和欢迎。

（园林处）

AAAAA级景区

央视无锡影视基地

【概况】 2016年，中央电视台无锡影视基地积极开展热点营销，连续

三英战吕布表演 (影视基地 供稿)

多年策划并不断提升季节性特色旅游产品,包括春节期间的"三国水浒古春节"、春季的"狮王争霸"、夏季的"泼水节"、秋季的"叼羊盛会"等,并以此为契机,加大对周边市场的宣传力度,形成区域市场热点,"狮王争霸""泼水节""叼羊盛会"已在区域市场形成一定的品牌效应。

影视基地全年共接待《津门飞鹰》《卿本佳人》《于成龙》《极限挑战》《全员加速中》《咱们穿越吧》《龙女当家》《包青天》《建军大业》《一代妖精》《局外者》《特化师》《萌妃嫁到》《大运河》《那年花开月正圆》等40个剧组。

(徐燕玲)

【开展各项活动】 2月7~13日,影视基地策划"三国水浒古春节"活动,结合景区特色演出、民间杂技、甘露寺和大相国寺撞钟祈福、发放福包等,为游客打造一个富有古典传统气息的春节,成为区域旅游的一大热点。全新编排的演出节目《汉帝祈福》,结合影视热点《芈月传》,邀请霸气女主"芈月"穿越时空,献演"少司命祭舞",为广大游客祈福。

3月11日,上海东方卫视大型真人秀节目《极限挑战》到影视基地录制。这期节目以三国元素为主题,很好地与三国城景区的场景、文化、演出相融合,热门节目、人气明星、AAAAA级景区三大元素有机结合,吸引大批粉丝赶到景区,一睹明星风采。

3月26日~5月2日,影视基地举办第六届"狮王争霸"春季活动。活动以"欢庆中国风、金猴闹春"舞蹈开场,融入猴棍、南派咏春拳、舞狮等表演形式,提升表演难度和惊险程度,增加活动的观赏性,赢得游客的阵阵叫好。

5月22日,广东太阳神集团"向快乐出发"2016年无锡苏州研讨会在影视基地举行,活动聚集集团1500位销售精英,除隆重的古装阅兵仪式、登上古战船乘风破浪之外,还有"三国演绎"穿越狂欢夜大型晚会,实现文化景区与企业活动、企业文化的共振互动。

7月6日,四川卫视大型历史体验真人秀节目《咱们穿越吧》到影视基地水浒景区拍摄。节目以穿越为主题,让明星体验各时代的典型生活,完成生存挑战,同时为观众带来有趣的历史知识,吸引大批热情游客包围。

7月20日~8月7日,影视基地推出"泼水节"夏季活动,活动不仅融入傣族风情舞、象脚鼓舞、竹竿舞等,还增加喷火杂技表演等内容,邀请游客参加跳舞、泼水、祝福、狂欢等活动。

9月28日~10月7日,影视基地举办第六届"叼羊盛会"秋季活动,活动在节目形式上再次大胆创新,丰富大草原上九曲河流、蒙古包、敬酒、放歌等民族特色风情,还增加重头戏马上叼羊部分的难度和技巧,进一步提升活动的品质和观赏性。

11月8日,2016年无锡市旅游行业消防运动会在影视基地水浒城举行,来自酒店、旅游景区的18支队伍参加。影视基地在参赛的4个项目中获3项一等奖、1项三等奖,并获团体一等奖、消防安全管理工作展示三等奖。

11月8~10日,苏宁云商携手影视基地在三国水浒景区打造"笑倾城"——"穿越双十一"活动,以民间剪纸街头曲艺、品酒投壶品茗赋诗、明星网红抚琴献唱、马车巡游比武招亲、镖局送货人机对弈等古今结合的特色活动,展现古代市井风情,吸引大量游客和周边市民参与。

(徐燕玲)

灵山胜境

【概况】 2016年,灵山集团坚持创新发展理念,持续深入实施发展模式变革,精耕细作创新双园景区运行,稳健有序推进文化旅游项目建设,持之以恒推进集团资本化运作。年内,集团获"江苏省优秀企业"称号,实现经营性收入12.9亿元,双园景区实现购票入园人数417万人次。

(贺遵冬)

【灵山小镇·拈花湾受市场青睐】 年内,灵山集团以打造大灵山"中国心灵度假目的地"为目标,围绕"游客为什么来、来了干什么、来了满意不满意"3个命题,在活动产品、服务品质、文创商品、销售模式等方面,深化拈花湾景区、园区、社区概念,强化灵山特色的心灵度假产品体系。全年灵山小镇·拈花湾购票入园人数达158万人次,前来参观、考察、学习的各级代表团达3000余批次,精品酒店、禅意客栈平均入住率达60%,旅游度假酒店开业一年即实现盈利,成为华东地区知名的旅游度假目的地。

(贺遵冬)

【文化旅游咨询业务】 年内,文化旅游咨询业务的实施模式逐渐走向标准化、专业化,项目实施能力不断提升。景区大运营管理服务输出首次运营,实现700万签约量,在景区营销、运维、演出管理服务等八大业务系统探索新模式,新增河南云台山和安徽司空山两个大型文化旅游策划项目。

（贺遵冬）

【资产资本化】 年内，灵山景区经营股份有限公司实现“新三板”挂牌，标志着集团资本运营工作取得重要阶段性成果。同时，资金统筹管理取得创新突破，通过发债、中票、银贷、理财等各种方式的合理搭配，有效降低融资成本。

（贺遵冬）

【灵山公益文化事业】 年内，灵山公益慈善事业继续保持稳健快速发展的态势，形成青年人才培养、社区服务治理、行业发展倡导、灾难援助、扶贫济困以及国际交流援助等大项目平台，公益慈善项目遍及全国，走向海外，埃塞俄比亚“微笑儿童”项目成功结项，被誉为中国民间援外的示范项目。基金会募集善款6600余万元，捐赠人次超过120万，是国内互联网众筹金额和人次最多的基金会之一。

（贺遵冬）

鼋头渚景区

【概况】 2016年，鼋头渚景区以“观光景区休闲化、休闲景区园林化”为目标，按照打造强势旅游品牌、大幅提升经济总值的总体要求，在旅游资源整合、旅游项目规划建设、旅游品牌推广、经营服务、市场开发、景观建设、资源保护、景区综合管理、文明创建等方面取得良好成绩，获“鼋头渚牌旅游服务——无锡市名牌产品”“携程旅行口碑榜——最佳互联网创新景区”以及“中国最佳赏樱地第一名”等荣誉称号。

（刘 宇）

【传统花事节庆活动】 年内，鼋头渚景区持续推出新春除夕撞钟祈福活动、春季兰花展、太湖国际樱花节、花菖蒲节、金秋渔家风情节、中秋国际烟花大赛等系列旅游节庆活动，并举办建园百年系列活动。其中，樱花节活动经过逐渐品质提升，受到央视、澎湃新闻、腾讯等权威媒体关注，被蚂蜂窝网评为“中华最佳赏樱胜地”之首，在新华网主办的2016创新“互联网+全域旅游”暨第四届旅游业融合与创新论坛上获“2016最美中国榜——最具影响力特色节庆”称号。中秋之夜，举办国际烟花大赛，邀请意大利、西班牙、比利时3个国家的著名烟花制作燃放企业策划组织烟花表演，中央电视台中文国际频道《传奇中国年》节目向全球直播烟花大赛盛况。

（刘 宇）

【建园百年系列活动】 年内，鼋头渚景区举办建园百年系列活动。5月19日，承办“5·19中国旅游日”江苏分会场活动，全面策划编排系列暖场节目表演，以四代同唱百年鼋头、“畅游江苏感受美好”快闪舞蹈、“畅游江苏”百年景区联盟优惠年卡首发赠送等形式多样的主题与表演，系统地宣传文明旅游、江苏旅游、无锡旅游、百年鼋头渚发展历程，吸引众多游客和当地市民，起到口口相传的宣传与口碑作用。10月28日，承办“百年之约，圆梦之旅”鼋头渚百年系列活动收官庆典会演展示活动。围绕景区百年历史，举办百家媒体聚焦鼋头渚、百年鼋头渚主题图片展、百年鼋头渚老照片征集等一系列活动，受到市民与游客的高度关注与踊跃参与。太湖鼋头渚渔家风情节期间，鼋头渚以“鼋渚故事、百年华诞、卡通动漫”为主题制作造型各异、题材丰富的绿雕作品，为百年鼋头渚增色。为纪念鼋头渚建园百年，鼋头渚景区出版系列文化丛书，主要有《太湖鼋头渚建园百年百景图志》《悦读鼋头渚》《太湖鼋头渚近代园林研究》等。

（刘 宇）

【“太湖船菜”跻身省级“非遗”】 年内，鼋头渚景区继续加大对横云饭店“锡帮菜烹制技艺”和“太湖船菜”非物质文化遗产的传承、开发与推广，进一步创新太湖船菜菜肴品种，提升品质。结合国际樱花节、中国旅游日、渔家风情节等系列节庆活动，主推太湖船菜系列菜肴和探索夜市经营模式，让游客在百年老店能品尝到正宗的“太湖船菜”。1月，“太湖船菜”跻身省级非物质文化遗产行列。

（刘 宇）

【丰富休闲体验产品】 年内，鼋头渚景区不断丰富水上运动体验项目，引进“太湖飞鱼”号漂移艇并投入运营；推出7桅船太湖休闲游项目，游客在船上游湖品茗同时还可参与升帆、拖网捕鱼等互动体验；新增长春桥至万浪桥水上瞭望鼋头渚美景慢游航线；新设充山水景苑摇橹船水上观光休闲项目；延伸管社山区域的游船航线。同时，结合景区樱花、兰花旅游品牌，开发推出樱花酒、兰花酒、樱花食品、樱花饰品等系列产品，丰富景区旅游特色产品。

（刘 宇）

【提升景区环境】 年内，鼋头渚景区建设完成充山停车场工程项目，在2014年、2015年基础上，继续完善充山停车场建设，通过调整绿化隔离带，合理设置停车位，扩建停车场2000余平方米（约60个停车位），进一步缓解景区游览高峰停车困难。实施“花神庙”建筑物的修缮和文化布置及周围绿化调整与环境提升，完成水景苑观景栈道和平台建设以及水景苑茶室改造及周围环境布置，实施充山隐秀大草坪景观改造和充山隐秀区域游览步道的延伸建设和周边绿化景观调整改造。

（刘 宇）

编辑 周胜忠 郭 鹏

民 航

【概况】 2016年，无锡民航连续实现第13个安全飞行年。运输生产大幅上升。全年完成旅客吞吐量556.2万人次，比上年增加95.3万人次，增长20.7%；完成货邮吞吐量95983.7吨，比上年增加6923.7吨，增长7.8%；完成运输起降架次45461架次，比上年增长18%。机场驻场飞机总数达到17架，其中，深圳航空有限责任公司无锡分公司7架，中国东方航空江苏有限公司无锡分公司10架。全年通航城市52个，其中，国内航点34个，国际地区航点18个。新引进九元航空、台湾华信航空、新加坡欣丰虎航空、越南航空、捷星太平洋航空、天空吴哥航空等航空公司开通航线，年内运营客、货航线68条。其中，国内航线48条，国际地区航线20条。初步构建起覆盖国内、辐射东北亚、东南亚的航线网络，日均航班量124架次，平均客座率78.4%，平均载运率77.1%。航空公司总数25家，其中，基地航空公司两家：中国东方航空江苏有限公司无锡分公司、深圳航空有限责任公司无锡分公司；其他航空公司有：中国南方航空股份有限公司、四川航空股份有限公司、深圳东海航空有限公司、顺丰航空有限公司、中国邮政航空有限公司、九元航空有限公司、上海吉祥航空有限公司、台湾华信航空、台湾立荣航空、台湾“中华”航空、台湾复兴航空、越南捷星太平洋航空、泰国泰新时代航空、韩国真航空、韩国韩亚航空、印尼城市快线航空、新加坡欣丰虎航空、韩国德威航空、香港快运航空、越南越捷航空、越南航空、菲律宾菲亚航空、柬埔寨天空吴哥航空。深圳航空有限责任公司无锡分公司完成飞行4.2万小时，中国东方航空江苏有限公司无锡分公司完成飞行3.7万小时。中国航油无锡供应站保障航班22950架次，加出航油14.6万吨，比上年增长20.2%。无锡东航食品有限公司保障航班10481架次，全年航空配餐量154.3万份。顺丰速运无锡中转场完成货邮吞吐量51207.4吨，比上年增长11.6%。江阴华西通用直升机场完成通用航空生产作业飞行156小时，比上年增长76.5%；起落183架次，比上年增长112.8%。亚捷通用航空无锡有限公司完成通用航空生产作业飞行1269小时，比上年增长751.7%；起落3060架次，比上年增长784.4%。无锡华飞通用航空有限公司完成通用航空生产作业飞行37.5小时，起落106架次。通用航空企业适航在册航空器总数达16架，其中，江阴华西通用直升机场2架，亚捷通用航空无锡有限公司12架，无锡华飞通用航空有限公司2架。

(杨 华)

【硕放机场军民融合发展】 5月4~6日，军民深度融合发展试点工作成果验收会在苏南硕放国际机场召开。苏南硕放国际机场军民融合试点工作推进一年来，军民航本着既保证军队战备训练又有利民航发展的原则，周密安排，细化分工，紧密配合，在构建管理体制、健全工作机制、共享优势资源、联合应急演练4个方面实现融合发展，共同构建军为民用、民为军备、协调顺畅、优势互补的联合保障体系，并按试点工作任务要求，形成5类17项试点成果，为其他空军军民合用机场推进深度融合提供示范借鉴。6月17日，苏南硕放国际机场作为全国民航唯一代表，赴北京交流军民融合发展经验。

(杨 华)

【硕放机场年客运量突破500万人次】 11月22日16点45分，一架由青岛飞往无锡的MU2702航班载着133位旅客平稳降落在苏南硕放国际机场。航班上的仲XX幸运地成为苏南硕放国际机场2016年的第500万名旅客，标志着苏南硕放机场年旅客吞吐量突破500万人次。机场方面在停机坪上举办简短庆祝仪式，机场集团董事局主席王建南向仲XX颁发荣誉证书并合影留念。12年来，苏南硕放国际机场已发展成国内重要的大中型干线机场，着力构建“客货并举、主辅齐营、军民融合、持续安全”的发展新格局。

(杨 华)

【硕放机场完善配套功能】 年内，苏南硕放国际机场新增安检通道和海关、国检申报台，提高待检效率，缩短旅客等待时间；实施行李转盘改造，满足 A330 大飞机的起降要求，使进港流程更顺畅；新贵宾厅投用，建筑面积 7630 平方米，凸显江南水乡韵味，提升商务旅客的服务能力。货运业务创新发展，探索国际快件中心“邮件、快件、跨境贸易”三合一功能，实现 9610 模式跨境贸易首单，申请设立邮政互换局，争取引进邮政快递和邮航，设立国际邮件处理中心。真情服务打造形象，启动国际卫生机场创建工作，推出“空港商城”微信电商平台，丰富广大旅客对进口优质商品及候机楼特色商品的选择。

（杨 华）

【中国通用航空产业发展论坛举行】 10 月 18~19 日，首届中国通用航空产业发展(丁蜀)论坛举行。来自军民航领导、国内外知名航空器制造商，以及通用航空领域的领军企业、全国性的行业协会领导以及来自全国各地的客商近 200 人，共商通航产业在宜兴丁蜀的开发、建设、招商、运营，共同勾勒无锡市通航制造、通航运营、通航文旅的发展蓝图。宜兴市丁蜀通用航空产业园自 2015 年下半年筹建以来，丁蜀镇党委、政府大力推进通用机场载体建设，着力加快多元化产业发展步伐，致力在“十三五”期末把园区建成发展态势强、产业链条完整，在华东地区具有一流竞争力和影响力的通航产业示范基地。

（杨 华）

【重点通航项目开工】 10 月 18 日，道尼尔海翼有限公司双发船体式水陆两栖飞机总装项目、华飞航空发展(江苏)有限公司宜兴通航基地等项目在宜兴市丁蜀通航产业园集中开工。此次集中开工建设的 5 个重点工业项目，既有本土骨干企业实施技改升级的优质项目，也有国内外知名企业布局通航产业的高端项目。尤其是无锡华飞通用航空有限公司、道尼尔海翼飞机两个通航产业项目，作为宜兴通航产业发展的“先行军”和“桥头堡”，是丁蜀镇推进产业强市、打造产业高地的重要举措，也是正在规划建设中的宜兴通航产业园区的一个重要里程碑。

（杨 华）

【发展通用航空】 年内，通用航空企业适航在册航空器总数达 16 架，比上年增长 100%。无锡华飞通用航空有限公司获得 CCAR-91 部商业(非运输）航空运营人运行合格证，成为无锡地区第 3 家、江苏地区第 13 家获 CCAR-91 运行合格证的通航公司。亚捷通用航空无锡有限公司新增 8 架 PC-6 型飞机，在苏州地区完成首次航拍任务，并获国家民航局颁发的 CCAR-147 部《维修培训机构合格证》。江阴华西直升机场完成《机场使用许可证》换证工作，顺利完成 2016 年无锡国际马拉松、2016 年南京江宁国际马拉松、青海广播电视台“鳇鱼洄游季探秘青海湖”直播等航拍飞行任务。

（杨 华）

【完善航线网络】 年内，苏南硕放国际机场新引进 4 家航空公司，恢复新加坡正班航线，开通台湾高雄、台中及韩国釜山、泰国曼谷和甲米正班航线，以及韩国仁川、印尼巴厘岛、越南芽庄、菲律宾卡里波(长滩)等国际旅游包机航班。不断丰富国内航线，开通贵阳—无锡—沈阳、深圳—无锡—长春、无锡—昆明航线，加密广州、深圳、昆明、银川、沈阳、三亚等航线，新增无锡—银川—乌鲁木齐、北京—无锡—铜仁等航线，旅游旺季开通海拉尔、张掖、张家界、鄂尔多斯等国内旅游包机航线。引进华航 A330 宽体客机执飞台北，引进顺丰航空 B76 宽体全货机执飞深圳，引进友和道通 B747-200F 大型全货机试水临时货运包机航线，与韩国仁川机场缔结友好机场。苏南机场通航城市 52 个，其中，国内通航城市 34 个，国际和地区通航城市 18 个，日均航班量 124 架次，平均客座率 78.4%。实现 9610 跨境贸易新模式，探索国际快件中心邮件、快件、跨境贸易“三合一”功能，跨境电商 9610 模式顺利通关，拓展口岸新业务，加快航空快件业务发展，无锡市跨境电商公共服务平台顺利上线，给国际航空货运发展带来新的增长点。

（杨 华）

【打造智慧机场】 年内，苏南硕放机场顺应“互联网+”发展趋势，运用物联网技术监控管理机场围界，运用智能技术管理机坪，运用互联网技术联手“飞常准”打造智能候机宝，集成能源管理，运用 O2O 模式推出“空港商城”微信电商，丰富旅客对进口及候机楼特色商品的选择，创建高度信息化、真正意义上的智慧机场，提升综合运营品质和旅客满意度。机场顺应时代发展需求，推进“互联网+电商”合作项目，与阿里巴巴完成合作框架协议，打造具有特色的“智慧机场”，实现机场周边经济圈全覆盖的 O2O 及在线商圈，拓宽机场的增值服务；与腾讯公司洽谈，致力于联手打造省内首家微信智慧服务示范机场，旅客通过微信可完成航班、地图、值机、安检、停车、贵宾预约等自助服务；与天下网商完成战略合作框架协议，做好机场提货点以及微信微商城跳转合作洽谈。利用“互联网+宣传”构建新闻发布与舆论引导新平台，积极打造“两微一端”新媒体平台，为旅客提供航班信息、乘机知识、民航咨询等服务讯息，致力于打造具有民航特色的信息发布和电商平台。

（杨 华）

铁 路

【概况】 2016 年，铁路无锡站以客站改造为新起点，适新应变，攻坚克难，开拓进取，全站干部职工发扬“振奋、担当、创新”精神，坚持实干创新、强基达标，积极应对站改施工带来的各种挑战，车站运输安全、经营效益、企业管理等各项工作取得明显成效，实现“十三五”的良好开局。全年共发送旅客 1965 万人次，比上年增加 131 万人次，增长 7%；完成运输收入 20.83 亿元，比上年增加 0.19 亿元，增长 12%；完成其他业务收入 950 万元。全年完成装车 23573 车，货物发送 67 万吨，比上年分别增加 1966 车、4.35 万吨。同时完成重点物资运输和军事运输任务。车站全年消灭一切事故，确保春运、暑运、调图及 G20 峰会等重点时段的安全稳定，连续实现第五个安全年，获 2016 年度“江苏省文明单位”称号。

（魏 玉）

【运输安全总体稳定】 年内，铁路无锡站坚持现实安全和安全基础“两手抓”思路，抓住专业管理“一条主线”，充分发挥新机制和标准化建设“两个载体”作用。常态化开展安全宣传教育，宣传贯彻《中华人民共和国安全生产法》，加强安全“红线”解读和事故案例教育，安全风险意识得到强化。深入推进安全风险管理，加强风险研判，共梳理各类安全风险84项，细化制定控制措施448个；加强现场安全控制，各级管理人员深入现场开展对标检查10937次，发现问题3200个，有效实现九大安全关键全面防控。全面推进安全管理体系建设，修订完善《无锡站安全“红线”“黄线”管理办法》《无锡站安全质量管理考核排序实施细则》等制度、办法51个，清理修订有效技术规章17个，修订安全管理职责101个、工作标准92个、工作流程61个，编制完成管理人员履职指南91个。深化“三位一体”标准化建设，在不断总结和推进班组建设的基础上，把标准化建设延伸拓展到车间、科室。引进行车室电子占线板，建设完善平过道远程监控系统，更新信息机房空调系统，科技保安全的能力进一步提高。全年全站消灭一切事故，确保春运、暑运、调图及G20峰会等重点时段的安全稳定，连续实现第五个安全年。

(魏 玉)

【提升服务水平】 年内，铁路无锡站全面落实客运服务质量年和厕所卫生达标年工作部署，细化推进“三个出行”常态化措施，根据客站改造进度，及时调整旅客进出站流线，优化候车组织，方便旅客候乘。强化客站候乘环境整治，完善服务保障体系，精心打造“整洁美观、温馨舒适”的候车环境。重视服务品牌建设，加强“太湖明珠”雷锋服务站软硬件设施条件改造，将劳模工作室和母婴休息室统一规划建设，并从服务项目延伸、品牌内涵挖掘和机制制度建设上持续跟进，受到旅客的广泛赞誉，“太湖明珠” 雷锋服务站被评为全国“工人先锋号”。深化服务理念和路风教育，落实首问首诉负责制，推行现场接诉制度和电话回访制度，共处理“12306”转办投诉283件，现场接诉144件，确保旅客投诉件件有整改、有反馈、有结果。全年受到中央、地方各类媒体报道（表扬）90余次。在路局服务质量电话回访中，两次满意率100%，总体满意度99.5%。

(魏 玉)

【客站改造】 5月18日，铁路无锡站客站改造计划启动，工期计划安排30个月。改造工程包含候车室、站台、雨棚、天桥和地道等多处改造施工，涉及范围涵盖整个既有客站，在保留既有无锡站房的基础上，新建6486平方米规模高架候车室。由于周末、小长假客流量较大，为期近3年的站场改造施工给行车组织、客流组织带来一定困难，无锡站克服施工干扰，创新服务举措，确保服务标准不因施工而降低。做细做实引导服务工作，在高密度张贴引导标识的基础上，安排志愿者引导，在“南北广场天桥截断”等重要时期成立志愿者服务队，保证旅客顺利乘车，确保列车正点运行。

(魏 玉)

【调整旅客列车运行图】 5月15日，铁路无锡站调整旅客列车运行图，增开6个城市间普速列车。京沪既有线无锡站（南广场）增开往长治、榆林、聊城、漯河、九江、深圳方向列车5.5对：长治北—苏州K1149/K1150次，榆林—苏州K1323/K1324次，聊城—金华K1511/K1512次，上海—漯河K1048/K1047次，无锡—九江K1371/K1372次，深圳—苏州K35/K36次。其中，无锡—九江K1371/K1372次为始发终到列车，无锡6:16到/8:31开。增开安庆方向高铁。为充分发挥宁安客专（南京至安庆）运输能力，沪宁高铁无锡站（北广场）增开安庆方向列车6趟：G7072次、G7084次、G7092次、G7136次、G7140次、G7180次。新图实施后，沪宁高铁无锡站（北广场）自6:40至18:08，日常开行安庆方向列车增至11趟。增开徐州、蚌埠、合肥方向夜间高铁。京沪高铁无锡站（无锡东站）增开往徐州、蚌埠、合肥方向夜间高铁2对：上海虹桥—徐州东G7160次（无锡东20:12到/20:14开），上海虹桥—蚌埠南G7168次（无锡东21:32到/21:34开），上海虹桥—合肥南G7218次（无锡东18:57到/18:59开），上海虹桥—合肥G7214次（无锡东20:07到/20:09开）。增开高峰线列车5对：沪宁高铁无锡站（北广场）、惠山站、无锡新区站增开铜陵方向高峰线列车2.5对，分别是上海虹桥—铜陵G9232/G9231次、上海虹桥—铜陵G9236/G9235次、合肥南—上海虹桥G9351次；京沪高铁无锡站（无锡东站）增开徐州、合肥、六安方向高峰线列车2.5对，分别是上海虹桥—徐州东G9302次，上海虹桥—合肥南G9352次、G9356次，上海—六安D9502/D9501次。高峰线列车在小长假、黄金周期间开行。无锡火车站多趟列车停站停点、到发时刻进行优化调整，京沪既有线无锡站（南广场）：上海—北京南D322次，取消无锡站办客，每周二、三增开上海—北京南D312次。西安—上海T137/T138次提升为直达旅客列车，车次改为Z251/Z252次。原兰溪—南通T7786/T7785次、安庆—上海K8433/K8434次取消无锡站办客。沪宁高铁无锡站（北广场）：原上海—南京G7070次运行区段改为上海—南京南，同时车次改为G7060次；原南京—上海虹桥G7127次运行区段改为南京南—上海虹桥，同时车次改为G7107次，原上海—南京G7042/G7053次、G7029/G7032次，上海虹桥—南京G7126/G7135次、G7138/G7141次停运，原合肥南—上海G7225/G7252次取消无锡站办客。调整后，车站每天增加18对列车，总计开行列车278对。

(魏 玉)

公 路

【概况】 2016年，无锡公路建设完成投资27.5亿元。苏锡常南部高速公路初步设计获省发改委批复，开始征地拆迁，启动建设；常宜高速公路工程可行性研究获省发改委批复，完成初步设计审查；宜长高速公路初步设计基本完成。122省道，229省道江阴段、惠山段建成通车，新增国省干线公路43公里。公路养护精细化，年内，新接养普通国、省干线公路109.9公里，全市管养公路从14条普通国、省道增加到18条，普通国、省干线公路管养总里程615

公里。1月,正式履行312国道无锡段的养护管理工作。7月,对312国道无锡东段进行线位调整。全年普通国、省干线公路技术状况指数(MQI)为93.6,PCI、RQI(路面行驶质量)优良率均达92%以上,各项路况指标继续处于全省前列。宜兴渎边工区建成二类标准化养护工区,惠山应急基地完成机械标准化配置任务。

推进农村公路提档升级,建成农村公路47.6公里、农路桥梁23座,各项路网指标均优于全省平均指标。完成78.8公里省级县道大中修、66.8公里部级生命安防工程创建任务。出台无锡市"四好农村路"建设实施意见,宜兴市成为首批10家省级建设示范县之一,并圆满完成江阴峭岐村对口扶贫农路、机场支路部队段军民共建路建设任务。

执法能力持续增强,全年累计实施路政巡查63万公里,查纠涉路事件477起,实施路政许可31起,完成312国道、259省道、260省道、357省道、443省道5条国、省道部省级安防工程92公里,省级公路交通安全生命保障工程示范点3个,完善全市14条国、省干线公路764个集镇段公交站台、124个校车停靠点、3处学校路段安全设施,更新完善标线18.9万平方米、标志牌510余块。加强路面污染、违法非标、桥下空间"三项整治",组织路域环境专项整治22次,清理非标400余块,处置路面污染800余平方米,整治桥梁12座,处罚13件,处理9件。强化超限治理,全年组织24小时"治超"连续行动5次、专项行动4次;贯彻"治超"新政,坚持路警联合,依托全市5个超限检测站联合执法点和收费站联合处理点,开展路面"治超"联合执法专项行动。全年全市累计出动执法人员3万余人次,检查车辆20万余辆,查处超限车辆1600余辆,卸驳载货物1万余吨,发放超限运输非现场处罚《告知函》196件,动态称重检测系统超限率稳定控制在2.7%以内,受到省专项督查组的充分肯定。强化通行费征管,全市4个普通公路收费站规范高效使用电子联网不停车(ETC)和非现金(MTC)收费系统,推进实施苏通卡电子月票。严格执行"绿色通道"和重大节假日小型客车免收通行费政策,全年免收通行费640余万元。强化公路安全工作,开展"路政宣传月"活动,按规定时限向市"双公示"平台推送行政许可数据29条、行政处罚数据395条。全年围绕文明执法、规范服务、通行费征管等开展6次专项重点督查。强化公路安全监管,开展"安全生产月"主题活动,落实企业安全生产主体责任专项行动和12次综合督查,引入第三方检测机制开展辅助评估检查,全年公路安全态势平稳。

加强公路路网管理,无锡市公路管理和应急指挥中心建成投运;举行无锡公路桥涵防汛应急演练和大货车货物脱落引起收费站区车辆堵塞应急演练;全年编制路网分析报告24期,发布网站信息9500余条,受理社会来电450余个,办结政府服务热线和数字城管200余起,处置路网突发事件390余起。科技信息化水平提升,建立"三新"技术推广应用奖惩制度;"提高钢板桩围堰止水效果"QC小组被江苏省交通企业协会评选为2016年度省交通行业优秀质量管理小组。新改建342省道、230省道无锡段路网监测设施31套,建成指挥中心无线对讲系统基站并投入使用。启动"公路养护现代化综合决策分析系统"建设。完成第三届江苏技能状元大赛公路筑养路机械操作竞赛保障和参赛工作,无锡参赛队在省大赛中取得个人二等奖、三等奖和团体三等奖的优异成绩;公路处被省厅授予第三届江苏技能状元大赛公路筑养路机械操作竞赛特别贡献奖,被市交通运输局、市总工会、市人力资源和社会保障局联合授予第三届江苏技能状元大赛公路筑养路机械操作竞赛无锡选拔赛优秀组织奖。完成G20峰会保障任务,确保无锡入浙公路不发生影响安全、稳定情况,为峰会的顺利召开营造安全、顺畅、优美的公路通行环境。

公路客运市场全力稳住班线经营,抓好节日运输,圆满完成2016年春运保障任务,安全疏运公路旅客800余万人次。年内,无锡市公路管理处通过2013~2015年度江苏省文明单位和全省交通文化建设单位复核,2014~2015年度交通运输行业省级"青年文明号"复核工作,获交通部"服务保障先进集体",无锡市"执法为民先进单位""安全工作先进集体"等荣誉。

至年底,无锡市境内公路里程达7731.68公里,等级公路密度为167.1公里/百平方公里。其中,高速公路273.88公里,一级公路922.66公里,二级公路1720.11公里,三级公路1604.27公里,四级公路3210.77公里。全市完成公路客运量5785万人次,客运周转量66.8亿人公里;货运量1.3亿吨,货运周转量148.3亿吨公里。

(丁　悦)

【完成G20峰会无锡公路保障工作】 9月4号,G20峰会闭幕,无锡公路处圆满完成G20峰会无锡公路保障工作。峰会期间,无锡公路处规范收费,文明服务,塑造良好的公路形象;加强联动,密切配合,加强与交警、高速等横向部门的沟通,实现整体联动,做到信息共享、相互配合;加强演练,熟知预案,做好峰会保障期间应急队伍建设和应急物资的准备,保证应急装备处于良好技术状态;加强防范,强化"治超"。严控超限运输行为,防止超限货运车辆进入浙江境内,这一系列措施为G20峰会召开提供无锡段的公路保障。

(陈　偲)

【机场支路改建工程竣工】 10月31日,机场支路部队段改建工程顺利完工,并通过竣工验收。本次改建工程位于硕放机场南侧,为机场支路部队内部道路,项目起点位于机场支路断面变化段,终点位于部队内部道路交叉口,路线全长353.43米,主要工程规模将现状双向两车道改为双向四车道,在现状道路北侧新建半幅道路,拓宽宽度11米,路面结构为沥青混凝土路面;设中桥1座,长20米,宽11.5米;铺设d500雨水管(Ⅱ级钢筋混凝土承插管)293米。机场支路改建工程整体项目综合评分为94.1分。

(邵　蕾)

【229省道江阴青阳至惠山西漳段通过交工验收】 9月29日,229省道江阴青阳至惠山西漳段(北惠路—惠山西漳段)通过交工验收。229省道江阴青阳至惠山西漳段起点接229省道江阴段,向东利用暨

南大道(357省道)下穿新长铁路跨锡澄运河，而后路线折向南沿锡澄运河东侧，跨塘河，下穿京沪高铁，分别与北惠路、沪宁高速公路、锡玉路、中惠路(规划340省道)交叉，跨锡北运河，下穿锡宜高速公路，终点接312国道。路线全长13.46公里，双向六车道一级公路标准，设计速度80公里/小时，桥涵设计汽车荷载等级公路Ⅰ级。

(徐　钢)

【312国道无锡东段改线】 7月1日，市公路部门按调整后的范围对312国道无锡东段正式履行管养职责，按照精细化的要求加强管理和养护，确保公路安全畅通。312国道起自望虞河大桥，以现有经一路延伸段和经一路段至雪梅互通接上312国道，替代原312国道无锡雪梅互通至230省道具区路口机场路段，共7.3公里线位，原312国道与230省道环湖线的共线段作为230省道使用。改线后新312国道将沿经一路通行，不再穿过新吴区境内，经一路的作用得以充分发挥；原有312国道无锡东段的机场快速路为城市道路，该路段车辆拥堵状况可得以缓解，出入苏南硕放机场的通行环境得以改善。

(俞　迪)

【312国道路域环境整治】 3月，锡山区公路管理处全力组织养护、路政部门和施工单位多措并举，开展312国道(锡山段)为期1个月的路域环境整治行动。采用机械施工与人工作业相结合的方式，出动人员约1200人次、养护机械设备90台次、垃圾清运车辆150辆次，对沿线路肩、边坡、边沟、道口垃圾、堆积物实施清理和转运，并对边坡进行整理，修复贯通边沟排水等系统。累计清除各类垃圾约3000吨，整理、恢复边坡约6000平方米。同时，在垃圾堆积物经常或容易出现的涉沟路段，铺设2200米的钢质防撞护栏，起到既完善安保设施，又防止垃圾偷倒的作用。安装隔音屏，解决噪音扰民问题，共完成友谊路大桥至新兴塘大桥等涉村路段900米“声屏障”的铺装。联合交警、城管部门开展三方联合执法，强化污染源头管控力度，重拳治理乱摆摊设点“顽疾”，对312国道K143等路段的流动餐点、违停车辆采用教育劝导、交规处罚等手段交替进行整治，取得良好效果。

(缪小兵　张　洁)

【新一轮县道网规划通过省级审核】 年内，无锡市新一轮县道公路网规划通过省厅公路局审核。无锡市新一轮规划县道选取节点303个，其中，行政类结点67个，经济类节点95个，交通类节点75个，市外节点66个，规划县道总里程1935.06公里，扣除重复里程、城镇段里程、县道提升省道里程、县道功能与国、省道重复段里程后，2020年规划期末净里程为1643.94公里，比上一轮规划县道里程(1460公里)增长12.6%，比2014年年底县道里程(1383公里)增长18.9%。

(王　栋)

【锡澄高速江阴南互通开通】 3月28日，锡澄高速江阴南互通开通。锡澄高速江阴南互通位于江阴互通与璜塘互通间，与沿江峭岐枢纽互通距1公里，地处徐霞客镇与云亭镇交界处。投资5.38亿元，呈双喇叭形，工程改建锡澄高速公路0.98公里，新建匝道8.06公里，改建主线桥梁1座，新建匝道桥7座，同步实施沿线交通工程、房屋设施、环境保护、绿化等相关配套工程。江阴南互通与一般高速互通相比，在匝道与高速公路主线之间增设集散车道，不仅满足规范要求，也实行安全通行的目标。江阴南互通收费站设18个出入道口，平时实施6进9出，预留1进2出，通行规模为近期8000辆车/天，中期1.5万辆车/天，远期2万辆车/天。

(袁静菊)

【锡澄线大修工程竣工通车】 12月30日，锡澄线大修工程竣工通车。锡澄线是江阴通往无锡方向的一条主要通道，原是229省道的一部分，229省道改至徐霞客大道后，锡澄线改为江阴市208县道，承担着江阴大量的过境及区内交通。近年来，由于车流量的增加和重型车载的不断作用，锡澄线全线路面破损严重。自2015年12月5日起，对锡澄线实施大修改造。改造起点为芙蓉大道互通，路线向南依次途经澄江、南闸、月城、青阳4个街道和乡镇，终点接上暨南大道，路线全长16.6公里，设计车速80公里/小时(镇区段60公里/小时)。全线原道路平面线型不作调整：芙蓉大道至青阳南桥段机动车道部分挖除路基后全线摊铺水稳和沥青面层，非机动车道局部修补补强后摊铺沥青面层，青阳南桥至暨南大道拓宽改造，断面宽度与芙蓉大道至青阳南桥同宽。项目投资1.77亿元。

(袁静菊)

【市公路管理和应急指挥中心运行】 9月，无锡市公路管理和应急指挥中心正式运行。指挥中心共有值班人员13人，其中，值班长1名，采用三班两运转的值班模式。指挥大厅设在大楼的四、五层，大厅显示屏由60块液晶拼接屏和2块LED屏组成。指挥中心秉承“36524”服务理念，即365天24小时全天候为公众提供服务，承担着路网监管、应急处置、社会服务及执法监督四大职能。新的指挥中心作为全市公路网的“指挥中枢”，通联省、市、县三级公路部门和相关行业，着力打造全覆盖、高效率、智能化的公路应急管理和服务平台。

(马　佳)

【免征通行费640余万元】 年内，无锡市公路系统严格执行重大节假日小型客车免收通行费和“绿色通道”政策，全年普通公路收费站免收车辆通行费640余万元。在2016年春节、清明节、劳动节、国庆节4个节假日期间，全市各收费站加强现场服务保障，设立小型客车免费通行专用车道，各收费站区安全有序畅通。各收费站鲜活农产品运输车辆专用“绿色通道”标识清晰，专用车道平整畅通，对符合运输鲜活农产品目录车辆及时免费放行。

(袁　方)

【苏南硕放国际机场地空联运定制服务启动】 1月28日，由无锡客运有限公司、江苏长运定制客运服务有限公司、苏州汽车客运集团有限公司、苏南硕放国际机场共同推进的合作项目——地空联运定制服务启动仪式在硕放机场举行。地空联运既是企业根据国家“互联网+便捷交通”行动战略部署，推进综合运输、满足旅客出行需求的重要举措，也是交通部在春运中开展的首批旅客联程运输服务试点工作。2015年7

月，省13个市专业客运企业共同打造道路客运出行线上平台“巴士管家”，并组建江苏长运定制客运服务有限公司，成为省首家“互联网+道路客运”试点企业。13个地市股东也分阶段同步成立市级公司，省、市两级公司实行一体化运作，统一线上预约、调度、结算、管理、营销、标准等，充分实现线上、线下的深度融合。江苏长运定制客运服务无锡有限公司由无锡客运有限公司和江苏长运定制客运服务有限公司共同出资成立，公司依托专业道路运输企业的优势资源，以“巴士管家”APP线上平台为支撑，推行门到门服务，为市民提供个性化、高端化、多样化的出行方式，彻底解决市民出行的“第一公里”和“最后一公里”问题。公司购置别克GL8、奔驰威霆商务车等各类车辆，所有车辆都取得营运资格，并取得“互联网+道路客运”试点车辆标志牌证；驾驶员均持有A1驾驶执照及合格上岗证，安全行驶公里数均达100万公里以上；同时除交强险外，公司还办理100万元第三者责任险及承运人责任险80万元/位。1月28日，江苏长运定制客运服务无锡有限公司定制快线正式运营，首班硕放机场至张家港班车从机场开出，定制客运服务无锡公司共开行硕放机场至江阴、苏州、常熟、张家港等多条定制快线。2月1日起，分批开行苏州、昆山、常州、南京、杭州等地的城际定制快车。客户可通过巴士管家客户端线上预约，或通过电话0510-82588188和400-100-0456线下预约。

（惠　勤）

【城北驾培推出“定制驾培”模式】 11月5日，由无锡交通城北机动车驾驶员培训有限公司推出的“定制驾培”新模式在华清大桥训练场开启。“定制驾培”项目位于华清大桥堍，占地面积3.8公顷，首批投入教练车18辆，在服务手段、服务内容、服务质量上真正实现人性化、规范化及智能化。与传统驾培模式相比，“定制驾培”将教练员与学员由师徒关系转变为服务与被服务的关系，从根本上打破“一车到底”“一师到底”的培训模式，实现“先培后付、自主预约”的驾培新模式。“一对一”的服务可以让学员根据自身情况选择培训时段、地点和教练员，确保学员享受更高端服务。培训按课收费，先学后付、满意付费，让收费更加合理、公开、透明。与此同时，为更好地确保学员在预约、培训、考试等一系列过程中数据的准确性、科学性和可控性，城北驾培引进各类智能化系统。11月19日，城北驾培与滨湖区服务中心在万达广场举行“定制任我学，服务零距离”暨爱心分享第7期义集活动。

（惠　勤　张　晓）

【“定制巴士”开进藕塘职教园】 3月4日、6日，无锡汽车客运站启动藕塘职教园往返车站的校园定制巴士，分别与周五下午从学校发往车站，周日下午从车站发往学校，票价5元，单程约30~40分钟，相比乘坐公交车缩短近30分钟。藕塘职教园拥有学生8万多人，周五回家、周日返校的需求具有规律性和稳定性。车站经过收集学生信息和一系列线路、时间的调研，决定开通校、站间的定制巴士。在组客、发车人员的共同努力下，首次发车两日实载率分别达75%和82%。

（惠　勤）

【无锡汽车客运站新推班线】 3月24日，无锡汽车客运站新推无锡至黄山班线，车型为45座大型高一级客车，配备ABS(制动防抱死系统)及车载GPS(高速大巴)，开车时间为6:00、10:00，票价115元，途经广德、河历溪、宁国、绩溪、歙县、屯溪站，运行里程408公里，行程时间约5小时。4月18日，无锡汽车客运站新推无锡至驻马店班线，车型为48座大型高一级客车，配备ABS及车载GPS(高速大巴)，开车时间7:45，票价250元，途经新蔡、平舆、汝南站，运行里程798公里，行程时间约10小时。5月17日，无锡汽车客运站新推无锡至南阳班线，车型为53座大型高一级客车，配备ABS及车载GPS(高速大巴)，开车时间15:05(隔天)，票价249元，途经桐柏、泌阳、唐河站，运行里程878公里，行程时间约11小时。6月26日，无锡汽车客运站新推无锡至宣城班线，车型为45座大型高一级客车，可调式活动座椅和冷暖空调，配备ABS及车载GPS(高速大巴)，开车时间7:10、12:45、13:35，票价68元，途经广德、十字铺、狸桥站，运行里程255公里，行程时间约3小时。7月16日，无锡汽车客运站新推无锡至洪泽班线，车型为47座大型高一级客车，可调式活动座椅和冷暖空调，配备ABS及车载GPS（高速大巴），开车时间7:15、12:40，票价111元，运行里程339公里，行程时间约4小时。8月12日，无锡汽车客运站新推无锡至涟水班线，车型为45座大型高一级客车，可调式活动座椅和冷暖空调，配备ABS及车载GPS(高速大巴)，开车时间7:10、8:05、13:40，票价103元，运行里程315公里，行程时间约4小时。

（惠　勤）

【无锡汽车客运西站启用】 4月26日，无锡汽车客运西站对外启用。无锡汽车客运西站位于无锡城际铁路惠山站对面，占地面积约1.73万平方米，建筑面积8000平方米，总投资8900万余元，按二级站标准建设，设计标准为日发送乘客0.96万人次，共设5个售票窗口、3个检票口，班次主要发往江阴、明光、太和、利辛、庐江等地。

（惠　勤　杨江锋）

公共交通

【概况】 2016年，无锡城市公交积极推进优先发展战略。行业立法不断完善，6月1日，《无锡市公共交通条例》施行，《无锡市公共汽车运营服务规范》和《无锡市公共汽车乘客守则》等2个配套文件出台。配合财政等相关部门制定出台新一轮公交补贴办法，明确2016~2018年，政府财政给予市属公交企业补贴资金由原来的4.5亿元增加到4.8亿元，为公交优先长远发展提供有力的政策资金保障。年内，全市新辟、优化公交线路38条，新增更新公交车59辆，公交分担率达28.2%。锡山区开通首条公交快线，惠山区加快微循环线路新辟力度，公交盲点进一步消除。一批绿色纯电动公交车投运，市区新建及改造公交候车亭112个，解放南路以内的138个滚动灯箱进行LED改造和接电亮化，主城区新建25个电子站牌，公交电子站牌总量增至85个。市运管处积极落实公共交通一卡通工作，在市区范围内实现公交、出租、地铁互联互通，被交通运输部授予“先进单位”称号。推进出租车行业稳定发展，3月1日起，免征收市区出租车经营权有偿使用费，清退预缴有偿使用费1188万元；12月30日，《无锡市积极稳妥推进出租汽车行业改革的实施意见》及《无锡市网络预约出租汽车经营服务管理实施细则（试行)》出台，行业总体保持平稳。牵头开展城市公共自行车前期相关工作，精心组织拟定市公共自行车管理办法。江阴市公共自行车发展迅速，累计投入约2500余辆，平均日租用量达6059次，被评为2016长三角十大公共自行车推广典范城市。

（李鹏飞）

【新辟公交线路】 年内，无锡市公共交通股份有限公司共新辟线路1条，开通专线2条、短驳线2条，优化调整线路82条次，调整营运时间线路3条。新辟线路为：3月16日起，新辟公交79路区间，公交79路区间由彩印厂始发，经锡澄路、惠山大道、天一路、水澄路、广石路、凤宾路、中山路、解放南路、通扬路、永丰路、南长街至中山路后循原线返回。开通专线、短驳线为：3月12日~4月10日的周六、周日7:00~13:30，开通扫墓专线，由青龙山路梅园小学旁始发，终点至青龙山公墓。3月26日起，逢周六、周日，开通赏樱专线，赏樱专线由无锡中央车站始发，经锡沪路、通江大道、兴源路、内环高架、金城路、环湖路、宝界桥、鼋渚路至鼋头渚景区。为配合樱花节期间的交通需要，3月26日起，逢周六、周日，同时开通鼋头渚赏樱短驳公交。鼋头渚赏樱短驳公交由中南西路与环湖路路口的临时发车点始发，经中南西路、鸿桥路、望山路、环湖路、宝界桥、鼋渚路至鼋头渚公交停车场。10月30日~11月1日，为配合“世界物博会”的顺利召开，开通世界物博会短驳线。该线由观山路地铁站3号出入口处始发，经观山路、贡湖大道、震泽路至博览中心，返回时经清舒道、清晏路、贡湖大道、吴都路、立德道、观山路至市民中心地铁站3号出入口。锡惠公交新辟线路为：1月30日起，开通703公交线路，该线由宜家家居一公交三场，途经宜家家居、广益哥伦布广场、中山路商业圈、南长街、阳光城市广场等多个商业点以及多个居民小区客流集中点。4月23日起，新辟632路阳山客运站—梅园公交总站线路，线路沿途停靠阳山桃源景区、胡埭工业园、胡埭停车场、胡埭商业街、十八湾风景区、梅园等区域。9月17日起，新辟650路，由政和大道公交总站—复地公园城，途经亿仁医院、时代广场等多个站点；新辟651路，由政和大道公交总站—省锡中小学部，早上6点始发；新辟652路，由政和大道公交总站—堰新苑。

（沈洁韵 周彦文 顾伟栋 杨佳茜 秦佳泽）

【市公交首批51辆纯电动公交车投用】 9月12日，51辆蓝色的纯电动公交车投用。纯电动公交车以电力为驱动能源，具有低噪音、低耗能等特点，车辆安全性和驾驶员操作的舒适度也有提升，不仅能为市民提供安静舒适的公交出行服务，还将实现零排放，改善城市环境和空气质量。每辆纯电动公交车有10组电池，在开空调的情况下，可续航200公里。无锡公交公司后续更新、新增的公交车以插电式混合动力公交车和纯电动公交车等新能源公交车为主，传统的柴油公交车将逐步退出，纯电动公交车的运营成本能降低40%左右。首批51辆纯电动公交车主要在太湖新城及各景点区域运营，考虑到充电站的位置和车辆续航里程，这些纯电动公交车初步投放在33路、135路、快5、358路、503路上，这5条线路的车辆全部更新纯电动公交车，每条线路的日客流量超5000人次。此次与首批纯电动公交车一起投用的，还有无锡市首座公交专用充电站。充电站位于太湖新城瑞景道公交场站内，全站占地近5000平方米，设有64个充电桩，1台充电桩可同时供2台公交车充电，全站可以满足100多辆公交车的充电需求。

（朱寒霞）

【90台新能源公交车投运】 年内，锡惠公共交通有限公司在提前报废90台黄标车的同时，更新90台插电式混合动力新能源客车。新能源客车区别于普通柴油车，新车装配油电混合动力系统，在时速低于22公里的情况下，车辆采用纯电驱动模式，发动机只负责给储电系统充电。普通车辆在起步时的油耗非常大，基本等同于怠速7秒钟油量消耗。较前年公司购置的12米混合动力客车不同的是，新车采用更为先进的天津松正四代混动系统，让车辆运转更加稳定。另外还加入“插电”功能，让车辆能够通过外置充电桩充电，确保车载锂电池充沛。与12米混合动力客车相似的是新车同样不需要在驾驶过程中频繁手动换挡，车辆前进与后退全由开关控制，油门加速、刹车减速，把握好方向盘就可以轻松驾驭，驾驶员劳动强度大大降低，同时市民乘车体验和舒适度也有所提高。

（杨江锋）

【市公交公司客服中心更名为服务中心】 2月1日，市公交公司原乘客服务部客服中心更名为乘客服务部服务中心，服务中心有服务热线与车载视频监控两大职能。服务热线除公司“82588088”热线、巴士信息服务网、微信平台等，还受理市政府“12345”热线、运管处“96196”服务热线转的乘客询问、导乘、寻物、投诉、沟通等事宜，主要向市民提供公交政策、线路走向、线路调整等信息以及提供乘客出行的公交乘坐及换乘方式，帮助乘客寻找乘车时遗忘的物品，受理乘客对公交服务的意见，了解乘客的建议和需求。视频监控中心主要负责每天检查公司所有营运车辆车载视频设备运行是否正常；每天对所有营运车辆驾驶员、乘务员进行服务动态考核，对于车载视频监控里驾驶员、乘务员相关违章情形及时进行回放或保存，按规定落实跟踪、汇总、统计、汇报；对于重点投诉线路跟踪考核并落实复查；根据安全监控内容及要求，认真完成ERP(企业资源计划)数据的采集分析，真实记录安全违章情形。

（袁 丹）

【推广预防车厢事故操作法】 市公交公司凤翔分公司开展“推广敬老服务 预防车厢事故”活动。5月、6月，分公司以多种形式开展大讨论活动，员工积极参与，谈敬老服务举措，谈预防车厢事故办法。7月，分公司安全管理中心将所有讨论出的办法、举措和经验加以总结提炼，最终汇编成“一稳二等多三点”预防车厢事故操作法，即平稳驾驶；等乘客尤其是需要帮助的乘客坐好后再起步，劝导乘客尤其是老年乘客等车辆停稳后再起身下车；多一点细心，多一点关注，多一点责任。8月1日起，市公交公司凤翔分公司正式推广执行该操作法。

（鲍灵浩）

【“大众出行”登陆锡城】 12月16日，“大众出行”无锡平台启动，首批接入平台的110辆出租车上路，这是无锡出租车企业首次推出的网络预约出租车服务项目。市民下载安装“大众出行”手机客户端后，即时网召这些巡游在锡城大街小巷的出租车，车费按无锡市出租车统一收费标准计价，除可以用支付宝等移动支付，还可开具正规的发票。接入平台的每一辆出租车和司机都经过严格审核，具有正规资质，车辆的运行状况随时可以监控，运营数据与交通监管部门对接，确保每一趟行程司机可查、车辆可查、路线可查。“大众出行”是国内首家由传统出租车企业自主运营的出租车网约平台，首批拓展的城市10个，无锡是继上海、苏州后的第三个城市。

（王建忠）

【推出“市民卡惠民”合作项目】 9月6日，无锡市民卡公司、无锡联通推进“互联网+惠民服务”，举行“智慧市民卡联通惠万家”战略合作签约，联合推出”市民卡惠民”合作项目。此次与中国联通无锡分公司战略合作，将在无锡范围内为广大市民提供更加便利的服务。做到双卡合一，即加快“市民卡”信息化进程，加速“手机市民卡”功能开发和推广，使手机集成实体市民卡的功能，实现手机乘公共交通、商户消费及公共服务。三卡合一，即在“双卡合一”基础上，进一步整合“企业一卡通”“园区一卡通”“校区一卡通”和“社会公共服务一卡通”，真正做到“一部手机走无锡、工作生活全在握”；便民利民，通过双方网点复用扩大服务面，为广大市民提供方便快捷的服务，市民卡和联通公司将互相进驻彼此的电商平台，成为特约商户，市民可通过无锡联通的微信、网站、手机APP等平台进行无锡市民卡网点查询、业务咨询等各项便民服务，同时，双方将推出更优惠、更具针对性的产品政策，为政府、企业和市民提供“增量不加价”甚至“增量更实惠”的服务。

（高文芳）

【市民卡“惠民金融”上线】 9月23日，无锡市民卡微信公众号特别推出“惠民金融”板块，为无锡市民卡用户提供安全可靠、利率合理的投资新选择。近年来，无锡市民卡公司以“互联网+”为导向，致力于实现市民卡的创新转型，重点打造互联网金融平台、O2O平台和电商平台等项目。市民卡已广泛应用于政府应用、公共服务、银行金融，以及电子钱包和联机账户的日常消费，实现个人信息、电子病历、健康档案的数据信息应用，并逐步成为政府科学决策、精细化管理、为民办实事、城市转型升级和智慧城市建设的载体。作为纯国资平台，市民卡“惠民金融”服务能够帮助有理财需求的市民推荐优质理财项目，即使是对金融领域一窍不通的新手市民，也能够在市民卡市民理财服务里选到一只真正的“绩优股”。市民卡APP也将上线，市民可以通过手机APP办理充值、查询、挂失、理财等业务。

（高文芳）

地铁

【概况】 2016年，无锡地铁1号、2号线全年累计运行513.51万公里，开行列车20.16万列次，运送旅客8267.1万人次，日均客流22.59万人次，比上年增长14%。高峰时段行车间隔从上年的8分钟缩短至7分钟，列车正点率从2015年的99.94%提高至99.97%，运行图兑现率从上年的99.95%提高至99.99%。进一步增强安全质量管理标准化体系建设，获得轨道交通运输企业安全生产标准化一级达标资质，通过三标管理体系复审。维护G20峰会等重大节庆期间的服务保障，地铁平稳运营并维持良好秩序。出台《无锡地铁年度贴心服务方案》和《服务明星评选办法》，推出流动服务岗、站长接待日、爱心接力等特色服务项目和便民服务举措26项，收到乘客表扬1291起，乘客满意度从上年的86%提升到87.2%。严格实施运营控本增效，实施车站通风照明管控、车辆牵引节能等36项控本举措，日均用电量比上年下降2%。地铁每公里运营成本为996万元，保持同类城市地铁运营成本管控的领先优势。

（李文程）

【启动第二轮地铁工程建设】 3月30日，无锡地铁3号线一期和1号线南延线进入主体施工阶段。其中，地铁3号线一期工程西北起自苏庙，东南止于机场，途经惠山区、梁溪区和新吴区，串联火车站、机场及地铁1号、2号线等枢纽，全长约28.5公里，设站21座。工程土建施工分11个标段，由中国中铁、上海隧道局等承建。地铁1号线南延线工程起自长广溪，止于南泉，全长5.2公里，设站3座。工程土建施工分2个标段，由上海市机械施工集团有限公司等承建。至年底，两条新建地铁线路工程完成产值19.54亿元。其中，地铁3号线一期17.44亿元，1号线南延线2.1亿元。大部分车站完成土建围护结构施工，进入主体结构施工阶段。盾构工程于10月开始，年内，双线累计掘进约1000米。为配合地铁主体施工，各项配套工程有序推进。地铁3号线一期完成住宅征收150户，完成率94%；非住宅征收103户，完成率98%；征收面积11.6万平方米。地铁1号线南延线完成住宅征收6户，完成率100%；非住宅征收5户，完成率70%；征收面积0.3万平方米。市政工程快速跟进，全年完成各类管线迁改3.6万米，疏解便道1.3万平方米，绿化迁改8565棵，整理绿地5.9万平方米。与此同时，按照市委、市政府关于“依法合规、安全稳定、勤俭节约、优质高效”的要求，在新线施工中实施“控本降造”（控成本、降造价）工作，对13个标段所有管辖项目进行成本控制分析，全年提出优化方案77条，预计可节省地铁投资5630万元。

（李文程）

【地铁4号线一期加快开工准备】 12月27日，地铁4号线一期工程可行性报告获省发改委批复，工程初步设计方案也通过市发改委审批，为2017年一季度依法全面启动建设创造前置保障。该线路总体呈南北走向，北起自惠山区刘潭站，南止于太湖新城贡湖大道站。线路全长24.54公里，共设置18座车站，全部为地下站。工程设置具区路车辆段和天河停车场各1处，设盛岸和市民中心2座主变电所，与3号线共用盛岸派出所，控制中心设置于1号线人民医院站附近控制中心内，共用线网控制中心。投资总概算为191.12亿元。在推进规划方案报批的过程中，地铁4号线一期标段划分、盾构施工工筹、供电迁改申请等施工前期工作已同步陆续开展。市政、土建施工图设计已全面展开，部分站点市政、土建施工图已完成出图。前期绿化、道路、管线迁改施工招标已经开始，第三方服务、土建施工等标段招标工作已经准备就绪。

（李文程）

【无锡地铁获首个国优金奖】 12月，中国施工企业管理协会授予无锡地铁1号线工程全国工程建设质量最高奖——国家优质工程金奖。该线路也成为1981年设置国家优质工程金奖以后，国内首个以全线、全功能申报，并顺利通过审定的轨道交通项目，也是无锡市有史以来获得的首个国家优质工程金奖，具有里程碑意义。无锡地铁1号线北起堰桥站，南至长广溪站，贯穿中心城区，全长29.42公里，设车站24座。工程于2008年立项批复，2009年开工建设，2014年5月竣工验收，7月1日通车试运营。作为无锡市第一个轨道交通项目，无锡地铁1号线在诸多方面实现关键性技术革新：三阳广场站建成6.6万平方米建筑体量、27个出入口，居国内两线换乘之最；自主研发盾构管片拼装系统，实现2.3万盾构环管片完美拼装；开展“城市地铁快速铺轨成套技术”研究，关键技术达到国际先进水平；自主研发的“无速度传感器控制技术”打破控制技术被少数国家垄断的局面；西漳车辆段解决小半径、大挑臂曲线桥桥梁重心不平衡问题；在世界上首次采用DC1500V接触轨钢支架等。无锡作为一个新型的地铁建设城市，在1号线项目启动之初就提出“建一流地铁、创运营典范”的愿景。在总结其他城市地铁建设经验教训的基础上，摸索出一条属于自己的“五位一体”（政府监管部门、建设单位、设计单位、施工单位、监理及第三方服务单位）管理体系，通过制度体系建设、优选建设班子和队伍、强化工程系统策划、探索样板引路、标准体系建设、创新第三方保险增值及全过程一体化系统考核等举措，切实保证工程安全与质量水平。所谓全线全功能过审轨道交通项目，包含地铁车站、系统设备、区间、场段、供电、车辆、调度指挥、行车及客运服务等所有方面的全部地铁工程，包含地铁所有区域、部位、专业、系统。

（李文程）

【地铁上盖物业取得突破】 9月19日，无锡市规模体量最大的地铁上盖物业项目——地铁1号线雪浪坪停车场上盖物业项目在经过115轮竞价后，由绿地集团旗下苏州润建置业有限公司以22.7亿元竞得该项目公司90%的股权及债权，溢价11.8亿元。无锡地铁集团有限公司持有该项目公司剩余10%的股权及债权，这是继2015年地铁1号线刘潭上盖物业项目转让后，第二个成功出让的地铁上盖物业项目。该地铁上盖物业项目是结合雪浪停车场上盖及周边白地设计的综合住宅区项目，位于无锡太湖新城，毗邻太湖生态带，是无锡城南休闲生活的门户，项目占地约16公顷，总建筑面积约46万平方米，地上建筑面积约39万平方米，是集地铁、住宅、商业、办公、公寓于一体的大型综合型地铁上盖物业，正在建设的无锡地铁1号线南延线雪浪坪站（暂用名）未来将与建成后的雪浪坪项目无缝连接。项目在9月21日获无锡市国资委批准后，9月22日产权交易平台发布其项目公司90%股权及债权转让信息预披露公告，11月9日发布挂牌公告，征集意向开发商，有4家国内知名的开发商入围并参加竞价，最终绿地集团旗下公司成功竞得。

2015年首个成功转让的刘潭上盖物业项目也于2016年9月19日开工建设。项目位于地铁1号线刘潭站东侧地块，经过一年多准备，项目主体定位为高端精装商务公寓，计划建成集餐饮、购物、loft公寓于一体的综合性物业。项目由层高99米的区域地标主楼及多功能商业配套建筑组成，总建筑面积近7万平方米，总投资超4亿元。

（李文程）

【轨道交通产业本土化培育】 年内，无锡地铁集团促成中铁一局城轨公司落户无锡。由中车株洲所和华中科技大学无锡研究院共同成立机器人与智能制造装备联合研发中心，并投资1.5亿元研发机器人智能磨抛系统和智能制造工程项目。梳理地铁3号线一期和1号线南延线等在建地铁线路的前期类、土建类、服务类、机电类和系统类五大板块近10亿元产值的本地化相关项目。

（李文程）

【地铁立法保护】 年内，无锡地铁集团按照保护区审批、巡查保护、执法指导“三位一体”地保体系，加强车站及周边不文明行为执法，推动地铁法治进程。全年完成保护区项目审批40个，完成巡查179次，巡查发现违规行为58起，开具违规通知书和举报函39份。做好车站安防工作，查获违禁物品1823件。开展安全生产月、文明乘车专项执法、防洪防汛等专项活动和检查150余次，发现问题780项，问题整改率98%以上。

（李文程）

【开通银联卡乘坐地铁服务项目】 8月8日，无锡地铁集团与人民银行无锡支行、江苏银联、各大银行协作，在国内率先实现金融IC卡（银联标志银行卡）乘坐地铁的项目应用。由于银联卡种类繁多、标准不一，因此技术集成难度相对较高。无锡地铁集团在对银联新标准进行深入梳理和技术方案多轮深化改造后，于上半年完成地铁相关设备系统的改造，对金融IC卡系统采取分段上线的方案，每个出入口方向暂时开放一部分闸机使用金融IC卡。9月1日，实现全部闸机开通。无锡地铁开通金融IC卡应用，在为本地地铁乘客提供更多选择的同时，依托银联卡的全国通用性，也方便外地旅客乘坐无锡地铁，为提升无锡城市现代化水平和旅游城市建设提供有力保证。

（李文程）

【推进公共自行车一体化进程】 无锡作为国内最早推行公共自行车系统的城市之一，为加快完善城市公交微循环，更好地推进公共自行车的一体化进程，市政府第64次常务会议明确由地铁集团作为市政府唯一授权特许经营公共自行车主体，负责全市公共自行车体系建设和经营。10月27日，由无锡地铁集团有限公司出资1000万元的无锡市公共自行车发展有限公司成立。公司成立后，城市公共自行车按照《无锡市公共交通条例》，依法纳入城市公共交通体系。公共自行车将从服务旅游景区"最后一公里"的配套设施，转变为服务城市出勤的公交"最后一公里"，顺应城市交通发展趋势，满足社区发展和市民诉求。按照全市五区一体规划、一体监管、一体经营，整合全市公共自行车资源，推动公共自行车全市一体化运营。一期布点方案已经完成，计划在五城区布设416个站点，配置1.01万辆公共自行车，从规划层面改变原先各区分头经营无法"通借通还"的局面，真正把公共自行车打造为民生服务项目。

（李文程）

【第四届江浙轨道交通合同管理年会】 4月22日，第四届江浙城市轨道交通合同管理年会在无锡举行，来自江浙地区8个城市地铁公司的合同与造价管理的专家和同行参加会议。大会就"设备招标及合同签订中备品备件如何规范"及"合同管理过程中集团如何对分、子公司进行管控"等热点专题进行讨论，为各地地铁公司在以后的轨道建设合约管理中提出新思路和新方法，也为无锡地铁推动第二轮轨道交通建设、提升无锡市轨道交通合同管理，打下良好基础。2016年，无锡地铁着力规范合同管理人员行为管理，规范完善合同范本，加大对项目人员履约、变更执行、计量支付等的检查力度，全年组织合同履约检查10次、合同闭合检查6次，加大重大合同变更介入，全面掌握变更真实情况，加大先实施后审批的整治力度，有效规避经营风险，控制地铁投资。

（李文程）

【更新列车运行图】 4月28日，无锡地铁依据市民合理化建议，更新列车运行图。新版运行图对1号线末班车时间进行适当延后，并缩短地铁1号、2号线高峰时段行车间隔。地铁1号线堰桥站出发的末班车时间从22:04调整为22:12，到达长广溪站的时间由原先的22:55分调整为23:03。其他方向的首末班车时间均不变，各车站的首末班车时刻表也同步更新。高峰期列车班次间隔缩短至7分钟。鉴于地铁1号、2号线客流总量不同，客流组成不同，大客流出现的时段不同，地铁新运行图首次明确早、晚高峰的时间段，并缩短行车间隔。调整后的无锡地铁1号、2号线运行图将工作日、周末和节假日的高峰期列车间隔缩短。具体为：周一至周五的早、晚高峰为7:00~9:00、16:30~18:30，周末及节假日高峰为10:00~18:00，列车行车间隔缩短为7分钟。除此之外，其他时段为平峰期，行车间隔时间8分钟。在高峰时段，地铁1号、2号线将各增加两列车，将有限的运力以更科学的方式进行调配。

（李文程）

【地铁特色党建】 年内，无锡地铁集团以地铁城际党建联盟为平台，积极促进地铁集团与联盟单位之间有效互动。全年吸纳新成员单位26家，开展"关爱身边的地铁建设者"等主题活动12次。扩充志愿者队伍12支，共计1000余人。设立700余平方米的党建活动基地，接纳各类党建活动15次，共计500余人次。搭建"地铁+铁路"爱心接力网，组织"重温入党誓词、争当实干先锋"誓师大会。开展"关爱地铁建设者"，构建地铁项目"铁三角"，推广"幸福项目部"和"廉洁项目部"建设等，形成多方融合、资源共享、开放互动的基层党建格局，推动党建覆盖和党组织作用发挥的同步提升。开展"百名党员干部进工班"活动，168名党员干部累计进工班逾千次，收集问题近千个，提出合理化建议百余条，汇编"两学一做"系列丛书5本。无锡地铁特色党建模式，被江苏新时空等省级媒体集中报道。

（李文程）

水路

【概况】 2016年，无锡航道部门完成投资10.6亿元。锡澄运河航道整治工程扎实推进。新夏港船闸正式通航，石幢桥、茶岐桥、先锋桥完成交工验收；沿山大桥完成结构贯通；滨江路桥基本完工；市区段工程取得突破，151#铁路桥开工建设，市区北塘段征地拆迁工作全面启动。锡溧漕河二期航道整治工程进展顺利。和桥、屺亭两段航道整治工程重新单独立项，完善土地、规划、环保手续；和桥段已开工建设，完成老驳岸加固水下砼浇筑190米，新建钢板桩护岸387米；完成锡溧漕河大桥施工图设计审查。锡北线航道整治工程完成桥梁及标志标牌交工验收。苏南运河竣工验收工作基本完成竣工审计。水上服务区建设加快。建成投用3个，在建4个。在建的锡澄运河惠山水上服务区设计方案通过论证，新夏港水上服务区完成主体工程，锡北线水上服务区完成护岸工程，芜申运河徐舍水上服务区已完成征地拆迁。10月，苏南运河洛社服务区通过交工验收并交付使用；宜兴芜申运河服务区、苏南运河新安水上服务区进一步完善拓展服务功能。芜申运河宜兴段水上服务区"怡心港湾"被表彰为全省航道系统服务品牌、无锡市优质服务品牌和江苏省交通运输系统优质服务品牌。航政管理加强。年内，累计巡航80762公里；开展综合执法检查3次、专项检查2次，办结行政审批39件，加强各类标志标牌规范设置和管理维护，航标正常率99%以上，船艇质量优良率95%以上，设备完好率85%以上，收取赔补偿费722万元。组织执法培训7期，培训人员87人。加强对苏南运河渣土换装点的现场监管，严格查处偷排泥浆行为；强化战备锚地经营项目的监管；严格限定货物经营种类，保护航道整治成果。行业监管强化。汛期，江阴船闸停航6天，新老船闸集中排涝，在台风来临之前，将近500艘积压待闸船舶放行进入内河安全防风；全年进行5次安全培训，培训人数达200人次；开展安全检查20次，发现隐患143处，整改率100%；圆满完成G20峰会、物博会等航道系统的安全维稳工作。提高航道公共服务水平。完成《无锡市"十三五"航道发展规划》编制工作。全面完成2016年度日常养护工程和各项养护专项工程。制定《无锡市内河干线航道绿化和环境整治专项行动实施方案》，同时对影响船舶通航、航行安全的“卡脖子”段进行全面摸底调查。新夏港船闸顺利完成新老船闸的无缝对接，全面实施一站式服务运行模式。开展优化和完善“感知航道”信息化系统的专题调研以及锡山区、惠山区干线航道监控系统建设工作，全面建成新夏港船闸ETC便捷过闸系统。

至年底，无锡市航道总里程为1687.16公里，达到等级航道里程481.09公里。其中，三级航道76.83公里，四级航道66.24公里，五级航道117.84公里，六级航道90.57公里，七级航道129.61公里，等外航道1206.07公里。完成水路货运输量1.3亿吨，货运周转量313.7亿吨公里。

（陈武宁　蒋晓军）

【推进锡澄运河航道整治工程】 5月8日，无锡唯一的三级复线船闸江阴新夏港船闸建成通航。同日凌晨，锡澄运河原沿江口门船闸江阴老闸关闸停运。按Ⅲ级标准设计新的通江船闸新夏港船闸作为锡澄运河“五改三”航道整治工程的龙头项目于2012年7月18日开工，被列为交通运输部、省、市的重点工程，是无锡地区唯一按Ⅲ级航道通航标准建设的复线船闸，工程概算投资达5亿元，船闸规模为2×180×23×4.0(米)(双线×闸室长×口门宽×槛上水深)，能保障1000吨级单船通过，船闸设计年通过能力12494万吨。新夏港船闸在全省首次采用闸首错位布置、三墙两闸、全钢板桩闸室墙设计，避免大面积拆迁，节省土地占用1公顷，降低工程造价约600万元，该闸采用德国蒂森克虏伯原厂生产的热轧U型钢板桩。年内，桥梁工程中的石幢桥、茶岐桥、先锋桥建成通车，沿山大桥完成结构贯通，滨江路桥已基本完工，黄石大桥完成技术准备和交通组织方案编制。市区段工程取得重大突破，9月8日，省、市重点工程建设项目151号铁路桥开工建设，市区北塘段征地拆迁工作启动。至年末，合计房屋拆迁签约率92.06%，住宅类征地拆迁基本完成。4月，锡澄运河水上服务区配套设施项目开工建设。

（王敏丰　蒋晓军）

【锡北线航道整治工程收尾】 1月，锡北运河石新桥和南国大桥建成通车，标志着锡北运河“十二五”航道整治任务圆满完成。两桥横跨锡北运河，均按四级航道标准改建，桥梁通航净宽55米、净高7米，桥梁所在道路设计荷载等级均为公路-I级，设计时速60公里。石新桥位于无锡市锡山区与惠山区的分界处，是石新路上的跨河桥梁，主桥采用变截面预应力混凝土连续梁桥，跨径(50+85+50)米，桥梁分左右两幅，桥面净宽29米，主线全长860米、桥长425米，石新桥于2013年3月1日开工建设。南国大桥位于江阴市长泾镇南国村，是江阴X306云顾线上的跨河桥梁，主桥采用变截面预应力混凝土连续梁桥，跨径(45+75+45)米，桥面净宽18米，主线全长865米，桥长531米，南国大桥于2013年3月28日开工建设。年内，石新桥、南国大桥、锡山段完善项目，航道标志标牌施工项目通过交工验收，姑里桥段航道护岸修复工程竣工。锡北线水上服务区于10月8日开工建设，该服务区位于无锡东地区唯一一条省干线航道锡北线锡山区段，总投资1960万元，占地面积1.1万平方米，建筑面积1420平方米，建设主体工程分为房建和道路护岸两部分，预计建设工期4个月。

（蒋晓军　蒋　蔚　谢　俊）

【苏南运河无锡洛社服务区通过交工验收】 10月17日，苏南运河无锡洛社服务区通过交工验收。苏南运河洛社服务区新建工程于2014年10月开工建设，是苏南运河“四改三”省重点工程的重要组成部分，位于苏南运河洛社锡西大桥段，占地面积3.5公顷，服务区停泊港池为挖入式，岸线总长170米，可供20艘左右大型船舶停靠锚泊。该服务区建设综合服务楼2124平方米，船舶修理车间394平方米，具有航道管理、船用物资补给、船民生活消费、船舶维修等主要服务功能。

（沈　燕）

【加大渣土码头监管力度】 3月，为改善运河西路渣土码头周边环境，确保道路畅通及交通安全，最大限度地减少对周边地区居民的生活、出行影响，市航道部门积极加强对渣土换装点的现场监管，督促经营户严格落实防尘降噪各项措施，对1~5号码头临路牙设立的高2米、长约170余米围挡进行修整，统一围挡外观颜色及样式，并在围挡外立面张贴文明宣传标语，渣土换装点外部面貌焕然一新，优化运河西路沿河一侧的外部环境，提升城市整体文明。航政执法人员要求码头负责人继续保持好良好作业状态，杜绝反复，并要求码头方对堆放渣土做好覆盖措施，做好内部环境的保洁和冲洗工作。

（蒋晓军）

港口

【概况】 2016年，无锡港完成投资2.5亿元。无锡(江阴)港申夏港区件杂货码头扩建工程建成并投入运行，无锡(内河)港城郊港区新安大桥作业区码头二期工程基本建成，新增万吨级泊位2个、10万吨级泊位1个。行业管理逐步规范。开展沿江码头未批先建项目专项整治，18个码头共计64个泊位中有9个泊位已补办手续并完成港口竣工验收。无锡(江阴)港加快对接上海自贸区，推动江河联运发展，积极构建江阴港—洋山港、外高桥港快速通道，实施航线“北进、南扩、西上”战略，集装箱班轮航线52条，件杂货航线16条，全年累计完成货物吞吐量1.3亿吨、集装箱吞吐量47万标准箱。配合沿江港口一体化改革试点工作，加快锚地、岸线、集装箱航线三大资源整合，长江港口锚泊调度管理已明确管理机构和人员，对外受理锚泊申请，改革试点取得重要进展。全市542家港口码头企业，已发放港口经营许可证496张，持证率92%。安全管理加强。制定下发《2016年度无锡港口安全监管计划》，做好港口安全检查，开展危险化学品安全专项整治，做好危险货物水路运输从业人员考核和从业资格管理以及港口危货储存单位主要安全管理人员与危险化学品港口经营单位装卸管理人员的考核管理工作，组织3批121人装卸管理人员从业资格考试。稳步推进港口安全生产标准化工作，沿江13家危货码头和江阴港口集团、兴澄特钢、中粮麦芽3家重点普货码头通过安全标准化考评，内河码头7家危货码头安全标准化考评申请报省局。

（朱海清）

【江阴港口岸建设加快】 年内，江阴港口口岸系统围绕江阴市开放型经济和服务业发展，进一步优化发展环境。全港完成建设投资1.47亿元，中粮码头一期续建、港口集团大港码头扩建工程竣工验收，联合铁钢、中石化码头改扩建工程投入试运行，丽天石化码头改扩建工程建成，完成申港河航道疏浚二期工程。继续修编《无锡（江阴）港总体规划》，实施黄田港港区功能改造，生产性码头退城搬迁结束，配合做好城区渡口外迁准备。大宗散货码头实施粉尘防治综合改造，苏南集装箱码头大型港作机械100%电气化，港口集团、中船澄西、中信中煤新增5套高压船用岸电设施。电子口岸二期工程微平台、海关保税仓库管理、第三方检验机构卡口验放等系统投入运行，落实区域通关一体化改革，完善关检“三个一”（一次申报、一次查验、一次放行）合作配套措施，建立进口废钢船查验协作配合机制。开展江阴港“港口安全管理年”活动，口岸单位加强港口危险化学品进出口的协同监管，推进安全标准化建设，中信码头通过江苏省安全标准化二级考评，沿江危险化学品码头实施标准化复评，港口危险货物应急物资公共储备库启动建设，重大危险源信息平台基本建成。开展沿江及内河港口岸线资源普查、在建水运工程项目质量监督、港口经营服务人检查，继续推进港口未批先建行为、长江水上非法过驳市场等整治行动，建立内河港口管理协作机制，江阴港首艘港口执法艇建成并投入使用。推行联审会办、现场帮办等举措，优化审批服务，挂钩服务重点港口企业，解决实际问题50多个。至年末，江阴港拥有千吨级以上生产性泊位126个，舾装泊位8个。生产性泊位中，万吨级以上泊位38个，其中，10万吨级以上泊位5个，对外开放泊位40个。全年完成港口货物吞吐量1.32亿吨（不含靖江园区），集装箱吞吐量47.65万标准箱（外贸5.53万标准箱、内贸42.12万标准箱）。

（吴承彬）

【第三方检验机构卡口验放管理系统】 9月，由江阴市口岸办投资17万元、江阴电子口岸公司与江阴国检局联合开发的第三方检验机构卡口验放管理系统启用。该系统为省内首创，集成江阴地区合法开展业务的第三方机构检验人员数据库，通过第三方检验机构向江阴国检局提出业务申请，审核人员比对相关报检信息进行审核，审核通过后发放条形码。检验人员凭借条形码在码头卡口扫码确认进出，可以实时查看检验鉴定时长。

（吴承彬）

【试点保税仓库网上审核系统】 5月，总投资16.5万元的江阴口岸保税仓库网上审核系统上线运行，同期推出微信版。该系统改变保税仓库出入库传统纸质审核模式，被南京关区列入重点改革试点。作为江阴口岸国际贸易“单一窗口”的重要组成部分，该系统涵盖保税仓库管理中的出入库申报、修改、删除、货代委托等全流程，具有申报、审批进度提醒，单证的扫描查询、统计、导出、打印等功能。该系统运行后，江阴口岸辖区内12家保税仓库足不出户就可办理出入库单证审核手续，平均审批时间从原先的3小时缩短为3分钟。

（吴承彬）

【港口危险货物应急物资公共储备库启动建设】 6月，江阴港启动港口危险货物应急物资公共储备库建设，总投资280万元。11月，由江阴市口岸办（港口局）委托中国船级社质量认证公司南京分公司编制的《江阴市港口应急物资公共储备库建设方案》通过专家审核，根据江阴港口危险货物码头企业的颁布、作业品种、吞吐量和应急物资公共储备库的应急辐射范围，确定在石庄、利港、长山地区建设3处公共储备库，分别由3个码头企业提供现有库房改造为港口应急物资公共储备专用库房，应急物资种类包括检测、消防、减污、救生、个体防护设备等。12月，应急物资购置进入政府采购程序。

（吴承彬）

【开展港口安全专项督查】 3月9~11日，无锡市港口管理站会同无锡市交通运输局安全处、港口处开展“一节两会”期间全市港口安全专项督查行动。督查组对各市（县）、区港口管理部门春节期间安全生产工作开展情况和“两会”期间港口企业安全措施落实情况以及前期隐患整改落实情况进行督查，对宜兴、江阴、新区、锡山区、惠山区、滨湖区各个市（县）区所属的危货品码头进行抽检，对码头的硬件设施和储存设备进行一系列检查，查阅各个企业的安全生产资料和记录，检查出一些企业存在的安全隐患问题，要求推进落实整改，确保节日期间港口安全生产。

（倪　健）

联　运

【概况】 2016年，无锡联运公司继续面临物流市场萎靡不振、业务竞争白热化、物业租赁市场价格下跌等困难，紧紧围绕全年经济目标，在平稳中求发展，切实贯彻“物流、物业双轮驱动”战略，进一步盘活存量资产，优化企业经营结构，加强企业内部管理，完善各项制度机制，实现“十三五”良好开局。全年完成货运量8.32万吨，营业收入8667万元。继续整合业务资源，调整物流板块结构，在创新中求发展，使物流板块有一定抵御市场风险的能力。转变经营方式，拓展业务范围。收缩车辆比重，增加仓储业务，以仓储带动运输，大力推进物流总代理业务，提升综合现代化物流服务能力。继续依托铁路专用线和仓储，将仓储与运输紧密结合，不断提高仓储利用率。不断完善功能与服务，依靠服务质量拓展市场，加快仓储周转。同时，不断整合、盘活存量资产，按照“物流、物业双轮驱动”的经营战略，从全局出发，将锡甘路2号场地内的相关物业纳入物业管理板块，理顺公司对物业资产的统一管理，加强对新建联运大厦的物业招商管理，物流板块规模不断壮大。

（陈　航）

交通运输管理

【概况】 2016年，无锡市交通运输管理明确责任，狠抓落实，年度各项目标任务完成良好。服务民生，公共交通服务水平进一步提高。6月1日，《无锡市公共交通条例》施行，《无锡市公共汽车运营服务规范》和《无锡市公共汽车乘车守则》出台，《无锡市市属公交企业补贴资金管理办法》等实施，“智能公交行业监管与评价系统”建设有力推进，相关基础信息数据、实时监控、统计分析、服务考核、线网分析等多项功能开发形成基本成果。试点建设“爱心母婴候车室”，配置私密区、空调、尿布台、儿童座椅等设施设备，提升母婴服务功能，为怀孕期和哺乳期的女性提供干净、舒适、安全的休息场所。高新物流、西站物流等14个货运枢纽入选为全省道路货运场站“十三五”规划建设项目，10个货运枢纽成为无锡市交通运输“十三五”发展规划重点建设项目，货运枢纽建设投资达5.5亿元。城市配送试点企业与城市配送公共服务平台进一步对接，包括配送物品、货量、车型等信息可在平台实现对接，进一步提高城市配送效率。众盟物流在全市率先开通无锡—广州等8条公铁联运线路，公铁联运年货运量达70万吨。“互联网+无车承运人”试点快速开展，引导企业充分发挥“互联网+”在交通物流中的应用。进一步放开驾培市场许可，新增驾校、新增教练车必须达到新国标要求。科技支撑，信息化服务能力进一步增强。年内，全市二类以上维修企业基本实现维修档案电子化管理，320余家一、二类维修企业与市“汽车维修电子档案与跟踪服务系统”进行数据上传，占全市一、二类企业总数的35.9%，累计接入维修记录130万余条，建档车辆18万辆，零配件信息达6万多条，初步实现车主对自有车辆维修状况有据可查。

水上交通安全稳定，全年辖区内未发生一般及以上水上交通事故。共接处警465起，救助船民119人次，救助船舶85艘次，挽回经济损失224万余元，人命搜救率达100%，安全渡运游客500余万人次。汛期投入海巡艇642艘次，出动海事执法人员2938人次，实现汛期水上交通零事故。推进行政处罚查处分离、罚缴分离等措施，全年实施海事行政处罚案件58943起，比上年下降22.33%，其中一般程序24817起，占比数从上年的5.4%上升到41.61%。办理行政许可事项26294件，办件按时办结率100%，承诺件平均提速率63.5%，办件满意率稳定在98%以上。检验船舶1957艘，其中，新建船舶191艘，17433总吨；检验船用产品3187台(套)，审核船舶和船用产品图纸116套；实施船员各类考试246人次。海事现代化建设步伐稳健，开发建设海事综合管理信息平台APP，为一线的20艘海巡艇配备安装视频监控系统（每艘配4只监控探头），实现海事监控、应急事件、行政办公、行政许可等平台整合；利用VITS(船舶身份识别与轨迹传感器)及AIS(船舶自动识别系统)强化对船舶动态监控，辖区内安装1037台VITS设备，覆盖江阴、宜兴部分货船以及无锡市区所有旅游船客船等；锡澄运河航道AIS船舶报港辅助系统启用；制订执法记录仪使用管理规定，专人负责录入执法视频资料，并按期填写执法记录仪使用和管理台账。整顿行业作风，“船员之家”建设成效显著，开展全系统行业作风明察暗访工作，以领导带队和委托第三方相结合，实现一局三处20个基层海事所的全覆盖。

（李俊杰　杨　蕾）

【春节黄金周发送旅客128万人次】 春节黄金周期间，无锡地区累计发送旅客128.87万人次，比上年下降6.24%。其中，公路发送旅客94.69万人次，比上年下降10.73%；铁路发送旅客29.64万人次，比上年上升9.06%；民航发送旅客4.54万人次，比上年上升3.52%。市区公交发送508万人次，比上年上升0.73%；无锡地铁发送124.46万人次，比上年上升5.3%。黄金周初期，客流仍以探亲访友、旅游客流为主，为避节前客流高峰与高速公路拥堵，年后返乡客流有所增加。2月8日(初一)，无锡汽车站发送旅客比上年增长31%。2月11日(初四)返程客流开始启动，2月13日(初六)迎来返程高峰，高峰客流达20.5万人次。受节假日高速公路免费和油价持续低位等影响，私家车出行日趋增多。黄金周期间，沪宁高速无锡四大出口的小汽车日均出口量达3.68万辆，比上年上升3%。私家车出行对公路客运造成较大分流，中长途旅客共发送21.86万人次，下降3.06%。城乡短途发送旅客72.82万人次，比上年下降12.8%。铁路运能充足，各方向运量普遍上升。黄金周7天，沪宁、华南、华北、西南方向累计分别发送16.12万人、3.42万人、2.47万人、0.85万人，比上年分别增长2.73%、32.93%、21.87%、13.45%。

（蒋丽丰）

【实施运输证件年审和换证“双期合一”】 年内，市运管处针对客货运道路运输经营许可证、道路运输证年审日期与有效期不一致带来的不便，决定在不改变年审有效期设定原则前提下，对证件配发、换证过程中对证件有效期按照“正负六个月”原则进行修正，达到年审有效期月份和证件有效期月份的相对统一。同时，对于道路运输经营业户从事多项业务，且其相应的证件有效期不一致的情况，根据《道路运输管理工作规范》要求，以有效期较长的许可证件有效期为准，原年审有效期不变。实现两个有效期的相对统一，有效解决运输证件年审和换证日期不一致给业户带来的困扰，推进业务办理更加便民、高效。

（陈敏慧）

【国庆公路客运发送旅客134万人次】 国庆黄金周期间，全市公路客运累计安全发送旅客133.67万人次，比上年下降7.87%。其中，短途城乡客流94.23万人次，比上年下降6.62%；中长途城际客流下降明显，全市客运站累计发送39.46万人次，比上年下降10.53%。城市公交方面，地铁线网客流日均发送近25万人次，比上年增长14.61%；市区公交日均发送93.39万人次，比上年下降6.89%。全市主要客运站无锡汽车站累计发送旅客近26.1万人次，比上年下降12.92%。高峰客流从9月30日开始持续到10月2日，10月1日，迎来客流最高峰，达6.72万人次，比上年下降8.28%；10月3~5日，客流回落，主要以周边中短途为主;10月6~7日,迎来返程高峰。上铁无锡站黄金周期间共计发送旅客50.4万人次，比上年上升3.7%,其中,沪宁城际客流发送29.1万人次,比上年上升8.28%。假日期间,高速公路及过江通道拥堵，运力周转时间延长，日趋减少的常规运力在加班作业上调配更为困难。为确保及时疏运旅客，交通部门提前做好运力调配，组织1100余个加班班次，比上年增长12.7%。

(李俊杰)

【“爱尔岗”官方微博开通】 10月1日，省交通行业十大服务品牌——“爱尔岗”开通新浪官方微博。此次“爱尔岗”官微的开通,旨在及时向群众公布“爱尔岗”班组工作动态,接受广大市民的社会监督，同时加强与群众互动,听取民智民意,回应社会关切，让广大群众共同参与推动交通运输事业发展。随着苏南硕放国际机场扩容,“爱尔岗”应运而生，旨在为南来北往的旅客提供无缝隙交通导乘和零距离社会服务，为衔接航空运输与城市交通、服务旅客便捷出行作出努力，是加快交通管理职能转型，增强服务社会能力,延伸服务领域,深化服务内涵的创新探索，也是机场运管工作由单一执法型向综合服务转变的重要标志。创建以来,“爱尔岗”已相继获全国交通建设系统“工人先锋号”、全省十佳交通行业优质服务品牌、江苏省巾帼文明示范岗、无锡市“工人先锋号”、无锡市“青年文明号”等荣誉。

(徐 阳)

【首家对外经营集中充电站落户锡山】 年内,无锡首家对外经营集中充电站落户锡山，首批8根充电桩投入使用。该批充电桩中直流电桩3个、交流电桩5个,根据不同需求，可为市民提供快充和慢充服务。以一辆容量为150度电的电动大巴车为例，使用直流充电桩只需2个小时就能完成充电，可供行驶150公里左右。市民如有急事需要用车,用快充模式在半小时内，电动小汽车就能在直流桩上从零电量充到80%,按照目前主流车型满电200公里的设计里程，可以连续开160公里，完全可以满足市区内上班族日常通勤需求。此次投运的电动汽车充电站收费按基本电费和服务费两部分,按大巴车每千瓦时1.19元、小汽车每千瓦时1.55元收费。电动汽车一次充满电需要40元,而燃油私家车的出行成本是其3倍。

(马莉萍)

【春节期间水上交通平安有序】 2月7~13日春节期间,海事部门加大辖区干线航道和太湖风景区旅游航线的巡航检查和现场管理力度,维护船舶航行秩序和停泊秩序，确保水上交通安全畅通。春节期间每天派员督查，禁止不适航船舶投入节日运行，确保旅游客船载运游客11.7万余人次无事故；实行领导带班制,精心调配值班人员、装备,明确巡航重点和工作要求，确保值班人员到岗到位,电视监控系统、海巡艇等装备运转正常，及时处置各类水上突发事件;共出动海事人员168人次、海巡艇45艘次，巡航里程2256公里，全面落实各项安全保障措施;认真做好水上交通管制工作,保障石幢桥、望虞河角新桥、洛社园中路桥等涉水重点工程施工的顺利进行。1月20日,全市迎来明显低温雨冰冻天气,为做好抗寒防冻保障,发布各类预警信息5684条,出动海巡艇105艘次、执法人员506人次。

(崔明生)

【超高速艇“飞鱼8”成功试航】 3月2日，无锡市地方海事局对新建高速巡逻艇“飞鱼8”进行航行实验,该艇主要用于平静水域的缉私、巡逻、救助、反恐及抗洪抢险中的水情勘察、救灾指挥等任务。为达到设计航速且性能稳定，该艇主体材料选用进口铝合金减轻船体重量;配备3机3桨,3台主机呈品字形布置,选用表面桨提高效率。市船舶检验局严格按照相关规定的技术参数要求审核图纸，并按《航行实验大纲》进行起动、换向、负荷运行、倒车等试验,对船舶的航向稳定性、操纵性进行性能试验。在各方的努力配合下,试航获得成功。

(朱 菡)

【开展“夜游”客船突击检查】 6月5日夜间,为确保全市辖区旅游船舶安全监管落到实处,结合“安全生产月”活动,无锡海事部门出动海事执法人员14人次、车(艇)3辆(艘)次,对全市涉水旅游船舶经营公司开展夜间突击安全检查。本次突击检查两家旅游船经营单位，发现安全隐患5处，主要是应急演练未有效开展、安全管理制度不完善、部分船员安全意识不到位等问题。针对发现的问题,书面告知相关单位,限期整改到位。

(贺振亚)

【开展航运企业专项大检查】 7月15~19日,江阴市地方海事部门对全市7家航运企业进行平安船舶专项检查。在码头现场,检查组登船实查船舶的实际配员人数，核对有关船舶的驾驶证件，针对查处的问题结合文件要求,提出整改建议;随后又检查航运公司安全监管与预防污染监管的工作计划，结合检查的实际情况召开公司安全负责人座谈会，针对该航运公司安全管理问题及隐患整改情况提出说明和要求，并明确择日进行回访验收。该举措既维护船员管理市场的秩序，又保障航运企业的正常生产活动，得到辖区航运企业及船户好评。

(谭 洁)

编辑 周胜忠 郭 鹏

信息业

【概况】 2016年，无锡信息化工作面对世界经济不景气、地区局势复杂多变的大环境，以及国内转变经济发展模式，调整产业结构所带来新变化、新形势，全市奋力克难，开拓创新，推进信息化和无线电管理工作迈上新的台阶。年内，无锡获评中国智慧城市领军城市，并再次获中国智慧城市建设50强，中国智慧城市推进工作十佳城市第2名，“宽带中国”示范城市最佳实践奖(基础设施领先)，中国城市信息化50强第5名。在中国新型智慧城市建设与发展综合影响力评估结果通报中，无锡市位于第一系列中国最佳管理实践智慧城市地市级榜首，并以总分68.13分获中国新型智慧城市建设与发展综合影响力评估得分排名第一（高于广东佛山、湖北宜昌、江苏苏州等）；“中国无锡”政府门户网站获省辖市政府门户网站第一名，获全国地级市政府网站绩效评比第一名，实现六连冠；“中国无锡”政府门户网站公共服务平台入选2016中国“互联网+政务”优秀实践案例50强；全市无线电管理工作连续3年跨入全省先进行列。

（叶　军）

【完善通信基础设施建设】 年内，全市4G基站22372个，移动电话用户900.10万户，免费无线WiFi热点超过48000个，公交免费WiFi全面覆盖，继续保持国内领先。完成光网覆盖率100%，城域网出口带宽超过4.34T，全市宽带用户达到283万户，家庭平均接入带宽达到40.9M，无线宽带覆盖率99.1%。数字电视用户175万户，高清电视用户102万户，网络电视(IPTV)用户51万户，多媒体电视用户55万户。

（叶　军）

【提升部门信息化水平】 年内，全市各部门内系统整合、数据融合、移动应用成为年度主流。市民政局、住建局启动完成业务系统的一体化升级改造，国土局持续优化“四全”(全流程优化审批、全区域便民服务、全业务网上办理、全节点效能监管)系统，规划局深入拓展“无锡城乡规划一张图”系统，上述部门均实现业务一体化、管理规范化、决策科学化、应用移动化、监管智能化、服务便民化。市安监局完成安全服务云APP、无锡安监微信公众号、职业卫生监管系统、职业卫生普查系统建设，优化完善安全生产考试服务系统、行政执法智能辅助系统，推进事故隐患自查自报系统的使用，至年末，系统中已有监管人员用户1450多个，活跃企业用户2.7万多个，企业档案信息5.5万余条，全年上报事故隐患信息15万余条。全市综治信息系统采集各类信息320.94万余条，其中，综治基层基础信息9.55万余条，外来人口和特殊人群信息275.5万余条。

（叶　军）

【巩固信息安全】 年内，无锡通过购买服务方式，建立政府网站信息安全外部监测平台，定期对120个政府网站出具安全监测报告、风险分析及安全策略建议，及时发现和处理政府网站的安全隐患，提高政府网站的安全性；推动第三方力量建设全市网站信息安全监测平台，为全市社会化网站提供信息安全监测服务，及时发现安全漏洞和安全隐患。进一步推进法人数字证书一证通的实施应用，无锡市科技创新与产业升级引导资金申报和管理平台、无锡市企业信用基础数据管理系统三期和“中国无锡”门户网站政务大厅使用统一的法人数字证书，法人数字证书一证通已覆盖国税局、地税局、人社局、财政局、经信委、信电局等部门的八大应用，用户数达23.9万户。全年共组织开展4次网站群系统安全检测；开展2次网站群系统远程安全渗透，根据报告反馈的薄弱环节予以针对性加固；组织开展3次网站群的网络安全应急演练并修订完善应急方案。

（叶　军）

【开展CIO队伍培训】 年内，全市重点强化CIO(首席信息官)队伍建设，共组织开展5期CIO培训和1期信息安全保密主管培训。持续壮大CIO队伍，人数700名，并充分发挥信息化协会的助手作用，坚持每月开展信息化沙龙活动，推动本市信息化相关专家及企业间的交流合作。

（叶　军）

【推进智慧应用建设】 年内，智慧教育、智慧安防、智慧养老、智慧城管等一批应用提升工程取得实质性进展。"滨湖社区通" 上线运行，将111个社区（村）信息集纳在一个微信号上，搭建亲民互动的社区公众服务平台。市人社局"12333智能咨询云"平台，实现在线实时智能咨询服务。广电集团的"智慧无锡"民生云推出资讯、视听、互动、服务四大类30多个便民服务模块，近300万注册用户。市公安局深化视频汇聚管理平台，整合汇聚公安自建及社会面监控共36080路，实现政府应急、交通、安全等其他政府职能部门的共享应用，积极推进视频监控应用创新。无锡公安反信息网络诈骗平台上线使用，日均"过滤"拦截诈骗网址60余万次，拦截成功率98%以上，准确率99%以上。

（叶　军）

【深化数据共享】 年内，全市积极推动政府服务和政务数据共享开放。与腾讯公司合作建设微信城市服务入口，市公安局、市公积金管理中心、市气象局等相关部门提供51项公共服务事项。市民网页和市民邮箱软硬件平台已经建设完成，实现市人社局、市公积金管理中心、市经信委等部门95项在线办理事项，为市民提供个性化的网上政府管理服务。推进各部门加强政务数据的梳理和数字化，促进更多政府部门实现政务数据网上公开，并对公开的数据进行更新和补充，同时组织市发改委等部门多批次公开相关数据。启动2016大数据应用创新大赛（无锡），通过政府提供政务数据和互联网数据，创新城市大数据的多维度深度应用，探索政务数据与互联网数据的融合创新，推动大数据产业发展。

（叶　军）

【开展合作共赢】 年内，全市推动政企合作进一步深入，先后与腾讯、百度、阿里等知名企业签订共建智慧无锡战略合作协议。其中，腾讯与无锡合作率先在省内建成微信城市服务入口，阿里的创新中心即将落户新吴区，支付宝城市服务栏目即将上线，百度的夜莺智能客服平台免费给无锡市政府网站应用。

（叶　军）

【推进惠民工程建设】 年内，无锡积极开展惠民工程建设，至年末，共建成智能速递柜1150个，智能售菜机531台，智慧门禁1012个，企业累计投资超过3亿元，市民可以通过多种渠道方便地获得公共服务、生活资讯和社会服务。

（叶　军）

邮　政

【概况】 2016年，无锡邮政管理部门健全邮政监管体系，"平安寄递"创建活动取得新突破，日常安全监管工作有序开展，严格敦促企业落实 "三项制度"（收寄验视、实名寄递、过机安检），印制《无锡市快递企业实名寄递登记本》，联合公安、综治办开展"清源行动"，强化身份核验和物品信息登记管理。出台《无锡市快递企业信用管理办法（试行）》《无锡市邮政业突发事件应急预案》等政策文件。苏南快递产业园建设再上新台阶，被商务部评为全国智慧物流配送示范基地，无锡市被确认为首批智慧物流示范城市；"三进工程"（快件进小区、快件进高校、快件进政府）进一步扩面，全市已建成第三方公共服务类平台105个，投放智能快件箱1587组，格口数89900个。完成村邮站建设任务，年内，全市共建成村邮站240个，全面完成三年建设任务，进一步完善农村地区邮政末端便民服务网络；邮政速递物流联合交警、医院推出"警医邮"等各类便民服务项目。江南大学快递超市"智慧物流"模式带动无锡科技职业学院、无锡城市职业技术学院、宜兴开放大学校园"快递超市"的设立。跨境电子商务9610模式从初期的单日82件激增到1157件。推进"快递下乡"，拓宽特色农产品走出去通道，阳山水蜜桃被纳入省邮政农产品进城项目，中国邮政速递物流先后开通阳山水蜜桃、阳澄湖大闸蟹无锡—广东专机空运航线。

中国邮政无锡市分公司打造普惠的金融服务平台，持有银行、保险、证券3张金融牌照，70%的网点分布在农村地区，为广大市民、特别是农民提供全功能的金融服务。全年实现金融业务收入7.04亿元，比上年增长7.8%。对全区邮政网点布局和营业时间进行优化调整，加大对投递车辆和设施的投入，加强投递队伍建设，提高投递服务规范化水平，全年投递各类报刊邮件1.57亿件。改造营业网点16个、投递网点11个，改造总面积约6500平方米。新增金融自助设备13台，新增苏邮惠民便民服务站695个。新增

三阳百盛站主题邮局　　（沈振威　供稿）

电子银行注册数98.89万户,通过电子渠道转账交易数597.35万笔。实施投递车辆低碳化改造,城区329个投递段全部实行电动车投递,农村具备条件的投递段道推行电动车投递,统一更换为清洁能源车辆,减少机动车空气污染物排放,全年电动车投递车辆达493辆。至年末,共有职工3244人,资产规模为9.05亿元。共有邮政局(所)141个(其中,金融业务网点134个);全区共有邮路62条,投递段道910条,邮路单程总长度10967公里;邮乐购加盟店1396个,拥有邮惠万家、微商城等线上平台,构建线下线上立体化、多功能邮政综合服务网络体系。全年实现邮政业务收入12.15亿元,比上年增长12.8%。

年内,全市邮政行业完成业务总量84.02亿元,比上年增长45.48%;业务收入(不含邮储银行直接营业收入)56.86亿元,比上年增长35.63%。其中,规模以上快递企业完成3.48亿件,比上年增长30.34%;业务收入44.81亿元,比上年增长43.59%。邮政业继续保持高位增长的发展态势。

(徐 旻 仓富芝 沈振威)

【市邮政安全发展中心成立】 12月5日,市机构编制委员会印发《关于建立无锡市邮政安全发展中心的通知》,这是全省第一个获批的邮政业安全发展中心。中心为市交通运输局下属事业单位,委托市邮政管理局管理,相当于正科级建制,核定事业编制8名,经费渠道为市财政全额拨款,主要负责全市邮政行业运行安全监测、预警,参与邮政行业安全监督和应急管理等。

(徐 旻 仓富芝)

【苏南快递产业园成为全国智慧物流示范基地】 7月19日,商务部发布《关于确定智慧物流配送示范单位的通知》,苏南快递产业园成为全国智慧物流示范基地(园区),这是园区继"全国快递产业集聚发展示范园区"之后获得的又一国家级荣誉。园区内国际快件监管中心正式开展个人物品类国际快件进口业务,圆通航空物流江苏总部基地项目签约入驻,中国邮政长三角集散中心、中通吉航空物流项目建成投运。

(徐 旻 仓富芝)

【新吴邮政管理局挂牌成立】 11月30日,新吴邮政管理局成立,这是无锡第一家县级邮政监管机构,也是无锡完善邮政监管体系工作的重大突破。7月18日,新吴区快递产业服务中心获批成立,委托新吴邮政管理局管理,相当于副科级建制,经费渠道为财政全额拨款,核定事业编制5名。新吴邮政管理局的成立,将有力强化邮政行业监管,推动苏南快递产业园区等建设。

(徐 旻 仓富芝)

【主题邮局创建】 4月26日,全国首家紫砂邮局在宜兴市丁蜀镇开业。5月29日,善卷爱情邮局在宜兴善卷洞风景区开业。10月9日,地铁邮局在地铁三阳广场站启用。至此,无锡邮政已围绕景点、校园、文创等品类创建12家主题邮局,数量和质量在省内名列前茅。主题邮局以"传统+时尚"为特色,打造城市一道道亮丽的风景线。

(徐 旻 仓富芝)

【完成G20杭州峰会寄递渠道安保任务】 G20杭州峰会期间,市邮政管理局联合公安、国安等部门开展安全生产大排查大整治专项行动,加大安全检查力度,从严掌握执法标准。以最高标准、最严要求、最硬措施强化邮政、快递企业的安全主体责任,推动收寄验视、实名收寄、过机安检3个100%等安全防范措施真正落到实处,坚决将各类危险违禁物品堵截在寄递渠道之外,筑牢寄递渠道安保核心"护城河"。

(徐 旻 仓富芝)

【无锡跻身全国一级快递物流园区布局城市】 12月,国家邮政局会同国家发改委、交通运输部联合印发《邮政业发展"十三五"规划》,无锡被列为一级快递专业类物流园区布局城市,省内仅南京与无锡入选。规划共将全国快递专业类物流园区布局城市分为三级,其中,一级快递专业类物流园区布局城市35个,二级快递专业类物流园区布局城市57个,三级快递专业类物流园区布局城市则由各省(区、市)统筹规划。此次入选对于无锡实现产业集聚、经营集约、功能集成具有重要意义,将进一步拓展快递业发展空间,促进产业结构调整,提升区域经济竞争力。

(徐 旻 仓富芝)

【打造公共服务平台】 6月,市政府与江苏邮政签订《共同建设邮政公共服务平台战略合作协议》,全面推进中国邮政"一体两翼"战略。协议涵盖邮政普惠金融服务平台、电子商务物流配送平台、便民服务平台、邮文化服务平台等4个方面,市政府出台一系列扶持邮政发展的政策。邮乐购加盟店建设连续多年纳入市政府"为民办实事项目",除传统的代缴费、票务、分销之外,新开办小额纳税、机动车号牌寄递、中药配送、手机配送、彩票销售、包裹自提以及邮政金融积分兑换等服务,进一步丰富便民服务内容。7月19日,市政府与中国邮政速递物流股份有限公司江苏省分公司签订跨境电子商务综合服务战略合作备忘录,双方通过战略合作,打造"政府主导、企业运作、优势互补、共同发展"的模式,全方位推进国际和国内邮件中转中心、国际邮件互换局等配套设施建设,推动外贸发展转型升级,形成跨境电商"产学研商"合作的无锡发展模式。

(徐 旻 仓富芝 沈振威)

【打造电子商务物流配送平台】 年内,无锡邮政按照市委、市政府创建"国家电子商务示范城市"要求,发挥国内、国际物流通道的优势,深化建设无锡邮政跨境电子商务产业园,拥有"一园四区",包括崇安园区、锡山园区、宜兴园区和江阴园区,建筑面积近3万平方米,提供全功能的跨境电子商务孵化服务,推进传统外贸企业"上线"、国内电商企业"跨境"和社会大众创业。至年末,产业园已孵化跨境电商小微企业68家,吸纳跨境电子商务就业人员347人,全年实现跨境电子商务交易额3.2亿元,对推动传统外贸转型升级发挥积极作用。

(沈振威)

【打造"邮文化"服务平台】 年内,无锡邮政发挥邮票"国家名片"作用。对外,借助遍布全国乃至全世界的庞大集邮爱好者群体影响力,积极宣传无锡的城市形象和历史文化,全国签名封片研究会已永久性落户无锡;对内,打造公益性的"邮文化"平台,服务广大市民群众。先后举办"丙申贺岁·一壶风范"范伟群暨范家壶庄紫砂艺术展、"方寸宏图”——李晨邮票图稿特展、“冠玉撷英”——吴冠英作品展览、“大有文章”章剑华书法小品展等多场文化艺术活动，免费向社会大众开放，“邮文化”平台已成为深受欢迎的文化艺术交流基地和市民群众精神乐园。市邮政公司围绕无锡地方题材开发的《集邮文化百年鼋渚》《江南水弄堂》《万里江山入画图》《笔墨为邻之执子之手》《我从江南走过》等系列邮品，在全国集藏市场倍受欢迎，这些反映无锡历史文化底蕴的集邮产品成为宣传展示无锡城市形象的新阵地。

（沈振威）

全国首个 NB-IoT 窄带物联网规模商用网络启用 （梁华伟 供稿）

电 信

中国电信股份有限公司无锡分公司

【概况】 2016 年，中国电信股份有限公司无锡分公司(简称“无锡分公司”)推进全光网深度改造，加快实施宽带提速，年底用户平均带宽超50M，全省领先。协同推进 4G 精品网建设，网络质量保持全国第一。加快免费 WiFi 热点部署，运营水平显著提升。创新合作推进云计算中心建设，运营能力大幅增强。建成启用全国首个 NB-IoT 窄带物联网规模商用网络，为全市物联网产业发展奠定坚实基础。光宽带、4G、IPTV、翼支付、物联网、互联网+、云及大数据等业务能力显著增强。推广云盒电信电视、智慧家庭信息化等应用服务，提升市民幸福感知；与公安合作推出防网络诈骗平台，有效保护百姓切身利益。中国(无锡)国际数据中心三期项目奠基，由无锡分公司首次创新引入民资共同建设的大型数据中心进入建设施工阶段。与无锡高新区、无锡先导集团签约开建恒云太云计算数据中心。年内，无锡分公司获全国用户满意企业、省文明单位、市“六五”普法先进单位、2015~2016 年度无锡市单位内部治安保卫工作先进集体等荣誉称号。

（梁华伟）

【率先推出 500M 家庭宽带】 1 月28 日，无锡分公司向全市普通家庭全面提供 200M/500M 宽带，成为在全国率先全面推出 500M 家庭宽带的公司。200M/500M 宽带上下行速率大幅提升，较好地解决市民在观看 4K 超清视频、使用智慧家庭信息化应用方面的带宽瓶颈问题。

（梁华伟）

【“互联网+”产业园启用】 2 月 3 日，无锡分公司“互联网+”产业园建成启用。产业园位于商会大厦，为全市首家“互联网+”产品研发和孵化平台，将实现移动互联网、云计算、大数据、物联网等新一代信息技术与无锡传统制造业、现代服务业和民生应用有效结合，促进全市电子商务和行业信息化应用健康发展。

（梁华伟）

【打造防网络诈骗平台】 8 月 23 日，无锡分公司与无锡市公安局签署公共信息网络安全管理战略合作协议，共同推进落实公共信息网络安全管理项目，服务全市经济发展和治安稳定大局。9 月 1 日，双方共同研发的“反信息网络诈骗平台”上线，应用效果显著，成为全国首创的针对恶意网址有效拦截和风险阻断的防诈骗平台。

（梁华伟）

【与联通公司合作】 10 月 24 日，无锡分公司与无锡联通签订全面战略合作框架协议。根据协议，双方将认真践行央企责任，以实际行动深入贯彻落实国家“十三五”规划提出的“创新、协调、绿色、开放、共享”发展理念，共同开放共享包括网络、业务、服务在内的各类资源，以及探索业务、资本等各层面的合作，积极构建行业发展新业态。

（梁华伟）

【助力特色物联网小镇建设】 11 月17 日，无锡分公司与宜兴市杨巷镇政府达成宜兴首个特色物联网小镇项目合作。该项目聚焦物联产业和物联乡镇管理两个方面，通过统一化平台管理，实现数据共享和复制，致力打造出杨巷物联网小镇传统食品产销物联化、种养产业发展物联化、旅游产业发展物联化和乡镇街道管理物联化的四大特色。

（梁华伟）

【建成全国首个 NB-IoT 规模商用网络】 12 月 26 日，无锡市政府、新吴区政府、无锡分公司联合宣布：鸿山建成启用全国首个 NB-IoT 窄带物联网规模商用网络。这是继 2015 年 9 月无锡建成全国首个高标准全光网城市之后，在信息化基础设施建设方面在全国实现的新的领先和突破，也将为鸿山物联网小镇建设以及全市物联网产业的快速发展奠定坚实基础。

（梁华伟）

【推出千兆高速宽带服务】 12 月26 日，无锡分公司为市民全面提供“100M 起步、200M 主流、1000M 引领”的高速宽带接入服务体系，以有效解决市民在使用 4K 超清电视、智能家居等智慧家庭各类应用的带宽瓶颈问题，全面满足市民畅享智慧家庭信息新生活的需求。

（梁华伟）

【发布智慧家庭信息化服务品牌】 12月26日，无锡分公司发布"智慧家庭信息化服务品牌"，并为来自全市的"智慧家庭工程师"代表进行授牌，这标志着无锡分公司为市民家庭提供的家庭信息化、家庭智能化服务将更加专业、规范与优质。

（梁华伟）

中国移动通信集团江苏有限公司无锡分公司

【概况】 2016年，中国移动通信集团江苏有限公司无锡分公司（简称"无锡移动"）围绕"大连接"战略，加大信息基础设施建设，加强云计算、大数据、物联网、移动互联网等能力布局和应用研究，扎实推进各项任务，主营业务持续保持规模化发展态势，圆满完成各项重点目标工作。全力建设360度立体覆盖的完善网络，加快4G网络建设和5G网络前瞻部署，网络质量全省领先，4G地理和人口覆盖率均在99%以上。打造苏南中心绿色国际互联网数据中心(IDC)，为本地各级政府和企事业单位提供全方位的信息服务。在全省率先建成首个NB-IoT商用网络，承建无锡市物联网公有OneNET云平台，推进"智慧无锡"城市建设，上线各类成熟的标准化应用，助力优政、兴业、惠民。年内，公司获全国实施用户满意工程用户满意企业、省用户满意服务之星企业、江苏省质量管理小组活动优秀企业、无锡市政务服务工作先进单位等称号。

（罗晓婷）

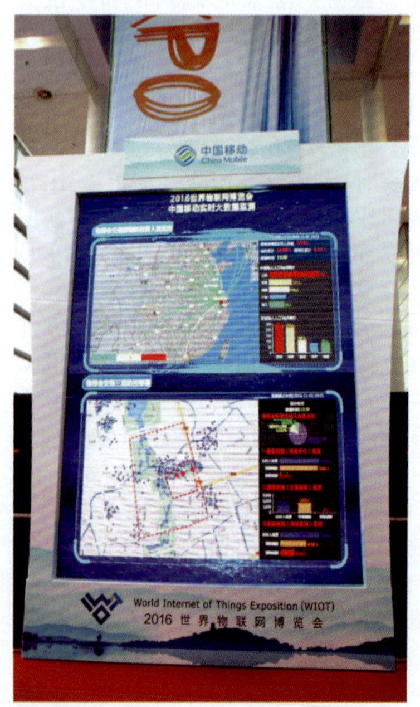

无锡移动安保三层圈实时大数据监控大屏

（罗晓婷 供稿）

【国土卫士安装"智慧眼"】 年内，无锡移动为江阴市国土资源管理局打造国土资源综合动态智能监管系统，为江阴两百多个基站铁塔安装视频监控，在江阴市国土局建设监控指挥中心。通过系统可方便地查看基站实时监控数据，并能调取历史数据进行调查取证。同时，借助基于移动4G网络的单兵执法终端，执法人员可将执法现场的实时视频及高精度地理位置信息（误差值可控制在2厘米以内）回传至监控指挥中心，真正实现视频监控采集、动态数据分析、实时实景监控等功能，确保国土资源信息的全区域动态监测、全系统协作联动、全业务信息共享，成功解决土地监管"地广人少"难题，从源头上有效遏制违法用地现象的发生。

（罗晓婷）

【优化沿长江4G网络】 2月，无锡移动启动实施沿江4G网络系统性整体优化工作，共建设开通宏站11个、室分3个，实施RF(无线射频信号)优化调整10处，改善弱覆盖区域8处。为形成对沿江景区重要道路的补充覆盖，还新开通黄山湖入口、滨江立交桥、公园路、鹅鼻嘴公园门口等4个小基站，实现宏+微立体式组网覆盖，显著提升沿长江段网络覆盖质量。沿江区域的4G网络整体覆盖率和4G平均下载速率均得到明显提升，为沿江岸线用户提供更便捷的4G服务，全面提升用户的满意度。

（罗晓婷）

【开发"和居家"医疗服务系统】 年内，无锡移动围绕国家"健康进家庭、小病在基层、大病到医院、康复回基层"的分级诊疗理念，创新研发以病人为中心的高清视频通讯管理技术，充分利用已经普及的电视、手机和互联网等基础设备和资源，低成本轻松实现手机、PC电脑、电视机等多种终端的便捷互联和高清视频通话。只要三级甲等医院、社区医院以及用户家中安装"和居家"医疗服务系统，就可以轻松实现远程会诊、居家医疗、健康监控等多种功能。自2015年12月推广以来，"和居家"医疗服务系统在市人民医院、市第二人民医院、市第六人民医院及市精神卫生中心等多家医疗机构长期试点，惠及全市12.9万户居民。该项目在第13届中国信息港论坛上获中国信息通信与"互联网+"应用优秀成果金奖。

（罗晓婷）

【助力"智慧教育"】 3月，无锡移动与市教育信息化管理服务中心签订合作协议，双方就教育城域网、云计算数据中心、智慧教育云平台等诸多项目展开合作。在教育城域网建设方面，无锡移动根据管理服务中心要求，参与"宽带网络校校通"和"无线校园"建设，合作共建专网，对符合接入条件单位实现有线、无线WLAN、"4G+"网络建设，为全市学校提供全方位网络资源服务。在教育资源与教育信息化应用建设方面，无锡移动依托已上线运行的无锡智慧教育云服务平台基础，采用移动互联网等形式，为教师、学生及家长提供互动、高清视频分享、教育资源等公益服务与增值服务，实现教育资源的共建、共享。此外，双方在教育信息化运营与服务体系建设、智慧教育"人人通"项目建设、教育信息技术能力培训及信息技术研发与推广应用等方面还开展多种形式合作。

（罗晓婷）

【宽带用户突破百万户】 7月，无锡移动宽带用户突破百万户。无锡移动始终坚持"网速快、价格省、服务优"理念，不断提升网络服务质量。网络方面，实测百兆宽带下行网速100兆比特每秒，上行最高20兆比特每秒；用户浏览网页、观看视频、收发大尺寸附件、体验4K超高清网络电视等均流畅无卡顿；宽带+4K超高清电视，数十万小时片源，近百个频道，带给用户极致体验。资费方面，安装移动光宽带，不限时、不捆绑固话、不强制购机、不收初装费，无论新装、续费用户，均有相应优惠。

（罗晓婷）

【保障江南古运河国际风情夜游节】 8月,无锡移动协同公安部门利用移动4G单警定位图传系统进行实时指挥调度,保障"花漾运河、美丽船说"2016江南古运河国际风情夜游节开幕式举行。因活动现场人群会跟随游船成片移动,传统的固定点位监控设备覆盖范围有限,无锡移动为现场5个安全责任区域共50名警察各配备一台手持式4G单警系统,可随着警察的巡逻移动,通过终端摄像头对活动人群进行实时跟踪监控,活动后台指挥部则可通过系统对各责任点位进行布控和现场画面调看,有效保障游船有序通行和现场群众安全。

(罗晓婷)

【建设4G"智慧商场"】 9月,无锡移动携手华为全力打造的"智慧商场"落成。在第三届中国大数据产业大会上,该项目入选中国大数据应用联盟"2016年度优秀大数据应用案例名单",这是全国唯一一个由地市级通信运营商打造并入选的大数据应用项目。"智慧商场"是一项基于4G网络、LBS基站系统的数字化综合解决方案,项目投入使用后,消费者能够享受到更加高速、稳定的室内手机上网体验,还可以轻松实现地下停车场车位查询、预定、导航和缴费,甚至反向寻车,在商场内搜索店铺和导航,实现无障碍购物。对于海岸城和内部驻点商家来说,则可以通过该系统轻松开展线上、线下结合的会员活动,实现会员和店铺管理。门店的精准营销优惠推送则节约消费者的时间,刺激消费者的消费。电子签到、店铺评分则可真正实现消费者和商家的良性互动,将网络营销运用于线下消费。此外,系统还能提供商场客流分析,提供安防预警、拥堵疏导等服务,打造更加舒适、人性化的购物环境。

(罗晓婷)

【NB-IoT智能停车场】 年内,无锡移动推出NB-IoT智慧停车业务,这是标准化端到端NB-IoT网络应用项目,将有效推动停车智能化管理普及,为广大车主带来切实便利。NB-IoT是一种基于蜂窝的窄带物联网技术,也是未来物联网领域的关键接入技术,具备四大特点:广覆盖,将提供改进的室内网络覆盖,在同样的频段下,NB-IoT比现有的网络覆盖面积扩大100倍;具备支撑海量连接的能力,NB-IoT一个扇区能够支持10万个连接;更低功耗,NB-IoT终端模块的待机时间可长达10年;更低的模块成本,预期的单个接连模块不超过5美元。相对于普通智能停车技术来说,NB-IoT智能停车系统凭借广覆盖、强接入、低功耗、低成本方面的优势,可实际解决开放型户外露天停车场布线接电限制等"智能化"难题。

(罗晓婷)

【首创安保三层圈实时大数据系统】 10月,2016世界物联网博览会在无锡召开。市公安指挥中心采用无锡移动首创的三层圈实时大数据监测系统指导物博会现场安保工作,确保会议顺利举办。安保三层圈实时大数据监测系统由无锡移动首创并首次应用于大型会议,该系统通过采集参展人员手机历史数据进行快速计算、分析、处理,化繁为简生成人流量、人力分布、逗留时长等关键动态数据,并以生动可视化方式展现,为安保防控决策提供高效的综合信息依据。指挥中心可根据系统监测的人流密度及分布态势等数据,实现快速、高效的联动调度指挥,及时调整警力及安保人员部署,采取疏导、限流、干预等措施,避免人流过度聚集,排除安全隐患。

(罗晓婷)

【建成全省首个NB-IoT商用网络】 11月,无锡移动配合无锡高新区启动无锡鸿山物联网小镇建设,基于中国移动OneNET物联网统一开放平台,依托中国移动在安全加密、云服务、大数据等方面的优势能力,结合鸿山小镇独有的吴文化特色和江南水乡风貌,帮助鸿山小镇打造全球领先的NB-IoT专网。同时,搭建鸿山小镇全球创客中心,聚集产业生态资源,吸引高校、创客空间、行业专家、应用开发者和投资机构的共同入驻,在智慧旅游、农业、交通、医疗、公共服务和环境等领域孵化出一系列成熟物联网应用,把鸿山小镇打造成集物联网技术研发、产业集聚、创客服务、应用示范于一体的全球知名物联网小镇。此外,中国移动物联网公司与市政府签订战略合作协议,在无锡成立分公司,部署开放统一的物联网公共服务平台,打造创客创新中心。

(罗晓婷)

【太科园IDC数据中心通过ISO双认证】 12月,无锡移动太科园IDC数据中心通过信息安全管理和信息运维服务方面最著名的国际标准认证(ISO 27001信息安全管理体系认证、ISO 20000信息技术服务管理体系认证),这是江苏移动首家通过双体系认证的IDC机房。无锡移动太科园IDC数据中心是江苏移动省级自有核心IDC机房,位于新吴区吴都路与菱湖大道交叉口西南侧,占地5.6公顷,分三期规划建设。一期1号楼于2014年投入使用,在2015年6月中国移动集团公司组织的IDC等级评定中获四星级等级认定。二期2号楼于2016年10月割接入网投运,三期3号楼和4号楼也将逐步交付。项目全部建成后总建筑面积将达8.4万平方米,总机架数将达1万个,出口带宽总计可达2400G。公司将持续在信息安全保障和IDC机房运维方面作出努力,不断提升太科园IDC数据中心服务能力和市场竞争力,更好地为政府和企业提供基础通信、网络、云计算等信息化需求服务,助力传统企业和信息产业融合发展。至年末,已有百度、爱奇艺、搜狐、乐视、金山云、多玩游戏等多家知名企业入驻。

(罗晓婷)

【"智能终端语音及数据安全通信系统"获认证】 年内,无锡移动联合中国电子科技集团所属中科芯集成电路股份有限公司联合打造的"智能终端语音及数据安全通信系统"通过国家商用密码管理局安审会答辩。经过专家团队现场系统操作、材料审查、闭门讨论等多轮考查,最终形成决议:该系统设计合理,技术先进,安全措施有效,文档资料齐全,一致同意通过安全性审查,并获准两个产品型号:"加密智能移动终端"(终端产品)及"加密智能移动终端服务器"(服务端产品)。两项产品具有良好的安全性、交互性,为政府和企业提供可靠、高效、便捷的信息安全服务,推进无锡市的信息化建设。

(罗晓婷)

中国联合网络通信有限公司无锡市分公司

【概况】 2016年，中国联合网络通信有限公司无锡市分公司(简称“无锡联通”)围绕市场导向，立足客户感知，强网络，提服务，树品牌，强化基础管理，狠抓执行落实，优流程，育人才，正风气。5月17日世界电信日，无锡联通在市中心崇安寺开展广场宣传活动，通过“4G+”精品网、宽带免费提速的大幅背景墙宣传，展示联通不断提速降费、主动承担社会责任的形象。现场工作人员向广大市民宣传4G合约、宽带免费提速、沃家电视，以及5·17网购节等优惠活动。启动第三方渠道测评工作，月均检测350厅次，进一步规范服务，提升口碑。在市消费者委员会和广电集团共同举办的“3·15诚信承诺”活动中，被评为2016年度3·15诚信承诺单位。江阴联通获无锡市放心消费活动创建办公室颁发的“无锡市放心消费先进单位”奖牌，获江阴市2015年度“维权先进集体”及“消费者满意单位”称号。宜兴联通被授予“2015年度维权先进集体”称号。

(马小敏)

【无锡联通与市民卡合作】 9月6日，无锡联通携手无锡市民卡，举行“智慧市民卡、联通惠万家”战略合作签约仪式。此次合作主题包含3方面内容：双卡合一，即加快“市民卡”信息化进程，加速“手机市民卡”NFC功能开发和推广，实现手机刷公共交通、公用事业缴费等功能；三卡合一，在“双卡合一”的基础上，进一步整合“企业一卡通”“园区一卡通”“校区一卡通”和“社会公共服务一卡通”，真正做到“一部手机走无锡、工作生活全在握(WO)”；便民惠民，通过双方网点复用扩大服务面，为广大市民提供方便快捷的服务，承诺推出更优惠、更具针对性的产品政策，为政府、企业和市民提供“增量不加价”甚至“增量更实惠”的智慧民生服务。

(马小敏)

【无锡联通与电信合作】 10月24日，无锡联通与无锡电信签订全面合作协议，双方将围绕总部和省分公司深化战略合作的部署，开展全方位、多层次的战略合作，进一步开放共享包括网络、业务、服务在内的各类资源，实现双方优势互补、合作共赢。深入推进基础设施共建共享，提升网络服务能力；积极开展运维体系合作对接，提高网络互联质量；加快推动营销服务双向联动，提供优质通信服务。双方将建立常态化的日常工作协调机制，由各专业线直接对接，实时沟通，确保具体合作项目落地实施。

(马小敏)

【通信保障】 5月下旬，无锡联通按照省教育考试院提供的考点名单，排定装维人员保障名单与巡检计划，与集成公司紧密配合，建立高效联络机制，确保问题及时发现和快速响应。高考期间，公司组织一支17人的保障团队、1台应急车辆，每天按各校要求时间准时进入学校监控中心待命，确保考点摄像头、视频编码器、交换机等各类设备线路无故障。

10月30日~11月1日，世界物联网博览会在无锡举办。自9月起，江苏联通省、市二级联动，成立由省网优与质控部、运维部、网建部及无锡分公司组成的保障工作领导小组，下设网优、网建等6个专项工作组，从相关专业及合作方队伍中抽调60多名精兵强将组成保障团队，全力打好博览会通信保障攻坚战。面对世界物联网大会通信保障网点散、专业多、任务重、责任大、影响广的特点，网优与质控部按照点、线、面3个方面进行全方位保障，共制定保障总体方案1个及专项场景预案17个。对无锡太湖国际博览中心、无锡科技商务中心、无锡高铁东站等八大重点区域的40多个重要场所、酒店进行优化调整；对博览中心及各个会场酒店共27条主要交通线路进行测试优化；对君来世尊、湖滨饭店等重要会场周边5公里进行优化测试和扩容，开通重要站点11个，基站扩容48个，用户数扩容1万个，基站天馈优化137个，参数优化373条，并在重点场所室分开通“4G+”网络。博览会期间，无锡联通保障团队启动7×24小时备战模式，各专业密切配合，网管实时通报告警；网优时刻监控网络运行指标；运维部每天出动100余人，进行电力、线路、机房、设备巡视，排除故障隐患。网优与质控部每天安排50余人，次对涉及会场及周边区域、交通路线等进行测试、优化调整、建设以及维护，联合厂家人员现场值守，2辆应急通信车人员现场保障，做到网络无拥塞，覆盖无死角，维护无隐患，保障通话和上网质量，大会期间自始至终通信运行畅通。

(马小敏)

编辑 周胜忠 郭 鹏

发展与改革

【概况】 2016年，无锡市积极贯彻新发展理念，把握引领发展新常态，全力推进供给侧结构性改革，统筹做好稳增长、促改革、调结构、惠民生、优生态、防风险等各项工作，各项社会事业持续发展。全年完成地区生产总值9210.02亿元，比上年增长7.5%；完成一般公共预算收入875.00亿元，比上年增长5.4%；完成固定资产投资4795.25亿元，比上年增长2.0%；城镇居民人均可支配收入48628元，增长7.8%；农村居民人均可支配收入26158元，比上年增长8.3%。

（凌　捷）

【加强战略统筹】 年内，市发改委推进"十三五"规划编制工作，印发《无锡市国民经济和社会发展第十三个五年规划纲要》，进一步明确无锡"十三五"时期发展的战略目标、主要任务和政策取向；统筹推进22个市级重点专项规划编制工作；协同做好梁溪区"十三五"规划纲要编制工作。牵头推进《无锡市"十三五"战略性新兴产业发展规划》《无锡市"十三五"现代服务业发展规划》《无锡市"十三五"人口规划》《无锡市"十三五"社会事业发展规划》《无锡市"十三五"能源发展规划》《无锡市"十三五"应对气候变化规划》《无锡市"十三五"循环经济发展规划》等多项重点规划，会同相关部门编制无锡市综合交通规划、通用航空发展规划、临空经济发展规划、市区热电联产规划、电动汽车充电设施规划、农作物秸秆综合利用规划等等。牵头起草《无锡市市（县）区科学发展考核评价实施意见》《无锡市市级机关部门（单位）目标管理考核实施办法》，加强对标和重点工作日常考核，增加半年度和季度考核，引导各级树立正确政绩观，促进全面可持续发展。紧扣无锡经济社会发展热点、难点和市委、市政府工作重点，认真梳理年内22个重点课题并开展调查研究。研究完成市社科联2016年重点课题《无锡重振产业雄风的重点问题和对策研究》《强化无锡长三角区域中心城市地位的策略研究》和精品课题《推动无锡健康产业发展的政策机制研究》。结合境外调研情况，完成《促进"西港特区"发展思考》的调研课题。开展锡澄宜重大基础设施一体化规划研究，牵头研究锡澄宜重大基础设施项目。完成新常态下能源发展思路等专题研究、非化石能源统计核算工作等。开展江阴—靖江工业园区调研。

（凌　捷）

【扩大有效投入】 年内，市发改委突出扩大有效投入，保持全市经济平稳增长。全市固定资产投资总额4795.25亿元，比上年增长2.0%；其中，工业投资达2045.54亿元，比上年增长7.1%。完成民间投资3248.8亿元，比上年增长2.1%，略高于全社会固定资产投资增速。将投资方向聚焦于产业，第二产业投资增长较快，完成投资2048.7亿元，比上年增长7%，高于全社会投资5个百分点，占全社会投资的比重达42.7%，其中，制造业完成投资1981.1亿元，比上年增长5.9%。房地产开发投资完成1033.6亿元，比上年增长4.2%。将重点项目综合服务工作放在更加突出位置，进一步完善市领导挂钩重点项目机制，及时做好重大产业项目用地评估工作。年内，180个市级重点项目实际完成投资974.4亿元，占年度计划的97.2%。其中，76个工业项目完成投资401.5亿元，68个服务业项目完成投资377.9亿元。中船海洋探测园、丁蜀通用航空产业园、地铁3号线一期等一批重大产业及基础设施项目的实施，不仅拉动投资增长，而且促进经济转型。牵头编制市级政府投资项目计划，全年安排214亿元，更加注重合理配置市级资源，发挥政府投资的引导作用。推进城际铁路和地铁建设。盐泰锡常宜城际铁路正式列入国家《中长期铁路网规划》。地铁1号线南延线、3号线全面开工，4号线一期工程获批，标志着第二轮轨道建设规划全面实施。会同市地铁集团开展锡澄城际轨道S1线的研究工作。推进城市重点道桥建设。苏锡常南部高速历经12年终于获得批复，启动建设。启动江海西路、蠡湖大道快速化改造工程，加快推进凤翔北路快速化、新锡路北延、高浪路快速化项目研究工作，完成钱皋路、大桥路可行性研究批复，加快推进桐桥港路、环山东路前期工作。推进机场建设。苏南硕放国际机场旅客吞吐量突破550万人次，硕放机场老航站楼改造项目获省发改委批复。加快推进民航华东空管局无锡空管站、宜兴丁蜀通用机场前期工作。

（凌　捷）

【加快转型升级】 年内，市发改委围绕打造现代产业发展新高地，加快推进新兴产业发展。全市完成规模工业产值15084.3亿元，首次突破1.5万亿元大关，比上年增长3.8%；完成规模工业增加值3075.5亿元，比上年增长5.8%。全市工业用电493.73亿千瓦时，比上年增长4.55%，增速比上年提高5.65个百分点。五大行业产值累计增速四升一降，电子行业有所微降。全市高技术行业实现产值2580.4亿元，占全市规模工业产值的17.1%，比上年增长6.4%，高于全市规模工业产值增速2.6个百分点。全市七大先进制造业共完成产值4566.76亿元，比上年增长6.5%，占全市规模工业产值的30.3%，高于全市规模工业产值增速2.7个百分点。年内新登记工业企业4125家，比上年增长21.4%，其中，注册资本金超千万元的企业472家，比上年增长42.2%；全市新增注册资本196.7亿元，比上年增长44.1%；新登记工业企业平均注册资本为476.8万元，比上年增长18.6%。引导现代服务业发展。年内服务业实现增加值4728亿元，比上年增长8.6%，增速比上年下降1个百分点，超过上年地区生产总值增速1.1个百分点，超过上年第二产业增加值增速1.8个百分点。服务业对经济增长的贡献作用进一步增强，全市服务业占地区生产总值比重达到51.3%。围绕产业转型升级需求，推动新兴服务业向专业化、高端化延伸，全市软件和信息服务产业营业收入比上年增长18.21%；云计算产值比上年增长25.17%。出台《关于加快发展现代服务业增强城市集聚辐射能力的实施意见》，细化落实《无锡市服务业（综合）资金管理实施细则》，重点支持生产性服务业、生活性服务业提升发展项目和公共服务平台项目，以资金引导发展现代服务业。大力推进服务业重点项目建设。纳入省重大项目和省服务业重点项目的17个项目顺利推进，达到时序进度。万达文旅城万达茂项目一层主体启动施工，室内、室外主题公园均已开工建设。田园东方综合体、江阴海澜国际马术旅游区、宜兴阳羡生态度假区公共服务建设等重大项目顺利推进。大力推进服务业集聚区建设。全市17家省级服务业集聚区实现营业收入较上年增长10%左右，无锡软件园、惠山高技术服务业集聚区等园区的创新创业服务平台日趋成熟，进一步改善中小企业创业环境。滨湖区省级服务业综合改革试点成效明显，无锡国家数字电影产业园税收实现高速增长。

（凌　捷）

【推进各类改革】 年内，市发改委牵头制定《关于推进供给侧结构性改革的实施意见》，对重点任务进行责任分解，产业结构转型升级、化解房地产库存、优化杠杆结构、降低企业税费、补短板各项工作等各项重点工作取得新成效。坚持把化解产能过剩矛盾作为结构调整的重要抓手，以钢铁、船舶等产业为重点，组织开展全市主要行业产能调查，做好产能过剩行业清理工作。组织开展钢铁行业淘汰落后产能专项行动，钢铁行业化解产能200万吨。扎实完成热电行业落后产能淘汰任务，完成锡兴钢铁厂自备电厂、新洋热电厂等小火电机组的关停核查工作。扎实推进降成本各项措施。出台《关于降低实体经济企业成本促进经济平稳健康发展的实施意见》，明确五大类32条减负举措，全年降低实体经济各类成本约200亿元。深化行业协会和行政机关脱钩改革，牵头制定《无锡市深化行业协会商会与行政机关脱钩改革实施方案》，明确行业协会与行政机关脱钩的范围和任务，全面实施机构、职能、资产财务、人员管理、党建外事等五分离改革。推进社会事业领域改革，起草制定《关于进一步促进社会办医加快发展的实施意见》。深化行政审批制度改革，形成《2016版进驻市政务服务中心行政审批事项目录清单》，实施“多证合一”登记制度改革。深化公共资源交易改革。建立统一规范公共资源交易平台，完成政府采购、建设工程、产权交易、国土资源四大类交易事项的整合。推进中小城市和特色产业专业镇建设，起草制定《无锡市关于推进特色小镇规划创建的实施意见》，通过摸底调研、排查底数，为规划创建一批特色小镇作好准备。

（凌　捷）

【改善生态环境】 年内，市发改委加大生态环境综合治理，出台《2016年无锡市新能源汽车推广应用实施细则》，完成736台燃煤小锅炉整治。做好排污权有偿使用和交易费的征收工作。深入推进“两型”社会综合配套试点改革，履行“两型”办职能，按季度报送改革试点情况，印发实施《无锡市资源节约型和环境友好型社会建设综合配套改革试点3年行动计划（2016~2018年）》，落实安排2016年度所需的生态补偿资金4000万元。全面推进园区循环化改造，指导无锡国家高新技术产业开发区等3家省级试点顺利通过省考核验收组考核验收，9家园区（开发区）通过市级考核验收。深入推进低碳和应对气候变化工作，中瑞低碳生态城国家低碳城（镇）试点建设实施方案获国家发改委批复；首批46家、第二批28家纳入全国碳排放权交易市场重点单位；举办2016年全国低碳日“绿色发展低碳创新”主题宣传活动；依托已开发的市温室气体排放监测系统平台，不断更新完善，率先在省内实现市、市（县）区两级温室气体排放清单在线编制功能；组织宜兴申报国家农村产业融合发展“百县千乡万村”试点示范申报并最终在全省竞争中胜出。突出做好服务重大项目节能评估报批工作，地铁4号线一期工程、无锡万达城室外文化休闲体验区项目、上汽大通汽车有限公司无锡基地二期整车项目、无锡凯宜医院建设项目、无锡华达燃机发电公司无锡华达智慧能源谷工程（天然气分布式能源

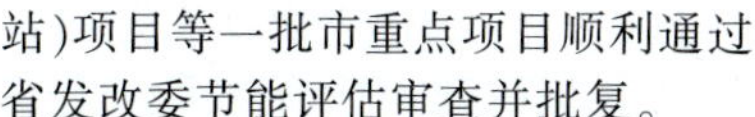

站)项目等一批市重点项目顺利通过省发改委节能评估审查并批复。

(凌　捷)

【发展社会事业】　年内，市发改委发展社会事业，突出办好实事项目。牵头推进年度10件80项为民办实事项目，圆满完成年度目标任务。多渠道增加居民收入，坚持以创业带动就业，完善工资收入分配制度，继续提高低保家庭人均收入，确保居民收入增长与经济增长同步。城镇、农村常住居民人均可支配收入分别为48628元、26158元，分别比上年增长7.8%和8.3%，均高于GDP增幅，多元化的居民增收格局基本形成。坚持就业优先战略，针对整体宏观经济形势严峻、就业压力加大的实际，坚持以政策支持就业、以创业带动就业、以服务扩大就业，稳定劳动力市场供给，帮助困难人员就业。新增城镇就业14.9万人，城镇登记失业率1.85%。市物联网大创园等5家园区被认定为省级创业基地，向2.72万家企业发放稳岗补贴2097亿元，对56家小微企业发放吸纳高校毕业生社保补贴56.3万元。全面实施全民参保，推进机关事业单位养老保险制度改革，率先建立城乡一体的居民基本养老保险制度，基本建立城乡一体的医疗和大病保险制度，基本社会保险覆盖率达到98%以上。提高保障待遇标准，连续第11年增加企业退休人员养老金，市区城乡低保标准提高到760元/月，市区3.58万人次获大病保险补助7193万元。推进国家养老服务业综合改革试点工作，每千名老人拥有养老床位数达到40张。做好保障房的分配管理、棚户区危旧房改造等重点工作。加大公共服务体系供给，15分钟就业圈、医疗卫生圈、健身休闲圈、公共文化圈等基本公共服务体系基本形成。推进教育现代化建设，新建、改扩建中小学校28所、幼儿园37所，完成江南大学无锡医学院主体工程建设，引进南京信息工程大学滨江学院。实施医保个人账户结余拓展用于健身和商业补充保险，锡澄宜三地医疗保险实现“大市一卡通”。成功创建国家公共文化服务体系示范区和国家级科学健身示范区。深化户籍制度改革，推行居住证制度，全面落实无锡大市范围内本地居民户口通迁，推动城镇基本公共服务常住人口全覆盖等，多项工作走在全省及至全国前列。出台调控房地产市场政策和拆迁安置住房上市交易意见，抑制房价过快上涨，盘活房屋存量，改善居住水平，提高无锡城乡居民收入。

(凌　捷)

国有资产管理

【概况】　2016年，无锡市国资监管和国企改革发展工作面对错综复杂的宏观经济环境和艰巨繁重的改革发展任务，始终坚持市场导向，牢固树立危机意识，服务保障发展大局。研究制定《关于市属国有企业提质增效的实施意见》，推进市场拓展等多个方面精准发力。明确成本费用控制目标，加大财务预算管理，全年降低企业带息负债规模37.1亿元，采用融资置换、期限调整、利率谈判和提前归还高利率融资产品等方式降低融资成本，平均年利率4.99%，比上年下降0.83个百分点，全年减少直接财务费用13.9亿元。通过发行企业债、公司债、中短期票据、短期融资券、IPO首发上市等方式，完成融资472亿元。至年末，市属国企资产总额4260亿元，比上年增长1.7%；负债总额2606亿元，与上年基本持平；所有者权益总额1654亿元，比上年增长3.4%。实现营业收入387亿元，比上年增长7.5%；利润总额48.9亿元，比上年下降10.2%；净利润40亿元，比上年下降5.5%；上交税费32.96亿元，比上年增长4.9%。工业现价产值实现148亿元，比上年增长5.7%。国有资本经营预算收入2.02亿元。产业集团位列中国企业500强第225位，国联集团、交通集团、市政集团分别位列中国服务业企业500强第247位、481位和499位。主动降低企业用气、用汽和用水成本，切实减费让利，市区工商业企业用水价格下调1.00元/吨，用气价格最高上浮幅度下调至10%，全年减收费用2.2亿元；环保能源集团热电企业，将蒸汽价格下调1.00元/吨，每年让利500万元以上；产交所对产权交易4类业务调整收费，每年让利约630万元，为缓解实体经济企业困难、助推企业转型升级作出贡献。

(王　果)

【发展混合所有制经济】　全年股权投资涉及混合所有制性质项目53个，投资总额119.71亿元，企业投资37.21亿元，吸引社会资本和非公资本计82.5亿元。其中，设立方式发展混合所有制项目30个，投资总额95.73亿元，企业投资17.48亿元，吸引社会资本和非公资本计78.25亿元；增资方式发展混合所有制项目11个，投资总额17.86亿元；收购方式发展混合所有制项目12个，投资总额6.17亿元。聚焦盘整存量，太极实业完成定向增发，成功并购十一科技；无锡农商行在A股主板上市；积极推进华光股份重大资产重组和国联证券H股+A股上市，以及友方电工、中设股份等一批企业主板上市和“新三板”挂牌；加快推进城投旅游和江南古运河公司的整合重组，实现无锡市及各区两级国有资产的共同发展。华光股份整合国联环保能源资产实现整体上市，提升国联集团资产证券化水平，成为江苏省首家既实现整体上市又实施员工持股计划的国有控股上市公司；国联证券首次公开发行A股股票正式向证监会提交申请，已进入审核阶段；友方电工“新三板”挂牌；中设股份IPO申请已提交证监会审核；照明公司、湖泊治理完成股改方案，灵山景区、力芯微电子公司完成国有股权管理；交通集团成功注册规模为19.8亿元的绿色ABS债券，成为省内首单、国内第二单；建发公司顺利发行规模为3亿美元的海外债券。推动国有资本从劣势企业和不具备战略引导作用的参股投资退出，通过股权转让退出恒宇生物、强梦科技、新硅微电子等5家，清算关闭格鑫环保、中宇顾问、惠特尼生物等7家，原国有僵尸企业已基本不再汲取资源。

(王　果)

【重大项目建设】　年内，市国资委认真组织和指导企业编制“十三五”

发展规划，做好各集团“十三五”战略规划论证以及批复工作。做好企业投资项目的核准和备案工作，增强企业发展后劲。核准备案企业投资项目235项，投资总额为308.75亿元(企业投资151.39亿元)。其中，固定资产投资129项，投资总额69.34亿元（企业投资69.34亿元）；股权投资项目106项，投资总额239.41亿元(企业投资82.05亿元)。推进重大项目实施，地铁启动3号线一期和1号线南延建设；中央车站获得土木工程建设领域最高奖——詹天佑奖，并引入美国万豪国际酒店，盘活存量资产；西区燃气电厂实现首次并网，东亚燃气电厂一期建设顺利推进；太湖新城集团集中开工2所公办小学、2所公办幼儿园、2个农贸市场、国际学校等10个新建设项目。落实市级重点投资项目，做好丁蜀通用航空产业园、安普瑞斯锂电池、金安押运大厦、兰桂坊文化休闲商业街、棚户区改造、东亚电力燃机发电、轨道交通、火车站南广场改造等8个项目的协调跟踪服务等工作。

（王　果）

【国资监管】 年内，市国资委履行财务审计监督职责，开展财务决算和审计工作，审核200余家企业统计报表数据，重点对城发集团房地产开发项目、文旅集团《归来》项目投资、交通集团北广场工程、产业集团太平针织公司改制相关问题、机场集团垫付军地协议款等问题进行研究，提出相关处理意见和建议。加强企业经济运行监控，每季召开企业经济运行分析会，进行相关财务数据分析，找准企业经济运行的规律和方向性趋势，分析存在问题的原因，有重点地精准施策，保持国企经济的平稳增长。强化国有产权管理，认真做好资产评估备案工作，全年评估备案项目40个，涉及净资产账面值47.22亿元，评估值53.39亿元，评估增值13.05%；完成企业国有产权交易33宗，挂牌金额3.28亿元，成交金额3.36亿元，增值率2.44%；资产转让项目16个，资产评估值13.18亿元，成交金额13.84亿元，较评估增值5%。规范企业捐赠行为，共办理捐赠备案项目11个，金额182.4万元。

（王　果）

审计

【概况】 2016年，全市审计机关围绕改革发展大局，依法履行审计监督职责，出台《无锡市“十三五”审计工作发展规划》。全年共完成审计项目和审计事项291个，其中，年初计划250个，各级党委、政府及相关部门交办事项41件。通过审计查出违规金额31.16亿元，发现非金额计量问题619个，为国家增收节支13.69亿元，核减政府投资项目工程款38.02亿元。先后向各级党委、政府提交审计信息172篇(次)，被批示采用141篇(次)。全市各被审计单位共采纳审计建议503条，制订整改措施305项，建立完善相关规章制度33项。移送司法、纪检监察机关处理事项46件。1个审计项目获国家审计署表彰。

（伏小军）

【跟踪审计】 年内，市审计局围绕行政审批改革、投资审批改革、职业资格改革、商事制度改革和收费清理改革，开展“企业降成本”“盘活财政存量资金”“放管服”改革等政策落实情况跟踪审计。各项审计都聚焦供给侧结构性改革和“三去一降一补”任务落实情况，全力做好跟踪审计，促进政令畅通、政策落地。

（伏小军）

【执行情况审计】 年内，全市共对14个市级、35个市（县）、区级部门实施部门预算审计、24个专项资金实施审计，涉及专项资金6.89亿元。组织全市审计力量开展基本医疗保险基金审计，推动深化医保制度改革，强化医保基金管理。连续六年开展保障性安居工程跟踪审计，促进安居工程依法有序实施，有效维护群众切身利益。

（伏小军）

【经济责任审计】 年内，全市审计机关坚持党政同审、同责同审，任中审计和离任审计相结合，全市共审计领导干部(人员)80名，其中任中审计36名，任中审计比例达45%。全面界定责任，查出领导干部负有直接责任和主管责任的违规金额13.46亿元。

（伏小军）

【固定资产投资审计】 年内，全市审计机关对政府投资工程进行全方位跟踪审计，对轨道交通工程、京沪高铁无锡东站站区配套工程等重大政府投资项目进行跟踪审计和决算审计，核减政府投资项目工程款38.02亿元。其中，轨道交通工程连续跟踪审计6年，累计核减工程款4.53亿元，2016年核减1.2亿元。

（伏小军）

审计人员查看美丽乡村建设　　（宋婷婷　供稿）

统 计

【概况】 2016年，无锡市统计工作以落实“四三要求”(三基、三补、三创、三提升)为工作路径引领，履行“信息、咨询、监督”职能，开展以亿元以上产业投资项目统计监测、七大先进制造业统计监测、高水平全面建成小康社会监测评价指标体系为主要内容的统计监测，推进部门统计一套表，新产业、新业态、新商业模式“三新”统计，营业执照、组织机构代码证、税务登记证、社会保险登记证和统计登记证“五证合一”登记制度改革为主体的统计业务。第三次全国农业普查等各项普查调查任务圆满完成。镇级基本情况调查、“补短板”“回头看”专项活动、全市工业统计业务技能大赛为代表的统计基层建设取得成效。加强统计执法、统计普法、立法调研等统计法治建设，健全完善宏观数据库、工业质量效益分析系统、企业服务(信用)管理系统等统计技术保障建设，全年统计工作取得新进展。

(徐 洁)

【调查监测】 年内，市统计局推进统计年、定报工作，完成350张报表、19099个指标、3021万个数据的统计调查；有序开展第三次全国农业普查，做好“三落实”“两员”选调、业务培训、物资配备、清查摸底等各项准备工作，完成入户现场登记工作；做好“五证合一”登记制度改革，逐月布置更新统计基本单位名录库；实施“三新”统计制度，完成“四众”(众扶、众创、众包、众筹)企业专项调查和省级“三新”统计调查试点；开展社情民意调查，完成全面深化改革有关民生事项群众满意度、教育状况公众满意度等11项调查。

(徐 洁)

【咨询服务】 年内，市统计局完善《无锡统计手机报》、“无锡统计”APP、“无锡统计”微信、“数据无锡”图表网站4个渠道，提高公众获取统计资料的便利性，增强资料提供的时效性。服务市委全会，设计制作展板并解读，及时编印会议参阅材料服务政府会议，精心制作统计产品服务市“两会”。开展统计信息、分析撰写和课题研究，全年共完成515篇统计工作信息、195篇统计经济信息、131篇统计分析课题。

(徐 洁)

【改革创新】 年内，市统计局开发亿元以上投资项目统计监测制度和GIS平台，探索对重大项目投资进程监测的新途径。围绕“产业强市”主导战略，建立七大先进制造业统计监测体系，会同政府部门联合对全市1000多家企业进行跟踪监测，及时准确反映全市先进制造业发展情况。聚焦“高水平全面建成小康社会”奋斗目标，在全省率先研究建立高水平全面建成小康社会监测评价指标体系。推进部门统计一套表的实施完善，制定《无锡市部门(单位)首席统计主管工作制度》，建立部门统计员网络，出台《部门统计规范化测评实施办法》，把部门统计纳入全市对各部门的绩效考核，宏观数据库部门统计规范化自动测评模块上线运行。

(徐 洁)

【基层建设】 年内，市统计局建立镇(街道、开发区)统计机构及在岗人员基本情况调查制度，摸清基层统计的基本情况和存在的主要问题，为加强分类指导提供依据。组织“补短板、回头看”专项活动，针对各地统计基层基础建设中最薄弱的环节和最薄弱的板块制订整改方案，落实目标要求，通过直接抽查的方式检验基层规范化建设质量。在无锡广电演播厅举办较高质量的工业统计业务技能大赛，比赛达到以赛促学、提升基层统计人员业务能力的目的。做好梁溪区、新吴区区划调整前后统计网络、代码、人员、数据等的衔接和服务工作。

(徐 洁)

【执法检查】 年内，市统计局对7个乡镇(街道)以及所辖的137家规模以上工业企业、53家限上贸易企业、55个固定资产投资项目进行统计执法检查，对4个镇(街道)发出《无锡市统计局责令改正通知书》，对11家联网直报企业进行行政处罚，对52家重点企业开展统计行政指导，做好统计执法工作。通过统计年定报布置、培训会议、农业普查、12·4统计法广场宣传等多种渠道，发放给联网直报企业、统计调查对象和社会公众《坚持依法统计，服务经济发展》统计法治宣传折页1万份、工作笔记簿1万余份、《致统计调查基本单位的一封信》3000余份、《无锡市统计局统计法律事务告知书》1000余份，做好统计普法工作。通过开展《无锡市统计管理办法》立法调研工作，做好统计立法工作。

(徐 洁)

【信息化建设】 年内，市统计局不断拓展宏观数据库应用功能，开发数据“血缘”追踪、数据指标档案、数据验收模块，“无锡统计”APP(苹果版)上线。同时，把宏观数据库向县区延伸，梁溪区统计局依托市统计局平台建立“数据梁溪”APP，市(县)、区数据实现整合共享。实现质量分析系统化，开发完成工业质量效益分析系统的数据质量分析模块、运行质量分析模块和综合评价分析模块。

(徐 洁)

【统计宣传】 年内，市统计局以“中国统计开放日”活动为重点，在《无锡商报》《江南晚报》开设专版宣传，在微信平台推送第三次全国农业普查宣传图文，向12家高校和市图书馆赠送《无锡统计年鉴》。在公益体彩千场电影“五进”活动中，播放“三农普”专题宣传片，放映电影达1000余场次，观众超64万人。编印《巍巍暮桥 铮铮冶方》小册子，充实教育基地统计元素。全年在《中国信息报》《江南晚报》等纸质媒体平台刊登宣传文章共25篇。

(徐 洁)

价格管理

【概况】 2016年，无锡价格管理部门持续开展“聚焦降成本，聚力稳增长”专项行动，分级分类建立四大工作体系和15项具体工作措施。推行实施鼓励性、调节性、补偿性、惩罚性政策，以政策完善推动环境价格改革，建立排污权有偿使用和交易制度，开征扬尘排污费，将施工工地扬尘排污费项目和标准纳入无锡市行政事业性收费目录清单，锡山区、新吴区对两个建设项目征收扬尘排污费12万元。全年全市居民消费价格指数上涨2.3%，完成3%的年度调控目标。年内,无锡市“马山古竹一条街”再次被命名为省价格诚信街区。

（朱琳颖）

【水、电、气价格改革】 年内,无锡价格管理部门推进资源产品价格改革,降低企业运营成本。全年累计减收企业用水成本1.01亿元，累计减收企业用气费用1.13亿元。完善天然气价格动态调整机制，从5月1日起，市区工业企业用气价格最高上浮幅度由15%下调至10%，纳入全市重点项目投资计划的新开工工业项目天然气接管费免收。稳步推进电价改革，继续实施超低排放环保电价政策，取消移表费等7项供电经营服务性收费。完善电动汽车充换电设施用电价格政策，公布市区电动汽车充电服务价格，纯电动客车(12米)充电服务最高价格1.19元/千瓦时,纯电动汽车(7座以下)充电服务最高价格1.47元/千瓦时。对上积极争取优惠政策，使国家超级计算(无锡)中心的用电价格从平均每度0.785元的大工业用电价格，改为参照学校用电价格，执行每度0.5383元的居民合表用户电价,降幅达31.43%,全年节省电费7100万元,推动国家超算中心低成本运营。

（朱琳颖）

【医药价格改革】 年内，无锡价格管理部门在医药价格改革方面,降低药品价格,提高服务价格,增加财政补偿,打破以药养医的传统做法。24家参改公立医院从2015年11月至2016年10月医疗收入总额为98.43亿元,比上年增长2.04%,药品销售收入36.88亿元，比上年下降12.9%;药口所占比例为37.34%,比上年降低5.89个百分点；百元医疗收入药品消耗34.59元,比上年下降1.24%。

（朱琳颖）

【企业降本减负】 年内，市物价局公布《涉企行政事业性收费目录》《政府定价的涉企经营服务性收费目录》《涉企行政审批事项前置服务项目收费目录》,全面降低企业水电气要素成本、用汽成本、物流成本。取消或降低一批涉企收费项目,明确将对小微企业免征的18项行政事业性收费的免征范围扩大到所有企业和个人。行政事业性收费一律执行省定项目；涉企经营服务性收费项目总数,一律只减不增;涉企收费标准有浮动幅度的，一律执行下限标准。规范“红顶中介”收费,实行动态管理,落实收费年审制度,全年共审验34个部门、888个单位的590个项目(含子项目),其中,涉企收费项目156项,收费总额为40.84亿元,比上年减少5.51亿元,降幅为11.89%。强化涉企收费专项督查,全市共组成8个督查组,走访40家企业及社区、45个行业部门或收费单位,督促落实收费政策,维护企业权益。据统计,全年共为企业降本减负6.04亿元。

（朱琳颖）

【价格调控】 年内，市价格管理部门以“无锡城市旅游休闲周”为契机,市、县联动,降低公园景区门票价格。全市58家景区对市民特惠开放,共优惠68.29万人次,让利金额达200.26万元。在商品房销售价格调控方面,重启价格备案制度,加大明码标价检查力度，确保房地产市场平稳发展。在停车收费方面,制定市区机动车停放服务差别化收费政策,拓展一类区、二类区范围,适当上浮二类区、三类区重点商业圈的收费标准，将医院免费停放时间延长为45分钟。

（朱琳颖）

【监督检查维权】 年内，市价格管理部门构建“网格化”市场监管机制、“常态化”行业治理机制、“快捷化”举报办理机制,强化价格监管。全年共受理价格举报、投诉和咨询2908件，办结2805件，办结率96.5%,回复率100%;共查处价格违法案件124件，实行经济制裁1398.36万元,其中,退还用户57.74万元,没收违法所得1277.46万元,罚款63.17万元。

（朱琳颖）

工商行政管理

【概况】 2016年，全市工商和市场监管部门推进“强富美高”新无锡建设,新企业、新产业、新业态蓬勃发展，市场主体总量突破55万户,经济发展的内生动力进一步增强。深化商事制度改革，不断推进工商登记便利化。深化“三证合一”(工商营业执照、组织机构代码证和税务登记证)改革,将“三证合一”向乡镇(街道)和“多证合一”拓展,不断巩固和扩大改革成果。4月,结合“营改增”企业换照,将“一照一码”换照核准权下放至各基层市场监督管理分局。10月1日,全面启动“多证合一”改革,在工商、税务、质监的基础上,又将公安、社保、统计纳入“一照一码”范畴。落实“先照后证”政策要求,在国务院和省目录的基础上,进一步梳理、汇总无锡市的前改后目录和前置目录,并于2月对外公布,分别为172项和53项。推进工商登记便利化，放宽住所经营场所登记条件,实施外资登记备案制,试点简易注销退出机制，拓展网上登记应用范围,探索市场主体准入“信用承诺制”,推出“工商邮速通”等便利化措施，指导新吴区市场监管局实施“登记直通点”和“企业品牌服务师”制度,改革效应持续释放,新设内资企业连续三年保持较高增速。惠山区市场监管局争取到总局外资登记授权，江阴市市场监管局行政许可服务科被总局表彰为“企业登记工作成绩突出窗口单位”。年内,全市新登记内资企业37786家，注册资本2379.09亿元，比上年分别增长17.74%和48.34%。新设立登记外商投资企业410家，其中，法人企业222家，投资总额72.09亿美元,注册资本34.05亿美元，外方认缴30.70亿美元,后3项比上年分别下降75.10%、61.15%和62.01%。

（许洪度　冯筱岑）

【商标知识产权创造运用】 年内，全市工商和市场监管部门全面推进商标战略,商标新申请22533件,有效注册商标量101825件，其中,地理标志证明商标11件、集体商标5件;新增全国驰名商标3件、省著名商标247件、市知名商标483件。开展省著名和市知名商标的申报认定工作,重点扶持“互联网+”“一带一路”“中国制造2025”“物联网”“生命健康”等战略性新兴产业的商标培育和品牌建设。开展打击侵权知识产权和制售假冒伪劣商品专项行动,加大对民生、重大项目和优势产业等领域商标侵权行为的打击力度。年初,开展“甘露青鱼”地理标志证明商标专项整治行动，对全市农贸市场、水产批发市场、超市,国道、省道流动摊贩集中地，有关包装印刷企业，网络交易经营者展开检查，加大处罚力度。

（许洪度　冯筱岑）

【广告行业建设】 年内，全市工商和市场监管部门以广告产业园为重点集群，以互联网广告为重点方向，推动无锡广告产业园规范运营。国家广告产业园区快速发展，集聚广告企业502家，招引入驻全国互联网广告10强企业2家，园区年广告收入超110亿元；通过实施“锡品荟·网上行”项目，探索构建“互联网广告+品牌企业+电商”发展的新模式。进一步宣传推介省、市驰（著）名商标品牌，推动企业转型升级，加强供给侧结构性改革力度，促进品牌企业与互联网广告、电商的融合创新。加强大数据运用，依托国家广告数据中心和市局广告监测中心，完善大数据下的广告市场监管体系。不断优化广告监测、线索反馈、数据分析等各个环节，定期将违法集中领域、媒体排名、违法原因、同期对比等大数据分析发送给主要媒体单位及联席会议成员单位，提高广告监测通报的及时性和针对性。全年监测媒体广告335865条次，违法率0.42%，广告市场秩序持续向好。

（许洪度　冯筱岑）

【市场主体信用体系建设】 年内，全市工商和市场监管部门推动工商、银行、市场三方联动，合理运用信用奖惩手段，将场内经营者信用度和经济利益直接挂钩，有效缓解中小企业融资难问题，为市场健康发展营造良好信用环境。通过“信用助贷”活动协助5家市场为场内60家经营户办理信用融资1亿元。新发展各级重合同守信用企业220家，办理动产抵押登记908件，担保主（债）权达343.89亿元；办理股权出资质押501件，担保金额545.20亿元；办理股权出资125件，折合出资额65.51亿元。持续加大重合同守信用企业的培育发展力度，全年新发展重合同守信用企业220家，全市各级重合同守信用企业总数累计达7018家，其中，国家级74家，省级288家，市AAA级2913家，在全省名列前茅。发挥非公党组织先锋模范作用，为全市非公经济健康发展提供坚强的组织保证。市私营个体经济协会被授予全国个私协会系统“先进单位”称号。

（许洪度　冯筱岑）

【为民办实事工程】 年内，全市工商和市场监管部门抓好“为民办实事”项目的落实，推进11个放心消费示范商圈的创建。梁溪区市场监管局在放心示范商圈创建过程中打造“十分钟维权圈”，社会反响良好。首次向社会发布放心消费环境建设白皮书，“消费教育社区行”项目广受社会欢迎。进一步完善消费维权工作体系和处理机制，“12315系统”共登记咨询、投诉、举报51377起，处理投诉10019起，为消费者挽回经济损失1500.27万元。滨湖区市场监管局设立“投诉举报中心”，有效整合“12345”“12315”“12331”“12365”等投诉举报热线，维权效能进一步提升。持续加大流通领域商品质量监测力度，完成流通领域商品质量抽检1600批次，形成案件线索188条。牵头开展市区120家农贸市场内部环境和交易秩序整治，为市民营造安全、有序、整洁的“菜篮子”环境。至年末，无锡已有省级诚信品牌企业10家，省级品牌消费聚集区5家，省级先进、示范单位457个，省级先进示范街（区）22条；全年培育市级放心消费重点商圈11个，放心消费先进、示范单位973个，全市消费环境安全度、消费者满意度和经营者诚信度得到显著提升。

（许洪度　冯筱岑）

【创新监管机制】 年内，全市工商和市场监管部门加大力度引导市场主体自主年报，应申报企业数比上年增长39.17%。启动“双随机一公开”（随机确定抽查对象、随机选派执法抽查人员、向社会公开抽查结果）抽查程序，先后组织对6300余家企业的随机抽查，将检查结果及时向社会公示。加强经营异常名录管理，推动市场监管信息平台上线。无锡市工商局通过江苏省市场监管信息平台履行“双告知”义务，自9月19日上线以后共向该平台推送市场主体登记和管理数据及经营异常信息数据1.1万条，同时将因未年报列入经营异常名录的企业数据约5.7万条向市经信委、市信息中心等部门进行共享交换，努力探索建立部门联动响应机制，实现“一处违法、处处受限”，推进企业诚信建设。锡山区市场监管局探索实施标准化监管“一张表”，提升综合检查效能。

（许洪度　冯筱岑）

【推进市场健康发展】 年内，市工商行政管理局全面开展市区农贸市场内部整治工作，制定市区农贸市场内部综合整治及考评工作方案，联合市物价局、市城管局、市卫计委、市食药监局、市公安局、市农委组织成立市区农贸市场内部综合整治考评小组。按照“以块为主、条块结合”原则，各相关责任单位按照职责分工，认真履行职责，对市区范围内120家农贸市场内部进行为期4个月的全面综合整治工作。至9月，考评小组已完成全部120家农贸市场的集中整治和复查工作，并将综合整治情况梳理汇总通报给各区地方政府、相关职能部门以及社会大众。推进文明诚信市场、“平安市场”创建工作，年初，市工商局会同市文明办、市综治办、市农办、市发改委、市财政局和市商务局进行市场评定，共完成新申报和复核的市文明诚信市场51家。其中，认定五星级文明诚信市场9家，四星级文明诚信市场17家，三星级文明诚信市场25家。认定384家市场为2016年度无锡市“平安市场”。

（许洪度　冯筱岑）

【规范市场经营秩序】 年内，全市工商和市场监管部门深化重点行业专项执法，在全市范围内开展集中整治公用企业限制竞争和垄断行为突出问题专项行动，立案查办房地产评估业、银行业及汽车销售行业典型案件35起。依托“一中心一平台”开展网络市场专项监管行动，线上线下一体化监管得到有效推进。“打击传销、规范直销”工作更加有力，进一步将直销监管的关口前移，形式多样地开展对直销企业的普法宣传和教育督促。定期更新直销相关经营主体和直销企业活动（培训）报备数据库，建立信息共享的网上直销活动报备监管平台，落实对报备内容的核查工作，形成快速反应的垂直监管体系。继续保持对传销违法行为的高压严打态势，及时组织对传销违法行为的清查和整治，深入街道、社区、镇村、学校开展禁传宣传，完善与公安等相关部门间的信息互通共享和联动协作机制，宜兴市市场监管局连续查处2起销售“马克币”的新型互联网传销案件。全年累计查办各类工商行政管理领域违法违规案件1294起，罚没入库3853万元。

（许洪度 冯筱岑）

【法治建设】 年内，市工商局加快推进工商法治建设3年发展规划的落实，突出抓好制度建设、行政指导、行政调解、自由裁量和执法监督等特色工作。厘清行政权力与工作责任“两张清单”，全面落实行政权力网上公开运行制度。发挥复议纠错作用，累计受理行政复议案件64件，在已审结的61件案件中确认违法8件，撤销9件。创设实施行政处罚自由裁量指引，推进市场监管领域行政处罚行为的规范化、程序化和制度化。

（许洪度 冯筱岑）

【网络交易监管执法】 年内，市网监分局依托“一中心一平台”，推行“以网管网”“信用管网”工作机制，维护“一中心一平台”网站数据70213个，网店数据35497条，实现省局、市局及基层业务数据的有效衔接。协助处理案件10件，其中，固定网页证据16起，固定微信证据9起，查找分析6起，数据恢复4起。制作发布《舆情简报》12期。全市共有8158家网络经营主体提交电子标识公开申请，通过审核的主体7517家，其中4463家主体已顺利完成所有程序，在其自有网站实现亮照。网上检查网站、网店17138个，实地检查网站、网店1473个，申请关闭无效网站25家，责令改正网站54家。查处网络案件128起，罚没款380.9万元。结合无锡网络市场实际，依托省局“一中心一平台”，紧贴消费者、经营者和媒体集中反映的网络市场问题，加强对儿童用品、电子产品、装饰材料、汽车配件、服装鞋帽等商品的重点监管。针对网络交易平台及其网店、农村电商、跨境电商、网络服务平台等开展监督检查和定向监测，重点突出对第三方交易平台和平台内促销活动经营者的监测监管。

（许洪度 冯筱岑）

食品药品监督管理

【概况】 2016年，无锡市委、市政府将食品安全工作写入党代会报告、改革工作要点和政府工作报告，列入为民办实事工程，食品药品安全指标权重在《2016年度无锡市市（县）区科学发展考核评价》中提至2.25%，并被列为评选先进地区的一票否决项。市政府先后出台《无锡市“十三五”食品药品安全保障规划》《关于进一步加强食品安全基层责任网络建设的意见》《无锡市食品安全工作考核评价办法》和《无锡市食品安全工作责任制与责任追究办法》。市食品药品监督管理局被评为2013~2015年度江苏省文明单位、市“六五”普法工作先进集体、党政网站工作先进单位，获市政府法制办组织的2016年行政许可案件评查第一名，政务信息工作受到市政府办公室通报表扬。全市食品药品安全形势持续稳定向好，实现“十三五”食品药品监管工作的良好开局。

（韩 慧）

【专项治理】 年内，市食品药品监管系统开展食品药品安全打假、打击侵犯知识产权和制售假冒伪劣商品、互联网领域侵权假冒、打击制售假劣酒类产品、“百日会战”等一系列专项整治行动。全市千人食品抽检率达5.02批次/千人，流通环节食品快检51.45万批次，均超额完成市政府下达的为民办实事目标任务。全市全年销毁不合格食品1.21万公斤。组织开展1760批次药品抽检、4000批次药品快检，实现在产国家基本药物品种抽检覆盖率100%。贯彻落实《食品药品行政执法与刑事司法衔接工作办法》要求，利用四方联席会议平台，加强与公检法的联系与合作，并健全完善“打假保名牌”、涉刑案件线索通报、信息共享、案件移送以及督查督办等工作制度。加强对食品、药品、保健食品、化妆品、医疗器械的“四品一械”案件线索特别是涉刑犯罪案件线索的梳理，协助公安先后查办多起食品药品涉刑案件。全年受理投诉举报2403起，接受公安部门委托检验和鉴定并认定假药和有毒有害食品443批次，出具认定函128份，移送公安部门案件46件，上报大（要）案件11起。

（韩 慧）

【食品安全监管】 年内，市食品药品监督管理局提请市政府出台《无锡市贯彻落实〈江苏省食品小作坊和食品摊贩管理条例〉工作意见》《无锡市小作坊登记证管理办法》。应对省局食品生产许可权限调整，制定食品生产许可审查员管理办法、生产许可工作规范和监督检查制度，全年共上报省局材料170份，许可工作质量连续三年保持全省前列。华东地区最大的方便食品生产基地“魅力厨房”获得食品生产许可证。权力阳光网上运行率、按时办结率均为100%。开展乳制品、食用油、肉制品、饮用水等重点产品专项监督检查11次，检查食品、食品添加剂生产加工单位1453家次，发现并督促企业整改问题1058个。严格落实乳制品三聚氰胺每周跟踪监测等措施，共监测原料奶、原料乳粉等含乳原料635批次，地产乳制品667批次，均未检出三聚氰胺。共开展县级抽样检验1929批次，发现不合格30批次，发现问题率1.56%；市级抽样检验781批次，发现不合格13批次，发现问题率1.66 %。至年底，全市60%食品生产企业建立安全信息公示栏，食品生产企业黑名单纳入《无锡市企业失信行为联动惩戒实施办法》。开展节日市场、小麦粉市场、进口水果、校园食品、病死猪肉、农村食品扫雷等17次集中整治。批发市场检测全覆盖，日检上市食用农产品2100余批次。指导大中型农副产品市场和规模型超市建立食品安全检测室、小型农副产品市场建立食品快速检测点。建成市食品安全快速检测中心暨食品安全网络监控中心并试运行。市级开展流通环节食品法定检测2780批次。在全省率先制定《关于贯彻执行〈食用农产品市场销售质量安全监督管理办法〉的工作意见》。督促全市所有253家农贸市场以及部分连锁超市签订《食用农产品市场销售质量安全管理知晓书和承诺书》。会同市食品流通行业协会，邀请江南大学食品学院、SGS（瑞士通用公证行）等第三方评审机构、天鹏市场等大型食品企业组成联合评审小组，与“网易直播”平台合作，全程直播食品安全示范店审核验收情况。会同市工商局、市商务局、市城管局等6部门，在全市范围开展农贸市场建设与规范管理专项整治工作，联合制订下发《无锡市市区农贸市场改造提升建设项目验收办法》。

（韩 慧）

【餐饮服务监管】 年内，市食品药品监管系统发放餐饮服务类食品经营许可证10864张，全市持证餐饮单位总计26119家。组织各市（县）、区餐饮监管人员系统学习《江苏省餐饮服务日常监督检查操作指南》，各市（县）、区市场监管局均建立乡镇（街道）分局网格化监管目录，加强事中事后监管。完成《无锡市外送快餐卫生管理规定》修订工作。对基层餐饮食品安全监管人员培训273人次，对餐饮服务单位负责人和从业人员培训6163人次。对符合条件的19254家餐饮企业开展动态等级评定工作，评出2015年度A级餐饮企业505家。全市共有706家餐饮企业建成“透明厨房”。中考、高考期间开展餐饮食品安全“护航”行动，为全市164个供餐学校和食宿餐饮服务企业配备292名执法人员，保障184461人次就餐。对无锡地区的饿了么、美团外卖、百度外卖和口碑网4家网络订餐第三方平台进行约谈，建立网络餐饮提供者资质的“月抽查、月报告”制度。以火锅店、麻辣烫店等中小餐饮企业为重点，启动为期3年的打击餐饮服务环节违法添加罂粟壳等非食用物质行动。开展农村食品餐饮环节“扫雷”专项行动。圆满完成“两会”等各类会议、赛事以及有关领导到无锡共51次重大活动餐饮保障任务。全市共报告餐饮环节食物中毒事件20起，病例数395人，未发生等级食品安全事故，未出现死亡病例。

（韩 慧）

【保健食品、化妆品监管】 年内，市食品药品监管系统对全市17家保健食品生产企业的2172个项目进行审查，要求企业对发现的63项问题严格整改到位。经综合评定，评出2015年度A级企业4家，B级企业13家。完成酒类保健食品“非法添加”专项抽验工作。妥善处理问题银杏叶提取物专项事件。制定下发《关于加强保健食品会议营销监管的指导意见》。在全市范围内开展对保健食品、配制酒、玛咖制品三类食品的“非法添加、非法声称”问题专项整治工作，共完成对36家生产企业、947家经营企业的检查，快速筛查样品130批次，其中，保健食品80批次，其他食品50批次。有序推进化妆品生产许可证换证，全市27家化妆品生产企业，除1家暂不换证外，其余26家企业已顺利更换新证。开展为期4个月的化妆品安全专项整治，打击非法生产、非法添加、非法标签标识等违法违规行为，发现违反标签标识管理规定的品种数量21个，查处违法违规案件3起。共完成国产非特殊用途化妆品网上审核1311批次，现场检查355个品种。联合市卫计委出台《无锡市化妆品不良反应监测工作方案（暂行）》，在化妆品不良反应监测哨点医院明确专人负责监测工作。成立化妆品不良反应监测专家库。全市7家哨点医院共收集上报化妆品不良反应报表115份。

（韩 慧）

【药品安全监管】 年内，市食品药品监管局推进药品上市许可持有人制度（MAH制度）试点和仿制药一致性评价工作。投资20亿元的药明康德大分子药物MAH生产平台已经建成，投资10亿元的药明康德小分子化学药MAH生产平台预计明年实现化学药MAH项目的产业化，市委、市政府领导6次对推进药品上市许可持有人制度试点和仿制药一致性评价工作作出批示，相关工作受到全国和省内主流媒体关注。牵头开发“江苏省MAH试点工作信息平台”。完成2015年度全市药品生产企业、药包材生产企业的质量安全信用等级评定。分类做好未能按时通过新修订药品GMP认证企业的后续处理工作。年内，共有3家企业接受省局GMP认证和跟踪检查，均顺利通过。制订针对特殊药品生产、经营企业的巡查频次要求。部署全市药品追溯体系调整期间特殊药品监管工作专项检查，以及可待因口服液体制剂、注射用A型肉毒毒素的专项检查。梳理辖区内未通过新修订药品GSP认证的药品经营企业12家，停止其药品经营活动。同时对16家新开办但未及时提交GSP认证申请的药品零售企业，约谈企业负责人并发放行政提示书，督促企业按规定及时申请GSP认证。完成27家新开办单体药店的GSP认证工作。印发《全市药品流通领域集中整治工作方案》，并召开座谈会，组织全市35家药品批发企业和17家药品零售连锁企业的自查和专项检查。开展山东问题疫苗自查，组织炎琥宁注射液、穿王消炎胶囊、妇科止带片、新复方大青叶片、枸橼酸铁铵等问题药品的排查工作。对全市929家中药饮片经营企业（含批发与零售）开展飞行检查725家次。配合省局完成互联网交易服务准入检查2家次。全市新增5家互联网药品信息服务企业、2家交易服务企业。开展2015年度药品流通信用评定工作，全市1729家参评药品零售企业，评出A级1638家，占94.74%；33家参评药品批发企业，评出A级及A级以上32家，占96.97%；175家参评一级以上医疗机构，评出A级159家，占90.86%。阿斯利康中国医药物流中心（CDC）项目顺利通过验收并投入使用。国药控股无锡有限公司、华润（无锡）医药有限公司药品动线建成并投入使用，开展第三方药品物流业务的申请并得到省局批复。无锡中润医药公司并入华润集团，全市药品经营市场集中度进一步提高。全市新开办药品零售连锁门店106家、单体药店54家，药店连锁化趋势明显。

（韩 慧）

【医疗器械监管】 年内，市食品药品监管局升级市医疗器械经营电子监管系统，建立全市医疗器械使用单位基本数据库，成立市太湖医疗器械创新发展中心，在全省率先出台《无锡市医疗器械经营质量管理规范检查指导手册（试行）》，独创完成“医疗器械不良事件预警数字平台”的试运行和验收工作。代表江苏省迎接国家总局对一类医疗器械生产企业监管工作的督查，并获得肯定。先后对药物熏洗治疗机、呼吸机等产品产生的不良事件情况开展现场调查。组织对全市16家医疗器械生产企业全覆盖的飞行检查，限期整改12家，停产整顿4家，累计发现企业质量管理缺陷项198条。牵头相关单位联合开展透明质酸钠、经营冷链、流通领域专项整治，共有156家企业被责令限期整改，1家企业被警告，27家主动注销许可证或取消备案凭证，4家违法违规企业被移交稽查办理。1家医疗器械生产企业被市政府授予“飞凤奖”，2家公司受邀参展世界物博会，2家公司获省科技创业大赛最高奖，4家公司入选“三个一批”无锡市高新技术产业化和重大科技成果转化项目，4家企业进入高新技术企业的审批阶段，2家公司相继在“新三板”挂牌。江阴力博生物技术有限公司被国家总局评定为全国生产质量管理规范示范企业。

(韩　慧)

【药品、医疗器械不良反应监测体系建设】 年内，全市每百万人口药品不良反应报告达1145份，其中，新的、严重药品不良反应事件报告占同期报告总数的30.85%。企业药品定期安全性更新报告比例83%。完成对5家高风险品种生产企业的检查全覆盖，完成9家无菌制剂生产企业的检查，覆盖率64%以上。市药品不良反应监测中心提示的卡前列素氨丁三醇注射液、黄氏响声丸两个品种的风险信号被省中心、国家中心采纳。全市每百万人口医疗器械不良事件报告数达769份，其中，严重可疑报告占比9.37%，在线呈报单位数423家，各辖区上报覆盖率100%。在全省药械不良反应监测业务测评中，市药品不良反应监测中心获总分第二的好成绩，其中，医疗器械不良事件监测获监测基础以及工作创新加分两项第一，持续保持全省领先。

(韩　慧)

【药品进口口岸建设】 年内，市食品药品监管局按照《无锡市药品进口口岸建设实施方案》部署，有序推进药品进口口岸建设。口岸药检所项目立项和可行性研究报告获得市发改委批复，市药检所改造装修的预留实验室基本完工，满足口岸所实验室环境面积的基本要求。实验室信息化(LIMS)建设、新动物房装修、口岸所仪器设备购置、进口留样室和机房改造等的招投标前期准备工作已经就绪，相关招投标工作已经启动。药检所招录的2批技术人员22人已经到岗，药品检验的国际能力验证启动实施。围绕进口药品备案相关法规要求，编制《无锡市进口药品备案工作质量管理体系文件》《无锡市进口药品备案工作制度汇编》以及《进口药品通关单备案办理指南》，建立进口药品备案质量管理体系。

(韩　慧)

【信息化建设】 年内，市食品药品监管局制定《2016年信息化建设工作计划》，出台《信息化建设工作流程》，编制《食品药品安全监管信息系统整合提升方案》。以“互联网+”和“智慧无锡”建设为契机，加快资源整合，推进集约化建设，完成“市食品安全综合信息服务平台”“市食品餐饮监管业务信息系统”“市食品药品安全智慧监管平台——食品流通和医疗器械监管环节子系统”等方案设计工作。食品生产企业基层监管系统项目入选省食药监局“智慧江苏食品药品监管行业应用示范(试点)工程”项目，在全省推广应用。食用农产品质量安全溯源体系建设项目覆盖全市120家集贸市场和50家超市(卖场)，新增检测设备实现“八合一”指标提升至“十五合一”目标，达到市政府2016年为民办实事项目(流通环节食品快检突破45万批次)规定标的。

(韩　慧)

【政务公开】 年内，市食品药品监管局严格按照市政府统一要求，分门别类公开各类政务信息，并结合部门业务工作特点，网上开通便民服务查询类、行政审批许可类等公共服务，设置来信办理平台、调查征集等互动交流版块，全面实现实体政务服务大厅办理平台与部门业务系统融合，一站式网上服务和线上线下一体化运行。对本部门14个大类、25个小类的行政权力事项进行全面自查梳理，理出行政许可事项6项，服务事项19项，行政处罚事项309项，行政强制事项14项，并做到全部事项进驻行政审批中心，全程在市行权网公开运行，市食品药品监管局窗口共受理各类许可(服务)办件3015件。落实“局长接待日”制度，实行药品、医疗器械两大类行政许可“线上+线下”模式，开展每月一次的“行政提示书”邮寄服务。局主要负责人先后多次就如何进一步保障食品安全、落实食品药品安全监管“四有两责”“海淘”食品是否安全、《无锡市食用农产品市场销售质量安全监督管理办法》等事项内容向广大市民进行解读。全年共主动公开工作动态信息285条、公告通知96条、涉药公告近6000条。按时受理办结依申请公开信息13件。共收到行政复议申请18件，受理16件，审结案件11件(含上年结转3件)。对1名严重失信药学技术人员通过局网站向全社会公示。全年查处的符合信息公开条件的行政处罚案件100%及时公开。

(韩　慧)

【推进社会共治】 年内，市食品药品监管系统开展“薪火相传”“一月一主题”等系列培训和业务实训，为每个镇(街道)培训2~3名食品安全监管骨干，全年培训5000人次以上。开展食品安全宣传周、药品安全宣传月等活动，与江南大学食品学院研究生院合作，组建食品安全科普志愿者队伍，开展食品安全进校园、进社区活动。利用门户网站、微博、微信等新兴媒体平台广泛发布食品药品安全信息。在全市社区、企业、农贸市场、医院、学校等地进行优选，全年新建105家食品药品安全科普宣传站。从全市有关大中型企业、医疗机构、科研院所、大专院校、检验检测及监管部门等相关行业领域中甄选出46名专家，分别建立医疗器械、化妆品专家库，对全市血液透析机、化妆品等不良反应安全监测结果进行集中座谈分析。配合市政府出台《无锡市药品医疗器械突发事件应急预案》，食品药品“365”宣传志愿服务队、医疗器械健康直通车志愿服务项目分获市“四个一百”优秀服务组织及优秀服务项目。

(韩　慧)

质量技术监督

【概况】 2016年，无锡市质量技术监督局深入开展“质量强市”建设，市政府向各区、县政府下达年度质量工作目标任务，明确各级政府、相关部门的质量工作责任，完善细化考核指标。推动全市各板块建立质量工作机制，江阴市政府确定“十三五”质量工作总体目标和重点工作，宜兴市启动首届“市长质量奖”评选，梁溪区在成立初期就成立质量工作领导小组。发布国内首部《质量管理成熟度评价准则》率先在2016年度无锡“市长质量奖”评选中试点应用和验证，填补国内质量管理成熟度评价空白。出台《市政府关于进一步加强质量品牌建设促进产业强市的意见》《无锡市贯彻落实质量发展纲要2016年行动计划》等一系列文件，推动质监工作服务于“产业强市”战略。组织全市获国家、省、市质量奖企业发布“发挥质量标杆作用，共享质量创新成果，为重振无锡产业雄风贡献力量”倡议书，进一步提炼和推广先进管理模式，涌现出阳光集团“新木桶”管理、兴澄特钢精益质量管理、一汽锡柴“质量鹰文化”等一批质量管理创新典型。红豆集团有限公司获2016年度江苏省质量奖，江苏长电科技股份有限公司、一汽解放汽车有限公司无锡柴油机厂获2016年度江苏省质量管理优秀奖，江苏亨鑫科技有限公司和华瑞制药有限公司获2016年度无锡市“市长质量奖”。至年底，无锡累计拥有中国质量奖提名奖3个，省质量奖4个，市长质量奖16个。101只产品获2016年度省名牌；累计56家企业获省级质量信用AA级以上信用等级，其中，AAA级13家，总数列全省前茅。

（单衍超）

【标准化建设】 年内，全市企业累计承担国际、国家标准化专业技术组织75个（国际10个、国家65个），数量位居全国同类城市前列。在全省率先实施“标准化+”系列行动，引导企业通过掌握更多的标准话语权，更有效推动企业转型升级，全年新增主导和参与制（修）订国家、行业、地方标准98项，新增全国乐器标准化委员会手风琴工作组等3个标准工作组，采用国际标准和国外先进标准70项。无锡市前程包装工程有限公司和无锡市美捷现代物流科技有限公司被列入全国商贸物流标准化专项行动第二批重点推进企业，物联网国际标准获中国标准创新贡献奖标准项目二等奖，国际标准化组织主席张晓刚在世界物联网大会期间访问无锡企业，高度肯定无锡在国际标准领域取得的成绩。国家标准馆无锡分馆新增国内外标准题录7.4万余条，新增电子文本2万余件；标准下载量达1.1万次，平台年点击率4万余次，总点击率累计208.2万次。至年底，平台拥有国际和国外先进标准题录66.8万条，国家标准题录6.3万条，国内60多个行业标准题录14.3万条，标准电子文本17.3万件，标准文献8万件。

（单衍超）

12365局长接线日 （单衍超 供稿）

【计量管理】 年内，市政府出台《关于进一步加强全市计量工作的实施意见》，进一步推进全市计量工作。筑牢计量技术基础，建立在依法设置计量检定机构的社会公用计量标准达586项，建立在部门、企事业单位的最高计量标准334项，基本覆盖法治计量的工作领域。推进诚信计量体系建设，32个单位获评省级诚信计量示范单位，比上年增长113%。加强市场计量监督检查，开展餐饮业计量专项监督检查，新闻、出版、电视领域使用法定计量单位情况监督检查，春耕农资计量专项检查，元旦、春节、中秋、国庆期间餐饮业和超市计量专项监督检查以及汽车用品计量专项检查，全年共完成2451批次定量包装和商品包装的抽查检验。推动企业节能降耗，推荐无锡荣成环保科技有限公司申报省工业领域能效“领跑者”并通过省经信委、省质监局评审验收，培育远纺工业（无锡）有限公司等6家重点用能企业开展能源计量示范单位创建，3个单位获评省级能源计量示范单位。推进企业测量管理体系建设，对大中型企业推行测量管理体系认证，帮助小微企业筑牢计量基础，3家工业企业获AAA测量管理体系认证，全市累计达37家。

（单衍超）

【认证认可】 年内，全市质量管理体系认证有效证书新增463张，累计11383张，比上年增长4.24%，证书持有量保持全省第二。能源管理体系认证企业新增27张，比上年增长44%，累计95张，证书数量位居全省第一。环境管理体系认证证书2947张，比上年增长8%；职业健康安全管理体系认证证书1537张，比上年增长17%；食品农产品管理体系认证118张，比上年增长55%。全市共有省级获证检验检测机构213家，新增22家。其中，高新技术企业9家，检测能力涉及产品（参数）20768项，新增1266项，涉及标准（方法）45958项，涵盖食品、建筑工程、卫生计生、机动车安检、司法鉴定、机械、电子信息、纺织服装、环境与环保等17个国民经济领域，全市检验检测能力水平得到稳步提升，对推动经济转型升级和维护产品质量安全起到技术支撑的保障作用。引导和推动全市14个省级以上经济技术开发区通过环境管理体系认证。

（单衍超）

【特种设备安全监察】 全市共有特种设备281956台(套),其中,锅炉5136台,压力容器73326台,起重机械107260台,电梯73513台,场内专用机动车辆22642辆,大型游乐设施75台(套),客运索道4条。2016年,全市新增注册登记13645台(套),特种设备事故起数和死亡人数比上年有较大幅度下降。特种设备安全监管内容在市政府对区县政府安全生产目标考核中的权重进一步增大,全市上下初步形成运行有效的工作机制。特种设备安全监管联合总工会、旅游、卫计、商务、地铁等单位开展联合检查35次。加强特种设备安全监管,组织开展电梯、叉车、气瓶等各类专项整治,各级特种设备安全监察机构共出动监察人员7680人次,检查单位3282个,发现一般隐患2198条、严重隐患479条,全部完成整改。发现重大隐患4条,上报地方政府挂牌督办。全年共立案查处涉及特种设备安全的违法案件101起,涉案金额300余万元。无锡市作为全国5个电梯物联网应用示范工程试点城市之一,承担国家《电梯物联网基础信息与格式》《数据通讯与传输要求》两项标准的制定工作。电梯物联网列入市重大物联网示范项目,计划用两年时间,实现对2万台电梯的物联网方式监管。开展锅炉能耗测试和锅炉房安全节能双达标活动,224家锅炉房达到要求,选取8家锅炉房安全节能创建单位,向省局申报2家。开展电梯“96333应急处置平台”建设,首批9307台电梯纳入平台管理,实现统一调度救援。

（单衍超）

【执法打假】 年内,全市共出动执法人员9242人次,检查企业3144家,查办案件628起,涉案产品货值6854万元,查办大(要)案32起,移送公安机关4起。开展专项执法行动23项,突出民生导向,开展质检利剑专项执法行动,组织开展建材、儿童玩具、日用消费品、车用燃油、不锈钢制品、汽车产品及配件等涉及人民群众生命财产安全的重点行业和产品专项执法。突出重点时间、重点要求,开展春节期间民生消费品专项执法检查行动、农资专项执法、双面呢服装产品质量专项执法检查、“去产能”专项执法行动、市区三轮机动车专项整治、中国制造海外形象维护“清风行动”、电子商务专项执法活动、纤维制品专项执法检查、特种设备安全专项执法检查活动、能效标识执法集中行动、消防产品执法检查等执法活动。首创执法检查“双随机”(随机确定抽查对象、随机选派执法抽查人员)工作机制,被省质监局发文《关于在质量技术监督专项执法检查中推广双随机工作机制的实施意见》在全省推广。进一步提升全市质量技术监督行政执法整体效能,市稽查支队被省局评为全省质监执法示范点,1名执法人员被总局表彰为全国质检系统执法办案能手。

（单衍超）

【公共检测平台建设】 至2016年年底,全市累计拥有国家级质检中心12个。国家石墨烯产品质检中心、国家增材制造产品质检中心、国家物联网传感装备产业计量测试中心、省电池储能产品质检中心先后获批筹建,工信部工业产品(增材制造)质量控制和评价实验室获批,填补增材制造领域国家级质检机构空白,国信认证公司成为地市级质检机构首个认证资质获授权机构。国家太阳能光伏质检中心光伏产品及发电系统户外检研基地项目完成建设并启动运行。总投资2亿元的国家级检验检测认证基地项目落户新吴区,新增实验室面积近3万平方米。申报并获批总局科技项目1项,1个项目被列入省财政厅、省质监局质量技术监督检验检测体系发展基金项目,获得省级财政支持。组建市检验检测技术联盟,为新形势下质量公共服务平台整体功能作用的有效发挥和资源、信息的共享搭建平台。光伏中心多次牵头召开国际性和全国产业研讨论坛,吸引业内专家和企业人员参会探讨产业发展趋势。电梯物联网项目和省传感中心作为国内专业的物联网传感器测试服务单位,受邀参展首届世界物联网大会。市计量测试中心探索开展“智慧计量”服务模式,在自身计量检测工作实现数字化、智能化的基础上,以制造智能促进智能制造,有效服务全市乃至全国制造业产业发展。光伏组件高可靠性分析关键测试技术研究及装备开发项目获省质监局科技成果一等奖,市质检院和市标准化研究中心被命名为2016年无锡市科普教育基地。

（单衍超）

【简政放权】 年内,市质监局通过权力清单、责任清单明确本级事权,通过事权划分积极推动事权下放;通过省、市、县“三级同权”,规范权力运行。取消行政审批事项2项,承接省局事项3项,上报市编办下放许可2项,并将计量行政许可事项入驻市行政审批中心统一受理,推进行政许可审批事项流程优化,将承诺件的办结时限再次提速,开展“延时”“预约”和“网上预审”等特色服务。全年考评中,市质监局窗口数次被市政务中心评为“红旗窗口”和“表扬窗口”,工作人员数次被评为“服务明星”。

（单衍超）

【服务民生】 年内,市质监局继续实施“健康计量惠民工程”,开展“两免费”检定。免费检定全市212家集贸市场和626家村级卫生室、58家计划生育服务站的24254台(件)贸易结算用计量器具、医疗卫生用计量器具,免费为市民检定、维修家用血压计2000多台。免费为中小学生检测眼镜3万余副,免费为市内新装修住户检测室内空气质量300户。开展电梯维保单位星级评定,将群众不满意和投诉较多的15个电梯维保单位驱逐出无锡市场。完成40台老旧住宅电梯安全评估,出具立即停用建议26台。扩大标准在社会生活领域中的应用,不断释放标准红利。先后制定发布《居家养老援助服务规范》等10项服务业地方标准和12项公共文化服务相关建设标准。编制市新型城镇化标准体系框架和相关重点标准目录清单,与市民政局联合印发《关于加快推进全市民政标准化建设的实施意见》。

（单衍超）

国土资源管理

【概况】 2016年,无锡市国土资源管理部门以“保护、节约、稳定、发展、党风廉政建设”等5个责任统领全市国土资源工作,资源保护、节约集约、维护权益、改革创新、党的建设、业务支撑等各项工作均取得新的成绩。无锡特色“四位一体”(确立核心地位、优化布局方位、统筹数质定位、执法监管到位)耕地保护模式真正确立。不动产统一登记改革获得好评,土地例行督察整改顺利通过国家土地督察南京局核查验收,供给侧结构性改革成效明显,经营性用地调控精准发力。国土资源全流程优化审批、全区域便民服务、全业务网上办理、全节点效能监管的“四全”服务模式获得2个国家级奖项,《国土资源“四全”服务模式创新研究》获国土资源科学技术奖二等奖,“无锡市国土资源“一张图”综合监管平台”项目获中国地理信息产业优秀工程金奖,“四全”公共服务标准化成功获批全国试点。继2013年后,无锡市再次获“江苏省国土资源节约集约利用模范市”称号,获奖励新增建设用地计划146.74公顷。建成覆盖全市域的地价应用体系,获省国土资源科技创新奖一等奖。

(钱　炜)

【不动产统一登记改革】 《不动产登记暂行条例》颁布实施以后,无锡积极推进不动产统一登记改革。2015年3月,试行土地和房屋登记统一受理模式,探索“房地联办”;8月,市政府在市国土资源局设立不动产登记局,成立市不动产登记中心,完成不动产职责整合和机构设置;12月28日,市区开通不动产登记窗口,江阴市、宜兴市先后于2015年12月29日和2016年6月27日颁发不动产登记新证。至2016年年末,全市不动产登记办件量突破65万件,颁证量突破45.5万件。优化布局、合理分类,推动“四全”网点建设。市区在不动产登记中心(分中心)基础上,将镇(街道)基层国土所“四全”服务网点全部升级打造成不动产登记服务网点,全市已建成78个标准化服务窗口,其中,市区不动产登记服务网点38个,窗口218个,平均服务半径不到3公里。合理部署A、B类服务网点,其中,A类网点能提供不动产登记“一站式”服务,具有房屋交易、税收缴纳等功能,受理并办理不动产登记全业务;B类网点主要为镇(街道)提供就近服务,主要办理商品房、拆迁安置房转移登记等各类简易业务。流程再造、简化收件,推动审批提速增效。依据“法无授权不可为”原则,全面梳理审批事项,凡是没有法律依据的手续和材料不得作为前置条件或纳入流程,凡是重复审批、冗余和形式审查环节一律取消,凡是没政策要求必须完整审核的一律采用简易审核程序。共梳理不动产登记11个类型60项业务,收件材料由373项核减为275项,核减比例达27%。其中,简易业务立等可取,抵押注销登记当天办结,一般业务一周办结,立等可取类业务达到总业务量的60%。打通壁垒、同城查询,创新登记服务举措。推广不动产自助查询,将不动产登记查询业务下放到各“四全”服务窗口,增设“自助房屋信息查询终端”,实现通查通办、就近查询;创新多元化的服务举措,专设老弱病残优先号、抵押注销登记快速号以及疑难业务咨询号,开展预约上门服务,推行延时服务、错时服务、夏令时午间服务、周六服务、当日报件当日受理等服务制度,在A类网点专设疑难问题法律服务室;实现登记簿信息、登记资料查询功能,推出手机客户端网络跟踪服务,让申请人及时掌握办证进展情况。无锡不动产统一登记在全省乃至全国引起强烈反响,5月24日,《中国国土资源报》头版头条刊发《“四大工程”强能力——江苏无锡加强不动产登记队伍建设见闻》,并刊发短评《牵住队伍建设这个“牛鼻子”》,对市国土局“四大工程”锻造不动产登记队伍的做法予以充分肯定。《中国不动产》杂志先后4次刊发署名文章,宣传无锡不动产登记经验做法。

(钱　炜)

【供给侧结构性改革】 年内,无锡市区土地市场面对“去库存”和“稳市场”的双重压力,国土部门制定《2016年市区经营性用地出让指导意见》,配合市政府出台《关于进一步促进房地产市场健康稳定发展的意见》,提出增加普通住宅用地供应、优化土地出让条件、设置土地出让最高限价和网上竞拍终止条件等14条政策措施。调控新政出台后,土地市场降温明显,市区商品房和商品住宅成交均价都已经稳定在万元以下,而且呈现逐步回落态势,12月,土地出让溢价率已控制在20%以内,房价保持在合理区间。全年全市经营性用地公开出让面积272.47公顷,出让金总额390.36亿元。其中,市区成交31幅地块、198.47公顷,出让金369.17亿元,面积和金额比上年增长59%和907%;江阴市成交20.16公顷,出让金7.61亿元;宜兴市成交53.84公顷,出让金13.58亿元。以落实“1236”节地战略实现土地供应质量和效益“双提升”。建成覆盖全市域的产业用地绩效管理平台,市域内69个工业园区、5.9万家工业企业、37.73万公顷工业用地全部完成调查入库上图,与人社、供电、工商、地税等部门系统数据衔接共享,实现分区分行业综合评价,为产业用地精准挖潜提供决策支持。全市累计盘活各类存量用地2906.67公顷,完成绿地工程800公顷,连续第六年存量建设用地在土地供应中的面积占比高于50%,稳定形成以存量用地为主导的供地模式。全市建设用地地均GDP产出大约6.12亿元/平方公里,比上年增长7%左右。

(钱　炜)

【土地例行督察整改】 从年初开始,市委、市政府就举全市之力推动例行督察发现问题整改和长效机制建立。政府主导高位推进,成立土地例行督察整改工作领导小组,政府主要领导亲自挂帅部署,分管领导统筹协调,连续两次召开全市土地例行督察整改工作推进会。做实方案明确路径,逐项研究例行督察发现问题,制定10个方面42类具体的整改政策指导意见和4项市级层面拟出台的规范性文件清单,明确各级政府的主体责任以及13个政府部门的共同责任。实时跟踪督查问效,建立整改情况周报制度,通报各地进展情况,定期开展专项督查;在验收冲刺的最后一个月,建立“零报告”制度,要求每日报送进展情况,对重点问题整改完成一项、销号一项。严格约谈重点督导,先后对整改进度相对滞后的5个镇(街道)进行警示约谈,对江阴市、宜兴市两地整改工作重点督导,市政府召开专题会议对进度滞后地区进行集中约谈。

12月19~21日,国家土地督察

南京局对全市土地例行督察整改核查验收。经南京督察局核查认定,全市例行督察发现问题的面积、金额整改到位率分别为98.01%、99.99%,超过85%的验收要求。

(钱 炜)

【建设占用耕地耕作层剥离再利用】 年内,市政府出台《关于进一步加强耕地保护工作的实施意见》,标志着无锡特色"四位一体"耕地保护模式建成。文件明确三大目标四大体系12项工作,全面落实耕地系统性保护、管控性保护、建设性保护和底线性保护,得到省政府、省国土资源厅充分认可。开展耕地耕作层剥离和再利用,推进"四位一体"耕地保护模式、落实最严格耕地保护制度、实现耕地"占优补优"的一项重要举措。国土资源部门将耕作层剥离再利用工作列入年度重点工作目标,历经多地调研、试点探索、征求意见等环节,形成《无锡市建设占用耕地耕作层剥离和再利用工作实施意见》,并经第71次市政府常务会议审议通过。全市在惠山区试点实施耕地耕作层剥离再利用,对前洲街道工业用地集聚区按30厘米标准实施36公顷耕作层剥离,对长安街道13公顷土地复垦项目全部实施再利用、覆土厚度50厘米,另外对6.67多公顷蔬菜园地土壤进行改良,在补充高质量耕地的同时,充分发挥耕地资源良好的经济、社会和生态效益。

(钱 炜)

【"四全"服务标准化体系建设】 年内,国土资源管理部门为进一步规范公共服务水平,在"四全"改革成果基础上,研究开展"四全"服务标准化体系建设,先后编制发布《关于全面推行国土资源服务大厅(窗口)公共服务标准化建设的实施意见》《国土"四全"服务窗口公共服务规范》和《国土"四全"服务标准化实务手册》,率先在全国形成国土资源公共服务的一整套标准。服务标准化。以法律法规为基准,系统梳理土地登记、建设项目用地预审、土地征收、供地审批、地质矿产、测绘管理、信息公开、档案查询等八大类公共服务70项具体业务,对每项业务的服务内容、申报材料、服务流程、岗位职责、审查要求、服务时限、收费标准和办理结果都做明确设定。收费标准化。剥离国土业务中介机构,清理行政收费项目,降低土地使用权交易等服务费,取消抵押评估、土地测绘等收费事项,明确信息公开、档案查询等26项业务免收费用。窗口标准化。开展基层国土所标准化建设,统一软硬件设施,规范业务"服务指南",将"同城通办、延时服务、容缺服务、延伸服务"作为特色服务举措予以推广,确保全市国土"四全"服务窗口"走到哪儿都是一个样"。监管常态化。在基层服务窗口安装高清视频探头,落实全天候、不间断视频监督;建立标准执行日常考核机制,每季度通过评价器或窗口调查问卷统计评议结果,由"大监察"办公室组织考核;建立投诉处理和纠正预防措施机制,确保重大问题和群众反馈投诉及时有效得到纠正。

(钱 炜)

安全生产

【概况】 2016年,无锡市安全生产监督管理部门落实责任,强化监管,严格执法,推进安全生产大检查、专项整治等重点工作,切实加强基层基础建设,促进全市安全生产状况持续稳定向好。全年,全市未发生较大及以上事故,为全省3个未发生较大以上事故的地市之一。全年各类安全生产事故累计死亡人数比上年下降7.1%,其中,生产安全事故死亡人数比上年下降23.6%,道路安全事故死亡人数比上年下降2.49%,消防安全事故死亡人数比上年下降46.15%。连续第15年实现事故起数、死亡人数"双下降",其中,非煤矿山连续12年零死亡。无锡市在省政府2016年度安全生产考核中连续第5年获得优秀等次。

(王耀山)

【落实目标任务责任】 年内,无锡市安全生产监督管理部门从组织领导和明确责任入手,抓"五级五覆盖"和"五落实五到位"落实,健全安全生产责任体系。年初召开全市会议,下达安全生产工作责任书,将安全生产工作任务分解到各市(县)、区和42个市直部门,并逐级落实到基层和企事业单位。围绕生产、消防、道路交通的大安全格局,重新修订安全生产工作目标责任考核实施办法及细则,加大对安全隐患排查治理、打非治违、挂牌督办和专项整治等重点工作的考核权重,推动责任落实。以加强组织领导和加强检查督查作为重要手段,全市从市级层面开始,到各市(县)、区、镇(街道、开发区),各级行政首长担任安委会主任实现全覆盖,各市(县)、区党政主要领导带队督查成为常态,市安委会成员单位落实专项检查形成制度;全年全市先后组织12次检查督查,其中,由市委、市政府主要领导带队组织的督查4次。

(王耀山)

【专项整治】 年内,全市各级安全生产监督管理部门组织开展冶金煤气、涉爆粉尘、涉氨制冷、有限空间等10个方面的专项整治,进一步健全企业"一企一档",累计完成整治企业6030家,占排查整治企业总数的98.3%;涉及职业病危害专项整治企业367家,关停6家,整治达标337家,达标率93.4%。在危化品安全专项整治中,全市列入红表的26家企业(含项目)全部完成整治,其中,依法取缔3家,责令关闭19家,另有4家实施搬迁;列入黄表的472家企业,发现隐患2565项,整治完成457家,整治完成率97.3%;列入蓝表的638家企业,发现隐患2155项,整治完成562家,整治完成率88.5%;26家构成一、二级危化品重大危险源企业,全部完成安全评估,17家危化品生产企业被注销安全生产许可证。

(王耀山)

【排查整治隐患】 年内,市安全生产监督管理部门抓好"两节""两会"以及G20峰会、世界物博会和省、市党代会期间的隐患排查治理,落实安全防范措施。"4·22"靖江火灾事故发生后,组织全市各级开展安全生产大检查,并对排查发现的较大事故隐患落实整改责任和措施,实行限期整改。市安委会分两批对全市各级排查出的39项重大隐患实行挂牌督办,按期整改率100%,市安委会挂牌的7个油气输送管道较大隐患整改也于10月全部完成。年内,全市各级安全生产监督管理部门执法检查企业16741家(次),发现隐患52574万条，整改隐患48027万条，整改率91.35%，对384家企业进行立案，处罚322家。

（王耀山）

【打非治违专项行动】 11~12月，全市各级安全生产监督管理部门集中开展“打非治违”活动，活动期间共行政处罚3691家，责令“三停”（停产、停业、停止建设）27家，关闭不符合安全生产条件的企业16家，立案查处194家，行政拘留152人，移送追究刑事责任4人。

（王耀山）

【基层安监机构建设】 年内，市安委会在全市乡镇（街道）推广设立安全生产专项委员会，推广行业监管的做法和经验。宜兴市、惠山区、滨湖区等在市（县）、区层面设立安全生产专门委员会，覆盖生产、消防、交通、建设、农业、文教、服务等行业领域，有效地强化行业监管。

（王耀山）

【安全生产标准化建设】 市安全生产监督管理部门以提升企业安全生产标准化运行质量和扩大小微企业创建覆盖面为着力点，落实企业自主创建，强化对达标企业自评报告结果运用的监督，促进企业切实按照体系要求运行。年内，新增标准化达标企业1667家，其中，二级达标企业17家，三级达标企业407家，小微企业达标1243家。全市累计安全生产标准化达标企业9128家，其中，一级、二级企业总数达115家。江阴市、滨湖区分别被国家安监总局列为全国隐患排查治理体系和安全生产标准化样板区建设示范点。

（王耀山）

【“安全月”宣传教育】 2016年安全月期间，全市共投入安全宣传经费1000多万元，征订、编印、分发各类宣传品183万余份，组织宣传咨询活动220余场次，开展各类文艺演出、情景剧和警示教育电影巡演、知识竞赛、文艺作品征集等活动500余次，组织安全知识“六进”活动410多场次，组织应急救援演练638场次，参与活动和受教育的职工群众达200余万人次。

（王耀山）

【物联网技术运用】 市安全生产监督管理部门对接无锡国家传感网创新示范区，推进“感知安全生产信息系统”以及“安全服务云”手机APP和“无锡安监”微信公众号的使用，加快线上监管与服务企业的无缝融合，指导企业探索作业场所职业危害在线监测物联技术的应用。年内，全市在线进行事故隐患自查自报的企业6万余家。

（王耀山）

【职业卫生监管】 年内，成功研发“无锡市职业病防治工作信息平台”，初步实现监管部门、技术服务机构、职业病诊断鉴定机构，以及与其他部门之间的信息实时传递和无障碍交换。研究开发“无锡市职业病危害现状普查信息系统”，组织开展全市存在职业病危害企业摸底普查，分类确定职业病危害严重企业2133家，较重危害企业13631家，一般危害企业22058家。年内，全市开展职业病危害检测企业3579家，比上年增长58.15%；职业健康体检企业5305家，比上年增长3.47%；开展职业卫生评价企业483家，比上年增长39.19%。职业病危害专项整治企业达标率比上年提升11 %。全市新发职业病167人，比上年下降32.11%，未发生群体性职业病危害事件。精心制作拍摄视频《底数清方向明，把好脉开良方——江苏省无锡市深入开展职业病危害现状普查》，在全国《职业病防治法》宣传周期间进行展播。

（王耀山）

无线电管理

【概况】 2016年，无锡市推进无线电管理执法宣传，大力营造知法守法护法环境。以宣传《中华人民共和国无线电管理条例》《江苏省无线电管理条例》为重点，先后组织开展“5·17”“9·11”“12·4”等大型广场法治宣传活动。其间，集中3天时间，联合交警在梁溪区、新吴区等重要路段开展无线电管理条例知识宣传，组织联合执法检查，共纠正违法使用车载电台行为11起，查获车载“伪基站”1起。年内，组织行政执法32次，发放法规宣传手册760本，宣传品1100余份。其中，捣毁“黑广播”窝点8起，为公安部门出具“伪基站”技术鉴定书11份，查处手机屏蔽仪15起，未发生行政诉讼、行政复议及行政投诉等问题。全年完成14个频段的占用度监测任务，监测9394小时，发现不明信号40个，识别31个，查处9个，查处干扰13起，检测无线电设备132台，完成预指配频率监测44个，核查无线电台站45个，换核发无线电台执照28603张，指配频率18个，收回62个。组织重要考试保障18次，查获利用无线电手段进行考试作弊案1起，涉案人员3人。围绕保障G20峰会无线电安全，周密制定方案，成立应急分队，在宜兴市组织开展苏锡常无线电安保联合管控演练；按照全省统一部署，抽调1辆监测车、3名技术人员组成保障分队，代表江苏驰援浙江绍兴市G20峰会保障工作。按照上级要求，选派3名工作人员，携带1辆监测车辆，跟随2016第七届环太湖国际公路自行车赛组委会安保组，日夜兼程，连续作战，途经长兴、湖州、安吉、吴江、南通、海门、武进、句容等地，开展为期7天的无线电安全保障工作。此外，还先后开展2016无锡环太湖国际马拉松赛、2016年亚洲击剑锦标赛暨里约奥运会亚太地区资格赛等多起国际、国内重要赛事无线电安保活动。

（叶　军）

编辑　周胜忠　郭　鹏

农业与农村发展

综 述

【概况】 2016年，无锡市各级农村工作部门，落实中央、省和市委市政府关于加强“三农”(农村、农业、农民)工作的决策部署，按照“高水平全面建成小康社会”的总体要求，转变农业发展方式，促进农民增收，深化农村改革，农业、农村发展保持稳中有进的良好态势。年内，全市村均集体收入达706.9万元，64个经济薄弱村实现脱困转化，全市农村居民人均可支配收入26158元，全市城镇化率75.8%。

(朱 瑶)

【富民强村】 2016年，无锡市围绕“巩固工资性收入、拓展经营性收入、提高保障性收入、扩大财产性收入”的思路，推动农民收入稳定增长。全市农村常住居民人均可支配收入26158元，比上年增长8.3%，连续多年高于城镇居民收入增幅，城乡居民收入比缩小至1.86∶1。工资性收入比上年增长8.4%，达16618元。统筹城乡就业工作，完善就业服务体系，拓展农民就业渠道，全市培训农村劳动力3.03万人，实现本地农村劳动力就业1.2万人，城乡劳动力充分就业率稳定在96%以上。把新型农业经营主体、新型职业农民创业纳入全民创业政策扶持范围，健全创业载体建设、创业项目孵化、创业政策指导、创业人员培训等配套扶持机制，加快完善覆盖城乡、直达到村的创业服务体系，扶持农村劳动力创业2098人，带动就业1万人。完善合作组织收益分配机制，保障合作组织成员享有利润，全市70%左右的农民持有集体经济股权，社区股份合作社用于个人股权的分配额达4.2亿元。推进被征地农民基本生活保障工作，市区被征地农民政府保养金分别从710元/月(男60岁、女50岁以上)、600元/月(男60岁、女50岁以下)提高到770元/月和660元/月。强化精准扶贫，建立调查摸底、动态认定、分类援助的工作机制，通过“一对一”就业援助和结对帮扶实现就业，帮助农村就业困难人员实现就业4000人。市区征地拆迁安置住房上市交易，盘活安置房资源，使其成为农业发展、农民增收、农村建设的有力杠杆。加快村级经济转型步伐，按照高效农业、专业市场、物业租赁、旅游休闲等不同模式的发展类型，推动单一的工业经济、坐地收租，向多渠道、多形式发展转变，探索集体经济新的实现形式，全市村级集体净资产额达455.3亿元，村级集体经济总收入63.2亿元。

(朱 瑶)

【农业现代化建设】 无锡国家现代农业示范区在2015年全国现代农业示范区评比中，综合得分82.3分(说明：数据隔年发布，下同)，在全国283个示范区中名列前茅；无锡市农业基本现代化在2015年全省农业基本现代化评比中，综合得分89.1分，名列全省第三。全市规模(20公顷以上)以上农业园区169家，共5.9万公顷，比重达48.9%。新增高标准农田面积1153.3公顷、高效设施农业(渔业)2853.3公顷，设施农业机械化、农产品精加工机械化、林果业机械化、渔业机械化、畜牧业机械化指标平均值达49%。建成省级智能农业示范县1个，省级农业电子商务示范乡镇3个，生物农业产业规模达70亿元。建成市级以上龙头企业136家，其中国家级4家、省级34家，企业年销售额575亿元，带动农户91万户；建成家庭农场792家、农民专业合作社2780家。打造阳山水蜜桃、“太湖翠竹”茶叶、马山杨梅等一批知名农产品；江阴市红豆村(金顾山水蜜桃)、宜兴市张阳村(张阳花卉)被评为第六批全国“一村一品”示范村镇。新吴区从心农业有限公司生产的“吴之天川”牌大米被评为“江苏好大米”特等奖，江阴华西米业有限公司生产的“华西”牌大米被评为“江苏好大米”金奖。

(朱 瑶)

【农村改革创新】 2016年，无锡市按照“确权、赋能、搞活”原则，深化农村综合改革，破除城乡二元结构的体制机制障碍，推进城乡要素资源均衡配置，集聚农业农村发展新动能，解放和发展农村生产力。推进农村土地确权工作，全市350个行政村（涉农社区）完成土地承包经营权登记发证，比例达88.83%。加快推动农村产权交易市场建设，全市镇级农村产权交易市场（服务中心）基本实现全覆盖，年内，累计发布交易项目5523个，成交5069笔，成交额超8.26亿元。“惠农贷”风险补偿基金升级，放贷对象范围从家庭农场扩大到农民专业合作社，授信额度增加到4000万元，至年底，累计发放贷款72笔，贷款额1678.9万元。推进惠山区农村土地经营权抵押贷款和宜兴市农民合作社内部信用合作国家级试点项目，惠山区完成农村土地经营权抵押贷款登记10笔，抵押贷款额8350万元，金额位居全省前列；宜兴农民合作社内部信用合作三年试点任务通过省级专家组评审验收，为成员融资2798.2万元。农村金融创新工作实践入选省委改革办“江苏金融改革探索案例”。

（朱　瑶）

【村庄生态环境】 2016年，无锡市围绕建设城乡发展一体化示范镇，重点综合整治村庄环境，发展休闲农业和乡村旅游，推进城乡发展“六个一体化”（城乡规划建设一体化、城乡产业发展一体化、城乡基础设施一体化、城乡社会保障一体化、城乡公共服务一体化、城乡社会管理一体化）建设，农村社会环境面貌日新月异。全市18个示范镇获“全国宜居示范小镇”“中国人居环境范例奖”“中国最美村镇”等国家级荣誉42项；全市规划布点村庄全部实现省二星级康居乡村以上目标，323个村庄达省三星级康居乡村标准，7个村庄入选“江苏省最美乡村”，江阴华西村、宜兴张阳村等5个村庄入围“全国美丽乡村”试点；全市建成全国休闲农业与乡村旅游示范县（点）6家，全国特色景观旅游名镇（村）5个，省特色景观旅游名镇（村）4个，省星级乡村旅游区（点）78家，市乡村旅游示范村20家。年内，全市创建省美丽乡村建设示范项目8个，建设市村庄环境长效管理示范村180个，建设市村庄生活污水长效管理示范点100个，创建市农村河道综合整治示范镇4个，创建省级水美乡村22个。

（朱　瑶）

【农村社区建设】 2016年，无锡市推进城乡公共服务和社会治理一体化工作，加强农村基层党的建设，创新农村社区治理，加快经济薄弱村脱困转化，保障农民安居乐业、农村社会安定有序。年内，全市完成村（社区）“两委”换届选举，注重选优配强村党组织书记和薄弱村领导班子。加强教育培训和实践锻炼，发挥基层党组织带头人在推动改革发展、化解矛盾问题、做好群众工作中的带头作用。抓住建设“全国社区治理和服务创新实验区”时机，把社区治理协同化、政务扁平化、自治民主化、服务社会化、运行信息化作为路径，形成农村社区治理长效管理保障机制，并在全市农村社区重点开展促进社区减负、民主自治和强化集体“三资”（资金、资产、资源）管理治理工作。

（朱　瑶）

【启动新一轮城乡一体化建设】 2016年，无锡市落实国务院《关于深入推进新型城镇化建设的若干意见》及住建部、国家发改委、财政部联合出台的《关于开展特色小镇培育工作的通知》精神，按照省“十三五”规划提出的“到2020年形成100个左右富有活力的重点中心镇和100个左右地域特色鲜明的特色镇”要求，建设城乡一体化示范镇，提升统筹城乡发展水平，加快城乡一体发展。先后下发《关于深入推进美丽乡村建设的实施意见》《关于加快推进无锡休闲观光农业建设的意见》等政策文件，提出“到2020年，围绕产业集聚型、生态旅游型、古镇保护型三大类型，培育10个左右产业特色鲜明、生态环境优美、文化特质彰显、功能配套完善、创新优势强劲、具有较高城镇综合承载能力和可持续发展能力的示范特色镇；围绕布局形态美、绿色产业美、富民生活美、宜居生态美、乡风和谐美方面内容，建设100个美丽乡村示范村；围绕乡村旅游‘一环两带二片区’（环无锡城区的城郊乡村旅游休憩环，锡东休闲农业旅游带、锡西生态休闲旅游带，江阴市社会主义新农村旅游片区、宜兴市宜南乡村休闲度假片区）发展布局，提升产业素质、培育地域品牌，打造30个美丽乡村休闲旅游示范村”的总体目标，启动新一轮城乡发展一体化示范镇和美丽乡村建设工程。

（朱　瑶）

城乡发展一体化

【概况】 2016年，全市农村上下按照中央、省农村工作会议部署，在市委、市政府领导下，把“高水平全面建成小康社会”作为目标，突出城乡发展一体化主题，突出改革创新主线，推动新农村建设与城乡统筹发展。全市城乡一体发展水平稳步提升，乡镇工业集中区产出占乡镇工业经济总量的比重超92%，农业园区化比重达48.9%。

（朱　瑶）

【制定城乡发展一体化五年工作目标】 3月30日，市委、市政府出台《关于提升城乡发展一体化水平建设“强富美高”新农村的意见》。意见明确提出：到2020年，增强全市农

惠山区阳山镇田园东方综合体　　（市委农办　供稿）

业综合竞争力，农业基本现代化综合水平全面提升；农村居民人均收入比2010年翻一番，城乡居民收入差距缩小；低保家庭人均年收入达1.2万元以上，经济薄弱村年收入全部达到或超过200万元，实现脱困转化；提高美丽乡村建设水平，农民素质和农村社会文明程度明显提升；农村基本经济制度、农业支持保护制度、农村社会治理制度和城乡发展一体化体制机制完善；全市城乡区域协调发展取得新突破。

(朱　瑶)

【农村土地确权颁证行政村350个】 2016年，无锡市按照中央《关于引导农村土地经营权有序流转发展农业适度规模经营的意见》要求，以“坚持农村土地集体所有，实现所有权、承包权、经营权‘三权分置’”为目标，依法依规，把质量放在首位，把好关键环节，规范文本格式，严格审批程序，做好档案管理，稳妥、有序推进农村土地承包经营权确权登记颁证工作，引导土地经营权有序流转。年内，全市完成土地承包经营权确权证书发放工作的行政村（涉农社区）350个，占比88.83%；通过土地承包经营权确权县级验收的行政村(涉农社区)比例达81.98%。

(朱　瑶)

【新增12个镇级产权交易中心】 2016年，为完成“一年抓试点、打基础、出经验，两年全面推进、力争实现全覆盖，三年建成省、市、市(县)区、街道(镇)互连互通的农村产权流转交易网络平台”工作目标，市级成立农村产权流转交易市场建设工作领导小组，市委、市政府分管领导分别担任组长、副组长。至年底，全市农村产权交易市场建设基本实现全覆盖，建成江阴、滨湖2个市(县)区级产权交易服务中心，在上年建成31个镇(涉农街道)级农村产权交易服务中心的基础上，新增12个镇级农村产权交易服务中心，至此，无锡市有43个镇级农村产权交易服务中心运行，其中江阴市14个、宜兴市13个、锡山区9个、惠山区7个。全市农村产权交易成交额8.26亿元，是2015年的30多倍。

(朱　瑶)

【推动农村一二三产业融合发展】 3月17日，市政府召开第59次常务会议。审议《关于进一步创新和培育新型农业经营主体，推进农村一二三产业融合发展的意见》。意见围绕解决“谁来种地”问题，鼓励和支持新型经营主体、农业社会化服务组织以及工商企业，在各自适合领域各展所长，探索不同产业融合模式，延伸农业产业链，拓展农业多种功能，强化农户利益联结模式；到2020年，全市培育市级以上示范家庭农场150家，农民专业合作社成员(代表)大会、理事会、监事会健全率达80%以上，重点建设市级农民专业合作社示范社150家左右，家庭农场经营比重达50%；全市农机化综合作业水平达93%以上；新增市级以上农业龙头企业30家以上，总数超150家，销售收入力争突破1000亿元，规模以上农产品加工产值与农业总产值之比达3.2：1，农业龙头企业在资本市场挂牌上市5家以上。

(朱　瑶)

滨湖区红沙湾生态农业观光区　　(市委农办　供稿)

【农民专业合作社建设】 2016年，市委、市政府以明晰产权制度、规范财务管理、完善民主制度、强化服务功能为重点，加快推动专业合作社规范化建设，鼓励专业合作社发展农产品加工、销售，拓展合作领域和服务内容，支持专业合作社开展产品、产地认证，创建农产品品牌，增强农产品市场竞争力，引导合作社提升发展水平，增强带动能力和完善服务功能。年内，全市农民专业合作社2780家，其中市级以上“五好”(服务成员好、经营效益好、利益分配好、民主管理好、示范带动好)示范社191家，新增省级农村合作社示范社20家。按照省农委部署，在宜兴市开展合作社规范化整体推进试点县工作，制定和完善合作社规范化建设整体推进试点方案。宜兴市芳桥街道金兰村在全市率先开展综合性农民合作社试点，形成“农民以土地经营权入股、合作社集体经营、利益社员共享”的普惠型农民合作社新模式，实现村容和谐、集体受益、村民增收共赢。

(朱　瑶)

【完成内部信用合作试点任务】 2016年，宜兴市完成农业部“2014~2016农民合作社内部信用合作试点单位”建设任务，初步形成一整套合作社内部信用合作的规章制度和操作流程。至年底，3家试点农民合作社入股信用资金2155万元，其中，实际入股资金1006万元，承诺入股资金1149万元，解决成员融资需求117人次2798.2万元。人民网、《新华日报》等主流媒体刊发专题报道，称其为解决农民合作社“融资难、成本高”问题探索出低成本、可复制、易推广、能持续的新型合作金融模式。10月，宜兴市委农办和宜兴农商行签订3亿元信用贷款授信额度，开展金融资金介入内部信用合作的探索。

（朱　瑶）

【新增33家市级示范家庭农场】 2016年，市委、市政府办引导家庭农场发展适度规模经营，推动家庭农场种养规模与家庭成员的劳动生产能力和经营管理能力相适应，重点扶持6.67~20公顷的家庭农场发展。开展示范家庭农场创建活动，建立和发布示范家庭农场名录，促进家庭农场提高经营管理水平。鼓励家庭农场开展农产品销售、乡村旅游等经营活动，年内，新增33家市级示范家庭农场。至年底，全市认定家庭农场792家，累计创建44家省级示范家庭农场、100家市级示范家庭农场，涌现一批有品牌、有口碑、有效益的优质家庭农场。

（朱　瑶）

【签订"惠农贷"2016~2017年协议】 2016年，无锡市加大金融支农力度，对原有"惠农贷"家庭农场风险补偿基金扩容升级，与无锡农村商业银行签署《"惠农贷"风险补偿基金合作协议(2016~2017年)》。新协议中，放贷对象范围从原来的家庭农场扩大到农民专业合作社，授信额度从2014年的1000万元增加到4000万元，单笔贷款额度从原来的最高30万元，增加到最高50万元。新协议自2016年8月实施，至年底，发放贷款19笔，贷款额507.9万元。自2014年10月始，"惠农贷"累计发放贷款61笔，贷款额1678.9万元。"惠农贷"的开展，有效缓解农业经营主体贷款难、贷款贵的问题，受到广大农户的欢迎和好评。

（朱　瑶）

【村级股份合作制】 2016年，无锡市推进村级股份合作制改革。至年底，全市累计组建村级社区股份合作社587家，量化集体经营性净资产108.9亿元，持股农民175.3万人，村级社区股份合作社覆盖全市行政村(含涉农村居)总数的68.6%，70%左右的农民拥有集体经济股权。累计发放个人股分红28.9亿元，130万人享受个人股分配。

（朱　瑶）

【新一轮经济薄弱村帮扶计划】 2016年，无锡市推进新一轮经济薄弱村脱困致富工作，出台《关于经济薄弱村脱困致富工程的实施意见》。意见明确：从2016年起，组织对全市2015年度村级稳定性收入低于200万元的村，进行全方位、多途径、强力度的帮扶，通过配强班子队伍、发展村级经济、加大政策支持力度、降低村级管理成本、开展结对帮扶等方式实施。通过5年努力，到2020年，全面消灭村级集体收入低于200万元的村；市级重点帮扶经济薄弱村村级收入率先达到或超过200万元，建立稳定的长效增收机制。

（朱　瑶）

【64个薄弱村实现脱困转化】 2016年，无锡市完善新一轮薄弱村帮扶工作政策措施，深化市领导与市级重点帮扶经济薄弱村挂钩蹲点制度，科学调整市级机关单位与经济薄弱村结对帮扶名单，促进机关特定职能优势与薄弱村优势资源潜力匹配，引导资金、项目、技术、信息有针对性发挥效力，"输血"的同时帮助"造血"，有效加快经济薄弱村脱困转化步伐。年内，全市98个市级重点帮扶薄弱村共252个项目获得市级以奖代补资金，64个村达到脱困转化目标，市级重点帮扶村村均收入达240万元。

（朱　瑶）

【宜兴入选集体经济发展试点县】 2016年，根据财政部和省农委、省财政厅关于扶持村级集体经济发展的相关文件精神，市委农办指导宜兴市农办编制宜兴市级和30个试点村的项目实施方案。经过省专家组论证，宜兴从全省30个申报县(市)

表35　　2016年无锡市农业农村重点工作目标任务完成情况

序号	主要目标	单位	目标要求	完成实绩
1	基本农田保护面积	万亩	164.82	165.89
2	新增高标准农田面积	万亩	1	1.731
3	新增高效设施农业(渔业)面积	万亩	2	4.282
4	生物农业产业规模	亿元	70	70
5	5项高效农业机械化指标平均值	%	49	49
6	建设标准化泵站	个	102	113
	新增高效节水灌溉面积	亩	1200	1960
7	建设现代农业综合服务中心	个	2	3
	建设农资现代流通服务网络体系(网点)	个	10	10
8	新建农村科技服务超市等农业科技创新服务平台	家	3	3
	新建农业科技示范基地	个	10	15
9	建成市级以上示范家庭农场	家	20	56
10	农民人均可支配收入增长	%	7.5	8.3
11	培训农村劳动力	人	30000	33104
	其中:创业培训	人	2700	3019

续表 35

序号	主要目标	单位	目标要求	完成实绩
12	适龄居民养老保险覆盖率	%	98.6	≥98.6
13	居民基本医疗保险覆盖率	%	99	≥99
14	新农合(江阴)人均筹资水平	元	800	800
15	实现脱贫转化的经济薄弱村	个	30	64
16	完成土地承包经营权登记发证的行政村(涉农社区)比例	%	80	88.83
	通过土地承包经营权确权县级验收的行政村(涉农社区)比例	%	70	81.98
	建立健全农村土地承包经营纠纷调解仲裁机构,达到"设立一个场所、建立一支队伍、出台一个规范、制定一部章程、保障一笔经费""五个一"建设标准	–	完成	完成
17	完成镇(涉农街道)总体规划编制工作	–	完成	完成
18	完成部分村庄修建性详细规划编制试点工作	–	完成	完成
19	完成国家级生态文明乡镇(街道)规划编制任务	个	8	11
20	创建省美丽乡村建设示范项目	个	8	8
21	建设村庄环境长效管理示范村	个	100	180
22	建设村庄生活污水长效管理示范点	个	100	100
23	创建省一级村镇建设档案馆(室)	个	6	8
24	创建农村河道综合整治示范镇	个	3	4
25	创建省级水美乡村	个	20	22
26	新建改建农村公路	公里	40	47.852
	新建改建农路桥梁	座	20	23
27	基层公共体育设施(农村的乡镇、行政村和农民集中居住点的体育设施)免费开放率	%	92	92
28	新建科普示范村(涉农社区)	个	34	34
29	江苏省"民主法治示范村"创建比例	%	33	33.9
30	市级以上文明村建设比例	%	92	92
	市级以上文明镇建设比例	%	98	98

说明:表中亩为市制单位,1公顷等于15亩

(市委农办)

中胜出,入选省级扶持村级集体经济发展试点县(市),对上落实项目资金3000万元。

(朱　瑶)

【城乡发展一体化示范镇建设】 2016年,围绕特色小镇建设,无锡市组织相关单位和人员赴浙江考察,并广泛开展调研座谈,形成示范镇建设专题调研报告。在此基础上,研究、起草推进城乡发展一体化示范镇建设的指导意见。11月,召开全市城乡发展一体化示范特色镇和美丽乡村建设推进会,对新一轮城乡发展一体化示范镇建设工作进行部署。会议系统总结2015年度先导示范区建设成果,编制《无锡市城乡发展一体化先导示范区建设媒体宣传资料选编》,并在《无锡日报》对先导示范区建设先进典型进行专版宣传。年内,市本级财政向18个镇下达67个建设项目的奖补资金8754万元。

(朱　瑶)

【创建美丽乡村示范村25个】 2016年,在完成"十二五"规划"幸福农村"建设任务基础上,无锡市起草、调研《关于深入开展美丽乡村建设的意见》,意见提出:从城乡发展一体化、农村产业发展、提升乡村人居环境质量、深化农村改革、发展村

庄基本公共服务均等化入手，打造“规划布局美、绿色发展美、富民生活美、宜居生态美、乡风和谐美”美丽乡村目标。对照意见，市委农办研究、制定无锡市美丽乡村示范村建设考评指标体系，指导各候选单位对照要求开展建设。年内，全市创建市级美丽乡村示范村25个。

（朱　瑶）

【惠山区金融改革试点】 2016年，市委农办会同相关职能部门，总体部署，分步推进，统筹安排，重点突破，推进惠山区农村金融改革创新综合试验区建设，推动农村承包土地经营权抵押贷款国家级试点工作。惠山区成立由区委、区政府分管领导任双组长的农村土地经营权抵押贷款试点工作领导小组，出台《惠山区农村土地经营权抵押贷款试点工作方案》(以下简称“方案”)，“方案”明确试点工作的总体要求、基本原则、试点内容、工作进度安排和保障措施。年内，完成农村土地经营权抵押贷款10笔，抵押贷款8350万元，金额位居全省前列。

（朱　瑶）

【农村公益事业建设】 2016年，无锡市发挥省级资金的引导示范作用，开展农村道桥、绿化、环境建设，有效解决一批“出行难”“卫生差”等农民所想所盼、所需所急的问题，提升农民幸福指数，改善农村地区环境面貌。年内，无锡市区的村级公益事业建设财政奖补工作涉及锡山、惠山、滨湖和新吴区的26个镇(街道)，项目覆盖面占行政村总数的20.5%。项目具体为：道路19条，总长19.55公里；小型水利设施2个；文化体育场所10个，1.60万平方米；村庄环境整治27个，22.85万平方米；自来水管网改造3个，21.71公里。项目投资4703.92万元，其中省级以奖代补资金1341万元，市级以奖代补资金100万元，村级集体经济组织投入资金3087.9万元，各类捐助资金175万余元，项目受益80万人。

（朱　瑶）

现代农业

【概况】 2016年，全市各级农业部门认真落实中央、省市“三农”工作的决策部署，扎实推进农业供给侧结构性改革，调优农业结构，培育新兴产业，加强生态保护，推动全市现代农业实现“十三五”良好开局。年内，实现农业产值249.98亿，农业增加值154.74亿元。

（徐　业）

【现代农业示范区建设】 2016年，无锡市国家现代农业示范区建设围绕农业物质装备建设、农业产业结构优化、经营主体培育指导、农业生态环境保护和农林综合执法监管等工作，在转型升级中平稳、健康发展，国家现代农业示范区建设水平监测评价综合得分稳中有升，保持全国领先水平。国家现代农业示范区核心区（江苏无锡锡山台湾农民创业园）建设取得新成效，实现全年总投入5000万元，经营收入1410万元；全年引进无锡迪茉得生物种业科技有限公司、无锡到家网络科技有限公司电商平台项目、无锡卉聚花卉园艺有限公司、台湾生活馆等公司(项目)14家，投资超过8000万元，其中农业科技型企业10家，注册资本1000万元以上的3家，500万元以上的6家；全年旅游人数超50余万人次，接待旅游团队580余批次。全市新增农业园区面积1333.3公顷，农业园区面积占耕地面积比重达48%。加强农业园区管理，6家省级现代农业产业园区完成考核检查工作，新认定：雪浪山休闲农业园区、宜兴市湖汶镇张阳村生态休闲观光园、无锡鹅湖玫瑰文化园、江苏省惠山现代农业产业园区、江苏无锡锡山台湾农民创业园、无锡鸿山生态农业示范园、徐霞客马鑫园艺产业园区、宜兴市阳羡茶产业园、江阴徐霞客镇江淮水产研究所基地、宜兴市晴兰生态农业园为年度市级先进农业园区。

（徐　业）

【农业产业化发展】 3月27日，市政府召开第60次常务会议。审议《关于进一步创新和培育新型农业经营主体，推进农村一二三产业融合发展的意见》。10月18日，市政府出台《关于进一步扶持农业产业化龙头企业发展的实施意见》等文件，设立市级农村一二三产业融合发展专项资金1亿元，重点扶持农业产业化龙头企业等新型农业经营主体。宜兴市成为2016年农村产业融合发展“百县千乡万村”试点示范和2016年中央现代农业生产发展试点（农村一二三产业融合发展试点）。促进农业与工业、旅游业、互联网产业深度融合，发展农业新兴产业和业态。宜兴市成功创建“全国农业产业融合试点县”，宜兴白塔村获评中国美丽休闲乡村；篱笆园农庄、绿缘山庄获评全国休闲农业与乡村旅游五星级企业，叶飞园艺场、金云庄获评全国休闲农业与乡村旅游四星级企业。江阴徐霞客镇与上海复旦大学签约特色旅游小镇合作项目。以宁杭高速为起点，阳羡茶产业园为终点的宜兴休闲农业观光路线被评为“江苏省休闲农业精品观光线路”。锡山区山联村被评为江苏省休闲观光农业示范村。农业电商蓬勃发展，全市网上营销商户500户，全年在线交易实现5.1亿元。苏宁易购江阴特色馆、淘江阴等优质农产品电商平台上线运营。宜兴市新建镇、锡山区东港镇被评为第二批“江苏

锡山区东港镇金色池塘鱼塘有机稻种植基地　（市农业局　供稿）

省农村电子商务示范镇”。生物农业稳步推进,实现产值70.3亿元。锡山区发展生物育种产业,建成6家生物农业研发载体。新吴区建成投资2500万美元的安利全球唯一植物研发中心。

(徐　业)

【龙头企业发展】 2016年,各级农林部门引导农业龙头企业加强品牌意识,加大科研投入,发展生物农业、“互联网+”农业、农产品加工业等新兴产业。19家企业获得省级以上名牌产品或著名(驰名)商标,21家企业获得“三品一标”认证,9家企业获得省级以上科技奖励或荣誉,增强企业市场竞争力。全市市级以上农业龙头企业带动农户91万户,在促进产业集聚、促进农民增收方面发挥重要作用。全市共有市级以上农业龙头企业136家,其中国家级4家,省级34家。年销售收入超100亿元的1家,年销售收入超10亿的5家。2016年,市级以上龙头企业实现主营业务销售收入574.9亿元,上缴利税4.15亿元,带动农户数91万户,成为推动产业转型、带动农民增收、加快科技创新的中坚力量。

(徐　业)

【农民培训】 2016年,市农委实施农业科技入户工程,组织开展新型职业农民培训、创新创业培训等活动,培育农业科技示范户6600户,培训新型职业农民9888人,培训创新创业类专业大户、家庭农场主、合作社带头人、大学生村干部等200人,培训全市农业干部107人。据统计,全市新型职业农民比重提高5.3个百分点,培育率达46.6%。

(徐　业)

【“互联网+”农业】 全市以无锡国家农村农业信息化示范基地建设为契机,以农业物联网技术应用和农业电子商务为重点,大力发展“互联网+”现代农业,为传统农业转型升级开创新格局。2016年,全市新建成物联网应用点22个,共建成智慧农业应用示范点61个,覆盖畜禽养殖面积32万平方米,设施栽培面积1200公顷,水产养殖面积2733.3公顷,大田种植1066.7公顷。江阴市建成江阴现代农业产业园区物联网公共管理服务平台。宜兴市成为江苏省智能农业示范县。锡山区在江苏无锡锡山台湾农民创业园(以下简称“锡山台创园”)建立企业温室大棚智能化生产管理平台及水稻园智能化灌溉示范点,在鹅湖镇、东港镇建立智能增氧、水质在线监测、鱼病远程诊断、质量追溯水产养殖示范点。锡山台创园被评为江苏省智能农业示范园区。全市网上营销商户454户,全年在线交易4.6亿元。惠山区阳山镇、锡山区东港镇、宜兴市新建镇先后被评为江苏省农业电子商务示范乡镇。杨巷镇远望果蔬专业合作社建立的温室大棚物联网温湿度环境监测物联网平台初步应用,大数据平台初见雏形;和桥科牧、盛农生态等规模化猪场先后把畜禽防疫及环境监测物联网纳入年度智能化建设,其中科牧猪场初步实现生猪生产管理智能化。

(徐　业)

【农业电商营销】 至年底,无锡市农业网上营销商户500个,实现在线交易51128.5万元。与中国邮政合作探索区域农产品物流配送体系和区域农产品营销体系,6月21日,在无锡举行农产品进城项目推进会暨服务水蜜桃产业合作签约式,开展水蜜桃农产品进城项目,推动无锡特色农产品通过邮政专线辐射全国。江阴建成苏宁易购特色馆,依托“淘江阴”建成“本地优质地产农产品销售平台”,专门为本地优质农产品供应商提供销售平台,并和本地多家农业合作社签订购销协议,为本地多家菜农提供网上销售平台,促进产销一体化。宜兴市先后完成杨巷三品、鑫洋水产、中亚淡水入馆苏宁易购馆和海康茶叶1号店、京东网店开馆工作。真蔬福农品、兰山茶叶、篱笆园微信平台等O2O网络直销模式,成为客户预定宜兴鲜果采摘、旅游休闲的重要渠道。锡山区东港镇、宜兴市新建镇被评为第二批“江苏省农村电子商务示范镇”。

(徐　业)

种植业

【概况】 2016年,无锡市围绕“粮食增产、园艺增效、产业安全、农村和谐”目标,调整产业布局,指导和帮助农民增收,实现种植业提质增效,各项工作取得显著成效。据初步统计,全年全市粮食种植面积94060公顷,亩产419.33公斤,总产59.16万吨。夏粮面积46930公顷,亩产286.78公斤,总产20.18万吨,其中小麦种植面积45393公顷,比上年减少2120公顷;亩产290.5公斤,比上年减少74.4公斤;总产19.78万吨,比上年减少6.22万吨。油菜种植面积2950公顷,比上年减少83.3公顷;亩产146.5公斤,比上年减少4.5公斤;总产0.65万吨,比上年减少0.04万吨。全市秋粮面积47130公顷,平均亩产551.3公斤,总产38.97万吨,其中水稻种植面积42260公顷,比上年减少5693.3公顷;亩产586.74公斤,比上年减少22.99公斤;总产37.19万吨,比上年减少6.66万吨。依托政策优势和资源优势,重点对蔬菜、果品、茶叶、花卉等特色产业进行合理开发和标准化培管,其中全市菜地累计播种面积48000公顷,茶园面积5733.3公顷,果树种植面积16000公顷,花卉苗木生产面积12600公顷。

(徐　业)

【新品种试验推广】 2016年,无锡市在锡山太湖水稻示范园、江阴徐霞客镇北渚村、宜兴官林杨舍村开展16个小麦新品种展示示范,筛选出苏麦8号、生选6号等苗头性品种;在锡山太湖水稻示范园、惠山区前洲街道、滨湖区马山街道、新吴区硕放街道、江阴徐霞镇北渚村、宜兴官林杨舍村开展水稻优新品种展示,展示优新品种40个(次),在江阴徐霞客镇和滨湖区马山街道引进2个特用玉米品种开展试种。

(徐　业)

【补充耕地质量评定】 2016年,无锡市贯彻习近平“依法依规做好耕地占补平衡,像保护大熊猫一样保护耕地”指示精神,切实加强耕地质量监管,实行最严格的耕地保护制度,推进耕地占补平衡项目补充耕地质量评定。年内,组织专家对全市149个耕地占补平衡项目的319.6公顷补充耕地进行质量评定。其中,合格项目128个,确认符合农业生产基本条件的补充耕地260.24公顷。

(徐　业)

【开展耕地质量提升行动】 2016年,无锡市开展耕地质量建设,切实

2016年11月5日，2016风吹稻香垄上行秋收开镰亲子体验活动在锡山台创园举行 （市农业局 供稿）

推进有机肥资源化利用，提升耕地质量，实现“藏粮于地”目的，改善太湖水环境。全市建设耕地质量综合提升示范区5个，通过推广补贴商品有机肥和有机无机复混肥，倡导恢复冬绿肥种植，推行秸秆腐熟还田等方式，改良耕地土壤，提升耕地肥力。

（徐 业）

【11个绿色防控示范区】 2016年，无锡市推广应用高效、低毒、低残留农药和生物农药，在小麦、油菜等主要农作物上推广使用多酮、咪鲜甲硫灵、井冈霉素、吡蚜酮等药剂，并示范应用成熟的绿色防控技术，全市建立11个粮食、蔬菜病虫绿色防控示范区，示范区核心面积1026.7公顷，辐射面积5053公顷。

（徐 业）

【产地检疫和调运检疫】 2016年，全市植检系统开展产地检疫和调运检疫，按照检疫操作规程实施检疫，确保种苗和植物产品安全，实施水稻制种产地检疫37公顷，检疫合格种子数量27.75万公斤，实施小麦制种产地检疫20公顷，检疫合格种子数量9万公斤，实施马铃薯制种产地检疫6.1公顷，检疫合格种子数量0.75万公斤，实施蔬菜制种产地检疫12公顷，检疫合格种子数量1.7万公斤，实施花卉、蔬菜种子、马铃薯和水稻调运检疫分别为20902株、1475公斤、0.75万公斤和10.723万公斤。

（徐 业）

【蔬菜基地建设】 2016年，全市永久蔬菜基地建设4023.2公顷，其中设施面积2545.6公顷，露地面积1477.6公顷。同时，加快蔬菜新品种、新技术更新，全年下达100万元专项资金用于蔬菜基地配套设施提升。

（徐 业）

【茶叶产业】 2016年，无锡市茶园面积5666.7公顷，开采茶园4533.3公顷，全年干毛茶产量6700吨，名优茶产量1100吨，成功打造如阳羡茶产业园、盛道茶园、锡北茶产业基地、马山茶产业基地等茶产业生产基地；培育“阳羡雪芽”“太湖翠竹”“无锡毫茶”“荆溪云片”“善卷春月”等多个国家级、省级知名品牌。“阳羡茶”通过国家地理标志产品认证。各地凭借茶文化深厚的历史底蕴，将茶产业与文化、旅游等产业有机结合起来，推出“茶乡游”、“休闲观光茶园”、茶叶采摘、手工炒茶等文化旅游项目，使茶叶成为“可喝、可吃、可用、可看、可玩”产品，推动茶产业向深度与广度发展。年内，全市组织茶叶生产企业参加江苏省第十七届“陆羽杯”名特茶评比，其中获特等奖23个、一等奖26个，特等奖数量位居全省第一。5月，市农委组织茶叶企业参加首届江苏名茶展销暨休闲观光农业博览会，获最佳组织奖和优秀设计奖。

（徐 业）

【特色果品产业】 2016年，全市果品种植面积1.6万公顷，产量16万吨，产值15亿元。拥有“阳山”牌水蜜桃、大浮杨梅、马山杨梅、璜土葡萄、双虹葡萄、泰伯鸿声葡萄、大浮醉李等知名果业品牌。阳山水蜜桃获“中国名牌农产品”称号，被评为“中国驰名商标”和“国家地理标志保护产品”。璜土镇被评为“江苏葡萄第一镇”和“全国优质葡萄生产基地”。阳山、马山、璜土等地获评国家级“一村一品”专业示范村镇。举办“阳山桃花节”“璜土葡萄节”“滨湖杨梅节”等名特优果品宣传推介活动，前往游玩采摘游客络绎不绝，为农民增收致富发挥重要作用。阳山镇完成品牌销售授权网上专卖店72家，阳山水蜜桃享誉全国。水蜜桃、杨梅、青梅果汁、果酒产品量产进入市场，缓解鲜果销售压力，提升产品附加值。

（徐 业）

【秸秆综合利用】 3月11日，无锡市出台《无锡市农作物秸秆综合利用规划（2016~2020）》，明确“十三五”期间秸秆综合利用基本原则、规划目标、利用路径和重点工程。年内,全市夏、秋熟二季农作物种植面积92973.3公顷,秸秆资源总量48.36万吨,综合利用量46.70万吨,综合利用率96.58%,利用率稳定在较高水平。其中,机械化还田利用秸秆27.55万吨,机械化还田率56.98%;多种形式利用秸秆19.15万吨,多种形式利用率39.60%。

(徐 业)

【秋收开镰亲子体验】 11月5日,2016风吹稻香垄上行秋收开镰亲子体验活动在锡山台创园举行,地点位于锡山区的太湖水稻示范园,15个参赛家庭体验秋收开镰活动,他们均通过无锡观察客户端在网上征集。参赛市民在参观水稻示范园,学习收割水稻技巧后,以家庭为单位,开展水稻收割比赛,并忙完农活后在田埂上吃起"劳动饭"。

(徐 业)

养殖业

【概况】 2016年,无锡市坚持规模化、生态化发展方针,加快养殖业转型提升。据初步统计,全市水产养殖面积19085公顷,比上年增加2公顷,其中池塘养殖面积16652公顷,稻田养殖面积583公顷(不计入水产养殖面积),湖泊围养面积938公顷,河沟养殖面积871公顷,水库养殖面积65公顷,其他养殖面积559公顷。全年放养鱼种1.65万吨,水产品总产量12.67万吨,其中淡水养殖产量11.37万吨,淡水捕捞产量1.3万吨。全市生猪大中型规模比重66.11%。年末,生猪存栏43.96万头,比上年下降11%;全年出栏生猪63.2万头,比上年略降。年末,家禽存栏398万羽,家禽出栏1268万羽,比上年略降。年末,奶牛存栏5066头,比上年下降22%。

(徐 业)

在"海澜之家杯全国马术盛装舞步锦标赛"中,运动员驾驭马匹进行盛装舞步比赛 (卢 易 摄)

【特色渔业】 2016年,无锡市运用现代设施装备、科学技术、管理方式和组织形式,推进池塘循环水养殖工程和设施渔业及现代渔业产业园区建设。全市高效设施渔业占比达25%以上,全市创建省级现代渔业精品园3个、省级现代渔业示范场3家、省级现代渔业示范村2个,成为实现渔业增效、渔民增收的重要保障。年内,注重发展优势特色品种和生态高效养殖,重点发展虾蟹、河豚、刀鱼等一批长江特色品种和青鱼、鳊鱼等沿湖特色品种,打造沿江高效渔业产业带和沿湖内陆高效设施渔业基地、现代渔业示范区。江阴河豚、宜兴大闸蟹、甘露青鱼等水产品获得地理标志证明商标,成为知名品牌,深受消费者喜爱。

(徐 业)

【池塘工业化生态养殖试验】 池塘工业化生态养殖系统通过在养殖池塘中建设一定面积的养殖水槽,配备气提式推水增氧设备和残饵粪便收集装置从而形成养殖水流循环,适宜高密度养殖。2014年开始,无锡市实施池塘工业化养殖。2016年新建养殖流水槽38条,面积4620平方米,池塘面积9.4公顷。累计在22.13公顷水面中建设养殖流水槽58条,面积6617平方米。养殖品种有蓝鳃太阳鱼、草鱼、黄颡鱼、暗纹东方鲀、青鱼、优鲈一号、鲫鱼等。

(徐 业)

【渔稻共生养殖试验】"渔稻共生"立体养殖是典型生态农业生产方式之一,采用渔稻共作,水稻根系吸收底泥和水中的氮、磷等营养物质,显著改善水质,良好水质加速鱼类生长。至年底,全市推广"渔稻共生"立体养殖面积60公顷。养殖模式有河蟹—青虾—高杆稻模式,沙塘鳢—青虾—高杆稻模式,红鲷—青虾—高秆稻模式,克氏螯虾—普通水稻模式,彩虹鲷—普通水稻模式等。

(徐 业)

【畜禽养殖污染防治】 2016年,市农委围绕省、市太湖水污染防治工作要求,重点抓好畜禽养殖污染防治工作。3月1日,市委、市政府召开全市太湖治理暨河道综合整治工作会议。市农委迅速落实会议精神,研究、制定《无锡市畜禽养殖污染防治工作方案(2016~2017年)工作实施意见》,组织召开全市农林系统畜禽养殖污染防治工作专题会议,明确目标任务和时节点,制定工作机制和措施,先后召开9次条线联席会议和工作推进会议。年内,全市关闭禁养区养殖场108家,关闭重点小型养殖场445家,整改提升养殖场340家,完成年度目标,有效控制全市畜禽养殖业污染,改善全市环境质量,促进全市畜禽养殖业持续健康发展。

(徐 业)

【家畜血吸虫病消除】 11月,省农委家畜血吸虫消除专家组对江阴市、锡山区、惠山区2011~2015年的家畜血吸虫消除工作验收评估。专家组成员到实验室对实验技术人员现场考核,并观察实验结果,参加考核村的实验结果均为阴性。专家组对他们消除家畜血吸虫工作给予肯定,并对照《血吸虫病控制与消除》(GB 15976-2015)标准,认为江阴市、锡山区、惠山区家畜血吸虫病监测体系健全,防治工作资料完整,无阳性家畜,未发生家畜血吸虫病急性感染病例,达到家畜血吸虫病消除标准。

(徐 业)

【渔业资源增殖放流】 加强渔业资源养护和水域生态修复。6月13日,"2016年江阴长江渔业资源增殖放流活动"在江阴市黄田港码头汽渡船上举行,活动向长江投放河豚和花白鲢鱼等3个品种的197.92万尾鱼苗、鱼种,价值150万元。12月16日,在太湖无锡水域放流螺蚬64.32吨,贡湖、梅梁湖无锡水域以渔控藻、以渔净水成效明显。

(徐 业)

【特色畜牧】 海澜集团紧密结合马养殖业与旅游业，形成极具特色的马文化主题旅游产业。至年底，海澜集团建成占地面积26.67公顷的海澜飞马水城，建有标准比赛场馆、骑乘练习场馆、马术表演场馆、马厩区、马匹健康管理中心、马文化博物馆等各类设施场所，先后引进30多个国家的47个优质品种，有名贵马匹400余匹。第十届全运会马术三项赛团体冠军——江苏省马术队在此落户。年内，先后承办“2016奥克鲁斯国际马术峰会”“海澜之家杯全国马术盛装舞步锦标赛”“海澜之家杯全国马术三项赛冠军赛”等重大赛事。海澜飞马水城参观游客年流量约60万人次，马术表演门票收入2000多万元，加上观光、餐饮、住宿等消费，每年直接经济收入约3.6亿元。

（徐　业）

【第四届中国肉鸽产业与科技大会】 11月2~4日，由江苏省肉鸽行业协会、中国农业科学院家禽研究所主办，江阴市威特凯鸽业有限公司承办的第四届中国肉鸽产业与科技大会在无锡山明水秀大饭店召开。主题是“生产标准化，设备自动化，管理精细化，市场细分化”。大会邀请相关行业主管部门领导、肉鸽领域知名专家、教授和企业家作专题报告，共同探讨有关肉鸽产业现状、面临的困难、未来发展方向等重要内容。随着产业结构的调整和生产水平的提升，无锡市肉鸽产业逐渐走向规模化、机械化。江阴市威特凯鸽业有限公司发展成为全国最大的综合实力最强的鸽业企业，至年底，存栏种鸽10万对，年出栏青年种鸽15万对，商品乳鸽300万羽，鸽蛋300万枚，年产值5000多万。与会领导、专家、学者以及企业家就无锡市肉鸽业如何适应市场需求，实行供给侧改革，提高生产效率，提升产品质量，提高利润水平等方面展开深度交流。

（徐　业）

林业

【概况】 2016年，无锡市坚持优化城乡生态环境，抓好生态文明建设工程，加快推进绿色无锡建设，城乡绿化工作取得明显成效。全年全市完成造林绿化面积933.3公顷，其中成片造林620公顷，完成全年任务的133%；完成省级村庄绿化示范村建设48个；完成森林抚育试点面积266.67公顷。“十二五”期间，全市完成造林绿化面积1.1万公顷，林木覆盖率达27%，其中成片造林7600公顷，林木蓄积量由330万立方米提高到417万立方米；林地单位面积蓄积量由52.3立方米/公顷提高到62.6立方米/公顷。年内，无锡市林业局荣获“全国绿化先进集体”称号。

（徐　业）

2016年4月23日，无锡市爱鸟周活动放飞鸬鹚现场

（市农业局　供稿）

【自然湿地保护】 2016年，无锡市自然湿地保护率50%，建成锡山区宛山荡、新吴区大溪港2个省级湿地公园，筹建惠山区古庄等3个湿地保护小区。完成省林业局下达无锡市湿地恢复面积266.67公顷任务。长广溪二期建设项目完成70%。

（徐　业）

【完善生态补偿机制】 2016年，按照市委、市政府《关于建立生态补偿机制的意见（试行）》要求，对市区基本农田、生态公益林、重要湿地全面摸底调查和材料审核。对市区6533.33公顷基本农田、12133.33公顷生态公益林和11个湿地公园及湿地保护小区补偿资金2993.73万元。主要用于生态环境保护修复、环境基础设施建设、发展镇村社会公益事业和村级经济等，增强相关镇村可支配财力，推进农业规模经营步伐，促进生态补偿地区经济发展和民生改善。

（徐　业）

【爱鸟周活动】 4月23日，无锡市爱鸟周活动在无锡市动物园举行启动仪式，活动时间为23~29日，活动由无锡市林业局主办，无锡市野生动物保护协会、无锡市动物园承办。此次活动通过多种形式向广大市民尤其是青少年儿童宣传普及鸟类知识和爱鸟意识。活动展台摆放秃鹫、火烈鸟、蓑羽鹤等鸟类标本并配讲解员讲解，使参观者对鸟类有近距离感官认识；通过有奖竞猜鸟名方式寓教于乐，增进青少年对鸟类的兴趣；通过科普展板丰富广大市民鸟类知识；活动现场发放鸟类宣传画册、资料2000份。仪式结束后，无锡市救护中心人员赶赴蠡湖国家湿地公园对近期救护的环颈雉、夜鹭、鸬鹚等鸟类放飞。无锡市相关新闻媒体进行全程采访报道。

（徐　业）

【野生动物救护】 2016年，无锡市野生动物救护中心接到求助动物100余只（羽），工作人员在接到求助电话后第一时间赶赴现场，实施有效措施，解决安全隐患，消除群众不良情绪。宜兴市救护站设在宜兴百畅动物园，逐步完善相关软硬件设施、规章、人员等建设，运行态势良好。年内新建无锡市野生动物救护中心江阴站。

（徐　业）

【森林防火】 2016年，无锡市各级对森林防火高度重视，工作扎实，森林防火工作呈现良好发展态势，并取得明显成效，全年发生森林火灾12起，过火面积1.1公顷，受害面积0.65公顷，火灾控制率、受害率均低于省、市下达指标，林火当日扑灭率100%，未发生大的森林火灾和人员伤亡事故。在江苏省第七届森林消防技能竞赛活动中，滨湖区马山街道森林消防专业队获团体二等奖。至年底，全市有森林消防专业队5支170人、半专业森林消防队20支792人，其中森林消防专业队实行生活集体化、管理规范化、行动军事化管理，确保快速反应。市级升级改造的林火视频监控系统、地理信息指挥系统和物资贮备库投入使用，其中，地理信息指挥系统初步实现通信指挥、火情报告、图像传输、指令下达和人员管理的实时化、图像化、一体化；各市（县）区分别建有红外火警监测系统、数字通信基站、无人机巡山护林等。据不完全统计，全年全市投入2370多万元新建一批蓄水池、防火通道、隔离护栏、护林房、瞭望塔、焚烧炉等基础设施。开展“无锡市森林防火宣传月活动”，全市制作印发通告1.2万份、宣传标语1.5万条、大型宣传牌280个；添置立杆式语音播报器6个，新建太阳能宣传语音提示器3套；设立高音喇叭7组，制作森林防火宣传板18套。

（徐　业）

【林业有害生物普查】 自2014年开始，经过3年努力，无锡市林业有害生物普查工作于2016年年底完成阶段性任务。全市6家普查单位，在南京林业大学等相关单位技术支撑下，发现、确认林业有害生物（虫害、病害、有害植物等）700多种，在此基础上，市林检站汇总形成《无锡市林业有害生物分类名录》，内容涵盖昆虫虫害类、病源生物类、有害植物类、螨类及其他有害动物类、天敌及其他有益生物类。通过“林业有害生物防治信息系统”，上报省有生态图谱的虫害389种、病害75种、有害植物4种。通过普查，明确无锡市主要林木种类的主要虫害和病害种类，丰富、完善林业有害生物数据库，为今后科学制定林业有害生物灾害防控预案、防治规划，进行重大林业有害生物风险评估，提供全面、准确、详实的基本信息。林业有害生物普查工作，每隔数年进行一次。

（徐　业）

农业资源开发

【概况】 2016年，全市实施国家农业综合开发土地治理项目3个，国家农业综合开发产业化经营财政补贴项目2个，省级丘陵山区项目6个。投资5399万元，财政资金投入5255万元，其中中央财政资金1540万元，省级财政资金3703万元，市、县配套12万元，土地治理面积1333.33公顷，开发丘陵山区面积1124公顷。

（徐　业）

2016年12月1日，全市森林消防竞赛演练现场　（市农业局　供稿）

【第十一届无锡现代农业博览会】 9月2日，由无锡市人民政府主办，市农委承办的“第十一届无锡现代农业博览会”在体育中心会展馆开幕。展期为9月2~4日，设168个标准展位，除无锡本地特色优质农产品外，台湾、新疆、宁夏、广西、湖南和浙江等省区和省内城市的优质特色农产品，供无锡居民品尝和选购。农博会设一二三产融合发展展区、十佳家庭农产展区、最美青年农民展区、生物农业企业展区、大地春、芥茶、安井、壹家生活中心特装展区。一二三产融合发展展区为2016年特设展区，展示无锡市惠山区阳山镇以良好生态、高效农业为基础，创新发展模式，由单一的桃经济发展为桃产业，衍伸桃文化，带动旅游服务业发展，打造一二三产融合的特色生活小镇的建设成果。农博会期间，举行农业招商引资项目签约仪式。现场签订农业投资项目11个，投资额26.38亿元。加上场外签约项目，合计签订农业投资项目25个，投资额27.58亿元。2016年度无锡市“最美新型青年农民”发布会暨“众创田园”创新成果交流会同时举行。农博会期间，还举办无锡市绿色农业科技创新研讨会，国家林业局华东林业调查规划设计院、江苏省农科院、扬州大学、南京农业大学、南京林业大学、江南大学等科研单位和大专院校的专家学者，为无锡市的绿色农业发展和绿色农业科技创新问诊把脉，推动无锡农业绿色发展，促进农业可持续发展。

（徐　业）

【高标准农田建设】 2016年，无锡市新增高标准农田666.67公顷。至年底，全市累计高标准农田73320公顷，占全市耕地面积比重62.67%。

（徐　业）

美丽乡村

【概况】 2016年，无锡市休闲农业工作利用旅游资源丰富、农业经济发达的有利条件，发展休闲观光农业，推进美丽乡村建设，逐渐形成以生态、休闲、养生为特色的乡村旅游，休闲农业建设取得可喜成绩。至年底，全市休闲观光农业生产经营单位 813 家，比上年增长 17%，其中农业观光采摘园 112 家，休闲农庄 137 家，现代农业示范园 86 家，农业主题公园 29 家，农家乐 443 家，年营业收入在 500 万元以上的企业 80 家。年内，经营单位接待游客 1217.2 万人次，经营收入 25.87 亿元。

(徐 业)

【美丽乡村创建】 2016 年，宜兴市白塔村获评中国美丽休闲乡村；宜兴市篱笆园农庄、宜兴市绿缘山庄获评全国休闲农业与乡村旅游五星级企业，江阴市叶飞园艺场、宜兴市金云庄获评全国休闲农业与乡村旅游四星级企业；江阴市双泾村、红豆村，宜兴市南门村、张阳村，锡山区山联村，惠山区桃源村，新吴区梁鸿村获评江苏省休闲观光农业示范村。

(徐 业)

【美丽乡村推介活动】 10 月 21 日，由无锡市农委主办，江阴市农林局、江阴市月城镇政府承办的 2016 "回味乡愁乡村行" 农业休闲观光系列活动在江阴市月城镇双泾村启动。市政府副市长刘霞和市区相关部门负责人、拍客、市民等 600 多人参加仪式。活动为期 100 天。围绕秋季农业休闲观光特点，量身定做无锡地区 28 个休闲观光攻略，做成宣传手册，免费提供游客。系列活动有民俗文艺节目表演、鲜活农产品展销、美丽乡村休闲旅游示范成果展示。江阴 19 家参展企业，涵盖乡村旅游、经济林果、水产养殖、苗木花卉等多个产业。同时，由无锡市农委与无锡市委宣传部、无锡市新传媒合作拍摄的《探寻 @ 无锡最美乡村》宣传片在启动仪式上发布，集中展示无锡市 20 个美丽乡村的村容村貌。

(徐 业)

【休闲农业与乡村旅游】 2016 年，全市休闲农业生产经营单位 769 家，从业人员 2.4 万人，带动农户 2 万户，接待游客 595.5 万人次。宜兴市被评为全国休闲农业示范县，宜兴白塔村、宜兴洑西村、惠山桃源村被评为国家级美丽休闲乡村，兴望农业休闲文化园、篱笆园农家乐、绿缘山庄被评为全国休闲农业与乡村旅游示范点。宜兴市被评为全国休闲农业与乡村旅游示范县。各地以农业产业为根本，融合乡土风俗、文化创意、休闲娱乐、自然生态等元素，打造"一镇一节、一特一节"农事节庆活动。全市组织编排"春节到农村过大年""初夏到农村尝美食"等 30 余条休闲观光农业精品线路在农业部"去农庄网"和省农委"旅长" APP 平台集中宣传推介。

(徐 业)

2016 年 9 月 2 日，第十一届无锡现代农业博览会举行，图为百姓逛会现场 (市农业局 供稿)

农产品质量建设

【概况】 2016 年，按照省农委、市政府的年度工作目标，市农委认真贯彻《中华人民共和国农产品质量安全法》《中华人民共和国食品安全法》《江苏省农产品质量安全条例》，执行省农委农产品质量安全年度工作指导意见，以确保不发生重大农产品质量安全事故为底线，加强监管队伍建设，强化监管责任意识，做好农产品质量安全重点工作，强化信息化和网格化监管，加强风险监控和监测成果应用，农产品质量安全形势稳中有升，全年无农产品质量安全事件，完成年度工作任务。全市检查生产企业 4000 家，出动执法人员 9656 人次，查处问题 513 起，重点整治区域 1396 个次，责令整改 315 起，立案查处 97 起，涉及金额 974 万元，媒体宣传 170 次，指导培训 296 场次，培训人员 39480 人次，监测场所 2 个次，全年抽样 80.4 万批次，省级例行检测合格率接近 99%，略高于全省平均值。

(徐 业)

【首批市辖区乡镇监管站规范化单位】 2016 年，市农委按照年度农产品质量安全监管工作指导意见，在向市财政申请乡镇农产品质量安全监管站规范化建设专项资金基础上，制定《乡镇农产品质量安全监管站规范化建设实施方案》，确定规范化建设的基本工作和目标任务，拟定考核验收办法，组织专门考评。经考核，锡山区 3 家、惠山区 4 家、滨湖区 2 家和新吴区 1 家乡镇(街道)农产品质量安全监管站被确定为市辖区首批乡镇(街道)农产品质量安全监管站规范化建设单位，市财政给每个乡镇下达奖补资金 5 万元。

(徐 业)

【开展诚信建设活动】 2016 年，无锡市农委组织实施农产品质量安全企业"创牌立信"诚信建设活动。通过现场考核验收，结合日常监管中掌握的全面情况并组织专家评审，锡山区无锡市斗山茶叶科学研究所等 4 家单位、惠山区上农农业科技江苏股份有限公司等 4 家单位、滨湖区无锡市刘塘茶林场等 3 家单位和新吴区无锡鸿山葡萄专业合作社被确定为市辖区 2016 年度"创牌立信" 先进单位，每家企业奖补 5 万元，通过资金指标下达。

(徐 业)

【农产品质量监测】 2016 年，无锡市农委按照《2016年无锡市农产品质量安全例行监测实施方案的通知》要求，编制采样检测实施方案，按时序进度，开展农产品质量安全例行监测工作，保障农产品质量安全。利用省级例行监测信息系统，将市级例行监测任务纳入信息管理系统，采样人员直达采样基地，利用采样终端现场定位、拍照、信息录入，确保样品来源可靠，信息准确，具有代表性。扩展监测参数。蔬菜例行监测参数40个，覆盖有机磷类、菊酯类、氨基甲酸酯类、杀菌剂等各种常用农药；加强对水果、小麦、稻谷等样品的重金属检测，对生长期较长的农产品进行重金属含量监控。畜禽类产品适当增加检测参数，与省级例行监测参数相对应。全年完成各类样品检测2464批次，检验参数63345项次。帮助农业合作组织、农业企业、种养大户等各类农业生产者，完成蔬菜、水果、畜禽产品、水产品、土壤、水等各类样品检测124批次，检验参数2375项次。

(徐　业)

【农林综合执法】 2016年，市农委按照上级部门关于确保农产品质量安全、农业生产安全和农林生态安全的总体要求和部署，加大农业领域专项整治力度，加强农资产品质量抽检，积极处置农林领域各类投诉举报，严厉打击农林领域各类违法行为，成效较好。组织开展种子种苗、林业和野生动物、农药和化肥、兽药和饲料、农(畜)产品质量安全等方面的专项整治行动8次。开展农资产品质量抽检。抽检农资210批次，其中农药131批次，肥料41批次，种子38批次，农资产品全部实行付费购买。受理并处置涉农林类投诉举报17起，其中林业3起、野生动物5起、农资7起、林木种子2起(均为网络购买林木种子投诉)。市级农林部门下发《查案通知》21件，督办各类案件32起，涉及28家经营户、39批次品种，其中兽药5批次、农药26批次、肥料8批次。全市各级农林行政执法机构办理各类农林违法一般案件43起，其中农药21起、兽药6起、饲料2起、肥料4起、种子1起、林业5起、野生动物4起。无锡市农林执法支队办理农林违法一般案件8起，其中农药4起、肥料2起、饲料2起。做好百草枯水剂停止销售使用有关工作。开展整治和查处侵害群众利益不正之风和腐败问题专项行动。配合做好2016年无锡市打击侵犯知识产权和制售假冒伪劣商品专项行动。应用江苏省农业行政执法信息系统于日常执法。

(徐　业)

【渔政执法】 2016年，无锡市加强渔区管理巡查力度，重点打击外来渔船非法入湖生产，电力捕鱼和违法张设地笼网、丝网等现象，严厉打击渔业违法行为。据统计，全年处理"12345"政府服务热线等各类举报超100件，开展各类执法行动906次，出动渔政执法船艇1645艘次，出动执法人员5891人次，查处违法捕捞渔船165艘，取缔违法捕捞工具1052件，非法捕捞案件立案105起，行政处罚178人，罚款38.55万元；移交公安39起。通过有效的渔政管理，维护正常的渔业生产秩序，杜绝鱼鲚、虾浮、地笼网等定置渔具回潮，保护水域生态环境和渔业资源。

(徐　业)

【畜禽屠宰管理】 2016年，围绕"稳供给、保安全、促发展"目标，无锡市加强监管体系建设，严格依法管理，深化生猪屠宰行业清理整顿，优化产业布局，淘汰落后产能。至年底，全市生猪定点屠宰企业14家，其中江阴市3家、宜兴市5家、锡山区2家、惠山区3家、崇安区1家(其中通过九部委清理整顿审核换发新证的屠宰企业9家)。全年关停不合格生猪屠宰企业3家。全年屠宰生猪161.1万头，检出病害猪及产品5065.44头，无害化处理5560.44头，检出病害猪及产品无害化处理率均100%，保障上市猪肉产品质量安全。

(徐　业)

【专项整治】 2016年，市农委根据省农委办公室关于《印发全省畜产品质量安全专项整治行动方案》精神，第一时间下发文件，要求各辖区对所在地兽药、饲料生产、经营、养殖环节展开拉网式检查，明确分工，责任到人。按照方案中提出的要求，逐个对照检查，对查出的问题严格处理。执法人员履行职责，做到严检查、严处理，年内，出动执法人员716人(次)，检查生产企业30家、经营企业78家、养殖场(户)185家，开展培训574人(次)，发放宣传材料2479份，查处问题12起，责令整改10起，查处案件2起，罚没金额2.5万元。

(徐　业)

农业机械

【概况】 2016年，全市农机装备结构调整力度加大，大功率、高性能机具更新步伐加快，一批老旧机具进入淘汰期，年末，全市农机总动力99.2万千瓦，农机原值10.3亿元，机具总量17.4万台(套)。与上年相比，全市农机总动力降幅1.92%，机具总量调减4.46%，因高性能机具占比增加，农机原值增加1.37%。其中，大中

在农机合作社"七个能力建设"活动中，无锡创建国家级示范社1家，省级7家，市级14家

(市农机局　供稿)

型拖拉机、联合收割机、插秧机、烘干机等更新发展，保有量调减，而年度新增数加大，烘干机增幅达32.87%，保有量760台。步进式插秧机、农用运输车、低速载货汽车、手扶变型运输机、机动脱粒机等逐步淘汰，保有量大幅降低，其中机动脱粒机淘汰8457台，比上年减少52.14%。至年底，全市高效机械7.92万台(套)，保有量与上年基本持平，占机具总量的45.5%，比上年提高1.9个百分点。全年全市农业机械化水平稳定在90%，位居全省前列。市农机局被评为2016年度“全省农机安全生产工作先进单位”。

(蔡宏雷)

市农机局邀请厂家技术员，开展机具维修保养技术培训

(市农机局 供稿)

【农机化作业水平】 2016年，全市机耕面积9.823万公顷，机播面积8.742万公顷，机植保面积9.715万公顷，机收面积9.302万公顷，机械化秸秆还田面积5.787万公顷，节水灌溉面积1.478万公顷，机械烘干粮食31.3万吨。其中，秸秆机械化还田集成机插秧面积2.719万公顷，水稻种植机械化水平95.03%；小麦机收面积4.544万公顷，机收率98%。全市稻麦生产耕翻、植保、收获等环节基本实现机械化，秸秆机械化还田率60.8%，粮食产地烘干水平40%。年末，全市“五项高效设施农业机械化指标平均值”49%，其中设施农业机械化水平44.1%、渔业机械化水平62.7%、畜牧业机械化水平47.9%、林果业机械化水平50.4%、农产品初加工机械化水平50.9%。

(蔡宏雷)

【粮食生产全程机械化示范市创建】 9月12日，无锡市政府出台《关于加快推进粮食生产全程机械化的意见》，意见明确到2018年全市粮食生产全程机械化水平达80%以上，80%以上的涉农市(县)区和80%的涉农镇(街道)实现粮食生产全程机械化，在全省率先建成粮食生产全程机械化示范市。

粮食生产全程机械化推进行动以水稻、小麦作为对象，以耕整地、种植、植保、收获、烘干、秸秆处理为重点环节，提升机械化作业水平，增强粮食生产综合保障能力。年内，市政府成立以副市长刘霞为组长，市农机局局长吴伯荣为副组长，市发改委、财政、农委、水利、国土资源、粮食等部门负责人为成员的粮食生产全程机械化推进工作领导小组；市财政设立粮食生产全程机械化整体推进示范建设项目资金1600万元；明确全市34个重点实施镇(街道)。市农机局出台三个配套文件，制定全程机械化项目申报指南和全程机械化镇(街道)考核评价试行办法，并成立无锡市粮食生产全程机械化技术指导专家组。

(蔡宏雷)

【高效设施农业机械化全覆盖工程】 年内，启动实施高效设施农业机械化全覆盖工程，以提高高效设施农业机械覆盖率、覆盖水平和覆盖质量为目标，以130个规模园区为载体，以主要产业、关键环节为重点，以项目实施为战略，坚持因地制宜、因业制宜，按照先易后难、先急后缓、梯度推进原则，加快先进适用设施农业装备与技术的试验示范与推广应用，推动全市农业机械化全面协调发展。按照农业部关于林果业(果茶桑)、畜牧业、渔业(水产养殖)、设施农业和农产品初加工机械化水平评价指标体系，修订无锡市高效设施农业机械化目标考核体系，把“五项高效设施农业机械化指标平均值”作为新的考核内容，列入目标任务，实现与农业部农业机械化水平评价指标体系接轨。明确到2020年，全市实现设施农业机械化水平49%，渔业机械化水平65%，畜牧业机械化水平55%，林果业机械化水平62%，农产品初加工机械化水平56%，“五项高效设施农业机械化指标平均值”55%，初步形成多个相对成熟的高效设施农业业态机械化生产发展模式、技术路线与运行机制。

(蔡宏雷)

【实施农机购置补贴政策】 2016年，中央和省级财政用于无锡农机购置补贴资金1470万元，补贴发展农机具1570台(套)，受益农户1163户，全市农机购置投入5650万元，其中补贴资金占比26%。全年新增水稻插秧机81台、轮式拖拉机108台、联合收割机71台、粮食烘干机188台、植保机械186台、旋耕机330台、开沟机76台、田园管理机99台、简易保鲜储藏设备5台、增氧机79台、水产养殖环境监控管理设备267套。全年粮食烘干机、乘坐式插秧机保有量分别比上年增长32.87%和6.29%。

(蔡宏雷)

【农机合作社示范社创建】 8月10日，无锡市农机局印发《无锡市市级农机合作社示范社创建活动实施方案》，部署“十三五”期间全市农机合作社示范社创建工作，促进农机合作社规模化、规范化、市场化发展。明确示范社在依法运行规范、组织机构健全、经营管理规范、基础设施配套、服务能力较强、社会形象良好方面要求，其中农机“三率”水平要求超95%；“三库一间”要求机库面

科技入户工程,为农赠机 (市农机局 供稿)

积不少于400平方米、维修间(含配件库)不少于40平方米;农机具资产原值超120万元,大中型或专用特色农机不少于12台(套);年度综合服务面积要超666.67公顷,或单项作业面积133.33公顷以上,或土地承包(流转)面积33.33公顷以上,开展农事作业、粮食烘干、农产品加工、农机配件生产销售或农资产品营销等服务,取得较好经济效益。方案明确,到"十三五"末,力争创建市级农机合作社示范社40个以上、省级农机合作社示范社30个以上、全国农机合作社示范社5个以上。

(蔡宏雷)

【秸秆机械化还田与综合利用】 2016年,无锡市各地政府投入补助资金1350多万元,新增大中型拖拉机111台、秸秆还田机112台。其中,市级投入专项资金170万元,对市辖区在省补基础上增补15元/亩。江阴市落实资金300万元,对省计划面积外补贴,提高补贴标准至20元/亩;新吴区落实专项资金45万元,在省补基础上增补麦秸秆还田20元/亩、稻秸秆还田10元/亩。全年召开现场会15次,发放资料1万多份,举办培训班32期,参训2000多人次。在宜兴市芳桥镇和万石镇试点推广90马力以上拖拉机配套秸秆深翻还田技术,示范引进反转灭茬机和自走式耕翻机。全年完成秸秆机械化还田面积5.787万公顷,还田率60.8%;其中,麦秸秆机械化还田面积3.896万公顷,麦秸秆还田率83.5%;稻秸秆机械化还田面积1.891万公顷,稻秸秆还田率39%。

(蔡宏雷)

【规范农机化项目管理】 2016年,市农机局在《无锡市农业机械化项目库建设办法(试行)》《无锡市农机化项目入库评审办法》和《无锡市农业机械化项目管理办法(试行)》基础上,与市财政局联合出台《无锡市高效设施农业机械化项目申报指南》,指导今后五年农机化项目申报与实施工作,完善项目申报管理制度,提升项目立项与管理的科学化、程序化和规范化水平。年内,全市下达市级农机化项目14个,其中高效农业机械化项目10个,先进适用农机引进试验示范项目4个,投入补贴资金408万元。实施省农机三新工程项目4个,补贴资金90万元。江阴市、宜兴市作为省级农机科技入户示范县,共获省补贴资金55万元。

(蔡宏雷)

【农机引进试验与示范推广】 2016年,市农机局按照"无锡市高效设施农业机械化全覆盖工程"要求,依托现代农业园区,强化省、市、(市)县区联动,通过实施省农机"三新工程"项目、市先进适用农机引进试验示范项目等,开展特色农机的引进试验与示范推广,探索蔬菜茶果、花卉苗木、水产畜牧养殖等产业重点生产环节的技术路线、机具配套、农机农艺结合等生产模式与路径。深化省"三新工程"项目《农村生态环境机械化技术集成应用》《茶园生产管理机械化技术集成应用》《蔬菜生产关键环节机械化技术集成应用》《智能畜禽规模化健康养殖管理系统及装备的研发》生产技术路线;宜兴恒润《池塘循环流水水槽养殖装备示范基地建设》、惠山阳山《树木粉碎机的引进试验》、无锡市茶叶品种研究所《茶园物联网综合系统建设及示范》等市级项目填补高效设施农业机械化发展空白。引进试验的芋头生产机械、挖藕机械、果园枝条处理和综合利用机械,通过前期试验作业,做适用性技术改进。

(蔡宏雷)

【启动农机服务平台建设】 2016年,根据市政府《关于进一步创新和培育新型农业经营主体推进农村一

示范推广应用蔬菜种植机械 (市农机局 供稿)

二三产业融合发展的意见》,市农机局组织开展部、省、市农机专业合作社示范社创建工作，推动农机服务组织机制体制创新，提升综合服务效益。年内,全市注册登记农机专业合作社 287 家,机具原值 2.79 亿元,其中农机资产 200 万元以上的 46 家;建成国家级农机合作社示范社 1 家、省级农机合作社示范社 7 家、市级农机合作社示范社 14 家。全市农机服务组织完成全市水稻机插面积的 66.12%，机收水稻面积占比 70.1%;机播小麦面积占比 68.1%,机收小麦面积占比 67.3%,年度稻麦综合作业占比 68%。

(蔡宏雷)

【农机安全生产】 年内，无锡市全面落实“党政同责、一岗双责”要求，坚持“安全第一、预防为主、综合治理”方针,突出隐患排查治理和平安农机长效管理工作，健全农机安全生产责任体系，开展农机安全生产“打非治违”专项行动。全市开展各类执法检查 261 次，出动检查人员 1348 人次，检查拖拉机 2764 台,检查驾驶人 2713 人;排除一般安全隐患 257 起，整改 257 起，整改率 100%;检验拖拉机 6831 台次,其中检验变型拖拉机 3173 台次。全年发生农机道路交通事故 28 起，死亡 3 人;道路外亡人事故 1 起,死亡 1 人,道路外农机事故死亡人数控制在省农机局和市安委会下达指标内。

(蔡宏雷)

【农机科技入户】 2016 年，市级农机科技入户工程围绕粮食生产全程机械化和高效设施农业机械化全覆盖，根据各地农业生产现状以及农业机械化薄弱环节，确定茶园机械化耕翻、设施高效植保、机械化除草和小麦机械化播种技术为年度农机科技入户示范工程主推技术，购置 14 台自走式喷雾机、10 台茶园耕翻机、18 台除草机、9 台小麦施肥播种机及其零配件，价值 38 万元，作为物化补贴，送给全市 51 户考核合格的农机科技示范户。11 月 1 日,无锡市农机局在华源凯马发动机有限公司举行市级农机科技入户物化补贴发放式。

(蔡宏雷)

【校企合作】 9 月 28 日，江阴市苏欣农机协会与江阴市华姿中等专业学校（无锡农业技术学校）正式签约,合作开办“农机农艺一体化”班,通过跨界整合行业资源，促进农机农艺融合，培养一批合格能干农业新兵，为农业农机事业发展提供新能量、新动力。培训采用师徒制方式,以田地现场教学为主,实地操作讲解农机作业要点，将理论知识应用到实践中。

(蔡宏雷)

【小麦复式播种机试验示范】 2016 年，按照粮食生产全程机械化总体要求，市农机局组织开展小麦复式播种机调研，探索适合本地作业要求的机具型号、配套动力、作业效率、作业成本、使用技巧等。年内,引进 9 台丹阳良友机械产的 2BFG 系列施肥播种机，在惠山区永明农机专业合作社、星瑞农机专业合作社、利群农机专业合作社、锡山区羊尖农机专业合作社等 9 个农机合作社开展试验示范,结合农艺要求，提升小麦机械化播种技术，完善稻秸秆机械化还田集成小麦机播技术路线，提高机械化播种水平。

(蔡宏雷)

【履带式拖拉机引进测试】 2016 年，市农机局组织对履带式拖拉机测试和推广,全程跟踪沃得 WD-385 型履带式拖拉机作业情况，分别采集小麦和水稻秸秆还田作业时的耕深、耕后表面平整度、植被覆盖率、碎土率、转弯半径、油耗等各项数据，与相同马力级别的轮式拖拉机比对。经过测试,履带式拖拉机具有对泥层压强小、耕作平稳性好、不易发生陷轮和打滑、湿地通过性高等优点，特别适合农忙期间连续阴雨天气的下田作业。年内,全市推广履带式拖拉机 19 台。

(蔡宏雷)

【粮食烘干机新能源热源技术试验】 2016 年,市农机局从减少环境污染、降低作业成本、提升经济效益出发，探索不同热源技术在粮食烘干机上的应用,寻求节能高效发展之路。根据宜兴市新街街道诚锦种养专业合作社、高塍镇富根农业服务专业合作社、杨巷镇百粮农业科技有限公司的烘干机夏、秋季节作业实际,进行空气能热泵热风干燥机、蒸汽能热风干燥机、天然气能热风干燥机的试验示范，通过运行数据统计分析，进行粮食烘干成本和作业效益测算。结果显示,空气能热泵初期投资较大，作业质量稳定，烘干成本低,投资回报率高,能有效减少传统烘干的烟尘和二氧化碳排放，节约能源,改善环境。

(蔡宏雷)

【枝条粉碎处理与综合应用推广】 2016 年，市农机局就枝条粉碎机进

首次引进试验挖芋头机械　　(市农机局　供稿)

首次引进试验挖藕机械　　（市农机局　供稿）

行调研和试验，会同水蜜桃农业园区有关专家，从价格、产品质量、耕作效率、作业质量、企业信誉和售后服务承诺等权衡，引进无锡绿友集团公司生产的CH15L型树木粉碎机、上海康博有限公司生产的JT-12TRC-H藤蔓粉碎机，进行水蜜桃树枝粉碎作业性能测试，明确其适用性、实用性。枝条经粉碎后，体积是粉碎前的十分之一，可减少占地面积，降低运输成本。粉碎后的枝条送到发电厂发电，碳化后用来生产有机肥、基质等，在改善生态环境的同时，提升种植的经济和社会效益。

（蔡宏雷）

【循环流水养殖技术示范】 2016年，市农机局组织技术人员和水产养殖大户代表，考察中国水产科学研究院渔业机械仪器研究所、苏州申航生态科技发展股份有限公司等，学习池塘内循环流水养殖技术，在宜兴市恒润种养生态园实施高效农机化项目，试验示范循环流水养殖技术，探索可操作的推广使用模式，促进渔业产业转型升级，增加渔农收入。

池塘循环流水养殖技术是将传统池塘"开放式散养"模式创新为新型的池塘循环流水"圈养"模式，通过添加气提式增氧推水和废弃物收集处理等设备，对鱼类排泄物和残剩饲料收集和再利用，实现提高池塘单位面积产出、减少养殖废弃物排放、提升水产品质量与安全及保护生态环境等作用。循环水养殖具有环保、高产、优质特点，是促进渔业产业转型升级、增加渔农收入的一项实用技术，符合当前产业结构调整要求，具有较大推广价值和良好推广前景。

（蔡宏雷）

【枇杷大棚智能改造及农机化集成示范】 2016年，滨湖区世外源生态农庄和滨湖区农林技术推广站共同实施的"枇杷大棚智能改造及农机化集成示范项目"通过验收。示范项目在枇杷大棚内安装自动加热系统1套、智能自动烟雾机1台、自动智能化微喷系统1套，实现物联网智能温湿度、微喷自动控制，形成枇杷精细化生产集成技术。其中，自动加热系统杜绝冻害发生，产量提高一倍以上，0.2公顷枇杷大棚亩均收入15万元。应用智能自动烟雾机和自动智能化微喷技术，可节约劳动力成本。

（蔡宏雷）

【铁皮石斛种植智能化生产】 2016年，无锡双喜金阳生物科技有限公司承担的"金阳生物设施铁皮石斛种植智能化生产建设项目"通过验收。该项目是2015年度无锡市高效设施农业机械化项目，计划投资101万元，实际投入104.85万元，其中市财政资金50万元。项目实施后，铁皮石斛生产园区新增监测点、执行器、风光互补气象站、智能化软件系统、病虫害及安保视频监控、展示室设备及中央机房等农业物联网设备，实现环境监测精准化、控制管理数字化、病虫害防控及安保系统智能化。通过物联网对组培室内的环境因子及植株状态的全程监控，有效减少微生物污染，增加组培育种的成活率和品质，社会效益、经济效益和生态效益明显，铁皮石斛生产园区总产值增加200万元以上，年节水1000吨，节省人工成本35万元。

（蔡宏雷）

表36　　2016年无锡市农机化基本情况

序号	项　　目	单位	合计	江阴	宜兴	锡山	惠山	滨湖	新吴
1	一、农业机械原值	万元	102699	27291	5018.7	7580	11540	3130	2971
2	二、农业机械净值	万元	72857	18989	35096	5690	8540	2600	1942
3	三、农机总动力	万千瓦	99.22	25.63	52.15	9.84	8.31	1.92	1.37
4	四、拖拉机	台	6642	1893	3680	476	270	117	206
5	1.大中型拖拉机	台	2160	686	1025	311	78	9	51
6	2.小型拖拉机	台	4482	1207	2655	165	192	108	155

续表 36

序号	项　　目	单位	合计	江阴	宜兴	锡山	惠山	滨湖	新吴
7	五、拖拉机配套农机具	部	15609	3294	10027	1303	522	86	377
8	1. 大中型拖拉机配套农具	部	9095	2711	4485	1113	357	57	372
9	2. 小型拖拉机配套农具	部	6514	583	5542	190	165	29	5
10	六、种植业机械	*		*	*	*	*	*	*
11	1. 耕整机(田园管理机)	台	3783	829	1940	294	436	229	55
12	2. 旋耕机	台	5575	1093	3395	733	204	13	137
13	3. 水稻直播机	台	303	4	245	44	–	2	8
14	4. 水稻插秧机	台	3204	615	1946	557	55	19	12
15	其中:乘坐式	台	845	303	345	131	54	4	8
16	七、排灌动力机械	台	14126	3220	7913	912	1414	412	255
17	八、节水灌溉类机械	套	3875	2267	379	300	351	130	448
18	九、田间管理机	*		*	*	*	*	*	*
19	1. 机动喷雾(粉)机	台	17636	4886	8901	1793	951	535	570
20	2. 茶叶修剪机	台	1781	29	1056	219	37	429	11
21	十、收获机械	*		*	*	*	*	*	*
22	1. 稻麦联合收割机	台	1463	368	826	190	50	8	21
23	其中:自走式	台	1273	316	768	137	24	7	21
24	其中:半喂入式	台	592	134	337	84	23	6	8
25	2. 其他收获机械	台	3700	802	1974	409	350	78	87
26	其中:油菜籽收获机	台	41	11	18	12	–	–	–
27	茶叶采摘机	台	789	10	399	76	241	63	–
28	秸秆粉碎还田机	台	2766	775	1492	297	103	12	87
29	十一、收获后处理机械	*		*	*	*	*	*	*
30	1. 机动脱粒机	台	7763	5524	1505	672	–	–	62
31	2. 谷物烘干机	台	760	214	368	135	29	3	11
32	3. 保鲜储藏设备	台	1373	279	684	263	75	43	29
33	十二、农产品初加工作业机械	台	6491	1063	4465	507	185	239	32
34	1. 粮食加工机械	台	3539	903	1951	436	147	30	72
35	2. 油料加工机械	台	276	68	160	31	–	5	12
36	3. 果蔬加工机械	台	77	–	26	12	3	–	36
37	4. 茶叶加工机械	台	2728	15	2284	182	35	212	–
38	十三、畜牧养殖机械	套	3687	890	1144	1344	230	74	5
39	十四、渔业机械	台	43570	5885	30731	3162	2149	1461	182
40	其中:增氧机	台	22456	3534	15308	1877	1056	641	40
41	投饵机	台	16340	2279	10956	1285	1093	585	142
42	十五、林果业机械	台	2301	507	1032	69	252	353	88
43	其中:果树修剪机	台	2245	507	1000	69	252	353	64
44	十六、运输机械	*		*	*	*	*	*	*
45	其中:手扶变型运输机	台	3268	295	1749	605	484	56	79
46	十七、农机化作业总体情况	*		*	*	*	*	*	*
47	1. 机耕面积	公顷	98232	21049	61300	7588	6147	615	1533
48	2. 机播面积	公顷	87416	20005	56220	7517	1940	262	1472
49	3. 机电灌溉面积	公顷	51736	10727	30500	3826	5443	440	800
50	4. 机械植保面积	公顷	97150	19457	59950	7652	6720	1873	1498

续表 36

序号	项　目	单位	合计	江阴	宜兴	锡山	惠山	滨湖	新吴
51	5. 机收面积	公顷	93017	20927	60628	7652	2073	247	1490
52	6. 小麦机耕面积	公顷	38505	8667	24000	3853	1053	132	800
53	7. 小麦机播面积	公顷	37805	8667	23333	3853	1052	132	768
54	8. 小麦机收面积	公顷	45438	10000	29600	3888	1053	117	780
55	9. 水稻机耕面积	公顷	46671	10727	30500	3594	987	130	733
56	10. 水稻机械种植面积	公顷	45251	10727	29300	3523	867	130	704
57	其中:水稻机播面积	公顷	5082	1073	3500	395	–	14	100
58	水稻机插面积	公顷	40169	9654	25800	3128	867	116	604
59	11. 水稻机收面积	公顷	46358	10727	30200	3604	987	130	710
60	12. 油菜机耕面积	公顷	1939	740	1025	141	33	–	–
61	13. 油菜机播面积	公顷	1386	200	1025	141	20	–	–
62	14. 油菜机收面积	公顷	1213	200	820	160	33	–	–
63	15. 农田机械化节水灌溉面积	公顷	14781	7550	2650	800	3060	546	175
64	16. 机械化秸秆还田面积	公顷	57870	13915	35000	5977	1324	182	1472
65	17. 机械化脱粒粮食数量	吨	683912	141374	463220	49232	17013	2050	11023
66	18. 机械化烘干粮食数量	吨	312963	90941	181310	23200	5115	495	11902
67	19. 机械初加工农产品数量	吨	680435	143123	481500	51677	250	3885	–
68	其中:(1)加工粮食数量	吨	619545	141374	426000	49232	239	2700	–
69	(2)加工油料数量	吨	24445	1745	21000	1550	–	150	–
70	(3)加工果蔬数量	吨	20621	–	19000	760	6	855	–
71	(4)加工茶叶数量	吨	15824	4	15500	135	5	180	–
72	20. 农机跨区作业面积	公顷	42521	5733	34000	1240	614	–	934
73	其中:(1)跨区机耕面积	公顷	0	–	–	–	–	–	–
74	(2)跨区机播面积	公顷	0	–	0	–	–	–	–
75	(3)跨区机收面积	公顷	42521	5733	34000	1240	614	–	934
76	其中:跨区机收小麦	公顷	20110	3733	15000	690	267	–	420
77	跨区机收水稻	公顷	22411	2000	19000	550	347	–	514
78	十八、农机化作业服务组织	个	391	111	180	67	17	7	9
79	其中:农机专业合作社	个	287	96	154	21	10	3	3
80	十九、农机维修厂及维修点	个	140	41	57	25	15	1	1
81	其中:一级修理点	个	2	–	1	1	–	–	–
82	二级修理点	个	39	14	13	5	7	–	–
83	三级修理点	个	96	27	41	19	8	1	–
84	专项维修点	个	2	–	2	–	–	–	–
85	二十、农机化培训	人次	10314	2281	5910	804	570	80	212
86	二十一、农机化总投入	万元	13349.97	4496.87	3914.7	1150	1224	554.4	185
87	其中:农机购置	万元	6215.84	2697.34	2719.7	240	250	258.8	50
88	二十二、农机化总收入	万元	40369	10620	18830	6145	1900	1120	1754
89	二十三、农机保有总量	台(套)	173941[其中高效机械7.92万台(套),占比45.54%]						

(市农机局)

编辑　罗秋云

综 述

【概况】 2016年，全市工业条线围绕全年目标任务，全力以赴稳增长，扎实举措促转型，创新思路谋发展，工业经济呈现平稳发展、提质增效的良好态势，主要指标好于上年，产值和增加值增速呈现上半年稳步上扬、三季度小幅回落、四季度再次回升的走势。全市完成规模工业产值15084.3亿元，首次突破1.5万亿元大关，比上年增长3.8%，比上年提高2个百分点。完成规模工业增加值3075.5亿元，比上年增长5.8%，增速比上年提高1.4个百分点，列全省第11位，比上年前移1位。

（刘逸隆　张伟峰）

【工业投资稳步增长】 年内，全市工业投资增速前高后低，全年完成工业投资2045.5亿元，比上年增长7.1%，高于全社会固定资产投资5.1个百分点。总量列全省第4位，比上年前移2位；增速列全省第11位。全市工业技改投资完成1329.3亿元，占工业投资的65%，投入超千万元的工业技改项目开工867个，增长22.1%；竣工563个，下降14%。民间投资完成1487.9亿元，比上年增长8.1%，成为全市工业投资增长的主要拉动力量。全市新增工业用地588.7公顷，比上年下降1.8%，增速比上年提高20.5个百分点。

（刘逸隆　张伟峰）

【主要行业运行平稳】 年内，全市五大行业全年产值累计增速四升一降。五大行业产值合计占全市规模工业产值的92.4%，与上年持平。分行业看：石化行业实现规模工业产值1855.7亿元，比上年增长9.4%。化学原料和制品业增长较快，增幅为13.1%，塑料和橡胶制品业增长5.4%；石油加工业产值比上年下降12.3%。机械行业实现规模工业产值5702.3亿元，比上年增长4.5%。行业内部出现分化，其中，汽车制造、电气机械、仪器仪表业增长较快，增速超过行业平均和全市平均；金属制品、通用设备、专用设备制造小幅增长；运输设备制造业产值比上年下降14.2%，主要是船舶行业下降较多。纺织行业实现规模工业产值1936.3亿元，比上年增长4.1%。其中，服装业和纺织业累计产值分别增长9.4%和1.8%，化纤业全年产值增速由负转正，增长1.4%。冶金行业实现规模工业产值2530亿元，全年累计增长1.1%，其中，黑色金属行业产值累计增长3.4%，有色金属行业产值累计下降1.6%。电子行业实现规模工业产值1910.4亿元，比上年下降0.1%，四季度起夏普电子等重点企业形势有所好转，拉动行业回暖，全年产值跌幅比三季度末收窄2.2个百分点。

（刘逸隆　张伟峰）

【培育壮大先进制造业】 年内，无锡编制颁发“十三五”制造业转型发展规划和市创建“中国制造2025”江苏省苏南城市群试点示范实施方案。出台《无锡市七大先进制造业行动计划》，着力提升新一代信息技术等重点制造业领域发展水平。举办世界物联网博览会，使之成为国内外物联网领域规格最高、规模最大的世界性博览会。全市制造业上市企业新增15家。

（刘逸隆　张伟峰）

【绿色发展】 年内，全市推进节能改造，开展中央空调节能等五大节能改造专项行动。组织实施重点循环经济项目，全市纳入2016年节能与循环经济项目库的项目达153项，年节能量17.8万吨标准煤。推行清洁生产，168家企业通过清洁生产审核验收。开展节能量交易，对钢铁、有色、建材、石化、化工等高耗能行业新增产能实行能耗等量或减量置换，新增节能量交易项目5个。深化合同能源管理，新增合同能源管理项目63个。

（刘逸隆　张伟峰）

【淘汰落后产能】 年内，全市严格执行法律法规和强制性标准，加快淘汰落后产能和环保不达标产能，全面完成省下达的1.35亿米印染、0.3万吨电镀、30万吨铸造的淘汰任务。实施用能设备能效提升工程，全年共淘汰落后电机1466台，淘汰停用高能耗变压器217台。

(刘逸隆 张伟峰)

【增强创新能力】 年内，全市推进产学研资用协同创新，国家、省级以上企业技术中心分别新增1家、21家，新增国家技术创新示范企业1家、全省首批制造业创新中心培育企业1家。85个新产品入选省重点推广应用新技术新产品目录，数量全省领先。鼓励企业大力实施品牌战略，做大品牌经济规模。新增驰名商标11件、省著名商标206件、省名牌105个，69个品牌入围省重点国际知名品牌，位列全省第一。全市分别新增国家级、省级质量标杆企业各1家，市产品质量监督检验中心获得国家工业产品质量控制和技术评价实验室认定。法尔胜、双良节能获"中国工业大奖"。新增省管理创新示范企业4家、省管理创新优秀企业10家，数量名列省前茅。

(刘逸隆 张伟峰)

【推进智能制造】 年内，全市围绕智能制造各个环节，加大技术改造力度，全年共推进重点智能制造技术改造项目100个，新增省示范智能车间21个，一汽锡柴智能制造项目入围2016年国家智能制造试点示范名单。出台《无锡市企业互联网化提升计划》，全市新增工信部"两化融合"管理体系贯标试点企业8家，省贯标试点企业18家；新增省互联网与工业融合创新示范试点企业7家、市"两化融合"示范企业71家，试点示范效应逐步显现。组织开展智能制造关键技术、共性技术研发，加快提升全市智能装备水平。全年新增省首台(套)产品17个，智能装备研发生产取得阶段性成效。促进小微企业信息化应用，创新启动"小微企业信息化服务券"项目，全市19家服务商共为621家小微企业提供信息化产品和服务，累计合同金额561.34万元，带动社会投入778.7万元。

(刘逸隆 张伟峰)

【优化发展环境】 年内，无锡出台市信保基金暂行管理办法，改善企业融资环境。全年共为4895家中小企业办理2431笔转贷业务，累计使用转贷资金454.65亿元。推动全市120家企业参与大用户直购电，年度可节约电费支出2.8亿元左右。全年累计争取省级以上资金9.5亿元，降低实体经济各类成本约200亿元。

(刘逸隆 张伟峰)

【2016年入围500强企业】 全市13家企业入围中国企业500强，占江苏省入围数(44家)的29.5%，连续十年居全省首位。13家企业分别是：海澜集团(202位，672亿元)、产业集团(225位，605亿元)、红豆集团(265位，503亿元)、澄星实业(273位，488亿元)、三房巷集团(301位，435亿元)、华西集团(336位，388亿元)、阳光集团(364位，357亿元)、新长江实业(378位，338亿元)、金辉铜业(399位，316亿元)、双良集团(424位，299亿元)、远东集团(431位，295亿元)、法尔胜集团(437位，290亿元)、扬子江船业(458位，276亿元)。

全市22家企业入围中国制造业企业500强，占江苏省入围数(43家)的51.2%，连续十年居全省首位。22家企业分别是：海澜集团(95位，672亿元)、产业集团(105位，605亿元)、红豆集团(127位，503亿元)、澄星实业(132位，488亿元)、三房巷集团(149位，435亿元)、华西集团(161位，388亿元)、阳光集团(177位，357亿元)、新长江实业(186位，338亿元)、金辉铜业(196位，316亿元)、双良集团(210位，299亿元)、远东集团(215位，295亿元)、法尔胜集团(218位，290亿元)、扬子江船业(235位，276亿元)、三木集团(265位，240亿元)、华宏实业(274位，225亿元)、大明金属(307位，180亿元)、新华发集团(318位，172亿元)、兴达投资(334位，159亿元)、新潮科技(410位，108亿元)、凌峰材料(433位，99亿元)、江南集团(446位，91亿元)、海达集团(462位，82亿元)。

全市18家企业入围中国民营企业500强，占江苏省入围数(94家)的19.1%，列全省第二。18家企业分别是：海澜集团(36位，672亿元)、红豆集团(64位，503亿元)、澄星实业(76位，473亿元)、阳光集团(115位，357亿元)、新长江实业(124位，338亿元)、三房巷集团(132位，318亿元)、双良集团(147位，299亿元)、远东集团(152位，295亿元)、法尔胜集团(157位，290亿元)、扬子江船业(163位，276亿元)、三木集团(195位，240亿元)、华宏实业(205位，225亿元)、新华发集团(276位，172亿元)、江润铜业(390位，128亿元)、五洲国际(400位，125亿元)、大明金融(441位，114亿元)、华地国际(446位，112亿元)、新潮科技(461位，109亿元)。

(刘逸隆 张伟峰)

【工业经济年度新闻】 2016无锡工业经济十大新闻：1.全市工业经济实现"十三五"良好开局；2.出台《无锡市"十三五"制造业转型发展规划》；3. 世界物联网博览会在无锡举办；4. 法尔胜和双良荣获第四届中国工业大奖；5.入选国家工业强基工程项目数量列全省第一；6.13家企业入围中国企业500强，22家企业入围中国制造业企业500强，入围数连续十年居全省首位；7.新增上市公司创历年之最，上市企业数继续保持全国地级市领先地位；8.世界最快计算机在无锡诞生，"神威·太湖之光"应用荣获高性能计算最高奖"戈登·贝尔"奖；9.国内首家省级民营投资平台——"苏民投"在无锡成立；10.无锡太湖浦发股权投资基金成立。

(刘逸隆 张伟峰)

【民营经济概况】 2016年，无锡民营经济稳步发展，为全市经济社会发展提供有力支撑。规模总量持续扩大。全市民营经济实现增加值6050.98亿元，比上年增长7.9%，占全市GDP的比重65.7%。从三次产业发展看，全年一、二、三产业民营经济完成增加值分别为88.82亿元、2855.83亿元和3106.33亿元，占民营经济总量的比重分别为1.5%、47.2%和51.3%。与上年相比，一产占比下降0.1个百分点，二产占比下降4.5个百分点，三产占比提升4.6个百分点，三产在民营经济中的比重逐年上升，已超过二产。注册资金逐年提升。全市民营经济注册资金12517.47亿元，比上年增长30.4%，增速比上年提升3.4个百分点。其中，私营企业注册资金11006.98亿元，比上年增长32.8%，增速比上年提升12.6个百分点。民间投资略有下降。全市民营经济完成固定资产投资2937.32亿元，比上年下降4.3%，其中，私营个体经营完成投资1909.81亿元，比上年增长12.1%。

(王 旻)

无锡产业发展集团有限公司

【概况】 2016年，无锡产业发展集团有限公司全面贯彻深化国企改革的决策部署，凝心聚力抓落实，集团发展呈现出“总体平稳、稳中有进、稳中向好”的良好态势，实现“十三五”发展良好开局。全年集团全资、控股企业实现营收171.61亿元、利润21.97亿元，分别完成年度目标的101.54%和115.63%，分别比上年增长6.76%和13.53%，总资产规模470.33亿元，净资产195.86亿元，完成现价工业产值113.9亿元。连续八年入围中国企业500强，2016年列第225位，在省营业收入超百亿元工业企业(集团)中，位居省内120家规模工业企业第12位，综合竞争力进一步增强，平台功能效应发挥持续显现。

（张明飞）

【企业运行】 年内，威孚高科牢牢把握排放法规升级及国内乘用车市场需求上升机遇，抓现有业务经营、精益生产落实，实现市场拓展、占有率和经济总量“三提升”，汽油净化器、高压共轨泵等产品销量比上年增长60%，主要技经指标创历史新高，继续保持行业领军地位。有序实施32个重大开发项目，积极开拓智能制造业务；稳步推进威孚产业园二期、四期工程，持续完善产业投资布局。太极实业“二次创业”顺利收官，经营规模、业务格局实现能级突破。其中，十一科技凭借自身品牌优势，高科技设计总包、新能源、现代物流“一体两翼”业务牢牢占据行业制高点；海太半导体封测单位成本比上年下降30%，年投资超8000万美元，稳固保持SK海力士体系内竞争力领先水平；江苏太极优化客户及产品结构，实现搬迁整合后全成本口径下的第一次经营性盈利。宏源科技全力以赴强化危机经营，推进产品结构优化、营销定向拓展和质量成本管理，在纺机行业产能过剩、需求疲软的不利背景下保持企业相对稳定发展。北创科技园加快二期工程幕墙装饰和内部管网安装，超前设计医疗健康新业态。锡东产业园持续拓展招商渠道，新增签约出租面积6329平方米。

（张明飞）

【资本运作】 年内，集团坚持加大资本运作力度，打造“主业+基金+投行”发展模式，提升资源配置效率，切实促进产业与资本双轮驱动和融合发展。集团精心筹划的太极实业重组项目在获中国证监会核准后全部实施完成。通过项目实施，促进太极实业转型成为集化纤材料、半导体、新能源及高科技服务等业务板块的多元化公司，深度拓展企业未来发展空间，同时集团资产证券化水平提高8个百分点，资产结构和盈利能力得到进一步优化。立足为上市公司储备优质资源，与招商银行、招商局资本共同发起总规模60亿元、首期规模20亿元的新能源产业基金，先后实施新疆图木舒克、安徽长丰光伏电站项目，投资额总计超6亿元；成立产业聚丰基金管理公司，开展光伏电站收购、投资建设业务。完成对金控租赁增资至1亿美元、推进锡产投资(香港)公司受让金控子公司创嘉25%外资股权工作，促进企业在严格把控风险的基础上有序开展业务，在水利环保、医疗等领域完成投放项目23个，投放金额近18亿元；完成无锡金控商业保理有限公司设立；完善创投集团“投、保、贷、管”服务功能，稳步组建和发展好合作基金，至年末，在投基金22家，基金规模52亿元，累计投资170个项目，其中，43个项目登陆资本市场或处于报审待批状态；完成对科发担保5000万元、对华鑫科贷1亿元的增资工作，持续提升科技贷款、融资担保能力，全年完成贷款投放7.5亿元，担保总额10亿元。围绕打造具有产业特色国有资本投资运营公司的目标，成立牵头工作小组，有序开展先进案例学习对标，并就做好顶层配套设计，与政府相关职能部门进行深入沟通交流。

（张明飞）

【项目推进】 年内，集团实现安普瑞斯项目竣工投产，安普瑞斯无锡公司一期一阶段8000万安时产能工程已于9月28日竣工投产，项目达产后年销售6亿元，有效带动无锡新能源特别是高能锂电产业发展。搭建新材料产学研平台，与南京大学共建“无锡绿色环保新材料研究院”合作框架协议签订，加快实施公司注册和工艺优化等工作，推进聚乳酸产业化研究和应用进程。推进新和源项目实施进度，厂区建设基本完成，办公楼启用，关键设备正稳步进场安装调试。加快苏南物流项目建设步伐，协调城南市场建设、城北市场拆迁等市场布局问题，完善电子商务平台运作、地铁合作便利店运营、货源基地建设等重要方案。

（张明飞）

【国企改革】 年内，集团系统优化本部职能机构设置，新设的供应链管理部较好完成3个项目、共计84兆瓦的光伏项目供应链服务，实现销售近3亿元，预期利润超1300万元；增设财务总监(负责人)管理中心和董监事管理中心，加大人才配置力度，增强专业管控力。推进股权优化工作，持续激发内生动力。对红旗船厂实施股权优化，顺利引进战略投资者苏州天沃科技，促进企业提升军民品研发承制能力；对太平针织股权优化工作进行反复研究和论证，按照规定工作流程稳妥推进；对威孚高科股权激励方案进行初步论证优化，进一步完善企业创新发展激励机制。在汇联铝业、芯奥微推行职业经理人试点，引入专业经营管理团队，为企业稳定运营、持续发展提供有力人才支撑。

（张明飞）

【经营管理】 年内，集团完成20亿元可续期公司债和20亿元永续中票注册，推进10年期30亿元中期票据注册发行工作，成功发行5期累计42亿元超短期融资券，直接债务融资余额占总融资余额75%，整体融资成本3.79%，比上年下降近12%。科学应对“营改增”，合理控制集团本部税负，并推进集团资金池良好运作，有效提升财务管理水平。盘活一毛纺、太极二分厂、丝印总厂等房屋、土地存量资产，资产经营收入达5.8亿元，超额完成年度目标。完成钢贸包资产处置，实现投资回收6.67亿元。

（张明飞）

纺织工业

【概况】 2016年，无锡纺织工业克

表 37　　2016 年无锡纺织工业各项主要经济指标完成情况

序号	指标名称	计量单位	实绩	比上年±%
1	现价工业总产值	亿元	1980.48	3.90
2	主营业务收入	亿元	2043.52	5.09
3	实现利润	亿元	105.25	-0.99
4	利税总额	亿元	161.31	3.85
5	出口交货值	亿元	360.92	8.20
6	企业家数	家	772	-4.57
7	亏损企业家数	家	154	14.07
8	亏损企业亏损额	亿元	5.38	4.49
9	企业亏损面	%	19.05	减少 0.07 个百分点
10	应收账款	亿元	199.47	6.32
11	产成品存货	亿元	132.49	0.75
12	产销率	%	98.24	上升 0.16 个百分点
13	职工总数	万人	21.18	-1.30
14	资产总额	亿元	1744.4	8.24
15	资产负债率	%	57.47	减少 1.87 个百分点

（陈正明）

服国际经济复苏乏力、市场需求低迷、产品售价下跌，国内市场纺织品主要原料价格一路上扬，各项成本不断上涨等多重压力的影响，外贸出口扭转连续两年下降趋势，实现比上年增长 8.22%的较好业绩。各企业根据中央深化供给侧结构改革的要求，依靠创新驱动，不断调整产品结构、市场结构，强化企业管理，千方百计降本增效，推进行业转型升级，使全行业经济运行仍保持基本平稳的态势。全年现价工业总产值比上年增长 3.90%，主营业务收入创造历史新纪录，首次突破 2000 亿元大关，达 2043.52 亿元，比上年增长 5.09%。实现利税 161.31 亿元，比上年增长 3.85%；实现利润 105.25 亿元，比上年下降 0.99%。

表 38　　2016 年无锡纺织工业主要产品产量完成情况

序号	产品名称		计量单位	实绩	比上年±%
1	纱		吨	556463.05	-0.90
2	布	总计	万米	78329.54	-11.38
		其中：色织布	万米	13632.53	9.50
3	印染布		万米	119500.83	3.10
4	呢绒		万米	11316.92	-2.20
5	化学纤维		吨	3930777.57	3.50
6	服装	总计	万件	55889.80	3.60
		其中：梭织服装	万件	20758.51	-4.80
		针织服装	万件	35131.29	9.30
7	无纺布		吨	49035.75	-3.60

（陈正明）

4 个子行业中纺织业运行基本平稳，但经济效益不够理想。由于纺织原料市场大幅波动且不断上涨，标准级皮棉价格从年初的每吨 1.1 万元左右，到年底已涨到每吨 1.5 万元左右，涨幅 35%以上，66 支羊毛价格全年涨幅 19.4%，每公斤市场售价从年初 74 元左右，上涨至年底 89 元左右，而面料价格不升反降，全年棉纺织面料出口售价平均下降 2.69%，呢绒售价平均下降 6%。不仅受原料涨价、产成品售价下降挤压影响，更有各项经济成本上涨的压

表 39　　2016 年无锡纺织各分行业主要经济指标完成情况

序号	指标名称	计量单位	纺织业		服装业		化纤业		纺机纺器业	
			实绩	比上年±%	实绩	比上年±%	实绩	比上年±%	实绩	比上年±%
1	现价工业总产值	亿元	813.75	1.83	632.87	9.41	483.08	1.36	45.57	-2.94
2	主营业务收入	亿元	833.59	4.60	683.72	9.40	485.61	1.43	40.60	-7.50
3	实现利润	亿元	32.12	-2.28	64.76	3.55	6.42	-26.54	1.95	-27.78
4	利税总额	亿元	51.25	-2.81	95.89	13.40	10.93	-22.21	3.24	-18.80
5	出口交货值	亿元	128.69	-4.43	117.14	18.30	109.55	15.40	5.54	11.69
6	企业单位家数	家	385	-6.78	238	-2.46	96	平	53	-6.36
7	亏损企业数	家	77	37.50	37	-2.63	30	-11.76	10	42.86
8	亏损企业亏损额	亿元	2.24	-0.88	1.71	61.32	1.08	12.50	0.35	66.67
9	亏损企业面	%	20.00	增加 4.45 个百分点	15.55	减少 0.41 个百分点	31.25	减少 4.17 个百分点	18.87	增加 5.66 个百分点
10	应收账款	亿元	115.85	9.55	43.82	5.59	26.15	0.38	13.65	-4.68
11	产成品存货	亿元	47.44	-1.25	68.48	5.52	11.55	-22.90	5.02	40.22
12	产销率	%	96.76	提高 0.62 个百分点	99.94	提高 0.32 个百分点	98.67	下降 0.94 个百分点	96.25	提高 0.05 个百分点
13	职工人数	万人	9.37	-3.13	9.03	2.20	2.07	-7.94	0.71	-0.27
14	资产总计	亿元	594.54	6.76	734.95	13.82	349.20	-0.59	65.71	14.70
15	资产负债率	%	55.90	增加 1.72 个百分点	55.88	减少 5.22 个百分点	63.60	减少 1.04 个百分点	57.18	减少 0.19 个百分点

（陈正明）

力。在纺织业主营业务成本比上年增长 4.93%、销售费用比上年增长 5.94%、在职工人数比上年下降 3.13%的情况下，工资总额比上年增长 1.40%等。因此，纺织业现价工业总产值、主营业务收入虽比上年分别增长 1.83%和 4.60%，但实现利润却降低 4.60%，亏损企业 77 家，比上年增长 37.50%，企业亏损面 20%，比上年增加 4.45 个百分点。纺织业在无锡纺织工业中的地位已显著下降，虽然现价工业总产值仍占全行业的 41.09%，但实现利润已只占 30.52%。

服装业继续保持良好发展势头，发挥无锡纺织工业的顶梁柱作用。全年服装业现价工业总产值、主营业务收入、出口交货值、利税分别比上年增长 9.41%、9.40%、18.30%和 13.40%。但受原辅材料涨价、出口服装平均售价下降 6.68%的影响，实现利润仅比上年增长 3.55%，利润 64.76 亿元，仍占全行业利润总额的 61.53%。继续加大固定资产投入和技改力度，全年投入 540592 万元，比上年增长 112.5%，引进部分智能化和自动化设备，使产品档次和劳动生产率大幅提高。推进“三品”战略，发挥品牌优势，做精、做强、做大。不断创新经营模式，抓住产品设计、市场拓展二头，广设连锁销售门店，线上线下不断推出流行时尚服装款式，扩大销售总额。

化纤行业经济总量虽略有增长，由于技改投入不足，全年固定资产投入比上年下降 33.6%，致使产品结构调整缓慢，加上原辅材料和各项成本费用的上涨，实现利润比上年下降 22.21%。

纺机纺器业由于国内纺织行业投入普遍紧缩，需求不足，全市纺机纺器业经济总量在连续两年萎缩的情况下，现价工业总产值、主营业务收入、实现利润分别比上年下降 2.94%、7.50%、27.78%，但在“一带一路”战略的推动下，出口交货值比上年增长 11.6%。

（陈正明）

【6 家企业入围中国制造业企业 500 强】 年内，在中国企业家联合会、中国企业家协会发布的“2016 年中国制造业企业 500 强”榜单中，无锡纺织行业海澜集团有限公司、红豆集团有限公司、江苏三房巷集团有限公司、江苏华西集团公司、江苏阳光集团有限公司、江苏华宏实业集

团有限公司等6家企业入围，占全市入围企业总数(22家)的27.27%。其中，海澜集团有限公司营业收入列全市超百亿元大企业(集团)第一位，达672亿元，红豆集团有限公司列第三位，达503亿元。

(陈正明)

【6家棉纺企业入围中国棉纺织行业竞争力百强企业】 年内，中国纺织工业联合会根据企业生产、经营、管理、品牌、人才及节能减排等多项指标测评，评出2015~2016年度棉纺织行业竞争力百强企业。无锡一棉纺织集团有限公司、江苏天华纱业、江苏康妮集团公司、无锡四棉纺织有限公司、江阴美纶纱业有限公司、江苏向阳集团有限公司等6家企业入围。

(陈正明)

【红豆集团获“一带一路”建设成就企业奖】 年内，在“一带一路”媒体合作论坛上，红豆集团获“一带一路”建设成就企业奖。西哈努克港经济特区是由无锡红豆集团发起联合相关企业投资建设的柬埔寨经济特区，2016年是西港特区大发展的一年，全年22家企业入驻，各种配套设施进一步完善，至年末，已完成首期5平方公里建设，入驻多国企业107家，安置当地就业1.5万人，已成为柬埔寨当地生产、生活配套设施完善的国际化工业园区，对当地经济社会发展、人民就业致富起到积极作用。特区创造多个第一：是柬埔寨政府批准的最大经济特区，是西哈努克省发展最好、就业人最多的经济特区，是首个签订双边政府协定并被唯一认定的中柬国家级经济特区，也是一个联合国高校培养留学人才的经济特区。6月，柬埔寨首相洪森亲自出席西港特区百企入园仪式。

(陈正明)

【两家公司(集团)国外办厂】 年内，为响应“一带一路”战略号召，无锡金茂对外贸易公司经两年多的筹建，年产2000万米全能色织厂项目在埃塞俄比亚阿瓦萨工业园区建成，在当地招收的30名员工，经7个月孔子学院中文培训后又到华进行技术培训7个月。中国阳光集团年产1000万米精纺呢绒项目，已完成基本建设。

(陈正明)

【阳光集团设计制造军服】 6月30日，火箭军举行换装仪式，中国火箭军官兵从7月1日起全部穿着由阳光集团设计生产的新式礼(常)服。该军服由于对面料进行特殊的消光处理看上去更为细腻有质感，更因弹性好，火箭军官兵即便在训练时也可随意伸展，行动自如。大衣既保暖又保持挺括有形，穿在身上可充分展现火箭军官兵精神饱满、形象挺拔的雄姿。10月17日，“神舟十一号”载人飞船成功升天，航天员景海鹏、陈冬与记者见面会上所穿服装及面料均由阳光集团设计制造。所用面料被称之为“宇航蓝”，是由阳光集团内国家纺织材料工程技术研究中心用多种纤维混纺而成，具有突出的抗皱性、舒适性、透气性。阳光集团为所有航天员设计的服装对服装色彩进行全新搭配，每套量身定制的服装除了主料主色之外，还有多个颜色的辅料和辅色，在天空色湖蓝的基础上加入象征地球天际线和外太空色调元素，深浅明暗的变化搭配，让服装看起来更立体饱满、更有层次感，男款服装展示中国航天员威武庄重，女款服装展现出中国女性飒爽英姿的同时也突出东方女性的柔美气质。

(陈正明)

航天员身穿“宇航蓝”制服与记者见面 (陈正明 供稿)

【阳光集团获全球卓越绩效奖】 11月22日，第22届亚太质量组织/国际质量会议在新西兰举行，阳光集团获全球卓越绩效奖。全球卓越绩效奖是企业卓越绩效方面唯一正式的国际认证，为目前唯一一个跨国家和地域表彰追求卓越组织的国际性管理奖项。至此，阳光集团成为全国纺织行业、江阴市、无锡市、江苏省、中国到亚洲再到世界质量领域各级奖项的“大满贯”企业。

(陈正明)

【无锡一棉纺织集团通过监督审核】 无锡一棉纺织集团经历从单项应用、开发ERP及应用ERP感知管理和组建传感网及通过生产物联网感知生产过程，企业陆续获得国家信息化和工业化深度融合示范企业、中国纺织行业两化融合标杆企业、全国纺织工业两化融合突出贡献企业、省示范智能车间、无锡物联网10大应用案例等荣誉称号。3月，通过“两化融合”管理体系贯标的监督审核，企业管理部门已能随时看到车间设备的运行情况，实时查询设备状态在线数据和产品产量、质量在线数据。依靠“两化”深度融合，实现集约型增长，产品质量和档次全面提升，产品残余疵点下降60%，获

“中国名牌”称号，产品进入欧盟高端市场，售价高于同类产品市场价5%~10%，电耗下降7%，劳动生产率提高10倍，是国内棉纺业平均水平的5倍，企业综合竞争力显著提高。

（陈正明）

冶金工业

【概况】 2016年，无锡冶金工业结束“十二五”时期长达5年的持续震荡下跌，进入震荡上行的通道。全行业工业总产值2855亿元，比上年增长1%；主营业务收入2625亿元，比上年增长2.2%；实现利润121.7亿元，比上年增长4.4%。主要品种产量也明显增长。全年生铁产量为928.65万吨，比上年增长6.21%；钢产量1261.51万吨，比上年增长12.26%；钢材产量2259万吨，比上年增长15.82%。

年内，无锡钢铁工业景气度明显回升。黑色金属业全年销售额为1264亿元，比上年增长8.1%；实现利润68.5亿元，比上年增长10.3%；实现利税91亿元，比上年增长4.8%；亏损企业数下降10%。

无锡是传统的钢管生产大市，长期以来钢管产量居江苏之首，但是2016年由于受到国内和国际市场的冲压，钢管产量为历年最低，仅186万吨，比6年前最高峰下降三分之一，在江苏省全部钢管产量中占四分之一。其中，无缝钢管产量47万吨，比上年下降16%，但焊接管产量增长6.3%，为139万吨。在其余钢材品种当中，冷轧薄板、冷轧窄钢带、棒材和中板等产量下降6%~15%，热轧薄板、热轧窄钢带、中小型型钢、涂层板和线材等产量上升4%~40%。

在市场的强大冲击下，许多钢铁企业调整战略，在改进质量、提高档次方面加大投入。黑色金属业全年完成投资58.26亿元，比上年增长4.2%。但有色金属业投资额下降24.8%，为32.73亿元。全行业规模以上企业554家，比上年下降10%。年内，无锡钢铁去产能工作取得明显成效，全部淘汰工频炉炼钢能力约200万吨。

年内，全市冶金行业主营业务收入100亿元以上的企业有：华西集团公司278亿元，江阴兴澄特种钢铁有限公司248亿元，江苏新长江实业集团有限公司245亿元，江苏法尔胜泓昇集团有限公司191亿元，江苏江润铜业有限公司109亿元，无锡市凌峰铜业有限公司101亿元。

无锡冶金行业有5家企业进入2016年中国制造业企业500强，分别是：江苏华西集团公司、江苏新长江实业集团有限公司、江苏金辉集团公司、江苏法尔胜泓昇集团有限公司、江苏大明金属制品有限公司。江阴兴澄特种钢铁有限公司规模和实力在无锡冶金行业数一数二，但由于其不独立参加全国统计，所以其不在各类全国性的百强企业名单中。在2016年度无锡市纳税总量十强企业中，江阴兴澄特种钢铁有限公司和华西集团公司分列第七、第九位。

（陈 健）

【16家企业成为省高新技术企业】 年内，无锡冶金行业有16家企业入选省高新技术企业名单。16家企业分别是：无锡市新峰管业有限公司、无锡中经金属粉末有限公司、无锡远能耐火材料有限公司、宜兴市中环耐火材料有限公司、无锡鑫常钢管有限责任公司、宜兴新威利成耐火材料有限公司、无锡格瑞特金属制品有限公司、江阴市美托金属制品有限公司、江阴市和润精密钢管有限公司、江阴市宝能特种钢线有限公司、江阴科玛金属制品有限公司、江苏赛福天钢索股份有限公司、无锡通用钢绳有限公司、宝银特种钢管有限公司、江阴三凌金属制品有限公司、无锡大金高精度冷拔钢管有限公司。

（陈 健）

【23个工业产品获“省高新技术产品”称号】 年内，无锡冶金行业有23个工业产品获“省高新技术产品”称号。其中，钢铁类产品有江阴兴澄特钢公司生产的桥梁结构用高韧性钢板、出口微合金化轿车碳素轮毂轴承用钢、高档乘用车悬架弹簧用热轧盘条；江苏赛福天钢索公司生产的高强度双压实钢丝绳、高分子绳芯高速电梯用钢丝绳、高性能家用电梯用钢丝绳；江苏法尔胜缆索公司生产的悬索桥主缆用锌铝合金镀层钢丝及索股；江阴祥瑞不锈钢公司生产的高磁性、高强度不锈钢丝；江苏共昌轧辊公司生产的C增强型无限冷硬轧辊等。耐火类产品有江苏泰瑞耐火公司生产的锆质中包水口、耐压抗侵蚀炉顶堵口高铬砖；无锡市南方耐材公司生产的低热导、抗热震连铸功能水口；宜兴市中环耐材公司生产的高性能循环流化床锅炉用抗爆浇注料；无锡远能耐材公司生产的废陶瓷资源化制备高强度耐磨耐火浇注料；华耐国际(宜兴)高级陶瓷公司生产的连铸用快换式耐冲蚀低碳长水口、净化硅铝钢的铝锆质浸入式水口；江苏苏嘉集团生产的不同碳含量的复合镁碳砖等。

（陈 健）

【建筑钢材受市场欢迎】 无锡钢企生产的建筑用钢材历来受到市场欢迎，在浙江省评出的2015~2016年建筑钢材十大流通品牌中，无锡有“江阴西城钢铁”“江阴长达钢铁”“无锡新三洲特钢”3个品牌位列其中。这3家企业生产的各种规格、型号的螺纹钢、线材、盘螺等品种中，有一批是“驰名商标”或“国家免检产品”。

（沈 荣）

【工信部验收兴澄特钢工业强基项目】 11月，工业和信息化部专家组一行对兴澄特钢承担的“轴承用高标准轴承材料工业强基工程实施方案”项目进行验收。兴澄特钢“轴承用高标准轴承材料工业强基工程实施方案”项目的实施，进一步提高国内高标准、高档次轴承钢生产水平，通过对全流程各环节生产技术装备升级改造，使国产高品质轴承钢各方面性能指标达到世界领先水平，满足国内外高端轴承钢用户的需求，替代进口，做强做优国内高端轴承钢产品。

（缪 亮）

【兴澄特钢承担国家重点研发计划课题】 9月，在国家重点研发计划重点专项项目启动工作会上，作为国内特钢行业的龙头企业，兴澄特钢承担“十三五”国家重点研发计划中的部分课题。其中，牵头承担子课题“轴承钢冶金质量控制基础理论与产业化关键共性技术研究”，同时参与“汽车齿轮用钢质量稳定性提升关键技术开发及应用”“高强度弹簧钢及切割钢丝关键技术开发及示范应用”和“工模具钢冶金过程的共性技术”3项子课题的研究。“高强度弹簧钢关键技术开发及示范应用”的研究工作主要由兴澄特钢完成。

（赵慧中玉）

【兴澄特钢加入联合国全球契约组织】 8月22日，兴澄特钢成为联合国全球契约组织新成员。兴澄特钢在可持续发展工作上取得的成果受到联合国全球契约组织相关领导肯定和赞赏，并作为联合国全球契约组织10家新成员企业之一，正式接受联合国全球契约组织成员证书。作为中国特钢行业的引领者和江苏省首家加入该组织的钢铁企业，兴澄特钢围绕联合国提出的17个可持续发展目标，进一步主动采取切实有效的行动方案，并融入企业经营管理的各个环节和全产业链中，以实际行动践行企业的社会责任义务，为推动实现中国的可持续发展做出示范和表率。

（刘 莹）

【宝银钢管公司服务核电站建设】 4月、8月，为核电站配套服务的江苏银环精密钢管有限公司承担的“十二五”国家“863”重大项目课题“先进超临界火电机组关键锅炉管开发”，以及江苏省科技支撑（工业）项目“国产第三代核电蒸汽发生器用690合金U型管研制及关键技术研究”，先后通过科技部和江苏省的验收。早在3月底，全球首座第四代核电站蒸汽发生器关键部件——换热组件在宝银特种钢管公司首批发运。宝银公司年产核电站所需U型钢管500吨，可以满足每年建造两座100万千瓦的核电站需要。

（王朝雨）

【赛福天股份上市】 3月31日，江苏赛福天钢索股份有限公司在上交所首次公开发行股票，股票名称为“赛福天”，上市后注册资本为2.21亿元。赛福天钢索公司第一大股东为无锡市赛福天钢绳有限责任公司，公司主营业务为特种钢丝绳与索具的研发、生产和销售，主要产品为电梯用钢丝绳、起重用钢丝绳、钢丝绳索具和合成纤维吊装带索具。赛福天公司是无锡冶金行业继法尔胜集团、玉龙钢管公司上市后的第3家企业。

（陈 健）

【法尔胜泓昇集团获中国工业大奖】 12月11日，第四届中国工业大奖发布会在北京人民大会堂举行，法尔胜泓昇集团有限公司等13家企业被授予中国工业大奖。中国工业大奖是国务院批准设立的国内工业领域最高奖项，被誉为中国工业的“奥斯卡”，旨在表彰坚持科学发展观、走中国特色新型工业化道路，代表我国工业化的方向、道路和精神，代表工业发展最高水平，对增强综合国力、推动国民经济发展做出重大贡献的工业企业和项目，以树立一批优秀标杆企业和项目，并带动形成一大批具有核心竞争力的企业。

（陈 健）

【振达钢管集团资产转让】 7月，江苏振达钢管集团股权全部转让给无锡雪浪钢铁集团。在此之前，陷入破产边缘的振达集团已被雪浪钢铁集团接管。两年多来，在惠山区政府支持下，管理团队以恢复生产为主线，组织销售人员奔赴外地拜访老客户，并与俄罗斯、韩国客户重新建立业务往来；筹措资金进行技术优化，降低生产成本；按时足额发放工资，维持职工队伍稳定。三管齐下，促进企业生产经营的稳定和有效。全年振达钢管集团旗下主要企业振达特种钢管公司销售收入20.47亿元，比上年增长1.1%；实现利润3.3亿元，比上年增长9.8%，企业重新走上正常经营轨道。

（施芳芳）

【法尔胜集团打造千桥梦】 1月，江苏法尔胜集团为土耳其伊兹米特大桥供应的2万吨钢缆索全部交付完毕。作为世界第四大悬索桥，伊兹米特大桥单根索股长度3000多米，法尔胜集团不仅如期交付，产品质量还受到业主、项目咨询公司及施工单位一致好评。以科技创新引领产品升级，在保持国内市场占有率领先的同时，法尔胜集团抢抓“一带一路”国家战略机遇，把“中国制造”推向世界各地，打造世界级钢索结构产品综合服务商。至2016年，法尔胜已为海内外700多座桥梁项目供应产品。到“十三五”末，集团计划参与1000座桥梁钢索结构产品供应，为企业转型升级、实现百年长兴奠定坚实基础。

（郑 英）

【西姆莱斯油井管公司复产】 12月15日，西姆莱斯石油专用管制造有限公司运往伊朗的1272吨油井管完成生产。在经历两年波折后，这家无锡最大、国内同行中有名的油井管生产企业破产重整后成功复产。西姆莱斯公司2014年陷入极端困境，在市中级人民法院主导下进行重整。市、区、街道各级政府和部门多次召开专题协调会，一边指导督促企业做好职工安置分流工作，有效保障职工利益和企业稳定，一边开启全国各地招商行动。随着重整投资人上海晋翃资产管理公司的最后一笔注资资金到位，标志着西姆莱斯公司完成破产重整。

（林 叶）

【玉龙钢管公司尼日利亚建厂】 12月16日，江苏玉龙钢管股份公司在尼日利亚投资兴建的一座年产50万吨钢管厂破土动工，该厂投产后将填补尼日利亚天然气和石油管道的生产空白。钢管厂一期计划投资5000万美元，建螺旋缝埋弧焊钢管生产线及3PE防腐钢管生产线各一台套，二期计划投资8000万美元建直缝埋弧焊钢管生产线，三期计划投资2000万美元建油井套管生产线，预计投产后年产量50万吨。上述产品主要客户为尼日利亚石油天然气公司，也可出口到其他西非国家及安哥拉、肯尼亚等国。

（陈 健）

【精品轧辊生产线项目启动】 12月，江苏共昌轧辊股份有限公司启动ESP（辐射电子稳定系统）精品轧辊生产线项目。项目计划投资3.5亿元，其中，固定投资3亿元，年产ESP精品轧辊2万吨，主要以高端的超耐磨高速钢轧辊、超级高镍铬无限冷硬轧辊为主。项目分二期建造完成，一期项目计划投资1亿元左右新建铸造车间，离心机采用国际领先的大型立式离心浇注控制系统，所有项目设备、软件、控制技术采用最先进的轧辊制造装备及成套控制系统，极大地提高过程控制的自动化、智能化程度。

（潇 然）

【共昌轧辊公司推动技术进步】 年

内，江苏共昌轧辊股份有限公司以科技创新为战略，大力推动技术进步。通过江苏省知识产权战略推进计划项目验收评审，专家组对该公司在专利技术的交叉许可和转让、知识产权管理体系运行、知识产权资产评估、数据库运用等方面给予充分肯定和高度评价。公司被列为江苏省重点企业研发机构，成为拥有领军人才和较高水平研发团队、较高创新投入、较优技术创新体系的企业研发机构。

（潇 然）

机械工业

【概况】 2016年，无锡机械行业经历资金供给不足，市场需求不旺，库存压力上升，制造成本增加等多重困难，但依然保持主要经济指标适度增长，且增幅高于全市工业平均水平。全年实现工业总产值5702.2亿元，比上年增长4.5%；新产品产值833.19亿元，比上年下降5.0%；工业销售产值5575.8亿元，比上年增长4.7%；主营业务收入5486.8亿元，比上年增长4.2%；实现利润总额408.2亿元，比上年增长12.8%；出口交货值744.9亿元，比上年下降7.6%。经济发展增速高于全市工业平均0.7个百分点。至年末，无锡市共有规模以上机械企业2400多家，就业职工48.6万余人。

年内，无锡机械主要的拉动力量是汽车零部件、电工电器与仪表仪器行业，其中，汽车零部件增长16.6%，电工电器增长6.4%，仪器仪表增长8.8%。专用设备制造业利润总额比上年增长14.57%，而通用设备制造业比上年增长9.9%。车用动力机械、航空航天零部件、军民融合零部件、模具、工具以及电力电容、远程输变电设备等基础零部件行业持续回暖。而机床、挖掘设备、矿上设备等却持续走低。非道路动力设备比上年下降14.2%。全行业仍旧有亏损企业463家，亏损面为20.7%。

（姜鲁宁）

【转型升级】 年内，无锡机械行业转型升级、调整产业布局取得显著成效，许多大中型企业通过投资新兴产业、参股并购等方式，努力向中高端产业链延伸，取得明显进展。全年固定资产投资1018.09亿元，比上年增长1.03%，超过纺工、化工、冶金、医药、电仪等行业的固定资产投资总和。其中，远东智慧能源股份有限公司发布公告，出资共计2.05亿元，打造新能源电站集成平台，推进动力电池领域行业地位，实现全面转型升级。中国建材·远东光电股份有限公司280吨光伏玻璃窑炉点火仪式在远东光电举行，点火的首条窑炉是国际最先进的全氧燃烧光伏玻璃窑炉，投产后可年产太阳能光伏玻璃近1000万平方米。一汽无锡柴油机厂与东风神宇公司举行战略合作框架协议签约，双方将共同打造行业内具有竞争优势的专用车及高品质物流车市场。无锡电缆厂有限公司与广东奥美格传导科技股份有限公司签订新能源电动汽车线缆加工合作框架协议，确定无锡电缆厂为奥美格公司新能源电动汽车线缆产品的加工基地。双良节能系统股份有限公司与匈牙利必宏工程有限公司签订合作协议，共同成立江阴双良必宏钢构工程技术有限公司，双方携手推动间冷钢塔在全球范围内的应用。无锡透平叶片有限公司“大涵道比涡扇航空发动机大叶片”(JA012风扇叶片、GANX导流叶片)、无锡华光锅炉股份公司“300t/h等级低氮环保高效节能型循环流化床锅炉”、无锡国盛精密模具公司“GSCG11-7-32-900-A空调两器自动生产装备”、无锡航亚科技公司“YP0703风扇第三级整体叶盘”，被认定为2016年度江苏省首台(套)重大装备及关键部件。江苏法尔胜泓昇集团有限公司申报的金属丝绳缆与无锡透平叶片有限公司申报的汽轮机叶片，入选工信部制造业单项冠军示范(培育)企业名单；无锡威孚力达催化净化器有限责任公司的催化器入选工信部制造业单项冠军培育企业名单。江苏四达动力机械集团有限公司增压器生产基地开工建设，年产30万台。

（姜鲁宁）

【技术创新】 年内，无锡机械行业实现新产品产值833.2亿元。通过自主创新，吸收、消化国外先进技术，研发、制造出一大批科技新产品。远东电缆有限公司“特高压输电线路用1250mm^{2}大截面节能导线系列产品的研发与应用”项目，获2015年中国机械工业科学技术奖三等奖，该项目产品的成功应用打破欧美市场的垄断。一汽无锡柴油机厂“CA6DM重型柴油机冷试工艺研究及批产应用”项目获2016年度中国汽车工业科技三等奖，一汽无锡柴油机厂员工参展的热量回收系统、柴油机整机泄露检测线两个专利发明项目获第九届国际发明展金奖。无锡透平叶片有限公司“大型先进压水堆核电汽轮机70英寸等级长叶片研制”项目获2016年度上海电气科技进步二等奖，“核电及大型清洁高效电站汽轮机空心静叶片研制及产业化”获上海电气重大科技创新奖三等奖，“一种采用激光熔覆防水蚀的汽轮机叶片的加工工艺”发明专利，获第九届无锡市专利奖金奖。无锡统力电工有限公司自主研发的“高速列车牵引变压器用新型特种换位导线”获2015年度无锡市科学技术进步奖三等奖。无锡4家铸造企业在2016第14届北京国际铸造展览会上获奖。无锡双君精密铸造厂、鹰普(中国)有限公司、无锡开源机床集团常州开源铸造公司分别获得精铸和砂铸优质铸件金奖，无锡锡南铸机公司获得优秀装备创新奖。无锡华光锅炉股份有限公司与中科院合作研制的“130t/h和260t/h等级低氮燃烧低能耗高可靠性的新型环保循环流化床锅炉”新产品通过省级鉴定。无锡压缩机股份有限公司的江苏省科技成果转化专项资金项目——“智能化高效节能天然气汽车加气站的研发与产业化”通过省级验收。国家桥门式起重机械产品质量监督检验中心桥式起重机节能项目组自主研发的16吨“小轻新”桥吊安装，实现整机轻量化和配件国产化。

（姜鲁宁）

【高端制造】 年内，无锡机械行业努力实现由中低端向中高端产业链升级发展，信息化、智能化、绿色化制造取得新进展。全年高端装备制造总产值达780.6亿元，比上年增长3.7%。海洋工程比上年增长26%，基础关键零部件比上年增长6.9%，专用装备比上年增长2.3%。其中，无锡航亚科技股份有限公司“航空发动

表 40　　2016 年无锡机械分行业产值、利润增幅情况

指标名称	工业总产值(现价)		利润总额	
	全年(万元)	比上年增幅(%)	全年(万元)	比上年增幅(%)
金属制品业	8044291.74	3.20	337538	-1.64
通用设备制造业	8857669.11	1.80	904342	9.99
专用设备制造业	6471070.79	0.60	553508	14.57
汽车制造业	6992193.50	16.60	661410	43.20
铁路、船舶、航空航天和其他运输设备制造	2671331.31	-14.20	299902	-7.49
电气机械和器材制造业	22880033.23	6.40	1188258	9.81
仪器仪表制造业	1105986.82	8.80	137326	33.63
合计	57022576.50	4.50	4082284	12.80

(姜鲁宁)

图 29　　2016 年无锡机械分行业主要经济指标增速情况

单位:%

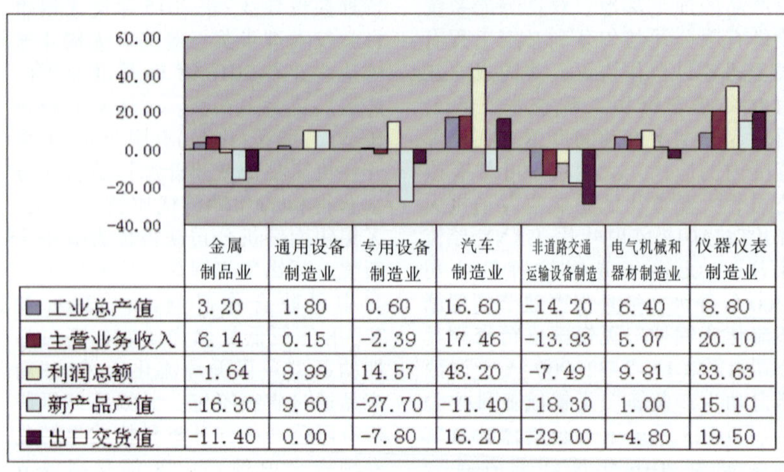

(姜鲁宁)

图 30　2016 年无锡机械行业连续四个季度主要经济指标增长趋势

单位:亿元

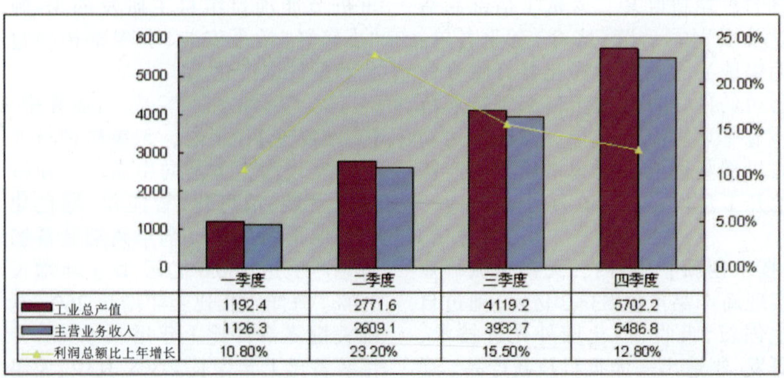

(姜鲁宁)

机压气机叶片精锻技术”项目获首届军民两用技术创新应用大赛产业化类全国总决赛金牌。双良节能系统股份有限公司的钢结构间接空冷系统获第 17 届中国国际工业博览会银奖。无锡统力电工有限公司自主研发生产的“高速列车牵引变压器用新型特种换位导线”项目,被评定为国家火炬计划产业化示范项目。江苏永瀚特种合金公司下属制壳车间通过省示范智能车间验收,成为国内同行中首个智能车间。远东电缆有限公司承担实施的“额定电压 0.6/1KV 改性超柔性矿物质绝缘防火电缆”项目,入选国家火炬计划。无锡透平叶片有限公司申报的航空发动机关键核心部件“大涵道比涡扇航空发动机大叶片”,被列为 2016 年江苏省首台(套)重大装备及关键部件。无锡职业技术学院“多级减压及微小流量雾化喷嘴”获首个国际专利(PCT)。无锡动力工程股份有限公司申报的市科技局国际科技合作项目“高强化柴油机燃烧喷射系统模拟仿真设计和四气门气道成型技术研究”通过竣工验收。省特检院无锡分院首次使用相控阵超声波检测技术,扫查深海潜水装备“蛟龙号”载人舱球壳焊缝区,成功取得 B 超图像。一汽无锡柴油机厂发明的发动机排气管高温防腐新技术,率先攻克国内发动机铸铁排气管高温防腐难题,实

现发动机铸铁排气管耐温更高、耐腐更长。无锡压缩机股份有限公司的无油螺杆压缩机成功配套国家核电项目，打破该产品领域长期被国际品牌公司垄断的格局。远东电缆有限公司为海南文昌航天发射场建设工程提供电缆生产、运输等集成服务，被授予海南文昌航天发射场建设贡献奖。

（姜鲁宁）

【产学研合作】 年内，无锡机械行业携手高等院校、科研院所，开展产学研合作，推进科技创新步伐，取得一批成果。其中，无锡华光新动力环保科技股份有限公司与大连理工大学共同研制的“烟气协同脱硝脱汞催化剂”，应用效果显著，这项技术填补国内空白，超过国际同类产品水平。由一汽无锡柴油机厂与一汽技术中心成功研发国内首创“天然气发动机多点喷射燃气系统”，该系统在国内天然气发动机上首次应用，打破国外对该系统的垄断。双良节能系统股份公司与中国电子工程设计院进行合作签字，设计院将全力支持双良公司开展能源岛托管运营服务，发挥双良公司在能源供应和节能服务领域拥有领先技术和丰富经验。3月11日，无锡华光锅炉股份公司被认定为国家级企业技术中心。4月，双良锅炉院士工作站授牌。7月，无锡压缩机股份有限公司压缩机技术研究院项目通过市级验收。11月，武汉理工大学光纤传感技术国家工程实验室空冷实验基地落户双良集团。

（姜鲁宁）

【开拓海外市场】 年内，无锡机械行业响应国家“一带一路”战略，扩大对外合作，加快海外市场布局，拓展海外市场。全年出口交货值785.3亿元，外销率15.1%。其中，双良克莱德贝尔格曼有限公司与西门子股份公司签署埃及新首都4800MW联合循环电厂项目4套直接空冷凝汽器和强制通风空冷水冷却器供货合同，该项目是目前世界最大联合循环电站空冷项目之一。无锡国联华光电站工程有限公司倾力打造海外精品工程，先后承接印尼INDORAMA IRS 30MW项目、SMART项目、INDORAMA PTIP40MW项目、GEBE项目以及首个非洲塞内加尔20MW项目。无锡宏源机电科技股份有限公司参展的新品主力机型——HY-7系列高速弹力丝机，以其智能化程度在印度尼西亚2016年雅加达国际纺织及服装机械展览会上受到关注。无锡华光锅炉股份有限公司在雅加达成功举办首届推介会，与PT-PJB公司客户RBAMBANG ANGGONO签订3年战略合作协议。双良集团为德国阿特拉斯公司设计、制造的首套ORC(有机朗肯循环)地热电站系统换热器项目在双良重件码头装船发货。双良控股集团有限公司为德国西门子公司设计、制造的JAZAN项目23台换热器出口沙特，完成出厂发货。江苏四达动力公司与国外游艇厂家合作，将国五发动机成功配载在游艇上，开启企业新的海外市场。

（姜鲁宁）

电子工业

【概况】 2016年，无锡电子信息产业适应新常态，应对新挑战，落实新举措，推动新发展，在抵御并克服经济下行压力较大等重重困难后，实现经济运行逐月走稳，经济形势逐步好转，奠定经济发展稳中求进的良好基础。

2016年，无锡电子信息产业规模以上现价工业总产值完成3274.3亿元，比上年增长1%，低于全市工业3.77%的增长速度；实现利润155.50亿元，比上年增长14.76%，高于全市工业利润增幅5个百分点；至年末，全行业规模以上企业588家，比上年末增加21家。其中，计算机、通信和其他电子设备制造业完

表41　　2016年无锡电子信息产业分行业完成情况

分支行业	现价产值(万元)		实现利润(万元)	
	2016年	比上年±%	2016年	比上年±%
计算机制造	985250	3.7	11300	-42.8
通信设备制造	1065361	2.5	51205	18.5
广播电视设备制造	1049201	10.7	82822	34
视听设备制造	3949020	-4.7	108360	-15.3
电子器件制造	6838619	-6.2	307881	-20.7
电子元件制造	4331815	11.3	367615	99.6
其他电子设备制造	885099	2.8	52616	73.4
电机制造	3290789	2.4	266416	12.4
电光缆制造	8606365	3.5	309158	4
电池制造	654404	16.7	23487	46.2
通用仪器仪表制造	581203	6.4	92099	65.2
专用仪器仪表制造	506309	12.6	44742	-4.89
合　计	32743435	0.98	1717701	14.76

（任国伟）

表 42　　2016 年无锡市主要电子产品产量

主要产品名称	单位	全年完成数	比上年增幅(%)
半导体分立器件	亿只	1121.37	13.6
锂离子电池	万只	41426.35	-12.4
集成电路	亿块	292.54	25.3
数码照相机	万台	248.91	-33.2
硬盘存储器	万台	6787.13	24
微型计算机设备	万台	101.84	平
电子元件	亿只	133.24	12.7
电、光缆	万千米	381.50	0.5
印制线路板	万平方米	1540.15	-0.8

(任国伟)

成现价工业总产值 1910.44 亿元，比上年下降 0.12%；实现利润 85.55 亿元，比上年增长 14.76%；主营业务收入 1918.38 亿元，比上年增长 3.65%；亏损企业亏损额 8.48 亿元，比上年增长 2.9%；应收账款净额 382 亿元，比上年增长 25.4%；产成品存货 92.64 亿元，比上年增长 13.5%`；全部从业人员平均人数 20.30 万人，比上年下降 12%；规模以上企业为 257 家，比上年减少 2 家。全年全行业全员劳动生产率为 94.11 万元/人，比上年增长 13.8%。全行业规模工业出口交货值完成 1151.14 亿元，比上年下降 4.2%；外销率达 60.25%，比上年下降 3.81%。电子行业工业投资 526.09 亿元，比上年增长 20.9%。

全年 20 家大型企业景气度有所上升，5 家企业产、销、利全面增长。希捷国际产、销、利分别增长 1003%、1008%和 31.35%，捷普电子分别增长 14.4%、21.1%和 20.1%，淩鑫科技分别增长 34.3%、33.6%和 59.3%，高佳太阳能分别增长 10%、13.3%和 11.2%，松下能源分别增长 3.2%、2.2%和 206.8%。企业经济运行差异性加大，四分之一企业实现比上年增长，产值增长的企业有 10 家，销收增长的企业有 10 家，利润增长的企业有 6 家，无企业亏损。

(任国伟)

【经济总量同步增长】 年内，无锡电子信息制造业完成现价工业总产值 3274 亿元，连续两年超过 3200 亿元，比全市工业增速低 3.77 个百分点。比上年产出增量超 5 亿元的分支行业有：广播电视设备制造增 11.16 亿元，电子元件制造增 49 亿元，光电缆制造增 29.86 亿元。全行业实现利润 155.50 亿元，比上年增长 2.8%，比全市工业利润增速低 6.8 个百分点。其中，计算机、通信和其他电子设备制造业实现利润 98.18 亿元，比上年增长 14.76%，占全行业实现利润的 63.1%。

(任国伟)

【半导体、集成电路生产】 年内，全市半导体、集成电路行业生产、销收和盈利整体呈现反复，生产下降 3.77%，华润微电子、海太半导体、海力士生产分别下降 1.3%、24.3%、3.19%，赢利分别下降 41%、19.8%、24.8%，新潮科技在实施国际间企业兼并后，生产上升 13.7%，赢利下降 18.7%。从市场需求和企业自身发展看，该行业的国内高端产品市场需求十分巨大，大多数企业的发展有较大空间，进入"十三五"后将呈现较快发展速度。

(任国伟)

【通信设备制造】 年内，全市通信制造业完成现价工业总产值 106.54 亿元，比上年增长 14.1%，实现利润 5.12 亿元，比上年增长 18.52%，其产值权重比已上升至 5.5%，利润权重比 5.21%。

(任国伟)

【光伏行业】 年内，全市主要光伏制造业企业生产态势继续向好，但受欧盟市场连续三年征收反倾销税影响，利润大幅下降。海润光伏产、销分别比上年增长 40.4%和 42.6%，实现利润比上年下降 35.1%；江阴海润产、销分别增长-7.9%和 27.8%，而利润为-1.44 亿元；尚德太阳能产、销、利分别增长 9.7%、13.5%和-64.3%，淩鑫科技分别增长 20.1%、-14.6%和-19.5%，高佳太阳能分别增长 10%、13%和 11.2%，佳诚太阳能分别增长-2.9%、32.55%和-96.9%。行业恢复性增长存在很大不确定性，海润、尚德、高佳等光伏企业受益于国际市场需求增长，出口增幅均超 30%。

(任国伟)

【19 家企业跻身全市工业经济总量前 50 强】 年内，电子行业跻身全市现价工业总产值前 50 强企业之列的 19 家企业为：远东控股第 3 位、无锡夏普第 10 位、江苏法尔胜第 11 位、希捷国际(无锡)第 13 位、江苏远景能源第 14 位、SK 海力士中国第 16 位、绿点科技第 17 位、捷普电子(无锡)第 25 位、健鼎电子(无锡)第 26 位、江苏新潮第 28 位、江苏海达第 29 位、高佳太阳能第 31 位、浙江昱辉阳光第 33 位、同方计算机第 34 位、无锡江南电缆第 35 位、海润光伏第 39 位、江阴海润太阳能第 43 位、无锡村田电子第 45 位、索尼电子(无锡)第 46 位(第 50 位进线年产值为 48 亿元)。海润光伏作为中国最大的晶硅太阳能电池生产企业，入围"全球新能源企业 500 强"，排名第 128 位。

(任国伟)

【13 家企业跻身全市工业效益前 50 强】 年内，电子行业跻身全市工业效益前 50 强的 11 家企业为：江苏远景能源第 10 位、高佳太阳能第 11

位、SK 海力士半导体第 12 位、无锡江南电缆第 20 位、无锡尚德太阳能第 21 位、健鼎电子(无锡)第 27 位、无锡村田电子第 28 位、江苏法尔胜第 37 位、希捷国际(无锡)第 40 位、江苏新潮第 41 位、捷普电子(无锡)第 50 位、绿点科技(无锡)第 48 位、远东控股第 50 位（第 50 位进线年利润为 3.88 亿元）。进入前 50 强的企业比上年增加 1 家。

（任国伟）

【500 强企业】 年内,全市电子行业 2 家企业入围中国企业 500 强:远东控股第 431 位(295 亿元),法尔胜第 437 位(290 亿元)。4 家企业入围中国制造业企业 500 强：远东控股第 215 位(295 亿元),法尔胜第 218 位(290 亿元),新潮科技第 410 位(109 亿元),海达集团 462 位(82 亿元)。3 家企业入围中国民营企业 500 强：远东控股第 152 位(295 亿元),法尔胜 157 位（290 亿元），新潮科技第 461 位(109 亿元)。

（任国伟）

【重大项目引进】 年内，无锡电子信息产业有一批重大合资合作项目取得进展。无锡夏普电子元件有限公司总投资 22 亿元的苹果高端手机液晶显示模块项目建成投产;继韩国三星 SDI 投资的偏光板项目投资 4.6 亿美元后,由中、韩、日共同投资 3.2 亿美元的偏光板项目开工建设，建成投产后将新增销收 20 亿元,两个亿级项目的建成投产,将为全市电子信息行业提供近百亿元增量，使无锡成为国内偏光片材料生产的主要生产基地；无锡深南电路一期项目落成和二期签约项目投资 15 亿元,新增产值 30 亿元;总投资 2.9 亿美元的德国英飞凌半导体项目落户新区;联合汽车电子新项目投资 2 亿美元,预计达产后新增年销收 30 亿元；无锡先导智能装备锂电池项目与 ALD 微纳器件制造项目总投资 35 亿元;SK 海力士在无锡启动第二工厂建设,累计投资达 105 亿美元,是国内半导体行业投资规模最大、技术最先进的项目。这些项目的投资建设为无锡电子信息业的转型升级、增量发展打下新的基础,加上其他企业的年总增量在 400 亿元左右,对全行业的发展拉动可达 6%~8%。

（任国伟）

【长电科技和中芯国际强强联合无锡】 4 月，国内最大的封装服务供应商——长电科技与中国内地规模最大、技术最先进的集成电路晶圆代工企业——中芯国际的全资子公司签订认购协议，中芯国际出资 4 亿美元，加上之前收购星科金朋时的 1 亿美元股权转为长电科技股权，中芯国际成为长电科技单一最大股东。中芯和长电 2015 年的销售收入总和接近 50 亿美元,2020 年有望翻番整体达到 100 亿美元，跨入全球半导体企业前十强。

（任国伟）

【建成城市大数据中心】 6 月,无锡智慧城市大数据中心建成。大数据中心涵盖信息资源管理与服务平台、数据交换监控、数据管理平台、政务共享平台、舆情服务系统、基础支撑平台六大子系统,及人口库、法人库两大基础信息库，同时还建设一批专题应用,包括教育专题、精准扶贫、企业办事、经济运行、环保专题等,接入 39 家委、办、局共 40 亿条数据,形成“全市政务数据统一部署,基础数据统一集聚，业务数据深度融合,应用数据深入挖掘,主题数据跨地区、跨部门、跨层级共享,目录与交换体系完善”的大数据生态体系。

（任国伟）

【百亿亿次超级计算机启动研制】 10 月，由国家并行计算机工程技术研究中心牵头的“E 级高性能计算机原型系统”研制项目启动,速度将 10 倍于目前世界最快。本次启动的 E 级原型系统是对“神威·太湖之光”核心处理器在内的系统全面提档升级,基于国产处理器、国产高性能网络、自主设计的系统软件和应用支撑,具有全部知识产权。

（任国伟）

【无锡与浪潮集团共建大数据产业】 12 月，市政府与浪潮集团签署战略合作协议。双方将在大数据领域展开深入合作，共同推动浪潮大数据总部在无锡的落地，促进新一代信息技术与经济社会融合发展。浪潮集团大数据产业园项目总投资 55 亿元，包括建设无锡浪潮大数据产业园，设立无锡浪潮大数据总部和研究院,建设“感知中国”大数据交易中心和“众创空间+孵化器”等内容。

（任国伟）

【物联网建设】 年内，无锡物联网企业超过 1170 家,从业人员突破 15 万人,物联网产业营业收入超过 1700 亿元,增幅连续三年超过 30%,承担省级以上物联网研发项目 2000 多项,申请物联网专利超过 5000 件,牵头和参与物联网标准制定 54 项,实施物联网应用示范项目超过200 个。形成比较完整的物联网产业链,建成一批可推广、可复制的应用示范工程。

（任国伟）

石化工业

【概况】 2016 年，无锡石油和化学工业适应经济发展“新常态”和石化产业发展新趋势，坚持和实施“创新、协调、绿色、开放、共享”的发展理念,深化供给侧结构性改革,克服经济运行中的困难和问题，不断增强企业的创新能力，全力保持全行业经济平稳运行。

全年，市规模以上化工企业工业总产值 1855.7 亿元，比上年增长 9.4%,占全市工业总产值的 12.33%,比上年提高 1.3 个百分点;主营业收入 1464.31 亿元,比上年增长 4.6%;利润总额 97.79 亿元，比上年增长 9.6%；全行业从业人员 11.87 万人,比上年下降 4.6%；全行业工业投资 238.42 亿元,比上年增长 13.34%。江阴澄星实业集团有限公司入围中国企业 500 强，江阴澄星实业集团有限公司、江苏三木集团有限公司和无锡兴达投资集团有限公司入围中国制造业企业 500 强，江阴澄星实业集团有限公司和江苏三木集团有限公司入围中国民营企业 500 强。

（彭淑明）

【主要化工企业概况】 年内，全市化工生产企业 1000 多家,分布在各工业园区，具有规模以上化工企业 600 多家。其中,具有百亿元主营业收入的企业 3 家：江阴澄星实业集团有限公司、江苏三木集团公司和无锡兴达投资集团公司。

江阴澄星实业集团有限公司是国内综合化工的大型企业，全年完成营业收入 581.45 亿元，比上年增长19.6%；利税总额18.39亿元，比上年增长23.1%；利润总额12.07亿元，比上年增长12.4%；企业出口销售15.02亿元，比上年增长12.6%；集团公司连续15年进入中国500强企业，2016年被列入中国企业500强第273位、中国民营企业500强第76位、中国制造业企业500强第132位，是中国民营化工百强企业，“十二五”全国石油和化学工业环境保护先进单位。年内，集团公司食品级复配磷酸盐、电子级磷酸、有机磷阻燃剂等项目加快拓展，集团控股企业宿迁被评为国家高新技术企业。加大证券和金融业投资力度，出资10亿元成为“苏民投”联合创始股东，参与筹备无锡金股、融资租赁公司以及澄星新材料产业基金等项目，形成实体经济、贸易经营与金融投资三者结合、产融互补的发展局面。加大资金投入，推行清洁文明生产，促进节能减排，江阴本部磷酸低品位余热制冷采热项目已建成并取得成效；宣威磷电环境综合整治初见成效，被中国石化联合会评为2015年能效领跑者标杆企业。注重企业管理，注重企业人才引进、培养和使用，全年新引进人员183人，其中，高级管理技术人才28名。加大企业投资项目建设，总投资65.5亿元的汉邦石化年产220万吨PTA（精对苯二甲酸）二期技改扩能项目顺利建成试车；总投资20多亿元的澄高包装120万吨/年多功能PTE新材料搬迁技改项目达到阶段目标；江阴本部5000吨/年复配磷酸盐新建项目建成，英国电子级磷酸项目正在设备安装推进中；广西钦州澄星5万吨级码头建设进入关键阶段；投资36亿元的澄星广场综合体项目如期推进，获评“全国建筑业绿色施工示范工程”。

江苏三木集团有限公司是跨地区、跨行业的多元化大型企业，集团公司是国家级高新技术企业、无锡化工的百亿元企业之一，其主导产品全国排名首位。全年企业化工产品销售总量107万吨，比上年增长16.5%，保持涂料行业龙头地位；全年主营业收入245.28亿元，比上年增长1.8%；出口销售6.42亿元，比上年下降0.2%；利润总额10.59亿元，比上年增长2.0%；完成税收1.9亿元，比上年增长17.3%。公司总资产125亿元，员工人均收入比上年增长4.7%，在职职工5346人。集团公司走出一条“以工补农、以企强村”的典型新农村建设之路，至年末，累计建造别墅及安置房2354套，已有98%的村民入住中心村，投资建设的幼儿园、学校、农贸市场、养老公寓、卫生服务站等公共设施一应俱全。启动水韵都山特色文旅小镇项目。都山村连续多年位列“宜兴市经济综合实力十强村”首位，都山村党总支书记、三木集团董事长刘洪林被评为吴仁宝式优秀村书记。年内，集团公司列入中国民营企业500强、中国民营企业制造业500强，是宜兴市工业10强企业，宜兴税收对上贡献前10位企业。

无锡兴达投资集团有限公司在国内和国外市场竞争激烈的情况下，努力保持生产经营平稳运行。全年完成主营业收入84.09亿元，比上年增长6.9%；出口销售4.14亿元，比上年下降11.2%；利税总额5.56亿元，比上年下降20.5%；实现利润4.28亿元，比上年增长4.8%。集团公司是中国制造业企业500强之一，位列第334位。在全国有六大生产基地，其产品在全国乃至全球60多个国家和地区销售。

灵谷化工有限公司是长江以南地区最大的尿素生产企业，生产规模为年产合成氨100万吨、尿素170万吨。全年实现主营业收入22.69亿元，比上年增长55.41%；实现利润1.85亿元，比上年下降13.95%；上缴利税3.87亿元，比上年增长38.08%。发电装机容量93兆瓦，高、低复合肥3万吨，还有Ⅰ、Ⅱ类压力容器设计、制造。两套大化肥装置、灵谷热电运行总体平稳、高效，年产合成氨101.21万吨，比上年增长80.52%；尿素产量156.21万吨，比上年增长76.14%；生产车用尿素10.52万吨，比上年增长89.2%；生产工业气体8.55万吨，比上年增长129.8%。灵谷热电全年供热总量636万吨，比上年多供223万吨，供热量增长54%；2016年上网电量2.47亿度，比上年下降3.51%。于2015年底投入运行的大化二期生产的大颗粒尿素全部出口东南亚、日韩、欧美等地区，全年出口量约占全国的10%，创汇1.86亿元。公司实施对尿素、液氮洗、30MW背压机组等一系列项目的节能改造，总投资额达2.5亿元，每年可节约标准煤20万吨，综合经济效益2亿元左右。

江苏怡达化学股份有限公司是跨地区的大型化工企业集团，公司本部和其他地区的子公司注重持续发展，企业被认定为绿色环保企业。全年公司总部在安全环保方面投入1300多万元，进行专项整治，11月接受国家环保总局的专项督查，并通过验收。公司注重科技创新工作，丙烯直接氧化法合成环氧丙烷新技术被国家科技部列为重大项目支持项目；新产品研发取得成效，电子半导体级PM、PMA产品在实验室研制成功，乙酸戊酯、丙酸戊酯、YD-11在实验室研制成功；二乙二醇正丙醚乙酸酯（DEPA）、乙二醇苯醚（EPh）、乙二醇甲醚乙酸酯、乙二醇二乙酸酯（EGDA）、丙二醇二乙酸酯（PGDA）实现小批量产业化，乙二醇丁醚醋酸酯通过省高新技术产品认定；知识产权、品牌建设有序进行，公司获得授权发明专利1项、实用新型专利2项，至年末，公司共获得发明专利22项，实用新型专利5项，公司还作为第一起草人，制定国家行业标准1份。年内，公司成立泰兴怡达化学有限公司子公司，环氧丙烷及醇醚一体化项目进行，年产15万吨环氧丙烷项目开始实施，企业上市申请材料已通过江苏证监会的辅导验收，报送创业板，并获得国家证监会的受理，这为公司的进一步发展壮大打下基础。全年公司实现销售收入10.2亿元，利税总额1.1亿元，利润7500万元。其中，江苏本部实现销售收入5.3亿元，利税4100万元，利润2700万元，各项经济指标与上年基本持平。

无锡二橡胶股份有限公司是专业生产纺织和印染行业、汽车行业、冶金行业所需用的橡胶制品企业，是无锡益鹏集团有限公司的核心企业，企业通过搬迁，注重产品创新和技术改造，加大企业转型升级力度，连续多年保持“国家高新技术企业”称号，在同行业中保持领先地位。全年公司工业总产值3.96亿元，比上年增长14.12%；产品销售收入4.14亿元，比上年增长7.57%；利税1亿元，与上年基本持平；实现利润6000万元，比上年增长3.45%，仍然是同行业的领先者。

无锡宝通科技股份有限公司从事各种高强力橡胶运输带的研发、生产和销售，是国内领先的工业散货物料输送系统总包服务商，主导产品主要包括耐高温输送带、阻燃输送带、钢丝绳芯输送带等产品。全年公司实现营业收入5.05亿元，比上年增长11.75%；实现利税7366万元，比上年下降33.91%；实现利润4969万元，比上年下降37.6%。公司新研发的“高性能节能芳纶输送带”和“煤矿用可弯曲叠层阻燃输送带”分别被认定为省第一批和第二批高新技术产品；煤矿用织物叠层阻燃输送带1000SD、1250SD、2800SD、3150SD等4个产品和煤矿用阻燃钢丝绳芯输送带ST/S4500、ST/S5000、ST/S5400、ST/S6300、ST/S7000、ST/S7500等6个产品，通过国家矿用产品安全标志的延续申请；煤矿用芳纶织物阻燃输送带1600SDPP和2500SDPP首次获得国家矿用产品安全标志证书。年内，公司新增授权专利8项，其中，发明专利5项，实用新型专利3项；新增受理专利19项，其中，发明专利11项，实用新型专利8项。至年末，公司共有各种授权专利60项(发明专利46项，实用新型专利14项)。公司主要产品帆布芯耐热输送带、普通用途织物芯输送带、普通用途钢丝绳芯输送带、煤矿用阻燃钢丝绳芯输送带、一般用途织物芯阻燃输送带、煤矿用织物叠层阻燃输送带等获得中国橡胶工业协会质量授信；公司注重全面质量管理，严格各项制度，积极参与同行业QC小组评选活动，获得中国石油和化学工业联合会优秀QC小组二等奖一个、三等奖一个。公司主持修订的行业标准HG/T3646-2014《普通用途抗撕裂钢丝绳芯输送带》获得2016年无锡市技术标准资助项目公示。同时，公司被中国石油和化学工业联合会评为中国石油和化工行业技术创新示范企业，普通用途钢丝绳芯橡胶运输带被评为2017年中国橡胶工业协会推荐品牌产品。

无锡市高润杰化学有限公司是专业生产高级润滑脂、润滑油、特种专用油、汽车制动液、金属加工液的化工企业。公司产品全年总销量突破3万吨，比上年增长9.4%；全年实现主营业收入4.72亿元，比上年增加0.23亿元，增长5.09%；利税1455万元，比上年增加631万元，比上年增长76.58%；利润676万元，比上年增加464万元，比上年增长219%。

无锡市造漆厂有限公司是专业生产“万年青”涂料的化工企业。公司全年增加新品30多只，工业用水性漆产量比上年增长1.5倍，为华光锅炉、宝力重工企业配套无污染的底漆和面漆，为用户带来极大效益。开创新的营销模式，采用“直销、直供、直管”的三直模式运行，对企业现有的老产品加大销售深度，新产品增加销售广度，中标多家大企业，全年新增直供单位近60家，净增销售收入300万元，销售人员的收入分配政策顺利实施，宜兴和常州地区的销售量比上年增长17.72%。全年公司油漆涂料产量8438吨，比上年下降6.29%，其中重防腐涂料产量776吨，比上年增长3.19%；销售收入1.07亿元，比上年下降4.42%；利税2071万元，比上年增长7.42%；实现利润859万元。

(彭淑明)

电力工业

【概况】 2016年，无锡供电公司完成各类投资32.41亿元，投产110千伏及以上变电容量126.05万千伏安、线路147.11公里。全社会用电量638.67亿千瓦时，比上年增长6.36%；全社会最高用电负荷1126.7万千瓦，比上年增长9.57%，创历史新高。公司连续第十二年获省公司市级供电公司同业对标综合排名第一，囊括“综合标杆”“业绩标杆”“管理标杆”3项第一；江阴、宜兴公司分获全省县级供电公司同业对标综合排名第一、第二。

(吴 昊)

【安全生产】 年内，全市开展“八项主题安全专项活动”和“三查三强化”(查责任落实、查基础管理、查风险隐患，强化制度执行、强化反措落实、强化责任追究)专项行动，发现整改隐患354条。加强电网主设备缺陷隐患治理，完成带电检测12003次，消除缺陷5109处。完善安全奖惩机制，严格执行各级人员到岗到位要求，查纠违章及不规范行为165起。贯彻落实国家和国网公司大面积停电事件应急预案，组织开展电网迎峰度夏、防汛防台等专项演练18场，发布电网风险预警通知书301份，精心做好特高压满功率运行维护保障工作，完成阜宁抗灾、宜兴抗洪保电任务。深化电力设施保护属地化管理，严格落实人防、物防、技防措施，整治输电线路通道及变电站周边环境。落实信访维稳举措，加大舆情监测力度，持续加强保密管理，企业保持和谐稳定。公司连续第12次获全国“安康杯”竞赛优胜企业称号。

(吴 昊)

【电网建设】 年内，市供电公司加快实施“世界一流电网”三年行动计划，完成53台单主变租赁工程，新增改造配变1931台、线路305条，建成投运惠山生产基地新能源微网示范项目，研发配电班组全业务管控平台，90%以上的指标达到一流区间。如期投产500千伏宜兴东配套出线工程等21项重点项目，220千伏都山变电站和110千伏棠下变电站进线工程获省公司流动红旗。开展“卡脖子”“低电压”常态化治理，低压用户电压合格率99.95%。平稳调整农电管理职责，统筹中低压一体化建设，提高农网智能化水平，完成一流配电台区创建目标，农网低压绝缘化率84%。规范农网项目管理，完成年度小城镇(中心村)农网专项建设改造任务，提升农网供电能力和供电质量。

(吴 昊)

【优质服务】 年内，市供电公司开展优质服务主题活动，推出五大主题17项优质服务举措，对接全市180个重点项目，走访重要客户、工业园区，参加《作风面对面》电台、电视直播。拓宽营销互动服务渠道，宣传国网公司“电e宝”支付平台，推广省公司微信公众号86万户。宣传推广智能插座，打造智能小区，建设“智慧E家”体验室，建成3座无人营业厅，完成三表一体化采集3.2万户。推进“两个替代”(在能源开发侧实施清洁替代，在能源消费侧实施电能替代），新增光伏并网发电项目218户，新增容量86.4兆瓦；实施“一汽铸造”2.6万千瓦电能替代项目，推广岸电系统204套，建成各类充电站32座、充电桩1884台。严格执行电价调整政策，支持扩大直购电交易规模，减少企业电费支出6.86亿元。顺利迁改500千伏梅木/里木线，完成世界物联网博览会等保电任务。公司获全国实施用户满意工程先进单位用户满意企业，“电蜜蜂”获评无锡市优质服务品牌。

（吴　昊）

【企业管理】 年内，市供电公司开展“全面创新年”活动，跨界招募创新团队，实施45项重点课题项目，评审发布创新成果，获第18届中国专利优秀奖1项、首届物联网博览会金奖1项，青年创新创意项目获“青创赛”金奖。成立规章制度管理委员会，修订“三重一大”（重大问题决策、重要干部任免、重大项目投资决策，大额资金使用）决策实施细则和主要事项，依法科学立规，强化权力管控。完成“五位一体”（职责、流程、制度、标准、考核）全员要素比对，构建“五位一体”绩效考核体系。完善同业对标“三纵四横五层”考评体系（“三纵”即同业对标综合排名，分综合标杆第一、综合标杆其他、综合标杆以外等三个维度；“四横”即单项指标或专业版块排名，分排名第1名、第2~3名、第4~6名、第7~13名等四个维度；“五层”即单项指标段位，分A段、B段、C段、D段、E段等五个维度），整理上报42篇对标典型经验，10篇获得专业推荐，4篇入选典型经验。深化应用电网运营监测系统，创新开展物资管理流程监测。试点农电团队绩效工资，探索最佳工效模式。开展固定资产专项治理，核查20万张资产卡片。落实任期经济责任审计、专项审计意见，深化审计成果应用。完成集体企业改革改制，组建新能源发展公司，初步实现集团化管控格局。

（吴　昊）

粮油工业

【概况】 2016年，全市粮油工业深入推进粮食经济供给侧结构性改革，粮食产业发展水平稳步提升。全市粮办工业企业共完成销售收入64.88亿元，实现利润2.35亿元。宜兴粮油加工业走规模化发展道路，工业产值连续三年保持在26亿元左右。伽力森主食企业在军民融合发展上示范带头，取得江苏省军区后勤战备物资代储资格，被省军区授予“军民融合示范企业”称号。无锡太湖可可食品有限公司尼日利亚“一带一路”项目推进顺利。无锡布勒公司逆势上扬，再创佳绩，实现销售收入6.15亿元，比上年增长25%。推进技术升级，全市8个库点、1个平台新建或升级任务基本完成。推进监管升级，无锡市智慧粮食物联网市级综合监管平台手机APP版开发完成，企业级100M专网宽带已升级。推进创新升级，新安库安全巡仓智能机器人投入使用。推进基础建设，全面完成江苏无锡国家粮食储备库宜兴分库等5个库点的新建或扩建任务，全市新增现代化仓容18.15万吨。新增烘干机5套，新增烘干能力1310吨/日。江苏无锡国家粮食储备库宜兴分库、宜兴国家粮食储备库杨巷分库等现代仓储设施全面投入使用。

9月8日，市苏惠米业有限公司联合江南大学国家工程实验室申报的“全谷物营养米产业化示范推广”项目正式通过评审，被农业部和国家粮食局列为重点推广项目。

年内，由中国大米行业协会推荐、中国品牌排行网历时50天进行的网上“2015年度中国米业十大品牌”评选结果揭晓，宜兴市粮油集团大米有限公司生产的“隆元”牌大米成为无锡地区唯一入选的品牌。

（单良磊）

交通工业

【无锡船厂持续发展】 2016年，全球船厂出现倒闭潮，出口市场一单难求，造船市场超低价竞争愈演愈烈。无锡船厂努力加强经营，彰显自身特色，完成产值7400万元，新承接船舶11艘，交船7艘，下水5艘，开工上船台4艘。完成ZC（国家船检局）造船资质的申领工作，完成RAL设计的24.4米全回转拖轮。8月15日，签下56米“江岛三号”双体船续建合同。10月28日，江苏苏洋船舶工程有限公司在扬子石化130米趸船的公开招标中以3分的优势中标，船东为扬子化工实业有限责任公司，该船总长130米，型宽18米，型深3.75米，设计吃水1.25米。11月29日，23车客渡船签约，船东为上海客轮公司，是为适应崇明、长兴、横沙车客运输需要建造的1艘新型车客渡船，适合长江A级航区航行。该船为钢质、双机、双桨、双舵、双尾鳍尾、倾斜首柱的单体船，总长63.5米，总宽13.2米，型深4.6米，设计吃水2.6米，船型为23个5吨标准车位，核定载客299人。

（吴志红）

【爱邦公司获劳伦斯奖】 11月，在加拿大温哥华举行的第18届国际辐射加工大会上，鉴于无锡爱邦辐射技术有限公司在全球加速器行业的影响力以及对促进该行业发展所做出的贡献，国际辐射联合会（IIA）授予无锡爱邦辐射技术有限公司董事长兼总经理张祥华劳伦斯奖。

（孙　政）

编辑　周胜忠　郭　鹏

综述

【概况】 2016年,无锡全面贯彻省、市十三次党代会和市委十三届二次全会关于“两聚一高”(聚力创新、聚焦富民、高水平全面建成小康社会)和“产业强市”的系列部署,突出“创新、融合、智能、共享”特征,以优化产业结构为重点,以提升创新能力为关键,以集聚各类人才为支撑,以优化政务服务为保障,着力突破一批核心关键技术,创建一批自主知识产权和知名品牌,培育一批大企业、大集团,打造一批千亿元级特色产业集群和基地,全市物联网与云计算、新能源、节能环保、生物医药、微电子、新材料、高端装备、软件与服务外包等八大战略性新兴产业继续保持快速发展,总产值(营业收入)比上年增长9%(原统计口径)。

(任 蔚)

物联网

【概况】 2016年,无锡物联网工作贯彻落实国家、省、市各级决策部署,抢抓举办世界物联网博览会的机遇,在应用推广、产业集聚、协同创新等方面取得成效。全年物联网营业收入2045亿元,比上年增长21.2%。全市共引进物联网企业334家,上市企业数、技术创新、标准修订和专利申请量均超过上年。

(徐 冲)

【举办世界物联网博览会】 10月30日~11月1日,世界物联网博览会在无锡举办。这届物博会是国内外物联网领域规格最高、规模最大的国际博览会。参会企业2520家,参会嘉宾7600多人,其中,中国科学院、中国工程院院士24人,国内外知名专家学者137人,著名企业家132人。展览规模5万平方米,参展单位489家,参观人数11.5万人,签署战略合作协议20多项。

(徐 冲)

【智慧体育产业园揭牌】 3月20日,无锡智慧体育产业园揭牌成立,集聚海韵体育、贝乐运动、汇跑体育、布拉祖卡等19家企业。10月,市政府与国家体育总局体育科学研究所签署关于共同推进国家体育物联网应用示范项目建设合作框架协议,加快推进智慧体育产业园建设。

(徐 冲)

【推进物联网应用示范项目】 年内,无锡物联网从服务端和用户端发力,以应用带产业、以示范拓市场、以模式促推广,加快形成物联网产业发展新动能。组织实施的物联网应用示范项目超过300个,涵盖经济社会发展各领域。“环保物联网”项目已通过验收;居民健康信息管理项目进展顺利,居民健康智能管理APP及信息后台已初步上线运行,在新吴区、梁溪区、惠山区各设一个试点单位,发放居民健康自助监测设备各100台套;气象物联网项目进展顺利,已建设新型区域自动气象站82套;电梯安全监管项目已完善并优化电梯物联网平台功能,完成5000部电梯的终端安装工作;汽车电子标识项目市区汽车电子标识安装近3万枚,识读基站建成50处;“财税物联网”项目分别在中国航油金鑫加油站及中石化壳牌城南加油站完成试点实施,并形成业务闭环。

(徐 冲)

【加快推进重大项目】 年内,阿斯利康中国商业创新中心项目落户无锡高新区,并在鸿山物联网小镇的新瑞医院开展健康物联网应用试点;国内首个石墨烯研发与应用联合工程中心揭牌成立;国家质检总局批复的国家级物联网计量测试平台——国家物联网感知装备产业计量测试中心落户无锡;中车株洲所与华中科大无锡研究院科研团队合作创立的无锡中车时代智能装备有限公司在无锡成立,总投资近1.5亿元的项目集中签约;浪潮集团与市政府签署共同建设大数据产业园为主要内容的合作协议。

(徐 冲)

【开展合作交流活动】 年内,无锡组织有关地区和相关企业赴上海、西安、成都、绵阳、贵阳、长沙等城市开展智能制造、智慧医疗、智能家居和大数据等领域的交流对接，走访调研西门子中国(上海)有限公司、哈工大机器人股份有限公司、西门子成都智能工厂、长虹电器股份有限公司、川汽绵阳新能源生产基地等国内重点物联网企业。

（徐　冲）

【提升产业联盟服务能力】 充分发挥各物联网产业联盟熟悉行业、贴近企业的优势，通过开展市场开拓等活动，不断培育各物联网行业组织的能力。年内，全市13家物联网领域产业联盟(协会)，累计开展各类服务型活动217场。

（徐　冲）

太阳能光伏

【概况】 2016年，无锡光伏产业实现产值459.2亿元，比上年增长2.0%。上半年，在国内光伏上网电价调整带来的抢装效应带动下，全市光伏产业发展持续向好，产业规模稳步增长，技术水平得到明显提升，一季度全市光伏产业实现产值105.5亿元，二季度实现产值141亿元。上半年，全市光伏产业实现产值246.5亿元，比上年增长23.5%。但是进入三季度以后，随着抢装潮的结束，全年全国新增光伏电站建设目标装机容量的绝大部分任务基本完成，整个光伏市场需求骤降，产业链上下游品种价格出现全面下滑，库存持续积压，光伏产业呈现下行趋势，面临较为严峻的形势。三季度全市光伏产业实现产值89.6亿元，随着国家政策的调整和支持，四季度光伏产业出现回升，向好发展，全市实现产值123.1亿元。下半年全市光伏产业实现产值212.7亿元，但仍低于上半年的业绩。

（胡宁艳）

【产品产量明显增长】 年内，全市重点光伏企业得到较快发展，产品产量进一步提升。高佳太阳能完成硅片产量70116万片，比上年增长8.4%；无锡隆基完成硅片产量71438万片，比上年增长105.9%；海润光伏完成硅片产量17597万片，比上年增长25%；中建材浚鑫完成电池片484兆瓦，比上年增长139.1%；江阴鑫辉完成电池片717兆瓦，比上年增长22.6%；德鑫太阳能完成电池片546兆瓦，比上年增长45.3%；嘉瑞光伏完成电池片302兆瓦，比上年增长23.9%；无锡尚德完成电池片1143兆瓦，比上年增长67.0%，完成组件1509兆瓦，比上年增长28.0%；昱辉江苏完成组件1051兆瓦，比上年增长21.8%；上能电气完成逆变器产量2911兆瓦，比上年增长32.0%。

（胡宁艳）

【加快推进兼并整合】 年内，中国东方电气集团、天津中环股份和美国SunPower公司共同出资，对东方迈吉太阳能进行重组整合，组建东方环晟光伏(江苏)有限公司。东方环晟光伏分两个阶段建设，总投资5亿元，引进国外先进设备，生产单晶电池片。7月，项目一期8条生产线顺利投产，单晶电池片典型效率达20.9%。10月，年度累计产量突破1亿片。无锡嘉瑞光伏有限公司、江苏爱康科技股份有限公司、江苏东鋆光伏科技有限公司、江苏润达光伏股份有限公司等骨干光伏企业充分发挥品牌、技术、资金等方面优势，对上下游企业实施兼并重组。

（胡宁艳）

【三新产业园开工建设】 12月19日，中国建材集团三新产业园暨1.5吉瓦铜铟镓硒薄膜太阳能电池生产线项目在江阴临港经济开发区开工建设。1.5吉瓦铜铟镓硒薄膜太阳能项目作为三新产业园首期启动项目，采用世界500强企业的全球建材行业巨头——法国圣戈班下属德国Avancis公司最新一代薄膜太阳能铜铟镓硒的研发生产技术。该技术生产的铜铟镓硒薄膜太阳能组件外观美观、性能稳定、温度系数低，具有弱光效应，总体发电性能优越，广泛适用于大型地面电站、分布式光伏电站和光伏建筑一体化应用。

（胡宁艳）

【举行第八届中国国际新能源大会】 11月3~5日，第八届中国(无锡)国际新能源大会暨展览会(CREC2016)在无锡举行。本届展会以“新能源：创新 跨界 互联”为主题，围绕智慧能源和新型城镇化、能源互联网、分布式光伏开发和应用、全球新能源发展政策等热点话题，举办主论坛“全球新能源产业峰会”以及“2016光伏领跑者技术创新发展论坛”等8个分论坛，论坛层次高，主题明确，引领产业发展新风向。展会集中展示光伏工程及系统、智慧能源、新能源汽车等新能源领域的新技术和新产品，打造分布式能源一站式采购平台。协鑫、天合、十一科技、海润、振发、中设国联、尚德等行业龙头企业齐聚展会，竞相展示新技术新产品。本届展会共吸引200位嘉宾到会演讲，2500余人参会，300家企业参展，展览面积达3万平方米。

（胡宁艳）

环　保

【概况】 2016年，无锡市节能环保产业保持稳步发展的良好势头，节能环保产业总产值891.67亿元，比上年增长5%。围绕市场应用广、节能减排潜力大、需求拉动效应明显的重点领域不断调整结构。着力构建大气污染治理、固体废弃物处理处置、减震降噪、专用药剂、环保检测仪器仪表、配套类等六大类200多个系列2000多种产品的环保工业体系。加速传统产业向节能环保产业切换，充分发挥机械装备制造业发达的优势，引导现有的传统机械企业转向节能环保技术设备的开发研制和生产。溴化锂吸收式冷(热)水机组、节能型加热炉(焚烧炉、余热锅炉)、无油螺杆压缩机、高效电机、LED照明等节能产品在全国有较强优势。全省8家大气污染治理骨干企业中无锡占5家。构建节能环保产业服务体系，全市具备环保工程承包资质企业9家，具备环保工程专业承包资质企业219家，其中，一级企业23家，二级66家，三级130家；具备环境污染治理运营资质企业37家，其中，甲级资质企业28家；具备环保工程设计资质企业11家，其中，甲级资质企业2家，乙级9家；每年承接各类环保处理工程3000多项。

（陈园园）

【增强技术研发力量】 年内，无锡加快关键技术与装备国产化进程，不断提高节能环保装备标准化、系列化和成套化水平。与全国300多家大专院校、科研院所建立合作关系，支持节能环保企业建立企业技术中心和各类研发机构。有100多家国家高新企业,2个国家级研究中心,63家省级产业科研院所,近1万人的环保科研队伍。建成江苏省(宜兴)节能环保产业技术研究院、清华大学—环新技术应用研究中心等15家产学研合作研发平台,逐步形成富有无锡特色的节能环保产业技术创新体系。聚集各类高层次人才700多人,高校研究团队100多个,国内外节能环保领域的钱易、李圭白、张杰、任南琪等上百名知名专家参与节能环保产业技术创新。先后与德国、丹麦、芬兰、美国、新加坡、韩国等9个国家建立技术对接中心,实施国际技术合作项目34个。近3年,130多家企业承担并实施各级科技计划项目,其中,5家企业承担国家水专项,13家企业承担国家"863"计划项目,5家企业承担国家环境类支撑计划项目。

(陈园园)

【特色基地建设】 年内,无锡将特色基地作为承载项目、转型升级的重要抓手,完善功能形态,提升园区内涵。充分整合放大环科园、高塍镇的发展资源,形成"一园三区"(城市功能区、环保产业示范区、环保装备制造区)发展新格局,鼓励重大公共服务平台、创新载体、研发机构、创新人才、总部经济和总包企业向环科园集聚。全年环科园技工贸总收入约660亿元,比上年增长15%。建设运营中国宜兴国际环保城,成为国内最大的环保装备和产品集散交易中心,近千家环保企业入驻交易,实现贸易额122亿元左右。

(陈园园)

生　物

【概况】 2016年,无锡市生物产业产值555.6亿元,比上年增长10.2%,保持稳定增长的势头。一批重大项目顺利开工建设,其中,总投资1.5亿美元的药明康德三期GMP原液生产项目可以接纳世界先进的连续和半连续生物制药生产工艺,项目建成后将成为全球最大的采用一次性生物反应器的动物细胞培养生产设施,同时也将成为国内规模最大的生物制药生产工厂;一批创新企业加快融入资本市场步伐,年内,新增力博医药等4家生物医药企业在"新三板"挂牌;佰翱得生物获评第六届中国侨联贡献奖,顶点医疗荣获省科技创业大赛医药行业企业组一等奖;天江药业、菩禾生物、春申堂药业等企业分别与钟南山、陈可冀、洪涛等院士成立院士工作站,提升企业创新能力,加快承接院士团队产业化成果。

(边建锋)

微电子

【概况】 2016年,无锡市列入统计的微电子企业200家,其中,规模以上企业92家。微电子产业实现总产值803.7亿元,比上年增长5.7%,在全国同类城市中排名第二位,江苏省第一。其中,设计业84.64亿元,规模位列全国第四;晶圆业191.59亿元,规模位列全国第三;封测业220.61亿元,销售位列全国第三。在2016年度中国半导体10强企业评比中,SK海力士和华润微电子入围中国半导体十大制造企业,分列第三、第四;江苏新潮科技集团、海太半导体有限公司入围中国半导体10大封装测试企业,分列第一、第七;华润华晶、新洁能入围中国半导体功率器件10强企业,分列第四、第九;美新半导体、芯奥微、康森斯克入围中国半导体MEMS10强企业,分列第三、第九、第十;江阴江化入围中国半导体材料10强企业。

(叶　军)

高端装备制造和工业设计

【高端装备制造业概况】 2016年,无锡市638家高端装备制造企业实现产值780.6亿元,比上年增长3.8%。其中,关键基础零部件企业303家,实现产值271.3亿元,比上年增长6.9%;专用装备企业238家,实现产值429.9亿元,比上年增长2.3%;智能制造装备企业84家,实现产值44.6亿元,比上年增长3.1%;海洋工程装备企业2家,实现产值0.1亿元,比上年增长26.7%;轨道交通装备企业7家,实现产值26.6亿元,比上年下降1.2%;航空航天装备企业4家,实现产值8.1亿元,比上年下降0.7%。

(朱　宇)

【发展"两机"产业】 无锡航空发动机和燃气轮机"两机"产业累计完成固定资产投资超过60亿元,其中近三年新产品研发投入近10亿元。至年末,全市共有"两机"产业相关企业、科研机构近20家,形成一定的有效替代进口、相关企业打破国外垄断的研发和生产能力。与德国亚琛大学、英国伯明翰大学、澳大利亚蒙纳仕大学、西北工业大学、中科院金属研究所、清华大学、上海交通大学、华中科技大学等国内外知名高校、科研院所建立战略合作关系,参与中航工业、中船重工、航天科工等国有航空发动机和燃气轮机整机配套关键部件的交付任务,承担航空航天领域新产品研制任务数十项,多次中标国家重大基础项目。

(朱　宇)

【产品智能化】 年内,全市智能装备制造企业紧抓发展机遇,加大科技创新和研发投入,取得初步成效。信捷电气成立工业自动化智能控制技术研究院,自主研发的六关节视觉焊接机器人,自主化率达到75%;锦明自动化自主研发的六轴重载高速机器人成套设备获省优秀新产品奖;无锡国盛精密模具有限公司、无锡顺达智能自动化工程股份有限公司等企业的智能装备产品通过省首台(套)重大装备及关键部件认定,智能装备产品比例逐年上升。

(朱　宇)

【智能化改造】 年内,全市开展智能制造咨询和诊断,引导企业围绕智能制造各环节加大技术改造投入力度,提升智能制造装备水平。全年共推进100个重点智能制造技术改造项目,新增省示范智能车间21个,新增工信部"两化"融合管理体系贯标试点企业8家,省贯标试点企业18家;新增省互联网与工业融合创新示范试点企业7家、市"两化"融合示范企业71家。

(朱　宇)

【参与重大项目】 年内,无锡企业在工信部智能制造试点示范项目、工信部智能制造综合标准化与新模式应用项目申报中，一汽解放汽车有限公司无锡柴油机厂的重型车用发动机智能制造试点示范项目进入公告项目名单，无锡物联网产业研究院的纺织智能制造综合标准化研究与试验验证平台项目已经立项。双良节能系统股份有限公司、江苏法尔胜泓昇集团有限公司被授予中国工业大奖，法尔胜泓昇集团有限公司、无锡透平叶片有限公司入围首批制造业单项冠军示范企业。

（朱 宇）

【增强研发能力】 全市装备制造业拥有国家级检测中心8家、国家级重点实验室3家、省级检测中心1家、省级计量中心1家、公共技术服务平台2家、工业产品质量控制和技术评价实验室3家，装备制造企业建设国家级技术中心9家、省级技术中心116家、市级技术中心220多家。全年多家企业产品获得国家和省各类奖项，全市累计67家企业的产品通过"省首台(套)重大装备及关键部件"认定。一汽无锡油泵油嘴研究所获国家科技发明二等奖，无锡航亚科技股份有限公司获首届军民两用技术创新应用大赛产业化类全国总决赛金牌。

（朱 宇）

【开拓海外市场】 年内，无锡装备企业紧跟中央"一带一路"总体布局，不断加快走出去步伐，扩大对外合作。一汽无锡柴油机厂系列天然气发动机一次性通过欧盟欧Ⅴ排放认证试验，取得出口海外高端市场的通行证；无锡透平叶片有限公司与罗尔斯·罗伊斯、GE航空相继签订航空零部件订单；双良集团与德国克莱德贝尔格曼电力集团共同投资成立双良克莱德贝尔格曼有限公司，在欧洲建立平台，共同开拓国际市场；无锡华光锅炉股份有限公司电站总承包工程在印度尼西亚雅加达全面展开。

（朱 宇）

【举办第十三届中国国际设计博览会】 11月11~13日，第十三届中国(无锡)国际设计博览会暨2016无锡年度创客大会在无锡太湖国际博览中心举办。博览会主题："创新改变生活，设计成就未来"。其间，举行第十三届中国(无锡)国际设计博览会展示（展示面积31200平方米），2016TTF论坛暨第五届CMF趋势论坛——设计破冰之旅，2016无锡年度创客大会系列活动，无锡市产学研合作科技成果洽谈会、产学研项目签约仪式，全球青创大赛及颁奖仪式，第八届高等学校信息技术创新与实践活动总决赛，第五届"太湖奖"设计大赛评选活动，设计类、纺织类高校毕业生专场招聘会等一系列活动。在"太湖奖"评选中，来自全国200多家企业和艺术家的作品参与评选，600多件作品展现智能与绿色、服务与高端。此次评选共设置产品类和陶瓷类两个奖项，由来自国内外设计组织、各行业设计专家组成的评委会进行评选，经过专家评审，来自全国的75件作品脱颖而出，分别获奖。获特等奖的是无锡小天鹅股份有限公司的比德利滚筒洗衣机，有12件作品获得一等奖，22件作品获得二等奖，39件作品获得三等奖，无锡参评获奖作品近30件。值得一提的是，世界运算速度最快的"神威·太湖之光"受到专家们青睐，为此增设特别大奖。博览会期间举行的产学研合作科技成果洽谈会及项目签约活动不仅将院校与企业有效嫁接，还将设计与"无锡创造"积极融合。来自全国15家高校和3家企业的近200项科技成果进行现场发布和展示，与会专家与无锡市企业代表现场对接，围绕新兴产业相关领域进行一对一洽谈，现场签约38个项目。

（倪程赟）

软件和服务外包

【软件业概况】 2016年，无锡市软件和信息服务产业营业收入比上年增长16.85%，云计算产值比上年增长25%。全市新注册软件和信息服务企业1245家，比上年增长19.7%；总注册资本44.3亿元，比上年增长31.99%。企业注册数量和规模呈逐年增长态势。年内，全市组织20家企业120多个互联网项目参加省级"I创杯"比赛，并获得一等奖2名，二等奖2名，三等奖4名，综合成绩位列全省第一。

（叶 军）

【招商引企取得突破】 无锡组织相关部门及企业按计划赴成都、重庆、深圳、北京及匈牙利等国内外重点地区开展招商推介活动，促成部分项目合作，达成部分合作意向。其中，赴西安开展2016年度无锡市"百企千才高校行"专场活动，组织40余家IT企业，携90余个职位750个岗位，针对性地进行招才引智，受到广大学生和市内IT企业的欢迎和关注。组织有关市(县)、区和园区、企业负责人，赴匈牙利实施新一代信息技术和智慧城市招商合作经贸活动，先后实地考察匈牙利新一代信息技术和智慧城市知名企业，与匈牙利有关政府机构进行商洽会谈。市智慧办、匈牙利EPS集团、中兴智能交通三方就有关合作意向达成谅解备忘录，就有关智慧城市建设合作、匈牙利产业园区建设、双方企业互动合作等事项达成一致意见。为抢占大数据发展先机，无锡在率先建成城市大数据中心前提下，努力寻求最专业的支撑，取得招商工作重要突破，推进与浪潮集团合作，拟建设无锡浪潮大数据产业园，设立无锡浪潮大数据总部和研究院，建设"感知中国"大数据交易中心和"众创空间+孵化器"等，总投资55亿元。

（叶 军）

【组织企业参展软博会】 年内，全市组织19家企业参展第十二届中国(南京)国际软件产品和信息服务交易博览会，连续八年获组委会颁发的"最佳组织奖"。组织21家企业参展第二十届北京国际软件博览会，在展出一大批新技术、新产品同时，积极组织企业和相关产品申报各类奖项，共获金奖5项、创新奖3项。

（叶 军）

【争创ITSS示范城市】 年内，全市推动信息技术服务标准(ITSS)在无锡的应用和推广，举办ITSS调研宣传贯彻活动，召开相关会议，部署全市争创ITSS示范城市的相关任务。全市通过ITSS认定企业13家，其中，ITSS二级认定累计5家，三级认定6家，四级认定1家。新认定企业包括无锡曼陀罗、优赛科技获批三级认定，神力通信获批四级认定。

（叶 军）

【参与世界物联网博览会组织保障】 10月30日，由工信部、科技部与省政府共同主办的世界物联网博览会在无锡举行。本届博览会以“创新物联时代、共享全球智慧”为主题，由世界物联网无锡峰会（包括1个主会议和8个高峰论坛）、物联网应用和产品展览展示、全国高校物联网应用创新大赛等活动组成，大会汇集全球物联网领军人物，邀请国际电信联盟(ITU)、国际电气和电子工程师协会(IEEE)、国际物品编码协会（GS1)、Auto-ID实验室等国际组织负责人，IBM、微软、英特尔、华为、阿里巴巴等知名企业高管，中国科学院、中国工程院、斯坦福大学、密歇根大学、清华大学、北京大学等具有较高知名度的科研机构和高校专家学者等，汇集无锡切磋交流、共商全球物联网发展大计，是物联网领域规格最高、规模最大的国家级博览会。其间，市信电局重点负责重要嘉宾的接送站，组织“互联网+大数据”论坛，论坛吸引国内外千余名与会者，并取得圆满成功，市信电局获市政府集体嘉奖。

（叶 军）

【服务外包概况】 2016年，无锡市服务外包完成业务合同151.05亿美元，执行金额124.9亿美元，离岸外包合同100.3亿美元，离岸外包执行金额83.8亿美元。离岸外包执行金额比上年增长2.8%，服务外包业务保持平稳增长态势，离岸服务外包保持全省第一。全市新增服务外包企业187家，服务外包企业累计1641家；新增从业人员20778人，从业人员累计18.36万人，其中，大学（含大专）以上学历占从业人员总数70%以上。全年获国家和省级服务外包政策扶持资金7278.62万元，其中，国家级扶持资金5385万元，省级扶持资金1893.62万元。年内，出台《无锡市服务外包三年提升行动计划(2016~2018)》。

（康冬舟）

【服务外包创新创业大赛】 9月23日，第七届中国大学生服务外包创新创业大赛在无锡落幕。大赛吸引全国(含台湾地区)乃至“一带一路”沿线的印度、柬埔寨和印度尼西亚等国家近400所高校的1295支代表队参赛。经过激烈角逐，中南大学、台湾清华大学、安徽财经大学等高校的27支团队分别获企业命题类、自由命题类和创业实践类一等奖。

（康冬舟）

【服务外包创新创业基地申报】 4月，无锡市启动第二家大学生服务外包创新创业基地申报工作，通过评审，认定滨湖区山水城科教产业园为第二家大学生服务外包创新创业基地。自基地挂牌以来，引进大学生创新创业项目数量和节奏明显加快，无锡国家软件园、山水城科教产业园大学生服务外包创新创业基地落户创业项目累计超50个，招引大学生服务外包创新创业项目落地发展取得新成效。服务外包人才网络平台“万才网”稳步运行，拓展人才网络平台“众包”服务新功能。在线注册企业（单位）达1249家，注册人才30428人，高校220所，培训机构55家；发布2481个职位招聘信息，网站访问量达268813次，推送短信10600余条。

（康冬舟）

文化创意

【修订落实产业政策】 3月，市文广新局制定出台《无锡市文化产业发展扶持资金管理实施细则》，开展两批次的市级文化产业引导资金申报。9月，市文广新局会同市财政局与北京银行无锡分行合作，出台《关于组织开展“无锡市中小微文化企业创业贷”申报工作的通知》，推出无锡市文化旅游小微创业贷。组建无锡市文化发展集团有限公司，努力将其打造成演艺影视龙头企业。全市2个项目获中央专项出口资金奖励90万元，7个项目获省级现代服务业(文化产业)发展专项资金补助720万元，9个项目获省级现代服务业(新闻出版广播影视)发展专项资金补助970万元。两批扶持资金惠及39家企业48个项目。

（刘海荣）

【引领重点企业发展】 1~10月，市规模以上文化及相关产业单位565个，比上年增加17个；规模以上文化及相关产业实现营业收入908.27亿元，比上年增长22.0%；规模以上文化及相关产业实现营业利润42.73亿元，比上年增长25.6%；规模以上文化及相关产业实现增加值124.49亿元，比上年增长15.7%。重点企业当当网（无锡）营业收入30亿元，江苏金一文化发展有限公司营业收入30.8亿元，无锡慈文传媒有限公司营业收入17.9亿元，易视腾科技有限公司营业收入8.2亿元，江苏新广联股份有限公司营业收入4.03亿，灵山集团营业收入11.6亿元。

（刘海荣）

【重大项目建设】 年内，无锡市大型综合体项目发展迅速。万达文旅城万达茂项目一层主体启动施工，室内室外主题公园均已开工建设。总投资5亿元、占地8公顷的无锡巧克力乐园项目在锡东新城商务区开工建设，建成后将超越上海巧克力乐园，成为全国最大的以巧克力为主题的乐园。阖闾城影视旅游项目成立注册资金2.3亿美元的项目公司——无锡恒丰控股有限公司。投资10亿元的宜兴中超利永紫砂艺术创意产业项目集博物馆、龙窑、紫砂工作室及创客空间等功能于一体，年底全面竣工。移动互联网广告业领军企业“今日头条”签约落户I-Park，同时“今日头条”组织举办第七届金鼠标·数字营销大赛终审会。慈文传媒公司出品的《谜砂》《老九门》两部电视剧连夺收视冠军，打造IP全产业链进展顺利。江阴市的中南影业有《我的战争》《追凶者也》等影片上映。无锡报业集团的“无锡观察”APP获中国报业融合发展项目“十佳”创新奖。“智慧无锡”移动客户端下载量达400万次，绑定注册用户超40万人，建成33个功能模块，被评为无锡本地公共服务示范性工程。

（刘海荣）

【青年文化创意人才奖评选】 2月，第四届无锡市唐鹤千卓越青年文化创意人才奖评选启动申报工作，参评对象包括文化创意企业(单位、项目)中的青年业务骨干，以及在文化创意产业专门领域中接受过相关专业教育和实践锻炼，具有较强创新能力、较大发展潜力和较高培养价值的青年人才。经过企业申报，专家评审，市委统战部、市文广新局联合会审，最终共有吴焱、陈晓明等10名青年文化创意人才入围第四届无锡市唐鹤千卓越青年文化创意人才奖。

（刘海荣）

【文化金融加快融合】 年内，无锡广通传媒股份有限公司、光合映画影视传媒无锡股份有限公司、无锡久源软件科技有限公司、外贸无锡印刷股份有限公司在“新三板”挂牌。9月，市文广新局会同市财政局与北京银行无锡分行合作，出台《关于组织开展“无锡市中小微文化企业创业贷”申报工作的通知》，推出无锡市文化旅游小微创业贷，资金20亿元，无抵押无担保，为小微文化企业解决融资难问题。至年末，已经有20多家企业申报，并有2家企业顺利完成贷款发放。

（刘海荣）

【第二届市文化创意设计大赛】 5月，第二届市文化创意设计大赛启动，7月底完成作品征集。8~10月，进行参赛作品初选和版权登记。10~11月，举行优秀作品展、作品复评和终评等一系列精彩活动。大赛以“智汇无锡，设计未来”为主题，围绕生产、生活，展开创意设计，营造创意创新氛围，满足社会大众日益增长的审美需求，打造品质生活，助推文化产业发展。本届大赛除在内容上对接省紫金奖设立的“公益广告设计大赛”“陶瓷艺术设计大赛”等5项专项赛事，还针对无锡城市特色，增设品牌无锡——无锡特色产品创意设计大赛、“最无锡”无锡旅游商品创意设计大赛、“文物与生活”无锡文博创意产品设计3项专项赛事。本届大赛还注重依法办赛，版权护航。邀请专业法律单位提供全程法律支持，同时继续加强参赛作品版权保护与交易，组织开展大赛入围作品版权登记工作，完善参赛作品版权数据库，探索版权代理、交易模式。共收获参赛作品1718件，经评审专家委员会分类评选、综合复议、投票决选，共评出大赛获奖作品153件。其中，评委会大奖2件，金奖5件，银奖9件，铜奖22件，优秀奖85件，“品牌无锡”专项赛事一等奖1件，二等奖2件，三等奖5件，优秀奖22件。

（刘海荣）

【国际文化艺术产业博览交易会】 10月19~23日，第六届中国（无锡）国际文化艺术产业博览交易会在无锡太湖国际博览中心举办。连续5天的文博会现场吸引观展人数11.7万人次，现场销售额5.3亿元，比上年增长70.9%，在展会档次、成交额上再创新高。本届文博会共吸引参展商685家，其中，海外展商116家，为历届之最。海外展商由往届松散型个体参展，提升至海外机构组团参展。提炼城市文化特征，组织邀请灵山集团、阖闾城、文旅集团等20余家无锡本土优秀文化企业参展，市非物质文化遗产展区、市图书馆“百年轨迹”“馆藏瑰宝”等主题展览、博物院院藏的精品画册和瓒先生等文博衍生品成为市民关注热点之一。开设“创客说融媒体中心”。集中展示裸眼3D、AR、仿生机器人、虚拟摄像等行业前沿科技，举办无锡第二届文化创意设计大赛优秀作品展，展示优秀创意设计，搭建创意和资本融合的桥梁。“激情周末”演出走进文博会，古典红木家具、景德镇名人瓷器、中式书画及各类油画精品集体亮相，特别推出的现场扫二维码，加“无锡文博会”公众微信号，现场参与抽奖大转盘的互动抽奖，送出多分多份旅游产品。

（刘海荣）

【无锡大世界影城收购两家影院】 5月31日，无锡市影剧公司所属大世界影城完成对河南文化影视集团有限公司旗下两家奥斯卡影城的收购。两家影城将由无锡大世界影城统一管理运营，分别更名为无锡大世界影城（博大店）、无锡大世界影城（京东广场店）。其中，博大店建筑面积为5623平方米，共有9个影厅，1432个座位，包括一个中国巨幕全景声影厅，银幕尺寸22.6米×12.3米，一个4D厅。京东广场店建筑面积为2565平方米，共有7个影厅，1006个座位，一个全景声影厅，一个4D厅。

（刘海荣）

【百亿基金落户无锡】 12月15日，2016中国·江苏太湖影视文化产业投资峰会在无锡国家数字电影产业园举行。开幕会现场，业内著名的6家影视文化投资机构百亿基金、30家规模影视企业在现场签约，落户无锡国家数字电影产业园。园区自开园以来，充分发挥部省共建优势，开拓进取，不断创新，走出一条以数字电影科技拍摄和后期制作为主导的现代电影工业化发展之路，被国家新闻出版广电总局列为重点制片基地，成为江苏文化的一张靓丽名片，一批国内外知名企业如星皓影业、爱奇艺影业、微影时代、美国倍飞视、亿和科技、天工异彩等纷纷落户生产。园区先后承接影视剧拍摄制作400余部，《捉妖记》《西游记之三打白骨精》《寻龙诀》《变形金刚4》《星际迷航3》《武媚娘传奇》等一批高科技、大制作影片亮相银屏。

（刘海荣）

【国家数字电影产业园快速发展】 年内，无锡国家数字电影产业园区继续保持快速发展，一期建成开放运营，二期3个3000平方米国际标准影棚建设完成，其中包括1个中国最大的虚拟拍摄棚，另外园区1.2万平方米超大摄影棚、二期主题街景也正在进行方案设计优化。至年末，落户园区的数字影视制作企业460多家，参与拍摄制作影视剧项目近500部。业务范围涵盖研投拍制发等影视全产业链，省内首个影视剧行政审批窗口和审片室在园区落户，园区创新研发的国内唯一一个影视云影视科技制作平台，被科技部、广电总局列入重点支持发展的影视科技战略型项目。园区全年实现影视文化产业产值32亿元，比上年增长39.13%；实现税收3.7亿元，比上年增长51%。产业规模列全国第五，助推无锡全年文化产业增加值逾50亿元。国内电影市场上具有较强影响力的电影如《美人鱼》《魔兽世界》《西游记之三打白骨精》等都在园区进行拍摄或制作，影视产业初具规模。业内将园区誉为“领先中国电影产业3.0时代”的专业基地，国家广电总局将其列入“中国重要制片基地”。此外，自2014年起，园区还陆续推出5D灯光秀《影动无锡》、3D名人蜡像馆、《武媚娘传奇》摄影棚、《西游记之三打白骨精》摄影棚等景点。2015年，园区被评为国家AAAA级景区，2016年，园区入选省级研学旅游示范基地。

（刘海荣）

编辑 周胜忠 郭 鹏

综述

【概况】 2016年，无锡市实现社会消费品零售总额3119.56亿元，比上年增长9.6%，其中限上社会消费品零售总额1198.69亿元，比上年增长2.6%，总量继续居全省第三。分行业看，批发和零售业为消费市场的主导力量，完成社会消费品零售总额2880.94亿元，比上年增长9.4%，占全市比重92.4%；住宿餐饮业增速较快，比上年增长11.2%，高于平均1.6个百分点。从城乡看，城镇市场实现社会消费品零售总额2671.95亿元，比上年增长10.0%；乡村市场实现社会消费品零售总额447.61亿元，比上年增长7.0%。

（王　岩）

物流业

【概况】 2016年，无锡市物流模式不断创新，物流服务体系完善，物流业智慧化水平提升，多式联运、口岸物流、甩挂物流、第三方物流、绿色物流、城市共同配送等多业态竞相发展。年内，全市完成货物运输量15403.7万吨，比上年增长0.36%。其中，公路运输12618万吨，比上年下降0.77%；水路运输2707万吨，铁路运输78.7万吨，分别比上年增长5.91%、3.2%。航空货邮吞吐量9.6万吨，港口货物吞吐量18815.1万吨，集装箱吞吐量50.2万标箱。整体货运量呈现缓中趋稳、稳中向好的态势。

（刘行秋）

【重点企业发展】 2016年，监测的42家重点物流企业实现营业收入278.85亿元，比上年增长1.08%；完成利税总额13.92亿元，实现利润总额13.23亿元，分别比上年增长7.89%、10.5%。年内，2家企业通过省级重点物流企业（基地）认定；新增省级智慧物流示范企业1家、新增国家4A级重点物流企业1家，3A级重点物流企业7家。全市累计获评国家2A级及以上物流企业34家，省级重点物流基地10家，省级重点物流企业31家。

（刘行秋）

【推进重点项目建设】 2016年，普洛斯集团与无锡高新区签署战略合作协议，在无锡投资8亿美元设立普洛斯环普产业园。深国际·无锡综合物流港项目在惠山区西站物流园开工建设。总投资4000万美元的阿斯利康中国物流中心在无锡开业。占地面积约20公顷，总投资超10亿元的圆通航空物流江苏总部基地签约落户无锡空港产业园。

（刘行秋）

【创新物流模式】 2016年，省交通运输厅、省发改委、省经信委联合公布江苏省首批15个多式联运示范工程项目名单。无锡高新物流空港物流园区、众盟物流、西站物流枢纽3个示范工程项目榜上有名。作为长三角区域物流中心，无锡是全省此次入选示范工程项目最多的城市，多式联运推动物流业降成本和传统物流转型升级。

（刘行秋）

电子商务

【概况】 2016年，无锡市实现网络零售额450亿元，比上年增长近20%。无锡市被评为江苏省跨境电商试点城市，惠山区被评为江苏省农村电子商务示范区，宜兴市万石镇余庄村等5个村被评为第四批江苏省农村电子商务示范村，19家企业、8家基地被评为江苏省电子商务示范企业、示范基地，宜兴市、惠山区阳山镇分别被评为江苏省2016年十强农村电子商务示范县、示范镇。

（过震宇）

【参与电商博览会】 4月11日，2016中国国际电子商务博览会在浙江省义乌市开幕。博览会以“电商换市、全球机遇”为主题，设国际标准展位2551个，展览面积超过5万平方米，吸引27个国家和地区的196个组团116569人次参加，互联网搜索展会相关信息1730万个。博览会期间还举办2016世界电商大会。无锡市有9家园区、企业参加此次博览会，经过3天的布展，参展园区、企业均取得了预期效果，部分企业实现现场签约。

10月27~30日,2016中国（杭州）国际电子商务博览会在杭州召开。此次博览会设有六大展馆和六大活动,举办11场论坛。展会现场以及电博会官网等有6万余人次参观、参会,有逾200万人次线上参与电博会活动。无锡市组织园区、企业等11家单位参展。通过现场与阿里巴巴、网易、京东等电商领军企业以及100余家金融、投资机构沟通,参展的园区、企业均达到预期目的。

（过震宇）

【跨境电商公共服务平台一期建成】 2016年，无锡市推进跨境电商公共服务平台建设,平台一期基本建成,“9610”(跨境贸易电子商务)业务在无锡通关，至年底，该业务每天超1000单。1月,市政府召开跨境电商协调会，明确苏南机场发挥快件中心优势,开展跨境电商“9610”试点项目，做好跨境通道等基础设施建设。5月19日,市政府召开跨境电商公共服务平台推进会，明确邮政速递物流无锡公司(EMS)承担无锡市跨境电商公共服务平台建设工作。6月29日,“9610”首单在苏南机场通关成功，意味着跨境电商作为一种贸易监管模式，在无锡正式开始运行，标志着无锡外贸进入跨境贸易电子商务新时代。8月,市政府召开跨境电商公共服务平台会议，并出台会议纪要，要求加快推进跨境电商公共服务平台(单一窗口)建设。11月17日,市政府召开跨境电子商务公共服务平台现场推进会，宣告无锡跨境电商公共服务平台建成(一期),出口功能“9610”模式启动。会议明确下一阶段公共平台扩大企业面,完善进口功能,对接国税、外汇、公安等监管部门,制定跨境电子商务政策等方面要求。

（过震宇）

商品市场

【概况】 2016年，全市商品交易市场运行平稳,钢材、金属材料类市场交易量有所回落,建材、汽车类市场继续上扬,食品、日用品类市场略有增长。市区农贸市场规划布点优化,朝阳、天鹏等大型农副产品批发市场加强产销衔接，全年成交总额分别达77.2亿元、123.3亿元，起到保价稳供的主渠道作用。推进商品市场转型升级,发挥其引导生产、扩大消费、促进增长、助力供给侧结构性改革的作用，全市商品交易市场总体呈现转型升级、管理规范和服务提升的趋势。

（华尔斐）

【市场建设管理】 2016年，无锡市区共论证设立新盛百邻农贸市场、无锡市长三角汽车市场、九龙湾花都市场、永乐农贸市场4家市场。无锡天鹏菜篮子工程有限公司被评为江苏省转型升级示范市场，金桥副食品城、宜兴陶都城等15家商品交易市场被列入省50强亿元重点市场。市旧货市场完成搬迁。完成7家农贸市场升级改造,改造面积4.4万平方米,带动社会投入1.62亿元,受益群众50多万人。对市区120家农贸市场进行综合环境整治，市场周边环境得到明显改善。继续开展鲜活农产品社区直供示范工程建设，实施“互联网+流通”行动计划,在大型社区和新建小区开设鲜活农产品直供店和智能提货柜。至年底,市区有160多个小区配置智能提货柜。江阴九澄网购电子商务有限公司(淘江阴）被省商务厅认定为2016年江苏省示范工程项目承建单位。继续做好市场维稳工作，加强对个别市场涉稳问题的跟踪、协调和防范工作,防止发生重大群体性事件。促进二手车便利交易，活跃二手车市场，全年全市二手车市场成交12.95万辆,比上年增长15%,交易额92亿元,比上年增长12.6%。

（华尔斐）

供销合作商业

【概况】 2016年,无锡市供销合作社系统实现商品销售总额1037亿元,连锁销售额132.67亿元,农副产品收购额297.2亿元,农副产品市场交易额250.8亿元,农副产品电子商务销售额3.4亿元，农资销售额24.85亿元，营业总收入44.9亿元，报表利润2.34亿元，经济运行稳中有进。创建农民专业合作社30家(其中农民专业合作社联合社2家)，市级现代农业综合服务中心3家,“三体两强”(具有自主经营主体、农民社员主体、合作经济联合体和综合实力强、为农服务能力强)基层社3家,改造薄弱基层社7家,全面完成年度目标任务。无锡市供销合作社获全省供销合作社系统“创新工作优胜单位”荣誉称号;宜兴大地春生态农业专业合作社、无锡中东桃梨专业合作社被农业部等8个部委联合表彰为2016年度国家农民专业合作社示范社；无锡中东桃梨专业合作社“晏家湾”品牌获得2015~2016中国合作经济年度成就奖“30佳农民合作社产品品牌”荣誉称号;锡山“蒋建康”、宜兴“华汇”、江阴“苏之酥”品牌入选2016中国农产品好品牌百强。

（周 毅）

【供销合作社综合改革】 2016年，无锡市供销合作社从联合社体制、基层社组织、经营服务、社有资产运作、队伍建设等着手，深入调查研究,广泛征求意见,制定《关于深化供销合作社综合改革的实施意见》,成立无锡市供销合作社综合改革协调小组。该实施意见明确供销合作社改革发展的目标任务：建成多层次的合作经济组织体系，增强供销合作社经营活力和市场竞争力;建成高水平的为农服务体系，增强供销合作社为农服务能力；建成规范协调的管理指导体系，增强供销合作社治理能力。年内,江阴市、宜兴市、锡山区、滨湖区供销合作社机关已列入参照公务员管理单位。

（周 毅）

【推进农业社会化服务体系建设】 2016年,无锡市供销合作社落实《关于进一步创新和培育新型农业经营主体推进农村一二三产业融合发展的意见》,在全省率先制定《关于开展现代农业综合服务中心建设的意见》和相关标准,全市供销合作社系统把农业社会化服务体系建设工作不断推向深入。中央委员、全国总社主任王侠考察无锡农业社会化服务体系建设，全省供销合作社农业社会化服务现场推进会在宜兴召开。无锡农业社会化服务的创新做法在系统内被推广借鉴,主要体现在“田保姆”式大田托管服务、农村电子商务服务、农村合作金融服务、农资物联网应用服务、农民技能培训服务和乡村旅游特色服务“六大服务”中。开展“田保姆”式全托管服务和订单式服务，为农民提供农资配送、育秧栽插、施肥除草、统防统治、机耕机收、运输烘干等农业生产全产业链服务。2016年，托管式服务面积3800公顷。打造“网上供销社”，开通江苏省供销社农产品电商“地平线”平台无锡馆、宜兴馆和江阴馆；依托中国品牌农产品联盟的组织资源优势，突出本地特色农产品电子商务营销和信用服务特色，建成“中国农品网”手机端并上线运行；宜网电子商务在淘宝、京东、1号店、供销e家、地平线等全国知名第三方电商平台建设店铺；江阴市社已建成村级“网上双代店”15家。年内，与中合联投资公司合作组建的宜兴小额贷款公司，提供小额贷款资金近1.2亿元；“惠农贷”为家庭农场和农民专业合作社提供基准利率贷款额度4000万元；“牡丹福农社员卡”为社员提供资金4500万元；天信生态种养合作社开展资金互助合作服务，全年服务额1130万元。加快推进农资物联网技术应用推广和农资现代流通服务网络的实践运用，完成中东桃梨专业合作社约3.33公顷果园的物联网技术改造，累计完成10家现代农资经营网店建设目标任务。参与国家农资质量追溯体系规范标准和农资物流信息系统规范标准的编制工作。年内，举办农产品经纪人中级培训3期205人；天信基层“农民讲堂”举办农民技术培训10期950人，宜兴电商课堂举办农民电商培训10期550人。培育建设宜兴篱笆园深氧墅酒店、金沙湾农家乐，锡山谢埭荡农家乐，滨湖太湖十八湾茶文化农庄等融餐饮、休闲、会议、度假、娱乐于一体，具有供销社特色元素的美丽乡村旅游平台。

（周　毅）

【提升经济效益】 2016年，无锡市供销合作社直属企业坚持调结构、稳增长、上项目、促发展，立足主营，科学研制，规范资产经营管理，优化经营结构，巩固和拓展市场，资产效益和经济效益保持平稳向好的态势。投资参与苏南农副产品物流中心项目整体推进有序，适时调整三阳生态“植物工厂”经营管理模式，改善产品推介、市场营销、经营管理等；利用皋桥仓库4300平方米社有资产，与壹家美食荟等企业合作成立的无锡联农优品农业发展有限公司，成为市社本级首个电子商务企业。

（周　毅）

粮油购销

【概况】 2016年，无锡市粮食系统以粮食流通基本现代化为主线，深化粮食流通改革的实践区、“江苏五粮”（安全粮食、数字粮食、品牌粮食、法治粮食、廉洁粮食）的示范区、区域粮食流通现代化的先行区建设。落实粮食安全责任制，将粮食安全责任纳入各级政府目标责任考核体系。应用国家粮食流通网上直报信息系统，按时编发粮油统计月报和年报，提升粮油统计信息化水平。开展社会粮油供需平衡调查，提出本地区粮食供求平衡有关政策建议。完善“无锡市粮油信息预警系统”，利用该系统基础数据库研究市场行情，分析储备粮轮换时机和两季收购行情，为宏观决策提供可靠数据。

（陈司勇）

【粮食收购】 2016年，无锡市夏、秋两季收购粮食89.5万吨。其中，夏粮收购49.3万吨，秋粮入库40.2万吨，全年为农增收1亿元以上。在夏、秋两季粮食收购期间，无锡市均遭受极端灾害天气影响，夏粮受灾严重，秋粮收割延迟，稻谷水分高、发芽率高。针对夏粮收购，市委、市政府下发《关于切实抓好当前小麦收购工作的紧急通知》，市粮食局会同市财政局、中国农业发展银行无锡市分行下发《2016年不合格小麦收购处置指导方案》，各地结合实际也制定相关政策措施，实行政策托底、敞开收购，争取保险理赔。针对秋粮收购，全市各级粮食部门分类指导农户应对灾害性天气，指导收储企业帮助粮农烘晒粮食，帮助粮农销售等外粮，有力维护农民利益，保障社会大局稳定。

（陈司勇）

【缓解仓容压力】 2016年，针对粮食库存比高、政策性粮食占比高，仓容压力大等情况，无锡市粮食部门通过压库促销、移仓并库、新建粮库、租用社会仓容等综合施策，缓解仓容压力，确保粮食收购。加大中央、省级储备粮和托市粮销售力度，加快地方储备粮销售进度，促进自营粮销售。加快新仓建设和旧仓改造。通过腾并仓和移库，促进辖区内仓储资源平衡。减少粮食在库时间，鼓励企业采取即购即销、代购代销等形式缓解仓容压力。

（陈司勇）

【产销合作】 2016年，无锡市继续

10月14日，在“世界粮食日”的来临之际，小朋友们进行剥玉米比赛，树立节粮、惜粮意识

（张立伟　摄）

推进购销、产销合作，加强产销衔接，推进域内域外粮食生产基地建设，加强域内优质粮源示范基地建设，提高基地示范引领带动作用。组织企业参加徐州、扬州、无锡三地产销衔接会，签订粮食购销合同45.5万吨，其中，稻谷24.5万吨，小麦11.2万吨，成品粮、杂粮、玉米等近10万吨。与徐州市签订3333.33公顷粮源共建生产基地协议。组织企业参加徐州金秋稻米产销洽谈会，达成粮食购销合作意向，签订粮食产销衔接协议7份，协议总量18.7万吨。组织企业参加福建、东北粮食产销洽谈会，加强粮食产销合作，确保本地粮食供求基本平衡。

（陈司勇）

【落实成品粮应急储备】 2016年，无锡市按照粮食安全责任制考核要求，制定《追加有关粮食专项补贴协调会议纪要》，完善无锡市地方粮油储备体系。至年底，1.6万吨成品粮应急储备计划全部落实。制定《无锡市市级成品粮油应急储备动态管理实施细则》，规范市级应急成品粮油动态储备管理。

（陈司勇）

【举办“爱粮节粮惠民节”活动】 11月12~13日，为纪念第36个世界粮食日，无锡新米市在无锡市城南路29号（无锡粮食科技物流中心）举行首届“爱粮节粮惠民节”活动。活动邀请专业质监人员为市民介绍关于粮油的相关知识，同时，开放米市文化展馆，发放粮油知识刊物数千份，提供优质又实惠的五常大米60余吨。

（陈司勇）

烟草专卖

【概况】 2016年，无锡市烟草专卖局（公司）以“争当行业楷模、争当省级标兵、争当基层先进”为目标，有效开展各项工作。全年销售卷烟23万箱，比上年下降4.09%；单箱销售结构3.94万元（157.67元/条），比上年增长3.93%。全年实现税利27.47亿元，比上年增长4.96%。

（苏晨霞）

【专卖管理】 2016年，全市烟草系统发挥好专卖管理维护国家利益和消费者利益的作用，查获涉烟违法案件2353起，查获5万元以上案件309起，破获网络案件11起；查获涉案卷烟5681.3件，其中假烟457件，上缴财政罚没款606万余元。

（苏晨霞）

【研发创新】 2016年，无锡烟草实施市级创新课题13个，比上年增长650%。自主研发细支卷烟A字架自动化分拣专线，破解异型烟分拣难题，有效提升细支烟分拣能力，分拣速度由原来的1200条/小时提升至7000条/小时，增长483%；分拣人员减少50%；包装耗材费用下降40%。自主研发整件卷烟规范打码专线，利用垂直伺服夹具矩阵打码技术，实现卷烟宽侧面规范打码、精准打码，技改研究成果处于行业领先水平，获得国家专利。在全省烟草系统率先打造“互联网+物流安全”防控体系，通过有效整合车载、工房、园区监控系统，实现“三合一”全程监控，安防水平全行业领先。探索实践“互联网+服务”，打造“无锡烟草一体化运营服务管理平台”，重点推进主营业务创新，构建规范高效的在线作业系统。零售户APP实现手机订货、客我互动、经营分析和定向品牌培育信息推送等功能。客户经理APP实现社会库存的实时采集、市场走访流程的规范、销售数据的手机客户端装载等功能。

（苏晨霞）

无锡烟草专卖局细化营销管理 （苏晨霞 供稿）

盐业

【概况】 2016年，无锡市盐务管理局按照法治无锡建设的总体部署，完善行业监管体系，保障全市生产生活用盐供应，理顺规范盐业市场秩序，严厉打击各类盐业违法活动，促进盐业市场稳定健康发展。全市碘盐批发合格率100%，碘盐覆盖率、居民户碘盐抽检合格率、合格碘盐食用率等食盐安全指标均达到省食盐放心消费创建标准。全年营业收入3.3亿元，实现利润1938万元，小包装食盐销售32014吨，其中，健康营养盐销售19422吨，与上年基本持平。

（孙从树）

【食盐安全宣传】 2016年，无锡市盐务管理局丰富创新多种宣传形式，营造“人人关心食盐安全、人人维护食盐安全”的良好氛围。开展“3·15”“5·15”“食盐安全宣传周”“《无锡市盐业管理条例》颁布实施八周年”等主题日广场宣传活动，会同全市各级卫生、疾控、卫生院、社居委开展规模不等的食盐安全知识广场宣传40余场次，开展盐业法规、防治碘缺乏病、食盐安全科普知识宣传。会同市疾控中心发布告全体市民的《减盐低钠行动倡议书》，开设《无锡卫生与健康报》"盐业法治宣传"专刊，组织开展"淮盐"质量安全产区行大型采风活动，无锡广电总台、《无锡日报》、《无锡商报》、《江南晚报》等平面媒体、网络媒体进行现场报道。

（孙从树）

【保障食盐市场安全】 2016年，无锡市盐务管理局围绕保障食盐市场安全，联合市公安局、市卫生局、市工商局、市食品药品监督管理局、市环保局等部门开展元旦、春节期间保障食盐市场安全专项行动，净化食盐市场。开展保障五一、端午节期间食盐专项执法活动，畜牧行业用盐暨食品行业用盐专项执法检查，食品行业用盐专项执法检查，中秋、国庆期间保障食盐市场安全专项行动等系列联合执法行动。加强对食盐运输和销售等重点环节的整治，加强食品腌制行业用盐管理，维护食盐市场正常秩序。全年开展多部门联合执法行动32次，检查农贸市场120个次，零售商店、超市2000余家，食品加工企业352家，饭店及食堂566个，访问居民户1000余户。年底，根据工信部相关文件精神，贯彻在坚持食盐专营制度基础上推进供给侧结构性改革的方针，针对各路竞争主体争相进入市场及不法分子蠢蠢欲动的情况，联合市工商局、市食品药品监督管理局印发《关于加强全市食盐市场经营管理的通告》《关于加强改革过渡期间食盐专营管理规范食盐市场经营行为的通知》《关于办理非正规渠道购销外省食盐案件指导意见》，向广大食盐经销商解释盐业体制改革相关政策，警示"预付款"经营风险。

（孙从树）

【加强质量监管】 2016年，无锡市盐务管理局配合市卫生局、市质量监督局、市工商局、省盐业质检站等部门，对盐业批发企业的食盐质量进行抽查，发现抽检食盐存在质量问题，第一时间向上级报告。按照《无锡市食盐市场突发事件应急预案》要求，做好各项应急处置准备工作。加强对配送中心购进食盐质量的监管工作，对查出存在质量隐患的食盐，退回生产企业；对已经实现销售的追回，坚决杜绝问题食盐流入无锡食盐市场。年内，市盐务管理局对发运至无锡的561个批次食盐进行严格检验，内部检测结果全部合格，并上报市食安委。

（孙从树）

生活服务业

【生活服务业职业技能大赛】 10~12月，市商务局联合相关部门开展无锡市生活服务业职业技能大赛。大赛涉及生活服务业多个领域，分为育婴、养老护理、彩电维修、空调安装等工种。最终，评选出"金牌服务能手"3名、"无锡市技术能手"3名、"无锡市五一创新能手"3名、"无锡市青年岗位能手"2名、"无锡市巾帼建功标兵"2名、"服务明星"17名。无锡市滨湖区朗高养老院有限公司等2家单位被评为"无锡市生活服务业职业技能大赛金奖单位"，无锡市弘成伟业职业培训学校等2家单位被评为"无锡市生活服务业职业技能大赛银奖单位"，无锡九如城养老产业发展有限公司等2家单位被评为"无锡市生活服务业职业技能大赛铜奖单位"。107名同志获得"无锡市生活服务业职业技能大赛优秀奖"。国美电器等33家单位获得"优秀组织单位"。对理论知识、操作技能均合格的选手，核发相应工种的中、高级职业资格证书。

（徐一峰）

【创新冷菜大赛】 11月，为鼓励无锡餐饮企业创新冷菜品种，丰富市民现代饮食文化生活，由市商务局等单位主办，市烹饪餐饮行业协会承办的2016年无锡市创新冷菜大赛举行。经过角逐，夏震宇等2人分别获得无锡市传统冷菜创新、锡式冷菜原创大赛各项目第一名，被授予"金牌大厨"。刘庆等5人获得无锡市创新冷菜大赛各项目前三名，分别被授予"无锡市技术能手""无锡市五一创新能手"荣誉称号。满先成等4人被授予"无锡市青年岗位能手"称号。获得各项目第二至第六名的曹磊等7人被授予"明星大厨"称号。授予无锡夏联福记大酒店曹磊等12人传统冷菜创新项目金奖、无锡鼎尚皇冠酒店岳满仁等16人传统冷菜创新项目银奖、无锡市水上明月酒店陈浩等19人传统冷菜创新项目铜奖。授予无锡锡州花园酒店田松等11人锡式冷菜原创项目金奖、无锡市西新饭店李兆军等13人锡式冷菜原创项目银奖、无锡金陵大饭店石兆同等16人锡式冷菜原创项目铜奖。

（王力行）

住宿餐饮业

【概况】 2016年，无锡市住宿餐饮业呈现平稳较快发展态势。全年住宿和餐饮业实现零售额238.62亿元，比上年增长11.2%。9~12月，由市商务局、市农委、无锡广电集团、市烹饪餐饮行业协会等举办"真正无锡味"——无锡乡村美食寻访活动。活动以"真正无锡味"为主题，以无锡乡镇、街道为活动单元，通过单位自荐、乡镇推荐、电视寻访，餐饮专家、美食专家、媒体代表、市民代表现场品评，社会公示等环节，授予清炒白虾仁等30道菜点"真正无锡味"——无锡乡村美食称号。

（王力行）

编辑 邵文凯

对外及对港澳台经济贸易·口岸管理

综 述

【外贸进出口稳中有进】 2016年，全市累计进出口4615.77亿元，比上年增长8.5%。其中，出口2833.88亿元，比上年增长8.1%；进口1777.73亿元，比上年增长9.1%。以美元计价，实现进出口698.05亿美元，比上年增长2%。其中，出口429.1亿美元，比上年增长1.6%；进口268.95亿美元，比上年增长2.5%。进出口增幅高出全国8.8个百分点，高出全省8.6个百分点，高出苏南平均增幅9.2个百分点，在全省的增幅排名从第11位上升到第3位；进出口总量保持全省第二，占全省比重13.7%，比上年提高1.2个百分点。按人民币计，全市2市(县)5区全部实现进出口和出口增长，江阴市、锡山区、惠山区、滨湖区和新吴区实现进出口、出口和进口全部指标增长。按美元计，新吴区、滨湖区和惠山区实现进出口、出口和进口全部指标增长，宜兴市实现出口增长。

(朱祎敏)

【利用外资规模和质量提升】 2016年，全市新批协议外资超3000万美元的重大外资项目45个，超过年初既定目标5个，项目平均协议注册外资8021万美元，其中22个项目总投资9980万美元以上。江阴市、锡山区、惠山区、滨湖区和新吴区均完成年度利用外资总量目标，有力支撑全市总量的完成。其中，江阴市全年完成到位外资10.55亿美元，完成进度达117%，占全市比重31%，超出年初既定目标任务1.55亿美元，位列全省各县（市）第一名；无锡高新区全年完成到位外资12.64亿美元，比上年增长4.5%，完成进度101%，占全市比重37%，首次超过苏州工业园区的完成总量10.5亿美元，位列全省国家级开发区第一名。

(朱祎敏)

【对外投资快速增长】 2016年，全市共备案对外投资项目142个，其中1000万美元以上重大境外投资项目42个，中方协议投资额20.9亿美元，比上年增长20%，位居全省第三。除惠山区外，其余各板块均完成境外投资全年目标任务。其中，江阴市共备案对外投资项目46个，1000万美元以上重大境外投资项目21个，中方协议投资额8亿美元，项目数和投资额均位居全市第一。

(朱祎敏)

利用外资及港澳台资

【概况】 2016年，全市实现到位注册外资34.13亿美元，比上年增长6.29%，增幅高于苏南地区平均增幅8.67个百分点，高于全省平均增幅5.18个百分点。优化利用外资产业结构，大力引进和推动先进制造业和现代服务业项目，提升全市利用外资水平。全年制造业到位外资22.64亿美元，占全市比重66.35%；服务业到位外资11.48亿美元，占全市比重33.65%。全年累计新批外资项目354个，协议注册外资44.83亿美元，比上年下降18.97%。医药、建材、纺织服装等行业出现高速增长，其中医药行业增速最快，到位注册外资比上年增长3004.81%。从资金来源地区和国别分析，传统来源地中国香港、韩国、日本到位资金分别为21.07亿美元、2.31亿美元和1.26亿美元，其中中国香港、韩国在无锡投资份额继续保持较高增长，比上年分别增长12.58%和24.32%，占全市比重比上年提高3.29个和0.97个百分点。日本在无锡投资份额开始减少，比上年下降17.83%，占全市比重比上年减少1.09个百分点。欧洲和离岸金融中心的投资呈现大幅增长态势，分别比上年增长28.39%和21.69%，占全市比重比上年分别提高0.87个和1.81个百分点。

(吴 栋)

【总部经济集聚效应明显】 2016年，无锡市有5家外资企业获得省商务厅认定的江苏省第五和第六批跨国公司地区总部和功能性机构，分别为江苏俊知技术有限公司、瀚宇博德科技(江阴)有限公司、鹰普(中国)有限公司、健鼎(无锡)电子有限公司4家跨国公司地区总部和唐纳森(中国)贸易有限公司 1 家跨国公司功能性机构。至年底,全市累计有省级跨国公司地区总部 14 家,跨国公司功能性机构 14 家。至年底,全市累计有 96 个世界 500 强跨国公司在无锡投资设立了 186 家企业。

(吴 栋)

【重大项目投资规模增大】 2016 年,全市新批协议注册外资超 3000 万美元以上的重大外资项目 45 个,比上年减少1个。完成协议注册外资 36.09 亿美元,比上年减少 18.62%,占全市比重 80.51%。完成投资总额 83.17 亿美元,比上年增长 23.27%,项目平均投资规模 1.85 亿美元,比上年增长 25.85%。其中,总投资额在 9980 万美元以上项目 22 个,累计投资总额 69.09 亿美元;超 3 亿美元重大项目 7 个,其中包括总投资 6.2 亿美元索尼电子(无锡)有限公司、总投资 6 亿美元江阴兴澄特种钢铁有限公司、总投资 4.4 亿美元中信环境流域治理(江苏)有限公司等。

(吴 栋)

【涉外税收保持平稳】 2016 年,全市外资企业缴纳税金 407.8 亿元,比上年下降 0.36%。无锡利用占全省 13.9%的国际资本,实现了占全省 14.8%的涉外税收贡献。

(吴 栋)

对外及对港澳台贸易

【概况】 2016 年,无锡市外贸累计进出口总额实现 698.9 亿美元,比上年增长 2.0%。其中,出口及对港澳台输出 429.3 亿美元,比上年增长 1.6%;进口及港澳台输入 269.6 亿美元,比上年增长 2.5%。高新技术产品、机电产品出口分别为 173.5 亿美元和 274.4 亿美元,比上年分别增长 2.2%和 1.6%,占全市出口比重分别为 40.4%和 64.0%。

2016 年,全市一般贸易进出口 362.5 亿美元,比上年增长 7.4%,占全市进出口总额的 51.9%;加工贸易进出口 291.5 亿美元,比上年下降 1.8%,占全市进出口总额的 41.8%。至年底,全市有进出口实绩的企业 8109 家。全市外资企业进出口、出口分别为 439.5 亿美元和 243.6 亿美元,分别比上年增长 3.0%和 2.1%。民营企业进出口、出口总额分别为 210.3 亿美元和 146.5 亿美元,分别比上年增长 2.6%和 3.6%。全市出口超 1 亿美元企业有 58 家,共出口 190.6 亿美元,占全市出口总额的44.4%。

2016 年,全市对欧盟、日本、韩国分别出口 66.2 亿美元、39.7 亿美元和 33.6 亿美元,分别比上年增长 0.3%、1.5%和 11.8%。对美国出口 65.7 亿美元,对香港特别行政区输出 58.3 亿美元,分别比上年下降 0.7%和 2.0%。全年全市对新兴市场出口增长较快,对拉丁美洲、大洋洲出口分别增长 8.0%和 4.3%;对"一带一路"沿线国家出口增长 3.3%,其中对俄罗斯、东盟和非洲出口分别比上年增长 14.9%、4.8%和 6.3%。

(余衍思)

【进口商品交易中心运行良好】 2016 年,无锡市进口交易中心运行良好。作为省级进口商品交易中心试点,江阴化工品进口交易中心全年双边交易额 2872 亿元,交易量 4925 万吨,营业收入 3231 万元。

(余衍思)

【助推企业拓展新兴市场】 2016 年,无锡市发挥展会的主渠道作用,根据年度境内外市场拓展计划,深入挖掘传统市场专业化展会项目,拓展新兴市场和新兴产业展会项目,推动更多企业参加中国进出口商品交易会(广交会)等境内外展博会。组织千余家企业参加第 26 届中国华东进出口商品交易会(华交会),第 119 届、120 届广交会,第 20 届中国江苏出口商品展览会(日本大阪展),第 15 届中国国际日用消费品博览会(消博会),2016 年俄罗斯品牌展,2016 年美国芝加哥展,2016 年澳大利亚中国纺织服装展,2016 年中东迪拜五大行业展等 70 多个重点境内外展会。

(余衍思)

【外贸综合服务平台发展】 2016 年,无锡世贸通供应链服务有限公司和无锡一达通企业服务有限公司两家省级外贸综合服务试点企业整合外贸服务资源,为中小企业提供综合性服务平台,降低中小外贸企业运行成本,提升中小企业国际市场竞争力。两家企业累计服务中小微企业 1049 家,进出口 1.4 亿美元,其中出口 1 亿美元。年内,无锡跨境电子商务公共服务平台上线,跨境电商"9610"试点项目成功运行,帮助 4 家企业实现出口 6.33 万美元。

(余衍思)

【提升出口信用保险】 2016 年,全市出口信用保险累计支持全市一般贸易出口 98.71 亿美元,比上年增长 4%,承保规模占全省承保总量的 18.1%;一般贸易出口支持率 42.2%。服务支持出口企业 1781 家,比上年增长 12.2%,其中小微企业承保 870 家,比上年增长 18%。全市出口企业政策受益面达 26.8%,比上年提高 1.6 个百分点,居全省和全国前列。全年服务统保平台下的无锡中小企业 252 家,支持出口 20.7 亿美元,分别比上年增长 2.4%和 19%。年内,为 2 家市平台企业支持贸易融资 740 万元。出口信用保险对无锡外贸发展的支撑力进一步增强。

(余衍思)

对外及对港澳台经济合作

【概况】 2016 年,无锡市对外及对港澳台经济合作呈现强劲稳健的发展态势。全年新批境外企业(机构) 142 个,投资国新增坦桑尼亚、赞比亚、芬兰、波兰 4 个国家,累计 88 个国家(地区)。中方协议投资额达 20.6 亿美元,比上年增长 20%,再创历史新高。其中,民营企业对外投资 110 个,中方协议投资额 11.8 亿美元,项目数和投资额分别占总量的 77.5%和 56.6%,继续保持对外投资主力军地位。全年,对外工程承包和劳务合作方面,共完成外经营业额 276 万美元,外经合同额 251 万美元,共新派劳务人员 159 人,期末在外劳务 1014 人。在对外援助方面,无锡市具有国家援外资格的机构,以其专业领先优势,继续承担和积极发挥在渔业养殖和寄生虫防治方面的培训基地作用。

(陆 方)

【西港特区发展】 10 月,国家主席习近平出访柬埔寨并将"继续实施好西哈努克港经济特区等合作项目"写入中柬两国《联合声明》。年内,无锡组织召开柬埔寨西哈努克港经济特区百家企业入园庆典活动，江苏省委书记罗志军和江苏省委常委、无锡市委书记李小敏等带队参加，邀请中国及柬埔寨主流媒体现场采访报道。在嘉兴、湖州、昆山、南京等地举办西港特区投资推介会。由无锡市政府向西哈努克省捐赠太阳能路灯，改善4号公路行车条件。至年底，西港特区内累计引入企业(机构)109家，行业主要分布于纺织服装、箱包皮具、五金机械电子、包装用品、木地板等，其中90家已生产经营，从业人数1.6万人。

(陆　方)

【境外投资规模提升】 2016年，全市完成的142个新批项目中，1000万美元以上重大境外投资项目42个，中方协议投资额19.7亿美元，比上年增长23.5%。项目平均规模达1476.5万美元，超过苏南地区平均水平254万美元。其中，超1亿美元项目3个，中方协议投资额5.3亿美元。

(陆　方)

【对外工程劳务稳健发展】 2016年，东宏建设股份有限公司、华仁建设集团有限公司获得对外承包工程经营资格。至此，无锡市对外承包工程企业总计有29家。

(陆　方)

贸促(会展)工作

【概况】 2016年，中国国际贸易促进会无锡市支会有市(县)、区级支会2家，拥有会员企业2031家。各级贸促会主要在国际联络、展览会议、涉外法律、出证认证、信息咨询、经贸培训及外经贸行政事务等方面提供专业服务。年内，无锡市贸促会组织1031家外贸企业参加41个国际性展(博)览会，接待境外政府部门、贸促机构、商会、协会及企业代表团25批205人次。组织举办"中国企业会奖商旅高峰论坛""印度—中国(无锡)商务投资论坛""白俄罗斯莫吉廖夫州—无锡经贸合作论坛""埃塞俄比亚投资情况推介会""投资环境评价座谈会""台湾光伏发电系统公会座谈交流会""印度文化周""第二届无锡国际瑜伽日"等各类经贸活动17场。参与举办第八届中国(无锡)国际新能源大会暨展览会、第二届中国(无锡)养老产业大会暨老年用品博览会、第十届中国无锡国际电动车展览会等6个展(博)览会，展览总面积12.92万平方米。办理各类涉外经贸法律文书、单证及行政审批事项7.5万件。加强无锡国际商会工作，自办和组织会员企业参加"日本最新采购标准解读与免检资质申报培训会"等各类培训14场。

(张鋆仪)

【第八届中国(无锡)国际新能源大会暨展览会】 11月3~5日，"第八届中国(无锡)国际新能源大会暨展览会(CREC2016)"在无锡举办。本届展会由国家能源局、中国国际贸易促进委员会、中国能源研究会、江苏省人民政府等单位主办，主题为"新能源：创新、跨界、互联"。举办了主题展览会及"全球新能源产业峰会""2016光伏领跑者技术创新发展论坛""2016新能源汽车及充电业务发展论坛""2016中国风电产业专题研讨会""2016国际新能源市场对接会""CREC2016年度颁奖典礼""十一科技·太湖之夜主题文化晚会""新能源伴我行趣味跑"等系列活动。共有约200位演讲嘉宾、2500位听众参加论坛，展览面积3万平方米，吸引展商300家、观众近3万人次。

(张鋆仪)

【出证认证和涉外法律服务】 2016年，全市贸促会系统推进原产地证书电子化和自贸区原产地证书签发工作，促进贸易便利化。全年签发出口货物原产地证书6.8万份，自贸区优惠原产地证书签发1.3万份，总出具国际商事证明书4600份，代办使领馆认证2050份，签发货物暂准进出口ATA单证册（国际通用海关文件)32份。为30余家企业提供法律服务，处理各类商事纠纷4起，涉案标的589.6万美元。编印《无锡国际商会信息》12期，发送企业18000份，编发国际商会微信97期，推送信息324条，及时推送国别贸易预警信息。联合市司法局、市律师协会开展多场法律风险防范讲座，培训人员500人次。

(张鋆仪)

13届中国（无锡）国际设计博览会上，观众欣赏一家江苏企业专为APEC会议和世界互联网大会定制的精美餐具　　(卢　易　摄)

【会展业稳步发展】 2016年，无锡市会展产业持续增长。全市共举办各类会展活动115个，展览总面积逾90万平方米。市会展办在会展管理、协调服务、宣传推广、招商招展等方面开展工作，重新制定出台《无锡市服务业(节会)资金管理实施细则》，新增对举办国内会议支持政策，符合条件的会议和展览项目最多可获得80万元的政策支持。以产业强市为重心，引导新兴产业会展项目和会展产业做大做强，物联网、新能源、高端机械装备等新兴产业展会活动的规模和影响力显著提升。10月底，成功举办世界物联网博览会。加强会展人才培育，举办"展会安保工作""从评估看会展品牌提升”“注册会展经理(CEM)培训班”等业务培训5次。年内,无锡市被中国会展经济研究会、中外会展杂志社等授予“2016年度中国十佳品牌会展城市”“2016年度金五星优秀会展城市奖”等荣誉称号。在商务部中国会展经济研究会主办的2016中国城市会展业竞争力指数年度发布会暨高端学术论坛上,无锡市在74个省会城市及地级市“2015年城市会展竞争力指数排名”中排行第四,被评为“2015中国最具竞争力会展城市”。

(张鉴仪)

【无锡市会议展览业协会成立】 2016年,无锡市会议展览业协会成立。协会由无锡太湖国际博览中心有限公司、江苏三角洲国际会展有限公司等业内规模企业发起,主要职责是协助政府从事行业管理,为会员提供服务,维护会员合法权益,提高行业整体素质,形成行业自律机制,组织行业国际交流和合作,加强会展人才培养,着力培育会展项目,沟通会员与政府、社会的联系,促进无锡会展业的健康发展。协会有会长单位、副会长单位、理事单位和会员单位60余家。12月20日,协会成立大会暨首届第一次会员大会在无锡大饭店举行。大会审议并通过协会章程和首届理事会、会长单位名单。无锡太湖国际博览中心有限公司总经理张萍当选为首届会长,江苏三角洲国际会展有限公司董事长王锁平当选为首届执行会长,无锡国际经贸促进中心许丽娟当选为首届秘书长。

(张鉴仪)

口岸

【概况】 2016年,无锡市口岸货物吞吐量1.33亿吨,比上年增长4.08%;其中,外贸货物吞吐量2428.98万吨,比上年增长53.08%。全市口岸集装箱吞吐量57.57万标箱,比上年增长4.56%,其中,外贸集装箱9.49万标箱,比上年下降18.59%。无锡空港旅客吞吐量556.29万人次,比上年增长20.7%。其中,出入境旅客吞吐量64.7万人次,比上年增长24.7%;货邮吞吐量9.6万吨,比上年增长7.8%。全市口岸经济运行平稳,航空客运增速超两成。

(张 艳)

【进口肉类指定口岸建设】 2016年,无锡市进口肉类指定口岸建设从项目立项、规划设计、审核备案到建设竣工顺利完成。11月24日,通过江苏省检验检疫组织的预验收。12月23日,江苏省政府办公厅发函国家质检总局,商请对进口肉类指定口岸进行验收。

(张 艳)

【航空口岸建设】 2016年,无锡市航空口岸引进新加坡虎航,恢复新加坡正班,开通中国台湾高雄、台中,韩国釜山,泰国曼谷、甲米正班,以及韩国仁川、印度尼西亚巴厘岛、越南芽庄、菲律宾卡里波(长滩)等旅游包机航班。至此,国际(地区)客运航线数量达到20条,初步建成连接国内、辐射东亚的航线网络。2月29日,国务院批复同意无锡航空口岸开展口岸签证工作,无锡市按照公安部、省公安厅对口岸签证业务工作的有关要求,做好相关筹备工作。6月29日,无锡跨境电子商务“9610”模式第一单通关仪式在苏南硕放国际机场国际快件监管中心举行,无锡出口国际快件的时限大大缩短,为无锡跨境电子商务发展提供重要支撑。12月23日,无锡空港口岸跨境电商“9610”模式货物出口单日突破1000件。

(张 艳)

海关

【概况】 2016年,无锡海关累计税收入库53.01亿元,比上年增长4.9%。审结进出口报关单50.06万份,监管进出口货物62.38万吨,货值190.2亿美元。加工贸易注册备案金额64.83亿美元。监管进出境飞机5835架次,人员73.1万人次,监管进出境快件9.3万件。全年完成各类稽、核查作业200起,稽核查补税2730万元。立案侦办走私犯罪案件12起,案值2.32亿元,涉偷逃税6029万元,立案调查行政案件156起。年内,无锡海关被评为江苏省文明单位、江苏省文明口岸先进单位。

(邵元飞)

【优化通关环境】 2016年,无锡海关推进区域通关一体化改革,全年一体化报关单占比35.7%,超出关区平均水平约4倍。无纸化与税收电子支付比例长期超过99%,进出口24小时通关率位居关区前列。持续提升物流通关效率,依托综合保税区“智能卡口”功能,开展“掌上物流”模式改革,企业刷手机二维码过卡口,日均通车1000辆次,物流效率明显提高。推进航空一类口岸功能做大做强,支持开辟新加坡、韩国釜山等新航线,加密已有航班,配合机场二期改造,优化旅检现场通关监

6月29日,无锡海关、无锡出入境检验检疫局验放首批跨境电商出口货物,标志着无锡市跨境电子商务业务正式落地开局 (邵元飞 供稿)

管流程，提供高效、优质通关环境。

(邵元飞)

【提升监管效能】 2016年，无锡海关开展深刻反思天津港"8·12"特别重大火灾爆炸事故警示教育，开展专项整治，建立库存日报制度，规范综合保税区内危化品监管。规范加工贸易保证金征收，加强对企业申报单耗、串料等关键环节的监管。加大科技设备应用，快件监管中心启用CT断层扫描仪。加大非侵入式查验提升查发水平，率先运用信息化系统实现进境个人物品类快件收件人身份信息核实，提高非侵入式查验比例。

(邵元飞)

【依法行政】 2016年，无锡海关推进行政审批制度改革。4月26日，承办全国海关行政审批"一个窗口"现场会，行政审批改革"无锡经验"向全国海关系统推广。持续提升打私综合治理水平，开展打击走私"国门利剑2016"联合专项行动。参与的"511.07"打击旧医疗设备走私案件被列为海关总署缉私局1级挂牌督办案件，该系列案件入选海关总署2016年海关缉私十大典型案件。坚持开展扫黄打非、旅检渠道"水客"治理，综合治理成效明显。

(邵元飞)

【服务外贸发展】 2016年，无锡海关服务无锡产业强市主导战略，全力助推外贸转型升级。7月14日，推动南京海关、江苏检验检验局服务江苏外贸"提速、减负、增效"百千万活动在无锡启动。现场发布关检服务外贸发展12项措施，与70家企业建立联络员制度，进行点对点服务。联合市商务局开展"聚焦服务"重点外贸企业活动，加大政策宣讲。推进查验无问题企业吊装、移位、仓储等相关费用财政支付试点改革，为企业节约成本、减负增效。推进海关AEO(经认证的经营者)企业认证制度，帮助企业"走出去"享受国际通关互认，企业营商环境进一步向好，新注册进出口企业数量比上年增长10%。

(邵元飞)

【扶持新兴业态】 2016年，无锡海关加强自贸试验区创新监管制度研究解读，分类分步做好复制推广工作，27项创新监管制度中有16项落地实施。针对先进技术设备，关键零部件、集成电路等高端产业，审批减免税货值2亿美元，审批减免税金额1.57亿元，有效引导优势资源要素向"四化"(智能化、绿色化、服务化、高端化)产业配置。推进无锡跨境电商业务成功"破冰"，打通无锡—苏州邮路。6月29日，首批"9610"通关模式跨境电商货物转关至苏州海关后通过邮路出境。扩大快件业务发展，依托新快件系统上线开放个人物品类快件通关，成为快件业务发展新增量。

(邵元飞)

出入境检验检疫

【概况】 2016年，无锡出入境检验检疫局(以下简称无锡检验检疫局)持续提升检验检疫把关服务能力和工作水平。全年实施出入境货物检验检疫4.04万批，金额26.24亿美元。其中，实施出境货物检验检疫1.68万批，金额5.64亿美元；实施进境货物检验检疫2.36万批，金额20.59亿美元。检出不合格出入境货物3140批、货值约2.25亿美元。签发产地证6.3万份，签证金额27.6亿美元。受理1.66万标箱的入境集装箱报检，对其中6317标箱的集装箱实施检疫查验。完成出入境航空器卫生检疫5365架次，实施出入境旅客卫生检疫查验68.92万人次，发现病症状857例。截获禁止进境物和限制进境物3869批次，其中检出一般性有害生物667种次，检出检疫性有害生物21种次。

(丁一忠)

【创新质量监管】 2016年，无锡检验检疫局建成一站式政务大厅、网上虚拟便民大厅和政务移动微大厅，实现检验检疫政务一窗口受理、一平台共享和一站式服务。组织开展出口产品质量指数调查工作，全面掌握地方出口产品质量现状。《关于探索建立区域出口质量指数研究》课题通过专家组验收。《建立区域出口质量指数的思考》获国家质检总局举办的"质检事业发展'十三五规划'征文活动"一等奖。实施"口岸直放、属地监管"入境验证新模式，对进口强制性认证目录内产品开展以进口产品清单、企业承诺、企业内部管控方案为主要备案，数据监控、巡查监控为主要监管形式的"三备两控"入境验证分线管理的研究和实践。探索建设进口汽车检验监管信息化平台，加强进口汽车召回和宜家家居调查等监督工作。推进质量安全示范区建设，提升锡山区国家级摩托车电动车质量安全示范区建设成果，高新区国家级先进制造业质量安全示范区通过国家质检总局评审，惠山区出口高端装备质量安全示范区、滨湖区出口电子商务质量安全示范区获得省级示范区称号。

(丁一忠)

【加强国门安全】 2016年，无锡检验检疫局加强口岸核心能力建设，做好针对寨卡、黄热病毒疫情的口岸防控工作，有效处置2起泰国入境的疑似寨卡病例。推进和协调地方政府及相关口岸单位启动和实施创建卫生机场工作，按照《国际卫生条例》、《创建国际卫生机场规程》、国际卫生机场考核验收标准等技术要求，帮助政府部门拟定实施方案，明确创建步骤和时间安排，落实部门分工、创卫项目和职责要求。建成全省首家利用DNA技术的医学媒介生物及其病原体检测实验室，持续推进PCR医学实验室建设，加强口岸动植物疫情疫病的监控。

(丁一忠)

【落实惠贸举措】 2016年，无锡检验检疫局持续实施"国检惠贸"工程。推广自贸区经验，支持发展维修再制造产业，做好"检验检疫通关无纸化、进口货物预检验、检验检疫分线监督管理"3项复制推广工作，探索"入区预检验，出区核销"模式。推动出口食品和消费品领域"同线同标同质"(三同)工程，制定实施"三同"质量要求和倡议，促进企业群体落实"三同"要求。与无锡海关集中开展"百企帮促、千企挂钩、万企直通"活动。推动地方获得质检总局批准建设进境肉类指定口岸。加快快捷食品口岸规划建设，以进口鲜奶为试点，按照"预防在先、风险严控、全程监管、国际共治"要求，对进口鲜奶实施全流程电子化监管。持续推动进境农产品指定口岸建设，利用空港口岸开放优势，扩大进境水生动物业务和种类。加快进境水果指定口岸申报工作。支持地方先进制造业、新兴产业和现代服务业发展，主动对接地方经济新项目新业态发展，落实帮扶举措。全面助推无锡跨境电商业务发展，参加跨境电商建设工作。

（丁一忠）

【加强技术支撑】 2016年，无锡检验检疫局适应科技管理体制变化、检测机构整合改革新情况，加强科技管理工作。全年申报江苏省科技厅科技计划项目2项，国家质检总局项目7项、江苏省检验检疫局项目52项、行业标准20项。1个项目入围省科技厅青年基金项目，7个主持项目、5个参与项目获得省局2016年度立项。获得国家质检总局“科技兴检”一等奖1项，省局“科技兴检”特等奖1项，三等奖7项。推进检测机构改革发展，全面推进省局改革创新样板点和服务外包集聚园综合样板建设。推进检测业务多元化发展，检测业务持续实现良性增长。联合市、区两级政府和相关部门，推进国家级检验检测高技术服务集聚区和检验检测认证公共服务平台示范区建设，支持检测技术产业做大做强。发挥质检科普基地作用，聚焦消费品质量安全，扩大社会影响。

（丁一忠）

【第三届“质检科技周”活动启动】 5月13日，国家质检总局第三届“质检科技周”启动仪式在无锡举行，国家质检总局副局长、国家认证认可监督管理委员会主任孙大伟和国家质检总局相关司局、认监委、标准委、直属科研院所、江苏省相关部门代表，以及企业、学生和媒体代表100余人参加启动仪式。仪式上，国家质检总局领导向全国优秀科普微视频奖获得者颁发证书，并为无锡检验检疫局公共技术质量中心等4家获得认定的质检科普基地授牌。

（丁一忠）

4月15日，江苏检验检疫局副局长卢艳光（右）、无锡市政府副秘书长糜君初为无锡检验检疫局“质检科普基地”揭牌　（丁一忠　供稿）

【中小微企业质量服务平台建成】 6月24日，无锡进出口公共技术服务平台暨中小微企业质量服务平台（以下简称“大平台”）启动仪式在无锡检验检疫局惠山检测基地举行。大平台是全省首家检、政、学共建的进出口公共技术服务平台，每年可为3000余家企业提供综合性技术检测认证服务1万批次，相关企业可减免检测认证、信息咨询、技术服务等费用600万元以上。

（丁一忠）

【举办质量知识大奖赛】 9月8日，无锡检验检疫局和地方政府共同组织举办无锡高新区质量知识大奖赛，经过前期选拔，50余家企业的质量管理人员中有6支代表队参加决赛。大赛通过政策法规、质量管理知识考试，以质量管理为主题的文艺节目展示等形式，引导区内企业参与质量提升活动，引导企业强化质量意识，加强质量管理，提高质量水平，在全社会营造政府重视质量、企业追求质量、人人关注质量的浓厚氛围。

（丁一忠）

【技质中心被评为年度卓越技术机构】 12月21日，中国质检报刊社主办的2016“质量之光”年度质量盛典在人民大会堂举行。会上，无锡检验检疫局技质中心被评为2016“质量之光”年度卓越技术机构”称号。“卓越技术机构”是为区域质量提升、行业质量提升、促进外贸发展等发挥重要作用的计量、标准、检验检测、认证认可等技术机构。获得该项荣誉，标志着无锡检验检疫局在推动技术机构改革发展、履行公共服务职能，服务企业及社会民生、促进经济发展和保障质量安全方面得到社会的高度认可。

（丁一忠）

编辑　邵文凯

开发区

综述

【概况】 2016年，无锡市省级以上开发区和特色产业园以“创新、协调、绿色、开放、共享”理念为指引，落实供给侧结构性改革，根据各自发展定位、资源禀赋和产业基础，延续和聚焦要素领域，形成产业发展集中集约、特色产业带差异发展的良好格局。全市开发区到位注册外资27.6亿美元，比上年增长6.5%，占全市比重81%；进出口总额579.8亿美元，比上年增长3.3%，占全市比重83%，其中出口额333.1亿美元，占全市比重77.6%，比上年增长2.5%。全市开发区规模以上工业总产值10831.7亿元，比上年增长6.4%；公共预算收入454.3亿元，比上年增长9.5%；固定资产投资307.7亿元，比上年增长5.0%。

(李　智)

【开发区管理工作规范化】 2016年，无锡市以制度化、规范化、系统化为目标，制定各类指引性、规范性文件，指导全市开发区管理工作。制定《关于加快全市开发区转型升级创新发展的实施意见》，该文件是近4年无锡市首次就开发区发展建设提出意见，明确“十三五”规划期间全市开发区的目标、定位以及为实现目标提出相应的保障措施和工作要求。重新修订《2016年开发区科学发展综合考核的实施意见》，首次印发《开发区统计工作规范指引（试行）》，规范开发区科学考核及统计管理。

(李　智)

【开发区功能升级】 2016年，全市开发区推进创新发展、特色发展，推进开发区功能升级。1月，江阴保税物流中心升级为国家级综合保税区。海关特殊监管区新增1家，全市达2家。惠山经济开发区和江阴临港经济开发区申报国家级经济技术开发区升级工作有序推进。宜兴市官林镇滨湖新区、无锡洛社经济开发区、锡山高新技术开发区（农业）申报创建省级开发区。中韩（无锡）科技金融服务合作区加快推进，获得对上争取支持资金300万元。无锡传感网大学科技园、宜兴经济技术开发区通过省级知识产权试点园区试点期满考核。

(李　智)

【特色园区争先进位】 2016年，江苏省商务厅对全省148家省级特色产业园的建设发展情况进行综合考评，无锡市16家参评园区中有7家受到表彰，其中3家园区进入全省制造业类前十，1家园区获科技研发类表彰。进入全省前十的园区数量和受表彰园区总数在省辖市中均排名第一。进入全省前十的制造业类3家特色产业园为江苏江阴新材料（金属）产业园、江苏无锡传感网产业园、江苏锡山台商科技工业园，分列全省第二位、第三位和第九位。江苏马山生物医药产业园获得全省科技研发类排名第一位；江苏宜兴新能源产业园、江苏江阴（节能环保）装备产业园、江苏宜兴新材料（陶瓷）产业园列无锡市（制造业）前三位。7家特色产业园中有6家属于新能源、节能环保、生物医药等新兴产业，显现出无锡市省级特色产业园发展产业高度集聚、科技高度创新的特点。

(李　智)

【开发区产业转型升级】 至2016年年底，世界500强企业中有83家企业、144个项目落户无锡，分别占全市的86.5%和79.1%，省级以上开发区内有跨国公司地区总部和功能性机构27家，占全市的96.4%。无锡高新技术产业开发区捷普电子、威峰科技等10个“工厂总部化”项目新增销售收入12亿元，新增税收0.8亿元。SK海力士五期等79个工业技改项目完成投资123亿元。战略性新兴产业保持良好发展势头，物联网、新材料与新能源、生命科技等产业实现两位数增长，企业效益增长有力，规模工业企业利润比上年增长20%。无锡综合保税区内重点企业新一波增资扩产持续发力，海力士五期技术改造、希捷苏州产能转移、村田新型电子元器件项目、捷普绿点量产、菲尼萨二期达产，英飞凌新厂房建设进展顺利。新企业、

表 43　　2016 年无锡市省级以上开发区获得荣誉一览

开发区名称	主要荣誉	授予部门
江阴高新技术产业开发区	第二批服务业区域试点单位 国家火炬特色产业基地 2015 年度火炬统计工作先进单位	科技部
宜兴环保科技工业园	第一批国家环境保护培训基地	环保部
无锡空港经济开发区	智慧物流配送示范单位	商务部
江阴临港经济开发区	先进开发区	江苏省
宜兴陶瓷产业园区	中国第一批特色小镇	住房和城乡建设部

（李　智）

新项目的注入加速了综保区产能提升,优化了园区产业结构,形成了半导体、高端电子、精密光电等多样化的高端制造产业集群。

（李　智）

【自主创新水平提升】 2016 年,全市开发区高新技术企业 1172 家,占全市 72%。江阴高新技术产业开发区完善"创业苗圃、创业孵化、产业加速"创新创业孵化链条,加快培育科技"小巨人"企业,由贝瑞森公司发起的中国海洋蛋白质产业创新联盟成立;普莱医药研发的国家 1.1 创新药 PL-5 通过新药评审,成功获批中国首例进入临床的多肽抗感染创制新药。全年引进各类科技创业项目 80 余个,实现销售总收入 240 亿元,比上年增长 6.7%。无锡空港产业园科技创新稳步提升,年内,申报高新技术企业 6 家,申报省高新技术产品 14 件,完成专利申报 1800 件,其中发明专利 690 件,完成 PCT 专利合作协定申请 4 件。宜兴环科园创新体系更趋完善,新申报高新技术企业 21 家,省高新技术产品 45 项,省级工程技术研究中心 3 家,申报各级各类科技项目 60 余项。俊知技术有限公司通过国家企业技术中心认证。中农物联网科技有限责任公司、中宜生态土被评为中国产学研合作创新示范企业和创新成果一等奖。省环保装备产业技术创新中心、未来概念水厂及城乡生态综合体项目揭牌启动建设。

（李　智）

无锡国家高新技术产业开发区

【概况】 2016 年,无锡国家高新技术产业开发区(以下简称高新区)经济社会保持平稳健康发展。全年实现地区生产总值 1408.01 亿元,比上年增长 8.1%。规模以上工业总产值 3187.04 亿元,比上年增长 6.9%。全社会固定资产投资 888.9 亿元,比上年增长 2.1%,其中工业投入 474.2 亿元,比上年增长 7.9%。进出口总额 346.4 亿美元,其中出口 184.9 亿美元。到位注册外资 12.6 亿美元。

（汪　英）

【产业结构调整】 2016 年,高新区完成服务外包合同金额 34.9 亿美元、执行金额 29.6 亿美元、离岸合同金额 23.5 亿美元、离岸执行金额 19.1 亿美元,均位列无锡市各开发区第一。推动重大项目开工建设,新签约项目协议投资 26 亿美元,其中旭友偏光片、科玛化妆品等超 1 亿美元项目 9 个。实施"以商招商、二次招商",引进康明斯增资、三星 SDI 动力电池、理光热敏新工厂等项目。中国船舶海洋探测技术产业园一期、联合汽车高压直喷等 100 个省、市、区重点项目实现投资 269 亿元,开工率 95.5%,其中三星 SDI 偏光板、夏普高清液晶显示模块、隆基单晶硅等 40 个项目年内竣工投产,阿斯利康新药、阿特拉斯·科普柯总部基地等 42 个项目开工建设。实施"工厂总部化",捷普电子、威峰科技等 10 个"工厂总部化"项目新增销售收入 12 亿元,新增税金 0.8 亿元。SK 海力士五期等 79 个工业技改项目完成投资 123 亿元。推进企业研发平台建设,全年新增省级企业技术中心 4 家,市级企业技术中心 10 家;入选省重点技术创新项目 42 个,市重点技术创新项目 84 个;累计列入省重点推广应用新技术新产品项目 20 个。推进企业品牌标准化建设。申报江苏省名牌产品企业 11 家;牵头参与制定物联网各类标准 75 项,其中国际标准 11 项、国家标准 39 项。全年获批循环经济标准化试点项目 3 个,市级服务业标准化试点项目 1 个,企业新采用 16 项国际先进标准。

（汪　英）

【新兴产业培育】 2016 年,高新区战略性新兴产业保持良好发展态势,高新产业产值占工业总产值比重达到 63.5%,物联网、新材料与新能源、生命科技等产业实现两位数增长,规模工业企业利润比上年增长约 20%。生物医药和新技术产业实现销售收入 132.4 亿元,比上年增长 12.9%。杰西医药、美安医药挂牌"新三板"。总投资 2.5 亿元的天星药业项目落户。生物制药企业阿斯利康投资 10 亿元建设小分子创新药物研发生产基地,注册资本 5000 万元的海鹰医疗、谷雨医药生命科技项目落户。物联网产业销售收入 760 亿元,比上年增长 10.5%,其中总投资45亿元的恒云太云计算数据中心签约落户，该中心是亚太区首个Uptime Tier4双认证(设计认证和建设认证)标准的数据中心。软件园等专业园区科技企业迅速壮大，在园区企业2039家，营业收入216亿元，上缴税金11.14亿元。年内，引进各类科技企业280家，投资总额29.43亿元。和晶科技、曼荼罗等3家企业获得优秀物联网企业称号；江苏曲速教育科技有限公司（极课大数据）获得第三届中国创新创业大赛优秀奖、2016“互联网+”青年创客大赛一等奖，成为教育大数据新锐。引进、培育省级以上重点人才计划6人，入选科技部创新人才推进计划4人，占全市入选数的57%。4人入围第二批国家“万人计划”领军人才。新认定新区科技领军人才创业项目15个。3人进入2016年创新人才推进计划暨国家“万人计划”科技创新领军人才、科技创业领军人才答辩。顶点医疗获江苏省科技创业大赛一等奖。注册资本1亿元的今日头条、拉卡拉云商互联网项目，速博威讯智能装备项目，万齿三维科技、金谷三维等3D打印项目，中航联创无锡创新中心等众创空间项目相继落户。

（汪 英）

【环境建设】 2016年，高新区完成“十三五”规划期间环境保护规划编制和区规划环评的修编及论证，全面划定并严守区级生态红线，启动区生态文明建设规划修编。编制完成河道环境综合整治工作实施意见(2016~2020年)，深入开展产业园区（工业集中区）规划环评跟踪评价，并报环保部审查。推进水污染物总量减排，完成化学需氧量、氨氮等减排任务，完成总铬、总镍等重金属年度减排计划。加强大气污染防治，完成10余家企业有机废气提标整治，24台燃煤锅炉清洁能源改造，2家水泥厂堆场封闭扬尘整治，关停“十小企业”(小型造纸、制革、印染、染料、炼焦、炼硫、炼砷、炼油、电镀、农药严重污染水环境的生产项目)18家。持续改善水质环境，推进梅东河、梅西河、河北街河等9条黑臭河道整治，完成“太湖治理”重点项目16个，专项整治涉水重点企业4家，关闭禁养区畜禽养殖场1家，完成新安藻水分离站技改扩建工程，累计打捞蓝藻15万吨，市级考核河道断面达标率上升至44.4%，实现太湖安全度夏。环境污染责任保险累计参保企业150家。建设污水管网23千米，梅村、硕放污水厂新增处理能力4.5万吨/天，建成中水管网24千米和德宝污水处理回用三期扩建项目。完成52家工业场地土壤污染调查及重点地块表面土壤修复试点。推进区域环境综合整治，完成叙康里、太湖花园一期及二期等旧住宅区的整治改造，面积100余万平方米。完成城郊结合部、背街小巷等4个大类17个点位的整治改造提升工程，江溪街道邱巷、寺东、寺北，梅村街道沈家弄基本完成整治，整治面积3.07万平方米。开展违法建设、市容显见性问题、农贸市场、废品回收站、工程运输车辆和建筑垃圾以及夜排档等专项环境整治180余次，拆除违法建设3.5万平方米，查处各类显见性市容违法行为2.5万起，清理河道垃圾2万吨、露天垃圾4.5万吨。

（汪 英）

【民生改善】 2016年，高新区投入5.8亿元，精心组织实施10大类53项民生实事工程，统筹发展社会事业，增强公共服务能力，创新社会治理，推进公共服务均等化全覆盖。促进就业创业，新增就业人数1.55万人，城镇失业人员再就业9886人；重点扶持自主创业819人，带动就业4174人，开发公益性岗位147个。加大居民养老参保力度，发放居民养老保险4.8亿余元。办理临时救助12297人次，核发临时救助金739.8万元。办理低保14712人，核发低保金686.7万元。为全区25.3万户常住居民投保住房财产险，726户获得保险理赔39.6万元。建立公租房、廉租房租金补贴，购买经济适用房给予补贴等多种保障方式，受理住房保障申请30户，发放廉租房租金补贴15万余元，经济适用房补贴52万元。硕放街道和新安街道试点依托公办民营养老机构新建区域性老年人助餐中心。完成66.67公顷市属蔬菜基地划定。组建社区“一社区一法律顾问”专业服务网络，法治满意度测评达93.17%，群众安全感测评达96.5%。加强危化品、较大风险作业、建筑施工、道路交通、特种设备、燃气、消防领域安全专项整治，集中开展“打非治违”专项行动，组织328个检查组检查企业1289家次，责令366家企业限期整改，开展企业安全生产托管66家，安全生产隐患整改率保持在90%以上，安全生产形势总体稳定。加强食品、药品安全监督管理和查处力度，食品检测合格率98.5%。完成高新物流地块、A3地块、50万伏高压线等扫尾灭点项目18个、征收拆迁项目25个，拆迁总量45.44万平方米。安置房开工建设28.6万平方米，竣工43.53万平方米。新建泰山路小学、鸿山实验小学、梅里中学，新增校舍面积7万平方米，新增学位5670个；全年小学入学新生6350名，其中新市民学生占比58%。成功创建省级社区教育示范区，省级标准化社区教育中心实现全区全覆盖。推行基本公共卫生医防结合模式，加强家庭医生服务团队建设，家庭医生服务签约总人数44万人，以新安社区卫生服务中心为试点的医联体信息平台初步实现互联互通。推进养老援助，投入124万元援助8类困难老人2600人，为5万余名老人购买“安康关爱”保险。落实残疾儿童15年免费教育、残疾学生慈善补助等政策，硕放实验小学省级特殊教育项目申报成功，获“全国残疾人工作先进单位”称号。完成村(居)委会换届选举，推进综治信息网络系统建设和区、街道、社区(村居)综治办三级网络及区主要综治成员单位信息网络化建设。优化771路、773路等公交线路14条。

（汪 英）

【菜鸟网络——中国智能骨干网空港项目奠基】 1月18日，阿里巴巴集团旗下菜鸟网络——中国智能骨干网无锡空港项目举行奠基仪式，标志着菜鸟网络江苏首个核心节点项目开工建设。菜鸟网络科技有限公司计划通过自建、共建、合作等多种模式，建设16万余平方米的集信用、物流和数据为一体的电子商务生态产业园，利用先进的互联网技术，建立开放、透明、共享的数据应用平台，能支撑10万亿元在线零售总额的社会化智能物流网络，为电子商务企业、物流公司、仓储企业、第三方物流服务商、供应链服务商等各类企业和消费者提供优质服务。项目投资 10 亿元，占地面积 22.87 公顷，从物流驱动型向产业驱动型发展。菜鸟网络——中国智能骨干网无锡空港项目，推动空港产业园成为华东地区重要物流节点，壮大园区电子商务和物流产业集群，有效提升园区现代服务业的层次和形象。

（汪 英 唐钰倩）

【新发汇融广场开街】 3 月 30 日，高新区新发汇融广场举行开街仪式暨中国农业银行新吴区支行、中信银行新吴区支行、平安银行新吴区支行开业活动。期间，平安银行新吴区支行与高新区共同启动无锡 2016 年“平安——社区共建”项目，平安银行一次性提供项目“种子资金”10 万元，直接参与社区治理，开辟企业参与公益投资的新渠道。

（汪 英）

【重大项目集中开工】 4 月 20 日，高新区举行 2016 年重大项目集中开工仪式暨新加坡康慧集团无锡国际医疗中心项目奠基仪式。新加坡康慧集团无锡国际医疗中心项目占地面积约 2.3 万平方米，总建筑面积 15 万平方米，总投资 15 亿元，项目计划建设一个拥有 1200 张床位的医院。集中开工的 24 个重大项目总投资 162.8 亿元，其中先进制造业项目 12 个，总投资 91.6 亿元；高端服务业项目 7 个，总投资 57.6 亿元；社会民生项目 5 个，总投资 13.6 亿元。

（汪 英）

【阿斯利康两个项目落户】 4 月 28 日，生物制药企业阿斯利康与高新区签署项目合作协议，在高新区新建小分子创新药物研发生产基地及中国商业创新中心。小分子创新药物研发生产基地位于阿斯利康无锡生产基地旁，由阿斯利康出资 5000 万美元进行建设，用于研发性生产由阿斯利康中国及全球研发机构发现的创新型小分子药物，帮助中国患者尽早获得创新靶向药。中国商业创新中心计划建成阿斯利康在整个亚太地区的物流分拨基地，所有亚太地区产品销售将通过该中心实现，提升其对无锡经济的贡献度。至此，阿斯利康在高新区累计投资达 5.55 亿美元。

（汪 英）

【国家级检验检测认证基地落户】 9 月 14 日，高新区举行“国家级检验检测认证基地”签约仪式。国家级检验检测认证基地项目包含国家太阳能光伏产品质量监督检验中心、国家增材制造产品质量监督检验中心（筹）和国家储能产品质量监督检验中心（筹）3 个中心，项目总投资 2.2 亿元。至此，高新区成为国内唯一拥有多个新兴产业国家级质检中心的集聚区。

（汪 英）

【丰泰电商产业园开工】 10 月 12 日，无锡丰泰电商产业园开工建设。无锡丰泰电商产业园项目总投资 7 亿元，注册资本 2.5 亿元，占地 9.2 公顷，集电商办公室、孵化区、职能仓储区、产品体验区、综合服务区、生活配套区六个功能于一体，通过高端快递、物流和“互联网+”的产业服务，形成与无锡区域经济和优势产业的互动，致力于建造一体化的电商服务生态圈，为电商企业的发展提供一站式的供应链解决方案，建设以电商仓储服务、电商金融服务双轮驱动的专业型电商集聚中心。

（汪 英）

【健康物联网示范基地建设】 11 月 8 日，生物制药企业阿斯利康与高新区签署战略合作备忘录，阿斯利康中国商业创新中心同时揭牌。阿斯利康计划以中国商业创新中心为主体，依托物联网，围绕呼吸、心血管、消化系统疾病及代谢紊乱、肿瘤治疗等领域，联合 IBM、欧姆龙、艾德生物、春雨医生、中国平安等跨行业、跨领域的企业或机构开展多元合作，推进实施 3D 创新（诊断、设备、互联网）战略，对患者实行从预防、诊断到愈后随访的全流程疾病管理，提供智慧医疗解决方案，把高新区建设成全国健康物联网示范基地。鸿山物联网小镇的新瑞医院成为健康物联网模式的试点医院。

（汪 英）

中国宜兴环保科技工业园

【概况】 2016 年，中国宜兴环保科技工业园（以下简称环科园）围绕建设创新园区、活力园区、和谐园区的目标定位，整合优质资源，加快统筹发展，提升承载能级，推进项目建设，夯实发展基础，继续保持经济健康平稳发展、优质资源加速汇聚的良好态势。园区面积 212 平方千米，全社会固定资产投入 155.3 亿元，比上年增长 10.3%，其中，基础设施建设投入 16.8 亿元，比上年增长 8.1%；规模以上企业工业增加值 203.6 亿元，比上年增长 8.4%；公共一般预算收入 28.4 亿元，比上年增长 9%。

（孙 夏）

【资源项目集聚】 2016 年，科技部江苏省政府实施《部省宜兴合作计划（2016~2020）》为“十三五”期间共同将环科园打造成为全国环保创新示范基地划定线路图。年内，环保部东盟中心与环科园签署第二轮战略合作协议（2016~2020 年），共同推动中国—东盟环保技术和产业合作示范基地（宜兴）建设，促进宜兴环保产业转型升级。9 月，环保部对外合作中心与环科园签署战略合作协议，支持宜兴环科园“环境医院”的各地分院建设，推动环保技术交流合作，建设“环保技术国际智汇平台”产业园示范基地，打造环境区域治理可全国复制推广的示范工程。环科园启动“中韩环保高端装备制造基地”“中新水处理国际创新园”等特色园区建设，推进中国与韩国、中国与新加坡、中国与美国、中国与以色列 4 个国别合作项目；举办中国与加拿大、中国与韩国、中国与美国等环保技术交流会 30 余场次，组织企业参加第十七届中国环博会、慕尼黑环保展、新加坡国际水博会等，达成一批新合作项目。环科园与中信环境技术有限公司联合成立环保总承包公司，规划在环科新城核心区域建设中国水科技城，并将联合新加坡南洋理工学院在宜兴联合建设水务管理学院。年初，首批国家 2011 协同创新中心重大项目——石墨烯新能源材料产业园落户环科园，宜兴—俄罗斯科学院—莫斯科大学联合研究中心在该产业园落户，并于年内启动首个“防腐蚀环保涂层”项目研发工作。

（孙 夏）

【科技创新能力增强】 2016 年，环科园新申报高新技术企业 21 家，省高新技术产品45项,省级工程技术研究中心3家。俊知集团通过国家企业技术中心认证。中宜生态土研究院与中科院武汉岩土所等单位联合申报的“生活垃圾填埋场气—液致灾防控与资源化利用关键技术及应用”荣获“中国产学研合作创新成果奖一等奖”。江苏中农物联网科技有限责任公司获“2016年中国产学研合作创新示范企业”称号。创新创业人才队伍不断壮大。全年引进外籍院士2人、两院(中国科学院和中国工程院)院士1人、“千人计划”专家3名、“双高”人才73名、留学回国人员26名。中宜生态土研究院院长薛强获得国家杰出青年奖,南京大学宜兴环保研究院院长任洪强及团队在国家科技大奖中获得自然科学二等奖。卓易软件园顺利升级为国家级孵化器,宜兴环保黑马营成为宜兴市唯一的国家级众创空间。哈宜环保创新产业联盟、中国渔业物联网与大数据创新联盟等一批产、学、研合作新平台相继成立。

(孙 夏)

【中国环保技术与产业发展推进会举行】 10月27日,2016(第四届)中国环保技术与产业发展推进会在宜兴举行。推进会以“集聚全球创新资源、引领产业高端发展”为主题,由科技部、江苏省政府主办,江苏省科技厅、无锡市政府协办,宜兴市政府、环科园承办。科技部、环保部、江苏省的相关领导,国际水协、国际标准化组织等国际组织代表,美国、新加坡、韩国、荷兰等相关部门和机构代表,有关省、市分管环保科技工作的领导,国内外知名环保专家学者、环保企业负责人、环保领域专业金融机构,宜兴市相关领导,国内各大新闻媒体等近500人出席会议,共同探讨环保产业创新发展之路。会议介绍《科学技术部、江苏省人民政府共同推进中国宜兴环保科技工业园创新发展合作计划(2016~2020年)》。环科园与河北省承德市、云南省昆明市、四川省武胜县、中信环境技术有限公司分别签署区域环境治理合作协议,和Tigris水务基金、中国进出口银行江苏省分行分别签署金融资本合作协议。举行国际标准化组织工业水回用分技术委员会国内技术对口单位揭牌、中国城市污水处理概念厂启动建设仪式及“环保创新高地”专题论坛、“中新水生态科技城”专题论坛、“国际水协中国青年委员会年会”、“中美环境科学与污染控制国际学术研讨会”、“2016环保创新创业大赛总决赛”和“中韩环保合作交流会暨中国企业赴韩上市推介会”等。

(孙 夏)

【与环保部东盟中心战略合作】 7月,中国—东盟(上海合作组织)环境保护合作中心(以下简称“东盟中心”)和宜兴环科园举办中国—东盟可持续发展与实践高层研讨班、“一带一路”绿色金融与环保产业国际合作研讨会。会上,宜兴环科园与环保部东盟中心签署第二轮战略合作协议(2016~2020年)。2012年11月,为促进中国环保产业“走出去”,东盟中心与宜兴环科园签署了第一轮战略合作协议,依托宜兴环科园开展中国—东盟环保产业合作示范,探索南南环保产业合作新模式。新一轮战略合作深化中国与东盟环保产业务实合作,推动中国—东盟环保技术和产业合作示范基地(宜兴)建设,加强和提升宜兴环科园开展环保国际合作的能力和水平。会上,环科园和浩远集团联合成立总规模200亿元的中宜浩远环保产业发展基金,主要用于“一带一路”环保产业走出去项目、流域环境治理(PPP)项目等;与中信环境公司签署总投资50亿元的合作项目,主要围绕中新水处理国际创新园区建设,共同开拓环太湖及全国环境综合治理市场,开展“一带一路”环保项目的国际合作等;与亚太区最大的专项投资和金融服务公司——麦格理集团Tigris水务基金合作,共同在中国水处理领域投资发展。

(孙 夏)

【省环保装备产业技术创新中心成立】 8月,江苏省环保装备产业技术创新中心在环科园揭牌成立并启动建设。江苏省环保装备产业技术创新中心是江苏省“十三五”规划提出“一中心、一基地”(产业科技创新中心和先进制造业基地)建设内容中的六大中心之一,也是江苏省在节能环保领域唯一的创新中心和核心载体,也是全国领先的环保技术与装备研发中心。该中心由省科技厅、宜兴市政府和环科园共同建设,各出资5000万元,设立产业技术研发联合资金,重点支持重大产业创新项目及平台载体建设等。1月,创新中心开始筹备,将建成占地71409平方米,有18栋孵化楼和1栋综合楼组成的科技孵化基地,作为创新中心主要载体。

(孙 夏)

【入选全国首批“环保智汇平台基地”】 6月,由环保部环境保护对外合作中心和中国环境科学学会举办的“国际清洁技术与融资峰会暨环保技术国际智汇平台第一届年会”在北京举行。会上,环科园被授予“环保智汇平台基地”,成为全国首批“环保智汇平台基地”之一。环保技术国际智汇平台(简称3iPET)是环境保护对外合作中心建立的国际化、智能化、集成化的环保技术专业服务平台,以水气土污染防治、节能减排、清洁生产和环境公约履约等领域为重点,以“互联网+环保技术”的线上线下结合模式,为国内外企业、政府、产业园、环保从业人员打造一个污染防治技术综合服务平台,推动环保技术“引进来、走出去”和产业化发展。3iPET具备集成展览展示、技术评估推荐、技术对接推广、政策市场咨询、金融投资服务、培训交流合作六大功能。

(孙 夏)

【国家“水专项”课题研究启动】 3月,由环科园参与的水体污染控制与治理科技重大专项(简称“水专项”)课题——“水污染控制与治理技术成果转化平台与产业化推广机制研究”启动。该课题旨在研究如何把“十二五”期间的“水专项”重大成果进行展示、推广和产业化,为水污染防治技术成果供需双方搭建一个信息公开与共享的公共服务平台和对接中心。国家“水专项”是根据《国家中长期科学和技术发展规划纲要(2006~2020年)》设立的16个重大科技专项之一,为水体污染控制与治理提供强有力的科技支撑,缓解能源、资源和环境的瓶颈制约。

(孙 夏)

【“水专项”成果亮相国家科创成就展】 6月,以“创新驱动发展,科技引领未来”为主题的国家“十二五”规划期间科技创新成就展在北京举行。作为以环保工程建设和装备配套为核心业务的产业聚集区，环科园是成就展上唯一的以环保产业为主体的园区。作为国家“水专项”课题的牵头实施单位，环科园参与策划展出的以“山水林田湖”流域综合治理为主题的沙盘，集中展现了海绵城市、农村污水治理、河道修复等多个水治理系统互动循环、和谐共生的美好场景，受到各方高度关注。此外，受科技部委托，由环科园委派江苏省（宜兴）环保产业技术研究院编辑《创新驱动发展科技引领未来——“十二五”资源环境海洋领域科技创新重大成果》汇编手册，对资源、环境、海洋三大领域的科技创新成果作了系统的梳理和呈现。

（孙　夏）

环科园2016年黑马大赛环保创新创业大赛现场　（孙　夏　供稿）

【2016“黑马大赛”环保创新创业大赛举行】 2016（第四届）“黑马大赛”环保创新创业大赛由环科园和创业黑马联合主办。大赛以“环创时代，创新未来”为主题，经过预赛、半决赛、决赛多个环节，历时5个多月，从近百个报名项目中筛选出24个晋级项目，最终产生冠军、亚军、季军共6名。作为环保领域的专业赛事，环保创新创业大赛致力于整合优质资源，为环保创业者们提供业内最资深的导师、最丰厚的产业孵化要素和最先进的创业扶持机制。大赛延续上届“导师+专家+投资机构”的评委阵容，4位企业家导师、10余位专业评委、20家合作伙伴、50家投资机构代表参与，从市场化、资本化的角度为参赛者指点迷津。

（孙　夏）

【两大环保合作项目落户】 1月，南京工业大学2011协同创新中心宜兴石墨烯新材料产业园、上海化工研究院（宜兴）环保产业技术联合创新服务平台合作共建签约仪式在宜兴举行。南京工业大学2011协同创新中心宜兴石墨烯新材料产业园围绕石墨烯水处理电极、石墨烯动力电池等产业方向，依托南洋理工大学、南京工业大学等技术与专家团队，以核心市场化产品吸引大型央企、上市企业及优势特色企业合作，建设一流的石墨烯产品孵化及产业化基地。上海化工研究院（宜兴）环保产业技术联合创新服务平台建立后，依托研究院雄厚的技术力量，与宜兴环保企业就高新技术联合创新、环境医院窗口服务、新技术产品联合攻关等方面展开密切合作。

（孙　夏）

【与中建材凯盛科技战略合作】 6月，中国建材集团的全资子公司凯盛科技集团公司与环科园签署战略合作协议，共同推动远东光电超薄太阳能玻璃盖板项目及凯盛“三新”产业园、光伏玻璃销售分中心、创新创意研究院建设。凯盛科技集团公司主营凯盛玻璃、凯盛光伏、凯盛材料、凯盛装备、凯盛工程、中央应用研究院六大业务。此次合作，是贯彻落实中央推进供给侧结构性改革部署要求的具体举措，也为地方政府与央企、民企联手推动企业重组、盘活资产提供借鉴。

（孙　夏）

【宜兴—俄罗斯科学院—莫斯科大学联合研究中心落户】 2月，环科园与俄罗斯科学院、莫斯科国立大学签约，三方将在南京工业大学2011协同创新中心宜兴石墨烯新材料产业园内合作共建联合应用研究中心。俄罗斯科学院和莫斯科大学在新兴环保功能材料应用研究方面有深厚的研究基础。联合应用研究中心主要进行新材料应用的产业研发工作。研究方向包括防腐蚀、防生物附着石墨烯环保涂层，超临界流体氧化法处理污泥、污水工艺开发等。10月，专家团队进驻联合应用研究中心，启动首个“防腐蚀环保涂层”项目研发工作。

（孙　夏）

【与广西陆川共治生态环境】 11月，中宜生态土研究院与广西壮族自治区陆川县政府签订合作协议。中宜生态土研究院是中国科学院武汉岩土力学研究所和环科园管委会共建的一家环境治理专业机构，在国内流域生态环境综合治理各环节已形成较为成熟的科研力量，并具有成功运作经验。发源于陆川县的九洲江全长162千米，其中约80千米位于陆川县辖区。根据协议，中宜生态土研究院为广西陆川县九洲江流域生态环境综合整治工程提供总体技术咨询与服务，项目分三期进行。

（孙　夏）

【中国渔业物联网与大数据产业技术创新战略联盟成立】 3月，中国渔业物联网与大数据产业技术创新战略联盟在环科园成立。该联盟是由全国从事渔业产业研究的高校、科研单位，以及全国水产养殖企业和技术推广等54个单位自愿组成，旨在通过开展渔业物联网与大数据产业发展战略研究，制定渔业物联网与大数据产业中长期发展规划，建立科技资源开放共享创新平台，完善技术成果扩散机制，带动中小企业产品和技术创新，推动渔业物联网与大数据产业的快速发展及国际化进程。至年底，宜兴市水产物联网标准化示范区达3333公顷，成为全国“互联网+农业”的典型。

(孙　夏)

无锡太湖国家旅游度假区

【概况】 2016年，无锡太湖国家旅游度假区(以下简称度假区)以建设国内一流的旅游度假区为目标，围绕文化旅游、生物医药、先进制造、特色农业四大产业，突出抓好招商引资、城乡建设、社会事业、党的建设等重点工作。全年完成公共财政一般预算收入6.51亿元，规模以上工业总产值95.6亿元，固定资产投资68.76亿元，社会消费品零售额6.74亿元，到位注册外资1.44亿美元，游园人数920万人次。年内，度假区举办马山民俗年味活动、马山户外旅游节、首届太湖国际帐篷旅游节暨铁人三项赛、第七届马山国际钓鱼节、“丹青阖闾——当代中国画名家作品展”、马山杨梅节等系列文旅活动，吸引数十万游客参与，文化旅游活动效应凸显。万人帐篷节活动被中央电视台报道，中央电视台《发现之旅》对度假区进行专题节目摄制。

(许朝春　徐卫琴)

【招商引企】 2016年，度假区强化招商促发展理念，招引注册资本1000万元以上规模企业45家，为年度目标的113%，其中，注册资本超5000万元以上的企业9家。完成载体租赁5430平方米，为年度目标任务的109%。完成招引楼宇经济企业41家。药明生物生命科技园项目签约，度假区在无锡市率先完成50亿元先进制造业项目招引。梅梁路太湖人鱼小镇项目完成概念性设计方案，启动商务谈判。阖闾城文化旅游项目完成工商注册。龙头渚主题公园完成项目意向投资协议签约。轻工疗养院北侧地块贝勒度假医疗项目完成概念方案设计。

(许朝春　徐卫琴)

【文化旅游发展】 2016年，灵山小镇拈花湾入选江苏省十大新景区(新路线)，禅意旅游目的地建设初见成效。湖南卫视《全员加速中》在拈花湾录制。灵山集团“走出去”战略加快实施，山东尼山项目初步建成。阖闾城博物馆成功申报创建成为国家AAAA级旅游景区。和平“天和山庄”、金诚太悦温泉酒店提升改造、桃坞山居配套工程加速推进并进入收尾阶段，嶂青的民宿项目完成工商注册。阖闾城影视基地内部置景方案经过专家论证，设计方案进入修改完善阶段。环特太阳能创建省工业旅游点，瑞年实业通过省工业旅游点的复核。如愿客栈、慕湾果园创建省三星级乡村旅游点。踏青农庄通过省三星级乡村旅游点的复核。

(许朝春　徐卫琴)

【生物医药产业发展】 2016年，度假区生物医药实现销售收入58亿元，实现税收7.6亿元，比上年增长7.5%。其中，马山生命科学园实现纳税销售9亿元，缴纳税金1.3亿元。全年新引进注册资本500万元以上的规模型企业18家，其中，注册资本超过5000万元的大型生物医药项目4个。华瑞制药获得无锡市市长质量奖。贝迪生物登陆“新三板”，成为外包区第一家登陆“新三板”的企业。年内，新引进高科技专业人才141人，其中博士以上专业人才30人;新申报国家“千人计划”1人。

(许朝春　徐卫琴)

【先进制造业发展】 2016年，度假区继续深入开展马山经济发展园区提升活动。开展工业团地未利用土地的专项整治，对马圩地区露地进行全面清理，并落实长效管理。马山经济发展园、永创电控器材有限公司均入围无锡市工业发展资金“高效利用存量土地”奖励项目。加强企业服务，落实街道领导班子成员挂钩企业制度，下发各级扶持企业发展文件材料汇编。宏盛换热器成为马山首个在上海主板上市的企业。

(许朝春　徐卫琴)

【特色农业发展】 2016年，度假区加快农业产业结构调整，结合现有农业旅游资源，合理规划布局，招引符合马山业态的农业项目。和平“天合山庄”项目对外运营。嶂青“凤谷山庄”完成园区道路建设、景观环境提升、组培室完善等工程。西村“云居西村”进行主体建筑改造工程。和平“轻奢文旅小镇”重点推出318文化大院，建成“慧心树屋”精品客栈。万丰“蜂巢农庄”建成10个高科技智能化大棚并投产。

(许朝春　徐卫琴)

【基础设施建设】 2016年，度假区着眼项目建设、产业发展需求，基本完成马圩控规修编方案。完成马山地区地下管线的现状摸排及规划工作。完成马山环山东路(千波桥南堍—古竹路)拓宽改造工程方案设计和规划。确定苏锡常南部高速马山段具体线形，完成宜马快速通道马山连接线建设初步方案。完成梅梁广场景观绿化工程。完成乐山路延伸段、霞光路(雪云路—湖山路)、康乐路延伸段、启帆路(乐山路—紫竹路)新建、霞光路延伸段(雪云

无锡太湖国家旅游度假区内企业生产场面　　(度假区　供稿)

路—连峰路）工程和紫竹路拓宽改造工程。

（许朝春　徐卫琴）

【社会事业发展】 2016年，峰影小学新建项目竣工交付使用。街道卫生服务中心规范化建设持续推进。拟定《无锡太湖国家旅游度假区特殊困难家庭救助办法》，提高救助覆盖范围，完善低保托底工作。全年救助811人（户），发放救助资金97万元。全年城镇新增就业1478人，城镇下岗失业人员再就业682人。完成创业培训115人，重点扶持自主创业人数88人，实现带动就业再就业319人。企业职工养老保险净增缴费人数367人，适龄居民养老保险参保覆盖率99%以上。全年受理劳动人事争议案件92起，审结78起，调处各类简易劳动争议24起。

（许朝春　徐卫琴）

【生态建设】 2016年，度假区完成《水环境综合整治总体实施方案》编制，启动23个区块的控源截污复查工作。西村社区顾家渎河道治理成效明显，被中央电视台《焦点访谈》专题栏目拍摄专题片。全年打捞蓝藻约40万吨。推进控源截污工作，完成阖闾片区（南湾、东城、杨家、白药山新村）、群丰片区（灵丰苑）、警校片区（消防中队）各类管道铺设，完成东城污水提升泵站主体施工。完成列入省市级目标任务的6台燃煤小锅炉的整治任务及辖区内10家小浴室的整改工作。全年开展大型联合执法行动6次，市容联合整治行动50次。古竹街被评为全市首家"省价格诚信街区"。

（许朝春　徐卫琴）

江阴高新技术产业开发区

【概况】 2016年，江阴高新技术产业开发区（以下简称江阴高新区）实施产业强市、创新驱动、改革开放、城乡统筹、绿色发展、民生优先"六大战略"，深入推进苏南国家自主创新示范区建设。全年完成国民生产总值751.08亿元，比上年增长7.58%；规上工业产值1333.75亿元，比上年增长7.1%；公共财政预算收入70.63亿元，比上年增长12.34%；到账外资6.03亿美元。全社会固定资产投入388.92亿元，比上年增长12.5%，其中，工业投入135.22亿元、服务业投入253.7亿元，分别比上年增长14.7%、11.35%。年内，获批为国家火炬现代中药配方颗粒特色产业基地、国家科技服务业区域试点。在2015年度江苏省国家级高新区考核中排名第七。

（朱亚丽）

【推进苏南国家自主创新示范区建设】 2016年，江阴高新区根据省委、省政府、无锡市和江阴市委、市政府关于苏南国家自主创新示范区建设的战略部署，编制印发《江阴高新区"十三五"科技发展规划》，全力打造"一城三区五园"创新格局。"一城"即集研发生产、创新创业、科技金融、商业商务等于一体的滨江科技城，"三区"为扬子江科技金融总部园区、御龙湾科技创业社区和城南大学科教园区，"五园"是特钢新材料及金属制品科技产业园、新能源汽车关键零部件科技产业园、传感网科技产业园、生物医药科技产业园和高端智能装备科技产业园。制定《江阴高新区创新型产业集群发展专项资金企业技术创新类四大专项补助资金实施办法》《江阴高新区创新型产业集群发展专项资金之产业领军人才激励专项资金实施办法》。1月，与省生产力促进中心合作共建的江阴高新区科技服务中心挂牌成立，为企业在技术创新和转型升级方面提供人才引进、科技咨询、检验检测等十大科技服务。3月，江阴金融创新服务中心成立，为中小微创业企业提供"一站式"金融服务。年内，加快建设江阴高新产业技术研究院，在特钢技术、金属新材料、微电子集成电路、新能源汽车关键零部件、现代中药、生物疫苗及检测试剂、医用海洋蛋白质、多肽抗感染新药等领域超前部署一批核心技术、前沿先导技术、产业化应用关键技术，解决产业关键共性技术难题和瓶颈。在2016年度省苏南国家自主创新示范区建设专项考评中，江阴高新区位列第四，获得省科技厅苏南国家自主创新示范区建设专项奖补资金2580万元。

（朱亚丽）

【青阳工业园区建设】 2016年，江阴高新区青阳园区围绕打造高端服务业引领区和先进制造业集聚区的目标定位，推进11.8平方公里一期启动区建设，累计投入基础设施资金近3亿元，建成园区道路10千米，铺设管网34千米，完成绿化5.5万平方米。年内，投资9000万元的第二过江通道南延伸段道路建成完工，投资900万元桐安路改造工程竣工验收，振阳路西延伸段工程开工建设；防洪排涝工程中4条河道、1个闸站（豆腐浜闸站）完成招投标程序；加紧铺设从江阴苏龙热电有限公司通往园区的供热管道。招商引项实行"一对一"跟踪推进、"面对面"协调服务机制，全年签约项目6个，其中两个项目开工建设，分别是总投资2.3亿元的冉溪环保装备项目和总投资2.5亿元的特种改装车项目；在谈项目近20个，有总投资100亿元的重大项目华南城项目，总投资30亿元的协鑫区域型天然气分布式能源项目，以及总投资20亿元的吉利锂电池项目等。与工商银行无锡分行签订50亿元融资的战略合作协议，为园区基础设施建设提供资金保障。9月底，园区管委会办公机构由青阳镇府前路189号迁址青阳镇桐安路68-1号办公。

（朱亚丽）

【招商引项】 2016年，江阴高新区着力开展产业链招商，全年完成到位注册外资6.03亿美元，实现签约项目20个、报批项目14个、意向项目128个。其中，总投资6亿美元的兴澄特种钢材深加工项目、总投资1亿美元的卡姆羿飞储能技术项目等多个重大外资项目完成签约注册。年内，组织招商小分队，赴北京、上海、广州、深圳、成都、西安、苏州等城市拜访多家大型企业、跨国公司总部、中介机构及商会，拓宽招商网络。9月初，赴深圳和香港开展系列招商经贸活动，推进中达银瑞江阴金创中心企业产业基金、天安数码城二期及光大控股产业投资基金、中信泰富特钢深加工产业及仓储物流项目、世茂热带雨林主题旅游综合体项目等。9月中旬，召开"2016江阴高新区建设苏南国家自主创新示范区恳谈会"，签约项目13个，总投资近200亿元，其中，包括总投资

60亿元的国润金华聚合物锂电池及电机、总投资26亿元的长电科技集成电路先进封装测试项目、总投资10亿元的神创电子二期等先进制造业项目9个，以及融丰互联网产业投资基金、太和东方生物医药产业基金、合琢医药产业投资基金等现代服务业项目4个，涉及新能源电池、微电子集成电路、生物医药、互联网科技以及产业投资基金等多个领域。

(朱亚丽)

【主导产业发展】 2016年，江阴高新区继续推进创新型产业集群发展，加快建设千亿元级特钢新材料及金属制品产业、千亿元级新能源汽车关键零部件产业、500亿元级微电子集成电路产业、500亿元级现代生物医药医疗产业等四大创新型产业集群和与先进制造业相匹配的千亿元级现代服务业产业集群。

先进制造业方面。至年底，全区完成工业开票销售1378.12亿元；工业投入135.22亿元，比上年增长14.7%。特钢新材料及金属制品产业集群以兴澄特钢、法尔胜为主体，拥有规模以上工业企业41家，年产值781亿元，占工业总产值的49.8%，年底通过国家出口高性能特钢及制品质量安全示范区的考核验收，在2015年度省特色产业园考核中排名第二。兴澄特钢完成年营业收入401.3亿元，吨钢效益继续稳居全国第一，被亚太质量组织授予国内特钢企业唯一的“全球卓越绩效奖”。总投资6亿美元的中特集团特钢深加工产业项目和总投资4.5亿元的中特集团总部大楼开工建设。法尔胜获得“中国工业大奖”，被工信部列为首批60家制造业单项冠军(金属丝绳、缆领域)示范企业之一。新能源汽车关键零部件产业集群以华欧德6AT自动变速器项目、国润金华新能源锂电池等一批重大项目为龙头，总投资超70亿元的华泰汽车6AT自动变速器项目进展顺利，机加线完成初步安装，总装线、检测线进行设备调试。微电子集成电路产业集群以长电科技为核心，拥有骨干企业20余家，完成开票销售156亿元，在主导产业的占比比上年提高3个百分点。长电科技自主开发的世界最前沿集成电路FO—ECP技术成功量产，并在国内集成电路封测业中首先实现自动化4.0系统化智能制造。总投资12亿美元的中芯国际3D集成芯片项目一期实现量产，形成每月2万片的Bumping加工产能和2.5万片以上的硅片电性能测试能力，成为国内首家14纳米凸块加工量产企业。总投资5亿美元、注册资金3亿美元的星科金朋电子技术、半导体、集成电路封装测试项目一期建成投产。现代生物医药医疗产业集群以百桥生物医药孵化器、生物医药加速器等重大平台和天江药业为依托发展壮大。天江药业占据国内现代中药配方颗粒产业市场销售份额60%以上，全年实现开票销售17.3亿元，入库税金2.57亿元。普莱医药研发的国家1.1创新药PL-5通过新药评审，获批中国首例进入临床的多肽抗感染创制新药。阳生生物、力博医药在“新三板”挂牌。

现代服务业方面。全年完成服务业增加值340.65亿元，比上年增长10.4%；服务业投入253.7亿元，比上年增长11.35%。瞄准电子商务、金融服务业等重点行业，引进电商项目20多个，包括中房中融、扮美网络、小月农牧、万舜云商等独立电商平台。南京大学国际商务硕士人才培养基地挂牌落户，华西村商品交易中心、扮美网络、紫米电子被评为“2016~2017年度无锡市电商示范企业”；朴新股权投资基金、协鑫智慧能源、金服信息咨询、韬瑜股权投资、光际投资等27家投资公司完成注册及变更，金融投资企业纳税近5亿元。发展楼宇经济，东方广场新增注册企业173家，累计注册265家，实现开票销售近50亿元，应征增值税超1000万元；天安电商产业园企业入驻率85%，成功申报江苏省电子商务示范基地；海澜财富中心引进上海国际信托有限公司、国元证券股份有限公司、跨国外资企业挪威船级社(中国)有限公司江阴分公司等20余家公司入驻。

(朱亚丽)

【科技创新】 2016年，江阴高新区加快集聚创新资源，提升自主创新能力，全年完成高新技术产业产值904.7亿元，占规模以上工业产值67%，生物医药、服务外包、新传感网、文化创意四大新兴产业实现销售255亿元，比上年增长12%。加强省级高新技术企业培育，新增省高新技术企业21家，累计120家；新增省高新技术产品33个，累计150个；新增省民营科技企业16家，累计157家。依托区域产、学、研合作联盟和产、学、研协同创新基地，组织实施重点产、学、研合作项目20余项；新建企业研发机构19家，其中院士工作站3家、省级工程技术研究中心2家、省级企业重点实验室1家；成立中国海洋蛋白质产业创新联盟和贝瑞森创新医疗器械示范应用基地，获批江苏省博士后科研成果转化基地。组织企业申报省、市各级科技进步奖、专利奖8项，全年全区专利申请总量3000余件，其中发明专利申请量1600件，万人有效发明专利拥有量65件，PCT申请量26件。落实科技扶持政策，建立科技政策辅导员和科技政策专员工作制度，开展科技政策培训，全年科技财政支出2.79亿元，其中兑付高新区创新型产业集群发展专项资金3648.86万元；组织企业申报国家、省级以上各类科技计划104项，获批省级以上各类科技计划项目43项。开展科技金融合作，江阴银杏谷股权投资引导基金完成10个项目投资，高新区科技型中小企业信用风险补偿资金继续推进；设立江阴滨江科技创业投资有限公司，作为政府科技金融引导平台，引导社会资本共同参与，支持中小企业科技创新。推进“大众创业、万众创新”，新增1家省级众创空间，完成3家国家级众创空间申报；阿里云创业创新基地(即乐创汇)于3月底试运行，制定《江阴高新区阿里云创业创新基地实施细则》，集聚服务机构15家，引进创业项目15个。加快科技孵化育成步伐，新传感网、生物医药、服务外包、文化创意等四大特色产业园引进高层次人才86人，其中海外留学回国10人，省“双创人才”1名；引进各类科技创业项目89个，其中总投资2000万元以上科技项目10个；入驻企业实现销售收入120亿元，入库税金4.6亿元，比上年增长65%；培育年销售超1亿元企业12家、超5000万元企业8家。7月，江阴高新区被中宣部和科技部联合推荐为全国实施创新驱动发展战略的8个典型的国家高新区之一。

（朱亚丽）

【重大项目建设】 2016年，江阴高新区坚持"以项目为中心，以效率和实绩为基本点"的工作理念，瞄准"推进落实一个大项目，激活孕育一条产业链，打造形成一片产业集群"目标，实施项目招商服务终身制、项目开工限期跟踪制、项目审批协调报告制、项目定期现场办公制等制度，全年推进兴澄特钢特种钢板深加工、华欧德变速器、中芯长电12英寸3D集成片生产基地、中南地锚新型集成智能系统、世茂御龙湾综合体等重点重大在建项目32个，总投资462.4亿元；拟建待开工项目24个，总投资440.2亿元；跟踪意向项目21个。在建项目中，有先进制造业项目21个，现代服务业项目11个；超100亿元项目1个，超20亿元以上项目5个，超10亿元项目3个，超5亿元以上项目3个。年内，竣工项目11个，其中先进制造业项目8个，现代服务业项目3个；在建项目21个。

（朱亚丽）

【生态环境建设】 2016年，江阴高新区围绕总体规划明确的"国际知名产业高地，滨江山水科技新城"定位，完善《蟠龙山生态公园设计方案》，优化《江阴高新区苏南国家自主创新示范区空间布局规划》，委托江苏省城市规划设计研究院开展《江阴滨江科技城高校科教院概念规划》设计。年内，凤蟠路、凤凰山大道延伸段、白沙港西侧等道路竣工验收，山观西桥改造通车，东石桥改建工程基本完成；环山路、龙踞巷路等新建道路完成绿化种植，双牌景观河和东苑、西苑广场绿化工程投入使用。全年新增绿化面积13.8万平方米，改造停车位2250个，完成7个老小区天然气管道安装工程。年内，启动实施水环境综合整治三年行动计划，开工建设江虹河清淤、寿山村截洪沟一期工程，关停畜禽养殖场11家。专项整治不锈钢酸洗企业12家。组建网络化环境监管体系。江阴清泉水处理有限公司新建1万吨污水调节池和3000吨中水回用设施，中石油江苏燃料沥青有限责任公司改建油气回收设施，江阴福汇纺织有限公司封闭改造电厂渣场。全年完成削减COD103.2吨、氨氮7.3吨，淘汰10蒸吨/小时以下燃煤小锅炉2台。年底，园区循环化改造项目通过验收。

（朱亚丽）

【民生实事】 2016年，江阴高新区实施民生工程，拆迁农户690户、企业（小作坊）11家，拆除面积16.2万平方米，集中分配安置房6批，安置分房687户1184套，货币安置260户。全年培训各类技能人才1265人，提供就业岗位3230个，解决本地劳动力1521人，扶持自主创业138人，困难家庭大学生实行一对一服务，就业率100%。为历次被征地农民8023人发放保障费6350万元。完成城保扩面5390人、公积金扩面2161人、"新农合"参保29800余人。为65周岁以下"新农合"参保群众，高血压、糖尿病患者和65周岁以上老年人免费体检18500余人，以向社会购买服务的形式为450名老人提供居家养老援助服务。发放慈善、低保、残疾人、困难家庭学生等各类补助1450余万元。建成滨江、双牌社区全民阅读公益服务点4个，举办送戏、送电影、送文艺演出等各类活动200余场。第二实验小学新教学楼竣工投用，山观二中、长山中心幼儿园改扩建工程有序推进，6个社区便民服务中心完成改造，石牌、寿山、山源3家社区卫生服务站提档升级。新建标准化社区综治办3个，形成司法所、人民调委会、矛盾调处中心、公共法律服务中心"四位一体"维稳新格局。努力构建和谐劳资关系，培育无锡市级诚信企业5家，完成企业劳动保障书面审查440家，企业工资集体协商合同签订205家，劳动合同规范签订率100%。办理上级交（转）办信访件36件，按时办结率100%。接收"12345"民生热线各类投诉1900余件，按时办结率100%，群众满意率98%以上。

（朱亚丽）

【获批国家火炬现代中药配方颗粒特色产业基地】 4月，江阴高新区现代中药配方颗粒特色产业基地被科技部火炬中心核定为国家火炬特色产业基地。江阴高新区将现代中药配方颗粒产业作为重点发展的战略性新兴产业，成立现代中药配方颗粒特色产业基地建设领导工作小组，制定现代中药配方颗粒特色产业基地的发展规划和实施办法，从创新型产业发展引导基金中提取5000万元专门用于支持现代中药配方颗粒特色产业的发展。建成国家级科技企业孵化器——江阴百桥生物科技孵化园，总孵化面积3万平方米；省级专业生物医药加速器——江阴扬子江生物医药加速器，总面积为20万平方米；开工建设江阴现代中药及生物医药科技产业园，规划面积2.23平方公里。拥有江苏省中药配方颗粒工程技术研究中心、天江中药种源研究中心、中药植物提取工程技术研究中心、国家CNAS（中国合格评定国家认可委员会）认可的中药配方颗粒检测中心等多个研发检测机构，组建南京中医药大学江阴天江产业技术研究院。集聚各类产业高层次人才300余人，产业相关技术研发人员4000余人，培育出江阴天江药业有限公司、江阴四环生物股份有限公司、江苏德和生物科技有限公司、江苏华宏医药股份有限公司等骨干企业10余家。依托国家级科技企业孵化器、省级专业加速器等创新载体平台，孵育丰颂生物（港股上市）、春申堂药业、无锡佰翱得等相关科技创新中小企业80余家，形成以区外药材种植业—提取加工业—中药配方颗粒及保健品、化妆品相关产品—药品贸易流通业的较为完整的现代中药配方颗粒特色产业链。其中，江阴天江药业有限公司是国家食品药品监督管理局批准的首批"中药配方颗粒试点生产企业"，承担国家"火炬计划"、中医药管理局科研基金重点课题等国家级重点科技项目17项。

（朱亚丽）

【获批国家科技服务业区域试点单位】 3月，江阴高新区被科技部列为科技服务业区域试点单位，成为无锡市唯一一家获此荣誉单位。近年，江阴高新区按照"集聚发展、定位明确、错位竞争、逐步开发"思路，制定《关于进一步推动高新技术产业发展和鼓励科技创新创业的实施意见》等一系列扶持政策和奖励措施，投入近30亿元建设高新技术创业园、百桥国际生物科技孵化园、服务外包产业园、文化创意科技产业园、天安数码城五大服务外包“三创”载体,总建筑面积超过150万平方米,拥有5个国家级研发平台和33个省级研发平台,拥有诺贝尔奖获得者5人和国家“千人计划”人才17人,成立4家诺贝尔奖获得者中国研究院和中德、中瑞2个国际技术转移中心,服务领域涉及软件开发、设计研发、检验检测、动漫创意设计、现代中药及生物医药研发、物联网应用服务、环境工程服务及海洋工程服务等。至年底,江阴高新区有服务外包从业人员1.5万人,企业超过150家,完成服务外包业务额14.46亿美元、离岸外包业务额7.01亿美元,分别比上年增长8.06%、20.1%。

(朱亚丽)

锡山经济技术开发区

【概况】 2016年,锡山经济技术开发区围绕“建设全国一流开发区”奋斗目标,重点推动招商引资、项目建设等工作,经济保持平稳健康发展,基本完成全年各项目标任务。全年完成公共财政预算收入52.4亿元,比上年增长18%;规模以上工业总产值1127亿元,比上年增长5.6%;全社会固定资产投资427.6亿元,比上年增长9.04%,其中工业投入201.24亿元,比上年增长6.6%;到位外资3.3亿美元;进出口总额31亿美元,其中出口23.3亿美元。

(袁立芬)

【项目建设】 2016年,开发区建设重大项目29个,总投资160亿元,年内完成投资66.8亿元。新建项目15个,总投资44.8亿元,年内完成投资22.7亿元,主要有嘉昊(无锡)仓储有限公司现代物流产业园、无锡平谦机械有限公司二期平谦产业园、恩欧凯(无锡)水处理技术有限公司环保用有机膜、无锡恩福油封有限公司减震橡胶项目、无锡大东机械制造有限公司全自动成品包装输送系统及机器人码垛工程、通威拜欧玛(无锡)生物科技有限公司特种水产饲料等项目。年内,竣工项目18个,主要有无锡国宏硬质合金模具刃具有限公司硬质合金刃具、无锡市正罡自动化设备有限公司自动化设备制造及六轴机器人、安普瑞斯(无锡)有限公司高容量高能量聚合物锂离子电池等项目。企业股改上市势头良好,新增主板上市企业1家、“新三板”挂牌企业6家。

(袁立芬)

【招商引资】 2016年,开发区创新招商方式,主攻重大项目。全年新批外资项目22个,外资增资项目12个,新批内资项目20余个,项目主要集中于装备制造、汽车零部件等高新技术产业领域,包括有信制造、泉康工业设施、诺马连接技术、顶锋日嘉金属制品、伊科蓝电气设备、上海工业锅炉、通威股份华东总部等一批行业领先企业。全球最大的汽车软管制造商富来思特、美国慕斯集团投资成立的慕斯汽车后视镜系统、优瑞康医疗技术等一批优质项目也相继签约落户。服务业招商成效明显,V-Park创意产业园新增注册企业200余家,总注册资本45余亿元,其中超1亿元项目9个,超1000万元项目46个。建设云林金融股权投资中心平台,累计引进和成立20余家金融机构,注册资本累计20余亿元。

(袁立芬)

【科技创新】 2016年,开发区加快构建以企业为主体,市场为导向,产、学、研相结合的区域技术创新体系。新增省高新技术企业33家、高新技术产品65项;申报省级各类科技计划项目13项、市级各类科技计划项目29项;申请发明专利1200件,专利授权1300件,万人有效发明专利拥有量105件,位居无锡市第一。推进十大企业研究院建设,健鼎高密度互联印刷电路板技术研究院、新广联半导体固态光源及微显示技术研究院挂牌成立。中科院金属所南方工作站运作顺利,与江苏新广联科技股份有限公司、无锡日月合金材料有限公司签署合作协议。推进南京大学无锡绿色环保新材料研究院、江苏新广联半导体有限公司与大连理工大学、无锡超科食品有限公司与江南大学等一批合作项目。

(袁立芬)

【园区建设】 2016年,开发区按照“功能做优、环境做美”的要求,推进产业、城市、生态功能融合发展,宜居宜业的产城互动新格局初步形成。健全开发区、街道、村(社区)三级联动机制,推进基础设施、产业项目等涉及地块的拆迁工作,春江路南地块、云林公园地块、庄后地块、锡山大道北地块等拆迁项目有序推进。完成赛维拉商业广场屋面工程、科创园维修改造工程、北兴塘水利枢纽配套工程;启动赛维拉商业广场二期改造工程。功能配套不断完善。完成爱云区间路、春笋路雨水管道改造及团结路污水管道改造工程,启动安泰一路东延、坊达路北延、竹园浜路等工程建设;春雷小学交付使用,完成厚桥小学综合楼主体工程,启动云林广场和厚桥幼儿园新建工程。全面清理整治环境违法违规建设项目,完成污水处理厂一期、二期设施改造工程,启动污水处理厂分厂3万吨/日扩建工程建设,国家生态工业示范园区建设有序推进。

(袁立芬)

【日本有信集团汽车零部件项目签约】 1月19日,世界知名汽车零部件企业日本有信集团汽车零部件项目签约落户开发区。项目一期用地5万平方米,注册资本3000万美元,总投资1亿美元,主要从事汽车车身电子控制系统、遥控器、锁车架、中央门锁系统、驾驶杆锁、插锁和手柄及汽车用电动机械产品的开发与生产。

(袁立芬)

【“星创工场”获国家级众创空间认定】 2月1日,开发区众创空间“星创工场”获无锡市首批科技部火炬中心国家级众创空间认定,纳入国家级科技企业孵化器的管理服务体系。“星创工场”位于索立得国际合作园内,场地面积约3980平方米,孵化工位约200个,独立办公室30间,配有会议室、多功能厅、咖啡吧等设施,是集创新、孵化、投资于一体的创新、创业服务平台。

(袁立芬)

【通威股份华东总部项目落户】 6月18日,通威股份有限公司与开发区签署投资协议,整合苏州市、无锡市等地的生产项目到开发区,同时,将公司华东培训基地、研发中心、采购平台等统一落户开发区,成立华东总部项目。新项目占地4公顷，总投资4.5亿元，主营业务包括高端鱼饲料的生产和销售、饲料原料的贸易、水产养殖技术服务、饲料相关技术的研发。

（袁立芬）

【上海工业锅炉无锡公司落户】 8月8日，上海工业锅炉无锡有限公司签约落户开发区。项目总投资5亿元，注册资本2亿元，占地面积7.27公顷。该公司以建立全球清洁能源中心为目标，组建国内一流的研发及产业化团队，在中小容量高参数锅炉、燃气轮机制造、太阳能热利用、分布式能源、工业煤粉锅炉等项目上实现技术突破。

（袁立芬）

【安普瑞斯（无锡）有限公司开业】 9月28日，安普瑞斯（无锡）有限公司举行开业典礼。该公司于2014年11月17日落户开发区，注册资本4000万美元，主要从事高容量、高能量聚合物锂离子电池的研发、生产，主要客户有诺基亚、鸿嘉源、金立、兰度、谷歌、联发科等。

（袁立芬）

【无锡泉康工业设施发展公司签约】 11月17日，泉康投资有限公司与开发区签订投资协议，成立无锡泉康工业设施发展有限公司，标志着该项目落户开发区。泉康投资有限公司是一家在香港注册成立，投资生产型企业股权、工业设施开发的股权投资公司，公司资金来源于摩根财团、华平基金、GIC（新加坡政府投资公司）等主权基金。此次投资设立的无锡泉康工业设施发展有限公司，注册资本3000万美元，投资总额9000万美元，主要经营精密机械制造、工业设施开发与建设。

（袁立芬）

12月30日，锡山经济技术开发区无锡辰星硬件智能服务项目签约

（袁立芬　供稿）

宜兴经济技术开发区

【概况】 2016年，宜兴经济技术开发区坚持“智能化、绿色化、服务化、高端化”发展目标，经济社会保持健康平稳发展。园区核心区域总规划面积68.6平方千米，全年地区生产总值145.1亿元，比上年增长8.23%。应税销售收入573.3亿元，比上年增长14%。其中工业销售收入471.6亿元、流通91.9亿元。财政总收入26.53亿元，财政可支配收入10.2亿元。全社会固定资产投资113.8亿元。协议注册外资3289万美元，到位注册外资3781万美元。进出口总额12.3亿美元。其中，出口11.2亿美元，比上年增长7.5%。全年引进项目68个，总投资200余亿元；13个重大项目总投资120余亿元，其中，超30亿元项目2个，超10亿元项目2个。以企业为主体，实施重点产、学、研项目15个，万人发明专利拥有量50件。高纯度生物基环保增塑剂、高性能有机硅清洁材料等19个项目实现成果转化，新培育国家“千人计划”1人、江苏省“双创”（创新、创业）计划1人，新增江苏省“333”工程（培养30名左右研究成果具有国际先进、国内领先水平的科学家、工程技术专家和理论家；培养300名左右具有省内领先水平的省级优秀人才；培养3000名左右成绩显著的市级优秀人才）专家3人。

（梅　玲）

【重大项目建设】 2016年，开发区推进重大项目建设，一批高端制造项目建成。江苏九迪动力股份有限公司多缸柴油发动机实现批量生产，西门子燃气轮机部件（江苏）有限公司燃气轮机叶片厂房交付使用；华宸电控（无锡华宸控制技术有限公司）、恩吉威电池（无锡恩吉威新能源有限公司）、兴云锂电池组装加工（江苏兴云新能源有限公司）等项目开始试生产，开发区初步形成新能源汽车“电池、电机、电控”三大主件生产能力。海格力斯（宜兴）产业园启动建设，北汽兴东方智能装备制造、新融兴航天航空装备项目有力推进。实施一批技改扩能型项目，东方环晟光伏（江苏）有限公司高效电池片改造、江苏雅克科技股份有限公司深冷复合保温材料、江苏金久建材集团有限公司年产80万吨水泥粉磨生产线、驰马拉链（无锡）有限公司特种拉链生产线等5个项目竣工投产，江苏雷蒙化工科技有限公司环保增塑剂扩能项目启动实施。推进一批现代服务业项目，清华科技园宜兴分园加快建设，产业园一期主体封顶，招商工作启动；汇全冷链物流、林凯物流等生产性服务业加速推进。

（梅　玲）

【加快对外开放】 2016年，开发区以更加开放的姿态不断提升对外开放的质量和水平。实施天津中环重组国电光伏，合作框架初步达成。雅克科技联合华泰集团斥资12亿元并购韩国UP公司，进军半导体配套行业。华狮集团对三和管业启动资产收购，舜天服饰成功盘活，一批风险企业通过战略重组实现重生。培育艾洛维股份（江苏艾洛维显示科技股份有限公司）、清投视讯（江苏清投视讯科技有限公司）和视美乐

10月18日,宜兴经济技术开发区2016年重点项目集中启动仪式
(梅　玲　供稿)

科技(无锡视美乐激光显示科技有限公司)3家企业,在"新三板"成功挂牌,投影显示产业获得更为稳定的资本支撑。驰马拉链[驰马拉链(无锡)有限公司]、中升科技(江苏中升立体显示科技有限公司)等8家企业拟在主板或"新三板"上市,形成一批上市企业梯队。深入推动交流协作,举办2016中国显示峰会,扩大园区光电子行业影响力。举办"麦克杯"全国大学生创新创业大赛,创新资源和要素加速集聚。中央电视台《大国重工》纪录片专门对开发区进行报道,有力提升园区知名度。

(梅　玲)

【华宸新能源汽车电控项目落户】 3月,由北京华宸文鼎科技有限公司投资建设的新能源汽车电控项目落户开发区。该项目面向国内外的乘用车、商用车、环卫车、工程车、叉车等新能源汽车领域,致力于新能源汽车的核心件制造,包括动力系统、电控系统、充电系统等核心产品或核心技术的研发、制造、检测、调试、销售和服务。项目一期投资总额8000万元,形成4万套电控系统产能;二期投资总额6亿元,形成含电控系统、动力系统和充电系统等产品的10万套电控系统产能。

(梅　玲)

【2016中国显示峰会举行】 5月,"2016中国显示峰会"在开发区举行,巴可、杜比、Necsel、Sony、Epson、REALD、飞利浦、海信、长虹等国内外知名企业和专家、媒体参会,交流、探讨投影产业的最新技术和市场发展。近年,开发区为扶持和促进投影显示产业的发展,成立宜兴投影显示产业协会、中国投影显示产业联盟、激光投影公共技术和检测平台,并举办和参加各种研讨会、技术交流会、产业峰会等。经过9年努力,开发区形成从光源到整机的全产业链布局,集聚相关企业30余家,培育出艾洛维股份、清投视讯和视美乐科技3家"新三板"上市企业,汇集高端产业人才300余人,实现年产值近10亿元。短弧超高压汞灯、激光混合光源、鱼眼镜头、短焦镜头、裸眼3D、激光投影电视等产品和技术在业内领先优势明显。6月,总面积12万平方米的宜兴投影产业园建成,这是国内第一个专注于投影产品设计、开发、生产、销售和服务的产业园区。

(梅　玲)

【科创慧谷项目启动招商】 5月,总投资35亿元的科创慧谷(宜兴)项目启动招商。科创慧谷(宜兴)项目位于开发区科创新城CBD核心区,于2011年落户,占地面积约23.33公顷,建筑面积约55万平方米。整体项目分两期开发,集产业孵化、研发生产、教育培训、商务办公、文化娱乐、生活休憩等功能于一体,项目一期14万平方米产业孵化区年底封顶,约8万平方米的一期配套工程主体结构同时完成。项目招商秉承开发区"产城一体"发展战略主旨,全方位助力生态科技新城建设,发展科技信息产业、高端装备研发产业、环保产业、光电产业、新能源产业、生物技术产业、科技服务业的"6+1"产业体系。

(梅　玲)

【高铁装备制造项目落户】 8月,由北京聚龙集团投资约6亿元的高铁装备制造项目签约。这是开发区引进的首个高铁装备制造项目。北京聚龙集团拥有自主研发大型自动化和半自动化无损检测设备、成套工艺装备及检修流水线等产品的能力,与国内众多高校、科研院所及欧美国家的科研机构有着广泛密切的合作,服务于中国铁路系统及国外相关企业,有相对固定用户500余家。北京聚龙集团计划整体搬迁至开发区并注册成立新公司。新公司占地约10公顷,主要从事无损检测技术开发及设备制造,电子机械设备开发与制造,高科技系统工程、信息产业系统工程、自动化系统工程、轨道衡器的开发与制造。

(梅　玲)

【举办首届全国大学生创新创业大赛】 2016年,开发区和宜兴市人力社会保障局联合主办首届"麦客杯"全国大学生创新创业大赛。为吸引国内高校青年人才集聚宜兴创业发展,共同投身"大众创业、万众创新"实践,大赛自5月启动,吸引东南大学、南京理工大学、湖南大学等10余所高校的500余个创新创业项目参与,经过初赛、路演、复赛层层筛选,39个项目进入决赛。决赛分为智能硬件、移动/互联网、创新创意3个组别,由15位投资机构领导人、企业家组成导师团队,对项目进行指导和评分。大赛还在爱奇艺、斗鱼TV、熊猫TV进行同步直播,现场比赛视频吸引近10万人次观看。经过激烈角逐,净善竞美系列手工作品、速必力竞速无人机、iLock——基于互联网的自行车智能锁系统,分别获创新创意组、智能硬件组、移动/互联网组一等奖。

(梅　玲)

【宝银公司核电产品获全国大奖】 12月,第五届国际清洁能源论坛在澳门举行。开发区宝银特种钢管有限公司的核电蒸发器用690U形管和高温气冷堆蒸汽发生器用换热组件,分别获得"中国能源装备十大卓越性能产品"和"中国能源装备十大年度创新产品"两项大奖。此次峰会由国际清洁能源论坛、中国经济发展研究会、中国能源报社共同举办，旨在推动清洁低碳、安全高效现代能源体系的构建，推广清洁、能效和节能技术的利用和市场普及，实现国家自主减排目标和联合国可持续发展议程目标。

（梅 玲）

【首个生物质发电项目通过评审】 12月，江苏国信协联能源有限公司投资建设的宜兴市首个生物质能发电项目通过省电力设计院专家的评审，这是国信协联响应国家发展可再生能源的政策，大力拓展新能源领域的又一举措。该生物质发电项目发电原料主要是农作物秸秆、芦苇、果树枝条和树皮等，缓解化石能源消耗、保护环境，同时帮助农民增收。

（梅 玲）

江苏无锡蠡园经济开发区

【概况】 2016年，江苏无锡蠡园经济开发区以稳增长、强产业、促创新、优环境、惠民生、抓党建为工作重点，经济社会总体保持健康发展良好势头。全年实现财政总收入13.5亿元，公共财政预算收入7.36亿元；规模以上工业总产值62亿元，高新技术产值占规模以上工业产值比重49%；限额以上社会消费品零售总额15亿元；到位注册外资3005万美元，外贸进出口总额7.01亿美元，其中出口5.5亿美元；全社会固定资产投资45.2亿元，其中工业投入24.9亿元。

（陈 羚 朱敏宇）

【区域经济增长】 2016年，开发区635家工业企业完成税收5亿元，税收贡献度占37%。精密机械和电子信息两大支柱行业实现税收4亿元，占工业总税收的80%。50家销售超2000万元规模企业实现税收4亿元，其中贝斯特、晶汇电子、研光电子、光洋滚针轴承、中联自动化、华明自动化等20家企业销售超1亿元。2325家一般服务业企业（不含房地产）完成税收6.3亿元，税收贡献度占46%。35家房地产企业实现税收1.91亿元。研发设计和批发零售两大主要行业实现税收2.03亿元，占服务业总税收的32%。173家税收超50万元以上企业实现税收4.63亿元，其中国药器械、柏诚工程、太湖饭店、乾晟景观、中润医药等35家企业税收增幅均超20%。402家新兴产业企业完成税收3.1亿元，税收贡献度占23%。187家IC设计与工业设计产业企业实现税收2.63亿元。35家物联网产业企业实现税收1392万元。76家软件与服务外包产业企业实现税收1847万元。96家升级版“530”及“东方硅谷”企业实现销售3.4亿元、实现税收936万元，分别比上年增长44.6%、26.2%，中普微电子、宇辰新能源等10家企业销售超1000万元，卓胜微电子销售超1亿元。以核心区标房和太湖智谷科技园等载体为支撑的都市制造业，逐渐成为开发区转型发展的新特色。以省级创投集聚区建设为依托的金融创投业完成实缴资金10.9亿元，6家新增创投企业实现税收2600万元。楼宇经济完成税收7.73亿元，税收贡献度占57%。联创大厦实现税收9413万元，现代国际大厦实现税收9051万元，税收增幅达397%，“超亿元税收楼宇”培育工作成效明显。

（陈 羚 朱敏宇）

【重大项目建设】 2016年，开发区国家超级计算（无锡）中心项目发布运行，“神威太湖之光”超级计算机综合性能列居世界第一。都市产业园项目完成土地挂牌转让，致力于打造“绿色轻型、形态新颖、功能齐全”的太湖智谷科技园。紫京、渔港地块开发项目进行规划方案调整和深度洽谈。瑞廷西郊酒店开业。路通视信、宇辰新能源、金源大厦2号楼、渔港商业配套等18个超1000万元以上新开工项目和5个上年结转项目进展良好，贝斯特精机技改等11个项目竣工。

（陈 羚 朱敏宇）

【招商引资】 2016年，开发区完善全员招商机制，加大目标管理考核，优化引资引才环境，以“楼宇、地块、特色产业”三大领域招商为重点，实施目标招商、精准招商。累计新引进注册企业612家，注册资本75.4亿元，其中外资企业4家，注册资本1000万元以上企业208家。创投产业集聚区开始运作，完成企业备案数25家，招引企业50家，其中资本规模超1亿元企业6家。肯德基无锡总部入驻，原十一设计研究院载体成功租赁，滴翠路北侧、静水山庄东侧等地块项目落地。

（陈 羚 朱敏宇）

【创新创业】 2016年，开发区推进科技创新和人才培育工作，全年引进人才1290人，高层次人才56人，申报省“双创”博士1人，引进外国专家、海外智力项目申报3个。鼓励企业增加研发投入和新产品开发力度，组织企业申报“省双创计划”“省级重点研发计划”“省科技型企业孵

6月20日，国家超级计算无锡中心启动运行 （朱敏宇 供稿）

育计划”等项目，卓胜微电子等16家企业获高新技术企业认定，微研公司等25个项目获省高新技术产品认定，中普微电子等3家企业获省重点研发计划立项，清华研究院获省科技型企业孵育计划项目立项。华测电子等8个技改项目全年完成投入2.98亿元。累计新增专利总量申请1813件、授权623件，其中，专利发明申请516件。

（陈 羚 朱敏宇）

【服务企业发展】 2016年，开发区重新划分八大产业管理服务中心，充分发挥现代产业主阵地作用，从政策争取、项目申报、金融创新、平台建设、产业化用地、综合管理等多方面全力服务企业发展，完成税收8.35亿元，占区域税收的62％。积极对接和帮助路通视信、贝斯特精机等企业获省级项目资金扶持。全年组织申报各级各类扶持项目和品牌49大类，共对上申请资金3800余万元。协调宇辰新能源和信捷电气总部项目用地，推进产业项目落地工作。利用资本市场加快上市企业培育，路通视信、信捷电气、贝斯特3家企业完成主板上市，中设集团等一批后备上市企业股改工作有序展开。扩大国家工业设计园、国家集成电路设计中心品牌影响力，加强工业设计、超级计算、外观设计专利、集成电路设计中心等一批公共技术服务平台建设。省级外观设计专利服务平台落户开发区，建成国家集成电路（无锡）设计中心公共技术服务平台，完成EDA服务子平台初步建设。成功组织协办第13届中国（无锡）国际设计博览会，第四届无锡国家工业设计园创意设计大赛圆满落幕。

（陈 羚 朱敏宇）

【园区建设】 2016年，开发区完善基础设施建设，投资600万元实施吟白路街景改造，基本完成背街小巷整治（鸿桥市场）、渔港公交停车场、新增停车泊位等项目，完成观湖路和听涛路道路施工。开展省、市级“城市管理示范社区”“环境长效管理示范社区”建设，完成新增城镇公共绿地10余万平方米。成立水环境整治工作领导小组和治水办，完成70个排水达标区复查和13条河道“河长制”全覆盖。策划实施“美丽蠡园”“幸福蠡园”“科教蠡园”“智慧蠡园”等10项开发区为民办实事创新项目。继续推进社保就业增量扩面，完成社保扩面净增373人。开发公益性岗位和提供创业技能服务。蠡园中心小学获评“国家级生态环保教育示范学校”等。全年发放低保金、尊老金、慈善救助金、慰问金等210余万元，解缴慈善基金和募集各类善款112万元。蠡园朗高养老服务中心全面投入使用，街道居家养老服务中心内涵提升。西园、隐秀园社区入围“市级公益创投项目”。湖景社区创新治理项目“同心议事厅”被评为全市唯一“省社会工作优秀案例一等奖”。推进社会治安综合治理，完善领导包案责任和信访接待机制，完成化解党政领导包案信访突出问题2件。发挥大调解机制，提供公共法律服务，推进社区矛盾化解，街道和社区二级调委会直接调处社会矛盾60起。全面落实监管责任，推进企业安全生产诚信体系建设、标准化建设、安全文化建设，持续开展隐患排查治理和专项整治，对辖区内2300余家生产经营单位开展普查并实现“一企一档”，全面提升网格化监管水平，确保安全生产形势持续稳定。

（陈 羚 朱敏宇）

【源清创投公司入选省天使投资机构库】 2月24日，开发区清华无锡研究院内企业无锡源清创业投资有限公司与省科技厅、省财政厅签订《江苏省天使投资引导资金风险补偿合同》，成为江苏省天使投资引导资金入库机构之一，也是年度内无锡市唯一一家入库单位，全省入库共8家。江苏省天使投资引导资金入库机构是由省科技厅、省财政厅共同组织实施，致力于鼓励和引导天使投资机构缓解小微企业的融资瓶颈、支持初创期科技型小微企业的创新发展。根据合同规定，源清创投公司投资的无锡源清天木生物科技有限公司、无锡源清慧虹信息科技有限公司、无锡玄同科技有限公司3个项目均可获得省天使投资引导资金风险准备金的支持。

（陈 羚 朱敏宇）

【清华研究院加盟无锡国家超算中心】 3月，清华大学与市政府协议建立长期全面合作伙伴关系，共同建设无锡超算中心，并设立总额160亿元的无锡清华新兴产业投资基金。无锡国家超算中心是由无锡市政府、滨湖区政府、无锡（国家）工业设计园三方共同投资建设的，是国内一流的高性能计算公共资源服务中心、高性能计算技术支持中心、高性能计算增值服务中心。随着同处蠡园开发区的清华无锡研究院加

参会人员在第十三届中国（无锡）国际设计博览会上体验产品

（朱敏宇 供稿）

盟，该院和超算中心成为超算中心科研创新、人才输送的战略合作伙伴。自清华大学无锡应用技术研究院落户蠡园开发区以来，校地双方在产学研合作、科技成果转化方面取得显著成效。依托清华大学品牌和清华控股的技术、人才、产业资源，在行业整合、业务重组、品牌提升、管理改善、战略咨询、金融服务等方面，培育一批具有资本市场竞争能力或潜力的上市公司、拟上市公司，推动现代产业建设和科技成果转化。

(陈 羚 朱敏宇)

【第二届"太湖奖"好新闻评选启动】 5月11日，第二届"太湖奖"好新闻评选暨"魅力蠡开"摄影大赛、第四届创意设计大赛启动仪式在无锡国家工业设计园举行。活动旨在提升蠡园经济开发区、无锡国家工业设计园及无锡工业设计产业的影响力和知名度，鼓励媒体记者创作更多更好的新闻报道，推动全民设计创新创业，打造"中国(无锡)国际设计博览会"及"太湖奖"设计大赛品牌。

(陈 羚 朱敏宇)

【国家超级计算无锡中心启用】 6月20日下午，省科技厅联合无锡市政府在蠡园开发区举行"神威·太湖之光"超级计算机新闻发布活动暨国家超级计算无锡中心运行启动仪式。"神威·太湖之光"由国家并行计算机工程技术研究中心研制，全部采用中国国产处理器构建，是世界上首台峰值计算速度超过10亿亿次的超级计算机，其峰值计算速度达每秒12.54亿亿次，持续计算速度每秒9.3亿亿次，性能功耗比为每瓦60.51亿次。该套系统的成功研发，标志着中国超级计算机研制能力达到世界领先水平。"神威·太湖之光"项目总经费17.95亿元，由清华大学负责运行和维护。根据新一期TOP500榜单，"神威·太湖之光"系统的峰值性能、持续性能、性能功耗比三项关键指标均为世界第一。依托"神威·太湖之光"，可在天气气候、航空航天、海洋科学、新药创制、先进制造、新材料等重要领域取得应用成果。

(陈 羚 朱敏宇)

【无锡(国家)外观设计专利信息中心建设】 8月，无锡国家外观设计专利信息中心协同江苏才标信息科技有限公司、无锡华源专利商标事务所、环球汇通专利年费代理有限公司、知识产权保护同盟维权服务中心、无锡艾科瑞思产品设计与研究有限公司5家企业在第十三届中国(无锡)国际设计博览会上开展知识产权咨询活动。12月，位于无锡(国家)外观设计专利信息中心在第三届江苏工业设计周上与省经信委签订省企共建协议，共同建设"江苏省外观设计专利设计服务平台"，打造集外观设计信息利用、专业检索服务提供、设计相关知识产权培训为一体的综合性平台。平台依托无锡(国家)工业设计园与国家知识产权局同步的外观设计专利图像检索系统，提供外观设计专利检索、查询、知识产权风险评估等外观设计专利服务，为设计对接产业化落地保驾护航。同时，开展会展赛事专利服务及知识产权培训等活动。

(陈 羚 朱敏宇)

蠡园经济开发区楼宇经济强势崛起 (朱敏宇 供稿)

【才标网被评为"中国百强牛商互联网+示范基地"】 4月26日，蠡园开发区内的全省首个一站式知识产权服务平台才标网上线，并被新华网、全国牛商总会授予"中国百强牛商互联网+示范基地"。至年底，才标网帮助企业进行商标质押贷款达1亿元，聚集近5万家企业，其中以中小企业、创业企业为主。借助才标网平台集纳中小企业的优势，吸引新华网筹划合作事宜，打造全国首个中小企业数据中心，为创业企业提供知识产权为主的咨询、服务和渠道整合等资源。

(陈 羚 朱敏宇)

【路通视信登陆深交所】 10月18日，路通视信在深圳证券交易所挂牌上市，成为无锡市第106家上市企业、滨湖区第11家上市企业，也是蠡园经济开发区首家上市企业。无锡路通视信网络股份有限公司是广电接入网综合解决方案提供商，公司依托"三网融合"发展机遇，大力实施"产品+服务"的经营模式，产品入围23个省网，服务国内外客户1000余家，市场占有率行业领先。

(陈 羚 朱敏宇)

【信捷电气登陆A股】 12月21日，信捷电气成功在上海证券交易所登陆A股主板，成为滨湖区第12家上市企业、无锡市第111家上市企业。信捷电气是自动化智能制造领域的细分行业龙头企业，专注于工业自动化产品研发与应用的科技型企业。核心产品可编程控制器(PLC)已成为小型PLC领域国内第一品牌。"信捷牌智能工业机器人控制系统"被认定为江苏省名牌产品，企业被评为无锡市优秀物联网企业。企业研发的"智能引导的六自由度工业机器人",在焊接、装配等复杂工序实现了机械臂信息化与柔性化操作,解决智能视觉动态引导、伺服驱动软硬件协同等一系列技术难题。

(陈 羚 朱敏宇)

江苏省无锡惠山经济开发区

【概况】 2016年,惠山经济开发区聚焦产业发展,不断调优结构,推进转型升级。全年实现规模以上工业总产值245亿元,比上年增长23.7%;公共财政预算收入18.2亿元,比上年增长10.48%;到位注册外资1.78亿美元,比上年增长11%。全社会固定资产投资135.5亿元,比上年增长13%,其中,工业投入46.5亿元,比上年增长15%;服务业投入89亿元,比上年增长12.5%。完成进出口总额6.78亿美元,比上年增长5.12%,其中,完成出口总额5.69亿美元,比上年增长5%。主要经济指标在惠山区均处于领先位置,公共财政预算收入占惠山区五分之一以上,到位注册外资占惠山区五分之三,开发区对惠山区经济发展贡献份额提升。随着总投资4.5亿美元的卡姆丹克新能源、总投资8000万美元的海润光伏、总投资10亿元的御捷汽车、总投资1亿元的安科生物等企业的区域总部落户开发区,开发区总部经济初具规模,发展增速继续在全市省级以上开发区中位居前列。

(叶晓雯)

【创新载体建设】 2016年,开发区围绕加快推动石墨烯、智能制造、互联网应用、生物医药等新兴产业发展,加快特色产业研发、创新载体建设。国家石墨烯应用技术研发和检测中心、正则精准医学检验所、第九城市游戏培训平台、中科院北京基因组所无锡健康研究院等一批有竞争力、差别化发展的核心公共研发平台建成,夯实了新兴产业发展的基础,形成研发孵化器—中试加速器—产业转化基地的高科技成果转化机制。科创中心、生命科技产业园被科技部评为A类国家级孵化器,成为无锡市仅有的2家省级科技企业加速器;"惠创空间""芒种众创空间""紫荆梦享会"分别被评为国家级、省级众创空间。无锡惠山软件园获得年度中国科技园区最佳创业环境奖。江苏数字信息产业园获第二批国家小型微型企业创业创新示范基地称号。无锡风电科技产业园被评为省级中小企业公共服务三星级平台。

(叶晓雯)

【科技园区发展】 2016年,开发区"四园区一中心"(风电科技产业园、生命科技产业园、数字信息产业园、软件外包园和科创中心)在建"三创载体"面积21.8万平方米。其中,软件园感知时代研发楼即将交付,中智城市智能交通产业园一期竣工;生命园D区一组团标准厂房交付;风电园上汽零部件配套区二期主体封顶。"四园区一中心"新引进中智软创、安特速、国信机器人等项目283个,科技型园区累计入驻企业1000余家,其中上能电气、中德美联、时代天使、第九城市、光云通信等龙头企业拉动新兴产业发展,形成生物医药、数字信息、新能源、新材料等新兴主导产业集群。挪瑞电子、广通传媒、迈健生物、慧眼电子4家企业成功上市,邦泽、上能电气、迪普等5家企业完成股改。

(叶晓雯)

【重点企业发展】 2016年,开发区40家超1亿元企业完成产值219亿元,占规模以上工业总产值95%,比上年增长25.7%。其中,锡柴惠山基地以奥威新型发动机为引领,实现产值57.8亿元,比上年增长97.5%;上汽大通实现产值49亿元,比上年增长33%;威孚力达实现产值23.8亿元;透平叶片实现产值10.3亿元,比上年增长8.4%。威埃姆、富卓、嘉科等一批外资企业均进入快速增长期,产值实现大幅增长。在惠山区"纳税强企榜"前5强中,开发区有4家,其中上汽大通蝉联惠山区"第一纳税大户"。

(叶晓雯)

【重大项目建设】 2016年,开发区22个超5000万元的重大产业项目全年完成投资37.7亿元,其中16个重点工业项目中,除新宏泰项目因投资方取消外,其余项目均顺利推进。总投资36亿元的上汽二期项目总装车间投产,新车型大通皮卡T60正式下线;总投资2.34亿美元的精科汽车项目一期厂房主体封顶;总投资5.3亿元的云内动力项目进行设备安装;总投资6000万美元的阿路米机械项目主体封顶。

(叶晓雯)

【招引外资】 2016年,开发区招引重大外资项目成效显著。新引进卡姆丹克新能源、金佰利、海润光伏、

江苏省锡山高级中学实验学校第一小学外景 (叶晓雯 供稿)

万斯二期、元富融资租赁、香港大联洋6个超3000万美元以上重大外资项目,惠山区全年6个超3000万美元以上重大外资项目均在开发区,储备协议外资超3亿美元。第四届"金秋招商月"活动期间,总投资111亿元的德国安洁利德新材料、元富融资租赁、融创玉兰公馆等68个项目签约,总投资32.5亿元的14个项目集中开工建设,助推开发区产业能级提升。

(叶晓雯)

【扶持企业发展】 2016年,开发区制定"暖企行动"计划,安排3亿元产业专项扶持基金和2亿元科技创新扶持基金,重点保障国家及省、市、区及开发区相关政策配套资金的落实兑现。全年兑现产业扶持资金2.75亿元,惠及企业110家,并争取国家及省、市各类专项资金、扶持资金6615万元,优化企业发展环境。91家规模以上工业企业产值占工业总产值比重90%以上,40家亿元工业企业产值占规上工业总产值比重90%以上,重点骨干企业发挥了支撑作用。无锡惠山科技金融中心启动,健全完善投贷保联动的科技投融资体系,为企业发展营造有利环境。

(叶晓雯)

【民生实事】 2016年,开发区按照"靓丽惠山城,打造锡北城市建设的明珠"总体要求,提升现代化功能品质,城市功能逐步完善。完成长安街道总体规划、广告规划、慢行系统规划的深化调整工作,启动公共艺术规划设计工作,完成张村湿地公园及北惠路绿化改造,总长4.9千米的华惠路、兴长路、双兴路等6条道路竣工通车,长乐苑五期、惠韵家园一期共30.5万平方米安置房交付。累计完成民房拆迁签约606户,面积12.52万平方米,完成非住宅拆迁签约18户,面积1.25万平方米。结合"智慧长安"综合管理信息系统,统筹救助资源,规范救助流程,完善救助信息。金惠、长乐、惠南3个社区推行社会组织承接社区居家养老养残服务工作新模式;加强"三资"(农村集体资金、农村集体资产、农村集体资源)信息管理系统和农村产权交易平台建设,规范村级集体资产管理水平,2个农民专业合作社(安益、后村绿园)进入省级名录库。开展"零上访"社区创建活动,区级走访人数比上年下降70.54%,无进京非访人员。涵盖教育设施提升、卫生资源优化、社区管理服务、公共交通便民等10项为民办实事工程进展顺利,省锡中实验学校第一小学、长安第二中心幼儿园扩班改造、惠山区中医院一期竣工交付使用;长安中学体育馆启动建设;雏鹰飞翔、儿童康复等5个街道级公益项目成效明显。围绕"惠风秀长安、幸福万家乐"主题,举办"好声音巡演走进长安哥伦布"、民族大舞台等文体活动100余场次,丰富群众文化生活。

(叶晓雯)

惠山经济开发区石墨烯应用产业园 (叶晓雯 供稿)

【正大乐城开业】 7月13日,正大乐城开业。正大乐城位于长安街道惠南社区惠山大道与华惠路的交汇处,集合近5万平方米的特色餐饮、休闲娱乐、生活购物、儿童天地等丰富业态,通过与轨道交通锡北运河站无缝对接,为周边居民带来便捷的商业配套,在惠山新城建设宜居新城、营造高品质居住环境方面注入新的活力,成为惠山新城周边10万居民的"现代家庭娱乐和消费体验"的购物中心。

(叶晓雯)

【省锡中实验学校第一小学交付使用】 9月,江苏省锡山高级中学实验学校第一小学启用。学校位于开发区(长安街道)张村路与兴长路交叉口东北侧,总投资1.8亿元,占地面积5.41万平方米,建筑面积37102平方米,包括实验楼、图书馆、体育馆、风雨操场、行政楼、教学楼、食堂、教工宿舍等主要设施,拥有班级60个,容纳学生3000人,切实解决周边适龄儿童"入学难"问题。

(叶晓雯)

【上汽大通无锡二期总装车间落成】 11月21日,上汽大通无锡二期总装车间落成,同时,T60皮卡下线。上汽大通无锡二期投资超36亿元,项目包括车身、涂装车间、总装线、大冲线等生产、配套设施,新增整车年产能15万辆。总装二车间是二期项目在金惠路建设的最后一个单体项目,标志着上汽大通二期项目建设完成。下线的上汽大通T60皮卡符合欧六排放标准,采用高强度整体车架结构,通过一系列现代化工艺,确保大通T60能够达到10年防腐标准和五星碰撞安全标准。

(叶晓雯)

【省锡中实验学校建成安全体验教室】 年内,江苏省锡山高级中学实验学校安全体验教室建成,这是全市首个安全体验教室。通过开展实用有趣的"情景式+体验式"安全课堂,向广大中小学生普及应对地震、洪水、火灾、交通意外、公共卫生、社会治安等各种突发事件的防范自护意识,提升学生在危险来临时的避险自救能力。

(叶晓雯)

【惠山区中医院一期投入使用】 10月,惠山区中医院一期工程交付使用。医院位于开发区白屈港东原张村地块，距地铁1号线锡北运河站1000米，总占地面积3万余平方米，总建筑面积3.15万平方米，其中一期工程建筑面积2.18万平方米，住院床位190张。年内，医院二期工程也开工建设。二期工程位于一期北侧，规划占地面积1400平方米，建筑面积5880平方米。医院的建设和交付，极大地缓解周边地区医疗资源紧张的局面。

（叶晓雯）

【省石墨烯质量监督检验中心晋级】 年内，国家质检总局批复，江苏省石墨烯质量监督检验中心与江苏省特检院无锡分院筹建国家石墨烯产品质量监督中心（江苏），这标志着江苏省石墨烯质量监督检验中心晋升为国家级，在出具第三方检测报告资质方面具有更高的权威性，可参与制定石墨烯国家标准。江苏省石墨烯质量监督检验中心成立于2014年12月，由惠山国家高新技术创业服务中心与江苏省特检院无锡分院合作共建，全面建成后，检验中心拥有石墨烯检测和性质研究、石墨烯产品应用研究等多个研究室以及石墨烯原料或产品相关检验检测实验室15个。

（叶晓雯）

无锡山水城

【概况】 2016年，无锡山水城一般公共预算收入8亿元，财政总收入15亿元。规模以上工业总产值34.41亿元。限额以上社会消费品零售总额3.73亿元。完成全社会固定资产投资170亿元。外资到位2999万美元。外贸进出口1.9亿美元。外包接包合同协议金额81610万美元，执行金额67422万美元。离岸外包合同协议金额55210万美元，离岸执行金额41935万美元。完善雪浪山、龙寺、红沙湾等景区功能设施，薰衣草园、漂流等项目继续保持较高人气，全年接待游园人数80万人次，实现收入1254万元。

（杨 阳）

【重大项目发展】 2016年，山水城引进各类项目937个，注册资本58.99亿元，新增税收1.07亿元。在滨湖区金秋经贸签约大会上，山水城签约项目12个，总投资超57.8亿元，其中，投资超1亿元项目9个，项目数量、投资总额均居滨湖区前列。加快场外融资，推荐5家企业进入融资担保平台，光合映画、中联传动、星纪元、麦可博等企业累计融资约3.38亿元。蓝深远望、德亚智能、光合映画、寻见科技4家企业成功挂牌，新增完成股改企业7家，睿思凯公司计划挂牌深圳创业板，上机数控公司重新启动IPO，准备在A股上市。年内，万达文化旅游项目基本完成220公顷土地的交地工作，万达茂、主题公园、六星级酒店启动建设。科教园二期所涉旭通数字产业园一期、江苏中设集团科研用房开工建设。列入滨湖区年度计划的12个新开工重点项目，实际开工11个。山水城科技工业管理中心成立，有效提升园区管理质量和水平，全年新增注册企业78家，注册总资本3.3亿元，其中超1000万元企业17家；新出租厂房1万平方米、办公用房2000平方米，实现税收超1亿元。

（杨 阳）

【城乡一体化建设】 2016年，山水城依照“拆、建、安”一体化管理体制，完成仙河苑五期、无锡国家数字电影产业园二期等项目拆迁扫尾工作。长广溪湿地公园二期34家单位全面完成拆迁；轨道1号线南延线涉拆集体土地、国有土地住宅拆除到位，推进涉拆非住宅8家拆迁工作。完成方泉苑五期、仙河苑五期等安置房竣工交付，共计交付安置房80.25万平方米5925套；完成安置房安置审核17万平方米1716套，完成初始登记39.28万平方米3362套，有效缓解拆迁安置矛盾。完成雪浪街道总体规划修编及论证、雪浪地区控制性详细规划更新，滨湖中学、石塘小学、雪浪中心小学改造方案设计，以及楝城路地块周边3条道路、鹤溪河驳岸等项目施工图设计等工作。塘绛路、安南路延伸段、许舍路和仙河苑五期路网等工程建成通车。做好G20峰会、党代会、社区换届等重点时期社会稳控，全年化解信访积案7件，其中上级交办5件；落实安全生产“党政同责、一岗双责、失职追责”和企业主体责任，开展安全生产大检查，维护区域安全和谐稳定。

（杨 阳）

【科技人才培育】 2016年，山水城获批高新技术企业16家，高新技术产值占规模以上工业产值比重51%，万人发明专利拥有量70.5件。院所经济实现入库税收1.09亿元，比上年增长53%。加强招才引智，引进各类人才1370人，引进高层次人才55人，引进海外留学人才18人，培养高技能人才238人。入围省“双创”人才1名、累计达17名。扶持自主创业130人，带动就业515人。协助百互科技、耐克赛尔、华飞航空等企业高层次人才获得购房补贴和办

雪浪山地质灾害治理 （刘芳辉 摄）

12月15日，体验者在无锡国家数字电影产业园感受数字电影的光影时尚魅力
（张立伟 摄）

理退税事宜。

（杨 阳）

【民生保障】 2016年，山水城完成滨湖中学校舍加固改造工程，完成军嶂幼儿园装修并投入使用，雪浪幼儿园搬迁工作启动。拟新建60个班滨湖中学和24个班的石塘小学完成选址。南泉敬老院完成台风毁损后复建工作。雪浪民俗文化展示馆建成开放。区域内养老保险综合覆盖率、医疗保险参保率99%以上，实现城镇新增就业人数1609人，城镇下岗失业人员再就业929人。雪溪苑B块、方泉苑五期E块安置小区物业管理达到服务标准。创建雪浪社区“全国综合减灾示范社区”，通过市级验收。

（杨 阳）

【生态环境建设】 2016年，山水城推进“国家生态文明建设示范区”创建活动，水环境综合整治、环境保护“三个一批”(关停一批、登记一批、整治一批)、铸造企业环保整改等生态治理成效明显。58个控源截污排水达标区完成复查；“河长制”管理的13条河道中，3条完成清淤，6条持续施工；打捞蓝藻10.5万吨，打捞水草及漂浮物4514吨，保障太湖安全度夏。列入省控“三个一批”名单的365家企业全部通过市环保局验收。50家铸造、锻造企业环保整改名单中，2家申请环保验收，15家完成技改，18家已拆停并转，剩余15家实施技术改造。新增成片造林6.67公顷，新增绿化10公顷，绿化覆盖率38%；取缔养殖户13户、生猪309头，有效防止畜禽养殖回潮。

（杨 阳）

【国家数字电影产业园发展】 （参见第310页“国家数字电影产业园快速发展”条目）

（杨 阳）

江苏无锡经济开发区

【概况】 2016年，无锡经济开发区(胡埭镇)辖区面积37.8平方千米，总人口7万人，其中常住人口4.5万人。工业园区总规划面积21.29平方千米，至年底，完成建设16.8平方千米。开发区依托太湖新城、蠡湖新城两大新城建设机遇，以“先进制造业集聚区”和“新型城镇化示范区”为目标，建设无锡西部现代化区域中心。年内，开发区完成工商两业纳税销售475亿元，其中工业纳税销售413亿元。完成财政收入17.5亿元，一般公共预算收入8.1亿元。有企业约1633家，职工总数约4.1万人，聚集了中航六一四所、江苏永瀚、振华轿车、贝斯特科技、上海电气、化工装备、无锡派克、恒驰电器、众博换热器等一批规模型先进制造业企业。

（邱晓东 周晓刚）

【产业发展】 2016年，开发区投入35亿元，建设25个重大产业类项目。振华轿车、江苏永瀚等超5亿元先进制造业项目竣工投产。推动派克特种材料、振华机器人等超亿元技改扩能项目实施。超5亿元赛石集团生态旅游项目签约。开发区拥有高新技术企业19家，研发机构18家，航空部件、精密机械和汽车零部件等先进制造业产值占规模以上工业总产值的比重超60%。初步形成汽车城、物流港和商业街三大现代服务业特色圈，汽车城全年实现销售收入20亿元。完成5万平方米花市和3万平方米大棚建设，花木交易、种质研发平台具备。九龙湾生态农业示范园加快建设，都市化、融合式的现代农业发展规划不断优化。产业创新能力增强，全年规模以上企业科技研发支出占企业产值比重4.3%。推动企业上市，南方物流实现“新三板”挂牌，派克新材料科技、振华轿车加快推进上市前期股改，法兰锻造、江苏永瀚完成上市公司并购重组。完成锡西新城产业发展有限公司AA级信用平台建设，产业基金、非公开定向债务融资(PPN)、企业债及公司债等融资项目加快筹划。

（邱晓东 周晓刚）

【园区建设】 至2016年年底，开发区累计投入67.5亿元进行基础设施建设。东区洋溪河以北建设基本完成。提升地区路网功能，完成视频监测系统建设，富安大桥建成通车，刘闾路北延伸段建设基本完工，钱胡路改扩建工程顺利推进。新增上影国际影院、曼步健身等休闲业态项目。社区卫生服务中心、胡埭初中新校区等加快建设，社会福利中心、残疾人服务中心、锡西新城医院等社会效益明显，医疗护理、公共卫生和养老服务体系得到完善。完成镇村布局规划、社区控规动态更新等编制，合理有序推进城乡配套设施建设，制定完善胡埭镇村庄优化整治策略，以张野、汪家等5个村庄为试点，75个自然村环境提升改造工程前期论证和方案设计加快推进。

（邱晓东 周晓刚）

【民生事业保障】 2016年，开发区落实各项富民惠民政策，提高群众幸福感和满意度。坚持政府主导、社会参与，聚集社会慈善公益力量，对贫困弱势群体帮扶救助。全年救助各类困难对象1247人次,发放各类救助金144.7万余元,完成慈善捐款221万元。推进老龄事业发展,全年发放尊老金90.8万余元,为1090名高龄和特定老人购买意外保险,为39户特定老年人购买居家照料服务。加强就业创业援助,全年组织招聘会11场,累计提供岗位16182个,新增就业3624人,扶持创业108人。引入社会专业机构与人才服务中心合作,引进各类人才13100名,其中高技能人才369名。提高在职人员专业技能,为振华轿车公司、无锡微研等企业培训员工381人,356人取得初级、中级证书。扩大居民医保覆盖面,实现社保扩面1326人,居民社保、医保参保率均为99%。健全公共教育、医疗、卫生服务体系。提升立人幼儿园、立人小学办学品质,胡埭小学书法特色、立人小学吴文化特色教育特色明显。持续推进殡葬整治长效管理。统筹做好双拥优抚、计生、老龄和残疾人等相关工作。

(邱晓东　周晓刚)

【生态建设】 2016年,开发区推动水环境综合整治,全面加强区域生态环境建设。推进控源截污工程,率先启动20个排水达标区复查整治,进行污水厂淤泥二期改造、进水在线监测系统等建设;推进龙延片区9.8千米污水管网及2个提升泵站建设;新增部署12个农村污水点源处理系统,启动中湾试点工程;推动太湖一级保护区畜禽养殖场关闭,控制农村农业面源污染。全面实施河道综合整治,深入实施"河长制",重点整治杨巷浜等3条黑臭河道;基本完成全区域52条河道整治"一河一策",重点启动实施直湖港17条支浜清淤疏浚。高标准执行"三同时"(建设项目中防治污染的设施,应当与主体工程同时设计、同时施工、同时投产使用)规定,完成"三个一批"企业整治434家;强力推进重点化工企业关停并转,全年对39家环境违法企业进行行政处罚,累计处罚111.3万元。

(邱晓东　周晓刚)

【社会事业】 2016年,开发区尝试自治平台搭建,实施属地化、扁平化管理,策划社区管理创新项目。统筹实施安置小区消防、监控等改造,提升物业服务品质。开展"平安胡埭"创建,改造提升治安技防系统,农村小技防覆盖超70%。排查化解纠纷,把控问题矛盾,确保两会、杭州G20峰会等重大活动期间大局稳定,累计调解信访矛盾38起,调处劳动争议纠纷112件。落实安全生产属地责任,累计实施企业安全监管450余次,有效做好有限空间作业及粉尘、燃气等重点行业领域监管。统筹做好经营困难企业预警、信贷风险防控、质量技术监督及防汛防台、护林防火等安全工作。开展"道德讲坛""最美家庭"评选等活动,推动形成尚德、尚美的时代新风。利用胡埭人民公园,组建群众文化团队20支,举办"美丽胡埭我的家""春华秋实胡埭美"等活动专场11次;组建"爱立方"系列太湖微马、中信太极等群众健身团队9个。

(邱晓东　周晓刚)

江苏无锡空港经济开发区

【概况】 2016年,无锡空港经济开发区围绕建设"千亿空港"发展目标,经济社会各项工作取得进展。实现技工贸总收入681亿元,比上年增长7.5%。固定资产投资完成86亿元,比上年增长11.8%,其中工业投资完成53亿元,比上年增长14.5%。到位外资2400万美元。财政收入18.8亿元,比上年增长6.23%,其中公共预算收入完成11亿元,比上年增长7.33%。园区服务业发展迅猛,实现营业收入328亿元,比上年增长29.64%,占总体经济比重56.9%。苏南(无锡)快递产业园被评为全国智慧物流配送示范基地,成为全国唯一入选的快递产业园。年内,园区规模以上企业实现应税销售209.6亿元,占全部工业应税销售的84.4%,比上年增长5%,有37家工业企业销售收入超1亿元。全年新增股改企业3家,完成报会企业1家,无锡航亚科技在"新三板"上市,东茂特钢在江苏股权交易中心挂牌。年内,园区申报高新技术企业6家,申报省高新技术产品14件,报省支撑计划1项,完成专利申报1820件,其中发明专利720件,完成PCT申请9件。

(唐钰倩)

【项目建设】 2016年,园区围绕产业定位和发展方向,引进一批符合园区主导产业的重大项目。签约圆通航空物流基地、深南电路二期、格林美二期、麦德龙食品配送、诺龙精密科技等重大项目16个,其中,注册资本超1亿元项目6个。根据项目建设时序要求,逐周跟踪,着力破解资金、土地、审批等各类要素制约,整合各方资源推动项目建设。实现挂拍地块5幅,出让土地20.2公顷。年内,韵达物流、中国邮政、新和源等9个项目竣工,中国邮政、丰硕仓储等重点项目陆续投入运行。做好存量土地和闲置厂房的盘活工作,调整和盘活土地10公顷、厂房2.73万平方米。

(唐钰倩)

【环境建设】 2016年,园区加快推进珠江路(雪梅路—长江南路)延伸工程,完成振发七路道路改造工程,东安路二期标准厂房完成主体建设。全年安居房在建3501户48.35万平方米,竣工2275户30.24万平方米。全年新增绿地4.2万平方米。加强水环境综合治理,加强控源截污、雨污水管网整治以及黑臭河道整治。完成南星苑三区、六区,丽景佳苑和市镇S2、S3片区雨污官网改造工程、黑臭河道清淤工程、工业园区主要雨污水管网维护工程等项目招投标。加强环境监察,全年累计抽查600余次,提出整改意见280余条,整改完成率95%以上。坚持河道保洁长效化管理,完成7条河道清淤工程设计方案与可行性报告。开展"城市环境综合整治""市容难点热点区域集中整治""违法建设专项整治"三大整治工程,完善市容长效管理机制,拆除各类新增违建33起,拆除违建面积7535.94平方米。

(唐钰倩)

【社会事业】 2016年,园区城镇新增就业2500人,举办企业用工招聘会3场和大学生专场招聘会1场,提供3000余个就业岗位。推进房权换股权工作,发放分红约9000万元。推进"1+3"居家养老服务全覆盖工程,依托社区居家养老服务站、社区社会组织、安康通中心,完善居家养老服务体系网络,提高社区养老服务质量，满足居家养老服务需求。年内，发放低保金 101.6 万元、临时救助金 44.6 万元、重残类救助金 43.3 万元，落实各类计生惠民扶持资金 270 余万元。推进香楠佳苑幼儿园改扩建工程，启动吉祥幼儿园 6 个班级的新改扩建工程，开工建设建筑面积 5876 平方米的丽景佳苑幼儿园。硕放颐养园通过省示范性养老机构验收。开展工贸行业较大风险作业专项整治、危化品领域安全生产专项整治、燃气使用安全专项整治，发放《燃气用户安全告知书》28740 份，填写《燃气安全使用情况自查表》3414 份，清理、劝退“黑气”经营点 6 个。

（唐钰倩）

【中国智能骨干网落户】 （参见第 324 页“菜鸟网络——中国智能骨干网空港项目奠基”条目）

（唐钰倩）

江苏江阴临港经济开发区

【概况】 2016 年，江阴临港经济开发区（以下简称临港开发区）按照建设竞争力一流的国际化开放园区总体目标，以改革统揽全局，以转型引领发展，辖区经济社会保持稳定发展。全年实现地区生产总值 632.15 亿元，比上年增长 5.7%。一般公共预算收入 40.63 亿元。工业开票销售收入 1255.98 亿元。服务业开票销售收入 2054.49 亿元。规模以上工业企业产值 1445.1 亿元，比上年增长 6.8%。固定资产投资 294.5 亿元，其中工业投入 174 亿元、服务业投入 120.47 亿元。限上批发零售业销售 930.47 亿元，比上年增长 12.4%。限上批零住餐业零售 20.54 亿元，比上年增长 17%。进出口总额 443.38 亿元，比上年增长 8.5%。到位注册外资 3.8 亿美元，比上年增长 15.2%。年内，临港开发区被江苏省委、省政府评为江苏省先进开发区，江阴保税物流中心获批国家综合保税区，新能源产业园被评为江苏省科技产业园，机械装备产业园被评为江苏省高端装备制造业特色产业基地，江阴软件园获批江苏省创业孵化基地。

（钱海英）

【港口发展】 2016 年，江阴港完成集装箱吞吐量 48 万标箱，本地重箱 33 万标箱。新增集装箱航线 1 条，累计集装箱航线 52 条，航班密度为每周 112 班；新增件杂货航线 1 条，累计件杂货公共班轮航线 16 条，覆盖日韩、东南亚等主要港口。年内，与世界上 100 余个国家和地区的 600 余个港口建立通航关系。江阴港获批“中国进出口商品流通示范基地”，引进国内首家物流电商交易平台“运去哪”。依托进出口食品查验场所、进口食品指定储存场所专有资质，引进德国啤酒、巴西黄鱼、西班牙橄榄油、日本饮用水等高端消费品。长江港口综合物流园区打造区域物流、交易、结算、产业、总部中心集群，全年完成开票销售收入 850 亿元、入库税金 5.75 亿元。

（钱海英）

【国家综合保税区建设】 1 月 14 日，国务院批复同意设立江阴综合保税区，规划面积 3.6 平方千米，重点发展保税物流、保税加工、口岸物流、保税服务等业务。年内，临港开发区根据海关总署《海关特殊监管区域基础和监管设施验收标准》，实施建设国家综保区“300 天行动计划”，推进隔离围墙建设、进出特殊区域卡口建设、通道设施和监管设施建设、信息化系统和联检大楼改造、设备设施添置改造等一期基础设施建设 5 个工程。全年完成监管货值 25.12 亿美元、报关单量 2.15 万票，形成 PTA 深加工结转“一站式”绿色通关平台、工业装备出口集货中心、卫浴洁具组装出口中心、进口消费品分拨配送中心、太阳能组件出口集货中心、客车零部件进口配送中心 6 个特色物流基地。

（钱海英）

【招商引项】 2016 年，临港开发区围绕金属新材料、新能源、机械装备、石化新材料、现代港口物流、电商和文化创意产业，加强产业链招商，全年批准进区企业 1161 家，完成到位注册外资 3.8 亿美元，新增外资企业 19 家，其中超 1000 万美元项目 11 个。年内，临港开发区创新招商方式，推进招商一体化、专业化、企业化，相继赴北京、上海、深圳等国内各大城市及境外重点地区开展系列招商活动。9 月 20 日，举行江阴经贸合作洽谈会临港开发区项目签约仪式，签约项目 45 个，总投资 460 亿元，涵盖先进制造业、现代服务业、高新技术产业等领域，包括超 100 亿元的沃特玛新能源汽车项目、中天能源分布式发电、中智科技绿色云仓等 5 个超 10 亿元项目。年内，接待台湾华新丽华集团、万科物流地产发展有限公司等知名企业（机构）高层到访考察，促成在谈项目 132 个，拟建项目 53 个。

（钱海英）

【重大项目建设】 2016 年，临港开发区开展服务企业、服务基层“双服务”和推进重点项目、重点工程“双推进”活动，推动重点重大项目快审批、快落地、快建设、快产出。全年实施重点重大产业项目 22 项，总投资 204.11 亿元；竣工重点重大产业项目 21 项，总投资 35.26 亿元。年内，中国建材集团三新产业园暨 1.5 吉瓦铜铟镓硒薄膜太阳能项目、华联罗森总部园项目等 22 个项目开工建设，普洛斯工业物流项目、联合物流码头项目、常隆新能源客车项目等 40 个项目在建，申达烟膜等 28 个项目竣工。

（钱海英）

【产业转型发展】 2016 年，临港开发区制定《关于加快产业强区建设的若干政策意见》，分为主导产业、科技创新、资本运作、重大项目招引 4 个方面 14 条。双良节能系统股份有限公司获“中国工业大奖”，申达集团被评为江苏省供给侧改革模范单位。年内，举办第一届金箍棒杯国际工业设计大赛，“三牛”众创空间升级为国家级众创空间，江阴故乡情果业专业合作社创建的“江阴经济林果星创天地”经科技部评审，入选全国第一批“星创天地”。新增院士工作站 2 家，开展产学研合作 20 项。金杯安琪获批“全国标准化技术工作组”，新增国家标准 1 个，修订行业标准 2 个，授权专利 1099 件，万人有效发明专利数 27.4 件。年内，临港开发区石化新材料产业园商会、机械装备产业园商会成立。

（钱海英）

【推动企业资本经营】 2016 年，临港开发区推动各类资本与技术创新有机结合,加快企业转型升级步伐。年内，苏利股份在上海证券交易所挂牌上市，慧居科技股份有限公司等3家企业在“新三板”挂牌,江阴真良机械有限公司、江阴市申丰纸业有限公司、江苏国润纱布科技有限公司、江阴嘉美针织制衣有限公司、江阴海之语电子商务有限公司、江阴市宇华化纤纺织有限公司、江阴东邦钢球机械有限公司等14家中小微企业登陆“四板”市场。

(钱海英)

【环境建设】 2016年，是临港开发区道路建设推进年、拆迁安置攻坚年、环境整治突破年。年内,开发区实施道路、安置房、绿化、污水管网、水利、环境综合整治等8个类别128项城市建设工程，签约落户恒天文旅、韩国连锁美容中心、雅康跨境电商等一批城市功能配套项目。全年交付安置房3046套,在建港欣花园二期、朱家湾花园一期等安置房27.8万平方米,制定《江阴临港经济开发区关于集体土地住宅房屋拆迁市场化安置办法实施意见》(试行),230套商品房被认购。完成新港小区、明珠花园、兴港小区等小区,龙港路北段、润华路等7条道路改造和建设,夏港实验小学、西石桥社区卫生服务中心改扩建工程主体竣工。新增朱家湾小公园等7.5万平方米绿化面积,建成东支工业园、江市园区等13.8千米污水管网和7座污水提升泵站。

(钱海英)

【社会事业发展】 2016年，临港开发区以打造江阴社会事业发展精装本、提升澄西百姓民生幸福含金量为目标，完成民生投入5亿元。年内,举办大型招聘会4场,解决本地劳动力就业7364人。新增城镇职工养老保险6853人,新型农业合作医疗保险、被征地农民基本生活保障覆盖率均为100%。举办第九届璜土葡萄节。“文化走基层、服务进万家”等活动常态化。长江村被第16届全国“村长论坛”授予“中国十大国际名村”称号。完成中央环保督查整改任务，建立三级网络化环境监管体系。临港开发区便民服务中心开设公安出入境窗口,服务项目为46类97项,全年受理各类事项94946件,办结率100%,被评为无锡市群众满意镇街行政服务中心。

(钱海英)

【南京理工大学中法工程师学院签约】 4月25日,临港开发区与南京理工大学签署合作办学协议，建设南京理工大学中法工程师学院。该学院除在教育部批准的范围内招收国内学生外,还将拓展留学生教育,全日制学生规模逐步达到1500人。

(钱海英)

【金一黄金艺术品交易中心挂牌上线】 4月27日，金一黄金艺术品交易中心挂牌上线。该中心是国内第三家以贵金属为标的的文化交易平台,整合制造、互联网、金融、文化产业优质资源,通过线上交易为传统贵金属打造“互联网+文化+金融+科技”的交易服务载体。挂牌当天,推出吉猴报喜、紫气东来等产品,并与电视购物、银行、邮政等渠道开展战略合作。

(钱海英)

【乐器标准化技术委员会手风琴工作组落户】 8月10日,全国乐器标准化技术委员会手风琴工作组落户江阴金杯安琪乐器有限公司。该公司年产中高档手风琴3万余台,在国内市场占有率为50%。工作组成立后,企业负责手风琴领域国家、行业标准的制修订工作，构建一个适应国内、面向国际的手风琴技术标准体系。

(钱海英)

【举办金箍棒杯国际工业设计大赛】 9月26日，金箍棒工业产品设计江阴有限公司举办第一届金箍棒杯国际工业设计大赛。大赛收到工业设计作品4208件,50件作品获得入围奖,11件作品进入终审，分别获得一、二、三等奖。年内,金箍棒设计平台有1万余位设计师在线注册。

(钱海英)

【华联罗森总部园项目开工】 11月1日,江阴华联罗森食品加工总部园项目开工建设。该项目包括食品加工、中央厨房、仓储物流及电子商务等功能，通过整合构建一体化物流配送网络、O2O电商平台等立体式供应链新格局，推动生产性服务业和生活性服务业协同发展。

(钱海英)

【绿色船舶产业技术研究院落户】 10月26日,江阴市绿色船舶产业技术研究院在中船澄西船舶修造有限公司成立。该研究院依托国家认定企业技术中心、江苏省工程技术中心、江苏省重点研发机构、江苏省高新技术企业等，整合国内外先进的绿色船舶产业技术创新资源，通过开展技术创新、成果转化、项目孵化、人才培养和公共技术服务等工作，建设成为绿色船舶产业技术创新和服务中心，推动船舶及海工装备产业转型升级。

(钱海英)

【海上风电叶片量产】 11月16日，中国最长海上风电73+叶片在艾尔姆江阴公司量产。该产品专为海上风电场设计,可以组装出直径达150米的风轮，安装在阿尔斯通6兆瓦的海上风机上，叶片在超过每小时329千米的风速中高速旋转,一台机组的年发电量相当于6000个欧洲家庭的年用电量。

(钱海英)

【苏利股份挂牌上市】 12月14日，江苏苏利精细化工股份有限公司在上海证券交易所挂牌上市。该公司成立于1994年，主营业务为农药、阻燃剂及其他精细化工产品的研发、生产和销售,主要产品为百菌清原药、嘧菌酯原药及农药制剂、十溴二苯乙烷及溴氢酸等产品。股票简称“苏利股份”,代码为603585,当天A股公开发行2500万股,发行完成后总股本1亿股,每股发行价26.79元。

(钱海英)

【1.5吉瓦薄膜太阳能项目开工】 12月19日,中国建材集团三新产业园暨1.5吉瓦铜铟镓硒薄膜太阳能电池生产线项目开工建设。该项目采用法国圣戈班下属德国Avancis公司最新一代薄膜太阳能铜铟镓硒的研发技术，生产的铜铟镓硒薄膜太阳能组件外观美观、性能稳定、温度系数低、具有弱光效应,总体发电性能优越，广泛应用于大型地面电站、分布式光伏电站和光伏建筑一体化。

(钱海英)

江苏江阴—靖江工业园区

【概况】 2016年，江苏江阴—靖江工业园区围绕“建设全省联动开发的先导区、实验区、示范区”总体目标，突出产业发展、项目建设、载体优化、民生改善等工作重点，园区经济社会实现平稳健康发展。全年实现规模以上工业生产总值120.79亿元，地区生产总值83.62亿元。一般公共预算收入6.45亿元，比上年增长12.8%。固定资产投资15.11亿元，比上年增长3.8%；其中工业投入8.33亿元，比上年增长6.1%；服务业投入6.78亿元，比上年增长1.1%。限额以上零售额4.18亿元，比上年增长0.4%。全年完成货物吞吐量1575.6万吨，比上年增长22.3%；其中完成内贸吞吐量1491.2万吨，比上年增长20.3%；外贸吞吐量84.4万吨，比上年增长75.5%。

（毛 壁）

【重大产业发展】 2016年，园区成功打造中国民营造船、国家重钢结构两大产业基地和“特色冶金—机电—汽车零部件—特色车辆”“特色冶金—钢结构—船舶修造”两条产业链，船舶、汽配、冶金、机电、钢结构五大优势主导产业规模和技术水平不断提升，特色产业和央企项目集聚的态势基本形成。年内，园区成功申报苏中合作共建园区，被评为长三角最强中国制造产业集聚区。扬子江船业集团继成功建造LNG液化气船型后进军油轮/化学品船市场。至年底，扬子江船业接到订单约44亿美元，交付期排至2019年，订单量排名中国第一、全球第四。中建钢构华东大区加快对接长江经济带、一带一路国家战略，年内被全国总工会授予全国五一劳动奖章，完成科技攻关成果28项、国家专利17项、省部级以上QC成果13项、各类科技荣誉11项，新中标青岛市民中心、温州机场、江阴城乡建设等多个项目，完成订单金额90亿元。大明重工参与国家固定式压力容器技术标准修订，获得起重机械安装维修许可A级资质，加工设备分别从德国、日本、意大利等国引进，业务涵盖船舶制造配套、液压容器、航空航天等多个领域。中铁建康远新材料加快推动科技强企战略，提高自主研发能力，公司电气工程技术研究中心通过省级验收，新研制的385千米高速铁路高强高导承力索、接触线被鉴定为国际领先水平。

（毛 壁）

9月20日，2016江阴经贸合作洽谈会召开 （毛 壁 供稿）

【项目建设】 2016年，园区围绕产业强市发展目标，加大项目招引力度，增强园区发展后劲。园区累计推进“三个一批”（一批支柱产业、一批大型集团、一批知名品牌）重点重大项目25个。其中，在建项目4个，分别是总投资1.5亿美元的大明金属科技、总投资2500万美元的中力机械、总投资1000万美元的东方能源润滑油仓储和总投资2亿元的电子交易平台项目。拟建项目9个，分别是总投资5亿元的中建钢构新型建筑钢结构、总投资9900万美元的光汉科技、总投资18亿元的绿色建筑产业园、总投资7988万美元的高精管件深加工、总投资1.5亿元的中建钢构国家级检测中心、总投资1000万美元的润滑油仓储配套、总投资10亿元的大明港务、总投资10亿元的大明压力容器和总投资5.5亿元的双江能源综合项目。

（毛 壁）

【基础设施建设】 2016年，园区按照“竞争力强、集约度高、配套性好”的要求，推进园区基础设施建设，提升园区功能配套能力。完成港口控制性详细规划初稿编制工作，科学、高效、有序地开发利用港口岸线资源。完成靖江市城市周边基本农田划定工作。严格按照总体规划、控制性详规进行规划选址、用地和工程审批，加强批后管理，保证按规划实施建设。年内，累计完成基础设施投入1.17亿元，完成三圩路、联心路、滨江一路溢馨苑小区段改造工程，方便周边居民出行。启动建设滨江一路联泰南路路灯亮化工程，建设溢馨苑安置区续建工程，年底交付使用。实施六圩村、四圩村等304户约9.1万平方米拆迁工作。

（毛 壁）

【参加江阴经贸合作洽谈会】 9月20日，2016中国江阴经贸合作洽谈会在江阴市召开。美国、德国、瑞典、韩国、日本、新加坡等20余个国家和中国香港、中国台湾地区的共500余家企业和机构、600余名客商参加洽谈会。此届洽谈会围绕电子信息、高端装备制造、新材料、新能源汽车、生物医药和节能环保6大类产业12个重点领域，以产业高端和技术创新环节作为招商引资重点，着力引进一批技术先进、行业领军的企业项目及其上下游产业链企业，培育现代产业集群，推动先进制造业高端化、国际化发展。围绕大会主题举办推介会、项目签约洽谈会、商务论坛、园区考察等各类活动20余场。其中，在江苏江阴—靖江工业园区先进制造业产业发展恳谈会期间，园区签约项目10个，总投资超105亿元。

（毛 壁）

江苏宜兴陶瓷产业园区

【概况】 2016年，江苏宜兴陶瓷产业园区以转型发展为先决条件，强化产业特色、营造投资环境，构建以陶瓷和非金属材料制造产业为主、节能环保等产业为辅的现代产业新

陶瓷产业园区工业——金石研磨窑炉 (吕俊昌 供稿)

格局。全年工业应税销售收入173亿元，其中，规模以上企业142亿元。流通应税销售收入39.5亿元。到位注册外资330.9万美元；自营出口创汇3.91亿美元，比上年增长6.08%。工业后劲投入31亿元，比上年增长12.3%。至年底，入园企业500余家，其中年销售收入超10亿元企业4家。举办2016中国宜兴工业陶瓷产业发展高峰论坛，建成宜兴陶瓷新材料孵化器，提升产学研合作的深度和广度。强化服务企业意识，组织企业参加上海国际陶瓷工业展等国内经贸交流活动。帮助企业开拓国际国内市场，引进国内外先进技术装备，加快园区企业的科技创新能力和产业转型步伐。

(吕俊昌)

【主导产业发展】 2016年，园区机电、冶金、陶瓷三大支柱产业实现应税销售收入128.3亿元。骨干企业支撑作用明显，江苏亨鑫科技有限公司、宜兴新威集团有限公司等位列宜兴市工业企业前50强。江苏和田科技材料有限公司、宜兴市美达电磁线有限公司、江苏三恒高技术窑具有限公司销售增幅超50%，江苏富陶科陶瓷有限公司、宜兴市丁山耐火器材有限公司销售增幅超10%，江苏拜富科技有限公司、江苏省宜兴彩陶工艺厂、宜兴王子制陶有限公司、无锡市宇超电气科技有限公司保持平稳增长态势，无锡市瑞尔精密机械股份有限公司、宜兴市灵谷塑料设备有限公司、江苏省宜兴电子器件总厂、江苏金石研磨有限公司产品市场占有率持续提升。成长型企业成长稳健，宜兴市隆昌耐火材料有限公司销售增幅超50%，宜兴市九荣特种陶瓷有限公司、无锡市陶都电力器件厂增幅达20%。外贸出口平稳增长，江苏亨鑫科技有限公司、宜兴维多利亚家具有限公司出口额超2000万美元。无锡市宇超电气科技有限公司成功登陆“新三板”。

(吕俊昌)

【举办2016中国宜兴工业陶瓷产业发展高峰论坛】 5月，2016中国宜兴工业陶瓷产业发展高峰论坛在宜兴市丁蜀镇举办，全国60余所高校、科研院所的专家教授、业内人士和有关部门、企业负责人参会交流。论坛由江苏宜兴陶瓷产业园区、丁蜀镇政府联合主办，目的在于搭建产学研沟通交流平台，助力各方洽谈会商、展开合作，进一步促进丁蜀工业陶瓷企业加快完善产业链、增强创新能力、提升核心竞争力。开幕式上，东南大学与江苏一品环保有限公司合作的智能变频除尘电源项目、长沙理工大学与江苏宜翔陶瓷科技有限公司合作的高档酒瓶用新型陶瓷釉料开发项目等10个合作项目签约。

(吕俊昌)

【工业陶瓷展览中心和陶瓷新材料孵化器成立】 5月，江苏宜兴工业陶瓷展览中心和宜兴陶瓷新材料孵化器揭牌成立。江苏宜兴工业陶瓷展览中心位于恒隆紫砂电子商务园区内，建筑面积约1000平方米，是集工业陶瓷新产品、新技术和新工艺于一体的展示场馆。该中心通过图片、实物、影像资料等形式，展出约50家企业的结构陶瓷、功能陶瓷、耐火材料代表性技术产品等约1000种、1500余件(套)，充分展示丁蜀镇作为全国陶瓷产业发展高地的魅力、技术实力与创新活力。宜兴陶瓷新材料孵化器是为陶瓷产业创新创业服务而设立的载体平台，除为入驻孵化企业提供研发检测、中试生产等方面的共享设施外，还将根据陶瓷产业特点，为入驻对象提供人事代理、劳动保障、工商税务、咨询融资等“一条龙”服务，以降低企业的创业成本和风险，提高创业成功率。

(吕俊昌)

【道路改造】 9月起，园区通蠡路、蠡河路、川埠路、西施路4条道路进行改造，工程总投资约5500万元，主要进行道路破损路面基础重新开挖加固、路面整体摊铺沥青、道路两侧及平交道口改造、广场增补绿化、下水道疏通等改造，同时，为川埠路、西施路增设路灯。

(吕俊昌)

编辑 邵文凯

财 政

【概况】 2016年，无锡市财政局围绕高水平全面建成小康社会的奋斗目标，聚焦支持产业强市战略，落实财源建设、民生保障、供给侧结构性改革、财税体制改革、政府债务管理和党风廉政建设6个方面、29项重点工作，达成年度目标任务。财政收入实现稳增进位，全市完成一般公共预算收入875亿元，比上年增长5.4%，居全省第三，其中完成税收收入706亿元，比上年增长5.7%，税收收入占一般公共预算收入的比重为80.7%，居全省第四。提升财政支出绩效，全市一般公共预算支出867.4亿元，比上年增长5.5%，教育、医疗、社保、就业等城乡公共服务支出占比超过76%。年内，无锡市财政局获得“中国政府采购年度创新奖”“六五普法先进集体”“2015年度部门决算工作先进单位”“法治无锡创建示范单位”等荣誉称号；创新财政支持方式、着力扩大民间投资的做法被省政府推荐为“有效投资稳增长”的典型。

（杨亦婧）

【财政收入稳定增长】 2016年，市财政局应对经济中低速增长及“营改增”扩围的挑战，加强“营改增”方案测算和谋划应对，加强房地产税收入库，构筑全市上下联动、部门协作的综合治税体系。强化建筑业税收管理和安置房项目清欠入库。加强非税收入新开征和重点项目的征管协调，研究完善安置房上市土地出让金补缴标准。督促社保基金按计划催缴入库，实现收入和财力综合平衡。

（杨亦婧）

【构建现代产业政策体系】 2016年，无锡市构建“1+N”产业政策体系，推动“十三五”规划期间全市各级累计安排不低于200亿元资金投入现代产业。年内，全市两级兑现扶持资金48.8亿元，其中，市本级兑现17.8亿元、扶持项目1434个、惠及企业962家。向上争取省政府母基金20亿元，采取省、市、区财政联动，与浦发银行总行发起设立150亿元规模的政府股权投资母基金，合作设立9个、总规模近400亿元的子基金，其中清华新兴产业基金160亿元、感知海洋产业基金150亿元签约，领航基金、天使基金累计完成投资项目16个。首届无锡太湖基金产业投资峰会召开，现场签约基金7个、项目23个，资金规模280.89亿元。

（杨亦婧）

【支持实体经济降本增效】 2016年，市财政局支持实体经济降成本、减负担，“营改增”全面扩围，为企业减负约60亿元；推动社保降费、援企稳岗等政策，为企业减负逾56亿元；暂停防洪保安资金征收、取消部分行政事业性收费，为企业减负13亿元。支持企业降杠杆、减风险，落实资金3200万元，引导企业借力资本市场，新增境内外上市公司17家，小微创业贷累计放贷36亿元，为1100多家企业降低融资成本超过4000万元，科技风险补偿在贷余额保持在10亿元左右，中小企业应急转贷资金累计使用135亿元，惠及企业1265家。支持房地产去库存、稳市场，制定专项政策，对符合条件的存量商业办公用房、全装修成品商品住房购房对象予以补助，发放经济适用住房购房补贴近4500万元，惠及符合条件购房家庭317户。支持项目引进外贸出口补短板、稳增长，兑现资金近4亿元，支持引进三星偏光板、鸿海（夏普）等重大项目，支持阿里巴巴“一达通”外贸平台落地，鼓励异地出口企业回流无锡，落实资金7000万元支持外贸企业拓市场、抓订单。

（杨亦婧）

【民生事业保障】 2016年，市财政局推进新型城镇化和城乡一体化建设，支持苏锡常南部高速公路和地铁3号、4号线等基础设施建设。市本级安排1.8亿余元，支持旧住宅区和城中村改造。聚焦农业供给侧改革，市本级安排2亿余元，推进城乡一体先导示范区、现代农业示范区和水利现代化建设，整合设立产业融合发展专项、安排2000余万元培育新型农业经营主体。精准帮困扶贫，市本级安排3000万元支持98个经济薄弱村建设，市区落实各类救助资金2亿元,提高"三无"〔城镇居民中无劳动能力、无收入来源、无法定赡养(抚养、扶养)人〕、"五保"(对农村人口中无法定扶养义务人，或者虽有法定扶养义务人但扶养义务人无扶养能力的;无劳动能力的;无生活来源的人保吃、保穿、保医、保住、保葬)、伤残等困难人群补助标准。推进社会事业保障均等化,对教育和残疾人保障等民生专项,实施转移支付改革，安排市区范围内公共保障资金近1亿元。推进生态文明建设,支持垃圾终端处置、大气污染防治、太湖水治理、河道和黑臭水体整治。市本级投入近20亿元，提高幼儿园到高中(中职)生均公用经费定额,民办教育、职业教育扶持力度加大，高等教育取得历史性突破，落实办学资金推动南京信息工程大学滨江学院迁址无锡。市本级落实2.2亿元,实施"太湖人才计划",市区安排5.2亿元支持创业就业。

(杨亦婧)

【推进各项改革】 2016年，市财政局构建完善全口径预算管理体系。四大类来源资金实行预算统一编制、支出分类管理,全口径四本预算全部获人大及其常委会审查批准。启动跨年度平衡预算改革，试编社会事业、教育医疗专项中期财政规划。制定支出进度考核办法,一般公共预算接近序时支出进度。本级除涉密以外91家一级预算单位全部公开预决算信息。加强绩效管理,试点专项资金项目库竞争择优，淘汰调整项目185个,优化资金安排近7亿元。市对区财政体制调整完善。完善梁溪区、新吴区财政体制和梁溪区三年体制过渡方案。对接"营改增"后省、市新的财政体制框架,完善市区财政体制方案。推进专项资金改革，继续提高一般转移支付比重。全市服务类项目采购金额逾29亿元,节约3亿余元,节约率9.5%,占政府采购规模比重较上年大幅提升。政府资产资源盘活力度加大。编制政府资产报告，加强事业单位投资收益管理，处置机关事业各类资产6000余万元。梳理清查财政存量资金转入中期财政规划，财政间隙资金管理全年增值收益超30亿元，全市盘活财政存量资金超145亿元。推进法治财政标准化,加强法治宣传教育。加快高端会计人才培育,加强注册会计师事务所品牌建设，开展会计从业人员继续教育，弥补会计高层次人才短缺、财务管理对现代企业经营支撑不足的短板。严格执行中央八项规定，制定公务交通补贴办法,完善党政机关差旅费、会议费管理。深化财政"大监督"机制，加强财经纪律检查和资金绩效监督。

(杨亦婧)

国家税务

【概况】 2016年，无锡市国税系统坚持组织收入原则,多措并举挖潜、堵漏、增收，实现组织收入稳中有进、稳中提质。全年组织国税收入868.92亿元,比上年增长12.88%。其中，完成一般公共预算收入335.16亿元,比上年增长46.23%。加强所得税挖潜增收，全年所得税收入215.17亿元，汇缴净入库37.26亿元。加强营改增税源管理,全年入库"营改增"收入96.53亿元,比上年增长221.33%,其中新增试点行业纳税人入库税金64.44亿元。提升风险应对成效，全年完成风险应对任务4901户次，风险应对成效10.7亿元。坚持以查促收，稽查查补入库2.12亿元。

(陈　敏)

【服务转型发展】 2016年，无锡市国税系统完成全面推开营改增试点,新增建筑业、房地产业、金融业、生活服务业四大行业99%以上试点纳税人税负下降,基本实现"所有行业税负只减不增"的政策预期,发挥为企业降本增效的政策效应，支持现代服务业发展和制造业升级。发挥结构性减税在降低实体经济成本中的核心作用，放大税收优惠的叠加效应,调控和引导生产要素和资源投向无锡以"四化"(智能化、绿色化、服务化、高端化)为引领的先进制造业、战略性新兴产业、现代服务业和现代农业,全年落实各类结构性减税近100亿元,其中兑现高新技术企业优惠18.36亿元,研发费加计扣除优惠25.34亿元,落实小微企业税收减免6.64亿元，固定资产加速折旧优惠3.13亿元。加快退税进度,创新服务举措,全力支持外贸发展，全年累计办理出口退(免)税300.36亿元;打造全省首个"退税贷"融资征信平台,全年授信1.5亿元。

(陈　敏)

【推动国税、地税征管体制改革】 2016年,无锡市制定并实施《深化国税、地税征管体制改革落实方案》,国税系统会同地税部门制定143项任务清单，推动国税、地税深度合作。全市13个国、地税主办税服务厅实现联合共建全覆盖,16项国、地税业务实现一厅通办。国税系统完成省局委托代征系统开发工作,自2012年"营改增"后,累计代征地税收入13.9亿元。在全省首批签订国、地税稽查合作备忘录,实现国、地税一次进户、统一检查、分别处理;加强国、地税联合税收分析。落实总局征管规范,完善职能配置,实现全市纳服机构、职能、流程、平台和标准"五统一"。推广风险任务竞标管理，探索跨地区风险应对，风险管理机制更加完善，全年实现风险应对成效10.7亿元。作为全国第六批试点单位，完成金税三期优化版上线工作，顺利实现税务征管核心系统迭代升级,为规范税收执法、优化纳税服务、管控税收风险、加强信息共享提供了统一高效的信息化支撑。加强非居民企业管理,年内,实现非居民企业所得税收入21.09亿元,比上年增长10.07%。联合地税对128家千户集团企业和重点行业大企业开展全税种风险提醒,为144家"走出去"企业建立清册,提供个性化定制服务。

(陈　敏)

【便民办税】 2016年，无锡市国税系统持续开展"便民办税春风行动",推广应用电子税务局,建设"无锡国税智慧云平台",无锡国税微信公众号绑定纳税人17万人。升级完善自助办税、预约办税、全省通办等便民举措，纳税人上门办税次数比上年下降55%。推进"税银互动",为全市2673家守信小微企业提供无抵押信用贷款15.5亿元，与中国银行无锡分行、宁波银行无锡分行联合打造江苏省首个"退税贷"融资征信平台，全年授信1.5亿元。抓好“五证合一”“两证整合”商事制度改革衔接，存量企业“三证合一”换证面71%。持续深化税务行政审批制度改革，严格执行税收职责清单，严格落实行政审批“零超时”。建立由国税、地税、工商联三方共建的“纳税人之家”维权平台，引入行业协会、商会组织和相关领域专业人员，健全公众论证、税情早报、争议调解、案件庭审等机制，协同保护纳税人权益。

（陈　敏）

【依法行政】 2016年，无锡市国家税务局制定《全面推进依法治税加快税收现代化建设2016年任务分解表》，建立依法行政领导小组会议制度和议事规则。制定《无锡市国家税务局全面推进依法治税加快税收现代化建设2016年任务分解表》，明确43项依法治税任务，成功创建“全国税务系统法治税务未来基地”。建立公职律师人才资源库，着力规范行政处罚裁量权运行，加强重大税务案件审理，全年审结重大税务案件39件，查补税款5221万元，罚款2492万元。加强督察内审工作规范建设和信息平台建设，保障基层执法规范化。推进实名制办税、增值税发票管理新系统、税收失信联合惩戒等改革措施，防范税收流失风险。全年查处各类涉税违法案件717件，查补入库2.12亿元，其中涉嫌虚开骗税案件272件，定性虚开专票3.98万份，涉税金额62.9亿元，抓捕犯罪嫌疑人91人。

（陈　敏）

无锡市国税局为全面营改增新增试点纳税人提供上门辅导

（刘芳辉　摄）

地方税务

【概况】 2016年，无锡市地方税务系统加强组织收入统筹管理，全年组织各项收入927.65亿元，同口径增长10%，其中税收收入508.96亿元，同口径增长16%；一般预算收入378.68亿元，同口径增长17.1%。实行税收精细化预测，严密监控关键节点税款申报和入库进度，全年税收预测准确率99%。开发应用财税协作平台，加强对税源转化情况的跟踪管理，提升税收质量。

（朱　凯）

【服务企业发展】 2016年，无锡市地方税务系统加强税收政策全方位宣传和链条式管理，为9291家小微企业减免所得税7600万元，政策受益面100%；为1709家企业办理固定资产加速折旧，减免税款6400万元；为243家高新技术企业减免企业所得税5.32亿元，为407家企业办理研发费加计扣除，扣除金额10亿元。聚焦科技创新，为4家企业、31名个人办理个税递延备案。

（朱　凯）

【提升纳税服务水平】 2016年，无锡市地方税务系统推出《纳税服务风险防范手册》，推行办税厅标准化管理，提升纳税服务水平。以需求为引领，开展分级分类宣传辅导，覆盖会计人员13万余人；全市“纳税人学堂”开展培训379场次，累计参训11.5万人；试行大数据需求分析，推出“12366”大数据分析报告，分析归类全市纳税人采集各类意见、建议205条。以维权为保障，建立由工商联牵头，国税、地税共同参与的“纳税人之家”新格局，全年开展联合维权42场(次)，解决纳税人诉求270余个。主动服务无锡市安置房上市工程，保障全市52万余套安置房纳税人方便办税。

（朱　凯）

【加强国税地税合作】 2016年，根据中共中央办公厅和国务院办公厅联合印发的《深化国税地税征管体制改革方案》等相关文件精神，无锡市全面加强国、地税合作。健全国、地税7项合作制度、4项保障制度。推进联合办税，全市国、地税联合共建办税服务厅(室)2个，共同进驻政务服务中心8个，互设窗口厅(室)9个，共建社会化工作站98家，实现“进一家门，办两家事”。推进委托代征分类管理，开设二手房交易与不动产出租开票窗口201个；探索联合执法管理，签订稽查合作备忘录，建立联合办案制度，实现一次进户、统一检查、分别处理；互动推送稽查线索161条，联合稽查28户，联合开展打击发票违法犯罪活动51次，查补税款580万元。联合评定纳税信用，合作帮助企业获得授信1993笔，授信金额11.14亿元。创新开发“无锡市国地税E家平台”，实现7个服务融合类事项信息共享、办税共建、征管协同。

（朱　凯）

【税收征管保障建设】 2016年，无锡市地税局推动市政府审议通过《无锡市税收征管保障及税收遵从引导实施办法》，健全税收合力共治中组织运行、信息共享、行政司法协助、税收遵从引导、绩效奖惩五大机制。推动政府专门成立税收征管保障领导小组和独立运作的市征管保障办公室，负责指导全市的税收征管保障和日常工作协调。明确财政、国税、地税、工商、国土、公安等43个单位为成员单位，理顺其相应的

营改增政策法规宣传 (刘芳辉 摄)

税收征管保障职责。完善信息共享机制，明确成员单位承担的信息传递任务，全年获取1550余条部门共享信息，实现地方税收5.6亿元。

(朱 凯)

【实施大数据治税】 2016年，无锡市地税局作为全国金税三期第六批上线单位，开启金税三期推广上线工作。构建全国首个基于金税三期系统的“涉税数据服务中心”，“平台+应用”的整体格局基本初步形成，涵盖数据字典3万多个，共计10亿条记录，促进涉税数据增值应用。落实“互联网+税务”行动计划，3个项目列入省地税局重点创新创意项目，其中“互联网+涉税大数据”被推荐上报国家税务总局最佳实践类项目。

(朱 凯)

【加速掌上地税建设】 2016年，无锡市地税系统升级完善“智慧地税”APP，认证用户4.4万人，覆盖企业3.1万家。与腾讯公司合作开发“微信企业号”，涵盖10大模块18项内容，提高行政综合的移动化办公水平。

(朱 凯)

【“营改增”工作顺利过渡】 2016年，随着“营改增”工作进入实质性阶段，地税各相关部门积极与国税对口处室联系，针对系统、数据、票证、印章、电脑、网络、窗口、宣传、预算科目等具体问题，全方位做好细致周密的准备；多次召开与国税部门的工作联席会议，协调解决问题和难点。开展“营改增”对组织收入影响的测算，详细分析“营改增”全面到位对组织收入和政府财力的影响。坚持问题导向，推行工作清单制、日报制，对每项任务逐一销号过堂。其间，恰逢无锡市二手房迎来交易高峰，全市地税系统的纳税服务部门，加班测试软件、调试系统，模拟场景对每类业务进行测试，确保首张发票顺利开出、首笔业务办理成功、首日整体平稳有序，确保各项改革任务圆满完成。

(朱 凯)

【加强地方税费管理】 2016年，无锡市地方税务系统推进企业所得税备案事项事中管理，加强个税全员全额和重点项目管理，全年征缴企业所得税58.1亿元，比上年增长11%，个人所得税113.3亿元，比上年增长21.5%。其中，实施自然人股权变更动态监控，征缴自然人股权转让个税7亿元，比上年增长20%。加强土地增值税规范化管理，引入专业机构开展清算审核，审核完成房地产清算项目60个。开发应用全国地级市首个社保费三方并联管理系统，打通地税省级大集中系统、人社金保工程、财政财税系统三大平台，提高社保费征缴水平。

(朱 凯)

【加强税收风险管理】 2016年，无锡市地方税务系统统筹风险管理计划任务，风险应对完成绩效26亿元，准期完成率96.9%。突出大企业风险管理，千户集团大企业风险应对入库税款3500万元，市局以上重点税源户风险应对入库税款10亿元。推进互联网信息采集和第三方数据利用，开发利用“互联网涉税数据搜索引擎”，采集78家网站、16个类别、40个数据主题的涉税信息7.2万条，实现管理绩效1.73亿元。

(朱 凯)

【开展税收司法协助】 2016年，无锡市地方税务系统与市(县)、区两级法院、公安部门进行税收司法协助，推动涉税案件查处，保障税收强制执行；建立司法执行信息定期“双向”传送制度，通过法院司法拍卖环节征收税款8000万元；提高涉案资产处置的税收征收效率，入库税款3230万元。推出《税务行政强制操作指引》，移交法院社保费强制执行案件8起，申请执行金额161.61万元；对60家破产企业申报债权1.5亿元。

(朱 凯)

编辑 邵文凯

综　述

【概况】 2016年，无锡市新增社会融资规模1523亿元，比上年增长129亿元。至年末，全市银行业金融机构本外币各项存款余额14612亿元，比上年增加1430.75亿元；本外币各项贷款余额10517.75亿元，是省内第二个贷款余额突破1万亿元的地级市，比上年增加991.33亿元，为2012年以来同期最高。全年新增境内外上市公司17家，创历史最好水平，新增数量列全省第一。至年末，全市有上市公司111家，境内上市公司数量首次超过境外上市公司。新增“新三板”挂牌企业105家，超额完成年度目标任务，“新三板”挂牌企业总数209家，继续处于全国地级市领先位次。全年实现保费收入315.56亿元，比上年增长44.65%，保费规模位居全省第三位，全年赔款和各类给付91.12亿元。年内，全市发债规模大幅增长，债券品种日趋多元，全年各类债券融资701亿元。其中，通过证券交易所发债251亿元，比上年增长110%，处于全省领先水平。无锡建发集团首次发行22亿元熊猫债，开启市内资企业境外发债的先河。从发债成本看，整体利率水平均在4%~5%之间，期限2~3年，大幅降低企业融资成本。上市公司兼并重组案宗数与金额及影响扩大。全市14家上市公司完成定增，占现有A股上市公司22%，总金额192.78亿元。另外有11家上市公司公布并购重组预案，总金额216.99亿元。太极实业定增并购十一科技。华光股份反向收购控股股东资产，实现国联集团环保产业整体上市，成为国有控股上市公司兼并重组的成功典型案例。

（周桂良）

【推出金融改革创新】 年内，无锡市制定《关于调整小额贷款公司监管制度的实施意见》《关于促进小额贷款公司转型发展的实施意见》《促进融资担保行业健康发展的实施意见》《中小微企业信用保证基金管理暂行办法》等政策，扩大金融对各类中小微企业的信贷支持。发挥金融助推供给侧结构性改革重要作用，增加绿色信贷，压降过剩产能，加快政府债置换，人民币贷款加权平均利率低于全省0.32个百分点。创新“三农”（农村、农业和农民）支持方式，开展农村金融改革创新试点，运用“惠农贷”支持家庭农场发展，探索土地承包经营权抵押贷款。创建农村养老、医疗、健康、意外、大病等民生保险，发展包括科技保险、责任保险、农业保险和社会保障保险等险种，探索保险资金支持实体经济的有效途径。

（周桂良）

【增强地方金融实力】 年内，江苏民营资本航母江苏民营投资控股有限公司（简称“苏民投”）落户无锡，无锡农商行、江阴农商行成功上市，江苏资产管理公司跨市经营、全省布局。开鑫贷完成增资扩股后，将集团品牌升级为“开鑫金服”。全国首家物联网大宗商品交易中心、全省首家互联网金融资产交易中心营业。国联人寿、无锡金融投资公司等企业实力增强。设立150亿元规模的“无锡太湖产业母基金”以及400亿元规模的9只子基金。

（周桂良）

【增强服务地方能力】 年内，无锡市探索开展“银行+保险+监管”的动产质押融资创新，推动投贷联动创新试点，有效开展新型银团贷款试点，有序推进农村金融改革创新，扩大农村承包土地经营权和农民住房财产权抵押贷款试点扩面，推动金融与产业、科技、民生领域深度融合。全年新增基础设施类贷款696亿元，占全市各项贷款的74.5%，比上年增加530亿元，保障基础设施项目建设资金需求；新增个人住房贷款481亿元，占全市各项贷款的48.6%，比上年增加322亿元，支持居民家庭自住和改善性需求，助力房地产市场去库存。小微信贷连续3年完成“三个不低于”（贷款增速不低于各项贷款平均增速、贷款户数不低于上年同期户数、申贷获得率不低于上年同期水平）工作目标，小微金融服务工作在全省持续保持前列。

（周桂良）

【加强金融风险防控】 2013年以后，全市共压降不良贷款962亿元。至2016年年末，全市金融机构不良贷款余额163.82亿元，比上年减少29.6亿元。不良率1.56%，比上年下降0.47个百分点，连续3年实现不良贷款余额、不良贷款率"双降"。3年来，不良贷款率首次压降到2%以内。不良贷款余额占全省比例由峰值时的34%降至12.9%，不良率排名由全省最高退至第八位。推进全省互联网金融风险专项整治工作，会同各市(县)、区和相关职能部门，对7387家金融理财类机构进行摸底排查，其中51家被列为下阶段清理整顿重点，196家列为重点关注对象。开展打击非法集资工作，在全省建立"安全理财无锡热线"微信公众号，举办10余场"防范金融诈骗，笑语欢歌进社区活动"，组织"打击非法集资，防范金融诈骗"现场知识普及教育活动，发放各类宣传单册10余种，共计10万余册。通过系列活动，正面引导群众提高风险防范意识，树立健康投资理念，打压非法集资活动的生存空间。

(周桂良)

银 行

【概况】 2016年，无锡市新增社会融资规模1523亿元，比上年增长10.1%。至年末，全市金融机构本外币贷款余额10517.75亿元，首次超过1万亿元大关，全年新增贷款991.33亿元，创2012年以来新高，比上年增加495亿元，增长10.4%，其中人民币贷款新增1050亿元；本外币贷款新增占社会融资规模比重65.09%，比上年增加28.96个百分点，银行信贷主渠道作用进一步增强。本外币各项存款余额14612亿元，比上年增加1430.75亿元，比上年增长10.8%，增幅排名在省内实现进位。全市累计发行直接债务融资工具项目37个，存续余额953.3亿元。

制定《关于金融支持无锡现代产业发展新高地建设的实施意见》《贯彻落实省政府关于加快推进产业科技创新中心和创新型省份建设若干政策措施的实施细则》等金融支持地方经济发展的政策意见6个，组织金融机构开展"金融支持制造业提质增效"专项行动、"一行一品"金融创新工程建设两大活动，引导金融机构推出金融创新产品或特色服务40余项。落实"降成本"各项政策措施，12月，全市人民币贷款加权平均利率4.96%，比上年下降0.23个百分点，低于全省平均0.32个百分点。全年累计发行企业债券701亿元，办理再贴现再贷款60.36亿元，资金池、发债、再贷款再贴现业务共计为企业降低成本3亿元。

至年末，全市中长期贷款余额5672.63亿元，比上年增长26.7%，高于全部贷款增速16.29个百分点；全年中长期贷款新增1208.88亿元，比上年增加879.99亿元；新增量占全部贷款的122%，比上年提高55.7个百分点。主要是重大项目和个人住房金融得到重点支持，全年新增基础设施类贷款696亿元，占全市各项新增贷款的74.5%，比上年增加530亿元；全年新增个人住房贷款481亿元，占全市各项新增贷款的48.6%，比上年增加322亿元。"应收账款融资服务平台"实现融资270.2亿元，比上年增长341.07%；"小微企业金融服务平台"发布金融产品176种，达成融资10.1亿元，比上年增长171.5%。推进"银税通"信贷服务平台应用，发放银税合作类贷款17亿元，其中首贷户1200余户。

(杨　月)

【人行无锡市中心支行推动金融改革】 年内，人民银行无锡市中心支行推动惠山区完成土地经营权确权登记，建立农村产权交易服务中心，成立市、区共建的支农信贷风险补偿专项资金1000万元，累计发放农村土地经营权抵押贷款22户、金额8873.9万元。支持江阴农商行、无锡农商行上市。深化利率市场化改革，1~12月，法人金融机构发行同业存单203.4亿元、大额存单28.16亿元。加强流动性管理，实施宏观审慎评估，首次对江阴农商行发放常备借贷便利1亿元。制定《关于进一步优化外汇服务支持开放型经济加快发展的指导意见》《2016年无锡外汇服务支持开放型经济发展八项实事》等多项措施，加强外汇政策支持。推动本外币资金池业务发展，"外币资金池"企业集团13家，累计收支78亿美元，人民币资金池企业集团17家，累计收支77亿元，为企业节约资金成本8000余万元。全面复制自贸区各项优惠政策，帮助企业意愿结汇1亿美元，发行无锡首笔境外3年期美元债券3亿美元，助推无锡中资企业跨境融资突破4亿美元。

(杨　月)

【人行无锡市中心支行优化金融发展】 年内，人民银行无锡市中心支行推进全市各区县开展金融生态创建，表彰锡山区、滨湖区、新吴区为"金融生态优秀区"。在省内率先制定《无锡市金融市场成员单位工作暂行办法》，加强金融市场业务风险监测管理。全年全市金融机构通过清收、核销、打包转让等方式，累计处置各类不良资产194.2亿元，推动不良贷款继续保持"双降"。至年末，全市不良贷款余额163.57亿元，比上年减少29.61亿元，不良贷款率1.56%，比上年下降0.47个百分点；不良率仅高于全省平均水平0.2个百分点，比上年收窄0.33个百分点。金融IC卡地铁行业应用项目建成上线，无锡成为首家以全国模式开通金融IC卡地铁行业应用的城市。全市建成农村金融综合服务站385家，比上年新增65家。配合做好无锡市三区合并国库架构调整，完成"营改增"国库业务调整，实现无锡市本级和江阴市财政拨款无纸化目标。推动"人民币流通满意工程"建设，推进硬币自循环试点，全辖硬币投放比上年减少25%。实现市区所有纳税企业税务信息的批量采集，全年新增各类非银行信息25万条。推动农村信用体系建设，对9323户农户进行信用评定，评定农村青年信用示范户1690户，贷款余额20.46亿元。扩展个人征信代理查询网点至10家，实现市内各区域全覆盖，全年提供个人征信信息查询服务19万人次。在全市开展"金融投资风险百日警示教育"、"3·15"诚信联盟大型宣传、"金融知识普及月"广场咨询等一系列活动，面向社会普及金融知识。组织全市银行系统开展7个月的"人民银行政策学习竞赛"系列活动，提升银行从业人员政策水平。开展账户管理专项治理、

表 44 2016年年末无锡市金融机构存贷款情况

项目 单位	外币贷款			人民币存款			其中:住户存款			人民币贷款			外币存款		
	余额(亿元)	比上年增加(亿元)	比上年增幅(%)	余额(亿元)	比上年增加(亿元)	比上年增幅(%)	余额(亿元)	比上年增加(亿元)	比上年增幅(%)	余额(万美元)	比上年增加(万美元)	比上年增幅(%)	余额(万美元)	比上年增加(万美元)	比上年增幅(%)
全市合计	14101.40	1390.95	10.94	4867.43	227.75	4.91	10382.93	1050.22	11.25	736063	11029	1.52	194353	-103965	-34.85
中资大型	5958.88	302.73	5.35	3011.84	152.88	5.35	4670.42	309.31	7.09	428652	-9367	-2.14	131891	-63892	-32.63
工商银行	865.62	-28.04	-3.14	401.06	0.02	0.00	902.83	25.51	2.91	58583	-11008	-15.82	25310	-21838	-46.32
农业银行	1615.31	82.18	5.36	956.88	63.31	7.09	1026.93	49.55	5.07	71846	-13408	-15.73	8545	-33343	-79.60
中国银行	1156.15	31.04	2.76	559.71	18.16	3.35	920.83	60.09	6.98	173845	28979	20.00	35528	-10334	-22.53
建设银行	1067.78	94.79	9.74	491.21	5.99	1.23	925.39	81.65	9.68	68529	-32923	-32.45	54252	2896	5.64
交通银行	794.93	38.94	5.15	202.82	9.75	5.05	700.94	23.92	3.53	41706	10944	35.58	6393	-3135	-32.90
邮储银行	459.08	83.82	22.34	400.17	55.64	16.15	193.51	68.58	54.90	14143	8049	132.07	1863	1863	-
中资中型	4645.66	575.73	14.15	770.08	9.46	1.24	3494.07	408.83	13.25	142684	-45466	-24.16	31660	-28050	-46.98
农发银行	45.29	14.44	46.79	0.00	0.00	-	120.43	16.13	15.47	1357	1133	505.70	0	0	-
中信银行	387.75	50.12	14.85	42.28	-15.88	-27.30	295.78	14.11	5.01	39239	3883	10.98	2421	-2775	-53.41
光大银行	511.15	126.96	33.05	30.68	0.53	1.75	412.64	122.66	42.30	2827	-1854	-39.61	4635	-2356	-33.70
华夏银行	340.04	-8.63	-2.47	38.71	2.99	8.36	319.76	68.95	27.49	5348	-2102	-28.21	1514	-3884	-71.96
广发银行	97.36	-43.85	-31.06	9.01	-4.87	-35.07	105.52	17.16	19.42	1784	1144	178.75	2121	-618	-22.56
平安银行	141.90	32.42	29.61	8.99	-0.02	-0.17	126.60	45.05	55.24	5150	-17597	-77.36	1566	-6678	-81.00
招商银行	277.00	5.75	2.12	58.65	0.27	0.47	265.12	16.16	6.49	28060	9323	49.76	1820	-768	-29.68
无锡浦发	185.21	-3.09	-1.64	15.90	-3.43	-17.76	154.32	0.48	0.31	4942	496	11.16	344	-3475	-90.99
江阴浦发	404.72	159.47	65.02	22.49	0.54	2.48	186.30	8.14	4.57	9187	-12187	-57.02	6313	-5559	-46.82
兴业银行	316.14	-4.83	-1.51	17.94	-7.58	-29.72	220.88	10.39	4.94	5168	-414	-7.41	3336	794	31.23
民生银行	386.47	89.19	30.00	42.42	0.44	1.05	188.07	15.82	9.18	11226	-22006	-66.22	0	0	-
北京银行	28.12	28.12	-	1.11	1.11	-	46.87	46.87	-	0	0	-	0	0	-
上海银行	62.85	-7.66	-10.87	3.09	1.70	121.39	112.07	5.02	4.69	111	-12769	-99.14	0	-440	-100.00
江苏银行	1461.68	137.32	10.37	478.81	33.67	7.56	939.69	21.89	2.38	28286	7484	35.98	7591	-2292	-23.19
中资小型	3165.14	402.47	14.57	1082.90	65.41	6.43	2044.47	318.82	18.48	87832	49238	127.58	9579	2588	37.01
恒丰银行	160.50	-29.80	-15.66	8.87	-3.53	-28.48	121.92	32.40	36.19	595	-582	-49.46	210	-955	-82.01
浙商银行	115.14	28.39	32.72	1.33	0.30	28.74	52.92	12.42	30.68	14415	11748	440.41	2860	2860	-
渤海银行	56.09	10.18	22.19	1.43	-3.26	-69.56	49.01	21.84	80.37	14	1	8.06	0	0	-
南京银行	426.84	90.31	26.83	51.12	14.91	41.19	212.95	42.70	25.08	38564	25370	192.28	348	-292	-45.63
宁波银行	277.56	92.59	50.06	16.55	3.21	24.07	165.72	64.77	64.16	14356	4219	41.62	1175	533	83.02
无锡农商	932.33	71.34	8.29	398.79	9.60	2.47	564.96	30.94	5.79	5366	3386	171.07	260	-593	-69.53
苏州银行	18.28	18.28	-	1.18	1.18	-	23.93	23.93	-	0	0	-	0	0	-
江阴农商	680.04	51.34	8.17	338.62	19.48	6.10	464.22	28.30	6.49	13268	5608	73.22	4584	1222	36.35
常熟农商	10.71	10.71	-	0.35	0.35	-	20.15	20.15	-	0	0	-	0	0	-
张家港农商	11.29	11.29	-	0.13	0.13	-	6.73	6.73	-	0	0	-	0	0	-
江南银行	11.48	6.51	130.92	1.43	0.59	69.21	7.22	5.69	373.99	84	84	-	0	0	-
宜兴农商	409.71	30.55	8.06	252.34	20.91	9.04	303.15	19.95	7.04	1171	-596	-33.71	143	-187	-56.58
民泰村镇	9.15	1.71	23.01	1.86	0.61	48.16	6.91	0.89	14.71	0	0	-	0	0	-
建信村镇	1.00	0.45	81.45	0.40	0.05	13.07	2.33	0.45	23.95	0	0	-	0	0	-
常农商村镇	2.62	1.33	103.03	0.52	0.27	104.41	3.01	2.10	228.74	0	0	-	0	0	-
浦发村镇	14.14	0.81	6.04	1.53	-0.50	-24.64	14.05	1.51	12.03	0	0	-	0	0	-
阳羡村镇	28.27	6.49	29.79	6.44	1.13	21.36	25.30	4.06	19.13	0	0	-	0	0	-
财务公司	96.82	13.50	16.20	0.00	0.00	-	73.36	16.34	28.67	1	1	14464.52	0	0	-
国联财务	49.00	6.59	15.54	0.00	0.00	-	24.87	5.93	31.29	0	0	-	0	0	-
红豆财务	21.43	6.52	43.71	0.00	0.00	-	19.49	2.01	11.47	1	1	14464.52	0	0	-
华西财务	18.34	-4.13	-18.37	0.00	0.00	-	16.85	2.71	19.17	0	0	-	0	0	-
三房巷财务	8.05	4.52	128.16	0.00	0.00	-	12.15	5.70	88.37	0	0	-	0	0	-
外资银行	111.19	16.12	16.95	2.59	0.00	-0.07	103.26	0.23	0.22	76894	16622	27.58	21222	-14611	-40.78
汇丰银行	13.32	3.33	33.29	0.54	0.34	173.77	8.25	-0.31	-3.65	4411	-1005	-18.55	2494	-706	-22.05
东亚银行	10.02	1.03	11.44	0.17	0.08	78.40	8.20	2.37	40.64	3108	2437	363.62	0	0	-
花旗银行	2.41	-0.90	-27.21	0.92	-0.31	-25.49	0.10	-0.63	-86.21	3889	637	19.58	0	0	-
瑞穗银行	24.94	2.71	12.18	0.00	0.00	-	19.51	-1.90	-8.87	15644	-2630	-14.39	5590	-10603	-65.48
三菱银行	15.73	3.72	31.01	0.00	0.00	-	30.49	-1.36	-4.26	44269	24711	126.35	5544	-2372	-29.97
新韩银行	16.83	0.38	2.29	0.23	0.03	13.09	11.68	-1.09	-8.54	2846	-5110	-64.23	1205	-1627	-57.46
南洋银行	27.93	5.85	26.52	0.74	-0.13	-14.88	25.03	3.14	14.36	2727	-2418	-46.99	6389	697	12.25
国联信托	0.00	0.00	-	0.00	0.00	-	0.35	-2.31	-86.84	0	0	-	0	0	-

(吴 嵘)

互联网金融风险专项整治、防范电信网络违法犯罪专项行动，全市银行堵截柜面冒名开卡300余张，协助公安部门破获电信诈骗案件690余起。

(杨 月)

【无锡银监分局助力供给侧改革】 年内，无锡银监分局在省内率先推出《无锡银行业服务实体经济监管评价办法(试行)》，对辖内37家中资银行服务实体经济情况进行考核评价，《办法》得到无锡地方政府的高度评价，无锡本地主流媒体进行持续跟踪报道。至年末，全市银行业各项贷款余额10517.75万亿元，成为省内第二个贷款余额突破1万亿元的地级市，比上年增加991.33亿元，2012年以来首次增量突破800亿元，完成市委、市政府年初下达的目标任务。

(许凯元)

【无锡银监分局推动降成本工作】 年内，无锡银监分局指导印发《关于降低实体经济企业成本推进供给侧结构性改革的指导意见》，在合理测算的基础上，对降低实体企业成本工作成效予以量化。全年累计为全市企业降低银行融资成本4.85亿元，其中通过组建银团降低贷款利率为企业节约利息成本2.56亿元，通过减免规范服务收费为企业减轻费用2.09亿元，超额完成市政府下达的降低企业融资成本2亿元的目标任务。

(许凯元)

【无锡银监分局推进金融改革】 年内，无锡银监分局推动江阴农商行、无锡农商行成功登陆资本市场，成为全国前两家A股上市农商行；推动申请设立无锡锡银金融租赁股份有限公司，指导江阴农商行会同华西集团等发起设立无锡华银金融租赁股份有限公司；推进银行业金融机构“引进来、走出去”。苏州银行无锡分行、北京银行无锡分行、张家港农商行无锡分行、江阴农商行常州分行和无锡农商行苏州分行开业。

(许凯元)

【无锡银监分局推进不良贷款处置】 年内，在无锡银监分局的推动下，全市银行业共压降不良贷款194亿元，近4年累计压降不良贷款962亿元。至年末，全市不良贷款余额为163.57亿元，比上年减少29.61亿元；不良率1.56%，比上年下降0.47个百分点，实现2013年以来最大降幅，成为全省唯一连续3年保持“双降”的地区。不良贷款余额占全省的比例由峰值时的34%降至12.9%，不良率排名由全省最高退至第八位。

(许凯元)

【无锡银监分局化解大额信用风险】 年内，无锡银监分局依托地方政府和上级部门的支持，组织召开大额风险协调会上百次。持续稳定西城钢铁、三木集团、凌峰铜业百亿元贷款的信用风险。组建并利用债权人委员会，通过推动组建存量银团、建立联合授信等方式妥善化解信用风险，推动完成华亚化纤、天地化纤、广汇电缆、海达电缆、瑞年集团等5家企业签订联合授信框架协议，授信总额39亿元，维护区域经济金融安全。

(许凯元)

【无锡银监分局推进案件风险防控】 年内，无锡银监分局组织全辖银行机构开展“员工行为整治深化年”活动，累计开展排查2137次，人员网点实现全覆盖，涉及金额25820亿元，发现问题4683个，问题涉及人员3862人，涉及问题金额305亿元，巩固前期案防工作成果。全年全辖银行业系统未发生新案件，案件持续多发态势得到有效遏制。

(许凯元)

【无锡银监分局提升金融服务】 年内，无锡银监分局组织开展“金融知识进万家”宣传服务月活动，开展各类宣传活动1178次。无锡银监分局被评为“江苏银监局2016年‘金融知识进万家’宣传服务月活动先进单位”，《无锡日报》《江南晚报》等主流媒体对活动进行专题报道。会同市金融办牵头开展P2P领域的互联网金融风险专项整治工作，设立“安全理财无锡热线”微信公众号。在《无锡日报》开辟防范非法集资宣传专栏，与无锡电视台《今日财经》栏目合作推出系列专题报道。银监分局结合对口扶贫单位宜兴市芳桥村企业和农民生产情况及需求，推动组建苏南地区首家乡镇级惠农担保公司——宜兴芳桥惠农担保公司，完成对9户授信金额276万元。以惠山区作为全国土地承包经营权抵押试点地区为契机，指导相关银行发放土地承包经营权抵押贷款21户8864万元。会同市国税局、无锡地税局召开全市“银税互动”工作推进会，搭建“小微企业税银互动服务平台”，会同惠山区、新吴区和梁溪区开展银企对接活动，全市银行业连续3年完成“三个不低于”工作目标，小微金融服务工作在全省持续保持前列。

(许凯元)

【工行无锡分行服务地方经济发展】 2016年，工商银行无锡分行加大对地方经济和社会事业的支持力度。主动融入地方经济发展，对应“产业强市”战略，强基础、扩规模、抓创新、严管理、提效能、控风险，在“L”型经济走势中，牢牢把握供给侧改革总基调，全力服务地方经济。调整信贷结构，加大对传统产业改造升级、战略性新兴产业以及先进制造业、现代服务业等优势产业的信贷投入。加快拓展制造业优质客户的流动资金贷款。全年分行制造业贷款300余亿元，占流动资金贷款70%以上。工商银行江苏省分行确定的120户制造业目标客户新增贷款21.64亿元，增量省内领先。尝试超短融、私募等新型融资模式，国联集团80亿元超短期融资券报交易商协会注册，工商银行无锡分行承销份额10亿元。

(钟林峰 季 艳)

【农行无锡分行支持“产业强市”】 年内，农业银行无锡分行围绕无锡“产业强市”发展战略，重点突出对大客户、大项目，小微企业和个人消费等领域的支持。至年末，贷款总量1032亿元，居全市同行业第一，人民币贷款余额比上年增加近50亿元。全年累计投放项目贷款82.6亿元，比上年增加15.7亿元；小微企业“三个不低于”指标全部完成，全年支持小微企业客户160户，发放贷款7.5亿元，中小企业月均贷款增量31.2亿元；个人贷款余额354.5亿元，比上年增加86.8亿元，总量和增量均居四大行首位。

(胡晓峰)

【农行无锡分行发放首单农村土地经营权抵押贷款】 年内，农业银行无锡分行注重服务“三农”战略，重点依托“金农贷”拳头产品，加大对全市家庭农场和专业大户等新型农业经营主体的支持力度。至年末，“金农贷”余额8250万元，比上年增加5150万元，新型农业经营主体客户175户，贷款余额11175万元，比上年分别增加72户和4752万元。“农村土地经营权抵押贷款”成为服务“三农”的一大亮点，年内为阳山安阳水蜜桃专业合作社以农村土地经营权抵押的方式发放流动资金贷款450万元，该项业务是农业银行无锡分行以农村土地经营权为抵押模式的首单尝试。

（胡晓峰）

【农行无锡分行发起成立“无锡梁溪城市发展基金”】 11月14日，由农业银行无锡分行发起的“无锡梁溪城市发展基金”成立并启动，该基金不仅是无锡地区首单“投贷联动”融资项目，也是全国农行首笔区级城市发展基金业务。首期15亿元基金将全部投入梁溪区6个重大民生项目，农业银行无锡分行配套投入35亿元项目贷款，支持梁溪区相关项目建设。基金总体设计规模60亿元，首期规模15亿元，后期将依据具体投资项目的资金需求滚动发行。基金采用结构化模式，农行优先级资金与政府一般级资金比例达4:1，同时基金投资款通过股权模式投资于项目承建公司，可作为项目资本金，撬动银行信贷资金，较大程度地提高财政资金使用效率，加快项目建设进程。也可以替换成本较高的存量债务，资金使用方式灵活。首期基金存续期7年，后续滚动发行可有效确保资金衔接和项目开发的可持续性。基金将多个项目打包形成备投项目库，形成一次融资、多个项目投放的高效模式。基金采用契约型模式，通过创造性的交易结构安排，有效解决税务、息单等一系列问题，有效降低企业融资成本。

（胡晓峰）

【中行无锡分行支持实体经济】 2016年，中国银行无锡分行按照企业实际金融服务需求，在用好用足信贷规模和差异化政策的同时，加大对无锡重点项目和企业的信贷投放力度，帮助企业渡过难关。本外币各项贷款余额945.47亿元，比上年新增54.96亿元，新增额在四大行排名第二。在四大行中的市场份额占比比上年提升0.28个百分点，仅新增贷款(不含存量周转)投放累计160.69亿元，惠及当地企业294家。加大金融资源倾斜，调整信贷投向和融资结构，增加信贷资源对实体经济特别是制造业的投入，稳步推进支持新兴产业的“调结构”。全年制造业贷款余额288.58亿元，比上年增长1.62%，保持“稳中有进”的发展势头，制造业在全部公司贷款占比比上年增加2.45个百分点，促进无锡制造业实体企业发展提质增效。

（殷国勇 林其密）

【中行无锡分行发展特色业务】 年内，中国银行无锡分行完成国际结算总量215.48亿美元，完成跨境人民币结算总量117.59亿元，均继续保持领先地位。立足自身跨境联动优势，发挥国际化和多元化程度高的特点，着眼于国内国际两个市场，会同法兰克福分行、鹿特丹分行、伦敦分行等海外机构，多元化拓展产品，用跨境融资服务本地企业，累计投放贷款约46.3亿元，帮助包括双良集团在内的当地知名企业积极参与全球竞争，实现长远发展战略。利用贸易融资价格优势在最大化解决企业融资难题的同时，降低企业融资成本，支持优势企业“走出去”发展，推动企业降本增效，全年累计投放贸易融资168.5亿元，累计投放外币贸易融资6.14亿美元，本外币贸易融资余额94.11亿元，比上年增加10.72亿元，增长12.86%。

（殷国勇 林其密）

【中行无锡分行推进普惠金融】 年内，中国银行无锡分行继续推进小微企业金融服务各项工作，对接监管部门要求，利用“中银信贷工厂”高效运营模式，探索金融产品与服务方式创新，相继推出“贸贷通”“出口保单项下风险共担融资业务”“外贸退税通宝”等产品，金融支持中小进出口型企业发展壮大，并推进以信用担保方式项下的“中银税贷通”“中银结算通宝”“中银知贷通”等产品，创新信贷支持模式和路径，科技型中小企业实现授信投放29户，新增授信总量2.83亿元，完成“三个不低于”的监管目标。发展普惠金融和民生金融，零售贷款余额301.27亿元，比上年增加53.81亿元；新增信用卡客户58692户，增加信用卡99893张；累计实现全量分期业务量23.85亿元，比上年增长44%，全量分期四大行份额继续保持市场第一且持续高位增长。

（殷国勇 林其密）

【中行无锡分行提升综合服务水平】 年内，中国银行无锡分行立足市场，逐步扩大基础客户群，提升基础产品满足市场需求的能力。全年公司结算账户累计增加2148户，比上年增长4.01%；个人加权客户数184.81万户，比上年增加4.39万户；推进跨境资金池业务，跨境本外币资金池项累计对接备案13户，市场份额92.85%，跨境本外币资金池业务保持全市排名第一。顺应外部环境和渠道融合发展趋势，制定《无锡分行渠道建设三年规划》，加快推进建设进度，完成网建项目15个，新建离行自助银行5家，更新自助设备73台。在全省率先试点投产智能柜台，推进智能化网点升级建设，完成28家智能化网点升级目标，提升客户金融服务体验。建成全功能性网点44家、中小企业特色网点10家、行政事业特色网点3家、贸易金融特色网点各4家、出国金融中心10家。

（殷国勇 林其密）

【中行无锡分行增强风险管控能力】 年内，中国银行无锡分行持续优化资源配置，突出长效机制建设，建立完善中小企业、个人金融服务后评价机制、风险预警信息库以及效期管理机制，紧盯重点区域、行业，做实涵盖各业务条线的全面风险管理体系，全方位把控授信客户风险。表内不良资产比上年减少4.04亿元，不良率1.37%，实现不良余额和不良率的双降，资产质量保持同业领先水平，持续好于全市及五大行整体资产质量水平。围绕平安中行创建目标，配合人民银行市中心支行、市国安局开展反恐怖融资工作，获无锡市“2016年度打击涉恐融资专项行动先进集体”称号。严格落实各项安全防控机制，防范堵截包括电信网络诈骗、假银票、假存单(折)等各类案件39起，涉及金额约1800万元。

（殷国勇 林其密）

【建行无锡分行推动消费升级】 2016年，建设银行无锡分行发挥个贷、信用卡、电子银行等产品特色和优势，推动消费升级。组建二手房贷款特色专营中心，丰富住房金融产品功能，优化业务流程，有效服务住房市场需求，全年投放商业性个人住房贷款112.41亿元，比上年增长165%；当年新增64.93亿元，新增额比上年增长559%。信用卡分期业务累计实现交易额19.09亿元，比上年增长53.95%，交易额在四大行占比29.94%，比上年提升5.31个百分点，全面满足购车、装修、建材、家居等消费需求。开展"苏芯卡"发行推广工作，累计发卡10万余张，消费额3.45亿元。加快支付渠道和应用场景建设，推出"龙支付""云闪付"等产品，为消费者提供便捷性和安全性兼备的支付手段。

(陈文寅)

【建行无锡分行拓宽融资渠道】 年内，建设银行无锡分行加大信贷产品和融资模式的改革创新力度，为企业发展提供多渠道、全方位的金融支持。为制造企业发行债务融资工具28亿元，其中为红豆集团发行永续债5亿元，该债券为建行系统内全国民营企业首单。为雷华电子等客户搭建供应链平台，满足上游供应商的资金需求，盘活企业应收账款。加强集团内部联动，与甘肃分行组建内部银团，为双良集团在兰州新区项目融资4亿元；与建信租赁公司联动，为地铁公司投放融资租赁业务10亿元。运用双代付、跨境贷等创新型外汇产品满足外汇贷款需求。至年末，外汇贷款余额5.43亿美元，比上年增加0.29亿美元，四大行余额占比比上年增加11.22个百分点，列第一位。推广"七贷一透"大数据信贷产品，采用纯信用的方式向小微企业放贷，在"税易贷""薪金贷"等产品上实现突破，全年新增投放0.75亿元，新营销大数据产品客户98户。

(陈文寅)

【建行无锡分行服务地方经济发展】 年内，建设银行无锡分行推动贷款投放，助力产业强市。支持地方基础设施项目，为无锡地铁3号、4号线项目新增授信84亿元，新增投放3.55亿元通过创新产品"政付通"为政府背景公司提供中长期流动性贷款支持，为南长城投公司、宜兴城建公司等客户新增授信93.7亿元，新增投放61.37亿元。为城东城镇化项目、胡埭污水处理项目等民生工程类项目新增授信29亿元，新增投放26亿元。为海澜、阳光、澄星、海太半导体等制造业龙头企业新增授信29亿元，为各类制造业客户新发放贷款96亿元。全年累计投放对公贷款292亿元，外汇贷款4.89亿美元。至年末，全行本外币对公贷款余额687亿元，比上年增加22亿元，四大行占比比上年提升1.26个百分点，位次提升一位至第二位，在四大行中实现唯一正增长。所辖江阴支行、宜兴支行分别被地方政府授予服务地方先进集体和地方服务业发展先进集体称号。

(陈文寅)

【建行无锡分行首开企业年金】 12月1日，在建设银行无锡分行的推动下，建设银行江苏省分行、建信养老金管理有限公司与江苏大明金属制品有限公司共同签订企业年金基金管理合同，启动大明集团企业年金计划。根据参加人数和基金规模，该年金计划是全国范围内最大的一单民营企业年金计划，覆盖大明集团10家分公司、子公司的3600名员工。按照年金方案的职工参加条件，首批参加人数约1100人，首次缴费规模约1000余万元。该计划对大中型民营企业全面推广企业年金等补充养老计划，构建养老保障普惠体系具有重大的示范意义。标志着大明集团与建行集团的全面战略合作进入更深领域。

(陈文寅)

【农发行无锡市分行推动战略合作】 2016年，农业发展银行无锡市分行主动融入无锡经济发展跨越发展大局，落实农发行江苏省分行与市政府签订的200亿元支持城乡发展一体化战略合作协议，深度对接政府农村金融需求，与市发改委、市住建局、市农委等部门和各县区召开项目对接会，专门印制《农发行信贷产品宣传册》，逐版块进行项目对接。至年末，准入项目21个，金额212.83亿元。

(徐　磊)

【农发行无锡市分行创新业务品种】 年内，农业发展银行无锡市分行落实国家稳增长、调结构、惠民生决策部署，在城乡基础设施建设、城乡一体化统筹、绿色农业农村发展方面创新思维，探索业务新品种。2亿元江阴周庄镇"一河两岸"历史文化街区保护改造项目基金项目贷款实现投放。宜兴高塍10亿元中央湿地公园一期建设贷款项目获江苏省分行审批，为江苏农发行系统首笔获批通过的林业资源开发与保护贷款。

(徐　磊)

【农发行无锡市分行确保粮食市场稳定】 年内，农业发展银行无锡市分行积极应对灾害性气候影响，研究防汛抗汛措施，努力使粮食受灾损失减至最低，确保粮食市场稳定。会同市粮食局及市财政局在全省率先出台《2016年产不合格小麦收储处置指导方案》，明确敞开收购本地农民不合格小麦，解决农民卖粮难问题。围绕国家"三农"政策，优化办贷流程，切实履行收购资金供应与管理职能，多措并举确保粮食收购资金安全有序投放。全年投放粮棉油购销储贷款8.17亿元，收购粮食3.14亿公斤。

(徐　磊)

【农发行无锡市分行保持资产安全】 年内，农业发展银行无锡市分行严格落实规范办行、从严治行要求，强化业务规程，严守无不良资产底线。全面开展案件风险排查，共检查信贷类业务181笔，金额1192960.14万元；票据类业务889笔，金额530582.18万元；会计结算业务3451笔，金额3718627.3万元。全行继续保持无不良贷款，无应收未收利息。建行20年无任何经济、刑事案件，无重大责任事故及严重违规违纪问题发生，保持"资产优质行"称号。

(徐　磊)

【交行无锡分行推进企业融资需求】 2016年，交通银行无锡分行整合集团全牌照资源，创新拓展各类业务模式，为地方政府、地方重点企业与重点项目提供多层次、全覆盖、立体化的一揽子金融服务。该行通过加强与交行系统内子公司联动、与同业联动以及境内外联动，创新类信贷业务模式，为客户提供综合化的金融服务。至年末，该行挣揽上市公司IPO增发、发债募集账户等投行业务，完成签约13单，合计融资规模64.2亿元。其中，经该行推荐，交银国际以联席簿记管理人及牵头经办人的身份，成功协助无锡市建设发展投资有限公司,首次在境外发行3亿美元债券,为无锡市首单平台境外发债业务。交通银行无锡分行始终把风险管控放在首要位置,运用多种手段提升清收处置成效,累计实现逾期贷款压降52.64亿元,获交行总行颁发的"创新处置协同奖"。组织开展"新兴业务领域"利益输送专项整治排查、票据池质押业务风险排查、银票贸易背景真实性排查等21项风险排查,不断提升全员风险管理意识。

(李玉骥)

【交行无锡分行助力小微企业发展】 年内,交通银行无锡分行围绕做优做强宗旨,在税融通、快捷抵押贷、产业链金融、POS贷、沃易贷等产品基础上,开发合作渠道,为小微企业提供个性化、多样化服务。与宜兴经济开发区、宜兴科创担保公司开展"银政担"三方合作,推进政府、担保公司、银行三方联动,用足政府小微支持政策,解决小微企业融资担保难题。主动对接国联中小联合担保公司,达成风险分担9:1的银担合作新模式。至年末,该行小微贷款余额110.87亿元,比上年增加12.88亿元,全年累计新拓展小微实质性贷款客户220户,新增小微实质性贷款余额16.26亿元。

(李玉骥)

【交行无锡分行推动经济转型】 年内,交通银行无锡分行适应经济发展"新常态",持续提升支持实体经济发展的效率和能力,支持文化产业发展,加快金融服务延伸,助力文化普惠消费,带动区域经济发展。该行顺利发行紫砂金融卡,推动紫砂文化经济做大做强。加大涉农信贷政策资源倾斜力度,在信贷政策、审批机制、专项额度等方面向服务"三农"项目倾斜,完善涉农行业投向指引和管理办法。全年该行涉农贷款余额350亿元。响应国家有关政策精神,坚持普惠金融理念,加大房贷业务的金融资源投入,有效满足民众的实质性住房需求。至年末,房贷余额比上年增加28.68亿元。严控"两高一剩"(高污染、高耗能及产能过剩)行业信贷投入,加大对节能型和环境友好型项目的信贷支持。全年"两高一剩"行业贷款余额11.99亿元,比上年继续减少。加快网上银行、手机银行的服务创新,发展微信新型服务方式,电银业务分流率超90%。

(李玉骥)

【中信银行无锡分行打造最佳综合融资服务银行】 2016年,中信银行无锡分行围绕产业强市发展战略,加大本地重点领域信贷投放。全年一般性贷款比上年增加34亿元,增长13%。水利、环境等基础设施贷款余额比上年增加53.8亿元,农业贷款余额比上年增加4.8亿元,个人消费贷款余额比上年增加9.6亿元。利用中信集团综合平台优势,整合各类资源,扩大融资规模,做大做强投行业务、债券融资、票据直融、托管业务、跨境金融、融资类理财、代理业务,为客户提供个性化、全方位的综合金融服务方案,打造无锡地区最佳综合融资服务银行。全年完成新增融资规模88.6亿元,完成首例地产金融+融资类理财44.8亿元的投放,为无锡建发集团办理首笔海外发债资金回流业务。办理首笔股票质押式回购业务。

(瞿峥屹)

【华夏银行无锡分行助推实体经济发展】 2016年,华夏银行无锡分行加大对实体经济,特别是小微企业的金融支持,助力无锡地方经济转型发展。至年末,各项贷款余额320.81亿元,比上年增加66.5亿元,增长26.15%,贷款余额和贷款增量两项指标在无锡地区股份制银行中均排名第二位。江阴新桥小微支行、江阴临港小微支行和东林社区支行相继成立,对接无锡市行政区划调整,将城南支行、城西支行和锡沪支行更名为梁溪支行、滨湖支行和东门支行。

(苏 泽)

【广发银行无锡分行推进战略合作】 年内,广发银行无锡分行与中国人寿无锡市分公司推进协同战略合作。双方制定业务协同一致行动纲要,并接连举办联合发布活动,推出联名借记卡、"一账通"、联名信用卡等产品,形成保险、投资、银行三大板块共同组成的综合经营架构。双方计划通过网站数据引流、联合客养活动、赠送产品获取客户资料等形式,逐步形成有效的获客合作模式,有效拓展客户服务范围,显著提升客户服务水平。

(周子良)

【招商银行无锡分行经营效益提升】 2016年,招商银行无锡分行实现经济利润1.09亿元,比上年增长75%;其中,实现非利息净收入5.75亿元,占比41.16%,比上年增长5.09%;零售贷款增势显著,年末零售贷款占比38%,比上年提升13个百分点,零售贷款市场占比和增量占比继续保持无锡市股份制银行第一。至年末,无锡招行不良贷款余额4.75亿元,比上年减少0.34亿元;不良贷款率1.78%,比上年下降0.25个百分点,继续实现"双降"。

(葛 曦)

【招商银行无锡分行试点首批"未来网点"】 2月25日,招商银行无锡中山路支行开业,该支行是招行全国首批"未来网点"试点支行,基于互联网金融发展趋势和定位,在营业厅堂体验、硬件设施匹配、服务流程等方面进行全方位优化,通过招商银行安全专属WiFi、PAD可视柜台以及对服务、销售流程的O2O改造,更好地提升网点客户的服务感知,打造全新的客户体验模式。

(葛 曦)

【浦发银行无锡分行支持地方经济发展】 年内,浦发银行无锡分行抓住经济转型升级中的结构性机遇,保增长、调结构、防风险,实现规模、质量、效益协同发展。至年末,资金运用总计481亿元,比上年增加92亿元,增长24%。资金来源总计311亿元,比上年增加47亿元,增长18%。总资产214亿元。总存款日均201亿元。总贷款日均152亿元。实现全口径营业净收入(还原增值税)8.9亿元,账面利润2.5亿元,全口径中间业务净收入(还原增值税)2.1亿元。后三类不良贷款余额1.01亿元,比上年下降2.99亿元;不良率0.65%,比上年下降1.91个百分点。后四类贷款余额2.68亿元,比上年下降3.82亿元;后四类比率1.73%,比上年下降2.43个百分点。

(杨 华)

【兴业银行无锡分行各项业务持续发展】 2016年,兴业银行无锡分行业务规模稳步提升。本外币各项存款余额315.87亿元,比上年增加10.65亿元,增长3.5%;本外币各项贷款余额223.2亿元,比上年增加

11.05亿元，增长5.2%。小微企业贷款实现“三个不低于”目标；零售贷款新增36.2亿元，在无锡同类股份制银行中排名第一，余额突破70亿元，创历史新高。资产质量总体趋稳。不良贷款实现“双降”。至年末，兴业银行无锡分行不良贷款余额2.14亿元，比上年减少0.65亿元；不良贷款率0.96%，比上年下降0.35个百分点。

(岳国锋)

【兴业银行无锡分行支持绿色经济】 年内，兴业银行无锡分行顺应绿色经济的发展潮流，持续发挥绿色金融业务特色，加大对节能减排、环境保护领域信贷项目支持，在绿色金融领域形成先发优势。至年末，兴业银行无锡分行绿色金融融资余额逾70亿元。绿色金融业务覆盖低碳经济、循环经济、生态经济三大领域，支持西区燃气热电联产、吉鑫风能科技风电、双良集团节能系统及低碳领域、高新水务污水收集处理、开普机械低排放产品升级、长广溪湿地生态修复工程、锡山区污水管网改造扩容工程等项目，涉及提高能效、新能源和可再生能源开发利用、碳减排、污水处理和水域治理、二氧化硫减排、固体废弃物循环利用等众多项目类型。投资全国首单非上市公司绿色ABS——无锡交通产业集团公交经营收费收益权资产支持专项计划，用于公交车辆的购置(以新能源公交车和清洁能源公交车为主)和公交设施运营。

(岳国锋)

【兴业银行无锡分行发展“普惠金融”】 年内，兴业银行无锡分行围绕“便民利民”主题，结合互联网金融趋势，大力拓展服务消费、旅游休闲、健康养老等领域。推广全网通支付业务，利用企业接入方式完成支付渠道对接，搭建包含扫码支付、云闪付(Apple Pay)、刷卡支付和储值卡支付等支付方式的综合性收银管理平台。上线无锡广电、无锡自来水代扣代缴项目、国税城镇垃圾费电子扣款项目、无锡市金融IC卡地铁应用项目等，优化广大市民的消费体验。

(岳国锋)

【江苏银行无锡分行助推大众创业】 2015年4月，省税务局与江苏银行建立“小微企业税银互动服务平台”。2016年，江苏银行无锡分行会同市税务局，依据小微企业的纳税信用，利用“大数据分析技术”开发并迅速推广全自动、全信用、全天候、全覆盖、全线上的小微企业线上融资项目“税e融”。至年末，江苏银行无锡分行以“税e融”产品为2305家小微企业提供近13.41亿元授信支持，便捷、快速地满足众多小微企业的资金需求，助推大众创业，受到小微企业客户的普遍欢迎。

(于浒莹)

【江苏银行无锡分行助力外向型企业发展】 年内，江苏银行无锡分行创新金融服务，提升服务水平，助力本地外向型企业的发展，紧跟国家“一带一路”“走出去”战略，做好产品推广与外管政策宣导。宣传“税e融”、出口保理、中信保项下融资等创新产品，加大对本市中小企业开拓国际市场的支持力度。利用行内外宣传平台做好产品推广，实行跨部门联动，加强内外部合作。全年，向865家外向型企业提供服务，外汇结算额超78亿美元。

(于浒莹)

【无锡农商行开设“夜市银行”】 2016年，无锡农商行针对有些客户上班时间与银行网点常规营业时间相冲突，无法到银行办理业务的问题，在城区6家网点开设“夜市银行”服务。“夜市银行”打破金融机构“朝九晚五”的传统营业规律，营业时间延迟到晚上8点，可以解决上班族与银行的“时差”问题。市民下班或晚饭后仍可到营业厅办理存取款、挂失、转账等相关金融业务，并实行人工服务与自助设备相结合方式，为广大客户提供更贴心、更人性化的普惠金融服务。

(张婷婷)

【无锡农商行A股上市】 9月23日，无锡农商行在上海证券交易所挂牌交易，股票简称：无锡银行，代码：600908，此次公开发行1.85亿股，募集资金7.89亿元，全部用于充实资本金。无锡农商行成为A股主板上市的全国首家农商行。

(张婷婷)

【邮储银行无锡市分行支持地方经济发展】 2016年，邮储银行无锡市分行主动融入地方经济发展，加大对无锡地方经济发展及民生需求各个领域的信贷支持力度。全年各项贷款新增69.87亿元，在全市金融机构中位列第三。对接现代农业需求，强化“三农”金融服务创新，累计发放涉农贷款2.91亿元。助力小微企业发展，陆续推出“转期贷”“税贷通”“存单质押贷款”“法人保证贷款”“组合担保贷款”等创新产品，有效满足小微企业的融资需求，全年累计发放小微企业贷款34.83亿元；主动贴近地方优质上市公司及区域行业龙头民营企业，发放公司项目贷款18.3亿元，用于支持企业重点项目建设和生产运营。

(缪晓静)

【邮储银行无锡市分行参与社会公益活动】 年内，邮储银行无锡市分行参与社会公益事业，履行社会责任，以实际行动回馈社会。拥有一支注册人数163人的青年志愿者队伍，为社区居民、小微企业主、外来务工人员等提供便捷的金融资讯及金融服务，将金融元素融入公益活动，将普惠金融深入企业、社区、学校等，被评为“无锡市最佳志愿服务组织”。开展“绿动锡城邮储行”系列公益活动，以“五进三关爱”(健康生活进社区、文化惠民进广场、贴心服务进千企、金融知识进万家、核心价值进校园、关爱空巢老人、关爱新市民、关爱未成年人)系列活动为载体，做实做细文明志愿服务，坚持为网点周边社区居民提供健康检查，为年龄在60周岁以上的居民建立健康档案，在重阳节、中秋节等重要节日慰问社区五保老人、独居老人，为汤巷、后西溪等老小区制作公益楼层标识，在社区举办广场舞比赛，为新市民推出“乡情卡礼送暖人心”服务等。

(缪晓静)

保险

【概况】 2016年，无锡市实现保费收入315.56亿元，总量居全省第三，比上年增长44.65%，增幅居全省第二。其中，人身险保费收入231.76亿元，比上年增长68.89%，总量和增幅均居全省第三；财产险保费收入83.80亿元，总量居全省第三，比上年增长 3.55%，增幅居全省第十三。全市财产保险业共承担 5.9 万亿元的风险保障。全市赔款和各类给付 91.12 亿元。其中,人身险赔款和给付 41.06 亿元，财产险赔款支出 50.06 亿元。按无锡市 2016 年地区生产总值 9210.02 亿元计算,无锡保险深度 3.43%,比上年增长 33.98%。按照无锡市户籍人口 486.2 万人计算,无锡保险密度 6490 元,比上年增加 1954 元。

至年末，无锡市商业保险主体发展至 75 家,其中,产险公司 29 家(含出口信用保险)，寿险公司 46 家。其中,总公司 1 家(国联人寿),外资公司 17 家。保险专业中介机构 17 家。其中,经纪公司 2 家、代理公司 12 家、公估公司 3 家。全行业从业人员 4.84 万人。

（刘　高）

江苏保监局调研无锡保险市场　（刘　高　供稿）

【“慈福”民生系列保险】 年内,“慈福”民生系列保险中的自然灾害公众责任保险、城乡居民住房财产险继续扩面，受益对象从户籍居民扩大到常住居民。10 月中旬开始,在全市范围内全面开展“慈福”民生系列保险知识宣传培训。在宜兴市洪涝灾害赔付中,向宜兴市 18 个镇(街道）支付城乡户籍居民住房财产险救助慰问金 2895.9 万元。

（刘　高）

【退休职工住院医疗互助保险】 年内，由中国人寿无锡市分公司承保的市区退休职工住院医疗互助保险项目覆盖市区 42.95 万名退休职工。至年末,参保人数 42.95 万人,累计有 26.91 万人次、10.24 万人实时享受互助保险普惠补助，受益比例 23.83%,受益金额 5444.38 万元。互助保险达到特惠补助的共有 1363 人,累计支付金额为 630.63 万元,最高支付个人金额 9.6 万元。

（刘　高）

【优化推进江阴“新农合”】 年内,太平洋寿险无锡分公司推进江阴“新农合”管理水平持续优化,致力于构建“新农合”高效管理体系,发展商业补充保险，完善多层次医保体系,扩大服务范围。至年末,江阴“新农合”服务人数 54.16 万人,累计结报 259.81 万人次，结报金额 43335.63 万元。其中,住院结报 9.86 万人次,结报金额 37441.18 万元;门诊结报 249.95 万人次，结报金额 5894.45 万元。大病救助 10625 人次,结报金额 4705.7 万元。

（刘　高）

【残疾人保险服务】 年内，紫金财产保险无锡分公司创新“保险保障+风险管理”的残疾人保险服务模式,运用商业保险的杠杆作用，提高残疾人风险补偿的保障性。每位残疾人士年缴费 70 元~100 元,就可获得意外身故最高赔付 10 万元的保障以及意外伤残、意外住院医疗和意外住院补贴。政府部门用不到 100 万元的保障金，为全市残疾人提供一份近 14 亿元的大保障服务。该模式被中国残疾人联合会肯定并且向全国推广。

（刘　高）

【应对自然灾害】 5 月起,受到厄尔尼诺现象波及，无锡地区受到阴雨天气的影响,5 月底爆发的小麦赤霉病和 7 月初出现的暴雨灾害,使得无锡广大群众财产损失严重。受“7·2”暴雨灾害影响,全市水稻受灾面积近 1.33 万公顷，大棚受灾面积 667 公顷，果树受灾面积近 587 公顷,各类家禽受损近 2800 只,共赔付 2710 万元。全市住房财产保险受损客户 39380 户。其中,江阴市 3580 户、宜兴市 32700 户、市区 3100 户。和谐家园综合险受损客户 2694 户,两项理赔赔款 6111 万元。无锡各财险公司响应市委、市政府号召,第一时间了解客户受灾情况，及时启动理赔应急机制,简化理赔申请手续,努力将群众的损失降到最低。

（刘　高）

【道路交通事故社会救助基金】 年内，紫金财产保险无锡分公司继续负责管理市道路交通事故社会救助基金。至年末,共运营 5 年,救助基金共垫付救助 1487 件,垫付救助金额共计 5262.03 万元。成功追偿 672 件,累计追偿金额 2267.5 万元。无锡道路救助实现无锡市区、江阴市、宜兴市全覆盖。道路交通事故社会救助基金发放至经济困难受害群众手中,平均用时不到 2 天,领先于全国其他相关救助基金管理机构。

（刘　高）

【反保险欺诈】 年内，无锡反保险欺诈工作站探索“双线移送、属地侦办”的片区办案新模式,即对于有关公司上报的可疑线索，工作站在移送公安经侦支队的同时，将线索直接交各区经侦大队或属地派出所侦办,经侦支队负责跟踪、督办,既缩短办案链条，又调动基层办案单位的积极性和主动性。办案过程中,协会同步建立工作站,有关公司、办案单位联系人微信群,及时传递、沟通有关办案信息。至年末,全行业向公安部门移送线索 52 条，涉案金额 740.98 万元,公安立案 18 件,破案 15 件,破案金额 334.37 万元,抓获犯罪嫌疑人 32 人。市公安局政治处新闻中心通过无锡电视台《无锡警方》栏目播出警保联手破获重大车险团伙诈骗案,涉案金额 300 余万元。

（刘　高）

表 45　　2016 年无锡市主要保险业务指标

单位:万元

指标项目	保费收入	增幅	赔款支出			
			产险赔款	赔付率	寿险给付	产险、寿险合计
无锡地区商业保险	3155626.99	44.65%				911211.54
产险公司	837999.33	3.55%	500571.54	59.73%		
企财险	53092.88	-10.23%	24988.48	47.07%		
家财险	4748.42	38.06%	6870.74	144.70%		
工程险	4791.4	68.00%	570.95	11.92%		
商业车辆险	556128.3	5.41%	305696.69	54.97%		
交强险(汽车)	135039.92	2.48%	116220.24	86.06%		
交强险(摩托车)	943.33	-9.25%	1285.80	136.30%		
交强险(拖拉机)	850.99	-4.19%	1161.23	136.46%		
运输险	8482.7	-6.97%	3158.67	37.24%		
船舶险	3818.79	0.85%	602.17	15.77%		
责任险	36396.42	39.66%	19730.15	54.21%		
保证险	5847.6	-10.51%	1789.42	30.60%		
人意险	13536.94	19.56%	6160.14	45.51%		
健康险	9323.61	-17.64%	6483.79	69.54%		
信用险	2272.48	-2.51%	2324.93	102.31%		
农险	2429.1	-7.45%	3425.39	141.01%		
其他险	296.45	-54.20%	102.75	34.66%		
寿险公司	2317627.66	68.89%			410640	
其中:健康险	471125.95	155.57%			48145.28	
意外险	64340.45	17.19%			20975.38	
寿险	1782161.26	57.29%			341519.34	
其中:一般寿险	924174.06	87.15%			81648.42	
分红类寿险	585916.34	3.08%			256296.93	
万能寿险	271741.99	285.97%			2610.71	
投连险	328.87	-13.73%			963.28	

(陆　萍)

【人保财险无锡市分公司保费规模突破 30 亿元】 2016 年，人保财险无锡市分公司在服务经济社会发展、服务民生建设、服务“三农”等方面发挥保险主渠道作用，经营业绩继续提升，成为无锡保险业首家保费规模突破 30 亿元的财产险公司。在全国 284 家地市级分公司中排名第六位。年内,人保财险无锡市分公司全险种实现保费（含税)30.76 亿元(不含税保费 29.62 亿元),比上年增长 9.05%。其中,车险年度保费规模 23.25 亿元,比上年增长 10.04%；非车、非农业务保费 6.13 亿元,比上年增长 5.22%；农业保险保费 2456 万元,比上年增长 15.74%。全险种累计市场份额 34.44%；为无锡经济社会发展承担市场风险累计超 3.08 万亿元；处理各类报案 27.39 万件,支付赔款 17.57 亿元；上缴各类税费 3.63 亿元。公司连续第七年被市政府授予全市金融工作年度贡献奖。

(孙梦誉)

【人保财险无锡市分公司参与为民办实事项目】 2016 年,人保财险无锡市分公司依靠保险防风险，参与政府为民办实事项目。全年支付各类民生类救助慰问金(理赔款)5220 余万元，惠及 6.2 万户受灾区居民。配合市民政局抓好“慈福综合民生保险”品牌建设,促进该民生工程形成“一体化保障、社会化运作、合约化管理、项目化推进”模式,实现政府、保险企业和广大市民“三满意”的互利共赢格局。实施 3 年来,全市处理各类理赔案件近 7 万起，支付救助慰问金（理赔款)6700 余万元，7.3 万户(人)成为该保险的直接受益者。“慈福”民生系列保险入围市政府“腾飞奖”,被江苏省政府授予“最具影响力慈善项目奖”，获全国“慈善创新推动者奖”。在应对突发自然灾害和意外事故、缓解社会矛盾、提升救急水平、织密社会保障网等方面，发挥保险参与社会管理功能。8 月 30 日,由人保财险无锡市分公司担任首席承保人的无锡市自然灾害公众责任保险、城乡居民住房

表 46

2016年无锡地区各产险、寿险公司业绩

单位:万元

序号	产险公司名称	保费收入	增幅	市场占比	序号	寿险公司名称	保费收入	增幅	市场占比
1	人保公司	288566.27	6.44%	34.44%	1	国寿公司	505061.77	22.03%	21.79%
2	太保公司	153905.94	0.81%	18.37%	2	太保寿险	244239.07	32.96%	10.54%
3	平保公司	172512.51	8.12%	20.59%	3	平保寿险	208297.29	38.50%	8.99%
4	天安公司	12880.85	9.78%	1.54%	4	新华人寿	41039.98	25.77%	1.77%
5	中华联合	26951.42	-20.20%	3.22%	5	泰康人寿	61534.92	44.26%	2.66%
6	大地公司	9919.27	33.67%	1.18%	6	太平人寿	84556.77	26.45%	3.65%
7	永安公司	5056.56	-4.56%	0.60%	7	民生人寿	8572.41	13.79%	0.37%
8	华安公司	6752.16	7.70%	0.81%	8	生命人寿	38511.60	8.11%	1.66%
9	安邦公司	1523.41	-30.06%	0.18%	9	同方全球	8444.36	40.53%	0.36%
10	阳光公司	14035.71	-12.16%	1.67%	10	信诚人寿	2883.00	-13.02%	0.12%
11	华泰公司	4032.81	45.77%	0.48%	11	中宏人寿	25273.94	35.01%	1.09%
12	太平保险	17824.06	10.03%	2.13%	12	合众人寿	5153.75	-40.16%	0.22%
13	都邦保险	4897.02	-14.19%	0.58%	13	中意人寿	37392.22	1.38%	1.61%
14	渤海保险	1392.42	15.47%	0.17%	14	陆家嘴国泰	1654.40	17.44%	0.07%
15	民安保险	2624.88	-10.23%	0.31%	15	农银人寿	4317.54	-36.06%	0.19%
16	人寿财险	51910.47	1.04%	6.19%	16	北大方正	3210.35	11.97%	0.14%
17	天平汽车	16674.75	29.35%	1.99%	17	恒安标准	2411.63	38.17%	0.10%
18	中银保险	3422.33	-0.38%	0.41%	18	友邦人寿	19421.60	78.49%	0.84%
19	安诚保险	4740.51	-7.39%	0.57%	19	人保健康	30595.34	55.85%	1.32%
20	长安责任	7230.70	8.45%	0.86%	20	华泰人寿	13498.06	29.46%	0.58%
21	紫金保险	12179.88	0.37%	1.45%	21	光大永明	1818.48	210.19%	0.08%
22	三井住友	7280.50	1.59%	0.87%	22	和谐健康	236148.18	#DIV/0!	10.19%
23	英大财险	5348.85	-31.67%	0.64%	23	工银安盛	24473.18	36.45%	1.06%
24	信达财险	3578.87	140.45%	0.43%	24	英大人寿	824.62	113.92%	0.04%
25	永诚财险	476.80	-89.41%	0.06%	25	联泰大都会	9192.09	29.36%	0.40%
26	浙商财险	2019.52	195.92%	0.24%	26	瑞泰人寿	50.90	-98.95%	0.00%
27	安信农险	32.12	-96.41%	0.00%	27	长城人寿	37082.31	818.69%	1.60%
28	泰山财产	228.73	-29.16%	0.03%	28	华夏人寿	67657.23	1332.59%	2.92%
	产险合计	837999.33	3.55%	100.00%	29	人保寿险	51540.76	66.96%	2.22%
					30	信泰人寿	53760.10	1388.87%	2.32%
					31	君康人寿	2949.45	-23.20%	0.13%
					32	阳光人寿	64178.75	44.07%	2.77%
					33	平安养老	0.00	-	0.00%
					34	国华人寿	1629.38	2685.46%	0.07%
					35	中英人寿	1226.14	111.56%	0.05%
					36	幸福人寿	33188.99	89.29%	1.43%
					37	中德安联	466.06	49.51%	0.02%
					38	利安人寿	79783.72	47.66%	3.44%
					39	招商信诺	14475.86	74.68%	0.62%
					40	交银康联	9404.23	-27.82%	0.41%
					41	东吴人寿	31782.89	2753.72%	1.37%
					42	建信人寿	27496.09	29.59%	1.19%
					43	国联人寿	93095.14	110.73%	4.02%
					44	安邦人寿	124821.31	340.18%	5.39%
					45	太平养老	4511.83	766.74%	0.19%
						寿险合计	2317627.66	68.89%	100.00%

(陆 萍)

财产保险扩面，受益对象从无锡市户籍居民扩大到常住居民(持有“江苏省居民居住证”、居住登记在无锡市且在有效期内、实际在无锡居住人员)。12月13日,新一轮无锡市自然灾害公众责任保险项目实施,保障对象再次扩面。一是常住居民(非户籍居民)及其实际在无锡居住但尚未进行居住登记、年龄在16周岁以下子女，遇到符合自然灾害公众责任保险责任范围的灾害事故,享受无锡市户籍居民同等待遇。二是无锡特定户籍居民扩面，在对原城乡低保家庭等三类特殊人群保障基础上,新增计生失独家庭成员、市级以上劳动模范，全面延伸保险覆盖面。同时加大保障力度，提高因死亡、伤残事故救助慰问限额,普通常住居民由原每人每次累计赔付10万元提高至12万元,对特定居民每人每次累计赔付15万元提高至18万元。此轮自然灾害公众责任保险项目保障水平全省领先，人保财险无锡市分公司为共保体首席承保人。

(孙梦誉)

【人保财险无锡市分公司关爱弱势群体】 11月25日，人保财险无锡市分公司推出独家承保的无锡市居家养老机构综合责任保险（试点)、市社会困境未成年人监护责任保险。凡无锡市行政区域内（含江阴市、宜兴市)具有无锡市户籍、年龄在18周岁及以下社会困境未成年人(集中供养困境未成年人除外)的监护人将享受市社会困境未成年人监护责任保险保障，按每人每年90元标准投保。如困境未成年人因过失、意外或其他原因造成第三者人身伤亡或财产损失，依法应由其监护人承担赔偿责任的，每人每年赔付限额8万元；因监护人过失或疏忽而造成被监护困境未成年人人身伤亡,每人每年赔付限额5万元等。推出市居家养老机构综合责任保险(试点)，凡在试点的无锡市惠山区辖区内各居家养老服务中心(站)接受服务的60周岁及以上户籍居民，以及养老机构服务人员，不用个人掏钱，也可享受到政府为他们投保的居家养老机构综合责任保险保障。

(孙梦誉)

【人保财险无锡市分公司推动经济转型升级】 2016年,人保财险无锡市分公司推动经济转型升级。推出首(台)套综合保险、助贷险、电梯责任保险等项目，为地方经济创新升级和转型发展提供坚实保障和高效服务。年内,首台套综合保险保费近850万元,为“无锡制造”转型升级承担风险保障4.2亿元,位列江苏省前列;专利保险保费21.6万元,保障金额432万元，为高新技术企业防范创新风险提供坚实保障。电梯责任保险在全市推广实施,无锡市区(江阴市、宜兴市另作统计)有31498台电梯投保电梯责任保险，覆盖率75%。推动发展无锡市环境污染责任保险,在政府部门支持下,人保财险无锡市分公司推出《突发环境事件应急预案备案管理办法》,保证共保体遇到突发事件时操作有章可循，应对快速有序。年内,无锡环境污染责任保险参保企业1080家,承担风险责任8.69亿元。

(孙梦誉)

【人保财险无锡市分公司为外贸企业保驾护航】 年内,人保财险无锡市分公司推进出口信用保险，让客户了解、使用出口信用保险,增强抵御风险能力。公司客户乐祺纺织品公司是宜兴市纺织品行业龙头企业。该公司向墨西哥某公司出口服装时,遭遇国际贸易诈骗,致企业经营困难。人保财险无锡市分公司接报案后,立即开展催收追查工作,在确认买家恶意拖欠后，迅速启动大案理赔流程。5月18日,人保财险无锡市分公司向乐祺纺织品公司支付72万美元出口信用保险理赔款,使企业资金难题得到及时缓解。全年人保财险无锡市分公司实现出口信用险保费527万元，累计赔款1895万元，为外贸企业开拓海外市场提供保险保障。

(孙梦誉)

【人保财险无锡市分公司担当社会职责】 2016年,无锡地区接连出现大面积冰冻、小麦赤霉病、暴雨等灾害，人保财险无锡市分公司在第一时间启动应急预案，配合各级政府和企业抗灾救灾。及时兑付赔款,为灾区工农业恢复生产、百姓安定生活提供可靠保障。迅速开展小麦赤霉病灾害理赔工作。4月,无锡连续阴雨,扬花期小麦赤霉病灾情趋重,至6月初出险面积超过3333公顷，严重影响农户夏收。面对爆发式涌入的报案，人保财险无锡市分公司农险部门迅即下农田查勘灾情,第一时间向市、区政府及农林部门通报灾情,汇报处理意见,协调联动,应对灾情。赔付小麦赤霉病灾害理赔金额1748.09万元，理赔面积1.888万公顷，受益农户2.63万户。6、7月间暴雨灾害苏南地区受灾严重,公司组织员工深入田间地头,走进厂矿企业，做好灾情勘察和理赔工作。8月下旬至9月中旬,人保财险宜兴市、江阴市支公司分别就“城乡户籍居民住房财产保险”以及政策性农险累计向受灾户赔付4700余万元，为受灾居民灾后恢复生产生活提供重要保障。年内,人保财险无锡市分公司向宜兴市18个镇(街道)支付城乡户籍居民住房财产保险救助慰问金2895.9万元。

(孙梦誉)

【人保财险无锡市分公司推进现代高效农业发展】 2016年,人保财险无锡市分公司坚持“政府引导、商业化运作、风险可控、稳健发展”的原则,加快农业保险产品开发,提高服务“三农”能力。全市实现农业保险保费4910万元(全口径),比上年增长1.53%,参保农户36万户(次),为农业生产提供风险保障19亿元。其中,高效设施农业保险保费2559万元,比上年增长8.32%。高效设施农业保险保费占农业保险总保费的比重超五成。全市水稻、小麦等主要种植业承保覆盖面实现100%；生猪、奶牛等主要养殖业实现“应保尽保”;高效设施农业实现农户“愿保尽保”。处理农险案件近8300件,赔付金额6432万元，赔款惠及农户5万余户(次),赔款比上年翻一番。推动“农业保险贷”项目在无锡全辖农村区域实施，首笔业务于10月生效。江阴市月城镇某葡萄专业合作社以农业保险保单作为抵押，获20万元保证保险贷款,资金将用于解决葡萄种植遭受自然灾害出险频繁的难题。年内,江阴签出“向日葵计划之农耕乐”雇主责任保险第一单,为月城镇双泾村优果百汇农业有限公司10名农业耕种人员提供近450万元保额的用工风险保障,保障范围涵盖死亡、伤残、误工及第三者责任险等。

(孙梦誉)

【中国人寿无锡市分公司总保费突破50亿元】 2016年，中国人寿无锡市分公司按照“强实力、稳增长、重客户、优管理、防风险”的工作方针，取得较好的经营业绩。全年实现总保费51.44亿元，成为无锡市第一家保费突破50亿元的保险企业，获中国人寿集团公司2016年度个险业务发展奖和总公司2016年度城市分公司个险双领先奖，被市政府授予2016年度金融工作年度贡献奖。

（夷 怡）

【中国人寿无锡市分公司举办捐赠活动】 5月31日，中国人寿无锡市分公司与中国老龄事业发展基金会在陕西省延安市延川县联合举办“孤老救助大行动”捐赠活动，为该县6000名孤寡及贫困老人捐赠意外伤害公益保险，风险保额累计1.8亿元。

（夷 怡）

【中国人寿无锡市分公司单笔赔款1622万元】 投保人岳某某2002年起陆续在中国人寿无锡市分公司投保38份保险。7月，岳某某因肺癌并发肝转移医治无效身故，中国人寿无锡市分公司经过核实，按合同约定向指定受益人给付疾病身故保险金1622.12万元，为全省系统最大赔款。

（夷 怡）

【太平洋产险无锡分公司转型发展】 2016年，太平洋产险无锡分公司实施“以客户需求为导向”的转型发展战略，以总公司战略思想为引领，“紧盯目标、紧盯市场、紧盯对标”，持续围绕“聚焦价值增长，强化专业能力，推进转型发展”工作方针，把“控品质，增效益”的经营指导思想持续推向深入，科学理性推动业务发展。全年实现入账保费157959万元，比上年增长3.23%；全年赔款支出93641万元，主要成本类指标优于同业和主要竞争对手，公司经营管理和服务能力得到提升，收获阶段性转型发展成果。

（胡 洁 戴 晴）

【太平洋产险无锡分公司服务社会经济发展】 年内，太平洋产险无锡分公司广泛围绕无锡社会发展中心任务，参与重点、重大政府项目，提升服务社会经济发展的能力。首席承保地铁1号线、2号线和3号线（一期）工程，与无锡地铁集团联合运用保险机制，创新出“一模两化”管理模式，以更加严密的地铁保险风险管控体系，实现对地铁重大灾害的风险预防和风险保障功能；连续多年承保江阴市医疗责任保险，创新医患纠纷调解工作思路，较好地解决地方医患纠纷矛盾；支持国家重点科技项目建设，成功推动与上海海洋大学深渊科学技术研究中心开展全面保险合作，独家为万米载人深潜试验“彩虹鱼”项目提供系列风险保障；为“神威·太湖之光”国家超级计算无锡中心就建筑物、机器设备、供电系统、消防系统、保安管理等五个方面提供全面的保险风险评价服务。

（胡 洁 戴 晴）

【太平洋产险无锡分公司打造“太好赔”服务品牌】 年内，太平洋产险无锡分公司按照总公司要求，试点上线微信自助理赔系统，持续提升指尖查勘、指尖人伤等APP的覆盖率和使用效果，致力于打造行业领先的“太好赔”车险理赔服务品牌。自“太好赔”项目启动以来，“太好赔”以“极速、极易、极暖”的客户体验为目标，通过“移动、自动、互动”的技术平台支持，运用小额案件自动化流程、智能调度、指尖查勘/人伤、客户微信/APP自助理赔等工具，为客户提供当场赔、上门赔等服务举措，多种提醒方式让客户掌握理赔进度，配套“金钥匙”工程对优质客户开展一站式理赔服务和人伤案件全程一对一服务，实现“人伤无忧、车损无虑”。至年末，新车首次出险理赔关爱服务执行率98%、小额案件授权授信客户执行率96.8%、道路救援客户满意率93.06%，多项指标达成并超过总公司目标值，推广成效逐步显现。

（胡 洁 戴 晴）

【太平洋产险无锡分公司理赔反欺诈】 年内，太平洋产险无锡分公司高度重视保险反欺诈工作，持续贯彻“强队伍、重服务、提效益、严执行”方针，建立科学的理赔流程，完善岗位工作规范，实行理赔监督制度。将预防和打击保险欺诈作为一项系统工程，创新协同机制，内外协作，形成合力，提升理赔反欺诈工作实效。建立以总经理室为领导小组，理赔部、法律合规部及各相关职能部门联动的“打击保险欺诈犯罪案件专项小组”，与市公安局、市保险协会开展紧密合作。向公安机关移送司法案件4起，涉案犯罪嫌疑人15人、金额170.23万元。其中，团伙诈骗2起，包括1起有业内人员参与的团伙诈骗案，涉及犯罪嫌疑人11人；个人诈骗案1起，犯罪嫌疑人2人；雇主责任险1起，犯罪嫌疑人2人。

（胡 洁 戴 晴）

【太平洋寿险无锡分公司业务持续发展】 2016年，太平洋寿险无锡分公司全年实现规模保费26.54亿元，列市场第二位。其中，个险新保期缴7.37亿元，比上年增长57.1%。全年处理理赔案9679件，赔付金额9425.53万元（不含江阴农保），上缴各类税费8013.64万元。

江阴“新农合”经办服务水平持续提升，管理模式、运作机制始终处于全国领先地位，群众满意度逐年提升。至年末，服务人群54.16万人，其中，住院结报9.86万人次，结报金额37441.18万元；门诊结报249.95万人次（含重复人次），结报金额5894.45万元；大病救助10625人次，结报金额4705.7万元。累计完成远程会诊6426人次。

（陈美霞）

【太平洋寿险无锡分公司提升管理水平】 年内，太平洋寿险无锡分公司根据“数字太保”和智能营运的要求，全力推进区域管理网格化、服务能力专业化、后援支持精细化、绩效考评数字化“四化”建设，优化配置各种资源，持续提升营运效能。神行太保新功能落地；官微平台功能持续扩展性发挥；全新打造太平洋寿险APP，首推“理赔在路上”微信APP季刊。开展“两加强、两遏制”“四反一防范”“打击非法集资”等专项活动，有效防范各类风险案件的发生。全年组织合规培训计49场次，实施各类审计、检查29次；接受江苏保监会、人行无锡市中心支行现场检查3次。

（陈美霞）

【平安产险无锡分公司重大赔付】 2016年3月31日，中国平安财产保险股份有限公司江阴中心支公司赔付江阴市泽丰纺织有限公司210万元。江阴市泽丰纺织有限公司曾于2015年8月30日投保财产综合险，1月15日，被保险人公司内东侧一车间一台细纱车尾部着火，因火势无法控制，导致设备严重过火，屋顶坍塌。平安财产保险江阴中支通过现场勘查定损，历经79天，快速结案赔付210万元理赔款。9月23日，平安产险无锡分公司合计赔付无锡中德置业有限公司126万元。无锡中德置业有限公司曾于2015年12月4日投保财产一切保险，1月27日因无锡地区寒潮冰冷造成3台大连斯频德冷却塔严重受损。平安产险无锡分公司为解决被保险人流动资金不足问题，于4月12日、7月4日分别预付45.6万、76.4万元维修款，在9月23日设备运行完全正常后结案支付余款4万元。

（黄　薇）

【平安人寿经营业绩稳步增长】 2016年，无锡平安人寿保险股份有限公司无锡中心支公司实现总保费收入23.5亿元，比上年增长27.5%；年末个险销售人力10905人，比上年增长74.1%，个险总保费市场占比19.9%，市场排名第二。全年理赔、生存满期给付2.88亿元。综合开拓业务条线达14条。综合开拓保险业务累计签单保费突破2.24亿，其中，个人销售产险年计划达成率114.8%，个人销售养老保险年计划达成率103.6%；个推银行年日均资产7.86亿元、个推陆金所累计投资金额37.71亿元，个推普惠业务超2亿元，证券年新户量逼近1万户。

（高　琳）

【天安财险无锡中心支公司规模效益双增长】 2016年，天安财险无锡中心支公司以“效益、管理、改革、创新”为经营主题，坚持“结构、规模、效益”为经营目标，以“四项关键性工作”为措施，以“2016年为改革发展年”为基本工作思路，实现全险种保费收入13220万元，比上年增长12.35%；实现财务报表利润1362万元，比上年增长37.58%。

（马振武）

【泰康人寿无锡支公司业绩持续增长】 2016年，泰康人寿保险无锡中心支公司累计承保各类保费6.1亿元，其中公司利润重要来源的个险营销业务累计承保保费5.4亿元。续收保费业务强劲增长，全年续收收入保费3.7亿元，银行保险业务全年承保规模保费5413万元。全年完成理赔赔付744万元。

（张　艳）

证券·期货

【概况】 2016年，无锡各证券、期货公司（营业部）加强投资者风险教育，创新业务品种，各项业务稳定增长。至年末，全市有证券、期货公司法人机构4家。其中，证券公司2家，期货公司1家，证券咨询公司1家。有证券分公司及营业部132家、期货营业部30家。新增证券营业部17家。全市证券投资者开户数139.3万余户，全年新增5.76万户，期货投资者开户数4.58万余户。全市证券营业部托管市值2315.25亿元，比上年减少192.66亿元，下降7.68%；交

表47　　2016年无锡证券营业部经营情况统计

指标名称	全辖	市区		江阴市		宜兴市		梁溪区	惠山区	新吴区	滨湖区
		累计	全辖占比	累计	占比	累计	占比	累计	累计	累计	累计
现有开户数（户）	1393398	1058986	76.00%	210512	15.11%	123900	8.89%	849105	33136	37637	139108
托管市值（亿元）	2315.25	1410.17	－	658.61	－	246.47	－	1187.09	53.42	26.9	142.76
交易额（亿元）	29504.59	23729.56	80.43%	1852.08	6.28%	3922.95	13.29%	19321.7	998.62	419.48	2989.76
营业收入（万元）	102932.38	81492.18	79.17%	6965.66	6.77%	14474.54	14.06%	62247.01	3001.76	2165.58	14077.83
上缴税款（万元）	4925.79	3778.58	76.71%	233.18	4.73%	914.03	18.56%	3369.8	129.4	39.74	239.64
税后利润（万元）	61836.09	46822.31	75.72%	4622.49	7.48%	10391.29	16.80%	35353.55	1195.43	1227.02	9046.31

（陆　瑾）

表48　　2016年无锡期货营业部经纪业务经营情况统计

指标名称	全　辖	市　区		江阴市		宜兴市	
		累计	占比	累计	占比	累计	占比
开户数（户）	45847	42045	91.71%	1943	4.24%	1859	4.05%
交易额（亿元）	57006.19	55261.7	96.94%	1744.49	3.06%	0	0.00%
营业收入（万元）	15560.85	15122.12	97.18%	438.73	2.82%	0	0.00%
上缴税款（万元）	73.67	56.68	76.94%	16.99	23.06%	0	0.00%
税后利润（万元）	－117.93	－54.61	46.31%	－63.32	53.69%	0	0.00%

（陆　瑾）

表 49

2016 年无锡市上市公司情况统计

单位:个

指标名称	全辖	市区	江阴市	宜兴市	梁溪区	锡山区	惠山区	滨湖区	新吴区
上市公司家数	111	46	41	24	3	8	8	12	15
其中:境内 A 股	61	27	27	7	2	4	3	8	10
境外上市	50	19	14	17	1	4	5	4	5
年内新增上市公司	17	9	7	1	0	4	1	4	0
其中:境内 A 股	12	8	4	0	0	3	1	4	0
境外上市	5	1	3	1	0	1	0	0	0

说明:1. 本表中"境内""境外"采用海关口径。即"境内 A 股"指在上海、深圳证券交易所上市 A 股;非 A 股上市公司均称"境外上市",包括在其他国家和中国香港、中国台湾等地区上市的企业。2. 61 家境内 A 股上市公司中,上海证券交易所上市 24 家,深圳证券交易所上市 37 家;50 家境外上市公司中,新加坡证券交易所 15 家,中国香港联合证券交易所 23 家,其他国家和地区交易所 12 家。3. "市区"27 家境内 A 股上市公司中,上海证券交易所上市 12 家, 深圳证券交易所上市 15 家;19 家境外上市公司中, 新加坡证券交易所 2 家, 中国香港联合证券交易所 10 家,纽约证券交易所 3 家,纳斯达克、多伦多、中国台湾、伦敦证券交易所各 1 家

(陆 瑾)

易金额 29504.59 亿元, 比上年减少 23950.71 亿元,下降 44.81%;营业收入 10.29 亿元, 比上年减少 16.54 亿元,下降 61.64%;上缴税款 4925.79 万元, 比上年减少 9990.55 万元,下降 66.98%;税后利润 6.1836 亿元,比上年减少 13.07 亿元, 下降 67.88%。全市期货公司及营业部交易金额 57006.19 亿元,比上年增长 15.15%;营业收入 1.56 亿元, 比上年下降 8.06%。

(陆 瑾)

【国联证券加快经纪业务转型】 2016 年, 国联证券股份有限公司坚持"一切围绕客户体验"的服务宗旨,通过丰富服务内容,提升服务品质, 加快推进经纪业务向综合财富管理业务转型。全年实现经纪业务收入及其他收入 10.11 亿元。围绕客户需求全力打造金融产品超市,全年金融产品销售量 270.89 亿元。推广投资顾问业务, 投资顾问服务协议签约客户资产 2.25 亿元。11 月,取得首批券商深港通业务资格,至年末, 深港通业务产生交易量 1695.08 万元,沪港通业务产生交易量 8.42 亿元。

(徐 旎)

【国联证券打造明星资产管理产品】 年内, 国联证券股份有限公司持续推进各类资本市场业务、结构融资业务布局, 打造品牌业务线和明星理财产品,在固收业务、定增业务、私募 FOF(基金中的基金)基金、股票质押融资业务等方面取得较大突破和良好业绩。公司多只主动管理产品收益率超过市场平均水平,为客户赢得稳定投资回报。至年末,公司管理的资产管理产品共计 96 个,受托客户资产管理规模 232.42 亿元,比上年增长 12.08%。

(徐 旎)

给投资者的公开课 (陆 瑾 供稿)

【国联证券开拓期权业务】 年内, 国联证券股份有限公司在做好客户适当性管理和有效风险控制的基础上,开拓期权业务,业务规模实现显著增长。至年末,沪市期权经纪业务合约账户累计开户数 754 户, 累计成交张数 47.06 万张, 比上年增长 409.31%。沪市期权经纪业务累计成交量份额在行业中排名第 32 位,比上年提升 8 位。实现佣金收入 158.84 万元,比上年增长 164.65%。

(徐 旎)

【国联证券开展多元化资本市场服务】 年内,国联证券股份有限公司以"新三板"挂牌融资与投资一条龙服务等途经,挖掘企业在资本运作、收购兼并、市值管理、股权融资等方面的市场潜力, 通过多元化资本市场服务助力企业发展, 服务实体经济。全年公司完成"新三板"挂牌企

业72家。协助30家企业完成股票定向发行工作，发行规模8.43亿元。共完成并购重组业务6单，为60家企业提供做市商服务，为108家企业提供持续督导服务。

（徐 旎）

【华泰证券开展专项业务】 2016年，华泰证券股份有限公司无锡分公司重点推动市场份额和产品销售，重视开展各专项业务。邀约客户至现场办理业务并辅之以事件驱动、会议营销等手段，实现全面发展。至年底，新增客户数41258户，新开有效客户3660户，新开高净值客户633户；实现产品销售收入168.03万元；基础市场份额1.895%。

（朱丹青）

【国联期货提升管理水平】 2016年，国联期货股份有限公司根据转型和业务创新的要求，全面梳理公司治理、业务体系和内控体系，加强与业务发展相匹配的风险管控能力建设。全年完成交易量5467.63万手，比上年增长6.99%。公司资产总额28.24亿元，期末客户权益20.25亿元。推动国联汇富风险子公司基差交易、仓单服务、交割业务全面展开，推出场外期权业务并取得良好收益。在《期货日报》与《证券时报》联合举办的“第九届中国最佳期货经营机构评选活动”中，公司获三项集体奖和三项个人奖。

（曹继奎）

典当·拍卖·担保

【典当行业概况】 2016年，无锡市实现典当总额17.20亿元，比上年下降44.91%。其中，动产典当7.32亿元，比上年下降43.26%；房地产典当7.76亿元，比上年下降38.95%；财产权利典当2.09亿元，比上年下降62.41%。全年典当余额12.14亿元，比上年下降11.58%。全市80家典当经营企业全部为协会会员单位，全行业会员单位覆盖率100%。至年末，全市有典当企业80家。其中，法人企业53家、分支机构27家，注册资本17.95亿元。有典当从业人员452人，比上年下降12.4%。

（王力行）

【拍卖行业概况】 2016年，无锡市新设立拍卖公司3家。至年末，全市共有正常经营的拍卖企业35家，从业资格人员300余人，其中国家注册拍卖师80余人。全年拍卖成交场次369次，比上年增长11.1%；拍卖成交金额43亿元，比上年增加28.8亿元；佣金收入1.18亿元，比上年增长76.1%。

（滕志刚）

【融资担保行业概况】 2016年，全市融资性担保行业运行趋于稳定。全市23家融资担保机构中，3家融资担保公司在许可证换证期间退出融资担保行业。全市在册融资性担保机构总数20家，注册资本金总额30.61亿元，全年新增融资担保总计120.39亿元。至年末，在保总额99.57亿元，较上年度略有下降；全市融资担保行业担保代偿持续增长，新增代偿2.07亿元，与上年度持平；全行业营业收入总额2.56亿元，净利润0.74亿元，行业营利能力仍然较低。

（周永超）

其他金融机构

国联集团

【概况】 2016年，无锡市国联发展(集团)有限公司(简称“国联集团”)实施市场化、证券化、国际化、走出去战略，保持良好发展态势。全年完成营业收入127.08亿元、实现利润18.51亿元、上缴各项税收15.94亿元。至年末，国联集团总资产779.17亿元、净资产为299.57亿元。年内，国联集团被中国企业联合会评为“2016中国服务业企业500强”第247位。

（宛严超）

【提高资产证券化水平】 年内，国联集团加强已上市平台运作，推进华光股份与国联环保能源集团的重大资产重组，通过重组实现国联环保整体上市，重组方案于12月14日获证监会通过，华光股份成为省内首家既实现整体上市又实施员工持股计划的国有控股上市公司。国联证券加快回归A股进程，IPO申请材料于12月22日获证监会受理。加快国联信托、联合担保等子企业引进战略投资工作，为上市做好准备。至年末，国联集团资产证券化率39.02%。

（宛严超）

【加快综合金融发展】 年内，国联集团发挥金融全牌照优势，适应客户多样化金融需求，推动综合金融发展，初步构建综合金融发展体系。加强综合金融信息系统应用，通过系统平台实现交叉金融产品销售5.18亿元、协同项目8个，金融企业协同意识增强。在南京、无锡综合金融运营中心投运基础上，启动无锡第二运营中心建设，开发“国联金融”微信公众号和综合金融理财APP，创办《国联金融》杂志，提升“国联金融”品牌影响和市场形象。国联集团综合金融管理创新实践获第23届全国企业管理现代化创新成果一等奖。

（宛严超）

【推动实业转型升级】 年内，国联集团贯彻产业强市战略部署，围绕“做大做强实业”要求，优化产业布局。环保能源集团围绕热电联产和集中供热等领域，积极开展并购合作，实现主要供暖技术的集成储备。设立国联科陆无锡新动力公司，在无锡开展电动汽车充电设施建设及电动汽车运营，布设充电桩52个、购置新能源汽车54辆。中设国联无锡新能源发展有限公司推进屋顶分布式光伏电站项目开发，全年投建光伏电站100兆瓦，累计并网160兆瓦。华光锅炉股份有限公司全年获订单49.2亿元，其中国外有效订单8.46亿元。无锡一棉投资有限公司深化产品结构调整，积极开拓国际、国内市场，全年实现利润7745万元。国联物资投资有限公司积极开展代理订货等业务，提高仓储业务量，全年完成货物吞吐量175.78万吨。加强与民政部门沟通，积极开展中民无锡养老服务中心项目前期各项工作。

（宛严超）

【服务地方经济发展】 年内，国联集团发挥平台优势，服务地方经济发展。加大产业投资力度，发起设立总规模100亿元的国联产业投资母基金并投入运作；加强已有合作基金的管理运作，全年完成项目投资

17 个、投资金额 5.8 亿元，其中，无锡项目 4 个、金额 8750 万元；全年合作基金已投项目中 8 家企业实现主板上市。国联证券股份有限公司完成无锡地区 1 单股票再融资和 5 单债券主承销，融资规模 66.39 亿元，为 13 家无锡企业实现“新三板”挂牌提供服务和指导。国联信托股份有限公司以管理人身份参与 60 亿元“梁溪城市发展基金信托”运作，支持城市建设发展；联合为无锡科技型和中小微企业提供融资担保近 18 亿元，公司持续支持的蓝深远望、新瑞贝、曼荼罗等多家无锡企业挂牌“新三板”。无锡产权交易所全年交易规模 101 亿元，帮助企业开展股权质押融资 15.12 亿元；主动下调服务收费为无锡实体企业降本减负，累计优惠让利 320 余万元。江苏资产管理有限公司全年化解不良资产 128.89 亿元，其中无锡地区 69.97 亿元。国联人寿保险股份有限公司全年实现保费收入 20.22 亿元，积极服务地方民生，居民社保卡余额购买保险份额为无锡市场第一。国联集团下属惠联、益多垃圾电厂无害化处置生活垃圾 66.18 万吨，热电企业供蒸汽 535.35 万吨，并主动下调蒸汽价格，累计向实体企业让利 260 余万元。至年末，国联集团对文旅集团、机场集团、地铁集团、灵山集团、太湖饭店等企业投资 70.62 亿元，支持无锡城市基础设施和重点项目建设。

（宛严超）

金融知识进校园（陆　瑾　供稿）

【深化企业改革】 年内，国联集团按照分类实施、试点推进策略，开展职业经理人、员工持股等试点，实施集团职能部门和国联证券股份有限公司、华英证券股份有限公司、联合中小企业担保有限公司等子企业经营负责人的社会招聘和内部竞聘，通过华光锅炉股份有限公司重组实现环保能源集团员工持股，在国联产业投资有限公司等企业推行管理层和业务骨干项目跟投制度，建立长效激励约束机制。加强对投资企业委派董、监事管理，推动子企业完善法人治理结构，实现集团统筹管理与子企业自主经营的有效协调。

（宛严超）

【提升内部管理】 年内，国联集团加强投资管理，完善项目投资评审制度和流程，增加投资立项环节，聘请外部专家参与评审，提高投资有效性。加强全面风险管理，实施首席风险官制度，推动两级风控体系运行，有效提升风险防控水平。坚持“逢进必考”和招聘管理制度，打造“国联尚学堂”网上平台，建立行政和专业技术职业成长“双通道”制度，提升人才队伍能力素质。统筹财务会计部与财务公司一体化运行，资金预算管理一体化模式获 2016 年度全国国有企业财务管理创新成果二等奖。加强法务工作网络体系建设，成立省首家公司律师事务部。设立招投标管理办公室，建设招投标管理系统并上线运行，全年采购成交金额较预算降低 12.13%。全年实现降本增效 3593 万元。落实安全生产责任制，加强安全教育、安全检查和隐患排查，保障集团生产运营安全有序。完成为职工办实事项目 10 件，建成市图书馆国联金融分馆、市级母婴休息室示范点，修订《爱心基金管理办法》，做好困难职工帮扶，营造团结和谐、积极向上的企业氛围。

（宛严超）

编辑　周胜忠　郭　鹏

综　述

【概况】 2016年，全市精神文明建设工作紧紧围绕市委、市政府工作中心，贯彻落实省、市第十三次党代会精神，以构筑道德风尚建设新高地为目标，以培育和践行社会主义核心价值观为主线，以文明城市创建工作为重点，锐意进取，克难奋进，大力推动全市精神文明建设各项工作持续提升，为加快建设"强富美高新无锡"和"全国文明城市群"凝聚强大的精神力量。

(盛银桂　郇永江)

【深化文明城市创建】 2016年，市文明办调整市创建领导小组成员单位，组织召开全市文明城市创建工作推进会、长效管理督查点评会，将测评体系218项任务目标分解到85个板块、部门和单位。将创建"全国文明城市群"、健全创建工作长效机制、志愿服务制度化等内容写入无锡市第十三次党代会报告，并把文明城市创建纳入全市年度科学发展考核评价体系。围绕创建"全国文明城市群"目标，组织江阴市、宜兴市争创全国文明城市，全面推动全市城乡文明程度一体化。持续开展城区文明程度指数、未成年人思想道德建设工作测评，3月，江苏省通报2015年全省社会文明程度指数测评结果，无锡市以总分90.16分列省辖市第一。文明城市创建工作获2015年度无锡市腾飞奖。

(盛银桂　郇永江)

【强化公民道德建设】 2016年，市文明办大力实施公民道德提升三年行动计划，以"道德讲堂"建设为抓手，在公共文化场所、"两新"组织、社会教育机构创新拓展道德讲堂阵地，将理想信念、社会主义核心价值观、公民道德、家风家训家规等内容贯穿始终。开展"学评推选身边好人"活动，在《江南晚报》、无锡"都市资讯"频道、"梁溪之声"频率开设"无锡好人365"专栏。全年3人入选"中国好人"榜(累计63人)，19人入选"江苏好人"榜(累计101人)，评选"无锡好人"120位(累计568位)。入选第三届江苏省诚信标兵1人、诚信之星8人、医德之星8人，评选市医德标兵10人、医德之星112人。

(盛银桂　郇永江)

【加强基础创建工作】 2016年，市文明办大力开展各类群众性精神文明创建工作，召开文明单位创建工作现场会，组织开展2013~2016年度省、市两级文明镇村、文明单位创建评选，新增省级文明村镇、文明单位(校园、社区)等99个，复查通过保留荣誉359个。新增市级文明村镇、文明单位(校园、社区)等99个，复查通过保留荣誉1001个。无锡市曹婉芬家庭当选全国文明家庭，周海江等10户家庭当选江苏省文明家庭。开展第六批无锡市优质服务品牌评选，28个项目获优质服务品牌及提名奖。

(盛银桂　郇永江)

【推进未成年人思想道德建设】 2016年，市文明办广泛开展未成年人教育实践活动，组织"缤纷的冬日""七彩的夏日"等3000余项活动，全市80余万名未成年人参加活动。结合开学、清明、"七一"、纪念长征胜利80周年等节日、纪念日，开展"开学第一课"、祭英烈、童心向党歌咏、向国旗敬礼等活动。举办无锡市第四届"文明风尚好少年"选拔赛，评出10名"文明风尚好少年"。举办少儿艺术节，开展"百灵鸟"艺术展演、校园主持人大赛等14项文艺活动，获全省首届"童声里的中国、成长的歌谣"创作大赛二等奖2个、三等奖1个。推进礼仪养成教育，在无锡师范附属小学太湖新城小学、东林书院"明礼堂"举行"入学礼""成长礼""青春礼""成人礼"示范观摩活动。开展优秀"五老"网吧义务监督员和"五老"网吧义务监督先进集体评比表彰，营造全社会共同关爱未成年人的良好氛围。

(盛银桂　郇永江)

【推进志愿服务工作】 2016年，市文明办大力推进学雷锋志愿服务工作，全市1253个社区(村)建立服务站点。举行第十四届志愿者活动月活动，联合苏州、常州、湖州举行"保护母亲湖、我们在行动"万人环保接力活动，牵头开展崇德乐善"一月一主题"公益活动。组织1400余名志愿者参与2016年世界物联网博览会志愿服务活动，累计服务5万余小时，受到省委书记李强盛赞。参加首届江苏省志愿服务展示交流会，"大音锡声"网络文明传播"大V"志愿者发布厅项目、香山书屋阅读驿站项目获得特别荣誉奖，4个项目获银奖、铜奖。无锡市志愿者李展、网络文明传播志愿服务项目、江阴香山书屋、江溪街道太湖花园第二社区分别入选"全国最美志愿者""全国最佳志愿服务项目""全国最佳志愿服务组织"和"全国最美志愿服务社区"，总数居全省第一。

（盛银桂　邬永江）

【加强公益广告宣传】 2016年，市文明办加大"讲文明树新风"公益公告发布力度，《无锡日报》《江南晚报》《无锡商报》每月推出4个整版，刊登公益广告，全年累计达150个版面。加大公交车、出租车、移动电视、楼宇电视、手机短信、社区宣传栏、单位电子屏等载体宣传力度。围绕文明城市创建、城市管理创优、国家卫生城市创建，建立健全50块宣传撑牌、900多个交通护栏宣传牌、200个灯箱广告牌，加强公益广告宣传。在太湖广场、国联广场、惠山古镇建立无锡籍道德模范、"中国好人"、美德少年事迹宣传阵地。

（盛银桂　邬永江）

【加强文明网站建设】 2016年，市文明办加强"中国文明网"无锡联盟网站、"文明无锡"微信、"江苏文明网"无锡频道建设。网站全年编发《宣传提示》20期，制作专题15个，发布信息3000余篇，组织原创评论64篇，"中国文明网"录用稿件300多条，其中首页录用38条。"江苏文明网"无锡频道发稿量位列全省第二。"文明无锡"微信公众号制作发布专刊200余期，组织开展"文明无锡基层行"网络文明传播系列活动，先后组织网络文明传播志愿者参观市交巡警支队、惠山万达广场、瑞星家园社区等地，粉丝活跃度和参与度持续提升。

（盛银桂　邬永江）

【加强精神文明建设工作调研】 2016年，市文明办加大全市精神文明建设信息收集、整理、挖掘力度，全年江苏省《精神文明建设信息简报》录用无锡信息15篇。参与撰写课题《无锡人文素质和社会文明程度提升路径研究》、全市哲学社会科学重点课题《无锡深化文明城市创建长效机制建设研究》，编发13万字的《无锡市文明城市创建工作汇编》，系统回顾总结近年来无锡市文明城市创建工作经验。中宣部《每日要情》刊发无锡市《无线探索一月一主题志愿服务常态化模式》。

（盛银桂　邬永江）

无锡曹婉芬家庭当选全国文明家庭　（邬永江　供稿）

创建工作

【开展文明程度指数测评工作】 5月、7月、10月、12月，市文明办委托第三方依据2015年版《全国文明城市测评体系》测评标准，采取实地考察和问卷调查，开展文明程度指数、未成年人思想道德建设工作测评。各城区考察18类33个测评点，问卷调查涉及50个社（居）委，每个社（居）委随机抽取20个调查户进行入户调查，共计调查1000户（人）。将13个条线部门、8个公共服务部门纳入测评范围，考察8类18个测评点（线）。

（朱　敏）

【举办文明城市创建工作培训班】 4月11~13日，市文明办在浙江省宁波市委党校举办文明城市创建工作培训班，实地参观宁波市全国文明单位、文明社区等文明创建品牌示范点。无锡市各区、市创建领导小组有关成员单位及市民巡访团有关负责人和骨干40余人参加培训。

（盛银桂）

【创建省优秀管理城市宣传工作】 6月20日，创建江苏省优秀管理城市宣传工作部署会议召开。市委宣传部部务委员、市文明办副主任商明，市城管局副局长方毅军出席会议并讲话。市城管局、公安局等20余个部门（单位）职能处室负责人，各区城管局、文明办相关负责人参加会议。

（盛银桂）

【创建省级文明单位工作交流会】 7月19日，市文明办在江苏省血吸虫病防治研究所召开无锡市创建省级文明单位工作现场交流会，市公安局等4家单位介绍经验做法，通报新申报单位存在问题、省文明单位在线更新情况和实地暗访问题，对下一步创建工作提出要求。各市（县）区文明办、行业主管部门和新申报省级文明单位分管领导共100余人参加会议。

（朱　敏）

【文明单位和文明村镇抽查】 8月9~10日，江苏省文明办对无锡市申报的2013~2015年度江苏省文明单位、文明村镇进行考核抽查，实地检查市气象局、市审计局、无锡电信公司、物业管理中心、江阴国检局、江阴市月城镇、宜兴国税局、宜兴市宜城街道新华社区等8家单位。

(朱　敏)

【深化文明城市创建工作推进会】 8月24日，市文明办召开文明城市创建工作推进会,传达中央、省文明委关于深化全国文明城市创建工作的有关要求，通报对各地、各部门(单位)文明程度指数测评情况,部署下阶段创建工作。市委副书记、市创建领导小组常务副组长、梁溪区委书记徐劼出席会议并讲话，市委常委、宣传部部长、市创建领导小组常务副组长王国中主持会议，市政府副市长刘霞、王进健出席会议。江阴市、宜兴市、市公安局、市城管局作表态发言,各市(县)区党委副书记、宣传部部长、政府分管副市(区)长，市创建领导小组成员单位负责人参加会议。

(朱　敏)

【召开文明城市长效管理督查点评会】 11月24日，市文明办召开文明城市长效管理督查点评会。市委副书记、市长汪泉作讲话，市委常委、宣传部部长王国中通报第三季度城市文明程度指数测评情况,分析存在问题。会议播放文明城市创建暗访短片,有关地区、部门作大会交流发言。(朱　敏)

【开展文明城市问卷调查】 12月5~12日,市文明办通过线上、线下两种方式,同步开展2016年度文明城市问卷调查活动。线上通过“文明无锡”微信公众号，采取在线答题抽奖、有奖问答形式进行,14757人(次)网民关注“文明无锡”微信参与互动。线下印发3万份《文明城市问卷调查有奖问答》折页,集中宣传。本次活动吸引近5万名市民参与。

(盛银桂)

【省文明委对无锡开展测评】 12月6~7日，江苏省文明委组织省文明办、省交通厅、省工商局、省旅游局、省物价局、省统计局、国家统计局江苏调查总队、省妇联、省红十字会等9个省级机关部门，依据2015年版《全国文明城市测评体系》、2016年版《全国未成年人思想道德建设工作测评体系》,实地查看无锡市交通路口、旅行社、好人文化传播场地、校外未成年人心理健康辅导站等24类测评点,发放120份问卷,对无锡市创建工作进行年度测评检查。

(朱　敏)

公民道德建设

【走访慰问道德模范】 1月28日，市文明办举办无锡市道德模范、身边好人、优秀志愿者迎新春座谈会，来自省、市道德模范、“中国好人”、优秀志愿者代表和各市(县)、区、机关职能处室负责人50多人参加会议,省、市文明办领导为无锡市省级以上道德模范以及市道德模范和“中国好人”送上慰问金,实地走访省道德模范严三媛。2月上旬,21位市领导分9路历时一周，走访慰问无锡市道德模范、“中国好人”、优秀志愿者、最美人物代表。

(盛银桂)

【开展主题系列活动】 2月,市文明办在湖滨商业街、锡惠公园举办“我们的节日——春节、元宵节”大型公益活动。4月1日,在惠山古镇乐善堂举行清明节祭祀已故“无锡好人”活动,通过看短片、忆往事、赞好人、谈感受、献爱心等环节,缅怀好人精神。6月2日、6月9日,分别在梁溪区长街社区、滨湖区利农社区开展“我们的节日——端午节”笑语欢歌进社区活动。6月4日,在惠山古镇乐善堂开展“携手爱——志愿者服务队”“我们的节日——端午”主题宣传教育实践活动。9月10日,在惠山古镇乐善堂举办“我们的节日——中秋”好人联谊会活动,23位“无锡好人”进行座谈交流。10月10日,在山北街道仁和社区开展“我们的节日——重阳节”暨《江南晚报》“笑语欢歌”特别活动。

(盛银桂)

【举行道德讲堂总堂活动】 4月2日，市文明办在市图书馆一楼报告厅举行“家教与门风”——无锡市道德讲堂总堂暨名家讲坛活动。邀请清华大学人文学院历史系教授、博士生导师彭林，以传统儒家礼乐文化与当代社会生活为切入点，剖析儒家礼乐文化对社会生活带来的启发。

(盛银桂)

【举办家风家训项目启动仪式】 5月28日，市文明办在惠山古镇乐善堂举办“崇德乐善——声音图书馆”家风家训项目启动暨典藏CD首发仪式，现场介绍声音图书馆及无锡家风家训宣传主题，无锡“汽车音乐”频率主持人向现场听众签赠CD。

(盛银桂)

【举办道德模范和身边好人交流会】 9月19日，市文明办在新华书店举行道德模范、身边好人交流分享会暨全国最美志愿者周明珠签名售书活动，来自全市各行各业的100多名市民和10多名道德模范和身边好人参加活动。

(盛银桂)

【参加全省道德讲堂建设工作会议】 10月11日,全省深化道德讲堂建设暨精神文明建设表彰会在常州召开，对2013~2015年度江苏省文明行业、文明村镇、文明单位(社区、校园)进行命名表彰。省委常委、宣传部部长、省文明委主任王燕文出席并讲话。江阴市顾山镇等3个镇获“江苏省文明镇”称号,宜兴市张渚镇茗岭村等28个村获“江苏省文明村”称号,锡惠公园管理处等45个单位获“江苏省文明单位”称号,滨湖区马山街道和平社区等9个社区获“江苏省文明社区”称号,无锡市第一中学等14所学校获“江苏省文明校园”称号。无锡市委常委、宣传部部长王国中，市委宣传部部务委员、市文明办副主任商明参加会议,新吴区江溪街道太二社区围绕道德讲堂建设作大会交流发言。

(盛银桂)

【部署移风易俗工作】 11月28日，中宣部、中央文明办召开“推动移风易俗 树立文明乡风”电视电话会议,无锡市在无锡会场召开会议,听取会议精神。市委常委、宣传部部长、市文明委主任王国中出席会议并讲话，要求全市上下坚持营造氛围、突出教育实践、加强规范管理，推动形成移风易俗长效机制。

(朱　敏)

志愿者活动

【开展关爱农民工志愿服务活动】 1月24日,无锡市“传递无锡爱、情暖回乡路”关爱农民工志愿服务活动正式启动，40天春运期间，志愿者驻守在火车站南广场，提供贴心服务送畅通、应急援助送平安、热水姜茶送温暖、春联喜帖送祝福、文明巡访送和谐、春风行动送岗位的志愿服务活动。

（朱　敏）

【一批先进典型受表彰】 2月26日，中宣部、中央文明办在北京召开全国学雷锋志愿服务工作推进会，全国志愿服务“四个100”先进典型揭晓。无锡市志愿者“爱心车队”总队长李展、网络文明传播志愿服务项目、江阴香山书屋、江溪街道太湖花园第二社区分别入选“最美志愿者”“最佳志愿服务项目”“最佳志愿服务组织”“最美志愿服务社区”，入选对象总数在全省位居第一。

（朱　敏）

【举办志愿者活动月活动】 3月3日，市文明办举行崇德乐善“一月一主题”“学习雷锋”榜样月活动暨第十四届志愿者活动月活动。市委副书记、市长汪泉，市委常委、宣传部部长、市文明委主任王国中，市人大常委会副主任滕兰英，市政府副市长刘霞，市政协副主席孙志亮，市政府秘书长叶勤良以及市委宣传部、市文明办、市委市级机关工委等部门领导，机关、企事业单位、社区及特色志愿服务团队志愿者代表300余人参加活动。

（朱　敏）

【举行网络文明传播活动】 6月16日，市文明办举行“大音锡声”无锡网络文明传播大V志愿者发布讲演活动，邀请无锡市人民医院副院长兼胸外科主任、无锡市肺移植中心主任陈静瑜，围绕集聚网络爱心、打通“绿色通道”、接力生命救援主题，与广大网友交流互动。

（朱　敏）

【参加学雷锋志愿服务工作座谈会】 6月24日，中国志愿服务联合会在北京召开学雷锋志愿服务工作座谈会。中共中央政治局原委员、中国志愿服务联合会会长刘淇，中央文明办、民政部、中国志愿服务联合会、中国志愿服务基金会有关领导以及部分会员单位代表、部分城市代表100余人参加会议。无锡市委常委、宣传部部长、市文明委主任王国中参加会议，并作《创新志愿服务工作体制机制 促进志愿服务事业科学发展》经验介绍。

（朱　敏）

【参加江苏志愿服务展示交流会】 9月2~3日，首届江苏志愿服务展示交流会在南京举办，无锡市在交流会上设立“爱成就无限可能”主题展馆。同时，无锡市的“大音锡声”网络文明传播大V志愿项目、香山书屋阅读驿站项目获得特别荣誉奖，另有4个项目分别获得银奖、铜奖。

（朱　敏）

【参加全国部分省市社会建设年会】 9月27日，主题为“社会协同公众参与 推动基层治理创新”第七届全国部分省市社会建设（上海）年会在上海举行，全国16个省、市社会建设工作机构的代表和有关专家共同探讨、交流基层治理创新举措。无锡市以“志愿者组织参与社会治理的实践与探索”为题作大会交流发言。

（朱　敏）

【推出社区“菜单式”志愿服务】 12月27日，市文明办联合《华东旅游报》开发便民公益“智图”，采用“你点我供”方式，将志愿服务与便民服务、文化服务资源有效整合，实现求助者与志愿者供需对接。

（朱　敏）

未成年人思想道德建设

【举办文明礼仪示范活动】 2月13日、5月29日、8月27日，市文明办分别在东林书院明礼堂举办未成年人“成人礼”“青春礼”“入学礼”仪式，市委宣传部部务委员、市文明办副主任商明出席仪式。5月31日，在无锡师范附属小学太湖新城小学举行十岁成长仪式，市委常委、宣传部部长、市文明委主任王国中，市人大常委会副主任曹锡荣出席仪式并为无锡市“十佳小公民”颁奖。

（俞志宏　韩亚辉）

【举办第六届少儿文化艺术节】 5月31日，市文明办在无锡音乐厅举行第六届无锡市少儿文化艺术节开幕式暨第三十六届无锡市“百灵鸟”文艺展演颁奖会演。市委宣传部副部长、文明办主任尤文科，市委宣传部部务委员、市文明办副主任商明等参加活动。

（俞志宏　韩亚辉）

【表彰“网吧”义务监督工作先进】 6月7日，市文明办、市文广新局、市关工委联合召开全市“五老”网吧义务监督工作先进表彰大会暨培训班，向网吧义务监督工作先进集体和优秀“五老”网吧义务监督员颁发荣誉证书。梁溪区黄巷街道关工委、滨湖区雪浪街道关工委，江阴市南闸街道网吧义务监督员邓兴成、梁溪区上马墩街道简新社区网吧义务监督员胥桂英、新吴区新安街道网吧义务监督员钱志衡分别作为先进集体代表和先进个人代表作交流发言。各市（县）区关工委分管领导、文广新局分管领导及各街道（镇）关工委优秀“五老”网吧义务监督员代表共120多人参加会议。

（俞志宏　韩亚辉）

【举办第五届少儿锡剧邀请赛】 12月16日，无锡市第五届“小小红梅奖”少儿锡剧邀请赛在无锡广电音乐厅举行。来自全市27所学校、少年宫和幼儿园的30个节目参加比赛，参赛人数近300人。本次活动由市文明办、市教育局、市广播电视集团、市文广新局主办，市少年宫、市锡剧院、市戏剧家协会承办。

（俞志宏　韩亚辉）

编辑　顾洪兴

科学技术

综 述

【概况】 2016年，全市科技工作按照年初确定的目标任务，全力攻坚克难，奋力争先进位，各项工作继续保持较快发展，为建设“强富美高”新无锡提供有力的科技支撑。全社会研发费用占地区生产总值比重达2.82%，全市科技进步贡献率达63%；高新技术产业产值占规模以上工业总产值比重达43.4%；每万人有效发明专利拥有量达31.43件；创新工程水平保持全省第二；全市共获得国家科学技术奖励4项，国家专利奖9项，省科学技术奖励33项，省国际科学技术合作奖1项，位居全省前列。年内，“神威·太湖之光”蝉联“世界最快超级计算机”称号，获得超级计算领域的诺贝尔奖——戈登贝尔奖。

（夏 婷）

【科技管理改革进一步深入】 2016年，编制印发《无锡市“十三五”创新发展规划》，紧扣创新驱动发展顶层设计，科学、系统地谋划未来5年无锡科技发展和改革的战略目标、重点任务、重大举措和重要政策。深入贯彻落实市委、市政府关于推进现代产业发展以及关于深化市级财政科研项目和资金管理改革的意见，制定实施《无锡市科技发展（技术研发）资金管理实施细则》《无锡市科技发展（技术创新）资金管理实施细则》《无锡市科技发展（成果转化）资金管理实施细则》《无锡市科技发展（创新能力）资金管理实施细则》，全面规范专项资金管理，进一步提高专项资金的使用效益，发挥政府科技资金的引导作用，鼓励企业积极承担国家和省各类科技专项和计划，攻克行业关键核心技术。2016年，全市企业新承担国家和省各类科技项目382项，到位国家和省专项科技资金5.67亿元，市本级实施科技计划项目320项。这批项目的实施，有力地提升无锡市相关产业领域的技术水平。

（夏 婷）

【高新技术产业发展水平得到提升】 鼓励企业加快研发机构建设，2016年，全市累计建成国家级企业工程技术研究中心6家，大中型企业研发机构有效建有率达84.7%，位居全省第一。兴澄特钢公司成为全球唯一的800毫米特殊钢连铸圆坯生产企业；华晶半导体公司建成国内首条300毫米硅通孔转接板技术试验线，部分指标达到国际先进水平。全市全社会研发投入达246亿元，比上年增长4%，企业研发经费占销售收入比重达1.62%。深入实施高新技术企业培育计划，全市有效期内的高新技术企业达到1638家，省级民营科技企业3119家。全市高新技术产业实现产值6548.72亿元，列全省第三；高新技术产业产值占规模以上工业总产值的比重达43.4%；生物医药产业产值达555.6亿元，比上年增长10.2%。支持和鼓励企业加快科技成果转化和产业化，年内，新增省成果转化专项项目19项，获省成果转化专项资金1.46亿元，带动社会总投入10.3亿元，实现销售收入60亿元；新增市级成果转化产业化贷款贴息资助项目31项，实际贴息总额达3755万元，带动全社会投入4.06亿元，实现销售收入超28亿元。全市15家企业跻身首批江苏省百强创新型企业；在第四届江苏科技创业大赛上，6家企业和1个团队分获企业组一等奖、二等奖、三等奖和团队组三等奖，无锡顶点医疗器械有限公司“智能胰岛素泵”产品获大赛唯一一等奖。成功举办第十三届中国（无锡）国际工业设计博览会暨2016无锡年度创客大会，吸引设计领域知名专家学者、企业以及近百家投资机构、创业团队参会，签约科技项目38个，评出“太湖奖”一等奖12个、二等奖22个。

（夏 婷）

【完善区域创新体系】 2016年，全市加快各类科技园区和基地建设，新增江阴高新区现代中药配方颗粒特色产业基地，全市国家级特色产业基地增至21个；成立江苏省数字影视产业技术创新战略联盟，省级联盟共计10个，其中国家级3个。

江苏省锡山高新区经省政府批复启动筹建，宜兴市官林、滨湖区山水城申报省高新区的申请已获受理，正接受省级部门审核。深化产学研合作内涵，加速区域创新体系建设。全市累计建有院士工作站128家，其中省级52家；校企联盟852家；产学研合作新型研发机构21家；51名专家、教授被认定为科技副总。在年内实施的19项重大成果转化项目中，15项为产学研合作项目，吸引中科院、上海交通大学、南京大学、武汉理工大学、大连理工大学等近20家高校、科研院所专家团队。

（夏 婷）

【加快开放式创新步伐】 2016年，全市新增国家益生菌与肠道健康国际联合研究中心，累计认定国家级国际合作基地10个，总数位列全省第一。2个项目列入2016年度国家重点研发计划政府间专项项目（第二批），占全省总数的50%；6个项目列入省国际科技合作项目，位列全省第二。国际技术转移载体日益发挥作用，转移技术项目14个，落户企业6个，引进项目注册资本1600万元，实现销售收入15351万元，完成技术服务收入1262万元。经由中以无锡技术转移中心推介形成投资总额2亿美元的以色列特色都市农场项目落户江阴市。科技领军人才创业项目产业化步伐加快，全年全市科技创业领军人才企业实现销售收入260.7亿元，比上年增长9.2%；缴纳税收15.7亿元，比上年增长42.7%；销售收入超亿元企业22家，超千万元企业171家。其中，远景能源（江苏）有限公司全年完成纳税6.27亿元，列全市纳税十强；药明康德生物技术有限公司全年完成纳税1.39亿元，列全市纳税百强；卓胜微电子、碧水源、中科融通、爱德旺斯等企业税收增幅突破200%。全市新增“新三板”上市科技创业领军人才企业19家，占全市五分之一；总数累计达26家，占全市总数的12.4%。日联科技、安特源、中感微、艾洛维4家企业入围2016无锡“新三板”挂牌企业收入100强。全市科技创业领军人才企业科技创新研发能力日益增强，2006~2016年，346家科技创业领军人才企业累计共获立项各类市级科技计划项目715项。

（夏 婷）

【优化创新创业生态】 2016年，全市“三创”（创新、创业、创意）载体企业入驻率达76%以上，在孵企业达6800多家，累计孵化上市企业60家。全市累计建成省级以上科技企业孵化器46家，其中国家级20家，惠山高创中心、锡山科创园、惠山生命园3家单位入选全国百家优秀孵化器。至年底，全市建成省级以上众创空间24家，其中国家级7家，无锡众创空间联盟成立。全市共有11家银行加入“苏科贷”合作银行，其中2家银行加入“锡科贷”合作银行，入库企业674家。合作银行累计向无锡市区企业发放风险补偿贷款55.17亿元，其中，“锡科贷”38.83亿元，“苏科贷”16.34亿元；风险补偿贷款在贷余额13.26亿元，惠及企业292家。加强专利权质押贷款政策引导，29个专利权质押贷款贴息项目通过评审立项，获财政支持215.12万元，超过前三年拨款额总和，无锡市被列入全国质押融资示范城市；专利保险持续推进，全年办理专利执行险83单，保单保费17.8万元，保障金额356万元。落实鼓励企业科技创新各类优惠政策，全年累计减免税额超过43亿元，惠及企业2662家。全年认定登记技术合同1256项，技术交易金额14.4亿元，认定总量位居全省前列。

（夏 婷）

【强化知识产权强市建设】 2016年，全市专利申请量和授权量分别达71673件和29865件，位列全省第二；专利质量进一步提升，发明专利申请量达32610件，比上年增长34.77%；万人有效发明专利拥有量达31.43件，比上年增长23.89%；PCT专利申请量371件，比上年增长40.53%。评出第九届市专利奖20项，累计新增销售近80亿元；江南大学陈卫获首届江苏省专利发明人奖。企业专利创造能力进一步提升，企业专利申请和授权占比分别达77.58%和70.27%，分别比上年提高6.66个和6.21个百分点。知识产权执法工作扎实推进，全市知识产权执法维权“护航”专项检查29次，其中联合执法检查10次，检查流通领域卖场43家，检查商品6747件。假冒专利立案量578件，结案率达100%，行政处罚11件。全市专利侵权纠纷案立案31件，比上年增长55%，结案29件，结案率93.5%。积极应诉专利行政诉讼案件，市科技局领导全程参与案件处理并出庭应诉。全省首家县级市专利巡回审理庭在江阴市成立。扩大“正版正货”工作覆盖面和社会影响力，全市共有30家商贸流通领域单位先后列入无锡市级“正版正货”推进计划培育，11家单位列入省级“正版正货”示范创建街区（商城），230家企业获批成为省“正版正货”承诺企业，承诺企业数量在全省名列第一。

（夏 婷）

【深化科技惠民富民工作】 2016年，全市组织实施市级农业科技支撑计划项目13项，2个项目获省重点支持，形成1个茶叶植物新品种、2个微生物新品种，开发新产品新工艺38项，示范带动农业大户和农业专业合作社560余家，辐射推广1734.2公顷，累计新增产值17.36亿元，累计新增利税1.39亿元。推进国家农业“星创天地”建设，滨湖区茶产业星创天地等6家农业创新创业平台入选科技部首批“星创天地”。全市在社会发展领域组织实施市级项目37项、省重点研发计划社会发展项目12项。在公共安全、生态环境、人口健康和基层社会管理等民生领域，推进一批先进适用科技成果的转化和应用示范。其中，市公安局承担的省级科技示范项目“城市道路交通信息预警及服务应用示范工程”已建成基于云计算和大数据技术的综合交通信息集成平台，较好地实现服务城市应急指挥、交通智能管理和市民智慧出行的目标。无锡中科光电技术有限公司承担的市级项目“大气复合污染（灰霾）立体监测技术示范应用”研发的大气复合污染（灰霾）立体监测平台，实现智能化、网络化的大气环境在线监测“物联网”，相关成果已在新吴区的两个大气污染监测示范点获得应用，效果稳定良好。无锡市第二人民医院承担的省级新型诊疗技术攻关项目“新型标记物micro-RNA系列在急性心肌梗死早期诊断及转化应用”初步构建早期诊断急性心肌梗死指标体系，具有广泛的临床应用价值，相关成果获得2016年江苏省新技术引进奖一等奖。

(夏　婷)

【国家超级计算无锡中心建成投运】 (参见第337页“国家超级计算无锡中心启用”条目)

(张秋平)

【优化无锡苏南自主创新示范区空间布局】 2016年，在摸清全市科技创新载体开发建设情况的基础上，市科技局会同市规划局、市国土局编制苏南国家自主创新示范区空间布局规划，历经多次修改并召开专题会议，审议通过《无锡国家自主创新示范区空间布局规划》，上报省政府。符合无锡、江阴、宜兴城市总体规划的建设面积共112.67平方公里，“一区三核多特”的建设布局进一步完善，以无锡、江阴和宜兴环科园3个国家级高新区为核心，规划28个特色园区，实现全市各板块的全面覆盖。

(叶利群)

科技计划实施

【向上争取资金5.67亿元】 2016年，无锡市获国家、省科技经费5.67亿元，比上年增长20.11%。其中，获国家科技经费1.06亿元，获省科技经费4.61亿元。获国家级科技计划经费主要有：02专项和中央引导地方科技发展专项资金。获省级科技计划经费主要有：省级配套专项资金、省科技成果转化专项资金、省级重点研发专项资金。

(朱　宏)

【组织市级科技专项】 2016年，全市新上市级科技项目267项（市本级新上267项，匹配新上0项），分年度109项（市本级107项，匹配2项）。2016年新上与分年度共376个项目，分11批计划文件下达。全年市科技创新专项经费1.53亿元。

(朱　宏)

【列入省重点研发计划项目25项】 2016年，全市列入江苏省重点研发计划（产业前瞻与共性关键技术）项目25项，共获得省拨款经费4735万元。

(张秋平)

【获省科技型创业企业孵育计划项目资金1140万元】 2016年，全市共获得省科技型创业企业孵育计划孵化机构项目3项、创业大赛项目1项，共获得项目资金1140万元。

(吉　林)

【组织实施市科技发展项目84项】 2016年，全市组织实施市科技发展（产业前瞻性与共性技术）项目34项，市拨经费1700万元，当年度拨付1020万元，带动企业投入超过3亿元。2016年，全市组织实施市科技发展（科技型中小企业创新基金）项目50项，市拨经费998万元。

(张秋平　阚　雳)

【列入省自然科学基金项目81项】 2016年，全市共获得省自然科学基金项目81项，获省拨经费1580万元。其中，获得资助额度为100万元的杰出青年基金项目2项（江南大学和东南大学无锡分校各1项）。

(赵雪倩)

【组织实施省重点研发计划项目12项】 2016年，全市组织实施省重点研发计划（社会发展）项目12项，省拨经费1230万元。其中，无锡中科恒源信息科技有限公司获得资助额度为300万元的重点科技示范项目1项；获得资助额度为200万元的重点病种规范化诊疗项目2项，分别由无锡妇幼保健院和无锡市精神卫生中心获得。

(赵雪倩)

【列入市成果转化产业化贷款贴息项目31项】 2016年，全市列入市成果转化产业化贷款贴息项目31项，项目通过市级贴息3755万元，带动项目企业自有资金总投入40601万元，拉动银行项目贷款96475万元，带动比达1:36。可开发形成48项新产品，申请83件发明专利、158件实用新型专利，新增制定16项企业标准、36项新工艺。新增销售收入286169万元，新增利税42783万元，为全市提升产业核心竞争力，优化产业结构、转变经济增长方式提供重要支撑。

(王春耕)

高新技术产业

【国家火炬特色产业基地增至21家】 2016年，江阴高新区现代中药配方颗粒特色产业基地列入科技部2016年度第一批国家火炬特色产业基地名单，全国共10家基地入选。至此，无锡市已在除梁溪区外的6个板块布局国家级特色产业基地21个，涉及物联网、新材料、环保装备、生物医药、特种冶金、集成电路设计、高效节能换热器等专业领域。这些特色产业基地依托行业龙头企业，针对产业发展共性需求，通过出台实施引导政策，引进孵育相关企业，有效吸引各类创新要素集聚，产业集群效应逐渐显现，成为带动区域经济转型发展的重要力量。

(叶利群)

【省级以上高新技术产业开发区加快发展】 2016年，江苏省锡山高新区经省政府批复启动筹建，宜兴市官林、滨湖区山水城申报省高新区获受理并接受省级部门审核。加强以创新绩效为主的考核导向，首次将高新区年度综合考核评价争先进位情况列入全市开发区绩效考核加（扣）分事项，强化高新技术企业培育、研发机构建设、创新平台搭建、高端人才引进等工作。

(叶利群)

【认定高新技术企业561家】 2016年，全市认定高新技术企业4批，共561家。至年底，全市有效期内高新技术企业1638家。

(虞健勇)

东方硅谷创新创业人才计划

【科技创业领军人才企业发展良好】 2016年，全市科技创业领军人才企业实现销售收入260.7亿元，比上年增长9.2%；全年销售收入超1亿元的科技创业领军人才企业有23家，比上年增加4家；销售收入超1000万元的有171家。科技创业领军人才企业全年缴纳税收总额15.7亿元，比上年增长42.7%，科技创业领军人才企业历年纳税总额为市本级财政投入的3.16倍。

(倪皎云)

【认定新兴产业创业领军人才5名】 按照《中共无锡市委 无锡市人民政府关于实施“太湖人才计划”打造现代产业发展新高地的意见》精神和要求，市人才工作领导小组配合市人才办完成新兴产业创业人才计划实施细则，颁布公告并组织专家评审、现场考察和审计，认定2016年新兴产业创业领军人才5名。

(杭　平)

【新增“新三板”上市科技创业领军人才企业19家】 2016年，无锡市19家科技创业领军人才企业正式挂牌“新三板”，占全市新增“新三板”挂牌企业总数的18.1%。至2016年年底，全市科技创业领军人才企业正式挂牌“新三板”的企业共26家，占全市“新三板”挂牌企业总数的12.4%。日联科技、安特源、中感微、艾洛维4家企业入围2016无锡“新三板”挂牌企业收入100强。

（易智辉）

【新兴产业领军人才企业列入纳税总量十强企业】 无锡市科技创新创业领军人才和团队企业保持良好发展态势。继科技创业领军人才企业远景能源（江苏）有限公司获得2015年度全市税收增量贡献前10名企业后，2016年，新兴产业领军人才企业远景能源（江苏）有限公司再获“2016年度全市纳税总量十强企业”称号，无锡药明康德生物技术股份有限公司进入无锡市纳税百强企业名单。

（易智辉）

【科技创业领军人才企业研发能力增强】 2006~2016年，全市346家科技创业领军人才企业共获科技发展计划、科技成果产业化计划、风险补偿计划、分年度载体项目等市级科技计划立项715项，市级财政资金撬动科技创业领军人才企业研发投入资金逾7倍。

（夏继军　沈潇雯）

知识产权

【无锡获第十八届中国专利奖】 2016年，在第十八届中国专利奖获奖名单中，无锡有9个项目榜上有名。其中，发明专利优秀奖7项，外观设计优秀奖2项，上榜数量比上届增加4项。

（钱建伟）

【开展第九届市专利奖评审】 2016年，市专利奖评审委员会办公室按照《无锡市专利奖实施办法》规定程序，对申报2016年无锡市专利奖的项目进行形式审查、专业组评审、入围项目现场考察、入围项目公示及综合评审。最终，评出无锡透平叶片有限公司“一种采用激光熔覆防水蚀的汽轮机叶片的加工工艺”等专利金奖5项，评出凌志环保股份有限公司“污水三段生物处理工艺及装置”等专利优秀奖15项。

（钱建伟）

【知识产权项目向上争取再创新高】 2016年，无锡有9个项目承担江苏省知识产权战略推进计划一般项目，每项可获经费资助30万元，共获经费资助270万元。无锡华润上华半导体有限公司、天奇自动化工程股份有限公司承担江苏省专高价值专利培育计划，获经费资助600万元。全市共获经费资助870万元，创历史新高，与上年获经费资助690万元相比，增长近26%。

（乔　健）

【推进专利质押工作】 2016年，无锡市被国家知识产权局列入全国质押融资示范城市。在财政贴息政策的引导下，全市专利权质押贷款正逐渐成为“轻资产”科技型中小企业获取银行信贷融资的重要方式，信贷规模、企业惠及面不断取得突破。年内，共有29个专利权质押贷款贴息项目通过评审立项，获财政支持215.16万元，超过前三年拨款金额的总和。全市开展专利质押贷款试点以来，累计质押贷款近20亿元，惠及企业400多家。

（石秀臣）

【扩展科技金融服务规模】 2016年，市科技型中小企业贷款风险补偿资金池合作银行扩大至苏州银行、中国邮政储蓄银行等11家，入库企业674家，累计向无锡市区企业发放风险补偿贷款51.87亿元。其中，“锡科贷”贷款38.83亿元，惠及企业493家。风险补偿贷款在贷余额13.26亿元。

（石秀臣）

【专利保险工作稳步发展】 积极引导保险公司服务高新技术企业、技术先进型服务企业、知识产权优势企业，通过投保专利保险分散创新创业风险，为企业维护专利权、实施专利技术提供保障。2016年，全市办理专利执行险83单，保单保费11.8万元，保障金额356万元。自开展全国专利保险试点工作以来，全市共办理专利执行险300余单，保障金额1300多万元，保费补贴30多万元，部分企业已获得理赔，为运用专利保险分散创新创业风险提供有益尝试。

（石秀臣）

【专利创造取得新成绩】 2016年，全市专利申请结构继续优化，发明专利申请量、授权量和企业专利申请量、授权量占比不断提升。全市专利申请量和授权量分别达7.17万件、2.99万件，名列全省第二位。其中，发明专利申请量达32610件，发明专利授权量达5583件，分别比上年增长34.77%和1.88%；万人有效发明专利拥有量达31.43件，比上年增长23.89%；PCT专利申请量371件，比上年增长40.53%。全市企业专利申请量和专利授权量分别占全市专利申请量和授权量的77.58%和70.27%，分别比上年增长6.7%和6.2%。

（李国华）

【实施专利行政执法保护工作】 2016年，全市知识产权执法维权“护航”专项执法检查29次，其中联合执法10次，检查流通领域卖场43家，检查商品6747件。假冒专利立案量578件，结案率达100%，行政处罚11件。全市专利侵权纠纷立案31件，比上年增长55%；结案29件，结案率93.5%。2016年，网上巡查电子商务企业17家，共巡查电商企业的相关商品125件，涉及小家电、五金电工、日用品、健身器材等，发现存在涉嫌销售、许诺销售假冒专利的商家4家、相关商品46件，立案查处28件，行政警示5件。

（朱华章）

【扩大“正版正货”工作覆盖面和影响力】 2016年，全市共有30家商贸流通领域单位先后列入无锡市级“正版正货”推进计划培育，11家单位列入省级“正版正货”示范创建街区（商城），230家企业获批成为省“正版正货”承诺企业，承诺企业数量列全省第一。年内，无锡广益家居城被批准为全国知识产权保护规范化市场培育单位，无锡中山路商业街被国家知识产权局确定为全国第一批知识产权保护规范化市场。

（朱华章）

【加强知识产权人才队伍建设】 2016年，全市举办知识产权工程师培训班，454人参加网络学习，410人参加面授培训，培训合格408人。至年底，全市累计开展知识产权工程师培训的人数达3387人，培训合格3179人，培训人数和合格人数列全省第一。2016年，全市新评定知识产权初级职称8人，中级职称7人，高级职称1人，累计评定知识产权初级职称73人，中级职称77人，高级职称14人。开展企业总裁和知识产权总监培训，112名企业高管参加培训。举办2016年欧洲知识产权实务和海外风险预防暨知识产权战略规划与运用研讨培训班、2016年专利行政执法与“正版正货”推进工作培训班，共培训300多人次。贯彻落实《江苏省规模以上工业企业负责人知识产权培训实施方案》，4800家规模以上企业负责人参加培训，其中参加集中面授培训企业1268家，有效培训覆盖面达100%。

（朱华章）

科技管理

【产业研究院提供创新动力】 2016年，华进半导体封装先导技术研发中心有限公司和华中科技大学无锡研究院两家单位转正成为省产业研究院正式研究所。近年来，全市先后在集成电路、水污染控制与资源化工程、食品生物技术、半导体封装、数字制造装备等领域建设5家省级资质的产业研究院，实现从“科学”到“技术”的转化、从“技术”到“产品”的转化，为无锡市供给侧改革提供创新动力。运营机构实体化。产业研究院依托原有的高校优势资源在无锡本地或外地建有落地实体研发机构，总投资4.8亿元，大型科研仪器设备达2亿元，研发团队达600人以上，其中50%以上人员来自于市场招聘，可以组成近50个团队与无锡本地或当地企业进行无缝对接，已为江苏400多家企业提供分析测试、技术咨询等公共服务。完善市场化“造血”功能。通过为企业提供科研服务反哺研究院运营，通过孵化器方式对接资本市场，通过引进企业和社会资金孵化科研项目，产业研究院已接受300多家企业委托开展合同科研，到账服务经费达1亿元以上，实现成果成功转化40多项，衍生企业近20家，争取形成自我“造血”能力。开拓国际化合作领域。近年来，产业研究院取得国家“973”、“863”、国家科技支撑计划、国家重大专项等省部级以上课题100多项，取得发明专利授权600多项，其中国际专利近20项，获国家技术发明二等奖3项，召开国际行业交流会3次；产业研究院依托现有配置国际化程度较高的研发资源和研发人才，逐步与美国麻省理工学院、德国弗朗霍夫学院、以色列等国家的科研机构建立合作关系，形成开放的国际科研合作新格局。

（吴　琪）

【市人民医院肺移植中心跃升全球五大肺移植中心】 2016年，由陈静瑜领衔的无锡市人民医院肺移植中心成功完成脑死亡爱心捐献以来国内首例心肺联合移植手术。自2012年由省、市科技部门批准设立人体器官移植重点实验室以来，中心围绕离体脏器保存、移植物损伤、移植免疫学、干细胞应用等方面开展基础和应用基础研究，不断完善肺移植基础研究体系，医院建有国内最大的终末期肺病肺组织标本库，共发表学术论文160篇，其中被SCI收录论文48篇；申请专利90件，获授权专利52件；自主研发的离体肺灌注液实现临床保存时间最大达13.5小时，平均8~9小时，高于国内外平均水平2~3个小时；引进和培养博士后1名、博士3名、硕士13名；已成功开展肺移植手术550余例，在国内乃至亚洲和世界上创下多项第一，打破多个被业界视为禁区的记录，术后1年、3年和5年生存率分别达80%、60%和50%，手术成功率及患者术后生存率达到国际先进水平。据2016年国际肺移植手术监测数据显示，中心全年已开展肺移植手术106例，成为全球暨加拿大多伦多总医院、美国杜克大学医学中心、约翰霍普金斯医学中心、加州大学洛杉矶分校医疗中心之后的五大肺移植中心之一。

（吴　琪）

【增材制造科技公共服务平台获批国家实验室】 2016年，由无锡市产品质量监督检验中心建设的“无锡市增材制造(3D打印)科技公共服务平台”成功升级为国家级“工业(增材制造)产品质量控制和技术评价江苏实验室”。该平台是全市乃至整个华东地区唯一的增材制造产业相关科技公共服务平台，针对增材制造领域关键共性质量问题，围绕增材制造产业链上下游企业对新材料、新工艺、新标准等的需求，开展增材制造类标准体系研究，加大检测技术研发力度，逐步建立起集检测、认证、标准、科研、培训于一体的综合服务平台。此次获得国家级实验室的批准，是平台继成为国际标准化组织增材技术委员会ISO TC261、全国增材制造标准化技术委员会SAC TC562委员单位后，又一重大突破。平台后续也将更好地为增材制造领域相关企业提供全产业链的检测认证一站式技术服务。

（吴　琪）

【企业研发机构建设权重指标居全省第一】 2016年，省科技厅发布《2015年全省实施“八项工程”监测统计指标完成情况报告》和《关于全省企业研发机构建设情况的通报》，无锡市拥有研发机构企业所占比重为52.9%，企业研发机构有效建有率为84.7%，两项指标均居全省第一，企业研发机构建设真正实现“量质并举”。2016年，无锡市企业研发机构建设步伐进一步加快。举办4场企业研发管理体系贯标芯动力沙龙活动，鼓励全市200多家重点科技型企业完善研发管理体系标准、优化机制、规范管理，强化研发元素协同配合，全面提高研发效能。指导企业工程技术研究中心建设，新建市级工程中心52家、省级工程中心31家、省企业研究生工作站4家，104家省级工程中心通过绩效评估，其中34家被评为优秀；至年底，全市有省级以上工程技术中心522家，继续保持全省第二。支持企业建设高水平研发机构，702所的深海载人装备国家重点实验室获省科技经费匹配150万元，法尔胜泓昇集团有限公司获批筹建江苏省高性能金属线材制品关键技术重点实验室，新宏泰、天奇等8家省重点企业研发机构获省创新能力专项资金500万元支持。

（吴　琪）

【3家单位入围全国百家优秀科技企业孵化器】 2016年，科技部火炬中心公布2015年度603家国家级科技企业孵化器考核结果，无锡市20家国家科技企业孵化器通过网上申报、专家评审、科学计算等程序，参加科技部火炬中心的考核评价。其中，无锡惠山区高新技术创业服务中心、无锡锡山区科技创业园有限

公司、无锡惠山新城生命科技产业发展有限公司3家单位入选全国100家优秀(A类)国家级科技企业孵化器；无锡软件产业发展有限公司、无锡力合科技孵化器有限公司、宜兴留学人员创业园有限公司等9家单位被评为良好(B类)；无锡市北创科技创业园有限公司、无锡山水城科技创业服务有限公司、江苏江阴软件和文化创意产业发展有限公司等7家单位被评为合格(C类)；1家单位因机构、场地调整被评为不合格(D类)。全市新增国家级众创空间7家、省级众创空间10家、市级众创空间7家，获批省科技企业孵化器1家、省科技企业加速器2家、省"苗圃—孵化器—加速器"科技创业孵化链条建设试点单位1家。

(吴 琪)

【众创空间联盟成立】 2016年,无锡众创空间联盟成立大会召开。无锡众创空间联盟计划打造三大平台。建设创客服务平台。联盟将为创业者定期举办经验分享会或项目路演、创业辅导、市场拓展服务、培训服务等资源对接服务。建设人才培育平台。联盟将对接江南大学和无锡职业技术学院，输出学校青年创客资源及专业导师资源，组建创业导师库，共同推动人才培养计划及提供创业实习岗位，为优秀的创业项目和毕业生直接对接专业众创空间。建设媒体宣传平台。联盟与平面媒体《江南晚报》和移动媒体广通传媒开展合作，提供实时创新创业信息,宣传各众创空间,共同策划区域性有影响力活动或赛事活动报道,制作创业故事专栏，发展并推广无锡众创空间本土品牌。

(吴 琪)

【6家"星创天地"获科技部认定】 2016年，市科技局依托农业科技园区、涉农高校科研院所、农村科技服务超市、农业科技企业、合作社等,作为科技创新创业的"星创天地"孵化载体和服务平台，鼓励和吸引社会资本形成服务江苏"星创天地"的资本源,按照科技部《发展"星创天地"工作指引》要求,发挥科技特派员作为"星创天地"创业的主力军作用，打造一批农业科技创新创业平台。其中,"滨湖茶产业星创天地"等6家农业创新创业平台被科技部认定为全国首批"星创天地"。通过推动"星创天地"建设,拓展"三农"发展新空间,形成大众创业、万众创新的新局面，有力支撑和不断加快现代农业发展,推动一、二、三产业融合发展和新农村建设。

(边建锋)

科技服务

【科技服务对接企业更趋紧密】 2016年，市科技局完成对487个无锡市科技发展资金项目、480个江苏省高新技术产品、226个无锡市科学技术进步奖项目、15个无锡市腾飞奖项目的受理、形式审查等工作。开展"科技服务进园区"活动,全年累计为1500多家科技型企业提供科技政策宣讲和咨询服务，回应解答企业遇到的有关科技政策、科技项目申报等问题，进一步助推企业科技创新。全年共举办8场工程文献服务培训会，累计发放文献服务卡600余张,提升了技术人员对科技文献检索和使用的能力。

(赵燕娇)

【科技金融扶持企业发展】 2016年,市科技局做好省、市科技型中小企业风险补偿贷款企业入库政策咨询、入库企业评审和市风险补偿资金池日常管理工作，年末入库企业已达674家。全年"锡科贷"合计贷款11.57亿元，较上年增长38.4%;"苏科贷"项目合计贷款3.83亿元,较上年增长14.38%。至年底,共有11家银行加入"苏科贷"合作银行,其中2家银行加入"锡科贷"合作银行。

(赵燕娇)

【做好知识产权服务工作】 2016年，市科技局受理并审核无锡市级专利资助项目26202件。开展知识产权纠纷人民调解、专利侵权判定和维权援助中心分支机构建设工作，持续推进知识产权维权援助服务，配合市知识产权局开展知识产权执法维权"护航"专项行动,做好假冒专利行为的查处工作。进行知识产权政策宣传，通过多种渠道和方式，对知识产权维权援助举报投诉热线电话"12330"进行宣传。

(赵燕娇)

【技术市场平稳健康发展】 2016年，全市认定技术合同成交额约14.4亿元,成交项目1256项,全市技术市场保持平稳健康发展态势。电子信息领域技术交易遥遥领先于其他各类技术领域,全年技术合同成交额达8.77亿元，成交项目638项，约占全市技术合同成交额的61%。

(刘雅梅)

科技活动

【举办2016无锡创客大会】 2016年是无锡众创元年,为响应国家"大众创业、万众创新"号召,11月11~13日，市科技局联合无锡众创空间联盟举办2016无锡年度创客大会。本次大会形式丰富多样。大会除"创新价值和投资新常态" 嘉宾演讲、"产创融合与苏南自主创新"主题论坛、"互联网+时代的产创融合新生态"创新无锡分会等传统形式外,还有"展示无锡创新创业项目成果"创客集市嘉年华、"创新价值和投资新常态"投资人晚宴、最具商业价值的创客大赛等新型形式, 体现出 "设计、智造、物联,产创融合"的年会主题。投资人云集。大会邀请来自全国的近100位著名投资人共同探讨分享投资理念、方法及管理的创新;整合海邦人才基金执行总裁梁刚、峰瑞资本创始合伙人林中华、智圆行方投资总裁王晓勇等"创投大咖"和微软(中国)云计算技术战略顾问王盛麟、无锡物联网产业研究院院长刘海涛、博雅控股集团董事长许晓椿等行业人才资源，与梦想合伙人面对面深度交流，加强技术对接和资本介入。赛事升级。全球青年大创无锡站比赛经省科技厅授权，冠以2016苏南全球创客大赛（无锡),成为省科技厅系列赛；大赛通过初赛从150多个项目中筛选出20强进入决赛路演,邀请10多位专家做评委，近100位投资人做投资意向说明,现场点评,最终评选出一等奖、二等奖、三等奖和最具投资潜力价值奖。本次大会共取得5项成果:分享创业经验。两天时间内举办大咖演讲、主题论坛、投资人晚宴、创客大赛、创客集市5场活动,近万人参与大会，嘉宾为广大创客们分享宝贵的创业经验。表彰一批先进典型。省、市领导到会致辞,并为4家国家级众创空间、4家省级众创空间单位授牌。聘请首批企业家创业导师。市科技局面向全市遴选出5位优秀企业家代表，聘请其担任首批企业家创业导师。评选出一批优秀创业项目。本次苏南全球创客大赛，汇聚150多个项目，在总决赛中，通过专家现场打分和点评，评选出最具投资潜力奖5个，三等奖12个，二等奖5个，中国仪网、云亭石墨烯改性EPS项目、MTM耳鸣听损修复3个项目获一等奖，同全世界20多个城市的创客共同角逐全球青年创新创业大赛总决赛最终大奖。启动无锡众创云平台。省、市领导共同启动无锡众创云平台，并将进一步完善创业项目、投资人、创业导师、空间展示等网上在线信息资源平台，实现资源交互共享，完善创新创业服务生态圈，携手开启服务共享新时代。

(吴　琪)

【参加省第四届科技创业大赛】 9月2日，第四届江苏科技创业大赛落下帷幕，无锡市6家企业和1个团队从3700个项目中脱颖而出，分获企业组一等奖、二等奖、三等奖和团队组三等奖，获奖数量占全省总量的14%，比上届翻番，取得历史最好成绩。无锡顶点医疗器械有限公司“智能的胰岛素泵”产品获大赛最高奖，也是惟一的一等奖。无锡博慧斯生物医药科技有限公司“手持式糖化血红蛋白检测仪”获二等奖，无锡科睿坦电子有限公司“物联网无线射频天线”、无锡矽鼎科技有限公司“智能收银支付终端软硬件及其云后台”、江苏安琪尔废气净化有限公司“工业有机废气净化装备国产化”、江阴飞慕生物技术有限公司“高度洁净的泡洗式节水洁具”、滨湖区跑吧运动大数据团队“跑吧运动大数据系统”等获三等奖，市科技局获优秀组织单位表彰。经省赛选拔，无锡共11个项目推荐参加第五届国家创新创业大赛，其中7家获评国家赛优秀企业。

(叶利群)

科技成果

【产学研合作成效明显】 2016年，无锡市新建“校企联盟”125个，全市累计“校企联盟”总数达852个。共有48个省产学研前瞻性项目立项，获省专项资金支持1260万元。华中科技大学无锡研究院、清华大学无锡应用技术研究院等7家产学研合作机构获得中央引导地方科技创新专项资金支持，获国家经费680万元。

(李海宁)

【获国家科学技术奖4项】 2016年，无锡市有3个项目获得国家科技进步奖，1个项目获国家技术发明奖。获奖项目和单位情况见表50。

(李　雯)

【获省科学技术奖33项】 2016年，无锡市共有33个项目获得省科学技术奖。其中，一等奖4项，二等奖11项，三等奖18项。获奖项目和单位情况见表51。

(李　雯)

表50　　2016年无锡市获国家科学技术奖情况

奖项	等级	序号	项目名称	完成单位
国家科技进步奖	二等奖	1	造纸与发酵典型废水资源化和超低排放关键技术及应用	江南大学
		2	大型高效水煤浆气化过程关键技术创新及应用	灵谷化工有限公司
		3	大功率船用齿轮箱传动与推进系统关键技术研究及应用	中国船舶重工集团公司第七〇二研究所、无锡东方长风船用推进器有限公司
国家技术发明奖	二等奖	1	基于燃料多样化的压燃发动机关键技术及应用	无锡油泵油嘴研究所

(李　雯)

表51　　2016年无锡市获省科学技术奖情况

奖项	等级	序号	项目名称	完成单位
省科技进步奖	一等奖	1	系列传染病基因工程抗原、诊断试剂及检测技术的研制和应用	无锡市申瑞生物制品有限公司
		2	全工况高性能泵关键技术研究及工程应用	中国船舶重工集团公司第七〇二研究所
		3	高速精密切削加工机床设计理论及其工程应用	无锡机床股份有限公司
		4	路面状况检测器设计理论、关键技术及其应用	无锡市杰德感知科技有限公司

续表 51

奖项	等级	序号	项目名称	完成单位
省科技进步奖	二等奖	1	果蔬休闲食品组合干燥技术创新与应用	江南大学
		2	重布线/嵌入式圆片级封装技术及高密度凸点技术研发及产业化	江苏长电科技股份有限公司
		3	满足国V排放标准的汽油车尾气催化剂及产业化	无锡威孚环保催化剂有限公司
		4	高分辨率电子电路光刻胶制备关键技术与应用	江南大学
		5	高分辨率电子电路光刻胶制备关键技术与应用	江苏广信感光新材料股份有限公司
		6	基于云计算的矿山安全生产物联网关键技术及应用	无锡南理工科技发展有限公司
		7	食品多模式超声辅助生物加工装备创制及其产业化应用	江南大学
		8	绿色水产营养调控技术体系构建及其在淡水鱼虾中的应用	中国水产科学研究院淡水渔业研究中心
		9	烧创伤创面修复相关材料的基础及应用研究	无锡市第三人民医院
		10	烧创伤创面修复相关材料的基础及应用研究	江南大学
		11	烧创伤创面修复相关材料的基础及应用研究	无锡贝迪生物工程股份有限公司

（李 雯）

表 52 2016 年无锡市科技进步奖一等奖、二等奖项目情况

等级	序号	项目名称	完成单位
一等奖	1	江滩地区血吸虫病传播阻断关键技术创新与集成示范	江苏省血吸虫病防治研究所、中国疾病预防控制中心寄生虫病预防控制所
	2	高精度数控中孔座面磨床	无锡机床股份有限公司
	3	高可靠高低压兼容混合电源集成电路关键技术及系列产品	无锡芯朋微电子股份有限公司、苏州博创集成电路设计有限公司
	4	新中兽药参芪粉的研发及产业化应用	无锡正大生物股份有限公司、无锡市动物疫病预防控制中心
	5	CA6DM 重型柴油机冷试工艺研究及批产应用	一汽解放汽车有限公司无锡柴油机厂
二等奖	1	中长途公路运输型高耐磨、低油耗 12R22.5 系列轮胎	江苏通用科技股份有限公司
	2	CT、MRI 多成像技术对胰胆系恶性梗阻疾病的术前评价比较	无锡市第二人民医院
	3	肺癌的早期诊断和微创外科治疗研究	江南大学附属医院（无锡市第四人民医院）、江苏省肿瘤医院
	4	微小 RNA 在结直肠癌中的基础及应用研究	江南大学附属医院（无锡市第四人民医院）
	5	分子检测新技术在无创性产前诊断非整倍体疾病中的应用研究	无锡市妇幼保健院、南京华大医学检验所有限公司
	6	大数据背景下的医院精益管理链关键技术的研究与应用	无锡市第二人民医院、江苏曼荼罗软件股份有限公司
	7	高效冷凝式燃气热交换器与热量余热回收装置结合应用与研究	无锡锡州机械有限公司
	8	复方胶原蛋白透明质酸的研制开发与产业化	江苏知原药业有限公司

续表 52

等级	序号	项目名称	完成单位
二等奖	9	高强度、高导电率节能铝合金导线的研发	无锡华能电缆有限公司
	10	智能高速机器人全自动包装码垛生产线	无锡力马化工机械有限公司
	11	血清学超敏检测技术在早期胃癌预防筛查中的应用研究	江苏省原子医学研究所、无锡市第二人民医院、无锡市人民医院
	12	高强度异性皮芯结构精细单丝的制备技术	无锡金通化纤有限公司、东华大学、江南大学
	13	大型桥梁高效自动化成套生产装备	无锡华联科技集团有限公司
	14	光伏电池片自动串焊机的研发及产业化	无锡奥特维科技股份有限公司
	15	大尺寸光纤预制棒制备工艺及装备集成创新	江苏法尔胜光子有限公司
	16	基于无线专网全寿命周期的智能配用电测控保护计量集成系统	江阴长仪集团有限公司
	17	海上风力发电塔制造技术研究	中船澄西船舶修造有限公司
	18	双层防爆轮胎用高扭转回火胎圈钢丝	江苏胜达科技有限公司
	19	车用高强度大厚度耐腐蚀法兰先进制造及产业化	无锡鹏德汽车配件有限公司、南京工程学院
	20	智能电网用高强耐热大容量扩径导线的研制与应用	远东电缆有限公司

(李 雯)

表 53 2016 年无锡市腾飞奖项目情况

序号	项目名称	完成单位
1	获得国家年度唯一公共交通类詹天佑奖——无锡市综合交通枢纽项目	无锡市交通产业集团有限公司、无锡市交通工程有限公司
2	先进电控高压共轨泵的研发与升级制造	无锡威孚高科技集团股份有限公司
3	历破世界纪录的残疾人冠军——姚娟	无锡市残疾人联合会
4	器官捐献移植技术与综合体系的构建	无锡市人民医院
5	中国食品安全风险治理理论与实践创新成果	江南大学

(李 雯)

【80 个项目获市科技进步奖】 2016 年,全市共有 80 个项目获得市科学技术进步奖。其中,一等奖 5 项,二等奖 20 项,三等奖 55 项。获一等奖、二等奖的项目情况见表 52。

(李 雯)

【5 个项目获市腾飞奖】 2016 年,全市共有 5 个项目获得市腾飞奖。具体项目见表 53。

(李 雯)

国际科技合作

【概况】 2016 年,无锡市 3 个项目列入国家重点研发计划政府间专项项目,其中第二批专项中 2 个项目入围,占此类别江苏省企业获立项数的 50%。6 个项目列入江苏省国际科技合作项目,位居全省第二位。至年底,全市认定国家级国际合作基地 10 个,总量居全省前列,其中“十二五”期间新增国家级国际合作基地 6 个、省级国际技术转移机构 8 个。2016 年,各转移载体举办对接活动 84 场次,服务企业一对一交流 352 次,服务企业培训、讲座等 138 场次,发布外方技术合作信息 442 条,转移技术项目数 14 个,引进落户企业 6 家,引进项目注册资本合计 1600 万元,引进企业销售收入累计 15351 万元,实现技术服务收入 1262 万元。年内,江南大学食品学院获批国家益生菌与肠道健康国际联合研究中心。

(倪皎云)

【举办中英研究与创新桥合作对接活动】 1 月 19~20 日,中英研究与创新桥合作对接活动(无锡站)在君来世尊酒店举行,本次活动由科技部和英国研究理事会、英国创新署主办,省、市科技部门联合组织,重点关注智慧城市和医疗健康两大领域。英国创新署欧盟及国际项目主管柯南·波莱奥、英国驻华使馆科技与创新参赞霍莉·怀特、英国驻上海总领事馆科技与创新领事蒂姆·施丹布鲁克和无锡市副市长曹佳中、江苏省科技厅领导出席对接活动,17 家来自英国高校、科研机构及科技型企业的代表和无锡市 85 家企业和机构代表等共 200 多人参加对接活动。

(许文杰)

【外籍专家获省国际科技合作奖】 在 2016 年度江苏省国际科学技术合作奖评选中,与江南大学合作的美国专家章·麦克·瑞根斯坦获奖,这是无锡市连续第三年获得国际科技合作奖。此前,在2012年度、2015年度江苏省国际科学技术合作奖评选中,与江南大学合作的加拿大艾伦·牟俊达教授、英国专家约瑟夫·克特勒获得江苏省国际科学技术合作奖;在2013年度、2015年度国家科学技术奖励大会上,代表无锡市的艾伦·牟俊达教授、杨克里斯特·杨森教授先后获得国家国际科学技术合作奖。

(许文杰)

【无锡合作成果列入中美人文交流高层磋商成果清单】 2011年,在市委、市政府的领导和支持下,市、区科技局创新实践,走出国内城市与美国麻省理工学院(MIT)合作的新路,取得国内城市与MIT合作零的突破。2014年10月,双方合作平台被科技部认定为国家级国际技术转移中心。2016年6月,双方合作被列入第七轮中美人文交流高层磋商成果清单,成为创新中美两国合作方式的典范,合作经验和模式在全国推广,为其他城市与MIT建立合作提供范本。至2016年年底,无锡市企业与MIT合作获国家国际科技合作立项1项,获江苏省与MIT合作专项立项10项。其中,包揽2014年江苏省与MIT合作专项立项项目共计4项,获2015年省级专项立项3项,获2016年省级专项立项3项,合作范围涵盖智能交通、新能源、新材料、先进制造、医疗器械和生物医药等领域。

(刘玉娟)

科学普及

【推进学会组织管理创新】 2016年,无锡市科协以建设综合示范学会、学会专家工作站为抓手,不断提升学会综合能力,新增综合示范学会2家,总数达13家,其中5星级综合示范学会4家。新增学会专家工作站4家,总数达9家。软科学研究征集课题100多项,组织专家评定51项,其中资助课题23个,非资助课题28个。针对一些科技热点难点问题,完成重点科技工作者建议4项。完善科技社团服务信息平台建设,推进科技社团信息化管理。市自然科学学会服务平台功能模块增设"学会党建""科技工作者之家""人物风采"等栏目,完善会员库和专家库的录入工作,增加论文网上申报、评审系统。各级学会(协会、研究会)共举办国际、国内学术活动100多场,市医学会等学会的27项学术活动受到表彰。

(范富军)

【提升学会服务经济能力】 2016年,无锡市科协组织学会"企会协作"项目40多个,18个优秀项目给予资助。"金桥工程"项目63项,实现利税7.83亿元,较往年翻番。针对企业技改和创新需求,动员学会(协会)及社会力量广泛开展各类科技服务活动,全年共完成技术合同50项,技术合同总金额800万元。举办首届市科协青年会员创新创业大赛,征集到85个项目。成立无锡市众创空间协会,覆盖全市众创空间30多家,整合资源,构建低成本、便利化、全要素、开放式共享型众创空间平台。建设农业科技示范基地,指导推广"一项目一基地",命名表彰"百名科技专家兴农富民工程"科技示范基地15个。

(范富军)

【提升公民科学素质】 2016年,无锡市科协进一步加强地铁、公交科普专栏的宣传,共播出52期,10816分钟。实施科普信息化工程,构建科普精准化宣传机制,逐步形成科普网站、科普微博、科普微信、科普影视、科普画廊、科普刊物"六位一体"的科普宣传格局。与无锡广电集团(台)协商签约,在无锡广播电视经济频道重要时段推出《科普博览》专题节目,每周六、周日中午播出两次,共播出52期,计1560分钟。与无锡教育电视台合作《科普大篷车》延续播出。发挥楼宇科协力量,在商业、科技楼宇内屏上,刊播科普节目。启动社区科普信息化覆盖工程,首批在锡山区、惠山区、滨湖区的所有纯社区中设立科普信息屏,以对接江苏"科普云"平台。

(范富军)

【夯实基层科普工作基础】 市政府常务会议审议通过《无锡市全民科学素质行动计划纲要实施方案(2016~2020)》,为"十三五"起好步开好局夯实基础。2016年,新建13个科普示范街道(镇)和40个科普示范社区(村),选拔树立100个科普示范家庭。新命名市级科普教育基地30个。锡山区云林社区等3个社区获"全国科普示范社区"称号,8个社区获"江苏省科普示范社区"称号。出资30万元建设梁溪区古运河社区、广丰社区、芦村社区3个社区科普活动室。推进学校科技创新教育行动,惠山区"科普之光"行动计划,设立青少年科学素养教育专项经费,首创建立科普导师制。锡山区推广天一中学"三高"合作模式,即与国内外高中合作,建科技创新友好学校;与高校合作,创建新实验室;与高新技术企业合作,建立创客

无锡国际设计博览会现场 (高建刚 摄)

空间和实训基地。开展科普“六进”活动,科普教育基地展示、流动科技馆巡展和青少年科技创新成果展,市第一届青少年科技创新市长奖事迹展、科普剧展演、环保科普设计、主题科普文艺晚会、科普电影放映周、微信平台科普推送、科普一日游、急救大讲堂、科普大篷车巡展等活动。深度发掘优质资源科普功能,首批遴选七〇二所、华中科技大学无锡研究院等5家院所与6所学校结对,开放实验室、展示室等科技科研设施,接纳学生学习参观和科学实践,并选定专家和科研人员定期赴学校指导学生科技兴趣团队等活动。发挥基地和志愿者队伍作用,组织志愿者开展进地铁、公交,进社区、农村活动。

(范富军)

【服务创新驱动发展战略】 2016年,无锡市科协围绕“太湖人才计划”,与海外60余家科技机构建立签约合作关系,与英国斯旺西大学续签3年合约。新增加海外工作站1家和引才顾问1名。加强合作工作平台建设,通过国际科技资源转移网等平台征集人才、技术项目,网站服务项目即时对接,技术信息及时获得,提高对接成功率,提高海智洽谈会效率。通过市科协海智资源服务系统平台,动态管理无锡企业技术需求库、人才库和海外项目库,征集无锡企业技术和项目需求38项,发往海外进行对接。江阴市、宜兴市、新吴区科协依托科技园区,成功建立省级海智工作基地。在宜兴环科园举办2016无锡(宜兴)海智环保项目洽谈会,对接环保技术和新材料项目的视频项目洽谈会。组织园区和企业代表赴英国和德国开展招才引智和政策推介活动。

(范富军)

【加强基层科协组织建设】 2016年,江阴市科协支持规模以上企业,特别是该市“百强”和“百佳”企业建立科协组织,宜兴市科协实施科协工作片区管理,深化“一镇一品”特色工作,梁溪区科协、新吴区科协先后成立。至此,无锡市县、区一级已实现科协机构建制全部独立设置。

(范富军)

【联合打造“POD智荟体验空间”】 2016年,市科协联合锡山区科协、荟聚购物中心,在荟聚核心区域建立600平方米的“POD智荟体验空间”。项目充分利用新型商业综合体人群集聚优势,联合打造科普体验区,开展科普活动,并在引入国际科技资源上开辟一种全新的科普模式,在全省乃至全国均走在前列。POD智荟体验空间内容包括“智趣体验馆”和“创意互动空间”两大功能区域,输入来自瑞典的前沿设计和创新产品,为锡城人民带来不一样的科技体验。空间定期举办科技主题活动,如科学实验、科技魔术、科普工作坊、机器人比赛、青少年科技创新发明大赛等,还与科技企业合作,展示体验科技产品。10月开业以来,先后举办冰火奇缘、机器人嘉年华、极寒之旅、纸上点亮LED灯等多场活动,吸引上千组家庭踊跃参加,两个月共吸引近5万人次体验互动。“十一”黄金周期间,访客达万人之多,在助力社会化科普和示范全市商业综合体科普探索方面产生很好的效应。

(王 剑)

【举办首届中小学生无线电测向比赛】 3月27日,无锡市首届中小学生无线电测向比赛在运河公园落下帷幕。本次比赛由无锡市教育局、市科协共同主办,江苏省信息技术学院及市少年宫承办,来自全市近30所学校的200多名选手参加角逐。本届比赛设两个个人项目——短距离80米波段测向个人计时赛及短距离2米波段测向个人计时赛,同时还有团体项目。比赛分小学组和初中组,小学组包括M10儿童男子、W10儿童女子组(10周岁以下或小学三年级、四年级学生),M12儿童男子、W12儿童女子组(12周岁以下或小学五年级、六年级学生)。初中组包括M15少年男子、W15少年女子组(15周岁以下或在校初中学生)。各组别分别决出金牌、银牌、铜牌。

(丁 伟)

【无锡选手获青少年科技创新培源奖】 2016年,由无锡市科协、市教育局组织选送的江苏省天一中学学生王周涛的作品《FADD基因敲除及转突变基因小鼠的基因型鉴定》,经过公开展示、封闭问辩、终评答辩,最终获得江苏省人民政府青少年科技创新大赛最高奖——培源奖。“江苏省人民政府青少年科技创新培源奖”是2014年江苏省承办第28届全国青少年科技创新大赛时试行设立的,2015年开始作为一个常态奖项,每届该奖项全省仅设3个表彰名额,相当于青少年科技创新奖励中的省长奖,“培源”两字的含义既有“培养青少年科技创新源泉”的意义,也暗含著名科学家周培源的名字。自2015年开始评选,无锡市推荐的选手已连续在2015年、2016年两年获此殊荣。

(丁 伟)

【举办青少年机器人竞赛】 5月7日,由无锡市科协、市教育局主办,江苏省锡东高级中学承办的2016年无锡市青少年机器人竞赛暨物联网传感创意设计大赛在江苏省锡东高级中学举行。本次赛事参赛对象为全市在校在籍学生,大赛设小学组、初中组、高中组(包括中等职业学校)3个组别。全市共有52个单位、500余名学生报名参赛,设有机器人足球、机器人综合技能、VEX机器人工程挑战赛、FLL机器人、物联网传感创意设计等项目赛事10余个,市赛优秀队伍代表无锡市参加省赛。根据各项目竞赛情况,共评出机器人竞赛一等奖41名、二等奖46名、三等奖73名,物联网传感创意设计大赛个人赛一等奖21名、二等奖32名、三等奖65名,物联网传感创意设计大赛团体赛一等奖5个、二等奖8个、三等奖11个。此外,评出无锡市太湖格致中学、江苏省锡东高级中学等优秀组织奖22个,惠晓虹、李浩等优秀校长(主任)奖22名,陆多林、汪毅等优秀裁判员4名,俞琪、王祥锦等优秀辅导员45名。

(丁 伟)

【举办幼儿组机器人竞赛】 5月14日,由无锡市科协、市教育局主办的2016年无锡市幼儿组机器人竞赛在万象城举行。来自全市各幼儿园的48支队伍、近300名幼儿参加比赛。比赛分为场地赛和创意赛两部分,最终评出第一名、第二名、第三名及各单项奖。无锡市幼儿组机器人比赛已连续举办3届,成为一项深受儿童喜爱的科技创新品牌活动。

(丁 伟)

【举办全国科技活动周】 5月14日,2016年全国科技活动周暨无锡市第二十八届科普宣传周在无锡国家数字电影产业园拉开帷幕，全市近2000多名市级部分学会代表、社区居民代表、科普志愿者、学生代表等参加活动。开幕式上，与会领导为2016年新命名的科普教育基地授牌，结对科研院所与中小学校互换合作备忘文本。科普周以“创新引领、共享发展”为主题，围绕“四个无锡”建设和率先基本实现现代化的宏伟目标，在全市范围内举办一系列丰富多彩、形式多样的群众性科普活动，有无锡市中小学生科技创新创造大赛成果展、无锡市第一届青少年科技创新市长奖事迹展、无锡百企高科技创新成果科普展示、科普教育基地风采展、科普剧展演、环保科普设计、科普电影放映周、流动科技馆巡展、急救大讲堂、防灾减灾科普宣传、变废为宝科普活动、“科学生活”科普展、“科普大篷车”巡展等128项活动，吸引近百万名市民参与。

（姚沛声）

【举办中小学生科技模型比赛】 5月28日，江苏省第二十三届青少年科技模型竞赛无锡分区赛暨无锡市第三十二届中小学生科技模型比赛在无锡市江溪实验小学举行，全市70余所中小学的1500多名选手参加包括电动明轮船、四轴旋翼机、遥控赛车等5个传统项目以及旨在推动校际间横向联系、以学校社团代表队对抗赛为主要形式的校际联赛角逐。在传统项目比赛中，经过激烈的现场比拼，无锡市蠡园中心小学何睿哲、无锡市新安中学马镇等700多名选手分获各项目小学和中学组单项个人一等奖、二等奖、三等奖，江阴市长山中心小学何海华等98名教师获优秀辅导奖，无锡市新区江溪小学华军等21人被评为比赛先进工作者。根据各参赛代表队的选手获奖情况，无锡市广益中心小学等获各项目单项团体一等奖、二等奖、三等奖，无锡市凤翔实验学校等33所中小学获综合团体一等奖、二等奖、三等奖，无锡金桥双语实验学校等23所学校获优秀组织奖。在校际联赛循环对抗赛及总决赛中，根据对抗获胜场次积分，无锡市育英锦园实验小学等获各单项冠军、亚军、季军，无锡市峰影小学等学校获单项团体一等奖、二等奖、三等奖，无锡市扬名中心小学王淇萱等获单项个人一等奖、二等奖、三等奖，无锡市水秀中学、无锡市胡埭中心小学分获中、小学组冠军。

（丁　伟）

【举办全国科普日活动】 9月21日，由无锡市科协主办，中船重工集团第七〇二研究所承办的2016年全国科普日、无锡市科研院所开放日暨中小学生科普体验活动在中船重工集团第七〇二研究所拉开帷幕，无锡市第一中学、太湖高级中学师生代表近100余人参加活动。全国科普日活动以“创新放飞梦想，科技引领未来”为主题，结合转型发展与产业调整、物联网技术与应用范例、低碳城市与低碳经济、节能减排与气候变化、生态环境与可持续发展等公众关注的社会热点问题，在为期一周的时间里，开展全国科普日联合行动、学会科普宣传、科研院所开放日、科普节目展播、心理健康大讲堂、环保科普咨询等100多项重点科普活动，动员社会机构共同参与。无锡科技馆、无锡国家数字电影产业园、无锡民防科普教育体验馆、软通动力有限公司物联网展厅等科普教育基地、科技场馆、企业科普设施在全国科普日活动期间，开展免费或优惠等科普开放日活动，推出科普展览或科普宣传教育活动60余场次。

（王　剑）

【举办江苏省电子技师认证大赛】 10月29日，由无锡市科协、市教育局主办，无锡市少年宫协办的江苏省第十六届电子技师认证大赛暨第八届青少年普及机器人大赛无锡分赛区比赛在广益中心小学举行。本次比赛共分物联网传感电子创意设计、疯狂毕加索、电路工程师、WER能力风暴、汽车总动员、机器人投篮、3D模型搭建7个项目，设小学、初中、高中3个组别，来自无锡、常州、苏州等地的30多所中小学共570名选手参加比赛。本次活动旨在通过动手制作融科学性、实用性和观赏性于一体的电子作品，普及最新的物联网传感科学知识，激发青少年学习电子科学技术的兴趣，培养他们运用电子技术的技能和创造能力，促进青少年科学文化综合素质的提高。

（丁　伟）

【举办中小学生金钥匙科技竞赛】 11月14日，第四届无锡市中小学生金钥匙科技竞赛团体赛在无锡市教育电视台举行，来自全市7个代表队的21位选手参加比赛。大赛由无锡市科协、市教育局主办，无锡教育电视台、市教育信息化管理服务中心、市电教馆共同承办。大赛设置必答题、抢答题、综合题、演示观察题4个环节，范围涉及青蒿素研究、星际探测、生活常识，尤其是激光破气球、人脸识别、脑波控制赛车、机器人手臂4道演示观察题，让在场选手和观众大开眼界。经过激烈角逐，最终滨湖区夺得团体赛一等奖，成功入围江苏省金钥匙科技竞赛团体赛。新吴区、宜兴市获得团体二等奖，惠山区、梁溪区、锡山区、江阴市获得团体三等奖。来自惠山区的顾瑞熙、新吴区的华英孜和宜兴市的陆星存分别获得小学组、初中组和高中组的最佳选手。

（姚沛声）

【无锡市青少年科技创新大赛】 第27届无锡市青少年科技创新大赛由无锡市科协、市教育局共同主办。经大赛组委会评审，2016年，共评出青少年科技创新成果竞赛项目特等奖8项、一等奖17项、二等奖20项、三等奖47项，获特等奖的8个项目是：可循环使用的价格牌、教室座位的安排给中学生心理健康带来的影响及对策研究、汽车行进方向预判装置、基于图像识别的飞行反恐机器人、FADD基因敲除及转突变基因小鼠的基因型鉴定、一种基于物联网技术具有节能杀菌除垢功能的水循环系统的热水器研究、基于物联网控制的公共电视无线伴音及红外探测自动开关机装置的研究、自动化工件换向定心卡盘。评出辅导员科技创新成果竞赛项目特等奖5项、一等奖1项、二等奖4项、三等奖1项，获特等奖的5个项目是：多层次城市夜空光度测量科技教育活动、校园及周边地区蜜蜂养殖研究、基于手机功能的图形化编程运动控制系统、高精度回转分度转盘、一种基于程控电话交换机的远程控制器。评出优秀科技实践活动项目特等奖1项、一等奖3项、二等奖1

项、三等奖6项,“校园及周边地区蜜蜂养殖研究”项目获特等奖。评出青少年科技创意竞赛项目特等奖1项、一等奖3项、二等奖1项、三等奖21项,“菲涅尔透镜聚集原理的海水淡化装置”项目获特等奖。评出优秀少年儿童科幻画特等奖7项、一等奖11项、二等奖9项、三等奖13项,获特等奖的7个项目是:我的神奇果树、育婴床、转基因血库、云朵月饼、叙利亚难民有好地方去啦、太阳能游乐场、如此呼吸。

（王　剑）

【举办海智环保项目洽谈会】 11月7~8日,2016无锡(宜兴)海智环保项目洽谈会在宜兴环保科技工业园召开,江苏省科协调研员王安宁、无锡市科协副主席周方、宜兴市科协主席徐群芳及来自园区环保企业代表等共80人出席会议。本次活动旨在通过引进海外高层次创新创业团队和领军人才，搭建海内外环保领域的专家学者创业平台,助推“宜兴英才工程”全面实施,服务和促进宜兴环保产业发展。本批邀请的10名海智专家分别来自德国、瑞士、法国、加拿大等国,在所在环保领域均取得较高的成就,他们带来的23个环保项目与园区经济发展主导产业和重要企业契合度较高，将对其提供有效的技术指导和合作。

（吕　芳）

【新命名无锡市科普教育基地30个】 经组织推荐申报和严格审核评议,2016年,无锡市科协新命名无锡市科普教育基地30个。他们分别是:江苏省无锡药品检验所、无锡市产品质量监督检验中心、无锡市标准化研究中心、无锡市福缘环境保护教育发展中心、江苏省无锡国家粮食储备库、无锡何振梁与奥林匹克陈列馆、无锡市人民医院、江阴市红十字血站、江阴市第三实验小学、江阴市顾山镇红豆村村民委员会、宜兴国际环保展示中心、宜兴市太华竹文化博物馆、宜兴市兴望农牧有限公司、江苏星特赛尔康复科技有限公司、无锡市石塘湾中心小学、江苏小尾羊牧业科技有限公司、无锡市惠山区吴文化公园、无锡市惠山区阳山镇新渎社区居民委员会、无锡市惠山区阳山镇惠和残疾人桃文化创业示范基地、无锡市钱桥中心小学、无锡市惠山区玉祁街道文体服务站、无锡玛亚园艺景观工程制作场、华中科技大学无锡研究院、无锡恒生科技园有限公司、江苏天蓝地绿农庄有限公司、江苏十八湾茶业科技发展有限公司、博雅干细胞科技有限公司、无锡市滨湖区水利展示馆、无锡村田电子有限公司、无锡泛太科技有限公司。

（王　剑）

【表彰软科学优秀研究课题】 2015年，无锡市科协下达软科学研究课题A类23个、B类33个。经专家对结题课题网上评选和集中综合评定，并经办公会议研究确定,2016年,评出2015年度软科学优秀研究课题18个,并从中评出一等奖课题1个、二等奖课题2个、三等奖课题5个。“以院会协作为例 探讨专家工作站作用发挥的路径”课题获一等奖,“关于在‘新常态’下无锡市职业教育如何加快实施创新教育的研究”“‘互联网+’趋势下智慧城市传统居家养老模式创新的可行性研究”2个课题获二等奖。

（王　剑）

【命名科普惠农服务站12个】 按照《关于申报无锡市科普惠农服务站的通知》精神,经市(县)、区科协选拔推荐，并经专家评审,2016年,无锡市科协命名科普惠农服务站12个。他们是:江阴市鹏程农业科技发展有限公司、江阴神美果蔬专业合作社、宜兴市金丰果蔬种植专业合作社、无锡市韩丰生态种养专业合作社、无锡市锡山区斗山茶叶科普惠农服务站、无锡玛亚园艺景观工程制作场、无锡市大浮科普惠农服务站、无锡市茶叶品种研究所茶叶科普惠农服务站、滨湖区马山为农服务社、无锡市九龙湾乡村家园科普惠农服务站、滨湖区蠡园葡萄协会科普惠农服务站、无锡十八湾农业生态发展公司。

（王　剑）

【命名无锡市科普示范家庭100个】 根据《关于申报无锡市2016年度科普示范家庭的通知》精神，由各市(县)、区科协推荐、评审,报送无锡市科协审核、公示。2016年,无锡市科协命名江阴市长泾镇蔡桥村何亚平家庭、宜兴市宜城街道文峰社区林新芳家庭、梁溪区北大街街道南尖社区马启明家庭、锡山区东港镇港下社区王建新家庭、惠山区玉祁街道汇秀社区秦忠华家庭、滨湖区蠡园街道红山花园社区马晓艳家庭等100个家庭为2016年无锡市科普示范家庭。

（王　剑）

【命名科普示范街道（镇）、社区（村）】 根据《关于开展2016无锡市科普示范街镇(镇)创建活动的通知》和《关于做好2016无锡市科普示范社区(村)申报工作的通知》精神,经各市(县)、区科协推荐,组织评审和公示等程序。2016年,无锡市科协命名无锡市科普示范街道(镇)12个,分别是:江阴市青阳镇、江阴市徐霞客镇、江阴市月城镇、宜兴市屺亭街道、宜兴市太华镇、宜兴市新街街道、宜兴市徐舍镇、梁溪区崇安寺街道、锡山区厚桥街道、锡山区东北塘街道、滨湖区华庄街道、滨湖区雪浪街道。此外,命名江阴市华士镇曙新村、宜兴市张渚镇东龙村、梁溪区北大街街道黄巷社区、锡山区云林街道云龙社区、惠山区阳山镇阳山村、滨湖区荣巷街道荣巷社区、新吴区江溪街道春暖社区等39个社区(村)为无锡市科普示范社区(村)。

（王　剑）

【主办中国物联网安全大会】 5月11日,2016中国物联网安全大会在无锡君来洲际酒店拉开帷幕。感知中国战略于2009年8月被提出,物联网开始从概念论证走向关键技术研发和重点领域示范应用。本次大会汇聚国内安全领域的知名企业领军人才，与大家一起探讨当前物联网安全问题，为推动中国物联网产业发展、保障物联网安全凝心聚力。无锡市有关政府部门及网络安全产学研用各界约300名代表出席大会。作为此次大会的主办单位,无锡市科协党组书记、副主席王友根在开幕式上致辞，强调网络安全是全社会共同责任,需要政府、企业、社会组织、广大网民共同参与,共筑网络安全防线。各级政府机关要完善政策,推动网络空间法治化;互联网安全企业要承担起社会责任，保护用户隐私,保障数据安全,维护网民权益；专家学者及网络安全从业人员要发挥积极作用,加强研发,提供源源不断的技术支撑,切实形成全社会共同维护网络安全的强大合力。

（周继从）

【表彰科协青年会员创新创业大赛项目】 无锡市首届科协青年会员创新创业大赛活动共征集到项目85个，其中创业项目53个，创意项目32个。2016年，经由省、市专家组成的9人评审小组的评审，产生创业组一等奖项目10项、二等奖项目12项、三等奖项目14项，获一等奖的项目是：Miraman360QX无人机、新型抗肺癌新药克唑替尼的工艺优化及产业化研究、三维视觉伺服的工业机器人柔性上下料系统、原生态健康直饮水处理技术及装备、单细胞纳米光/电同步检测仪、高浮雕立体堆花铜均釉均陶制作技艺研究、高精度镁合金板/型材制备关键技术开发与产业化、基于机器视觉的工业原材料自动化在线检测系统、FFT年轻人的茶、屋顶生金——分布式发电。产生创意组一等奖项目6项、二等奖项目8项、三等奖项目11项，获一等奖的项目是：水果采摘助手、速递100校园物流、互联型农药残留快速检测仪、实现LED扩展光源照明系统自动优化的研发与应用、“校园购(GO)”线下互联网创新信息平台、茶树盆景设计培育及产业化。此外，江阴市科协、惠山区科协、新吴区科协、无锡市创业者协会、无锡市众创空间协会5个单位获优秀组织奖。

（王 剑）

【命名农业科技(科普)示范基地15个】 2016年，无锡市科协命名“百名科技专家兴农富民工程”农业科技(科普)示范基地15个，分别是：江阴神宇果品种植示范基地、江阴市雪峰农业示范基地、江阴市长泾康鲜蔬菇种植示范基地、宜兴市康之源灵芝种植示范基地、宜兴市传明种养示范基地、江苏中农物联网科技示范基地、无锡市张泾民康农业生态苑示范基地、无锡玛亚园艺景观工程示范基地、无锡尚田农业科技发展示范基地、无锡市阳山镇牛郎山农业示范基地、凤谷山庄农业科技示范基地、无锡市滨湖区胡埭镇茶叶种植示范基地、无锡悠乐园农业种植示范基地、无锡市田韵蔬果种植示范基地、无锡市鹅湖玫瑰园艺示范基地。

（王 剑）

【命名青少年科技创新教育示范学校10所】 2016年，无锡市科协命名青少年科技创新教育示范学校10所，分别是：无锡广益中心小学、江苏省天一中学、无锡市凤翔实验学校、宜兴市广汇实验小学、无锡市华庄中心小学、江阴市新桥中心小学、江阴市利港中学、宜兴市湖滨实验学校、无锡市藕塘中心小学、无锡新区实验小学。

（王 剑）

【表彰“讲理想、比贡献”活动优秀项目】 根据《关于做好2016年无锡市“讲理想、比贡献”活动优秀项目评选工作的通知》文件要求，经基层推荐、专家评审并向社会公示，2016年，无锡市科协共评出“讲理想、比贡献”活动优秀组织单位3个，优秀项目一等奖4项、二等奖6项、三等奖10项。获优秀项目一等奖的是：低成本高精准度工业级无人植保作业机(完成人：陈乐春)、82000DWT节能环保型散货船首制船研制（完成人：杨素琴)、污水三段生物处理工艺及装置的设计研发(完成人：周玮)、塑料外壳式断路器(完成人：赵寅海)。优秀组织单位是：江阴市科协、惠山区科协、滨湖区科协。

（王 剑）

【市科协获“全国科普工作先进集体”称号】 2016年12月，经全国评比达标表彰工作协调小组核准，科技部、中央宣传部、中国科协决定对2011年以来在科普工作中做出突出贡献的185个单位授予“全国科普工作先进集体”称号，无锡市科协被授予“全国科普工作先进集体”称号。

（王 剑）

社会科学

【概况】 2016年，无锡市哲学社会科学界联合会（以下简称“市社科联”)团结广大社科工作者，围绕“四个全面”战略布局和高水平全面建成小康社会的目标任务，组织开展社科理论研究，加强理论阵地建设，开展社科普及工作，促进社科事业进一步繁荣发展。年内，市社科联被评为全国大中城市先进社科联，并获江苏省社科联系统“工作创新奖”。

加强应用性理论研究。引导社科界聚焦“重大理论、重大实践、重大经验”，主动整合包括党委政府、党校高校、学术社团在内的研究机构以及民间咨询服务机构的力量，形成类型多样、门类齐全、领域宽广的智库资源。以社科招标课题为抓手，做好涉及无锡发展的重大课题研究工作。围绕“供给侧结构性改革”“重振产业雄风”等重点研究方向，立项完成重大课题14项、应用精品课题88项。会同市委宣传部，围绕“传承无锡工商基因，弘扬工匠精神”等主题，组织专家开展研究笔谈，通过《无锡日报》《江南论坛》予以刊发。课题立项研究和重点研讨工作均产生较大影响。在江苏省第十四届哲学社会科学优秀成果评选中，无锡市共有26项成果获奖，其中一等奖1项，二等奖7项，三等奖18项，获奖等级和数量均创历年来最佳成绩。特别是一等奖方面实现重大突破，标志着全市社科研究水平达到新的高度。

深化社科普及工作。坚持“三贴近”原则，进一步推进社科普及常态化建设，开发社科普及读本，发挥社科学会和普及基地辐射作用，引导社科专家走出书斋，走进群众，推进日常社科知识宣传普及。

推动社科组织规范化建设。以规范化建设为导向，坚持“政治性、先进性、群众性”要求，进一步加强社科学会建设，增强学会发展活力和影响力。举办学会秘书长培训班，提升学会管理人员工作能力和服务水平。组织各学会参加省、市学术交流活动，参与省社科界第十届学术大会学会专场和市社科界第七届学术大会。评选表彰2014~2015年度优秀学会组织和优秀学会工作者，发挥先进的导向作用。推动学会(研究会)发挥智库功能，承接政府购买服务活动，为政府工作助力加油。

夯实理论阵地建设。进一步办好《江南论坛》杂志，对社科期刊《江南论坛》栏目和彩版设计进行创新，坚持学术性、应用性、指导性、区域性相统一，提高用稿质量。围绕“供给侧结构性改革”“苏南国家自主创新示范区建设”“推进‘十三五’产业结构调整”等主题，刊发一系列重头文章，为全面深化改革、推进发展提供有力的理论支持。开设《江南论坛》微信公众号，改进传播方式，扩大刊物的社会影响。进一步做好简报工作和社科网建设，发挥全市社科信息总汇与交流的平台作用。加强对全市各学术团体会刊的出版管理，提升办刊质量，推进科研成果交流。

(王 燕)

社科活动

【举办无锡市第七届社科学术大会】 12月21日，无锡市第七届社科学术大会召开。会议以“推进高水平全面建成小康社会，建设强富美高新无锡”为主题，共征集论文200余篇，全市有关高校、党校、社科组织、研究部门共120余人参加大会。大会就如何推进无锡高水平建设小康社会进行热烈的研讨交流。本届社科学术大会评出一等奖、二等奖优秀论文15篇。同时，推荐作品参加省社科学术大会，在苏南区域专场，有14篇论文分别获得一等奖、二等奖、三等奖；在省学会专场，有3篇论文分别获得一等奖、二等奖。

(王 燕)

【联合举办文化建设研讨会】 7月13日，市社科联与省社科联以“推动无锡文化建设上新台阶”为主题，联合举办推动无锡文化建设上新台阶理论研讨会。来自省社科联、省社科院、东南大学、江南大学、市委党校等科研机构的专家学者分别作报告，就如何打造文化品牌、提升城市形象、弘扬工商文化、推进深度工业化、推进文化产业提质增效、创新文化发展模式、推进无锡文化现代化、建设道德风尚高地等，提出真知灼见，为推进文化建设提供理论支持。省社科联和无锡市有关领导出席研讨会，研讨会主要成果在《无锡日报》整版刊发，引起热烈反响。

(王 燕)

【举办全市社科学会秘书长培训班】 11月15日，市社科联举办全市社科学会秘书长培训班。培训班对学习贯彻中共十八届六中全会精神作专题辅导，传达学习无锡市第十三次党代会精神，对社会组织登记管理最新的有关政策、法规进行详细解读和深入交流，并对进一步加强学会建设作出具体部署。

(王 燕)

【开展社科普及工作】 9月24日，以“牢固树立新发展理念，建设强富美高新无锡”为主题，举办无锡市第十三届社科普及周活动。活动深入社区和城市广场，近40家社科学会和社科普及示范基地面对面接受市民咨询，并发放各类社科宣传手册、图书上万册。普及周期间，还举办社科系列讲座进基层、惠民书市、流动图书馆送书等特色活动。

(王 燕)

社科成果

【26项成果获省哲学社会科学优秀成果奖】 2016年，在江苏省第十四届哲学社会科学优秀成果评选中，无锡市共有26项成果获奖。其中，一等奖1项，二等奖7项，三等奖18项。

(王 燕)

表54　无锡市获江苏省第十四届哲学社会科学优秀成果一等奖、二等奖情况

奖项	序号	成果名称	成果形式	申报人	申报人单位
一等奖	1	千秋家国梦:无锡惠山祠堂群人文故事集(全4册)	普及成果	李文扬	无锡祠堂文化研究会
二等奖	1	帛书老子校笺译评	著作	李水海	无锡市美学学会
	2	公平正义观的历史·传承·发展	著作	杨宝国	江南大学
	3	意匠图形	著作	魏　洁	江南大学
	4	江苏城市传统建筑研究系列丛书(全3册)	著作	过伟敏	江南大学
	5	心理教育论	著作	沈贵鹏	江南大学
	6	“十三五”期间我国食品安全风险的治理路径	研究报告	吴林海	江南大学
	7	“道”与中华典籍外译	著作	包通法	无锡太湖学院

(王 燕)

编辑　顾洪兴

综 述

【概况】 2016年，全市教育系统认真贯彻落实中共十八大、十八届六中全会以及习近平总书记系列重要讲话精神，按照国家和省、市教育工作部署要求，紧紧围绕“加快教育现代化建设、办好人民满意教育”的目标，以提高教育质量为核心，着力推进事业提升，深化改革创新，推进依法治教，各项工作取得新的成绩，“十三五”教育发展实现良好开局。

(刘红生)

【完善教育改革发展政策举措】 2016年，全市教育系统贯彻全省教育工作会议以及省、市第十三次党代会精神，围绕教育改革发展重点领域和重大问题，市政府先后出台《全市教育事业发展“十三五”规划》《关于深入推进教育管办评分离 促进政府职能转变的实施意见》《无锡市乡村教师支持计划实施方案(2016~2020年)》，市教育局会同相关部门出台《关于实施职业教育质量提升工程 加快培养高素质技能人才的意见》《关于推进现代学徒制试点工作的实施意见》《无锡市市级民办教育奖补资金使用管理办法(试行)》《无锡市民办普惠性幼儿园认定管理办法》等文件，进一步健全完善教育现代化建设政策体系。加快推进教育现代化建设，落实工作计划，完善监测机制，强化重点攻坚，牵头开展“苏南教育治理体系和治理能力现代化提升工程”跨市合作项目，提升区域教育现代化建设水平。无锡2015年教育现代化建设水平综合得分88.59分，其中得分超过90分的市(县)、区7个，为全省最多。推进依法治教、依法治校，全面完成“六五”普法任务，梳理明确市级教育行政权力清单52项和责任清单54项，统一规范市(县)区教育行政权力清单目录，集中清理教育规范性文件126件，全面推进“一校一章程”建设，建立督导部门归口管理、委托评估院实施的评估工作机制，扩大直属学校教师招聘自主权，评选依法治校示范校33所，一批学校和个人被省、市两级表彰为法治宣传教育工作先进，梁溪区、锡山区、惠山区成功创建“江苏省中小学校责任督学挂牌督导创新县(市、区)”，无锡《率先地方立法 保障义务教育均衡发展》案例入选全省100个基层改革案例。

(刘红生)

【提升基础教育优质发展水平】 2016年，无锡市加快实施第二期学前教育五年行动计划，推进幼儿园资源建设和内涵建设，全市投入3.3亿元，新建、改扩建幼儿园37所，新增学位8380个，新增省、市优质幼儿园28所，成功创建省、市幼儿园课程游戏化项目16个，优质资源覆盖面不断提升。出台《关于进一步推进0~3岁婴幼儿早期教养工作的实施意见(试行)》，规范早期教养机构登记注册，提高早教工作水平。优化区域义务教育资源布局，全市新建、改扩建义务教育学校项目28个，各地共投入7.08亿元，实施义务教育薄弱项目改造。全面开展义务教育学校标准化建设监测工作，推进初中学校发展共同体、“新优质学校”培育建设，依托市属资源支持太湖新城教育事业发展，义务教育优质均衡发展水平进一步提升。推进特殊教育优质融合发展，市特殊教育学校、滨湖区教育康复中心成功申报省“医教结合”项目、“送教上门”项目，新增3个省随班就读资源教室建设项目，滨湖区教育康复中心诸庆获评全国“特教园丁奖”。深化中招制度改革，完善热门高中指标生分配办法，启动开展“普职融通”试点，精心组织高考、中考中招，顺利实现“平安高考”“平安中考”目标。推进普通高中优质特色发展，组织全市四星级普通高中高品质学校建设主题研讨活动，指导26所高中学校做好省星级高中复评工作，全市普通高中教学质量和高考成绩稳步提升。深化基础教育课程改革，强化教育科研管理，评选建设首批初中学科课程(培育)基地25个，全市新增省普通高中课程基地建设项目5个、省基础教育前瞻性教学改革实验项目6个，锡山高中、江阴一中等4所学校成为省普通高中课程基地学科联盟牵头学校，南菁高中获全国第五届教育科学研究优秀成果奖二等奖。

(刘红生)

【职业教育发展亮点纷呈】 2016年，无锡市优化职业教育布局，无锡旅游商贸高等职业学校、江阴中专等6所学校建成省高水平现代化职业学校，无锡职业技术学院、宜兴中专入选国家“十三五”职业教育产教融合工程规划项目。深化职业教育改革，组织实施省现代职业教育体系建设试点项目71个，新组建市现代护理职业、智能制造职业教育集团，推进现代学徒制试点，全市22所职业院校的50个专业参与试点。实施职业教育质量提升工程，全市新增4个省重点专业群、5个省职业教育名师工作室(培育对象)、6名省职业教育领军人才、36项省教育科学研究成果奖，培育20个职业院校创新创业教育重点项目、20个校企合作示范组合、15个产教深度融合现代化实训基地、10个“一带一路”重点项目，10所职业院校被评为无锡市职业院校促进产业发展贡献突出单位。提高学生专业技能，举办全市大中专院校创业能力大赛、职业教育创新大赛、技能大赛等。无锡市职业院校参加省职业教育创新大赛，获一等奖8个、二等奖12个、三等奖19个，参加江苏技能状元大赛夺得8个项目中的6个状元；参加全国职业学校创新创效创业大赛总决赛，获特等奖1个、一等奖1个、二等奖5个；参加全国职业院校技能大赛获金牌28块，金牌数量位列全省第一。市教育局获市政府嘉奖，被省教育厅党组记二等功。无锡机电高职学院、无锡技师学院获市政府集体嘉奖，机电高职学院作为全省唯一一所学校被省委、省政府评为“江苏制造突出贡献奖先进单位”。

(刘红生)

【高等教育项目取得重要进展】 2016年，市政府召开全市高等教育改革发展座谈会，部署加快发展高等教育，成立无锡教育发展投资有限公司，加强高等院校的投资建设和经营管理。市委书记李小敏视察江南大学，推进无锡市与江南大学“十三五”合作共建，江南大学无锡医学院教学实验大楼建成并投入使用。支持无锡太湖学院提高办学水平，推动太湖花卉园土地置换和“校中村”拆迁，扩大学校面积，太湖学院入选教育部“中兴通讯ICT产教融合创新基地”，招收本科新生6000人，招生规模位列全省同类高校第一。引进南京信息工程大学滨江学院取得突破，南京信息工程大学与无锡市政府签订合作共建滨江学院框架协议，无锡教育投资发展有限公司与南京信息工程大学签订合作办学协议，滨江学院无锡校区规划设计和土地拆迁基本完成，年内启动建设。推进江南影视艺术职业学院“专升本”工作，基本完成37.35公顷校园、15万平方米校舍建设，教师队伍和专业建设进一步加强，年内招收新生1844人。引进国际和国内知名大学到无锡创办中外合作大学。推进筹建无锡师范高等专科学校。江阴市与西安交通利物浦大学、南京理工大学签订协议，筹办西交利物浦大学江阴校区和南京理工大学中法工程师学院。积极发展继续教育，无锡市社会教育服务指导中心挂牌成立，“无锡终身学习”平台开通，举办全市社会教育机构办学成果汇报演出活动，评选市“终身学习品牌项目”10个和市“百姓学习之星”10名。

(刘红生)

【深入推进素质教育】 2016年，无锡市以纪念建党95周年为契机，深入开展“涵养核心价值观，弘扬成长正能量”为主题的社会主义核心价值观教育，开展青少年文明礼仪养成教育实践活动、未成年人心理健康教育活动，加强积极德育和现代班集体研究，评选一批优秀传统文化校本教材，总结“行知大学堂”学生社会实践教育基地活动成果，挖掘一批基层中小学德育工作先进经验，推进中小学心理健康教育特色学校争创计划，营造培育和践行社会主义核心价值观的浓厚氛围。关心下一代工作常态化建设持续推进，市工作团队获省级先进。加强学校体育、艺术教育、卫生工作。配合市人大、市政协开展《江苏省学生体质健康促进条例》执行情况检查和学生体质健康调研，市政协与市政府专题协商增强学生体质健康；开展高三学生身体素质抽测，推动学校完善传染病防治、疾病预防等卫生工作制度；举办全市中小学“百灵鸟”艺术展演活动、中学生田径运动会，承办全国啦啦操冠军赛并获17个冠军，3所学校获全国中小学生艺术展演金奖。大力发展青少年校园足球，全市新建、改扩建近100片校园足球场，新增13所全国足球特色学校，5所幼儿园被评为省首批足球特色幼儿园，举办无锡—斯洛文尼亚马里博尔“一带一路”青少年足球夏令营、全国青少年校园足球夏令营活动，举办校园足球冠军赛，年内共开展2000余场(次)足球比赛。积极创建艺术特色学校，3所学校被评为江苏省艺术特色学校。加强生态环保教育，全市中小学环境保护教育普及率达100%，成功创建省“绿色学校”8所。

(刘红生)

【推进教育国际化和信息化工作】 2016年，无锡市深化教育国际交流合作，密切与丹麦拜瑟克伦、新加坡、英国埃塞克斯郡合作和交流，合作开展校际课程互选、“影子校长”管理者培训、特殊教育和体育教师引智培训活动等，启动开展国际理解教育，组织师生境外交流超过2200人次。推进与“一带一路”沿线国家和地区教育交流，承办江苏—东盟教育合作对话会和东盟青少年江苏行活动，无锡市学校与斯洛文尼亚、俄罗斯、乌克兰、韩国等国家和地区的28所学校友好结对，无锡商业职业技术学院签约参与筹建西哈努克大学，无锡科技职业技术学院越南培训基地挂牌，无锡职业技术学院招收东南亚国家留学生规模取得突破。加快教育信息化建设，启动无线教育城域网工程和网络千兆到校工程，“网络学习空间人人通”使用率达60%以上。推进“智慧教育”建设，开展首批20所学校“智慧课堂”建设试点，完成30个校园物联网感知教育基地建设，启动实施“学生金卡”工程项目试点。深入实施中小学教师信息技术应用能力提升工程，推进全国“一师一优课，一课一名师”活动，全市中小学教师共晒课22926节，教师信息技术素养进一步提高。

(刘红生)

【优化事业发展环境】 按照中央和

省委、市委统一部署，2016 年，无锡市教育系统扎实开展“两学一做”学习教育，落实“基础在学、关键在做”要求，确保学有成效，做到实处。下发《关于贯彻落实〈关于加强全省中小学校党的建设工作的意见〉的实施意见》，加强基层党组织和党员队伍建设。严格落实党风廉政建设责任制，健全权力运行和惩防体系，制定《无锡市教育局部门集中采购管理办法》和《无锡市教育局零星项目采购管理办法》，做好内部控制基础性评价工作。改善市属学校办学条件，无锡师范学校附属小学学前校区新校区正式启用，市少年宫新建项目顺利封顶，文化艺术学校新校区、汽车工程学校综合实训楼、实验幼儿园新园舍、开放大学远程教育大楼等工程顺利推进。加强校园安全管理，出台《无锡市学校幼儿园消防安全管理暂行规定》，开展反恐防恐、预防危化物品爆炸事故的专项教育及整治行动，推动各校将安全常识教育、法制教育纳入日常教育教学内容，配全配齐法制副校长、法制辅导员，提高校园安全管理工作水平。建立健全中小学校舍安全保障长效机制，年内，全市完成校舍抗震加固 2.02 万平方米。

（刘红生）

【2015 年度无锡教育年度人物】 经社会各界推荐、专家组评审、事迹展示和网上投票环节，2016 年，“奠基未来·感动无锡”2015 无锡教育年度人物评选揭晓。他们分别是：以雅乐启智、多年爱心扶助智障儿童的塔影中学沈燕琴，建立百万元奖助学爱心基金、助力高校人才培养的江南大学姚惠源，获首届市青少年科技创新市长奖、全国职业院校技能大赛金牌的无锡机电高职校唐杰，老有所为、圆贫困学子求学梦的华庄街道赵生男，将班主任工作进行到底的洛社初中吴亚琴，永远行走在思考路上的锡山中专严育洪，热心公益、获“无锡友谊奖”的美国姑娘乔安娜，跳出局限、沿着职教改革前行的无锡旅游商贸学校冯霞敏，身残志坚、用爱续写教育理想的宜兴茗岭小学杨建明，数十年如一日高擎独臂、向后辈传递“红色火炬”的革命老人吴成。

（刘红生）

【获全国学校毒品预防教育工作优秀组织奖】 1 月 6 日，国家禁毒委员会办公室和教育部召开全国学校毒品预防教育经验交流暨“6·27”工程推进会。会上，通报表彰全国学校毒品预防教育工作先进单位 60 个、创新单位 30 个和优秀组织单位 10 个，无锡市教育局作为唯一一家地级市教育部门获得全国学校毒品预防教育工作优秀组织奖，并作为代表之一作大会交流发言。

（刘红生）

【全市教育系统工作会议】 2 月 25 日，全市教育系统工作会议召开。市政府副市长华博雅出席会议并讲话，市教育局局长唐加俊作工作报告。市委教育工委、市教育局、市政府教育督导室领导，各市（县）区教育局党委书记、局长、教育督导室主任，各直属院校、事业单位、市属各民办学校、在无锡大中专院校主要负责人参加会议。各市（县）区政府分管领导、市政协民主监督员代表和教育系统行风监督员代表应邀出席会议。会议强调，全市教育系统要强化践行新的发展理念，以教育现代化建设为统领，以提高教育质量为核心，以促进教育公平为重点，以推进依法治教为保障，以深化改革创新为动力，加快健全现代教育体系，提升教育内涵品质水平，增强教育服务发展能力，努力办好人民满意的教育。会上，对市学前教育现代化镇（街道）、德育先进学校、平安校园示范校进行表彰，江阴市教育局、锡山区教育局、无锡太湖学院、无锡商业职业技术学院、省锡山高级中学、无锡师范学校附属小学作交流发言。

（刘红生）

【“智慧课堂”建设试点】 2 月 2 日，市教育局下发通知，在全市开展“智慧课堂”项目学校建设试点工作，并首批遴选建设 20 所试点项目学校。试点工作遵循“主动发展、实践取向、统筹协调”原则，以营造协同推进“智慧课堂”的工作局面、探索具有“智慧课堂”特征的教学形态、创新教与学评价体系、实现课程教学数字化管理为任务。开展试点工作旨在充分利用智能化信息环境，改变传统教育教学模式，促进学生学习方式转变，通过开展微课、翻转课堂、慕课、移动学习等新型教学，探索构建富有特色的“智慧课堂”，为推进课程改革、提升师生信息素养积累经验。

（刘红生）

【“智慧教育”在线课堂运行】 6 月 27 日，由市教育科学研究院、市教育信息化管理服务中心合作建设的“智慧教育”在线课堂正式运行，全市 116 名中小学名师进驻“智慧教育”在线课堂进行免费授课。“智慧教育”在线课堂首批课程集中在暑假期间直播，全部由市级名师执教，面向全市小学、初中、高中学生免费开放，通过在线互动和点播，为全市中小学生搭建高质高效的学习平台。相比于以往电视或网络中直播的“名师讲坛”类节目，在线课堂将现实中的课堂搬到网上，改变群体教学的学习过程，借助课堂考勤、桌面监控、课堂锁定、智能测评以及在线答疑、在线作业等功能，有助于教师实时掌握学生学习专注度、知识掌握度等方面情况，给予针对性指导，实现暑期学生学习“离校不离教”。

（刘红生）

【无锡教育援疆工作受关注】 7 月 29 日，《中国教育报》头版头条以《江南教育染绿戈壁滩》为题，专题报道无锡支教教师 6 年真情援疆，在荒凉的戈壁滩上辛勤耕耘，播撒教育种子、培育教育新绿洲的感人故事。报道用“江南名师来到戈壁滩”“边疆师生迷上‘锡味’教学”“阿合奇教育打了翻身仗”3 个通篇，介绍无锡一年又一年、一批又一批援疆教师传递接力棒，把“锡味”教学留在同心中学，一年又一年、一批又一批阿合奇教师到无锡新城中学学本领，又带着无锡的情谊返回边疆的生动事迹。

（刘红生）

【推进教育管办评分离改革】 9 月 20 日，市政府出台《关于深入推进教育管办评分离 促进政府职能转变的实施意见》，加快推进无锡教育治理体系和治理能力现代化。意见提出，教育管办评分离改革要以进一步简政放权、改进教育管理方式为前提，以落实学校办学主体地位、激发学校办学活力为核心，以推进科

表 55 2016 年无锡市教育事业概况

	学校数（所）	班数（个）	毕业生数（人）	招生数（人）	在校学生数（人）	毕业班学生数（人）	教职工数(人) 计	其中:专任教师
1. 普通高等学校	12		34009	34462	113732	35541	9088	6144
2. 中等专业学校	20		12436	15522	44284	13847	4836	4001
3. 职业高中	2		3198	1185	3874	1332	144	144
4. 普通中学	183	5012	69000	76152	215413	68738	22387	19991
高中	44	1520	22032	22989	66044	20881		6909
初中	139	3492	46968	53163	149369	47857		13082
5. 小学	197	8222	53583	65010	361282	56463	20962	20119
6. 特殊教育学校	7	100	80	248	1118	251	309	261
7. 幼儿园	383	5345	57801	66648	182160	59827	20950	11373
8. 成人高等学校			9702	10331	21796	9977		
9. 成人中等职业学校			32	631	631	541		
10. 成人技术培训学校	973	10505	850394		638556		3655	2477
11. 技工学校	14		5688	7656	17958		2755	2518

（萧 晶 周小青）

表 56 2016 年无锡市教育经费收入情况

单位:万元

项目	全市 金额	全市 占全市教育总经费的比例	江阴市 金额	江阴市 占本市教育总经费的比例	宜兴市 金额	宜兴市 占本市教育总经费的比例	市区 金额	市区 占市区教育总经费的比例
1. 国家财政性教育经费	1417689	87.06%	391181	94.50%	227741	90.40%	798767	82.98%
2. 事业收入	183890	11.29%	21820	5.27%	23392	9.29%	138678	14.41%
其中:学杂费收入	154155	9.47%	16867	4.07%	17162	6.81%	120126	12.48%
3. 捐赠收入	826	0.05%	45	0.01%	135	0.05%	646	0.07%
4. 民办学校中举办者投入	1726	0.11%	21	0.01%	625	0.25%	1080	0.11%
5. 其他教育经费	24309	1.49%	866	0.21%	39	0.01%	23404	2.43%
合 计	1628442	100.00%	413933	25.42%	251932	15.47%	962577	59.11%

（过煜明）

学、规范的教育评价为突破口，到2018 年，基本形成政府依法管理、学校依法自主办学、社会各界依法参与和监督的教育公共治理新格局。意见从行政管理、学校办学、教育评价 3 个方面出发，明确 15 项改革重点任务。

（刘红生）

【江苏—东盟教育合作对话会】 11月 7~8 日，江苏—东盟教育合作对话会在无锡举行。江苏省教育厅厅长沈健、东南亚教育部秘书长加多特、中国—东盟中心秘书长杨秀萍、无锡市政府副市长华博雅、省教育厅副厅长王成斌、省教育国际交流协会副会长马幸年出席开幕式，来自东盟和江苏两地中学及高职院校的 100 余名校长代表参加会议。合作对话会以"'一带一路'倡议下的教育合作"为主题，分江苏—东盟中学校长对话会和江苏高职院校—东盟中学校长对话会。会议期间，江苏和东盟两地的 100 余名中学校长签署《江苏—东盟中学校长合作倡议书》，东盟地区国家学生代表 88 人在江苏开展"东盟青年使者江苏行"访问交流活动。

（刘红生）

高等教育

【江南影视文化艺术人才培养联合体创新创业交流大会】 1 月 9 日，江南影视文化艺术人才培养联合体创新创业交流大会召开，江南影视艺术职业学院近 100 家合作企业和合作学校代表集聚一堂，共商大学生创新创业大计。无锡市市长汪泉出席会议，汪泉在讲话中指出，作为无锡唯一一所以文化艺术类专业为特色的高职院校，江南影视艺术职业学院为全市文化艺术行业输送了大量专门人才，为繁荣无锡文化事业做出积极贡献。他强调，“十三五”期间，市委、市政府将进一步加快高等教育发展，全力支持江南影视等特色学院升格本科，希望各级各类院校、企业、社会团体进一步加强合作，共同开拓职业教育发展局面，推动创新创业教育改革取得突破。会上，江南影视艺术职业学院与北京舞蹈学院、北京音乐学院、国家大剧院和国家歌剧院联合编创的“太湖传奇”音诗画旅游秀，与无锡教育电视台合作开发的“新农村文化科技教育示范基地”，牵头组建的江南影视大学生创业园和无锡市传媒艺术职业教育集团等创新项目，通过不同形式进行发布。会议还邀请国家教育行政学院教授邢晖、颜惠庚作专题报告。

（刘红生）

【共建教学医院和实训基地】 4月18日，无锡太湖学院举行教学医院和实训基地建设签约仪式，标志着太湖学院在推进医教融合、培养高素质应用型护理人才方面迈出坚实步伐。仪式上，无锡太湖学院分别与无锡市人民医院、市第三人民医院、市第四人民医院、解放军101医院、市妇幼保健院、市精神卫生中心和无锡卫生高等职业技术学院签订共建协议书。协议明确，太湖学院对医院兼任教学工作的医师和护师聘任相应教学职务，协助医院提高医疗、教学、科研等业务水平，在师资培训、人才培养和使用实验室、图书资料等方面给予支持和帮助；学校根据医院需求，实行“订单式”培养，推荐优秀毕业生实习就业。医院承担太湖学院护理学临床教学和实习任务，每年分期分批合理安排护理学专业学生进行临床见习和实习，选派有丰富教学、临床管理经验的医师、护师，负责临床教学和实习带教。

（刘红生）

【南京信息工程大学滨江学院落户无锡】 6月17日，南京信息工程大学与无锡市政府签订合作共建南京信息工程大学滨江学院框架协议。根据协议，南京信息工程大学与无锡市政府以合作共建的方式在无锡建设滨江学院，学院办学定位于培养满足地方经济社会发展需要的高素质专业技术人才，主要开展全日制本科学历、学位教育，适度开展各类培训，争取开展研究生教育，力争在今后建成具有较高影响力的国内一流应用型本科高校。

（刘红生）

【共建梁溪发展研究院】 7月18日，江南大学与梁溪区政府举行全面战略合作签约暨梁溪发展研究院揭牌仪式。江南大学食品学院、数字媒体学院、学生工作部（处）分别与无锡食品科技园、江苏古运河投资发展有限公司、扬名街道、区科技局签署江南大学（无锡）食品质量安全控制与加工创新基地、无锡古运河文化创意中心、大学生创业孵化基地联合共建协议。根据计划，梁溪发展研究院以政府为主导、企业为主体、学校为支撑，充分发挥江南大学食品、设计等学科优势，借助梁溪区政策、资金、产业等优势，努力服务梁溪区以食品总部经济、科研设计、文化创意产业等为重点的新兴产业。

（刘红生）

江南大学

【全面开展“两学一做”学习教育】 2016年，江南大学制定印发《关于在全体党员中开展“学党章党规、学系列讲话，做合格党员”学习教育的实施方案》，全面开展“两学一做”学习教育。以纪念建党95周年为契机，将学习党章党规、习近平总书记系列讲话精神以专题形式列入校党委中心组理论学习、基层党支部专题组织生活、教职工政治理论学习计划。学习贯彻中共十八届六中全会及习近平总书记系列重要讲话精神，紧密联系学校实际，举办师生专题报告会，邀请校外专家到校讲学，组织中心组专题学习，开展各种形式的宣传活动。统筹党风廉政建设整体部署，召开党风廉政建设干部大会。完善惩防体系建设，出台《中共江南大学委员会关于践行监督执纪四种形态的实施办法（试行）》。

（钱 锋）

【推进教风学风建设】 2016年，江南大学举办教师节庆祝大会、优秀教师表彰交流会、立德树人研讨会等系列活动，推进师德师风建设。制定实施《江南大学思想政治理论课特聘教授聘任办法》，加强思想政治课程建设。打造“专家+辅导员”思想政治工作队伍，获评教育部辅导员工作精品项目。印发《江南大学关于进一步加强学风建设的实施意见》，引导优良学风建设。出台《江南大学优秀教学奖评选办法》，评选师德标兵、优秀教学奖等，鼓励广大教师潜心教书育人，《江南大学大力推进师德师风建设》一文在教育部网站发布。

（钱 锋）

【教育教学创新与实践】 2016年，江南大学在52个专业招收本科生5053人，毕业4745人，年内有全日制在校本科生20056人；招收研究

市政府与南京信息工程大学签约合作共建滨江学院

（李陶逸 摄）

生2179人,毕业1995人,有博士研究生934人、硕士研究生6998人、研究生导师1002人。修订本科人才培养方案,启动工程实训中心(一期)建设,环境工程专业通过工程教育专业认证,自动化等5个专业的认证申请获得受理。获批国家级精品资源共享课7门、江苏省精品课1门、省重点教材9部、省优秀毕业设计(论文)16项,连续第六年在国务院博士学位论文抽检中合格率达100%,获省优秀博士论文3篇、优秀硕士论文12篇,获省研究生培养创新工程项目132项。新增省级企业研究生工作站18个,获评优秀工作站5个,艺术专业硕士学位授权点通过国家专项评估。学校获批"全国高校实践育人创新创业基地",国家大学科技园建设运营的"创业汇客厅"入选国家级众创空间。在校生获全国大学生创业大赛金奖1项、铜奖2项,获中国"互联网+"大学生创新创业大赛金奖、银奖、铜奖各1项,获全国大学生数学建模竞赛一等奖2项、二等奖5项,获全国大学生创新方法应用大赛"优秀学生团队"及"江苏省大学生年度人物"称号。环境工程专业接受工程教育专业认证,附属医院接受江苏省教育厅、省卫计委组织的附属医院认证。开展基于工程能力的实践教学改革,推进工程实训中心建设,完成"慕课平台"建设。深化研究生招生制度改革,获江苏省"研究生招生管理工作优秀招生单位"称号,艺术专业硕士学位授权点通过国家专项评估,获批省深化专业学位研究生教育综合改革项目。

(钱　锋)

【全面实施人才强校战略】 2016年,江南大学新增专任教师115人,有教职员工3183人,其中,专任教师1873人,拥有博士学位的专任教师占教师总数的61.3%,拥有一年以上海外研修经历的专任教师占36.2%;新增"长江学者奖励计划"特聘教授、"国家杰出青年基金"获得者等国家级人才14人次,部省级人才70人次,有国家级人才54人次、部省级创新团队35个、博士后181人。完善师资引进工作小组机制,出台《江南大学柔性引进领军人才办法(试行)》。新增"国家优秀青年基金"获得者、"青年千人计划"人选、"青年长江学者"共6人次,国家级青年人才项目的覆盖面由食品、轻工、纺织拓展至机械、制药等学科领域。推进科研创新团队建设,新增1支团队获教育部"创新团队发展计划"滚动支持。博士后队伍建设进步明显,首次入选"香江学者计划"。

(钱　锋)

【稳步提升学科建设水平】 2016年,江南大学组织召开发展战略研讨会、发展咨询会、院长联席会等,研究国内外学科评估办法,通过整合推进全国第四轮一级学科整体水平评估筹备工作,进一步明晰学校农业学科"一流学科"建设思路,逐步凝练"一流大学"建设方向。加快推进"健康科学与技术""功能材料科学与工程"和"轻工装备技术与工程"三大战略的内涵建设、创新设想和路径设计,将三大领域发展理念逐步融入产学研各项工作。学校切实增强学科竞争力,组织23个学科参加第四轮全国学科评估,邀请专家对6个博士学位一级授权学科进行诊断式全面评估,材料科学成为学校第五个入围ESI全球排名前1%的学科,农业科学继续保持在ESI全球排名前1‰,化学工程与技术、设计学入选"十三五"省一级重点学科,计算机科学与技术入选省一级重点(培育)学科。

(钱　锋)

【开展科学研究工作】 2016年,江南大学到账科研经费4.48亿元。新增国家级科研平台1个、部省级平台5个,有国家级平台9个、部省级平台39个。国家重点实验室接受科技部组织的专家评估,学校获批国家重点研发计划20项、自然科学基金110项、社科基金6项及后期资助2项,教育部人文社科研究项目15项。全年发表SCIE论文1317篇、一区论文150篇、高影响因子论文(IF≥5.0)108篇、CSSCI论文276篇。申请国内发明专利1761件,获授权578件;申请国际专利93件,获授权15件。获各级各类科研奖励122项(含部省级以上奖励69项),1项成果入选第二届军民融合高科技成果展暨高层论坛。再次获批教育部人文社科研究重大课题攻关项目,食品安全风险治理研究院入选中国智库索引首批来源名单及省重点培育智库,与无锡市政府联合建设"江南大学无锡智库"。3篇咨询报告分别被中共中央办公厅信息专报、教育部《高校智库专刊》刊发。学校教师主持设计的中国第一台自主设计轻型伞兵空投车正式服役。

(钱　锋)

【拓展社会服务领域】 2016年,江南大学与广东省汕头市、浙江省龙泉市、河南省平顶山市、无锡市梁溪区等7个市(县)、区启动全面合作。落实"十二五"市校共建协议,年内到账经费3600万元,推动"十三五"市校共建签约。推进扬州、如皋2个食品生物技术研究所建设,吸引中国工商银行、江苏银行、中国建设银行、中国移动等知名企业参与办学。获社会捐赠2861.9万元,比上年增长25%,获教育部、财政部配比奖励623万元。启动校企协同创新实验室(一期)建设,与光明乳业等8家企业签约共建,其中7家已正式入驻协同创新大楼,合同金额超6200万元。出台《江南大学专利技术转化管理办法》。省产学研联创项目资助总经费实现五连冠。新增校友分会6家(总数78家),完成学校董事会换届工作(校级董事单位46家)。学校教育发展基金会获"江苏省示范性社会组织"称号。

(钱　锋)

【深化国际合作】 2016年,学校出台《江南大学扩大教育对外开放行动方案》。新增境外合作单位8家,与33个国家、地区的163所高校及科研机构保持合作关系;新增高端外国专家项目7项;接待海外专家到访484人次,派出教师赴海外交流478人次;接收到华留学生924人,派出学生赴海外交流1300人次,在校本科生赴海外交流、交换比例达26%;41名本科生、51名研究生、14个海外留学项目与"智能制造国际化创新人才培养项目"获国家留学基金资助。学校获批益生菌与肠道健康国际联合研究中心,有国家级国际联合实验室2个、部省级实验室1个、校级实验室16个;新增纺织品生态加工关键技术"111计划"创新引智基地(总数5个)。合作项目外方专家再获"中国政府友谊奖"与"江苏省友谊奖"。

(钱 锋)

【推进校园文化建设】 2016年,江南大学完成建筑面积4.9万平方米、投资6241万元的基建工程,协同创新大楼、医学大楼竣工并投入使用,图书馆、教学楼、学生食堂等改造项目进展顺利,其中,图书馆增加阅览自修座位4000余个。学校共完成修缮类中央专项资金5762万元。出台《江南大学节约型校园建设指导意见》,获评全国高校后勤信息宣传工作先进单位、全国高校后勤文化建设优秀示范单位、江苏省平安校园建设示范高校。美术馆与钱绍武艺术馆、荣毅仁与江南大学纪念馆完成改建并重新开馆。出版校园文化系列丛书第五部《文博揽胜》,编撰《江南大学植物名录》,举办江南大讲堂、"天下江南人"校友大讲坛、至善讲坛、"高雅艺术进校园"等校园文化活动30余场。获批全国高校"礼敬中华优秀传统文化"特色项目,获评教育部"高校校园文化建设优秀成果奖"二等奖与"江苏省文明校园"。

(钱 锋)

【推进依法治校与管理改革】 2016年,学校推动落实《江南大学章程》,出台《江南大学规章制度制定及管理办法》,编撰校情咨文、制度汇编,订立管理制度68项。新设及调整成立招生就业处、法制工作办公室、协同创新中心办公室、质量管理办公室等机构。梳理、总结任期目标责任制,按照"简化程序、保证质量、立足发展"的原则,完成全校22个教学与科研单位、32个管理与服务单位的第五轮任期考核。完成中层正职换届,任免处级干部110人次。选派11名干部、教师赴校外挂职锻炼,选拔10名青年博士机关挂职。推进养老保险改革,教职工收入连续第六年实现增长。

(钱 锋)

【提升社会声誉】 2016年,在《美国新闻和世界报导》发布的2017年大学排行榜上,江南大学位居全球第706名、中国大陆第46名。在中国管理科学研究院发布的《2017年中国大学评价》中,学校位居全国第50名。在人民网发布的中国高校社会影响力排行榜上,学校位居全国第22名,学校社会声誉稳步提升。

(钱 锋)

基础教育

【全市初中教育工作会议】 3月30日,全市初中教育暨"新优质学校"培育建设推进工作会议召开。市教育局局长唐加俊、副局长许敏,各市(县)区教育局局长、分管局长、基教科长、教研室主任,各"新优质学校"培育建设项目学校校长,市属和各区初中校长,江阴市、宜兴市初中校长代表参加会议。会议对全市初中教育重点工作进行部署,强调各地各校要坚持立德树人,坚持内涵为重,坚持均衡发展,坚持依法治理,培育前瞻性教学改革实验项目,启动初中学科课程基地建设,完善初中教育质量评价体系,严格规范学校办学行为,深入推进"新优质学校"培育建设,加快提升初中教育质量和办学水平。会议对全市初中教育质量作了全面分析,并邀请市"新优质学校"项目专家组专家、上海闵行第四中学校长屠红伟作专题报告。市洛社初级中学、广丰中学、江南中学作大会交流发言。

(刘红生)

【全国中小学生艺术展演获佳绩】 4月16日,由教育部主办的全国第五届中小学生艺术展演现场赛在青岛落下帷幕,来自全国各地的187个节目参加角逐。最终,江苏省有9个表演类节目获得一等奖,获一等奖数量位居全国第一。无锡市选送的3个节目全部获得一等奖,分别是:江阴第一初级中学的课本剧《女生宿舍那点事》,江苏省锡山高级中学的合唱《旗正飘飘 自由探戈》,无锡文化艺术学校的舞蹈《雨初语茉》。

(刘红生)

【开展中华优秀传统文化进国际学校活动】 4月22日,市教育局、市文广新局联合举办"学中华文化、做友谊使者"——中华优秀传统文化进国际学校校园活动。活动邀请12名无锡市非物质文化遗产传承人展示惠山泥人、糖画、内画、太湖船点、无锡剪纸、麦秆画、武术、民族舞蹈、书法、篆刻、二胡、古筝等传统文化项目,全市5所国际学校的200多名师生通过现场观看和参与,体验中国优秀传统文化。活动旨在促进各国际学校在日常教育活动中融入更多中华文化元素,帮助在无锡就读的外籍中小学生加强对中国文化历史的学习了解,提高跨文化交往能力,加深对无锡和中国的热爱。

(刘红生)

【第十一届中国卓越创新校长论坛】 4月23~24日,第十一届中国卓越创新校长论坛暨基础教育国家级教学成果奖推广大会在江苏省天一中学举行。论坛以"促进教师专业成长、

"翻转课堂"教学观摩研讨会现场 (李陶逸 摄)

2016年无锡市校园艺术节目迎新年汇报展演 (张 浩 摄)

培养学生核心素养”为主题,清华大学原副校长谢维和、国家教育咨询委员会委员王本中等10余位校长、专家作专题讲座。来自全国各地的近800名校长、专家围绕中学生核心素养培养、中学优质发展、高考中考改革与中学创新发展等展开集中探讨,共同分享名校成功经验,谋划新一轮教育改革。

(刘红生)

【市区中招政策】 5月26日,市教育局发布《2016年无锡市区高级中等学校招生工作意见》,在保持政策稳定衔接的基础上,进一步鼓励普通高中优质特色发展,并加强对现代职业教育发展的支持。2016年中招政策较以往有三方面变化:招生计划安排遵循“一相当三增加”原则,即保持普、职比大体相当,四星级高中(含热门高中)招生计划增加,三星级以上优质高中招生计划增加,普通高中招生总计划增加;继续开展现代职业教育体系试点,将无锡机电高职和无锡旅游商贸“中职与本科3+4分段培养”项目的录取调整至提前录取批次;开展“普职融通”新探索,设立运河中学、惠山中专两所“普职融通”试点学校,凡被录取到“普职融通”试点班的学生,经过高一学年的普通高中知识学习,完全能够适应普通高中教学要求,且学习成绩达到一定标准,可申请继续普通高中的学习,也可根据学生的兴趣、特长选择进入职业教育,选择合适的专业学习,满足学生自主成长、多元成才需要。

(刘红生)

【全国青少年校园足球夏令营活动】 7月22日,2016年全国青少年校园足球夏令营第六营区在无锡市第一中学开营。省教育厅副厅长朱卫国、省体育局副局长刘彤、市人大常委会副主任曹锡荣等出席开营仪式。来自上海、浙江、安徽和江苏三省一市的共700名营员参加本次夏令营。在为期一周的活动中,每天有18场校园足球交流比赛在市一中、市北高中、旅游商贸高职学校和广益中心小学4个赛场举行,营员们还参加入营教育、技术与体能测试、篝火晚会、爱国主义教育等一系列丰富多彩的活动。

(刘红生)

【参加全国NOC决赛获佳绩】 7月14~20日,由国家知识产权局、教育部教师工作司和基础教育二司支持的第十四届全国中小学信息技术创新与实践活动(NOC)决赛举行。来自全国各省、市的近5000名代表参与此次赛事15个赛项的角逐。比赛中,无锡代表队共取得9个小学组个人赛一等奖、3个初中组个人赛一等奖、3个高中组个人赛一等奖和6个团队赛一等奖的优异成绩,其中5名学生获赛事最高奖项——恩欧希教育信息化发明创新大奖。

(刘红生)

【中美学生发展核心素养研讨会】 7月12日,由美国学校管理者协会(AASA)首席执行官带领的6名基础教育管理者代表团到访无锡,就学生核心素养发展与锡城中小学校长进行座谈研讨。辅仁高中、梅村高中、湖滨中学、无锡特殊学校、省锡中、广丰中学、南长实验学校、新城中学等锡城8所学校校长分别就各自学校课程设置、师资队伍建设、学生管理等内容与代表团进行交流研讨,促进双方对彼此国家学生核心素养发展有更好的了解和比较,对以核心素养为引导推进课程改革和人才培养模式变革提供更多借鉴和启发。

(刘红生)

【全国区县教育改革发展专题会】 9月23~24日,由国家教育行政学院主办的全国区县教育改革发展专题会暨教育局长论坛在无锡举行。国家教育行政学院副院长李五一,省教育厅厅长沈健,全国各区县教育局长、中小学校长共180余人参加活动。论坛分为3个分会场,分别围绕“如何在区县教育工作中贯彻落实五大发展理念”“如何处理好外延性发展与内涵性发展之间关系”“如何理解新时期的教育质量,怎样提高教育质量”主题展开讨论。与会人员还分组考察无锡市河埒中学、蠡园中学、育红小学、育英实验小学、滨湖实验幼儿园、育红实验幼儿园的办学特色和质量建设情况。

(刘红生)

【梁溪区成立首批教育集团】 11月14日,梁溪区教育集团成立大会在南湖小学举行。区教育局负责人,中小学幼儿园校(园)长、教师代表、家长代表,街道及社区代表,区人大代表、政协委员近400人参加会议。会议宣读《关于成立梁溪区首批教育集团的决定》,并为教育集团成员单位授牌。首批5个教育集团分别是:侨谊教育集团(包括侨谊实验中学、塔影中学)、连元教育集团(包括连元街小学、塔影中心小学、广益中心小学)、南长街教育集团(包括南长街小学、花园实验小学、芦庄实验小学)、五爱教育集团(包括五爱小学、梨庄实验小学、刘潭实验小学)、沁园教育集团(包括沁园实验小学、芦庄第二小学)。集团坚持“共享、联动、互补、协调、尊重”的原则,采用多法人协作式的紧密型合作模式，建立管理互通、师资互派、研训联动、质量同进、文化共建、考核同步的紧密协作关系，实现教育理念、教育思想、教研成果、师资优势、社会影响力的共赢共享，促进提高区域学校整体办学水平。

（刘红生）

【全市中小学积极德育研讨会】 12月16日，无锡市中小学积极德育暨现代班集体建设研讨会召开。市委教育工委、市教育局负责人，市教育学会相关负责人，各直属院校、市属民办学校以及各市（县）、区德育校长、德育主任和骨干班主任代表参加会议。会议强调，全市要大力实施“学生品格建设工程”，加大、加深、加强积极德育研究与实践，通过积极德育培育，寻找班集体建设新方向，以“点面结合、面上普及”的实施策略，主动探寻积极德育下班集体建设的有效路径，促进学校德育健康发展，形成特色。活动中，来自辅仁高中、无锡师范学校附属小学等7所学校的代表进行交流发言，现场还为全市中小学积极德育征文优秀作品进行颁奖。

（刘红生）

【全市学校艺术教育工作会议】 12月28日，市教育局召开全市学校艺术教育工作会议。市教育局、各市（县）区教育局、市少年宫、市教科院相关负责人，省市艺术特色学校、无锡市艺术团建设学校、全国中小学中华优秀文化艺术传承学校校长等参加会议。会议对全市学校艺术教育工作进行部署，要求进一步明确学校艺术教育思路，严格执行课程计划，创新活动内容与形式，多渠道解决艺术师资短缺问题，整合各类教育教学资源，保障经费投入和设施设备配置，建立完善评价制度，促进艺术教育深入发展。会议对获全国第五届中小学生艺术展演金奖的江苏省锡山高级中学、无锡文化艺术学校、江阴市第一初级中学、江阴市花园实验小学4所学校进行表彰，江阴市教育局、宜兴市教育局在会上作经验交流。

（刘红生）

【校园艺术节目迎新年汇报展演】 12月28日，市教育局举行2016年无锡市校园艺术节目迎新年汇报展演。展演共分“红色畅想”“江南影像”“放飞梦想”3个篇章，参演师生运用器乐、声乐、舞蹈、朗诵、情景剧等多种形式，向全社会汇报艺术教育的丰硕成果，共同迎接新一年到来。此次展演通过“无锡教育”微信公众号进行全程直播，为场内外观众提供观看节目和互动交流的平台。

（刘红生）

职业教育与社会教育

【建成一批省标准化社区教育中心】 2016年，江苏省教育厅公布2015年度和2016年度省级社区教育示范区、省标准化社区学院、省标准化社区教育中心和省高水平农科教结合富民示范基地名单，无锡市一批社区教育机构成功入选。其中，宜兴市、江阴市、新吴区、滨湖区入选省级社区教育示范区；江阴市青阳镇、祝塘镇、璜土镇、徐霞客镇、顾山镇、长泾镇，宜兴市湖㳇镇、太华镇、新街街道、新建镇，梁溪区上马墩街道、北大街街道、南禅寺街道，锡山区东北塘街道，滨湖区马山街道、荣巷街道、蠡湖街道，新吴区梅村街道等18个社区教育中心入选省标准化社区教育中心；江阴市璜土镇故乡情果业合作社、月城镇红专农业专业合作社、宜兴市张渚镇茗悦绿色果蔬种植示范基地入选省高水平农科教结合富民示范基地。

（刘红生）

【实施职业院校管理水平提升行动计划】 3月14日，市教育局印发《无锡市职业院校管理水平提升行动计划实施方案》，推动提高全市职业院校管理工作规范化、精细化、科学化水平。方案明确在2016年至2018年分4个阶段，全面实施突出问题专项治理行动、现代学校制度健全行动、管理队伍能力建设行动、管理信息化水平提升行动、学校文化育人创新行动、质量保障体系完善行动等6项重点行动任务。方案指出，市教育局成立行动计划领导小组，统筹指导行动计划的组织实施，通过建立督查调研、情况通报、限期报告、跟踪问效等制度，确保各项目标任务落到实处。

（刘红生）

【首届无锡职教园师生旅游文化节】 4月13日，首届无锡职教园师生旅游文化节在无锡城市职业技术学院开幕。市长汪泉，副市长刘霞，惠山区委、区政府，市教育局、市旅游局、无锡文旅集团相关负责人，全市旅游业、酒店业、知名企业负责人以及职教园各高校师生代表2000余人参加活动。市长汪泉作重要讲话，活动中，举行休闲服务与管理专业首席教练聘任仪式、政校合作签约仪式、大学生主题旅游文化展示等活动，展现无锡职业院校产教融合、校企合作，服务地方发展的成果。

（刘红生）

【启动职业教育质量提升工程】 4月18日，市教育局、市发改委、市经信委、市财政局、市人社局、市农委、市工商联等七部门联合印发《关于实施职业教育质量提升工程 加快培养高素质技能人才的意见》，大力加强职业教育内涵建设，提高现代职业教育发展水平。意见明确，“十三五”期间，全市按照“整体规划、分步实施、注重实效”的原则，围绕提高职业教育专业现代化水平、促进职业教育与产业融合发展、深化职业教育开放集约办学、加强职业教育基础能力建设4项重点任务，计划投入1亿元，培育建设一批旨在提升职业院校专业、课程、师资、技能、管理、文化建设水平和国际化、信息化、集团化办学水平的重点建设项目。意见强调，实施职业教育质量提升工程要充分发挥各部门的统筹协调作用，积极争取行业（企业）支持，通过年度调查、质量跟踪、年度报告等手段，建立起质量提高长效机制。

（刘红生）

【第三届江苏技能状元大赛总决赛】 （参见第439页“省第三届江苏技能状元大赛总决赛召开”条目）

（刘红生）

【职业教育活动周】 5月8日，由市教育局、市发改委、市经信委、市财政局、市人社局、市农委、市工商联联合举办的2016年无锡市“职业教育活动周”正式启动。全市14所中高职院校参加开幕当天的集中展示活动，除精彩的文艺演出外，各职业院校还展示技能大赛、课程改革、创新创业教育等发展亮点，并发挥师生专业技能特长，在现场设点开展为民服务活动。活动周期间，各职业院校还开展邀请中小学生、社区代表进校园，组织学生走进行业、企业、社区，走访劳动模范、技能大师、杰出校友，开展演讲、征文、主题班会、现场为民服务等一系列活动。

（刘红生）

【全国职业院校技能大赛获佳绩】6月上旬，由教育部、工信部、财政部、人社部、交通运输部和农业部等23个部门联合举办的2016年全国职业院校技能大赛落下帷幕，无锡职业院校选手在中职和高职两个组别的比赛中，各取得19枚金牌、1枚银牌和9枚金牌、4枚银牌、6枚铜牌的优异成绩，金牌总数分别位列全省第一和第二位。在中职组比赛中，无锡机电高等职业技术学校获得6枚金牌，无锡汽车工程中等专业学校获得5枚金牌，无锡旅游商贸高等职业学校、无锡卫生高等职业技术学校各获得2枚金牌，无锡技师学院、江苏省惠山中等专业学校、江苏省江阴中等专业学校、中船澄西高级技工学校各获得1枚金牌；在高职组比赛中，无锡职业技术学院、无锡商业职业技术学院各获得4枚金牌，江苏信息职业技术学院获得1枚金牌，创造无锡职业院校参加全国职业技能大赛的最好成绩。

（刘红生）

【全国职业学校创新创效创业大赛获佳绩】8月15日，由团中央、教育部、人社部、中国科协等部门组织的2016年“挑战杯——彩虹人生”全国职业学校创新创效创业大赛总决赛落下帷幕，无锡入围全国总决赛的12个项目中有10个项目获奖。其中，无锡技师学院的“漂流瓶外语在线教育”获特等奖，无锡商业职业技术学院的“关注社会热点、服务百姓人生——无锡市放心早餐工程实施现状的调查研究及建议”获得一等奖，无锡工艺职业技术学院的“异型陶瓷产品自动控制成型设备及工艺”、江苏省锡山中等专业学校的“电子凸轮限位器”、江阴市南华中等专业学校的“高效散热接线盒”、无锡机电高等职业技术学校的“新型频率（压力）测读仪”、江苏省江阴中等专业学校的“新型卸刀座”、“智享电子商务技术服务公司”获得二等奖，江阴市南华中等专业学校的“自适应伸缩式多功能取件器”、无锡技师学院的“捏捏乐DIY手工坊”获得三等奖。无锡获奖项目数占江苏省37个获奖项目总数的27%。

（刘红生）

【第八届职业教育创新大赛展评会】10月21~22日，第八届无锡市职业教育创新大赛举行。大赛分中职学生组、五年制高职学生组、高职院学生组和教师组4个组别，参赛项目包括学生创造发明、科学调查报告和教师论文等。经专家评审，大赛共评出中职学生组一等奖16项、二等奖20项、三等奖9项，五年制高职学生组一等奖11项、二等奖13项、三等奖7项，高职院学生组一等奖2项、二等奖7项、三等奖5项，教师组一等奖10项、二等奖21项、三等奖26项。同时，还评选出优秀组织单位7个、先进个人12人、“伯乐奖”75人。

（刘红生）

【全民终身学习活动周】10月30日，2016年无锡市全民终身学习周活动启动。启动仪式上，“无锡终身学习”微学习平台开通；无锡市江南慧谷培训中心等45所培训机构联名发出《无锡市社会培训机构诚信办学倡议书》，推动诚信办学，树立培训市场精神文明新风尚。启动仪式现场对10名全市“百姓学习之星”进行表彰，并向书香江阴、陶文化传承、非物质文化遗产（风筝）等10项全市“终身学习品牌项目”颁发奖牌。开幕式后，举行各社区特色团队文艺会演、各市（县）、区社区教育成果巡礼，展示全民学习的风采。

（刘红生）

【推进现代学徒制试点】11月2日，市政府办公室转发市教育局等部门《关于推进现代学徒制试点工作的实施意见》，就加快区域推进现代学徒制试点工作提出要求。意见提出推进现代学徒制试点的5项重点任务：建立校企协同育人长效机制，推进校企招生招工一体化，创新工学结合人才培养模式，建设校企互聘共用的教师队伍，完善现代学徒制管理制度体系。意见明确，“十三五”期间，在职业教育改革发展专项经费中安排资金用于现代学徒制试点，评选建设100个无锡市现代学徒制重点项目，每个入选项目予以经费补助10万元。

（刘红生）

【评选“职业院校产业发展贡献奖”】12月20日，市政府办公室发文，公布无锡市职业院校产业发展贡献奖评选结果，无锡职业技术学院、无锡机电高等职业技术学校、无锡商业职业技术学院、无锡科技职业学院、江苏省无锡汽车工程中等专业学校、江苏信息职业技术学院、无锡城市职业技术学院、无锡卫生高等职业技术学校、无锡旅游商贸高等职业技术学校和江苏省宜兴中等专业学校等10所职业院校获得首届“无锡市职业院校产业发展贡献奖”。此次评选工作由市发改委、市经信委、市教育局、市财政局、市人社局、市农委、市工商联联合开展，获评单位由市政府表彰并颁发奖牌，同时获得10万元~30万元的奖励。

（刘红生）

【三所学校升格为江苏联合职业技术学院分院】12月下旬，江苏省教育厅致函无锡市人民政府，同意无锡技师学院（江苏省无锡立信中等专业学校）升格为江苏联合职业技术学院无锡立信分院、江苏省无锡汽车工程中等专业学校升格为江苏联合职业技术学院无锡汽车工程分院、江苏省宜兴中等专业学校升格为江苏联合职业技术学院宜兴分院。升格后，学校的隶属关系、经费渠道等均保持不变，业务管理接受江苏联合职业技术学院指导，可同时举办五年制高等职业教育和三年制中等职业教育。3所职业学校的升格，进一步扩大了无锡高等职业教育资源。

（刘红生）

特殊教育与校外教育

【环保教育专题读本出版】1月上旬，由市教育局组织编写的《环保教育专题读本》正式出版发行。《环保教育专题读本》是无锡首本将环境教育与中小学课堂教育相结合的专题读本，该书共分16个章节，汇集有关空气、土壤、水源、垃圾分类等方面的环保知识，并在各知识点中融入大量无锡元素，让学生能够更全面地认识本土环境的现状和特点，图文并茂，内容详实，贴近学生生活实际和社会现实。在宣传环境保护知识的同时，该书还安排许多操作性强的环境教育实践活动，鼓励学生从自己做起，从身边的小事做起，积极参与环境保护的决策和行动，用实际行动建设魅力和谐的家园。

（刘红生）

【首届中小学无线电测向比赛】 3月27日，由市教育局、市科协共同主办的首届无锡市中小学无线电测向比赛举行，来自全市近30所学校的200多名选手分小学和初中2个组进行角逐。比赛包括个人项目和团体项目两种赛制，其中个人项目包括短距离80米波段测向个人计时赛及短距离2米波段测向个人计时赛。作为一种融体育与科技于一体的运动，无线电测向运动对丰富广大中小学生的知识结构、培养他们的独立思考和分析判断能力有重要帮助。

（刘红生）

【特殊教育引智培训】 4月8~9日，市教育局举办全市特殊教育引智培训活动，全市9所特殊教育学校骨干教师参加培训。活动特别邀请英国埃塞克斯郡著名特殊教育专家马尔科姆·里夫作自闭症儿童教育的讲座，系统阐述有效运用教学策略、设置结构化的教学设施、应对儿童的情绪和行为，更好促进自闭症儿童成长。培训围绕特殊教育、随班就读两大方面展开，通过中、英两国自闭症教育特色以及设施设备的对比，促进教师正确运用教学策略，提高特殊教育质量。

（刘红生）

【王周涛获省青少年科技创新培源奖】 4月24日，第二十七届江苏省青少年科技创新大赛落下帷幕，来自全省各地的208个项目入围决赛。经过分开展示、封闭问辩和评委会研究，大赛共评出最高奖——“江苏省人民政府青少年科技创新培源奖”3项。江苏省天一中学王周涛凭借“FADD基因敲除及转突变基因小鼠的基因型鉴定”项目，成为该奖项获得者之一，这是继上年锡山高级中学谢超之后，无锡学生连续两年获得赛事最高奖。此外，无锡还获得大赛一等奖22项、二等奖32项、三等奖35项，其中19项作品代表全省参加全国青少年科技创新大赛。

（刘红生）

【发放“大有”爱心助学金】 6月4日，“大有” 助学金发放仪式举行。“大有”爱心助学金由市教育装备和学生资助中心与长安汽车无锡大有公司共同设立，专门用于资助无锡市区品学兼优、家庭贫困的学生。该项目自启动以来，得到各个学校、各级学生资助管理部门以及长安汽车无锡大有公司的大力支持，经过审核，来自市区30所学校和幼儿园的34名学生获得资助。此次助学金总金额为5万元，资助标准为高中生每人2000元，初中生每人1500元，小学生每人1200元，学龄前儿童每人1200元。

（刘红生）

【市少年宫获中国魅力校园合唱节金奖】 7月18日，由中国合唱协会主办的第七届中国魅力校园合唱节举行，来自北京、上海、江苏、新疆等21个省、市、自治区的61个校园合唱团参加比赛。无锡市少年宫少儿合唱团凭借对新创作曲目《小小无锡景》、《祖国妈妈》的完美演绎，以第一名的成绩获得金奖。7月21~23日，市少年宫合唱团又代表无锡参加由文化部主办的第七届中国少年儿童合唱节活动，两部作品再度获得专家评委的肯定，并受邀参加活动闭幕式暨优秀团队展演活动。

（刘红生）

【市教育系统关工委获评省优秀工作团队】 11月3日，江苏省教育厅举办全省市、县（市、区）教育局关工委在职负责人培训班。活动中，省教育系统关工委授予8家单位“关工委优秀工作团队”称号，无锡市教育系统关心下一代工作委员会名列其中。近年来，无锡市教育系统关工委紧紧围绕教育中心工作，不断开拓创新，丰富工作内容，创新工作方式，突出基层建设，深化主题教育，重视品牌打造，全面推动全市教育系统关工委建设持续健康发展，促进全市关心下一代工作持续健康发展。

（刘红生）

幼儿教育

【早期教养指导志愿者培训班】 3月10日，市教育局举办首期0~3岁婴幼儿早期教养指导志愿者培训班。来自全市各幼儿园的60余名骨干教师围绕婴幼儿发展特点、公益亲子活动方案解读与实际操作等进行学习研讨，现场观摩19~24个月和25~36个月婴幼儿的亲子活动。参加培训的学员是由全市各地精心挑选的骨干教师，大多有早教工作经验和一定的专业基础，培训后学员还负责对当地的早教志愿者进行二次培训，把先进的早教理念、正确的指导方法和良好的服务意识传递给更多的早教志愿者，为提高家长科学育儿能力提供专业的服务与指导。

（刘红生）

【开展公益早教指导活动】 3月26日，市教育局组织开展公益早教指导活动，全市214所幼儿园和幼托中心作为0~3岁婴幼儿早期教养指导服务点，开展免费的早教指导活动。年内，市教育局以“政府主导、立足公益，专业引领、强化服务”为方针，以社区为基础，以幼儿园为阵地，开展6次公益性0~3岁婴幼儿早期教养指导活动，更好满足广大家长和婴幼儿接受早教指导的需求。

（刘红生）

【构建婴幼儿早教服务体系】 4月25日，市教育局、市财政局、市卫计委、市食药监局、市妇联联合印发《关于进一步推进0~3岁婴幼儿早期教养工作的实施意见（试行）》，加快构建婴幼儿早教公共服务体系。意见明确，到2020年，全市婴幼儿及其家长、看护人员接受早教指导率达到99%，构建以农村镇（村）和城市社区为依托、以幼儿园和早教机构为阵地、以优质幼儿园和早教机构为骨干的早期教养服务网络，逐步形成政府主导、教育部门主管、相关部门分工负责的管理体制。意见要求，加强早教工作规范管理，建立婴幼儿早期教养指导中心，建立健全早教机构日常管理、随机抽查制度；提高早教从业人员专业化水平，落实早教从业人员持证上岗、全员培训制度，加强志愿者团队建设；提升早教工作质量，坚决防止超越婴幼儿身心发展特点、违背教育规律的错误做法，倡导和支持幼儿园开展灵活便捷、丰富多样的早期教养服务，努力成为面向社区的科学育儿指导基地。

(刘红生)

【区域化推进幼儿园课程游戏化建设现场交流会】 11月15日，无锡市区域化推进幼儿园课程游戏化建设现场交流会在江阴市举行，来自全市各幼儿园的骨干教师200多人出席交流会。会议对全面整体推进幼儿园课程游戏化建设进行部署，强调由点到面、实现幼儿园课程游戏化建设全覆盖，加强培训、提升教师实施课程游戏化建设专业水平，加强指导、确保幼儿园课程游戏化建设向纵深发展，扩大宣传、借助各方资源为建设幼儿园课程游戏化服务。会上，江阴市、滨湖区分别介绍推进幼儿园课程游戏化建设的经验，与会人员现场观摩江阴市云亭中心幼儿园、江阴市实验幼儿园、江阴市华士中心幼儿园曙光园的游戏活动。

(刘红生)

【婴幼儿早期教养工作交流研讨会】 11月29日，市教育局召开全市0~3岁婴幼儿早期教养工作交流研讨会。各市(县)、区教育局幼教干部、幼教教研员，各市(县)、区开办苗苗班的幼儿园园长、早教机构负责人参加会议。会上，梁溪区教育局介绍推进0~3岁婴幼儿早教工作的情况，梁溪区贝尔乐苗苗园、侨谊苗苗园、市实验幼儿园、市机关幼儿园、梁溪区零点幼托中心分别就0~3岁教养环境创设、早教师资培养及早教科研成果进行交流。与会代表现场观摩梁溪区贝尔乐苗苗园保育教育活动。

(刘红生)

【5所幼儿园入选省足球特色幼儿园】 根据江苏省青少年校园足球工作领导小组办公室关于做好全省首批足球特色幼儿园遴选的部署要求，经专家评审，实地抽查，2016年，全省共遴选出55所足球特色幼儿园。其中，无锡市梁溪区实验幼儿园、无锡市机关幼儿园、无锡市滨湖实验幼儿园、无锡市侨谊实验幼儿园和无锡市宋庆龄实验幼儿园等5所幼儿园成功入选。

(刘红生)

教师

【2015年无锡最美教师】 为大力宣传优秀教师先进事迹，在全社会弘扬尊师重教良好风尚，引导广大教师不断提高师德修养和专业水平，2016年，无锡教育电视台启动“最美教师”系列主题展评活动。经过教师、学生推荐，学校初选，各地推选等环节，最终，梅村高中王秀丽、积余实验学校卢燕飞、连元街小学边佳等45位教师获评2015年无锡最美教师。此次评选，寻找、发现、宣传一批奋战在教育一线的优秀教师，其中包括优秀班主任、青年班主任、职业学校金牌教练、学科教学能手、创新型教师等，充分展示新时期有境界、有大爱、有思想、有现代教育技能的教师形象，弘扬教育系统广大教师爱岗敬业、立德树人、严谨笃学、无私奉献的高尚师德师风。1月14日，无锡教育电视台举行最美教师展评活动座谈会，并为获奖教师颁发荣誉证书。

(刘红生)

【全市青年教师志愿助学活动】 5月28日，市教育局举行全市青年教师志愿助学活动启动仪式。来自市直属院校和梁溪区部分中小学、幼儿园的近40名知名骨干教师为现场群众提供学科指导、成长指导和升学指导咨询服务。此次志愿助学活动在全市范围开展，市教育局成立青年名师助学总团，下设直属院校、梁溪区、锡山区、惠山区、滨湖区、新吴区6个分团，组织志愿教师每人结对3~5名学生，利用课余时间免费为学生开展学科辅导，通过“名师微课”APP、网上家长学校、走进社区等多种方式，为学生、家长及社区居民提供学科辅导、兴趣类辅导、心理健康、习惯养成、生涯规划、家庭教育指导等一系列免费公益服务。

(刘红生)

【中青年干部培训班】 7月4日，市教育局2016年度中青年干部培训班在无锡市委党校开班，来自市直属院校的38名中青年干部参加培训。此次中青年干部培训主要分为理论学习、党性锻炼、能力提升3个模块，内容包括党章党规、习近平总书记系列重要讲话、无锡经济形势、个人品行修养、现代管理能力等多个方面的专题学习，通过现场教学、跟岗学习、小组研讨、学员论坛等形式，使参训学员进一步强化政治意

诚明实验幼儿园晨间锻炼活动 (刘秋君 摄)

识，加快知识更新，优化知识结构，拓宽视野，增强本领。

（刘红生）

【新一轮赴延安和新疆支教工作】 8月19日，市教育局召开赴延安和新疆支教教师座谈会，欢迎2015~2016学年支教教师载誉归来，欢送新一批支教教师启程。本次各有6名教师前往延安、新疆两地参与支教工作，支教教师分赴延安一中以及新疆阿合奇县同心中学完成为期一年的教学任务。延安支教工作延续往年风格，选派语文、数学、英语教师各2名，重点打造延安一中无锡班。援疆支教工作以学科建设为主，取消艺术、体育教师名额，增加主课骨干教师比例。座谈会上，新老教师齐聚一堂，畅谈支教感受，交流支教经验，爱心企业还向即将出发的支教教师赠送服装，助力无锡支教工作。

（刘红生）

【召开优秀教师代表座谈会】 9月8日，市教育局召开优秀教师代表座谈会。市政府副市长华博雅出席会议并讲话，全市教育系统优秀教师代表出席会议。会上，省特级教师代表、江南实验小学顾晓东，市“最美教师”代表、无锡汽车工程学校倪群群，市“青蓝工程”优秀指导教师代表、青山高级中学江锡钧，省中小学校优秀党务工作者代表、怀仁中学杨雁，乡村学校从教30年教师代表、洛社初中吴亚琴等优秀教师作交流发言，围绕“甘守三尺讲台、争做‘四有’老师”主题，从不同角度回顾各自的从教历程、体会和经验，展现无锡教师坚守教育、坚守信念、学为人师、行为世范的责任和情怀。

（刘红生）

【出台乡村教师支持计划实施方案】 9月9日，市政府办公室印发《无锡市乡村教师支持计划实施方案(2016~2020年)》，大力加强乡村教师队伍建设，进一步缩小城乡差距，提升教育现代化水平。方案明确以“师德为先、以德化人，规模适当、结构合理，提升质量、提高待遇，改革机制、激发活力”为原则，坚持问题导向，创新体制机制，补齐队伍短板，优化队伍结构，提升整体素质，吸引优秀人才到农村从教、长期从教、终身从教，努力造就一支数量充足、素质优良、甘于奉献、扎根农村的教师队伍，保障城乡每一个孩子充分享受教育公平的权利。

（刘红生）

【第十五届教师技能大赛】 9月22日，无锡市第十五届教师技能大赛电视总决赛举办。市教育局、市总工会相关负责人，来自各级各类学校的教师代表、参赛选手亲友团100余人观摩比赛。6位参赛选手分为小学组和中学组，参加微型课展示、素质考核答辩、特长才艺展示3个项目的比赛，并接受现场专家评审、教师评审和观众评审的综合评判。最终，扬名中心小学贾军华和市北高级中学宋海姝分别获得小学组和中学组特等奖，两位特等奖获得者同时获得由市总工会授予的无锡市五一劳动奖章。

（刘红生）

【全省中小学班主任基本功竞赛】 10月12~14日，2016年江苏省中小学班主任基本功竞赛在无锡举行，来自全省13市的78名班主任参加比赛。大赛分为小学组、初中组、高中组3个组别，由笔试和面试两大环节组成，经过评审，全省共15名教师获得一等奖，24名教师获二等奖，39名教师获三等奖。其中，代表无锡市参赛的6名选手在比赛中取得一等奖2个、二等奖2个和三等奖2个的优异成绩。

（刘红生）

【人民教育家培养对象教育思想报告会】 10月27日，市教育局举行江苏人民教育家第二期培养对象教育思想报告会，报告会设立省锡东高级中学和宜兴第一中学两个分会场。在锡东高级中学分会场，凤翔实验学校校长许昌良、锡东高级中学副校长陈平分别以《为了每一个生命的尊严——新平民教育的思考与实践》《设计学校——为儿童设计学校》为题，介绍各自的办学理念和实践经验。在宜兴第一中学分会场，宜兴第一中学副校长徐孟军以《思想政治课灵动教学》为题，阐述在思想政治课教学中通过灵活手段启发、引导学生的教学方法。点评专家对3位培养对象的报告进行点评，认为报告从教育的实践经验入手，系统全面地阐述教育思想，体现江苏人民教育家培养对象的责任担当和对教育精神的不懈追求。

（刘红生）

编辑 顾洪兴

文化

综述

【概况】 2016年，全市文化系统认真贯彻中共十八届五中、六中全会精神和习近平总书记关于“文化建设迈上新台阶”的指示精神，围绕市委、市政府实现“强富美高”新无锡的有关部署及各项重点工作，不断深化文化体制改革，全力推进现代公共文化服务体系建设，努力提升文化遗产保护水平，不断壮大文化产业规模，加快推进新闻出版广电融合发展，积极引导文化市场繁荣有序发展，全市文化建设取得显著成效。

（刘海荣）

【成功创建国家公共文化服务体系示范区】 10月26日，2016年中国图书馆年会在安徽省铜陵市举办，第二批国家公共文化服务体系示范区颁牌仪式在年会现场举行，文化部、财政部正式向示范区创建城市颁牌，副市长叶万彬代表无锡市政府登台领牌。自2013年8月，无锡市成功申报为第二批国家公共文化服务体系示范区创建城市以来，经过数年努力，全市以扎实的举措和创新的思路推动公共文化服务工作提档升级、健全完善，通过文化部专家组的中期督察、公共文化服务体系制度设计研究课题评审、示范区创建相关群众满意度测评、文化部专家组的实地验收以及最终的集中评审，72项创建指标全部合格，优秀率达97.2%，创建规划整体落实率100%。示范区的创建对于推动无锡不断完善公共文化设施，提升公共文化服务水平，提高人民群众对公共文化服务的满意度起到重要作用。其中，3项创建成果成为全国亮点。图书馆总分馆制推行的“江阴模式”。让公共图书资源走出图书馆，走进民间阅读机构和场所；由社会力量承担场地、设备和日常办证、借还和阅览服务；公共图书馆服务网络不断拓展，越来越多的阅读资源走到老百姓身边，形成浓厚的阅读氛围。公共文化设施社会化的“新区模式”。在全国首创区一级公共文化设施社会化运营；通过政府招标，将图书馆、文化馆两馆管理、运行和服务外包给专业公司；政府通过制定标准、实施考核进行监管，有效降低行政成本，满足群众的多样性文化需求。公共文化服务体系的“地方标准”。全国首次由文化部门编制、质监部门发布公共文化服务地方标准体系，体系含有《无锡市基本公共文化服务保障标准》《无锡市公共文化服务评价》两个综合标准和《无锡市综合文化站建设标准》《无锡市综合文化站服务规范》等10个分项标准，为全市公共文化服务体系建立科学规范，更好地保障广大群众基本文化权益。

（刘海荣）

【公共文化服务政府购买成为全国样板】 6月13日，文化部向社会力

杨志今调研安镇街道水岸佳苑睦邻中心文化活动开展情况

（刘海荣 供稿）

量购买公共文化服务工作座谈会暨现场经验交流会在无锡召开，文化部党组副书记、副部长杨志今出席会议并讲话，无锡市在会上交流经验。会议期间，与会代表实地考察无锡山禾合唱团群众文化、新吴区图书馆服务外包、无锡大剧院高雅艺术平民化、文化艺术中心建设及锡山区安镇水岸佳苑文体活动中心等政府采购项目，对无锡通过“民办官助”形式推进公共文化服务体系建设给予充分肯定。2016年，市文广新局在政府购买公共文化服务上继续精准发力。以“小额资助”的方式促进特色文化团队发展。划拨200万元对活跃在锡城城乡广场上的自娱自乐为主的优秀特色文化团队中的500支团队进行小额补贴，资助团队数量比上年增长20%，极大地解决特色文化团队开展群众文化活动经费短缺的难题，调动广大群众文化骨干开展文化活动的积极性。有序引导社会力量加入“办文化”。全年购买77个项目，不仅对培育社会文化机构和提高机构活动水平提供有力的物质支撑，也为无锡公共文化活动增添新的活力。合同采购的方式提供满足精神需求的文化食粮。中国上海国际艺术节是国内最高规格与水准的艺术盛会，无锡分会场活动精彩纷呈，以400万元合同采购代表当今国际水准的文化艺术演出，为群众欣赏高雅文艺演出提供机会。

（刘海荣）

【文化单位改革不断深入】 全市文化系统贯彻落实市委、市政府深化社会事业领域“管办分离”改革的决策部署，在完成市文广新局、市文化艺术管理中心及所属企事业单位的整合基础上，进一步理顺行政上下关系，形成完整的行政管理体系。助推江苏省艺术基金扶持、文化遗产保护传承等工作的开展，改革成效逐渐显现。8月，按照建立产权清晰、权责明确、政企分开、管理科学的现代企业制度要求，整合无锡演艺集团、无锡影剧公司、无锡大世界影城等可经营资产，组建成立无锡市文化发展集团有限公司，围绕社会主义精神文明建设，始终坚持把社会效益放在首位，实现社会效益和经济效益相统一，为形成体现文化企业特点、符合现代企业制度要求的资产组织形式和经营管理模式奠定基础。在市委、市政府的决策部署下，市文广新局从优化配置教育资源、发展文化事业出发，配合完成无锡文化艺术学校隶属关系调整，无锡文化艺术学校正式划归市教育局主管。市文化艺术研究保护所组织重构、职能重建，结束多年来合并办公的局面，逐步恢复其文学艺术专业创作，组织文学艺术评论、研究和保护，开展专业理论研究、学术交流的职能。同时，将《书画艺术》杂志划归市文化艺术研究保护所主办，授权市文化艺术研究保护所代管《太湖》杂志。

（刘海荣）

【文艺精品创作取得成果】 全市各文艺院团加强对重点剧目、经典剧目的排练和推广，不断推出新剧目，培育锡城群众对文化艺术演出的欣赏需求，加大惠民演出场次，获得较高的社会影响和知名度。一批优秀文艺精品屡获嘉奖，舞剧《英雄·玛纳斯》获全国少数民族文艺会演银奖，舞剧《丹顶鹤》（国际版）作为江苏省“一带一路”系列文化主题活动节目赴柬埔寨演出，经典剧目《珍珠塔》入选2016年度国家艺术基金传播交流推广项目，小品《中秋夜话》在“中华颂”第七届全国小戏小品曲艺大展比赛中获得优秀剧目金奖。原创文艺作品层出不穷。大型原创锡剧《锡商》10月在无锡首轮公演，受到领导专家、社会各界好评；原创剧目《蘩漪》参加第三届江苏文化艺术节；舞剧《吴祖光——梦别新凤霞》作为省委宣传部投入的重点剧目于年内搬上舞台；舞剧《睡莲》成功入围2016年度江苏艺术基金的扶持。

（刘海荣）

【精心组织重大文化活动】 2016年，全市重大文化活动品牌迭出，精彩纷呈，在往年的基础上不断寻求突破，全市文化影响力不断扩大。“激情周末”活动丰富了群众文化生活，首次面向全社会征集年度专场演出，更广泛地搭建群众展演舞台，全年演出总场次突破100场。“群芳奖”评比促进群众文化创作，自1月活动启动以来，共收到各地、各单位报送作品726项，经过预赛、复赛、决赛，共评出获奖项目189项，涌现一大批优秀群众文艺新作。“艺术节”的举办提升群众欣赏品味，中国上海第十八届国际艺术节无锡分会场总计举办各类文化活动111场，包含精品舞台剧目演出、群众文化活动、展览（博览）和民营文化场馆展示活动等多个子项，整体活动数量较上届增长32%，直接参与人数35万人次，形成盛大的文化活动规模和氛围。“文博会”的举办推动文化创意产业发展，首次推出文物文创馆，从文物中发掘文化创意新价值，展会吸引观展人数11.7万人次，现场销售额5.3亿元，较上年增长70.9%。太湖读书月活动陶冶群众高雅情操，通过阅读精品培育、阅读阵地提升、阅读分众服务、阅读文化推广等活动，使太湖读书月成为广大市民的文化盛会，各类线上活动点击率超过150万人次。影视产业投资峰会吸引更多优质影视资源，作为部、省、市首次共同举办的高层次、大规模的国家级影视文化产业投资峰会，6家影视基金签约发布，总投资额超过100亿元，30家规模影视企业签约落户无锡，进一步优化无锡市文化产业战略布局和发展空间。

（刘海荣）

【保护传承文化遗产】 全市文化遗产保护工作不断夯实基础，在场馆发展、文物保护划定、信息化建设方面均有突破。10月，周怀民藏画馆新馆开馆，常年集中展示周怀民于20世纪80年代捐赠的藏品，并拟举办国内巡展。2016年，第五批市级文物保护单位和第三批控制性保护单位名单正式公布，新确定63处文化遗迹为第五批市级文物保护单位，43处为第三批文物遗迹控制保护单位。“网上博物院”纳入无锡市为民办实事项目，经过方案编制、专家论证、内容优化，2016年元旦试运行。东林书院、薛福成故居、名人故居、钱钟书故居等文博单位逐步推进信息化建设。通过数字化手段、信息化服务，打通公共文化服务“最后一公里”。

（刘海荣）

【文化产业加速发展】 在2016年两批共4000多万元的市级文化产业引导资金政策引领下，无锡市文化企业增加数、规模以上文化及相关产业营业收入呈现高位数增长。资本加快融合，慈文传媒借壳上市后，一些上市公司加快转型步伐。中南重工更名为中南文化，做强跨界文化传媒产业。宝通科技通过增发购买方式，从传统化工转向手游等文化产业。项目加快投入，万达文旅城万达茂项目一层主体、室内室外主题公园启动施工。总投资5亿元、占地约8公顷的无锡巧克力乐园项目开工建设，将建成全国最大巧克力主题乐园。无锡国家数字电影产业园继上年爆发式增长后，2016年，园区入驻企业总量超过460多家，参与拍摄制作的影视剧项目450余部，全年销售收入32亿元，税收3.7亿元，园区集聚作用逐渐显现。

（刘海荣）

【2个传统村落列入中央财政支持范围】 6月，住房与城乡建设部、文化部、国家文物局等7个部门下发通知，公布2016年列入中央财政支持范围的中国传统村落名单。全国共有750个"中国传统村落"被列入中央财政支持范围，江苏省有6个村落上榜，无锡市锡山区羊尖镇严家桥村和惠山区玉祁镇礼社村列入其中。严家桥村坐落于锡、澄、虞三地交界处，经济与文化底蕴丰厚，是唐氏家族发祥地、锡剧发源地、中共地下革命根据地，曾是锡东的布码头、粮码头、医药码头、评弹码头，也被称作"教授村"。2009年，严家桥村被江苏省政府批准为第四批省级历史文化名村。2013年，又被列入第二批中国传统村落名录。礼社村是典型的江南古村，2012年被列入第一批中国传统村落名录。礼社老街上坐落着多处名人故居，在清代涌现出160多位文武官员，民国时期有"一门四博士"，当代有"一村四院士"，这里走出著名实业家薛明剑，著名教育家薛正，经济学界的"双子星座"孙冶方、薛暮桥等。此次入选的传统村落获得专项补助资金，主要用于传统建筑和历史遗迹保护性修缮、建筑防灾减灾、环境综合整治，以及污水、垃圾等基础设施和公用设施建设，整体保护和改善传统村落的历史遗存和人居环境。

（刘海荣）

【无锡市文联第十次代表大会】 12月13~14日，无锡市文学艺术界联合会第十次代表大会召开，全市文学艺术界300多名代表参加会议。江苏省委常委、无锡市委书记李小敏出席会议并讲话，江苏省文联主席、党组书记章剑华到会祝贺，无锡市领导汪泉、姚建华、周敏炜、徐劼、周英、陈德荣、张叶飞、柳江南出席会议，无锡市委常委、宣传部部长王国中作闭幕讲话。大会选举产生无锡市文学艺术界联合会新一届领导机构，金元兴当选为无锡市文联第十届委员会主席，董晓、过旭明、刘仲宝、许益民、梁元、曹建平当选为副主席。市文联十次代表大会第三次全体会议审议通过无锡市文联第九届委员会工作报告，修订《无锡市文学艺术界联合会章程》，宣读十次文代会大会决议和倡议书。

（孙必勇）

【市文联举办文艺家读书班】 12月26~27日，无锡市文联举办文艺家读书班，组织新一届文联委员，各文艺家协会副主席、秘书长，部分文艺社团代表共120人进行集中培训，学习贯彻全国第十次文代会精神和市委书记李小敏在市第十次文代会上的讲话精神，增强责任感和使命感，更加主动地谋划今后一个时期的文艺和文联工作。读书班邀请中国曲协分党组书记、副主席兼秘书长董耀鹏解读习近平总书记在全国第十次文代会、第九次作代会开幕式上的讲话精神，董耀鹏从"作品是文艺家的安身立命之本""胸中有大义、心里有人民、肩头有责任、笔下有乾坤""坚守艺术理想、坚持德艺双馨"等方面对习近平总书记的讲话进行解读。读书班还邀请南京大学、江苏省社科院和无锡市委党校的资深专家、教授进行授课，就文艺创作问题、江苏发展战略方向、当前国际形势等方面进行辅导。

（孙必勇）

文学

【《杨绛传》无锡首发式暨读者见面会】 杨绛是中国著名女作家、文学翻译家和外国文学研究家，也是无锡人民的骄傲。7月17日是杨绛105周年诞辰，为追忆和缅怀其博学、睿智、宽容、韧性的品格与风范，《杨绛传》无锡首发式暨读者见面会在市图书馆举行。《杨绛传》由著者罗银胜历经10余年撰写而成，2016年由天地出版社第四次再版发行，该书是唯一一部由杨绛生前亲自审阅的传记。首发式上，著名传记作家、独立学者罗银胜交流创作的心路历程和体会，现场回答读者的提问，向市图书馆、钱锺书故居和钱氏家族捐赠新书；钱氏家族无锡家属、钱钟书的堂侄女钱静汝发表感言。活动结束后，罗银胜为读者进行新书签售。

（刘海荣）

【无锡市儿童文学学会成立】 12月18日，无锡市儿童文学学会在无锡市图书馆举行成立大会。知名作家、大学教授、中小学校长、教师、媒体记者、阅读推广人等不同职业的儿童文学创作者和爱好者100余名会员参加大会，共同探讨无锡儿童文学及作家队伍的发展问题。大会审议通过学会《章程》，选举产生无锡市儿童文学学会第一届会长、副会长、秘书长和理事。学会将培养儿童文学作家作为首要任务，给会员提供发表作品的平台和出版作品的机会。学会聘请专家为儿童文学新人的作品把脉，努力为会员作者提供良好的创作氛围。学会还将促进、提升儿童文学在基础教育教学中的应用。

（孙必勇）

【儿童故事集和吴文化绘本首发】 年内，由无锡市惠山区香宝少儿文化创作与传播工作室创编的《香宝爸讲无锡故事》和《吴泰伯的故事》正式出版，成为无锡市首本描绘本土历史文化的儿童故事集和吴文化绘本。《香宝爸讲无锡故事》分为无锡渊源、吴地掌故、工商大家、励志名人和趣闻传说5个板块，收录30个故事。《吴泰伯的故事》用简练的语言和精致的画面，向孩子们讲述泰伯与弟弟相亲相爱共同成长过程，勾勒泰伯这位吴文化始祖的"至德"形象。

（孙必勇）

【无锡作家作品展示月活动】 4月23日是无锡解放日，也是第21个"世界读书日"，市文联与市作家协会联合主办的"无锡作家作品展示月"活动在市作协会员活动基地百草园书店启动。活动邀请国内著名儿童文学作家陆梅作《我们谈文学时谈什么》主题讲座,同时举办“青春书会”读书活动。为期一个月的本土作家作品展示活动中，市作协活动基地在每周六下午安排本土作家与读者面对面进行交流，其间还推出“阅读是最美的姿态”摄影、征文比赛,以此传递书香,增加锡城的阅读氛围。

(孙必勇)

【作家协会网络文学分会成立】 8月29日,无锡市作家协会网络文学分会成立，作为全省第二个成立网络文学分会的城市，这是无锡在网络文化蓬勃发展的当下推动网络文学健康发展的一项重要举措。市文联主席金元兴、副主席陆永基、市作协主席曹建平及全市60多名网络文学作家参加成立大会，江苏省网络作家协会副主席王辉当选为市作协网络文学分会主席。网络文学分会将加强对无锡市网络作家队伍的引导团结、联络服务,开展网络文学理论研究和文学批评，组织开展作家培训、作品推介和文学采风等活动,做好会员的文艺维权工作,促进全市网络文学健康发展,使之成为促进无锡文艺事业发展的新生力量。

(孙必勇)

影 剧

【无锡动漫亮相杭州国际动漫节】 4月27日~5月2日,无锡动画产业基地组织全市各有关园区和动漫企业参加杭州中国国际动漫博览会,集中展示无锡动漫创意产业的发展成果。无锡雪豹十月数码动画制作有限公司新作《时空英雄》《花森林》、无锡广新动画技术有限公司《木头村》《二胎时代》、无锡沸腾影业有限公司动画电影《海底大冒险之海豚护卫队》、江苏希际数码艺术网络股份有限公司动画片《梦飞纸客国》等亮相动漫节。本次动漫节新增IP对接大会,无锡参展企业参加动漫交易网线下对接会、IP产业互动交流大会、动画及漫画产品授权大会、国际动画产业合作交流会、影视及游戏产品授权大会、国产动画新片推介会、新媒体专场分享会等各类商洽活动。在国家新闻出版广电总局发布的2015国产动画精品中，无锡雪豹十月数码动画制作有限公司制作的《超能星之时空英雄》被评为动画精品，公司总经理贺晨佳被评为动画优秀人才。

(刘海荣)

【中国影视后期制作技术高峰论坛】 5月13日,2016中国影视后期制作技术高峰论坛在无锡国家数字电影产业园启幕。论坛聚集10多位国内外影视特效领域专家，其间，举行“中国数字电影人才培养的现状与发展前景”“VR在影视延伸领域的应用”“中外热门特效影片的解读”等9场主题演讲。举办中国影视后期制作技术高峰论坛，是园区为落户企业提供高质量技术交流、学习机会的重要举措，也为国外顶尖技术、先进工作流程引进园区,国内成熟技术、知名公司分享出去提供良好平台。

(刘海荣)

【朱成获圣马克铜狮奖】 8月31日~9月10日，第73届威尼斯国际电影节在意大利举办，无锡籍青年导演朱成凭借其执导的国际版短片《南京东》，获得威尼斯国际电影节圣马克铜狮奖“最具创意导演奖”。朱成是中国电影史上迄今为止在威尼斯国际电影节上获奖中最年轻的中国导演，他也是该片的编剧和剪辑师。此外,在第四届无锡微电影节上,朱成执导的短片《鹅蛋与我》获得最佳公益微电影奖。

(刘海荣)

【中法动画电影交流论坛】 10月21日，由无锡广播电视集团与法国国际文化中心协会共同主办的首届中法动画电影交流论坛在无锡拉开帷幕。此次论坛是一项主要面向电影爱好者、动画爱好者、动画专业人士等开展的动画电影合作交流活动，首次纳入无锡广电文化活动周范畴。为期两天的活动中,论坛专门设置“经典赏析”“专家交流”“学术讲演”“原创新作海外试映”等环节,将文化的“引进来”和“走出去”结合在一起，让市民在领略中法动画影像魅力的同时，通过顶尖跨域文化交流平台，向国际舞台传递中国的文化自信。活动主会场设在无锡广播电视集团，分论坛设在江南大学数字媒体学院。包括《大闹天宫》《牧笛》《山水情》《国王与小鸟》《漫漫北寻路》等中法两国多部不同时期的优秀动画影片,在论坛上进行展映。

(刘海荣)

【电影票房收入达5.48亿元】 随着全国电影市场的持续走高，无锡电影市场也迅速崛起。至2016年年底，无锡已经开业的影城有80家，银幕块数490块，票房总额达5.48亿元,省内排名第三。全年观影超过1690万人次,按全市常住人口计算,每位无锡市民到影院观影次数达3次左右。

(刘海荣)

【第五届无锡市微电影节】 8月,第五届无锡微电影节启动，面向社会广泛征集优秀原创微电影作品,最终,《东方红》等6部微电影分获8个奖项。由西安一家影视公司选送的根据陕北民歌改编的《东方红》获最佳影片奖和最佳导演奖两个奖项，北京一家电影工作室选送的留守儿童题材短片《小山的秘密》获最佳编剧奖。在网络平台上,本届微电影节点击量高达200万人次，有效投票数超过17万次。

(刘海荣)

【无锡市电影放映行业协会成立】 9月20日，无锡市电影放映行业协会成立大会举行。依据相关管理办法,以无记名投票方式,选举产生理事11名、监事1名,并选举产生协会会长、副会长。协会围绕规范、发展和服务三方面开展工作。规范行业准则,促进良性竞争。协会制定和完善统一的市场基础规则，引导会员有序竞争。填补行业发展空白,支持国产影片发展。协会每年制定无锡电影市场健康发展年度指导计划,提出具体的方案或管理办法,助推锡城电影放映行业发展。做好会员单位的增值服务工作，提高会员单位对行业、对中国电影放映市场的认知。

(刘海荣)

【中国·江苏太湖影视文化产业投资峰会】 12月15日,2016中国·江苏太湖影视文化产业投资峰会在无锡国家数字电影产业园举行。国家新闻出版广电总局副局长童刚,省委常委、市委书记李小敏,江苏省副省长张敬华共同为峰会启幕，市长

“小小红梅奖”少儿锡剧邀请赛 (刘芳辉 摄)

汪泉致欢迎辞。为期两天的峰会,围绕“‘新模式、新技术、新内容’——移动互联时代的影视文化产业发展趋势和投资机会”主题,共设开幕式暨主题演讲、项目签约、主题论坛、电影之夜等多个环节;设置影视高新技术展示区,盛悦国际、诺华视创、亿和科技、万域科技等园区品牌企业,现场展示实体特效、球状相机阵列采集装置、全息投影柜、3D扫描系统等国内自主研发的影视拍摄和特效制作高新技术,展现中国影视行业最高技术水平。乐视影业CEO张昭、微影时代CEO林宁、著名导演陆川以及中美文化大使李凯文等作为演讲嘉宾悉数亮相。数十位业内知名电影人,解读电影市场前沿趋势,共话中国影视产业发展之路,探讨影视界不同细分领域的发展趋势和投资机会。

(刘海荣)

【原创锡剧《锡商》首演】 10月13日晚,由无锡市锡剧院原创的大型锡剧《锡商》在市人民大会堂成功首演,近千名市民和部分无锡企业家观看演出。《锡商》讲述主人公周铭棠艰难的创业历程,以及父子、师徒、兄弟之间所发生的利益对峙和情感折磨,讴歌锡商“敢创人先、坚韧刚毅、崇德厚生、实业报国”的精神。《锡商》剧本曾六易其稿,历经文化部、中国戏剧家协会及京、沪、宁戏剧界专家论证,并聘请国内一流编剧和导演进行创作,无锡市锡剧院小小王彬彬、潘佩琼、陈云霞、潘华、蔡瑜等担纲重要角色。

(刘海荣)

【现代锡剧《好人俞亦斌》公演】 《好人俞亦斌》是根据惠山区作家协会主席符志刚撰写的报告文学《用爱托起希望的太阳》改编的原创现代锡剧。该剧以获得首批“中国好人”称号、江苏省优秀共产党员、惠山区堰桥中学教师俞斌为原型,以真实感人的先进事迹为基础,艺术生动地塑造“俞亦斌”这位当代好人、优秀共产党员的光辉形象。江苏省知名编剧孙智宏、省锡剧团导演张志强、作曲家冯石明和舞美设计张燕青创编指导,无锡市惠山区红花锡剧团和玉祁戏码头团队、惠山区文化馆在短短30多天时间里,紧张排练,反复修改。全剧连序幕和尾声共7场,由惠山区文体局艺术总监、著名锡剧表演艺术家钱伟领衔主演剧中灵魂人物“俞亦斌”。该剧于7月在惠山区首度公演,之后又在全区巡演22场,观众达1.2万人次,受到党员干部和市民群众的广泛好评。

(刘海荣)

【评弹《徐悲鸿》获牡丹奖】 10月15日,第九届中国曲艺“牡丹奖”揭晓,由无锡市曲艺家协会、无锡阿福吉祥幽默俱乐部出品,正远集团·无锡大阿福文化发展有限公司制作的中篇弹词《徐悲鸿》获节目奖,成为获奖的5个节目奖之一。

(孙必勇)

【江南滩簧论坛、展演活动】 10月28~29日,2016江南滩簧论坛、展演活动在无锡举行。本次活动由市委宣传部、市文广新局、市文联等单位主办,包括研讨会和展演两部分。同根同系的滩簧剧系锡、沪、婺、苏、甬、姚、丹剧的院(团)长与江、浙、沪三地专家,汇集交流,研讨滩簧剧传承发展大计。论坛期间,在无锡人民大会堂推出锡剧《二泉映月·随心曲》、婺剧《牡丹对课》、《白蛇传·削发、水斗、断桥》等载誉全国剧坛的精品剧目。

(孙必勇)

音乐·舞蹈

【山禾合唱团创佳绩】 7月26日,第十三届中国国际合唱节在北京人民大会堂拉开帷幕。来自全球44个国家和地区的238支合唱团参加合唱活动,无锡山禾合唱团在比赛中创造佳绩,应邀参加盛大的合唱节开幕式、闭幕式演出。本届国际合唱节中,无锡山禾合唱团分别参加老年混声、老年男声、老年女声、小合唱和童声合唱5个组别的测评比赛,取得2个A级和3个B级的成绩:山禾老年混声合唱团和山禾老年男声合唱团分别获得各自组别的第一名,山禾老年混声合唱团还被评为“十佳合唱团”,并成为唯一一支登上闭幕式音乐会的老年合唱团。

(刘海荣)

【钱铁民获民乐艺术终身贡献奖】 8月,在中国民族管弦乐学会第六次全国会员代表大会上,无锡民族管弦乐学会会长钱铁民与其他30多位对中国民族音乐作出杰出贡献的民乐界人士,获得由中国民族音乐管弦乐学会颁发的民乐艺术终身贡献奖,这也是无锡人首次获此殊荣。钱铁民1944年生于无锡,1960年考入南京艺术学院附中琵琶专业,同年入伍进入解放军文工团,历任琵琶演奏员、乐队指挥、乐队副队长。1970年,钱铁民转业回到家乡,后调入无锡市群众艺术馆(现市文化馆)任副馆长。1983年至1985年,钱铁民进入南京艺术学院师从高厚永教授，系统学习民族音乐理论。

（刘海荣）

【《吴祖光——梦别新凤霞》首演】 5月17日晚，新舞剧《吴祖光——梦别新凤霞》在无锡大剧院成功首演。该剧由著名导演陈健骊、著名作曲家关峡、无锡市歌舞剧院（江苏民族舞剧院）共同打造，由《中国好舞蹈》亚军张娅姝倾情演绎，被列为省委、市委宣传部重点剧目，从筹备到演出历时3年，剧本五易其稿，通过浪漫主义时空穿越手法，融会芭蕾与民族民间舞、中国古典舞，运用戏曲元素，讲述吴祖光、新凤霞这两位20世纪中国文艺界巨星坎坷而又辉煌的一生。该剧年内还陆续在常州、南京等地上演，并应邀参加第十一届中国艺术节。

（刘海荣）

【《英雄·玛纳斯》获全国少数民族文艺会演银奖】 8月16日起，第五届全国少数民族文艺会演在北京举行，舞剧《英雄·玛纳斯》代表江苏参加会演并获得银奖。舞剧《英雄·玛纳斯》是江苏省文化援疆项目，由无锡市歌舞剧院（江苏民族舞剧院）与新疆阿合奇县歌舞团共同打造，首次将口头传唱的柯尔克孜族英雄史诗《玛纳斯》搬上舞台。该剧演绎柯尔克孜族人民在英雄玛纳斯领导下，不畏艰险、奋勇拼搏、创造美好生活、歌颂伟大爱情的故事，充分体现“交流、互动、共赢”的文化援疆主题。

（刘海荣）

美术·书法·摄影

【“印象吴哥”异域风情艺术展】 6月15~28日，“印象吴哥”异域风情艺术展在市美术馆开展。展览作品中包括无锡三槐堂艺术家赴柬埔寨异域风情考察团8位油画家在柬埔寨的写生作品和回国后的深度创作作品200幅，这些作品真实地记录中国画家在异域写生中的思考与实践，画家们以中国当代意象油画的绘画精神和各自不同的绘画语言和表现手法，记录当地热带自然风光和独特的人文风光。本次画展不仅展示油画家们的写生创作成果，更将画家们亲历过的柬埔寨独特自然风光、人文风情和灿烂的吴哥文化以最直接、最真实的方式展现给无锡市民。

（刘海荣）

【许子松中国画展】 8月1~15日，“澄怀观道——许子松中国画展”在市美术馆开展。这是许子松第一次在无锡办展，共展出其传统山水、工笔人物等代表画作80幅。许子松，原名许荣伟，1971年生于无锡，是中国美术家协会会员、钱松喦艺术研究会常务理事、黄养辉艺术研究会副秘书长、无锡市书画院特聘画师，作品多次入选全国中国画作品展。他的创作题材涉猎广泛，行笔干净纯粹，布局从容不迫，泼墨酣畅淋漓，浓淡虚实有度，在山水、人物、花鸟等方面均有佳作。

（刘海荣）

舞剧《英雄·玛纳斯》获第五届全国少数民族文艺会演银奖

（刘海荣 供稿）

【张文平油画展】 9月1~20日，张文平油画展在无锡市美术馆展出，共展出作品79幅。张文平出生于1967年，甘肃庆阳人，毕业于西北师范大学美术系，现为陇东学院美术系副教授、中国美术家协会会员。近年来，他先后在中央美术学院、北京画院研修，其作品《收获》获“2012中国百家金陵画展（油画）”金奖，《八月》获2014年第十二届全国美术作品展油画类创作优秀奖。

（刘海荣）

【周怀民捐赠书画展】 10月13日，由中共无锡市委、市人民政府、江苏省文化厅联合主办的“艺术长存 湖山生色——周怀民捐赠书画展”开幕式在南京博物院举行。周怀民是无锡钱桥人，北京画院一级美术师、中国美术家协会会员，曾任民革中央监察委员等职，是中国著名的书画家、鉴定家，有“周芦塘”“周葡萄”之美誉。20世纪80年代，周怀民将其收藏的古书画及近现代名家书画并本人精品力作共226件，全部捐献给家乡政府。为更好地保存这批艺术精品，无锡市政府曾专门为他建造周怀民藏画馆。2016年正值周怀民110周年诞辰，市政府决定将周怀民藏画馆迁移至历史悠久、文化底蕴深厚的世界文化遗产——中国大运河畔的运河公园内，并相继举办“艺术长存 湖山生色——周怀民捐赠书画展”“周怀民书画艺术座谈会”等系列活动。

（刘海荣）

【无锡青年画家油画展】 9月22日，由市文广新局主办的“传承与创新——2016无锡青年画家油画展”在无锡美术馆开幕并举行颁奖仪式。开幕式上，《传承与创新——2016无锡青年画家油画集》同时发布，13位青年画家获优秀奖证书，53位青年画家获入选证书。此次油画展是无锡美术馆（无锡市书画院）年度的重点目标任务，也是无锡美术馆为无锡青年画家搭建的美术创作平台，更是无锡美术馆大力弘扬社会主义核心价值观，开展“深入生活、扎根人民”

和“中国梦”主题文艺创作活动的具体实践。

（刘海荣）

【无锡籍将军名人书画展】 为庆祝红军长征胜利80周年，10月20日，无锡籍将军名人书画展在市图书馆举办。此次书画展在征稿期间收到书画作品200余幅，经整理，共有80多幅思想精深、艺术精湛、制作精良的书画作品参展。这些作品大多为书法作品，或行草隶篆，或山水人物，以翰墨传情，歌颂辉煌历程，铭记革命历史，饱含着作者对党、对祖国、对家乡的热爱之情。

（刘海荣）

【无锡画家画无锡美术作品展】 10月20日，“强富美高新无锡——无锡画家画无锡美术作品展”在市博物院开幕，展出的91件美术作品涵盖最能代表无锡5个文化品牌的标志性地点。为充分展示无锡五大文化品牌建设成就，进一步繁荣美术事业，无锡市委宣传部、市文广新局、市文联于6月启动无锡画家画无锡系列活动，经多次协调策划，最终确定48处最能代表无锡吴文化、工商文化、山水文化、和谐文化以及影视文化5个文化品牌的标志性地点，交由画家们进行创作，并面向社会广泛征稿。最后共收到作品120余件，经过评选，共选出展览作品91件，其中，国画58幅，油画27幅，雕塑4件，水彩画1幅、版画1幅。

（刘海荣）

【“山水情”书画印联展】 11月19日，书情画意金石铭——江浙沪三地五校“山水情”书画印联展在无锡程及美术馆开幕。此次展览展出作品100多幅，涉及题材丰富，形式多样，有国画、书法、泥塑、篆刻、水粉画、陶艺等，这些作品造型生动，形象饱满，色彩匀称，洋溢着孩子们天真烂漫的思想感情和大胆新奇的想象。

（刘海荣）

【问道水墨·中国画展】 12月11日，“问道水墨·当代中国画名家作品展”在无锡博物院开幕。首届当代中国画名家作品展自2011年在西安举办以来，先后在合肥、成都、桂林、重庆举办。2016年年末，第六届当代中国画名家作品展在无锡举办，参展的11位艺术家来自四川、安徽、浙江、山东等多个省、市。这些画家多年潜心于中国水墨艺术，在研究和所擅长的领域各有所成，他们利用理性认识启发感性认识，又从感性的触动归于理性的研究，从具象到抽象，力争把现实主义和浪漫主义相统一，从而使得作品更具时代的新颖性和前瞻性。展出的108幅作品，既有生活气息，又有浓浓古意。

（刘海荣）

【山林·园林梁元中国画作品展】 12月7日，“美术峰荟·江苏省优秀美术家系列展——山林·园林梁元中国画作品展”在江苏省美术馆开幕，展出无锡市美术家协会主席、无锡市书画院副院长梁元中国画作品120余件，展期至12月14日。梁元，1956年生，1971年进入无锡市文化局创作组、无锡市书画院从事专业美术创作。他在绘画上是个多面手，最终把目光投向家乡的丘壑云水、泉石园林。从1989年他的作品获第七届全国美术展览铜奖以来，其中国画山水作品《疏林待春图》《云游故乡图》《清风沂蒙图》《蠡湖松风图》等连续入选第九届、第十届、第十一届、第十二届全国美展，并获提名奖。其作品还多次入选全国中国画展，多次入选中国百家金陵画展，多次入选全国画院优秀作品展。

（刘海荣）

【无锡电影胶片厂原址摄影展】 10月15日，“大自然的接管”——无锡电影胶片厂原址摄影展在无锡市崇安寺老图书馆钟楼开幕。该摄影展成功入选2016年第16届中国平遥国际摄影大展，并获得优秀策展人奖。无锡电影胶片厂1958年建厂，2010年搬迁出太湖环境核心保护区的二湾，留下占地29余公顷的厂区和110栋9万平方米的建筑，成为无锡乃至华东地区现存最大的当代工业原址。本次摄影展共展出50组新旧照片，旨在通过呈现人类文明与自然之力相互作用的特殊影像，启发大家思考自然与文明存在的意义与价值。

（刘海荣）

【三大摄影展齐写“无锡美”】 11月25日，2016年度3项重要摄影展览在无锡博物院和市图书馆同时开展。作为锡城年度最重要的3项摄影赛事——“无锡景·无锡人·无锡情”摄影大赛、第十五届无锡市摄影艺术展、“发现运河美”大型摄影图片展，吸引上千摄影爱好者的参与，共收到参赛作品近1万幅。参赛者用相机聚焦无锡市城市建设、工农业生产、百姓幸福生活的新亮点，创作出大量优秀作品。经过评委会数轮评选，450幅佳作分别入选3项展览，40余幅作品获奖。参展作品创意丰富，内容翔实，构图新颖，全方位展现无锡深厚文化底蕴和当代社会文明。

（刘海荣）

【邹雅艺术回顾展】 4月8日，由人民美术出版社、北京画院、无锡市文联等单位联合主办的“春风大雅·故乡情韵——邹雅艺术回顾展”在无锡博物院开幕。此次展览作为邹雅100周年诞辰的大型纪念活动，汇集邹雅木刻版画和山水画精品60余幅，全面回顾邹雅短暂而又丰富的一生，立体呈现邹雅孜孜不倦的艺术探索与追求。

（孙必勇）

【全国中青年篆刻名家邀请展】 4月23日，由江苏省书法家协会、无锡市文联等主办的“太湖对话——传统篆刻在当下”2016全国中青年篆刻名家邀请展在无锡五湖印社举行。展览邀请王丹、冯宝麟、朱培尔等17位全国中青年篆刻艺术家参展，无锡本地的篆刻爱好者及《书法报》等相关媒体单位参加开幕式。与会专家和作者就“传统篆刻在当下”主题进行“太湖对话”。

（孙必勇）

【当代中国画名家作品展】 5月18日，由市文联等联合举办的“丹青阖闾——当代中国画名家作品展”在无锡吴都阖闾城遗址博物馆拉开帷幕，共展出54位中国画名家的山水、花鸟画精品50幅，参观人数近1000人。本次展览所展出的作品是20世纪90年代无锡太湖国家旅游度假区和中国国家画院联手举办的3次全国山水、花鸟、人物画研讨会的作品收藏，这些画作作者名家众多，绘画技法丰富多样，具有较强的时代韵味。

（孙必勇）

【江苏省第五届刻字艺术展】 6月23日，由江苏省书法家协会和无锡市文联主办的江苏省第五届刻字艺术展在无锡博物院开幕，全省获奖、入展作者代表及无锡各界人士近300人参加开幕仪式。展览面向全省公开征稿，经过严格的初评、复评、终评确定面试名单，分别在无锡、南通举行3场面试，现场创作书法、刻字或陶刻作品，最终评选出刻字入展作品109件，展示江苏省刻字艺术的最新创作成果。

（孙必勇）

【庆祝建党95周年楹联书法展】 6月29日，“太湖风正——弘扬和践行社会主义核心价值观楹联书法作品展”在无锡博物院开幕，市政协主席周敏炜、市文联主席金元兴分别在开幕式上致辞。展出的100幅楹联书法作品均出自本市的100名优秀书法家之手，作品构思巧妙，将“富强、民主、文明、和谐”等24字的社会主义核心价值观内容融汇于行云流水的书法艺术中，以生动传神的艺术形式展现社会主义核心价值观精髓，展现全市楹联和书法艺术家锐意进取、引领时代的精神风貌。

（孙必勇）

【“太湖风”书法二十家作品展】 10月13~29日，“太湖风”书法二十家作品展先后在上海图书馆、广西政协书画院巡回展出，《“太湖风”书法二十家作品集》同时发行。2015年，“太湖风”系列展览在合肥、贵阳、广州陆续展出，2016年10月13日开幕的上海展是“太湖风”系列巡展的第四站，展览由江苏省书法家协会、上海市书法家协会、无锡市文联主办。10月29日开幕的南宁展是巡展第五站，展览由无锡市政协、江苏省书法家协会、广西政协书画院、无锡市文联联合主办。11月16日，“太湖风”书法二十家作品展在海南省博物馆开幕。

3次巡展是无锡60后、70后为主体的中青年书法家走出无锡的一次尝试，作为无锡书坛的中青年创作骨干，他们的作品清新、典雅、俊逸，带有非常浓郁的江南地域风格，体现出无锡千年地域文化的独特魅力。展出作品均为无锡中青年书法家的最新力作，作品尊重传统正脉，笔法根基深厚，取法广博；不随流俗，不弄技巧，用心于让书法写情性；在一脉相承的地域书风之下，每幅作品都显露作者的独特艺术个性。

（孙必勇）

【水墨纪事展开展】 10月15~30日，由市文联主办的“迁徙的语言——1980~2016的水墨纪事展览”在程及美术馆展出。本次展览以“语言”为切入点，以“纪事”为体裁，展现水墨艺术发展变革的轨迹。展出作品近100幅，22位作者均是全国的青年艺术家，他们对水墨艺术创新作出勇敢大胆、风格张扬的梳理和小结。展览期间，还组织参展画家采风活动，来自全国各地的艺术家们用水墨记录下无锡的大美山川和人文情怀。

（孙必勇）

第三届“群芳奖”曲艺戏剧类作品决赛现场　（刘海荣　供稿）

群众文化

【基层综合性文化服务中心建设】 2016年，全市大力推进基层综合性文化活动室（服务中心）建设，提高管理和服务水平，对于打通公共文化服务“最后一公里”，促进基本公共文化服务标准化、均等化起到积极作用。按照江苏省建设标准，无锡市通过采取盘活存量、集中利用等方式，加强集合建设，加快提档升级，全市共建成多功能基层综合性文化服务中心223个。其中，江阴市建成60个，宜兴市建成58个，梁溪区建成30个，锡山区建成21个，惠山区建成21个，滨湖区建成22个，新吴区建成11个，实现所有申报单位百分百达标。

（刘海荣）

【开设全民艺术普及公益培训班】 2016年年初，无锡市文化馆面向全市首次推出全民艺术普及公益培训班，第一期班于6月结业，受到社会各界的肯定和好评。为满足市民群众的文化需求，推广艺术普及，自8月初至12月底，开设第二期公益培训班，将培训范围扩展，与各区文化馆（站）联合开班，开设基层培训点，惠及更多群众。开展公益培训进学校活动，走进民工子弟学校、大专院校等，举办美术、摄影、音乐、舞蹈专题讲座培训。举办公益培训暨特色团队成果展演，给培训学员提供展示平台，对来自贫困家庭的学子和农民工子女实施优先录取，并提供免费租借乐器。全年共计举办培训308班（次），数千市民群众享受零门槛、高水准的艺术培训。

（刘海荣）

【“激情周末”广场文艺展演】 2016年，无锡市“激情周末”广场文艺展演全新推出各项“非遗”类节目，让传统文化活跃在“激情周末”的舞台上。展演活动从创新组织形式入手，将原有的演出评比模式转变为文艺展演模式，首次面向全社会征集年度专场演出，更广泛地搭建群众展演舞台，更深入地挖掘全市群文资源，不断满足市民文化需求，演出内容和场次较之以往都有较大突破。从5月份活动启动至年底，“激情周

群舞《桃花红》获第十二届省“五星工程奖”金奖 （刘海荣 供稿）

末”展演活动在崇安寺、南禅寺、江阴天华文化中心、宜兴文化广场等数十个广场和文化场所举办超过100场专场演出，近百个群众特色文化团队参与展演，为广大市民送上群众文化盛宴。

（刘海荣）

【第三届“群芳奖”评比】 2016年，第三届无锡市“群芳奖”评选项目包括音乐(声乐、器乐)、舞蹈、戏剧(小戏、小品)、曲艺、广场文艺、美术、书法、摄影及公共文化服务项目、理论研究成果、“群文之星”。活动于1月启动，由两市(县)五区进行预赛选拔推荐，共收到各地、各单位报送的舞台类作品138个，静态类作品522幅，公共文化服务项目22个，理论研究成果44篇，“群文之星”候选人14人。经过专家评审，共评出获奖项目189项，其中，舞台类69项、静态艺术类90项、理论成果15篇、服务项目7项、“群文之星”8名。本次评奖活动是对全市近年来群众文艺创作成果的一次全面展示和检阅，作品体现时代精神，贴近社会、贴近生活、贴近群众，注重思想性、艺术性和观赏性的统一。

（刘海荣）

【迎新春广场卡拉OK大家唱比赛】 2016年正月初二，第十五届迎新春广场大家唱比赛在崇安寺生活步行街区举行。和往年一样，由观众直接参与，只要想唱，能唱、敢唱，就可以上台一展歌喉。比赛吸引不同年龄层次、不同职业的歌唱爱好者积极参与，共有25位选手参加比赛，其中，年龄最小的只有6岁，最年长的88岁。最后，22岁的张云获得本次比赛大奖。

（刘海荣）

【江苏文化艺术节无锡市广场文艺演出】 11月14日，第三届江苏文化艺术节无锡市广场文艺演出在无锡大剧院精彩上演，来自两市(县)五区的近30支群众文艺团队和数百名“群文之星”用歌声舞姿、琴韵鼓板展现水韵江南的大美情怀。全场共分“水韵江南·如诗如画”、“钟灵毓秀·繁华似锦”和“美好家园·太湖明珠”3个篇章，围绕“美好家园·水韵江南”主题，以群众喜闻乐见的原创歌舞、戏曲、器乐等艺术形式，全面展现无锡秀美的自然山水风光、深厚的历史文化积淀和奋发的现代城市文明。

（刘海荣）

【两部作品获省“五星工程奖”金奖】 2016年，在江苏省第十二届“五星工程奖”评比活动中，由无锡市选送的女子群舞《桃花红》、江阴市选送的小锡剧《扁头不在家》获得金奖。《桃花红》由国家一级编导、前线文工团创作室副主任陈惠芬创编，成为无锡市唯一一个入围省“五星工程奖”的舞蹈节目。《扁头不在家》由高玉红创作，王锡春导演，江阴市澄江街道文体站、华士镇文化服务中心共同参与。“五星工程奖”是江苏省群众文艺的政府最高奖项，也是江苏省群众文艺的重要品牌赛事活动，每两年举办一次。

（刘海荣）

【“文化滨湖”百姓大舞台系列活动】 “文化滨湖”百姓大舞台系列活动是滨湖区开展的综合性群众文化活动，自5月启动以后，相继开展综合文艺广场演出35场、名家文艺沙龙赏析3场、“法润滨湖”主题晚会5场，配合完成“阿福进社区”演出18场，参与团队300余支。创作舞台类作品36件、静态类作品78件。百姓大舞台累计受益23.2万人（次），所有作品中，有16件分别获得无锡市“群芳奖”金奖、银奖、铜奖，百姓大舞台并获得无锡市“群芳奖”服务奖。

（刘海荣）

【中国上海国际艺术节无锡分会场】 无锡市是中国上海国际艺术节开设分会场活动的首座城市，自2012年至2016年已成功举办4届。10月19日~11月5日，无锡分会场活动举行，本届分会场主打“文化惠民”牌，旨在让更多百姓享受到艺术福利，新增宜兴保利大剧院、无锡市工人文化宫剧场等演出场地。为方便市民参与，组委会印制艺术节“口袋地图”、推出惠民低价票。本届无锡分会场总计111场活动，其中，精品舞台剧目演出33场，群众文艺活动55场，展览(博览)和民营文化场馆展示活动23场，整体活动数量较上届增长32%。本次艺术节活动亮点突出。高雅艺术所占比例高，舞台剧《阮玲玉》、赖声川话剧、现代梦幻舞蹈《但丁神曲》等精品舞台演出多达33场；中低票价所占比例高，通过政府补贴购买的形式，推出较大数量的演出低价票；本土元素比例高，13台“梦想艺术汇”、16台“戏曲票友周周演”和14场“无锡市特色文艺团队展演”，均是为本土文艺团队和人才搭建的舞台。

（刘海荣）

【苏锡常通群众文化信息交流暨理论研讨会】 11月16日，由江苏省群文学会、无锡市文化广电新闻出版局主办的第二十七届苏锡常通群众文化信息交流暨理论研讨会在无锡召开。此次入围研讨会的论文共43篇，涵盖全民艺术普及的创新实践、文化馆区域性服务体系、“互联网+文化馆”的新趋势等6个主题，涉及群众文化工作实践紧密联系的研究成果和经验分享。群众文化信息交流暨理论研讨会的举办，为广大群文工作者提供展示、交流的平台，为促进区域文化联动以及苏州、无锡、常州、南通四市群文理论工作乃至江苏群文工作的发展，起到积极推动作用。

（刘海荣）

【开展公共文化服务群众满意度测评】 公共文化服务群众满意度测评是国家公共文化服务体系示范区验收的重要环节。2016年，无锡市各单位、部门采取阵地宣传、网站宣传、自媒体宣传、新闻媒体宣传相结合的方式，印发张贴宣传海报2万多张，公告测评平台二维码，充分调动广大群众参与测评的积极性和主动性。测评委托第三方江苏省统计局无锡调查局开展，共发放调查问卷2000份。调查结果显示，2015年度无锡市公共文化服务总体满意度为82.69分，知晓率为90.3%。

（刘海荣）

【开展版权宣传系列活动】 无锡市版权局在“4·26”世界知识产权日前后，组织各地区开展形式多样的版权宣传系列活动，宣传版权知识、版权相关法律法规、版权保护工作开展情况等，并于4月27日在无锡国家数字电影产业园举行版权广场宣传咨询暨版权保护与运用主题讲座活动。活动以发放宣传资料、展板宣传、视频播放等形式，向市民广泛宣传国家和省、市版权决策部署和政策措施，宣传无锡市在版权行政执法、产业发展、软件正版化和公共服务等方面的工作成果，现场接受市民在版权保护方面的法律法规政策咨询。同时，举行“创意文化企业的知识产权保护”“影视产业在数字化时代的版权运营与保护”两场主题讲座。此外，无锡各地区也开展各类版权宣传活动。江阴市举行创建“正版正货”示范街区暨联合执法行动启动仪式，开启为期180天的联合执法行动，打击侵权盗版、制假造假等违法违规行为。新吴区启动宣传活动，就版权保护、侵权认定标准和方法，维权中的举证方法等举办专题讲座。锡山区深入出版物经营场所、影视娱乐场所进行重点宣传，强调版权保护的重要性和必要性。

（刘海荣）

【文艺家志愿者文化惠民演出】 7月29日，由无锡市文联等单位主办的“文艺进万家”——相约湖湾城、共圆马山梦暨马山街道百姓大舞台活动，拉开2016无锡市文艺家志愿者文化惠民演出活动序幕。当天参演的艺术家有全国音乐金钟奖获得者、国家一级演员、全国职工歌手大奖赛金奖获得者、省“五星工程奖”获得者等诸多艺术家，为无锡市民献上一台高水准的艺术大餐。

（孙必勇）

全民阅读

【“世界读书日”阅读季系列活动】 在第二十一个“世界读书日”、第二个“江苏全民阅读日”来临之际，无锡市全面启动“世界读书日”阅读季系列活动。活动以“悦读成就最美的自己”为主题，在为期一个月的时间里，集中举办120项读书活动，其中重点活动58项，以此进一步浓厚书香城市的氛围。4月23日，阅读季系列活动启动仪式在无锡博物院举行，共有《全民阅读》邮票首发式，向阅读达人、书香家庭代表颁奖和赠书，市全民阅读领读者、广电首席女主播张岚宣读致全市读者的一封信，向首届全民法治阅读辅导员颁发聘书，无锡电子版《阅读地图》上线、作家现场签售等多项议程。全市各层面、各阵地，结合实际，针对不同群体纷纷组织各类阅读活动。江阴市开展“书香江阴”读书节、图书馆建馆80周年图片回顾展等活动；宜兴市举办“名家带你读经典”敬一丹访谈，“陶韵税风、踏春而行”税法文化暨书法创作交流等活动；梁溪区开展国学经典诵读、书香影院展播、亲子阅读等活动；新吴区举行吴韵讲堂，“快乐阅读、书写梦想”中小学生读书征文，“书香伴我行、文化满江溪”阅读赠书等活动；无锡广电集团开展“童话之星”亲子故事大赛活动；市图书馆举行中外儿童文学名著插图展，“书香无锡、筑梦未来”全民读书征文等活动；市作家协会举办“无锡作家作品展示月”大型公益活动。

（刘海荣）

【举办首届全民阅读导读员培训班】 为进一步促进全民阅读工作的深入开展，无锡市全民阅读活动领导小组办公室在建设领读员队伍的同时，培训一批全民阅读基层导读员，助推“书香无锡”文明新风建设。5月13日，市阅读办针对首批招募的100余名来自社会各个阶层，由企业家、教师、律师、媒体工作者、医生等组成基层导读员进行首期培训。此次培训拉开“经典导读进社区（村、农家书屋）”系列活动帷幕，市阅读办以活动为契机，探索和尝试“PPP”合作模式，将全民阅读工作中的一些落地项目交给有实力、有经验、有意愿的社会组织协助落实，以此调动社会力量共同推进全民阅读工作，不断提升全民文化素质和素养。

（刘海荣）

【开展系列阅读推广活动】 为在全市营造浓厚的书香氛围，促进全民阅读，6~10月，无锡市图书馆2016年“阅读使者全城行”系列阅读推广活动全面举行。市图书馆“快乐阅读使者团”前往全市各街道、社区、学校等，通过举办阅读推广讲座、主题巡展等多元化活动，宣传阅读理念，推广优秀阅读书目，不断掀起读书热潮。

（刘海荣）

【那美书店获评江苏最美书店】 6月28日，第三届江苏最美书店评选结果公示，综合评选出10家江苏最美书店，无锡那美书店榜上有名。那美书店坐落于无锡国家数字电影产业园内，出售电影主题书籍的定位、免费借阅书籍的便利和免费放映电影的福利，使那美书店成为一处特色鲜明的开放空间。书店总面积近800多平方米，有3万册电影主题图书、近千册各国电影杂志，每天都有电影放映。电影主题分享与图书阅读的结合，极大促进了图书销售。近年来，书店还策划举办各类国际、国内电影展映、艺术展览、文艺沙龙、读书公益等活动，不仅成为无锡一处文化会客厅，也成为很多电影拍摄的取景地。

（刘海荣）

【开出首家周末24小时书店】 11月5日，位于无锡太湖新城贡湖大道与塘铁桥交汇处的无锡首家周末24小时书店——不纸书店正式开门迎客。书店是江苏凤凰出版传媒股份有限公司与朗诗地产跨界合作，在

无锡首个24小时自助图书馆投入使用 (刘海荣 供稿)

无锡地区落地的首家创新型文化阅读空间，这是无锡新华书店实现的一次转型。书店之所以取名"不纸"，就是告诉大家，这里不只有书，更是文化聚集地，展现品牌开放包容的态度以及海纳百川、乐于分享的文化精神。书店周日到周四白天营业，周五、周六24小时营业。首期开放的超1000平方米空间内，共有7000余种20000余册图书，包含人文、社科、历史等多个类别。

(刘海荣)

【首个24小时自助图书馆对外开放】 11月，锡城第一座24小时自助图书馆正式投入使用，读者只需凭借无锡市图书馆成人借阅证（含梁溪区图书馆、滨湖区图书馆、锡山区图书馆、惠山区图书馆、民丰图书馆的成人借阅证）或无锡市图书馆少儿借阅证就能刷卡使用。没有借阅证的读者，可以利用自助办证机或者到图书馆一楼办证服务处办证，就能刷卡进入，自助办理借阅手续。该图书馆位于市图书馆大楼东侧一楼，面积110平方米，馆藏图书8000余册，配有读者用电脑6台，自助办证机、自助借阅机、期刊阅读机、电子书借阅机各1台。除提供自助借还图书外，市民还可以在自助图书馆内查询借阅信息、检索电子文献、查询网上信息、阅览数字报刊、借阅电子图书等。

(刘海荣)

【无锡位列数字阅读城市全国地级市第三位】 无锡市大力建设数字图书馆、数字农家书屋，推动数字阅读的发展。2016年，在由中国新闻出版研究院组织测评的"TOP100数字阅读城市排行"中，北京市排名第一，无锡排名全国第十八位，比2014年提升3位，无锡在全国地级市中名列第三。

(刘海荣)

【第十届太湖读书月活动】 12月1日，无锡市第十届太湖读书月启动式在惠山区文化馆举行。启动仪式上，一批在全民阅读中涌现的书香企业、书香家庭、最美书店、志愿者以及全民阅读优秀项目受表彰。近年来，无锡全力推进"书香无锡"建设，2016年揭晓的全市居民综合阅读率为89.7%，分别高出全国、全省平均水平10.1个和1.3个百分点，居民阅读指数为79.9点，高出全省平均水平2.39点。本届读书月自筹备以来，市全民阅读活动领导小组各成员单位、各地、各部门精心策划开展各类阅读活动，160余项活动中78项重点活动涵盖阅读品牌培育、阵地提升、分众服务、文化推广等多板块内容。与往届相比，本届读书月更加彰显特色。突出主题鲜明。围绕"悦读成就最美的自己"主题，组织开展各类活动，有市教育局"最美乡音"童谣传唱比赛、市妇联"我爱我家、同阅书香"亲子阅读、锡山区"享受阅读、开卷有益"阅读推广进校园等系列主题活动，向市民传达"享受阅读，提升自己"这一理念。突出网络融合。市全民阅读活动领导小组办公室与新浪、无锡观察等深度合作，利用"两微一端"等多种平台，尝试线上线下互动，场内场外共振。突出广泛参与。读书月的主办单位不仅有宣传、文化部门等传统意义上的主管部门，还有市级机关工委、教育局、总工会、妇联等条线部门，更有阅读志愿团队等社会力量，重点活动中由社会阅读组织主办的活动数量和质量显著提升。突出长期效应。系列活动从推动全民阅读，建设书香无锡，提高市民文明素质的长期目标出发，注重活动的持续性和品牌化，书香家庭评选、"童话之星"故事大赛等已延续多年，形成长期效应。突出服务大众。策划和开展亲子阅读、阅读进社区、视障读者阅读等针对不同群体的多种形式的阅读交流、辅导和服务活动，全面推进"新书直借"工作，筹建市"吴韵书香"城市阅读联盟，努力为更多的市民带来阅读乐趣。

(刘海荣)

【"书香梁溪"阅读推广公益联盟成立】 11月20日，由无锡市梁溪区图书馆牵头，集结辖区内近30家爱好与支持公益阅读事业的单位组成的"书香梁溪"阅读推广公益联盟成立。联盟涵盖梁溪区社工协会、梁溪区盲人协会、杨柳风学堂、德邻青少年阅读驿站、新华书店等各机构、图书企业、文化创意企业的各界社会力量，以"联结阅读力量，创变阅读价值"为主题，致力于提升民众阅读能力，推进梁溪区全民阅读工作推广和文化建设。

(刘海荣)

【无锡全民阅读促进会成立】 12月28日，无锡正式成立全民阅读促进会并召开第一次会员代表大会，148家(位)由出版发行单位、图书馆、知名学者、阅读推广组织及热心全民阅读推广的社会人士等各行业、各层面的会员代表参加会议。江苏省全民阅读促进会会长许洪祥和无锡市人大常委会副主任曹锡荣为无锡市全民阅读促进会揭牌。会议审议通过《无锡市全民阅读促进会章程》，选举产生第一届理事会理事、会长、副会长和秘书长，江南大学教授、博士生导师、原江南大学副校长、知名学者王武当选为会长。无锡市全民阅读促进会的成立是根据省人大常委会《关于促进全民阅读的决定》要求，落实市委、市政府对建设“书香无锡”的指示而部署的具体工作之一。促进会的成立，将进一步推动全民阅读工作更深入、更扎实，更好地组织发挥群众热情、专家智慧和社会力量，激发社会各阶层阅读的积极性、主动性和创造性，培育和造就推广全民阅读生力军。

（刘海荣）

【无锡元素亮相江苏书展】 7月8~12日，第六届江苏书展在扬州举行，其中活跃的无锡元素，为本届书展增添亮色。最美书店亮相书展。在“书香运河·风雅扬州”经典诵读活动上，江苏省新闻出版广电局与省阅读办对2016江苏十大最美书店进行集中表彰颁奖，无锡市那美书店经过多轮评审评选，最终获此殊荣。集中交流，展现无锡文化底蕴。此次书展聚焦大运河历史文脉，在大运河书香文脉传承发展论坛上，无锡市以“传承运河文脉、建设书香无锡”为题，进行书面交流，展现无锡的文化底蕴和书香氛围。社会阅读组织积极参与。无锡市组织香山书屋、阅享文化艺术中心和德邻青少年阅读驿站3个社会阅读组织参加书展活动，香山书屋负责人还在大运河沿线城市社会阅读组织经验分享会上作“给阅读助力、让志愿发光”的主题演讲。文化创意版权展无锡展区备受关注。作为书展的一个重要组成部分，无锡市组织青瓷“非遗”传承展示馆、太湖雕刻研究院、吴鸣文锡绣工作室、微软无锡研发中心等机构参加江苏文化创意版权展，其中青瓷、锡绣以及紫砂还受邀在展会上进行多次现场演示和表演，吸引大批观众驻足观摩，得到广泛好评。省委常委、宣传部部长王燕文，副省长张敬华也到无锡展区进行视察。

（刘海荣）

民间艺术

【梅村庙会新春开集】 2016年正月初九，泰伯庙会在无锡市梅村街道举行。民间文艺、书画摄影展、剧团明星演出、戏曲票友专场、广场文艺、新春猜谜会、小商品土特产集市、美食大排档、闭幕式焰火晚会等节目众多，参加庙会人数达数十万人。来自市民间文艺家协会的近30位民间艺术家现场进行表演展示活动，内容涵盖惠山泥人、锡绣、竹刻、微雕、玻璃内画、九连环、剪纸、紫砂创作、糖画等近20项，吸引大批民众驻足观赏。

（孙必勇）

【开展送春联下乡活动】 1月30日，无锡市文化、科技、卫生“三下乡”集中服务活动在惠山区洛社镇举办。活动现场，市书法家协会主席王建源等6位书法家组成服务队，为群众免费书写春联，深受欢迎。2016年春节前夕，市文联组织开展文化惠民活动，在红豆集团、荟聚购物中心、惠山区堰桥派出所、崇安寺等地，开展“春到万家”“福到万家”等有特色的送春联活动40余场，为基层群众、民警、市政协机关干部等写春联送福字，共书写“春联”1万余副、“福”字近5000个，得到广大基层群众欢迎。

（孙必勇）

文物、博物馆

【概况】 至2016年年底，全市实有国家级文物保护单位31处（69个点），省级文物保护单位65处(117个点)，市级文物保护单位310处(316个点)。博物馆(纪念馆)数量61个。

（刘海荣）

【新增市级文物保护单位63处】 9月8日，《市政府关于公布无锡市第五批文物保护单位、第三批文物遗迹控制保护单位和已公布的市级文物保护单位扩充更名项目的通知》公布63处文化遗迹为第五批市级文物保护单位，及第三批文物遗迹控制保护单位43处。此次新增市级文保单位包含古遗址、古墓葬、古建筑等多种文物类型，乡土建筑、近现代优秀建筑等新型文化遗产也被列入第五批市级文物保护单位名单。此次公布的名单是在无锡市第三次全国文物普查工作基础上遴选而出，体现近年来无锡市文化遗产保护领域发展变化的新趋势，反映文物普查工作的重要成果。

（刘海荣）

【市级文保单位划定保护圈】 年内，无锡市文广新局(文化遗产局)根据文物保护法等相关规定，为市区136处市级文物保护单位划定保护范围和建设控制地带。至此，无锡市级文物保护单位全部拥有严密的保护措施和执法依据。划定文物保护单位的保护范围和建设控制地带，是保护文物古迹安全、格局、环境和景观风貌的需要，是文物保护管理工作的基础和必要条件。此次划定工作中，市文广新局根据136处市级文物保护单位的详实表述与具体数据，明确文物位置、保护距离，确定保护范围和建设控制地带方位四至表，以便精确对照、操作和督查。

（刘海荣）

【开展文保单位标志牌更新、增补工作】 从2016年上半年开始，市文广新局对全市文物保护单位的标志说明片残损情况进行全面排查，对31处受损、缺失的文物保护单位标志牌启动更新、增补工作。此次更新、增补的文物保护单位标志碑除按《中华人民共和国文物保护法》要求明确文物保护单位的级别、名称、公布单位和时间、设立单位和时间外，还对保护范围和建设控制地带进行介绍，让社会公众了解并监督文物保护单位的保护措施落实。

（刘海荣）

【无锡博物院概况】 年内，无锡博物院及下辖的周怀民藏画馆、无锡中国民族工商业博物馆、张闻天旧居、无锡碑刻陈列馆和程及美术馆等5个专题馆，紧紧围绕文化发展趋势和观众需求，全年公共文化服务工作取得显著进展。周怀民藏画馆新馆10月正式对外开放，举行周怀民110周年诞辰相关纪念活动。“网上博物院”作为无锡市为民办实事项目之一，组织召开专家咨询会对方案进行多方论证，完成试运行，“电视博物院”项目推进顺利。全年引进各类展览46个，其中以“从远古走来”“走近大师”“太湖画派近现代名家”三大系列展为重点，分别与上海博物馆、重庆中国三峡博物馆、南京博物院、江阴博物馆合作，举办明清文人篆刻、古琴、傅抱石书画、金银器等展。加强展览输出交流，在重庆、南京、吴江等地举办院藏紫砂、周怀民捐赠作品展和院藏女画家作品展。面向社会公众开展惠民义务鉴定、免费讲解、艺术讲座、文化体验、科普教育等活动，全年共接待观众近50万人次，参观团队387个，讲解2600余场次。主推的“文化小使者——七彩假期系列活动”“公益国学堂——亲子国学教育”“第二课堂——我在博物院上美术课活动”“锡博进校园、进社区”“科普互动剧”“科学梦工厂”等七大主题系列共举办活动237场次。举办拓碑体验、党课实践、艺术沙龙等主题教育活动近100场次。“锡博讲坛”社会影响力日渐扩大，在依托所办精品展的基础上，特邀龚良、宋纪蓉、朱万章、单嘉玖、陈同乐、庄若江等业内知名专家、书画名家、学者，组织举办各类文化讲座16场次。有序推进全国可移动文物普查工作，组织完成全市4万余件(套)文物的数据审核工作。借助“文物与生活”无锡文博创意产品设计大赛，持续推进文化创意产品的设计开发，“文博会”期间通过展板图册、互动体验、虚拟展览、文创活动四大板块，向公众呈现“多彩锡博”，反响热烈。文物征集、研究再上台阶，征集包括王木东、蔡光甫在内的书画作品和各类紫砂、革命文物300多件。年内，出版学术著作9部，已编辑出版《无锡博物院藏革命文物图录》《明清流派印展图录》《周怀民画册》等。获评环保部和科技部发布的第五批国家环保科普基地。

(刘海荣)

【东林书院概况】 2016年，东林书院开展爱国主义教育活动，弘扬优秀传统文化。全年开展少儿经典诵读共计196场次，9600余人次参加。组织策划“东林国学讲堂”主题活动23项，影响力不断扩大。围绕“讲授国学经典、传承传统文化”主题，举办国学讲座，创新思路，以“释奠礼”为切入点，效法东林先贤顾宪成《东林会约》，举办东林会讲。分别在4月和9月，依据《东林书院志》历史记载，恢复释菜礼和释奠礼，行礼结束后分别举行以《大学》为讨论主题的“丙申年清明东林会讲”和以《中庸》为主题的“丙申年仲秋东林会讲”。书院作为国家AAAA级旅游景区，全年参观人数20万人次，讲解160场次，全年开放服务零投诉。

(刘海荣)

【钱锺书故居概况】 2016年，钱锺书故居完成免费接待近4万人次，开展“‘好读书’钱锺书故居励志行”系列活动(寒假篇、暑假篇)。无锡市第四届“好读书”励志短语原创大赛吸引全市中小学参赛人数2000余人，比上年增加近一倍。年内征集到《钱锺书手稿集·外文笔记》，笔记是全31册影印版，由钱锺书夫人杨绛精心整理，商务印书馆出版发行。笔记展示钱锺书不同年代、不同时期的笔记原貌，作为重要资料征集入藏故居。接受《我们仨》纪念瓷盘捐赠，在故居原“后东塾”展厅专柜陈列展出。央视《夕阳红》节目组到故居拍摄《钱锺书、杨绛夫妇》专题节目。

(刘海荣)

【鸿山遗址博物馆进行国家文物局试点项目】 鸿山遗址博物馆2014年申请国家文物局试点项目“精品展览陈列与文物保护数字化工程”，2016年正式实施，年底基本完成。馆藏的118件精品文物通过3D数字扫描，采集3D模型数据，建立永久性的数字化档案。这是无锡首个向国家文物局申请的试点项目。整个工程分为两步，首先是基础数据采集，出土的精品文物和墓葬遗址，均接受3D扫描。然后是展示，包括线上、线下两部分。在3D全息投影技术的推动下，市民不但可以在线上通过手机、PC端直接看到三维立体逼真的文物，还可以在博物馆线下互动展厅内，通过裸眼立体显示器还原以前的场景。

(刘海荣)

【6部古籍入选国家珍贵古籍名录】 在2016年公布的第五批《国家珍贵古籍名录》中，由无锡市图书馆申报的6部古籍上榜，成为国宝级纸质文物，至此，市图书馆已有109部古籍入选《国家珍贵古籍名录》。此次入选的6部古籍分别是：元代倪维德撰、明代薛己校补的《原机启微集》二卷，明代胡广等辑《书传大全》十卷纲领一卷图一卷，明代蒋以忠、蒋以化撰《艺圃球琅》二卷，明代罗玘撰《翰林罗圭峰先生文集》十八卷，明代华启直撰《华启直诗文集》，清代丁雄飞撰《酣半吟》一卷。6部古籍中，除《华启直诗文集》是稿本(手写)外，其余5部都是刻本。无锡市图书馆也入选第二批全国古籍重点保护单位。

(刘海荣)

周怀民藏画馆新馆开放仪式 (刘海荣 供稿)

非物质文化遗产

【概况】 至2016年年底，无锡共有国家级非物质文化遗产项目11项，分别为梁祝传说、吴歌、无锡道教音乐、锡剧、无锡留青竹刻、惠山泥人、无锡精微绣、宜兴紫砂陶制作技艺、致和堂膏滋药制作技艺、宜兴均陶制作技艺、泰伯庙会。有省级"非遗"项目51项，市级"非遗"项目133项。现存国家级"非遗"项目代表性传承人7名，省级"非遗"项目传承人28名，市级"非遗"项目传承人263名。

（刘海荣）

【首个村级"非遗"文化展示中心成立】 5月7日，"非遗"传承人王志熙夫妇的"荷莲民俗文化展示中心"在马山和平村正式开馆，这是无锡市首个村级"非遗"文化展示中心。展馆里展示动静结合，除墙壁上挂的展板、展柜陈列的实物道具外，还有一处小舞台，用来进行动态表演，让市民有直观的感受，包括曲艺节目《无锡评曲》和传统舞蹈《渔舟剑桨》《滚灯》等，同时展示和平村当地发展、传承的4个项目：传统舞蹈《马灯舞》《莲湘》，曲艺节目《宣卷》，民俗节目《乌米饭》。此外，无锡地区的"惠山泥人""锡绣""留青竹刻""蓝印花布"等"非遗"项目也被引入其中。民俗馆定于每周二、周六9:00~11:30、13:00~16:00开馆展示。

（刘海荣）

【无锡精微绣亮相中国当代工艺美术双年展】 7月10日，被誉为当代工艺美术最高水平的国家级展览——"2016中国当代工艺美术双年展"在中国国家博物馆开幕。中国工艺美术大师、国家级"非遗"项目代表性传承人赵红育携精微绣作品《鹰》第三次应邀参加中国当代工艺美术双年展。

（刘海荣）

【联合国代表团观摩无锡"非遗"文化】 7月17日，由联合国中文教育部主办的"璀璨江南"——2016联合国代表团中国文化行团组抵达无锡，代表团一行50余人走进惠山古镇"乐善堂"志愿者之家，观摩无锡"非遗"展演。从事惠山泥人、二胡、书法、女书、剪纸和茶艺等民间艺术的无锡文化志愿者以精湛的艺术造诣、流利的语言解说，充分展示无锡非物质文化遗产的传承与发展，为代表团一行打开城市"文明之窗"。

（刘海荣）

【加大"非遗"保护财政扶持力度】 8月，《无锡市非物质文化遗产保护专项资金使用管理办法》正式出台，这是无锡市首次针对"非遗"保护专门设立使用规定，资金暂定100万元左右，主要用于扶持无锡市区范围内国家、省、市级"非遗"项目的保护和传承。"非遗"保护专项资金主要分两部分：一是用于支持纳入"非遗"名录项目展开各项保护性活动，包括项目抢救性记录和建档、资料和实物的征集与保存、项目传承和展示推广等。二是用于补助"非遗"传承人，从下一年度起，无锡将对纳入市文广新局公布的市级"非遗"传统名录的个人，实行定额补助，并于每年4月前一次性拨付。依据项目执行力度和跟踪反馈结果，今后，专项资金还将予以调整浮动。此外，专项资金还有很大一部分用于数字化保护以及专项带徒方面。

（刘海荣）

【刺绣和泥塑培训班结业作品展】 9月6日，2016文化部、教育部中国"非遗"传承人群研修研习培训计划——刺绣、泥塑"非遗"传承人群普及班第一期、第二期结业作品成果展在无锡苏珈美术馆开展，来自清华大学、北京服装学院、南京艺术学院、苏州工艺美术职业技术学院等单位的专家教授及全体110位学员参加展览开幕式。结业作品展览集中展示江南大学两期72名（含无锡4名）刺绣学员及38名（含无锡5名）泥塑学员的学习和艺术创新成果，涉及苏绣、无锡精微绣（苏绣）、杭州机绣、仿真绣（苏绣）、南通彩锦绣（苏绣）、乱针绣（苏绣）、扬州刺绣（苏绣）、陕西秦绣以及无锡惠山泥人、陕西泥人、徐州泥人等国家级与省级非物质文化遗产项目。

（刘海荣）

【"无锡宣卷"获苏浙沪邀请赛银奖】 10月15日，第四届苏、浙、沪宣卷交流邀请赛在昆山锦溪开唱，来自苏、浙、沪的14支宣卷队进行激烈角逐，无锡宣卷队传统《长寿宝卷》选段获得银奖。宣卷，也称"宣善书"，是一种源远流长的说唱艺术。宣即宣赞，卷即宝卷（变文），是一种佛经宝卷。宣卷是民间的宗教信仰活动，伴随佛教活动而生存，晚清盛行于江南，逐渐发展成为一种曲艺形式。

（刘海荣）

【优秀"非遗"项目区域联展】 12月28日，"锡宜非遗情"无锡优秀"非遗"项目区域联展在宜兴太平天国王府举行。此次"非遗"项目联展包括3个国家级项目：惠山泥人、无锡精微绣、无锡留青竹刻，所有参展作品都是无锡国家级"非遗"传承人喻湘涟、赵红育、乔锦洪3位大师的精品力作。展出的作品精美生动、独具匠心，体现出无锡国家级"非遗"项目的本土风貌及特点，激发两地市民对本土文化的自豪与自信，通过文化纽带提升市民群众对地域文化的认同感和归属感，传承地方传统文化，弘扬"非遗"工匠精神。

（刘海荣）

对外文化交流

【参加哈密尔顿新春音乐会交流演出】 2016年是中国无锡和新西兰哈密尔顿友好城市缔结30周年。应哈密尔顿市政府邀请，无锡组织演出团队一行9人，在新春期间和当地艺术家一起，为在新西兰华人、哈密尔顿民众带去极富江南特色的中国新年音乐会。当地时间2月20日晚，2016哈密尔顿新春音乐会在当地大剧院举行。晚会现场，无锡市市长汪泉通过VCR表达最诚挚的新年致辞。无锡艺术团徐国兴、孙弋合作的《中国水墨画与古琴》配合默契，引得现场观众无数惊叹和热烈掌声，画作赠予哈密尔顿市政府以作留念。随后，杨强、陈莎莎、宋映红、陆超等表演的笛子独奏《云雀》、二胡合奏《无锡景》、女声独唱《雪绒花》、舞蹈《秦王点兵》、二胡独奏《战马奔腾》、合唱《难忘今宵》掀起现场阵阵高潮，无锡艺术团的表演得到哈密尔顿市长和现场观众的高度评价。

（刘海荣）

【无锡歌舞剧院赴新加坡演出】 8月，应新加坡聚舞坊舞蹈团邀请，无锡歌舞剧院参加新加坡"2016聚

哈密尔顿新春音乐会现场创作作品《中国水墨画与古琴》

(刘海荣 供稿)

舞——舞蹈艺术展"活动,活动邀请来自中国、韩国、马来西亚、中国台湾等国家和地区的艺术家们进行授课及同台表演。无锡歌舞剧院为中国大陆唯一受邀参加演出团体,代表团韩磊应邀进行现场授课,主要传授无锡歌舞剧院舞剧创作经验,传播中国舞台艺术及无锡地方文化。

(刘海荣)

【参加俄罗斯国际民间艺术节演出】 9月3~10日,应俄罗斯文化部邀请,由文化部、江苏省文化厅委派,无锡市歌舞剧院代表中国文化交流团,参加俄罗斯"金环"国际民间艺术节"精彩江苏"专场演出。在当地时间9月6日晚的首场演出中,无锡市歌舞剧院推出极具中国民族文化特色的节目,包括江南特色的舞蹈《永远的江南》《傲雪梅》等,代表中国民族文化的笛子独奏《姑苏行》、二胡《二泉映月》等曲子,以民族乐器伴奏的形式演唱俄罗斯民歌《莫斯科郊外的晚上》。在当地时间9月8日的第二场专场演出中,演出具有中国传统文化特色的舞蹈《年年有鱼》《梁祝》、古琴曲《平沙落雁》、笛子独奏《京调》,具有少数民族风情的舞蹈《花腰带》《国色天香》等。

(刘海荣)

【舞剧《丹顶鹤》赴海外演出】 6月5日晚,无锡市歌舞剧院的舞剧《丹顶鹤》在柬埔寨精彩亮相,中国、柬埔寨两国领导及近3000名观众共同观看演出,对此剧所蕴含的崇高精神和精湛艺术给予高度评价。同时,"西港特区"江苏教室、无锡教室,无锡图书馆也正式启用。11月,受文化部、中国侨联和江苏省文化厅委派,无锡市歌舞剧院携国际版舞剧《丹顶鹤》前往加拿大、美国进行巡演和慰问侨胞活动,此次活动也是中加文化交流活动年的重要内容之一。此次巡演,在加拿大7个城市演出,随后在美国华盛顿、纽约演出。

(刘海荣)

【舞剧《英雄·玛纳斯》赴俄罗斯演出】 7月28日~8月3日,舞剧《英雄·玛纳斯》赴俄罗斯圣彼得堡、莫斯科参加"一带一路"欧亚经济联盟一体化活动。此次赴俄罗斯文化交流,无锡市歌舞剧院的艺术家们以精湛的舞技,用肢体语言向俄罗斯观众演绎英雄史诗——《英雄·玛纳斯》。演出现场,俄罗斯国立剧院全场座无虚席,高潮部分掌声雷动。

(刘海荣)

【无锡艺术家赴美参加现代艺术节】 11月,作为国际友城文化交流项目,无锡市美术馆(书画院)书法家耿明霞,特聘画家陈皓、葛强3位艺术家受美国圣安东尼奥市邀请,赴美参加现代艺术节。艺术节的3天里,圣安东尼奥市各场馆对公众开放,游客可以参观来自世界各地的艺术品,也能展示自己的才艺。当地电视台专程采访无锡的艺术家,双方就无锡和圣安东尼奥两市的艺术特点进行讨论,比较中西方艺术的文化差异和对艺术表达的影响。这是中国艺术品首次参加当地著名的现代艺术节,耿明霞的书画作品成为当地民众了解中国文化的一个窗口,受到众多参观者热捧。耿明霞还现场教学,教当地学生用毛笔写汉字。

(刘海荣)

文化市场管理

【文化市场监管有力】 2016年,全市共出动各类检查执法人员22615人次,检查各类经营场所8126家,办结160件,罚款103.45万余元。其中,无锡市行政综合执法支队共出动各类检查执法人员5961人次,检查各类经营场所1563家,办结案件44件,结案数是上年的2.4倍,罚款22.55万元。5万余件各类非法出版物和音像制品出版物参加全省集中销毁,为繁荣无锡文化市场、规范文化环境提供保障。全年查处取缔7家"黑广播",有力保障空中电波安全。加强和改进报刊审读工作,创新启用"无锡报刊审读"微信公众号,组织面对面集中审读5次。年内,全市新设立网吧99家,新增娱乐场所26家、文艺表演团体5家。

(刘海荣)

【联合开展查找"黑广播"实战演练】 8月29日,G20峰会无线电安保(苏锡常)联合管控实战演练——"黑广播"查找模拟活动在与浙江交界的宜兴市举行。演练模拟重大活动期间无线电突发事件的场景,在不知道频率、不知道范围的情况下,苏州、无锡、常州三市监测车通过统一指挥,联合监测,精确定位,至晚上9时,最终将2个"黑广播"信号源顺利查获。演练活动由无锡市信电局牵头组织,无锡市文广新局及苏、锡、常三市无线电管理部门联合参加,这也是苏、锡、常三市首次联合举行此类演练。

(刘海荣)

编辑 顾洪兴

无锡日报报业集团

【概况】 2016年，无锡日报报业集团（以下简称“报业集团”）在市委、市政府的领导下，在市委宣传部的直接指导下，解放思想，迎难而上。在新闻事业上，坚持正确政治方向，巩固新闻舆论主阵地；在产业经营上，坚持稳中求进，实现资产总额与利润同比增长；在改革创新上，坚持创新驱动，谋求生存发展新空间；在党的建设上，坚持党管媒体，夯实事业发展基础。报业集团总体保持平稳发展的良好势头。

（报业集团）

【巩固新闻舆论主阵地】 2016年，报业集团加强政治学习，保障新闻出版安全。《无锡日报》坚持“政治家办报”，优化队伍，完善制度，做到防控前移。其他报刊也坚持舆论导向，普遍落实新闻出版制度规定。无锡新传媒网落实网络新闻审校制度，稳妥应对敏感问题和突发事件。

突出主题宣传，提升新闻报道影响力。《无锡日报》实现策划常态化，实施项目制、特稿制、联席会议制，提升稿件质量。《江南晚报》围绕民生报道下功夫，坚持走进基层、贴近群众。《无锡商报》在做好主题宣传的同时，注重商经特色报道。无锡新传媒网开展一系列网络新闻专题活动，吸引市民广泛参与。在省、市报纸优秀作品评选中，报业集团获奖数量继续位居前列。在省、市党代会、首届世界物联网博览大会等主题宣传中，报业集团创新报道形式，受到广泛好评。

推进媒体转型，加快媒体融合发展。《无锡日报》聚力打造“无锡观察”新闻客户端，装机量突破60万，同时不断优化内容，推进纸质党报和移动党报“双向改造”。《江南晚报》重组采编流程，探索全媒体转型。《无锡商报》通过“18楼”等新媒体与纸质媒体结合，频推线下活动。无锡新传媒网发挥资质优势，与政府部门开展广泛合作。《华东旅游报》深入开发“哎呦喂芯媒体”产品。《江南保健报》“纸媒+网站+微信公众平台”全媒体格局逐步形成。在2016年中国传媒融合发展年会上，报业集团获得多项奖。

（报业集团）

【促进报业转型发展】 2016年，报业集团加快转型发展，遏制传统报业经营下滑态势。各报纸、传媒分公司积极探索，通过开拓形象广告、线上线下活动等方式，保持营业收入基本稳定。积极争取政策，有关单位全力推进，实现财政买单托底，《无锡日报》发行量增至17万份。发行分公司开拓物流业务，形成覆盖主城区的物流服务网络。印务分公司争取到《扬子晚报》江阴地区印刷业务。报业山水公司开拓苏南国际机场7块LED大屏并招商运营。在2015~2016中国报刊经营价值排行榜中，《无锡日报》《江南晚报》《今商圈》等均跻身前列。

加快资源整合，拓展报业经营项目。报业发展公司发挥报业集团品牌优势，拓展文化创意产业，推出《倷伲无锡》城市风情读本、异地商会服务平台“商·荟”等项目。《江南晚报》各事业部利用读者资源，结合商业资源，尝试新的营销品类。《江南保健报》创新运作模式，推出上线读者生活体验馆。

加快资本运作，推动企业跨越发展。报业集团投资1.2亿元，入股无锡锡金金融租赁有限公司，推进“新三板”挂牌企业“报业延嘉”的后续资本运作。无锡外贸印刷有限公司实现“新三板”挂牌。吴都公司进行股权重组，加快融合发展。《华东旅游报》“芯媒体”项目对接资本市场，争取新的投融资合作。

（报业集团）

【开拓发展空间】 2016年，报业集团继续深化“两分离”（宣传与经营分离）改革。落实“目标、预算、考核”三位一体运行体系，推进预算管理全覆盖。财务中心通过“三上三下”流程测算各项收支指标，层层分解至各经济责任单位，江南晚报社已落实到二级预算体系。

探索单位运行机制改革。《江南晚报》打破原有部门藩篱，重新整合各类资源，形成新闻、经营、行政三大板块，成立11个事业部，创新多项举措，探索发展新路。报业集团物管中心模拟公司化运作，以预算管理、绩效考核为抓手，实现规范管理、增收节支。

推进基于“互联网+”创新项目。《华东旅游报》创新产品、深化改革，精心打磨“哎呦喂芯媒体”“智慧手绘地图”等新媒体产品，自主研发的图像识别等核心技术已获国家专利保护，平台建设和技术转让等呈现发展新空间，向“互联网+”企业转型迈出新步。

（报业集团）

无锡新传媒网

【概况】 2016年，无锡新传媒网各项重点工作稳步推进，经营指标保持增长。完成世界物联网博览会、市第十三次党代会、省市及全国“两会”、“产业强市”等主题宣传报道任务，举办全市网民公益体育大会暨环太湖万人徒步等大型活动，自主研发的无锡新传媒网客户端正式上线。2016年，在江苏省网络好新闻评选中，无锡新传媒网报送的《匠心筑梦——劳模榜样面对面》在地市级新闻门户网站中获得唯一的一等奖；在第三届江苏技能状元大赛中，无锡新传媒网选送的高技能人才宣传短片《亚洲名厨张献民》夺得一等奖；在人民日报社主办的2016移动政务峰会上，无锡跻身“移动政务影响力十佳城市”，无锡新传媒网运作的“无锡发布”被主办方给予“积极汇聚本土粉丝群体，共同谱写唱给无锡的歌”好评。

（新传媒）

【舆论宣传】 2016年，无锡新传媒网在宣传报道中，探索“网站搭台，双微唱戏，同步推送”的“多媒体+自媒体”报道模式，获得业内好评。网站共完成10余家政务类新媒体运营托管，发布微信800多条，原创率60%以上。针对网络舆情复杂形势，采编团队重视安全报道，完善制度管理，启动应急管控，提前做好预案，实行24小时多岗值班轮岗，稳妥、有效地应对敏感问题和重大突发事件。

（新传媒）

【机制改革】 2016年，无锡新传媒网创新举措，盘活产能。为进一步提升客户服务，网站拓展医疗、金融板块品牌产品影响力，发掘员工创造力、积极性，在一季度对板块运营重新布局，进一步细分市场条线，细化绩效考核，做到人尽其才、才尽其用，条线业务的深度、广度得到大幅拓展。

（新传媒）

【品牌策划】 2016年，无锡新传媒网开展专题活动聚集人气，突出网络互动性。连续五年组织开展的全市网民公益体育大会已成为江苏的网络文化活动品牌，吸引来自京、沪、浙等10省市和江苏省13个市的上百万网民参与。4月，组织开展的江苏省第四届网络文化季开幕式暨无锡市网民公益体育大会环太湖徒步活动，成为无锡4月份微信圈热议话题，信息被转发10万多条次，营造“做中国好网民、弘扬网络正能量”的网络舆论环境。为充分展示无锡乡村自然生态、文化底蕴、经济活力、村风村貌的魅力，启动“探寻@无锡最美乡村”大型网络文化活动，首批10个美丽乡村宣传短片在无锡市第十三次党代会和市农委“回味乡愁乡村行”农业休闲观光活动启动仪式现场首发，并通过全市各级“双微”等多媒体平台发布，受到广泛认可。

（新传媒）

【转型探索】 10月30日~11月1日，2016世界物联网博览会在无锡举办，无锡新传媒网较好地实现跨媒体、跨平台的泛传播。以中央、省级重点媒体和各级各类新媒体为重点，以技术整合为主要手段，协调各方资源，创新特色产品——“物博会新闻中心泛传播”解决方案，在较短时间内掀起声势，形成浓厚舆论氛围，为物博会的成功举办作出重要贡献。

（新传媒）

无锡日报

【概况】 2016年，《无锡日报》进一步探索新型主流媒体发展之路，在重大新闻战役、主题报道的融合创新，深入基层、关注民生的持续推进，开放合作、调动社会资源的探索尝试，团队建设、流程再造的整合互动，产品意识、凝聚用户的思维构筑等方面，都迈出关键性步伐。实现发行模式转变和“无锡观察”下载量超60万的两大突破。

（无锡日报社）

【报纸发行量突破17万】 11月，无锡市委、市政府《关于进一步扩大无锡日报覆盖面 提升党报影响力的通知》下发，《无锡日报》发行体制实现重大变革，2017年征订量突破17万份，比上年增七成，创历史新高。政府购买公共文化产品的新模式，让本市党报实现更大范围的人群覆盖，传播力、影响力和竞争力进一步彰显。《无锡日报》通过完善投递流程、强化发行考核、提升基层服务、优化版面内容等一系列措施，把好事做好做实。

（无锡日报社）

【创新融媒互动体系】 《无锡日报》不断探索纸质媒体与移动端同频共振，革新传统思维，积极在采编发布流程中植入互联网因素。在市第十三次党代会、世界物联网大会、省第十三次党代会这三大新闻战役中，《无锡日报》“融”纸媒、PC端与移动端，“融”文字报道、观点生产与视觉图表，“融”现场传播、网络互动与传播集成于一体，创新报道形式，获得读者赞誉，“融合”成为《无锡日报》2016年度的关键词。

（无锡日报社）

【引导社会舆论】 在高度开放的新媒体舆论场中，主流媒体务必主动提升引导力。自2014年发起建立无锡自媒体联盟后，《无锡日报》在2016年2月24日策划主办的“2016无锡政务新媒体论坛暨2015无锡新媒体年度榜单发布”活动，又在锡城公号圈成为热门话题。该榜单由“无锡观察”发起，是无锡地区范围最广、最具公信力和影响力的新媒体榜单，以主流媒体引领主流舆论，以主流舆论引导社会舆论，体现党报的新作为。由此提升媒体融合背景下政务新媒体的传播力，促进新媒体平台的交流与合作。

（无锡日报社）

【探索群众办报新模式】 年初，无锡日报社确立培养记者和通讯员两支队伍的战略，以“社区新闻”版为载体，向全市二市（县）五区的乡镇、街道及社区通讯员开放版面，由年初每周2期至12月扩版为每周5期，已有400余名基层通讯员加入

"社区新闻QQ群"。这一对新媒体生态下群众办报的新探索，使线上通讯员队伍与报社编辑及时采编互动，还创新推出"筹选题，说新闻"栏目，并在"无锡观察"开出同名专栏，使社区热点新闻得到二次传播，有效地引导基层工作方向。报社还通过专项培训、报道评奖，扩大通讯员队伍，提高其业务素质。

（无锡日报社）

【提升党报影响力】 2016年，《无锡日报》以城市重大新闻事件为契机，以用户思维创造新闻附加值，提升党报影响力。在市党代会预热阶段，《无锡日报》与"无锡观察"同时开辟"喜迎党代会 开局'十三五'"系列报道，以61个整版的庞大体量，集中展现区域板块、功能园区、部委办局和企业单位抓落实、创特色、聚合力的思路和行动。系列版面被集结成册，制成《献礼》特刊，在市党代会现场掀起阅读、收藏热潮。省党代会期间，"无锡观察"一组卡通素描风格的《省党代表这么说》系列动画，以53位无锡党代表的素描头像+观点的形式，热议无锡高水平全面建成小康社会的方方面面。这组连环画形式的系列H5推出后即引起轰动，在省内打响《无锡日报》新媒体品牌。

（无锡日报社）

【提升综合传播能力和综合服务能力】 2016年，《无锡日报》确立两大战略，运用纸质媒体和移动媒体两大平台，合力打造党报品牌。4月，《无锡日报》紧贴中央宣传重点，聚焦市委、市政府"产业强市"战略，与市总工会联合举办"我心目中的无锡工匠"评选。历时半年的评选活动中，《无锡日报》精心策划报道，"无锡观察"客户端逾50万人次参与网络投票，评选出20位既在本行业有工艺专长、高超技能，又有领军作用、突出贡献的"无锡工匠"。该活动被列入市委、市政府年度重要活动，充分彰显《无锡日报》主流、权威的品牌影响力。

（无锡日报社）

江南晚报

【概况】 自2016年年初开始，《江南晚报》全面进行改革，打破部门藩篱，重新整合各类资源，形成新闻采集、经营发展和行政服务三大板块，成立11个事业部，通过媒体融合、搭建平台、拓展营销模式等多项举措，积极探索在报业经营困境中求生存、谋发展之路。2016年，《江南晚报》在全国报刊广告投放价值排行榜上继续入围全国晚报20强，列第12位。

（江南晚报社）

【坚持正确舆论导向】 《江南晚报》全体员工认真学习贯彻习近平总书记在党的新闻舆论工作座谈会上的讲话精神，坚持党性原则，坚持正确舆论导向，及时发布国家大政方针，特别是市委、市政府的决策部署，突出媒体的政治导向作用。2016年锡城重大新闻频发，如梁溪区与新吴区成立、无锡市第十三次党代会召开、世界物联网大会等。作为本地主流媒体之一，《江南晚报》报道重大事件力求从都市报的独特视角出发，用通俗易懂的语言，多方面报道老百姓关心的信息。

（江南晚报社）

【做深民生报道】 围绕本地民生报道，《江南晚报》采编人员狠下功夫，坚持做"第一时间""第一落点"的独家报道，坚持走进基层、贴近群众。1月26日锡城发生冻害，2天内3500户居民的自来水管爆裂。晚报记者冒着严寒深入基层，实地调查冻害，体验百姓疾苦，同时为大家分析水管爆裂的原因以及应对措施。4月3日沪蓉高速常州段发生连环车祸，在一片声称"百辆车连撞"的自媒体声浪中，晚报通过向常州方面、无锡交警高速大队多方求证，确认25辆车连撞，及时发布信息，澄清谣言。2016年，《江南晚报》推出以正能量报道为主基调的《暖闻周刊》，社会新闻集中展示暖心鼓劲的人物事件。

（江南晚报社）

【坚持融合发展】 2016年，《江南晚报》全面入驻今日头条、网易等新闻客户端，重要民生新闻和突发事件在第一时间向新媒体平台发稿，积极探索新闻报道的全媒体转型，依靠"多元呈现、多媒传播"的方式，努力扩大受众群，提升舆论引导力。下半年，实质性推进融媒体建设，从单一为纸质媒体供稿向全媒体供稿转型。11月，晚报微信公众号改为晚间发布，增强晚报新媒体的本地内容，改变过去围绕报纸出版为中心的操作流程，以确保采编流程再造并长效执行。年内，晚报微信公众号粉丝数从1月的7万扩大到年底超过18万，确立《江南晚报》公众号在无锡微信公众号中的领先地位。

（江南晚报社）

【体制机制改革】 2016年年初，江南晚报社启动体制机制改革，事业部板块率先公布《事业部总监公开招聘启事》，在全员范围内公开招聘所有事业部总监，事业部各岗位在报社全员范围内通过"双选"确定，充分调动员工积极性。11个事业部利用自身读者资源，结合商业资源，尝试各类新的策划营销模式，开展近百场主题活动，积极应对纸质媒体单纯硬广告减少的困境。全新推出"一战成名"欧洲杯手游，创新以往的欧洲杯报道模式，用游戏平台吸引受众和广告客户，给读者和广告商全新的服务体验。各事业部的行业微信公众号作为垂直新媒体矩阵平台，在促进经营融合方面为客户提供精准服务。报社营业收入从下半年起每月同比实现增长。

（江南晚报社）

无锡商报

【提升平台影响力】 2016年，《无锡商报》着力加强平台与品牌建设，通过新老平台的互动融合，进一步提升商报品牌影响力。报社保质保量完成市"两会"、第十三届市党代会、物联网博览会等重大主题宣传报道。立足自身，抓住节点，策划具有商经特色的自主报道。商报还推出《品书·乐活》版、"商荟"专版专刊、报庆32周年特刊等，拓展平台影响力。打造新媒体平台，商报在原有官微、微博和"18楼"官微的基础上，先后建成蚤作坊、hi无锡、商荟等微信公众号，新媒体矩阵初步形成，媒体品牌影响力全方位延展，阅读量和粉丝量大幅提升，出现阅读量超30万的原创内容。通过新媒体与纸质媒体相结合，频推线下社会活动，如

“蚕作坊”推出的系列匠人活动，商报官微推出的“脑力锦标赛”等，都吸引了社会关注。

（无锡商报社）

【探求经营媒体新思路】 2016年，无锡商报社深化经营机制改革，转变经营布局和手段，从单一报纸广告营收向多元化经营布局发展，广告、发行力求老客户少流失，通过新创意、新项目弥补缺口。商报创新经营模式，相继成立金融工作室、健康工作室、房产工作室等。海南房产项目通过代理中介营销新手段，成为多元经营亮点。以“邮轮游”为代表的旅游项目销售新辟合作方式。通过借力与合作，报社先后推出白领运动挑战赛、欢乐儿童节、科学魔术体验营等特色活动，获得市民与客户的认可，也消化了存量广告。商报代理产品已初步形成以“养生养老保健”为特色的产品矩阵。

（无锡商报社）

【加强企业文化与团队建设】 2016年，无锡商报社加强队伍建设和企业文化建设，转变工作思路，强化团队意识，提高战斗力、凝聚力和创造力。报社按照上级要求开展好“两学一做”学习教育，党员干部发挥表率作用。报社还设立商报QQ群、微信群等交流平台，便于员工交流思想、凝心聚力。内部管理方面，商报完善细化考核办法，重点提高对报社经营贡献突出员工的激励力度，推出即时奖励，充分保护和调动能干肯干员工的积极性。同时完善流程控制，针对报社管理中存在的问题，重新制定、完善采编与经营相关规章制度。

（无锡商报社）

华东旅游报

【概况】 2016年，《华东旅游报》加快融合发展，充分发掘纸质媒体“链接”特质，打造“芯媒体”项目，通过一个理念，开发一款技术，形成一批产品，闯出一片天地，得到业内外好评。2016年，《华东旅游报》“芯媒体”项目获“2015年度无锡市宣传思想文化工作创新项目”，5月获“2016中国传媒最具投资潜力TOP10”称号，11月获2016中国报业整合发展项目创新奖。

报纸内容上不断推陈出新，改变封面头条新闻加插图的设计，策划推出“画说新闻”全新栏目。紧抓新闻热点，关注行业发展，包括全域旅游、AAAAA旅游景区摘牌、诚信旅行社、导游职业改革、江苏旅游业发展大会、旅游“十三五”发展规划等重大新闻都做了及时报道。

融媒体探索上，团队协力连续推出一系列“芯媒体”报纸，利用专业技术开发团队，不断加强技术应用研发，以新技术、新应用为支持，有效拓展传播。5月19日，《无锡文化旅游智慧地图（手绘版）》发布，首期发放20万份。图上每一景点标识都是上网“入口”，游客只需扫一扫，就可一键实现导览、导游、导航、导购四大功能。至9月，共推出旅游、采摘、鲜果、乡村游4期《无锡掌上魔法地图》，每期发行10万份，在无锡机场、高铁站、长途客运站、酒店、无锡主要景区等免费取阅。9月底，推出“嗨周末”系列城市游智慧地图，除了在报纸上呈现，还利用AR、H5技术，将纸质版地图进行“互联网+”。12月，推出社区便民智图项目，传达“便民到户、文化到户、公益到户”理念。

（华东旅游报社）

江南保健报

【概况】 2016年，《江南保健报》注重“新闻和科普结合、传播和互动同步”的原则，更多挖掘服务民生的内容，当好读者的健康顾问。报纸推出“慢病管理”“疾病康复”专题，开设“心病开解”专栏，使保健报的服务人群更加精准，专业拓展更具深度。

报社重视新媒体建设。改版微信公众平台，开通“微信问诊”栏目，同时将问诊内容在报纸上刊登，实现网络媒体与纸质媒体的互动。接收“无锡老龄网”，拓宽报纸的内容发布渠道。在“今日头条”平台上开设公众号，多次出现单篇阅读量超10万次。

报社面对纸质媒体经营下行的压力，负重奋进，保持盈利。经营构建新格局，本土广告以服务的形式经营，规避违规医疗广告；外地广告注重策划服务，不碰《广告法》红线；整合相关经营资源，开拓线上线下业务。报社启动“康大夫”板块，吸纳两家合作单位，拓宽经营渠道，创新经营模式。在活动板块上更注重经营模式的探索，以社区为主的“福报社区”活动共举办30余场，参与人数达5000余人。报社举办报庆15周年特卖会，初试商品的线上线下销售模式；成立《江南保健报》读者生活馆，延伸打造经营平台；和《南京日报》“报享购”合作，尝试产品销售合作分成模式；携手“夕阳乐购”，在读者生活馆平台上合作电商项目；与《无锡商报》合作，实施“版面置换”，以促进各自业务的发展。报纸发行走向市场化，年度发行量稳中有升。

（江南保健报社）

《秀江南》杂志

【概况】 2016年，《秀江南》杂志拓展办刊思路与渠道，走出与地方区域经济文化协同共赢的经营新路。杂志应江苏省新闻出版广电局邀请，于7月参加第六届江苏书展。8月受邀参加中国报刊大会。10月，《秀江南》杂志与滨湖区旅游协会达成合作，通过杂志宣传，进一步展示滨湖区休闲旅游资源、城乡建设新貌、文化历史底蕴，切实为“强富美高”新无锡建设凝聚干事创业的精神力量，把“无锡美、太湖美”传播四面八方。

2016年，《秀江南》杂志参与编撰市委宣传部出版的《悦读无锡》系列丛书。该丛书纵论无锡经济、历史、人文、山水、名人、民生、城乡等七大方面的时代变革，引入“彩虹书”的装帧设计概念，文字清新通俗，深受业内与市场好评。《秀江南》杂志参与《江南晚报》举办的奥运季“一战成名·奥运夺金”竞技游戏推广，成功助力该赛事成为锡城热点。《秀江南》杂志进一步倡导“轻阅读”理念，以具有更好阅读体验的纸张配以时尚实用的内容，突出悦读性与通俗性，杂志设计编排力求推陈出新，为读者呈现时尚化的精良悦读之美。

（秀　刊）

《今商圈》杂志

【概况】 2016年，作为江苏省重点财经期刊的《今商圈》杂志获2015~2016年度中国报刊经营价值排行榜“融合创新优秀报刊”十强称号，连续三年再次入选全国报刊广告投放价值排行榜百强报刊。9月，在中国（武汉）期刊交易博览会上，《今商圈》杂志被江苏省新闻出版广电局列入“精品人文社科期刊”。

2016年，《今商圈》杂志坚持“内容为王”战略，每月紧扣受众关注热点，做好财经主题组稿；紧贴城市发展热点，做好特色专题栏目；紧贴财经领域变化热点，做好专业话题延伸。坚持“稳步发展与开拓进取并重”不动摇，进一步做好“财经领域的谋士与顾问”；利用各种平台对接资源，不断寻找新的突破口和适合发展的新窗口。杂志社与多家平台、机构缔结战略合作伙伴关系，探索拓展传统纸质平面媒体的发展新空间。年内，《今商圈》进一步强化与新媒体融合，精编“两微一端”内容，加大互动力度，一年间粉丝量上涨约30%，专业影响力继续提升。

（商　刊）

广播·电视

【概况】 2016年，无锡广播电视集团（台）以学习贯彻习近平总书记系列重要讲话精神为主线，在市委、市政府的领导下，攻坚克难、砥砺奋进，继续保持在全国城市台的率先引领地位，实现“十三五”发展的良好开局。

精心组织重大主题宣传报道，舆论引导能力得到新提升。圆满完成市第十三次党代会、市“两会”、2016年世界物联网博览会等重大活动的宣传报道。市党代会期间，首次成功直播新当选的市委常委与记者见面会实况；全国“两会”期间，首次在北京设立全媒体演播室；推出“产业强市这一年”等全媒体新闻行动40多个，“传承工商基因、弘扬工匠精神”等重大主题报道30多个；开展无锡企业参与“一带一路”建设和援非医疗队先进事迹报道；首次组织大型新媒体新闻行动，无锡广电旗下18家微信公众号共同推出“谁是‘一只鼎’，寻找无锡工匠达人”主题报道；《政风面对面》栏目全面升级为《作风面对面》，舆论监督进一步向基层延伸；对上发稿保持良好势头，在央视发稿38篇，央广“中国之声”发稿32条，江苏电视台发稿663篇，江苏新闻广播发稿327条，保持在全省城市台的领先地位。无锡广播电视台获评TV地标年度最具综合实力城市台。

持续推动媒体融合发展，现代传播体系建设取得新进展。无锡广电集团“智慧无锡”客户端下载量达400万，绑定用户超40万，建成33个模块，全年开展直播活动66场，累计观看人数超20万；新闻中心“无锡博报”新闻客户端上线后用户接近10万，在市党代会开幕时开展“1+7”新闻地图直播受到好评；都市资讯高清频道获总局批准；10讯道高清融媒体转播车投入使用；“交通广播”“阿福聊斋”公众号等“两微一端”新媒体平台粉丝数超10万；自主开发上线国内首个“微信管控平台”，对所属33个微信公众号全方位管理；无锡广播、电视黄金时段收听（视）市场份额保持80%和40%以上水平。

积极打造内容生产精品，节目品牌建设激发新活力。推出《光阴的故事》《快乐出发》等创新节目。与央视建立栏目剧定制合作机制，承制栏目剧《三面人》在央视播出；与央视连线直播荡口古镇端午节盛况，无锡广电直播视频在全球16个直播点中收视率排名第一；与央视中文国际频道连线直播鼋头渚中秋民俗活动；与央广策划推出《城市新跨越·走进无锡》直播节目；与“海峡之声”广播电台合作开办《无锡印象》节目。推出融媒体声音产品《二泉夜读》栏目。广电主持人获评中国播音主持“金话筒”奖提名人选。

加快推进文化产业融合转型拓展，资源资本运作实现新突破。广播、电视、新媒体等广告经营运作流程全面走向融合，并做到依法合规运作，受到省工商部门肯定；成功举办第十四届无锡广电文化活动周，吸引近百万市民参与；以第九届中国（无锡）国际汽车博览会为代表，举办展会及品牌活动超30场；广通传媒成功登陆“新三板”；集团参股的江苏银行挂牌上市；无锡数字动漫创业服务中心按序规范推进，全面启动无锡国际影视文化交流中心建设，“智慧无锡文化创意产业园”吸引全国范围19家优质文化企业入驻，并与法国国际文化中心协会、江苏银行等建立全面战略合作关系。

（章　蔚）

【高清融媒体互动演播室亮相】 2016年元旦，无锡电视高清融媒体互动演播室全新亮相。经过2个月的施工建设，这一无锡广电融媒体建设的标志性项目，于2015年底完成系统安装及周密调试，正式投入运行。全新装备的演播室可在日常节目制作中，通过高水平的大屏幕背景、虚拟背景、虚拟植入前景和新型图文包装等技术的运用，提升节目视听效果和互动效果，增强节目表现力。

（章　蔚）

【迎春特别节目精彩上演】 2月5日晚，“和你在一起”无锡广电2016年迎春特别节目在无锡广电传媒中心精彩上演。本届春晚延续前三届

全新微信新闻产品《博报早安》

（章　蔚　供稿）

2016 年无锡广电“和你在一起”迎春特别节目现场 （章　蔚　供稿）

亲民、温暖、接地气的风格，参加演出的近 500 名演员，有来自无锡市演艺集团等演艺团体的专业演员，也有广电集团的节目主持人，还有来自市少年宫、市老年大学等群众文艺团体的基层文艺骨干，“无锡草根明星”的精彩表现成为本土春晚的亮点。27 个节目涵盖歌舞、语言、戏曲和器乐表演等多种形式。外国友人歌曲联唱、二胡民乐演奏搭配剪纸、糖人等传统技艺展示，让无锡观众品味一场文化盛宴。

（章　蔚）

【两件作品获中国广播影视奖】 2013~2014 年度中国广播影视大奖于 2016 年年初揭晓，无锡广电集团两件作品获得大奖。由无锡广电汽车音乐频率原创制作的 3 集广播连续剧《命若琴弦》在 90 部参赛广播剧中脱颖而出，获得大奖，也是唯一获此殊荣的市级台作品。《命若琴弦》以第一人称的口吻，艺术地表现无锡籍二胡演奏家闵惠芬的艺术人生，通过最接近人声的二胡与“声音戏剧”广播剧协奏出奇特的传播合力，交织成一部命运交响曲——《命若琴弦》。由无锡广播电视台选送的《梦江南》获中国广播影视大奖原创歌曲奖提名奖，无锡广播电视台也是该奖项中唯一获奖的地市台。《梦江南》由无锡籍著名文化学者苏伊作词，歌词高度概括江南名城无锡美丽的自然风貌、深厚的人文底蕴、悠久的历史渊源。国家一级作曲家、江苏籍著名作曲家吴旋以江南典型的戏曲音调为主旋律配曲，曲调委婉细腻流畅，配器运用交响音乐和现代音乐的有机结合，文字清丽，旋律优美，意境和谐。演唱者为 CCTV 全国青年歌手大赛流行组银奖、CCTV-MTV 音乐盛典“内地最受欢迎潜力歌手奖”等多项奖得主、女歌手曹芙嘉。

（章　蔚）

【广通传媒正式挂牌“新三板”】 4 月 21 日，无锡广通传媒股份有限公司股票在全国中小企业股份转让系统正式挂牌，股票简称“广通传媒”，股票代码：836162，总股本 3900 万股，采用协议转让方式进行交易。这是江苏省内传媒（广播、电视和报纸传媒）第一股，也是全国同类城市台传媒第一股。无锡广电集团以“广通传媒”登录“新三板”为契机，推进媒体资源的深度整合与融合，同时积极融入资本市场，运用资本的力量促进媒体持续健康发展。广通传媒是无锡广播电视集团旗下公司，主要从事以无线移动数字电视为平台的媒体广告运营业务以及演艺会展服务。

（章　蔚）

【推出微信新闻产品《博报早安》】 5 月，“无锡博报”新闻客户端推出一款全新的微信新闻产品《博报早安》。针对本土目标受众，集纳本地及国内外最新新闻，配以适时的实用信息和生活导引以及《无锡历史上的今天》等子栏目，图文并茂，配有品牌主持人的语音播报等，视听兼备，为市民提供全方位的新闻资讯服务，是新闻客户端内容产品个性化推送与品牌推广的尝试，也是新闻传播中运用移动互联网思维创新的具象化呈现，成为广电媒体融合 3.0 的一大标志。

（章　蔚）

【第十四届无锡广电文化活动周】 9 月~10 月，2016 第十四届无锡广电文化活动周举办。除作为开幕活动的第九届中国(无锡)国际汽车博览会外,还有“明月夜无锡情”2016“爱在无锡”中秋晚会、“无锡电视十佳出镜记者”颁奖及分享会、2016无锡广电秋季住文化节、“智慧无锡”粉丝节、中法动画电影交流论坛、《悦谈》节目展播暨专家研讨会、广电“十佳工匠”颁奖仪式等系列活动。无锡广播“十佳”主持人颁奖仪式为整个活动周圆满收官。

(章 蔚)

【无锡市智慧文化信息暨消费平台上线】 10月10日,由市委宣传部与无锡广电集团合作开发完成的无锡市智慧文化信息暨消费平台正式上线。通过“智慧无锡”APP,无锡市民文化消费更为便捷,只要点击相关模块,文化资讯获取、演出、购票等都可以轻松一站式搞定。该平台整合无锡市大、小文化场馆的演出资源,在提供本地文化资讯及演出信息之外,还创造性地推出“日历”及“地图”模式,方便市民检索文化演出及展览活动。

(章 蔚)

【“华夏之声”直播活动走进无锡】 10月12日,无锡广播电视台与中央人民广播电台“华夏之声”联合策划制作的“城市新跨越·走进无锡”节目,在中央人民广播电台“华夏之声”“香港之声”,无锡广播电视台“梁溪之声”广播,香港电台普通话台同步进行直播。央广网对该档节目进行全程视频直播和图文直播,“智慧无锡”APP对节目进行全程音视频直播。同时,节目内容和记者前期采访内容等还在“华夏之声”微信公众平台“风行港澳”进行为期一周的专题推送。节目多角度宣传介绍无锡的历史文化风貌和社会经济发展成就,分为“千年无锡、因水而兴”“太湖明珠、旅游名城”“锡商精神、实业报国”3个篇章,时长一小时,充分展示开放包容、活力四射的无锡形象。

(章 蔚)

【无锡广电“十佳工匠”评选揭晓】 为贯彻市委“传承工商基因,弘扬工匠精神”的指示,全面落实“守正、务实、出精品”的无锡广电工匠精神,组织引导无锡广电广大职工践行工匠精神,由无锡广电集团(台)工、青、妇组织联合行动,经过层层推荐评选,10月13日,无锡广电“十佳标兵工匠”“十佳青年工匠”“十佳巾帼工匠”评选结果正式揭晓,30名坚守基层、艺高服众的工匠能人脱颖而出,成为诠释“守正、务实、出精品”的“无锡广电工匠精神”代表人物。

(章 蔚)

【举办中法动画电影交流论坛】 10月21日,第十四届无锡广电文化活动周重要活动之一——“中法动画电影交流论坛”在无锡广电集团拉开帷幕,法国著名动画导演弗洛朗丝·米埃勒、中国动画学会副会长兼秘书长贡建英等10余位嘉宾参与相关学术交流。中法动画电影交流论坛项目是由无锡广播电视集团和法国国际文化中心办会共同协作推进的一项跨区域动画电影交流活动,活动主会场设在无锡广播电视集团,分论坛设在江南大学数字媒体学院。活动全景化呈现上海美术电影制片厂制作的具有代表性的经典动画短片电影,以编年史形式展现中国动画片创作历程。围绕法国动画电影的先驱者、艺术大师和艺术技巧3个方面,探寻法国动画电影的源头,重点推介安纳西国际动画电影节上中法合作获得“凯撒奖”的作品。活动以动画电影这一特殊文化产品为载体,使文化“引进来”“走出去”巧妙结合在一起,从动画电影维度交互展现中法邦交50多年来,各自在文化领域所取得的成果。

(章 蔚)

【无锡广播电视台获殊荣】 在12月2日北京举行的‘TV地标中国电视媒体综合实力大型调研成果发布会”上,无锡广播电视台与长沙台、成都台、武汉台、济南台等8家城市台一起获得“TV地标2016中国电视媒体年度最具综合实力城市台”称号,江苏省仅无锡、苏州两地城市台榜上有名,这也是无锡台近三年来再次获得这一殊荣。面对国内电视媒体环境的深刻变化,无锡广播电视台注重媒体融合,打造品牌,传递正能量,积极拓展“广电+”等产业化经营之路,综合实力在全国众多城市台中持续领先。

(章 蔚)

出 版

【概况】 2016年,凤凰出版集团无锡分社出版图书31种,发行总数3万余册,发行总码洋300余万元。

重视文化类图书出版。《悦读无锡》丛书包括人文篇、历史篇、经济篇、民生篇等7部,是无锡市委宣传部推出的重点项目,实录无锡城市新发展,以生动的文字与大量图片提供轻松愉快的阅读体验。《千秋家国梦》为惠山祠堂群人文故事集,全套共4册,被确定为惠山古镇“申遗”的重点出版物,当年获得江苏省第十四届哲学社会科学优秀成果一等奖、“全国优秀社会科学普及作品”称号。无锡分社为江阴市出版第八部儿童文学集《盛开太阳的葵花》,展示江阴市在儿童文学创作领域的强劲实力。

挖掘社会生活类图书。无锡分社出版了《鼋头渚建园百年百景图志》,图文并茂地展示建园百年的鼋头渚自然及人文景观。锡惠公园是2016全国杜鹃花展主会场,《杜鹃花》是无锡园林特色花卉丛书之一,全方位展示无锡在全国领先的杜鹃花栽培水平以及拥有的众多品种。《无锡博物院藏革命文物图录》由无锡博物院所编,从太平天国和辛亥革命时期、中共创建和大革命时期、土地革命时期、抗日战争时期到解放战争时期,选取当期重点文物资料进行解读。

打造重点出版书目。无锡市政协的《亲历无锡城变迁》共4册,以“亲历、亲见、亲闻”史料为载体,图文并茂地反映解放以来无锡城市建设的历史变迁,内容包括城市规划、道路桥梁、城市交通、园林旅游等方面,全面展示无锡城市发展进程,所有文字资料和图片都极为珍贵,出版后获得较好的社会反响。

年内,凤凰出版集团无锡分社推出“锡报图书”微信公众号,将重点图书在新媒体上进行推介,以期获得更多关注,扩大“凤凰图书”知名度,更好地拓展区域出版范围。

(锡 书)

编辑 顾洪兴

卫生

综 述

【综合医改扎实推进】 2016年,全市卫生计生系统推进医药价格综合改革,取消药品加成,23家城市公立医院药物占医疗费用比例比上年下降5.57%,检验、检查费用占医疗费用比例保持稳定,市属医院住院均次费用下降861元,降幅达5.73%,门诊均次费用实现零增长,全市个人卫生支出占卫生总费用比例降至30%以下。试点现代医院管理制度。确定3家公立医院为法人治理结构试点建设单位;启动实施市第二人民医院托管帮扶市第五人民医院,组建“无锡市普仁医疗集团”和理事会。构建药品供应保障机制,完善短缺药品动态监测和配送保障机制,启动279种急救、妇儿药品市级价格谈判,平均药价降幅达27.48%。52家基层医疗机构规范增补基本药物目录外药品784种。推进人事制度改革。会同市编办制定《创新公立医院人员编制管理的实施意见》,核定公立医院人员总额和备案人员数,促进人员管理方式向审批管理和备案管理相结合的转变。推进机构改革和设置工作。完成卫生监督机构“三定”(定编、定岗、定人)工作,整合成立市卫生计生统计信息中心、卫生计生采购与药具管理中心,启动汇生科技实业总公司改制。

(办公室)

【体系建设持续优化】 2016年,全市卫生计生系统制订实施“十三五”规划,注重问题导向,坚持补短补弱、固优固强,统筹编制“十三五”区域卫生、医疗机构设置、卫生人才等40多个专项规划。落实投入政策,全年卫生计生财政专项投入共计28.3亿元,较上年增长18.39%。启动公立医院债务化解工作,实施公立医院药品零差率财政补助政策,补助资金1.96亿元,安排民营医疗机构奖补资金200万元。优化资源配置,江南大学附属医院(市四院)易地建设完成桩基工程,市五院(传染病医院)易地建设进入收尾,市三院完成老病房楼改造,市精神卫生中心新建精神科病房楼投用。一批基层医疗卫生机构完成提档升级并陆续投用。社会办医规模壮大,配合市人大修订《无锡市社会医疗机构管理条例》,为社会办医留出足够发展空间,全市社会医疗机构床位数和服务量占总数(量)比例分别达21%和13.8%。

(办公室)

【学科、专科、人才建设】 2016年,全市卫生计生系统创新人才引育机制,设立人才工作专项经费,加大人才引育工作力度。落实公立医院用人自主权,建立高端和紧缺型人才招聘绿色通道,实行全年常态化招聘,市属单位新增博士55名。加大人才选推力度,新增省级博士后创新实践基地2个、国务院特殊津贴专家1名、省有突出贡献中青年专家3名,入选省“333工程”第二层次培养对象3人、第三层次培养对象36人、省“六大人才高峰”资助对象7人,5人获市留学归国人员项目资助,90人入围省卫生计生委高评委专家库。启动实施“科教强卫工程”,组织开展省、市“科教强卫工程”临床医学中心、创新平台(实验室)、重点(发展)学科、创新团队和各层次人才项目创建,2名杰出人才培育对象、2个重点学科、4个创新团队、4名省重点人才、82名青年人才被确认为省级和省市共建项目,新增省级临床重点专科7个。科技创新成果显著,获中华医学奖二等奖1项,省科技进步二等奖1项、三等奖2项,等次和数量创历史新高;获省新技术引进奖41项、市腾飞奖1项、市科技进步奖24项;获国家和省自然科学基金项目26项,面上项目取得较大突破。发表SCI收录论文213篇,获国家发明专利11项。基础人才培养扎实有效,实施市级骨干师资培训项目,392名师资经省级培训合格持证上岗,确认37家全科专业基层实践基地,学员结业考核通过率居全省前列。举办继续医学教育项目257个,农村订单定向免费培养医学生36名,组织乡村医生培训492人。无锡卫校加强学生技能训练,取得全国职业院校技能大赛金牌2枚。

(办公室)

【基层卫生能力不断增强】 2016年，全市卫生计生系统巩固基层运行新机制，加快推进基层医疗卫生机构绩效工资总量水平动态调控机制和超出基数部分按比例提取超额劳务基金机制，惠山区改革完善基层医疗卫生机构绩效考核分配经验在第五届全国基层卫生大会上进行专题交流。转变基层卫生服务模式，进一步推进家庭医生签约服务，与292万名居民建立家庭医生签约服务关系，全市签约服务率达44.85%。实施社区卫生服务提升工程，建成全国百强社区卫生服务中心1家、省优秀社区卫生服务中心2家，新增全国群众满意乡镇卫生院4家、省级示范乡镇卫生院1家、省级示范村卫生室8家。代表江苏省参加全国基层卫生岗位练兵和技能竞赛，获得团体一等奖、个人二等奖。分级诊疗制度建设有序推进，在区域医联体全覆盖基础上，新增中医、妇幼、精神卫生等专科医联体，探索建立预防、诊断、康复、护理等连续性医疗服务新模式。

（办公室）

【医疗服务能力持续改善】 2016年，全市卫生计生系统稳步提升医疗服务能力，全年新增医疗机构66家、病床2300张、卫技人员3000名，县域内就诊率达92%以上。紧抓医疗质量和医疗安全，调整完善40个市级医疗质控中心组织机构，按规定全面停止二级以上医院门诊患者静脉输液。新增省级“平安医院”1家、市级“平安医院”6家。连续五次获得“全国无偿献血先进城市”称号。规范设备采购和耗材管理，制定医疗设备采购管理办法和医用耗材管理办法，促进医疗设备采购和医用耗材管理科学化、制度化、规范化。深入推进改善医疗服务行动计划，市人民医院出院患者满意度名列全省第一。疾病应急救助制度有效推进，落实资金361万元。中医药服务能力不断加强，新增省级中医重点专科5个，市中医医院、中西医结合医院多专业一体化诊疗工作经验获全国推广，在基层医疗机构中推广使用经(验)方30个。全市获评第三批全国优秀中医临床人才2人、全国中医护理骨干人才2人。

（办公室）

【公共卫生服务水平持续提升】 2016年，全市卫生计生系统加强基本公共卫生服务项目管理，全市人均基本公共卫生服务经费达61.28元，在省级绩效考核中取得优异成绩。疾病预防控制持续巩固，全市甲乙类传染病发病率控制良好，有效处置人感染H7N9禽流感等突发疫情事件，数字化预防接种门诊覆盖率达94.4%。精神预防工作机制不断完善，实行精神专科医院分片包干责任制，探索实施“医院—社区—家庭协同管理”社区精神康复治疗模式，严重精神障碍检出率增幅全省第一。加强妇幼健康优质服务，推进妇幼保健与计划生育技术服务资源整合，江阴市获评全国妇幼健康优质服务示范市。适应全面“两孩政策”，全市产科分娩数比上年上升25.09%，其中市区分娩数比上年上升37.65%。加强卫生应急体系建设，有效处置一般突发公共卫生事件34起。落实自救互救素养提升工程，全市医疗机构人员自救互救培

表57 2016年无锡市卫生计生事业基本情况

	数量	与上年比增长数	与上年比增长率(%)		数量	与上年比增长数	与上年比增长率(%)
卫生机构(个)	2308	65	2.90	卫生人员(人)	58434	3773	6.90
医　院(个)	159	9	6.00	卫生技术人员(人)	47549	2842	6.36
社区卫生服务中心(卫生院)(个)	89	0	0.00	执业(助理)医师(人)	18107	1475	8.87
医疗床位(张)	39732	2366	6.33	注册护士(人)	20523	1181	6.11
平均每千人口医疗床位(张)	8.17(户籍)	0.4	5.17	均每千人口卫生技术人员(人)	9.78(户籍)	0.48	5.16
	6.09(常住)	0.35	6.01		7.28(常住)	0.41	6.01

人口	总数(万人)	486.2(户籍) 652.9(常住)	卫生费用	卫生事业费(万元)(统计范围调整为大市)	282952.89
	出生率(‰)	9.27		卫生事业费与上年比增长率(%)	18.39
	死亡率(‰)	6.46		卫生事业费占财政支出百分率(%)	3.26
	自然增长率(‰)	2.81		卫生系统资产(万元)	2049196.13
医疗服务	诊疗总人次(万人)	5112.69		卫生系统基建投资(万元)(统计范围调整为大市)	33318.12
	出院总人次(万人)	116.33			
	出院者占用总床日(万日)	1094.76		平均每门诊人次医疗费用(元)	185.60
	住院病人手术人次(万人)	32.74		平均每一出院病人医疗费用(元)	9816.40

（办公室　规财处）

训率达14.2%。

（办公室）

【健康城市建设取得新进展】 2016年，全市卫生计生系统围绕营造健康环境、建设健康社会、培育健康人群，制定出台"十三五"建设健康城市行动计划。全面完成全国健康城市建设评价试点工作，为构建健康城市评价体系提供无锡样本，无锡市被列为全国首批38个健康城市试点之一。拓展健康细胞工程覆盖面，启动省健康镇村、社区和单位等创建，首批1个镇、53个社区(村)、14家机关及企事业单位通过省级考核。无锡市健康城市行动项目在第九届全球健康促进大会暨健康城市市长论坛上交流。

（办公室）

【智慧健康跨越发展】 2016年，全市卫生计生系统信息化平台建设推进有力。"无锡智慧健康提升工程"完成立项并启动招标。江阴市完成"健康信息平台互联互通成熟度"省4级测评，市本级、锡山区、惠山区完成省3级测评。医疗信息化进步明显。医联体信息系统在市区5家市属医院和结对的22家社区实现全功能运行，市人民医院医联体与新吴区区辖社区卫生服务中心率先实现平台接入。新增电子病历系统功能应用等级评价达到2级以上医院23家，市属医院区域PACS完成终验。推进"互联网+医疗"服务。市属医院通过多途径预约并与省预约平台互通，江阴市探索先诊疗后付费就医模式，宜兴市实施"银医通"项目，惠山区实施"健康惠山"医疗流程再造工作。医疗健康物联网建设有新成效。"基于物联网技术的居民健康智能管理平台"建设顺利，高规格承办世界物联网博览会医疗健康物联网高峰论坛及展览，承担医疗健康物联网11项国家标准的研究工作，发布《医疗健康物联网白皮书(2016)》。

（办公室）

【行风建设和依法行政成效明显】 2016年，全市卫生计生系统党建工作创优创新。扎实开展"两学一做"学习教育，落实一把手职责任务清单，受到省委组织部督查组好评。明确干部选拔任用规定，规范直属事业单位中层干部选拔任用，举办市卫生计生委中青年干部培训班。党风廉政建设全面压实。落实党风廉政责任，修订完善5项责任清单，构建抓早抓小机制。加强廉政文化建设，落实谈话函询制度，组织开展党风廉政建设责任制专项检查考核。加强全系统行风建设。按照管行业必须管行风的要求，聚焦主业，落实行风建设主体责任。在中央和省、市媒体宣传报道650多篇次，推送《健康无锡手机报》29期，评选表彰百名"医德之星"和十大"医德标兵"，8名医护工作者获省"医德之星"称号。依法行政深入推进。加强立法后评估，加快审批权下放，落实执法全过程记录试点，开展"爱国卫生监督行动年"活动，市卫生计生委蝉联市委、市政府"规范执法示范单位"称号，并被评为"六五"普法先进集体。工会、共青团建设夯实群众基础。开展工会工作项目化管理，开展立功劳动竞赛和技能竞赛，创建成省级、市级示范性劳模创新工作室各1个。深化青年文明工程，新命名16家省级、市级青年文明号。第26期援桑给巴尔医疗队在受援国积极开展医疗服务和民间外交活动，多次接受受援国及中国中央电视台等主流媒体采访报道。

（办公室）

综合医改

【完善综合医改组织保障与政策体系】 2016年，全市卫生计生系统强化组织推动和顶层设计，调整市医改领导小组成员，制定成员单位工作制度，出台管理体制、编制管理、社会办医、医保管理、医疗救助、价格改革、多点执业和药事管理等医改配套文件30余个，为医改向纵深推进夯实基础。无锡市获2016年度省级综合医改试点工作创新奖。

（体改处）

【公立医院综合改革有序推进】 2016年，全市城市和县级公立医院医药价格综合改革持续深化，基本建立以医务人员技术劳务价值为主的医药价格动态监测调整机制和财政补助机制，药物占比、门急诊和出院均次费用均呈持续下降趋势，以药补医得到根本扭转。公立医院加快体制机制创新，市和市(县)区政府均成立公立医院管理委员会。实施市属公立医院绩效考核，考核结果与财政补助、医保结算、医院绩效工资总量、院长年薪等挂钩。年内，无锡市顺利通过全省公立医院综合改革效果评价专家复评。

（体改处）

【加强医疗设备耗材采购管理】 2016年，无锡市建立市级医疗设备、耗材采购评审专家库，完成医疗设备集中采购和现场监管共计51场次、183个项目，完成采购金额10663.44万元，节约资金1718.72万元，资金节约率13.88%。加强医疗机构医用耗材管理，制定《无锡市卫计委医疗卫生机构医用耗材管理办法(试用)》。

（药政处）

医政管理

【推进区域医联体建设】 2016年，全市卫生计生系统以市中医医院、市中西医结合医院、市妇幼保健院、市精神卫生中心(同仁康复医院)等为龙头，分别与县、区同类特色二级医院、社区卫生服务中心(卫生院)成立专科特色区域医联体。全市累计建成区域医联体14家。

（医政处）

【建立分级诊疗制度】 2016年，全市83个街道(镇)建有政府办社区卫生服务中心89家、社区卫生服务站734家，建成覆盖城乡的"15分钟健康服务圈"。全市85%的社区卫生服务中心和99%的社区卫生服务站达到规范化建设标准，基层全科医生实现全覆盖。

（医政处）

【康复医疗服务体系建设试点工作】 至2016年年底，全市共有康复专科医疗机构8家，设立康复专科的综合医院34家、疗养院5家，提供康复医疗服务的社区卫生服务中心(卫生院)92家、社区卫生服务站585家，康复床位1857张。全市康复医疗服务网络涵盖二级、三级综合医院、康复专科医院和基层医疗卫生服务机构，实现全覆盖。

（医政处）

【推进急救体系建设】 按照《市政府办公室转发市卫生局等5部门关

于加快全市涉农地区院前急救网点建设意见的通知》要求，2016年，全市进一步加快建设涉农地区急救医疗服务网点，完善城乡急救服务体系，建成并启用新安、西漳、钱桥、胡埭、鹅湖、长安分站。完成“110”联动6702次，较上年下降6.67%；处置突发事件10614次，比上年增长10.78%；成功处置重点突发事故8起，救治病人89人次。

（医政处）

【医疗服务持续改善】 2016年，全市卫生计生系统深入落实进一步改善医疗服务行动计划，三级公立医院专家门诊预约就诊率达85.3%，二级、三级公立医院优质护理服务病房覆盖率分别达95.8%和100%，二级、三级综合医院平均住院日分别控制在8.45天和8.85天，二级以上专科医院平均住院日比上年继续下降。

（医政处）

【医疗质量不断提高】 2016年，全市卫生计生系统开展医疗质量管理专项检查14次，其中，医疗质量安全抽查二级以上医疗机构37家，急诊医疗服务质量明察暗访活动抽查二级以上医院18家。全市27家二级以上医疗机构17个专业开展19个病种的日间手术，完成病例7007例。全市二级以上医疗机构临床路径完成153603个，入径率80.29%，完成率88.28%。

（医政处）

【开展优质护理服务系列活动】 2016年，全市卫生计生系统召开庆祝“5·12”国际护士节104周年大会，表彰全市30年护龄护士177名、优秀护士99名，评选市级护理临床重点专科6个、市护理临床重点专科建设单位4家。年内，新增市级专科护士培训基地9个、实践基地2个。全市优质护理服务满意度达93.46%。

（医政处）

【做好医院感染管理工作】 2016年，全市卫生计生系统开展医疗机构血液净化中心（室）、消毒供应中心、手术室等院内感染和医疗废物管理专项检查，举办第三期医院感染管理骨干培训班。全年新增医疗机构消毒供应室3家。

（医政处）

【推进平安医院建设】 2016年，全市卫生计生系统开展打击涉医违法犯罪专项行动，全市出动警力85次265人次，处理违法犯罪嫌疑人员12名。各级医疗机构组织开展安全防范培训500余次，投入安防系统建设经费1676.98万元，设立应急报警装置，与公安机关联网的二级以上医院39家，安防系统建设达标率达70%。

（医政处）

【加强等级医院创建管理】 2016年，全市卫生计生系统组织开展医院评审、复核评价和定级工作。其中，开展二级医院调研初评6家、现场评审3家，复核评价4家、暂缓定级3家，开展三级医院定级初评1家，接受省卫生计生委三级医院评审3家。

（医政处）

【加快临床重点专科建设】 2016年，市卫生计生委修订《无锡市市级临床重点专科管理办法》，组织开展市级临床医学重点专科复评工作，落实重点专科奖补政策，拟定《无锡市临床重点专科专项资金管理暂行办法》，规范重点专科专项资金的分配、使用及管理，促进重点专科发展。全年新增省级临床重点专科建设单位6家、省级临床重点专科7个。

（医政处）

【完成省内首例DCD捐献心肺联合移植】 9月18日，市人民医院成功完成江苏省首例DCD器官捐献心肺联合移植手术，实现器官移植手术新的突破。2016年，市人民医院肺移植手术量达136例，占全国同类手术的70%，居世界第二，所有供体均来自志愿捐献。市人民医院肺移植团队探索远程转运供体工作模式，为中国建立和实施人体捐献器官转运绿色通道做出重要贡献，“器官移植捐献移植技术与综合体系构建”获无锡市政府“腾飞奖”。

（市人民医院）

【市人民医院患者满意度蝉联全省第一】 2016年，市人民医院积极推进“进一步改善医疗服务行动计划”，深化“三位一体”“三维一体”人文服务模式，强化以病人满意为目标的服务理念，在满意服务的基础上，推出超值服务和感动服务，努力改善群众看病就医体验，持续提升社会满意度。在省卫生计生委委托第三方调查服务机构对全省139所三级医院开展的患者满意度调查中，市人民医院综合满意度为98.06%，蝉联全省第一。

（市人民医院）

【第十五届中国医院发展战略高级论坛】 3月，由《中国医院》杂志社、江苏省医院协会主办，无锡市第二人民医院、靖江市人民医院承办的第十五届中国医院发展战略高级论坛在无锡举办，市长汪泉会见与会的美国梅奥诊所前董事肯特等主要嘉宾。全国28个省、市、自治区852家医院近1200名院长和医院管理者参加会议，中央电视台等多家国家级媒体予以报道。

（市二院）

【无锡市普仁医疗集团成立】 12月，市二院与新五院组建无锡市普仁医疗集团工作全面启动。在模式内容上，采用紧密型院际托管帮扶模式；在组织管理架构上，组建无锡市普仁医疗集团，实行理事会领导下的集团化管理模式；在机构人员等属性上，保持“六个不变”，即机构性质与法人地位不变，人员身份不变，资产关系不变，享受政策不变，投入体制不变和干部任免不变，以“1+1>2”的医疗资源整合发展为目标，为全市医改探路。

（市二院 市五院）

【市三院两项科研成果实现新突破】 2016年，市三院作为核心成员参与的《中国人体表难愈合创面发生新特征与防治的创新理论与关键措施研究》课题获国家科技进步一等奖，牵头担纲的《烧创伤创面修复相关材料的基础及应用研究》课题获江苏省科技进步二等奖，实现历史性突破。

（市三院）

【市三院老病房大楼完成改造】 2016年，市三院完成老病房大楼改造和内科病房整体搬迁。改造后的医院A楼（新门急诊医技综合楼）主要为外科病房，B楼（老病房大楼）主要为内科病房，两栋大楼实现互联互通，极大改善医院整体面貌，优化市民就医环境。

（市三院）

【市四院设立省博士后创新实践基地】 2月，市四院获批设立“江苏省博士后创新实践基地”。12月13日，南京医科大学与江南大学附属医院博士后培养签约仪式暨进站博士后开题报告在市四院举行,南京医科大学与市四院正式签订博士后联合培养协议,共同培养高层次临床科研人才。

(市四院)

【市四院获全国第四届医院品管圈大赛二等奖】 10月23日,市四院药学部品管圈项目"齐进圈"获全国第四届医院品管圈大赛二等奖。"齐进圈"以改进药学管理质量为目的,通过引进现代化设备配液机器人、制作绩效考核软件、设置指纹打卡机等举措,达到减少静脉药物配置室药品损耗目的。项目实施以来,医院药品损耗事件数从平均每周30.75件降至11.75件,改善幅度达61.79%。

(市四院)

【中医医联体实现远程"扩容"】 2016年,市中医医院推进和惠山区中医院、市红十字会中医医院的"中医医联体"建设,并与锡山区中医院,锡山区、惠山区、新吴区和梁溪区部分社区卫生服务中心达成中医医联体建设合作意向。建立"3+2+1"中医服务新模式,实现中医医联体远程"扩容",促使优质中医资源辐射全市。

(市中医医院)

【市中医医院深化医学流派建设】 2016年,市中医医院推进龙砂医学诊疗方法、黄氏喉科疗法、刘氏骨伤疗法和无锡丁氏痔科疗法4项省级"非遗"项目建设,积极申报国家级"非遗"项目。特聘国医大师夏桂成为无锡市龙砂医学流派研究所高级学术顾问,开展2批7名龙砂医学传承人培养对象的拜师工作,妇科周亚红拜师国医大师夏桂成。国家级"天池伤科流派"传承工作站落户医院,王建伟拜师国医大师刘柏龄教授。承办国家级继续教育项目"龙砂医学特色诊疗技艺培训班暨学术研讨会"。开展《龙砂医学丛书》编撰,启动龙砂医学特色门诊工作。

(市中医医院)

【全球首例无创胚胎染色体筛查试管婴儿诞生】 3月,全球首个接受无创胚胎染色体筛查(NICS)的试管婴儿在市妇幼保健院诞生。10月,由市妇幼保健院首创的"无创胚胎染色体筛查技术"研究成果被美国国家科学院院刊《PNAS》在线发表,获得世界生殖医学界认可。

(市妇幼保健院)

【市妇幼保健院应对"全面二孩"政策】 2016年,市妇幼保健院创建成省级危急重症孕产妇救治中心。全年总分娩人数14734人,比上年增长32.29%,完善各类应急救治预案12个。完成各类疑难危重救治病人1205例,比上年增长34.3%;抢救病人数53例,比上年增长26.2%,抢救成功率98.1%。

(市妇幼保健院)

【中德感染与免疫国际联合实验室建立】 10月,市五院、江南大学无锡医学院、埃森大学医院德国西部感染与免疫中心三方共建的"中德感染与免疫国际联合实验室"正式揭牌。三方借助实验室平台,共同申报高质量课题,加强国际学术交流,创新人才培养模式,推动基础与临床医学转化。

(市五院)

【推进急救体系建设】 2016年,全市救护出车82807次,比上年增长9.0%。完成救治和转送病人66090人次,比上年增长8.1%,其中,网络分站救治数15780人次,占总数的36.4%。共接听急救电话31.8万次,比上年下降10.7%。安全行驶123万公里,比上年下降5.6%。

(市急救中心)

【第三届中国领航者急救调度和信息化大会】 2016年,第三届中国领航者(Navigator)急救调度和信息化大会在无锡举办,来自美国,港、澳、台地区的280余位急救专家参加会议。大会主题涉及急救调度、信息化建设和应急调度指挥建设等领域。会上,无锡市急救中心被授予"特别贡献奖",调度员夏菁被授予"2016年度优秀调度员"称号。

(市急救中心)

【无锡市获"全国无偿献血先进城市"称号】 2016年,无锡一城两市(县)无偿献血总量约24吨,全面满足全市临床用血需求,临床用血全部来源于自愿无偿献血。至此,无锡市蝉联四届"全国无偿献血先进城市"称号。

(市中心血站)

疾病预防控制

【深化精神卫生工作内涵】 2016年,无锡市以健康城市建设为抓手,积极推进市民心理健康促进行动,坚持精神疾病防治向健康人群、基层社区两个方向延伸,逐步推动精神卫生工作实现个体向群体、医院向社区、治疗向预防的转变。10月10日,"无锡市精神疾病控制中心"正式挂牌,在全省率先设立精神疾病专业防治机构,强化对全市精防业务工作的技术指导和业务管理。全年全市共为27020名严重精神障碍患者建档,报告患病率达4.11‰,年度增幅17.1%,居全省第一。市民心理健康学校、心理援助中心、心理咨询热线电话等项目持续开展,全年组织心理健康知识讲座300多场次、《心理健康》专栏节目70余期,提供心理咨询和干预服务5000多人次。建成9个"心灵家园"社区精神康复示范点,试点实施"医院—社区—家庭协同管理"模式,专业医务人员、社区管理人员和家属共同为患者建立疾病健康档案,开展生活技能、社交技能、药物自我管理等康复训练活动,并为部分患者提供日间照料服务。11月21日,副市长华博雅应邀出席国际健康城市市长论坛精神卫生分论坛,交流无锡市精神卫生工作经验。

(疾控处 市精卫中心)

【组建精神卫生和康复医疗专科医联体】 4月25日,无锡市精神卫生中心医疗联合体、无锡同仁康复医院医疗联合体正式组建。市精神卫生医联体以市精卫中心为核心单位、惠山区精神疾病康复中心为成员单位,通过健全全市精神卫生防控网络体系,提升突发精神卫生公共事件应对能力。市康复医疗医联体以无锡同仁康复医院为核心单位、惠山区康复医院为成员单位,通过推动全市三级康复医疗体系建设,实现"小病在社区、康复在基层,大病、疑难危重病在大医院诊治"的就诊格局。两个专科医联体的成立,标志着无锡市医联体建设由以综合医院为主的区域覆盖阶段进入包含专科医院服务内容的全面覆盖阶段。

(市精卫中心)

【江苏省研究生工作站成立】 12月29日,省内首批公共卫生领域"江苏省研究生工作站"在无锡市疾控中心挂牌启动。工作站由南京医科大学、无锡市疾控中心共同建立,双方在科学研究、人才培养、基地建设、资源共享等方面建立合作关系,共同推进公共卫生学科建设,推动无锡公共卫生事业发展。

(市疾控中心)

【开展疾病预防控制国际合作】 2016年,市疾控中心深入开展疾病预防控制项目国际合作,与美国约翰霍普金斯大学签订合作备忘录,在职业卫生和环境卫生等方面开展合作。与美国杜克大学共同开展美国NIH项目合作,完成项目中期评估。与荷兰瓦赫宁根大学开展乳腺癌研究合作,完成世界癌症基金会项目阶段性评估。与美国匹兹堡大学特殊病原研究中心开展院内感染军团菌防控研究项目合作。

(市疾控中心)

卫生应急与救援

【提升卫生应急处置能力】 2016年,市应急办修订完善卫生应急预案,重新修订《无锡市突发公共卫生事件应急预案》《无锡市突发事件医疗救治应急预案》《无锡市流感大流行应急预案》和《无锡市鼠疫控制应急预案》,为各类突发事件卫生应急处置提供有效指导,真正做到应对有策。举办无锡市第九届突发公共卫生事件现场医疗救援培训班、传染病疫情防控与处置培训班和人感染H7N9禽流感防控培训班,开展中东呼吸综合征疫情应急处置模拟演练和突发饮用水污染事件卫生应急处置模拟演练,达到检验预案、锻炼队伍、磨合机制和提升应急反应能力的预期目标。

(应急办)

【强化公共卫生事件监测预警】 2016年,市应急办加强SARS、鼠疫、人感染禽流感、中东呼吸综合征等突发急性传染病的监测、检测工作,开展突发急性传染病、生活饮用水、中毒、核辐射等公共卫生风险评估,定期开展发病趋势预警预测工作,建立健全监测预警研判机制和异常信息快速反应处置机制,提高风险监测、识别和管理水平。全年印发《无锡市突发公共卫生事件风险月度评估报告》12期。

(应急办)

【开展全民自救互救素养提升工程】 2016年,市应急办与市红十字会等部门协作开展"全民自救互救素养提升工程",结合"12320"宣传日、"5·12"防灾减灾宣传周和世界急救日,依托电视、广播电台、"12320网站"、广场活动、社区宣传栏等载体宣传卫生应急知识,提高公众自我防护意识。开展自救互救技能培训,全市医疗卫生机构人员培训率达14.2%,超过省培训率10%的要求。

(应急办)

卫生执法与监督

【构建卫生计生综合监督新格局】 根据区域规划和机构职能调整,经市编办和市卫生计生委批准,2016年,无锡市卫生局卫生监督所更名为"无锡市卫生监督所",新"三定"方案获批,新增计划生育、爱国卫生、精神卫生等监督职能。各级监督机构新"三定"方案陆续出台,围绕公共卫生、医疗卫生、计划生育三大领域开展综合监督执法,市、县(市、区)、乡镇(街道)三级监督执法网络进一步完善。原崇安区、南长区、北塘区卫生监督所整合成为梁溪区卫生监督所,新成立新吴区卫生监督所。除新吴区卫生监督所为事业单位性质,其余各市(县)、区卫生监督所全部为参照公务员管理的事业单位。举办2016年度全市卫生计生系统监督员培训班,促进监督人员依法行政理论水平的提高。各级监督机构加强卫生监督协管服务业务培训、技术指导和季度考核工作,卫生监督协管员培训率逾95%。

(综合监督处)

【加大卫生计生综合监督执法力度】 2016年,全市开展《职业病防治法》《计划生育法》等法律、法规的监督检查。开展住宿场所"智能移动猫眼"、世界物联网博览会和20国集团领导人峰会等重大活动卫监护航行动。率先在省内开展医疗机构放射诊疗个人剂量检测、场所检测及状态检测和监督信息定期公示。新增末梢水在线监测点3个,累计共有9个监测点实施24小时在线远程监控。代表江苏省接受国家学校卫生综合评价工作督导并获得肯定。开展"放心餐具"专项整治,对餐饮具集中消毒单位实施二维码监督信息公示制。加大相关案件查办力度,依法打击"代孕"及"两非"行为。全年检查各类单位2.8万余户次,查处违法案件358起,移送司法机关案件12起,罚没款177.91余万元,取缔非法窝点209个。抽检各类样品(场所)8871批次,合格率达97.01%。完善执法责任制和责任追究制,建立执法全过程记录制度,市本级和江阴市、宜兴市、滨湖区4家卫生监督所开展试点工作。开展专项稽查5次,开展并通报行政许可和行政处罚案例评审1次。1份行政处罚案卷入围全国优秀案卷,5份行政处罚案卷获2016年度全省卫生计生监督执法优秀案例,9份行政执法微课获2016年度全省卫生计生综合监督行政执法优秀微课。市卫计委获2016年度市委、市政府"规范执法示范单位"称号。

(综合监督处 市卫生监督所)

【开展"爱国卫生监督行动年"活动】 围绕《江苏省爱国卫生条例》,创新监管模式,2016年,市卫计委部署开展"爱国卫生监督行动年"活动,确定"1–3–5"工作要求,即制定《爱国卫生监督工作规范》,开展爱国卫生组织机构、控制吸烟和病媒生物防制三大专项检查,强化宣传引导、执法联动、技术指导、能力培训、信息管理5项工作举措。9月,在全国率先出台《无锡市爱国卫生监督工作规范(试行)》,得到省人大常委会专题调研组充分肯定。组织开展爱国卫生政策法规培训,全市200余名监督员参加培训。建立健全各类重点场所爱国卫生监管档案,逐步完善规范化、网格化、协同化的爱国卫生监管机制,完善政府主导、部门合作、社会共同参与的爱国卫生工作体系。全年共出动监督人员2430余人次,抽查街道(镇)及社区(村)100余个,检查各类单位2170余户次,下达行政警示书100余份。

(综合监督处 市卫生监督所)

【推进"传染病防治卫生监督深化年"活动】 2016年,在"传染病防治卫生监督行动年"基础上,市卫计委开展“传染病防治卫生监督深化年”活动，在全市全面推开传染病防治分类监督综合评价工作，评价医疗卫生机构1881家，评出优秀单位152家、合格单位1675家，重点监督单位54家，实施率近100%，占全省的37.81%。持续开展传染病防治监督工作，加强对医疗机构传染病防治重点科室、重点环节、重点内容的检查，消毒隔离监督抽检合格率明显提升。5月17日，全国医疗卫生机构传染病防治分类监督综合评价试点工作推进会在无锡召开，无锡市传染病防治卫生监督工作获得肯定。消毒产品日常监督应用快速检测做法得到国家卫生计生委通报肯定。

（综合监督处 市卫生监督所）

政策法规与行政许可

【深化行政审批制度改革】 2016年，市卫计委行政许可事项办理全部纳入市政务服务中心，全年累计受理各类行政许可审批事项11052件，比上年增长110%，未发生超期和投诉情况。承诺件办结时间由原法定时限平均26个工作日压缩至13个工作日，提速率达50%，实际办结时间为10个工作日，二次提速率达23%。推行医疗机构准入等重大事项委托市医院协会第三方技术审核模式，确保行政审批的公正、高效。对涉及面广量大的医师执业注册事项，实行即办工作制度。市卫计委驻政务服务中心窗口获市级机关“为民服务先进单位”称号，并在市政务服务中心双月考评中，3次获评“红旗窗口”，2名工作人员被评为“服务明星”。

（法规与许可处）

【《无锡市医疗机构设置审批管理办法》出台】 6月28日，《无锡市医疗机构设置审批管理办法》正式出台，办法重点明确全市医疗机构设置审批权限，扩大市（县）、区卫生计生行政部门的医疗机构设置审批权限，将一级医疗机构、门诊部、100张床位以下护理院、社区卫生服务中心等医疗机构的设置审批权限下放至市（县）、区卫生计生行政部门，并明确医疗美容医院、护理院等医疗机构的设置审批权限，进一步推动全市卫生计生简政放权工作的开展。

（法规与许可处）

【全面完成部门规范性文件清理】 2016年，市卫计委组织开展机构改革和职能调整以来首次部门规范性文件清理，对2015年12月31日前制定的涉及原市卫生局、市人口计生委和市医管中心三部门的文件进行全面清理，涉及文件2万余件。经清理，138件规范性文件继续有效，107件规范性文件废止或失效，清理结果通过网站向社会公布。

（法规与许可处）

基层卫生与妇幼保健

【开展家庭医生签约服务试点】 2016年，市卫计委开展家庭医生签约服务调研考察工作，确定惠山区、梁溪区江海街道社区卫生服务中心为家庭医生签约服务推进试点单位。全市4家社区卫生服务中心被推荐为2016年度省级家庭医生服务模式创新建设单位。

（基层卫生处）

【推进基层卫生服务体系建设】 2016年，全市18家社区卫生服务机构开展硬件提档升级建设工作，其中3家完成建设并启用。全市新增街道社区卫生服务中心1家，完成村卫生室（社区卫生服务站）规范化建设5家。全市4家乡镇卫生院申报为2016年全国“建设群众满意的乡镇卫生院”单位，新增省级示范乡镇卫生院1家、省级示范村卫生室8家。

（基层卫生处）

【基层卫生服务能力不断提高】 2016年，全市新增省级基层医疗卫生机构特色科室1个、省级基层医疗卫生机构特色科室建设单位5家、市级基层医疗卫生机构特色科室39个。实施社区卫生服务提升工程，新增全国百强社区卫生服务中心1家、省优秀社区卫生服务中心2家、市优秀社区卫生服务中心3家。开展全市基层卫生骨干人才遴选工作，确认市级基层卫生骨干人才333名，其中130名被确认为省级优秀基层卫生骨干人才。开展全市基层卫生岗位练兵和技能竞赛活动，全市798家社区卫生服务中心（站）、乡镇卫生院和村卫生室5094名卫技人员参加活动，并代表江苏省参加全国基层卫生岗位练兵和技能竞赛总决赛，获社区团队一等奖和全科医疗农村组个人二等奖。加强基层卫生队伍培训，举办社区卫生论坛5期，举办全市社区护士岗位能力培训班和村医急诊急救知识培训班，组织开展乡镇卫生院技术骨干“务实进修”、乡村医生实用技能项目进修，全市完成乡镇卫生院技术骨干“务实进修”33人，乡村医生实用技能项目进修136人。

（基层卫生处）

【提升“新农合”保障水平】 2016年，全市“新农合”人均筹资标准达800元，其中各级财政补助达620元。所辖统筹地区人口参合率达100%，资金到位率达100%。县、乡两级政策范围内住院费用报销比例达80%，乡、村两级卫生机构门诊报销比例达50%。支付政策进一步向基层倾斜，推进“新农合”混合支付方式改革，按病种付费病种数扩大到34种。县域内就诊率达92.73%，乡镇卫生院住院人次占比达52.58%。江阴市开展日间手术“新农合”支付方式改革做法获《健康报》头版报道。江阴市以“新农合”基本医保为基础，大病保险、医疗救助、商业补充保险为辅助的“四位一体”“新农合”模式获国家卫计委肯定。

（基层卫生处）

【强化妇幼健康体系建设】 2016年，全市启动并推进市、县（区）、乡镇（街道）、村级妇幼保健与计划生育技术服务资源整合工作，截至2016年年底，市、市（县）区级整合到位率达87.5%，街道（乡镇）整合到位率达61.7 %。推进政府办独立建制的妇幼保健机构建设，政府办独立建制的妇幼保健机构实现全覆盖。提升妇幼保健机构建设水平，将市妇幼保健院改扩建工程、江阴市和惠山区二级妇幼保健院建设纳入“十三五”规划，启动以市妇幼保健院为龙头、市（县）区妇幼保健所为成员的市妇幼健康服务联合体建设。江阴市被确认为国家、省级妇幼健康优质服务示范市。

（妇幼健康处）

【加强基层妇儿保网络建设】 2016年，全市新增民营产科医院1家，新增产科床位160张、儿科床位56张,产科标准化建设达标率达71%。加强孕产妇(新生儿)危急重症救治中心规范化建设,建设范围实现全覆盖。推进基层妇儿保门诊建设,市级现代化妇儿保门诊建成率达95%。出台《无锡市产前筛查诊断工作实施方案》,建立以市妇幼保健院为全市产前诊断中心、14个产前筛查机构和基层医疗机构为产前筛查采血点的三级产前筛查诊断服务网络,全市产前筛查诊断体系不断完善。

(妇幼健康处)

【实施妇幼公共卫生服务项目】 2016年,全市完成住院分娩补助19075人,补助金额5982余万元;完成叶酸增补69497人,增补率达95.89%;完成乳腺癌筛查173902人、宫颈癌筛查171836人,确诊乳腺癌85人、宫颈癌44人,发现宫颈癌前病变504人。全市发现艾滋病孕产妇4人,跟踪随访梅毒孕产妇154名,及时为2852名新生儿免费接种免疫球蛋白,有效实施母婴阻断。全市孕产妇产前健康管理率达96.4%,孕产妇系统管理率达93.88%,产后访视率达96.86%,新生儿访视率达97.91%,7岁以下儿童保健覆盖率达99.62%,全面完成省级项目目标任务。

(妇幼健康处)

中医中药

【提升基层中医药服务内涵】 2016年,全市加大基层中医药工作力度,完善基层中医药服务体系建设,大力实施基层医疗机构"中医药服务能力提升工程",在全市基层医疗机构中推进中医药综合服务区建设,全市投入建设基层医疗机构省级中医药综合服务区(即"中医馆")项目34个,完成建设并投入使用15个。通过不断完善基层中医药服务网络建设,实现中医药"服务更可及、能力有提高、群众得实惠"的目标。

(中医处)

【中医药工作有力推进】 2016年,市中医医院吴新欲工作室通过全国名老中医药专家传承工作室验收,2人被确定为第三批全国优秀中医临床人才,2人被确定为全国中医护理骨干人才,2人作为第五批全国老中医药专家学术经验继承人顺利出师。江阴市中医院袁士良工作室正式通过第一批省名老中医药专家传承工作室验收,江阴市中医肝胆医院邹逸天工作室被确定为第二批省名老中医药专家传承工作室建设项目。新增省乡镇卫生院示范中医科建设单位2家,省中医药特色社区卫生服务中心建设单位1家,省基层医疗机构中医特色专科建设项目1个,省中医重点专科5个,省优秀中青年中医临床人才6名,省农村优秀中医临床人才7名。

(中医处)

【开展"经方进社区、中医大众化"工作】 7月15日,由市卫生计生委和农工民主党江苏省委"中医同行"工作组共同主办的经方培训班开班,标志着无锡市"经方进社区、中医大众化"工作正式启动,全市200多名中医师参加培训。活动通过成立经方宣讲团、建立经方推广基地、开展百姓经方互动体验等方式,普及一批中医经典经方。

(中医处)

【加强中医药文化建设】 2016年,全市推进中医药文化建设,开展第六届"中医药就在你身边"无锡市中医药文化科普巡讲活动。10月24~30日,集中开展以"共享中医瑰宝、共创健康无锡"为主题的中医药文化科普宣传周活动。全年共计开展巡讲活动89场,参与专家103人次,展出宣传展板300余块,现场发放宣传资料8500余份,覆盖群众10890人次,取得中医药文化科普工作服务社会、惠及大众的预期成效。

(中医处)

医学科研与教育

【启动实施"科教强卫工程"】 2016年,市卫计委制定《无锡市"科教强卫工程"实施方案》,举办"科教强卫工程"项目创建动员暨申报专题培训会,建立市"科教强卫工程"项目信息管理平台,组织开展省、市"科教强卫工程"项目创建和市级项目申报评审。全市确认申报省"科教强卫工程"临床医学中心和创新平台2个、重点学科12个、杰出人才2人、领军人才与创新团队18个、重点人才33个,省杰出人才培育对象2名、省创新团队2个、省重点人才2名。受理申报市"科教强卫工程"临床医学中心8个、创新平台(实验室)6个、重点学科和发展学科42个、杰出人才13名、领军人才与创新团队30名、重点人才115名、青年人才174名。

(科教处)

【科研立项与科技成果取得突破】 2016年,全市卫生计生系统获国家自然科学基金项目19项,其中面上项目8项,省自然科学基金项目7项;获省卫计委科研项目15项,其中住院医师规范化培训专题项目7项;获市科技局科研项目33项,评审确认市级重大科研项目10项、面上项目58项、青年项目56项。获纵向和横向科研经费资助2985万元,市本级资助600万元。发表SCI收录论文213篇,获得国家发明专利11项、实用新型专利215项。科研获奖等次和数量创历史之最,获中华医学科技奖二等奖1项,省科技进步二等奖1项、三等奖2项,市腾飞奖1项、市科技进步奖24项。

(科教处)

【推进住院医师规范化培训】 2016年,全市建有国家级住院医师规范化培训基地3个、协同医院9个、省级住院医师规范化培训基地1个,在培学员1439人,其中2016级新招入学员483人。开展住院医师规范化培训基地督导评估工作,建立第三方评估制度和绩效考核奖励机制,覆盖全市12家培训基地共计64个专业基地。系统推进全科基地建设和全科医师培养,全科临床基地全部独立设置全科医学科,确认全科专业基层实践基地37家。启动实施住院医师规范化培训骨干师资培训项目,首批培训骨干师资94名,新增省级培训合格持证上岗师资392名。组织住院医师规范化培训理论结业考核和临床技能考核,986名学员参加考核。加强培训学习交流,开展省级住院医师规范化培训研究项目7项。

(科教处)

【加强继续医学教育工作】 2016年,市卫计委进一步完善继续医学教育组织体系和管理制度,规范项目申报评审工作,升级改造信息管理系统，扩大继续医学教育学科覆盖面，强化适宜技术送教下乡工作。全市组织开展国家级继续医学教育项目45个、省级项目53个、市级项目159个，送教下乡项目13个，国家级、省级项目举办数量在省内领先。

（科教处）

【加大基层卫生人才培养力度】 2016年，市卫计委实施农村订单定向医学生免费培养项目，订单定向培养医学生36名。全面完成省卫计委"强基工程"计划培训任务，组织村卫生室人员合理用药知识培训207人，急诊急救知识培训285人，组织全科转岗培训20人，组织参加基层卫生机构管理人员省级培训22人，培训考核合格率达100%。

（科教处）

【无锡卫校迈入现代化职业学校行列】 6月，无锡卫生学校通过省教育厅验收，创建成"江苏省高水平现代化职业学校"，获得200万元奖励。12月，学校护理实训基地通过省教育厅、财政厅终期验收，创建成"江苏省职业教育高水平示范性实训基地"，获得150万元资助。

（无锡卫校）

【全国职业院校护理技能大赛获金牌】 6月，在教育部主办的全国职业院校护理技能大赛中，无锡卫生学校2名学生分别以第一名、第三名的成绩双双获得赛事金牌。12月，在省教育厅、省红十字会主办的第二届江苏省高校应急救护技能竞赛中，无锡卫生学校代表队以第一名的成绩获得一等奖。学校获得市教育局颁发的2016年无锡市参加全国职业院校技能大赛杰出贡献奖和2016年无锡市参加全省职业院校技能大赛杰出贡献奖。

（无锡卫校）

【省医师理论统考再创佳绩】 在2016年的全省医师理论统考中，无锡市专科医师402人次参加统考，合格率95.8%；住院医师484人次参加统考，合格率92.1%。专科医师理论统考成绩位列全省第一，住院医师理论统考成绩名列全省前茅。在省临床技能考核中，全市住院医师502人次参加考核，合格率90.6%；专科医师399人次参加考核，合格率90%。

（市医学会）

爱国卫生与健康城市建设

【无锡入选全国健康城市建设试点城市】 3月，无锡市被全国爱卫办列入开展健康城市建设评价工作试点城市，接受第二轮健康城市建设绩效评估，第二轮健康城市建设"八大行动"计划40项指标综合完成率超95%，"规划引领、项目化管理"特色做法获省卫计委和评审专家组肯定。制订无锡市新一轮健康城市建设行动计划，确立十大行动计划和53项工作指标。11月，无锡市被全国爱卫办确认为全国健康城市建设首批试点城市。11月21日，副市长华博雅应邀参加第九届全球健康促进大会暨中美健康城市市长论坛，与爱尔兰科克市市长、海地塔巴雷市市长、南非夸克省省长以及武汉市市长、西安市市长等国内外嘉宾探讨交流"城市与精神卫生"工作，为全国健康城市建设提供无锡样本。

（市爱卫办）

【开展健康教育促进活动】 2016年，全市大力开展健康教育促进活动，依托电视、电台、报纸、网络和街道、社区健康宣传阵地，各级健康教育讲师团全年开展健康教育讲座5264场，发放宣传资料530万份。4月，市文明办、市卫计委、市爱卫办联合举办"卫生健康"普及月活动暨"健康无锡"系列宣传活动，开设讲座642场，发放资料98万余份；组织开展"户外一天"健康徒步行活动317次，参加人数82117人。推进健康促进区建设，10月，梁溪区通过省健康促进区评估验收。培育健康细胞，全市建成省级健康社区33个、健康村20个、健康单位14个。推进健康场所设施建设，新建健康步道28条、健康小屋8个、健康主题公园5个。6月4日，金城湾健康主题公园建成启用，全国人大常委会副委员长陈竺和市长汪泉共同为主题公园揭牌。

（市爱卫办）

【控烟力度持续加大】 2016年，全市通过工作督察、业务培训、第三方暗访、世界无烟日宣传等形式，巩固和发展无烟环境建设成果。强化控烟宣传工作，举办"拒绝烟草危害，共享健康生活"主题宣传活动，举办全市网络控烟知识竞赛，参赛人数达2.39万人。突出重点场所控烟，成立市民中心爱国卫生运动委员会，统筹推进全市党政机关控烟工作。强化控烟执法检查，全市共检查医院、学校、酒店、网吧、体育场馆等各类公共场所696家，下发整改意见书226份。开展无烟单位创建活动，江阴市命名无烟单位15家，宜兴市成为省公共场所禁控烟试点市（县），并命名无烟单位42家，城区32家单位被命名为无烟单位。巩固卫生计生系统控烟成效，邀请第三方对全市187家卫生计生单位进行两轮暗访，首轮结果达标率为87.1%，第二轮达标率为94.68%。

（市爱卫办）

【巩固卫生城镇创建成果】 2016年，市卫计委做好卫生镇、村复审督导工作，全市10个国家卫生镇和一批省卫生村通过年度复审。提升农村改厕成效，推广接管纳污或集中污水处理为主的生态式无害化卫生厕所，共计实施生态改厕4026座（户），超额完成省下达指标，获得省改厕专项资金补贴100万元。指导汛期"四害"卫生安全处置，开展汛期除害防病专项检查，检查城区农贸市场50余家。开展夏秋季农贸市场专项检查，检查农贸市场30余家。开展冬季灭鼠专项检查，检查公共场所经营单位35家。

（市爱卫办）

编辑 顾洪兴

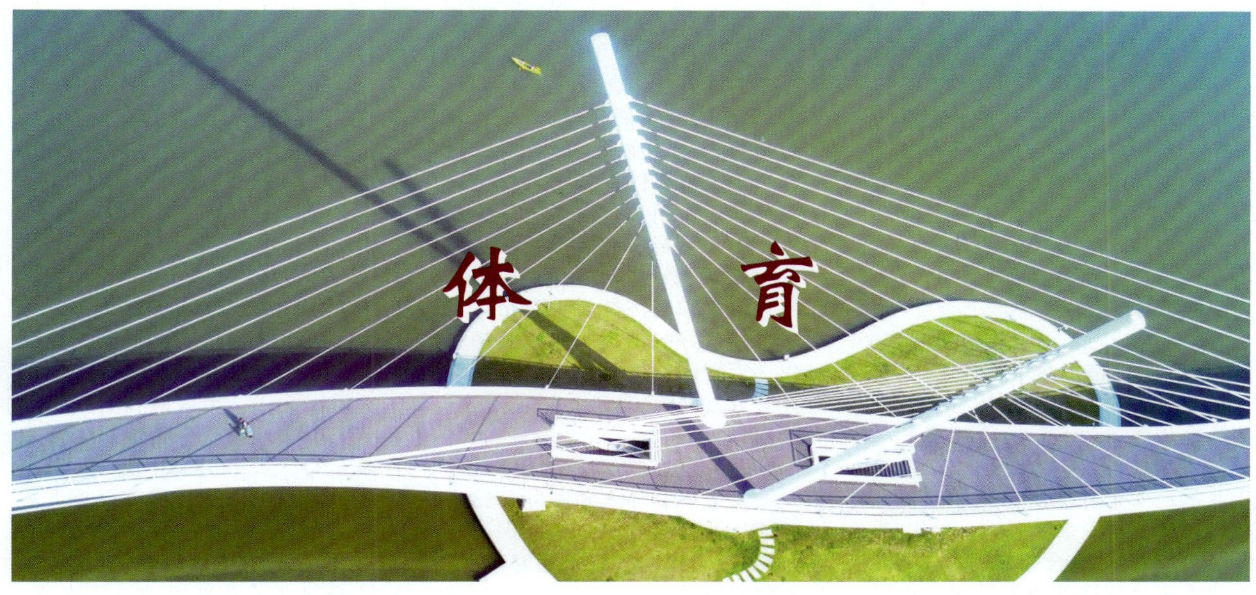

综 述

【概况】 2016年，全市体育工作围绕“强富美高”新无锡建设大局，把握全民健身国家战略和产业强市战略大势，统筹推进各地区体育事业平衡发展，全市群众体育、竞技体育、体育产业协调发展，各项工作再上新台阶。无锡入选《第一财经周刊》“中国运动氛围最浓30城”，市、县(市、区)两级100%成功创建省级公共体育服务示范区，各县域100%成功创建国家级体育产业示范基地。

(薛圆圆)

【新五年战略规划基本形成】 2016年，市体育局全面评估总结《无锡市体育“十二五”专项规划》《全民健身实施计划（2011~2015年)》实施情况，科学谋划新一轮体育发展格局，以体育服务中心、服务大局、服务民生、服务经济为指导思想，编制出台《无锡市体育事业发展“十三五”规划》《全民健身实施计划(2016~2020年)》和《无锡市体育产业发展“十三五”规划》。促进共建共享，拉动体育消费，发挥政府资金导向作用，正式出台《政府购买公共体育服务实施办法》。主动融入全市“产业四化”建设，加快制定《无锡市关于加快发展体育产业促进体育消费的实施意见》，推动体育与经济、教育、文化、科技、旅游等互利互惠共赢。

(薛圆圆)

【全民健身工作再上台阶】 2016年，无锡市各地体育公共服务均衡发展，市本级和市(县、区)100%成功创建江苏省公共体育服务示范区，江阴市被国家体育总局指定为全国基本公共体育服务体系建设示范观摩县市。10分钟体育健身圈提档升级。在金匮公园、尚贤河公园新建笼式足球场、篮球场，配建带有智慧导视系统的健身步道；完成滨湖区和梁溪区公共室外健身器材更新新建，包括健身路径170多套、室外篮球架23件、乒乓球桌63张；市(县、区）级政府加大公共体育设施建设力度，宜兴市体育公园老体育馆完成改造，惠山区全民健身中心主体建设竣工，江阴市全民健身综合馆建设立项。公共体育服务能力提升。“3+2”基层体育社团实现乡镇（街道)全覆盖，全市新成立市级体育单项协会3家、体育类民办非企业18家，新评定5A级体育社团1家、4A级6家、3A级1家；体育行业技能人才队伍建设强化，组织二级以上社会体育指导员培训1600人次，开展游泳、跆拳道等单项职业技能鉴定培训和考核1000余人次；城镇居民医保个人账户结余用于运动健身全面启动；全民健身更加科学化，在全国率先制定《无锡市民科学健身基本素养(2016版)》，普及推广科学健身，市体育科学研究所、江南大学等首批6个“e动锡城”智慧健身馆启用，省级体质测定与运动健身指导站增至7个。全民健身活动广泛开展。网民公益体育大会做到每月一项目、月月有活动，区域影响力不断增强，首场活动环太湖徒步大会参与人数达27000人。“体育超市”坚持每周末在市体育公园举办，每场服务市民超5000人次。组织参加江苏省第七届全民健身运动会、中国国际健身气功交流比赛大会，获得优异成绩。以政府购买为导向，鼓励各市属单项协会承办“长三角”地区石锁交流赛、省健身健美选拔赛、市体育舞蹈锦标赛等一批大规模的单项活动。

(薛圆圆)

【竞技体育实力再提升】 2016年，全市加强省运会、全运会新周期备战，成功注册省运会24个大项，运动员1551名、教练员139名，完成第十九届省运会金牌签约。召开全市体育系统反兴奋剂工作会议，对兴奋剂问题“零容忍”。优化竞技人才培养机制，制定《无锡市竞技体育高层次人才引进实施办法》，市体校引进国家级手枪速射教练员张建伟、赛艇国青队高级教练员龙奇。夯实青少年体育基础，制定《市队校办(共建)管理办法》，市队校办(共建)运动队扩展到11个项目15所学校。广泛开展青少年足球运动，组织校园足球夏令营和教练员培训班，举办江苏无锡“一带一路”国际青少年足球友好邀请赛、巴西如来之子佛光足球队无锡友谊赛、江苏省青少年足球男子U13、U11精英联赛。全市在省级青少年体育比赛中获冠军86个，培养和输送的运动员获全国及以上比赛第一名46项、第二名24项、第三名36项，在里约奥运会上获得1枚银牌。民资组建的江苏华兰篮球俱乐部成为苏锡常地区首支职业篮球队。

（薛圆圆）

【体育产业快速发展】 2016年，宜兴市通过国家级（县域）体育产业示范基地创建验收，至此，全市各县域全部成功创建。全市新增省级体育产业基地4个，江阴海澜成功创建马术表演项目国家级基地。深化“管办分离”改革，整合市属优质资源，组建无锡市体育产业发展集团有限公司。省市共建无锡智慧体育产业园开园，打造国内首家以“互联网+”为主题的体育产业孵化基地，睿健时代、汇跑等一批高成长性、高科技性体育相关企业入驻，园区一期入驻率100%，年产值突破亿元。建设体育类企业金融服务平台，推动本地体育企业在江苏股权交易中心“体育板”挂牌融资，以政府与社会资本共同出资形式设立无锡体育产业股权投资基金，为中小型、初创期企业提供更多金融支持。推动体育、文化、旅游融合发展，全市7个体育旅游项目获全国旅游精品项目，占全省一半。市属体育场馆发挥全民健身主阵地作用，“金牌服务”全年无休，为大型赛事和活动提供优质平台，场馆服务“输出管理”实现良好社会效益和经济效益。全市体育彩票保持良好的销售态势，共销售26.09亿元，增幅14.56%，增幅排名全省第一，总量继续列全省第二。

（薛圆圆）

【赛事品牌效应持续放大】 2016年，无锡市举办环太湖国际公路自行车赛、无锡国际马拉松、亚洲击剑锦标赛、中国围棋棋王争霸赛、全国武术散打冠军赛等全国及以上大型赛事，代表中国成功申办2018年世界击剑锦标赛、2017年亚洲乒乓球锦标赛。2015无锡国际马拉松被评为中国田径协会“金牌赛事”。与央视以及法国拉加代尔、美国IMG等转播商合作，环太湖国际公路自行车赛、无锡国际马拉松、2016年亚洲击剑锦标赛实现国际、国内直（录）播，落地直播最多达110余个国家和地区，有效提升“无锡”“太湖”的全球“能见度”。赛事衍生经济明显，2016年无锡国际马拉松直接拉动旅游、餐饮、住宿、购物、交通等消费2亿元。

（薛圆圆）

竞技体育

【里约奥运会运动员凯旋】 9月7日，无锡市参加里约奥运会的运动员许安琪、孙晓、陈晓佳和教练员王国新返回无锡。市政府在君来世尊酒店举行欢迎仪式，副市长华博雅代表全市人民欢迎体育健儿凯旋。本届奥运会中国体育代表团总人数为711人，获26枚金牌、18枚银牌、26枚铜牌，排在奖牌榜第三位。无锡市培养的女子重剑运动员许安琪、孙晓、陈晓佳，教练员王国新4人参加中国体育代表团。其中许安琪不负众望，与队友一起夺得女子重剑团体银牌，这是无锡体育继2012年伦敦奥运会获得铜牌后再次实现新的突破。

（薛圆圆）

【全国棒球锦标赛】 11月20~28日，2016年全国棒球锦标赛在无锡

2016年无锡国际马拉松赛 （薛圆圆 供稿）

市棒球运动训练基地举行。本次比赛是年内最高级别的全国棒球赛事,分两个阶段进行,采用单循环的方式决出最终名次。来自全国各省、市的9支队伍200多名运动员参加比赛。江苏队和上届冠军天津队、季军四川队分在一组,小组赛通过加赛以7:4战胜天津队,以17:0和16:1横扫山东队和辽宁队,但以0:3负于四川队,以小组第二名的成绩进入第二阶段比赛。第二阶段先后对阵另一小组的前2名,分别以1:0和7:2战胜上海队和广东队,最终积分和相同,通过对比投手的责任失分,以1分之差位居亚军。

(薛圆圆)

【国际青少年足球友好邀请赛】 7月21日,2016江苏"一带一路"国际青少年足球友好邀请赛在无锡市体育中心开幕。本次邀请赛由江苏省体育局、省教育厅和无锡市政府共同主办,为期一周,来自中国、俄罗斯、斯洛伐克、匈牙利、捷克和西班牙等6个国家的8支球队参加角逐。代表中国参赛的3支队伍分别是江苏青年队、上海上港青年队、新疆克州青年队,其中江苏青年队(1999~2000年龄组别)由无锡市承办的"省队市办"江阴高级中学男子足球队组成,该队2015年曾获全国联赛U16组冠军,将代表江苏省出征2017天津全运会。21~24日,8支球队在无锡市体育中心展开4轮16场对决。25~26日,球队走进市一中、天一中学等足球特色学校,与无锡的青少年交流互动,传播足球文化,推广校园足球。举办本次赛事,不仅是无锡贯彻落实《中国足球改革发展总体方案》的具体措施,也是融入"一带一路"战略、提升无锡在沿线国家地区城市影响力的积极行动。

(薛圆圆)

【无锡市青少年棒球邀请赛】 12月24~25日,2016年无锡市青少年棒球邀请赛在蠡园中学举行。本次比赛为期2天,设小学和中学两个组别,来自柏庄实验小学、新区实验小学、江阴徐霞客中学、侨谊中学等中小学的9支代表队、127名青少年球员参加比赛。近年来,无锡市棒球项目发展迅猛,全市有38所中小学建立棒垒球队,并多次在全国比赛中获得好成绩。

(薛圆圆)

【江阴二中澄星女子足球队全国夺冠】 8月10日,在山东省潍坊市举行的2016中国初中女子校园足球联赛全国总决赛中,代表江苏省参赛的江阴二中澄星女子足球队以未输一场、未丢一球的优异成绩获得全国联赛冠军,同时获得最佳教练员、最佳球员、最佳射手、最佳守门员等荣誉。

(薛圆圆)

环太湖国际公路自行车赛无锡滨湖绕圈赛 (薛圆圆 供稿)

【石洵瑶获世界乒乓球青少年锦标赛冠军】 11月30日~12月8日,2016国际乒联世界青少年乒乓球锦标赛在南非开普敦举行,由无锡市乒乓球总教练惠钧培养的小将石洵瑶在女单决赛中以4:0战胜中国香港选手麦子泳,拿到中国队在本次赛事中的唯一一项冠军。

(薛圆圆)

【郑肖淮获世界青少年美式台球锦标赛亚军】 11月20日,世界青少年美式台球锦标赛在上海回民中学落幕。无锡市一中青少年台球俱乐部小将郑肖淮在少年组决赛中战胜蒙古选手恩克宝力德,获得亚军。

(薛圆圆)

【夏雨滢获国际美式九球公开赛冠军】 11月11日,无锡市女子台球小将夏雨滢在2016CBSA洪泽国际美式九球公开赛中,先后战胜多位拥有世界冠军头衔的实力选手,夺得本次比赛冠军。

(薛圆圆)

群众体育

【体育超市获最佳活动创意奖】 江苏省第七届全民健身运动会于2016年6月18日开幕,11月5日圆满闭幕,无锡"体育超市嘉年华"系列活动从全省70项活动中脱颖而出,成为最终获得"最佳活动创意奖"的7项活动之一。从2015年5月起,无锡市体育总会举办的体育超市活动,为无锡40余家市属体育单项协会和60余家民办非企业单位搭建为民服务的健身展示、健身指导平台,每个双休日上午在无锡市体育公园内免费开展体质测试、项目展演、互动教学、趣味运动会等。2016年,参加体育超市各类活动的市民超过50万人次。

(薛圆圆)

【江苏省健身气功新功法交流比赛】 11月25~28日,第五届江苏省健身气功新功法交流比赛在连云港市赣榆区体育馆举行。本次比赛全省及高校共有20支代表队参赛。集体赛中,无锡队分别斩获健身气功、大舞二等奖,健身气功、导引养生功十二法二等奖;个人赛中,无锡队的参赛选手孙海燕在健身气功、大舞比赛中获得二等奖，周长梅在健身气功、马王堆导引术比赛中获得二等奖，徐福兴、陈小英分别获得三等奖。

（薛圆圆）

【江苏省最美跑步路线评选】 4月23日，江苏省体育总会、中视体育、江苏广电集团和《跑者世界》杂志社联合评选出15条2016江苏最美跑步线路，无锡市蠡湖漫游系统和宜兴湖汊深氧健身公园健身跑段入选。活动主办方之一，央视体育频道还向全省14所体育特色学校赠送体坛风云人物爱心体育图书，无锡市推荐的特色体育学校——江苏省梅村高级中学获得CCTV体坛风云人物赠送的爱心体育图书柜(100本精选体育方面图书)。

（薛圆圆）

【网民公益体育大会】 4月24日上午8时，2016年无锡市网民公益体育大会首秀——环太湖徒步活动在太湖之滨举行。网民们从无锡大剧院广场出发，徒步湖光山水间，与来自上海、浙江、山东等华东五省一市的2.7万余名网民一起，共同体验运动的快乐，感受无锡城市的发展变化。网民公益体育大会已连续举办五届，成为江苏乃至全国有一定影响的网络文化和全民健身运动品牌项目。作为2016年公益体育大会的首场活动，徒步活动还被确定为江苏省第四届网络文化季开幕式的主会场。2016网民公益体育大会全年共设徒步、乒乓球、足球、游泳、皮划艇、电子竞技、武术、炫跑、篮球、羽毛球等10项赛事，月月有赛事，人人能参与，受到广大网民高度关注。

（薛圆圆）

【无锡入选中国运动氛围最浓城市】 8月上旬，《第一财经周刊》公布中国运动城市榜单，评选出“中国运动氛围最浓的30个城市”，无锡市成功入选。本次评选从运动基础设施、运动消费能力、市民对运动的关注和参与度以及城市整体的运动成熟度5个维度开展，在细分领域排名上无锡多个指标名列前茅。其中，在“10分钟健身覆盖率”的排名中，位列第五；每百平方公里拥有4.86个公园，位列运动基础设施第七；半年人均跑步97.19公里，位列全民健身里程数第六；拥有无锡国际马拉松赛等优质赛事，位列城市运动成熟度第六。

（薛圆圆）

【全民健身日启动仪式】 8月7日，2016年无锡市全民健身日启动仪式在体育公园举行。活动以“全民健身促健康同心共筑中国梦”“我就是冠军”为主题，涉及徒步、健身气功、空竹、健身舞等多个项目，5000余名市民参与活动。

（薛圆圆）

【江苏省老年人体育节闭幕式】 11月11日，2016年全国老年人健步走大联动江苏分会场启动式暨江苏省老年人体育节闭幕式在无锡体育中心举行。健身球操、手杖健身操、24式太极拳、广场舞4个大型特色团队共1000余人先后展示，由各市、市(县、区)选送的10支广场舞代表队展示规定套路、自选套路和健身球操、太极拳、手杖操等20个节目。各健身项目展示后，参加闭幕式的领导和老年人共1000多人一起“摆动双臂、迈开双腿、走出家门、融入自然、走出健康、走出幸福”，沿途中还有健身秧歌方阵、腰鼓队方阵、迪斯科队方阵、柔力球队方阵、空竹队方阵等精彩展示。

（薛圆圆）

【健身气功推广基地建成】 12月13日，无锡市反邪教主题公园暨健身气功推广基地在市体育公园正式建成。园内设宣传教育阵地(健身气功宣传栏)和警示教育室，并在体育公园中心广场两侧设6个高2.7米的健身气功展示雕塑，分别展示健身气功易筋经、八段锦、五禽戏、六字诀、大舞和太极养生杖。无锡市是全国试点和推广新编健身气功最早的城市之一，已建立343个健身气功站点，健身气功社会体育指导员近2000人，习练人数近4万人。2016年，国家体育总局健身气功管理中心在上海、江苏、安徽、河南等5省市开展健身气功管理方式改革试点工作，无锡市与江苏省体育局签订健身气功管理方式改革试点协议。

（薛圆圆）

【无锡市体育总会第五次代表大会】 12月30日，无锡市体育总会召开第五次代表大会，回顾总结第四届委员会取得的成绩，审议通过第四届委员会工作报告和新修订的《无锡市体育总会章程》，表决产生无锡市体育总会第五届委员会委员、常务委员，市体育局局长黄浩然当选为新一届委员会主席。无锡市体育总会第五届委员会由市体育局系统、市有关单位、市(县、区)体育局(体总)、企业代表、市属体育社会组织、高职院校和裁判员、教练员、优秀运动员代表等7个方面的人员组成。新一届委员会将从政策引导、提质增量、打造品牌、改革创新4个方面推动全市体育社会组织工作迈上新台阶，积极完善政府向社会购买公共体育服务机制，扶持社团实体化发展，加强社会体育指导员队伍建设，开展分类指导，培育活动品牌。未来5年，全市体育社团总数达到400个，有组织参加体育锻炼人口比例达到50%，乡镇(街道)体育社会组织覆盖率达到100%。

（薛圆圆）

重大体育活动

【亚乒联执行局会议在无锡举行】 12月14~15日，2016年亚乒联执行局会议在无锡举行，确定2017年4月在无锡举办亚洲乒乓球锦标赛，现场考察市体育中心体育设施和场馆建设情况。乒乓球在无锡有着广泛的群众基础，近年来，无锡市建立推广乒乓球传统学校联赛制度，在全市设立38所市级乒乓球传统项目学校，积极引进全国著名教练员，下大力气办好省乒乓球优秀运动队无锡训练点，培养和输送一批乒乓球项目优秀苗子。两年一届的亚洲乒乓球锦标赛是亚洲最高水平的乒乓球赛事，一定程度上也是世界最高水平的乒乓球赛事，大赛落户无锡将有力促进无锡市体育事业和体育产业的发展。会议期间，省委常委、市委书记李小敏会见国家体育总局副局长、亚乒联主席蔡振华一行，江苏省体育局副局长刘彤、无锡市副市长华博雅参加会见。

（薛圆圆）

【“锡马”升格为中国田协“金牌赛事”】 1月10日，2015年中国马拉松年会在广州闭幕。无锡马拉松从134场在中国田径协会注册备案的马拉松及相关运动赛事中脱颖而出，与北京马拉松、上海国际马拉松、厦门国际马拉松等老牌赛事一并获得“金牌赛事”称号,这也是中国田协颁发的马拉松最高荣誉。据大会统计,2016 年全国共举办全程马拉松 53 场、半程马拉松 43 场、10 公里赛事 13 场、百公里赛事 4 场、其他距离赛事 21 场,全国马拉松赛事数量 5 年间增长近 10 倍。

(薛圆圆)

【环蠡湖国际半程马拉松】 1 月 20 日,由中国田径协会、无锡市滨湖区人民政府、无锡市体育局主办的 2016 环蠡湖国际半程马拉松在蠡湖之畔开跑。本届赛事与众多传统马拉松的最大不同在于没有邀请特约运动员参赛,并且将奖金奖励设置到了前八名,给予非专业选手更多机会和鼓励。赛事共吸引 20 多个国家和地区的 1 万人参加,最终黑人选手包揽男女组冠军,男子组冠军成绩仅用 1 小时 06 分 18 秒,女子组第二名是来自江苏无锡的本地选手董诗云,成绩 1 小时 19 分 08 秒。

(薛圆圆)

【无锡国际马拉松】 3 月 20 日,2016 无锡国际马拉松正式开跑,3 万名跑友相聚中国无锡“最美赛道”,在明媚春光中享受“人在画中跑,春意心中留”的乐趣。本届“锡马”与国际顶级电视转播公司拉加代尔体育合作,首开国内马拉松赛事国际、国内双路信号直播的先河。“锡马”的精彩画面,以及鼋头渚、十里芳径、蠡湖百米高喷、长广溪、尚贤河、金融街、大剧院等极具代表性的无锡城市风貌,借助电视屏幕展现在全球 100 多个国家和地区的观众眼前,在国际上完成出色亮相。

(薛圆圆)

【亚洲击剑锦标赛】 4 月 11~18 日,2016 年亚洲击剑锦标赛暨里约奥运会亚太地区资格赛在无锡新体育中心举行。来自澳大利亚、阿拉伯联合酋长国、菲律宾、卡塔尔、马来西亚、日本、土库曼斯坦、乌兹别克斯坦、新加坡、伊拉克、越南、伊朗等国家和中国香港、中国台湾等地区的 300 余名运动员参赛,奥运冠军仲满出任赛事形象大使。大赛历时 8 天,分两个阶段展开。在 4 月 11~12 日进行的里约奥运会亚太地区资格赛中,越南、新西兰、日本等国家和中国香港等地区的 10 名运动员突出重围,取得里约奥运会的参赛资格。4 月 13~18 日进行 2016 年亚洲击剑锦标赛,设男女花剑、男女佩剑、男女重剑个人和团体赛共 12 个小项,每日决出两枚金牌。中国击剑队派出 25 名运动员参赛。本次大赛与法国传媒巨头拉加代尔合作,面向全球近百个国家和地区直播比赛盛况。

(薛圆圆)

【无锡与韩国金海市建立友好协会关系】 5 月 14 日,中国无锡市足球协会与韩国金海市足球联合会建立友好协会关系签约仪式在无锡市体育中心举行。无锡市足球协会会长章伯渔和金海市足球联合会会长分别代表双方签订合作协议,双方约定在遵守两国法律法规的基础上进行足球交流,增进友谊,双方球队进行隔年互访活动以及进行不定期的足球交流活动。签约仪式后,无锡市足协足球队和无锡市滨湖区机关足球队分别与韩国金海市到访的两支队伍进行了两场友谊赛,比赛结果双方各胜一场。

(薛圆圆)

【中国棒球联赛开幕式】 5 月 27 日,2016 年中国棒球联赛开幕式在无锡市棒球运动训练基地举行。开幕式上,中国高校啦啦队、KBO 韩国棒球职业联盟啦啦队作现场表演,现场裁判员与场工们也突破性地参与暖场表演,棒球基地钻石球场气氛火爆热烈,3000 人看台座无虚席。开幕式后,上赛季卫冕冠军江苏钜马队与老牌劲旅北京猛虎队进行揭幕战。本次开幕式及无锡赛区比赛执行单日票 30 元、双日票 50 元和三日票 60 元的亲民票价,并首次尝试“微票儿”网络售票,获得好评。

(薛圆圆)

【第 37 届世界业余围棋锦标赛】 6 月 4 日,“中信证券杯”第 37 届世界业余围棋锦标赛在无锡正式拉开帷幕。这是继 2010 年杭州世锦赛和 2012 年广州世锦赛之后,中国第三次主办世界业余围棋锦标赛。经过 4 天的奋战,中国棋手白宝祥 8 段 8 轮全胜获得冠军,韩国选手金基伯 6 段获得亚军,中国台湾选手许家埕 7 段获得季军。世界业余围棋锦标赛是当今围棋界历史最悠久的国际赛事,在比赛开幕式之前,国际围棋联盟还在无锡召开了理事会,中信集团董事长常振明当选为国际围棋联盟轮值主席,国家体育总局棋牌管理中心党委书记杨俊安当选为事务总长。

(薛圆圆)

【全国武术散打冠军赛】 8 月 10~14 日,2016 年全国武术散打冠军赛在无锡市体育中心体育馆举行。本次比赛由国家体育总局武术运动管理中心、中国武术协会、江苏省体育局、无锡市人民政府主办,这也是无锡首次举办该项赛事。作为全国最顶级的武术散打比赛,共有 43 支代表队、269 名运动员参赛,均为获得 2016 年全国武术散打锦标赛男子各组别前 16 名、女子各组别前 12 名的运动员。比赛设男子项目 12 个级别(48 公斤级、52、56、60、65、70、75、80、85、90、100、100 公斤级以上)、女子项目 7 个级别(48 公斤级、52、56、60、65、70、75 公斤级),采用中国武术协会审定的最新武术散打竞赛规则,实行单败淘汰制。曹伟清、向珊、钟妍 3 名无锡籍运动员参加本次比赛。

(薛圆圆)

【佛光山体育代表团访问无锡】 9 月 11 日,佛光山三好体育协会会长赖维正,佛光山常务副住持、高雄市普门中学董事长慧传法师一行访问无锡,就两地开展青少年体育交流与无锡市体育局进行洽谈,慧传法师代表普门中学分别与无锡市体校、锡山区体校签订体育交流合作备忘录。普门中学由佛光山开山宗长星云大师创办,该校篮球、棒球等项目在台湾地区颇具影响力。无锡市体育运动学校开设 20 多个业余训练项目,培养出惠钧、顾俊等一批奥运冠军、世界冠军。锡山区体校青少年棒垒球项目发展迅速,近年来在全国大赛上屡次问鼎。在充分交换意见后,3 所学校约定在体育比赛交流、训练方法研究、人才培养与管理等领域展开友好合作。

(薛圆圆)

【江苏省游泳指导和救生职业技能大赛】 10 月 18 日,2016 年“四方杯”江苏省体育行业游泳指导、救生职业技能大赛在无锡市新体育中心开幕。本次大赛由江苏省体育局、江苏省人力资源和社会保障厅联合主办,无锡市体育局等承办,是江苏省近年来首次面向游泳指导员、救生员行业举办的大规模岗位技能竞赛。比赛旨在贯彻落实《全民健身条例》，开展体育系统行业大练兵，推动以游泳指导员、救生员为代表的体育行业技能人才队伍建设，为社会提供更加专业化、科学化的健身服务。比赛为期两天，设团体、个人两大竞赛项目，细分为理论考试、游泳基本技能竞速、救生全能赛(包括抛绳施救、入水、潜过障碍、打捞假人、拖带假人、触壁)、游泳指导现场教学实操、心肺复苏操作等多个项目环节，基本涵盖游泳指导员、救生员的必备职业技能。全省13个地级市以及部分高校的28支参赛队、190多名相关从业人员参加本次比赛。

(薛圆圆)

【世界斯诺克世界杯跻身十大最具品牌价值体育赛事】 10月27日，在2016江苏体育产业大会上，世界斯诺克世界杯获得“2015年度江苏省十大最具品牌价值体育赛事”，江苏省体育局局长陈刚为天健公司代表颁发奖杯。世界斯诺克世界杯前身是连续举办七届的世界斯诺克无锡精英赛，2015年正式升格为世界杯，这也是该项比赛首次落户中国。2015年，赛事共吸引23个国家的48名顶尖斯诺克高手参赛。赛事融入大量无锡元素，宣传无锡传统文化，彰显无锡悠久的历史和文化底蕴，对推动无锡体育旅游、文化旅游快速融合、快速发展起到积极的促进作用。

(薛圆圆)

【第八届全国水中健身操比赛】 10月29~30日，“申益杯”第八届全国水中健身操比赛在无锡游泳跳水馆举行。本届比赛设双人、集体徒手操，双人、集体板操，双人、集体棒操，双人、集体划手掌操以及集体深水徒手操等9个项目，来自北京、上海、江苏、湖北等省市的高等院校、游泳俱乐部、中小学的14支队伍、193名运动员参加比赛。最终，成都体育学院获体育院校组第一名，中山大学获普通院校组第一名，太原泳康游泳俱乐部获18~35岁组第一名，江苏省天一中学获中学组第一名，无锡东亭实验小学获小学组第一名。

(薛圆圆)

【第七届环太湖国际公路自行车赛】 11月6日，2016第七届环太湖国际公路自行车赛在无锡“蠡湖之光”鸣枪开赛。22支洲际职业队、洲际队的130多名职业车手和261名业余选手进行激烈角逐，最终来自意大利东南洲际职业队的21岁小将雅各布·马雷斯科获得首赛段冠军。本届环太湖国际公路自行车赛为UCI2.1级别，共设8个赛段，赛道穿越江苏、浙江两省六市，奖金总额30万美元。无锡作为大赛始发地，在办好首站滨湖绕圈赛(团队计时赛)的同时，还进一步向环法赛看齐，新增全程约6公里的个人计时赛，成为两省六市唯一承办个人计时赛的赛区。比赛期间，赛道沿线32个全民健身展示点同步展示武术、气功、太极拳、腰鼓、广场舞、体育舞蹈等特色健身项目。国际知名转播商IMG(美国国际管理集团)对无锡赛段进行全程直播，CCTV5+进行转播。

(薛圆圆)

【中韩电子竞技对抗赛】 12月24~25日，由国家体育总局体育信息中心、韩国电子竞技协会主办的2016中韩电子竞技对抗赛在无锡国家数字电影产业园举行。最终，中国队在5个比赛项目上以4:1的总比分战胜韩国队。该赛事是第一次由中国、韩国两国电子竞技主管部门共同举办的国际赛事，奖金总额46万元。

(薛圆圆)

体育教育、科研

【《无锡市民科学健身基本素养》印发】 8月17日，由无锡市“科学健

表58　　2015年无锡市幼儿国民体质监测指标与江苏、全国比对

序号	类别	项目	2015年无锡市	2014年江苏省	2014年全国
1	形态	身高	109.3	111.7	110.2
2		坐高	62.0	62.6	61.9
3		体重	19.6	20.1	19.1
4		胸围	54.7	54.5	54.7
5		上臂皮褶	8.9	9.3	9.3
6		肩胛皮褶	6.1	6.5	6.2
7		腹部皮褶	7.6	7.2	7.2
8	机能	安静脉搏	90.2	95.9	95.0
9	素质	立定跳远	87.9	83.7	84.9
10		网球掷远	5.2	5.0	5.0
11		坐位体前屈	11.4	10.0	7.9
12		10米折返跑	8.2	8.1	11.0
13		走平衡木	11.0	11.0	7.4
14		连续跳	7.2	7.5	9.5

(薛圆圆)

表 59

2015 年无锡市成年人国民体质监测指标与江苏、全国比对

序号	类别	项目	2015 年无锡市	2014 年江苏省	2014 年全国
1	形态	身高	165.1	164.9	164.0
2		体重	63.8	65.4	64.1
3		胸围	89.5	90.5	89.7
4		腰围	78.9	81.9	81.8
5		臀围	93.2	94.9	93.9
6		上臂皮褶	13.3	15.8	16.4
7		肩胛皮褶	15.3	18.0	19.3
8		腹部皮褶	19.6	22.3	24.7
9	机能	安静脉搏	78.3	78.1	78.0
10		收缩压	113.0	122.1	119.0
11		舒张压	75.1	76.4	76.4
12		肺活量	3155	2973	2839
13		台阶指数	58.6	59.9	58.0
14	素质	坐位体前屈	11.8	6.8	7.3
15		握力	31.3	35.9	35.2
16		背力	86.6	100.6	97.4
17		纵跳	30.6	28.9	29.0
18		俯卧撑/仰卧起坐	26.0	23.4	21.6
19		闭眼单足站	30.1	24.8	22.9
20		反应时	0.57	0.51	0.51

（薛圆圆）

表 60

2015 年无锡市老年人国民体质监测指标与江苏、全国比对

序号	类别	项目	2015 年无锡市	2014 年江苏省	2014 年全国
1	形态	身高	161.4	161.2	160.3
2		体重	62.8	64.9	63.3
3		胸围	90.4	92.9	91.5
4		腰围	82.3	87.1	86.0
5		臀围	92.1	95.7	94.4
6		上臂皮褶	13.5	16.0	15.9
7		肩胛皮褶	14.8	18.4	19.3
8		腹部皮褶	20.2	23.2	24.6
9	机能	安静脉搏	78.2	76.0	79.2
10		收缩压	121.1	133.7	129.2
11		舒张压	78.0	78.6	76.8
12		肺活量	2360	2207	2141
13	素质	坐位体前屈	11.8	3.4	4.7
14		握力	26.9	29.7	29.5
15		闭眼单足站	10.7	10.0	8.5
16		反应时	0.76	0.71	0.7

（薛圆圆）

身示范区建设”课题组编制的《无锡市民科学健身基本素养（2016年版）》正式印发，在国内率先探索科学健身标准，为今后制订公民科学健身素养国标做好前期探索和基础准备。《无锡市民科学健身基本素养》围绕科学健身主题，分别阐述基础知识和科学理念、科学健身行为与方式、科学防范健身风险3个方面内容，通过官方权威发声，有力普及科学健身常识，提升市民科学健身知晓率，加快推动国家体育总局“科学健身示范区”建设。

（薛圆圆）

【《无锡市国民体质监测公告》发布】 9月，《2015年无锡市国民体质监测公告》正式发布。本次监测的检测指标包含身体形态、身体机能、身体素质3个方面，监测对象为3~69周岁的全市居民，采用整群随机抽样的方法，抽取和测试3792人，其中，3~6岁幼儿864人，20~59岁成年人2496人，60~69岁老年人432人。总体上看，无锡市居民体质健康水平优于江苏省和全国平均水平。

（薛圆圆）

体育产业

【第五届体育彩票销售能手技能大赛】 10月21日，无锡市第五届体育彩票销售能手技能大赛在市体彩中心开赛，从全市体彩销售员、专管员选拔产生的10支代表队80名选手进行现场技能比拼。经理论考试和实践操作，8名选手和5支代表队胜出，分获个人和团体奖项。其中，来自宜兴市的钱良芬获得个人一等奖，宜兴市代表队获得团体一等奖。

（薛圆圆）

【无锡市体育产业发展集团有限公司揭牌】 12月26日，经过近一年的精心筹备，无锡市体育产业发展集团有限公司正式揭牌成立。无锡市体育产业发展集团有限公司是遵循市委、市政府深化“管办分离”改革精神，完善体育产业发展机制，整合市级体育场馆优质资源而组建的体育产业集团企业。公司由市政府单独出资设立，市国资委履行出资人职责，市体育局实施全面监管，承担全市体育产业资源的综合开发运营和体育产业发展功能。公司旨在整合资源，全力打造智慧体育场馆，扩大“金牌服务”输出管理规模，提供更多优质体育服务，同时还将大力拓展体育旅游、体育赛事、体育康复医院等全新业务，争取成为引领全市体育产业发展的龙头企业。

（薛圆圆）

【无锡智慧体育产业园开园】 3月20日，省、市共建无锡智慧体育产业园合作签约暨开园仪式在无锡新吴区感知中国博览园举行。江苏省体育局局长陈刚、无锡市市长汪泉共同为无锡智慧体育产业园揭牌，省体育局副局长王志光和无锡市副市长曹佳中共同签署《江苏省体育局、无锡市人民政府共同支持无锡智慧体育产业园建设合作协议》，副市长华博雅为园区合作单位和入驻企业代表赠送金钥匙，赛事备案、大众健身、智慧马拉松、智慧足球等一批网络服务平台同时启动。园区定位为体育产业的“创新工场”，以促进体育产业和科技行业的结合为宗旨，以科技园区模式培育体育行业的高科技企业，鼓励和扶持传统体育产业服务商和生产商向信息化、大数据、物联网领域拓展，并逐步将相关技术成果推广应用到体育赛事和全民健身活动中，积极探索体育和科技相结合的行业发展新模式。至2016年年底，已引进睿健时代、汇跑等一批高成长性、高科技性体育相关企业入驻，园区一期入驻率100%，年产值突破亿元，由园区打造的“体育板”金融服务体系运营有序。

（薛圆圆）

体育设施、管理

【“e动锡城”智慧健身馆建设】 根据《关于开展“e动锡城”智慧健身馆试点建设申报工作的通知》精神，2016年，全市共有6家单位成为试点建设单位。其中，体育系统内4家，分别为崇安健身中心、市体育科学研究所、江南大学、无锡商业职业技术学院，社会力量建设的单位2家。各智慧健身馆全年共完成16000多个体质测试数据。

（薛圆圆）

【建成一批体育健身项目】 2016年，市体育局向滨湖区和梁溪区下拨资金共325万元，用于更新和新建健身路径。年内，共计完成170多套健身路径、23件室外篮球架、63张乒乓球桌的建设。2016年，市体育局在金匮公园和尚贤河公园区域新建智慧型5人制笼式足球场2片、标准笼式篮球场1片、健身路径5套，并对长约4.1公里的2条健身步道全程配建导视系统，进一步提高市民中心周边公共体育服务能力。

（薛圆圆）

编辑 顾洪兴

综　述

【概况】 2016年，无锡市人力资源和社会保障系统各项工作取得新进展。全市城镇新增就业14.9万人，援助就业困难人员再就业19357人，城镇登记失业率1.85%，控制在年度目标范围内，继续保持全省前列。全市扶持自主创业11773人，其中，引领大学生创业2161人，创业扶持成效显著。基本养老、医疗、失业、工伤和生育保险扩面5.95万人、5.17万人、3.29万人、3.3万人、3.3万人，企业职工基本养老保险、城镇职工基本医疗保险、失业保险、工伤保险、生育保险基金分别支出191.76亿元、86.63亿元、7.72亿元、7.58亿元和8.22亿元，居民医疗保险、补充医疗保险分别支出9.2亿元和5.2亿元，社会保险运行平稳。全市引进各类人才81297人，其中，高校毕业生42113人，高层次人才7427人，海外留学人才2176人，新增高技能人才2.18万人，人才队伍建设加强。

（卢迎安　方贵跃）

【降低实体经济企业用人成本】 2016年，全市人社系统贯彻中央和省、市政府关于推进供给侧结构性改革的重大决策部署，落实“三去一降一补”（去产能、去库存、去杠杆，降成本，补短板）涉及人社部门的重大任务，全力为实体经济企业减轻负担。落实稳岗补贴、社保补贴、培训补贴、停收职教统筹经费等援企稳岗政策，出台企业职工养老、医疗、失业、工伤、生育保险“五降五缓”政策，全年为企业减轻负担41亿元。制定《关于贯彻在化解过剩产能过程中做好职工安置工作意见》，指导重点企业多渠道分流安置职工，加强劳动关系处置、社会保障衔接、就业帮扶和职业技能培训等工作，妥善安置过剩产能分流职工。

（卢迎安　方贵跃）

【省第三届技能状元大赛总决赛召开】 4月25~28日，第三届江苏技能状元大赛总决赛在无锡市太湖国际博览中心召开。该赛事由省政府主办，省委组织部、省委宣传部、省人才办、省人力资源社会保障厅等15个部门和单位共同承办，无锡市政府协办。总决赛分别在无锡市高技能人才公共实训管理服务中心、无锡技师学院、无锡交通技师学院、中船澄西高级技工学校等地设立7个赛场，赛事安排梯次运行，竞赛职业（工种）对接世界技能大赛。其中，职工组设立10个竞赛职业（工种），分别是数控加工中心操作工（四轴）、数控机床装调与维修、焊接、模具设计与制造、电气装置、智能楼宇、公路筑养路机械操作、食品检验工、网络安全管理师、农机修理工。学生组设立8个竞赛项目，分别是数控车、数控铣、电气装置、电子技术、机电一体化、焊接、信息网络布线、汽车检测与维修。经过激烈角逐，无锡市有5名企业职工和6名学生获得“江苏技能状元”，获金牌数、奖牌数、团体总分三个全省第一。

（卢迎安　方贵跃）

【退休职工住院医疗互助保险实施】 1月1日起，无锡市区退休职工住院医疗互助保险新办法实施。新办法实施普惠保障，即参保退休职工因患病住院治疗（含“门诊特殊病种”治疗，每次计1天）的，按住院天数每天补助30元，年度内补助天数不超过60天，当年累计补助不超过1800元。普惠保障实行划卡结算一站式服务，即在以社保卡结算时自动计算补偿金额，并在应付款项中直接扣除。新办法还实施重点特惠保障：对参保退休职工年度内发生的住院治疗期间使用基本医疗保险范围之外的药品、诊疗项目和医疗服务设施，并经社会保障卡结算的住院医疗费用，以1万元为起赔线，起赔线以上按38%赔付互助保险金，赔付封顶线为10万元。特惠补偿金额于次年3月底前，直接划转到退休职工个人社会保障卡或个人指定的银行账户。

（卢迎安　方贵跃）

【社会保险地方标准获批实施】 2016年，江苏省内首项社会保险地方标准——《社会保险经办服务标准化工作指南》（以下简称“工作指南”）获批发布。“工作指南”由无锡市社会保险基金管理中心执笔，与江苏省社保中心、江苏省医保中心两家单位共同制定，开创了江苏省内社会保险地方标准制定先河。“工作指南”规定了社会保险经办机构标准化工作的范围、规范性引用文件、基本要求、总体原则、标准化管理和实施体系、标准制(修)订、标准实施、监督指导、评价和持续改进10章内容，适用于社会保险经办机构开展标准化工作。

(卢迎安 方贵跃)

【职工医保大市一卡通开通】 2016年，“无锡市职工医疗保险大市一卡通”项目上线运行。无锡市区、江阴市和宜兴市三地职工医疗保险的参保人员可以在不影响参保地医保待遇和就医方式的前提下，另外再选择一地作为自己的就医地，在就医地部分定点医疗机构划卡就医。在就医地住院或门诊，参保人员可以享受到与参保地完全一致的医疗保险待遇。三地参加职工基本医疗保险的参保人员，在职和退休人员均可享受。

(卢迎安 方贵跃)

就业创业

【重点人群就业扶持】 2016年，市人力资源和社会保障局对6971名无锡市户籍未就业高校毕业生进行实名调查，开展有针对性的就业服务。落实大学生就业见习实习补贴176.6万元，提高毕业生留岗率。发放就业补贴56.3万元，鼓励小微企业吸纳高校毕业生就业。向到无锡就业的大学生发放租房补贴4764.69万元。针对就业困难群体，建立就业援助实名制信息库，开展个性化就业援助，鼓励职业中介机构参与就业援助工作，发放社会保险和公益性岗位补贴3.3亿元，开发公益性岗位1098个，市区公益性岗位到岗率81.8%。

(卢迎安 方贵跃)

【扶持自主创业】 2016年，市人力资源和社会保障局开发有针对性和实效性的创业培训项目。加强创业孵化载体建设，新增培育3家省级大学生创业园和2家省级创业孵化基地。完善创业担保贷款工作机制，为302位创业者发放创业贷款4373万元，比上年增长35%。完善创业扶持资金申领办法，增强创业扶持政策针对性和有效性，全市共发放各类创业补贴991万元。

(卢迎安 方贵跃)

【鼓励大学生创业】 2016年，市人力资源和社会保障局围绕大学生创业项目的展示、评选、培育和落地，持续推进“智汇无锡”大学生创业系列活动。加强与外地高校创业合作机制，吸引和集聚优秀项目到无锡落户发展。先后赴无锡各大学生创业园和大连交通大学、江苏师范大学、江苏大学、湖南大学等高校开展路演活动，邀请190个大学生创业团队参加路演，累计评选无偿资助项目31个，引育大学生创业项目落地130家。落实大学生创业项目无偿资助政策，完善无偿资助项目评审工作流程。组织无锡市大创企业参加国家级、省级大赛和评审活动，2016年“中国创翼”大赛中，无锡3个项目从省选拔赛晋级，“和黄记早餐配送”和“德米无人机”项目获得全国总决赛金翼奖，“享电桩”项目获得全国行业赛银翼奖。全年全市有55个大学生创业项目获得“2016年江苏省大学生优秀创业项目”荣誉称号，数量位列全省第二。

(卢迎安 方贵跃)

【就业服务】 2016年，市人力资源和社会保障局加强就业失业预警系统建设，建立就业形势月度分析例会制度，完善就业质量评估体系，有效提升就业形势研判水平。邀请职业技术院校、外省劳务合作基地和市内重点用工企业开展校企对接活动。提高失业保险保障能力，失业保险标准由1630元/月提高至1770元/月。

(卢迎安 方贵跃)

【职业培训改革】 2016年，市人力资源和社会保障局关注提升职业能力和就业质量，启动职业培训体制机制改革，构建标准化的职业培训项目库、市场化的职业培训运行机制和一体化的职业培训公共服务体系，通过市场需求调查确定28个培训项目，并经政府采购确定25家中标培训单位。

(卢迎安 方贵跃)

12月13日，大学生在“智慧无锡”创业大赛上介绍自己的创业作品

(张立伟 摄)

社会保障

【社会保险征缴扩面】 2016年，市人力资源和社会保障局通过重点板块开源挖潜、基数核定带动净增、完善动态考核机制等措施，有序推进社会保险征缴扩面工作，基本养老、医疗、失业、工伤和生育保险分别扩面5.95万人、5.17万人、3.29万人、3.3万人、3.3万人。按照“减少存量、控制增量”的清欠要求，细化联合催

交流程，启动欠费告知程序，探索信用等级通报，全年市区清欠保费5880万元。加大社保漏报基数实地稽核力度，重点稽核不参加社保年度缴费基数核查的单位，全年市区查漏基数8655.28万元。组织全民参保登记工作，比对市区354.5万常住人口信息数据，完成实际入户核查信息采集53.07万人，第三方核查信息合格率96%，压降无锡户籍断保人数9.61万人，圆满完成预期目标。

（卢迎安　孙　虹　方贵跃）

【养老保险改革】 2016年，市人力资源和社会保障局制定"无锡市区机关事业单位工作人员视同缴费指数表"，开展参保登记试点工作，机关事业单位工作人员养老保险制度改革正式实施。稳步调整养老保险待遇，审核纳入被征地农民社会保障人员177人次，落实社会保障资金1.5亿元。首次同步调整企业、机关事业单位退休人员养老金，市区45万企业退休人员月人均增加176元，企业退休人员基本养老金实现"十二连增"，市区提高到人均2537.61元/月。市区6.36万名机关事业退休人员月人均增加296元。被征地农民政府保养人员的政府保养金月人均增加60元。纯居民的基础养老金月人均增加15元。

（卢迎安　孙　虹　方贵跃）

【医疗保险监管与改革】 2016年，市人力资源和社会保障局发布《无锡市社会医疗保险管理办法》《无锡市社会医疗保险定点医药机构协议管理暂行办法》及经办细则。加快构建医保智能监管体系，打造阳光监控平台，实现关键数据精准控制，取得明显控费成效，累计监督扣款3073万元，医保费用支出首次实现负增长，住院医疗总费用比上年下降2.31%，住院均次费用下降7.24%，分解住院率由上年的1.01%下降至0.14%，大病保险理赔额比上年下降20.02%。继续进行医保支付方式改革，推进按病种付费方式。完善医疗保险费用结算办法，将三级医疗机构职工医保单次住院费用超过本机构当年实际次均住院费三倍以上的，作为特殊住院费用单独进行结算；完善分级诊疗和双向转诊制度，在锡山区医联体内试行以锡山人民医院为核心的区内居民医保联合定点服务模式，引导合理诊疗行为。提高医保待遇水平，居民医保门(急)诊待遇水平提高至1000元。15836人次享受大病保险补助待遇，受益金额共计约3600万元，参保群众政策范围内个人负担率下降近5个百分点，有效缓解参保人员"因病致贫""因病返贫"的问题。退休职工互助医疗保险改革平稳有序，制度覆盖扩大至42.9万退休人员，全年有82662人享受住院互助保险普惠部分补助待遇，受益面达19.3%，受益金额4163万元。实施医疗保险个人账户功能拓展，增加购买商业健康保险等功能，提高个人账户基金使用效率。

（卢迎安　方贵跃）

老阿姨在多功能一体机上查询退休人员增加养老金情况

（吕　枫　摄）

【完善工伤保险机制】 2016年，市人力资源和社会保障局制定工伤保险费率调整、公务员参保、工伤预防等配套政策。落实建筑业工伤保险政策，全市累计新增参保项目538个，新开工项目参保率100%。探索工伤预防试点建设。以创建省示范点为契机，推进工伤康复建设，完成工伤职工定点康复405人。首次颁布工伤职工辅助器具配置目录，加强工伤医疗管理。健全工伤认定管理制度，完善劳动能力鉴定工作机制。在社保中心增设工伤保险部，依托第三方建立工伤预防培训基地，开展建筑业专项培训、工伤预防及安全生产知识培训。制定相关文件，规范工作流程，确认3家辅助器具配置定点机构，实现工伤保险辅助器具配置申请、确认、定点、费用报销的一体化经办管理。

（卢迎安　孙　虹　方贵跃）

【社保基金监管】 2016年，市人力资源和社会保障局贯彻落实《江苏省社会保险基金监督条例》，把宣传贯彻实施条例与做好基金监督工作有机结合，加强宣传与执法检查同步推进。建立社保基金网银监管系统，实现社保待遇网银支付、账户交易明细查询和基金实时监控等功能。通过基金收支风险预警、三方与银行数据对比分析，对财务报表和业务资料中难以发现的隐性问题进行监控，提升基金监管效率和风险防控能力。

（卢迎安　孙　虹　方贵跃）

【企业职工退休手续集中办理】 11月始，市人力资源和社会保障局启动市区企业职工基本养老保险参保人员的视同缴费年限审核、特殊工种年限的审核、退休待遇审核等工作统一集中办理，理顺退休手续办理工作体系，提升服务质量和工作效率。

（孙　虹）

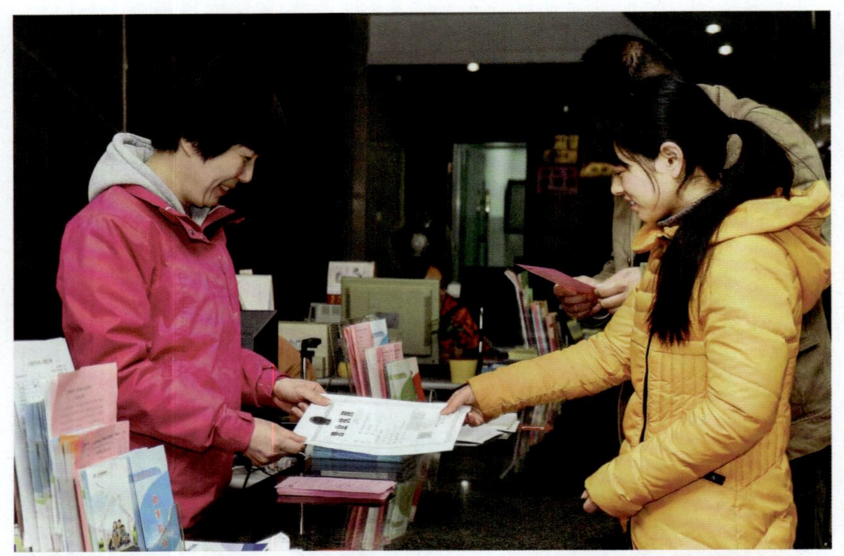

企业稳岗补贴新政策实施 (吕 枫 摄)

人事管理

【公开考录工作人员】 2016年，市人力资源和社会保障局在录用各种性质工作人员时，按照“依法考录、公平考录、科学考录”要求，规范各项公开考录程序，加强面试考官考核培训，实行面试工作“三双模式”(双抽签双随机、双封闭双隔离、双公开双透明。即借助随机抽签，分别确定考官的面试考场和考生的面试顺序；面试考生实行全程封闭，候考期间与面试区域绝对隔离，面试区域同样实行全程封闭，考官与候考考生绝对隔离；考生个人的面试成绩当场公开，全体考生的面试成绩于面试第二天公开)，确保考录工作公开、有序。年内，全市招录公务员307名、公安院校毕业生127名、特殊职位人民警察8名、事业单位工作人员2355名。

(卢迎安 方贵跃)

【公务员管理】 2016年，市人力资源和社会保障局规范全市公务员职位管理，实施区(县)以下机关公务员职务、职级并行制度。推进公务员管理信息化建设，完成全国公务员管理信息系统汇总版软件测试试点任务。在全省创新开展科级非领导职务公务员能力素质提升培训。

(卢迎安 方贵跃)

【事业单位人事管理】 2016年，市人力资源和社会保障局制定《无锡市事业单位高端、紧缺型人才招聘实施意见》，探索试行校园招聘模式，开辟事业单位招聘优秀人才的绿色通道。制定事业单位人员采集信息标准，在全省首创开展事业单位人员登记工作。首次举办事业单位新任职和新入职人员培训班，提高事业人员素质能力。推进中小学教师职称改革工作。

(卢迎安 方贵跃)

【机关事业单位人事业务信息化管理】 2016年，市人力资源和社会保障局按照“数据集中、统一管理、共享使用、动态更新、业务协同、分段实施”的原则，建成业务融合、管服一体的“无锡机关事业单位机构编制人事管理信息系统”，实现“互联网+人事”的精细化管理和服务。6月，中共中央组织部、人社部、国家公务员局印发《全国公务员管理信息系统汇总版1.0软件技术试点工作方案》，将无锡市确定为全国试点单位。

(卢迎安 方贵跃)

【工资福利制度调整】 2016年，市人力资源和社会保障局实施养老保险制度改革后机关事业单位首次基本工资标准调整工作。完成法官检察官员额制改革后基本工资套改工作。规范市级机关绩效奖金发放办法、市级机关事业单位公积金、提租补贴缴存基数。制定市级机关、事业单位编外用工管理办法，建立编外用工岗位绩效工资制度。推进落实机关事业单位带薪年休假制度。

(卢迎安 方贵跃)

人才引育

【高层次人才引进】 2016年，市人力资源和社会保障局稳步推进“人才创新工程”，做好“太湖人才计划”相关人才项目的申报组织和审核认定工作。精心组织境外招才引智活动，参与人才智力交流活动，有4个项目列入国家重点引智计划，3个项目列入省级引智示范推广计划，1位外国专家入选“国家友谊奖”。人才载体建设取得新成效，新区留学生创业园入选省留学回国人员创新创业示范基地，8家单位获批省博士后创新实践基地，博士后建站质量提高。推进人才引进信息平台建设，完成高层次人才供需对接系统的修改完善和上线测试工作，实现人才、企业服务的精准对接。围绕“高素质公务员和高层次人才”及“企业家培训工程”，举办200余个培训班，培训3.6万人次，完成“无锡市专业技术人员继续教育在线学习系统”开发测试。

(卢迎安 方贵跃)

【高技能人才队伍建设】 2016年，市人力资源和社会保障局落实市政府关于加强技能人才队伍建设促进产业转型升级的实施意见，制定先进制造技能领军人才评审、技能大师工作室管理等配套政策。承办第三届江苏技能状元大赛。在第七届全国数控技能大赛中，获得冠军2个、亚军4个。11名选手入选第44届世界技能大赛中国参赛项目国家集训队。新增高技能人才18602人，新增国家技能大师工作室1个、省级技能大师工作室2个，企业首席技师10人。加强高技能人才继续教育，承办江苏省高级技师焊工、数控专业岗位技能提升培训班，举办市级维修电工专业高技能人才岗位提升培训班，培训高技能人才80人。

(卢迎安 方贵跃)

【人力资源服务业发展】 2016年，无锡人力资源服务产业园加大引进外地优质机构入驻的力度，全市新增人力资源机构33家，人力资源服务机构总数381家，年产业规模突破250亿元，产业综合实力显著提升。举办人力资源从业人员资格培训班和优秀人力资源服务企业高管研修班，提升人力资源服务从业人员能力素质。

（卢迎安　方贵跃）

劳动关系

【和谐劳动关系构建】 2016年，市人力资源和社会保障局贯彻落实中共中央国务院《关于构建和谐劳动关系的意见》和省委、省政府《关于构建和谐劳动关系的实施意见》精神，深化和谐劳动关系建设。推进信用体系建设，规范诚信评定标准，建立诚信企业名单动态调整机制，纵深推进劳动保障诚信企业创建，规模以上企业评定率98%以上，诚信企业的示范引领作用不断加强。

（卢迎安　方贵跃）

【规范用工服务监察】 2016年，市人力资源和社会保障局统筹推进市属国有企业负责人薪酬改革工作，无锡市的改革实施意见（送审稿）在全省首家获得省薪改办的批复同意。完成年度企业薪酬调查、最低工资政策实施效果专项调查工作。依法规范劳务派遣行政许可和劳务派遣用工管理，组织开展劳务派遣单位年度经营核验工作。加强对企业用工情况的监测和劳动关系矛盾预警工作，围绕去产能工作，指导企业规范、有序安置分流职工。组织开展规范劳务派遣用工、高温津贴支付、农民工工资支付情况等一系列专项执法检查，提高劳动用工管理合法性、规范性。

（卢迎安　方贵跃）

【劳动人事争议调解仲裁】 2016年，市人力资源和社会保障局建立专业性劳动争议调解工作机制，发挥基层调解组织在争议处理中的基础性作用。发布劳动人事争议仲裁十大典型案例，开展“跨年度仲裁开放月”和仲裁庭审观摩活动，提升劳动争议调解仲裁水平。加强人民调解和行政调解有机结合，拓宽信访矛盾解决渠道。建立信访事项网上办理系统，确保信访事项全程跟踪落实。信访总量比上年下降9%。

（卢迎安　方贵跃）

公共服务

【信息化建设】 2016年，市人力资源和社会保障局实现机关事业单位人事编制信息系统全市管理一体化，建立人才引进服务平台，实现精准化服务。对定点医疗机构实时上传的“四类五项”数据实施事中控制（在医保结算过程中，实时阻断科室、床位、医师、入院诊断和出院诊断信息上传不规范的门诊及住院结算），实现医保上传数据的规范化管理。全市社保卡持卡数达630万人，社保卡应用完成部发102项目录中的93项，被人社部确定为全国首批社保卡综合应用示范基地。建设无锡人社“12333”智能咨询云平台，提供在线实时咨询服务。

（卢迎安　方贵跃）

【提升人社服务标准】 2016年，市人力资源和社会保障局完善街道（镇）人社服务标准体系框架，重新编制标准化实务手册工作，主办业务简化为35项，复印件减少11份，要件减少2份，同城通办业务增加4项，群众办事更为便捷。推进简政放权，行政服务中心窗口办理的事项平均法定时限为25.5天，平均承诺时限为10.5天，承诺件的实际平均办结时间为6.8天。推广社保业务网上经办，网上经办事项拓展到78项。灵活就业人员一体机自助缴费上线运行，基本实现市区主要社区全覆盖。市区企业职工退休手续实施集中办理。实现医保大市一卡通和全市范围内省内异地划卡就医的转入转出，异地就医联网定点医疗机构数量持续扩大。

（卢迎安　方贵跃）

【行政审批制度改革】 2016年，市人力资源和社会保障局按照相关法律法规和《江苏省行政程序规定》的要求，对权力清单中72项行政权力事项的行政程序进行逐一梳理、编写，制定《无锡市人力资源和社会保障局行政权力事项程序标准》，统一行政权力事项的行政程序。做好国务院和省人社厅取消及调整部分行政审批事项的衔接落实工作。落实取消“基本医疗保险定点医疗机构（零售药店）资格审定”“实行和参照国家公务员医疗补助实施范围”“聘请外国专家单位资格认可”等审批事项，做好“经营劳务派遣业务许可”和“省属职业技能鉴定机构的审批”2项行政许可事项的承接工作。落实政务信息公开制度，规范依申请公开受理、答复工作，全年受理政府信息公开申请18件，法定期限答复率100%。

（卢迎安　方贵跃）

【开展“双进双送”活动】 2016年，市人力资源和社会保障局开展“进企业、进园区，送政策、送服务”活动，围绕“稳就业保用工”“降成本强保障”“聚英才促转型”“优服务促和谐”4个主题，走进全市209家园区，服务企业2000余家，广泛征集和解决企业反映的各类问题，提高人社部门服务企业发展的针对性和实效性。

（卢迎安　方贵跃）

编辑　邵文凯

人口和计划生育

【概况】 2016年年末，无锡市户籍总人口486.20万人，比上年增加5.30万人，增长1.1%。其中，市区253.05万人，比上年增加4.55万人，增长1.8%；江阴市124.80万人，比上年增加0.70万人，增长0.6%；宜兴市108.34万人，比上年增加0.05万人，增长0.05%。

在全市户籍总人口中，男性240.02万人，女性246.18万人，性别比(以女性为100)97.5。2016年，全市户籍总人口中出生44836人，出生率9.27‰；死亡31253人，死亡率6.46‰；人口自然增长率2.81‰。全市户籍总人口中迁入5.78万人，其中省外迁入2.69万人，占迁入人口46.5%；迁出1.73万人，其中迁往省外0.77万人，占迁出人口44.5%。全市户籍出生人口政策符合率99%以上，户籍人口出生性别比106.18，常住人口出生性别比108.82。

(史海宁 毛臬娇)

【依法实施“全面两孩”政策】 年内，无锡市贯彻中共中央、国务院《关于实施全面两孩政策改革完善计划生育服务管理的决定》精神，在调查摸底、数据测算和形势预判的基础上，加强政策实施的组织领导、宣传引导和培训指导，确保“全面两孩”政策平稳有序实施。规范生育登记和再生育审批工作，全面推行婚育承诺制，以便民利民为原则，对生育两个及以内孩子的，由家庭自主安排生育，实行生育登记服务，简化各类证明，优化办理流程。全年全市办理生育登记57823件，已办理再生育审批1053件。其中，生育“一孩”登记33959件，生育“二孩”登记23864件。

(毛臬娇)

【计划生育目标管理】 年内，无锡市组织召开市人口和计划生育领导小组成员(扩大)会议。领导小组组长、市长汪泉出席会议并讲话。市政府向各市(县)、区政府下达“十三五”人口和计划生育目标任务，明确市人口计生领导小组成员单位工作职责。组织开展新一轮全国计划生育优质服务先进单位创建活动和省“十三五”人口协调发展先进县(市、区)创建工作。宜兴市、惠山区被评为新一轮全国计划生育优质服务先进单位。

(毛臬娇)

【流动人口卫生计生服务管理】 年内，无锡市做好流动人口基本公共卫生计生服务工作，适龄儿童免疫规划疫苗预防接种率95%以上，流动孕妇健康管理率、产后访视率、新生儿访视率、儿童健康管理率等均达90%以上，流动人口传染病报告率和报告及时率100%。流动人口计划生育技术指导咨询服务覆盖率95%以上，育龄妇女避孕节育免费服务目标人群覆盖率100%，计划生育免费技术服务率和免费药具获得率均达100%。流动人口公共服务均等化和社会融合两项试点工作经验被评为全国典型案例，先后5次在全国会议上交流发言。指导各地打造流动人口卫生计生综合服务平台，为流动人口提供“一站式”基本公共卫生计生服务的做法受到国家卫计委推广。做好流动人口健康教育和促进工作,组织开展全市流动人口健康促进示范企业、示范学校和健康家庭建设活动。12月15日，全省流动人口健康教育和促进暨留守儿童健康关爱工作座谈会在无锡召开，无锡市作交流发言。举行流动人口关怀关爱广场宣传服务活动，发放卫生计生宣传资料和免费避孕药具。全年核对165.3万件流动人口个案信息。高标准做好2016年全国流动人口动态监测调查，首次使用移动设备开展录入工作，全市共抽样本点94个，完成A卷1780份、B卷100份和C卷93份。

(毛臬娇)

【兑现计划生育奖励优惠政策】 年内，无锡市保障计划生育家庭合法权益。全面兑现企业独生子女退休人员一次性奖励，全市26148名企业退休职工领取独生子女父母一次性奖励金，各级财政补助9413.28万元。修订出台市级计划生育公益金管理办法，全年支出公益金157.7万元，惠及计划生育困难家庭345户。

农村计划生育奖扶政策全面落实，11.4万人享受农村部分计划生育家庭奖励扶助，发放奖励扶助金9859.9万元；10188人享受计划生育特殊困难家庭扶助，发放特别扶助金6719.14万元。全面实施部分计划生育特别扶助对象住院护工服务保险制度，全年参保8124人，支付保险金112.11万元，当年理赔113.19万元。

（毛枭娇）

【推进幸福家庭建设】 年内，无锡市以“文明倡导、健康促进、优生优育、致富发展、奉献社会”为主题，推进幸福家庭创建。举办第20届“母亲节暨幸福工程救助贫困母亲活动日”广场宣传活动。召开全市幸福家庭创建工作座谈会，推广总结先进地区工作经验，引导各地开展形式多样的活动。江阴市、宜兴市、锡山区、惠山区被列入省幸福家庭项目县。

（毛枭娇）

【加强出生人口性别比综合治理】 年内，无锡市全面贯彻全国整治“两非”（非医学需要的胎儿性别鉴定、非医学需要选择性别的人工终止妊娠）工作电视电话会议精神，落实国家卫计委、国家工商行政管理总局、国家食品药品监督管理总局等3部门联合制定的《禁止非医学需要的胎儿性别鉴定和选择性别人工终止妊娠的规定》。开展基层医疗卫生机构调研督察。向新婚及怀孕人群发放宣传折页6万份。制作禁止“两非”动漫宣传片。启动出生人口性别比课题研究。2016年，户籍人口出生性别比106.18，常住人口出生性别比108.82。

（毛枭娇）

【实施优生促进工程】 年内，无锡市实施生育全程服务，建立覆盖城乡居民，涵盖孕前、孕期、新生儿各阶段的出生缺陷防治服务制度。继续深入开展国家免费孕前优生健康检查项目，加强对高龄孕产妇、再生育和不孕不育人群的服务和指导，提高咨询指导质量，检查结果知情率100%，高危人群转诊干预率100%。全年全市免费孕前优生健康检查39899人，检查率97.22%，出生缺陷发生率3.98‰。在全省两次室间质评中，无锡市所有市（县）、区孕前优生健康检查实验室优秀率100%，获得江苏省第一的好成绩。

（毛枭娇）

2月7日除夕之夜，市民在灵山胜境撞响吉祥的钟声，迎接猴年新春

（卢　易　摄）

人民生活

【城镇居民生活】 2016年，无锡市城镇常住居民收支双增长。据国家统计局无锡调查队城乡一体化住户调查数据显示，无锡城镇常住居民人均可支配收入48628元，比上年增长7.8%；人均生活消费支出31438元，比上年增长6.7%。

城镇常住居民人均可支配收入稳定增长。工资性收入仍占主导地位，城镇常住居民人均工资性收入33305元，占人均可支配收入比重近七成，比上年增长7.8%，拉动城镇常住居民人均可支配收入增长5.4个百分点，成为影响城镇居民收入增长的主要因素。经营净收入增幅有所回升，城镇常住居民人均经营净收入4479元，比上年增长6.8%，增幅比上年上升1.3个百分点。财产净收入增速领先，城镇常住居民人均财产净收入4109元，比上年增长8.3%，居四项收入增幅之首，财产净

表61　2016年无锡市城镇常住居民家庭人均收入情况

指标	收入值(元)	增幅(%)	占比(%)	贡献率(%)	拉动增长(%)
可支配收入	48628	7.8	100.0	100.0	7.8
1. 工资性收入	33305	7.8	68.5	69.2	5.4
2. 经营净收入	4479	6.8	9.2	8.1	0.6
3. 财产净收入	4109	8.3	8.4	9.0	0.7
4. 转移净收入	6735	7.6	13.9	13.7	1.1

（张　睿）

收入成为无锡城镇常住居民增收新动力，拉动人均可支配收入增长 0.7 个百分点。转移净收入增幅趋缓，城镇常住居民人均转移净收入 6735 元，比上年增长 7.6%，拉动城镇常住居民人均可支配收入 1.1 个百分点。

城镇常住居民人均生活消费稳步提升。恩格尔系数继续下降，城镇常住居民人均食品烟酒消费支出 8818 元，比上年增长 5.8%，恩格尔系数 28.0%，比上年下降 0.3 个百分点。教育文化娱乐服务支出增幅居首，随着无锡居民文化素质水平的提高和文化设施的健全，各类高端文娱活动进入无锡居民的生活，加上出境游、自由行受到无锡居民的热捧，城镇常住居民人均教育文化娱乐服务支出 3923 元，比上年增长 11.0%，占生活消费支出的 12.5%。医疗保健支出持续快速增加，城镇常住居民人均医疗保健支出 1886 元，比上年增长 8.2%，保持较快增长。交通通信类支出增幅下降，城镇常住居民人均交通通信类消费支出 4760 元，比上年增长 4.8%，涨幅比上年下降 3.0 个百分点。

（张 睿）

【农村居民生活】 2016 年，无锡农村常住居民收支稳步增长。据国家统计局无锡调查队城乡一体化住户调查数据显示，无锡市农村常住居民人均可支配收入 26158 元，比上年增长 8.3%；人均生活消费支出 18463 元，比上年增长 12.1%。

农村常住居民人均可支配收入增幅平稳趋缓，城乡收入差距缩小。与上年相比，全年农村常住居民人均可支配收入绝对值增加 2003 元，增速回落 0.2 个百分点，居民收入增长态势有所趋缓。与城镇相比，全年农村常住居民人均可支配收入增速比城镇常住居民人均可支配收入增速高 0.5 个百分点，城乡收入比 1.86∶1，比上年缩小 0.01，无锡市城乡居民收入差距缩小。收入结构稳定，四项收入全面增长。从收入来源看，工资性收入、经营净收入、财产净收入和转移净收入比重分别是 63.5%、17.2%、8.6%和 10.7%。工资性收入占比最高，对可支配收入增长的贡献率最大。工资性收入增长稳定，农村常住居民人均工资性收入 16618 元，比上年增长 8.4%，拉动可支配收入增长 5.4 个百分点，对可支配收入增长的贡献率 64.2%。经营净收入增长较快，农村居民人均经营净收入 4494 元，比上年增长 9.7%，涨幅居四项收入之首，增速比上年同期提高 5.5 个百分点，拉动可支配收入增长 1.6 个百分点。财产净收入涨幅有所回落，农村居民人均财产净收入 2247 元，比上年增长 6.1%，增速比上年同期回落 4.6 个百

图 31　2016 年无锡市城镇常住居民家庭收入结构

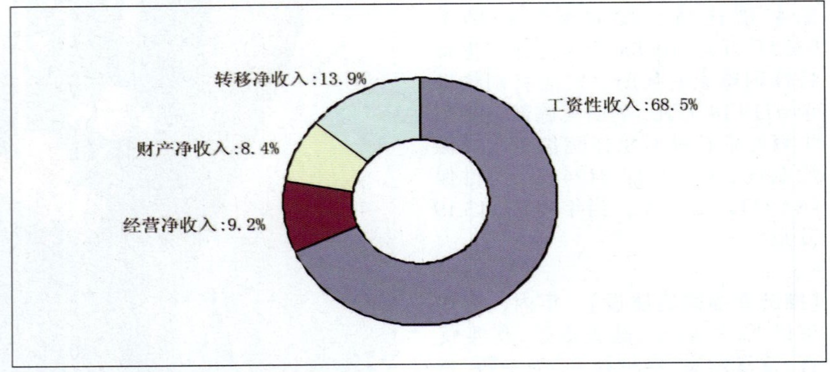

（张 睿）

表 62　2016 年无锡市城镇常住居民家庭人均消费支出情况

指标	支出值(元)	增幅(%)
生活消费支出	31438	6.7
1. 食品烟酒	8818	5.8
2. 衣着	2729	6.2
3. 居住	6574	7.3
4. 生活用品及服务	1748	5.5
5. 交通通信	4760	4.8
6. 教育文化娱乐	3923	11.0
7. 医疗保健	1886	8.2
8. 其他用品和服务	1000	4.0

（张 睿）

表 63　2016 年无锡市农村常住居民家庭人均收入情况

指标	收入值(元)	增幅(%)	占比(%)
可支配收入	26158	8.3	100.0
1. 工资性收入	16618	8.4	63.5
2. 经营净收入	4494	9.7	17.2
3. 财产净收入	2247	6.1	8.6
4. 转移净收入	2799	7.3	10.7

（张 睿）

表 64　2016 年无锡市农村常住居民家庭人均消费支出情况

指标	支出值(元)	增幅(%)
生活消费支出	18463	12.1
1. 食品烟酒	5502	6.6
2. 衣着	1662	14.9
3. 居住	3840	15.8
4. 生活用品及服务	949	12.8
5. 交通通信	2779	14.1
6. 教育文化娱乐	1830	16.5
7. 医疗保健	1294	12.4
8. 其他用品和服务	607	10.8

(张　睿)

分点,拉动可支配收入增长 0.5 个百分点。转移净收入增长平稳,农村居民人均转移净收入 2799 元,比上年增长 7.3%,拉动可支配收入增长 0.8 个百分点。

农村常住居民人均生活消费增速加快,食品烟酒占比下降。从消费比重上看,食品烟酒、居住、交通通信支出位居前三位,比重分别为 29.8%、20.8%和 15.1%,食品烟酒占消费支出比重比上年同期下降 1.5 个百分点;教育文化娱乐、衣着、医疗保健支出占比居中,生活用品及服务、其他用品和服务占比较少。从全年增速看,八大类消费支出均不同程度有所增长。食品烟酒消费占比最高,农村常住居民人均食品烟酒消费支出 5502 元,比上年增长 6.6%,占消费支出的比重 29.8%,拉动农村居民消费支出增长 2.1 个百分点。居住类消费成为拉动消费支出最强助力,农村常住居民人均居住支出 3840 元,比上年增长 15.8%,增速排八大类消费第二位。居住支出占消费支出比重 20.8%,仅次于食品烟酒消费,拉动消费支出增长 3.2 个百分点,对消费支出的贡献率 26.3%,拉动力和贡献率均居八大类消费榜首。教育文化娱乐消费增速最快,农村常住居民人均教育文化娱乐消费支出 1830 元,比上年增长 16.5%,增速在八大类消费支出中居首位,拉动消费支出增长 1.6 个百分点,对消费支出的贡献率 13.0%。衣着、交通通信消费增长较快,农村常住居民人均衣着、交通通信消费支出分别为 1662 元、2779 元,比上年增长 14.9%、14.1%,拉动消费支出增长 1.3 个、2.1 个百分点。医疗保健、生活用品及服务、其他用品和服务消费支出持续增长,农村常住居民人均生活用品及服务、医疗保健和其他用品和服务消费支出分别为 949 元、1294 元和 607 元,比上年增长 12.8%、12.4%和 10.8%。

(张　睿)

民　政

【概况】 2016 年,无锡市民政系统围绕市委、市政府关于民生工作系列决策部署,圆满完成年度目标任务。无锡市连续 7 年被评为“全国双拥模范城”,市民政局在省民政厅年度综合评估中再获优秀等次。创新精准救助机制,推进社会救助精准实施,率先在全省制定《市区特困家庭深度救助实施意见》,填补精准救助政策盲点;打造多部门联通的信息核对平台,提升精准救助能力;扩面增容“慈福”民生系列保险品牌,两类主体险首次覆盖常住居民,首次将保障范围覆盖到困境未成年人、居家养老机构,形成“9+3”保险新模式;全面实施残疾人“两补”(困难残疾人生活补贴、重度残疾人护理补贴)政策,开展困境未成年人和农村留守儿童关爱保护行动,实施困难群体关爱公益创投项目 71 个,无锡市“特困家庭深度救助机制”入选省现代民政“十大创新成果”。高效应对自然灾害,全市各级积极应对雪灾、洪涝灾害严峻考验,高效推进查灾核灾等各项工作,圆满完成灾情较重的宜兴市赈灾救灾任务。全市拨付救灾资金及物资折价 850 万元,转移安置 23582 人,“慈福”民生保险受理报案 5 万余起,发放救助金 4602.07 万元,惠及受灾家庭 5.2 万户(人)。圆满完成换届选举,应对新形势下村(社区)形态多样、人户分离现象突出等问题,早启动、早调研、早谋划、早介入,通过组织联合调研、制定工作意见、开展骨干培训、加强指导督察等举措,密切配合,统筹安排,圆满完成选举任务,一次性选举成功率 99.9%,选民参选率 98.1%。稳妥实施区划调整,履行全市行政区划调整赋予民政的各项任务,精准做好政策衔接落实,配合做好舆情宣传应对,克服勘界工作涉及范围广、任务重等困难,按时有序完成 6 条区际界线勘定,及时将勘界报告上报省政府,圆满完成行政区划调整任务。指导梁溪、滨湖、新吴 3 个区按时保质完成调研任务。提升养老服务水平,率先在全省制定《居家养老援助服务规范》,制定《关于加快发展居家养老服务工作的意见》;推动养医融合、智慧养老,全市新增或改造养老机构内设卫生所(室)5 家,新增医养结合型老年护理院 3 家;护理型床位占比 50%。全面推进为老服务社会化、连锁化、品牌化运营,全市 5 家公办机构改制,8 家养老机构跨省、市连锁经营,朗高养老院率先在“新三板”上市,76 家居家养老机构委托社会组织运营。

(曹泳敏　陈莺歌)

【优抚安置】 年内,全市民政部门做好优抚安置工作。确定自春节起,统一农村“两参”人员春节、八一慰问补助办法,年标准人均 12245 元。办理市 5 个区首批残疾军人、残疾公务员等人员太湖交通卡 559 张,妥善解决上述对象免费乘坐市内交通工具问题。6 月,确定企业退休“两参”人员春节、八一慰问补助标准按国家所定农村“两参”人员生活补助标准发放,2016年八一慰问补助金标准为2760元。制定《关于调整部分优抚对象抚恤补助优待标准的通知》,调整部分优抚对象抚恤补助优待标准：带病回乡退伍军人生活补助标准在8年未作调整的情况下,增加533元,达到14677元/年,继续居全省前列。其他各类重点优抚对象抚恤补助标准同比例增长7.45%。其中，一级因战残疾军人抚恤金标准由上年的68177元/年，调整为73254元/年。接收2015年冬季退役士兵，退役义务兵一次性经济补助金标准为62597元，全市发放一次性经济补助金9935万元（含2015年秋季退役士兵）。接收2016年秋季退役士兵1466人,义务兵一次性经济补助金标准调整为67694元。

（陈建忠）

【完善社会救助机制】 年内，无锡市建立深度救助机制,将“建立市区特困家庭深度救助机制，着力推进分类分层和精准救助”列入2016年为民办实事项目。经市政府第70次常务会议研究,并报市委同意,制定《无锡市市区特困家庭深度救助实施意见》,对特殊困难家庭给予的分类、分层深度救助,逐步实现由“收入型”救助向“支出型”救助转变。完善医疗救助制度,制定《无锡市医疗救助办法》,将城乡医疗救助对象扩大到低收入家庭中的老年人、未成年人。提高重症慢性病患者医疗救助标准，提高门诊特殊病种患者医疗救助结报比例，减轻重大病困难对象医疗费负担。扩大民生保险,从8月30日起，全市自然灾害公众责任保险、城乡居民住房财产保险受益对象扩大到常住居民。建立社会困境未成年人监护责任保险、社会困境未成年人医疗健康保险，在惠山区开展居家养老综合责任保险试点,形成“9+3”“慈福”民生系列保险体系。对极寒冰冻、连续暴雨造成的居民家庭住房财产损失给予及时赔付。受理报案近5万起,发放救助慰问金4602.07万元，惠及受灾家庭5.2万余户。

（刘德华）

【提高社会救助水平】 年内，无锡市对符合条件的困难家庭实行动态管理下的应保尽保。至年底,全市有低保对象29027人。全年发放低保金16470.7万元。城乡低保标准按照2015年度城镇居民人均可支配收入20%的比例，市区由700元提高至760元,比上年增长8.6%;江阴市由670元提高至760元,比上年年增长13.4%；宜兴市在年底前提高至700元。实施医疗救助,对8类特定对象参加居民医疗保险予以全额资助。对普通患者、12种慢性病患者,年累计住院医疗费用个人负担在大病保险起付线以下部分给予70%救助；对门诊特殊病种患者年累计医疗费用个人负担部分给予70%救助,并依托结算平台实行即看即补。全年救助各类对象21.8万人次，支出医疗救助金6045.04万元。落实临时救助制度，将临时救助范围扩大到常住居民，对生活必需支出救助范围由低保家庭扩大至全市居民，并加大对因病、因灾和突发困难家庭临时救助力度。全年救助各类困难家庭44902户，支出临时救助金4573.79万元。6月底至7月初,无锡市连续遭遇暴雨袭击，部分居民住房财产受到较大损失，特别是宜兴市、滨湖区受灾情况比较严重。灾情发生后，市民政局连续发出6个紧急通知,启动市级四级响应,成立救灾应急指挥部,全力指导救灾工作。下拨救灾资金690万元。其中,省拨款390万元、市拨款300万元。

（刘德华）

【宜兴市全力应对洪涝灾害】 2016年,宜兴市遭遇局部严重洪涝灾害。宜兴市民政局迅速行动、紧急部署,全力以赴做好救灾工作。重点体现在9个字,即:起步早、行动快、措施实。

受厄尔尼诺现象的影响，年初气象部门就预测全市年内可能遇到洪涝天气。6月上旬,宜兴市民政局对《自然灾害应急救助规程》进行修订,特别是对预案的启动条件、组织发动、应急处置、各类保障等具体实施内容进行细化和完善，明确应急指挥部各成员单位的职责任务,提早备足防汛救灾物资，增强预案的实用性和操作性。组织各镇(街道)灾害信息员就民政部下发的《自然灾害情况统计制度》进行专项培训，对镇(街道)提出严格报送灾情统计的具体规定和要求。开展自然灾害隐患排查，利用1个月时间对全市困难群众危旧房、敬老院进行自然灾害隐患排查,对查找出的问题,迅速制定安全措施,明确工作责任,做到防患于未然。

灾害发生后，宜兴市民政局紧急召开碰头会,部署核灾救灾工作,成立救灾应急指挥部，下设综合协调办公室、灾害信息组、灾情核查组、宣传报道组及接受捐赠办公室,并安排各科室定点深入到各镇（街道),分工具体,责任明确,确保责任落实到位。做好民政服务对象中受灾弱势群体的转移安置，连夜将入住市福利中心儿童区的40余名孤残儿童转移到邻近的养老护理中心进行安置，确保所有孤残儿童生活不受影响。做好对各镇(街道)敬老院的指导工作，坚持每天至少联系一次,及时了解受灾情况,指导各养老机构做好防汛工作,丁蜀敬老院、太华敬老院、新建敬老院完成入住老人的转移安置。做好洪涝灾害灾情上报,18个镇（街道)300余名灾情信息员全天不间断统计各镇（街道)灾情,民政局救灾和社会救助科工作人员连续1周24小时值班,不间断询问、了解、掌握各镇(街道)灾情变化，及时更新全市暴雨致洪涝灾害灾情报告,并上报“全国自然灾害灾情报送系统”。成立局灾害应急响应专项工作组,下设6个小组,分别赴各镇(街道)灾区查看灾情,做好灾情现场情况收集，主动对接各镇(街道)掌握第一手资料,做到初报迅捷、续报及时,杜绝迟报、瞒报、漏报、虚报、错报等现象的发生,为市政府防汛救灾工作部署提供决策参考。根据7月1日后洪涝灾情的实际情况和《自然灾害应急救助工作规程》的有关规定,于7月4日上午8时,启动市二级救灾应急响应,并根据灾情发展，将应急响应及时提升到一级。下发《关于切实做好洪涝灾害应急救助工作的通知》,从加强组织领导、做好应对准备、强化应急值守、落实应急措施、加强救灾款物的管理等各个方面,指导各镇(街道)民政办做好洪涝灾害救助工作。

7月4日,宜兴市民政局根据受灾情况，紧急下拨208万元到各镇(街道),支持各地救灾工作,确保受灾群众的基本生活，保障救灾工作的顺利推进。向宜兴市政府申请自然灾害生活救助资金500万元，主要用于解决各镇（街道）遭受洪涝灾害的居民无力克服的衣、食、住、医等临时困难，紧急转移安置和抢救受灾群众，恢复重建倒损住房，以及采购、管理、储运救灾应急物资等支出。指导各镇（街道）民政办及时启用避灾安置场所，并按照受灾群众有饭吃、有衣穿、有干净水喝、有住处、有病能及时医治的“五有”要求，做好危险区域群众转移安置工作。设置集中安置点56个，集中安置2617人，安置的群众基本生活均得到有效保障，被转移群众心理平顺，情绪稳定。此次洪涝灾害，启动了大面积灾害事故处理特别程序。宜兴市民政局及时与人民财产保险股份有限公司宜兴支公司协商、协调相关保险查勘和理赔事宜。下发统计表到各镇（街道），由各镇（街道）民政办指导各村（社区）做好受淹家庭住房财产的统计工作。洪涝灾害过后，保险专员到相关村（社区）进行查勘核损。受理报案3.5万余起，发放救助慰问金3100余万元。宜兴市民政局与宜兴市救灾安置组成员单位沟通，了解各部门的工作情况，合力做好救灾安置工作。7月4日，在电视、报纸、网络等媒体刊登捐赠接收启示，启动社会捐赠接收工作，社会各界反响热烈。至7月7日上午12时，宜兴市慈善会接收到社会捐赠56.72万元。其中，捐款22.6万元，物资折款34.12万元。许多企业及爱心人士直接向受灾一线捐赠款物，总额约50余万元（未计入慈善会数据）。其中，宜兴市芳桥街道某企业向9个村捐赠18万元，每个村2万元。宜兴市民政局向受灾较严重的镇（街道），紧急调拨救生衣、红牛饮料、大米等物资。组织局下属单位青年党员，成立由局纪委书记直接指挥的抗洪救灾应急小分队，发动义工、社会组织参与抗洪救灾工作。

（刘德华）

【公益性骨灰堂达标建设】 自2013年始，无锡市启动公益性骨灰堂达标建设工作。按照“一年启动、两年建成、三年达标、梯次推进”的规划步骤，至2016年年底，各级政府累计投入资金2.82亿元，完成新建或改扩建公益性骨灰堂达标建设项目30个，总建筑面积近12万平方米，规划格位38万余个，实现镇（街道）公益性骨灰堂覆盖率100%。其中江阴市9个、宜兴市7个、锡山区4个、惠山区7个、滨湖区2个、新吴区1个。通过达标建设工作，全市公益性骨灰堂规模水平、骨灰容量和管理服务水平有所提高，总安放骨灰总数12.47万具，再创历史新高。各地依托一批较高水平的达标建设项目，配套建设集中守灵、集体祭祀等服务设施，探索构建殡、葬、祭“三合一”公益服务平台，在全市基本形成服务范围覆盖城乡的立体式骨灰安葬公共服务网络。无锡市被省民政厅通报表彰为全省4个乡镇骨灰堂覆盖率100%地区之一。

（吉晨阳）

【《婚姻登记工作规范》实施】 2016年2月1日，《婚姻登记工作规范》实施，使用了近13年的《婚姻登记工作暂行规范》同时废止。市民政局在《婚姻登记工作规范》施行前，多渠道地进行宣传引导，并通过讨论交流、上报请示、集中学习等多种方式加强对新政策的理解吸收，做到总体上贯通、细微处缜密。组织各地民政部门婚姻登记处人员进行集体学习和讨论，对需要作出统一规范之处，在征集大家意见的基础上形成共识，对执行中有疑问有难点之处，及时与上级部门沟通加以解决。自2月1日起至年末，各地民政部门严格按照新的要求、新的程序执行新规，各种个例、个案在及时进行沟通后，均得到有效解决，登记合格率持续保持100%。

（蔡坤强）

【农村“三留守”底数摸清】 年内，市民政局会同市教育局、市公安局，在全市范围内首次开展农村留守儿童、留守妇女、留守老人“三留守”情况摸底排查工作。各级各部门相互配合，各司其职，民政部门牵头做好综合协调、数据汇总上报工作；教育部门对义务教育阶段的农村留守儿童数量进行重新核定，指导中小学校、幼儿园对留守儿童的就学情况进行核对更新；公安部门协助做好入户调查登记，比对核实户口登记信息，提供本地未成年人数据等工作。发挥市、县（区）两级困境未成年人社会保护工作领导小组的功能，加强相关部门间的协作配合，利用群团组织、社会志愿团体的优势条件与资源，推动工作开展。经过前期的认真准备谋划和各地深入实地的摸底调查，全市摸排出农村留守儿童43人，集中在江阴市、宜兴市。其中，江阴市13人、宜兴市30人。全市不满16周岁农村户籍未成年人24.25万人，农村户籍未成年人中留守儿童占比0.018%。农村留守妇女104人，在20周岁至60周岁农村户籍妇女中占比0.015%。农村留守老人122人，在60周岁以上农村户籍老人中占比0.024%。

（蔡坤强）

【地名命名、更名】 2016年，无锡市区命名、更名地名131个。其中，命名居民地23个、建筑物8个（其中大厦2个、广场4个、中心1个、其他建筑物1个）、道路80个、桥梁15个，更名5个。另外，地名属性调整17个。

（韩科峰）

表65　　2016年无锡市地名命名、更名一览

序号	类别	标准地名	隶属辖区	地理位置
居民地				
1	居民区	南长华府	梁溪区	位于清名桥街道管理区域内，东临知足桥河，南邻清名新村，西为通扬南路，北至太湖东大道
2	居民区	凤翔锦府	梁溪区	位于黄巷街道管理区域内，东邻凤宾家园，南沿中山路，西为黄巷上，北至兴源北路

续表 65

序号	类别	标准地名	隶属辖区	地理位置
3	居民区	天渝骄园	梁溪区	位于山北街道管理区域内,东为钱皋路,南至江海西路,西沿皋桥路,北临大庄河
4	居民区	怡东南苑	锡山区	位于安镇街道管理区域内,东沿润锡路,南为新华路,西至规划道路,北至丹山路
5	居民区	四季景苑	锡山区	位于安镇街道管理区域内,东至润锡中路,南为文瑞路,西为新华路,北为兴越路
6	居民区	雍锦里	锡山区	位于云林街道管理区域内,东邻云林春雷苑,南和西均为春笋西路,北至春鑫路
7	居民区	泾新佳苑	锡山区	位于锡北镇管辖区域内,东为花园弄自然村,南邻花苑新村,西临泾北联河,北至圣瑞德环境科技有限公司
8	居民区	港悦华府	锡山区	位于东港镇管辖区域内,东为兴港南路商铺,南为步行南街装卸厂家舍,西至步行北街商铺,北至锡港西路
9	居民区	惠韵家园	惠山区	位于堰桥街道管理区域内,东邻现状河道,南为堰裕路,西邻堰新苑四期,北临现状河道
10	居民区	惠港玉兰苑(一区)	惠山区	位于长安街道管理区域内,东至惠景路,南至融泽路,西为惠宁路,北沿华惠路
	居民区	惠港玉兰苑(二区)	惠山区	位于长安街道管理区域内,东至惠学路,南至融泽路,西为惠景路,北沿华惠路
	居民区	惠港玉兰苑(三区)	惠山区	位于长安街道管理区域内,东至惠景路,南至惠泽路,西为惠宁路,北沿融泽路
11	居民区	洋溪雅苑	惠山区	位于钱桥街道管理区域内,东为规划道路,南至洋溪路,西沿钱洛路,北至上伟路
12	居民区	玉麒会花园	惠山区	位于玉祁街道管理区域内,南沿堰玉西路,东、西、北均为唐平湖畔公共绿化带及河道
13	居民区	东方苑	惠山区	位于阳山镇管辖区域内,东为东方路,南至阳山新民路,西邻无锡市起重建筑机械厂,北至阳山前进路
14	居民区	陆苑小区	惠山区	位于阳山镇管辖区域内,东为东方路,南至陆育路,西沿陆中南路,北至陆区人民路(规划名称)
15	居民区	蠡港新村	滨湖区	位于蠡园街道管理区域内,东和北均邻渔港家园,南沿环景路,西至观湖路
16	居民区	大通溪园	滨湖区	位于太湖街道管理区域内,东沿东园路(规划名称),南为大通路,西至信成道,北临闪溪河
17	居民区	瑞雪家园	滨湖区	位于太湖街道管理区域内,东邻瑞翔家园,南为梁东路(规划延伸段),西至贡湖大道,北沿瑞翔路
18	居民区	瑷颐湾名邸	滨湖区	位于太湖街道管理区域内,东为信成道,南至观山路,西邻融科玖玖世家,北沿高浪西路和河道
19	居民区	琅石名筑	滨湖区	位于太湖街道管理区域内,东为信成道,南临闪溪河,西至规划道路,北邻世家名门花园
20	居民区	嘉悦园	新吴区	位于旺庄街道管理区域内,东沿长江南路,南临宅基浜,西至珠江路,北为小天鹅股份有限公司
21	居民区	新洲雅苑	新吴区	位于旺庄街道管理区域内,东为行创一路,南临香泾浜,西沿机场路高架,北至高浪东路
22	居民区	裕沁花园	新吴区	位于新安街道管理区域内,东沿德昇路,南为秀景路,西至净慧东道,北至具区路

续表 65

序号	类别	标准地名	隶属辖区	地理位置
23	居民区	紫兰园	新吴区	位于鸿山街道管理区域内，东为飞凤路，南至锦鸿路，西为规划道路，北邻后宅建新村
建筑物				
1	大厦	汇灵大厦	锡山区	位于安镇街道管理区域内，东邻安中新村（规划名称），南至松珍公园，西沿锦安路，北至豪景苑
2	大厦	锦绣大厦	锡山区	位于安镇街道管理区域内，东为公共绿地，南至桂坡街，西沿广诚路，北至延庆街
3	广场	开星莱商业广场	惠山区	位于玉祁街道管理区域内，东为沪宁高速玉祁入口匝道延伸段，南至唐平路，西沿洛洲路，北为之勉路（规划名称）
4	广场	星汇商务广场	滨湖区	位于太湖街道管理区域内，东沿五湖大道，南为观山路，西至锡南道，北为红美路
5	广场	新泽商务广场	滨湖区	位于华庄街道管理区域内，东为贡湖大道，南至和风路，西沿清舒道，北临河道
6	广场	秀水河绿地广场	滨湖区	位于华庄街道管理区域内，为绿地广场，东为凤凰璟园 C 区，南沿和风路，西临规划河道，北沿秀水河
7	中心	彩虹商业中心	新吴区	位于旺庄街道管理区域内，东临河道，南至泰山路，西沿长江路，北邻东和苑
8	建筑物（群）	旭天智慧园	滨湖区	位于雪浪街道管理区域内，东至鹤灵路，南沿清源路，西为许舍路，北为规划道路
道　路				
1	道路	通虹路	梁溪区	位于南禅寺街道管理区域内，东起虹桥下定胜桥，西至清扬路，水泥路面，长 800 米，宽 6 米
2	道路	鑫博路	锡山区	位于东亭街道管理区域内，东起寿山坟浜，西至太湖东大道，长 128 米，宽 6.8 米
3	道路	天奇路	锡山区	位于东北塘街道管理区域内，东起中元路，西至通江大道，长 480 米，宽 22 米
4	道路	翔云路	锡山区	位于安镇街道大成工业园区，东起走马塘西路，西至锡东大道，长 900 米，宽 15 米
5	道路	翔安路	锡山区	位于安镇街道大成工业园区，南起翔盛路，北至九里河，长 1000 米，宽 15 米
6	道路	翔盛路	锡山区	位于安镇街道大成工业园区，东起走马塘西路，西至翔安路，长 550 米，宽 15 米
7	道路	铃威东路	锡山区	位于安镇街道管理区域内，在厚安路和厚泰路之间，东起联谦路，西至东盛路，长 300 米，宽 14 米
8	道路	铃威西路	锡山区	位于安镇街道管理区域内，在厚安路和厚泰路之间，东起东盛路，西至走马塘河，长 550 米，宽 24 米
9	道路	秦水渠路	锡山区	位于安镇街道管理区域内，位于一心路西侧，南起新华路，北至东安路，长 504 米，宽 15 米
10	道路	一心路	锡山区	位于安镇街道管理区域内，位于秦水渠路东侧，南起新华路，北至东安路，长 417 米，宽 15 米
11	道路	荟萃路	锡山区	位于安镇街道管理区域内，位于安平路西侧，南起新华路，北至锡沪路安镇段，长 890 米，宽 20 米
12	道路	厚成路	锡山区	位于安镇街道管理区域内，位于九里河南侧，东起东盛路，西至走马塘东路，长 543 米，宽 18 米

续表 65

序号	类别	标准地名	隶属辖区	地理位置
13	道路	斗苑路	锡山区	位于锡北镇管辖区域内,在斗山花苑社居委南侧,南起锡港路八士段,北至斗山花苑社居委,长117米,宽12米
14	道路	新学路	锡山区	位于锡北镇新坝村,西侧为八士实验小学,东侧为金马幼儿园,南起锡港路八士段,北至黄家自然村,长1200米,宽9米
15	道路	金益路	锡山区	位于锡北镇八士村,南起锡北运河,北至金桥路(规划名称),长700米,宽6米
16	道路	金明路	锡山区	位于锡北镇八士村,东起锡港路八士段,西至陆家巷自然村,长500米,宽6米
17	道路	顾家坝路	锡山区	位于锡北镇八士村,东起顾家坝自然村,西至锡港路八士段,长400米,宽5米
18	道路	新府路	锡山区	位于锡北镇新坝村,东起鸿景华庭,西至大马桥自然村,长470米,宽9米
19	道路	民顺路	锡山区	位于东港镇新巷村,南起新港路,北至港下健康路,长470米,宽25米
20	道路	民欢路	锡山区	位于东港镇新巷村,在民顺路以东,南起新港路,北至港下健康路,长400米,宽25米
21	道路	民福路	锡山区	位于东港镇新巷村,在民欢路以东,南起新港路,北至港下健康路,长420米,宽20米
22	道路	民兴路	锡山区	位于东港镇新巷村,在民福路以东,南起民乐路,北至港下健康路,长240米,宽20米
23	道路	民乐路	锡山区	位于东港镇新巷村,东起兴港南路,西至民欢路,长790米,宽20米
24	道路	祥星路	锡山区	位于东港镇工业园区,东起锡港路港下段,西至群星路,长1080米,宽30米
25	道路	东阳路	锡山区	位于东港镇东湖塘自然镇,南起锡港路东湖塘西段,北至S228省道,长2500米,宽20米
26	道路	年丰路	锡山区	位于东港镇港下村,南起港下锡港西路,北至港下香山路,长320米,宽15米
27	道路	天石路	惠山区	位于堰桥街道管理区域内,东起惠山大道,西至凤翔北路,长1300米,宽24米
28	道路	堰瑞路	惠山区	位于堰桥街道管理区域内,在堰畅路以北,东起堰鸿路,西至堰盛路,长700米,宽9米
29	道路	龙景路	惠山区	位于长安街道管理区域内,在惠山新城中央公园西侧,南起文惠路,北至堰新路,长330米,宽4米
30	道路	惠奥路	惠山区	位于长安街道管理区域内,在惠山区实验幼儿园西侧,南起政和大道,北至文惠路,长480米,宽10米
31	道路	惠学路	惠山区	位于长安街道管理区域内,在锡澄高速公路西侧,南起诚敏路,北至华惠路,长1391米,宽14米
32	道路	惠宁路	惠山区	位于长安街道管理区域内,在白屈港东侧,南起诚敏路,北至华惠路,长1291米,宽14米
33	道路	融泽路	惠山区	位于长安街道管理区域内,在华惠路以南,东起惠学路,西至惠宁路,长454米,宽14米
34	道路	创泽路	惠山区	位于长安街道管理区域内,在融泽路以南,东起惠景路,西至惠宁路,长169米,宽17米

续表 65

序号	类别	标准地名	隶属辖区	地理位置
35	道路	利市路	惠山区	位于长安街道管理区域内,在创泽路以南,东起惠学路,西至白屈港,长 532 米,宽 25 米
36	道路	静学路	惠山区	位于长安街道管理区域内,在利市路以南,东起惠学路,西至惠宁路,长 588 米,宽 34 米
37	道路	诚敏路	惠山区	位于长安街道管理区域内,在静学路以南,东起惠景路、与惠学路对接,西至惠宁路,长 169 米,宽 17 米
38	道路	蒋巷路	惠山区	跨前洲街道和玉祁街道,南起堰玉西路,北至唐平路,长 1200 米,宽 30 米
39	道路	永辉路	惠山区	位于洛社镇管辖区域内,南起洛南路,北至 G312 国道,长 920 米,宽 25 米
40	道路	金榆路	惠山区	位于洛社镇惠山开发区洛社配套区内,东起大槐路,西至直湖港,长 2500 米,宽 12 米
41	道路	阳山人民东路	惠山区	位于阳山镇管辖区域内,东起安阳山路,西至陆中南路,长 800 米,宽 20 米
42	道路	阳山人民西路	惠山区	位于阳山镇管辖区域内,东起陆中南路,西至陆通路(规划名称),长 900 米,宽 20 米
43	道路	阳山新民路	惠山区	位于阳山镇管辖区域内,东起东方路,西至陆中北路,长 500 米,宽 10 米
44	道路	阳山前进路	惠山区	位于阳山镇管辖区域内,在阳山新民路以北,东起东方路,西至陆中北路,长 500 米,宽 15 米
45	道路	甜爱路	滨湖区	位于河埒街道管理区域内,在梁溪路南侧,东起孙蒋路,西至青祁路,长 670 米,宽 20 米
46	道路	康平路	滨湖区	位于河埒街道管理区域内,在甜爱路南侧,东起孙蒋路,西至陶巷路,长 360 米,宽 14 米
47	道路	香槟街	滨湖区	位于河埒街道管理区域内,在香槟街区南侧,东起北华路,西至青祁路,长 400 米,宽 7 米
48	道路	北华支路	滨湖区	位于河埒街道管理区域内,在梁溪原筑南侧,东起北华路,西至安富路,长 150 米,宽 10 米
49	道路	安富路	滨湖区	位于河埒街道管理区域内,南起稻香路,北至建筑路,长 200 米,宽 10 米
50	道路	孙乔路	滨湖区	位于河埒街道管理区域内,东面为乔巷自然村,西面为大孙巷自然村,南起住友苑小区大门,北至梁清路,长 520 米,宽 12 米
51	道路	海悦路	滨湖区	位于华庄街道管理区域内,在和畅小学北侧,东起规划河道,西至瑞景道,长 240 米,宽 12 米
52	道路	薛古路	滨湖区	位于华庄街道管理区域内,东起南湖大道,西至贡湖大道,长 571.65 米,宽 15 米
53	道路	兴溪道	滨湖区	位于华庄街道管理区域内,南起和风路,北至薛古路,长 239.963 米,宽 17.5 米
54	道路	华运路	滨湖区	位于华庄街道管理区域内,东起华谊路,西至华清大道,长 1030 米,宽 24 米
55	道路	许舍路	滨湖区	位于雪浪街道许舍社区,东起清源路,西至漆塘路(俗称),长 1055 米,宽 14 米
56	道路	兴阳路	滨湖区	位于雪浪街道许舍社区,东起状元路,西至漆塘路(俗称),长 1685 米,宽 14 米

续表 65

序号	类别	标准地名	隶属辖区	地理位置
57	道路	鹤溪路	滨湖区	位于雪浪街道许舍社区,东起状元路,西至山水东路,长 616 米,宽 12 米
58	道路	鹤鸣路	滨湖区	位于雪浪街道许舍社区,南起兴阳路,北至鹤溪路,长 226 米,宽 12 米
59	道路	鹤灵路	滨湖区	位于雪浪街道许舍社区,南起清源路,北至兴阳路,长 170 米,宽 14 米
60	道路	鹤语路	滨湖区	位于雪浪街道许舍社区,南起鹤溪路,北至楝城路,长 197 米,宽 14 米
61	道路	盘龙北路	滨湖区	位于雪浪街道管理区域内,南起盘龙路,北至山水东路,长 1500 米,宽 7.5 米
62	道路	富润路	滨湖区	位于胡埭镇管辖区域内,在胡埭路以西,洋溪河以东,南起环镇北路,北至钱胡路,长 1000 米,宽 9 米
63	道路	花都路	滨湖区	位于胡埭镇管辖区域内,在无锡花市东侧,南起花圃路,北至钱胡路,长 320 米,宽 9 米
64	道路	花圃路	滨湖区	位于胡埭镇管辖区域内,在无锡花市南面,东南起龙湾山脉山脚,西至花彩路,长 1230 米,宽 9 米
65	道路	花彩路	滨湖区	位于胡埭镇管辖区域内,在无锡花市西侧,南起翠竹东路,北至钱胡路,长 540 米,宽 9 米
66	道路	翠竹东路	滨湖区	位于胡埭镇管辖区域内,在无锡花市附近,为翠竹路向东延伸段,东起归山路,西至刘闾路,长 1050 米,宽 9 米
67	道路	姚胡路	滨湖区	位于胡埭镇管辖区域内,在钱胡路与西环路交叉口西南侧,南起西环路,北至钱胡路,长 600 米,宽 9 米
68	道路	鼎石路	滨湖区	位于胡埭镇管辖区域内,在归山路以北、九龙湾生态农业园附近,东北起姚胡路,西南至刘闾路,长 1230 米,宽 6 米
69	道路	景天东路	滨湖区	位于胡埭镇管辖区域内,为景天路向东延伸段,东起环镇西路,西至钱胡路,长 300 米,宽 6 米
70	道路	岸前路	滨湖区	位于胡埭镇龙延村岸前头自然村以北,东起钱胡路,西至段庄桥(与常州市雪堰桥交界处),长 1660 米,宽 7 米
71	道路	沙滩路	滨湖区	位于胡埭镇管辖区域内,在钱胡路以东,南起钱胡路马家桥,向北 810 米后往西 300 米,至钱胡路沙滩桥南堍 140 米处,长 1110 米,宽 10 米
72	道路	龙腾路	滨湖区	位于胡埭镇管辖区域内,在龙延河以南,东起钱胡路,西至陆马公路,长 420 米,宽 12 米
73	道路	棕榈路	滨湖区	位于胡埭镇管辖区域内,在冬青路以北,东起大河绛(土字旁)路,西至水车沟路,长 490 米,宽 9 米
74	道路	铭月路	滨湖区	位于胡埭镇管辖区域内,在联合路以西,南起钱胡路,北至青枫路,长 180 米,宽 8 米
75	道路	青枫路	滨湖区	位于胡埭镇管辖区域内,在钱胡路以北,东起铭月路,西至张舍中路,长 200 米,宽 6 米
76	道路	学志路	新吴区	位于江溪街道管理区域内,北侧为新区第一实验学校,东起太湖花园三区,西至长江北路,长 139 米,宽 6 米
77	道路	融华路	新吴区	位于江溪街道管理区域内,为融侨观邸一期、二期之间的小区道路,南起新光路,北至江华路,长 380 米,宽 20 米
78	道路	宅基路	新吴区	位于旺庄街道管理区域内,东起长江路,西至珠江路,长 600 米,宽 21 米

续表 65

序号	类别	标准地名	隶属辖区	地理位置
79	道路	华友南路	新吴区	位于硕放街道管理区域内，为华友中路向南延伸段，南起长江东路，北至华友中路，长2000米，宽40米
80	道路	中通支路	新吴区	位于鸿山街道西部，为中通路中段的支路，南起锦鸿路，北至中通路，长928.36米，宽19米
桥　梁				
1	桥梁	双河大桥	梁溪区	位于惠山街道和山北街道管理区域内，坐落在运河西路（凤翔路－钱皋路）上，跨双河、橡胶河与京杭运河交汇处，长385米，宽36.25米，最大跨径93米
2	桥梁	高桥	梁溪区 惠山区	跨梁溪区山北街道和惠山区洛社镇，坐落在钱皋路（运河西路－广石西路）上，上跨京杭大运河，长412米，宽36.16米
3	桥梁	伍房桥	锡山区	位于东亭街道管理区域内，坐落在云林路上，上跨伍房河，为简支梁结构桥，长31.84米，宽25米
4	桥梁	胡更桥	锡山区	位于厚桥街道管理区域内，坐落在厚惠路上，长15米，宽12米
5	桥梁	杨家塘桥	锡山区	位于羊尖镇廊下村杨家塘自然村，坐落在通园路上，长13米，宽11米
6	桥梁	薛古桥	滨湖区	位于华庄街道管理区域内，坐落在薛古路上，长28.845米，宽18.5米，单跨20米
7	桥梁	兴溪桥	滨湖区	位于华庄街道管理区域内，坐落在兴溪道上，上跨南大港河，为三跨简支梁板结构，最大跨径13米，长39.84米，宽18.5米
8	桥梁	大桥弄桥	滨湖区	位于胡埭镇刘塘村，坐落在刘闾路（S342－钱胡路）上，上跨洋溪河，为三跨简支板梁桥，长46米，宽26米
9	桥梁	谢埝桥	滨湖区	位于胡埭镇刘塘村，坐落在刘闾路（S342－钱胡路）上，上跨洋溪河，为三跨简支板梁桥，长46米，宽26米
10	桥梁	西宅桥	新吴区	位于旺庄街道管理区域内，坐落在珠江路上，为箱涵，跨径8米，长14米，宽31米
11	桥梁	河东湾桥	新吴区	位于旺庄街道管理区域内，坐落在珠江路与新梅路交叉口的北匝道上，为三跨简支梁桥，长34.5米，宽47.5米
12	桥梁	珠江立交桥	新吴区	位于硕放街道管理区域内，在珠江路与雪梅路交叉口，上跨雪梅路，为简支梁桥，跨径25米，长56.88米，宽31米
13	桥梁	双板桥	新吴区	位于鸿山街道管理区域内，为中通支路自南向北第一座桥，上跨双板桥港，混凝土空心板梁简支结构，长20米，宽20米
14	桥梁	马港桥	新吴区	位于鸿山街道管理区域内，为中通支路自南向北第二座桥，上跨马桥港，混凝土空心板梁简支结构，长13米，宽20米
15	桥梁	毛家桥	新吴区	位于鸿山街道管理区域内，坐落在欣鸿路上，为箱涵，长24米，宽20米
地名更名				
1	大厦	联合金融大厦	滨湖区	原名“宝能金融大厦”。位于太湖街道管理区域内，东至立德道，南为金融八街，西沿立智道，北为金融七街
2	道路	楝城路	滨湖区	原名“未名路”。位于雪浪街道管理区域内，东起状元路，西至漆塘路，长1315米，宽13米
3	桥梁	万思桥	滨湖区	原名“思齐桥”。位于太湖街道管理区域内，坐落在五湖大道金石路以南段，长8米，宽50米

续表 65

序号	类别	标准地名	隶属辖区	地理位置
4	桥梁	南棠甘桥	滨湖区	原名“东棠甘桥”。位于华庄街道双茂社区南棠甘自然村，坐落在清晏路上，上跨关家河，长 40 米，宽 20 米
5	桥梁	东棠甘桥	滨湖区	原名“烟树桥”。位于华庄街道水乡苑第二社区东棠甘自然村，坐落在震泽路上，上跨庙桥港，长 70 米，宽 20 米
地名属性调整				
1	居民区（范围）	渔港家园	滨湖区	位于蠡园街道管理区域内，东沿渔港路，南为环景路和蠡港新村，西至观湖路，北沿环港路
2	居民区（范围）	融科玖玖世家	滨湖区	位于太湖街道管理区域内，东邻瑗颐湾名邸，南至观山路，西为五湖大道，北至高浪西路
3	居民区（范围）	美新玫瑰庄园	新吴区	位于江溪街道管理区域内，东至春华路和金竣苑，南邻商业楼盘，西沿锡兴路，北至金城东路
4	道路（起止点）	通园路	锡山区	位于羊尖镇管辖区域内，东起神羊路，西至厚新路，长 2200 米，宽 15 米
5	道路（起止点）	金城东路	锡山区 新吴区	跨锡山区鹅湖镇、厚桥街道、新吴区鸿山街道、梅村街道、江溪街道，东起望虞河，西至长江北路，长 25000 米，宽 51 米
6	道路（起止点）	华惠路	惠山区	位于长安街道管理区域内，东起惠学路（规划名称），西至惠源路，长 2250 米，宽 25 米
7	道路（起止点）	站前北路	惠山区	位于洛社镇管辖区域内，南起雅中路，北至雅西路，长 790 米，宽 25 米
8	道路（起止点）	洛洲路	惠山区	跨洛社镇和前洲街道，南起洛社大桥，北至堰玉西路，长 4100 米，宽 29 米
9	道路（起止点）	唐平路	惠山区	位于玉祁街道管理区域内，东起无锡赛利分子筛有限公司，西至锡西大道，长 3800 米，宽 23 米
10	道路（起止点）	兴梁道	滨湖区	位于太湖街道管理区域内，南起和畅路，北至周新东路，长 2693 米，宽 25 米
11	道路（起止点）	春华路	新吴区	位于江溪街道管理区域内，南起泰伯大道，北至太湖东大道，长 2200 米，宽 20 米
12	道路（起止点）	坊前路	新吴区	位于江溪街道管理区域内，东起东环路，西至国际一花园南大门，长 2150 米，宽 30 米
13	道路（起止点）	春华路	新吴区	位于江溪街道管理区域内，南起泰伯大道，北至太湖东大道，长 2200 米，宽 20 米
14	道路（起止点）	珠江路	新吴区	跨旺庄街道和硕放街道，北起旺庄路，南至长江东路，长 5630 米，宽 30 米
15	道路（起止点）	航发路	新吴区	位于硕放街道苏南硕放国际机场内，为高架道路，西起 G312 国道，向东 600 米，转向北过二期航站楼二楼 7 号门至空港七路，沿空港七路转向西至空港二路，长 1219 米，宽 20 米
16	道路（起止点）	航达路	新吴区	位于硕放街道苏南硕放国际机场内，为地面道路，西起 G312 国道，东至空港六路后转向北，经老航站楼和二期航站楼一楼至空港七路，长 937 米，宽 15 米
17	道路（起止点）	欣鸿路	新吴区	位于鸿山街道管理区域内，东起飞凤路，西至经九路（规划名称），长 3931 米，宽 19 米

（韩科峰）

社区建设

【完成村(居)委会换届选举】 2016年8~12月，无锡市完成新一届村(居)委会换届选举工作。通过换届选举,一批年富力强的优秀村(居)民被选进村(居)委会班子,成为基层组织建设的骨干。基层干部年轻化、知识化、专业化水平有较大提高，基层组织的凝聚力和战斗力增强,党在基层的执政基础得以夯实。

全市639个村委会中，有596个村委会进行了换届,43个空壳村或拆迁过半村经市(县)区委、区政府批准推迟换届。此次村委会换届选举，采用一票直选方式的有170个,采取二票直选方式的有426个,一次选举成功率100%。全市依法选举产生新一届村委会成员3095人(其中主任593人、副主任517人、委员1985人)、村民代表40827人、村民小组长16936人。在村委会成员中，中共党员2639人，占比85.27%;女性932人,占比30.11%;大专以上文化程度2025人，占比65.43%;连任2006人,占比64.81%;平均年龄39.24岁。在新一届村委会主任中,中共党员占比94.6%,大专以上文化程度占比72.34%,书记、主任“一肩挑”人数占比20.4%,平均年龄42.68岁。

全市590个社区居委会中,有565个社居委进行了换届,25个社居委因新建或拆迁等因素经市(县)区委、区政府批准暂缓或推迟选举。此次社区居委会换届选举，进行直选的社区居委会有225个，占比39.8%。全市依法选举产生新一届社居委成员3415人(其中主任565人、副主任606人、委员2244人)。在社区居委成员中，中共党员2754人，占比80.6%；大专及以上学历2728人,占比79.9%;职业化人员比例93.8%;属地化比例45.7%;平均年龄40.1岁；女性1753人，占比51.3%。在新一届社居委主任中,中共党员占比97.9%，女性占比34.9%,大专及以上学历占比87.2%,属地化比例46.5%,书记、主任“一肩挑”人数占比46.7%。

(龚竹林)

【推进城乡社区协商民主建设】年内,无锡市制定《关于推进城乡社区协商民主建设的实施意见》,完善基层民主协商制度和工作体系,推进基层协商民主的程序化、规范化、制度化。制定《关于开展城乡社区协商民主试点工作的实施方案》《关于做好城乡社区协商民主试点工作的通知》,在全市选择28个社区(村)及街道(镇),按照协商于民、协商为民的要求，因地制宜开展协商民主工作试点,以拓展协商内容、扩大协商参与、丰富协商形式、规范协商程序和强化协商保障为重点,开展平等对话、民情恳谈、社区听证、社区论坛、社区评议等协商活动,建立一批各具特色、形式多样的社区自治模式。

(龚竹林)

【创建“和谐社区建设示范单位”】年内,无锡市坚持以建设管理有序、服务完善、文明祥和的社会生活共同体为目标,依据《江苏省和谐社区建设(城市、农村)社区评估标准》,开展“江苏省和谐社区建设示范单位”创建活动。全市有4个镇、4个街道被评为“江苏省和谐社区建设示范镇(街道)”,41个社区、16个村被评为“江苏省和谐社区建设示范社区(村)”称号。至年底,全市共创建“江苏省和谐社区建设示范镇(街道)”60个、“江苏省和谐社区建设示范社区”336个、“江苏省和谐社区建设示范村”152个。

(龚竹林)

【省创新社区治理工作推进会召开】3月30日，全省创新社区治理工作推进会在无锡市召开。会议回顾总结“十二五”规划期间江苏社区治理工作,明确“十三五”规划期间社区治理现代化的核心理念和发展目标，部署年内及以后一段时期的重点工作任务。副省长许津荣出席会议并讲话,省民政厅党组书记、厅长侯学元作工作总结和任务部署,省民政厅副厅长戚锡生主持会议,市长汪泉致辞。各省辖市分管副市长,市民政局局长及基层政权和社区建设处处长，全国社区治理和服务创新实验区、全省现代社区治理创新实验区的政府分管领导和民政局局长，部分省城乡社区建设联席会议成员单位的分管负责人和部门新闻媒体共计130余人参加会议。会上,苏州市、常州市、南京市鼓楼区、无锡市滨湖区、徐州市云龙区、扬州市广陵区6家单位作交流发言。会前,与会代表实地参观梁溪区山北街道惠景社区、滨湖区蠡湖街道美湖社区、江阴市周庄镇山泉村,考察交流社区治理工作。

(龚竹林)

社会组织

【社会组织“三证合一”】 2016年1月，无锡市开始推行社会组织登记

金星社区志愿者在为商户挂上电子鞭炮 (刘芳辉 摄)

证书、组织机构代码证和税务登记证"三证合一"。1月29日,加载统一社会信用代码的新版社会组织登记证书颁证仪式在市政务服务中心举行。无锡湖北商会、无锡永明女书文化研究中心和无锡市欣融创业公益基金会等新成立的社会组织,获颁新的社会组织登记证书。社会组织统一信用代码共18位,由登记管理部门代码(1位)、机构类别代码(1位)、登记管理机关行政区划码(6位)、主体标识码(即组织机构代码,9位)、校验码(1位)5个部分组成,是社会组织在全国范围内唯一的、终身不变的法定身份识别码。社会组织统一社会信用代码制度改革,将使社会组织"多证合一""一照一码"变成现实。统一代码制度实施后,将原来成立社会组织必须办理的法人登记证、组织机构代码证、税务登记证等证书,整合为民政部门核发的加载统一社会信用代码的登记证书。无锡市登记的社会组织有5000余家。年内,新登记的社会组织使用加载统一社会信用代码的新版登记证书,对存量社会组织,利用变更、年检、换届等机会,逐步有序换发新证书。

(胡敦飞)

【无锡公益创新创业园开园】 5月25日,无锡公益创新创业园(无锡市社会组织孵化基地)举行开园仪式,副市长刘霞,市级相关党委部门、行政机关、群团组织代表,及市(县)区民政部门、社会组织代表等共150多人出席。开园仪式上,市民政局局长刘玲作开园致辞,无锡市梁嫣红社工服务工作室老师梁嫣红作为社会组织代表发言,并进行社会组织公益结对代表签约、公益园与入驻组织代表签约、智联招聘与园区签订战略合作协议3项签约。刘霞参观园区并了解园区建设运营情况。开园之际,在全市遴选35家社会组织进行展示交流,并由市民政局和市工商联牵头促成社会组织公益结对。无锡公益创新创业园由市民政局主管,委托第三方专业机构运营管理,指导全市社会组织培育工作,搭建公益组织、公益项目、公益资本与公益人才的交流和对接平台,建造公益资源集聚中心、交易中心。园区总面积1989平方米,首批9家支持型社会组织和14家培育型社会组织入驻园区并开展服务。

(胡敦飞)

慈善事业

【概况】 2016年,全市慈善系统募集慈善资金近2.26亿元。市本级募集慈善捐款6594.46万元。其中,结合慈善助学活动、百岁老人尊老金、慈善超市爱心卡、"无锡励志包"活动等救助项目募集慈善捐款237.90万元,通过开设慈善热线、设立定点募捐箱、开展义卖义拍活动、根据捐赠者意愿进行定向救助等募集日常性捐款376.61万元,对盐城市阜宁县等地赈灾捐款213.46万元,冠名认捐单位捐款1296万元,慈善"一日捐"捐款收入1358.57万元,慈善资金理财利息收入1520.95万元,慈善分会捐款收入1090.97万元,设立慈恩基金收入500万元。江阴市慈善总会募集慈善捐款3836万元,宜兴市慈善会募集慈善捐款6153万元,市区5区各慈善会(分会)募集慈善捐款共5974万元。年内,全市慈善系统支出1.77亿元。其中,市本级支出慈善资金3993.01万元,发放各类慈善物资3.78万件(袋),惠及困难群众10余万人次。12月26日,第四届中国城市公益慈善指数在北京发布,无锡位居综合指数排名第六名,继续获评"慈善七星级城市"称号。2016年"慈福民生系列保险"中有两个项目被列入"市为民办实事项目","无锡励志包"被评为"2015年无锡十大最佳志愿服务项目"。

(顾维仪)

【慈善宣传】 年内,市慈善总会加强与新闻媒体的沟通联系,主动提供新闻线索,宣传慈善精神和对慈善事业作出贡献的先进典型。继续与FM104经济广播电台进行深度合作,在《江南晚报》《扬子晚报》等报纸上设立专版,对元旦春节送温暖、"无锡励志包"专项募集活动、慈善助学、学习贯彻《中华人民共和国慈善法》、第三届"江苏慈善奖"先进人物及项目介绍、向盐城市阜宁县赈灾捐款情况等进行整版宣传,制造慈善热点话题,提升慈善公信力,在全社会营造浓厚的慈善氛围。做好慈善法实施和首个"中华慈善日"专题宣传工作。9月1日,市慈善总会会同市民政局,在南禅寺广场举办"慈善50问"现场宣传活动,就市民关注度较高的问题进行面对面的详细解答。

(顾维仪)

【推进常规救助项目】 年内,市慈善总会实施"助老、助医、助残、助困、助学"行动,持续开展发放慈善生活救助卡、元旦春节送温暖、慈善结对助学、慈善关爱基金、慈善康复工程、慈善超市爱心卡、精神病慈善病区、重病临时救助、"慈福民生系列保险"、"与爱同行"进社区、支持医院开展公益活动、对口援建等各种形式的救助工作。其中,在助困上支出慈善资金986.44万元,在助医上支出慈善资金1394.50万元,在助学上支出慈善资金390.32万元,在助残上支出慈善资金41万元,在助老上支出慈善资金116.56万元,对盐城市阜宁县灾区赈灾定向支出213.31万元,返还分会慈善捐款支出580.45万元,按捐赠者意愿定向捐赠支出270万元,其他支出0.43万元。

(顾维仪)

【对阜宁县开展赈灾捐款】 6月23日,江苏省盐城市阜宁县等地遭受龙卷风和冰雹自然灾害。市慈善总会按照应急预案,第一时间启动异地灾害救援响应机制,在惠山、南门两个捐赠点安排无休假轮班、24小时电话值班,并在电台、报纸上发出救灾倡议,向社会公布两个捐款接收站热线、账号以及网络捐赠的方式,依法开展募捐和接受捐赠工作。活动募集爱心捐款213.46万元。

(顾维仪)

【推进特色救助项目】 年内,市慈善总会开展元旦春节"送温暖、献爱心,慈善暖万家"活动。春节前,慈善总会市本级向困难群众一次性发放慈善款物,发放款物价值1700余万元。继续开展"温暖衣冬"活动,募集八成新以上旧衣物并进行整理,将近800箱、1万余件冬衣被运往贫困山区的学校和乡村。开展慈善助学,第21批结对助学活动在推出后两周内全部结对成功,在助学金发放大会上,向881位特困家庭学生发放助学金329.50万元。结合结对助学项目，开展一次性慈善助学、无锡市一中“陈氏奖助学金”、与团市委合作推出“希望工程”、与定向冠名认捐单位开展助学等活动，在无锡市区基本实现助学全覆盖。推进“慈福民生系列保险”，提升慈善救助水平，发挥慈善事业在社会保障体系中的重要补充作用。推进“与爱同行”进社区活动，开展“爱晚晴”“风铃草之约”“温情梨庄”等一系列具有影响力的活动，在20个社区投入200万元，开展精准化救助项目。扩大慈善发药项目，开展格列卫、达希纳、易瑞沙、特罗凯、安维汀、拜科奇等慈善赠药项目，全年救助患者11377人次，发放救助药品价值2.45亿元。

（顾维仪）

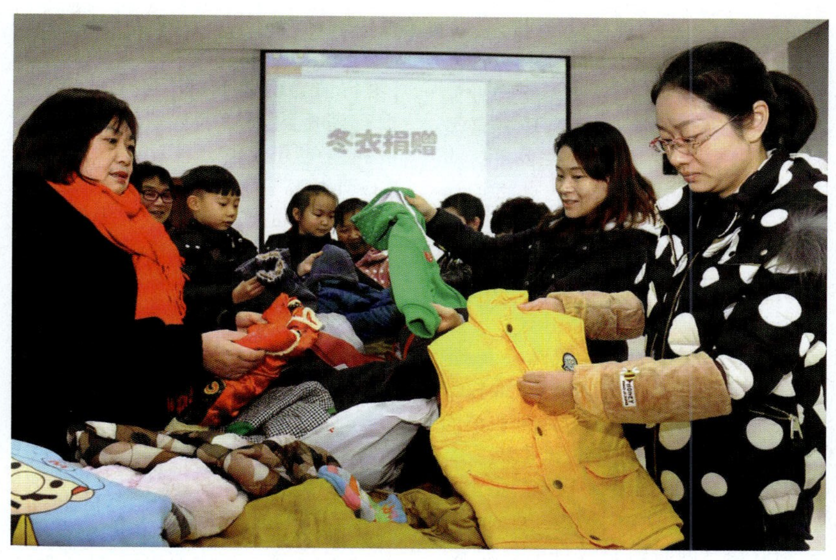

市民向四川省大凉山等贫困地区群众捐赠冬衣 （刘芳辉 摄）

【“无锡励志包”活动】 年内，市慈善总会持续第三年开展“无锡励志包”发放活动。此次活动特别关注外地“飞”到无锡市区的“小候鸟”（指在暑假期间，随父母到无锡短期居留的中小学生）。借助暑假“小候鸟”到无锡期间，为近200名“小候鸟”发放“无锡励志包”，并邀请40名“小候鸟”代表到动物园参加公益活动。此外，向外省市的贫困山区学校和无锡市区的民工子弟学校发放“无锡励志包”300个。考虑到孩子们的成长需要和实用性，将原来的挎包改为双肩包；为防止印有“无锡励志包”字样的书包对孩子们带来心理压力，通过装置一个小的拉链扣，从细微之处完善“无锡励志包”活动。

（顾维仪）

消费者权益保护

【概况】 2016年，全市各级消费者委员会（以下简称“消委会”）接待来访、接受咨询37670人次，受理消费者投诉5821件，为消费者挽回经济损失1480万元，经消委会提供案件线索后由政府部门查处，罚没款85万元。

（吴 娜）

【举行“3·15”新闻发布会】 年内，市消委会召开2016年“点赞无锡，我的消费生活”无锡消费生活网络行活动暨“3·15”新闻发布会。市委宣传部、市工商局、市放心消费创建活动领导小组办公室（以下简称“市放心办”）成员单位代表和新闻媒体记者共60余人参加发布会。发布会上，市消委会会同市工商局向媒体单位通报2015年消费者权益保护工作情况，发布2015年度无锡市侵害消费者权益典型案例。市放心办发布《无锡市美容美发行业消费纠纷争议解决办法》《无锡市消费纠纷专业调解人才库》《无锡市消费环境白皮书》以及重点放心消费商圈建设方案情况。市委宣传部重点介绍由市委宣传部、市委网信办、市消委会、市放心办、市工商局、无锡日报报业集团、无锡广播电视集团联合开展的“点赞无锡，我的消费生活”2016无锡消费生活网络行活动情况。发布会现场，各职能部门还就新闻媒体关心的问题进行回答。媒体记者发表相关活动报道文章40余篇，据后台关注度统计，关注网民达10余万人次。拍摄播放《点赞无锡，我的消费生活》公益宣传视频，在全市297块《人民日报》数字大屏滚动播出；无锡广电经济频道定期播出活动内容；“智慧无锡”手机客户端专题页面全天候播出，覆盖受众300万人次。

（吴 娜）

【结合大型活动开展消费教育宣传】 年内，市消委会结合大型活动，适时开展消费教育宣传工作。在“江苏省第四届网络文化季开幕式暨无锡市网民公益体育大会环太湖徒步活动”期间，在活动物品发放日、举办日进行消费教育宣传。物品发放日，对领取徒步大会物品的2.2万余名网民，发放倡导安全、理性、文明的科学消费观的宣传材料。活动举办日，在徒步活动路线沿途设置6个补给点，在各补给点利用LED宣传车循环播放《点赞无锡，我的消费生活》公益宣传片，开展“做拍客，拿好礼”消费指引官方微信互动等活动形式，吸引2.7万余名徒步网民注意力，普及安全、理性、文明的科学消费观，引导经营者强化责任和提高自律意识。

（吴 娜）

【“点赞无锡，我的消费生活”网络行活动】 年内，市消委会会同市委宣传部、市委网信办、市放心办、市工商局、无锡日报报业集团、无锡广播电视集团，开展2016无锡消费生活网络行活动。活动以“点赞无锡，我的消费生活”为主题，围绕网络文化和消费生活融合发展，通过组织系列网络文化活动，广泛吸引全市网民的关注与参与，引导消费者科学理性消费，提振消费信心。通过市委宣传部官方微博“无锡发布”，以“我的消费生活”为主题，在旅游、餐饮、美容美发、汽车四大类领域展开消费生活话题，主题阅读量12万人次；通过无锡广电集团“智慧无锡”手机客户端，开展“微倡议、大责任”

无锡消费生活故事征集评选活动，收到“微倡议”500余条，专题页面点击量15.7万人次；通过无锡报业集团官方微博“无锡博报”，开展最赞景区评选活动，收获网民为景区点赞量28510人次，相关活动页面浏览量75267人次。

（吴　娜）

【“消费教育社区行”活动】 年内，市消委会开展消费教育引导，扩大消费教育引导普及面。双月会刊《消费指引》杂志刊登相关消费维权法律法规知识、消费维权案例和消费警示性内容，出刊6期，每期发行3912册，投递326个社区。在全市134个社区，张贴消费教育提示公示栏600块。创新消费教育引导模式，开展“消费教育社区行”活动。在多个社区成功举办消费教育大型演出12场，受教育社区居民12万人次。在演出现场，通过相关行政部门的消费提醒、诚信商家的诚信承诺、消费维权真实案例的情景再现，加上社区自排节目表演等多种寓教于乐的形式，对广大社区居民进行消费教育和引导。通过无锡经济频道《扯扯老空》栏目、“智慧无锡”手机客户端消费教育专题页面，向全市消费者定期播出相关活动内容。10月23日，中国消费者协会、国家工商总局、《中国消费者报》领导及部分省消费者协会领导现场观摩“消费教育进社区”活动，并给予高度评价。

（吴　娜）

【推行消费约谈】 年内，市消委会推行消费约谈制度，把组织处理消费纠纷的方式由“被动处理”变成“主动出击”，丰富消费维权手段。1月，配合省消费者协会，就无锡市供水企业制定的不公平格式条款进行消费维权约谈，规范供水企业的相关合同条款。3月，作为江苏省消费者协会组织代表，出席中国消费者协会在京召开的“2015年汽车投诉情况发布暨合格证抵押问题公开约谈会”，针对消费者在购车后发现汽车合格证被经销商抵押融资，造成不能上牌照、不能合法上路的问题，邀约20余家车企进行公开约谈，强调车企必须保障消费者购车时获得合格证的权利，为44名无锡消费者取回车辆合格证。发挥行业协会在消费维权中的专业优势，强化行业自律。在全市130家行业协会中进行筛选，在34家与民生关联度大的行业协会设立消费维权监督站，并组织考察引导。

（吴　娜）

【开展体验式消费调查】 3月，市消委会会同东方汽车城，开展“汽车技术专家免费义诊”体验活动，由东方汽车城的技术专家现场为消费者提供汽车疑难杂症的免费诊断，提出维修建议，跟踪服务直至故障问题解决。6月，按照省消费者协会部署，联动组织各地消费者协会，对省内旅游市场部分“一日游”线路进行体验式消费调查。9月，会同市金银珠宝玉石行业协会，就国家标准化管理委员会新实施的《首饰贵金属纯度的规定及命名方法》在无锡业内销售门店的落实情况，进行实地调查。中秋节期间，会同市包装行业协会，就市区内各大商场超市内销售的月饼包装现状，进行消费调查。10月，会同市工商局、市食品药品监督管理局和市美容美发行业协会，对全市美容美发行业开展综合整治行动，通过综合整治加强行业自律，推动行业管理长效机制建设。

（吴　娜）

【加强消费前沿调查】 年内，市消委会与江南大学法学院学生联合完成关于微商的调研课题，形成28100余字的调研论文《基于微信终端的微商运行现状及制度构建——以江苏省无锡市为例》。该调研文章入选苏浙沪工商行政管理第13届论坛年会论文集。7月，市消委会对无锡市区20余家月子会所，采用暗访、明访相结合的方式进行消费调查，在“消费指引”微信公众号上发布月子会所消费问卷调查，形成的调查报告在市消委会会刊《消费指引》杂志刊出。

（吴　娜）

志愿者和滨湖培智学校的孩子们一起开心做游戏

（刘芳辉　摄）

残疾人工作

【概况】 2016年，无锡市残疾人联合会（以下简称“残联”）多渠道扩大残疾人就业机会，探索多样化和灵活性的托养服务，促进融合教育，探寻公益助残，培育社会机构助力残疾人就业创业，推进改革创新和转型升级，残疾人事业整体呈现稳健发展态势。维护残疾人合法权益，开通“12385”残疾人服务热线，拓宽残疾人诉求渠道，加快残疾人反映事项流转，着力推进问题解决。完成《无锡市残疾人保护条例》修订工作，“条例”经省第12届人大常委会第25次会议批准通过。举行《残疾预防工作知识问答手册》发放仪式暨“无锡市青少年脊柱侧凸防治中心”和“无锡市慈善总会关爱青少年脊柱健康基地”揭牌仪式。市特殊需要儿童早期干预中心举办“慈善晚宴”,与市城投集团合作举办“公益咖啡屋”,两个公益助残项目获江苏省残疾人福利基金会肯定；滨湖区残联实施的“惠山泥人工作坊”公益助残项目获省基金会颁发的“展能教室”铜牌。无锡市残疾人就业管理中心被评为江苏省残疾人就业指导员远程培训工作先进组织单位。在全省残疾人就业服务机构工作人员职业指导竞赛中，无锡市代表队获个人赛一等奖、三等奖,团体赛一等奖。年内,无锡市建成“残疾人之家”62个。其中,镇(街道)级51个,村(社区)级11个。为835名残疾人提供日间照料服务,634人实现辅助性就业。12月30日,无锡市制定《“十三五”残疾人事业发展规划》。

(易程安)

【残疾人基本服务状况和需求信息数据动态更新】 6月22日,无锡市残联组织开展全市残联系统残疾人基本服务状况和需求信息数据动态更新工作。成立动态更新工作领导小组办公室；组织调查骨干人员参加省级培训，举办全市动态更新工作培训班和基层培训；各街道、社区成立工作机构,选定1150名经验丰富、业务娴熟的调查员负责残疾人专项调查工作。至8月8日,完成此次残疾人基本服务状况和需求信息数据动态更新工作的全部调查任务,8月11日向省残联上报。共涉及全市残疾人85334人、社区1194个,入户调查率97.53%。

(易程安)

【承担国家“衣恋集善融合教育项目”】 “衣恋集善融合教育项目”由中国衣恋集团与中国残疾人福利基金共同设立，北京师范大学特教学院教授邓猛担任总负责人，在全国选取5个城市作为实验点，共同探索特殊需要儿童融合教育运行模式和机制。无锡市特殊需要儿童早期干预中心承担无锡地区的项目相关工作。该项目实现三个“突破”,一是从幼儿园这个实施融合教育的主体上,突破行业界线,建立融合教育的同盟；二是以公益的形式,向普通幼儿园教师普及特殊需要儿童康复知识和技术，突破普通幼儿园开展融合教育专业力量不足的瓶颈；三是利用公益行动计划的启动和公益众筹活动,提高社会知晓度，帮助普通幼儿园营造理解、接纳和帮助特殊需要儿童的氛围。9月28日,在无锡市特殊需要儿童早期干预中心召开“衣恋集善融合教育项目”试点幼儿园第一次联席会议。无锡市实验幼儿园、通德桥实验幼儿园、古运河实验幼儿园、江南艺术幼儿园、南长区中心幼儿园和震泽实验幼儿园6所幼儿园与早期干预中心签订合作协议,成为首批无锡市“衣恋集善融合教育项目”试点园。至年底,举办理论培训班4期、“康复技能训练营”4期、家长培训2期和儿童社会融合课程3次，向自愿加入的普通幼儿园数千名教师普及特殊需要儿童基础知识,传授融合教育实操方法；成功举办融合教育工作机制及策略研讨会,完成省课题《3~6岁孤独症儿童融合教育支持的实践研究》。

(易程安)

【姚娟获市“腾飞奖”】 在2016年巴西里约热内卢残奥会赛场上,无锡残疾人运动员姚娟以44.53米的成绩，获得女子F44级铁饼金牌并再次打破世界纪录。此次里约热内卢之行是姚娟第五次征战奥运,也是她第四次摘得奥运会金牌。12月,根据《市政府关于公布2016年度无锡市腾飞奖获奖项目的决定》和《无锡市腾飞奖实施办法》,经市腾飞奖评审委员会评审，市政府决定授予“历破世界纪录的残疾人冠军——姚娟”等5个项目为2016年度无锡市腾飞奖。残奥会冠军姚娟获得此次腾飞奖中唯一的个人奖项。

(易程安)

【女子坐式排球队被评为省先进集体】 市残联受省残联委托,承担省女子坐式排球队组建工作。队伍组建后,经严格管理、艰苦训练,运动员技术水平突飞猛进。在2016年9月的里约热内卢残奥会上，以江苏坐式排球队为主体组建的中国国家队发扬拼搏精神,一路过关斩将,最终获得亚军。在这批女排残奥队员中,主力队员盛玉红、龚彬均为无锡籍运动员。为表彰江苏省女子坐式排球队作出的突出贡献,根据《省政府关于表彰在第15届残疾人奥运会上取得优异成绩的集体和个人的决定》,省政府对省女子坐式排球队进行通报表彰，授予省女子坐式排球队“江苏省先进集体”荣誉称号。

(易程安)

【首个残疾人服务机构开放日】 5月15日,是第26个全国助残日,市残联和市文明办联合组织开展残疾人服务机构开放日活动，并邀请无锡市区部分志愿者参加。志愿者们在无锡市残疾人托养中心内见到可以升降的桌椅、橱柜,自动感应的门窗,以及先进的康复设施;在至德庇护所观看年轻残疾人的手工制作,并向庇护所捐赠1套可用于户外运动的移动式篮球架；在无锡市特殊需要儿童早期干预中心与残疾儿童互动游戏；在新吴区硕放残疾人农疗站模拟银行业务展示，教残疾人办理银行业务，向残疾人学习种植多肉植物。这是无锡市多家机构首次联合打造的开放日活动，旨在让外界更好地了解无锡残疾事业的现状。活动当天,有5家残疾人服务机构向社会开放,涉及儿童康复机构、残疾人全托机构和残疾人日间托养机构等类型。

(易程安)

【残疾人托养服务评估专题培训班】 5月23~27日,市残联在全国残疾人托养服务实习培训基地举办2016年残疾人托养服务评估专题培训班。培训班课程安排丰富,包括日本合作机构专业评估示范和有关评估理论介绍，邀请国内专业评估机构介绍政府购买第三方评估服务的实例，同时安排学员对两家日间照料机构进行模拟评估实习，并就模拟评估情况和托养机构日常运行管理中遇到的困难、问题进行充分的讨论、交流。参加培训班的学员为镇(街道)、村(社区)托养机构的专技人员和一线管理人员,以及市、区两级残联业务管理人员。

(易程安)

【残疾人职业技能选拔赛】 7月19日,2016年无锡市残疾人职业技能选拔赛在无锡旅游商贸学校举行，来自全市7个代表队的52名选手参加文本处理、CAD制图等8个项目的技能比赛。梁溪区、江阴市、惠山区分别获团体总分前三名，江阴市、宜兴市、惠山区、滨湖区、梁溪区获优秀组织奖。

(易程安)

8月，女子舞蹈《水韵》参加省残疾人艺术会演 (易程安 供稿)

【获省残疾人艺术会演多个奖项】 7月，无锡市举办第三届残疾人文艺会演，全市240名残疾人演员参与演出。经过角逐，筛选出29个残疾人精品文艺节目和展示，作为8月参加江苏省残疾人文艺会演的优秀节目候选资源。经过1个月集中排练，8月，无锡市选拔女子舞蹈《水韵》、男子舞蹈《泥人匠语》、小品《傻妹的爱》、默剧《盼》和器乐合奏《查尔达斯》5个节目参加全省残疾人艺术会演。在演出过程中，5个节目均得到专家评委和观众一致好评。最终，无锡市代表队获团体一等奖，女子舞蹈《水韵》包揽创作、表演、辅导3项一等奖，器乐合奏《查尔达斯》获表演一等奖，男子舞蹈《泥人匠语》、默剧《盼》、小品《傻妹的爱》也都取得较好成绩。

(易程安)

【参加软式棒球国际邀请赛】 11月6日，第22届北海道“红羽毛”软式棒球国际邀请赛在日本札幌体育场举行。此次比赛共有72支球队参加，由市残联、市教育局和无锡特殊教育学校共同组建的无锡聋人软式棒球队作为唯一一支域外队伍应邀参加此次比赛。中国驻札幌总领事孙振勇接见无锡市聋人软式棒球队队员。比赛中，无锡聋人软式棒球队获得进入前16强的好成绩。在北海道参赛期间，无锡聋人软式棒球队参观北海道札幌聋学校，并与北海道札幌聋学校的师生进行排球比赛。

(易程安)

【举办残疾人就业服务机构培训班】 11月23~26日，无锡市举办2016年全市残疾人就业服务机构培训班。市残联教育就业处和市、区两级残疾人就业服务机构负责人以及业务条线工作人员等近80人参加培训。此次培训邀请上海市残疾人就业服务中心副主任赵伟时介绍上海市残疾人就业、培训工作的先进经验；邀请江南大学副教授潘加军就残疾人庇护性、辅助性就业，社会组织与残障人保护等方面作专题报告。组织参观江南大学国家大学科技园，听取典型代表企业经验介绍，学习创业孵化方面的先进经验。年内，无锡市在促进和保障残疾人就业方面开展多项培训工作。全年培训工作人员近700人次，实现各类残疾人多渠道就业1600余人(包含辅助性就业、非正规就业和灵活就业)。

(易程安)

红十字会工作

【概况】 2016年，全市各级红十字会贯彻中央群团工作会议和中国红十字会第十次会员代表大会精神，弘扬红十字精神，传播红十字文化，推进精神文明建设，促进社会和谐发展。年内，由红十字国际委员会和中国红十字总会主办、无锡市红十字会和市教育局共同承办的“探索人道法”项目试点学校师资培训班在无锡开班。“探索人道法项目”是为13~18岁青少年设计的教育项目，旨在通过多种形式的探讨和学习，使青年学生了解国际人道法的基本原则，树立“尊重人的生命和尊严”的理念，学会用人道的视角看问题。无锡市、常州市和苏州市44所各类学校的46名教师参训,系统学习相关知识,回校后分别开展“探索式”教学。在市文明办“四个100”(100个最美志愿者、100个最佳志愿服务组织、100个最佳志愿服务项目、100个最美志愿服务社区)志愿服务先进典型推荐活动中,市红十字志愿者团队涌现出各类先进典型。“红丝带关爱中心”和蠡湖街道“乐V驿站”被评为最佳志愿服务项目;二泉网络志愿队和向日葵成长护航志愿队被评为最佳志愿服务组织;程燕被评为十佳志愿者,江阴市成功实现造血干细胞捐献的志愿者梁峰被评为最美志愿者,苏大伟当选为江苏省第十三次党代会代表;惠山区晴山蓝城社区参加中国红十字总会“2016年学雷锋志愿服务‘四个100’先进典型”活动,被推选为最美志愿服务社区。市红十字会以“践行基本原则,纪念红十字和红新月运动基本原则通过50周年”为活动主题,引导社会公众、志愿者开展博爱周系列宣传活动。开展造血干细胞捐献志愿者集中报名采样活动、纪念第68个“世界红十字日”广场宣传活动、红十字志愿服务活动、红十字进社区活动等,有效动员社会力量,共同应对自然灾害、疾病和贫困,使弱势群众真实感受到党和政府的关怀和红十字的温暖。制定实施《无锡市红十字事业“十三五”发展规划》,明确红十字会发展目标。

(华锡明)

【紧急救援盐城阜宁龙卷风灾害】 年内,无锡市和各市(县)、区红十字会相继修订完善《自然灾害等突发公共事件应急预案》。根据省红十字会自然灾害应急预案精神及物资采购要求,及时储备50顶救灾帐篷和200个家庭箱。6月23日,盐城市阜宁县等地遭受龙卷风灾害,无锡市及时按照应急预案,启动异地灾害救援响应机制,第一时间从备灾准备金中列支20万元,拨付至盐城市红十字会,用于开展灾害救援和灾后重建工作。同时发出救灾倡议,公布捐赠热线和账号,依法开展募捐和接受捐赠工作。共收到社会爱心定向捐款21.36万元,全部汇往盐城支援灾后重建。

(华锡明)

【开展演练救援活动】 年内,市红十字会参加省红十字会举办的中国红十字会灾害管理系统培训班,熟悉灾害管理系统报灾救灾工作流程。与省红十字会联合在滨湖区长广溪湿地举行洪灾赈灾演练活动,市红十字应急救援队24名队员参加演练,通过演练检验并提升市红十字应急救援队伍的救灾应急处置实战能力。盐城市阜宁县等地遭受龙卷风灾害后,市红十字应急救援队作为省红十字应急救援先遣队,4名队员第一时间赶赴灾区,开展搭建帐篷和安置灾民等救援工作,受到全国人大常委会副委员长、中国红十字会会长陈竺的亲切慰问。7月上旬,无锡市遭遇连日暴雨,宜兴市等地受灾严重,市红十字会紧急调拨200个家庭包、800个急救包送往宜兴灾区,解决受灾群众的燃眉之急;宜兴市红十字会采购凉席、凉被等生活物资及时送往灾民安置点,组织红十字志愿者协助转移安置灾民。无锡市和宜兴市两级红十字会共发放价值35万余元的救灾物资,25个乡镇的受灾群众受益。

(华锡明)

【开展“红十字人道万人捐”活动】 年内,市红十字会坚持在《中华人民共和国红十字会法》《中华人民共和国慈善法》等法律法规的规范下进行募捐,会同市委宣传部、市文明办、市委市级机关工委联合发出“汇聚人道力量,建设幸福无锡”的“红十字人道万人捐”倡议,号召全市各级党政机关、企事业单位的干部和职工,红十字会员与志愿者,广大社会爱心人士一起为募捐活动助力,踊跃报名成为“固定捐款人”。该项活动不下行政指令、不搞摊派、不进社区和家庭,重在引导广大爱心人士主动参与,倡导正能量,营造和谐文明的良好社会氛围。全市红十字会系统共募集善款1784万元,其中市本级701万元。拓展筹资网络建设,开发完成在线捐赠登记系统,改变手工登记的传统模式,提高信息化集成度。通过网络在线捐赠系统接受捐赠36620.61元,全市募捐箱募集善款88669.31元。

(华锡明)

【开展公益性应急救护培训】 年内,市红十字会会同市应急办、市委市级机关工作委员会、市教育局、市卫生局、市人社局等8部门,印发《关于组织实施2016年市政府为民办实事项目之“救护培训进万家”的通知》,召开工作会议,布置培训任务、明确培训要求。在实施过程中,拓展救护培训新模式,扩大受益人群覆盖率和社会影响力。全年全市培训初级救护员8196人,完成任务数的117%;普及培训62345人,完成任务数的109%;受益家庭70541个。编印并发放《急救知识300问》1万册。确定每月25日为救护培训开放日,地点设在市红十字服务中心,接受市民上门培训,宣传红十字文化。拓宽培训渠道,将救护培训纳入党校任职班培训内容。联合市工人文化宫“职工生活大讲堂”开展救护培训,每周日下午对广大职工和市民进行培训。会同市委市级机关工作委员会举办为民办实事项目启动仪式暨市级机关初级救护员培训班,90名机关工作人员参加培训并通过考试取得初级救护员证。为市经信委、市信访局、市妇联、市公安警校、消防大队、江南大学等多家单位开展救护培训。

(华锡明)

【救护培训师资队伍建设】 年内,市红十字会选拔12名师资参加省应急救护师资复训班,选拔58名红十字专兼职干部及志愿者参加省师资初训班,充实市救护培训师资队伍,为深入开展应急救护培训提供师资保障。会同市总工会、市人社局举办全市红十字应急救护技能竞赛,经过层层选拔,32名优秀师资代表参加比赛,展示娴熟的操作技能和授课技巧。为该比赛的个人冠军申报“无锡市五一劳动奖章”,第二名、第三名获得者申报“无锡市五一创新能手”荣誉称号,授予个人总分前三名“无锡市技术能手”荣誉称号,激励广大师资积极投身应急救护培训工作。组队参加省红十字会应急救护技能竞赛,获团体二等奖。无锡市卫校参加江苏省第二届高校应急救护竞赛,取得总分第一名,获一等奖。

(华锡明)

【救护培训基地建设】 年内,市红十字会按照省级救护培训基地建设要求,指导惠山区红十字服务中心成功申报省级红十字救护培训示范基地。该基地于9月底建成并投入使用，起到了率先示范作用。江阴市红十字会争取政府支持，立项新建江阴市红十字服务中心（救护培训基地）。发挥市红十字服务中心、市公安警校、市藕塘中学、市山明中学等现有救护培训基地作用，开展应急救护培训和红十字文化宣传及防灾减灾教育。

（华锡明）

【实施公益有偿救护培训】 年内，市红十字会加强与公安、交通等部门的联系和协调，做好与各驾校的沟通与服务，采取上门培训与集中培训相结合的方式做好机动车驾驶学员救护培训。根据市财政局、市审计局等部门的检查要求，重新与各驾校签订合作培训协议，确保机动车新驾驶人救护培训规范有序开展。协助市运管处推进出租车驾驶人继续教育，制作救护培训视频，纳入全市出租车驾驶员继续教育内容。全年市本级完成机动车驾驶人救护培训34538人。主动适应社会各界学习急救知识的需求，加强与各企事业单位回访联系，为120家企业培训救护骨干5068人。

（华锡明）

【提升红十字社会救助能力】 年内，市红十字会发挥政府人道领域助手作用，按照《无锡市红十字会人道救助实施办法》，以项目化管理为手段，开展人道救助工作，使救助由单纯的资金帮扶向人道服务拓展，促进社会救助能力和红十字影响力提升。其中，“红丝带关爱中心”项目被市文明办、市志愿者总会评为2015年度无锡市最佳志愿服务项目。“红十字爱心桥”公益项目在全省筹资和项目管理培训班上作经验介绍，受到一致好评。市本级人道救助项目支出674.45万元。其中，专项救助项目274.48万元，应急救助9.6万元，定向救助项目292.61万元，对外援助20万元，红十字救护站、红丝带关爱中心、红十字心理援助中心、红十字普仁复明中心项目等项目经费63.81万元，事业发展支出13.95万元。

（华锡明）

【衣物捐赠红十字人道救助项目】 年内，市本级、惠山区、晴山蓝城社区三级衣物捐赠中心共收到2500余名社会爱心人士捐赠的衣物48680件，发放衣物47844件，受益人群包括困难群众和有需求的外来务工人员共计15530人。市红十字会通过实施衣物捐赠项目，对新疆维吾尔自治区霍城县开展对口支援工作，资助霍城红十字会建设博爱超市项目，共计援建博爱超市18个。通过霍城县红十字会及博爱超市，向当地困难群众累计发放捐赠衣物43005件。

（华锡明）

【“红十字博爱送万家”项目】 2016年春节前夕，全市红十字会系统开展“红十字博爱送万家”人道救助活动，发放救助款物，走访慰问困难群众，帮助城乡困难群众欢度新年。全市发放救助款729.31万元，发放救助物资价值25.06万元，款物合计754.37万元，8789户家庭受益。其中，市本级发放救助款213.62万元，救助物资价值16.33万元(省拨物资)。

（华锡明）

【“红十字爱心桥”救助项目】 年内，市红十字会继续与《无锡日报》《江南晚报》合作开设《红十字爱心桥》专栏，定期公布困难对象信息，接收社会定向捐款，及时在网站公示接受捐款和救助情况。共审核通过36名困难对象，在《无锡日报》《江南晚报》各刊登18期，收到社会捐款21.06万元，加上市红十字会的托底救助，实际拨付救助金额28.48万元。“红十字爱心桥”救助项目受益人群和社会影响力逐步扩大，涌现出兴化商会、红城有爱成果纵横网、无锡锡山建筑实业有限公司等一批爱心企业，以及卢英杰、刘莉、“江南晚报读者”（化名）和“退休老人”（化名）等一批关注《红十字爱心桥》栏目的固定捐款人。

（华锡明）

【造血干细胞捐献】 年内，市红十字会继续与市红十字中心血站合作，在全市所有的爱心献血屋、流动献血车实现无偿献血和捐献造血干细胞同时报名、同时采血采样。到血站各采血点指导工作人员规范开展造血干细胞捐献动员报名、血样采集，提高成功入库率，降低入库人员反悔率。全市完成造血干细胞捐献志愿者报名采样入库1114人，初配再动员成功85人次，高分辨采血33人次，组织安排志愿者捐献前（后）体检15人次，成功实现捐献4人。全市捐献造血干细胞累计报名采样入库12970人，实现捐献36人。完善捐献服务工作，组织历年来成功实现捐献的志愿者开展座谈，并为他们进行免费体检。

（华锡明）

【遗体（器官）捐献】 年内，市红十字会继续与卫生行政部门和卫生医疗机构合作，规范开展器官捐献工作。新增人体器官捐献报名登记志愿者21人，成功实现器官捐献8例，共捐献大器官18个，成功挽救18位器官衰竭者的生命。加强市第二人民医院角膜接受站和无锡卫校、江南大学遗体接受站的规范化建设，明确服务制度、标准和流程，强化服务质量。继续与市第二人民医院合作实施“红十字普仁复明中心”项目，加强市眼库建设，发挥市第二人民医院角膜接收站作用，全年新增遗体捐献报名登记志愿者98人，接受遗体捐献25具；新增角膜捐献报名登记志愿者41人，实现角膜捐献7人。全市累计报名器官捐献登记志愿者141人，累计成功实现器官捐献28人，志愿者捐献的心脏、肝脏、肾脏、肺脏等大器官共89个，使86位器官衰竭患者重获新生。累计登记报名遗体捐献志愿者953人，角膜捐献志愿者424人，累计实现遗体捐献185人，实现角膜捐献31人，捐献的角膜在临床角膜移植和医学科研教育中发挥重要作用。

（华锡明）

【“博爱青春”暑期志愿服务活动】 年内，市红十字会根据省红十字会下发的《关于在高校红十字会中开展“博爱青春”暑期志愿服务活动的通知》精神，组织12所院校申报活动项目。其中，江南大学开展的“医怀送暖，护吁星声”、江苏信息职业技术学院开展的“博爱青春，七彩苏信暖童心”、无锡工艺职业技术学院开展的“‘七彩课堂’支教”、无锡科技职业学院开展的“‘髓’遇而生，爱燃希望”4个项目获得省级项目支持。江南大学开展的“医怀送暖，护吁星声”项目经网络投票和现场评审，入选省“十佳”优秀项目奖。

（华锡明）

【防灾减灾系列宣传】 在第八个

“防灾减灾日”前后，市红十字会会同梁溪区政府、市地震局、市住建局和消防部门，以“减少灾害风险，建设安全城市”为主题，开展系列防灾减灾宣传活动，实现全市红十字会系统上下联动。全市举办大型广场宣传活动5场，开展专题讲座3次，组织应急逃生演练8场，开展应急救护培训5场，编印出版《急救知识300问》，提升广大市民的防灾减灾意识，提高公众自救互救的能力。

（华锡明）

【宣传红十字事业】 年内，市红十字会编印《人道、博爱、奉献——无锡市红十字事业2011~2015年大事记》，宣传市红十字事业“十二五”期间所取得的成绩，促进全社会了解红十字会。以造血干细胞捐献志愿者先进代表诸海燕为典型，拍摄造血干细胞捐献宣传视频，诸海燕作为无锡市成功捐献的典型，参加省造血干细胞突破500例宣传活动。与无锡地铁集团公司合作，在地铁1号线、2号线及市民中心站和人民医院站站台设置“三救三献”（应急救援、应急救护、人道救助，献血液、献造血干细胞、献人体器官组织）知识宣传公益广告，制作宣传牌摆放到血站各采血点，引导更多的人了解红十字会，营造全社会参与和支持红十字事业的良好氛围。世界红十字日，在南禅寺广场举办以“‘髓’遇而生，爱燃希望”为主题的广场宣传活动，向市民发放献血和捐献宣传资料，发放调查问卷，了解市民群众对捐献造血干细胞的认知与意向，活动当天有50名群众无偿献血，其中有10名报名采样成为造血干细胞志愿者。清明节前夕，组织遗体（器官、角膜）已捐献者家属代表、报名捐献志愿者、医学院校师生、医护工作者等100余人在青城公墓捐献纪念园开展祭奠活动，缅怀追思实现捐献的志愿者，倡导社会文明风尚。成功接受器官捐献的肺移植患者吴玥现场发言，她写给捐献者的一封信感动了现场的所有人。市各大媒体对活动进行专题报道。

（华锡明）

老年人工作

【概况】 至2016年年底，无锡市60周岁以上户籍老年人1231393人，占户籍总人口25.32%。其中80周岁以上户籍老年人172335人，占老年人口总数14%；百岁以上老年人391人。年内，老年人养老医疗保障水平提升，至年底，全市企业退休职工月人均养老金2537元，城乡居民养老金月人均370元，职工基本医疗保险和居民医疗保险政策范围内住院医疗费用基金支付比例分别在85%、75%以上。居民最低生活保障标准增长，全市城乡低保标准由原来的每人每月700元增长至760元。养老服务事业加快推进，全市养老床位总数5.07万张，其中社会办养老床位数超过2.5万张。每1000名老人拥有养老床位数41张。全市居家养老机构数1099家。为老信息服务平台4个，为5万余老年人提供信息服务，为2.6万余户老年人提供生活援助服务。

（王兆华 徐红枫）

【第二届“敬老文明号”创建】 自2014年起，无锡市各级为老服务单位、窗口、岗位、行业结合自身工作特点，开展创建第二届“敬老文明号”活动。2016年，经过申报推荐、检查考核和公示，无锡市老干部活动中心等35家单位被命名为无锡市“敬老文明号”；宜兴市湖㳇镇老年服务中心等9家单位被命名为省级“敬老文明号”；无锡市公共交通股份有限公司52路公交班组等4家单位被命名为全国“敬老文明号”。此轮创建活动呈现出涉及领域广、辐射效应强的特点，全市养老、医疗、卫生、教育、旅游、交通等行业窗口单位参与创建活动。

（王兆华 徐红枫）

【第二届中国（无锡）养老产业大会】 11月18~20日，2016第二届中国（无锡）养老产业大会暨老年产品博览会在太湖国际博览中心举办。此次展览面积超过1万平方米，展位100余个。此届老年产品博览会主要分展会、论坛和活动三部分，论坛有“中国文化养老”“老年长期照护政策创制与服务体系建设”两个。“中国文化养老”由江苏省老年大学协会、凤凰网江苏频道、国联人寿江苏分公司主办。“老年长期照护政策创制与服务体系建设”由江苏省老年学学会、无锡老龄科研中心联合主办，特邀北京大学博士生导师、国家老年学研究方向的学科带头人陈功作主题报告，来自各地高校、养老服务机构的30余位老龄科研学者，围绕健康老龄化和积极老龄化，长期照护、养老服务、社会老年学等方面进行交流。

（王兆华 徐红枫）

蠡园开发区金婚老人们在志愿者陪同下游览景区

（刘芳辉 摄）

【丰富老年人文化生活】 敬老月期间，无锡市各级组织开展各类适合老年人的文化活动。镇(街道)级以上组织举办敬老爱老活动320场，参与活动老年人17万人。举办“同心共筑幸福梦”第二届无锡市老年春晚，42支老年团队500余名演员和老年观众1000余人参加。在2市5区累计举办海选11场，参演团队150支，参演人数2.3万人次。举办首届老年校园文化艺术节，设置老年合唱、老年民族舞、老年民族乐器独奏、老年书画和老年摄影5个专项比赛。活动历时5个月，参与老年人2000余人。

(王兆华　徐红枫)

【建立住院医疗互助保险】 2016年，无锡市启动实施市区退休人员住院医疗互助保险项目。突出普遍互助与重点特惠互助的融合，在考虑广覆盖(住院按天补助)同时，对特大额医疗费用发生对象进行精准互助，对自费药费超过1万元以上的参保退休人员进行重点补助，最高补助金额10万元。退休人员每人每年缴纳195元，最多能享受101800元的补偿，补偿率约522倍。年内，参加医疗互助项目42.9万人，有268905人次、104762人实时享受互助保险普惠部分补助待遇，受益比例24.67%，医疗互助金额7036.45万元，最高支付单人金额96957.30元。医疗互助减轻生病住院退休人员在资金与心理上的压力，使参保人员得到更多保障。理赔方式便捷，基本普惠中的住院互助保险理赔实行出院划卡结算“一站式”服务；重点特惠采用一年理赔一次，由经办保险公司进行理赔，于次年3月底前，直接划转到退休人员社会保障卡的银行账户。

(邓月华)

【搞好退休人员互助帮困】 年内，无锡市区退休人员社会化管理服务费筹集办法由原来向企业征收，调整为费用总量控制和市、区二级财政共同承担的办法，保障市区退休人员社会化管理服务工作正常开展。全年对9.47万人次退休人员安排各项帮困补助1531万元。做好日常帮困，对已转入社区管理的6.36万名生活困难以及生重病住院的退休人员进行困难补助和走访慰问，发放帮困金690万元。夏季高温期间，对4900余名特困退休人员进行走访慰问，发放补贴100万元。春节，对已转入社区管理的2.3万余名特困人员进行慰问和困难补助，发放帮困金550万元；市政府专项拨款75万元，用于对尚未转入社区管理的2200余人进行困难补助，帮助困难退休人员欢度春节。关心支援内地建设后回无锡定居的退休人员，对1012名支援内地建设后回无锡定居的退休人员，在春节、五一节、重阳节期间，发放送温暖资金116万余元，其中对2012年后患重大疾病、家庭特别困难的370人，发放专项特困补助金6万元。

(邓月华)

【开展文体娱乐活动】 年内，各市(县)区、街道(镇)、社区(村)根据退休人员的特点，开展各种文体娱乐活动，丰富退休人员的精神文化生活。各级退管服务机构组织退休人员参加各类文体活动人数9万余人次。市退休职工管理委员会办公室(以下简称“市退管办”)集中举办系列活动，组织开展退休人员看周边城市发展景象活动。4月，组织2213名企业退休人员到常州天目湖、南山竹海一日游；10月，组织2181名企业退休人员和100余名退休劳模到常州天目湖、南山竹海开展一日游活动。举办无锡市老年人健身钓鱼比赛，全市36个代表队、160余人参赛。为退休人员举办形势报告会，特邀上海新四军历史研究会副会长、《大江南北》杂志社社长兼主编、上海市委讲师团成员杨元华介绍国际国内形势和中国外交工作情况。与各区、街道退管服务机构联合举办各类文体活动，在锡山区举办退休人员健身舞比赛，在惠山区开展“夕阳红”广场舞比赛，在新吴区组织退休人员交谊舞比赛等。

(邓月华)

【企业退休人员健康体检】 年内，无锡市继续开展企业退休人员健康体检工作。召集企业退休人员、定点体检医疗机构和社区街道退管工作人员，召开8次座谈会，听取各方对健康体检工作的意见及建议，在汇总分析的基础上进行调整，力争流程科学、体检规范。提高体检费用标准、增加体检项目。经市政府同意，增加癌胚抗原(定性)检测项目，适当提高体检费用至160元。会同市卫计委下发第五轮健康体检的工作意见、定点体检机构的年度考核办法、体检服务协议书等。9月，会同定点医疗机构认真组织开展体检工作。至年底，市区企业退休人员完成体检23.6万人。

(邓月华)

【退管服务舆论宣传】 年内，市退管办积极开展专题宣传活动。在退休人员住院互助医疗保险工作中，发挥电视、广播、报纸、网站和微信等媒体作用，广泛宣传政策，让享受到特惠补贴的退休人员谈亲身感受，动员广大退休人员参与住院互助保险工作。举办第二届企业退休人员书画作品比赛，选送30幅书画作品参加江苏省企业退休人员书画比赛，朱小萍获一等奖，胡根金、茅唯芬获二等奖，范一鸣等7人获三等奖，市退管办获优秀组织奖。利用《无锡退休职工》报宣传阵地，注重围绕退休人员的“六个老有”(老有所养、老有所医、老有所教、老有所学、老有所为、老有所乐)做文章，宣传企业退休人员社会化管理服务工作。全年出版《无锡退休职工》报24期。

(邓月华)

关心下一代工作

【概况】 2016年，市关心下一代工作委员会(以下简称“关工委”)加强基层关工委组织建设、领导班子建设、“五老”(老干部、老战士、老教师、老专家、老模范)骨干队伍建设，推动基层关工委落实“有人干事、有钱办事、有场地开展活动”的“三有”要求。至年底，全市87.5%的镇(街道)关工委主任或常务副主任由同级领导班子中退下来的人员担任，60%的社区(村)关工委配备“五老”常务副主任。在财政部门支持下，全市66.3%的镇(街道)、37.8%的社区(村)关工委工作经费(按2012年市财政局、市关工委提出的指导意见)得到解决，70%的镇(街道)、42.3%的社区(村)关工委“五老”驻会主任、常务副主任工作补贴(按2012年市财政局、市关工委提出的指导意见)

得到落实。年内，市关工委推进未成年人“零犯罪”社区（村）创建活动，全市组织3039名法治教育报告员作普法宣讲报告2753场次，听讲青少年121.3万余人次；组织7563名“五老”结对帮教帮扶4237名失足、后进青少年，转好率90.9%；组织2008名“五老”对网吧、电子游戏室进行义务监督；发动社会力量资助贫困学生1.1万余人次。至年底，全市未成年人“零犯罪”社区（村）达标率96.9%。6月22日，省关工委、省文明办在南京联合召开江苏省关工委成立25周年纪念大会。会上，宜兴市、锡山区、惠山区、滨湖区关工委等25个单位被评为“全省关心下一代工作先进集体”，孙福康、周积生、许洪南、黄生宝等57人被评为“全省关心下一代工作先进工作者”，缪根宝获“全省关心下一代工作突出贡献奖”。

（华治平）

六一前夕，新市民子女学生提前收到书籍、文具等节日礼物

（刘芳辉　摄）

【加强青少年党史国史教育】 年内，市关工委组织开展“学党史、学国史，听党话、跟党走”主题教育活动。各级关工委发挥“五老”优势，联系青少年思想实际，利用社会教育资源，运用现代教育手段，采取青少年喜闻乐见的形式，强化阵地育人和实践育人，提升党史国史教育成效。至年底，全市组织3395名“五老”报告员，编写宣讲材料1789篇，作宣讲报告4301场次，听讲青少年147.6万余人次；开展图片展览、征文演讲、道德实践等活动1500余次，参加活动的青少年230.1万余人次。

（华治平）

【校外教育辅导站协调共建机制】 7月8日，市委组织部牵头召开市关工委部分成员单位协调会议，协商建立齐抓共管、协调共建、合力推进校外教育辅导站建设的工作机制。在市文明办、市教育局、市财政局等成员单位支持下，至年底，全市有各类校外教育辅导站3843个，社区（村）中心辅导站电子阅览室763个；参加辅导站工作的“五老”16411人，在职教师10595人，大学生村干部915人，其他志愿者4627人，全年辅导学生81.9万余人次，到电子阅览室活动的学生33.6万余人次。

（华治平）

【组织“五老”参与社区矫正工作】 年内，市关工委配合市司法局组织338名“五老”参与社区矫正工作，通过志愿服务、结对帮教的形式，协助做好未成年社区服刑人员和重点社区服刑人员的教育改造，帮助他们提升法治观念和道德素养，培养健全人格，增强悔罪自新、回归社会的信心和勇气，防范重新犯罪。

（华治平）

【吴成被评为全国关心下一代“最美五老”】 12月22日，市关工委报告团成员吴成被中国关工委授予全国关心下一代“最美五老”荣誉称号，这是江苏省内唯一获此殊荣的人。87岁的新四军老战士吴成在解放战争中负伤失去右下臂，他从1952年起对青少年进行革命传统教育，64年累计作宣讲报告6000余场次，听讲青少年500余万人次。2003年，他自费创办家庭革命传统教育基地。2014年，在各级党委、政府和关工委的关心支持下，又将教育基地搬到江苏省荣军医院家舍的二层小楼内，13年累计接待600余批、2.3万余人次青少年参观学习。

（华治平）

民　族

【概　况】 2016年，无锡市组织开展“民族团结进步宣传年”活动，会同有关部门指导各地在公共场所设

表66　　2016年无锡市少数民族基本情况

单位：个、人

少数民族总数	总人口	苗族	土家族	回族	布依族	壮族	其他
53	50114	12546	11742	4172	3914	3184	14556

说明：该数据为第六次全国人口普查统计结果，其中人口数字为常住人口数

（张孝方）

置民族团结进步宣传栏、电子显示屏，将民族团结进步宣传教育纳入全市中小学新生开学"第一课"。加强服务管理工作，会同相关部门(地区)对公共服务行业、窗口单位贯彻落实民族平等政策情况和清真饮食业网点进行执法检查督察，开展主题为"学法律、明权利、重义务"的流动穆斯林法律法规巡讲活动，举办清真食品补贴发放工作培训班。加大对少数民族的扶持力度，组织少数民族贫困户基本情况调查，开展清真饮食业创优扶持工作，持续推进少数民族困难家庭新春送温暖活动，指导市民族团结促进会(以下简称"市民促会")开展少数民族优秀贫困大学生捐资助学活动。推进民族团结进步创建活动，整理汇编民族团结进步先进事迹，举办"民族情、共筑梦"全市各族群众国庆联谊联欢活动，组队参加省"民族团结杯"少数民族体育项目比赛，获三等奖。

(张孝方)

【《英雄·玛纳斯》获银奖】 8月18~19日，由无锡市演艺集团歌舞剧团原创、代表江苏省参加第五届全国少数民族文艺会演的民族舞剧《英雄·玛纳斯》，在中央民族剧院成功上演。9月14日晚，在第五届全国少数民族文艺会演闭幕式暨颁奖仪式上，柯尔克孜族舞剧《英雄·玛纳斯》获音乐舞蹈类剧目银奖和最受观众欢迎剧目奖。《英雄·玛纳斯》是无锡推出的"文化援疆"民族文化精品，是此届文艺会演中唯一由东部沿海发达地区和西部民族聚居地区联合演出的剧目，该剧由无锡市演艺集团歌舞剧院与新疆维吾尔自治区阿合奇县歌舞团共同演出，取材于中国少数民族三大英雄史诗之一、新疆柯尔克孜族英雄史诗《玛纳斯》。该剧是全国"文化援疆"推出的首部舞台剧目，也是柯尔克孜族的首部舞剧，传递了少数民族优秀传统文化的正能量，促进了民族之间的文化交流和情感交融。

(张孝方)

【援疆丛书《我到新疆来》首发式】 8月19日，由江苏省对口支援新疆维吾尔自治区驻克孜勒苏柯尔克孜自治州前方指挥部和无锡市政府联合编纂的《我到新疆来——无锡柔性援疆人物志》首发仪式在北京举行。江苏省民委主任李国华，新疆维吾尔自治区组织部副部长张艾兵，无锡市副市长刘霞等出席仪式。据介绍，柔性援疆是无锡对口援疆工作的创新之举。无锡市自2007年起与阿合奇县结成对口支援关系，至此已十年。无锡市选派优秀干部人才赴疆工作，安排财政专项资金投入受援地民生项目建设。援疆工作仅靠政府选派干部、医生和教师，满足不了援建的需求。2014年，无锡市在全疆首创"银发援疆"工作。即在退休人员中寻找有专业特长的专家、企业家、艺术家到新疆维吾尔自治区短期支援，后又扩大到在职人员和大学生志愿者。两年内，共有56人到阿合奇县志愿服务，累计时长80个月。《我到新疆来——无锡柔性援疆人物志》反映了无锡援疆干部和志愿者在新疆维吾尔自治区与当地群众同甘共苦、真情帮助的感人故事和实实在在的慈心善举，在服务边疆、合作创业的过程中树立了无锡人良好的形象。

(张孝方)

【开展落实民族平等政策检查】 9月22日，无锡市民族宗教工作领导小组办公室组织市教育局、市人社局、市卫计委、市旅游局、市工商局、市民宗局及梁溪区进行贯彻落实党和国家民族政策情况联合大检查。此次检查以学校、医院、星级饭店、职业中介机构、清真副食品补贴发放以及清真食品供应点为重点。检查组采取"看、问、查"等方法，详细检查各单位贯彻落实党和国家民族政策的执行情况、少数民族权益保障和少数民族服务管理等情况，对贯彻落实党和国家民族政策、为少数民族群众提供各项便利等方面提出具体要求，并发放《民族政策宣传手册》，受到受检单位的欢迎。

(张孝方)

【"民族情、共筑梦"国庆联欢会】 9月30日，市民宗局、市民促会联合举办"民族情、共筑梦"全市少数民族国庆联欢会。来自全市各条战线的少数民族群众代表共200余人参加活动。联欢会上，少数民族演员献演《丰收的喜悦》《草原夜色美》《疼爱妈妈》《送你一支玫瑰花》等精彩的文艺节目，庆祝新中国成立67周年。

(张孝方)

【新春送温暖活动】 1月20日，无锡市开展"守望相助、扶贫济困"少数民族困难家庭新春送温暖活动，市委常委、统战部部长陈德荣，副市长刘霞分别前往宜兴市、惠山区、滨湖区、新吴区等市(县)区，走访慰问少数民族困难家庭，送上慰问金、慰问品以及诚挚的新春祝福。此次活动救助少数民族困难家庭120户，发放慰问金20余万元。该活动已连续开展7年，共募集救助资金350余万元，救助少数民族困难家庭1500余户次。

(张孝方)

宗 教

【概况】 2016年，无锡市依法管理宗教事务，贯彻落实全国、全省宗教工作会议精神，开展以"规范"为主题的和谐寺观教堂创建活动，推进星级宗教活动场所认定工作，制定《无锡市"十三五"通过三星级以上宗教活动场所认定推进计划》《无锡市"十三五"宗教活动场所星级档案室建设推进计划》。市民宗局会同市文明办开展文明宗教活动场所认定工作，全面完成依法登记的佛道教场所悬挂标识牌工作。组织开展"消防安全提升年"活动，联合相关部门开展安全检查督察和突出信访问题、有风险预警的项目、安全生产事故隐患、基层基础工作薄弱环节"四项排查"，确保全市宗教领域保持安全稳定。引导宗教界服务经济社会发展，会同市民政局开展"宗教慈善质量提升年"活动，新成立宜兴市湖㳇香柏树托老院。开展"传播正能量、共筑中国梦""宗教优秀文化宣传提升年"主题活动，祥符禅寺筹建江苏省佛学院慈恩学院、建成无锡市佛学图书馆，开原寺成立无锡市图书馆开原寺分馆，惠山寺承办全国第二届佛教义学研讨会，江阴市成立巨赞法师研究会，大觉寺成功举办"第五届中国宜兴国际素食文化暨绿色生活名品博览会"，市道协创刊《无锡道教》；全市宗教领域开展"讲经论道提升年"活动。市民宗局会同市政协民族和宗教委员会指导市佛教协会、市基督教"两会"(基督教三自爱国运动委员会、基督教

表 67

2016 年无锡市宗教基本情况

内容 / 教派	登记场所(个)	团体(个)	教职人员(人)	信徒人数(万人)	教职人员占信众比例
佛教	178	7	561	29.00	0.2%
道教	22	6	59	1.00	0.6%
伊斯兰教	1	1	2	0.30	0.1%
天主教	14	3	8	5.00	0.02%
基督教	57	6	155	5.40	0.3%
合　计	272	23	785	40.70	–

(张孝方)

协会),开展以"高水平全面建成小康社会"为主题的讲经论道交流活动,支持道教界培育"庚桑论道"讲经论道品牌,市伊斯兰教协会将卧尔兹演讲稿汇编成册。加强宗教界自身建设,召开市级宗教团体工作部署会,举办宗教界人士培训班、季度集中学习会,选派优秀教职人员参加各类培训班。佛教界开展"道风建设年"活动。

(张孝方)

【星级宗教活动场所认定】 年内,市民宗局依据《无锡市星级宗教活动场所认定实施意见》,按照自评申报、考评验收、认定评审的程序,开展三星级、四星级宗教活动场所认定工作。经考评审核、公示公开等环节,无锡市惠山寺,江阴市泰清寺、璜土禅乡寺、周庄宝宏寺、周庄吴王八子寺、大华西基督教活动场所,宜兴市显圣寺、潮音寺(芳桥)、丁山基督教堂,滨湖区广福寺、青山寺、南泉长泰禅寺、荣巷基督教堂 13 个场所通过四星级认定,无锡市佛教居士林活动点,江阴市飞锡寺、季子寺、季安寺、兜率庵、泽枯寺,宜兴市慧林寺佛教活动点、高塍基督教堂、和桥基督教聚会点、宋渎基督教聚会点,锡山区芙蓉山双刹贤寺、锡北正法禅寺佛教活动点、安镇幸福禅寺佛教活动点、东港金龙禅寺佛教活动点,惠山区玉祁凤阜寺、陆区清水洞佛教活动点、前洲东林寺佛教活动点、石塘湾雨宝禅院佛教活动点、洛社双庙佛教活动点、藕塘常寿寺佛教活动点、藕塘基督教活动点、洛社基督教堂,新吴区坊前朝阳寺、梅村泰伯庙佛教活动点、梅村基督教堂活动点 25 个场所通过三星级认定,认定达标率 92.3%。无锡市惠山寺、新吴区基督教国际礼拜堂还被省宗教局认定为五星级宗教活动场所。

(张孝方)

【第一批文明宗教活动场所】 年内,市精神文明建设指导委员会办公室和市民宗局根据《关于开展文明宗教活动场所认定工作的通知》文件精神,联合在全市四星级、五星级宗教活动场所中首次开展文明宗教活动场所认定工作。经各市(县)区文明办和民宗局初审,市文明宗教活动场所认定复核小组实地查验,认定无锡市祥符禅寺、南禅寺、开原寺、三山道院、基督教堂、水仙道院,江阴市君山寺、五灵寺(江南弥陀村)、基督教堂,宜兴市雪蓑寺,锡山区东亭基督教活动点,滨湖区显云寺、华藏寺,新吴区基督教国际礼拜堂 14 个宗教活动场所为第一批文明宗教活动场所。

(张孝方)

【巨赞法师 108 周年诞辰系列活动】 9 月 30 日,由江阴市委统战部、江阴市民宗局主办的纪念爱国高僧巨赞法师 108 周年诞辰书画展在君山寺开幕。11 月 5 日,江阴市召开巨赞法师研究会成立大会,无锡市委常委、江阴市委书记陈金虎致辞,全国政协原副主席张怀西、国家宗教事务局副局长蒋坚永、江苏省宗教事务局副局长周伟文等出席,专家学者、佛教界代表人士参观巨赞法师故居。巨赞法师研究会提出下一步的工作重点为:围绕巨赞法师在佛学、诗词、书法等诸多领域的重要成就展开研究;协助有关部门收集、整理、保管好巨赞法师的手稿、著作、照片等相关资料,完善巨赞法师故居和纪念堂的软件设施,为社会了解、研究巨赞法师提供服务;开展对巨赞法师生平的研究和学术交流;组织参与巨赞法师爱国爱教精神的学术研讨会,开展与国内外相关学术研究机构的学术交流和协作活动;编印《巨赞法师》研究杂志,筹办"巨赞法师研究网站",每两年举办一次"巨赞法师研究论坛";开展慈善活动,举办以爱国爱教精神为核心的中国传统文化讲座、论坛、展览等。同日,举行纪念巨赞法师 108 周年诞辰座谈会,专家学者和佛教界代表就巨赞法师在佛学、佛教教育、佛教改革等方面的思想和实践进行研讨座谈。

(张孝方)

【"不忘初心、弘法利生"慈善捐赠】 11 月 15 日,适逢灵山大佛开光 19 周年,灵山·祥符禅寺为感恩社会,在三圣殿广场举行"不忘初心、弘法利生"慈善捐赠仪式,捐赠总额 1000 万元的善款用于中国佛学院的重建工作及无锡市扶贫、济困、助学等公益慈善项目。国家宗教事务局副局长张彦通,省委统战部副部长、省宗教事务局局长李国华,无锡市领导曹锡荣、谢晓军、刘霞、蔡捷敏等,中国佛教协会会长学诚法师等海内外诸山长老及近 1000 名信众出席捐赠活动。活动中,江苏佛学院无锡慈恩学院(筹)举行揭牌仪式,市政协

市委常委、统战部部长陈德荣为无锡市佛学图书馆揭牌

(张孝方 供稿)

副主席蔡捷敏、滨湖区区长陈锡伦，佛教界无相长老、宗性法师、净因法师、能开法师共同见证并为江苏佛学院无锡慈恩学院(筹)揭牌。

(张孝方)

【佛学图书馆开馆】 7月26日，无锡市佛学图书馆暨无锡市图书馆祥符禅寺分馆开馆仪式在祥符禅寺举行。市委常委、统战部部长陈德荣应邀出席典礼并为无锡市佛学图书馆揭牌。市委统战部、市民宗局、市史志办、市文广新局、滨湖区的相关领导及部分佛教界代表人士出席落成典礼。新建成的祥符禅寺分馆纳入市公共文化服务体系，成为城区总分馆体系中一个重要节点，与市图书馆及其他9个分馆实现资源共享、通借通还。通过数字资源远程提供、阅读活动分享等手段，为周边民众和广大佛教信徒就近利用和享受图书馆提供普遍均等的公共服务。至年底，该馆有佛经、佛学类、社科类书籍13000余册及杂志近1000册供读者借阅，另有无锡市数字图书馆上万册的电子书、报、刊、多媒体资源，供到馆读者免费使用。

(张孝方)

【市图书馆开原寺分馆开馆】 5月23日，无锡市第九家市图书馆分馆在开原寺百年藏经楼前举行开馆仪式。此次无锡市图书馆开原寺分馆开馆首期仅开放藏经楼一楼的图书资源，包括开原寺藏经楼所藏4000余册佛经、佛学书籍与无锡市图书馆近2500册佛学类图书。新增书籍中除佛教类书籍外，还有社会科学类(包括丛书、文集等)、政治类(包括中国政治、外交国际关系、法律等)、经济类(包括世界各国经济概况、经济史、经济地理等)、文化类(包括世界各国文化事业概况、各级教育等)以及文学类、地理和历史类、艺术类、自然科学类、天文学类、医药卫生类、轻工业类、建筑类等多种人文科学图书。开原寺分馆与市图书馆及其他8个分馆实现图书通借通还，为周边居民阅读提供便利，为广大市民和佛教信众提供幽静的阅读场所。

(张孝方)

【素食文化博览会】 4月28日至5月2日，2016中国宜兴国际素食文化暨绿色生活名品博览会在宜兴大觉寺举行。此次素食博览会接待海内外游客17.7万人次，为与会嘉宾提供一场由健康素食、魅力文化和陶都美景组成的“绿色盛宴”。展会期间，举办星云大师文化讲座、茶道香道表演、餐饮大师素食讲座与素食造型展、旅游微电影首播暨旅游文创书籍《诗游宜兴》首发等亮点活动，促进了海峡两岸文化交流。

(张孝方)

【讲经论道活动】 5月16日，市佛教协会、市基督教“两会”在无锡市南禅寺、基督教堂举行以“高水平全面建成小康社会”为主题的讲经论道交流活动。来自无锡佛教界、基督教界的12名选手围绕主题，运用经典教理，对幸福人生、家庭和睦、社会和谐、爱岗敬业、遵纪守法和公益慈善等方面内容作深刻阐述，近1000名信教群众到场观摩。

(张孝方)

【佛教界定点帮扶贵州三都】 年内，无锡市引导宗教界积极探索宗教慈善与扶贫开发相结合的新路子，对贵州省黔南布依族苗族自治州三都水族自治县进行定点帮扶。9月，在市滨湖区佛教协会的组织协调下，惠山寺、横山寺联合横山慈善基金会向三都水族自治县捐赠扶贫款20万元，专门用于当地水族传统技艺马尾绣的职业培训和产品开发，引导更多的村民掌握、提高其技能技艺，帮助开发推广马尾绣产品。10月19~24日，市滨湖区佛教协会组织辖区内佛教场所负责人到三都水族自治县进行实地考察，了解帮扶需求、对接帮扶项目，亲身感受三都水族自治县经济社会发展和贫困家庭的困窘状况，亲身体验待救助儿童困苦生活。考察团成员走进山寨、小学和农家，捐款捐物，与当地政府部门就下一步扶贫工作进行对接，并对当地经济发展和教育工作提出意见建议。

(张孝方)

编辑 李汉洪

江阴市

【概况】 江阴市北枕长江，南近太湖，东接常熟、张家港，西连常州。交通便捷，是大江南北的重要交通枢纽和江海联运、江河换装的天然良港。江阴市总面积986.98平方千米，其中长江水面56.7平方千米。沿江深水岸线35千米。城市建成区面积125平方千米。至2016年年末，江阴市有10个镇、5个街道，200个行政村、55个社区、43个村居合一社居委。常住人口164.2万人，户籍人口124.8万人，人口出生率9.36‰，人口死亡率6.51‰，人口自然增长率2.85‰。人均预期寿命81.47岁。江阴市人民政府设在澄江中路9号。2016年，江阴市实现地区生产总值3083.3亿元，比上年增长7.4%，其中第二产业增加值1681亿元，比上年增长7.1%；第三产业增加值1357.9亿元，比上年增长8.3%。江阴市常住人口人均生产总值18.8万元人民币，按现行汇率折算为2.8万美元。第一、第二、第三产业增加值在地区生产总值中的构成比例为1.5∶54.5∶44，第三产业增加值占地区生产总值比重比上年提高0.6个百分点。全年实现一般公共预算收入229.9亿元，其中税收收入191.2亿元，政府性基金收入17亿元。实现一般公共预算支出226.3亿元，其中政府性基金预算支出27.8亿元，国有资本经营预算支出1.3亿元。年内，江阴市被评为全国双拥模范城、全国法治宣传教育先进市、全国知识产权示范城市工作先进集体等。

（邢 盈）

【农业】 江阴市全年完成农林牧渔业总产值87.83亿元。粮食总产量14.5万吨，比上年下降17.6%，其中谷物总产量13.9万吨，比上年下降17.8%；油料总产量2654吨，比上年下降5.0%，其中油菜籽总产量1766吨，比上年下降9.2%。全年粮食种植面积2.27万公顷，比上年减少0.25万公顷；油料种植面积0.11万公顷，与上年持平；蔬菜种植面积1.32万公顷，比上年减少0.15万公顷；水果种植面积0.32万公顷，与上年持平。主要畜产品中，肉类总产量4万吨，与上年持平，其中猪牛羊肉2.8万吨，比上年增长3.7%；禽蛋总产量0.7万吨，比上年下降22.2%。奶牛存栏0.4万头，比上年下降20%。全年水产品产量2.7万吨，比上年增长0.4%。

（邢 盈）

【工业】 江阴市全年工业用电量214.4亿千瓦时，比上年增长2.9%。完成工业总产值6603.7亿元，比上年增长1.2%；其中规模以上工业企业实现产值5874.7亿元，比上年增长2.8%。规模以上工业中，轻工业实现产值1900.8亿元，比上年增长4.8%；重工业实现产值3973.9亿元，比上年增长1.8%。在跟踪统计的15种重点产品中，有10种产品的产量实现增长。规模以上工业实现主营业务收入5709.6亿元，比上年增长4.3%；产品销售率98%，比上年增加0.6个百分点；利润总额348.4亿元，比上年增长0.1%；规模以上工业企业亏损面17%，比上年增加0.2个百分点，亏损额15.1亿元，比上年增加0.5亿元。江阴市工业百强企业全年完成产品销售收入3883.7亿元，实现利税392.7亿元，分别占江阴市规模以上工业企业的68%和78.5%。海澜集团有限公司开票销售超500亿元，三房巷集团有限公司、澄星实业集团有限公司、华西集团公司、兴澄特钢有限公司等4个企业集团开票销售超300亿元，阳光集团有限公司、新华发集团有限公司、新长江实业集团有限公司等3个企业集团开票销售超200亿元，8个企业集团开票销售超100亿元。33个工业百强企业入库税金超1亿元，其中超10亿元4个。

（邢 盈）

【建筑业】 2016年，江阴市实现建筑业总产值98.8亿元，其中建筑工程产值87.4亿元，安装工程产值9.4亿元，其他产值2亿元。年内，获无锡市"太湖杯"优质工程奖7个，无锡市政优质工程4个，无锡市优质结构工程20个，无锡市优秀物业管理项目11项。

（邢 盈）

【房地产业】 江阴市全年房地产开发投资281.1亿元,比上年增长8%;商品房施工面积1532.6万平方米,比上年下降11.3%;房屋新开工面积276.9万平方米,比上年下降10.8%;房屋建筑竣工面积261万平方米,比上年下降24.6%。商品房销售面积233.1万平方米,比上年增长10.2%,其中商品房现房销售面积80.6万平方米,比上年增长17.4%,住宅69.1万平方米,比上年增长31.6%;商品房期房销售面积152.4万平方米,比上年增长6.7%,住宅145.7万平方米,比上年增长16.6%。商品房销售成交总额169.3亿元,比上年增长13.5%;其中住宅销售额151.3亿元,比上年增长26.5%。

(邢 盈)

【金融业】 2016年,江阴市年末金融机构各项本外币存款余额3624.5亿元,其中住户存款本外币余额1091.0亿元。各项本外币贷款余额2751.4亿元。住户贷款中,人民币短期贷款81亿元,中长期贷款267.3亿元。非金融企业及机关团体贷款中,人民币短期贷款1309.8亿元,中长期贷款815.7亿元。年末证券交易开户总数27.7万户,证券机构交易金额8308.1亿元。全年实现保费收入61.1亿元,比上年增长22.3%。其中财产险收入21.1亿元,比上年增长5.2%;人寿险收入40亿元,比上年增长33.8%。

(邢 盈)

【企业上市】 2016年,江阴市有42个上市公司,包括境外上市15个,境内上市27个,其中主板16个,中小板7个,创业板4个。首发融资214.07亿元,合计融资689.7亿元(包括再融资475.63亿元)。

(邢 盈)

【国内贸易】 江阴市全年实现社会消费品零售总额776.1亿元,比上年增长10.1%。其中,城镇零售额565.6亿元,比上年增长10.4%;乡村零售额210.5亿元,比上年增长9.1%;批发和零售业零售额730.5亿元,比上年增长9.9%;住宿和餐饮业零售额45.6亿元,比上年增长13.4%。在限额以上批发和零售业零售额中,家具类比上年增长35.7%,五金电器类比上年增长11.9%,建筑及装潢材料类比上年增长11.4%,粮油及食品类比上年增长11.4%。

(邢 盈)

【交通运输业】 江阴市全年完成客运量6922万人次,比上年下降2.8%;完成货运量4119万吨,比上年增长2.4%。港口货物吞吐量13197万吨,比上年增长4.7%。年末全社会拥有车辆47.4万辆,其中汽车40.9万辆,比上年增长10.5%。私人汽车快速发展,年末达35.6万辆,比上年增加4万辆,增长12.7%。

(邢 盈)

2016年1月,国务院批复同意设立江阴综合保税区

(江阴临港经济开发区 供稿)

【邮电通信业】 2016年,江阴市邮电业务总收入25.9亿元。城乡本地固定电话用户36.1万户,比上年减少4.7万户。在网手机用户总量223.7万户,互联网宽带用户61万户,比上年增加8.9万户。

(邢 盈)

【开放型经济】 江阴市全年完成进出口总额199.9亿美元,其中出口额119.7亿美元,进口额80.2亿美元。按人民币计价,完成进出口1319.2亿元,其中出口790亿元,进口529.2亿元。全年完成到位外资10.6亿美元。新批外资项目31个,增资项目29个,其中协议外资超3000万美元重大项目11个,总投资超1亿美元项目3个。全年完成服务外包业务合同额20.1亿美元,执行额16.3亿美元。完成离岸业务合同额10亿美元,执行额6.4亿美元。完成中方协议投资额超8亿美元,在全省县级市中位居前列。新批境外投资项目36个,对"一带一路"国家投资项目6个,中方协议投资额4.1亿美元。

(邢 盈)

【固定资产投资】 江阴市全年完成固定资产投资1133.0亿元,比上年增长0.4%。按产业投向分,第一产业投资5.6亿元,比上年下降16.9%,第二产业投资495.4亿元,比上年下降3.7%,第三产业投资632.1亿元,比上年增长4.1%。按投资主体分,国有企业投资247.7亿元,比上年增长23.6%;民营企业投资735.5亿元,比上年下降9.9%;外商及港澳台投资149.8亿元,比上年增长33.9%。

(邢 盈)

【旅游】 2016年,江阴市接待旅游、参观、访问及从事各项活动的入境游客5.5万人次,接待国内游客1627.7万人次。旅游总收入259.7亿元。拥有A级景区8个,其中国家AAAA级景区2个,国家AAA级景区2个,国家AA级景区4个,省级乡村旅游点15个。年末,拥有星级宾馆11个,其中五星级宾馆3个,四星级宾馆3个。旅行社43个,其中出境游组团社3个。

(邢 盈)

【科技】 江阴市全年新获批无锡市级以上各类科技计划项目352项,争取到上级各类扶持资金9150万元。实施重点产学研项目60项。新增申请专利18535件,其中申请发明专利10693件,授权专利4912件,万人发明专利拥有量17.19件,江阴市获评全国知识产权示范城市工作先进集体,江阴高新区获批国家火炬现代中药配方颗粒特色产业基地,江阴临港新能源产业园获批省级科技产业园。全年新获认定省级高新技术企业119个,省高新技术企业累计411个。新增省级高新技术产品230个,高新技术产业产值占规模以上工业的比重44.5%。新获批省工程技术研究中心8个,入选第三批重点企业研发机构9个、无锡市工程技术研究中心17个、无锡市院士工作站2个,新建院士工作站7个,建成江阴市绿色船舶产业技术研究院,获批国家级众创空间1个、省级众创空间2个,建成江阴市级众创空间4个,获批国家级"星创天地"1个,获批省农村科技服务超市7个,获评省优秀农村科技服务超市1个。

(邢 盈)

【教育】 江阴市年末各类学校教职员工数16788人,其中专任教师14260人;各级各类学校在校学生168432人,其中小学93334人,普通中学56348人,职业学校18512人(其中大专5315人),特殊教育238人。幼儿园在园幼儿42860人。86.3%以上的幼儿在省、市优质园就读。小学和初中普及率均达100%。初中毕业生升学率98.3%。江阴市教育现代化监测综合指标总得分为90.67分,达到江苏省首批教育现代化示范区的创建要求。经第三方测评的"教育满意度"为85%,在全省均处于领先水平。

(邢 盈)

【文化】 江阴市万人拥有公共文化设施面积1947平方米,公益性文化设施达标率100%。深入推进"书香江阴"建设,建成100个全民阅读公益服务点。锡剧等8项非物质文化遗产项目被列入第四批省级"非遗"代表性项目目录。放映单位总数18个,放映收入9137.1万元。

(邢 盈)

【卫生】 江阴市拥有各类医疗卫生机构584个,其中医院、卫生院45个,社区卫生服务中心7个,开放床位8080张,年末有卫生技术人员9448人。全年"新农合"人均筹资标准800元,参合群众54万人,261.95万人次得到结报补偿。

(邢 盈)

【体育】 江阴市人均公共体育设施场地面积2.7平方米。提档"10分钟体育健身圈",配送健身器材2400件,配送各镇(街道)20个笼式足球场。承办省级以上大型赛事17项,举办各级各类赛事活动500余项,"学生人人学会游泳"项目培训合格16004人,服务国民体质测试3000余人次,拥有社会体育指导员5157人。创新实施医保卡余额用于健身消费,获省级体育产业引导资金290万元,体育彩票销售额5.98亿元。

(邢 盈)

【社会保障】 江阴市全年企业职工基本养老保险扩面新增4.6万人,净增1.1万人;企业职工基本养老、医疗、失业、工伤、生育保险参保人数分别为56.4万人、71.8万人、44万人、42.9万人、43.3万人;居民养老保险领取人数为21.1万人,居民养老保险基础养老金、被征地农民第四年龄段人员保养金标准分别提高至280元/月、670元/月。连续第12次调整企业退休人员基本养老金待遇,人均养老金标准1962元/月,平均增资146元/月。城镇企业退休人员16万人,城镇企业职工养老保险总支出38.7亿元。各类福利机构拥有床位12426张。城乡居民最低生活保障对象8667人,其中江阴市区2331人;全年发放低保金4749.9万元,其中城镇低保金1421.4万元。实施城乡医疗救助31447人次,支付救助金2021万元;实施临时救助5937户次,发放救助金892.08万元。重点优抚对象5932人。慈善组织全年累计募集善款(含冠名基金)3926万元。

(邢 盈)

【居民收入】 江阴市全年居民人均可支配收入46337元。其中,城镇居民人均可支配收入54631元,农村居民人均可支配收入28181元。农民收入连续第17年获得全省同类城市第一。城镇居民家庭恩格尔系数29.2,农村居民家庭恩格尔系数30.1。城镇居民人均消费性支出28775元,农村居民人均消费性支出18791元。

(邢 盈)

【就业创业】 江阴市全年提供就业岗位5.9万个,本地劳动力实现就业3.7万人,城镇新增就业2.5万人,城镇困难人员再就业1136人,城镇登记失业率2.29%,农村调查失业率2.83%,江阴籍返澄高校毕业生就业率93.2%,困难家庭高校毕业生就业率100%。全年扶持自主创业2530人,带动就业12970人,发放各类创业补贴689.1万元,发放小额担保贷款7100万元。

(邢 盈)

【基础设施建设】 2016年,江阴市锡澄运河航道整治工程全线25千米航道竣工投运,新江阴船闸通航运营。申港—靖江上五圩渡口南北两岸工程竣工。锡澄高速公路江阴南互通建成投用,锡澄路、河豚路等道路大修工程全面完成。虹桥南路南延伸段打通。完成新建公交候车亭80个,新建公交电子站牌30个,完成中心城区公共自行车租赁点布局规划。

(邢 盈)

【公用事业】 2016年,江阴市新增照明建设管理道路6.6千米、光源301个。全社会用电量、供电量和售电量分别为244.93亿千瓦时、224.53亿千瓦时和220.51亿千瓦时。全年供水量26916.23万立方米,日均供水量73.74万立方米,小城镇中心村电网改造、城市热网青月线工程推进,天然气管网新增220千米。新建天然气管网238.7千米,新增天然气居民用户4万户,全年供应天然气5.5亿立方米,液化石油气2.9万立方米。全年无害化处理生活垃圾50.4万吨。新建污水主管网20.5千米,21个城镇综合污水处理厂处理污水1.34亿吨。

(邢 盈)

【环境保护与治理】 江阴市全年城区空气质量优良天数比例为66.7%,城市集中式饮用水源地水质达标率100%,环境噪声达到功能区要求。继续淘汰10吨/小时以下燃煤锅炉305台。主要污染物排放总量超额完成年度目标任务,排放强度下降,单

2016年8月25~27日,2016"一带一路"U15男子国际足球锦标赛在江阴举行
(江阴市体育局 供稿)

位地区生产总值化学需氧量、氨氮、总氮、总磷、二氧化硫、氮氧化物排放强度分别比上年下降2.9%、4.0%、2.9%、3.9%、9.4%和25.3%。

(邢 盈)

【造林绿化】 江阴市城市建成区绿化覆盖面积5357.5公顷,绿地面积4943.75公顷,公园绿地面积547.56公顷。林木覆盖率24%,建成区绿化覆盖率42.86%,人均公园绿地面积15.95平方米。

(邢 盈)

【江阴市第四次被评为"全国双拥模范城"】 江阴市委、市政府和驻军部队高度重视双拥工作,围绕军地融合、共促双赢的目标,积极探索双拥工作新思路、新举措。2015年年末,江阴市拥有双拥组织100余个、拥军优属服务组织600余个。各镇(街道)、市级机关部门以及社区相继与驻江阴部队结对,实现结对共建全覆盖。江阴市财政倾力支持,在服务驻军方面注重实事落实。严格落实安置政策、逐步提高优抚标准、着力改善军休环境,形成军民团结友爱、互相支持的良好局面,有力推动经济建设和国防建设协调发展。2016年7月29日,全国双拥模范城(县)命名暨双拥模范单位和个人表彰大会在北京召开,江阴市再次被评为全国"双拥模范城(县)"。该表彰大会每四年举行一次,江阴市是第四次获该荣誉称号。

(邢 盈)

【江阴市被评为全国法治宣传教育先进市】 2011~2015年"六五"普法期间,江阴市坚持将普法工作纳入江阴市社会经济发展目标责任体系之中、纳入江阴市"三个文明"(物质文明、政治文明、精神文明)建设年度考核之中、纳入法治城市创建考核体系之中,与经济建设同筹划、同部署、同检查、同考核。组建100余名普法联络员队伍、30余名普法讲师队伍、80余名法制副校长队伍、1.3万余名普法志愿者队伍。创新载体、培塑品牌,实现法治文化阵地多元化、法治文化作品精品化、法治宣传渠道立体化。2016年5月,中宣部、司法部、全国普法办对2011~2015年全国法治宣传教育先进集体和先进个人进行通报表彰,江阴市被评为2011~2015年全国法治宣传教育先进市(县、区)。

(邢 盈)

【江阴市被评为全国知识产权示范城市工作先进集体】 2009年,江阴市启动国家知识产权试点示范工作,落实政策引导、制度建设、服务保障等措施,提升知识产权创造、管理、运用、保护能力和水平,增强科技创新活力、区域竞争实力。2014年,江阴市通过国家知识产权示范城市考核,被列入第三批国家知识产权示范城市。2015年,江阴市新申请专利14010件,其中申请发明专利6313件,授权专利7502件,江阴市万人发明专利拥有量14.2件,江阴高新区被评为国家知识产权试点园区。2016年9月,国家知识产权局对2015年度示范城市工作情况进行考评,江阴市被评为全国知识产权示范城市工作先进集体,全国仅3个县级市获此荣誉称号。

(邢 盈)

【江阴市被评为全国"书香城市(区县级)"】 2012年始,江阴市委、市政府把书香城市建设作为提升市民文明素养、创建全国文明城市的重要抓手,全力完善全民阅读的服务网络、全力打造引领发展的阅读品牌、努力彰显全民阅读的江阴特色。2013年,江阴市被评为全省首批"书香之县"。2016年7月,中国图书馆学会举办2016年"书香城市(区县级)"发现活动,旨在挖掘和发现一批保障体系完善、社会参与度高、创新性强、阅读成效显著的"书香城市(区县级)",以发挥典型带动作用,为各地开展全民阅读活动提供示范。江阴市成为56个参选城市之一。11月8日,中国图书馆学会公布2016年"书香城市(区县级)"名单,江阴市等19个城市入选。

(邢 盈)

【江阴市实现全国县域经济基本竞争力排名"十四连冠"】 (参见第48页"江阴再次名列百强县之首"条目)

(邢 盈)

【江阴市实现中国全面小康十大示范县(市)"九连冠"】 2016年,江阴市加快改革创新,突出品质提升,致力绿色发展,改善民生,在经济运行、产业转型、城乡统筹、机制改革等方面取得很大突破,实现稳定增长保经济、切实改善为民生的重要目标,为促进中国社会全面小康发展起到很好的示范、带动作用。12月17日,在北京举行的第11届中国全面小康论坛颁奖盛典上,江阴市再获"2016中国全面小康十大示范县市"第一名,实现"九连冠"。

(邢 盈)

组织机构和领导人员名单

中共江阴市委员会

书　记　陈金虎
副书记　沈　建(至7月)
　　　　蔡叶明
　　　　崔荣国(赴新疆工作)
　　　　袁秋中(7月任)
常　委　陈金虎
　　　　沈　建(至7月)
　　　　蔡叶明
　　　　崔荣国(赴新疆工作)
　　　　袁秋中
　　　　孙小虎(至7月)
　　　　计　军
　　　　孙　英(女,至7月)
　　　　钱文琴(女,至5月)
　　　　冯爱东
　　　　吴　芳(女)
　　　　陈兴华(2月任)
　　　　戴旭东(至7月)
　　　　费　平(7月任)
　　　　余银龙(7月任)
　　　　程　政(7月任)
　　　　尹　平(7月任)

江阴市人大常委会

主　任　赵国权(至10月)
代主任　郑　元(10月任)
副主任　倪颖伟
　　　　郑　元
　　　　朱　敏
　　　　黄耀清

江阴市人民政府

市　长　沈　建(至7月)
代市长　蔡叶明(7月任)
副市长　孙小虎(至7月)
　　　　计　军(至7月)
　　　　吴　芳(女)
　　　　费　平
　　　　龚振东
　　　　封晓春(至2月)
　　　　唐仲贤
　　　　程　政(至7月)
　　　　虞卫才
　　　　韩　民
　　　　赵　强(7月任)
　　　　余新泉(挂职)

政协江阴市委员会

主　席　薛　良(至1月)
　　　　徐冬青(1月任)
副主席　须振宇
　　　　黄丽泰(女,兼)
　　　　张英毅
　　　　喻伟力
　　　　陈兴初

中共江阴市纪律检查委员会

书　记　孙　英(女,至7月)
　　　　余银龙(7月任)

(邢　盈)

宜兴市

【概况】　宜兴市地处江苏省西南端、沪宁杭三角中心,东朝太湖并与苏州隔湖相望,东南邻浙江省长兴县,西南界安徽省广德县,西接常州市溧阳市,西北毗连常州市金坛市,北与常州市武进区相傍。滆湖镶嵌宜兴和武进之间,三氿(东氿、团氿、西氿)串珠般镶嵌于宜兴市区宜城东西两侧。宜兴市地势南高北低,西南部为低山丘陵,最高峰为黄塔顶,海拔611.5米;东部为太湖渎区,适宜种植各种蔬菜;北部和西部分别为平原区和低洼圩区,是宜兴粮油主要产地。宜兴市总面积1996.61平方千米(其中太湖水面242.29平方千米),城市化水平65.12%。至2016年年末,宜兴市有中国宜兴环保科技工业园、宜兴经济技术开发区2个国家级开发区,江苏宜兴陶瓷产业园区1个省级开发区,13个镇、5个街道,214个行政村、97个社区、1个村居合一社居委。户籍总人口108.34万人,其中男性53.41万人。全年出生9218人,出生率8.51‰;死亡8108人,死亡率7.49‰;人口自然增长率1.02‰;计划生育率99.76%。有少数民族42个、1.1万人(含流动少数民族人口)。宜兴市人民政府设在宜城街道陶都路8号。2016年,宜兴市实现地区生产总值、公共财政预算收入分别为1377.74亿元、108.65亿元,比上年分别增长6.7%和6%;社会消费品零售总额556.37亿元,固定资产投资总额537.31亿元;主要指标增长稳定在合理区间。位列第16届全国县域经济与县域基本竞争力百强县第六位。

(吴　艳)

【农业】　2016年,由于受汛期超强厄尔尼诺气候影响,宜兴市出现大面积强降雨,农作物受淹面积占种植面积九成以上,水产受灾面积超过五成,宜兴市农业生产、经营均有所下降。全年实现农林牧副渔总产值86.57亿元,比上年下降3%。全年粮食总产量37.05万吨、油料总产量5052吨、茶叶总产量6119吨、水果总产量2.14万吨、干果总产量2418吨,分别比上年下降18.7%、10.4%、3.3%、18.5%、16.4%。全年农作物播种面积8.72万公顷,比上年减少0.72万公顷。受治太保源等因素影响,主要畜产品产量和存出栏数均下降。全年猪肉产量1.7万吨、禽肉产量0.74万吨、猪年末存栏数11.19万头、猪肉出栏数22.6万头,分别比上年下降15.3%、1%、40.2%、15.3%。全年水产品产量8.13万吨,比上年增长1.9%。新增高标准农田1000公顷、高效设施农业(渔业)面积1047公顷、"三品"(无公害农产品、绿色食品、有机食品)农产品128个。西渚镇白塔村被评为中国美丽休闲乡村,湖㳇镇张阳村凭借特色盆景苗木产业被评为全国"一村一品"示范村。宜兴市高度重视农业与第二、第三产业融合发展,年内创建为"全国农业产业融合试点县"。宜兴市农机总动力52.1万千瓦,粮油生产机械化水平95%。

(吴　艳)

【工业】　年内,宜兴市实现工业总产值3510.6亿元。871个规模以上工业企业实现产值2792.15亿元、完成销售收入2594.43亿元、实现利税总额182.85亿元。电线电缆、化纤纺织、机械装备三大主导产业快速发展,全年规模以上企业实现产值1128.6亿元,占宜兴市规模工业经济比重40.4%;陶瓷与耐材、铜材加工、精细化工和保温建材四大传统产业健康发展,全年规模以上企业实现产值974.3亿元,占宜兴市规模工业经济比重34.9%。节能环保、新能源、光电子新型显示、绿色食品四大新兴产业大幅提升，全年规模以上企业实现产值464.4亿元，比上年增长14.3%，占宜兴市规模工业经济比重16.6%。宜兴市工业产值超1亿元企业311个，其中超10亿元的48个、超100亿元的4个。重点企业加快转型步伐，4个企业入围中国民企500强，6个入围中国民企制造业500强。

(吴　艳)

【建筑业】 宜兴市建筑业施工企业660个，其中年产值超1亿元企业42个。从业人员10.6万人，其中一级注册建造师838人、二级注册建造师3875人。全年建筑业实现增加值101.46亿元，总产值196.78亿元。房屋建筑施工面积1257.25万平方米，其中新开工工程547万平方米。承建高层建筑工程402个、大跨度结构工程8个。建筑工程项目中，获国家“鲁班奖”4项、“中国土木工程詹天佑奖”1项、江苏省“扬子杯奖”14项，被评为省级标准化文明工地6个。

(吴　艳)

【房地产业】 年内，宜兴市房地产业开发投资下降较快。全年完成房地产开发投资88.7亿元，比上年下降33.4%，其中住宅开发投资62.38亿元，比上年下降40.1%。房屋施工面积615.12万平方米，比上年下降23.6%，其中住宅施工面积451.36万平方米，比上年下降21.8%。商品房销售增速逐渐放缓。宜兴市商品房销售面积135.13万平方米，比上年增长3%，其中住宅销售面积117.16万平方米，比上年增长1.8%。商品房销售额104.41亿元，比上年增长11.1%，其中住宅销售额88.46亿元，比上年增长9.9%。

(吴　艳)

【商贸流通】 宜兴市全年实现商品销售额1532.94亿元，比上年增长9.2%。社会消费品零售总额556.37亿元，比上年增长9.7%。市中心商业区业态种类齐全，功能配套完善。宜兴华地百货有限公司、宜兴新苏南商厦有限责任公司、宜兴新东方百货有限公司、宜兴市和信广场有限公司全年销售额28.46亿元，“大统华”“大润发”两大品牌超市年销售额14.3亿元。市场贸易平稳发展，宜兴市拥有各类商品交易市场90个，其中专业市场19个、农副产品批发市场7个、农贸市场64个，市场成交额348.77亿元。其中，年成交额超1亿元的商品交易市场15个，超10亿元市场7个，超50亿元的市场2个，超100亿元的市场1个。

(吴　艳)

【开放型经济】 宜兴市全年利用外资增速回落。批准外资项目40个，其中新批外资项目29个。到位注册外资1.58亿美元，比上年下降21%。对外贸易逆势企稳，完成进出口总额37亿美元，比上年下降3.2%。其中完成出口总额30.17亿美元，比上年增长3.4%；完成进口总额6.82亿美元，比上年下降24.4%。全年外贸进出口、进口指标跌幅持续收窄，出口指标增幅提升。以一般贸易为主导的外贸出口24.9亿美元，比上年增长18%，占全部出口总额比重82%。宜兴市外资企业累计进出口12.3亿美元，比上年增长7.8%。新增上市企业2个、“新三板”挂牌企业17个。

(吴　艳)

【交通运输】 宜兴市全年交通基础设施建设投资9.52亿元，开工交通基础设施建设项目42个。新改建农村公路600千米，整修危旧桥梁130座。公交客运实现城乡一体化。内外主干路网体系更加优化，范蠡大道、环科大道、滆湖东路、太湖大道全线贯通，G104国道宜兴段、宜金段完成改造。汤省线、阳灵隧道、太华旅游干线建成投用。年末宜兴市公路通车里程2476千米，内河航道里程614千米。全年各种运输方式完成货运量3811万吨，货运周转量30.79亿吨千米。完成客运量7091万人次；客运周转量66280万人千米。货运操作量844万吨，港口吞吐量3536万吨。

(吴　艳)

【邮电通信】 年内，宜兴市邮政业务快速发展，电信业务小幅回落。全年实现邮政业务收入2.51亿元，比上年增长15.6%；电信业务收入14.64亿元，比上年降低3.1%。互联网用户41.2万户，比上年增长12.9%。宜兴市固定普通话机用户33.35万户，比上年减少1.45万户。移动电话151.8万户，比上年减少4.1万户。公用电话1.21万只，比上年下降5.5%。宜兴市有数字电视用户35万户，其中高清互动电视用户10.21万户。

(吴　艳)

【城乡建设】 年内，宜兴市围绕城市总体规划，完善规划编制体系，优化城市空间布局，发挥城乡规划的统筹引领作用。全年组织实施政府投资工程59项，累计完成投资9.85亿元。文明城市创建深入推进，交通秩序、小区环境、市容环境改善。村庄环境长效管理成效明显，城乡面貌实现新的提升。一批重点工程竣工，市行政服务中心、老体育馆改造、横山水库防洪调度中心、杨巷粮库、电教馆改造等公建项目，顶上桥改建、世纪大桥吊杆更换、阳羡东路改造、滆湖东路绿化、双湖路南侧绿化等市政绿化项目，城区楼宇亮化、体育中心亮化改造等照明亮化项目全面完工，阳泉路、通真观路、朝阳路、茶局巷等旧城道路改造工程实现全线通车。加快推进一批重大项目，周铁医院、红十字会血站及“120”急救指挥中心、革命烈士陵园“一体两馆”工程等公建项目按预定工期加快推进，陶都路拓宽改造、范蠡大道绿化等项目前期工作顺利推进。

(吴　艳)

【公用事业】 宜兴市全年全社会用电量92.25亿千瓦时。市供电公司供电量84.07亿千瓦时、售电量81.9亿千瓦时，电费收入59.54亿元。宜兴市有发电机额定容量3000千瓦以上的发电企业15个。其中，抽水蓄能电站、垃圾发电厂、天然气发电厂各1个，热电联产企业5个，利用余热、余气、余压发电的资源综合利用企业7个。总装机容量1466.5兆瓦，全年供电71.39亿千瓦时。发电消耗煤炭328.92万吨、生活垃圾21.08万吨、天然气8.5895亿立方米。热网管道总长303.1千米，全年供热3497.12万吉焦。天然气输配管网累计2174千米，全年管道天然气供应量4.16亿立方米。全年总供水量11977万立方米，饮用水水质全部符合或优于国家标准。

(吴　艳)

【环境保护】 宜兴市环境保护力度加大，生态建设稳步推进。重点整治省定9条入太湖河道，推进治太保源四项专项行动，劣Ⅴ类河道全面消除，对农村河道进行新一轮疏浚；城乡环境稳步提升。连续开展民生环保专项行动，强化重点区域气味、噪声、烟尘粉尘等污染治理，对不合格企业实施综合整治，淘汰高污染燃料锅炉，秸秆禁烧保持常态。通过大气污染治理和推进民生环保工程，宜兴市PM2.5年均浓度比上年下降10%。全面提升城乡环卫基础设施布局和承载能力，张渚镇70万方级填埋场改造工程前期有序实施。城区具备机械化清扫条件的路段已基本实现机械化清扫。全年收集垃圾540余万桶、处置生活垃圾39万余吨，日均1080吨。宜兴市污水厂全年累计处理污水6670万吨，出水综合合格率99%以上。

（吴　艳）

【金融保险】 年内，宜兴市金融存贷款保持平稳。年末金融机构各项本外币存款余额1925.33亿元，各项本外币贷款余额1401.17亿元。保险业收入继续较快增长。全年实现保费收入47.73亿元，比上年增长13.6%。保险赔偿支出及给付17.51亿元，比上年增长2.3%。

（吴　艳）

【旅游】 年内，宜兴市推进文化与旅游、体育与旅游、乡村民间艺术与旅游的融合。全年举办陶瓷文化艺术节、素食文化博览会、环太湖自行车赛等一批节会和赛事，相继建成龙池山自行车公园、阳山荡等新景点。AAAA级景区增加至8个，阳羡生态旅游区晋升为省级旅游度假区。深氧湖汊、禅居西渚等一批旅游小镇人气渐旺，芳桥目连文化节、徐舍花田灯海等主题活动精彩纷呈，宜兴市被评为全国休闲农业和乡村旅游示范市。全年接待国内游客2203.34万人次，比上年增长10%；接待旅游、参观、访问及从事各项活动的入境过夜旅游者9.96万人次，比上年增长10.2%。旅游总收入224.45亿元，比上年增长12.4%。至年末，宜兴市有星级宾馆9个。其中，五星级3个、四星级2个、三星级3个、二星级1个。有旅行社38个，旅行社营业收入0.81亿元，比上年下降9.2%。

（吴　艳）

【科技】 全年宜兴市组织实施市级以上各类科技项目326项，其中国家级1项、省级255项。至年末，宜兴市拥有各类专业技术人员13.38万人。全年受理专利申请总量7354件，当年专利授权总量3305件。万人发明专利拥有量16.3件。高新技术产业产值占规模以上工业总产值比重39.5%，研发经费支出占GDP比重3%。每万名劳动力中研发人员数105人。新增高新技术企业47个，高新技术企业增至303个；新增高新技术产品数231项；组织实施产学研合作项目173项。

（吴　艳）

【教育】 年内，宜兴市教育事业全面发展。有普通高中、普通初中、小学、幼儿园分别为8所、34所、56所、82所，分别招生4444人、9856人、10357人、10949人，有在校学生分别为13481人、27799人、60403人、29295人。有中等技术学校、特殊教育学校分别为4所、1所，分别招生2680人、10人，在校学生分别为7964人、165人。宜兴市学前三年教育毛入学率100%、义务教育巩固率100%，高中阶段教育毛入学率95.11%，18周岁高等教育入学率60.48%。宜兴市4931人参加高考，本科录取3385人，本科录取率68.6%。市青少年活动中心新馆投用。宜兴市被命名为“国家级农村职业教育和成人教育示范县”，成为首批“江苏省平安校园建设示范市”。

（吴　艳）

【文化】 年内，宜兴市拥有各级文保单位135处156个点，其中国保单位6处11个点、省保单位13处23个点，拥有市级文物控制单位65处。全年送电影下乡3200场，送戏下乡160场，文化馆小剧场演出不同剧种304场。有市级艺术表演团体1个，文化站(馆)18个；市级公用图书馆1个，藏书87.36万册；电影放映单位14个，放映9.2万场次，票房收入8380万元。随着保利大剧院、博物馆、美术馆相继开馆，文化中心全面探索运营，完成文艺演出、文化讲座、展览培训、读书沙龙等文化活动近200场，各场馆到馆总人流量超100万人次。有国家级非物质文化遗产项目4个、省级项目13个；国家级非物质文化遗产项目代表性传承人3人、省级传承人12人。宜兴市拥有文化产业单位1700余个。市广播电视台全年播出自采广播、电视新闻2.6万余条(次)。《宜兴日报》全年出版305期，刊登宜兴地区新闻8000余篇、新闻图片3000余幅。

（吴　艳）

【卫生】 年内，宜兴市有各级各类医疗机构517个，编制床位数4963张；医疗设备总价值9.69亿元。基本形成以市级医疗机构为龙头、区中心医院和社区卫生服务中心为骨干、社区卫生服务站为基础、民营医疗机构为补充的三级医疗卫生服务网络。有卫生技术人员9490人，其中注册执业医师3269人，执业助理医师439人，注册护士3888人。全年门(急)诊530.76万人次，收治住院病人17.72万人次，床位使用率99.65%，业务收入28.37亿元。全年无偿献血总量6.8吨，向临床提供合格血液6.52吨。宜兴市人民医院晋升为三级甲等综合医院。

（吴　艳）

【体育】 年内，宜兴市有体育场5个、体育馆16个、游泳池47个。全年举办群众活动和赛事36次。其中，市级及以上活动和赛事15次，县(市)级21次。参加竞赛活动人数1.18万人次。在各种国内外赛事中，获奖牌52枚。其中，金牌17枚、银牌18枚、铜牌17枚。全年承办中法男篮奥运会热身赛、国际滑水公开赛等国际赛事，全国越野行走公开赛、全国东西南北中羽毛球赛、第三届长三角运动休闲体验季宜兴站、宜兴OP帆板邀请赛、第19届太湖风筝节暨全国风筝精英赛等国内赛事。体育彩票销售额首次超5亿元，达5.14亿元，比上年增长39%。

（吴　艳）

【人民生活】 全年宜兴市居民年人均可支配收入37326元，比上年增长8.5%。按常住地分，城镇居民、农村居民年人均可支配收入分别为46092元、23709元，分别比上年增长7.8%、8.2%。坚持民生优先导向，超过70%的财政支出用于民生事业，11件44项民生实事项目顺利完成。就业和再就业形势总体平稳，全年新增就业岗位3.2万个，宜兴市城镇登记失业率为2.2%。消费品价格

面对历史最大洪水，宜兴市投入抗灾人数约32.55万人次，取得抗洪救灾的全面胜利

电力抢修（邵 昌 摄）

转移受灾群众（曹 益 摄）

修桥铺路（鲍 陈 摄）

雨夜奋战（鲍 陈 摄）

灾后补种水稻（丁焕新 摄）

稳中有涨，全年居民消费价格指数为101.7，比上年提升0.3个百分点。统筹实施社会保障，至年末，宜兴市有34.2万人参加基本养老保险，27.5万人参加失业保险，44.29万人参加企业职工基本医疗保险，44.76万人参加城乡居民医疗保险。

（吴 艳）

【宜兴抗击历史最大洪水】 2016年入汛后，宜兴市遭遇连续性强降雨。7月1日17时至7月7日15时，宜兴市平均降雨量达283毫米。再加上上游洪水的“下压”及下游太湖的高水位“顶托”，京杭大运河钟楼闸关闭，使得宜兴市境内水位持续攀高并不断刷新纪录，宜兴市出现有水文记录以来的最大洪涝灾害。宜兴市累计发生决口、坍塌、渗漏等各类险情742处，宜城城区62个小区、19条道路被淹，宜兴市累计受灾人口180202人，转移群众33390人，受灾农田1.84万公顷，受损房屋339户，受淹企业405个，直接经济损失近5.72亿元。宜兴市抗洪救灾共消耗编织袋240万只、编织布48万平方米，抗灾用电730万千瓦时、用油12吨，抗灾机械1065台班次、运输设备8600班次、抢险舟船2086舟次，投入抗灾人数约32.55万人次。市防汛指挥部调度防汛仓库和抗旱排涝队支援各地各部门抗洪救灾的编织袋19.5万只、彩条布9.3万平方米、桩木6350根、排涝机泵111台套，其中省防汛指挥部支援抗排机泵50台套。在严峻的汛情、灾情面前，宜兴市确保万亩以上圩不破圩、水库塘坝不溃坝、太湖大堤不决口，取得抗洪救灾的全面胜利。

（吴 艳）

组织机构和领导人员名单

中共宜兴市委员会

书　记　王中苏（至7月）
　　　　沈　建（7月任）
副书记　张立军
　　　　周中平
常　委　王中苏（至7月）
　　　　沈　建（7月任）
　　　　张立军

周中平
梅中华(至7月)
余银龙(至7月)
朱旭峰
朱晓晔
沈晓红(女)
徐志军(至7月)
孙海东
蔡卫红(至7月)
何晓进(7月任)
李　平(7月任)
裴焕良(7月任)
张凡明(7月任)

宜兴市人大常委会

主　任　王中苏(至7月)
　　　　刘亚民(7月任)
副主任　王华良
　　　　周　斌(7月任)
　　　　华学文(至11月)
　　　　裴全华(至2月)
　　　　赵菊明
　　　　徐志军(7月任)
　　　　朱保强(11月任)

宜兴市人民政府

市　长　张立军
副市长　梅中华(至7月)
　　　　何晓进
　　　　周　斌
　　　　吴青峰
　　　　储红飙
　　　　周　军(至11月)
　　　　尹志华(至11月)
　　　　卢　敏(女)
　　　　马　钟(11月任)
　　　　谢海华(11月任)
　　　　戈林兴(挂职)

政协宜兴市委员会

主　席　邵亚群(至11月)
　　　　梅中华(11月任)
副主席　庄建明
　　　　莫克明
　　　　洪　雅(女，11月任)
　　　　芮俊燕(女,兼)
　　　　钱伟兴(兼)
　　　　温秀芳(女,兼)

中共宜兴市纪律检查委员会

书　记　余银龙(至7月)
　　　　李　平(7月任)

(吴　艳)

梁溪区

【概况】 梁溪区位于无锡市区中部,总面积71.50平方千米。因无锡城西梁溪而得名，旧为无锡别称。2015年10月,国务院批复撤销无锡市崇安区、南长区、北塘区,设立无锡市梁溪区。2016年2月20日,无锡市梁溪区挂牌成立，区人民政府设在解放东路688号。至2016年年末,全区辖崇安寺、通江、广瑞路、上马墩、江海、广益、迎龙桥、南禅寺、清名桥、金星、金匮、扬名、黄巷、山北、北大街、惠山、五河(与北大街合署办公)17个街道,156个社区。户籍人口77.22万人,人口自然增长率8.7‰。2016年,全区实现地区生产总值1070亿元，比上年增长7.1%;完成一般公共预算收入45.12亿元,完成年度预算任务；城镇常住居民人均可支配收入比上年增长7.6%;城镇登记失业率控制在3%以内。

(王晓辉)

【重大项目】 年内，梁溪区稳步推进重大项目，完成固定资产投资194.59亿元，其中102个重大项目完成投资95亿元。世茂首府A块、白金汉爵二期等16个项目开工建设,保利达广场一期、凤凰城商业中心等9个项目主体封顶,茂业亿百、国联乐园等12个项目建成投运或交付。引进投资规模超1亿元项目12个,明丽雅、丽新路、丁村管巷等11幅共61.6公顷地块完成出让,出让总金额140.4亿元。曹张农贸市场完成提升改造，盛岸农贸市场异地重建，天鹏食品公司被认定为全市唯一的省转型升级示范市场。推进开放发展,外贸进出口逐步企稳,全年进出口总额22.5亿美元，其中出口20.4亿美元。

(王晓辉)

【产业升级】 年内，梁溪区在加快转型中稳步提升产业能级，把握产业强区主战略，构建以战略性新兴产业为先导、现代服务业为主体、先进都市型工业为支撑的现代产业体系。制定5大类15条推进现代产业发展的政策意见,设立20亿元现代产业发展资金、50亿元产业发展投资基金和10亿元中小微企业融资担保基金,加快现代产业发展。推进企业上市，新增4家企业在“新三板”挂牌。加快电子商务园建设。都市工业量质齐升，规模以上工业总产值完成237.71亿元，比上年增长8%,主营业务收入、利税、利润的增幅位居全市前列，成功举办世界物联网博览会新技术新产品成果发布暨产业合作洽谈会。

(王晓辉)

【服务业】 年内，梁溪区服务业增加值占GDP比重84.1%，文化产业增加值占GDP比重约4.3%。获批首个省级商贸流通创新发展示范区、列入第二批国家级全域旅游示范区创建单位。全年接待游客1600万人次,推出“无锡城俚厢”品牌形象,成功举办“品质梁溪”文旅节、国际风情夜游节等品牌文旅活动。古运河旅游公司与市城投旅游公司实现整合,全面贯通古运河水上游线路。

(王晓辉)

【创新发展】 年内，梁溪区加强创新驱动，新认定省科技型中小企业14家、省民营科技企业15家,新申报国家高新技术企业17家。专利申请3350件,其中发明专利申请1180件,万人发明专利拥有量8件。大众创业、万众创新氛围逐步浓厚,“梁溪英才计划”启动实施,新增人才总量12113人，与江南大学共建梁溪发展研究院。

(王晓辉)

【载体建设】 年内，梁溪区江南古运河旅游度假区启动城市规划设计。清名桥景区完成寺前浜、王家大院、袁家大院3处老宅修复工程;小娄巷历史文化街区启动改造。无锡食品科技园启动二期规划编制,与中科招商设立50亿元梁溪农业发展基金，被评为中国餐饮产品标准化示范基地。扬名传感信息园新引进工业和科研服务型企业40家。山北光电材料园引入启迪协信·无锡科技城。广益家居园与居然之家达成战略合作协议，引进投资15亿元。楼宇经济加快发展,超1000万

梁溪区加强工业(科技)园区建设

(梁溪区政府办 供稿)

元税收楼宇50幢。

(王晓辉)

【社会事业】 年内,梁溪区推动各项改革举措,供给侧结构性改革有力推进。全年商品住宅销售面积110.68万平方米,去化周期降至6个月左右。盘活各类商办载体近50万平方米,天安大厦、华光大厦、鸿运大楼等闲置载体完成招商招租。政府性债务结构显著优化。互联网金融风险防范工作取得积极成效。为企业降本减负力度加大,"营改增"试点全面推开。各项补短板工作全面展开。经济领域改革有序推进。推进商事制度改革,激发市场活力。全面推进国企改革,整合组建城投集团(含棚改公司)、经发集团、食品科技园公司、古运河公司四大区级国资平台,城投集团2A+评级工作进入冲刺阶段。完善国有资产管理体制,健全各项管理制度。行政管理和社会领域改革有效推进。推进行政审批制度改革,成立梁溪区行政审批局。试行集团化办学,实现教育改革新突破。医药卫生体制改革取得进展,医联体建设覆盖率100%。完善社会治理体制,"政社互动""三社联动"机制进一步健全。

(王晓辉)

【城市建设】 年内,梁溪区把握"品质梁溪"建设要求,实施更新改造三年行动计划和生态文明建设工程,城市建设全面提速。新明北路、吴桥西路等11条市级道路建设有序推进,清南路、金星路、站前商贸区路,广益路西延等区级道路建设通车。完成北兴塘河驳岸加固、沁园浜泵站新建等45项防汛工程,确保安全度汛。完成庄前一村、广瑞一村、中桥三村等50个小区191.6万平方米城中村综合整治,完成黄泥头佳苑二期、广益博苑三期、沁园新村等19个小区2.1万余套安置房初始登记;完成房屋征收2247户、39.5万平方米,完成清点项目35个,启动新开项目40个,完成棚户区改造23.6万平方米,建立"指挥高效、条块联动、以块为主、分级负责"的城市管理新格局,完成执法管理队伍整合。拆除各类违法建设10.1万平方米,拆除违章广告2万平方米。完成人民东路延伸段、南长街、蓉湖北路等10条道路大修,完成道长巷、连元街、南市桥巷等街巷环境综合整治,修复江海新村路、蒋巷路、丰涵桥路等60条社区道路,新增公共停车泊位1478个,完成40个社区游园提质改造,建设3座小型餐厨垃圾处置设施,改扩建公厕22座。

(王晓辉)

【生态环境】 年内,梁溪区整改落实中央环保督察反馈的11个问题,加快补齐生态文明短板。推进总量减排,关闭4家印染企业。加强太湖治理和河道综合整治,完成芦村河、北兴塘河等21条河道综合整治,新建排水达标区35个,完成排水达标区复查整改372个。加强大气污染防治,组织开展黄标车、油气回收、挥发性有机物、餐饮油烟等专项整治。加强土壤污染风险管控,完成2个污染土壤场地修复试点工作。义务植树6.3万株,新增绿地33.1万平方米,新创园林式居住小区4个,绿化惠民工程全部完成。

(王晓辉)

【平安建设】 年内,梁溪区加强"平安梁溪"建设。优化社会治安防控体系,新建技防监控553路,社会治安满意度和政法队伍满意度位居全市前列。加强"法治梁溪"建设,获评市"六五"普法先进区,全面启动"七五"普法,创新7个省级民主法治示范社区。全力维护社会稳定,阳光信访信息系统投入使用,社会矛盾纠纷调处成功率99.8%。开展安全生产大检查,推进涉氨制冷、危化品、职业病、建设工程、道路客运、特种设备等安全专项整治,安全生产形势保持平稳。加强食品药品安全监管,全年食品抽检达每千人3批次,合格率98.5%。

(王晓辉)

【民生福祉】 年内,梁溪区就业和社会保障得到加强,城镇新增就业3.2万人,失业人员再就业15939人,扶持自主创业2525人,带动就业再就业15596人,"零就业家庭"至少一人就业覆盖率100%,新增居民养老保险参保14031人,社保断保人员压降19426人。精准扶贫全面推进,减少20%相对贫困人口,新增住房保障999户。新增3个老年助餐中心和2家医养融合老年护理机构,为1.5万余名高龄或独居老人购买意外伤害险,为9610户特定老人家庭提供居家援助服务。新建10个街道"残疾人之家",为1.1万余名持证残疾人购买意外伤害险,向614名贫困残疾人员发放辅助器具,梁溪区建成省残疾人工作先进区。落实清真食品补贴等政策。"万人万企帮万家"活动筹集扶贫帮困善款1170万元。教育事业优质均衡,新创7所优质园,新增4名省特级教师,金海里小学、古运河实验小学新建和梨庄实验小学、积余实验学校改扩建工程有序推进，扬名中心小学滨河校区交付使用。文化事业蓬勃发展，完成30个社区综合性公共文化服务中心省级试点工作，新增和更新健身路径59套，建成省公共服务体系示范区。卫计事业提升发展，为退休职工进行免费体检，向计生特殊家庭发放奖扶持特扶金1549万元。被评为省人口协调发展创建工作先进县(市)区。

(王晓辉)

【作风效能建设】 年内，梁溪区坚持依法科学民主决策，落实重大事项集体决策制度。推进政务公开，区政府门户网站上线运行。发挥人大、政协作用，51件区人大代表建议、28件区政协委员提案全部办结。建立街道、部门、国资平台绩效管理制度，推行重大项目、重点工程、征收拆迁、协税护税推进例会制，加大对重点工作工作落实的督察力度。探索实施"智慧梁溪"建设，提升公共服务水平和社会治理能力。开展"两学一做"学习教育，严格落实中央八项规定，持续开展作风效能监督检查，促进作风改善。落实党风廉政建设责任制，严格遵守廉洁自律准则，履行"一岗双责"，开展整治和查处侵害群众利益不正之风和腐败问题专项行动，开展违规吃请和公款吃喝问题专项整治工作，规范基层单位依法用权，惩治微腐败。坚持严控因公出国(境)经费、公务车购置及运行费、公务招待费"三公"经费，推进公车改革。发挥审计监督职能，加强政府投资项目全过程审计，促进政府资金规范管理。

(王晓辉)

组织机构和领导人员名单

中共梁溪区委员会

书　记　徐　劼
副书记　秦咏薪
　　　　邹士辉
　　　　陈锡明
常　委　徐　劼
　　　　秦咏薪
　　　　邹士辉
　　　　陈锡明
　　　　朱　雄
　　　　章树军
　　　　张　莉(女)
　　　　陈红升
　　　　唐斌彪
　　　　周皖红(女)
　　　　许　岗
　　　　蔡　昌

梁溪区人大常委会

主　任　邹士辉
副主任　童耀明
　　　　曹海燕(女)
　　　　徐　越
　　　　周克刚
　　　　任震宇
　　　　姚　凯

梁溪区人民政府

区　长　秦咏薪
副区长　陈红升
　　　　李　涛
　　　　朱　刚
　　　　张　琦
　　　　夏　琰(女)
　　　　顾　伟
　　　　赵雪松
　　　　金卓青(女)
　　　　周　军(12月任)
　　　　许秋瑾(女,10月任,挂职)

政协梁溪区委员会

主　席　陈锡明
副主席　陈国忠
　　　　钱丽忠(女)
　　　　李　波(女)
　　　　季　铮(女)
　　　　唐　红(女)
　　　　祝志明
　　　　秦惠芬(女)
　　　　黄梅华(女)
　　　　龚备英(女)

中共梁溪区纪律检查委员会

书　记　章树军

说明：中共梁溪区委、区纪委成立于2月14日。区人大、区政府、区政协成立于6月30日，2~6月间，均以筹备组形式开展工作。

(王晓辉)

锡山区

【概况】 锡山区位于无锡市区东北部，面积399.11平方千米。至2016年年末，全区辖国家级锡山经济技术开发区、无锡锡东新城商务区，羊尖、鹅湖、锡北、东港4个镇和东亭、安镇、东北塘、云林、厚桥5个街道，有45个城镇社区、75个农村社区(行政村)。户籍总户数13.3万户，户籍人口44.33万人，人口自然增长率0.2‰。区人民政府设在锡州中路1号。2016年，全区实现地区生产总值708.3亿元，比上年增长7.7%；完成一般公共预算收入72.2亿元，比上年增长9.1%，其中税收收入64亿元，比上年增长13.1%；城镇居民人均可支配收入46295元、农村居民可支配收入26331元，分别比上年增长7.5%、8.1%。

(陈　晓)

【农业】 年内，锡山区农业生产平稳有序，新增高标准农田面积40.7公顷，新增高效设施农业面积48公顷，小麦种植面积3586.7公顷、水稻种植面积3653.3公顷、水产养殖面积708.7公顷。上市蔬菜11.6万吨、产值2.3亿元，出栏肉猪2.3万头，上市禽蛋500吨，水产品总产量8300吨，完成农业总产值32.3亿元。农业发展提档升级，台湾农民创业园新引进现代农业项目15个，锡山现代农业"星创天地"晋升为国家级，初步完成"三个百万亩"现代农业布局规划，全区农业园区化面积比重56.2%。新型农业经营主体加快培育，新增家庭农场30个，申报省级示范家庭农场3个，市级以上农业龙头企业销售收入突破24亿元。农业产业结构调整稳步推进，做大保健农业"一个新兴产业"，做实优质稻米、精细蔬菜"两个基础产业"，做强设施园艺、食用生物、景观花木"三个主导产业"，做优甘露青鱼、翠竹茶叶、鹅湖葡萄、特色瓜果"四个特色产业"，构筑全区"1234"现代农业产业体系。全年生物农业总产值7.56亿元。

(陈　晓)

【工业】 年内，锡山区经济运行稳中有升，完成规模以上工业产值

1227.4亿元,比上年增长4.2%;完成规模以上工业利税103.4亿元,比上年增长8.4%;产值超1亿元工业企业174家,完成产值1025.7亿元,比上年增长5.8%,占全区规模工业产值的比重83.6%。技改投入力度加大,完成技改投资276.6亿元,比上年增长18.9%,占全部工业投资的比重76.4%。信息化、工业化"两化融合"引向深入,全面实施"两化融合"重点项目71项,新增无锡市"两化融合"示范企业18家。传统制造业水平持续提升,被评为国家工业强基项目1项、省级互联网与工业融合创新示范试点企业2家,净增高新技术企业38家。加速淘汰落后产能,整治"三高两低"(高能耗、高污染、高危险、低产出、低效益)企业16家,实施市级节约能源和循环经济项目20项,全年规模以上工业产值能耗比上年下降6.68%。

(陈 晓)

【服务业】 年内,锡山区现代服务业发展提速,获批创建国家检验检测认证公共服务平台示范区,全年完成服务业增加值322.3亿元,比上年增长10.1%,拉动经济增长10.1个百分点,对全区经济增长的贡献率51.1%;实现社会消费品零售总额164.65亿元,比上年增长10.8%,其中限上零售额65.65亿元,比上年增长8.4%。新兴业态发展态势良好,实现电子商务网络零售额21.6亿元,比上年增长13.7%,中国邮政速递物流长三角跨境电子商务产业园被评为首批省级跨境电子商务产业园试点单位;实现旅游业营业收入8.4亿元;实现楼宇经济营业收入63.2亿元,比上年增长18.6%,实现纳税额2.29亿元,比上年增长30.9%。

(陈 晓)

【开放型经济】 年内,锡山区利用外资稳中有进。新批重大外资项目6个,新批外资跨国公司地区总部2个。全年完成到位注册外资3.5亿美元,其中制造业到位注册外资2.2亿美元,占全区到位外资62.6%,比上年提高17.2%。对外贸易企稳回升,完成进出口额42.7亿美元、出口额33.5亿美元,以人民币计价分别比上年增长5.5%、5.8%。依托国家级"两车"(摩托车、电动车)出口基地平台,全年电动车出口比上年增长近20%。境外投资稳步提升,新批境外投资项目13个,其中超1000万元人民币重大项目5个,完成境外中方投资额1.47亿美元,比上年增长14.4%;柬埔寨西哈努克港经济特区累计入驻企业104家,投资总额4.5亿美元,区内从业人数1.6万人。

(陈 晓)

【项目建设】 年内,锡山区产业招商成效明显,江苏民营投资控股有限公司(以下简称"苏民投")总部进驻锡山区。"苏民投"是全国首家省级民营投资平台,单体项目注册资本总额86亿元,创建区历史最高纪录。总投资40亿元的新日新能源汽车项目、总投资16亿元的无锡欢乐海洋世界项目成功落户,中铁一局城轨公司入驻运营,全年累计新增签约重点产业项目51个、新批有信汽车零部件等重大外资项目5个。加强项目建设全程跟踪服务,全年在建超1亿元产业项目115个,新开工东亚电力一期等重点项目38个,竣工国宏硬质刀具等项目40个。

(陈 晓)

【重点改革】 年内,锡山区推进简政放权,开展政务服务"一张网"建设,公开政府部门行政责任清单,编制公共服务事项、中介服务事项清单,全面实施不动产统一登记。全面推行"多证合一、一照一码"和个体工商户"两证合一"制度,工商登记实现全程电子化。股改上市成效显著,新增股改企业9家、"新三板"挂牌企业16家,赛福天、雅迪控股、洪汇新材、通用股份4家企业成功上市。"营改增"全面试点顺利实施。按照"1+N"模式组建成立锡山人民医院(集团医院),锡北、东港医院整合成立区中医医院,公立医院药占比降至39.82%。农村土地确权工作基本完成,产权交易市场建设更趋规范。

(陈 晓)

【科技创新】 年内,锡山区高新技术产业规模壮大,高新技术产业产值533.85亿元,占规模以上工业产值比重43%。166家高新技术企业实现工业总产值359亿元,占全区规模以上工业产值比重29.26%。创新活力增强,净增高新技术企业38家,被评为国家工业强基项目1项、省级互联网与工业融合创新示范试点企业2家,新增市级以上企业研发中心22家、省级科技成果转化项目2项,申报省名牌产品15个、著名商标39个,培育省"双创人才"9人、市"太湖人才计划"人才22人,与麻省理工学院的合作被列入第七轮中美人文交流高层磋商成果,开发区"星创工场"获全市首批国家级众创空间认定,锡山现代农业"星创天地"晋升为国家级,全社会研发投入占GDP比重3.14%。

(陈 晓)

【城乡建设】 年内,锡山区城乡一体化步伐加快,开展土地利用总体规划一般性修改,完成新一轮镇村布局规划和4个镇、3个涉农街道总体规划。配套功能优化完善,新锡山人民医院主体工程基本完工,东亭分院和东亭社区卫生服务中心、东北塘社区卫生服务中心、云林实验小学春雷校区建成启用,八佰伴城市生活广场启动建设,映月天地商业广场、荡口古镇书香世家酒店投入运营,新辟和优化公交线路8条。开展环境综合整治和长效管理,被评为全市城市管理绩效考评优秀城区,城区文明程度指数在市级测评中持续位居第一。生态治理提速推进,全面启动新一轮生态环境综合整治行动,推进实施控源截污、河道整治等生态治理工程,全年新增自然村截污接管62个,淘汰燃煤小锅炉71台,完成河道清淤轮浚及综合整治52条、重点行业企业废气治理32家,关闭规模畜禽养殖场(户)182家、达标治理78家,PM2.5平均浓度比上年下降12.7%。构建网格化环境监管体系,加强水环境综合整治联动督察问责工作,行政处罚环境违法行为195件,移交法院强制执行111件。集约发展深化落实,被评为第三届全国国土资源节约集约模范区。

(陈 晓)

【社会民生】 年内,锡山区社会民生持续改善,实现城镇新增就业1.75万人、扶持自主创业1152人,城乡居民收入增长速度高于经济增长速度。实施全民参保登记,建立健全常住人口社会保险基础数据库。推进社会保险征缴扩面,"两项保险"参保覆盖率继续保持高水平。精准扶贫深化落实,发放深度贫困家庭救助金1462.34万元,帮助34名深度贫困家庭应届大学毕业生实现就业。办学水平提升,高考本科进线率再创历史新高，南京信息工程大学滨江学院成功落户，锡山首个本科院校开建在即。卫生、文体服务优化，被评为全省人口协调发展先进区、公共体育服务体系示范区。推行基层社区协商民主建设,96%的城市社区和95%的农村社区达到省级和谐社区建设标准;全面实施“七五”普法规划，新增省级民主法治示范村(社区)6个,社会矛盾纠纷调处成功率99.3%；安全监管力度加大,持续加强重点领域事故隐患排查治理,严厉打击违法犯罪行为,社会大局保持和谐稳定。

(陈　晓)

【江苏民营投资控股有限公司成立】 6月20日,“苏民投” 在锡山区锡东新城商务区揭牌成立。“苏民投”是江苏首家“苏字号”民营大型投资公司,由沙钢集团、协鑫集团、红豆集团等11家江苏民营企业发起设立,注册资本86亿元，构建金融控股、产业整合、资产管理、国际合作四大平台,参与投资重大基础设施、战略性新兴产业、高新技术产业、现代服务业和民生保障等领域的项目,参与国有企业混合所有制改革、企业兼并重组和产业链整合，参与设立各类投资基金，依法发起或参与设立中小型金融机构，打造综合性金融与产业投资集团，为江苏经济转型和民营企业发展提供支持。

(陈　晓)

江苏民营投资控股股份有限公司挂牌成立　　(《新锡山》 供稿)

【金海洋欢乐海洋世界项目落户】 5月18日，无锡金海洋欢乐海洋世界项目落户锡山区锡北镇。该项目由长春同乐旅游控股集团投资建设,项目规划用地15.2公顷,计划建造一个集海洋旅游、科普文化、教育展示、美食购物、娱乐休闲、商务办公等功能于一体的大型城市旅游综合体,包含巨浪池、极地、海洋剧场、环流河、大马戏等20余种游览项目。该项目结合无锡历史演变,以城市地理人文历史为背景，融合现代旅游体验的要素，以全球眼光打造成无锡城市的窗口。

(陈　晓)

【东亚电力(无锡)燃机发电项目奠基】 5月31日,东亚电力(无锡)燃机发电项目奠基。该项目位于锡山区东港镇西部,由东亚电力(无锡)控股有限公司和无锡市市政公用产业集团共同出资建设，总投资100亿元。作为江苏省和无锡市的重大能源基础设施项目，东亚电力（无锡)燃机发电项目建成后,将成为无锡市规模最大的天然气发电厂,对提升城市环境品质、缓解无锡电网调峰压力、支撑地方经济持续发展发挥积极作用。

(陈　晓)

【南京信息工程大学滨江学院落户】 (参见第391页“南京信息工程大学滨江学院落户无锡”条目)

(陈　晓)

【柬埔寨西港经济特区迎百企入驻】 (参见第317页“西港特区发展”条目)

(陈　晓)

组织机构和领导人员名单

中共锡山区委员会

书　记　陆志坚
副书记　顾中明
　　　　言国强(7月任)
常　委　陆志坚
　　　　顾中明
　　　　言国强
　　　　李　江
　　　　张映雪(女)
　　　　窦　虹(女)
　　　　邓加红(女,至7月)
　　　　方　力(至7月)
　　　　周柏平
　　　　朱洪元
　　　　谢　军
　　　　徐　悦(7月任)
　　　　陈秋峰(12月任)
　　　　谢红心(挂职,10月至12月)

锡山区人大常委会

主　任　蒋　群(1月任)
代主任　张黎平(至1月)
副主任　张黎平(至1月)
　　　　郑永君
　　　　姚永新(至6月)
　　　　毛　晨(1月任)

锡山区人民政府

区　长　顾中明
副区长　李　江
　　　　言国强(至12月)
　　　　陈建清(至12月)
　　　　包　鸣
　　　　陈　奕(女)
　　　　李佩东
　　　　周建伟(12月任)
　　　　陶　波(12月任)
　　　　李永明(挂职,至12月)
　　　　周　刚(挂职,4月任)
　　　　徐为民(挂职,8月任)

政协锡山区委员会

主　席　蒋　群(至1月)
　　　　章红新(1月任)
副主席　章建新
　　　　毛　晨(至1月)
　　　　石国洪
　　　　朱卓君

中共锡山区纪律检查委员会

书　记　谢　军

(华　晓)

惠山区

【概况】 惠山区位于无锡市区西北部，总面积325.12平方千米。至2016年年末，全区辖1个省级无锡市惠山区经济开发区，洛社、阳山2个镇，堰桥、长安、钱桥、前洲、玉祁5个街道，共55个城镇社区、29个农村社区、26个村居合一社区。户籍人口46.83万人，常住人口70.66万人，人口出生率6.3‰，人口死亡率3.99‰，人口自然增长率4.47‰，出生婴儿男女性别比率107.16，户籍人口男女性别比率97.87。区人民政府设在堰桥文惠路8号。2016年，惠山区实现地区生产总值722.4亿元，比上年增长7.7%；一般公共财政预算收入81.4亿元，比上年增长6%；实现社会固定资产投资656.53亿元，比上年增长11.5%；完成规模以上工业总产值1202.88亿元，比上年增长5.1%；实现农业总产值30.19亿元；实现社会消费品零售总额176亿元，比上年增长10%。新增规模以上企业60家、产值超1亿元企业19家。年内，惠山区获全国计划生育协会先进单位、省人口协调发展先进县(市、区)、第二批省农村电子商务示范县、2015年度省国土资源节约集约利用模范县(市、区)、2016年度“省中小学校责任督学挂牌督导创新县(市、区)等荣誉称号。

(章淑君)

【工业】 2016年，惠山区完成工业总产值1507.4亿元，比上年增长5.2%，其中规模以上工业总产值1202.9亿元，比上年增长5.1%；实际完成工业投资236.9亿元，比上年增长16.2%，其中技改投资163.5亿元，占全部工业投资比重69.1%；完成电子信息产业产值108.9亿元、销售收入107.9亿元、增加值23.2亿元，分别比上年增长17.9%、17.7%、17.5%；万元GDP能耗比上年下降4%以上，主要经济指标增幅位居全市前列。年内，惠山区以打造现代产业发展新高地为主线，统筹推进扩投资、抓项目、谋创新、强服务、调结构、促转型各项重点工作。制定《关于加快推进现代产业发展的意见》，加大对龙头骨干企业、高成长性企业和小微企业的财政支持力度。实施高效土地利用、低效用地盘活、优势产业集聚、重点工程改造系列措施，盘活存量用地87.9公顷，退出低效企业103家。实施园区企业ABC分类评价机制，提升园区的用地效益，园区企业每公顷产值3450万元。安排区级重点工业项目126项，完成投资115.1亿元，重点工业项目开工率96%。欧派家居有限公司二期、无锡精科汽车配件有限公司、云内动力股份有限公司、无锡兴澄特种钢材料有限公司等项目投资进度超前，北京京运通科技股份有限公司、铠龙东方新能源汽车有限公司等项目开工建设，中信戴卡轮毂制造股份有限公司一期项目建成投产。推动省智能用电管理示范区创建工作，推进电力需求侧管理，依托博耳(无锡)电力成套有限公司技术优势，建设区级电能管理服务公共平台，参与该平台的企业可享受直购电的政策保障。至年底，近50家企业接入该平台，为企业降低用电成本3000余万元。一汽锡柴被认定为国家级智能制造示范试点企业，无锡透平叶片有限公司的航空发动等4个车间被评为省级智能示范车间，无锡华顺民生食品有限公司等2家企业成功获省互联网化项目资金扶持。惠山区依托工信部中国智造与工业4.0研究所开展智能制造创新示范区创建，加快建设“惠山区工业MES云平台”。年内，承办世界物联网博览会首个高峰论坛——物联网+中国制造2025高峰论坛。

(陈正清)

【农业】 年内，惠山区农村居民人均可支配收入26333元，比上年增长7.9%。镇(街道)农村产权交易服务中心建设实现全覆盖，开展农村土地经营权抵押贷款试点。完成产权交易422笔，成交总金额7200万元，溢价率11%，资产交易面积183万平方米，发放农村土地经营权抵押贷款额8873.9万元。列入市级重点帮扶的13个经济薄弱村均落实增收项目。新增家庭农场11家，其中新增省级示范家庭农场3家、市级示范家庭农场4家，列入农民专业合作社名录63家，开展农村集体资产管理专项整治行动，查摆问题146个，建立完善各项制度8项。实现农业总产值30.19亿元；累计完成农业园区建设面积5360公顷，农业园区面积比重55.4%；新增高标准农田建设面积13公顷，新增高效设施农业(渔业)面积27公顷。筹集和整合项目资金60余万元，引进并在全区示范推广小菜蛾黄板诱杀新技术，完成绿色防控体系建设350公顷；新增“无公害”农产品基地1个，面积44公顷，新增“三品”(无公害农产品、绿色食品、有机农产品)产品18个，全区“三品”种植面积比重95.6%，“三品”种植业产量占总产量比例68.9%；省、市农产品例行抽检合格率100%。举办2016年水蜜桃品质评比活动。新增造林面积140公顷，完成省级村庄绿化创建6个，全民义务植树22万株。举办各类培训班34期，培训农民3580人次，新型职业农民持证率提高6个百分点。编制《无锡市惠山区河道管理范围划定工作实施方案》，对江南运河、锡澄运河、锡北运河、界河4条河道实施划定工作。制定《无锡市惠山区农田水利设施产权制度改革和创新运行管护机制实施方案》《惠山区农业水价改革实施方案》，编制《惠山区河道综合整治工程水利专项规划》。水利总投入4.6亿元。加高加固圩堤60.5千米，新建护岸45.16千米，新建、翻建闸站66座，清淤河道64条、长度63.8千米、土方137.4万立方米。完成锡澄运河三洲钢厂段1800米堤防、京杭运河新东方红桥厂区段600米堤防、武进港高潮段等堤防加固工程，完成堰桥街道唐巷排涝站改建工程，前洲街道黄沧浜、高家尖排涝站拆建工程，洛社镇北新排涝站工程等。以堰桥街道、玉祁街道、钱桥街道、洛社镇为重点县项目区，完成闸站信息化系统建设10座，新建、拆建排涝站7座，疏浚引排沟道25.31千米，新开引排沟道0.69千米，新建护岸12.46千米，建设堤防4.62千米，新建计量工程6项。投入大中型拖拉机及秸秆还田机68台套，组织4个合作社及28户农机大户参与秸秆还田作业，实施秸秆还田面积1324公顷。新增农机购置发展补贴机具37台，受益农户21户，享受中央和省级财政资金45.137万元。组织实施农机科技入户工程，发放12台旋耕机、14台田园管理机等35台农机具。共检验上道路拖拉机156台、联合收割机19台、农业用拖拉机74台，为217名机手办理政策性保险。培训各类机手160人。购置一批农机监理装备，投入40万元。

（安静伦）

【服务业】 年内，惠山区服务业纳税营业收入1631.7亿元，比上年增长8.72%，服务业入库税金43.7亿元，比上年增长8.09%，分别超额完成全年的目标任务2个、4个百分点；限额以上社会消费品零售总额完成52.6亿元，比上年增长6.7%，列全市第四；限额以上社会消费品批发及零售总额完成198.1亿元，比上年增长11.6%，列全市第一；规模以上服务业营业收入20.5亿元，比上年增长15.1%；服务业增加值占GDP比重提高0.5个百分点；服务业投入完成419.6亿元，比上年增长9%。重点服务业在建项目60个，其中续建项目39个，新建项目21个，计划总投资492.61亿元，年内计划投资80.82亿元，实际完成投资79.18亿元，完成率97.97%。新建项目开工18个，新建项目开工率85.7%。举行商贸旅游促销活动，以展销博览会的形式汇聚惠山区的汽车4S店、房地产企业、老字号以及旅游名优商品，促进商贸流通业健康持续发展。改造提升农贸市场3个(长安农贸市场、鑫雅农贸市场、果色花香农贸市场)，对符合条件的17个农贸市场评定星级，评定五星级4个、四星级6个、三星级7个，发放区级奖励资金123万元。完成旅游投入10.58亿元，比上年增长21%；旅游收入7.1亿元，比上年增长11%；接待游客264.5万人次，比上年增长10%。阳山生态休闲度假区在全省2015年度省级度假区考核排名中位列第三，获国家级旅游度假区创建资格；阳山梦想田园、阳山弘文农庄获评省四星级乡村旅游区；洛社尚田生态岛、阳山得雨居农场获评省三星级乡村旅游区；洛社尚田生态岛和阳山桃缘山庄入选无锡“游客最喜爱的休闲农庄”10强，无锡华美达广场酒店入选“无锡市好口碑休闲度假饭店”10强，阳山花间堂·稼圃集入选“江苏精品休闲度假饭店”。阳山桃花源景区与苏浙沪10余家知名旅行社订立合作盟约。举办“乐游惠山”台湾风情美食节暨桃源旅游商品展销会、第二届阳山田园国际露营节、2016“乐游惠山”金秋旅游季开幕式暨首届路亚垂钓节、慧心“惠”读儿童伴读分享会、第三届“十佳特色农家菜”评选大赛等系列活动。成立阳山桃花源景区、田园东方和尚田生态岛3支旅游志愿者队伍，开展文明旅游宣传、维护惠山旅游环境。

（王子龙）

【开放型经济】 年内，惠山区新批外资及港澳台资项目48个，实现到位外资及港澳台资3.02亿美元，完成目标进度的100.89%，进度位列全市第三，其中制造业到位外资1.38亿美元，占比45.5%。新批协议外资超3000万美元的重大项目6个，完成投资总额7亿美元，注册资本2.75亿美元，重大外资项目打破上年零储备局面，完成全年目标任务的200%。实现对外及港澳台贸易进出口总额27.2亿美元，其中出口23.4亿美元。新批境外投资企业12家，完成中方投资额3800万美元。完成服务外包接包合同协议金额14.7亿美元，比上年增长30.1%；执行金额11.6亿美元，比上年增长30%。完成离岸外包合同协议金额10.4亿美元，比上年增长19.5%；执行金额8.71亿美元，比上年增长29.8%。

（王子龙）

【科技创新】 年内，惠山区高新技术产业产值487亿元，占规模以上工业产值比重40.5%，全社会研发投入占GDP比重3.08%。备案科技型中小企业75家，新增省高新技术产品108个，新认定高新技术企业79家，高新技术企业累计207家。成功举办2016年惠山区政产学研合作洽谈会，成立首都高校科技信息联盟理事会惠山联络站、清华先进制造同学会惠山创新基地。“国家染整工程技术研究中心无锡分中心”落户惠山区。新增政产学研合作项目92项，产学研合作经费支出3055万元，比上年增长236%。南京航空航天大学无锡研究院大楼启用，“一镇一院一产业”发展布局完善。6大产业研究院引进或孵化企业84家，销售收入34.5亿元，申请或转移发明专利91件，获地方政府补助以外的收入7665万元。6大产业研究院分别牵头成立能源与电气、服务型制造、机器人应用、保护膜、电子信息、冶金新材料、精密制造7个产业联盟。引进国家“千人计划”“万人计划”人才4人、省“双创”计划15人、省“产业教授”5人。华中科技大学无锡研究院的托马斯入选全市唯一的国家“外专千人计划”，江苏智联天地科技有限公司钱志明入选国家“万人计划”，无锡爱邦辐射技术有限公司张祥华成为中国首位获国际辐射领域最高荣誉(IMRP)劳伦斯奖的企业家，华中科技大学无锡研究院的中国科学院院士丁汉团队入选省“双创团队”。领军型人才创办企业销售破20亿元、利税超3亿元，其中销售超1亿元企业3家。84家科技型企业获得科技风险贷款4亿元。无锡惠山高新技术创业服务中心和无锡(惠山)生命科技产业园在2015年度科技部国家级科技企业孵化器考核中被评为优秀。无锡（惠山）生命科技产业园获批江苏省科技企业加速器和江苏省“苗圃—孵化器—加速器”科技创业孵化链条试点建议单位；无锡惠山高新技术创业服务中心获批江苏省科技企业加速器；无锡恒生科技园获批江苏省科技企业孵化器；惠创众创空间被认定为国家级众创空间，成为惠山区首家国家级众创空间。全区7家省级以上科技企业孵化器新引进企业211家，累计引进企业1051家，全年实现营业收入130.04亿元；4家市级以上众创空间引进创客团队和项目100多个。惠山区全年专利申请12447件，其中发明专利申请4893件；专利授权5614件，其中发明专利授权511件；万人发明专利拥有量27.1件。江苏龙源催化剂有限公司获第18届中国专利奖优秀奖；无锡透平叶片有限公司和无锡华源凯马发动机有限公司分获第九届无锡市专利奖金奖、优秀奖。在全区开展打击专利侵权和假冒专利专项行动4次，对辖区内多家大型超市开展专项执法检查行动，立案72件，均按执法流程结案。

（何宝龙）

【城镇建设和管理】 年内，惠山区围绕经济优质而宜业、环境优美而宜居、生活优越而宜人的“三优三宜”新惠山建设目标，坚持规划引领。开展全区乡镇总体规划编制，确保惠山区城镇发展空间，解决项目落地规划制约；调整完善新一轮土地利用总体规划。全区工程建设顺利实施，老城镇改造延伸拓展，老集镇主要商业街改造实现全覆盖；开展示范社区创建，惠山经济开发区长乐社区通过市级示范社区验收，申报省级示范社区；各镇（街道）选定的9条综合改造类背街小巷全部完成，7条秩序整治类背街小巷市容秩序有所改观；按照“精品化、标准化、常态化”标准落实全区绿化建设和管理养护工作。新验收亮化项目25个，全区主干道亮灯率98%，设施完好率95%。新建排水达标区34个，复查已创片区211个；排查生活污水管网435.9千米，新建生活污水管网48.9千米，完成村庄接管21个，对河道沿线32个生活污水排污口进行接管整改；完成7座二类公厕新（改）建任务；新增生活垃圾分类试点小区2个，建成区的垃圾分类收集覆盖率近10%。持续推进专项整治，拆除违法建设7.3万平方米，开展渣土运输整治320次，完成商户餐饮油烟整治551家，审批收费停车场3个。在建交通基础设施重点工程项目24个（其中市级项目7个，区本级项目17个），完成建设投资7.8亿元，建成通车里程22.6千米。广石路、天丰路、新锡澄路、北惠路东延、钱洛路、陆中路等建成通车；落实辖区农村公路提档升级，首批8个农村公路提档升级项目完成建设；完成G312国道及S342省道惠山段大中修；推进老常锡线、锡杨线等9个县道大中修项目，改造农危桥14座。锡澄运河“五改三”航道整治工程惠山段完成；新建便民停车场7个，新增停车泊位1734个，创建区级停车管理样板路7条；公交场站布点扩面，完成政和大道公交总站调度用房建设，新增公交线路6条，优化调整线路12条，辖区与地铁直接接驳线路增至23条，开通玉祁客运站至地铁堰桥站的夜间公交639路。新建标准化公交候车亭13个，修复受损候车亭6个。至年底，全区有公交停车场（含回车场）12个，公交候车亭402个，通达或途径的公交线路71条（抵达市中心城区的线路37条，区镇线路9条，镇村线路14条，跨区线路11条，其中夜间线路13条），营运总里程1247千米（统计口径为单程），日总发班次2948班。

（安静伦）

【生态环境保护】 年内，惠山区推进生态文明七大工程体系的重点工程建设。区环保部门修编惠山区生态文明建设规划，组织各乡镇、涉农街道编制生态文明建设规划，实行区域资源环境补偿、环境污染责任保险和环保信用评价管理制度，制定《惠山区全面清理整治环境保护违法违规建设项目实施方案》和“补充意见”，定期组织召开清理整治推进会，建立督察及协调工作机制，开展违法违规建设项目清理整治工作。实施42项大气污染治理工程，完成惠联垃圾热电有限公司的提标改造，完成惠山水处理公司扩建工程，全区完成146台燃煤小锅炉整治、86家挥发性有机物治理、62家工业窑炉清洁能源改造，开展G20杭州峰会空气质量保障及重污染天气应急预警，开展加油站油气回收整治、餐饮业油烟整治和秸秆禁烧巡查工作，完成年度大气污染预防任务。围绕2016年度太湖水污染治理目标任务，开展29项重点工程项目建设，制定《惠山区河道环境综合整治工作方案》，23条河道的治理编制“一河一策”，开展河道综合整治。年内完成整治7条河道涉及的123个项目。开展农村环境整治，完成17个行政村的农村生活污水治理工作。以中央环保督察为契机，梳理2013年后上级部门交办的突出环境问题并“回头看”，按期结办市联络协调组交办的环境信访问题33件。开展环境监管各类交叉执法检查、突击检查以及专项检查。开展现场检查7906厂次，处理各类环境信访2515件，征收排污费4351.3万元。违法案件立案处罚218件，涉罚金额1534.2万元，责令改正违法行为192件，实施查封扣押16件，移送公安部门7件，限制生产（停产整治）9件，申请法院强制执行56件，区政府下达责令关闭企业1家。开展危险废物规范化管理专题培训及化学品生产使用情况调查，加强辐射环境监管，安全处置闲置放射源25枚。

（安静伦）

【社会事业】 年内，惠山区被江苏省政府教育督导委员会授予“江苏省中小学校责任督学挂牌督导创新县（市、区）”称号。继续推进教育重点工程建设，开工或完成项目13个，其中省锡中实验学校小学部新建工程、诚明华府庄园幼儿园新建工程、钱桥中学改扩建一期工程和前洲实验幼儿园扩建工程完工启用。学前教育优质园比例持续提高，年内新增省优质幼儿园3所，省市优质园比例提升至85%。区图书馆、文化馆、各镇（街道）文体（中心）站均达国家级公共文化服务体系创建标准。镇（街道）文体（中心）站实现公共文化服务标准化全覆盖，区图书馆完成智能化改造，100%实现全年无休免费开放。全区综合阅读率位居全市第三。区全民健身中心完成主体建设，进入外观亮化和内部装饰阶段。组织近1000场文体活动，包括开展大型原创现代锡剧《好人俞亦斌》巡演、第七届群众文艺创作会演、第20届“中国·阳山桃花节开幕式”暨“百姓大舞台”民俗风情展演，第4届“玉祁戏码头”名家流派演唱会等群众文化活动；参加市第三届“群芳奖”评奖，获4金、6银、4铜，名列全市第二；舞蹈《桃花红》获省“五星工程奖”金奖。区第五届政府文学艺术奖评出突出成果奖1件、优秀成果奖7件、成果奖12件、入围奖14件。承办全国企业家围棋邀请赛、全国围棋锦标赛、世界业余围棋锦标赛等体育赛事。初步形成天一乒乓球俱乐部、省锡中击剑俱乐部、洛社初中足球俱乐部等一批有特色有发展潜力的学校健身俱乐部。洛社初中挂牌“江苏省青少年足球训练基地”。全年全区完成文化产业投入 10.08 亿元,产出 32.7 亿元,分别比上年增长 7.3%、4.8%;新增年总营业收入超过 2000 万元的文体规模企业 8 个,新增认缴资本超 500 万元的文体企业 9 个,新增投资额超 5000 万元项目 2 个、超 1 亿元项目 6 个。周忱祠、杨龙聚酱园旧址迁移工程和西漳蚕种场修缮工程进展顺利。开展“扫黄打非”、文明城市创建和文化市场安全生产隐患排查治理等专项行动,检查各类经营单位 607 家次,依法查处违法经营行为 7 起,查缴各类非法出版物(音像制品)850 件;受理群众举报 11 起,受理各类行政许可事项 34 件。年内,惠山区获评 2016 年省农家书屋提升工程示范区。推进基层医药卫生体制改革,成立太湖医院医联体、中医医院医联体、精神卫生中心医联体和同仁康复医院医联体。以惠山区人民医院为主体,8 家社区卫生服务中心为成员单位的惠山区区域医疗健康服务联合体成立。严格实施基本药物采购和使用管理,合理控制非基本药物采购,采购基本药物计 16509 万元,均在省采购和监管平台申报采购。按照全区常住人口人均 60 元标准,落实基本公共卫生服务资金 4251.26 万元。全区累计共建立规范化健康档案 52.7 万份。为 5.47 万名 65 岁以上老年人免费体检,体检率 72.44%。享受免费健康管理服务的孕产妇 17151 人次,孕产妇系统管理率 98.8%。3 岁以下儿童系统管理率 98.68%。适龄儿童免疫规划疫苗接种率 95%以上。全区甲、乙类传染病发病率 100.17/10 万;丙类传染病发病率 335.11/10 万。传染病报告率、报告及时率均为 100%。全区人均期望寿命为 81.34 岁。PCR 中心实验室(基因扩增实验室)建成投入使用,有效提高对突发公共卫生事件的快速响应和应急处置能力。惠山区创建成为“省级卫生应急工作规范区”。区第二人民医院、区中医医院、藕塘社区卫生服务中心新大楼搬迁启用,区第三人民医院、区康复医院建设项目加快推进。堰桥街道社区卫生服务中心被命名为“全国百强社区卫生服务中心”。新建 3 个急救分站全部投入运营,完成全区 8 个急救分站的布局规划及设施建设,建成惠山区急救分中心,打造惠山特色的“7 分钟”急救圈。洛社镇杨市卫生院被命名为“全国群众满意乡镇卫生院”。农村生态改厕 150 座,生活饮用水监测覆盖率、合格率 100%。完成 15 个社区(村)的毒鼠站规范化建设。玉祁、阳山 PCO(有害生物防治)社区试点工作全面完成。完成占地近 2 万平方米的长安街道长乐健康主题公园和钱桥晓丰、前洲新洲健康步道建设。建成“2016 年度无锡市无烟单位”7 家。餐饮服务单位卫生监督量化分级管理实施率 100%。受理各类卫生许可申请 853 件,办结率 100%。在无锡市社区卫生服务第三方评价中,惠山区总体满意度连续 3 年位居全市第一。全区户籍人口出生 4426 人,计划生育政策符合率 99.92%。依法稳妥实施“全面两孩”政策,全区生育登记受理 6352 例。其中,“一孩”登记受理 3635 例,“二孩”登记受理 2717 例,通过再生育一个孩子申请审批 125 例。核查流动人口出生人数 2892 人,计划生育率 98.09%。免费孕前优生健康检测 4862 人。免费药具可及率(可以获得的比例)和获得率(实际获得的比例)均超过 95%。开展健康家庭建设,全区有人口文化中心户 155 户,村(社区)人口文化中心户创建率 100%。建立惠山“名医堂”,全区评选出全科名医 9 人、专科名医 17 人。惠山区计划生育协会被中国计划生育协会评为“全国计划生育协会县级先进单位”。惠山区被省政府授予“省人口协调发展先进区”称号。惠山区有城乡低保 1060 户 1955 人。其中,城镇低保 75 户 116 人,农村低保 985 户 1839 人。落实分类施保人数 1555 人,全年发放低保金 995.38 万元。区级审批社会临时救助对象 367 户次,镇(街道)审批社会临时救助对象 3637 户次,区、镇(街道)两级落实救助金合计 469.91 万元;申请市级临时救助对象 117 人次,落实救助金 58.5 万元。实施重病困难家庭深度救助 166 户次,落实救助金 159.35 万元。慈善资金账面总收入 841.3 万元,慈善资金支出总计 1187.8 万元,账面累计结余慈善资金 10417.6 万元。新成立社会团体 15 家、民办非企业单位 24 家;注销社会团体 1 家、民办非企业单位 3 家。至年底,全区有社会组织 1513 家。其中,注册社会团体 210 家,注册民办非企业单位 217 家,基金会 1 家,备案 1085 家。入围省、市、区公益项目 40 项,获公益创投资金 233 万元,直接服务人数 2500 人。接收退役士兵,发放自谋职业一次性经济补助金 957 万元。推进居家养老市场化运作,全区 3000 户特定老年人家庭享受居家养老上门援助服务。惠山区老龄工作委员会办公室与中国人寿保险公司惠山支公司联合开展 60 岁以上老年人意外伤害综合保险“安康关爱行动”,参保人数 5.4 万人,参保率 51%。

(王子龙　何宝龙)

【社会管理】 年内,惠山区推进信息系统“三项应用”建设(信息化条件下的平安建设考核评估体系、三级平台支撑下的信息处置体系、全面应用的网上办公和运维保障体系),PC 终端(省综治信息系统电脑端口),移动终端全部接通综治专网。全区通过信息系统开展日常联系和文件收发工作列全省第四位。报备社会稳定风险评估项目 239 项,社会矛盾纠纷调解成功率 100%。实施“平安慧眼”技防工程,新建技防村(社区、小区)40 个,新增高清摄像设施 1593 台。推进特殊人群管理服务工作,招聘禁毒社工 50 人。落实精神病人监护以奖代补政策,将工作经费列入区级财政预算。推进“未成年人零犯罪社区”创建工作,推广玉祁街道、阳山镇未成年人 14 年零犯罪工作经验。铁路护路联防工作成效显著,惠山区获评江苏省 2015 年度“平安铁路县(市、区)”称号。推进平安惠山创建与志愿服务有机融合,区政法委与区相关部门联合发起成立惠山区平安志愿者协会。提升平安法治宣传质效,利用现有网站、电子广告屏、平安法治公园、平安法治微信等平台,在全区开展平安法治各类宣传咨询 15800 人次,在村(社区)举办法律、安全知识讲座 90 余次,印发各类宣传资料 25 万余份;拍摄系列平安法治微电影 13 部,组织平安法治志愿者开展志愿活动 1.2 万余人次,各类大型专题

7月15日，以“中国好人”、省优秀共产党员俞斌为原型的大型原创现代锡剧《好人俞亦斌》在前洲影剧院公演

（惠山区政府办　供稿）

宣传26场(次)。

（何宝龙）

【人民生活】 年内，惠山区城镇居民人均可支配收入47190元，比上年增长7.8%；人均消费支出25536元，比上年增长6.2%。农村居民人均可支配收入26333元，比上年增长7.9%；人均消费支出13792元，比上年增长11.9%。1月1日起，连续第15次上调退休人员基本养老金，首次覆盖机关事业单位退休人员。其中，企业退休人员平均调增水平7.45%，机关事业单位退休人员平均调增水平5.6%，9月30日前补发到位。7月1日起，居民养老保险待遇标准第9次上调。居民基础养老金比上年提高15元，为每人每月370元；政府保养金标准调整后分别为“6050”人员(男60周岁以上，女50周岁以上)每人每月770元，“5040”人员(男50周岁以上不满60周岁、女40周岁以上不满50周岁）每人每月660元，均比上年提高60元。全区净增企业职工社会保险缴费人数8074人。至年底，全区享受居民保险各类养老待遇74886人，全年支付各类养老待遇58416万元。开展“春风行动”、“家门口”招聘、大学生专场招聘、就业困难人员专场招聘等招聘会63场，实现城镇新增就业2.19万人，城镇失业人员再就业4959人，就业困难人员再就业2733人，重点扶持自主创业1694人，实现带动就业和再就业8706人。全区2018名应届大学毕业生就业率突破97%，32名困难家庭大学生全部实现就业。办理区财政结算中心等20个事业单位参公人员登记，涉及225名事业单位工作人员。为308名公务员(含参公人员)办理职级晋升手续，为区国有资产监督管理局等11个单位招录公务员18人，为区属4所高中招聘研究生30人，为前洲社区卫生服务中心等4家社区卫生服务中心招聘临床医学专业本科生4人。接收安置部队营以下转业干部16人。全区5892家企业签订工资集体协商协议，工资集体协商制度覆盖率99%，规模以上企业劳动合同签订率99%以上。全年，接待群众来访843批次1122人，调解成功率90%；受理劳动人事争议案件1348件，利用绿色通道快速处理10人以上的集体争议3起。查处恶意欠薪案件3件；为401名农民工追讨工资450.66万元；受理工伤认定申请2980件，认定2890件；“政务服务直通车”“政风热线”受理咨询、投诉75件。

（安静伦）

【“敬业担当”主题教育活动】 年内，惠山区开展“两学一做”学习教育，以江苏省锡山高级中学百年发展淬炼出的时代精神为教材，在全区党员干部中开展“敬业·担当”主题教育活动。春节后上班首日，区委、区人大、区政府、区政协领导集体赴江苏省锡山高级中学，听取“敬业·担当”第一课。随后，全区机关干部、镇村工作人员2400余人分6场，听取江苏省锡山高级中学领导所作的“敬业·担当”主题讲座，参观校史档案馆、课程基地，参加集中培训并开展大讨论。各基层支部通过视频学习方式广泛接受主题教育，在全区党员干部中激发干事创业的内生动力。

（章淑君）

【4项成果获国家科学技术奖】 1月8日，在北京举行的2015年度国家科学技术奖励大会上，惠山区4项科技成果获国家科学技术奖，获奖等级和数量，均为惠山区历年最高。无锡钻探工具厂有限公司作为第三完成单位的“2000m以内全液压地质岩心钻探装备及关键器具”项目获国家科学技术进步奖二等奖，无锡中德美联生物技术有限公司完成的一项目获国家科学技术进步奖二等奖(专用类)，哈尔滨工业大学无锡新材料研究院院长黄玉东、副院长白永平作为第一、第六完成人的“耐高温杂化硅树脂及其复合材料制备关键技术”项目获国家技术发明奖二等奖，江苏龙源催化剂有限公司总经理汪德志作为第四完成人的“燃煤烟气选择性催化脱硝关键技术研发及应用”项目获国家技术发明奖二等奖。

（章淑君）

【锡剧《好人俞亦斌》公演】 （参见第404页“现代锡剧《好人俞亦斌》公演”条目）

（章淑君）

【中国(无锡)石墨烯创新创业大会】 9月1~2日，2016中国(无锡)石墨烯创新创业大会在惠山区举行。大会由创新创业大赛和石墨烯产业专题报告会两部分组成。四川大学、英国格拉斯哥大学代表分别对国内外石墨烯最新研发成果作交流发言，四川大学、复旦大学、华中科技大学的国内高校代表以及爱尔兰都柏林大学三一学院、英国曼彻斯特大学的国外高校代表作石墨烯领域专题报告。来自江南大学、美国南佛罗里达大学、英国巴斯大学等国内外高校的15支团队参加创新创业大赛，参赛项目涵盖超电储能、导电薄膜、导热发热材料、复合材料、电子元器件5大研发应用领域。大会期间,无锡国家石墨烯创新中心、无锡国家石墨烯应用示范区、国家石墨烯产品质量监督检验中心揭牌。

(章淑君)

【省首个区级红十字综合服务平台】 11月11日,惠山区红十字服务中心揭牌启用。该服务中心是江苏省首个区级红十字综合服务平台,位于惠山区长安街道惠南社区,建筑面积约900平方米,集"三救三献"(应急救援、应急救护、人道救助,献血液、献造血干细胞、献人体器官组织)服务管理、红十字宣传展示、生命安全体验、志愿服务、备灾救灾等功能为一体,内设综合服务窗口、红十字救护培训示范基地、红十字文化展示及生命教育互动体验馆、心理咨询室、备灾救灾中心、衣物捐赠中心等,为红十字对外宣传窗口、服务基地和活动阵地。启动仪式上,区红十字会发布惠爱系列项目、白内障复明工程、"计生特殊困难家庭关怀"、"惠爱·明心"、"博爱惠山"微信平台、心理咨询6个红十字公益惠民项目。"惠爱钱桥"红十字助困帮扶基金签约,总额500万元。

(章淑君)

组织机构和领导人员名单

中共惠山区委员会

书　记　吴仲林
副书记　李秋峰
　　　　计佳萍(女,7月任)
常　委　吴仲林
　　　　李秋峰
　　　　计佳萍(女)
　　　　杨建平
　　　　唐群峰(至7月)
　　　　岳中云
　　　　方　瑛(至7月)
　　　　陆　益(至7月)
　　　　吴建法(至7月)
　　　　俞　刚
　　　　邓加红(女,7月任)
　　　　吴建明(7月任)
　　　　吴立刚(7月任)
　　　　袁漪韬(女,7月任)
　　　　郝朝勇(7月任)

惠山区人大常委会

主　任　吴仲林(至1月)
　　　　顾智杰(1月任)
副主任　徐金瑞
　　　　陈　纯(女)
　　　　陆栋梁
　　　　秦志宏

惠山区人民政府

区　长　李秋峰
副区长　唐群峰(至7月)
　　　　计佳萍(女,至7月)
　　　　耿国平
　　　　陈金良
　　　　曹文彬
　　　　吴　燕(女)
　　　　刘俊伟(8月任)
　　　　范　良(12月任)
　　　　赵　磊(12月任)
　　　　赵树生(挂职)
　　　　才项仁增(挂职,5月任)
　　　　许慧慧(女,挂职,7月任)

政协惠山区委员会

主　席　顾智杰(至1月)
　　　　陈　燕(女,1月任)
副主席　唐江澎(兼)
　　　　陈晓松(兼)
　　　　许海祥
　　　　黄　明

中共惠山区纪律检查委员会

书　记　吴建明(7月任)

(刘　宽)

滨湖区

【概况】 滨湖区位于无锡市区西南部,总面积628.15平方千米,其中陆地面积257.89平方千米,耕地面积31.59平方千米。至2016年年末,全区辖胡埭镇和马山、华庄、雪浪、蠡园、太湖、河埒、荣巷、蠡湖8个街道,有国家级旅游度假区、国家级工业设计园、国家级数字电影产业园、国家级传感网创新示范区、国家级智能交通产业园各1个和无锡太湖城、无锡山水城、蠡园经济开发区、无锡经济开发区4个省级开发区,有104个社区居民委员会和7个村居合一社居委。全区总人口70.15万人,其中户籍人口49.26万人,城市化率81.36%。全区人口自然增长率4.61‰,出生人口政策符合率99%以上。区人民政府设在金城西路500号。2016年,全区实现地区生产总值829.1亿元,比上年增长8.4%;一般公共预算收入92.8亿元,比上年增长3%;规模以上工业总产值496.1亿元,比上年增长5.1%;社会消费品零售总额259.8亿元,比上年增长10.7%;固定资产投资600.4亿元,比上年增长9.9%;居民人均可支配收入达到43335元,比上年增长8.3%。

(丁鸭锁)

【农业】 年内,滨湖区完成农业总产值7.9亿元,现代农业园区化比重54%;农业园区营销收入1.69亿元,利润5673万元,接待游客200余万人次;市级以上龙头企业实现销售收入43.4亿元,比上年增长7.5%。雪浪山生态景观园被评为市级优秀农业园区,红沙湾农业生态园被评为市级休闲农业示范园区,"光伏农业""蜂巢农庄"等新兴园区项目稳步成长。力推滨湖"四季采采乐"茶果采摘休闲品牌,会同《江南晚报》"壹搭无锡"微信平台,完成采摘活动8场;开启马山杨梅采摘旅游专线,发车70余次;马山牛奶公司等2家企业启动市级第一、第二、第三产业融合发展试点。生物农业、物联网技术引领农业产业新发展,凤谷山庄组织培育铁皮石斛原球茎批量投产;滨湖首批地产猕猴桃成熟上市,樱桃、蓝莓等一批新品种落地生根。更新造林面积96.67公顷,林木覆盖率37.95%。

(丁鸭锁)

【工业】 年内,滨湖区401家规模以上工业企业完成产值496.1亿元,比上年增长5.1%。主导产业支撑作用明显,机械制造、电子电气、生物医药等主导产业依旧支撑该区工业经济大局,完成产值占规模以上工业总产值72.3%,比上年增长2.3个百分点;冶金、化纤、服装等产业总量继续缩小,占比比上年下降2.9个百分点。龙头企业带动作用突出,全区规模以上工业企业产值前20名企业实现产值167.8亿元,占规模以上工业总产值33.8%,其中中启能能源、药明康德和蠡湖增压分别比上年增长94.6%、81.5%和57.9%。企业上市步伐加快,全年全区新增上市企业4家、“新三板”挂牌企业11家。

（丁鸭锁）

【服务业】 年内,滨湖区河埒口、环蠡湖、金融街三大核心商圈初步成形,工业设计等六大生产性服务业集群初具规模,完成社会消费品零售总额259.8亿元,比上年增长10.7%,其中限额以上企业完成136.2亿元,比上年增长6.8%。全区服务业增加值占GDP比重55.5%,生产性服务业税收占服务业税收比重超55%。博大商业广场、海岸城八方汇等一批服务业重大项目建成投入运营;金融投资、广电传媒、研发设计等新兴行业税收增幅均在30%以上;成功创建省级电子商务质量安全示范区,引进一达通跨境电商平台;稻香、华庄农贸市场改造提升完成,湖滨商业街成为区首家省级综合性服务业标准化街区。

（丁鸭锁）

【旅游业】 年内,滨湖区接待游园人数3717.8万人次,比上年增长18.2%;接待旅游总人数1860万人,比上年增长17.8%;旅游总收入205亿元,比上年增长17%。旅游联盟运作步入正轨,“乐游无锡”旅游交通专线开通运行,“国家全域旅游示范区”创建工作稳步推进。万达文旅城、国家数字电影产业园二期、“蜂巢农庄”等重点项目进展顺利,太湖山水文化旅游节、太湖国际帐篷节暨首届无锡铁人三项赛、太湖音乐节等一批品牌活动成功举办。阖闾城遗址公园被评为国家AAAA级景区,无锡影都被评为省级研学旅游示范基地,和平生态村成为省四星级乡村旅游区,博大·摩登1930新文化主题生活公园加快推进国家AAA级景区创建步伐,旅游市场平稳有序,地区旅游魅力持续增强。

（丁鸭锁）

【开放型经济】 年内,滨湖区引进各类企业5750家、注册资本796.8亿元,成功招引睿龙新材料、中铁电子商务、诺亚影业、太湖智谷等注册资本超1亿元的重大项目44个,其中金秋经贸签约大会签约项目57个、签约金额超543亿元,投资超200亿元的人鱼小镇项目、超50亿元的药明康德生命科技园项目签约落地。利用外资结构调优,药明康德、魅力厨房、工装自控等一批重大外资项目顺利实施,“外贸盈”融资服务平台全年新增自营进出口企业30余家。推进境外投资工作,组织企业赴英国、爱尔兰等国家开展投资考察。服务外包保持强劲增势,合同总金额、业务执行额、离岸合同金额、离岸执行额比上年增幅均超过20%,无锡职业技术学院和无锡太湖科技人才培训中心成功创建省级服务外包人才培训基地。

（丁鸭锁）

【新兴产业】 年内,滨湖区新兴产业业务收入保持12%以上增速。发展楼宇经济,楼宇经济完成税收21亿元,比上年增加3亿元,增长17%。其中,联创大厦完成税收超1亿元,比上年增长8%;数字电影产业园完成税收3.5亿元,比上年增长105%。全年新增政府载体租赁面积20.5万平方米,协议转让面积3.5万平方米,其中集成电路设计中心7.2万平方米酒店整体出租。发展院所经济,院所经济实现入库税收3.4亿元,比上年增长24.8%,“神威·太湖之光”超级计算机中心建成运行并获世界超算冠军,项目应用在全国首获戈登贝尔奖。

（丁鸭锁）

【科技创新】 年内,滨湖区研发经费支出占GDP比重3.02%,高新技术企业累计216家,高新技术产业产值占规模以上工业产值比重49.9%,大中型制造业企业研发机构建有率95%,万人发明专利拥有量39件,圆满承办世界物联网博览会系列论坛。新增省“双创”“333”等省级以上重点人才17人,江南大学科技园“创业汇客厅”获国家级众创空间认定。

（丁鸭锁）

【城乡建设】 年内,滨湖区完成征收签约20.3万平方米、拆除33.5万平方米,竣工交付安置房79万平方米,安置全过渡户1172户,办理初始登记1.16万套,有效利用存量房源1200套。全面完成21个共计19.12万平方米旧住宅区改造项目、10个“城中村”整治项目、6.14万平方米危旧房改造任务。新(改)建农路6条、农桥3座,优化调整公交线路2条,钱胡路拓宽工程稳步推进。河埒、稻香、美湖、周新等片区改造按序推进。城管行政执法体制全面下移,“数字城管”运行达效,省优秀管理城市创建、城市管理绩效考核等深入开展,全年完成背街小巷整治9条、街景改造9处,建成生活垃圾分类收集示范点小区9个,新(改)建公厕15座,新增公共停车泊位582个、城镇公共绿地111万平方米,拆除违章建筑3.1万平方米,取缔非法燃气经营点12个,小型厨余垃圾处置站在全市率先完成建设并投入运行。

（丁鸭锁）

【生态治理】 年内,滨湖区全面开展新一轮水环境综合整治,整合力量组建全市首个治水办公室,编制重点水系整治方案16个,完成排水达标区创建19个、复查388个,畜禽养殖户关闭12家、提升2家,实施治太重点工程18个。开展环境保护“三个一批”(淘汰关闭一批、整顿规范一批、完善备案一批)整治,清理整治环境保护违法违规项目1768个,淘汰燃煤窑炉14台,实施煤改气工程4个,减排二氧化硫176.6吨、氮氧化物41.4吨。打捞藻水69.2万吨,连续9年实现太湖安全度夏。在中央环保督察组督察江苏期间,经受考验,对交办的环保问题均及时处理到位。“国家生态文明建设示范区”创建有序推进,胡埭镇国家级生态文明镇规划通过评审,长广溪成为“国家湿地公园”,创成省级绿色社区1个、绿色学校1所。

（丁鸭锁）

【社会事业】 年内,滨湖区教育事业实现均衡发展,融科等7所幼儿园、东绛实验学校(小学部)等3所新校启用,滨湖中学等10所学校完成加固改造,峰影小学全面竣工,年度教育现代化监测综合得分位居全省第五,获评“省促进义务教育优质均衡发展区”。卫生计生实现融合发展,区中医院康复中心建成投用,胡埭社区卫生服务中心主体封顶,区疾病应急救助基金落实到位。文化建设实现特色发展,区“非遗”展示馆、“e动锡城”智慧健身馆、雪浪民俗文化展示馆建成开放,首届环蠡湖国际半程马拉松赛、首届电子竞技中韩对抗赛、第七届环太湖国际公路自行车赛、第八届太湖杯帆船赛、太湖影视文化产业投资峰会、文化滨湖等活动精彩纷呈，太湖杯帆船赛、环太湖国际公路自行车赛入选省十大品牌赛事。

(丁鸭锁)

【综合治理】 年内，滨湖区全面深化平安创建工作，做好各级两会、杭州G20峰会、世界物联网博览会等敏感时期的安保维稳，全年实施项目稳评127个。开展积案化解专项行动，全面落实领导包案制度，化解省、市交办的信访积案23件、终结14件。开展“全国安全生产标准化建设样板地区”和“全省食品安全城市”创建，全面落实食品药品、护林防火、防汛防台、动物疫情预防等安全措施，全区安全形势保持平稳。“滨湖区护林防火智能化系统”历时3年全面建成。马山森林专业消防队在省、市森林防火技能竞赛中分别获得团体二等奖、团体一等奖。

(丁鸭锁)

【人民生活】 年内，滨湖区涉及居住环境、河道整治、促进就业、社会救助、交通出行、居民安全、教育设施、群众文体等方面的8件20项为民办实事项目全面完成。城镇新增就业1.94万人、援助就业困难人员就业2118人、扶持自主创业1051人，企业职工基本养老保险净增缴费4371人。落实公益性岗位和社保“两项补贴”9243万元。发放低保金、慰问金、救助金共3211万元，慈善救助支出1615万元。蠡园朗高养老院二期、太湖养老服务中心护理院等建成运营。成功举办义庄公益庙会，“滨湖社区通”被评为“全省现代民政建设十大创新成果”。区青少年服务中心成为首批“全国示范性‘青年之家’综合服务平台”。完成新一届居(村)委会换届选举工作。

(丁鸭锁)

【太湖影视文化产业投资峰会】 (参见第403页“中国·江苏太湖影视文化产业投资峰会”条目)

(丁鸭锁)

太湖影视文化产业投资峰会 (丁鸭锁 供稿)

组织机构和领导人员名单

中共滨湖区委员会

书　记　袁　飞

副书记　陈锡伦(2月任)
　　　　林　忆(女,至7月)
　　　　赵虹路(女,7月任)

常　委　袁　飞
　　　　陈锡伦(2月任)
　　　　林　忆(女,至7月)
　　　　许新宇(至3月)
　　　　赵虹路(女)
　　　　徐勇强(至7月)
　　　　蒋群联(女)
　　　　邵文松
　　　　唐国良(至7月)
　　　　宋　晓
　　　　殷　毅(7月任)
　　　　陈烈蓉(女,7月任)
　　　　彭红宇(7月任)
　　　　苏建良(7月任)
　　　　张后恭(至7月)
　　　　吴瑜君(7月任)
　　　　单　阳(挂职,至5月)
　　　　朱丽菁(女,挂职,12月任)

滨湖区人大常委会

主　任　袁　飞(至3月)
　　　　许新宇(3月任)

副主任　林　忆(女,7月任)
　　　　王刚庆(至3月)
　　　　韩　平
　　　　徐勇强(7月任)
　　　　唐国良(7月任)
　　　　陈国忠(至12月)
　　　　王锡伦(至12月)

滨湖区人民政府

区　长　陈锡伦(2月任)

副区长　徐勇强(至7月)
　　　　程　红(女,至12月)
　　　　过伟忠(至12月)
　　　　殷　毅
　　　　倪守红
　　　　毛加弘(女,2月任)
　　　　吕　军(7月任)
　　　　范校军(12月任)
　　　　张爱军(12月任)
　　　　单　阳(挂职,至5月)
　　　　蔡雨亭(挂职)
　　　　朱丽菁(女,挂职,12月任)

政协滨湖区委员会

主　席　刘洪兴

副主席　周茂健(至8月)
　　　　过伟忠(12月任)
　　　　程红(女,12月任)
　　　　吴国平(兼)
　　　　李明东
　　　　谢建农(至12月)
　　　　李雪花(女)

中共滨湖区纪律检查委员会

书　记　赵虹路(女,至7月)
　　　　陈烈蓉(女,7月任)

(丁鸭锁)

新吴区

【概况】 新吴区位于无锡市区东南部，总面积220.01平方千米。2015年10月，国务院批复设立无锡市新吴区，原无锡新区代管的6个街道划归新吴区管辖。2016年2月20日，无锡市新吴区挂牌成立，区人民政府设在新安街道和风路28号。至2016年年末，全区辖无锡国家高新技术产业开发区、无锡太湖国际科技园、无锡空港产业园区（硕放工业园、硕放街道）、星洲工业园、无锡出口加工区5个园区和旺庄、江溪、硕放、梅村、鸿山、新安6个街道，有78个社区、9个村、35个村居合一社居委。户籍总户数122879户，比上年增长2.64%；常住人口354091人，比上年增长2.23%；外来人口518605人，比上年增长7.7%；境外人口5871人。2016年，新吴区实现地区生产总值1408.01亿元，比上年增长8.1%，完成公共财政预算收入160.54亿元，比上年增长9.1%。

（汪　英）

【开放型经济】 年内，新吴区全年规模以上工业总产值3187.04亿元，比上年增长6.9%；全社会固定资产投资888.9亿元，比上年增长2.1%，其中工业投入474.2亿元，比上年增长7.9%；进出口总额346.4亿美元，其中出口184.9亿美元；到位注册外资12.6亿美元，比上年增长5.6%。新签约项目协议投资26亿美元，其中旭友偏光片、科玛化妆品等超1亿美元项目9个，实施"以商招商、二次招商"，引进康明斯增资、三星SDI动力电池、理光热敏新工厂等项目。中国船舶海洋探测技术产业园一期、联合汽车高压直喷等100个省、市、区重点项目实现投资269亿元，开工率95.5%，其中三星SDI偏光板、夏普高清液晶显示模块、隆基单晶硅等40个项目竣工投产，阿斯利康新药、阿特拉斯·科普柯总部基地等42个项目开工建设。推动贸易通关便利化改革，推广"区区流转""先进区、后报关"等8项创新监管制度，复制归类行政裁定全国适用、国际海关AEO互认合作制度等创新改革，进一步提升贸易便利化水平。完成进口肉类口岸建设，通过省级出口质量示范区验收。抓总部订单集聚，鼓励夏普、希捷、捷普等重点外资企业争取海外总部订单，创造条件将国外订单转移至无锡生产，扩大产能并形成进出口增量。推动阿斯利康、欧司朗、恒联国际等一批集团采购、销售分拨中心开展业务，新增进出口总额约10亿美元。

（汪　英）

【供给侧改革】 年内，新吴区商品房存量面积比上年减少85万平方米；盘活供而未用、用而不足土地54块200余公顷；企业职工社保缴费平均下降2.5%，全区企业减少缴纳社保费1.25亿元；推进企业直供电，19家大用电企业获得直供电配额6.5亿千瓦时，节约成本1600余万元；发放企业稳岗补贴1.08亿元，惠及4333家企业和21万余名职工；对90余家制造业小微企业发放70余万元信息化券，减免小微企业增值税477万元、企业所得税3336.77万元；减免新型墙体材料专项基金2595万元。设立80亿元产业发展基金，对先进制造业、战略性新兴产业和现代服务业等拨付产业升级扶持资金11.6亿元。创新工业标房供给模式，引导社会资本投资运作，"金巢工程"首个落户项目东久集团华平智造园开工建设，规划建设工业标房17万平方米。

（汪　英）

【投资环境】 年内，新吴区完善城市功能，推进产城融合发展，城市发展质态逐步提升。编制完成"十三五"城乡建设规划，完成太湖国际科技园片区整体功能策划与总体概念方案设计征集和社区规划的编制，梅村街道、鸿山街道、硕放街道总体规划进行公示并等待获批。优化调整站前创新区、吴文化博览园等区域控规和路网，为推进产城融合和区街融合发展提供有力支撑。叙康路等10条道路开工建设，坊育南路等6条道路、望虞河大桥等3座桥梁建成通车。地铁3号线配套工程、西气东输管线改线等重点项目建设有序推进。高浪大桥作业区粮食专用码头、新安大桥作业区一期工程竣工验收，港口吞吐量222万吨。上海瑞金医院无锡分院主体封顶，无锡凯宜医院开工建设，美国波士顿圣约瑟夫国际学校即将封顶。推进"智慧新吴"建设，构建集绿化管理、环卫管理、车辆管理和广告管理于一体的"感知城管"，"智慧养老"获评市"十二五"智慧城市应用示范项目。实施绿色家园计划，完成中通支路、机场路（旺庄路–泰山路）等道路绿化约4万平方米，城南路、伯渎河等慢行绿道4千米，新安待开发地块覆绿100万平方米和高浪路高架全线立体绿化桥墩625座，新增绿地1.6万平方米，建成企业林2万平方米、三星SDI等海绵城市游园绿地示范项目2个，加强沿湖绿化景观建设，提升大溪港湿地公园生态质量。

（汪　英）

【科技创新】 年内，新吴区高新技术产业产值占工业总产值的比重63.5%，全社会研发费用占GDP比重3.8%。战略性新兴产业保持良好发展势头，物联网、新材料与新能源、生命科技等产业实现两位数增长，企业效益增长有力，规模工业企业利润比上年增长20%左右。制定《科技创新创业政策实施细则》《新吴区科技创新重大项目"一事一议"管理办法》《新吴区科技研发用房转让实施细则》等相关政策和实施细则。2016年，累计兑现各类科技资金超3亿元，覆盖科技企业800余家。至年底，全区拥有市级三创载体12家、省级以上孵化器11家、国家级孵化器6家，累计建成载体面积247.73万平方米，载体入驻率71%。推进企业研发平台建设，全年新增省级企业技术中心4家、市级企业技术中心10家，入选省重点技术创新项目42个、市重点技术创新项目84个，累计列入省重点推广应用新技术、新产品项目20个。推进企业品牌标准化平台建设，申报江苏省名牌产品企业11家；牵头参与制定物联网各类标准75项，其中国际标准11项、国家标准39项。全年获批循环经济标准化试点3项、市级服务业标准化试点1项，企业新增采用16项国际先进标准。新增专利申请5935件，其中发明专利申请2762件；授权专利3401件，其中发明授权专利1506件；新增PCT专利申请136项，万人发明专利拥有量102.08件，是全市平均水平的3.3倍，全省平均水平的5.7倍；全年新增知识产权贯标备案企业18家,新增认证备案单位11家,新增认证通过单位3家,总数居全市首位。其中无锡小天鹅股份有限公司物联网洗衣机荣膺第17届国家专利奖,获中国专利优秀奖。全年认定市级以上研发机构15家,其中新认定市级工程技术研究中心5家、省级工程技术研究中心4家、省级研究生工作站4家、市级院士工作站2家。在物联网标准制定方面,新吴区企业累计修订物联网标准70余项,参与制定50%以上的物联网国际标准。隶属于ISO/IEC国际标准组织的ISO/IEC JTC1/WG10物联网标准工作组首次在中国召开全体会议,无锡物联网产业研究院成为全球标准架构唯一主编辑单位。国家火炬计划无锡高新区汽车电子及部件产业基地通过复核,省级(物联网产业)科技服务示范区通过省科技厅验收,国家物联网应用展示中心工业旅游服务业标准化试点项目通过专家组验收。

(汪　英)

【园街发展】 年内,无锡空港产业园签约引进深南电路二期、格林美二期、诺龙精密科技、圆通航空物流基地、中南雅苑置地等16个符合园区主导产业的重大项目,其中注册资本超1亿元项目6个。全年新增股改企业3家(会通新材料、航亚科技、沪东麦斯特)。园区重点物流企业增长迅猛,25家物流公司全年实现营业收入16.71亿元,比上年增长20%。苏南(无锡)快递产业园被评为全国智慧物流配送示范基地,成为全国唯一一个入选的快递产业园。做好存量土地和闲置厂房的盘活工作,共调整和盘活土地10公顷、厂房2.73万平方米。全年安居房在建面积3501户48.35万平方米,竣工2275户30.24万平方米。旺庄街道结合站前规划调整,招引先进制造业项目,奥特维智能装备产业园、先导数据中心、中力高端装备制造等项目相继签约落户。开展优化发展功能片区招商工作,科创中心引进"上学啦"教育综合体等新项目51个,新港物流新引进钢贸企业29家。上市公司规模扩容,新增"新三板"挂牌企业4家,威峰科技年内完成创业板报会。资源整合工作取得积极进展,回购闲置土地2.4公顷,盘活闲置和低效厂房近8万平方米,迁入优质异地经营企业8家。西姆莱斯破产重整获得成功,4.1亿元重组资金全部到位。江溪街道面积1.1万平方米的无锡市进口商品直销中心开业运营,集聚各类进口商品代理商、经销商13家,线上销售成效明显。东方二手车市场三期、霍夫曼3D打印等投入运行。新华书店二期项目、五洲D馆、深港A2总部区等完成建设。展贸B馆、ITT实验室及扩产项目、慧智科技新材料研发中心、智能自控科技中心、长城4S店等开工建设。纽迪希亚5000平方米标房建设纳入企业战略规划。奥地利LMF压缩机生产研发项目、慧谷出国大中华区总部等14个项目完成注册。富源科技、太平洋包装、海大机械在"新三板"挂牌,智能自控完成主板报会,五洲汇科技、金达厨具、先驱自动化等企业上市工作有序推进。成立科技创新发展中心,完成科技企业招引15家、新增技术转移及产学研合作项目3个,申报高新技术企业6家、省"双创"博士1名,科技人才工作成效显现。总投资2.2亿元,总建筑面积6万平方米的叙丰家园D区南块安置房开工建设,江溪供电所、江溪小学综合楼、春城幼儿园、欧典卫生服务中心、花郡社区、卫星社区完成装修装饰并启用。梅村街道推进项目建设,完成金龙机电股份总部及微特电机产品研发生产总部基地、江苏新华起重智能港口设备生产基地、瑞捷利鼎精密机械生产项目、佰丽爱家家具等一批项目的入驻;推进安博现代综合物流园、TCL多媒体华东物流营销园、普洛斯现代服务产业园、马科托新材料项目、佛吉亚研发总部、儒兴科技银浆项目、德力流体高精度液压油缸研发及生产项目等一批项目的开工建设。全力推进征地拆迁、工程建设等相关工作,重点对梅荆五期三区、医院家舍、吴都新城等地块进行动拆,对群兴路、新洲路延伸段、梅里古镇、梅荆五期二区等扫尾灭点地块进行攻坚,至年底,完成拆迁5.46万平方米,完成扫尾灭点项目4个;全面规范整肃拆迁安置秩序,制定安置房回购、农居房店面拆迁安置实施流程及有关要求,梳理完成违规侵占户、拿房未拆户名单,启动整治清理。年内,建成梅荆五区二期A地块、梅荆三区二期合计18.3万平方米安居房,并交付使用。鸿山街道成功签约总投资约17亿元人民币的诺飞高科等注册资本在2000万元人民币以上的项目16个,成功签约摩拜智造等4个外资项目,日立泵、安利增资顺利到位,全年到位外资2936万美元,比上年增长近4倍。投入近30亿元,启动建设伯渎河整治、泰伯大道改扩建、鸿泰苑A期二区、跨望虞河大桥、鸿山实验小学等一批重点民生工程;全年累计完成15万平方米的拆迁总量,海洋馆地块、鸿山路、伯渎河整治工程3个区考核扫尾灭点项目的拆迁任务全面完成。启动总投资超5000万元的望虞河片区、伯渎河片区环境综合整治工程,全面落实环保网格化管理制度,全面推进"三个一批"整治,摸排企业387家,完成率100%。新安街道签约拆除3.2万平方米,交付使用安居房1700套,办理安居房不动产证1423套。运河西路环境治理、净慧西路、新安中学安置过渡点及新安一村、二村应拆未拆房屋等项目拆清,完成外围灭点3户。综合整治新开港、高墩港,完成河道清淤15742方。高墩港张家桥涵闸投入使用,徐淘泾河闸站主体工程完工。打捞蓝藻158760吨、水草14720吨,实现水源地安全度夏。建成新安花苑第一、第二、第三社区司法行政服务站,启动建设和风社区、净湖社区服务中心。推进技防入户,安装智能隐形防盗窗1209平方米。获评全国社区教育示范街道。吴文化博览园精心组织制作鸿山物联网小镇的规划宣传片,确保鸿山物联网小镇规划发布会取得圆满成功。推进飞凤路以东农业板块及禅意生活中心(泗州寺)建设项目,组织开展省级旅游度假区的申报工作。协助杭州长乔海洋王国项目办理项目公司营业执照、水生动物养殖许可证等资质证书,协调办理项目土地出让的相关手续,促进签约项目尽早开工。通过对吴文化节、葡萄节、沙滩节、七夕相亲等重大活动的新闻报道、游客采访、专题推介和微信推送等形式,提高景区知名度。与梁溪之声、惠无锡微信公众号合作,组织开展义务植树、吴文化节区域产业发展说明会等主题活动，打造梁鸿湿地爱情主题旅游形象品牌。

（汪　英）

【社会事业】 年内，新吴区促进就业创业。全年新增就业人数1.55万人，城镇失业人员再就业9886人；重点扶持自主创业819人，带动就业4174人，开发公益性岗位147个。加大居民养老参保力度，发放居民养老保险4.8亿余元。办理临时救助12297人次，核发临时救助金739.8万元。办理低保14712人，核发低保金686.7万元。出资为全区25.3万户常住居民投保住房财产险，726户获得保险理赔39.6万元。建立公租房、廉租房、租金补贴、购买经济适用房、经济适用房补贴等多种保障方式，受理住房保障申请30户，发放廉租房租金补贴15万余元，经济适用房补贴52万元。硕放和新安街道试点依托公办民营养老机构新建区域性老年人助餐中心。完成66.67公顷市属蔬菜基地划定。全力推进智慧养老建设，全区实现6家养老机构和2家居家养老服务机构智慧养老建设全覆盖。创建省级公共体育服务体系示范区，全区各社区公共文化体育设施每周开放时间不少于56小时，新增健身路径34条、篮球场地3个和室外乒乓桌15张。实施"白玉兰"群众文化幸福工程、全民阅读工程、文化惠民工程，举办2016国际吴文化交流惠民月、"心随高新·梦筑新吴"网络文化活动等系列活动，通过国家公共文化示范区验收。

（汪　英）

【综合治理】 年内，新吴区加强公正司法、法治宣传教育，开展"法护蓓蕾"青少年法治实践、"法润新吴"法律服务进企业、"民生法治讲堂进社区"等法治教育宣传活动，组建社区"一社区一法律顾问"专业服务网络，法治满意度测评为93.17%，群众安全感测评为96.5%。投入30余万元，以"平安创建、法治新吴"为主题，为社区群众制作围裙、雨伞、保温杯、马甲、志愿者服务手册等宣传纪念品8000余份(套、件)。全年通过"阳光信访"系统办理来信、来访、网上信访等各类信访件796件。其中，来信264件、来访314件、网上投诉108件、查办案件41件、领导信箱件69件。新吴区平台受理"12345"政府公共热线转办单共计12143件，办结率100%，群众满意度95%。推进危化品、较大风险作业、建筑施工、道路交通、特种设备、燃气、消防领域安全专项整治，集中开展"打非治违"专项行动，组织328个检查组检查企业1289家次，责令366家企业限期整改，开展企业安全生产托管66家，安全生产隐患整改率在90%以上，安全生产形势总体稳定。加强食品、药品安全监督管理和查处力度，食品检测合格率98.5%。应对夏季台风、暴雨汛情，科学开展防洪排涝早期谋划和应急抢险，对20处防洪排涝险患进行应急处理，确保区域防洪防汛安全。

（汪　英）

【人民生活】 年内，新吴区城镇居民和农村居民人均可支配收入分别比上年增长7.6%和8.6%；城镇居民登记失业率控制在3%以内。全年投入5.8亿元，精心组织实施民生实事工程10大类53项，推进公共服务均等化全覆盖。新建泰山路小学、鸿山实验小学、梅里中学，新增校舍面积7万平方米，新增学位5670个；全年小学入学新生6350人，其中新市民学生占比58%；成功创建省级社区教育示范区，省级标准化社区教育中心实现全区全覆盖。推行基本公共卫生医防结合模式，加强家庭医生服务团队建设，家庭医生服务签约总人数44万人，以新安社区卫生服务中心为试点的医联体信息平台初步实现互联互通。推进养老援助，投入124万元，援助8类困难老人2600人，为5万余名老人购买"安康关爱"保险。落实残疾儿童15年免费教育、残疾学生慈善补助等政策，硕放实验小学省级特殊教育项目申报成功，被评为"全国残疾人工作先进单位"。完成村(居)委会换届选举，推进综治信息网络系统建设和区、街道、社区(村居)综治办三级网络及区主要综治成员单位信息网络化建设。优化771路、773路等公交线路14条。

（汪　英）

【普洛斯合作项目签约】 4月1日，"无锡新吴区—普洛斯8亿美元合作项目"成功签约。普洛斯集团是全球领先的现代工业设施及物流提供商，旗下的环普产业致力于现代化产业园区的开发及运营。该项目是新吴区首个"金巢计划"项目，普洛斯与新吴区进行战略合作，投资规模8亿美元，通过综合开发、收购等方式，建设环普产业园区，用其自身国际化招商网络引进生命医药、汽车配件及装备机械等高端制造业项目，为新吴区重点项目建造定制厂房。按项目计划，普洛斯环普产业园工业厂房规模达100万平方米。

（汪　英）

【旭友电子偏光片全工程项目签约】 4月25日，旭友电子偏光片全工程项目签约落户新吴区。该项目由住友化学、东旭集团会同韩国东友精细化学株式会社（住友化学子公司)、拓米国际有限公司，共同投资建设两条偏光片全工程生产线，计划投资总额3.2亿美元，年产偏光片2000万平方米，达产后年销售额约20亿元人民币。东旭住化偏光片项目落户后，加上上年落户的三星SDI偏光片项目，将使无锡成为全国最大的偏光片生产基地，在液晶制造上游材料领域形成新的产业高地。

（汪　英）

【三星SDI增资和汽车动力电池项目签约】 4月27日，三星SDI增资1.2亿美元项目签约新吴区。三星SDI无锡TFT-LCD偏光板全工程项目(前道、后道)的总投资约3.4亿美元，年销售额约5亿美元，产品为LCD偏光板以及太阳能电池Paste，主要配套服务苏州三星SSL、昆山IVO、合肥京东方等企业。项目于5月底完成建设，6月开始试生产，9月开始量产。9月29日，三星SDI汽车动力电池项目签约落户新吴区。该项目中，三星SDI株式会社与新吴区科技金融投资集团成立合资公司，建设汽车动力电池项目，计划于2017年10月量产，同时作为三星SDI株式会社在中国汽车动力电池包事业的综合型总部。韩国三星集团旗下三星SDI株式会社创立于1970年，是全球主要的小型电池、汽车用动力电池、储能电池(ESS)、Display偏光板生产商。

（汪　英）

【恒云太云计算数据中心项目落户】 7月19日，恒云太云计算数据中心项目落户新吴区。恒云太云计算数

10 月 30 日,新吴区举行传感器技术与产业发展国际高峰论坛 （新吴区政府办 供稿）

据中心项目由中国电信无锡分公司、无锡高新技术开发区与先导集团旗下恒云太信息科技有限公司三方合作，共同建设亚太区首个双 T4 标准的数据中心。该项目列入 2016 年江苏省重点项目,总投资 45 亿余元。项目建成后将成为亚太区首个 UptimeTier4 双认证（设计认证和建设认证)标准的数据中心,推动无锡乃至华东地区大数据产业的培育与发展。对于建设绿色环保的数据中心产业链,为政府、企业客户提供安全的网络和信息安全服务平台以及推动传统数据中心管理及服务变革，引领数据中心行业发展方向具有重要意义。该项目一期建设机柜 1300 个、二期建设机柜 2.5 万个。

（汪 英）

【深南电路二期项目签约】 9 月 8 日,深南电路半导体封装基板 15 亿元二期项目在新吴区签约。深南电路是中航工业直属企业，国家级高新技术企业，致力于电子电路解决方案集成商的建设，形成了以电子互连为核心的“三合一”业务模式，即印制电路板业务、电子装联业务和集成电路封装基板业务，是国家企业技术中心、国家重点实验室“高密度集成电路封装技术国家工程实验室”承建单位之一。深南电路决定于 2016 年年底,启动无锡生产基地二期项目建设，总投资 15 亿元,扩大封装基板研发及制造业务，包括以 CSP、COB 等半导体封装基板为主要产品和以 FC-BGA、FC-CSP 及模块为主进行产业化。项目竣工达产后，无锡深南电路年产封装基板 60 万平方米,计划新增年产值 20 亿元、税收约 1 亿元。无锡深南电路一期、二期全部投产后,3 年内计划实现年产值 50 亿元、纳税 2.5 亿元。

（汪 英）

组织机构和领导人员名单

中共新吴区委员会

书　记　魏　多
副书记　封晓春
　　　　李建秋
常　委　魏　多
　　　　封晓春
　　　　李建秋
　　　　洪延炜
　　　　匡　辉
　　　　戴　泉
　　　　焦夕莲(女)
　　　　吴胜荣
　　　　刘　霞(女)

新吴区人大常委会

主　任　张明烈
副主任　刘　骁
　　　　何雪清
　　　　黄家传

新吴区人民政府

区　长　封晓春
副区长　洪延炜
　　　　朱晓红
　　　　胡　逸
　　　　李伟敏(女)
　　　　祝君乔
　　　　钱　前

政协新吴区委员会

主　席　刘蓓红(女)
副主席　沈雪芳
　　　　施庆伟
　　　　肖伟民

中共新吴区纪律检查委员会

书　记　焦夕莲(女)

说明:中共新吴区委、区纪委成立于 2 月 14 日。区人大、区政府、区政协成立于 6 月 30 日,2~6 月间,均以筹备组形式开展工作。

（汪 英）

编辑　李汉洪

新任中共无锡市委领导人

周 英

周英，女，汉族，1964 年 5 月生，江苏张家港人。1986 年 7 月参加工作，1985 年 6 月入党，大学学历。1982 年 9 月苏州大学财经学院财会专业学习。1986 年 7 月任连云港市劳动局工资科干部。1990 年 12 月任江苏省劳动局计划劳动力处副主任科员。1995 年 9 月任江苏省劳动局计划劳动力处主任科员。1996 年 8 月任江苏省劳动厅财务处副处长（其间：1997 年 5 月取得会计师职称，1998 年 9 月~2000 年 6 月南京大学工商管理专业研究生课程进修班学习）。2000 年 12 月任江苏省劳动和社会保障厅规划财务和基金监督处副处长。2002 年 3 月任江苏省劳动社会保障信息中心主任、省劳动和社会保障厅规划财务和基金监督处副处长（其间：2004 年 9 月~2004 年 12 月江苏省高级管理人才经济研究班赴美国培训）。2007 年 5 月任江苏省劳动和社会保障厅副厅长、党组成员。2008 年 4 月任江苏省劳动和社会保障厅副厅长、党组成员，省总工会副主席（兼）。2009 年 8 月任江苏省人力资源和社会保障厅副厅长、党组成员，省总工会副主席（兼）。2016 年 9 月任无锡市委常委、组织部部长。

（宋承珂）

谢晓军

谢晓军，男，汉族，1965 年 8 月生，河南洛阳人，1984 年 8 月参加工作，1989 年 8 月入党，省委党校研究生学历。1982 年 10 月江苏省人民警察学校治安专业学习。1984 年 8 月历任江苏省公安厅政治部教育训练处办事员、机关党委科员（其间：1988 年 8 月~1989 年 10 月挂职任沛县公安局刑警队副队长；1989 年 6 月江苏省高等教育自学考试中文专业大专毕业）。1990 年 11 月历任江苏省公安厅机关党委副科级干事、正科级干事。1997 年 12 月任江苏省公安厅政治部直属工作处副处长。2001 年 3 月任江苏省公安厅禁毒处副处长、禁毒总队副总队长（其间：2000 年 9 月~2003 年 7 月江苏省委党校经济学专业在职研究生学习）。2007 年 6 月任江苏省公安厅反恐怖工作处、有组织犯罪侦查总队政委兼刑事侦查局副局长、刑事警察总队副总队长。2008 年 3 月任江苏省公安厅后勤管理处处长。2011 年 7 月任江苏省公安厅副厅长、党委委员。2016 年 1 月任无锡市政府副市长、党组成员，省公安厅党委委员，市公安局党委书记、局长、督察长（兼），市委政法委副书记（兼）。2017 年 1 月任无锡市委常委、政法委书记，市政府副市长、党组成员，省公安厅党委委员，市公安局党委书记、局长、督察长（兼）。

（宋承珂）

新任无锡市人大常委会领导人

徐一平

徐一平，男，汉族，1960 年 10 月生，江苏无锡人。1982 年 5 月参加工作，1984 年 12 月入党，研究生学历。1978 年 5 月南京化工学院南化分院化学工程系学习。1982 年 5 月无锡市钙塑瓦楞厂工作。1983 年 5 月任无锡市塑料公司团委副书记。1984 年 11 月历任无锡市轻工业局团委副书记、书记。1987 年 10 月任无锡市塑料七厂厂长。1989 年 6 月任共青团无锡市委副书记。1993 年 2 月任无锡市委台湾工作办公室、市政府台湾事务办公室副主任。1995 年 10 月任无锡市委台湾工作办公室、市政府台湾事务办公室主任（其间：1993 年 9 月~1996 年 7 月复旦大学政治经济学专业在职研究生学习，获硕士学位；1997年3月~1997年12月参加江苏省高级管理人才经济研究班赴美国马里兰大学学习）。1999年9月任无锡市外经委主任、党组书记。2001年4月任无锡市外经局局长、党组书记。2001年8月任无锡市委宣传部部长、市外经局局长、党组书记。2001年9月任无锡市委常委、宣传部部长。2002年12月任江苏省委台湾工作办公室、省政府台湾事务办公室副主任。2005年8月任连云港市委常委、组织部部长。2008年4月任连云港市委副书记、市政府代市长。2009年1月任连云港市委副书记、市政府市长。2011年1月任江苏省委宣传部常务副部长(正厅级)。2012年1月任江苏省经济和信息化委员会主任、党组书记。2017年2月任无锡市人大常委会主任、党组书记。

（宋承珂）

华博雅

华博雅，女，汉族，1963年8月生，江苏江阴人。1981年7月参加工作，1999年10月加入民建，大学学历。1978年10月苏州市财经学校工业会计专业学习。1981年7月任江阴市棉纺织厂财务科会计。1986年6月任江阴市财政局企财科干部(其间：1983年9月~1986年7月江苏广播电视大学经济类工业企业管理专业在职学习)。1988年4月历任无锡市财政局综合计划科办事员、科员、副科长。1995年3月任无锡市新区财税局副局长（其间：1995年9月~1997年7月南京农业大学经济贸易学院经济管理专业研究生课程进修班学习；1997年10月明确主任科员)。2000年8月任无锡市新区财政局局长。2001年2月任无锡市滨湖区政府筹备组成员。2001年5月任无锡市滨湖区副区长。2003年4月任无锡市滨湖区副区长，市政协副秘书长(兼)，民建无锡市委副主委(兼)(其间：2005年6月苏州大学会计与审计专业自学考试本科毕业)。2006年11月任无锡市滨湖区副区长，市政协副秘书长(兼)，民建江苏省委副主委(兼)、民建无锡市委主委(兼)。2008年1月任无锡市政府副市长，民建江苏省委副主委(兼)、民建无锡市委主委(兼)。2008年8月任无锡市政府副市长，市红十字会会长(兼)，民建江苏省委副主委(兼)、民建无锡市委主委(兼)。2017年1月任无锡市政府副市长，民建江苏省委副主委(兼)、民建无锡市委主委(兼)。2017年2月任无锡市人大常委会副主任，民建江苏省委副主委(兼)、民建无锡市委主委(兼)。

（宋承珂）

袁　飞

袁飞，男，汉族，1963年7月生，江苏启东人。1983年8月入伍，1984年5月入党，大学学历。1979年9月厦门大学物理系物理学专业学习。1983年8月南京炮兵学院军事指挥专业学习。1984年7月历任步兵第181师炮兵团排长、司令部参谋、连长、炮兵科参谋、副科长、科长。1996年10月任武警181师炮兵科科长。1999年8月任无锡市计划委员会科技处副主任科员（其间：1998年9月~2000年6月南京大学国际贸易专业研究生课程进修班学习)。2000年8月任无锡市计划委员会电子办副主任科员。2001年12月任无锡市发展计划委员会综合处处长。2004年5月任无锡市发展计划委员会副主任。2005年6月任无锡市发展和改革委员会副主任、党组成员。2006年1月任无锡市滨湖区委常委，无锡太湖国家旅游度假区党工委副书记、管委会主任(正处职)。2008年12月任无锡市滨湖区委副书记、代区长、区长，无锡太湖国家旅游度假区党工委副书记、管委会主任(正处职)。2010年10月任无锡市滨湖区委副书记、区长，无锡太湖国家旅游度假区党工委副书记、管委会主任(正处职)，无锡山水城党工委书记(兼)。2011年7月任无锡市滨湖区委副书记、区长，无锡太湖国家旅游度假区党工委副书记、管委会主任，无锡山水城党工委书记(兼)。2013年2月任无锡市滨湖区委书记、区长，无锡太湖国家旅游度假区党工委副书记、管委会主任，无锡山水城党工委书记(兼)。2013年11月任无锡市滨湖区委书记，无锡太湖国家旅游度假区党工委书记，无锡山水城党工委书记(兼)(其间：2014年1月~2015年12月任滨湖区人大常委会主任)。2017年2月任无锡市人大常委会副主任，滨湖区委书记，无锡太湖国家旅游度假区党工委书记，无锡山水城党工委书记(兼)。2017年3月任无锡市人大常委会副主任、党组成员，滨湖区委书记，无锡太湖国家旅游度假区党工委书记，无锡山水城党工委书记(兼)。

（宋承珂）

新任无锡市人民政府领导人

陆志坚

陆志坚，男，汉族，1968年5月生，江苏无锡人。1990年1月参加工作，1987年1月入党，中央党校大学学历。1984年11月历任无锡市刘潭纺机厂职工，郊区黄巷乡刘潭村团总支副书记、书记、村委委员、治保主任、民兵营营长，刘潭水产养殖场副场长。1990年1月历任无锡市郊区黄巷乡团委副书记、书记(其间：1992年8月兼任刘潭村党总支副书记；1992年10月兼任黄巷乡商业公司副经理、经理、党支部书记)。1995年5月任无锡市郊区黄巷乡党委委员，乡商业公司经理、党支部书记，黄巷乡金桥商贸发展总公司总经理(其间：1993年8月~1995年12月中央党校函授学院经济管理专业大学学习)。1996年11月任无锡市郊区黄巷乡党委委员、副乡长，乡商业公司经理、党支部书记。1998年10

月任无锡市郊区扬名乡(镇)党委副书记、乡(镇)长。1999年12月任无锡市郊区(滨湖区)山北镇党委书记。2001年8月任无锡太湖国家旅游度假区党工委委员、管委会副主任、发展总公司副总经理。2001年10月任无锡市滨湖区委常委,无锡太湖国家旅游度假区党工委委员、管委会副主任、发展总公司副总经理,马山镇党委书记。2002年8月任无锡市滨湖区委常委,无锡太湖国家旅游度假区党工委副书记、管委会主任、发展总公司总经理,马山镇党委书记。2003年3月任无锡市滨湖区委副书记,无锡太湖国家旅游度假区党工委副书记、管委会主任、发展总公司总经理,马山镇党委书记。2004年6月任无锡市滨湖区委副书记,无锡太湖国家旅游度假区党工委副书记、管委会主任,马山镇党委书记。2006年1月任无锡市滨湖区委副书记、区长。2008年11月任无锡市锡山区委副书记、代区长。2009年1月任无锡市锡山区委副书记、区长,锡山经济开发区党工委副书记、管委会副主任,无锡高铁站商务区党工委书记。2009年6月任无锡市锡山区委副书记、区长,锡山经济开发区党工委副书记、管委会主任,无锡高铁站商务区党工委书记。2012年7月任无锡市锡山区委书记,锡山经济技术开发区党工委副书记、管委会主任,无锡高铁站商务区党工委书记。2013年11月任无锡市锡山区委书记,锡山经济技术开发区党工委书记,无锡锡东新城商务区党工委书记。2017年2月任无锡市政府副市长,锡山区委书记,锡山经济技术开发区党工委书记,无锡锡东新城商务区党工委书记。2017年3月任无锡市政府副市长、党组成员,锡山区委书记,锡山经济技术开发区党工委书记,无锡锡东新城商务区党工委书记。

(宋承珂)

高亚光

高亚光,女,汉族,1965年2月生,江苏无锡人。1987年8月参加工作,1996年6月加入民盟,大学学历。1983年9月中国纺织大学化纤专业学习。1987年8月无锡合成纤维总厂实习,后任工艺员。1992年2月任无锡合成纤维总厂生产技术科科长。1993年8月任无锡市太极公司研究所副所长。1994年3月任无锡市太极公司研究所所长(其间:1996年6月~1997年12月挂职任无锡市纺工局生产技术科副科长)。1997年12月任无锡市纺工局生产技术科副科长。1998年1月任无锡市纺工局行业管理处副处长。1999年4月任无锡市纺工局行业管理处处长(其间:1998年9月~2000年7月复旦大学MBA学习,获工商管理硕士学位)。2001年6月任无锡市纺织产业集团公司总经理助理兼经济运行部部长。2003年11月任无锡市纺织产业集团公司总经理助理兼经济运行部部长,市科协副主席(兼)。2004年5月任无锡市科技局副局长,市科协副主席(兼)。2006年11月任无锡市科技局副局长,民盟无锡市委副主委(兼),市科协副主席(兼)。2008年2月任无锡市科技局副局长,民盟无锡市委副主委(兼),市科协副主席(兼),市政协经济科技委副主任(兼)。2008年10月任无锡市科技局副局长,民盟无锡市委副主委(兼),市政协经济科技委副主任(兼)。2009年12月任无锡市经信委(市中小企业局)主任(局长),民盟无锡市委副主委(兼),市政协经济科技委副主任(兼)。2012年8月任无锡市经信委(市中小企业局)主任(局长),民盟无锡市委副主委(兼)。2014年1月任无锡市经信委(市中小企业局)主任(局长),民盟江苏省委常委(兼)、民盟无锡市委主委(兼)。2017年2月任无锡市政府副市长,市经信委(市中小企业局)主任(局长),民盟江苏省委常委(兼)、民盟无锡市委主委(兼)。2017年3月任无锡市政府副市长,民盟江苏省委常委(兼)、民盟无锡市委主委(兼)。

(宋承珂)

新任无锡市政协领导人

叶勤良

叶勤良,男,汉族,1964年7月生,江苏宜兴人。1985年7月参加工作,1985年3月入党,博士研究生学历。1981年9月复旦大学政治学专业学习。1985年7月任无锡轻工业学院院办秘书。1985年12月任无锡市委政策研究室秘书。1987年9月复旦大学国际政治系政治学专业硕士研究生学习。1990年1月任无锡市委政策研究室秘书。1991年12月任无锡市委研究室副科级秘书(其间:1992年1月~1993年12月挂职任无锡第四制药厂厂长助理兼改革办主任)。1994年4月任无锡市经委对外合作处副处长。1998年1月任无锡市经委综合处处长。2000年8月任无锡市北塘区副区长。2001年3月任无锡市北塘区委常委,区政府副区长、党组副书记(其间:2001年11月~2004年5月兼任区委政法委副书记)。2004年5月任无锡市政府副秘书长,市政府办公室主任、党组成员(其间:2002年9月~2005年6月复旦大学国际关系与行政事务学院政治学理论专业研究生学习,获法学博士学位;2005年9月~2005年12月江苏省委党校第二十五期县处级中青年干部培训班学习)。2006年6月任无锡市政府副秘书长,市政府办公室主任、党组副书记(其间:2009年9月~2009年12月江苏省委组织部第十期高级管理人才经济研究班学习)。2011年2月任无锡市北塘区委书记,区人大常委会主任候选人、党组书记。2012年3月任无锡市北塘区委书记,区人大常委会主任、党组书记。2014年1月任无锡市政府秘书长、党组成员,市政府办公室党组书记,北塘区委书记,区人大常委会主任、党组书记。2014年3月任无锡市政府秘书长、党组成员,市政府办公室党组书记。

2017年2月任无锡市政协副主席，市政府秘书长，市政府办公室党组书记。2017年3月任无锡市政协副主席、党组副书记。

（宋承珂）

吴仲林

吴仲林，男，汉族，1961年11月生，江苏无锡人。1983年5月参加工作，1983年8月入党，中央党校大学学历。1980年1月历任无锡市第九棉织厂工人、生产技术科副科长、后织车间主任（其间：1983年5月录用为国家干部）。1983年11月任无锡市郊区广益乡团委书记。1984年8月任无锡市第九棉织厂副厂长。1985年7月任无锡市郊区广益乡党委组织干事。1986年10月历任无锡市郊区区委组织部工作人员、组织员（其间：1985年9月~1988年6月苏州大学夜大中文系大专学习）。1988年12月任无锡市郊区南站乡党委组织委员。1991年1月任无锡市郊区南站乡党委委员、副乡长。1992年11月任无锡市郊区南站乡党委副书记、乡长。1995年10月任无锡市郊区南站乡党委书记。1997年11月任无锡市郊区副区长。1998年12月任无锡市郊区区委副书记、组织部部长、党校校长（其间：1997年8月~1999年12月中央党校函授学院经济管理专业大学学习；1997年12月~2000年4月苏州大学社会经济管理专业研究生课程进修班学习；1998年3月~1999年3月挂职任江苏省灌云县副县长）。2001年2月任无锡市惠山区委副书记（其间：2001年4月~2006年1月任区纪委书记；2002年5月~2002年12月兼任惠山经济开发区党工委书记）。2006年1月任无锡市惠山区委副书记、区长。2006年11月任无锡市惠山区委副书记、区长，无锡（藕塘）职教园区党工委书记（兼）。2011年10月任无锡市惠山区委副书记、区长，无锡职教园党工委书记（兼）。2012年7月任无锡市惠山区委书记、区人大常委会主任，惠山经济开发区党工委书记（兼），无锡职教园党工委书记（兼）。2015年12月任无锡市惠山区委书记，惠山经济开发区党工委书记（兼），无锡职教园党工委书记（兼）。2017年2月任无锡市政协副主席，惠山区委书记，惠山经济开发区党工委书记（兼），无锡职教园党工委书记（兼）。2017年3月任无锡市政协副主席、党组成员，惠山区委书记，惠山经济开发区党工委书记（兼），无锡职教园党工委书记（兼）。

（宋承珂）

丁旭初

丁旭初，男，汉族，1962年6月生，江苏无锡人。1982年8月参加工作，1987年5月入党，中央党校大学学历。1980年9月江苏师范学院苏州地区专科班文科专业学习。1982年8月任无锡县张泾中学教师、团总支书记。1986年8月任无锡县查桥中学政教主任。1992年8月任无锡县查桥中学副书记、副校长。1993年1月任无锡县教育局局长助理。1994年5月任无锡县（锡山市）教育局副局长（其间：1995年3月任鑫达经济发展公司经理；1994年3月~1996年3月华东师范大学教育管理专业研究生课程进修班学习）。1996年6月任锡山市教育系统党委委员、教育局副局长。1999年9月任锡山市张泾镇党委副书记。1999年10月任锡山市（无锡市锡山区）张泾镇党委副书记、镇长（其间：1998年8月~2000年12月中央党校函授学院经济管理专业大学学习）。2001年3月任无锡市锡山区八士镇党委书记。2001年5月任无锡市锡山区八士镇党委书记、镇人大主席。2004年2月任无锡市锡山区锡北镇党委书记、镇人大筹备组成员。2004年6月任无锡市锡山区锡北镇党委书记、镇人大主席。2005年6月任无锡市锡山区委常委，锡北镇党委书记、镇人大主席。2005年8月任无锡市锡山区委常委、宣传部部长。2006年4月任无锡市锡山区委常委、政法委书记。2007年12月任无锡市学校管理中心党委书记、主任。2008年2月任无锡市学校管理中心党委书记、主任，市政协文教卫体委副主任（兼）。2011年12月任无锡市人力资源和社会保障局（市外国专家局）党委书记、局长，市政协文教卫体委副主任（兼）。2012年8月任无锡市人力资源和社会保障局（市外国专家局）党委书记、局长。2014年2月任无锡市北塘区委书记，区人大常委会主任。2015年8月任无锡市太湖新城发展集团有限公司党委书记、董事局主席。2017年2月任无锡市政协副主席，太湖新城发展集团有限公司党委书记、董事局主席。2017年3月任无锡市政协副主席、党组成员，太湖新城发展集团有限公司党委书记、董事局主席。

（宋承珂）

刘　玲

刘玲，女，汉族，1962年10月生，江苏无锡人。1981年8月参加工作，1985年1月入党，省委党校研究生学历。1979年10月无锡师范学校学习。1981年8月任无锡市郊区中桥新村小学教师。1984年9月江南大学中文系干部专修科学习。1986年8月无锡市郊区区委组织部工作。1986年11月任无锡市郊区团委副书记。1988年1月任无锡市郊区团委书记。1991年8月任共青团无锡市委副书记、党组成员。1994年2月任共青团无锡市委副书记、党组成员兼纪检组组长（其间：1994年8月~1996年12月中央党校函授学院经济管理专业大学学习）。1997年1月任无锡市北塘区委常委、宣传部部长。2001年4月任无锡市北塘区委常委、组织部部长。2002年11月任无锡市北塘区委副书记、组织部部长。2003年11月任无锡市北塘区委副书记（其间：2002年9月~2005年7月江苏省委党校政治经济学专业在职研究生学习）。2006年1月任无锡市崇安区委副书记，区政府区长、党组书记。2012年7月任无锡市民政局党委书记、局长。2017年2月任无锡市政协副主席，市民政局党委书记、局长。2017年3月任无锡市政协副主席、党组成员。

（宋承珂）

金元兴

金元兴，男，汉族，1962年10月生，江苏无锡人，1984年8月参加工作,1998年11月加入民进，大学学历。1980年9月华东纺织工学院纺织机械设计专业学习。1984年8月任无锡纺机专件厂技干。1993年10月任无锡纺机专件厂三车间副主任。1993年12月任无锡纺机专件厂三车间主任。1994年7月任无锡纺机专件厂三车间工程师。1994年10月任无锡市供销合作总社社务管理部科员。1995年12月任无锡市供销合作总社社务管理部副主任、劳资处副处长。1997年11月任无锡市北塘区副区长。2001年10月任无锡市北塘区副区长，民进无锡市委副主委(兼)。2005年12月任无锡市北塘区副区长，北塘区人民医院院长(兼)，民进无锡市委副主委（兼)。2006年12月任无锡市供销合作总社主任,民进无锡市委副主委(兼)。2015年12月任无锡市文联主席,民进无锡市委副主委(兼)。2016年12月任无锡市文联主席，民进无锡市委主委(兼)。2017年2月任无锡市政协副主席,市文联主席,民进无锡市委主委(兼)。

（宋承珂）

高　慧

高慧,女,汉族,1962年4月生,江苏无锡人,1982年2月参加工作,1993年12月加入致公党，大学学历。1978年4月南京师范学院体育系球类专业学习。1982年2月任镇江师范专科学校教师。1985年3月任无锡轻工业学院(无锡轻工大学)教师（其间:1987年9月~1988年6月北京体育师范学院高校青年教师进修班学习;1994年9月~1997年6月无锡轻工大学经贸专业在职学习)。1998年1月任无锡轻工大学教师(其间:1998年9月~2001年6月南京师范大学体育科学学院在职研究生课程班学习)。2001年10月任江南大学教师，致公党无锡市委副主委(兼)。2003年11月任无锡市体育局副局长，致公党无锡市委副主委(兼)。2005年12月任无锡市体育场馆和训练管理中心副主任，致公党无锡市委副主委(兼)。2011年12月任无锡市体育场馆和训练管理中心副主任，致公党无锡市委主委(兼)。2014年3月任致公党无锡市委主委。2017年2月任无锡市政协副主席、致公党无锡市委主委。

（宋承珂）

韩晓枫

韩晓枫,男,汉族,1963年10月生,江苏无锡人,1985年9月参加工作,2000年5月加入农工党,研究生学历,博士学位。1982年9月镇江医学院检验系医学检验专业学习。1985年9月历任无锡市第二人民医院检验科检验员、检验师。1994年10月任无锡市第二人民医院检验科副主任(其间:1996年9月~1999年7月苏州医学院放射医学免疫毒理专业在职硕士研究生学习，获医学硕士学位)。2001年2月任无锡市卫生局副局长，市第二人民医院检验科副主任。2001年4月任无锡市卫生局副局长（其间:2001年4月~2006年2月兼任市第二人民医院检验科主任。2001年4月~2007年12月兼任市临床检验中心主任。1999年9月~2002年7月上海第二医科大学免疫学专业在职博士研究生学习,获医学博士学位)。2002年7月任无锡市卫生局副局长，市侨联副主席（兼)(其间:2003年3月~2005年9月中欧国际工商学院在职高层管理人员工商管理硕士学习，获工商管理硕士学位)。2005年2月任无锡市卫生局副局长，农工党无锡市委副主委(兼),市侨联副主席(兼)。2007年12月任无锡市医院管理中心副主任，农工党无锡市委副主委(兼),市侨联副主席(兼)。2012年8月任无锡市医院管理中心副主任(正处级)，江南大学无锡医学院院长(试聘期一年,2013年9月试聘期满,正式聘任),农工党无锡市委副主委(兼),市政协港澳台侨外事民宗委副主任（兼)，市侨联副主席(兼)。2015年7月任无锡市卫计委副主任(正处级),江南大学无锡医学院院长，农工党无锡市委副主委(兼)，市政协港澳台侨外事民宗委副主任(兼),市侨联副主席(兼)。2016年12月任无锡市卫计委副主任(正处级),江南大学无锡医学院院长,农工党无锡市委主委(兼),市政协港澳台侨外事民宗委副主任(兼),市侨联副主席(兼)。2017年2月任无锡市政协副主席，市卫计委副主任,江南大学无锡医学院院长,农工党无锡市委主委(兼),市侨联副主席(兼)。

（宋承珂）

新任无锡市中级人民法院院长

时永才

时永才,男,汉族,1961年10月生,江苏常州人,1984年8月参加工作,1984年6月入党，研究生学历。1980年9月西南政法学院法律专业学习。1984年8月历任常州市中级人民法院书记员、助理审判员。1988年12月任常州市中级人民法院助理审判员(副科级)。1989年6月任常州市中级人民法院教育科副科长。1990年4月任常州市中级人民法院审判员（其间:1990年9月~1993年1月西南政法学院民商法专业研究生学习)。1993年4月任常州市中级人民法院民事审判庭副庭长。1994年1月任常州市中级人民法院办公室副主任。1995年5月任常州市中级人民法院办公室主任。1996年10月任常州市中级人民法院副院长。1996年12月任常州市中级人民法院副院长、党组成员（其间:1998年4月~1999年4月兼任研究室主任)。1999年12月任常州市中级人民法院副院长（正处级)、党组成员。2002年12月任常州市中级人民法院副院长(正处级)、党组成员、机关党委书记。2004年11月任常州市中级人民法院副院长、党组副书记(正处级)。2007年12月任扬州市中级人民法院代院长、院长、党组书记。2011年9月任无锡市中级人民法院党组书记，市委政法委副书记(兼)。2011年10月任无锡市中级人民法院代院长、党组书记,市委政法委副书记(兼)。2012年1月任无锡市中级人民法院院长、党组书记,市委政法委副书记(兼)。

（宋承珂）

新任无锡市人民检察院检察长

俞波涛

俞波涛，男，汉族，1968年5月生，江苏建湖人，1991年8月参加工作，1999年7月入党，研究生学历，博士学位。1987年9月南京大学法学院法律学专业学习。1991年8月任江苏省人民检察院见习书记员。1992年8月任江苏省人民检察院书记员（科员级）。1995年4月任江苏省人民检察院监所检察处书记员（副科级）。1996年8月任江苏省人民检察院监所检察处助理检察员（副科级）。1998年10月任江苏省人民检察院审查起诉处助理检察员（正科级）。2001年11月任江苏省人民检察院反贪污贿赂局侦查三处副处长、助理检察员。2002年4月任江苏省人民检察院反贪污贿赂局侦查三处副处长、检察员（其间：2002年6月获南京大学法律硕士学位）。2004年12月任江苏省人民检察院反贪污贿赂局业务指导处副处长、检察员。2006年4月任江苏省人民检察院反贪污贿赂局侦查二处处长、检察员（其间：2004年9月~2007年12月南京师范大学诉讼法学专业在职研究生学习，获法学博士学位）。2008年7月任江苏省人民检察院反贪污贿赂局侦查一处处长、检察员。2009年1月任镇江市人民检察院副检察长、党组成员（正处级）。2009年3月任镇江市人民检察院副检察长、党组副书记（正处级）。2012年6月任镇江市人民检察院检察长、党组书记。2017年1月任无锡市人民检察院代检察长、党组书记，市委政法委副书记（兼）。2017年3月任无锡市人民检察院检察长、党组书记，市委政法委副书记（兼）。

（宋承珂）

全国五一劳动奖章获得者

赵 军

赵军，男，汉族，1968年4月生，中共党员，硕士学历，高级工程师，江苏法尔胜泓昇集团有限公司缆索部副部长。江苏省“333工程”拔尖人才，享受国务院特殊津贴，先后获得第十届中国土木工程詹天佑奖、第六届中国公路百名优秀工程师、中国标准创新贡献奖、江苏省十大优秀发明人奖、中国优秀专利奖等奖项。赵军主持开发23个科技成果项目通过省级鉴定（其中4项达国际领先水平，19项达国际先进水平），主持完成3项国家标准、2项行业标准，完成2项国家科技支撑项目和3项省部级科技项目，获13项发明专利，56项实用新型专利，发表论文10多篇。主持项目中，获国家科技进步二等奖、国家科技进步一等奖（企业奖）、国家级企业管理现代化创新成果二等奖各一项，省部级科技进步一等奖三项，其科技成果使桥梁平行钢丝拉索寿命从25年提高到50年，为当时世界第一大斜拉桥苏通大桥实现世界首次千米跨越奠定基础。其技术成果应用于泰州大桥、苏通长江大桥、昂船洲大桥、韩国仁川大桥等600多座国内外大跨径桥梁工程。2016年4月，中华全国总工会授予其“全国五一劳动奖章”。

（锡 工）

卢伟强

卢伟强，男，汉族，1973年10月生，大专学历。宜兴市富如伟耐火陶瓷有限公司技术员。

卢伟强在继承传统制陶技艺基础上创新发展。2007年始，连续7年参加宜兴市总工会、市人社局举办的全手工制陶技能竞赛并获第一名。2011年12月，在无锡首届职工科技创新成果展示周上进行现场制作演示，并被授予绝技绝活。撰写的论文相继在《江苏陶瓷》《陶瓷科学与艺术》上发表。2011~2013年被江苏省陶瓷实训基地聘为辅导老师，传授全手工制作技法，受到基地师生好评，所教学生在历年全市劳动竞赛和技能比赛中取得优异成绩。2016年4月，中华全国总工会授予其“全国五一劳动奖章”。

（锡 工）

周凤炳

周凤炳，男，汉族，1969年8月生，中专学历。无锡威克亨盛机械制造有限公司造型组组长。

周凤炳从事铸造造型工作20多年，创造“周凤炳操作法”，攻克造型技术方面难题，实现企业铸造零废品记录，为企业节约大量成本。领衔设立“三创”工作室，发挥对班组员工的“传帮带”作用。2016年4月，中华全国总工会授予其“全国五一劳动奖章”。

（锡 工）

杜炎杰

杜炎杰，男，汉族，1983年7月生，中共党员，本科学历，工程师。无锡太湖锅炉有限公司工艺员。

杜炎杰在2013年首届CAD技能操作比赛中夺得冠军，2014年在滨湖区物联网大赛中通过预赛并代表街道参加区决赛。杜炎杰身兼工装设计和焊接工艺工作，获省、市五一劳动奖章。2016年4月，中华全国总工会授予其“全国五一劳动奖章”。

（锡 工）

李明秋

李明秋，男，汉族，1964年11月生，中共党员，本科学历，无锡市第一人民医院心外科主任、主任医师、硕士研究生导师、南京医科大学副教授、省医学会心血管外科学会委员、省中西结合学会胸心外科学会委员、市心血管外科专业技术学科带头人等。

2007年，李明秋进入无锡市第一人民医院后，其开展的心脏手术数每年以20%速度递增，手术成功率98%，年心脏手术量突破300台，占无锡地区心脏手术总量的80%，在江苏省地市级医院中位居前列。李明秋在无锡市内率先独立开展冠状动脉旁路移植等高难度心脏手术，提高搭桥患者生存质量。先后获省五一劳动奖章、市优秀科技工作者、市优秀共产党员、市"十佳医师"等称号，在核心期刊发表论文20篇，获市科学技术进步奖三等奖、省卫生厅新技术引进奖二等奖。2016年4月，中华全国总工会授予其"全国五一劳动奖章"。

（锡 工）

逝世人物

钱 敏

钱敏，男，汉族，1915年8月生，江苏无锡人。1936年8月后，任无锡学社常务干事，筹建无锡各界抗敌后援会并任委员、宣传组组长。1938年1月加入中国共产党，先后任赣东北特委青年部长，苏南特委委员，苏皖区党委秘书长，丹北中心县委代书记，路北特委、西路工委副书记，东路特委书记，苏中六地委书记、军分区政委等职。1945年10月后，任苏浙皖边工委书记、支队政委，浙江省第一地委书记、军分区政委。新中国成立后，任嘉兴地委书记、军分区政委，杭州市委第一副书记、市企业管委会书记，华东军政委员会工业部副部长、党委副书记，第一机械部三局局长，上海市委工业生产委员会副主任，华东局经委副主任。1966年后，任西南局三线建委副主任、西南三线建设副总指挥，四川省三线建设指挥部副指挥长，重庆市委第二书记、第一书记、市革委会主任、重庆警备区政委、四川省革委会副主任。1978年8月后，任第四机械工业部部长、党组书记，国务院三线建设调整改造规划办公室副主任。2004年离休。中共十一大代表，第六届、七届全国人大常委会委员、财政经济委员会委员。2016年1月6日，因病医治无效，在北京逝世，终年101岁。

（史 志）

杨 绛

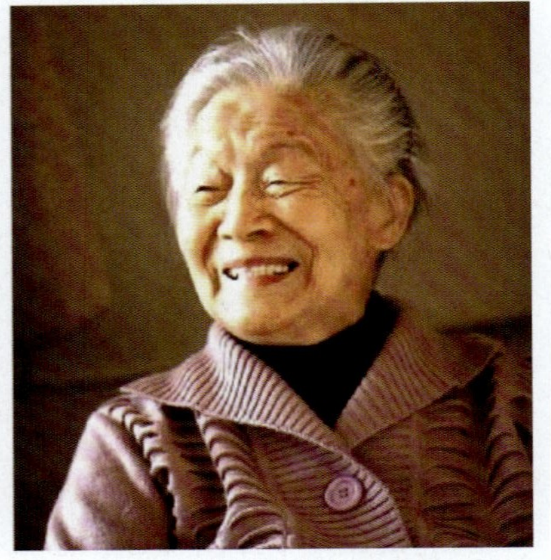

杨绛，女，汉族，1911年7月17日生于北京。原名杨季康，祖籍江苏无锡。中国社会科学院外国文学研究员，作家、评论家、翻译家、剧作家、学者，国学大师钱锺书夫人。1932年毕业于苏州东吴大学，成为清华大学研究院外国语文研究生。1935~1938年，在英国牛津大学求学，后转往法国巴黎大学进修。1938年回国后历任上海震旦女子文理学院外语系教授、清华大学西语系教授。1953年，任北京大学文学研究所、中国科学院文学研究所、中国社会科学院外国文学研究所的研究员。代表作品有《干校六记》《洗澡》《唐·吉诃德》。主要成就有翻译《唐·吉诃德》；创作长篇小说《洗澡》、剧本《称心如意》《弄真成假》等。1978年，杨绛翻译的《唐·吉诃德》中译本出版时，邓小平把它作为礼物送给到访中国的西班牙国王。2016年5月25日凌晨，因病在北京协和医院逝世，终年105岁。

（史 志）

张锦贤

张锦贤，男，汉族，1950年3月生，江苏金坛人，1976年入党，大专学历，硕士学位。1969年3月任江苏省五图河农场五连班长、副排长、排长、二连副连长。1976年10月任江苏省五图河农场农业大学办公室副主任、农场政工科秘书。1979年4月任无锡茂新面粉厂保卫员、副科长、党总支副书记。1983年2月任无锡市粮食局党委副书记、兼纪委书记（1986年12月江苏省自学考试党政干部基础专业毕业）。1988年11月任无锡市粮食局党委副书记、副局长（主持工作）。1989年任无锡市粮食局党委书记。1990年9月任无锡市纪委副书记。1993年4月任无锡市委常委、市纪委书记（1998年3月~2000年3月参加中欧国际工商学院学习，获工商管理硕士学位）。2001年9月任无锡市委副书记、市纪委书记。中共江苏省第十次代表大会代表，江苏省纪委委员。2016年7月1日，因患抑郁症自缢身亡，终年66岁。

（史 志）

编辑 罗秋云

国民经济和社会发展主要指标

指　　标	单　位	2016 年	增长(%)
土地面积			
行政区划面积	平方千米	4627.46	-
人口就业			
年末总人口(户籍)	万人	486.20	1.1
年末总人口(常住)	万人	652.90	0.3
城市化率	%	75.8	(+0.4 点)
从业人员	万人	387.00	-0.8
第一产业	万人	17.10	-2.8
第二产业	万人	214.90	-2.1
第三产业	万人	155.00	1.3
国民经济核算			
地区生产总值	亿元	9210.02	7.5
第一产业	亿元	135.19	-2.4
第二产业	亿元	4346.78	6.8
第三产业	亿元	4728.05	8.6
人均地区生产总值	元	141258	7.3
农业			
农林牧渔业总产值	亿元	249.98	-2.2
粮食产量	万吨	59.16	-18.1
油料产量	万吨	0.81	-6.5
水产品产量	万吨	12.67	1.2
工业			
规模以上工业增加值	亿元	3075.49	5.8
规模以上工业总产值	亿元	14352.96	3.8
规模以上工业销售产值	亿元	14096.85	4.6
规模以上工业主营业务收入	亿元	14120.24	4.6
规模以上工业利润总额	亿元	968.02	9.6

指　　　　标	单　位	2016 年	增长(%)
服务业			
规模以上服务业营业收入	亿元	825.52	16.9
交通运输、邮电通信、供电			
邮电业务总量	亿元	196.07	23.3
货运量	万吨	15830.00	0.4
客运量	万人次	8638.34	1.4
全社会用电量	亿千瓦时	638.67	6.4
# 工业用电	亿千瓦时	493.73	4.6
城乡居民生活用电	亿千瓦时	60.40	16.6
固定资产投资			
固定资产投资	亿元	4795.25	2.0
# 工业投入	亿元	2045.54	7.1
房地产投资	亿元	1033.62	4.2
国内贸易			
社会消费品零售总额	亿元	3119.56	9.6
开放型经济			
进出口总值	亿美元	698.05	2.0
# 出口总值	亿美元	429.10	1.6
到位注册外资	亿美元	34.13	6.3
旅游			
旅游总收入	亿元	1555.62	12.0
接待国内游客人数	万人次	8586.03	6.7
接待入境旅游人数	万人次	43.92	12.2
市场物价			
居民消费价格总指数		102.3	（+0.5 点）
商品零售价格总指数		100.9	（+0.9 点）
财政金融			
一般公共预算收入	亿元	875.00	5.4
一般公共预算支出	亿元	867.36	5.5
金融机构人民币存款余额	亿元	14101.40	10.9
# 住户存款	亿元	4867.43	4.9
金融机构人民币贷款余额	亿元	10382.93	11.3
教育卫生			
高等院校在校学生数	人	113732	-1.4
普通中学在校学生数	人	215413	2.1
卫生机构床位数	张	39732	6.3
卫生技术人员数	人	47549	6.4
城市建设			
城市道路长度	千米	3715	0.8
城市道路面积	万平方米	6679	1.4
科技			
专利申请受理量	件	71673	25.8
专利申请授权量	件	29865	-14.1
人民生活			
城镇常住居民人均可支配收入	元	48628	7.8
农村常住居民人均可支配收入	元	26158	8.3

人口、从业人员

指　　标	单　位	2016 年	2015 年
总户数	万户	163.87	161.67
户籍人口	万人	486.20	480.90
男性	万人	240.02	237.69
女性	万人	246.18	243.21
平均户籍人口	万人	483.55	479.02
出生人数	人	44836	40571
死亡人数	人	31253	33769
出生率	‰	9.27	8.47
死亡率	‰	6.46	7.05
自然增长率	‰	2.81	1.42
常住人口	万人	652.90	651.10
平均常住人口	万人	652.00	650.56
城镇化率	%	75.8	75.4
从业人员	万人	387.00	390.00
第一产业	万人	17.10	17.60
第二产业	万人	214.90	219.40
第三产业	万人	155.00	153.00

地区生产总值

指　　标	单　位	2016 年	增长(%)
地区生产总值	亿元	9210.02	7.5
1. 按产业分			
第一产业	亿元	135.19	-2.4
第二产业	亿元	4346.78	6.8
第三产业	亿元	4728.05	8.6
2. 按行业分			
农林牧渔业	亿元	154.74	-2.8
工业	亿元	3977.58	7.0
建筑业	亿元	369.68	4.3
批发和零售业	亿元	1460.27	7.9
交通运输、仓储及邮政业	亿元	195.19	4.5
住宿和餐饮业	亿元	259.90	5.0
金融业	亿元	686.76	14.5
房地产业	亿元	467.49	-6.4
其他服务业	亿元	1638.41	12.4
营利性服务业	亿元	926.67	19.6
非营利性服务业	亿元	711.74	4.1
地区生产总值构成	%	100.0	—
第一产业	%	1.5	(-0.1 点)
第二产业	%	47.2	(-2.1 点)
第三产业	%	51.3	(+2.2 点)
人均地区生产总值(常住人口)	元	141258	7.3

全体居民人均收支

指　　标	单　位	2016 年	增长(%)
全体居民人均可支配收入	元	42757	8.4
工资性收入	元	28944	8.5
经营净收入	元	4483	7.6
财产净收入	元	3623	8.4
转移净收入	元	5707	8.3
全体居民人均生活消费支出	元	27932	7.6
食品、烟酒	元	7922	6.0
衣着	元	2440	7.7
居住	元	5836	8.7
生活用品及服务	元	1532	6.7
交通通信	元	4224	6.4
教育、文化、娱乐	元	3358	11.7
医疗保健	元	1726	9.0
其他用品和服务	元	894	5.2

城镇居民人均收支

指　　标	单　位	2016 年	增长(%)
城镇常住居民人均可支配收入	元	48628	7.8
工资性收入	元	33305	7.8
经营净收入	元	4479	6.8
财产净收入	元	4109	8.3
转移净收入	元	6735	7.6
城镇常住居民人均生活消费支出	元	31438	6.7
食品、烟酒	元	8818	5.8
衣着	元	2729	6.2
居住	元	6574	7.3
生活用品及服务	元	1748	5.5
交通通信	元	4760	4.8
教育、文化、娱乐	元	3923	11.0
医疗保健	元	1886	8.2
其他用品和服务	元	1000	4.0

农村居民人均收支

指　　标	单　位	2016 年	增长(%)
农村常住居民人均可支配收入	元	26158	8.3
工资性收入	元	16618	8.4
经营净收入	元	4494	9.7
财产净收入	元	2247	6.1
转移净收入	元	2799	7.3
农村常住居民人均生活消费支出	元	18463	12.1
食品、烟酒	元	5502	6.6
衣着	元	1662	14.9
居住	元	3840	15.8

指　　标	单　位	2016年	增长(%)
生活用品及服务	元	949	12.8
交通通信	元	2779	14.1
教育、文化、娱乐	元	1830	16.5
医疗保健	元	1294	12.4
其他用品和服务	元	607	10.8

价格指数

指　　标	2016年
居民消费价格总指数	102.3
# 服务项目价格指数	103.6
消费品价格指数	101.4
# 食品、烟酒	103.4
衣着	99.5
居住	102.2
生活用品及服务	103.4
交通和通信	97.8
教育、文化和娱乐	99.1
医疗保健	115.3
其他用品和服务	103.3
商品零售价格总指数	100.9

固定资产投资、房地产

指　　标	单　位	2016年	增长(%)
固定资产投资	亿元	4795.25	2.0
1.按产业分			
第一产业	亿元	9.05	-11.4
第二产业	亿元	2048.65	7.0
# 工业投入	亿元	2045.54	7.1
第三产业	亿元	2737.55	-1.4
# 房地产开发	亿元	1033.62	4.2
2.按注册类型分			
国有经济	亿元	860.02	-16.4
三资经济	亿元	686.45	-0.5
其　　他	亿元	3248.79	2.1
房地产开发与销售			
房屋施工面积	万平方米	5986.76	-9.1
# 住宅	万平方米	4281.47	-7.3
# 新开工面积	万平方米	978.18	11.1
房屋竣工面积	万平方米	1325.22	12.3
# 住宅	万平方米	970.64	9.5
竣工房屋价值	亿元	646.51	23.2
# 住宅	亿元	459.82	17.0
商品房销售面积	万平方米	1276.41	29.3
现房销售面积	万平方米	386.59	50.4

指　　标	单　位	2016 年	增长(%)
期房销售面积	万平方米	889.82	21.9
商品房销售额	亿元	1108.03	42.7
现房销售额	亿元	314.97	58.6
期房销售额	亿元	793.05	37.3

农业产值、农产品产量

指　　标	单　位	2016 年	增长(%)
农林牧渔业总产值	亿元	249.98	-2.2
农作物播种面积	千公顷	160.31	-7.4
# 粮食	千公顷	94.06	-7.8
夏粮	千公顷	46.93	-4.3
秋粮	千公顷	47.13	-11.0
粮食产量	万吨	59.16	-18.1
夏粮	万吨	20.19	-23.6
秋粮	万吨	38.98	-15.0
粮食年单产	公斤/公顷	6290	-11.2
夏粮	公斤/公顷	4302	-20.2
秋粮	公斤/公顷	8270	-4.5
油菜籽	吨	6484	-5.6
茶叶产量	吨	6507	-3.0
水果产量	吨	176222	-0.4
造林面积	公顷	630	-8.4
牛奶产量	吨	26290	-12.2
禽蛋产量	吨	27017	-2.3
水产品产量	吨	126715	1.2

规模以上工业总产值

指　　标	单　位	2016 年	增长(%)
规模以上工业总产值(现价)	亿元	14352.96	3.8
1. 按轻重工业分			
轻工业	亿元	3642.34	3.8
重工业	亿元	10710.62	3.8
2. 在总计中			
# 大中型企业	亿元	9734.20	4.7
# 国有控股企业	亿元	784.92	3.4
# 民营工业	亿元	8449.89	3.2

规模以上工业增加值

指　　标	单　位	2016 年	增长(%)
规模以上工业增加值	亿元	3075.49	5.8
1. 按经济类型分			
国有企业	亿元	24.50	22.7
集体企业	亿元	90.80	3.2
股份合作企业	亿元	1.18	-3.5

指　　标	单　位	2016 年	增长(%)
股份制企业	亿元	1614.34	5.0
外商和港澳台商投资企业	亿元	1328.26	7.0
其他企业	亿元	16.41	-9.7
2. 按轻重工业分			
轻工业	亿元	660.11	2.0
重工业	亿元	2415.38	6.9
3. 在总计中			
# 大中型企业	亿元	2279.58	6.6
# 国有控股企业	亿元	184.32	8.8
# 民营工业	亿元	1602.81	5.0

主要工业产品产量

指　　标	单　位	2016 年	增长(%)
家用洗衣机	万台	1023.55	46.8
发动机	万千瓦	5078.64	47.3
电动自行车	万辆	371.00	2.1
家用电热水器	万台	101.34	-6.6
电力电缆	万千米	381.50	0.5
塑料制品	万吨	135.03	8.3
纱	万吨	55.65	-0.9
布	万米	78329.54	59.7
呢绒	万米	11316.92	-2.2
服装	万件	55889.80	3.6
合成纤维	万吨	393.08	3.6
锂离子电池	万只	41426.35	-12.4
半导体分立器件	亿只	1121.37	13.6
集成电路	亿块	292.54	25.3
数码照相机	万台	248.91	-33.2
硬盘储存器	万台	6787.13	24.0
微型计算机设备	万台	101.84	0.0
电子元件	亿只	133.24	12.7
印制电路板	万平方米	1540.15	-0.8
粗钢	万吨	1261.51	12.3
钢材	万吨	2259.22	15.8
发电量	亿千瓦时	432.78	19.0

规模以上工业经济效益

指　　标	单　位	2016 年	增长(%)
企业单位数	个	4888	(-100 个)
# 亏损企业	个	903	(-131 个)
从业人员平均人数	人	1167825	-4.6
主营业务收入	亿元	14120.24	4.6
利润总额	亿元	968.02	9.6
亏损总额	亿元	62.92	-13.0
资产总计	亿元	15095.63	5.6

指　　标	单　位	2016 年	增长(%)
负债总计	亿元	8085.84	2.1
流动资产合计	亿元	9218.06	6.4
应收账款	亿元	2850.04	8.0
存货	亿元	1976.53	6.0
# 产成品	亿元	766.11	7.5

建筑业

指　　标	单　位	2016 年	增长(%)
企业个数	个	550	(-26 个)
建筑业总产值	亿元	633.52	5.3
# 装修装饰产值	亿元	29.48	-25.4
建筑业在外省完成产值	亿元	163.15	42.7
# 建筑工程产值	亿元	504.45	6.6
安装工程产值	亿元	122.89	1.2
建筑业其他产值	亿元	6.18	-11.7
建筑业竣工产值	亿元	532.39	-3.9
房屋建筑施工面积	万平方米	3133.48	-11.2
# 投标承包施工面积	万平方米	2743.87	-13.2
房屋建筑竣工面积	万平方米	1308.62	-11.0
建筑业直接从事生产经营活动平均人数	人	223244	1.7
建筑业期末从业人数	人	191641	-5.4
建筑业全员劳动生产率	元/人	283781	3.6

运输、邮电

指　　标	单　位	2016 年	增长(%)
交通运输			
客运量	万人	8638.34	-2.7
# 铁路	万人	2148.71	8.7
公路	万人	5785.00	-7.4
货物运输量	万吨	15830.00	3.1
# 铁路	万吨	78.80	3.7
公路	万吨	13225.00	4.0
航空旅客吞吐量	万人	556.29	20.7
航空货邮吞吐量	万吨	9.60	7.8
港口吞吐量	万吨	18815.07	-5.3
集装箱吞吐量	万吨	50.22	3.4
邮电业务			
邮电业务总量	亿元	196.07	23.3
# 邮政业务总量	亿元	84.02	45.5
固定电话用户数	万户	155.15	-11.0
移动电话	万户	874.99	-1.0
固定互联网宽带接入用户数	万户	292.53	14.3
快递业务量	万件	34752.75	30.3
快递业务收入	亿元	44.81	43.6

国内贸易、旅游

指　　标	单　位	2016 年	增长(%)
国内贸易			
社会消费品零售总额	亿元	3119.56	9.6
1. 按行业分			
批发和零售业	亿元	2880.94	9.4
住宿和餐饮业	亿元	238.62	11.2
2. 按销售单位所在地分			
城镇	亿元	2671.95	10.0
# 城区	亿元	2157.79	10.9
乡村	亿元	447.61	7.1
旅游			
旅游总收入	亿元	1555.62	12.0
接待国内游客人数	万人次	8586.03	6.7
接待入境过夜旅游人数	万人次	43.92	12.2
AAAAA 级景区	家	3	平
AAAA 级景区	家	27	(+1 家)
AAA 级景区	家	14	(+1 家)
星级宾馆	家	42	(-6 家)
# 五星级	家	13	(-1 家)
四星级	家	11	(-3 家)

国内贸易

指　　标	单　位	2016 年	增长(%)
限额以上社会消费品零售总额	亿元	1198.69	2.6
批发和零售业	亿元	1124.54	2.5
粮油、食品类	亿元	121.31	3.6
饮料类	亿元	12.43	1.9
烟酒类	亿元	15.02	-6.7
服装、鞋帽、针纺织品类	亿元	96.21	1.6
化妆品类	亿元	11.7	-4.4
金银珠宝类	亿元	21.39	-9.1
日用品类	亿元	34.75	-15.9
五金、电料类	亿元	8.96	7.4
体育、娱乐用品类	亿元	3.51	-27.8
书报、杂志类	亿元	33.74	-1.8
家用电器和音像器材类	亿元	46.7	-7.1
中西药品类	亿元	91.17	11.6
文化办公用品类	亿元	16.74	2.2
家俱类	亿元	7.31	6.6
通信器材类	亿元	18.6	-17
石油及制品类	亿元	107.02	1.1
建筑及装潢材料类	亿元	8.6	3.6
汽车类	亿元	460.74	6.3

开放型经济

指　　标	单　位	2016 年	增长(%)
进出口总值	亿美元	698.05	2.0
# 一般贸易	亿美元	362.47	7.4
加工贸易	亿美元	291.51	-1.8
来料加工	亿美元	38.40	-30.4
进料加工	亿美元	253.11	4.7
出口总值	亿美元	429.10	1.6
# 一般贸易	亿美元	232.67	6.6
加工贸易	亿美元	172.63	-4.8
来料加工	亿美元	14.92	-50.6
进料加工	亿美元	157.70	4.4
批准协议注册外资	亿美元	44.83	-19.0
到位注册外资	亿美元	34.13	6.3
服务外包合同总额	亿美元	122.36	23.4
服务外包执行总额	亿美元	102.89	24.6
离岸外包合同总额	亿美元	80.92	23.2
离岸外包执行总额	亿美元	65.06	22.8
新批境外投资中方协议投资额	亿美元	20.97	20.0
外经合同额	万美元	251	-57.7
外经营业额	万美元	276	-78.7

财政收支

指　　标	单　位	2016 年	增长(%)
一般公共预算收入	亿元	875.00	5.4
# 税收收入	亿元	706.04	5.7
增值税	亿元	262.52	72.7
营业税	亿元	121.33	-42.4
企业所得税(40%)	亿元	103.65	4.9
个人所得税(40%)	亿元	49.51	21.0
城市维护建设税	亿元	54.18	2.8
房产税	亿元	33.06	6.3
印花税	亿元	10.42	-1.2
契税	亿元	24.10	-2.1
上划中央四税收入	亿元	595.13	0.4
一般公共预算支出	亿元	867.36	5.5

金融机构信贷

指　　标	单　位	2016 年	增长(%)
金融机构本外币存款余额	亿元	14612.00	10.9
金融机构本外币贷款余额	亿元	10517.75	10.4
金融机构人民币存款余额	亿元	14101.40	10.9
# 住户存款	亿元	4867.43	4.9
非金融企业存款	亿元	6030.44	8.2
金融机构人民币贷款余额	亿元	10382.93	11.3

指　　　标	单　位	2016 年	增长(%)
# 住户贷款	亿元	2043.36	55.6
# 短期贷款	亿元	264.68	-0.4
消费贷款	亿元	133.62	8.9
经营贷款	亿元	131.05	-9.0
# 中长期贷款	亿元	1778.68	67.0
消费贷款	亿元	1660.19	73.7
经营贷款	亿元	118.49	0.2
非金融企业及机关团体贷款	亿元	8337.67	13.3
# 短期贷款	亿元	3533.29	-10.0
中长期贷款	亿元	3880.52	42.0
票据融资	亿元	910.27	12.2

保险、证券、用电

指　　　标	单　位	2016 年	增长(%)
保险			
保险业务收入	亿元	316.68	17.3
# 人寿保险	亿元	230.67	67.9
保险赔款支出	亿元	55.35	-21.3
# 人寿保险	亿元	6.71	31.1
保险给付支出	亿元	24.94	19.7
满期给付	亿元	17.16	18.6
年金给付	亿元	7.78	22.1
证券			
上市公司数	家	111	(+17 家)
境内 A 股	家	61	(+12 家)
境外上市	家	50	(+5 家)
期货市场交易额	亿元	16107.88	-67.5
证券市场交易额	万亿元	5.46	2.1
供电			
全社会用电量	亿千瓦时	638.67	6.4
# 工业用电量	亿千瓦时	493.73	4.6
城乡居民生活用电量	亿千瓦时	60.40	16.6

城市建设

指　　标	单　位	2016 年	2015 年
城市道路			
城市道路长度	千米	3715	3687
城市道路面积	万平方米	6679	6586
城市路灯数	盏	326395	324526
公共交通			
年底运营车辆	辆	3026	3042
年底运营线路网长度	千米	5609	5481
运客总数	万人次	40010	40370
供水			
年底水厂	家	6	6
年底生产能力	万吨/日	245	245
全年供水总量	万吨	36838	36168
天然气			
年底管道长度	千米	2603	3475
全年供气总量	万立方米	93030	69963
液化气			
全年供气总量	吨	39446	39995
天然气、液化气普及率	%	100	100

文化、教育

指　　标	单　位	2016 年	2015 年
文化			
图书馆	个	8	10
博物馆	个	61	60
教育			
学校数	个	435	434
# 高等院校	个	12	12
中等专业学校	个	20	21
技工学校	个	14	14
普通中学	个	183	179
职业中学	个	2	2
小学	个	197	197
在校学生数	人	757661	742556
# 高等院校	人	113732	115341
中等专业学校	人	44284	42039
技工学校	人	17958	18814
普通中学	人	215413	210940
职业中学	人	3874	6079
小学	人	361282	348394
教职员工数	人	60481	59495
# 专任教师	人	53178	51886

卫生

指　　标	单　位	2016 年	2015 年
卫生			
卫生机构数	个	2308	2243
# 医院	个	159	150
卫生院	个	32	29
卫生机构床位数	张	39732	37366
# 医院	张	35354	33014
卫生院	张	796	633
卫生工作人员数	人	58434	54661
# 卫生技术人员	人	47549	44707
# 执业(助理)医师	人	18107	16632
注册护士	人	20523	19342
每万人拥有卫生机构床位数	张	60.9	57.4
每万人拥有卫生技术人员	人	72.8	68.7
# 执业(助理)医师	人	27.7	25.5
注册护士	人	31.4	29.7

科技、福利

指　　标	单　位	2016 年	2015 年
科技			
专利申请受理量	件	71673	56964
# 发明	件	32610	24197
专利申请授权量	件	29865	34776
# 发明	件	5583	5480
社会福利事业			
社会办敬老院	个	142	141
养老机构床位数	张	35239	34749
年末收养人数	人	16285	16085
儿童福利机构	个	1	1
儿童床位数	张	150	150
年末在院人员	人	54	61
城镇社区服务设施数	个	3453	3460
社区服务志愿者组织	个	225	194
社区服务志愿者人数	人	5047	3129

说明：统计资料中数据为初步统计数

（市统计局）

编辑　顾洪兴

附录

文件选目

2016年中共无锡市委文件目录

文件标题	印发日期
中共无锡市委、市政府关于提升城乡发展一体化水平建设“强富高美”新农村的意见	2016-4-5
中共无锡市委、市政府关于2015年度市(县)区科学发展考核评价和开发区综合考核情况的通报	2016-4-19
中共无锡市委、市政府关于支持外贸稳增长调结构的若干意见	2016-4-19
中共无锡市委、市政府关于加强产业招商提高利用外资水平的意见	2016-4-20
中共无锡市委、市政府关于加快全市开发区转型升级创新发展的实施意见	2016-4-20
中共无锡市委、市政府关于加快推进生态文明建设的实施意见	2016-4-22
中共无锡市委、市政府关于实施“太湖人才计划”打造现代化产业发展新高地的意见	2016-5-5
中共无锡市委、市政府关于降低实体经济企业成本促进经济平稳健康发展的实施意见	2016-5-7
中共无锡市委、市政府关于推进供给侧结构性改革的实施意见	2016-5-7
中共无锡市委、市政府关于降低实体经济企业成本促进经济平稳健康发展的实施意见	2016-5-7
中共无锡市委、市政府、无锡军分区关于贯彻《中共中央国务院中央军委关于深入推进人民防空改革发展若干问题的决定》的意见	2016-5-18
中共无锡市委、市政府关于深化供销合作社综合改革的实施意见	2016-8-12
中共无锡市委关于进一步加强和改进新形势下党校工作的实施意见	2016-8-19
中共无锡市委关于加强和改进新形势下人民政协工作的意见	2016-8-20
中共无锡市委关于加强社会主义协商民主建设的实施意见	2016-8-20
中共无锡市委、市政府关于公布2016无锡市有突出贡献中青年专家名单的通知	2016-10-20
中共无锡市委、市政府无锡军分区关于创建全国双拥模范城“七连冠”先进单位和先进个人的通报	2016-11-29
中共无锡市委关于运用监督执纪“四种形态”的意见	2016-12-13
中共无锡市委关于学习贯彻党的十八届六中全会精神推动全面从严治党迈上新台阶的决定	2016-12-28

2016 年中共无锡市委办公室文件目录

文 件 标 题	印发日期
中共无锡市委办公室、市政府办公室关于印发《无锡市 2016 年公共机构节能工作要点》的通知	2016 - 4 - 5
中共无锡市委办公室、市政府办公室印发《关于经济薄弱村脱贫致富工程的实施意见》的通知	2016 - 4 - 5
中共无锡市委办公室、市政府办公室关于加强无锡新型智库建设的实施意见	2016 - 4 - 14
中共无锡市委办公室、市政府办公室印发《关于推进现代化公共文化服务体系建设的实施意见》的通知	2016 - 4 - 25
中共无锡市委办公室、市政府办公室关于分解落实《关于推进供给侧机构性改革的实施意见》重点任务(2016年)的通知	2016 - 6 - 15
中共无锡市委办公室、市政府办公室印发《关于整治和查处侵害群众利益不正之风和腐败问题专项行动的实施意见》的通知	2016 - 6 - 29
中共无锡市委办公室关于进一步严明纪律坚决抵制违规吃喝歪风的通知	2016 - 7 - 2
中共无锡市委办公室、市政府办公室关于印发无锡市市区特困家庭深度救助实施意见(试行)的通知	2016 - 10 - 13
中共无锡市委办公室、市政府办公室关于印发《无锡市深化行业协会商会与行政机关脱钩改革实施方案》的通知	2016 - 10 - 13
中共无锡市委办公室、市政府办公室关于印发《无锡市第十一届村民委员会换届选举工作实施方案》《无锡市第六届社区居民委员会换届选举工作实施方案》的通知	2016 - 10 - 14
中共无锡市委办公室、市政府办公室关于印发《无锡市"十三五"文化发展规划》的通知	2016 - 10 - 24
中共无锡市委办公室、市政府办公室印发《关于治理"为官不为"行为的办法(试行)》的通知	2016 - 12 - 8
中共无锡市委办公室关于认真贯彻执行《关于运用监督执纪"四种形态"的意见》等文件的通知	2016 - 12 - 13
中共无锡市委办公室、市政府办公室关于印发《无锡市媒体融合发展规划(2016 - 2020 年)》的通知	2016 - 12 - 19
中共无锡市委办公室、市政府办公室关于印发《无锡市档案馆收集档案范围实施细则》的通知	2016 - 12 - 27
中共无锡市委办公室、市政府办公室关于认真落实中央环保督查反馈意见切实抓好整改工作的通知	2016 - 12 - 29
中共无锡市委办公室、市政府办公室印发《关于加强土地综合执法监管落实共同责任的意见》的通知	2016 - 12 - 29

2016 年无锡市人民政府文件目录

文 件 标 题	印发日期
市政府关于授予第六届无锡市优秀软件产品"飞凤奖"的决定	2016 - 1 - 15
市政府关于印发无锡市国民经济和社会发展第十三个五年规划纲要的通知	2016 - 1 - 30
市政府关于印发无锡市现代产业发展资金管理办法的通知	2016 - 2 - 3
市政府关于印发无锡市工商登记前置改后置审批事项目录和无锡市保留工商登记前置审批事项目录的通知	2016 - 2 - 18
市政府关于印发无锡市人民政府 2016 年度立法工作计划的通知	2016 - 2 - 23
市政府关于取消和承接一批行政审批等权力事项的通知	2016 - 3 - 29
市政府关于进一步加强安全生产监管执法工作的意见	2016 - 4 - 18
市政府关于进一步创新和培养新型农村经营主体推进农村一二三产业融合发展的意见	2016 - 4 - 22
市政府关于取消和新增一批行政审批等权力事项的通知	2016 - 4 - 25
市政府关于印发 2016 年无锡市安全生产工作目标责任考核实施办法的通知	2016 - 4 - 27

续表

文件标题	印发日期
市政府关于印发无锡市千企技改装备升级行动计划的通知	2016－4－28
市政府关于印发无锡市企业互联网化提升计划的通知	2016－4－28
市政府关于印发2016年无锡市七大先进制造业推进计划的通知	2016－4－28
市政府关于印发无锡市放宽市场主体住所(经营场所)登记条件实施细则的通知	2016－6－8
市政府关于印发无锡市医疗机构设置审批管理办法的通知	2016－6－28
市政府关于印发无锡市邮政业发展“十三五”规划的通知	2016－7－18
市政府关于进一步加强质量品牌建设促进产业强市的意见	2016－7－21
市政府关于调整时期城镇居民最低生活保障标准的通知	2016－7－26
市政府关于调整特困人员供养标准的通知	2016－8－3
市政府关于深入推进教育管办评分离促进政府职能转变的实施意见	2016－9－20
市政府关于加快推进建筑产业现代化促进建筑产业转型升级的实施意见	2016－9－21
市政府关于进一步扶持农业产业化龙头企业发展的实施意见	2016－10－18
市政府关于贯彻落实省政府机关事业单位工作人员养老保险制度改革实施意见的通知	2016－10－12
市政府关于印发2016年推进简政放权放管结合优化服务改革工作要点的通知	2016－10－12
市政府关于做好市区征地拆迁安置住房上市交易相关工作的通知	2016－11－24
市政府关于印发无锡市城市生活垃圾处理费收缴实施办法的通知	2016－11－28
市政府关于印发无锡市建设健康城市行动计划(2016－2020年)的通知	2016－12－6
市政府关于进一步加强耕地保护工作的实施意见	2016－12－7
市政府关于取消和承接一批行政审批等事项的通知	2016－12－1
市政府关于印发无锡市烟草制品零售点合理布局管理规定的通知	2016－12－15
市政府关于印发无锡市食品小作坊登记证管理办法的通知	2016－12－19
市政府关于授予第七届无锡市优秀软件产品“飞凤奖”的决定	2016－12－27
市政府关于印发加快集成电路产业发展政策意见的通知	2016－12－27
市政府关于完善困难残疾人生活补贴和重度残疾人护理补贴制度的实施意见	2016－12－28
市政府关于印发无锡市网络预约出租汽车经营服务管理实施细则(试行)的通知	2016－12－30

2016年无锡市人民政府办公室文件目录

文件标题	印发日期
市政府办公室关于印发2016年度城市消防规划实施计划的通知	2016－1－13
市政府办公室关于印发进一步推进城市公共交通优先发展实施意见的通知	2016－1－15
市政府办公室关于印发进一步推进垃圾分类处理工作实施意见的通知	2016－1－29
市政府办公室关于印发深入推进市区三轮机动车专项治理工作方案的通知	2016－2－14
市政府办公室关于印发无锡市畜禽养殖污染防治工作方案(2016－2017年)的通知	2016－2－26
市政府办公室关于印发无锡市工业污染防治工作方案(2016－2020年)的通知	2016－2－26

续表

文件标题	印发日期
市政府办公室关于印发无锡市深化排水达标区建设工作方案（2016－2020年）的通知	2016－2－29
市政府办公室关于印发无锡市河道环境综合整治工作方案（2016－2020年）的通知	2016－2－29
市政府办公室关于金融支持无锡现代产业发展新高地建设的实施意见	2016－3－29
市政府办公室关于加快发展现代服务业增强城市集聚辐射能力的实施意见	2016－3－30
市政府办公室关于进一步加强住宅小区物业管理工作的实施意见	2016－4－7
市政府办公室关于无锡市推进海绵城市建设的实施意见	2016－4－12
市政府办公室关于无锡市开展部分领域综合行政执法体制改革试点工作的实施意见	2016－4－18
市政府办公室关于进一步加强全市计量工作的实施意见	2016－4－26
市政府办公室关于印发2016年无锡市新能源汽车推广应用实施方案的通知	2016－5－5
市政府办公室关于印发无锡市土地例行督察整改工作实施方案的通知	2016－6－12
市政府办公室关于进一步加强贸易政策合规工作的通知	2016－6－23
市政府办公室关于印发高层地下建筑城市大型综合体等消防安全专项整治方案的通知	2016－7－7
市政府办公室关于加强全市食盐安全管理的通知	2016－7－15
市政府办公室关于进一步加强全市电梯安全工作的意见	2016－8－1
市政府办公室关于转发市发改委等部门进一步促进社会办医加快发展实施意见党组	2016－8－3
市政府办公室关于加快培育新型职业农民的意见	2016－8－8
市政府办公室关于印发无锡市2016－2020年全民科学素质行动计划纲要实施方案的通知	2016－8－8
市政府办公室关于印发无锡市“十三五”制造业转型发展规划的通知	2016－8－16
市政府办公室关于印发无锡市市区新建居民住宅二次供水设施管理意见的通知	2016－8－25
市政府办公室关于印发无锡市“十三五”科技创新规划的通知	2016－9－1
市政府办公室关于印发无锡市乡村教师支持计划实施方案（2016－2020年）的通知	2016－9－9
市政府办公室关于印发深化村庄生活污水治理工作实施意见的通知	2016－9－12
市政府办公室关于加快推进粮食生产全程机械化的意见	2016－9－12
市政府办公室关于印发无锡市“十三五”期间农村水利重点工程建设补助办法的通知	2016－9－22
市政府办公室关于印发无锡市“十三五”人口发展规划的通知	2016－9－28
市政府办公室关于印发无锡市“十三五”社会事业发展规划的通知	2016－9－28
市政府办公室关于印发无锡市“十三五”土地利用专项规划（2016－2020年）的通知	2016－9－28
市政府办公室关于加强全市农业项目管理的意见	2016－9－30
市政府办公室关于进一步促进房地产市场健康稳定发展的意见	2016－10－2
市政府办公室关于印发无锡市“十三五”突发事件应急体系建设规划的通知	2016－10－8
市政府办公室关于进一步加强商业房地产市场调控的意见（试行）	2016－10－9
市政府办公室关于印发无锡市“十三五”公共机构节约能源资源规划的通知	2016－10－14
市政府办公室关于印发无锡市市属公交企业补贴资金管理办法的通知	2016－10－24
市政府办公室关于印发无锡市“十三五”应对气候变化规划（2016－2020年）的通知	2016－10－13

续表

文　件　标　题	印发日期
市政府办公室关于印发无锡市“十三五”循环经济发展规划的通知	2016－10－13
市政府办公室关于印发无锡市“十三五”防震减灾规划的通知	2016－10－13
市政府办公室关于印发无锡市医疗救助办法的通知	2016－10－14
市政府办公室关于印发无锡市软件和信息服务业“十三五”发展规划的通知	2016－10－25
市政府办公室关于促进融资担保行业健康发展的实施意见	2016－10－31
市政府办公室关于印发无锡市“十三五”生态环境保护规划的通知	2016－10－19
市政府办公室关于印发无锡市“十三五”综合交通发展规划的通知	2016－10－25
市政府办公室关于印发无锡市“十三五”食品药品安全保障规划的通知	2016－11－4
市政府办公室关于印发无锡市“十三五”无线电管理规划的通知	2016－11－8
市政府办公室关于印发无锡市政策性农业机械保险实施办法的通知	2016－11－7
市政府办公室关于印发无锡市“十三五”太湖水污染防治规划的通知	2016－11－11
市政府办公室关于印发无锡市“十三五”(2016－2020年)现代农业发展专项规划的通知	2016－11－15
市政府办公室关于印发无锡市建筑业项目信息采集和登记管理办法的通知	2016－11－18
市政府办公室关于进一步规范国有建设用地使用权带保留建筑物挂牌出让的意见	2016－12－14
市政府办公室关于印发无锡市“十三五”信息通信业发展规划	2016－11－22
市政府办公室关于印发无锡市“十三五”现代服务业发展规划的通知	2016－11－24
市政府办公室关于进一步加强食品安全基层责任网络建设的意见	2016－12－20
市政府办公室关于加快绿色循环低碳交通运输发展的实施意见	2016－12－20
市政府办公室关于印发无锡市“十三五”体育事业发展规划的通知	2016－12－27
市政府办公室关于印发无锡市“十三五”市级基础测绘规划的通知	2016－12－28
市政府办公室关于印发无锡市“十三五”民政事业发展规划的通知	2016－12－29
市政府办公室关于印发无锡市“十三五”残疾人事业发展规划的通知	2016－12－30
市政府办公室关于印发无锡市教育事业发展“十三五”规划(2016－2020年)的通知	2016－12－30
市政府办公室关于印发无锡市“十三五”市政基础设施发展规划的通知	2016－12－30
市政府办公室关于印发无锡市“十三五”养老服务业发展规划的通知	2016－12－30
市政府办公室关于印发无锡市积极稳妥推进出租汽车行业改革实施意见的通知	2016－12－30
市政府办公室关于印发无锡市“十三五”妇女发展规划(2016－2020年)和无锡市“十三五”儿童发展规划(2016－2020年)的通知	2016－12－30

2016年无锡市人民政府令

文　件　标　题		印发日期
155	无锡市工程运输安全管理办法	2016－6－30
156	无锡市人民政府规章制定办法	2016－6－30
157	无锡市社会医疗保险管理办法	2016－10－8
158	无锡市市政消火栓管理办法	2016－12－16

无锡人士著作书目和全国报刊有关无锡文章题录

部分无锡人士著作书目

书 名	作 者	出 版 社	时 间
大学生安全教育指南	方正泉	苏州大学出版社	2015 年 5 月
农业社会化服务体系研究	李 俏	社会科学文献出版社	2015 年 8 月
富裕之路:水库移民创业支持及其行动	王沛沛	社会科学文献出版社	2015 年 12 月
公司控制人的法律分析	叶 敏	中国政法大学出版社	2015 年 4 月
近代汉族民间服饰全集	崔荣荣	韩国学术情报	2015 年 6 月
服装设计思维与表达	孙 涛	清华大学出版社	2015 年 12 月
华夏服饰文明故事	张竞琼	东华大学出版社	2014 年 10 月
心理教育论	沈贵鹏	中国矿业大学出版社	2015 年 6 月
现代新儒家直觉观察考察——以梁漱溟、冯友兰、熊十力、贺麟为中心	陈永杰	中国出版集团东方出版中心	2015 年 6 月
科学家的社会责任	连冬花	中国出版集团东方出版中心	2015 年 10 月
改革开放以来马克思主义理论教育思想发展研究	刘 艳	中国书籍出版社	2015 年 6 月
走出虚无主义:马克思的启示	唐忠宝	人民出版社	2014 年 12 月
公平正义观的历史·传承·发展	杨宝国	学习出版社	2015 年 5 月
城镇管理与发展	朱同丹 章兴鸣	北京交通大学出版社	2015 年 1 月
心灵的咏叹——西方经典歌剧由目演唱解析	戴 琦	武汉理工大学出版社	2015 年 12 月
学习评价问题诊断与解决(丛书共 18 本)	戴 云 (丛书总主编)	东北师范大学出版社	2015 年 4 月
音乐四季	管 乐	武汉理工大学出版社	2015 年 9 月
中外双钢琴作品曲集	贾金亮	武汉理工大学出版社	2015 年 12 月
江南丝竹音乐	沈雷强	武汉理工大学出版社	2015 年 6 月
吴梦窗研究	孙 虹	上海古籍出版社	2015 年 11 月
100 首让人安静的流行钢琴曲	孙晓烨	湖南文艺出版社	2015 年 4 月
民族声乐技法理论与实践研究	王 芳	中国商务出版社	2015 年 4 月
吴地舞蹈艺术	许 恩	中国出版集团世界图书出版公司	2015 年 12 月
学校教育变革中的家庭参与问题研究	杨启光	河海大学出版社	2015 年 1 月
新编中国钢琴教学曲集	张 璇	江苏凤凰美术出版社	2015 年 11 月
存在与转换:幻象美学本体论研究	赵建军	世界图书出版社	2015 年 10 月
工商脉动与城市文化－以无锡为例	庄若江	光明日报出版社	2015 年 11 月
创新创业人才软环境研究	黄昱方	经济科学出版社	2015 年 12 月
中国食品安全治理评论(第二卷)	吴林海	社会科学文献出版社	2015 年 12 月

续表

书　名	作　者	出　版　社	时　间
中国食品安全治理评论(第三卷)	吴林海	社会科学文献出版社	2015 年 12 月
中国食品安全发展报告(2015)	吴林海	北京大学出版社	2015 年 12 月
技术创新、企业绩效与区域发展	谢守红	中国财富出版社	2015 年 12 月
财政学(第三版)	徐敏丽	西安交通大学	2015 年 9 月
中国饮食思想史	徐兴海	东南大学出版社	2015 年 12 月
进出口贸易实务(第三版)	尤　璞	上海财经大学出版社	2015 年 1 月
基于低碳发展的中国工业生产率增长研究	周五七	中国财富出版社	2015 年 11 月
财务会计	朱和平	北京大学出版社	2015 年 4 月
跨国经营与管理(第二版)	朱晋伟	北京大学出版社	2015 年 8 月
市场营销学	邹丽敏	上海交通大学出版社	2015 年 12 月
设计色彩	陈嘉全	上海人民美术出版社	2015 年 11 月
研山索远	陈原川	中国建筑工业出版社	2015 年 2 月
民间艺术考察与设计	崔华春	清华大学出版社	2014 年 12 月
信息可视化设计	代福平	西南师范大学出版社	2015 年 12 月
环境艺术制图(第二版)	范剑才	中国电力出版社	2015 年 9 月
江苏城市传统建筑研究系列丛书《扬州老城区民居建筑》	过伟敏	东南大学出版社	2015 年 8 月
江苏城市传统建筑研究系列丛书《镇江近代建筑》	过伟敏、刘佳	东南大学出版社	2015 年 8 月
江苏城市传统建筑研究系列丛书《南通近代“中西合璧”建筑》	过伟敏、罗晶	东南大学出版社	2015 年 8 月
设计基础	胡心怡	上海人民美术出版社	2015 年 12 月
图形创意(新一版)	江　明	上海人民美术出版社	2015 年 12 月
书籍装帧设计	姜　靓	中国轻工业出版社	2015 年 12 月
洞察人心:用户访谈成功的秘密	蒋　晓	电子工业出版社	2015 年 10 月
逆化意境与中国油画艺术	李春艳	武汉理工大学出版社	2015 年 12 月
设计素描	唐鼎华	上海人民美术出版社	2015 年 5 月
产品包装设计	王安霞	东南大学出版社	2015 年 8 月
图案与装饰	魏　洁	中国轻工出版社	2015 年 2 月
雕塑. 北仓门	徐诚一	凤凰出版社	2014 年 12 月
行走阿炳——阿炳音乐研究与感悟	徐诚一	中国纺织出版社	2015 年 10 月
重构紫砂	徐诚一	中国纺织出版社	2015 年 11 月
色彩构成基础与应用	徐　晴	武汉大学出版社	2015 年 8 月
平面构成基础与应用	余雅林	武汉大学出版社	2015 年 8 月
产品的语意(第三版)	张凌浩	中国建筑工业出版社	2015 年 7 月
工业设计——机电基础	张宇红	中国电力出版社	2016 年 1 月
环境设施设计	张　赟	上海交通大学出版社	2015 年 8 月

续表

书 名	作 者	出 版 社	时 间
城市景观设计	赵昆伦 范晓莉	上海交通大学出版社	2015 年 5 月
澳门世界文化遗产保护管理研究	朱 蓉	社会科学文献出版社	2015 年 11 月
立体构成基础与应用	邹 林	武汉大学出版社	2015 年 7 月
文博揽胜	王 武	科学出版社	2015 年 12 月
电影的历程－电影生命周期研究	李栋宁	江苏凤凰文艺出版社	2015 年 11 月
三维动画创作 Maya 动画篇	殷 俊	中国科学技术大学出版社	2015 年 8 月
大学生课余体育健身科学化研究	李广宁	光明日报出版社	2015 年 9 月
大众健身科学实践与发展研究	张 彤	中国原子能出版社	2015 年 1 月
《尤利西斯》变异语言的汉译研究	龚晓斌	苏州大学出版社	2015 年 6 月
卡森. 麦卡勒斯作品的政治意识形态研究	荆兴梅	中国社会科学出版社	2015 年 11 月
日本青少年活动空间与工作者的专业性研究	李 智	上海交通大学出版社	2015 年 9 月
中日商业谚语对比研究	钱 清	苏州大学出版社	2015 年 12 月
设计问题(第二辑)	孙志祥	清华大学出版社	2015 年 12 月
中国英语专业教育的历史沿革及发展展望	朱敏华	江西高校出版社	2015 年 8 月
中国食品安全网络舆情发展报告(2015)	洪 巍	中国社会科学出版社	2015 年 12 月
表面活性剂和界面现象	崔正刚	化学工业出版社	2015 年 3 月
高分子材料科学实验	倪才华	化学工业出版社	2015 年 8 月
《建设工程施工安全技术》	姜晨光	中国电力出版社	2015 年 1 月
《城建规划设计》	姜晨光	化学工业出版社	2015 年 3 月
《现代土木工程概论》	姜晨光	中国水利水电出版社	2015 年 4 月
《测量学》	姜晨光	中国农业出版社	2015 年 9 月
机械 CAD/CAM 基础(第二版)	何雪明	华中理工大学出版社	2015 年 9 月
机械制造技术基础第二版	吉卫喜	高等教育出版社	2015 年 9 月
建筑钢材速查手册(第二版)	刘新佳	化学工业出版社	2015 年 2 月
工程图学	鲁屏宇	机械工业出版社	2015 年 9 月
汽车发动机	邵健萍	化学工业出版社	2015 年 11 月
LED 照明产品质量认证与检测方法	俞建峰	人民邮电出版社	2015 年 7 月
汽车电工维修入门与技巧	张能武	化学工业出版社	2015 年 2 月
汽车电路图识读入门与技巧	张能武	化学工业出版社	2015 年 3 月
材料员岗位技能必读	张能武	湖南科学技术出版社	2015 年 4 月
实用液压维修手册	张能武	湖南科学技术出版社	2015 年 5 月
汽车底盘构造检测拆装维修	张能武	化学工业出版社	2015 年 12 月
最新实用五金手册	周斌兴	河南科学技术出版社	2015 年 2 月

续表

书　名	作　者	出　版　社	时　间
电动自行车维修入门与技巧	周斌兴	化学工业出版社	2015 年 9 月
线性代数学习指导	曹菊生	苏州大学出版社	2015 年 6 月
微积分	曹菊生	苏州大学出版社	2015 年 7 月
物理学简明教程学习辅导	陈国庆	高等教育出版社	2014 年 12 月
创新一定有秘诀	陈　健	复旦大学出版社	2015 年 5 月
高等数学	储志俊	西安电子科技大学出版社	2015 年 11 月
大学物理辅导与练习	何跃娟	苏州大学出版社	2015 年 12 月
数值计算方法	唐旭清	科学出版社	2015 年 6 月
大学物理实验新教程	王廷志	苏州大学出版社	2015 年 12 月
新型有机酸的生物法制造技术	陈　坚	化学工业出版社会	2015 年 2 月
食品卫生学:原理与实践(第二版)	钱　和	化学工业出版社	2015 年 4 月
食品安全法律法规与标准	钱　和	化学工业出版社	2015 年 1 月
食品安全与质量控制	姚卫蓉	中国轻工业出版社	2015 年 1 月
蔬菜食品加工品质调控与质量安全新技术	张　慜	科学出版社	2015 年 2 月
食品高效优质干燥技术	张　慜	江苏凤凰科学技术出版社	2015 年 12 月
实用建筑照明	方光辉	湖南科学技术出版社	2015 年 7 月
非数值属性数据异常检测算法	李志华	江西人民出版社	2015 年 12
自动控制原理(第 2 版)	潘　丰	机械工业出版社	2015 年 7 月
自动控制原理学习辅导与习题解答(第 2 版)	潘　丰	机械工业出版社	2015 年 11 月
嵌入式物联网技术应用	彭　力	西安电子科技大学出版社	2015 年 1 月
数据库原理及应用(第 4 版)	钱雪忠	北京邮电大学出版社	2015 年 4 月
数据库原理及应用实验指导(第 3 版)	钱雪忠	北京邮电大学出版社	2015 年 8 月
信号与系统	于凤芹	高等教育出版社	2015 年 4 月
Java 面向对象程序设计(第 4 版)	张桂珠	北京邮电大学出版社	2015 年 1 月
医学微观形态学实验教程	申延琴	化学工业出版社	2015 年 3 月

2016 年全国部分报刊有关无锡文章题录

标　题	报　刊　名	期　号	作　者
高攀龙的主静修养论:以静坐法为中心	世界宗教研究	2015,(5)	李　卓
谈“补”说“叶”:对话陈第顾炎	武汉字文化	2015,(5)	陈鸿儒
论钱锺书与“吴”地、“牛津大学”的美学关联	广东社会科学	2015,(6)	赵建军
唐君毅、牟宗三、徐复观对儒家经典的理解与诠释:兼从西方诠释学的角度看广西	师范大学学报	2015,51(5)	周浩翔
钱基博笔下的王夫之:读《近百年湖南学风》	船山学刊	2015,(5)	王玉德

续表

标　　题	报　刊　名	期　号	作　者
钱穆对16～18世纪朝鲜王朝朱子学的研究	齐鲁学刊	2015,(5)	张笑龙
阳明学在韩国的传承发展及韩国阳明学在中国的研究现状及展望	江南大学学报	2015,14(5)	赵甜甜
江苏省县域经济增长的空间差异问题及其因素分解	江苏商论	2015,(9)	范　丽
江苏高新区转型发展的动因与对策	南通大学学报	2015,31(5)	刘继红
区域经济复杂适应能力差异的测度与实证研究:基于全国主要城市及苏锡常的数据	江淮论坛	2015,(6)	谢忠秋
苏南乡村地区"主动式"城镇化复兴之路:以无锡市锡北镇斗山地区为例	现代城市研究	2015,(11)	钱悦斐
明确方向,突出重点,合力打造"精彩江苏"文化品牌	中国文化报	2015,(10)	徐耀新
钱穆论朱子读书法	新世纪图书馆	2015,(9)	魏兆锋
谁谓古今殊,异代可同调:钱锺书论王士禛管窥	社会科学战线	2015,(11)	郑永晓
论杨潮观杂剧的悲剧意蕴与审美基质	江南大学学报	2015,14(5)	李秋新
《围城》与"香粉铺"及克里斯朵夫:此案有涉王元化与钱锺书	学习与探索	2015,(10)	夏中义
刘体智辟园史学思想评述:以《十七史说》《通鉴札记》为中心	江南大学学报	2015,14(5)	郭　硕
再谈怎样讲授史学名著:由陈垣、钱穆、何兹全的启示所想到的	学术研究	2015,(10)	瞿林东
徐复观对钱穆的学术批评	团结报	2015,8.20	何卓恩
从现存十余封《致吴大羽信》管窥吴冠中早期艺术思想	东南大学学报	2015,17(5)	王洪伟
立大德造大奇大师精神永传承:记徐悲鸿与贵阳的奇缘	贵阳日报	2015,11.9	-
试论良渚文化的去向:从良渚文化末期遗存的面貌谈起	东南文化	2015,(5)	许鹏飞
县域经济竞争力评价研究和提升对策:以江苏省为例	北京交通大学学报	2015,14(4)	唐　石
苏南"城镇化模式"下的农民市民化的路径建构	社会科学家	2015,(11)	范虹珏
此人皆意有所郁结:论钱锺书与新时期文学的精神重建	当代作家评论	2015,(6)	李建军
钱锺书对王维国《红楼梦评论》的评论	红楼梦学刊	2015,(6)	王人恩
从《围城》看钱锺书小说的讽刺艺术	名作欣赏	2015,(11)	苏　静
江南民歌与锡剧的共生研究:小调《孟姜女》在锡剧中的借鉴与运用	艺术百家	2015,(5)	王　芳
人文研究中知识性的发掘与梳理之研究方法管窥:以阎若璩、钱穆等的考据实践为例	贵州文史丛刊	2015,(4)	袁　晶
避谤仍兼雉尾藏,药方只贩古时丹:新中国成立后钱锺书心路历程再审视	江苏第二师范学院学报	2015,31(7)	龚郑勇
鲁迅、钱锺书研究的新收获:评田建民新著《鲁迅、钱钟书》论稿	鲁迅研究月刊	2015,(8)	郝　雨
金融支持与中国"智造"的发展研究	现代金融	2015,(10)	无锡市农村金融学会课题组
高攀龙的《大学》改本与"修身"工夫	哲学动态	2015,(12)	李　卓
钱穆政治学初探	学术月刊	2015,45(12)	姚中秋
新生代农民工利益表达的实证研究:以江苏省为例	长白学刊	2016,(1)	郑永兰
发达地区中国生产性服务业影响因素实证分析:以苏南现代化建设示范区为例	江南大学学报	2015,14(6)	张丁榕

续表

标　　题	报　刊　名	期　号	作　者
“互联网＋政府采购”的无锡模式（上）	中国政府采购报	2015，11.20	华静娴
利用电商资源整合统一电子平台：“互联网＋政府采购”的无锡模式（下）	中国政府采购报	2015，11.24	华静娴
互联网金融对农行的影响及应对策略研究	现代金融	2015，（11）	农业银行无锡锡山支行课题组
论民国时期江南农村金融的现代转型	江南大学学报	2015，14（6）	昝金生
为往圣继绝学：唐君毅与吴宓教育思想比观	孔子研究	2015，（6）	刘建平
从“第一等大学”到“世界一流大学”：纪念唐文治先生诞辰150周年	中国高等教育	2016，（1）	张　杰
宋诗“折梅”行为的文化意蕴	江南大学学报	2015，14（6）	李开林
从庞蕴居士诗偈看其三教合一的哲学思想及诗学价值	江南大学学报	2015，14（6）	崔　淼
“流浪汉小说鼻祖”《小癞子》叙事的七律结构：试对杨绛先生“深入求解”的响应	福州大学学报	2015，29（5）	杜贵晨
论“明亡清兴”历史格局最为关键的六位历史人物	江南大学学报	2015，14（6）	吴仁安
《留都防乱公揭》与复社的分化	江南大学学报	2015，14（6）	丁国祥
崧泽－良渚转型期的礼制遗存刍议：以小兜里、仙坛庙、邱承墩遗址为例	南方文物	2015，（4）	张小帆
再论明清以来徽州市镇：以区域史的视野	江南大学学报	2015，14（6）	陈　杰
朱熹：“集大成”还是“别子为宗”：以冯友兰、牟宗三、钱穆的不同表述为中心	燕山大学学报	2015，（12）	乐爱国
价值视域下中国哲学的当代诠释：以唐君毅《哲学概论》、李景林《老化的哲学》为中心	人文杂志	2016，（1）	许家星
吕思勉、钱穆治史观念与风格异同之比较：以“西汉政制”及相关问题为例	清华大学学报	2016，31（1）	朱伟民
对外贸易对产业集群的影响：以江苏省纺织业为例	企业经济	2016，35（1）	赵盈盈
苏锡常再发力，贵在一体化：苏锡常城市群面临升级考验	中国信息报	2015，12.2	－
农村集体经营性建设用地流转市场困境及启示：以江苏省调查为例	农业经济	2016，（1）	高　珊
湖滏乡村旅游文化挖掘探讨	江苏地方志	2015，（6）	崔晋赫
“酒店＋OTA”双渠道供应链的销售策略及协调机制研究	江南大学学报	2016，15（1）	浦徐进
文化产业集聚与文化消费水平关系的实践研究：以江苏省为例	南京财经大学学报	2015，（5）	李　杏
浅论钱穆的治学方法	名作欣赏	2016，（2）	王萌芽
唐文治体育思想与实践探析	体育科学研究	2016，20（1）	王秀强
中国文学的世界化与世界文学的中国化	江南大学学报	2016，15（1）	方汉文
民国前期关于现代中国文学史如何书写的论争：以胡适《中国五十年来之文学》、钱基搏《现代中国文学史》为中心	中北大学学报	2015，31（6）	李静宜
江苏戏曲现代戏创作的实践与思考	艺术百家	2015，31（6）	徐耀新
《吴地记》四库提要辨析及源流、版本考	江苏地方志	2015，（6）	李芸鑫
科教酬勋业，风范昭后人：纪念唐敖庆先生百年诞辰	中国科学基金	2016，30（1）	姚建年

续表

标　　题	报 刊 名	期 号	作 者
自由与境界:唐君毅心灵境界论解析	社会科学家	2016,(2)	郭　萍
唐君毅论理想人文世界的建构西南	民族大学学报	2016,37(1)	杨永明
土地、剥削与阶级:陈翰笙华南农村研究再考察	学术交流	2016,(2)	孟庆延
旅游目的地外来艺术的地方成长机理:周庄古镇三毛文学案例	旅游学刊	2016,31(2)	姜　辽
上海自贸试验区制度创新外溢效应研究:以江苏省为例	改革与战略	2016,32(2)	曹旭平
评田建民《鲁迅、钱锺书论稿》	中国现代文学研究丛刊	2016,(2)	李　致
小议《基于语料库的幽默文本翻译研究:以钱锺书《围城》英译的个案为例	上海翻译	2016,(1)	卢　佳
差异与融合:徐悲鸿美术教育课程体系	研究美术	2016,(2)	张楠木
在世界史语境下重构中国艺术典范:试论徐悲鸿在法国发表的《中国绘画史》	一文美术	2016,(2)	苏文惠
徐悲鸿与传统文人画的“貌离神合”	东岳论丛	2016,37(2)	倪纯如
徐悲鸿写实教育主义再认识	中国文化报	2016,1.31	裔　萼
闵惠芬的二胡演奏风格之“韵”:民族韵味	名作欣赏	2016,(3)	陈倩倩
建炎元年李纲的“国是”及其失败解析	重庆师范大学学报	2016,(1)	陈　忻
潘汉年案献疑	炎黄春秋	2016,(2)	陈奇佳
欠发达地区在高铁时代的产业抉择:基于苏北的一个分析	江南大学学报	2016,15(2)	薛　鹏
家庭企业组织中的人际信任与制度信任:以荣家企业为中心	江西财经大学学报	2016,(2)	王　颖
网络订餐配送 O2O 闭环模式探讨	江南大学学报	2016,15(2)	冉文江
钱锺书论文艺创作的情感动因	辽宁大学学报	2016,44(2)	陈　颖
文学世界主义研究的最新力作:《中国的文学世界主义者:钱锺书、杨绛和文学世界	当代作家评论	2016,(2)	余承法
徐悲鸿写实教育体系再认识	美术	2016,(3)	裔　萼
徐悲鸿和他法国老师的马	美术	2016,(3)	王文娟
苏立文为何如此评价徐悲鸿	美术	2016,(3)	王洪伟
从徐悲鸿油画修复中探索中国油画的保管与维护	美术	2016,(4)	徐　冀
江南史研究与问题意识:中国社会经济史研究理论的检讨	浙江大学学报	2016,46(2)	孙　杰
论钱穆的学术态度观	教育评论	2016,(3)	丁世林
傅增湘致缪荃孙未刊函札释读	文献	2016,(2)	严正道
历史与记忆之间:巴黎国立高等美术学院档案照亮徐悲鸿留法历程	美术	2016,(3)	杰奎琳
齐白石的知己:徐悲鸿	美术	2016,(3)	华天雪
钱穆:谦谦一君子	文学自由谈	2016,(2)	陈艳群
盛宣怀与山西矿权的交涉	江苏第二师范学院学报	2016,32(1)	苏芝军
唐文治《孟子》研究	管窥史林	2016,(2)	虞万里
钱穆与中国政治制度史研究:以“传统政治非专制论”为考察中心	上海大学学报	2016,33(3)	陈　勇

续表

标　　题	报 刊 名	期　号	作　者
城市轨道交通车站运营管理现状分析	中国管理信息化	2016,19(9)	余　晴
象征的词章之维:钱锺书的诗学与文化汇通	河南社会科学	2016,24(1)	胡继华
舆论、媒体形象与“群”的表达:以潘汉年笔下的青年形象建构为中心	中国现代文学	2016,(4)	李郭倩
钱锺书《管锥编》“序文”笺释	学术交流	2016,(5)	王人恩
思人艺术的文化本源:钱穆艺术论探析	河南社会科学	2016,24(2)	吴　键
现代山水画的“纯粹性”形式语言探究:以吴冠中绘画作品为例	美术	2016,(5)	任贤义
陈翰笙的马克思主义史学观	史学理论研究	2016,(2)	何婉昱
钱穆在中国近代史书写中所体现的学术精神	史学史研究	2016,(1)	刘　巍
目送杨绛先生,带着全部最宝贵的收获平静上路	文汇报	2016,5.26	王　彦
百岁前后一段无比安祥的时光:杨绛	文汇报	2016,5.27	江胜信
积少成多,就能做出像样的事情:杨绛	文汇报	2018,5.27	江胜信
杨绛:淡然走过百岁人生	中国社会科学报	2016,5.27	-
《阳羡茗壶系》内容价值评析	农业考古	2016,(2)	陈　宁
唐文治编纂《十三经读本》	论略学术界	2016,(5)	茆　萌
“中国式专制”抑或“中国式民主”:近代学人梁启超、钱穆关于中国古代政治制度的探讨	近代史研究	2016,(3)	张昭军
劳动年龄人口变动与外商直接投资:以江苏为例	江苏商论	2016,(4)	徐巧秀
无锡在苏南国家自主创新示范区中的地位与功能研究	江南大学学报	2016,15(3)	石忆邵
江苏省职业性别隔离的动态与比较研究	南京财经大学学报	2016,(2)	苏华山
发展互联网经济推进智慧城市建设问题研究:以江苏省为例	科技管理研究	2016,36(11)	赵冬梅
城市地铁档案工作的探索与审视:以江苏省无锡市地铁建设探索为例	中国档案	2016,(6)	徐红梅
基于ISM模型的历史文化街区恢复力影响因子分析	江南大学学报	2016,15(3)	朱　飞
文化旅游产业空间非均衡性与集聚度测度研究:以环太湖地区为例	南京财经大学学报	2016,(2)	朱　飞
钱穆的教育思想及其当代启示	文化学刊	2016,(5)	张墨农
反浪漫主义的诗学檄文:解析钱锺书唯一的新文学作品	论文学评论	2016,(3)	龚　刚
浅析皮考特《家规》中的规则和选择	江南大学学报	2016,15(3)	张俊萍
论菲茨杰拉德对美国梦批判的消费主义维度:《了不起的盖茨比》的文化解读	江南大学学报	2016,15(3)	叶　华
真情所寄斯为美:沈鹏《三馀笺韵》略评	创作与评论	2016,(4B)	蒋力馀
抗战时期顾颉刚与钱穆学术理念的离合	齐鲁学刊	2016,(3)	刘俊峰
江南地区近圣文化心理嬗变及其内在机制研究	中州学刊	2016,(4)	周纪焕
唐君毅文化哲学的世界视野与圆融	思想理论与现代化	2016,(3)	梅　岚
唐君毅论道德生活	湖北大学学报	2016,43(4)	杨　卉

续表

标　　题	报　刊　名	期　号	作　者
唐君毅人文美学与中国美学的现代转型	孔子研究	2016,(3)	李春娟
唐庆增的工商业发展思想	湖北经贸大学学报	2016,37(4)	刘方健
江苏省旅游景点建设对区域经济发展的响应类型分析	南就师大学报	2016,39(2)	徐　菁
吴稚晖与《新青年》中国	现代文学研究丛刊	2016,(6)	张全之
论顾毓琇大学教育的实践智慧	清华大学学报	2016,31(4)	李良方
钱锺书批评《文心雕龙》探究	新疆大学学报	2016,44(4)	何建委
杨绛创作与京派的关系	社会科学	2016,(7)	黄红春
浅谈钱穆的史学思想	文化学刊	2016,(6)	白利闪
杨绛:岁月历练的优雅	黑龙江日报	2016,6.4	文　方
回忆杨绛先生二三事	中国社会科学报	2016,6.16	胡真才
唐君毅、牟宗三、钱穆对朱熹仁学的不同诠释	东岳论丛	2016,37(8)	乐爱国
钱穆的礼文化价值观研究	湖南大学学报	2016,30(4)	陈冠伟
江阴:“产业强市”打造经济转型发展新优势	科技日报	2016,7.8	过国忠
苏锡常生态城市群生态环境效率分析	江苏商论	2016,(6)	吴现刚
苏南水乡体育旅游资源开发研究	体育文化导刊	2016,(7)	浦义俊
简论古典戏曲中的“速配”现象	江南大学学报	2016,15(4)	徐　阳
清末明初小说中的女侠形象甘肃	社会科学	2016,(4)	蔡爱国
宋濂传记文艺术成就与时代影响	江南大学学报	2016,15(4)	陈昌云
“还其本来面目”:钱锺书的“文以载道”论	文学评论	2016,(4)	刘锋杰
论刘天华二胡音乐创作中“对话意识”的文化根源	音乐研究	2016,(4)	林东坡
明季“游圣”江阴徐霞客献身地理科学的家族渊源	江南大学学报	2016,15(4)	吴仁安
良渚文化“神徽像”的含义研究设计	艺术研究	2016,(3)	喻仲文
江苏无锡杨家遗址植物遗存分析	中国科学	2016,46(8)	邱振威
城市外向型功能对城市空间联系的影响:以长江经济带为例	上海经济研究	2016,(7)	石　林
江苏省农业产业规模与农村居民黑格尔系数关系的协整检验	中国管理信息化	2016,19(7)	戴　澍
制造业集聚对生态环境的动态影响分析:基于长江经济带地级市数据	安徽行政学院学报	2016,7(4)	徐慧枫
江苏省旅游新业态发展特点	北方经贸	2016,(9)	朱　丽
无锡运河文化遗产资源的数字化保护与传播	研究装饰	2016,(8)	李　剑
钱穆论中国传统为师之道	当代教育科学	2016,(15)	魏兆锋
钱锺书六朝文章论的承续与超越	中山大学学报	2016,56(5)	吴冠文
论钱锺书对克罗齐的接受	西北师大学报	2016,53(5)	罗新河
再论钱锺书对“神韵说”的误解	武汉大学学报	2016,69(5)	曹顺庆
论钱锺书的神韵观:兼与曹顺庆先生商榷	武汉大学学报	2016,69(5)	刘　涛
论杨绛散文的女性意识	宁夏大学学报	2016,38(4)	邹慧萍

续表

标　　题	报刊名	期号	作者
审美偏见与艺术个性:论顾恺之艺术美学思想中的"解构"意味	武汉理工大学学报	2016,29(4)	王赠怡
关于徐悲鸿中国画《九方皋》的两种解释及其他	美术观察	2016,(9)	华天雪
从徐悲鸿油画的修复看"养在深闺"的馆藏	美术观察	2016,(9)	徐　冀
盛宣怀与清末中英商约谈判	河北学刊	2016,36(5)	戴鞍钢
论江南知识人的清末民国故土记事:从社会史文献生成的角度	史学理论研究	2016,(3)	朱小田
灾荒与社会:以唐江南地区为考察中心	历史教学问题	2016,(4)	陈小力
梁祝"化蝶"出宁波:梁祝"化蝶"情节发源地新论	宁波大学学报	2016,29(5)	张如安
宜兴紫砂器起源与明代名家茗壶研究	东南文化	2016,(3)	陆明华
宜兴紫砂器在欧洲的文化历程	东南文化	2016,(3)	黄健亮
苏南地区景观类农业文化遗产开发风险评价研究:以无锡雪浪山花园为例	江苏商论	2016,(8)	文雅迪
论元代苏州图书的寺院出版及其影响	江南大学学报	2016,15(5)	施建平
钱基博《<文心雕龙>校读计》的学术特点述论	广西师范大学学报	2016,52(5)	周　欣
论钱锺书对《离骚》题义的破解	兰州学刊	2016,(10)	王人恩
"有诗为证"的佛教渊源:也读古代白话小说韵散结合文体成因	江南大学学报	2016,15(5)	卞清波
当代建筑雕塑中的解构主义探析	美术观察	2016,(10)	谢恒强
扎根人民,弦韵永存:谈闵慧芬二胡艺术创作的人民性	乐府新声	2016,34(3)	张　丽
万历三十六年江南水灾、粮食危机与社会应对	西南民族大学学报	2016,37(10)	鞠明库
钱基博与民国时期《无锡县志》修纂	江苏地方地	2016,(4)	严忠良
钱氏家族英才辈出的文化密码	领导科学	2016,(10A)	马建光

先进名录

全国五一劳动奖状

无锡尚德太阳能电力有限公司

全国工人先锋号

江苏红豆实业股份有限公司西服车间
凯龙高科技股份有限公司西车间焊接班组
江苏省无锡地方税务局第一税务分局办税服务科

江苏省劳动模范

吴正德	江阴市澄江环境卫生管理所	胡　澄	江苏苏青水处理工程集团有限公司
周云勤(女)	中国邮政集团公司江苏省江阴市分公司	张春雷	法尔胜泓昇集团有限公司

沈永新　江苏扬子江船业集团
许　斌　国网江苏省电力公司江阴市供电公司
钱　刚　江阴兴澄特种钢铁有限公司
瞿建忠　江苏华西农产品交易有限公司
张　伟　江阴神宇果品专业合作社
钱建新　江阴市月城鲜果源家庭农场
滕国俊　江阴市滕国俊阡庄菜业专业合作社
李全兴　江阴万事兴汽车部件股份有限公司
缪志强　双良集团有限公司
唐　懿(女)　中国石化销售有限公司江苏江阴石油分公司
谢兴福　江阴市南闸街道谢南村
范春燕(女)　江阴市澄江街道城中社区
高　艳(女)　宜兴信宜时装有限公司
沈建强　宜兴市筋纹器紫砂艺术品中心
钟传武　江苏华亚化纤有限公司
胡旭东　江苏兴达文具集团有限公司
蒋东良　江苏宜安建设有限公司
胡志杰　江苏国信协联能源有限公司
王道坤　宜兴市茶博苑茶叶专业合作社
王小明　宜兴市项珍茶厂
黄振球　江苏振球集团
朱锡培　江苏金山环保科技有限公司
李上彬　宜兴市湖㳇镇张阳村
蒋仲良　宜兴市芳桥街道金兰村
林月萍(女)　无锡市梁溪区江海街道金宁社区
童金清　无锡市勘察设计研究院有限公司
郝靖欣　无锡市建筑设计研究院有限责任公司
姜文松　无锡市高速分析仪器有限公司
邓伟雄　无锡市华驰运输有限公司
刘　叶　无锡市海联舰船内装有限公司
蒋建康　无锡市锡山区新悦农副产品专业合作联社
华啸威　无锡兴达泡塑新材料股份有限公司
宋琴飞(女)　无锡锡能锅炉有限公司
尹国贤　江苏麟龙新材料股份有限公司
任益新　中航卓越锻造(无锡)有限公司
陆志林　无锡锡山特种风机有限公司
魏宪举　无锡华测电子系统有限公司
杨建平　无锡雪浪环境科技股份有限公司
张建梅(女)　无锡太湖国家旅游度假区环境卫生管理所
丁晓邕(女)　无锡市滨湖区河埒街道协民社区
过晓君(女)　希捷国际科技(无锡)有限公司
秦建军　博世汽车柴油系统有限公司
李晓峰　无锡衍芝农业科技有限公司
钟伟跃　无锡村田电子有限公司
袁彩凤(女)　富士通天电子(无锡)有限公司
何玉洁(女)　江南晚报社
缪雪龙　中国第一汽车股份有限公司无锡油泵油嘴研究所
邓芳芳(女)　无锡一棉纺织集团有限公司
宋良庆　无锡湖滨饭店有限公司
郁佳玮　无锡市公共交通股份有限公司
徐正兵　无锡市城市环境科技有限公司
陈学军　无锡威孚高科技集团股份有限公司
裴建民　中国银行股份有限公司宜兴东山支行
狄秀英(女)　泰康人寿保险股份有限公司江苏分公司宜兴支公司
顾　健　一汽解放汽车有限公司无锡柴油机厂
程学农　无锡华润矽科微电子有限公司
彭　莉(女)　无锡钻探工具厂有限公司
任　益　江苏北方湖光光电有限公司
谢生勃　中国移动通信集团江苏有限公司无锡分公司
张华林　中国电信股份有限公司无锡分公司
李　珉　国网江苏省电力公司无锡供电公司
郭兆根　无锡大众交通有限责任公司
张　健　无锡市电子仪表工业有限公司

江苏省先进工作者

陈晓萍(女)　江阴市实验幼儿园
朱叶峰　江阴市公安局城中派出所
蒋亚君(女)　江苏省宜兴中学
陈如华　宜兴市人民医院
刘志荣　宜兴市公安局
沈大庆　无锡市公安局北塘分局五河派出所
何　英(女)　无锡市南长区人民法院
王铭波(女)　江苏省无锡兰亭小学
严卫中　无锡市锡山地方税务局
孙凤妹(女)　无锡市锡山区卫生和计划生育局
汝　江　无锡市惠山区审计局
张云龙　无锡市惠山地方税务局
吴亚芳(女)　无锡市滨湖新闻传播中心
顾立新　无锡市太湖实验小学
桑　梅(女)　无锡市新吴区江溪街道太湖花园第二社区
张　洪　无锡广播电视集团(台)
陈雁东　无锡市国家安全局
沈其生　无锡市公安局南长分局治安大队
刘　康　江苏省无锡市人民检察院
潘彬宾　无锡市经济和信息化委员会
胡才鸿　无锡市安全生产监督管理局
季　建　江苏省无锡市国家税务局稽查局
周静忠　无锡市第三高级中学
堵国成　江南大学生物工程学院
王晓刚　无锡市湖滨中学
俞孟萨　中国船舶重工集团公司第七〇二研究所
杨承健　无锡市第二人民医院
余进进(女)　无锡市第四人民医院
毛仁俊　无锡市体育运动学校
欧阳荣梅(女)　无锡市救助管理站
黄福民　无锡市劳动保障监察支队

创建全国双拥模范城“七连冠”先进单位

一、地方单位

市委宣传部
市委组织部干部一处
市发改委
市公安局
市民政局
市司法局
市财政局社保处
市人社局
市卫计委
市国资委
市法院民事审判第一庭
市检察院民事行政检察处
市总工会女工部
共青团市委
市妇联
民进无锡市委
民盟无锡市委
市书法家协会
无锡苏南国际机场集团有限公司
无锡市江南中学
江苏长电科技股份有限公司
江苏海辉律师事务所
江阴市民政局
江阴市人力资源和社会保障局
江阴市澄江街道办事处
江阴职业技术学院
江阴华西新市村
宜兴市民政局
宜兴市宜城街道
宜兴市和桥镇人民政府
宜兴市军粮供应站
宜兴市宜城街道巷头社区
梁溪区人社局
梁溪区扬名街道办事处
梁溪区黄巷街道办事处
梁溪区广瑞路街道办事处
锡山区文体局
锡山区厚桥街道办事处
锡山区荡口实验小学
惠山区民政局
惠山区卫计局
惠山区洛社镇政府
滨湖区民政局
滨湖区教育局
滨湖区荣巷街道
滨湖区雪浪街道办事处
滨湖区河埒街道办事处
滨湖区河埒街道产山社区
新吴区民政和卫生计划生育局
新吴区教育文体局
新吴区硕放街道民政办
新吴区旺庄街道

二、部　队

中国人民解放军63680部队司令部警卫勤务营
中国人民解放军63680部队测量船4大队测控部门
中国人民解放军63680部队教导大队
中国人民解放军63680部队港湾勤务站
江阴市人武部政工科
宜兴市人武部政工科
中国人民武装警察8692部队80分队
中国人民武装警察8694部队68分队
中国人民武装警察8720部队53分队
中国人民武装警察8722部队67分队
中国人民武装警察8723部队58分队
中国人民解放军第56研究所科技处警卫分队
中国人民解放军第56研究所后勤部卫生科
中国人民解放军63983部队试验场
中国人民解放军63983部队勤务汽车队
中国人民解放军73801部队通信站
中国人民解放军73801部队胡埭油料分库
中国人民解放军73031部队67分队
中国人民解放军73055部队74分队
中国人民武装警察部队无锡市消防支队新区大队
中国人民解放军94710部队58分队
中国人民解放军94926部队信息支援站
中国人民解放军94627部队56分队
中国人民解放军94756部队技术保障室
中国人民武装警察部队江苏省总队无锡市支队勤务中队
江苏陆军预备役高射炮兵第二师第一团二营
中国人民解放军第101医院门诊部
无锡边防检查站

创建全国双拥模范城“七连冠”先进个人

一、地　方

许　磊　市委组织部干部一处主任科员
张亦华(女)　市委宣传部宣传处副主任科员
杨　柳(女)　市政府办公室综合八处处长
吴永勤　市发改委社会发展处主任科员
高丽婷(女)　市教育局副主任科员
陈　艳(女)　市公安局办公室副科长
陈建忠　市民政局优抚安置和双拥工作处处长
刘建新　市司法局法律援助处处长

缪燕青(女)	市财政局社保处处长
刘耀清	市人社局机关党委副书记
陈　剑	市卫计委医政医管处副主任科员
杨文俊	市检察院干部处副处长
蔡　军	市总工会财务事业部部长
顾子乙	共青团市委社会部副部长
袁　迎(女)	市妇联副主任科员
郑小康	市双拥办干事
孙　璘	市国画院院长
周晓方	无锡日报时政要闻部主任
闫永庆	无锡电视台记者
王新潮	江苏长电科技股份有限公司党委书记、董事长
姚　枫	锡惠公园管理处副主任
王永平	城发集团有限公司党委委员
顾青蛟	民进会员、国家一级美术师
言锡忠	无锡将军书画馆馆长
王东海	江南书画院艺术家
顾文如	江阴市双拥办专职副主任
严小青	江阴市云亭街道办事处科员
金　瑾(女)	江阴市南闸街道办事处民政助理
李洪耀	江阴市临港街道长江村党委书记
卢旭娟(女)	宜兴市民政局科员
黄伟群	宜兴市司法局法律援助中心主任
陈付云	宜兴市丁蜀镇优秀企业家
王晓东	宜兴市新龙鼎控股集团有限公司董事长
李加庆	梁溪区民政局科员
徐　岚(女)	梁溪区北大街街道办事处
刘彬彬	梁溪区山北街道办事处民政科科员
陈卫东	梁溪经发实业投资有限公司党委副书记
白　磊	锡山区民政局副科长
薛志荣	锡山区东亭街道党工委委员兼东亭社区书记
吴春华(女)	锡山区锡北镇人民政府民政办助理
卢伟良	惠山区民政局人秘科科长
吕　新	惠山区堰桥街道办事处民政办主任
李　娜(女)	惠山区钱桥街道办事处民政办副主任
徐　贞	滨湖区人民法院民一庭庭长
张伟刚	滨湖区蠡园开发区党工委副书记、管委会副主任
黄东英(女)	滨湖区太湖街道办事处民政办主任
殷增新	滨湖区华庄街道华庄社区副主任
冯加明	滨湖区马山街道民政科科长
何溯蓉	滨湖区胡埭经济开发区社会事业局副局长
倪　强	滨湖区蠡湖街道震泽社区主任
王娟娟(女)	新吴区民政和卫生计划生育局优抚安置科科员
孙　军	新吴区教育文体局科员
周玲琴(女)	新吴区鸿山街道鸿运苑一社区民政专委
袁自先	新吴区梅村街道梅荆六期三社区办公人员

二、部　队

于新峰	中国人民解放军 63680 部队试验技术部工程师
孙志刚	中国人民解放军 63680 部队测量船 1 大队航海部门政委
徐　胤	中国人民解放军 63680 部队通信团二站一中队队长
于　浩	中国人民解放军 63680 部队勤务船大队政治处宣传干事
达　飞	无锡军分区政治部干事
戚罗旭	无锡军分区政治部干事
葛振华	江阴市人武部政工科科长
关云生	中国人民武装警察 8690 部队 11 分队副科长
吴风波	中国人民武装警察 8693 部队营房股股长
施尚军	中国人民武装警察 8720 部队秘书科科长
聂　文	中国人民武装警察 8721 部队副政委
季　钦	中国人民武装警察 8724 部队政治处副主任
杨小卫	中国人民解放军第 56 研究所政治部秘书
刘　芃	中国人民解放军第 56 研究所后勤部财务科助理员
马　珂	中国人民解放军 63983 部队政治部干事
徐晓峰	中国人民解放军 63983 部队勤务汽车队指导员
林　炜	中国人民解放军 73801 部队政治部干事
冯钰楠(女)	中国人民解放军 73801 部队司令部直工科干事
郭宏图	中国人民解放军 73031 部队政治部副主任
孙立帅	中国人民解放军 73055 部队 74 分队战士
田元峰	中国人民武装警察部队无锡市消防支队特勤二中队指导员
朱　超	中国人民解放军 94710 部队政治处干事
方少异	中国人民解放军 94926 部队政治处干事
褚丹丹(女)	中国人民解放军 94627 部队政治处干事
曾　彪	中国人民解放军 94756 部队副主任
胡龙喜	中国人民武装警察部队江苏省总队无锡市支队二大队教导员
秦贵平	江苏陆军预备役高射炮兵第二师第一团后装处长
段同创	中国人民解放军第 101 医院政治处主任
刘　卉(女)	无锡边防检查站执勤业务一科科长

2016 年无锡市有突出贡献中青年专家

卞忠华	江苏三房巷集团有限公司
曹兰英(女)	中航工业雷华电子技术研究所
常建强	江阴市华士实验中学
董斌仁	无锡市梅园公园管理处

樊晋华(女)	无锡市体育科学研究所
范泽锋	宜兴爱宜艺术陶瓷有限公司
方　益	无锡广播电视集团(台)
冯立新	江苏麟龙新材料股份有限公司
冯宁翰	无锡市第二人民医院
葛志军	宜兴市人民医院
郭大宏	天奇自动化工程股份有限公司
何继宏(女)	无锡市政设计研究院有限公司
何拥军	江苏省原子医学研究所
黄本华	法尔胜泓昇集团有限公司
黄海燕(女)	无锡科技职业学院
蒋佳林	中共无锡市委党校
瞿立新	无锡城市职业技术学院
李学斌	中铁建电气化局集团康远新材料有限公司
刘　洋	无锡威孚力达催化净化器有限责任公司
陆建林	中石化石勘院无锡石油地质研究所
陆金龙	一汽解放公司无锡柴油机厂
毛军华	无锡华光锅炉股份有限公司
茆　勇	无锡市第四人民医院
钱宏文	中国电子科技集团公司 58 所
邱红桐	公安部交通管理科学研究所
史小明	宜兴长乐弘陶艺有限公司
宋政平	江苏云崖律师事务所
佟　柠(女)	江苏省锡山高级中学
王　彤	无锡市人民医院
王兴亚	无锡出入境检验检疫局保健中心
吴建国	无锡市产品质量监督检验中心
吴　杰	申锡机械有限公司
武凤霞(女)	无锡市南湖小学
夏　东	无锡市建筑设计研究院有限责任公司
徐　菁	无锡市太湖新城发展集团有限公司
徐夏民	无锡机电高等职业技术学校
羊正祥	无锡市人民医院
杨海军	江苏阳光集团有限公司
杨　怀	无锡华能电缆有限公司
尤毓敏	无锡华光新动力环保科技股份有限公司
余进进(女)	无锡市第四人民医院
张爱锋	中国船舶重工集团公司第七〇二研究所
张小波	无锡统力电工有限公司
张娅姝(女)	无锡市演艺集团有限公司
赵明昌	无锡祥生医学影像有限责任公司
朱海涛	宝银特种钢管有限公司
朱立松	央视国际网络无锡有限公司
祝晓燕(女)	无锡市滨湖区教育研究发展中心
邹　健	无锡市人民医院
季文杰	中船澄西高级技工学校(高技能)
徐桥猛	无锡商业职业技术学院(高技能)
余　廷	无锡市殡仪馆(高技能)
张洪琪	无锡宏源机电科技股份有限公司(高技能)

2016 年“我心目中的无锡工匠”

丁贯林	双良节能系统股份有限公司测试中心主任
于　燕(女)	江苏阳光集团服饰公司设计部服装样板设计师
王旭东	无锡市石油化工设备有限公司职工
邬峥嵘	无锡华光锅炉股份有限公司铆工
刘　冰(女)	无锡华润矽科微电子有限公司版图设计工程师
刘瑞恩	无锡药明康德生物技术股份有限公司组长
杜华军	江苏大明金属制品有限公司班组长(焊工)
李锋宝	天奇自动化工程股份有限公司国家级企业技术中心副主任
张宏文	江苏国信协联能源有限公司电气专业工程师
张洪琪	无锡宏源机电科技股份有限公司技术员
陈　亮	无锡微研股份有限公司副班长
胡思敏	海鹰企业集团有限责任公司班组长
顾　健	一汽解放汽车有限公司无锡柴油机厂精修钳电工
倪德学	无锡威孚高科技集团股份有限公司调整工
殷洪进	无锡国盛精密模具有限公司质量工艺部部长
浦锡东	无锡客运有限公司首席技师
黄新和	无锡永凯达齿轮有限公司钳工班班长
曹永义	无锡锡洲电磁线有限公司高级技师
谢文君(女)	六一四研究所电装技师
樊晓江	中船澄西船舶修造有限公司机电修理车间技术组副组长

编辑　周胜忠

说　明

本索引为综合性主题索引，包括正文部分39个类目（不包括附录）的内容。索引标目按汉语拼音字母顺序排列，同音字按声调顺序，同音同声者按第二字拼音字母顺序排列。标目后数字为页码，字母a为左栏，b为中栏，c为右栏。

A

B

C

D

E

F

G

H

J

K

L

M

N

P

Q

R

人保财险无锡市分公司 360a 360b 360c 362a 362b 362c

S

T

W

X

Y

Z

无锡市安全生产监督管理局

2016年，在市委、市政府领导下，无锡市安全生产监督管理局全面围绕市委、市政府年度中心工作，认真贯彻落实国家和省安全生产工作部署，落实责任，强化监管，严格执法，大力推进安全生产大检查、专项整治等重点工作，切实加强基层基础建设，促进了全市安全生产状况持续稳定向好。全年无锡市未发生较大及以上事故，为全省3个未发生较大以上事故的地市之一，全年各类安全生产事故累计死亡人数比上年下降7.1%，连续第15年实现事故起数、死亡人数“双下降”，其中非煤矿山连续12年“零”死亡，安全生产形势保持总体平稳，为全市经济社会稳定发展作出应有贡献。市安监局党组书记、局长魏持红获“全国安全生产监管监察系统先进工作者”荣誉称号，为全省唯一。

2月7日晚，省委常委、市委书记李小敏（中）率队检查灵山景区“除夕撞钟祈福活动”现场消防安保工作

11月13日，市长汪泉（中）检查无锡招商城安全生产工作

11月30日，副市长王进健（中）检查山墩凹地铁站工地安全生产工作

10月31日，市安监局党组书记、局长魏持红获“全国安全生产监管监察系统先进工作者”荣誉称号

江阴市

江阴船厂公园

江阴远景能源科技有限公司的生产线

中信特钢研究院兴澄分院

江阴中山公园全景

江阴市周庄镇的卧龙湖生态园

11月7日，江阴市顾山镇红豆村村民正忙着采摘花香四溢的金丝皇菊（王　烨　朱贻军　摄）

6月30日，江阴市周庄镇举行第二届全民运动会（李益强　沈思远　摄）

12月15日，江阴市长泾镇无偿献血活动现场人头攒动（张　岚　吴晨悦　摄）

宜兴市

宜兴美术馆新馆开馆（李 擂 摄）

中国共产党宜兴市第十三次代表大会现场（仇洪生 摄）

首批宜兴农村土地承包经营权证发放仪式现场（仇洪生 摄）

热闹的素博会（曹 益 摄）

东氿新城水城映像（曹 俊 摄）

2016中国陶都（宜兴）金秋洽谈会项目集中签约现场（仇洪生 摄）

西渚镇白塔村入选农业部公布的2016年中国美丽休闲乡村推荐名单（万正初 摄）

梁溪区

梁溪区挂牌成立

黄埠墩

崇安寺夜景

梁溪区第一届人民代表大会

重大项目集中开工仪式

城区综合整治启动仪式

重大项目合作签约

南禅寺

古运河

新梁溪·新面貌

锡山区

荡口古镇　（《新锡山》供稿）

大诚苑小区全景　（《新锡山》供稿）

鹅湖玫瑰文化园成为无锡又一个薰衣草观赏地
（《新锡山》供稿）

东港镇新貌　（《新锡山》供稿）

斗山的清晨　（赵爱琴 摄）

锡东新城新貌　（《新锡山》供稿）

映月湖中央公园　（《新锡山》供稿）

锡虞立交　（《新锡山》供稿）

无锡农博园梦幻灯光节　（《新锡山》供稿）

索立得国际科技园　（《新锡山》供稿）

惠山区

陈敏妍《美丽家园·惠山新城一角》

7月5日，位于前洲镇的跨越锡澄运河的石幢桥建成通车

8月28日，国内新能源汽车标杆企业御捷集团投资的铠龙东方新能源汽车项目在惠山工业转型集聚区举行开工奠基仪式

5月13日，世界500强企业美国金佰利公司精密设备制造及研发项目签约落户惠山经济开发区

9月1～2日，省委常委、市委书记李小敏（左二）考察惠山区，深入街道、企业，考察了解基层经济社会发展情况，并召开企业家专题座谈会

5月16日，在教育部主办的全国第五届中小学生艺术展演活动中，省锡中天馨合唱团获一等奖，成为江苏省唯一一个获得声乐类全国一等奖的团队

惠山新城夜景　（《惠山新闻》报社　供稿）

陈锡铭《蓝天下的科创园》

滨湖区

区委书记 袁飞

区长 陈锡伦

首届电子竞技中韩对抗赛

滨湖区2016年春季重大项目集中开工仪式

金秋经贸签约大会

第七届国际旅游钓鱼节

首届环蠡湖国际半程马拉松

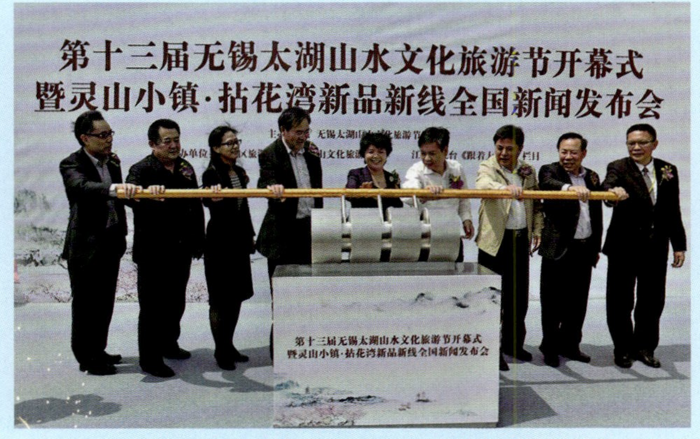

第十三届无锡太湖山水文化旅游节开幕式暨灵山小镇拈花湾新品新线全国新闻发布会

新吴区

2月20日，新吴区成立大会召开

1月18日，菜鸟网络——中国智能骨干网项目奠基

4月25日，新吴区引进3.2亿美元全市最大制造项目

4月1日，“金巢计划”普洛斯8亿美元项目签约

4月20日，新吴区举行重大项目集中开工仪式

9月8日，深南电路15亿元二期项目签约空港园

3月30日，金融商务核心区新发汇融广场开街

泰伯庙会精彩民俗

“新吴大讲堂”打造干部学习高端平台

新吴区开展特色小镇规划建设

中国宜兴环保科技工业园

中国宜兴环保科技工业园（以下简称“宜兴环科园”）成立于 1992 年，是经国务院批准设立的国家级高新技术产业开发区，也是国内唯一以发展环保产业为特色的国家级高新技术产业开发区，先后被评为国家首批低碳示范园区、国家级环保服务业示范园、国家创新型特色园区，被授予“中国创新力开发区”“中国品牌100强”“亚洲十大最具投资价值品牌”等荣誉称号。植根于“中国环保之乡” 40余年的产业积淀，历经20余年的园区发展，宜兴环科园围绕水、气、声、固、土、仪、资源利用全方位拓展，先后与中科院、清华大学、哈尔滨工业大学、南京大学等80余所大学院校形成了紧密的产学研合作，并与美国、日本、韩国、荷兰、芬兰、新加坡等20余个国家和地区开展了广泛的技术合作，形成了集设计、研发、孵化、制造、检测、培训、交易、展示、知识产权保护、国际技术转移和科技金融等为一体的全产业链支撑体系，创设了引领环保产业创新发展的“环境医院”模式，成为全国最大的环保产业集群、全国环保技术创新高地。

中国环保产业面临新一轮黄金发展期。经济密集与科技金融活跃，产业与城市交相辉映，文化和生态融为一体，宜兴环科园以“兢力环保产业，成就美丽世界”为己任，以“中国环保之都”自勉，致力于把园区打造成名副其实的“中国环保第一园，世界环保产业中枢”。

江苏省环保装备产业技术创新中心

江苏省环保装备产业技术创新中心

2016黑马大赛环保创新创业大赛

江苏省环保装备产业技术创新中心

启动中国城市污水处理概念厂建设仪式

国际标准化组织工业水回用分技术委员国内技术对口单位揭牌

2016（第四届）中国环保技术与产业发展推进会

宜兴经济技术开发区

宜兴经济技术开发区于2006年7月批准设立，2013年3月升格为国家级开发区。园区行政管辖面积113.5平方千米，委托管理屺亭、芳桥两个街道，下辖6个社区、20个村、5个集体经济股份合作社，户籍人口7.6万人，有各级党组织120个、党员2937人。园区核心区域总规划面积68.6平方千米，由苏州新加坡工业园区总规划师时匡担纲设计，下辖产业园区、科创新城、物流园区、屺山景观区"三区一城"4个格局清晰、优势互补的发展平台。

近年来，开发区在宜兴市委、市政府的正确领导下，按照"稳中求进、改革创新"的主基调，抢抓机遇，园区经济社会持续快速健康发展。2016年，实现地区生产总值145亿元，工业应税销售收入470亿元，固定资产投资114亿元，工业后劲投入88亿元，财政总收入26.53亿元，税收收入24.95亿元。主要经济指标增幅始终高于宜兴和苏南国家级开发区平均水平，在宜兴市占比逐年提高、地位更加凸显。经过多年探索和实践，开发区形成以新能源、新材料、光电子为主体，高端动力机械和智能装备制造、绿色食品饮料、生物医药、移动互联等高端特色产业相对聚集、协调发展的产业结构。特别是新能源产业汇聚光伏、风电、核电、氢能源、天然气五大新能源产业于一体，在全国独树一帜。国电集团、宝钢集团、东方电气、中广核、中国华能等一批中字号、国字头企业加盟园区，设立生产或研发基地；西门子、美国Sunpower、红牛饮料、奥瑞金包装、北汽兴东方、海格力斯、科创慧谷等一批知名企业，森莱浦光电、清投视讯、艾洛维科技、中升科技等一批高新技术产业项目纷纷落户。引进诺贝尔奖获得者、两院院士和国家"千人计划"在内的各类高层次人才600余人，申报各类专利超3000余件，承担国家重大专项2项、其他科技计划207项，35家企业牵头或参与制订行业标准，一批科创型企业成功上市，成功走出了一条"打造人才高地、构建技术高地、引领产业高地"的全新发展路径。

8月21日，宜兴市委书记沈建（左三）、市长张立军（左四）带队深入各镇、园区、街道，对全市51个重点项目现场观摩

3月31日，传化集团战略合作签约

企业现代化车间

昱辉阳光能源公司车间

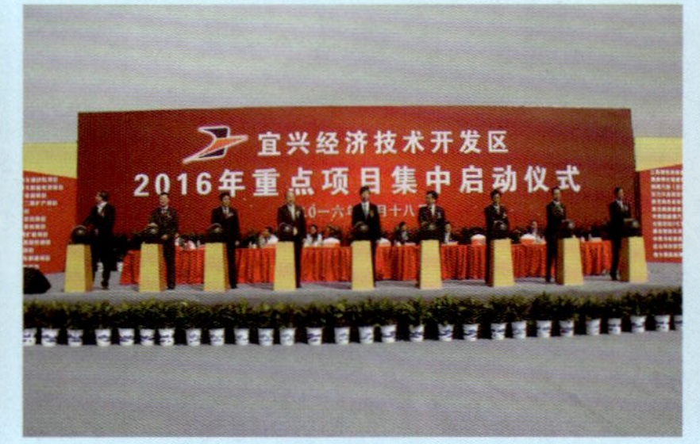

10月18日，重点项目集中启动仪式

6月30日，宜兴经技术开发区纪念建党95周年大会

江苏无锡经济开发区

江苏无锡经济开发区（胡埭镇）辖区面积37.8平方千米，总人口7万人。近年来，开发区依托太湖新城、蠡湖新城两大新城建设机遇，全力加快“产城融合”发展，有力打造先进制造业基地，全面加速了城乡发展一体化进程。

至2016年年末，开发区建成工业园区16.8平方千米，以航空部件、精密机械和汽车零部件等先进制造业为主体，集聚了中航六一四所、江苏永瀚、振华轿车、贝斯特科技、上海电气等1600余家制造业企业。全年完成工商两业纳税销售475元，其中工业纳税销售413亿元；完成财政收入17.5亿元；一般公共预算收入8.1亿元。

近年来，开发区有序规划建设6平方千米镇区，容纳10万人口的现代化新型城镇初具规模。地区金融商务、地产置业、教育医疗、文体养老等高标准功能配套齐全，随着杭州赛石集团项目入驻，地区生态旅游业将长足发展。

“十三五”规划期间，开发区将深化“产业转型升级、城市功能提升、宜居环境创优”发展路径，以“先进制造业集聚区”和“新型城镇化示范区”建设为抓手，加快实现现代产业集聚集群、城乡发展互动融合、人文生态优美宜居的无锡西部现代化区域中心。

中航工业航空动力控制系统研究所

江苏永瀚特种合金技术有限公司

农民新家园

江苏无锡经济开发区工业产业园区

江苏无锡经济开发区（胡埭镇）鸟瞰图

无锡市立人小学

无锡太湖国家旅游度假区

无锡太湖国家旅游度假区是1992年10月由国务院批准成立的国家级旅游度假区，地处无锡西南美丽的马山半岛，管辖面积65平方千米。近年来，度假区坚持高起点确立发展定位、高标准完善规划设计、高水平推进建设发展、高效能提升管理水平，建成了灵山胜境、拈花湾等一批重大旅游功能项目，形成了生物医药、换热器等特色产业集群，集聚了太湖国际高尔夫、弘阳洛克菲花园酒店、温泉度假村等一批旅游休闲配套单元，举办了世界佛教论坛、世界公益论坛等一系列具有国际影响力的重大活动，取得了较好成效。2016年，完成公共财政一般预算收入6.5亿元，规模以上工业总产值95.6亿元，全社会固定资产投资68.76亿元，社会消费品零售额6.74亿元，到位注册外资1.4亿美元，外贸进出口总额3.5亿美元。全年接待游园人数920万人次。

度假区以打造国内一流的旅游度假目的地为总目标，着力推进“四地”建设，即旅游度假胜地：树立“旅游兴区”理念，建成文旅融合、配套完善、品牌凸显的旅游度假目的地。特色产业高地：强化“产业强区”理念，以生物医药和先进制造为特色，建成具有较强集聚度和竞争力的特色产业高地。湖岛生态绿地：坚持“生态立区”理念，以建设生态家园为追求，建成自然风光秀丽、生态环境宜人、资源节约型、环境友好型的最美湖岛。和谐宜居福地：落实“惠民安区”理念，以民生优先为导向，建成服务完善、保障多元、群众认可的幸福之地。

十里明珠堤

拈花湾

生物医药外包区

灵山胜景

千波桥晚霞

马山国际高尔夫球场

阖闾城遗址博物馆

无锡职教园（钱桥街道）

无锡职教园（钱桥街道）全景

职教校区

生态岛

凯龙高科技股份有限公司

百乐广场

无锡职教园（钱桥街道）地处京杭运河南岸、惠山和舜柯山北麓，西与阳山镇接连，南与滨湖区相接，北与洛社镇接壤，312国道、342省道、锡宜高速公路贯穿全境，交通四通八达。无锡职教园与钱桥街道实行“街园合一”的行政管理体制，总面积46.21平方千米。下辖15个社区，有户籍人口70380人，总户数22446户。职教园校区建成范围6平方千米，建成教育和各类实训设施面积超过155万平方米，拥有各类中高职院校8所、公共实训基地1个，学生和教职工近8万人。

无锡职教园（钱桥街道）为国内外享有盛名的“焊管之乡”“冷轧之都”，是科技部“特种金属新材料产业基地”，中国最大的钢带类金属制品加工流通基地。辖区带钢交易价格成为左右全国带钢市场价格走势的“风向标”。无锡职教园（钱桥街道）曾获评国际“城市生态恢复示范区”、全国千强镇、全国环境优美乡镇、全国残疾人工作先进乡镇、江苏省文明镇、江苏省服务外包人才培训基地、江苏省冶金新材料优质产品生产示范区等荣誉称号。

2016年，无锡职教园（钱桥街道）实现地区生产总值132.42亿元。完成财政总收入14.17亿元，其中一般公共财政预算收入完成8.44亿元。完成全社会固定资产投入89.27亿元，社会消费品零售总额44.9亿元。完成全社会开票销售收入545.24亿元。农民人均可支配收入达30896元，比上年增长8.1%。无锡职教园（钱桥街道）被市委、市政府评为无锡市“六五”普法先进集体，被无锡市委评为“无锡市先进基层党组织”，钱桥街道红十字会被江苏省红十字会评为“2010～2015年度全省红十字会基层组织工作先进集体”。

中国（无锡）高技能人才公共实训中心

无锡市机关事务管理局

2016年，无锡市机关事务管理局围绕市委、市政府中心工作，着眼机关事务工作面临的新形势、新任务、新要求，坚持以“安全、满意、规范、高效”为总目标，积极探索以“精细、绿色、智慧”为基本特征的现代机关后勤之路，全面提升机关事务管理保障服务水平。按照中央和省、市统一部署，开展“两学一做”学习教育，在全国率先推进绿色市民中心建设，推进公车改革，创新机关后勤服务模式，深化全国全省文明单位创建，加强内控机制建设，实施市民中心安全隐患整改，各项工作均取得成绩。

年内，市机关事务管理局获一系列荣誉。被江苏省政府评为“十二五”公共机构节能工作先进集体，被江苏省文明委评为2013～2015年度“江苏省文明单位”，被市委、市政府评为2011～2015年全市法治教育先进集体，被市委宣传部评为2015～2016年度“无锡市县以上党委（党组）中心组学习示范点”，获得江苏省“书香机关建设示范点”表彰。“两学一做”学习教育受到江苏省委组织部的肯定。宣传信息工作在全省系统内排名第一。局机关后勤工作被国家机关事务管理局有关领导誉为“现代机关后勤的样板”。

组织中青年干部在浙江大学开展集中学习培训

智慧市民中心建设在世界物联网大会上进行成功发布

市机关管理局开展学雷锋志愿服务活动

市长汪泉（中）到江阴市祝塘镇永平村开展结对帮扶工作

管理局党组中心组组织集中学习活动

无锡市人民检察院

2016年，全市检察机关明确“争当全省检察机关科学发展排头兵、争做中国特色社会主义检察制度示范院”的“双争”目标，围绕全市经济社会发展大局，履行法律监督职能，推进司法改革和自身建设，各项检察工作取得进展，为高水平全面建成小康社会提供有力司法保障。全年批准逮捕各类刑事犯罪嫌疑人3945人，提起公诉11382人；立案查办贪污贿赂、渎职侵权犯罪案件106件143人。知识产权司法保护、职务犯罪“智慧侦查”模式、涉罪外来人员观护教育、精细化公诉建设、信息化智能化检察办公模式等工作均位居全省乃至全国检察工作前列。年内，完成员额检察官遴选工作，首批入额检察官335人；做好3城区（原崇安区、南长区、北塘区）检察院整合和新吴区检察院的设立工作。梁溪区检察院、滨湖区检察院分别被评为全国、全省先进基层检察院；市检察院和7个基层检察院全部被评为“全国检察宣传先进单位”；市检察院被评为“全国检察机关检察委员会规范化建设示范单位”“无锡市规范执法示范单位”，连续8年被评为市级机关绩效管理和作风建设先进单位。

市院机关弘扬检察文化，以形式多样的文体活动凝聚正能量 （徐佳超 摄）

召开全市检察工作会议 （徐佳超 摄）

江苏省检察院检察长刘华（左一）视察无锡检察工作（徐佳超 摄）

全国检察机关电子检务工程暨科技强检工作推进会会议代表到无锡，参观考察“智慧侦查”平台体系建设（徐佳超 摄）

市检察院举行员额检察官颁证暨宣誓仪式 （徐佳超 摄）

市检察院依法起诉在全国有重大影响的沈某等人走私濒危植物案 （徐佳超 摄）

市检察院会同《检察日报》举办全国“知识产权保护之无锡样本”研讨会 （徐佳超 摄）

江苏省无锡市航道管理处

无锡市南濒太湖，北枕长江，京杭运河横跨全境，境内河道纵横，水网密布，有内河航道210条1687千米，是江苏省乃至长三角内河航运最为发达的地区之一。江苏省无锡市航道管理处于1987年成立，是负责辖区航道规划、建设、养护、管理的内河航道管理机构，为无锡市交通运输局所属公益类事业单位。下辖宜兴市航道管理处、江阴市航道管理处、锡山区航道管理处、惠山区航道管理处、市区航道管理处（站）和江阴船闸管理所。

2016年，全市航道系统围绕“率先基本实现航道现代化”的核心目标，推进重点工程建设，全方位提升航道管理服务能力，圆满完成6大类、27项重点工作任务，实现“十三五”规划良好开局。全市干线航道网络的整体通达能力和综合配套服务水平明显提升。特别是苏南运河无锡段成功打造了集“绿化、亮化、美化、文化”、“信息化、智能化”于一身的景观航道、生态航道和感知航道，年船舶流量达2.8亿吨。至年底，锡澄运河五级改三级航道整治工程基本交工通航，锡十一圩线航道整治工程圆满收官，锡溧漕河二期航道整治工程启动建设，全市干线航道通航保证率达98%，芜申运河、苏南运河等水上服务区陆续投入使用，新夏港船闸ETC便捷过闸系统全面建成，获得船民一致好评。全年累计巡航80762千米，办结行政审批件39件，加强全系统航道各类标志标牌的规范设置和管理维护，航标正常率达99%；船艇质量优良率达95%，设备完好率达85%。无锡航道加强行业监管，有序组织教育培训活动，提高全员安全责任意识，扎实开展安全隐患排查治理工作，圆满完成G20峰会、物联网博览会等大型活动期间航道系统的安全维稳工作。

2016年，无锡市航道管理处通过了江苏省文明单位的复查验收，被表彰为2011～2015年全省交通运输系统普法工作先进单位，获得了2015年度全省航道系统创先争优活动先进单位一等奖以及江苏省五一劳动奖状。苏南运河无锡段三级航道整治工程荣获江苏省“扬子杯”优质工程奖。“感知航道”信息化工程被表彰为2016年智慧江苏交通运输行业应用示范工程。

苏南运河

锡澄运河沿河绿化景观节点

运河锡山段

运河夜色

整治过的锡澄运河航道

梁溪区教育局

沁园社团活动时间学习版画技艺

侨中-塔影 同课异构-地理

梁溪教育集团校长访谈

2016年，梁溪区教育局积极探索集团化办学模式，激发教育活力，应对改革发展新形势，实现优势共享、协调发展。11月14日，梁溪区教育集团成立大会在南湖小学举行。

“集团化”办学是梁溪区结合区域基础教育实际情况和发展需要提出的一项新举措，是实施教育改革发展的又一创新。此次成立的5个教育集团分别是：侨谊教育集团（包括侨谊实验中学、塔影中学）、连元教育集团（包括连元街小学、塔影中心小学、广益中心小学）、南长街教育集团（包括南长街小学、花园实验小学、芦庄实验小学）、五爱教育集团（包括五爱小学、梨庄实验小学、刘潭实验小学）、沁园教育集团（包括沁园实验小学、芦庄第二小学）。5个教育集团坚持“共享、联动、互补、协调、尊重”的原则，采用“多法人协作式”的“紧密型合作”模式，建立管理互通、师资互派、研训联动、质量同进、文化共建、考核同步的紧密协作关系，实现教育理念、教育思想、教研成果、师资优势、社会影响力的共赢共享，从而实现校际之间的教育质量、队伍建设、管理水平、办学条件的快速提高。

梁溪区教育集团的成立，标志着梁溪区基础教育改革迈出了坚实一步，将加快区域融合的速度、广度与深度，深化基础教育领域综合改革，促进校际之间快速融合，缩小校际办学质量差异。力争到2020年，梁溪区教育局“集团化”覆盖率达80%以上，基本实现教育资源均衡化、优质化。

南长街教育集团数学研讨课

颁奖仪式

惠山区教育局

2016年，惠山区教育系统以良好的精神风貌、务实的工作作风，认真回应群众期待，积极推动教育事业健康协调发展，全区教育工作成果喜人、亮点纷呈，实现“十三五”规划的良好开局。

教育重点工程建设有序实施，教育资源短缺矛盾得到有效缓解。继续强力推进教育重点工程建设，年内开工或完成的项目13个。其中，省锡中实验学校小学部新建、诚明华府庄园幼儿园新建等9个工程顺利完工，西漳中学改扩建一期、玉祁高中改扩建等4个工程在建，计划于2017年完工。

优质园比例持续提高，学前教育优质普惠发展。年内，顺利创建省优质幼儿园3所，全区省市优质率提升至85%。对全区民办托幼机构进行全面检查，办园行为不规范的责令整改，对违规办学的托幼机构进行坚决取缔。

持续推进“改薄”工作，义务教育优质均衡发展。启动以村小（办学点）、民办学校的全面“改薄”和其他义务教育学校相对薄弱环节、薄弱项目的“改薄”为重点的新一轮“改薄”工作，切实推进义务教育均衡发展、健康发展、优质发展。年内，省政府发文确认，惠山区荣获“江苏省促进义务教育均衡发展先进集体”称号。

教育管理体制改革继续深化，高中教育特色多样发展。指导和推动高中学校特色化发展，各校课程基地项目建设取得新成绩。省锡中入选江苏省首批8所教改实验学校，其课程基地建设成果获得省教育厅和教育部的高度关注和肯定。

惠山中专在省级大赛中获历史性突破，职业教育办学水平明显提升。惠山中专代表队在2016年江苏省职业院校技能大赛中，共夺得金牌6枚、银牌5枚和铜牌4枚，实现历史性突破。6月，该校成功创建成为“江苏省高水平现代化职业学校”，并在对口高考中继续保持领先优势。

省级监测结果取得突破，教育现代化建设成效显著。在2016年省级教育现代化建设监测中，惠山区教育现代化建设取得显著成效，进入省市优秀行列，一些关键指标和重点领域取得突破。2016年年底，惠山区被省政府教育督导委员会授予“江苏省中小学校责任督学挂牌督导创新县（市、区）”称号。

惠山区教育局举办首届“科普之光”青少年科技活动成果展，中小学生展示机器人、无人机、3D打印等高科技作品

第32个教师节前夕，大型原创现代锡剧《好人俞亦斌》在省锡中上演

惠山区第八届校园文化艺术节展演

玉祁高中运动会开幕式

惠山区新增省优质幼儿园3所

宜兴市市场监督管理局

2016年，宜兴市市场监督管理局勇毅笃行、锐意进取，展现出了前所未有的凝聚力和战斗力，在改革转型中迈出了坚实的第一步，各项事业取得较好成绩。

全市新登记内资企业5535户，比上年增长20.72%；新登记外资企业40家，投资总额8.31亿美元，注册资本3.84亿美元；新登记个体工商户9074户，比上年增长26.34%，新登记农民专业合作社144户。全年出动执法人员5.6万人次，处理无照经营行为1737起，检查生产流通餐饮单位3.4万余家次，抽检生产流通领域食品和食用农产品2700批次，完成餐饮环节抽检4538批次，其中，检出不合格食品40批次，对4起制售假酒案件移交司法部门，有效净化了食品市场环境。全年开展产品质量抽查10234批次，不合格1026批次。组织开展首届宜兴市市长质量奖的评审工作，申报成功2件。全年新申请江苏省著名商标14件，无锡市知名商标20件；新申报江苏省名牌产品17只，无锡市名牌产品24只；核准地理标志证明商标“湖㳇杨梅”1件；新申报省质量信用AAA级企业4家，AA级企业7家。全年新增无锡市级“守合同重信用”企业45家。至2016年年底，宜兴市有国家级“守合同重信用”企业26家，居无锡市第一。

宜兴市湖汶镇

地理商标证明标志颁证仪式

湖汶镇地处苏浙皖三省交界，因“太湖第一源”“太湖之父”而得名，更以“竹的海洋”“茶的绿洲”“洞天世界”、“紫砂源地”而名闻遐迩。全镇总面积118平方千米，辖行政村7个、茶场1个、社区1个，总人口2.3万人。境内森林覆盖率82%，空气负氧离子含量达到长寿乡水平，全域水质常年保持国家一级标准，拥有宜兴竹海、张公洞、陶祖圣境3个国家AAAA级景区和灵谷洞、玉女潭、磬山崇恩寺、紫海薰衣草庄园等一批特色景区，各类主题酒店10家，特色风情民宿100余家，现有精品客房2800个，床位4500张，是游客深氧度假、旅游休闲绝佳去处。

依托优越的自然禀赋，优美的生态环境，厚重的历史底蕴，湖汶镇全面打响国内唯一的“深氧界”旅游品牌，倡导“3H生活”（回归健康Health、回归心灵Heart、回归家园Home）的旅游新概念。民宿类、体验类、养生类主题酒店交相争艳，音乐、茶禅、紫砂、书画、摄影等文化元素让游客流连忘返。近年来，湖汶镇先后荣获了全国环境优美镇、全国特色景观旅游名镇、国家卫生镇、国际休闲养生基地、全国农村公路养护与管理先进集体、中国自驾游首选目的地、长三角最佳慢生活旅游古镇、江苏省自驾游基地、江苏省级旅游度假区、江苏省生态旅游示范区、江苏省乡村旅游休闲集聚区示范单位、江苏省水美乡镇等称号，成为了华东地区深受游客喜爱的深氧度假区。

竹海风光

梦幻紫海灯光花季

竹海人行步道

文化体育节

宜兴市万石镇

宜兴市万石镇地处风景秀美的太湖西岸，位于宜兴市东北部，全镇区域面积43.77平方千米，辖行政村9个、社区2个，常住人口2.6万人。2016年，实现地区生产总值45亿元，比上年增长6.63%。完成应税销售92亿元，其中工业应税销售80亿元，流通应税销售12亿元；完成规模以上工业产值42亿元；全社会固定资产投资21.5亿元，其中工业投入13.5亿元，服务业投入8亿元；到位注册外资600万美元；进出口总额4400万美元。实现财税总收入4.2亿元。农民年人均纯收入2.8万元。

万石镇坚持稳中求进工作总基调，做大做强做优以"封头、环保、杆塔、电气制造"为主的机电产业，致力把万石建设成"机电产业特色名镇""石材展销知名市场""善美和谐幸福家园"。该镇建有的江苏省华东石材市场，连续多年被评为"中国石材行业最具影响力交易市场"，2016年年交易额30亿元，成功举办"中国石材高峰论坛"。总投资5亿美元的万石国际石材城项目一期建成、二期启动，与红星美凯龙达成战略合作协议。万石镇推动"互联网+"经济，成立无锡首家镇级电商平台万石镇跨境电商服务中心。宜兴市丰汇水芹专业合作获"国家农民合作社示范社""全国绿色食品示范企业"称号，合作社生产的"陶都牌"水芹销往整个华东地区，成为宜兴高效农业的一面旗帜。

近年来，万石镇被评为全国文明镇、国家卫生镇、中国封头之乡、江苏省科普示范镇、江苏省创新型试点乡镇、无锡市生态示范镇等国家、省、市级荣誉称号20余项。

水芹收获场景

江苏华东石材市场

农村新面貌

万石一景

封头车间

宜兴市徐舍镇

徐舍镇是宜兴西部中心镇、门户镇，区域面积183平方千米，下辖行政村23个、社区2个，总人口约10万人，是著名的江南鱼米“西乡”，也是苏南地区面积最大、人口最多、土地资源和发展空间最好的乡镇之一。

2016年，徐舍镇坚持“稳健发展、跨越发展、引领发展”战略定位，以打造成为“农村开发建设先动区、乡村法治建设先行区、基层党的建设先导区”为引领，深入实施“产业强镇”计划。全年实现地区生产总值92亿元，税收收入4.1亿元。中超集团入围中国民企制造业500强，利通电子成为国内首家独立开发生产大尺寸液晶模组背板的企业，高科石化登陆A股主板，成为国内最大的民用润滑油民营企业，一批“专精特新”的“小巨人”企业茁壮成长。初步形成以高端线缆和铜加工、化工电子和新材料、高端装备和机械制造为三大战略性支柱产业，以环保、纺机、风机、农产品深加工、水泥建材为五大特色的徐舍产业新体系。举办美栖花田灯海艺术节、“咩咩芳庄”羊肉季，形成了“春采鲜果，夏游灯海，秋揽美景，冬品羊肉”的徐舍乡村文化旅游模式。开展了救援速度最快、动员范围最广、投入力量最大的防汛抗洪斗争，成功抗击了百年不遇的洪涝灾害。成立了宜兴市首家乡村法律咨询供给中心，全镇人民免费享受高品质的法律服务产品。

新农村鸟瞰

美栖花田灯海艺术节

咩咩芳庄羊肉季乐跑活动

镇南新区鸟瞰

潞安卓泰项目开工仪式

灵谷化工有限公司

公司董事长、总经理谈福元

坐落于宜兴经济技术开发区的灵谷化工有限公司，建厂于1966年。公司坚持专业化氮肥制造，系江苏省暨长江以南地区最大的尿素生产企业。生产规模为年产尿素170万吨，兼营发电、复合肥生产和Ⅰ类、Ⅱ类、Ⅲ类压力容器设计、制造等相关产业。公司生产技术水平、产能、效益均居行业前列。

2016年，公司生产合成氨101.21万吨、尿素156.21万吨、车用尿素10.52万吨、各种工业气体8.55 万吨，上网电量2.47 亿千瓦时，回收二氧化碳10万吨，主营业务收入24亿元，实现利润2.27亿元，全年上缴税金1.51 亿元。公司为国内尿素出口大户，全年出口量占全国11%，创汇1.87亿美元。员工平均收入增长幅度继续保持10%。

灵谷化工认清未来世界发展趋势，以技术创新、管理创新为抓手，秉承“创新发展、绿色发展、节约发展、持续发展、共享发展”的发展理念，在生产优质产品的同时，创造优质的环境，围绕做专、做精、做强、做大的发展思路，打造百年灵谷。

外商来访

省委常委、市委书记李小敏（左二）到公司调研

大化肥生产线总控室

公司全景图

一汽解放汽车有限公司无锡柴油机厂

一汽解放汽车有限公司无锡柴油机厂（以下简称“锡柴”）是中国现存历史最悠久的发动机企业。工厂创建自1943年，解放后成为新中国农机行业的骨干企业，1992年加入中国第一汽车集团公司，2003年起成为一汽解放汽车有限公司的下属全资企业。工厂坚持艰苦创业和自主创新，先后经历了三个创业阶段。在第一次创业阶段，锡柴创造多个行业第一，向社会输送数千人才，赢得了“出产品、出人才”的美誉。在第二次创业阶段，锡柴抓住机遇，主动加入一汽，完成了向汽车行业的成功转型，实现了超常规、跨越式发展。在第三次创业阶段，锡柴开发了CA6DL发动机，形成了七大系列产品，做响了“奥威”品牌，跨上了销售收入超一百亿元的台阶。从2011年起，锡柴开始了第四次创业。

奥威11升发动机

锡柴全景图

惠山基地全景

工厂坐落于江苏省无锡市，现有合同制员工3300余人，总资产66亿元，无形资产102.29亿元，占地面积63万平方米，共分为两大发动机基地、发动机再制造基地和改装车生产基地四大厂区，具备年产47万台发动机和5000辆改装车和2500台再制造发动机的生产能力。锡柴具有国内领先的自主研发能力，掌握多项关键核心技术，拥有奥威、恒威、康威、劲威四大品系，功率覆盖40马力至550马力，发动机市场保有量超过400万台。至2016年，锡柴在国内多缸发动机市场的份额位列行业第四，重型发动机市场（350马力以上）份额行业第一，11升发动机市场保持绝对领先。锡柴曾荣获国家科技进步一等奖、国家科技进步二等奖、全国第15届“全国质量奖”、无锡市首届市长质量奖、第33家“企业文化示范基地”等荣誉称号。先后成为江苏省首家卓越绩效孵化基地、2016年工信部智能制造试点示范工程。

现代化生产车间

锡柴以“争第一、创新业、担责任”为核心理念，以品牌为统领，以转型升级、科技创新为动力，开拓进取，昂扬奋进，坚持打造“民族品牌，高端动力”，为推动一汽的自主事业做强做大，实现人·车·社会和谐发展作出新的贡献。

锡柴惠山基地

自动化生产线

无锡照明股份有限公司

无锡照明股份有限公司是无锡市市政公用产业集团下属国有全资子公司。“十三五”规划期间，公司紧紧围绕全国城市智慧照明领军企业和综合服务运营商的战略定位，加快推进企业改革转型升级，加快进军资本市场步伐，逐步形成了集城市照明规划、设计、安装、维护、能源管理、智能化城市运营的全产业链经营格局。2016年12月，公司取得全国中小企业股份转让系统出具的受理通知书，步入资本市场进入倒计时。

公司拥有城市及道路照明工程专业承包壹级、照明工程设计专项甲级两项最高行业资质。近年来，公司积极推行“走出去”战略，业务从长三角地区逐渐扩展至东北、西北、西南、珠三角等地，中标及承接了上海国际金融中心亮化项目等多项市外重点照明工程项目。

2016年，公司抓住新能源产业发展机遇，成功进军新能源汽车充电桩市场。全年在全市范围内完成自建充电站（桩群）43处，布设充电桩750余台，自主开发了充电桩运营平台系统。12月，成功获得无锡首批江苏省新能源汽车充电设施建设运营企业资格。

公司自成立以来，累计创出135项国家级、省级、市级优质示范工程，荣获“中照照明奖”“AALD亚洲照明设计奖”“金手指奖”等多项行业重大奖项，企业核心竞争力逐年提升，整体实力位居国内同行业前列。

环城古运河风光带照明工程

市政公用新能源太科园感知中国光电一体化充电站

市政公用新能源汉江路充电站

无锡尚贤河湿地太阳能发电系统照明工程

无锡西区燃气热电有限公司

蒸汽轮机及其发电机

无锡西区燃气热电有限公司是无锡市市政公用产业集团的全资子公司。公司规划建设无锡西区燃气热电厂，总投资30亿元，分两期建设。该项目是市委、市政府积极推进创新驱动和产业强市的一项重要科学决策，也是无锡市加快推动产业转型升级，加快培育优势产业和规模企业，加大大气环境治理和生态文明建设，打造“强富美高”新无锡的一项重要举措。

西区燃气热电厂项目于2015年5月开工建设，2015年12月15日应急锅炉先期供热，圆满完成市政府关停黄巷热电厂的环保目标任务。2016年11月29日，作为无锡市区首家9F级天然气热电厂，一期工程顺利投产，进入商业运营，并荣获“江苏发电装机突破1亿千瓦标志性机组”称号。机组投产后，年发电能力22亿千瓦时，年供热能力可达200万吨，供热距离达15千米，供热区域辐射惠山区、梁溪区、滨湖区等。每年可减少原煤消耗46.2 万吨、烟尘排放1845吨、SO2排放1759 吨、NOx排放1343 吨、灰渣排放11.6 万吨，具有十分显著的社会效益、环境效益和经济效益。

在完成厂区建设的同时，无锡西区燃气热电有限公司加快推进热网管道建设，届时将替代钱桥地区燃煤小锅炉，实现清洁能源供热。

燃气电厂主厂房、余热锅炉房和机力冷却塔

220千伏 GIS升压站

西区燃气热电厂鸟瞰效果图

江苏国信协联能源有限公司

宜兴市委书记沈建（右三）率队到国信协联检查安全生产工作

省能源局局长杭海（左四）在国信协联调研

江苏国信协联能源有限公司经过30年发展，从一家地方小型热电厂逐步壮大成为含发电、供热、生物化工三项业务，员工近1500人的大型能源企业。

公司致力打造省内供热距离最长、覆盖范围最广的供热管网，投资近2亿元的热网拓展工程3条热网主管线建成投用，管线展开长度超100千米，单条管线展开长度最长达42千米，新建管线全部投运后新增89家热用户。2016年，公司供汽总量达600吨/小时。年内，公司对现役燃煤锅炉进行超低排放改造，锅炉经改造后排放值明显优于超低排放标准，且十分稳定，改造效果良好。通过前几年污水除磷改造、厌氧塔改造、色谱工艺的不断优化、废水回用等技术的应用，生化化工业务实现绿色生产、节能减排，各项污染物达标排放。在部分柠檬酸企业因环保因素减产时，公司产能得到充分释放。全年生产柠檬酸及柠檬酸盐16.58万吨，比上年增长16.93%。有序推进提质增效改造，柠檬酸产量大幅提升，日均产量稳定在500吨/天，比上年提高60%。发酵周期显著下降，各项消耗指标稳步下降，达到行业先进水平。

公司提倡“绿色、和谐、诚信、爱心”的企业精神文化，把文化理念融入到生产建设和质量管理的各个环节，致力于用文化提升领导力、执行力和凝聚力，以文化促进生产力，以软实力提升公司整体发展水平。

燃机远景

企业俯瞰图

国家级大师工作室领班人获江苏工匠称号

科技创新大会

燃机集控室

无锡科技职业学院

无锡科技职业学院创办于2003年，是经教育部备案、江苏省政府批准，由无锡市政府主办、无锡市高新区管理委员会承办的普通全日制高等职业技术学院。2016年，学校被省教育厅、财政厅确定为江苏省示范性高等职业院校建设单位，学校移动互联应用技术专业立项为江苏高校品牌专业建设工程A类项目。学校下设二级学院7个，开设专业37个，拥有中央财政支持重点建设专业2个、中央财政支持实训基地2个，入选省级A类品牌专业1个、省级重点专业群3个、省级特色专业1个、省级财政支持实训基地2个，市级各类重点专业（群）17个、市级现代学徒制重点项目1项。学校有专任教师344人，全日制在校学生6499人。

学校坚持"依托高新区、融入高新区、服务高新区"的办学宗旨，根据无锡高新区产业结构调整、区域经济转型升级的新需求，在服务高新区产业发展方面发挥了重要作用，并荣获首届无锡市职业院校产业发展贡献奖殊荣。学校物联网应用技术和会计专业获批无锡市现代化品牌专业和特色专业。承办首届"踏瑞杯"全国高职高专人力资源管理技能大赛（中部赛区）比赛、2016年江苏省高等职业院校技能大赛移动互联技术应用赛项比赛，获国家技能竞赛一等奖1项、二等奖1项，省技能大赛一等奖2项、二等奖3项、三等奖1项，省大学生计算机设计大赛一等奖1项。依托无锡市国家"一带一路"战略教育合作项目建设，在PSB越南分院设立"中新外包管理学院越南交流培训基地"。在无锡市职业教育集团建设成果展评中获评第一名，获评无锡市优秀职教集团称号。在江苏省大学生心理健康教育工作学术研讨暨表彰大会上，获心理健康工作"江苏省先进集体"称号。学生周滨获江苏省大学生年度人物提名奖并入围全国大学生年度人物200强。带动和培育一批在校内外具有一定影响力的学生社团，3个社团入选无锡市十佳社团，弘毅书院读书会获无锡市优秀社团称号。

2016踏瑞杯首届全国高职高专人力资源管理技能大赛（中部赛区）一等奖

与"无锡电仪"校企合作签约暨捐资助学仪式

神州祥升杯江苏省移动互联应用技术比赛一等奖

周滨获得江苏省大学生年度人物提名奖

无锡智能制造实训基地落成

无锡太湖学院

教学楼

· 全国典范　创新发展 ·

无锡太湖学院是经教育部批准建立的全日制、多学科的应用型普通本科高校，以工、商为主，工、商、艺、文、理、医等学科协同发展，是江苏省、无锡市重点共建的应用型民办本科高校。学校现有20多个院（系），35个热门专业，校园占地133公顷，在校师生2万余人，办学规模列全国同类高校前茅。学校获“全国五一劳动奖状”等众多殊荣，当选为教育部全国非营利性民办高校联盟副主席、中国民办教育协会副会长单位。

· 省市共建　全国首家 ·

江苏省教育厅、无锡市政府签订《加大支持无锡太湖学院创新发展的协议》，学校集聚国内国外优质资源，借势产业升级换代，创新人才培养模式，建成物联网应用技术省级重点建设实验室，智能制造重点实验室，苏南资本市场研究中心，苏南产业转型发展研究中心，建成特色鲜明、全国一流的应用型本科高校。

· 环境幽雅　设施一流 ·

学校坐落在风景秀丽的国家级森林公园内，环境幽雅，交通便利，有图书信息大楼、标准塑胶运动场、学术报告厅等，新建国内一流实验实训中心、工科实验大楼、绿色低碳学生公寓，具有优质齐备的硬件设施，建成“生态型、园林式、数字化”文明校园，被评为“江苏省平安校园示范高校”。

· 师资雄厚　特色鲜明 ·

北京师范大学原校长钟秉林教授任学校名誉校长，校长徐从才教授率大批专家名师引领学校高质量发展，拥有南京大学、东南大学、江南大学等名校的大批资深教授和博士生导师。学校副高以上职称教师占60%以上，教师中有硕士、博士学位的占90%以上。学校入选“教育部-中兴通讯ICT产教融合创新基地第二批合作院校”；会计学被评为“省品牌专业”；应用经济学、计算机科学与技术、设计学被评为江苏省“十三五”重点建设一级学科。

· 就业创业　前景广阔 ·

学校位于中国民族工商业发祥地、著名江南文化名城——江苏省无锡市，全市有合(外)资企业数千家、全球500强企业150余家，就业创业前景广阔。学校与大批国内外著名企业签署了校企合作协议，成立省、市大学生创业孵化基地，扶持大学生自主创业，每年有1000余家企事业单位进校招聘毕业生。学校毕业生90%在长三角经济发达城市高质量就业，就业率达99%以上。

全景图

马拉松赛

运动会

校园风光

图书馆

无锡技师学院（立信中专）

无锡技师学院（立信中专）创办于1955年，是一所国家级重点技工院校、国家中等职业教育改革发展示范学校、江苏省重点技师学院、江苏省高水平示范性中等职业学校。学院先后荣获全国职业教育先进单位、国家高技能人才培养示范基地、国家技能人才培育突出贡献奖、全国德育工作先进集体等殊荣。

学院坐落于藕塘职教园，总占地面积28公顷，在校生规模8000余人。学院师资力量雄厚，教学设备先进，先后承担多项科研项目，是江苏省世赛集训基地。学院拥有机械工程类、电气工程类、财会类等六大专业群和模具加工、工业机器人等8大专业实训中心。学院集职业技能培训、职业技能鉴定于一体、学历教育与职业资格培训相结合，是一所多层次、多功能、示范性的高技能人才培养机构。

2016年全国职业院校技能大赛装配钳工项目金牌选手刘鑫及教练王宝康

第三届江苏技能状元大赛高技能人才摇篮奖

无锡市智能制造职业教育集团工业机器人实训中心

第三届江苏技能状元大赛信息网络布线项目学生状元谢林源

学院大门

无锡市金融投资有限责任公司

无锡市金融投资有限责任公司（以下简称“无锡金投”）成立于2013年11月，是一家市级综合性金融投资平台。无锡金投通过运用资本管理的方式，坚持市场化原则，充分发挥国有资本在金融投资领域的“引导、示范和放大”作用，积极参与金融各领域的战略性投资，积极吸引金融资本参与无锡优势产业和优势企业，着力发展产业金融，同时推动金融产业在无锡的发展。

无锡金投自成立以来，紧紧围绕引导产业发展、吸引资金集聚、培育地方税源的工作思路，坚持政策性业务和市场化业务同行并举，积极推进以股权投资为主、运营型业务为辅的综合金融投资平台发展战略。2016年，无锡金投发起设立面向早期项目的天使基金，面向成长期和成熟期企业的市场化股权投资基金，以及参与上市公司定向增发、并购整合、市值管理等运作模式的产业并购基金。面向全球引进优质的金融机构和金融资源，通过与境内外优秀的金融机构或上市公司合作，整合无锡本地资源，发展金融创新和普惠金融业务，主要设立有无锡市金鑫互联网科技小额贷款有限公司、无锡金鼎汽车服务有限公司、无锡太湖云电商网络科技发展有限公司（锡好网）等。

2016年5月31日，由省、市两级政府和浦发银行共同发起的太湖基金设立。该基金是国内第一支政府和商业银行以同股同权方式建立的政府产业投资母基金，总规模150亿元。太湖母基金以参股子基金和设立直投基金两种方式进行投资。至年末，太湖基金共设立参股子基金4支，总规模300亿元；直投基金累计完成投资项目3个，投资金额约2.5亿元。

第一届无锡太湖基金产业投资合作峰会

无锡市金融投资有限责任公司集体照

无锡市金融投资有限责任公司入驻商会大厦

无锡市国联发展（集团）有限公司

无锡市国联发展（集团）有限公司（简称“国联集团”）成立于1999年5月8日，是无锡市政府出资设立并授予国有资产投资主体资格的国有独资企业集团，注册资本80亿元，拥有全资控股企业70余家，主要业务集中在金融和实业两大板块。2016年，国联集团完成营业收入126.96亿元、实现利润18.51亿元、上缴各项税收15.94亿元。至年末，国联集团总资产751.13亿元、净资产为276.59亿元。年内，国联集团被中国企业联合会评为“2016中国服务业企业500强”第247位。

在金融领域，国联集团已建立起门类齐全的综合金融服务平台。发挥金融全牌照优势，以综合金融信息系统为技术支撑，通过建立包括市场、管理、产品、业务标准等在内的一整套综合金融体系，加快综合金融发展，不断提升综合竞争力。国联集团综合金融管理创新实践获第23届全国企业管理现代化创新成果一等奖。在实业领域，国联集团坚持开放合作，加快转型发展，优化业务布局，形成环保、新能源、装备制造、高档纺织等产业基础，并向健康养老等领域积极拓展，产业发展层次和水平持续提升。

围绕“百年国联、千亿集团”发展目标，国联集团将坚持“创新发展、转型发展、开放发展、跨越发展”的理念，进一步谋划和落实“市场化、证券化、国际化、走出去”发展战略，不断“做优做强金融、做大做强实业”，努力建成在国内具有影响力的大型综合性国有资本投资运营集团。

集团职工书屋建成无锡市图书馆国联金融分馆

集团与中国人寿、交通银行等金融机构签署协议设立百亿规模国联产业母基金

集团召开第四次党代会，明确未来五年发展目标

省委常委、市委书记李小敏（中）考察集团综合金融无锡运营中心

华光股份与央企中设股份签署4.2亿元伊拉克巴士拉项目锅炉采购合同

中国人民财产保险股份有限公司无锡市分公司

中国人民财产保险股份有限公司（简称“人保财险”）是中国人民保险集团股份有限公司（PICC,2016年在“世界500强”企业排名中列119位）旗下标志性企业，是国内最大的综合性财产保险公司。

人保财险无锡市分公司是无锡保险市场上规模最大、实力最强的非寿险公司，业务涉及机动车辆保险、财产保险、农业保险、责任保险、保证保险和人身意外保险等300余个险种。近年来，人保财险无锡市分公司积极响应国家战略部署，充分发挥品牌优势、产品优势和网点优势，主动服务经济社会建设,率先探索总结环境污染责任险“无锡模式”、电梯责任险、自然灾害公众责任险及配套城乡户籍居民住房财产保险的“和谐家园”综合保险新模式，受到各级高度关注。2016年，人保财险无锡市分公司年度保费成功跨越30亿元平台，市场份额34.44%。年内为无锡经济社会发展承担市场风险累计超3.08万亿元，处理各类报案27.39万件，支付赔款17.57亿元，上缴各类税费3.63亿元。2010年至2016年，连续7年被市委、市政府表彰为金融工作“年度贡献奖”。

省公司总经理夏玉扬（左二）深入灾区实地查勘，现场指导救灾减损工作

自然灾害公众责任保险项目签约

组织员工开展大型歌咏比赛活动

公司年度保费收入跨越30亿元

中国人寿保险股份有限公司无锡市分公司

中国人寿无锡市分公司作为中国人寿保险股份有限公司在无锡的分支机构，以服务社会为己任，以市场需求为导向，以客户满意为标准，积极进取、开拓创新，取得了长足的发展。2016年，实现总保费51.16亿元，总量排名全省第一，比上年增长23.43%，在全市44家人寿保险公司中处于市场主导地位，市场份额21.79%，高出第二名11个百分点。全年处理理赔案件10万余件，理赔金额约1.7亿元。年内，获评“无锡市金融工作奖年度贡献奖”“江苏省五一金融劳动奖状”“江苏省放心消费先进单位”“江苏省文明单位”“省老龄办安康关爱行动卓越组织奖”“集团公司个险业务发展奖”“总公司城市分公司个险双领先奖”等荣誉。

多年以来，公司致力服务地方建设，积极履行央企义务，主动参与政府管理，勇于承担社会责任，以专业、优质、高效的服务确保了无锡市区及宜兴市大病保险、无锡市区退休职工住院医疗互助保险和宜兴市“新农合”“新农保”等经办业务的健康运行；通过提供200余款保障产品，积极服务众多的政府惠民政策项目，成为使用医疗保险个人账户购买商业保险的政府指定供应单位；承办或参与了涵盖安全生产系列保险、计生险、高危险、建筑工程安全责任保险、老年人保险、农村小额保险、居民医保补充保险、工伤补充保险、军人保险、公安保险、特困人群保险、特殊群体保险等多个政策性业务；2016年，有1.5万余名大学生、待业青年以及下岗职工通过公司提供的发展平台，实现就业或再就业。

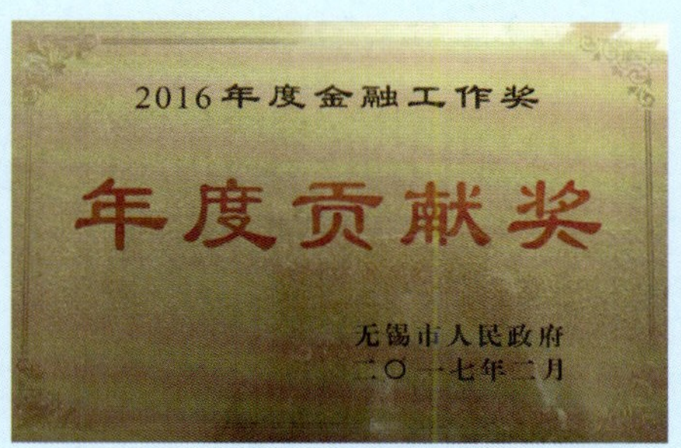

2016年度无锡市金融工作奖年度贡献奖

中国人寿2016年度个险业务发展奖

江苏省文明单位

大病保险受惠人员给公司赠送锦旗

开展广场活动，为客户提供现场咨询

中国太平洋人寿保险股份有限公司无锡分公司

太平洋寿险无锡分公司向沂蒙山革命老区贫困学生捐资助学20万元，4年累计捐助80万元

太平洋寿险无锡分公司与无锡市国家税务局第三税务分局共建社会延伸实践基地

2016年，中国太平洋人寿保险股份有限公司无锡分公司紧密围绕“重价值、推转型、优服务、防风险”的工作要求，坚持以客户需求为导向的战略转型，强抓“思想观念、经营模式、销售方式、产品策略、服务理念、培训教育、考核机制”七大转型，始终突出抓好“业务发展、经营管理、合规与风险管控、服务品质品牌、民生工程”五件大事，不断提升市场综合竞争能力和公司价值可持续增长续航能力。全年实现规模保费26.54亿元，列市场第二。其中，个险新保期缴7.37亿元，比上年增长57.1%。全年处理理赔赔案9679件，赔付金额9425.53万元（不含江阴农保），上缴各类税费8013.64万元。年内，分公司被评为“2015年度江苏省放心消费示范单位”“无锡市保险行业放心消费创建示范单位”，被人民银行评为“2015年度反洗钱考核A级机构”，获“2016年度集团价值贡献奖”“2015年反洗钱管理优秀分公司”荣誉称号。

太平洋寿险无锡分公司团委志愿者走进南湖怡养院，开展“敬老无亲疏，天下高龄皆父母”公益活动

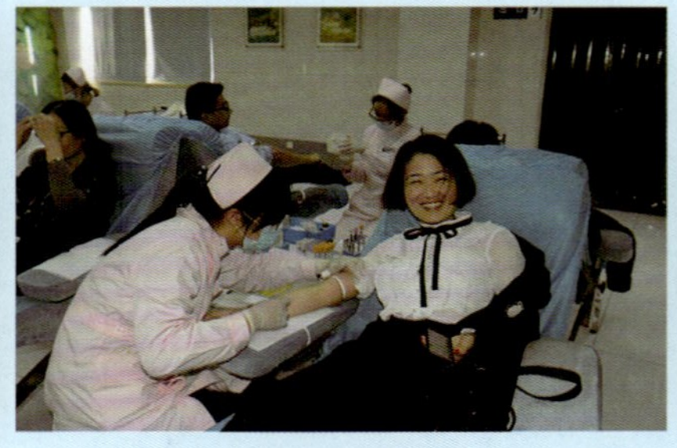

太平洋寿险无锡分公司职工参加无偿献血活动

太平洋寿险无锡分公司举办“健康乐跑”活动